GROSSES HANDBUCH

BUSINESS
ENGLISH

Compact Verlag

© 2002 Compact Verlag München
Alle Rechte vorbehalten. Nachdruck, auch auszugsweise,
nur mit ausdrücklicher Genehmigung des Verlages gestattet.

Text: Sarah Lewis-Schätz, Dorte Süchting
Chefredaktion: Ilse Hell
Redaktion: Alexandra Pawelczak, Julia Kotzschmar
Redaktionsassistenz: Astrid Wilke

Produktion: Henning Liebke
Umschlaggestaltung: Inga Koch
ISBN 3-8174-7481-4
7174811

Besuchen Sie uns im Internet: www.compactverlag.de

Inhalt

Vorwort

Im Zuge fortschreitender Globalisierung und internationaler Vernetzung wird die Verständigung über die Landesgrenzen hinweg immer wichtiger. Die englische Sprache hat sich dabei längst als Mittel für die internationale Kommunikation durchgesetzt. Im Gespräch mit ausländischen Geschäftspartnern bietet dieses Nachschlagewerk schnelle Hilfe und zuverlässige Unterstützung.

Darüber hinaus kann man sich mit Hilfe dieses Buches aber auch das Vokabular zu bestimmten Arbeitsbereichen und -situationen erarbeiten.

Der übersichtliche Wörterbuchteil ermöglicht mit rund 17.000 Stichwörtern einen schnellen Zugriff auf die wichtigsten Begriffe zu Wirtschaft, Handel und Börse. Die korrekte Aussprache wird in der internationalen Lautschrift angegeben.

Die häufigsten Begriffe und Wendungen werden anhand von Dialogen verdeutlicht, die alltägliche Situationen im Kontakt mit ausländischen Geschäftspartnern simulieren. Hierbei sind die Schlüsselbegriffe im Text deutlich hervorgehoben.

So wird dem Benutzer der wesentliche Wortschatz einprägsam vermittelt – von der Unternehmensstruktur über die Auftragsabwicklung bis zu Geschäftsreisen und Besprechungen.

Ein ausführliches Kapitel widmet sich der Korrespondenz und stellt Beispiele für Geschäftsbriefe, Faxe und E-Mails mit den jeweiligen Übersetzungen vor.

Durch Infokästen wird auf sprachpraktische und kulturelle Besonderheiten hingewiesen.

Weicht die Schreibweise eines Wortes im Amerikanischen vom britischen Englisch ab, so ist diese mit US gekennzeichnet.

Lautschrift

Konsonanten

Baum	b	big		Post, ab	p	pass	
mich	ç	Rand			r	road	
denn	d	day		nass, besser	s	sun, cellar	
fünf, vier	f	fish, photo		Schule, Sturm	ʃ	shot	
gut	g	get		Tisch, Sand	t	tap	
Hemd	h	hat			θ	think	
ja, Million	j	yes			ð	that	
Kind	k	keep, cat		Weg	v	vote	
Lob	l	life			w	wish	
mir	m	me		lachen	x		
nein	n	no, knit		sein	z	zoo, is	
links, lang	ŋ	hang		Genie	ʒ	pleasure	

Vokale

blass	a	
Bahn, Saal	aː	
	ɑː	jar, heart
	æ	back
egal	e	
weh, See	eː	yes
hätte, fett	ɛ	
Säge	ɛː	
gefallen	ə	above
	ɜː	turn, whirl
ist	ɪ	if
Diamant	i	
Liebe	iː	be, meet
Moral	o	
Boot, To	oː	
von	ɔ	cost
	ɔː	short, warm
	ɒ	dog
ökonomisch	ø	
Öl	øː	
völlig	œ	
Zunge	u	to
Zug	uː	blue, mood
	ʊ	put, hood, would
	ʌ	run, shove
Stück	y	
Typ	yː	

Diphthonge

heiß	aɪ	by, buy, lie
Maus	au	
	aʊ	round, now
	eɪ	late, day
	ɛə	chair, stare
	əʊ	mow, go
	ɪə	near, here
neu, Häuser	ɔy	
	ɔɪ	joy, boil
	ʊə	sure, pure

Nasale (nur bei Fremdwörtern)

Orange	ã	fiancée
Cousin	ɛ̃	
Saison	ɔ̃	bouillon

Abkürzungsverzeichnis

adj	Adjektiv
adv	Adverb
art	Artikel
dem	demonstrativ
etw	etwas
f	weiblich
fam	umgangssprachlich
fig	bildlich
interj	Interjektion
interr	interrogativ
irr	unregelmäßig
jdm	jemandem
jdn	jemanden
jds	jemandes
jmd	jemand
konj	Konjunktion
m	männlich
n	sächlich
num	Zahlwort
o.s.	oneself
pl	Plural
pref	Präfix
prep	Präposition
pron	Pronomen
rel	relativ
sb	Substantiv
s.o.	someone
sth	something
UK	britisches Englisch
US	amerikanisches Englisch
v	Verb

Englisch – Deutsch

A

abandon [ə'bændən] *v (a plan)* aufgeben

abandonment [ə'bændənmənt] *sb* 1. *(of a plan)* Aufgabe *f*; 2. *(of a claim)* Verzicht *m*; 3. *(a plant)* Stilllegung *f*, Abandon *m*

abatement [ə'beɪtmənt] *sb* Erstattung *f*

ABC evaluation analysis [eɪ biː siː ɪvæl-juː'eɪʃən ə'næləsɪz] *sb* ABC-Analyse *f*

ability [ə'bɪlɪtɪ] *sb* Fähigkeit *f*, Befähigung *f*, Können *n*

ability to inherit [ə'bɪlɪtɪ tu ɪn'heərɪt] *sb* Erbenfähigkeit *f*

able ['eɪbl] *adj* fähig; *to be ~ to do sth* etw können, imstande sein, etw zu tun; *(efficient)* tüchtig

abolition [æbəl'lɪʃən] *sb* Abschaffung *f*; Aufhebung *f*

above-average [ə'bɒf 'ævərɪdʒ] *adv* überdurchschnittlich

abroad [ə'brɔːd] *adv (in another country)* im Ausland; *(to another country)* ins Ausland

abrogate ['æbrəgeɪt] *v* aufheben, abschaffen

absence ['æbsəns] *sb* Abwesenheit *f*, Fehlzeit *f*, Fehlzeiten *f/pl*

absence rate ['æbsəns reɪt] *sb* Fehlzeitenquote *f*

absenteeism [æbsən'tiːɪzəm] *sb* Absentismus *m*

absolute monopoly ['æbsəluːt mə'nɒpəlɪ] *sb* absolutes Monopol *n*

absolute value ['æbsəluːt 'væljuː] *sb* Absolutwert *m*, absoluter Wert *m*

absorption [æb'zɔːpʃən] *sb* Absorption *f*, Übernahme *f*, Vollkostenrechnung *f*

absorption system [æb'zɔːpʃən 'sɪstəm] *sb* Abschöpfungssystem *n*

absorptive capacity of the market [əb-'sɔːptɪv kə'pæsətɪ əv ðə 'maːkɪt] *sb* Aufnahmefähigkeit des Marktes *f*

abuse [ə'bjuːz] *v* 1. missbrauchen, misshandeln; *sb* 2. Missbrauch *m*

abuse of authority [ə'bjuːz əv ɔː'θɒrɪtɪ] *sb* Amtsmissbrauch *m*

acceleration of inflation [ækselə'reɪʃən əv ɪn'fleɪʃən] *sb* Inflationsbeschleunigung *f*

acceleration principle [ækselə'reɪʃən 'prɪnsɪpl] *sb* Akzelerationsprinzip *n*

accelerator [æk'seləreɪtə] *sb* Akzelerator *m*, Beschleuniger *m*

accept [ək'sept] *v* 1. annehmen, akzeptieren; *(responsibility)* übernehmen 2. Übernahme *f*

acceptability as collateral [əkseptə'bɪlɪtɪ æz kə'lætərəl] *sb* Lombardfähigkeit *f*

acceptable risk [ək'septəbl rɪsk] *sb* Restrisiko *n*

acceptance [ək'septæns] *sb (receipt)* Annahme *f*; *(of a bill of exchange)* Akzept *n*

acceptance banks [ək'septæns bæŋks] *sb* Akzepthäuser *n/pl*

acceptance bill [ək'septæns bɪl] *sb* Dokumententratte *f*

acceptance credit [ək'septæns 'kredɪt] *sb* Akzeptkredit *m*, Wechselkredit *m*, Trassierungskredit *m*

acceptance for collection [ək'septæns fɔː kə'lekʃən] *sb* Inkassoakzept *m*

acceptance in blank [ək'septæns ɪn blæŋk] *sb* Blanko-Akzept *m*

acceptance liability [ək'septæns laɪə'bɪlɪtɪ] *sb* Akzeptverbindlichkeit *f*

acceptance of a bill [ək'septæns əv ə bɪl] *sb* Wechselakzept *m*

acceptance test [ək'septæns test] *sb* Markttest *m*

accepted bill [ək'septɪd bɪl] *sb* Akzept *n*

accepted finance bill [ək'septəd faɪ'næns bɪl] *sb* Finanzakzept *m*

acceptor [ək'septə] *sb* Akzeptant(in) *m/f*

access ['ækses] *sb* Zugang *m*, Zutritt *m*, Zugriff *m*

access code ['ækses kəʊd] *sb* Zugangscode *m*, Zugriffscode *m*

accident-prevention rules ['æksɪdənt prɪ-'venʃən ruːlz] *sb* Unfallverhütungsvorschriften *f/pl*

accommodation [əkɒmə'deɪʃən] *sb* Kulanz *f*, Entgegenkommen *n*

accommodation acceptance [əkɒmə-'deɪʃən ək'septəns] *sb* Gefälligkeitsakzept *n*

accommodation allowance [əkɒmə-'deɪʃən ə'laʊəns] *sb* Wohngeld *n*

accommodation endorsement ['əkɒmə-'deɪʃən en'dɔːsmənt] *sb* Gefälligkeitsgiro *n*

accompanying documents [ə'kɒmpənɪɪŋ 'dɒkjuːmənts] *pl* Begleitpapiere *n/pl*

account [ə'kaʊnt] *v* 1. ~ *for (substantiate)* belegen; ~ *for (explain)* erklären; 2. Konto *n*

accountable [ə'kaʊntəbl] *adj* verantwortlich, rechenschaftspflichtig

accountancy [ə'kaʊntənsɪ] *sb* Buchführung *f*, Buchhaltung *f*, Rechnungswesen *n*

account balance [ə'kaʊnt bæləns] *sb* Kontostand *m*

account books and balance-sheets [ə'kaʊnt bʊks ənd 'bælənzʃiːts] *pl* Geschäftsbücher *n/pl*

account costing [ə'kaʊnt 'kɒstɪŋ] *sb* Kontenkalkulation *f*

account current [ə'kaʊnt 'kʌrənt] für Konto, für Rechnung (a/c)

account day [ə'kaʊnt deɪ] *sb* Börsentag *m*

account executive [ə'kaʊnt ɪk'zekjʊtɪv] *sb (in advertising)* Klientenbetreuer(in) *m/f*

account for reimbursements of expenses [ə'kaʊnt fɔː riːɪm'bɜːsmənts əv ɪk'spensəz] *sb* Aufwandsausgleichkonto *n*

account holder [ə'kaʊnt 'həʊldə] *sb* Kontoinhaber(in) *m/f*

account in foreign currency [ə'kaʊnt ɪn 'fɒrən 'kʌrənsɪ] *sb* Fremdwährungskonto *n*

account management [ə'kaʊnt 'mænɪdʒmənt] *sb* Kontoführung *f*

account number [ə'kaʊnt 'nʌmbə] *sb* Kontonummer *f*

account receivable [ə'kaʊnt riː'siːvəbl] *sb* Buchforderung *f*

accountant [ə'kaʊntənt] *sb* Buchhalter(in) *m/f*, Rechnungsprüfer(in) *m/f*

accounting [ə'kaʊntɪŋ] *sb* Buchführung *f*, Buchhaltung *f* Rechnungslegung *f*

Accounting and Reporting Law [ə'kaʊntɪŋ ænd riː'pɔːtɪŋ lɔː] *sb* Bilanzrichtliniengesetz *n*

accounting exchange on the asset side [ə'kaʊntɪŋ ɪks'tʃeɪndʒ ɒn ðə 'æset saɪd] *sb* Aktivtausch *m*

accounting exchange on the liabilities side [ə'kaʊntɪŋ ɪks'tʃeɪndʒ ɒn ðə leɪə'bɪlɪtiːz saɪd] *sb* Passivtausch *m*

accounting loss [ə'kaʊntɪŋ lɒs] *sb* Buchverlust *m*

accounting period [ə'kaʊntɪŋ 'pɪːrɪəd] *sb* Abrechnungszeitraum *m*

accounting policy [ə'kaʊntɪŋ 'pɒlɪsɪ] *sb* Bilanzpolitik *f*

accounting principles [ə'kaʊntɪŋ 'prɪnsɪpəlz] *sb* Bilanzierungsgrundsätze *m/pl*

accounting profit [ə'kaʊntɪŋ 'prɒfɪt] *sb* Buchgewinn *m*

accounting reference day [ə'kaʊntɪŋ 'refrəns deɪ] *sb* Bilanzstichtag *m*

accounting regulations [ə'kaʊntɪŋ regju'leɪʃənz] *sb* Bilanzierungsvorschriften *f/pl*

accounting rules [ə'kaʊntɪŋ ruːlz] *sb* Buchführungsrichtlinien *f/pl*

accounting system [ə'kaʊntɪŋ 'sɪstəm] *sb* Rechnungswesen *n*, Buchführung *f*

accounting transparency [ə'kaʊntɪŋ trænz'pærənsɪ] *sb* Bilanzklarheit *f*

accounting value [ə'kaʊntɪŋ 'væljuː] *sb* Buchwert *m*

accounting voucher [ə'kaʊntɪŋ 'vaʊtʃə] *sb* Buchungsbeleg *m*

accounts collection method [ə'kaʊnts kə'lekʃən 'meθəd] *sb* Rechnungseinzugsverfahren *n*

accounts payable [ə'kaʊnts 'peɪəbl] *pl* 1. Verbindlichkeiten *pl;* 2. Lieferkonto *n*

accounts payable department [ə'kaʊnts 'peɪəbəl dɪ'pɑːtmənt] *sb* Kreditorenbuchhaltung *f*

accounts receivable [ə'kaʊnts rɪ'siːvəbl] *pl* Außenstände *m/pl*, Forderungen *f/pl*

accounts receivable accounting [ə'kaʊnts riː'siːvəbəl ə'kaʊntɪŋ] *sb* Debitorenbuchhaltung *f*

accounts receivable department [ə'kaʊnts riː'siːvəbəl dɪ'pɑːtmənt] *sb* Debitorenbuchhaltung *f*

accounts receivable risk [ə'kaʊnts riː'siːvəbəl rɪsk] *sb* Vertriebswagnis *n*

accredit [ə'kredɪt] *v (a representative)* akkreditieren, beglaubigen

accretion [ə'kriːʃən] *sb* 1. *(growth)* Zunahme *f*, Wachstum *n;* 2. *(growing together)* Verschmelzung *f*

accruals [ə'kruːəlz] *pl* Rückstellungen *f/pl*, Abgrenzungsposten *m/pl*, antizipative Posten *m/pl*

accruals and deferrals [ə'kruːəlz ænd də'fɜːrəlz] *sb* Rechnungsabgrenzungsposten *m/pl*

accrue [ə'kruː] *v* 1. anfallen, entstehen; 2. *(interest)* auflaufen

accrued expense [ə'kruːd ɪk'spens] *sb* passive Rechnungsabgrenzung *f*

accumulation [əkjuːmjʊ'leɪʃən] *sb* Akkumulation *f*, Ansammlung *f*

accumulation of capital [əkjuːmjʊ'leɪʃən əv 'kæpɪtl] *sb* Kapitalbildung *f*, Kapitalakkumulation *f*, Thesaurierung *f*, Kapitalansammlung *f*

accumulative investment fund [ə'kjuːmjuːlətɪv ɪn'vestmənt fʌnd] *sb* Thesaurierungsfonds *m*

accusation [ækju:'zeɪʃən] *sb* Anklage *f,* Anschuldigung *f,* Beschuldigung *f*
acknowledgement of a debt [ək'nɒlɪdʒmənt əv ə det] *sb* Schuldanerkenntnis *n*
acknowledgement of receipt [ək'nɒlɪdʒmənt əv rɪ'si:t] *sb* Empfangsbestätigung *f*
acquire [ə'kwaɪə] *v* 1. erwerben, erlangen, aneignen *(fam)*; 2. *(purchase)* ankaufen
acquirer model [ə'kweɪrə 'mɒdl] *sb* Erwerbermodell *n*
acquisition [ækwɪ'zɪʃən] *sb* 1. Erwerb *m,* Anschaffung *f,* Akquisition *f*; 2. *(purchase)* Ankauf *m,* Kauf *m*
acquisition value [ækwɪ'zɪʃən 'vælju:] *sb* Anschaffungswert *m*
acquittal [ə'kwɪtl] *sb* Schulderlass *m; (in court)* Freispruch *m*
act [ækt] *v (function)* handeln, tätig sein; ~ upon sth, ~ on sth aufgrund von etw handeln; ~ for (~ on behalf of) vertreten
Act on Foreign Trade and Payments [ækt ɒn 'fɔːrən treɪd ænd 'peɪmənts] *sb* Außenwirtschaftsgesetz *n*
acting ['æktɪŋ] *adj (president, director)* stellvertretend
action ['ækʃən] *sb* Tat *f,* Handlung *f,* Aktion *f; (measure)* Maßnahme *f*
action for damages ['ækʃən fɔː 'dæmɪdʒɪz] *sb* Schadensersatzklage *f*
action parameters ['ækʃən pə'rɑːmɪtəz] *pl* Aktionsparameter *m/pl*
active balance ['æktɪv 'bæləns] *sb* Aktivsaldo *n*
active partner ['æktɪv 'pɑːtnə] *sb* aktiver Teilhaber *m*
activity base [æk'tɪvɪtɪ beɪs] *sb* Planbeschäftigung *f*
activity rate [æk'tɪvɪtɪ reɪt] *sb* Erwerbsquote *f,* Erwerbsrate *f*
actual accounting ['æktʃuəl ə'kaʊntɪŋ] *sb* Nachkalkulation *f*
actual amount ['æktʃuəl ə'maʊnt] *sb* ausmachender Betrag *m*
actual costs ['æktʃuəl kɔsts] *pl* Istkosten *pl,* tatsächliche Kosten *pl*
actual cost system ['æktʃuəl kɔst 'sɪstəm] *sb* Istkostenrechnung *f*
actual currency clause ['æktʃuəl 'kɜːrɪnsɪ klɔz] *sb* Effektivvermerk *m*
actual profit ['æktʃuəl 'prɔfɪt] *sb* bereinigter Gewinn *m*
actual transaction ['æktʃuəl trænz-'ækʃən] *sb* Effektivgeschäft *n*

actual value comparison ['æktʃuəl 'vælju kəm'pærɪsən] *(production)* Soll-Ist-Vergleich *m*
actual wage ['æktʃuəl weɪdʒ] *sb* Effektivlohn *m*
actuarial [æktʃu'ɛərɪəl] *adj* versicherungsstatistisch, versicherungsmathematisch
actuary ['æktʃuərɪ] *sb* Versicherungsstatistiker *m,* Versicherungsmathematiker *m*
ad [æd] *sb (fam: advertisement)* Anzeige *f,* Annonce *f,* Inserat *m*
ad hoc cooperation [æd 'hɔk kəʊɒpə'reɪʃən] *sb* Ad-hoc-Kooperation *f*
ad hoc disclosure [æd 'hɔk dɪs'kləʊʒə] *sb* Ad-hoc-Publizität *f*
ad valorem [æd væl'ɔːrəm] *adj* dem Wert entsprechend, dem Wert nach
ad valorem duty [æd væl'ɔːrəm 'dju:tɪ] *sb* Wertzoll *m*
ad valorem tax [æd væl'ɔːrəm tæks] *sb* Wertzollsteuer *f*
adaptation [ædæp'teɪʃən] *sb* Anpassung *f,* Umstellung *f,* Einstellung *f*
adaptive inflation [ə'dæptɪv ɪn'fleɪʃən] *sb* Anpassungsinflation *f*
add [æd] *v* 1. hinzufügen, anfügen, anschließen; 2. *(contribute)* beitragen; 3. *(numbers)* addieren, summieren
added value ['ædɪd 'vælju:] *sb* Wertschöpfung *f*
adding machine ['ædɪŋ mə'ʃi:n] *sb* Addiermaschine *f*
addition [ə'dɪʃən] *sb* 1. Addition *f*; 2. *(adding sth to sth)* Beigabe *f,* Zusatz *m*
addition of accrued interest [ə'dɪʃən əv ə'kru:d 'ɪntrɪst] *sb* Aufzinsung *f*
additional capital [ə'dɪʃənl 'kæpɪtl] *sb* Zusatzkapital *n,* zusätzliches Kapital *n*
additional carriage [ə'dɪʃənl 'kærɪdʒ] *sb* Frachtzuschlag *m*
additional contribution [ə'dɪʃənl kɒntrɪ'bju:ʃən] *sb* Zuzahlung *f*
additional cost [ə'dɪʃənl kɔst] *sb* Zusatzkosten *pl*
additional delivery [ə'dɪʃənl dɪ'lɪvərɪ] *sb* Mehrlieferung *f,* zusätzliche Lieferung *f*
additional expenses [ə'dɪʃənl 'ɪkspensɪz] *pl* Nebenkosten *pl,* Mehrkosten *pl*
additional payment of taxes [ə'dɪʃənl 'peɪmənt əv 'tæksɪz] *sb* Steuernachzahlung *f*
additional period [ə'dɪʃənl 'pɪːrɪəd] *sb* Nachfrist *f*
additional risk premium [ə'dɪʃənl rɪsk 'pri:mjəm] *sb* Risikozuschlag *m*

additional sale [ə'dɪʃənl seɪl] *sb* Zusatzverkauf *m*

address [ə'dres] *v 1. (a letter)* adressieren; *(speak to)* ansprechen; *sb 2. (where one lives)* Adresse *f*, Anschrift *f*; *3. (speech)* Ansprache *f*

addressee [ədre'si:] *sb* Empfänger *m*, Adressat *m*

adequate and orderly accounting ['ædɪkwət ənd 'ɔːdəlɪ ə'kaʊntɪŋ] *sb* ordnungsgemäße Buchführung *f*

adequate and orderly preparation of a balance sheet ['ædɪkwɪt ænd 'ɔːdəlɪ prepə'reɪʃən əv ə 'bæləns ʃiːt] *sb* ordnungsmäßige Bilanzierung *f*

adjacent right [ə'dʒeɪsənt reɪt] *sb* Nachbarrecht *n*

adjourn [ə'dʒɜːn] *v 1. (stop for the time being)* vertagen; *2. (to another place)* sich begeben; *3. (end for good) (US)* beenden

adjournment [ə'dʒɜːnmənt] *sb* Vertagung *f*; *(within a day)* Unterbrechung *f*

adjudicated bankrupt [ə'dʒuːdɪkeɪtɪd 'bæŋkrʌpt] *sb* Gemeinschuldner *m*

adjunct ['ædʒʌŋkt] *sb (person)* Mitarbeiter(in) *m/f*, Assistent(in) *m/f*

adjust [ə'dʒʌst] *v 1. (a device)* einstellen, regulieren, justieren; *2. (an account)* ausgleichen; *3. ~ to* sich einstellen auf, sich anpassen an; *4. (settle differences)* schlichten; *5. (coordinate)* abstimmen; *6. (parameter)* bereinigen, korrigieren

adjustment bond [ə'dʒʌstmənt bɒnd] *sb* Gewinnschuldverschreibung *f*

adjustment item [ə'dʒʌstmənt 'aɪtəm] *sb* Ausgleichsposten *pl*

adjustment lag [ə'dʒʌstmənt læg] *sb* Anpassungsverzögerung *f*

adjustment of value [ə'dʒʌstmənt əv 'valju:] *sb* Wertberichtigung *f*

adjustment project [ə'dʒʌstmənt 'prɔdʒekt] *sb* Anpassungsinvestition *f*

administer [əd'mɪnɪstə] *v 1. (run a business)* verwalten; *~ an oath* vereidigen

administration [ədmɪnɪs'treɪʃən] *sb 1.* Verwaltung *f*; *2. (government under a certain leader)* Regierung *f*

administration of the finances [əd'mɪnɪstreɪʃən əv ðə faɪ'nænsəz] *sb* Finanzverwaltung *f*

administrative [əd'mɪnɪstrətɪv] *adj* Verwaltungs..., administrativ

administrator [əd'mɪnɪstreɪtə] *sb* Verwalter(in) *m/f*, Verwaltungsbeamte(r)/Verwaltungsbeamtin *m/f*

administrator in bankruptcy (proceedings) [əd'mɪnɪstreɪtə ɪn 'bæŋkrʌpsɪ prə'siːdɪŋz] *sb* Konkursverwalter *m*

administrator of the deceased's estate [əd'mɪnɪstreɪtə əv ðə dɪ'siːsts ɪ'steɪt] *sb* Nachlassverwalter *m*

admission [əd'mɪʃən] *sb* Zulassung *f*; *(entry)* Zutritt *m*

admission of shares to official quotation [əd'mɪʃən əv ʃeɪz tu: ə'fɪʃəl kwəʊ'teɪʃən] *sb* Kotierung *f*

admission to the stock exchange [əd'mɪʃən tu ðə stɒk ɪks'tʃeɪndʒ] *sb* Börsenzulassung *f*

advance [əd'vɑːns] *v 1.* fortschreiten, vordringen, vorankommen; *2. (to be promoted)* aufsteigen; *3. (further sth)* fördern; *sb 4. (of money)* Vorschuss *m*

advance against securities [əd'vɑːns ə'genst sɪ'kjʊərɪtiːz] *sb* Lombardkredit *m*

advance on receivables [əd'vɑːns ɒn riː'ziːvəbəlz] *sb* Zessionskredit *m*

advance payment [əd'vɑːns 'peɪmənt] *sb* Vorauszahlung *f*

advanced vocational training [əd'vɑːnst vəʊ'keɪʃənəl 'treɪnɪŋ] *sb* berufliche Fortbildung *f*, Weiterbildung *f*

advancement [əd'vɑːnsmənt] *sb 1. (progress)* Fortschritt *m*; *2. (promotion)* Beförderung *f*; *3. (career ~)* Aufstieg *m*

advances against securities [əd'vɑːnsəz ə'genst se'kjuːrɪtiːz] *sb* Effektenlombard *m*

advantage [əd'vɑːntɪdʒ] *sb* Vorteil *m*, Vorzug *m*; *take ~ of sth* etw ausnutzen

adventure marketing [əd'ventʃə 'mɑːketɪŋ] *sb* Erlebnis-Marketing *n*

adverse selection ['ædvɜːs sɪ'lekʃən] *sb* Adverse Selektion *f*

advert ['ædvɜt] *sb (fam: advertisement)* Anzeige *f*, Annonce *f*, Inserat *n*

advertise ['ædvətaɪz] *v 1.* Werbung machen für, anzeigen, ankündigen; *2. (place an advertisement)* annoncieren, inserieren; *3. ~ a vacancy* eine Stelle ausschreiben; *4. (promote)* werben für

advertisement [əd'vɜːtɪsmənt] *sb 1.* Werbung *f*, Reklame *f*; *2. (in the newspaper)* Anzeige *f*, Annonce *f*, Inserat *n*; *3. (announcement)* Bekanntmachung *f*, Ankündigung *f*; *4. an ~ for sth (fig: a fine representative)* ein Aushängeschild für etw

advertisement of a vacancy [əd'vɜːtɪsmənt əv ə'veɪkənsɪ] *sb* Stellenausschreibung *f*

advertiser ['ædvətaɪzə] *sb* Werbekunde/Werbekundin *m/f*

advertising ['ædvətaɪzɪŋ] *sb* Werbung *f*, Reklame *f*

advertising activity ['ædvətaɪzɪŋ æk'tɪvɪtɪ] *sb* Werbeaktion *f*

advertising agency ['ædvətaɪzɪŋ 'eɪdʒənsɪ] *sb* Werbeagentur *f*

advertising aids ['ædvətaɪzɪŋ eɪdz] *pl* Werbemittel *n/pl*

advertising budget ['ædvətaɪzɪŋ 'bʌdʒɪt] *sb* Werbebudget *n*, Werbeetat *m*

advertising campaign ['ædvətaɪzɪŋ kæm'peɪn] *sb* Werbekampagne *f*

advertising copy ['ædvətaɪzɪŋ 'kɔpɪ] *sb* Werbetext *m*

advertising expert ['ædvətaɪzɪŋ 'ekspət] *sb* Werbefachmann/Werbefachfrau *m/f*

advertising frequency ['ædvətaɪzɪŋ 'friːkwənsɪ] *sb* Werbefrequenz *f*

advertising gift ['ædvətaɪzɪŋ gɪft] *sb* Werbegeschenk *n*

advertising spot ['ædvətaɪzɪŋ spɔt] *sb* Werbespot *m*

advice [əd'vaɪs] *sb (counsel)* Beratung *f*, Rat *m*

advice note [əd'vaɪs nəʊt] *sb* Benachrichtigung *f*, Avis *m/n*

advice of delivery [ad'vaɪs əv dɪ'lɪvərɪ] *sb* Rückschein *m*

advise [əd'vaɪz] *v (give advice)* raten, anraten, *(professionally)* beraten; ~ *against* abraten, *(inform)* verständigen, benachrichtigen

adviser [əd'vaɪzə] *sb* Berater(in) *m/f*

advisory board [əd'vaɪzərɪ bɔːd] *sb* beratendes Gremium *n*, Beratungsgremium *n*

aeroplane ['eərəpleɪn] *sb (UK)* Flugzeug *n*

affidavit [æfɪ'deɪvɪt] *sb* Affidavit *n*

affiliated [ə'fɪlɪeɪtɪd] *adj* angegliedert, Tochter...

affiliated company [ə'fɪlɪətɪd 'kʌmpənɪ] *sb* Tochtergesellschaft *f*

affiliation [əfɪlɪ'eɪʃən] *sb* Affiliation *f*

affluent society ['æfluənt sə'saɪtɪ] *sb* Wohlstandsgesellschaft *f*

afford [ə'fɔːd] *v 1.* sich leisten; *2. (provide)* bieten

affordable [ə'fɔːdəbl] *adj* erschwinglich

after treatment ['ɑːftə 'triːtmənt] *sb* Nachbereitung *f*

after-date bill ['ɑːftə deɪt bɪl] *sb* Datowechsel *m*

after-hours dealing ['ɑːftə 'aʊəz 'diːlɪŋ] *sb* Nachbörse *f*

after-sales service ['ɑːftə 'seɪlz 'səvɪs] *sb* Kundendienst *m*, After-Sales-Services *pl*

after-sight bill ['ɑːftə saɪt bɪl] *sb* Nachsichtwechsel *m*

against cash [ə'genst kæʃ] gegen Barzahlung

against letter of credit [ə'genst 'letə əv 'kredɪt] gegen Akkreditiv

age profile [eɪdʒ 'prəʊfaɪl] *sb* Altersprofil *n*

agency ['eɪdʒənsɪ] *sb 1.* Agentur *f*; *2. (government ~)* Amt *n*, Behörde *f*

agency abroad ['eɪdʒənsɪ ə'brɔːd] *sb* Auslandsvertretung *f*

agency agreement ['eɪdʒənsɪ ə'griːmənt] *sb* Geschäftsbesorgungsvertrag *m*

agency of equity financing transactions ['eɪdʒənsɪ əv 'ekwɪtɪ faɪ'nænsɪŋ træns'ækʃənz] *sb* Beteiligungsvermittlung *f*

agenda [ə'dʒendə] *sb* Tagesordnung *f*, Agenda *f*

agent ['eɪdʒənt] *sb 1.* Agent(in) *m/f*, Makler(in) *m/f*, Vermittler(in) *m/f*; *2. (representative)* Stellvertreter(in) *m/f*

agglomeration [əglɒmə'reɪʃən] *sb* Agglomeration *f*, Anhäufung *f*

aggregate property ['ægrɪgət 'prɔpətɪ] *sb* Gesamtvermögen *n*

aggregation [ægrɪ'geɪʃən] *sb* Agglomeration *f*, Ansammlung *f*

agio [eɪdʒɒ] *sb* Aufgeld *n*, Agio *n*

agiotage ['eɪdʒiːətədʒ] *sb* Agiotage *f*

agree [ə'griː] *v 1.* übereinstimmen; *(express ~ment)* zustimmen; *2. (come to an ~ment)* sich einigen, vereinbaren, sich absprechen; *3. ~ to, ~ with (approve, consent to)* billigen, einwilligen, auf etw eingehen

agreed [ə'griːd] *adj* vereinbart; *Agreed!* Abgemacht!

agreement [ə'griːmənt] *sb 1.* Vereinbarung *f*, Übereinkunft *f*, Verständigung *f*; *2. come to an ~* übereinkommen, sich einigen; *3. (consent)* Einwilligung *f*, Zustimmung *f*; *4. (between different countries)* Abkommen *n*

agreement between interlocking companies [ə'griːmənt bɪ'twiːn ɪntə'lɔkɪŋ 'kʌmpəniːz] *sb* Organschaftsvertrag *m*

agreement of purchase and sale [ə'griːmənt əv 'pətʃəs ænd seɪl] *sb* Kaufvertrag *m*

agreement to cancel an obligatory relation [ə'griːmənt tu 'kænsəl ən ə'blɪgətrɪ rɪ'leɪʃən] *sb* Aufhebungsvertrag *m*

agricultural [ægrɪ'kʌltʃərəl] *adj* landwirtschaftlich, Landwirtschafts..., Agrar...

agricultural crisis [ægrɪ'kʌltʃərəl 'kraɪsɪs] *sb* Agrarkrise *f*

agricultural economics [ægrɪ'kʌltʃərəl iːkə'nɒmɪks] *sb* Agrarwissenschaften *f/pl*

agricultural enterprise [ægrɪ'kʌltʃərəl 'entəpraɪz] *sb* Agrarbetrieb *m*

agricultural goods [ægrɪ'kʌltʃərəl gʊdz] *pl* Agrargüter *n/pl*

agricultural loan [ægrɪ'kʌltʃərəl ləʊn] *sb* Landwirtschaftskredit *m*

agricultural market [ægrɪ'kʌltʃərəl 'mɑːkɪt] *sb* Agrarmarkt *m*

agricultural mortgage bond [ægrɪ'kʌltʃərəl 'mɔːgɪdʒ bɒnd] *sb* Landwirtschaftsbrief *m*

agricultural policy [ægrɪ'kʌltʃərəl 'pɒləsɪ] *sb* Agrarpolitik *f*

agricultural producer cooperative [ægrɪ'kʌltʃərəl prə'djuːsə kəʊ'ɒprətɪv] *sb* Landwirtschaftliche Produktionsgenossenschaft (LPG) *f*

agricultural protectionism [ægrɪ'kʌltʃərəl prə'tekʃənɪzm] *sb* Agrarprotektionismus *m*

agricultural state [ægrɪ'kʌltʃərəl steɪt] *sb* Agrarstaat *m*

agricultural subsidies [ægrɪ'kʌltʃərəl 'sʌbsɪdiːz] *pl* Agrarsubventionen *f/pl*

agricultural surpluses [ægrɪ'kʌltʃərəl 'sɜːpləsɪz] *pl* Agrarüberschüsse *m/pl*

agriculture ['ægrɪkʌltʃə] *sb* Landwirtschaft *f*, Ackerbau *m*

aide [eɪd] *sb* Assistent(in) *m/f*, Helfer(in) *m/f*

air freight [eər 'freɪt] *sb* Luftfracht *f*

airline ['eərlaɪn] *sb* Fluggesellschaft *f*, Airline *f*

air mail [eər 'meɪl] *sb* Luftpost *f*

air route [eər ruːt] *sb* Luftweg *m*

airplane ['eərpleɪn] *sb (US)* Flugzeug *n*

airport ['eərpɔːt] *sb* Flughafen *m*

airwaybill ['eərweɪbɪl] *sb* Luftfrachtbrief *m*

allegiance [ə'liːdʒəns] *sb* Treuepflicht *f*

allocation [ælə'keɪʃən] *sb* Verteilung *f*, Zuteilung *f*, *(of tasks)* Vergabe *f*, Allokation *f*

allocation of capital [ælə'keɪʃən əv 'kæpɪtəl] *sb* Kapitalallokation *f*

allocation policy [ælə'keɪʃən 'pɒləsɪ] *sb* Allokationspolitik *f*

allonge [ə'lɒŋ] *sb* Allonge *f*

allot [ə'lɒt] *v* verteilen, zuweisen

allotment [ə'lɒtmənt] *sb* Verteilung *f*, Zuteilung *f*, Zuweisung *f*

allotment right [ə'lɒtmənt raɪt] *sb* Zuteilungsrechte *n/pl*

allowance [ə'laʊəns] *sb* 1. Zuschuss *m*; 2. *(supplement to salary)* Gehaltszulage *f*, Zuschuss *m*; 3. *(paid by the state)* Beihilfe *f*; 4. *(pocket money)* Taschengeld *n*, Bewilligung *f*

allowance for expenses [ə'laʊəns fɔ: ɪk'spensɪz] *sb* Spesenpauschale *f*

all-round bank ['ɔːlraʊnd bæŋk] *sb* Universalbank *f*

all-share certificate [ɔːl ʃeə sɜː'tɪfɪkət] *sb* Global-Anleihe *f*

alteration of a balance sheet [ɔːltə'reɪʃən əv ə 'bæləns ʃiːt] *sb* Bilanzänderung *f*

alternating current ['ɒltəneɪtɪŋ 'kʌrənt] *sb (AC)* Wechselstrom *m*

alternative [ɒl'tɜːnətɪv] *sb* 1. *(choice)* Alternative *f*, Wahl *f*; 2. I have no other ~. Ich habe keine andere Wahl. 3. *(substitute)* Ersatz *m*

amalgamate [ə'mælgəmeɪt] *v (companies)* verschmelzen, fusionieren

amalgamation [əmælgə'meɪʃən] *sb* Fusion *f*

amalgamation tax [əmælgə'meɪʃən tæks] *sb* Fusionssteuer *f*

amendment [ə'mendmənt] *sb (to a bill)* Abänderung *f*, Änderung *f*

amendment of a contract [ə'mendmənt əv ə 'kɒntrækt] *sb* Vertragsänderung *f*

amendment of the statutes [ə'mendmənt əv ðə 'stætjuːts] *sb* Satzungsänderung *f*

amends [ə'mendz] *pl* Wiedergutmachung *f*; make ~ for sth etw wiedergutmachen

American accounting system [ə'merɪkən ə'kaʊntɪŋ 'sɪstəm] *sb* amerikanisches Rechnungswesen *n*

American Bankers Association [ə'mærɪkən 'bæŋkəs əsəʊsi:'eɪʃən] *sb* American Bankers Association *f*

amnesty ['æmnəstɪ] *sb* Amnestie *f*

amortizable mortgage loan [ə'mɔːtɪzəbəl 'mɔːgɪdʒ ləʊn] *sb* Tilgungshypothek *f*

amortization [əmɔːtɪ'zeɪʃən] *sb* Amortisierung *f*, Tilgung *f*

amortization instal(l)ment [əmɔːtaɪ'zeɪʃən ɪn'stɔːlmənt] *sb* Tilgungsrate *f*

amount [ə'maʊnt] *sb* 1. *(of money)* Betrag *m*, Summe *f*, Geldbetrag *m*; 2. *(quantity)* Menge *f*, Quantität *f*; *v* 3. ~ to sich belaufen auf

analyse ['ænəlaɪz] *v* analysieren, auswerten

analysis [ə'nælɪsɪs] *sb* Analyse *f*

analysis of actual performance [ə'nælɪsɪs əv 'æktʃuəl pə'fɔːməns] *sb* Istanalyse *f*

analysis of competitors [ə'nælɪsɪs əv kəm'petɪtəs] *sb* Konkurrenzanalyse *f*

analysis of fixed-cost allocation [ə'næli-sıs əv fıkstkɔst ælə'keıʃən] *sb* Fixkosten-deckungsrechnung *f*

analysis of purchasing power [ə'nælısıs əv 'pɜːtʃəsıŋ 'pauə] *sb* Kaufkraftanalyse *f*

analysis of requirements [ən'ælısıs əv rı'kwaıəmənts] *sb* Bedarfsanalyse *f*

analysis of shares [ə'nælısıs əv ʃeəs] *sb* Aktienanalyse *f*

anchorage ['æŋkərıdʒ] *sb 1. (place for anchoring)* Ankerplatz *m*, Liegeplatz *m; 2. (fees)* Liegegebühren *f/pl*

ancillary costs [æn'sıları kɔsts] *pl* Nebenkosten *pl*

ancillary wage costs [æn'sıları weıdʒ kɔsts] *pl* Lohnnebenkosten *pl*

angible fixed assets ['ændʒıbəl fıkst 'æsets] *sb* Realkapital *n*

anniversary sales [ænı'vɜːsərı seılz] *sb* Jubiläumsverkauf *m*

announcement effect of price [ə'naunsmənt ı'fekt əv praıs] *sb* Signalfunktion des Preises *f*

annual ['ænjuəl] *adj* jährlich, alljährlich, jährlich, Jahres...

annual accounts ['ænjuəl ə'kaunts] *sb* Jahresabschluss *m*

annual audit ['ænjuəl 'ɔːdıt] *sb* Jahresabschlussprüfung *f*

annual balance sheet ['ænjuəl 'bæləns ʃiːt] *sb* Jahresbilanz *f*

annual economic report ['ænjuəl ıkə'nɒmık rı'pɔːt] *sb* Jahreswirtschaftsbericht *m*

annual general meeting ['ænjuəl 'dʒenərəl 'miːtıŋ] *sb* Jahreshauptversammlung *f*

annual holiday ['ænjuəl 'hɒlıdeı] *sb* Betriebsferien *pl*

annual income ['ænjuəl ınkʌm] *sb* Jahreseinkommen *n*

annual need ['ænjuəl niːd] *sb* Jahresbedarf *m*

annual profits ['ænjuəl prɒfıts] *sb* Jahresgewinn *m*

annual report ['ænjuəl rı'pɔːt] *sb* Geschäftsbericht *m*, Jahresgutachten *n*, Lagebericht *m*

annual statement of accounts ['ænjuəl 'steıtmənt əv ə'kaunts] *sb* Jahresabschluss *m*

annual surplus ['ænjuəl sɜːplʌs] *sb* Jahresüberschuss *m*

annuity [ə'njuːıtı] *sb* Rente *f,* Jahreszahlung *f,* Annuität *f*

annuity bond [ə'njuːıtı bɒnd] *sb* Annuitätenanleihe *f*

annuity certificate [ə'njuːıtı sɜː'tıfıkət] *sb* Rentenbrief *m*

annuity department [ə'njuːıtı dı'paːtmənt] *sb* Rentenabteilung *f*

annuity loan [ə'njuːıtı ləun] *sb* Annuitätendarlehen *n*

annul [ə'nʌl] *v* annullieren; *(a will)* umstoßen

annulment [ə'nʌlmənt] *sb* Annullierung *f,* Aufhebung *f*

anonymous savings accounts [ə'nɒnıməs 'seıvıŋz ə'kaunts] *sb* anonyme Sparkonten *n/pl*

answering machine ['ɑːnsərıŋ mə'ʃiːn] *sb* Anrufbeantworter *m*

answering service ['ɑːnsərıŋ 'sɜːvıs] *sb* Telefonauftragsdienst *m*

antedated cheque ['æntıdeıtıd tʃek] *sb* zurückdatierter Scheck *m*

anticipation term [æntısı'peıʃən tɜːm] *sb* Erwartungswert *m*

anticyclical reserve [æntı'saıklıkəl rı'sɜːv] *sb* Konjunkturausgleichsrücklage *f*

anti-dumping duty [æntı'dʌmpıŋ 'djuːtı] *sb* Antidumpingzoll *m*

antitrust [æntı'trʌst] *adj (US)* Antitrust..., kartellfeindlich

appeal [ə'piːl] *sb* Berufung *f,* Rechtsbeschwerde *f; (actual trial)* Revision *f*

applicant ['æplıkənt] *sb* Bewerber(in) *m/f,* Antragsteller(in) *m/f,* Akkreditivsteller *m*

application [æplı'keıʃən] *sb 1.* Antrag *m,* Bewerbung *f,* Gesuch *n; letter of ~* Bewerbungsschreiben *n; 2. (use)* Verwendung *f,* Anwendung *f; (software ~)* Anwendungsprogramm *n*

application documents [æplı'keıʃən 'dɒkjumənts] *pl* Bewerbungsunterlagen *pl*

application form [æplı'keıʃən fɔːm] *sb* Anmeldeformular *n,* Antragsformular *n*

application service provider [æplı'keıʃən 'sɜːvıs prə'vaıdə] *sb* Application Service Provider (ASP) *m*

appointment [ə'pɔıntmənt] *sb 1. (arranged meeting)* Termin *m,* Verabredung *f; 2. (to office)* Ernennung *f,* Berufung *f,* Bestellung *f*

appointment book [ə'pɔıntmənt buk] *sb* Terminkalender *m*

appointment for a meeting [ə'pɔıntmənt fɔːr ə 'miːtıŋ] *sb* Gesprächstermin *m*

apportionment [ə'pɔːʃənmənt] *sb 1.* Verteilung *f,* Einteilung *f; 2.* Erteilung *f*

apportionment between accounting periods [ə'pɔːʃənmənt bı'twiːn ə'kauntıŋ 'piːrıəds] *sb* Rechnungsabgrenzung *f*

appraisal [ə'preɪzəl] *sb* Bewertung *f*, Schätzung *f*, Taxierung *f*

appraise [ə'preɪz] *v* abschätzen, einschätzen, beurteilen

appreciation [əpriːʃɪ'eɪʃən] *sb 1.* Wertzuwachs *m*; 2. *(esteem)* Wertschätzung*f*

apprentice [ə'prentɪs] *sb* Lehrling *m*, Auszubildende(r) *m/f*

apprenticeship [ə'prentɪʃɪp] *sb* Lehre *f*, Lehrstelle *f*, Ausbildung *f*; *(period)* Lehrzeit *f*

aptitude test ['æptɪtjuːd test] *sb* Eignungstest *m*, Eignungsprüfung *f*

arbitrage ['ɑːbɪtrɪdʒ] *sb* Arbitrage *f*

arbitrage clause ['ɑːbɪtrɪdʒ klɔːz] *sb* Arbitrageklausel *f*

arbitrage dealings ['ɑːbɪtrɪdʒ 'diːlɪŋz] *sb* Arbitragegeschäft *n*

arbitrage in bullion ['ɑːbɪtrɪdʒ ɪn 'bʊljən] *sb* Goldarbitrage *f*

arbitrage in securities ['ɑːbɪtrɪdʒ ɪn sɪ'kjuːrɪtiːz] *sb* Wertpapierarbitrage *f*

arbitrager ['ɑːbɪtreɪdʒə] *sb* Arbitrageur *m*

arbitrageur [ɑːbɪtreɪ'ʒʊə] *sb* Arbitrageur *m*, Arbitragehändler

arbitrage value ['ɑːbɪtrɪdʒ 'væljuː] *sb* Arbitragewert *m*

arbitrage voucher ['ɑːbɪtrɪdʒ 'vaʊtʃə] *sb* Arbitragerechnung *f*

arbitrate ['ɑːbɪtreɪt] *v* schlichten

arbitration [ɑːbɪ'treɪʃən] *sb* Schlichtung *f*

arbitration in foreign exchange ['ɑːbɪtreɪʃən ɪn 'fɒrən ɪks'tʃeɪndʒ] *sb* Devisenarbitrage *f*

arbitrator ['ɑːbɪtreɪtə] *sb* Vermittler(in) *m/f*, Schlichter(in) *m/f*

archive ['ɑːkaɪv] *sb* Archiv *n*

archives ['ɑːkaɪvz] *sb* Aktenablage *f*

area code ['ɛərɪə kəʊd] *sb (US)* Vorwahl *f*

argue ['ɑːgjuː] *v 1.* streiten; 2. *(with one another)* sich streiten; 3. *(a case)* diskutieren

argument ['ɑːgjʊmənt] *sb 1.* Wortstreit *m*, Streit *m*, Auseinandersetzung *f*; 2. *(reason)* Argument *n*; 3. *(line of reasoning)* Beweisführung *f*; 4. *(discussion)* Diskussion *f*

argumentation [ɑːgjʊmən'teɪʃən] *sb* Argumentation *f*

arithmetical average [ærɪθ'metɪkəl 'ævərɪdʒ] *sb* arithmetisches Mittel *n*

arraign [ə'reɪn] *v to be ~ed* angeklagt werden, beschuldigt werden

arrangement [ə'reɪndʒmənt] *sb* Disposition *f*

arranging for a credit [ə'reɪndʒɪŋ fɔːr ə 'kredɪt] *sb* Kreditvermittlung *f*

arrear on interests [ə'rɪə ɔn 'ɪntrɪsts] *sb* Zinsrückstand *m*

arrears [ə'rɪəz] *pl* Rückstand *m*, Rückstände *pl*

arrival of goods [ə'raɪvəl əv gʊdz] *sb* Wareneingang *m*

article ['ɑːtɪkl] *sb 1. (item)* Gegenstand *m*; 2. *~ of clothing* Kleidungsstück *n*; 3. *(in a contract)* Paragraf *m*; 4. *~s of incorporation* Satzung *f*; 5. *(goods)* Ware *f*, Artikel *m*

article coding system ['ɑːtɪkəl 'kəʊdɪŋ 'sɪstəm] *sb* Artikelnummernsystem *n*

articulated lorry [ɑː'tɪkjʊleɪtɪd 'lɒrɪ] *sb (UK)* Sattelschlepper *m*

as agreed [æz ə'griːd] *adv* vereinbarungsgemäß, wie vereinbart

as guarantor of payment [æz gærən'tə əv 'peɪmənt] *sb* per aval

ASAP [eɪse'p] *(fam: as soon as possible)* so bald wie möglich

Asian Dollar market ['eɪʒən 'dɒlə 'mɑːkɪt] *sb* Asiendollarmarkt *m*

ask [ɑːsk] *v* fragen; *~ a question* eine Frage stellen; *If you ~ me...* Wenn Sie mich fragen... *~ after s.o.* nach jdm fragen; *(require, demand)* verlangen, fordern

ask drawn by lot [ɑːsk drɔːn baɪ lɒt] Brief verlost (BV)

ask(ed) price [ɑːsk(d) praɪs] *sb* Briefkurs *m*

asking price ['ɑːskɪŋ praɪs] *sb* offizieller Verkaufspreis *m*

assemble [ə'sembl] *v (come together, convene)* sich versammeln, sich ansammeln, zusammentreten; *(an object)* zusammenbauen, montieren

assembler [ə'semblə] *sb* Monteur *m*

assembly [ə'semblɪ] *sb* Versammlung *f*, Zusammenkunft *f*; *(of an object)* Zusammenbau *m*, Montage *f*

assembly line [ə'semblɪ laɪn] *sb* Fließband *n*, Montageband *n*

assess [ə'ses] *v* bewerten, einschätzen

assessment [ə'sesmənt] *sb* Beurteilung *f*, Bewertung *f*

assessment basis [ə'sesmənt 'beɪsɪs] *sb* Bemessungsgrundlage *f*

assessment center [ə'sesmənt 'sentə] *sb* Assessment Center *n*

assessor [ə'sesə] *sb 1.* Beisitzer(in) *m/f*; 2. Steuereinschätzer(in) *m/f*

asset ['æset] *sb 1.* Vermögenswert *m*; 2. *(fig)* Vorzug *m*, Plus *n*, Vorteil *m*

asset and liability statement ['æset ænd leɪə'bɪlɪtɪ 'steɪtmənt] *sb* Vermögensbilanz *f*

asset erosion ['æset ɪ'rəʊʒən] sb substanzielle Abnutzung f

asset management ['æset 'mænɪdʒmənt] sb Asset Management n

asset market ['æset 'mɑːkɪt] sb Asset Market m

assets ['æsets] pl Vermögen n, Guthaben n, Güter pl; (on a balance sheet) Aktiva pl

assign [ə'saɪn] v 1. (a task) anweisen, zuweisen; 2. (someone to a task) beauftragen, aufgeben; 3. (sth to a purpose) bestimmen; 4. (classify) zuordnen; 5. (transfer rights or titles) übereignen, übertragen

assignee [æsaɪ'niː] sb Zessionar m, Assignat(in) m/f

assigner [ə'saɪnə] sb Zedent m

assignment [ə'saɪnmənt] sb 1. (instruction) Anweisung f; 2. (assigned task) Aufgabe f, Auftrag m; 3. (legally) Übertragung f, Abtretung f

assignment by way of security [ə'saɪnmənt baɪ weɪ əv sɪ'kjuːrɪtɪ] sb Sicherungsabtretung f

assistant [ə'sɪstənt] sb Assistent(in) m/f, Gehilfe/Gehilfin m/f

associate [ə'səʊʃɪət] sb1. Kollege/Kollegin m/f, Mitarbeiter(in) m/f; 2. (partner in a firm) Gesellschafter(in) m/f

associated companies [ə'səʊsɪeɪtəd 'kʌmpəniːz] sb verbundene Unternehmen n/pl

association [əsəʊsɪ'eɪʃən] sb Verein m, Verband m, Vereinigung f, Gemeinschaft f, Gesellschaft f; articles of ~ Gesellschaftsvertrag m

Association of German Chambers of Industry and Commerce [əsəʊsɪ'eɪʃən əv dʒɜːmən tʃeɪmbəəz əv 'ɪndəstrɪ ænd 'kɒməs] sb Deutscher Industrie- und Handelstag (DIHT) m

association on which the law confers the attributes of a merchant, regardless of the object of its business [əsəʊsɪ'eɪʃən ɒn wɪtʃ ðə lɔː kɒn'fəz ðə 'ætrɪbjuːts əv ə 'mɜːtʃənt rɪ'gɑːdlɪs əv ðə 'ɔːbdʒekt əv ɪts 'bɪznɪs] sb Formkaufmann m

associations of shareholders [əsəʊsɪ'eɪʃənz əv 'ʃeəhəʊldəz] sb Aktionärsvereinigungen f/pl

assort [ə'sɔːt] v sortieren, ordnen, assortieren

assorted [ə'sɔːtɪd] adj gemischt, assortiert

assortment [ə'sɔːtmənt] sb Sortiment n, Mischung f

assortment policy [ə'sɔːtmənt 'pɒlɪsɪ] sb Sortimentspolitik f

assumption of an obligation [ə'sʌmpʃən əv ən ɔːblɪ'geɪʃən] sb Schuldübernahme f

assurance [ə'ʃʊərəns] sb Assekuranz f, Versicherung f

asynchronous data transfer [eɪsɪŋ'krənəs 'deɪtə 'trænsfə] sb asynchrone Datenübertragung f

asynchronous transmission [eɪsɪŋ'krənəs træns'mɪʃən] sb asynchrone Datenübertragung f

at best [æt best] bestens

at lowest [æt 'ləʊəst] billigst

atomic energy [ə'tɒmɪk 'enədʒɪ] sb Atomenergie f

attach [ə'tætʃ] v beschlagnahmen, pfänden

attaché case [ə'tæʃeɪ keɪs] sb Aktenkoffer m, Aktentasche f

attached [ə'tætʃt] adj 1. verbunden; 2. Please find ~ ... In der Anlage erhalten Sie ...

attachment [ə'tætʃmənt] sb 1. Beschlagnahme f, Pfändung f 2. (accessory) Zubehörteil n, Zusatzteil n

attachment of earnings [ə'tætʃmənt əv 'ɜːnɪŋz] sb Lohnpfändung f

attendance stock exchange [ə'tendəns stɒk ɪks'tʃeɪndʒ] sb Präsenzbörse f

attend to [ə'tend tu] v 1. (see to) sich kümmern um, erledigen, sorgen für; 2. (serve) bedienen, betreuen, abfertigen

attest [ə'test] v beglaubigen, bescheinigen; ~ to bezeugen

attestation [ətes'teɪʃən] sb (document) Bescheinigung f, Attest n

attorney [ə'tɜːnɪ] sb Anwalt/Anwältin m/f, Rechtsanwalt/Rechtsanwältin m/f; power of ~ Vollmacht f; Bevollmächtigte(r) m/f

auction ['ɔːkʃən] sb Auktion f, Versteigerung f

audio conference ['ɔːdɪəʊ 'kɒnfərəns] sb Audiokonferenz f

audit ['ɔːdɪt] v 1. prüfen; 2. sb Buchprüfung f; 3. (final ~) Abschlussprüfung f, Revision f

audit department ['ɔːdɪt dɪ'pɑːtmənt] sb Revisionsabteilung f

auditing ['ɔːdɪtɪŋ] sb Wirtschaftsprüfung f, Rechnungsprüfung f, Auditing, Buchprüfung f

auditing association ['ɔːdɪtɪŋ əsəʊsɪ'eɪʃən] sb Prüfungsverband m

auditing requirements ['ɔːdɪtɪŋ rɪ'kwaɪəmənts] sb Revisionspflicht f

audit of prospectus ['ɔːdɪt əv 'prɒspektəs] sb Prospektprüfung f

audit opinion [ˈɔːdɪt əˈpɪnjən] *sb* Testat *n*

auditor [ˈɔːdɪtə] *sb* Wirtschaftsprüfer *m*, Rechnungsprüfer *m*

audit report [ˈɔːdɪt rɪˈpɔːt] *sb* Prüfungsbericht *m*

autarky [ˈɔːtəkiː] *sb* Autarkie *f*

authenticate [ɔːˈθentɪkeɪt] *v* beglaubigen, authentifizieren

authentication [ɔːθentɪˈkeɪʃən] *sb* Beglaubigung *f*

authorisation [ɔːθəraɪˈzeɪʃən] *(UK) see „authorization"*

authoritative style of leadership [ɔːˈθɔːrɪteɪtɪv steɪl əv ˈliːdəʃɪp] *sb* autoritärer Führungsstil *m*

authority [ɔːˈθɒrɪtɪ] *sb 1. (power)* Autorität *f; 2. (of a ruler)* Staatsgewalt *f; 3. authorities pl* Obrigkeit *f; 4. (entitlement)* Befugnis *f; 5. specifically dedicated)* Vollmacht *f; 6. (government, government department)* Amt *n*, Behörde *f; 7. (an expert)* Sachverständige(r) *m/f*, Fachmann *m*

authorization [ɔːθəraɪˈzeɪʃən] *sb 1.* Ermächtigung *f*, Genehmigung *f*, Berechtigung *f; 2. (delegation of authority)* Bevollmächtigung *f*, Mandat *n*

authorization to sign [ɔːθəraɪˈzeɪʃən tʊ saɪn] *sb* Zeichnungsberechtigung *f*

authorize [ˈɔːθəraɪz] *v* ermächtigen, genehmigen, berechtigen; *(delegate authority)* bevollmächtigen

authorized [ˈɔːθəraɪzd] *adj* berechtigt, befugt

authorized balance sheet [ˈɔːθəraɪzd ˈbæləns ʃiːt] *sb* genehmigte Bilanz *f*

authorized capital [ˈɔːθəraɪzd ˈkæpɪtəl] *sb* autorisiertes Kapital *n*, genehmigtes Kapital *n*

authorized clerk [ˈɔːθəraɪzd klɑːk] *sb* Prokurist *m*

authorized deposit [ˈɔːθəraɪzd dɪˈpɒzɪt] *sb* Ermächtigungsdepot *n*

authorized person [ˈɔːθəraɪzd ˈpɜːsən] *sb* Bevollmächtigter *m*

authorized representative [ˈɔːθəraɪzd reprɪˈzentətɪv] *sb* Prokurist *m*

authorized to undertake collection [ˈɔːθəraɪzd tu ʌndəˈteɪk kəˈlekʃən] *adj* inkassoberechtigt

autocorrelation [ɔːtəʊkɒrəˈleɪʃən] *sb* Autokorrelation *f*

automate [ˈɔːtəmɪt] *v* automatisieren

automatic quotation [ɔːtəˈmætɪk kwəʊˈteɪʃən] *sb* automatische Kursanzeige *f*

automated teller machine [ɔːtəˈmeɪtɪd ˈtelə məˈʃiːn] *sb (US)* Geldautomat *m*

Automatic Transfer Service [ɔːtəˈmætɪk ˈtrænsfɜ ˈsɜːvɪs] *sb* Automatic Transfer Service (ATS) *m*

automation [ɔːtəˈmeɪʃən] *sb* Automation *f*, Automatisierung *f*

automation degree [ɔːtəˈmeɪʃən dɪˈgriː] *sb* Automatisationsgrad *m*

automatism [ˈɔːtɒmətɪzm] *sb* Automatismus *m*

automaton [ɔːˈtɒmətən] *sb* Roboter *m*, Automat *m*

autonomous teams [ɔːˈtɒnəməs tiːmz] *sb* autonome Arbeitsgruppen *f/pl*

autonomous variables [ɔːˈtɒnəməs ˈværɪəbəlz] *sb* autonome Größen *f/pl*

autonomous wage bargaining [ɔːˈtɒnəməs weɪdʒ ˈbɑːgənɪŋ] *sb* Tarifautonomie *f*

autonomy [ɔːˈtɒnəmɪ] *sb* Autonomie *f*

autumn fair [ɔːtəm feə] *sb* Herbstmesse *f*, Herbstausstellung *f*

auxiliary [ɔːgˈzɪljərɪ] *adj* mitwirkend, Hilfs..., Zusatz...

availability [əveɪləˈbɪlɪtɪ] *sb* Verfügbarkeit *f*, Vorhandensein *n*, Wertstellung *f*

available [əˈveɪləbl] *adj 1.* verfügbar, vorhanden, zu haben; *2. (not busy)* abkömmlich; *3. (to be bought)* erhältlich; *4. (from a supplier)* lieferbar; *5. (in stock)* vorrätig

available funds [əˈveɪləbəl fʌndz] *pl* Finanzdecke *f*

average [ˈævərɪdʒ] *adj 1.* durchschnittlich; *sb 2.* Durchschnitt *m; on the ~* durchschnittlich

average costs [ˈævərɪdʒ kɒsts] *pl* Durchschnittskosten *pl*

averaging [ˈævərɪdʒɪŋ] *sb* Averaging *n*

average price [ˈævərɪdʒ praɪs] *sb* Durchschnittspreis *m*

average product [ˈævərɪdʒ ˈprɒdʌkt] *(ecomomics)* Durchschnittserlöse *m/pl*

average rate [ˈævərɪdʒ reɪt] *sb* Durchschnittssatz *m*

average value [ˈævərɪdʒ ˈvæljuː] *sb* Mittelwert *m*

average value date [ˈævərɪdʒ ˈvæljuː deɪt] *sb* Durchschnittsvaluta *f*

average yield [ˈævərɪdʒ ˈjiːld] *sb* Durchschnittsertrag *m*

avoidance [əˈvɔɪdəns] *sb 1.* Vermeidung *f; 2. tax ~* Steuerhinterziehung *f*

avoirdupois [ævwɒdjuːˈpwɒ] *sb ~ weight* Handelsgewicht *n*

B

baby bonds ['beɪbi bɔndz] *sb* Baby-Bonds *pl*
back delegation [bæk delɪ'geɪʃən] *sb* Rückdelegation *f*
backpay ['bækpeɪ] *sb* Nachzahlung *f*
backlog ['bæklɔg] *sb* Rückstand *m*
back-to-back letter of credit [bæk tu
bæk 'lɛtɜ: əv 'krɛdɪt] *sb* Gegenakkreditiv *n*
backup ['bækʌp] *sb* Backup *n*, Sicherungs-
kopie *f*
backwardation [bækwɜ:'deɪʃən] 1. Rück-
datierung *f*; 2. Deport *m*, Kursabschlag *m*
bad debt loss [bæd det lɔ:s] *sb* Ausfallforderung *f*
bad-weather compensation [bæd 'weðə
kɔ:mpən'seɪʃən] *sb* Schlechtwettergeld *n*
bail [beɪl] *sb* Kaution *f*
bail bond ['beɪl bɔnd] *sb* Sicherheitsleis-
tung *f*
bailiff ['beɪlɪf] *sb* Gerichtsvollzieher *m*
balance ['bæləns] *sb* 1. *(account ~)* Saldo
m; ~ *carried forward* Übertrag *m*; 2. *(remainder)* Rest *m*, Restbetrag *m*; *v* 3. *(to be ~d)* aus-
geglichen sein; 4. *(~ the accounts, ~ the budget)* ausgleichen
balance analysis ['bæləns ə'næləsɪs] *sb*
Bilanzanalyse
balance of capital transactions ['bæləns
əv 'kæpɪtl træn'zækʃənz] *sb* Kapitalbilanz *f*
balance of goods and services ['bæləns
əv gʊdz ænd 'sɜ:vɪsɪz] *sb* Leistungsbilanz *f*
balance of payments ['bæləns əv
'peɪmənts] *sb* Zahlungsbilanz *f*
balance of payments deficit ['bæləns əv
'peɪmənts 'defɪsɪt] *sb* Zahlungsbilanzdefizit *n*
balance of payments equilibrium ['bæləns əv 'peɪmənts i:kwə'lɪbriəm] *sb* Zahlungsbilanzgleichgewicht *n*
balance of payments surplus ['bæləns
əv 'peɪmənts 'sɜ:plʌs] *sb* Zahlungsbilanzüberschuss *m*
balance of trade ['bæləns əv'treɪd] *sb*
Handelsbilanz *f*
balance sheet ['bælənsʃiːt] *sb* Bilanz *f*,
Handelsbilanz *f*
balance sheet account ['bæləns ʃiːt
ə'kaʊnt] *sb* Bilanzkonto *n*
balance sheet analysis ['bæləns ʃiːt
ə'næləsɪs] *sb* Bilanzanalyse *f*, Bilanzkritik *f*

balance sheet audit ['bæləns ʃiːt 'ɔ:dɪt] *sb*
Bilanzprüfung *f*
balance sheet continuity ['bæləns ʃiːt
kɔ:ntɪ'nju:ɪtɪ] *sb* Bilanzkontinuität *f*
balance sheet equation ['bæləns ʃiːt
ɪ'kweɪʒən] *sb* Bilanzgleichung *f*
balance sheet statistics ['bæləns ʃiːt
stə'tɪstɪks] *sb* Bilanzstatistik *f*
balance sheet total ['bæləns ʃiːt 'təʊtəl]
sb Bilanzsumme *f*
balance sheet valuation ['bæləns ʃiːt
vælju:'eɪʃən] *sb* Bilanzbewertung *f*
balance sheet value ['bæləns ʃiːt 'vælju:]
sb Bilanzwert *m*
balance transparency ['bæləns træns-
'pærənsɪ] *sb* Bilanzklarheit *f*
balance-sheet items ['bæləns ʃiːt 'aɪ-
tɪmz] *sb* Bilanzpositionen *f/pl*
balancing item ['bælənsɪŋ 'aɪtɪm] *sb* Ausgleichsposten *m*
balancing of the budget ['bælənsɪŋ əv ðə
'bʌdʒɪt] *sb* Budgetausgleich *m*
ballot ['bælət] *sb* Stimmzettel *m*; ~ *vote* ge-
heime Abstimmung *f*
ban on advertising [bæn ɔn 'ædvətaɪzɪŋ]
sb Werbeverbot *n*
ban on new issues [bæn ɔ:n nju: 'ɪʃju:z]
sb Emissionssperre *f*
bandwaggon effect ['bændwægən ɪ'fekt]
sb Bandwaggon-Effekt *m*
bank [bæŋk] *sb (for financial affairs)* Bank *f*
bank acceptance [bæŋk ɪk'septəns] *sb*
Bankakzept *m*
bank account [bæŋk ə'kaʊnt] *sb* Bankkonto *n*
bank audit [bæŋk 'ɔ:dɪt] *sb* Bankrevision *f*
bank automation [bæŋk ɔ:tə'meɪʃən] *sb*
Bankautomation *f*
bank balance [bæŋk 'bæləns] *sb* Bankguthaben *n*
bank balance sheet [bæŋk 'bæləns ʃiːt] *sb*
Bankbilanz
bank bonds [bæŋk bɔ:ndz] *sb* Bankanleihen *f/pl*, Bankobligation *f*, Bankschuldverschreibung *f*
bank branch numbering [bæŋk bræntʃ
'nʌmbɜ:rɪŋ] *sb* Bankennummerierung *f*
bank charges [bæŋk 'tʃɑ:dʒɪz] *sb* Kontogebühren *pl*, Bankspesen *pl*

bank clerk [bæŋk klɜːk] *sb* Bankangestellter *m*, Bankkaufmann *m*

bank conditions [bæŋk kənˈdɪʃənz] *sb* Bankkonditionen *f/pl*

bank credit [bæŋk ˈkredɪt] *sb* Bankkredit *m*

Bank Custody Act [bæŋk ˈkʌstɪdi ækt] *sb* Bankdepotgesetz *n*

bank customer [bæŋk ˈkʌstəmə] *sb* Bankkunde *m*

bank debts [bæŋk dets] *sb* Bankschulden *f/pl*

bank deposit [bæŋk dɪˈpɔːzɪt] *sb* Bankeinlage *f*

bank deposit insurance [bæŋk dɪˈpɔːzɪt ɪnˈʃʊərəns] *sb* Depositenversicherung *f*

bank endorsed bill [bæŋk ɪnˈdɔːst bɪl] *sb* bankgirierter Warenwechsel *m*

Bank for International Settlements (BIS) [bæŋk fɔː ɪntəˈnæʃənəl ˈsetəlmənts] *sb* Bank für Internationalen Zahlungsausgleich (BIZ) *f*

bank guarantee [bæŋk gærənˈtiː] *sb* Bankgarantie *f*, Bankaval *m/n*

bank holding securities on deposit [bæŋk ˈhəʊldɪŋ sɪˈkjuːrɪtiːz ɔːn dɪˈpɔːzɪt] *sb* Depotbank *f*

bank holiday [bæŋk ˈhɒlɪdeɪ] *sb* gesetzlicher Feiertag *m*

bank identification number [bæŋk aɪdentɪfɪˈkeɪʃən ˈnʌmbə] *sb* Bankleitzahl *f*

bank letter of credit [bæŋk ˈletə əv ˈkredɪt] *sb* Bankakkreditiv *n*

bank liquidity [bæŋk lɪˈkwɪdɪti] *sb* Bankliquidität *f*

bank manager [bæŋk mænɪdʒə] *sb* Filialleiter(in) *m/f*

bank money order [bæŋk ˈmʌni ˈɔːdə] *sb* Bankanweisung *f*

bank note [bæŋk nəʊt] *sb* Banknote *f*

bank notification [bæŋk nəʊtɪfɪˈkeɪʃən] *sb* Bankavis *m/n*

bank of deposit [bæŋk əv dɪˈpɔːzɪt] *sb* Depositenbank *f*

bank office network [bæŋk ˈɒfɪs ˈnetwɜːk] *sb* Bankstellennetz *n*

bank place [bæŋk pleɪs] *sb* Bankplatz *m*

bank rate [bæŋk reɪt] *sb* Diskontsatz *m*

bank rate for loans on securities [ˈbæŋk reɪt fɔː ləʊns ɔːn sɪˈkjʊərɪtiz] *sb* Lombardsatz *m*

bank rate policy [bæŋk reɪt ˈpɒlɪsi] *sb* Diskontpolitik *f*

bank relations [bæŋk rɪˈleɪʃənz] *sb* Bankbeziehungen *f/pl*

bank return [bæŋk rɪˈtɜːn] *sb* Bankausweis *m*

bank shares [bæŋk ʃɛəz] *sb* Bankaktie *f*

bank statement [bæŋk steɪtmənt] *sb* Kontoauszug *m*, Bankauszug *m*

bank status [bæŋk ˈstætɪs] *sb* Bankstatus *m*

bank stock [bæŋk stɔːk] *sb* Bankkapital *n*

bank supervision [bæŋk suːpəˈvɪʒən] *sb* Bankkontrolle *f*

bank transfer [bæŋk ˈtrænsfə] *sb* Banküberweisung *f*

bank turnover [bæŋk ˈtɜːnəʊvə] *sb* Bankumsätze *m/pl*

bankbook [ˈbæŋkbʊk] *sb* Kontobuch *n*

banker [ˈbæŋkə] *sb* Bankier *m*, Banker *m*

banker's commission [ˈbæŋkəʒ kəˈmɪʃən] *sb* Bankprovision *f*

banker's duty of secrecy [ˈbæŋkəz ˈdjuːti ɒv ˈsiːkrɪsi] *sb* Bankgeheimnis *n*

banker's guarantee [ˈbæŋkəz gærənˈtiː] *sb* Bankgarantie *f*

banker's note [ˈbæŋkəz nəʊt] *sb* Dispositionsschein *m*

banker's order [ˈbæŋkəz ˈɔːdə] *sb* Dauerauftrag *m*

banker's reference [ˈbæŋkəz ˈrefərɪns] *sb* Bankauskunft *f*

banking [ˈbæŋkɪŋ] *sb* Bankwesen *n*, Bankgeschäft *n*

banking business [ˈbæŋkɪŋ ˈbɪznɪs] *sb* Bankgewerbe *n*

banking cover [ˈbæŋkɪŋ ˈkʌvə] *sb* Bankdeckung *f*

banking crisis [ˈbæŋkɪŋ ˈkraɪsɪs] *sb* Bankenkrise *f*

banking inquiry [ˈbæŋkɪŋ ˈɪnkwərɪ] *sb* Bankenquete *f*

banking interest [ˈbæŋkɪŋ ˈɪntrɪst] *sb* Bankzinsen *m/pl*

Banking Law [ˈbæŋkɪŋ lɔː] *sb* Kreditwesengesetz *n*

banking legislation [ˈbæŋkɪŋ ledʒɪsˈleɪʃən] *sb* Bankengesetzgebung *f*

banking organization [ˈbæŋkɪŋ ɔːgənaɪˈzeɪʃən] *sb* Bankorganisation *f*

banking secrecy [ˈbæŋkɪŋ siːkrəsi] *sb* Bankgeheimnis *n*

banking statistics [ˈbæŋkɪŋ stəˈtɪstɪks] *sb* Bankenstatistik *f*

banking syndicate [ˈbæŋkɪŋ ˈsɪndɪkət] *sb* Bankenkonsortium *n*

banking system [ˈbæŋkɪŋ ˈsɪstɪm] *sb* Bankensystem *n*

banking transactions ['bæŋkɪŋ træns-'ækʃənz] sb Bankgeschäft n

banknote ['bæŋknəʊt] sb Banknote f, Geldschein m

bankrate for advances against collateral ['bæŋkreɪt fɔː æd'vænsɪʒ ə'genst ke-'lætərəl] sb Lombardsatz m

bankrupt ['bæŋkrʌpt] adj bankrott, nicht zahlungsfähig

bankruptcy ['bæŋkrʌptsɪ] sb Bankrott m, Konkurs m; ~ proceedings Konkursverfahren n

Bankruptcy Act ['bæŋkrʌpsɪ ækt] sb Konkursordnung f

bankruptcy court ['bæŋkrʌptsɪ kɔːt] sb Konkursgericht n

bankruptcy offence ['bæŋkrʌpsɪ ə'fens] sb Konkursdelikt n

bankruptcy petition ['bæŋkrʌptsɪ pə'tɪʃən] sb Konkursantrag m

bankruptcy proceedings [bæŋkrʌptsɪ prə'siːdɪŋz] sb Konkursverfahren n

bankrupt's creditor ['bæŋkrʌpts 'kredɪtə] sb Konkursgläubiger m

bankrupt's estate ['bæŋkrʌpts ɪ'steɪt] sb Konkursmasse f

bank's accounting [bæŋks ə'kaʊntɪŋ] sb Bankbuchhaltung f

bank's confirmation of a letter of credit [bæŋks kɔnfə'meɪʃən əv ə 'letɜː əv 'kredɪt] sb Bankavis m

banks' duty to publish [bæŋks 'djuːti tu 'pʌblɪʃ] sb Bankpublizität f

bank's transaction dealing with cashless [bæŋks træns'ækʃən 'diːlɪŋ wɪθ 'kæʃləs] sb Girogeschäft n

banks' voting rights [bæŋks 'vəʊtɪŋ raɪts] sb Bankenstimmrecht n

bar chart ['baː ʃaːt] sb Balkendiagramm n, Säulenschaubild n, Blockdiagramm n

bar code ['baː kəʊd] sb Strichkode m, Barcode m, Balkencode m

bargain ['baːgɪn] v 1. feilschen, handeln; 2. ~ for rechnen mit, erwarten; sb 3. (transaction) Handel m, Geschäft n, Abkommen n; 4. drive a hard ~ hart feilschen; 5. strike a ~ sich einigen; 6. (sth bought at a ~ price) Gelegenheitskauf m; 7. (lower-than-usual price) preiswertes Angebot n

bargaining ['baːgənɪŋ] sb Bargaining n

barrel ['bærəl] sb Fass n, Tonne f, Barrel n

barriers to entry ['bærɪːɜːz tu 'entrɪ] sb Markteintrittsbarrieren f/pl

barrister ['bærɪstə] sb Rechtsanwalt/Rechtsanwältin m/f, Barrister m

barter ['baːtə] v tauschen; sb Tauschhandel m, Tausch m

barter transaction ['baːtə træn'zækʃən] sb Kompensationsgeschäft n, Tauschgeschäft n, Bartergeschäft n

base [beɪs] sb Basis f, Grundlage f

base rate ['beɪsreɪt] sb Leitzins m

base year [beɪs jɪə] sb Vergleichsjahr n, Basisjahr n

basic collective agreement ['beɪsɪk kə-'lektɪv ə'griːmənt] sb Manteltarifvertrag m

basic income ['beɪsɪk 'ɪnkʌm] sb Grundgehalt n, Basiseinkommen n

basic knowledge ['beɪsɪk 'nɔlɪdʒ] sb Grundkenntnisse pl

basic price ['beɪsɪk praɪs] sb Basispreis m

basic rate ['beɪsɪk reɪt] sb Eingangssteuersatz m

basic rate of interest ['beɪsɪk reɪt əv 'ɪntrɪst] sb Eckzins m

basic salary ['beɪsɪk 'sælərɪ] sb Grundgehalt n, Basislohn m

basic savings ['beɪsɪk 'seɪvɪŋz] sb Spareckzins m

basic trend ['beɪsɪk trend] sb Basistrend m

basic wage ['beɪsɪk weɪdʒ] sb Grundgehalt n, Basislohn m

basis ['beɪsɪs] sb Basis f, Grundlage f, Fundament n

basket currency ['bæskɪt 'kɜrɪnsɪ] sb Korbwährung f

batch of commodities [bætʃ əv kə'mɔdiːtiːz] sb Warenkorb m

batch production [bætʃ prə'dʌkʃən] sb Chargenproduktion f

batch size [bætʃ saɪz] (production) Losgröße f, Seriengröße f

baud rate [bɔːd reɪt] sb Baudrate f

bear [beə] sb Baissespekulant m, Baissier m

bear clause [beə klɔːz] sb Baisseklausel f

bearer ['beərə] sb 1. (of a message, of a cheque) Überbringer(in) m/f; 2. (of a document) Inhaber(in) m/f; 3. (carrier) Träger(in) m/f

bearer bond ['beərə bɔnd] sb Inhaberschuldverschreibung f

bearer cheque ['beərə tʃek] sb Inhaberscheck m, Überbringerscheck m

bearer clause ['beərə klɔːz] sb Inhaberklausel f

bearer instrument ['beərə 'ɪnstrəmənt] sb Inhaberpapier n

bearer land charge ['beərə lænd tʃɑdʒ] sb Inhabergrundschuld f

bearer share ['bɛərə ʃɛə] *sb* Inhaberaktie *f*

bearer-type mortgage ['bɛərə taɪp 'mɔː-gɪdʒ] *sb* Inhaberhypothek *f*

bearish ['bɛərɪʃ] *adj (market)* bearish, auf Baisse gerichtet, flau

bear market [bɛə 'mɑːkɪt] *sb* Baisse *f*

bear sale [bɛə seɪl] *sb* Leerverkauf *m*

bear seller [bɛə 'selə] *(Börse)* Fixer *m*

bear selling [bɛə 'selɪŋ] *sb* Leerverkauf *m*

bear selling position [bɛə 'selɪŋ pə'zɪʃən] *sb* Leerposition *f*

beat [biːt] *v irr 1. (s.o. to sth)* zuvorkommen; *2. (surpass)* überbieten

beat down [biːt daʊn] *v irr (prices)* herunterdrücken, herunterhandeln

before hours dealing [biː'fɔːr 'aʊəz 'diː-lɪŋ] *sb* Vorbörse *f*

belong [bɪ'lɒŋ] *v* gehören

belongings [bɪ'lɒŋɪŋz] *pl* Habe *f*, Besitz *m*, Eigentum *n*

benchmark rate ['bentʃmɒk reɪt] *sb* Ecklohn *m*

benchmarking ['bentʃmɒkɪŋ] *sb* Benchmarking *n*

beneficial [benɪ'fɪʃəl] *adj* nützlich, gut, von Vorteil

beneficiary [benɪ'fɪʃəri] *sb* Nutznießer(in) *m/f*, Begünstigte(r) *m/f*

beneficiary of payment [benɪ'fɪʃəri əv 'peɪmənt] *sb* Zahlungsberechtigte(r) *m/f*

benefit ['benɪfɪt] *v 1.* Nutzen ziehen, profitieren, gewinnen; *sb 2.* Vorteil *m*, Nutzen *m*, Gewinn *m*; *3.* give s.o. the ~ of the doubt im Zweifelsfalle zu jds Gunsten entscheiden; *(insurance ~)* Leistung *f*, Unterstützung *f*

benefit analysis ['benɪfɪt ə'nælɪsɪs] *sb* Nutzwertanalyse *f*

benefit in money's worth ['benefit ɪn 'mʌniːz wɜːθ] *sb* geldwerter Vorteil *m*

bequeath [bɪ'kwiːð] *v* vermachen, vererben

bequest [bɪ'kwest] *sb* Vermächtnis *n*; *(to a museum)* Stiftung *f*

bespoke [bɪ'spəʊk] *adj (UK)* nach Maß angefertigt, Maß...

best price [best praɪs] *sb* billigst

bestow [bɪ'stəʊ] *v* schenken, erweisen

bestseller [best'selə] *sb* Bestseller *m*

bestselling ['bestselɪŋ] *adj* Erfolgs..., bestverkauft

beta factor ['beɪtə 'fæktə] *sb* Betafaktor *m*

beverage tax ['bevərɪdʒ tæks] *sb* Getränkesteuer *f*

bid [bɪd] *v irr 1.* bieten; *sb 2.* Angebot *n*; *3. (at an auction)* Gebot *n*

bidder ['bɪdə] *sb* Bieter(in) *m/f*; *the highest* ~ der/die Meistbietende *m/f*; *the lowest* ~ der/die Mindestbietende *m/f*

bidding ['bɪdɪŋ] *sb* Bieten *n*, Gebot *n*; *do s.o.'s* ~ wie geheißen tun

bid price [bɪd praɪs] *sb* Geldkurs *m*

big bank [bɪg bæŋk] *sb* Großbank *f*

bilateral [baɪ'lætərəl] *adj* zweiseitig, bilateral, beiderseitig

bill [bɪl] *v 1. (charge)* in Rechnung stellen; *sb 2.* Rechnung *f*, Abrechnung *f*; *3. (US: banknote)* Banknote *f*, Geldschein *m*; *4.* ~ of sale Verkaufsurkunde *f*

billboard ['bɪlbɔːd] *sb* Reklametafel *f*, Werbetafel *f*

bill business [bɪl 'bɪznɪs] *sb* Wechselgeschäft *n*

bill drawn by the drawer himself [bɪl drɔːn baɪ ðə 'drɔːə hɪm'self] *sb* trassiert-eigener Wechsel *m*

bill for collection [bɪl fɔː kə'lekʃən] *sb* Inkassowechsel *m*

bill in foreign currency [bɪl ɪn 'fɒrɪn 'kʌrɪnsɪ] *sb* Devisen-Wechsel *m*

billion ['bɪlɪən] *sb 1. (UK: a million millions)* Billion *f*; *2. (US: a thousand millions)* Milliarde *f*

bill jobbing [bɪl 'dʒɔːbɪŋ] *sb* Wechselreiterei *f*

bill of entry [bɪl əv'entrɪ] *sb* Zolleinfuhrschein *m*

bill of exchange [bɪl əvɪks'tʃeɪndʒ] *sb* Wechsel *m*

bill of exchange drawn for third-party account [bɪl əv ɪks'tʃeɪndʒ drɔːn fɔː θɜːd 'pɒtɪ ə'kaʊnt] *sb* Kommissionstratte *f*

bill of lading [bɪl əv 'leɪdɪŋ] *sb* Konnossement, Seefrachtbrief *m*

bill of receipts and expenditures [bɪl əv rɪ'siːts ænd ik'spendɪtʃəz] Einnahmen-Ausgabenrechnung *f*

bill on deposit [bɪl ɔːn dɪ'pɔːzɪt] *sb* Depotwechsel *m*

bill payable [bɪl 'peɪjəbəl] *sb* Schuldwechsel *m*

bill payable at sight [bɪl peɪəbl ət saɪt] *sb* Sichtwechsel *m*

bill payable in instal(l)ments [bɪl 'peɪjəbəl ɪn ɪn'stɒlmənts] *sb* Ratenwechsel *m*

bills and checks returned unpaid [bɪlz ænd tʃeks rɪ'tɜːnd ʌn'peɪd] *(finance)* Retouren *f/pl*

bills discounted [bɪlz 'dɪskaʊntɪd] *sb* Diskonten *n/pl*

bills discounted ledger [bɪlz 'dɪskaʊntɪd 'ledʒə] *sb* Obligobuch *n*

bills drawn on debtors [bɪlz drɔːn ɔːn 'detəz] *sb* Debitorenziehung *f*

bills receivable [bɪlz rɪ'siːvəbəl] *sb* Besitzwechsel *m*

bills rediscountable at the Federal Bank [bɪlz rɪdɪs'kaʊntɪbəl æt ðə 'fedərəl bæŋk] *sb* bundesbankfähige Wertpapiere *n/pl*

binding ['baɪndɪŋ] *adj* verbindlich, bindend, verpflichtend

biodegradable [baɪəʊdɪ'greɪdəbl] *adj* biologisch abbaubar

biotechnology [baɪəʊtek'nɒlədʒɪ] *sb* Biotechnologie *f*

birthday ['bɜːθdeɪ] *sb* Geburtstag *m*

birthplace ['bɜːθpleɪs] *sb* Geburtsort *m*

bit [bɪt] *sb* 1. Stückchen *n*, Stück *n*; ~ *by* ~ stückweise, Stück für Stück; *every ~ as good as ...* genauso gut wie ... 2. *(UK: coin)* Münze *f*; 3. *(computer)* Bit *n*

black bourse [blæk bɔːs] *sb* schwarze Liste *f*

black box model [blæk bɔːks 'mɔːdəl] *sb* Black-Box-Modell *n*

black list [blæk lɪst] *sb* Black list *f*

black market [blæk 'mɑːkɪt] *sb* Schwarzmarkt *m*

black stock exchange [blæk stɔːk ɪks'tʃeɪndʒ] *sb* schwarze Börse *f*

blank [blæŋk] *adj* Blanko..., leer

blank bill [blæŋk bɪl] *sb* Blanko-Wechsel *m*

blank cheque [blæŋk tʃek] *sb* Blankoscheck *m*

blanket agreement ['blæŋkɪt ə'griːmənt] *sb* Rahmenvereinbarung *f*

blanket allowance for special expenses ['blæŋkɪt ə'laʊəns fɔː 'speʃəl ɪks'pensɪz] *sb* Sonderausgaben-Pauschbetrag *m*

blank form [blæŋk fɔːm] *sb* Blankoformular *n*

blank indorsement [blæŋk ɪn'dɔːsmənt] *sb* Blanko-Indossament *n*

blank signature [blæŋk 'sɪgnətʃə] *sb* Blankounterschrift *f*

block [blɒk] *v (credit)* sperren

blocked account ['blɒkt ə'kaʊnt] *sb* Sperrkonto *n*

blocked balance [blɒkt 'bæləns] *sb* Sperrguthaben *f*

blocked deposit [blɒkt dɪ'pɔːzɪt] *sb* gesperrtes Depot *n*

blocked safe-deposit [blɒkt seɪf dɪ'pɔːzɪt] *sb* Sperrdepot *n*

blocked shares [blɒkt ʃeəz] *sb* gesperrte Stücke *n/pl*

block floating [blɒk fləʊtɪŋ] *sb* Blockfloating *n*

block grant [blɒk grænt] *sb* Pauschalsubvention *f*

block of shares [blɒk əv ʃeəz] *sb* Aktienpaket *n*

blue chips [blu: tʃɪp] *sb* erstklassige Aktien *f*, Blue Chips *m/pl*

board [bɔːd] *sb* 1. *(of a computer)* Platine *f*; 2. *(~ of directors)* Vorstand *m*, Direktorium *n*, Verwaltungsrat *m*

board of directors [bɔːd əv dɪ'rektəz] *sb* Direktion *f*, Vorstand *m*

board of trustees [bɔːd əv trʌs'tiːz] *sb* Kuratorium *n*

boardroom ['bɔːdruːm] *sb* Sitzungssaal *m*

body ['bɒdɪ] *sb* 1. *(group of people)* Gruppe *f*, Gesellschaft *f*; 2. *(administrative)* Körperschaft *f*

bogus company ['bəʊgəs 'kʌmpənɪ] *sb* Briefkastenfirma *f*, Scheinfirma *f*

bond [bɒnd] *sb* Obligation *f*, festverzinsliches Wertpapier *n*

bond and share [bɒnd ænd ʃeə] *sb* Manteltresor *m*

bond certificate [bɒnd sɜː'tɪfɪkɪt] *sb* Anleiheschein *m*

bonded ['bɒndɪd] *adj* unter Zollverschluss *m*

bonded warehouse ['bɒndɪd 'weəhaʊs] *sb* Zolllagerhaus *n*

bondholder ['bɒndhəʊldə] *sb* Pfandbriefinhaber *m*, Obligationär *m*

bond issue [bɒnd 'ɪʃjuː] *sb* Obligationsausgabe *f*

bond market [bɒnd 'mɒkɪt] *sb* Rentenmarkt *m*

bond option [bɒnd 'ɒpʃən] *sb* Bond-Option *f*

bonds [bɒndz] *sb* Rentenpapiere *pl*, Bonds *pl*, Obligation *f*

bond trading [bɒnd 'treɪdɪŋ] *sb* Rentenhandel *m*

bonus ['bəʊnəs] *sb (monetary)* Prämie *f*, Bonus *m*, Gratifikation *f*, Bonifikation *f*, Zulage *f*

bonus-aided saving ['bəʊnəs 'eɪdɪd 'seɪvɪŋ] *sb* Prämiensparen *n*

bonus savings contract ['bəʊnəs 'seɪvɪŋz 'kɔːntrækt] *sb* Prämiensparvertrag *m*

bonus share ['bəʊnəs ʃeə] *sb* Berichtigungsaktie *f*, Gratisaktie *f*, Zusatzaktie *f*

book [bʊk] *v (reserve)* buchen, reservieren, vorbestellen; *to be ~ed up* ausgebucht sein

book credit [bʊk 'kredɪt] *sb* Buchkredit *m*

book debt [bʊk det] *sb* Buchschuld *f*

booking ['bʊkɪŋ] *f* Buchung *f;* Bestellung *f*

bookkeeper ['bʊkiːpə] *sb* Buchhalter(in) *m/f*

bookkeeping ['bʊkiːpɪŋ] *sb* Buchhaltung *f,* Buchführung *f*

bookkeeping error ['bʊkiːpɪŋ 'erə] *sb* Buchungsfehler *m.* *sb* 2.

book profit [bʊk 'prɒfɪt] *sb* Buchgewinn *m*

books [bʊks] *pl* Bücher *n/pl,* Geschäftsbücher *n/pl; keep the* ~s die Bücher führen

book value [bʊk 'væljuː] *sb* Bilanzkurs *m,* Buchbestände *m/pl;* Buchwert *m*

boom [buːm] *v* 1. *(prosper)* einen Aufschwung nehmen; *Business is* ~*ing.* Das Geschäft blüht. *sb* 2. *(upswing)* Aufschwung *m,* Boom *m,* Hochkonjunktur *f*

boot disk [buːt dɪsk] *sb* Bootdiskette *f*

borrow ['bɒrəʊ] *v* borgen, sich leihen, sich entleihen

borrowed funds ['bɒrəʊd fʌndz] *sb* aufgenommene Gelder *n/pl,* fremde Mittel *n/pl*

borrower ['bɒrəʊə] *sb* Entleiher(in) *m/f; (with a bank)* Kreditnehmer *m*

borrowing ['bɒrəʊɪŋ] *sb* Passivkredit *m*

borrowing customers' card index ['bɒrəʊɪŋ 'kʌstəməz kɑːd 'ɪndeks] *sb* Kreditkartei *f*

borrowing limit ['bɒrəʊɪŋ 'lɪmɪt] *sb* Kreditlimit *n*

borrowing line ['bɒrəʊɪŋ 'laɪn] *sb* Kreditlinie *f*

bottleneck ['bɒtlnek] *sb (fig)* Engpass *m*

bottle-neck factor ['bɒtəlnek 'fæktə] *sb* Engpassfaktor *m*

bottom ['bɒtəm] *v* auf dem Tiefpunkt sein, den tiefsten Stand erreicht haben; ~ *out* die Talsohle verlassen

bottom line ['bɒtəm 'laɪn] *sb* Saldo *m*

bottom-up planning system ['bɒtəmʌp 'plænɪŋ 'sɪstɪm] *sb* Gegenstromverfahren *n*

bottom-up principle ['bɒtəmʌp 'prɪnsɪpəl] *sb* Bottom-Up-Prinzip *n*

bottom wage groups ['bɒtəm weɪdʒ gruːps] *sb* Leichtlohngruppen *f/pl*

box [bɒks] *v* 1. *(put in boxes)* verpacken; 2. *sb* Kasten *m,* Kiste *f; (made of thin cardboard)* Schachtel *f*

boxboard ['bɒksbɔːd] *sb* Wellpappe *f,* Karton *m*

boxcar ['bɒkskɑː] *sb* geschlossener Güterwagon *m*

box number ['bɒks 'nʌmbə] *sb* Postfach *n*

boycott ['bɔɪkɒt] *sb* Boykott *m; v* boykottieren

brain drain ['breɪndreɪn] *sb (fam)* Braindrain *m*

brains trust [breɪnz trʌst] *sb* Expertenausschuss *m,* Braintrust *m*

brainstorming ['breɪnstɔːmɪŋ] *sb* Brainstorming *n*

branch [brɒntʃ] *sb* 1. *(area)* Zweig *m,* Sparte *f,* Branche *f;* 2. ~ *office)* Filiale *f,* Zweigstelle *f; v* 3. ~ *out* sich ausdehnen

branch abroad [brɒntʃ ə'brɔːd] *sb* Auslandsniederlassung *f*

branch manager [brɒntʃ 'mænɪdʒə] *sb* Filialleiter *m*

branch office [brɒntʃ 'ɒfɪs] *sb* Geschäftsstelle *f,* Zweigstelle *f,* Filiale *f*

branch operation [brɒntʃ ɒpə'reɪʃən] *sb* Zweigstelle *f*

brand [brænd] *sb (name)* Marke *f,* Schutzmarke *f*

brand family [brænd 'fæmɪli] *sb* Markenfamilie *f*

brand leader [brænd 'liːdə] *sb* führende Marke *f*

brand marketing [brænd 'mɒkɪtɪŋ] *sb* Brandmarketing *n*

brand (name) loyalty [brænd neɪm 'lɔɪjəltɪ] *sb* Markentreue *f*

brand switching [brænd 'swɪtʃɪŋ] *sb* Markenwechsel *m*

brand trademark [brænd 'treɪdmɒk] *sb* Marke *f*

branding ['brændɪŋ] *sb* Branding *n*

brand name ['brændneɪm] *sb* Markenname *m*

brand name article ['brændneɪm ɒtɪkl] *sb* Markenartikel *m*

breach [briːtʃ] *v* 1. *(a contract)* brechen, verletzen; *sb* 2. Übertretung *f,* Verstoß *m,* Verletzung *f;* 3. ~ *of contract* Vertragsbruch *m*

break [breɪk] *v irr* 1. brechen; 2. ~ *even* Kosten decken; 3. ~ *the news to s.o.* jdm etw eröffnen; 4. *(stop functioning)* kaputtgehen; 5. *(put out of working order)* kaputtmachen; *sb* 5. *(pause)* Pause *f; take a* ~ eine Pause machen

breakage ['breɪkɪdʒ] *sb* Bruch *m; (damage)* Bruchschaden *m*

break down [breɪk daʊn] *v irr (machine)* versagen, stehen bleiben

breakdown ['breɪkdaʊn] *sb* 1. *of a machine)* Versagen *n,* Betriebsstörung *f;* 2. *of a car)* Panne *f;* 3. *(analysis)* Aufgliederung *f*

breakeven analysis [breɪk'iːvən ə'nælɪsɪs] Break-Even-Analyse *f,* Gewinnschwellenanalyse *f*

break-even point [breɪk'iːvən pɔɪnt] *sb* Gewinnschwelle *f,* Rentabilitätsschwelle *f,* Break-Even-Point *m*

breakthrough ['breɪkθruː] *sb* Durchbruch *m*

bribe [braɪb] *v* 1. bestechen, schmieren; 2. *sb (money)* Bestechung *f,* Bestechungsgeld *n*

bridging loan ['brɪdʒɪŋ ləʊn] *sb* Überbrückungskredit *m*

brief [briːf] *sb* 1. Instruktionen *f/pl; v* 2. ~ s.o. jdn einweisen, jdn instruieren

briefcase ['briːfkeɪs] *sb* Aktentasche *f,* Aktenmappe *f*

briefing ['briːfɪŋ] *sb* Briefing, vorbereitende Besprechung *f*

bring [brɪŋ] *v irr* 1. bringen; 2. ~ *a charge against s.o.* gegen jdn Anklage erheben

bring forward [brɪŋ 'fɔːwəd] *v irr* 1. übertragen; 2. *(a meeting)* vorverlegen

broadcast ['brɔːdkɑːst] *v irr* 1. senden, übertragen; *sb* 2. Übertragung *f,* Sendung *f*

brochure ['brəʊʃʊə] *sb* Broschüre *f,* Prospekt *m*

broken-period interest ['brəʊkən'pɪəriəd 'ɪntrest] *sb* Stückzinsen *pl*

broker ['brəʊkə] *sb* Broker *m;* Makler(in) *m/f*

brokerage ['brəʊkərɪdʒ] *sb* Maklergeschäft *n,* Maklergebühr *f,* Provision *f,* Courtage *f*

brokerage bank ['brəʊkərɪdʒ bæŋk] *sb* Maklerbank *f*

brokerage business ['brəʊkərɪdʒ 'bɪznɪs] *sb* Vermittlungsgeschäft *n*

brokers' code of conduct ['brəʊkəz kəʊd əv 'kɒndʌkt] *sb* Maklerordnung *f*

broker's note ['brəʊkəz nəʊt] *sb* Schlussnote *f*

bubble company ['bʌbəl 'kʌmpəni] *sb* Briefkastenfirma *f,* Scheinfirma *f*

bucket shop ['bʌkɪt ʃɒp] *sb* Winkelbörse *f*

budget ['bʌdʒɪt] *v* 1. ~ *for sth* einplanen, einkalkulieren; *sb* 2. Etat *m,* Budget *n,* Haushalt *m*

budget adjustment ['bʌdʒɪt ə'dʒʌstmənt] *sb* Planrevision *f*

budgetary deficit ['bʌdʒɪtəri 'defəsɪt] *sb* Haushaltsdefizit *n,* Budgetdefizit *n*

budgetary planning ['bʌdʒɪtəri 'plænɪŋ] *sb* Budgetplanung *f*

budget control ['bʌdʒɪt kən'trəʊl] *sb* Budgetkontrolle *f*

budget credit ['bʌdʒɪt 'kredɪt] *sb* Haushaltskredit *m*

budget cut ['bʌdʒɪt kʌt] *sb* Etatkürzung *f,* Budgetkürzung *f*

budgeted balance sheet ['bʌdʒɪtɪd 'bæləns ʃiːt] *sb* Planbilanz *f*

budgeted costs ['bʌdʒɪtɪd kɒsts] *sb* Sollkosten *pl*

budget law ['bʌdʒɪt lɔː] *sb* Haushaltsgesetz *n*

budgeting ['bʌdʒɪtɪŋ] *sb* Budgetierung *f,* Finanzplanung *f*

buffer stock ['bʌfə stɒks] *sb* Buffer-Stocks *pl*

bug [bʌg] *v* 1. verwanzen, abhören; *sb* 2. *(programming error)* Defekt *m*

build [bɪld] *v irr* 1. bauen, erbauen, errichten; 2. *(fig: business, career, relationship)* aufbauen; 3. *(assemble)* bauen, konstruieren, herstellen

builder ['bɪldə] *sb* 1. *(contractor)* Bauunternehmer *m;* 2. Erbauer *m,* Bauträger *m*

building and contracting industry ['bɪldɪŋ ənd kən'træktɪŋ 'ɪndəstri] *sb* Bauwirtschaft *f*

building financing ['bɪldɪŋ faɪ'nænsɪŋ] *sb* Baufinanzierung *f*

building loan ['bɪldɪŋ ləʊn] *sb* Baukredit *m,* Baudarlehen *n*

building site ['bɪldɪŋ saɪt] *sb* Bauland *n*

building society ['bɪldɪŋ sə'saɪɪti] *sb (UK)* Bausparkasse *f*

build-up account ['bɪldʌp ə'kaʊnt] *sb* Aufbaukonto *f*

bulk [bʌlk] *sb* 1. *(size)* Größe *f,* Masse *f;* 2. *(large quantity)* Masse *f*

bulk buyer [bʌlk 'baɪə] *sb* Großabnehmer *m*

bulk buying [bʌlk 'baɪɪŋ] *sb* Großeinkauf *m*

bulk carrier [bʌlk 'kæriə] *sb* Frachtschiff *n,* Frachter *m*

bulk goods [bʌlk gʊdz] *sb* Massengüter *f*

bull [bʊl] *sb* Haussespekulant *m,* Haussier *m*

bull market [bʊl 'mɑːkɪt] *sb* Hausse *f*

bullion ['bʊljən] *sb* Bullion

bullion broker ['bʊljən 'brəkə] *sb* Bullionbroker *m*

bullish ['bʊlɪʃ] *sb* Bullish *n*

buoyant ['bɔɪjənt] *sb* freundlich *adj*

burden ['bɜːdn] *v* 1. belasten; ~ *s.o. with sth* jdm etw aufbürden; *sb* 2. Last *f;* 3. *(of taxes)* Belastung *f*

bureau ['bjʊərəʊ] *sb (of the government)* Amt *n,* Behörde *f*

bureaucracy [bjʊə'rɒkrəsi] *sb* Bürokratie *f*

bureaucrat ['bjʊərəkræt] *sb* Bürokrat *m*

bureaucratic [bjʊərə'krætɪk] *adj* bürokratisch

business ['bɪznɪs] sb 1. (firm) Geschäft n, Betrieb m, Unternehmen n; 2. go out of ~ zumachen; 3. (trade) Geschäft n, Gewerbe n; (matter) Sache f, Affäre f, Angelegenheit f; 4. get down to ~ zur Sache kommen

business acquisition ['bɪznɪs ækwɪ'zɪʃən] sb Geschäftsübernahme f

business administration ['bɪznɪs ədmɪnɪ'streɪʃən] sb Betriebswirtschaftslehre f

business barometer ['bɪznɪs bə'rɒmɪtə] sb Konjunkturbarometer m

business card ['bɪznɪskɒd] sb Geschäftskarte f, Visitenkarte f

business category costing ['bɪznɪs 'kætəgərɪ 'kɒstɪŋ] sb Geschäftsspartenkalkulation f

business combination ['bɪznɪs kɒmbɪ'neɪʃən] sb Unternehmenszusammenschluss m

business concentration ['bɪznɪs kɒnsɪn'treɪʃən] sb Unternehmenskonzentration f

business connections ['bɪznɪs kə'nekʃəns] sb Geschäftsbeziehungen f/pl, Geschäftsverbindungen f/pl

business cycle ['bɪznɪs 'saɪkəl] sb Konjunktur, Konjunkturzyklus m

business data processing ['bɪznɪs 'deɪtə 'prosesɪŋ] sb Wirtschaftsinformatik f

business economics ['bɪznɪs ɪkə'nɒːmɪks] sb Betriebswirtschaftslehre f

business engaged in the distributive trade ['bɪznɪs ɪn'geɪdʒd ɪn ðə dɪs'trɪbjutɪv treɪd] sb Handelsbetrieb m

business enterprise ['bɪznɪs 'entɜːpraɪz] sb Erwerbsbetrieb m, Unternehmung f

business environment risk index ['bɪznɪs en'vaɪənmənt rɪsk 'ɪndeks] sb BERI-Index m

business friend ['bɪznɪs frend] sb Geschäftsfreund m

business hours ['bɪznɪs 'aʊəz] sb Geschäftszeit f

business in foreign countries ['bɪznɪs ɪn 'fɔːrɪn 'kʌntriːz] sb Auslandsgeschäft n

business income ['bɪznɪs 'ɪnkʌm] sb Erwerbseinkünfte f/pl

business letter ['bɪznɪs 'letə] sb Handelsbrief m

businessman ['bɪznɪsmæn] sb Geschäftsmann m, Kaufmann m

business over the counter ['bɪznɪs 'ovə ðə 'kaʊntə] sb Schaltergeschäft n

business papers ['bɪznɪs 'peɪpəz] sb Geschäftspapiere n/pl

business park ['bɪznɪs pɑːk] sb Gewerbegebiet n

business partner ['bɪznɪs 'pɑːtnə] sb Geschäftspartner(in) m/f

business practice ['bɪznɪs 'præktɪs] sb Handelsbrauch m

business relations ['bɪznɪs rɪ'leɪʃənz] sb Geschäftsverbindung f, Geschäftsbeziehung f

business report ['bɪznɪs rɪ'pɔːt] sb Geschäftsbericht m

business secret ['bɪznɪs 'sɪːkrət] sb Geschäftsgeheimnis n

business taxation ['bɪznɪs tæks'eɪʃən] sb Unternehmensbesteuerung f

business-to-business ['bɪznɪs tu 'bɪznɪs] sb Business-to-Business

businesswoman ['bɪznɪswʊmən] sb Geschäftsfrau f

business year ['bɪznɪs jɪə] sb Wirtschaftsjahr n

busy ['bɪzɪ] adj 1. beschäftigt, tätig, 2. (telephone line) (US) besetzt

buy [baɪ] v irr 1. kaufen, einkaufen; sb 2. (fam) Kauf m; a good ~ ein günstiger Kauf m

buy-back arrangements ['baɪbæk ə'reɪndʒmənts] sb Rückkaufgeschäfte n/pl

buyer ['baɪə] sb Käufer(in) m/f, Abnehmer(in) m/f

buyer's commission ['baɪəz kə'mɪʃən] sb Käuferprovision f

buyers ahead ['baɪəz ə'hed] sb bezahlt und Geld (bg)

buyer's market ['baɪəz 'mɑːkɪt] sb Käufermarkt m

buying or selling for customers ['baɪɪŋ ɔː 'selɪŋ fɔː 'kʌstəməz] sb Anschaffungsgeschäft n

bying rate ['baɪɪŋ reɪt] sb Geldkurs m

buying-up wholesale trade ['baɪɪŋʌp 'holseɪl treɪd] sb Aufkaufgroßhandel m

buy off [baɪ ɒf] v irr s.o. jdn abfinden

buy out [baɪ aʊt] v irr 1. (s.o.) auszahlen; 2. (s.o.'s stock) aufkaufen

by express [baɪ ɪk'spres] per Express

by lorry [baɪ 'lɒrɪ] per Lastkraftwagen

by order [baɪ ɔː'də] im Auftrag

by procuration [baɪ prə'kjʊəreɪʃən] per procura

by registered post [baɪ 'redʒɪstəd post] per Einschreiben

by return of post [baɪ rə'tɜːn əv 'post] postwendend

bylaws ['baɪlɔːz] pl Satzung f

by-product ['baɪprɒdʌkt] sb Nebenprodukt n, Abfallprodukt n

byte [baɪt] sb Byte n

C

cable transfer ['keɪbl 'trænsfə] *sb* Kabel-überweisung *f,* telegrafische Überweisung *f*

cabotage ['kæbətaʒ] *sb* Kabotage *f*

calculable ['kælkjʊləbl] *adj* berechenbar, kalkulierbar

calculate ['kælkjʊleɪt] *v 1.* rechnen; *(sth)* berechnen, errechnen; *2. (estimate)* kalkulieren

calculation [kælkjʊ'leɪʃən] *sb* Berechnung *f,* Kalkulation *f,* Rechnung *f*

calculation of compound interest ['kælkju:leɪʃən əv 'kɒmpaʊnd 'ɪntrɪst] *sb* Zinseszinsrechnung *f*

calculation of price of shares ['kælkju:leɪʃən əv praɪs əv ʃɛəz] *sb* Effektenrechnung *f*

calculation of probabilities [kælkjʊ'leɪʃən əv prɒbə'bɪlɪtɪs] *sb* Wahrscheinlichkeitsrechnung *f*

calculation of the budget costs [kælkjʊ'leɪʃən əv ðə'bʌdʒɪt kɒsts] *sb* Plankostenrechnung *f*

calculation unit [kælkjʊ'leɪʃən 'juːnɪt] *sb* Recheneinheit *f*

calculator ['kælkjʊleɪtə] *sb (pocket ~)* Taschenrechner *m*

calendar year ['kælɪndə jɪə] *sb* Kalenderjahr *n*

call [kɔːl] *v 1. (on the telephone)* anrufen; *(a meeting)* einberufen; *2. (a bond)* aufrufen; *3. (a loan)* abrufen; *sb 4. (telephone ~)* Anruf *m; 5. make a ~* telefonieren; *6. (summons)* Aufruf *m*

callable ['kɔːləbl] *adj* rückkaufbar, rückforderbar

callable forward transaction anticipato *m* ['kɔːləbəl 'fɔːwəd træns'ækʃən æntɪsɪ'pato] *sb* Wandelgeschäft *n*

callable bond ['kɔːləbəl 'bɒnd] *sb* Anleihe mit Emittentenkündigungsrecht, Schuldverschreibung mit Emittentenkündigungsrecht

called ['kɔːld] *adj* eingefordert

called in ['kɔːld ɪn] *adj* eingefordert

called in capital ['kɔːld ɪn 'kæpɪtl] *sb* eingefordertes Kapital

call off [kɔːl ɒf] *v (cancel)* absagen

call option [kɔːl 'ɒpʃən] *sb* Kaufoption *f*

call order [kɔːl 'ɔːdə] *sb* Abrufauftrag *m*

call transaction [kɔːl træns'ækʃən] *sb* Call-Geschäft *n*

call up [kɔːl ʌp] *v 1.* aufrufen; *2. (telephone)* anrufen

call-box ['kɔːlbɒks] *sb (UK)* Telefonzelle *f,* Münzfernsprecher *m*

caller ['kɔːlə] *sb (on the telephone)* Anrufer *m; (visitor)* Besucher *m*

calling card ['kɔːlɪŋ kɑːd] *sb (fig)* Visitenkarte *f*

call-number ['kɔːlnʌmbə] *sb (UK)* Rufnummer *f*

camouflaged advertising ['kæməflaʒd 'ædvətaɪzɪŋ] *sb* Schleichwerbung *f*

canban system ['kænbæn 'sɪstɪm] *sb* Kanban-System *n*

cancel ['kænsəl] *v 1.* streichen, durchstreichen; *2. ~ each other out (fig)* sich gegenseitig aufheben; *3. (a command)* widerrufen, aufheben; *4. (call off)* absagen; *5. (an order for goods)* abbestellen, stornieren; *6. (a contract)* annullieren, kündigen; *7. to be ~led* ausfallen

cancellation [kænsə'leɪʃən] *sb 1.* Streichung *f,* Aufhebung *f,* Annullierung *f; 2. (of a contract)* Kündigung *f;* Abbestellung *f,* Stornierung *f,* Löschung *f*

candidate ['kændɪdeɪt] *sb* Kandidat(in) *m/f,* Anwärter(in) *m/f,* Bewerber(in) *m/f*

candidature ['kændɪdətʃə] *sb* Anwartschaft *f,* Kandidatur *f*

cap [kæp] *sb* Cap *n,* Obergrenze *f*

capable of acting in law ['kæpəbl əv 'æktɪŋ ɪn lɔː] *adv* rechtsfähig

capacity [kə'pæsɪtɪ] *sb 1. (ability)* Fähigkeit *f; 2. (role)* Eigenschaft *f; 3. in an advisory ~* in beratender Funktion; *4. (content)* Inhalt *m,* Umfang *m; 5.* Kapazität *f,* Leistung *f*

capacity to draw cheques [kə'pæsɪtɪ tu drɔː tʃeks] *sb* Scheckfähigkeit *f*

capital ['kæpɪtl] *sb* Kapital *n*

capital account ['kæpɪtl ə'kaʊnt] *sb* Vermögensrechnung *f*

capital aid ['kæpɪtl eɪd] *sb* Kapitalhilfe *f*

capital analysis ['kæpɪtəl ə'nælɪsɪs] *sb* Kapitalanalyse *f*

capital assets ['kæpɪtəl 'æsets] *sb* Kapitalvermögen *n*

capital base ['kæpɪtl beɪs] *sb* Kapitalbasis *f*

capital encouragement treaty capital *m* ['kæpɪtəl en'kərɪdʒmənt 'triːti 'kæpɪtəl] *sb* Kapitalförderungsvertrag *n*

capital export ['kæpɪtl 'ekspɔːt] sb Kapitalexport m

capital flow ['kæpɪtəl fləu] sb Capital flow, Kapitalfluss m

capital formation ['kæpɪtl fɔː'meɪʃən] sb Vermögensbildung f

capital forming payment ['kæpɪtəl 'fɔːmɪŋ 'peɪmənt] sb vermögenswirksame Leistungen f/pl

capital fund ['kæpɪtəl fʌnd] sb Kapitalfonds m

capital gains tax ['kæpɪtl geɪnz tæks] sb Kapitalertragssteuer f

capital goods ['kæpɪtl gʊdz] sb Investitionsgüter pl, Anlagegüter pl

capital import ['kæpɪtl 'ɪmpɔːt] sb Kapitalimport m

capital investment ['kæpɪtl ɪn'vestmənt] sb Kapitalanlage f

capital investment company ['kæpɪtəl ɪn'vestmənt 'kʌmpəni] sb Kapitalanlagegesellschaft f

capital investment law ['kæpɪtəl ɪn'vestmənt lɔː] sb Kapitalanlagegesetz n

capital levy ['kæpɪtəl 'levɪ] sb Vermögensabgabe f

capital majority ['kæpɪtəl mə'dʒɔːrɪtɪ] sb Kapitalmehrheit f

capital market ['kæpɪtəl 'maːkɪt] sb Kapitalmarkt m

Capital Market Encouragement Law ['kæpɪtəl 'maːkɪt ɪn'kʌrɪdʒmənt lɔː] sb Kapitalmarktförderungsgesetz n

capital market interest rate ['kæpɪtəl 'maːkɪt 'ɪntrɪst reɪt] sb Kapitalmarktzins m

capital market research ['kæpɪtəl 'maːkɪt rɪ'sɜːtʃ] sb Kapitalmarktforschung f

capital movements ['kæpɪtəl 'muːvmənts] sb Kapitalbewegungen f

capital outflows ['kæpɪtəl 'autfləuz] sb Kapitalabfluss m

capital productivity ['kæpɪtəl prɒdʌk'tɪvɪtɪ] sb Kapitalproduktivität f

capital protection ['kæpɪtəl prə'tekʃən] sb Kapitalschutz m

capital reduction ['kæpɪtəl rɪ'dʌkʃən] sb Kapitalherabsetzung f

capital requirement calculation ['kæpɪtəl rɪ'kwaɪmənt kælkjuː'leɪʃən] sb Kapitalbedarfsrechnung f

capital requirement(s) ['kæpɪtl rɪ'kwaɪəmənts] sb Kapitalbedarf m

capital reserves ['kæpɪtəl rɪ'sɜːvz] sb Kapitalrücklage f

capital resources ['kæpɪtl rɪ'sɔːsɪz] pl Kapitalausstattung f

capital serving as a guarantee ['kæpɪtəl 'sɜːvɪŋ æz ə gærən'tiː] sb Garantiekapital n

capital share ['kæpɪtl ʃeə] sb Kapitalanteil m

capital stock ['kæpɪtl stɒk] sb Grundkapital n

capital sum required as cover ['kæpɪtl sʌm rɪ'kwaɪd æz 'kʌvə] sb Deckungskapital n

capital tie-up ['kæpɪtəl 'taɪʌp] sb Kapitalbindung f

capital transaction tax ['kæpɪtəl træns-'ækʃən tæks] sb Kapitalverkehrssteuer f

capital transactions ['kæpɪtl træn'sækʃənz] sb Kapitalverkehr m

capital transfer tax ['kæpɪtl 'trænsfə tæks] sb (UK) Erbschaftssteuer f

capital turnover ['kæpɪtl 'tɜːnəvə] sb Kapitalumschlag m

capital value ['kæpɪtl 'væljuː] sb Kapitalwert m

capital yield tax ['kæpɪtl 'jiːld tæks] sb Kapitalertragsteuer f

capitalism ['kæpɪtəlɪzm] sb Kapitalismus m

capitalist ['kæpɪtəlɪst] sb Kapitalist(in) m/f

capitalization [kæpɪtəlaɪ'zeɪʃən] sb Kapitalisierung f

capitalized value ['kæpɪtlaɪzd 'valjuː] sb Ertragswert m

capitation [kæpɪ'teɪʃən] sb Kopfsteuer f

cap rate of interest [kæp reɪt əv rɪ'ntrɪst] sb Zinskappe f

car [kaː] sb Auto n, Wagen m

cardboard ['kaːdbɔːd] sb Karton m, Pappe f; ~ box Pappkarton m

cardphone ['kaːdfəun] sb Kartentelefon n

card index [kaːd 'ɪndeks] sb Kartei f

career [kə'rɪə] sb Karriere f, Laufbahn f

cargo ['kaːgəu] sb Ladung f, Fracht f

carnet ['kaːneɪ] sb Zollcarnet n, Carnet n

car phone ['kaː fəun] sb Autotelefon n

carriage ['kærɪdʒ] sb Fracht

carriage charges ['kærɪdʒ tʃɒdʒɪz] sb Frachtkosten pl, Transportkosten pl

carriage of goods ['kærɪdʒ əv gʊdz] sb Güterbeförderung f, Gütertransport m

carriage paid ['kærɪdʒ peɪd] sb franko, portofrei

carrier ['kærɪə] sb 1. Träger m, Frachtführer m; 2. (shipping firm) Spediteur m

carry ['kærɪ] v 1. tragen; 2. (the cost of sth) bestreiten; 3. (ship goods) befördern

carry forward ['kærɪ fɔːwəd] v vortragen

carry-forward of the losses [ˈkærɪ ˈfɔːwəd əv ðə ˈlɔːsɪz] *sb* Verlustvortrag *m*

carry over [ˈkærɪ ˈəʊvə] *v* vortragen

carte blanche [ˈkɑːt ˈblɒ̃ʃ] *sb* Blankovollmacht *f*, Carte blanche *f*

cartel [kɑːˈtel] *sb* Kartell *n*

cartel act [kɑːˈtel ækt] *sb* Kartellgesetz *n*

cartel authority [kɑːˈtel ɔːˈθɒrɪti] *sb* Kartellbehörde *f*

cartel law [kɑːˈtel lɔː] *sb* Kartellgesetz *n*

cartel to be registered [kɑːˈtel tu biː ˈredʒɪstəd] *sb* genehmigungspflichtige Kartelle *n/pl*

carton [ˈkɑːtən] *sb* Karton *m*, Pappschachtel *f*

cascade tax [kæsˈkeɪd tæks] *sb* Kaskadensteuer *f*

case [keɪs] *sb (packing ~)* Kiste *f*; *(display ~)* Vitrine *f*, Schaukasten *m*

cash [kæʃ] *sb* 1. Bargeld *n*; 2. *~ on delivery* per Nachnahme; *adj* 3. bar; *v* 4. einlösen, einkassieren

cash accountancy [kæʃ əˈkaʊntənsɪ] *sb* Kassenhaltung *f*

cash against documents (c. a. d.) [kæʃ əˈgenst ˈdɔːkjuːmənts] *sb* Zahlung gegen Dokumente (c.a.d.)

cash and carry [kæʃ ænd kærɪ] *sb* Cash & Carry (C & C)

cash-and-carry clause [kæʃənd ˈkærɪ klɔːz] *sb* Cash-and-carry-Klausel *f*

cash assets [kæʃ ˈæsets] *sb* Barvermögen *n*

cash-based [ˈkæʃbeɪst] *adj* pagatorisch

cash basis of accounting [kæʃ ˈbeɪsɪs əv əˈkaʊntɪŋ] *sb* Geldrechnung *f*

cash book [ˈkæʃbʊk] *sb* Kassenbuch *n*

cash card [ˈkæʃkɒd] *sb* Bankautomatenkarte *f*, Geldautomatenkarte *f*

cash cheque [kæʃ tʃek] *sb (UK)* Barscheck *m*

cash cover [kæʃ ˈkʌvə] *sb* Bardeckung *f*

cash cow [kæʃ kaʊ] *sb* Cash cow *f*

cash credit [kæʃ ˈkredɪt] *sb* Kassenkredit *m*, Barkredit *m*

cash deposit [kæʃ dɪˈpɔːzɪt] *sb* Bardepot, Bareinlage *f*

cash desk [ˈkæʃdesk] *sb* Kasse *f*

cash discount [kæʃ dɪsˈkaʊnt] *sb* Barzahlungsrabatt *m*, Skonto *n*

cash dispenser [kæʃ dɪsˈpensə] *sb* Geldautomat *m*

cash dividend [kæʃ ˈdɪvɪdend] *sb* Bardividende *f*

cash flow [kæʃ fləʊ] *sb* Cash Flow *m*

cashier [kæˈʃɪə] *sb* 1. Kassierer(in) *m/f*; 2. *~'s check (US)* Bankscheck *m*

cash in [kæʃ ˈɪn] *v ~ on sth* aus etw Kapital schlagen

cash in advance (c. i. a.) [kæʃ ɪn ædˈvɒns] *sb* Vorauszahlung (c.i.a.) *f*

cash in hand [ˈkæʃ ɪn hænd] *sb* Bargeldbestand *m*, Kassenbestand *m*

cashless checkout systems [ˈkæʃlɪs ˈtʃekaʊt ˈsɪstɪmz] *sb* bargeldlose Kassensysteme *n/pl*

cashless payments [ˈkæʃlɪs ˈpeɪmənts] *sb* bargeldloser Zahlungsverkehr *m*

cash letter of credit [kæʃ ˈletə əv ˈkredɪt] *sb* Bar-Akkreditiv *n*

cash loss payment [kæʃ lɔːs ˈpeɪmənt] *sb* Bareinschuss *m*

cash on delivery [kæʃ ɒn dɪˈlɪvərɪ] *sb* (Lieferung gegen) Nachnahme *f*, Zahlung per Nachnahme *f*, Cash on delivery

cash on shipment (c. o. s.) [kæʃ ɔːn ˈʃɪpmənt] *sb* Zahlbar bei Verschiffung (c.o.s.)

cash payment [kæʃ ˈpeɪmənt] *sb* Barzahlung *f*

cash point [ˈkæʃ pɔɪnt] *sb* Kasse *f*

cash purchase [kæʃ ˈpɜːtʃɪs] *sb* Barkauf *m*

cash receipts and disbursement method [kæʃ rɪˈsiːts ænd dɪsˈbɜːsmənt ˈmeθɪd] *sb* Überschussrechnung *f*

cash sale [kæʃ seɪl] *sb* Barverkauf *m*

cash transactions [kæʃ trænsˈækʃənz] *sb* Bargeschäft *n*, Kassageschäft *n*

cash with order (c. w. o.) [kæʃ wɪθ ˈɔːdə] *sb* Zahlung bei Auftragserteilung (c.w.o.)

casualty insurance [ˈkæʒjuːəltɪ ɪnˈsʊərəns] *sb* Schadensversicherung *f*

catalogue-based purchase [ˈkætələːg beɪst ˈpɜːtʃɪs] *sb* Katalogkauf *m*

catalogue [ˈkætələɡ] *v* 1. katalogisieren; *sb* 2. Katalog *m*, Verzeichnis *n*

catalytic converter [kætəˈlɪtɪk kənˈvɜːtə] *sb* Katalysator *m*

category of goods [ˈkætɪgərɪ əvˈgʊdz] *sb* Gütergruppe *f*, Güterkategorie *f*

cause [kɔːz] *v* 1. verursachen, anstiften, bewirken; *~ s.o. to do sth* jdn veranlassen, etw zu tun; *sb* 2. Ursache *f*; *~ and effect* Ursache und Wirkung

caution [ˈkɔːʃən] *v* warnen; *(officially)* verwarnen

cautionary land charge [ˈkɔːʃənæri lænd tʃɒdʒ] *sb* Sicherungsgrundschuld *f*

cautionary mortgage [ˈkɔːʃənæri ˈmɔːgɪdʒ] *sb* Sicherungshypothek *f*

CD-i [si:di:'aɪ] *sb* CD-i *f*

CD-ROM [si:di:'rɔm] *sb* CD-ROM *f*

cease [si:s] *v* 1. aufhören, enden; 2. *(payments)* einstellen

ceiling ['si:lɪŋ] *sb* Plafond *m*

cellular phone ['seljʊlə fəʊn] *sb* Funktelefon *n*, Handy *n*

centigrade ['sentɪɡreɪd] *adj degrees ~* Grad Celsius

centimetre ['sentɪmi:tə] *sb* Zentimeter *m*

central bank ['sentrəl bæŋk] *sb* Zentralbank *f*, Notenbank *f*

Central Bank Council ['sentrəl bæŋk 'kaunsəl] *sb* Zentralbankrat *m*

central bank money ['sentrəl bæŋk 'mʌnɪ] *sb* Zentralbankgeld *n*

central credit institution ['sentrəl 'kredɪt ɪnstɪ'tju:ʃən] *sb* Zentralkasse *f*

central depository for securities ['sentrəl dɪ'pɒzɪtəri fɔ: sə'kjʊərɪtɪz] *sb* Wertpapiersammelbank *f*

central giro institution ['sentrəl 'dʒaɪrəʊ ɪnstɪ'tju:ʃən] *sb* Girozentrale *f*

central rate ['sentrəl reɪt] *sb* Leitkurs *m*

centralization [sentrəlaɪz'eɪʃən] *sb* Zentralisierung *f*, Zentralisation *f*

centralize ['sentrəlaɪz] *v* zentralisieren

centralized purchasing ['sentrəlaɪzd 'pɜ:tʃəsɪŋ] *sb* Zentraleinkauf *m*

certificate [sɜ:'tɪfɪkət] *sb* Bescheinigung *f*, Attest *n*, Urkunde *f*, Zertifikat *n*

certificate of audit [sɜ:'tɪfɪkət əv 'ɔ:dɪt] *sb* Prüfungsvermerk *m*

certificate of good delivery [sɜ:'tɪfɪkət əv ɡʊd dɪ'lɪvərɪ] *sb* Lieferbarkeitsbescheinigung *f*

certificate of indebtedness [sɜ:'tɪfɪkət əv ɪn'detɪdnəs] *sb* Schuldschein *m*, Schuldbrief *m*

certificate of inheritance [sɜ:'tɪfɪkət əv ɪn'herɪtəns] *sb* Erbschein *m*

certificate of insurance (C/I) [sɜ:'tɪfɪkət əv ɪn'fʊərəns] *sb* Versicherungszertifikat (C/I) *n*

certificate of origin [sɜ:'tɪfɪkət əv 'ɒrɪdʒɪn] *sb* Ursprungszeugnis *n*, Ursprungszertifikat *n*

certificate of participation in an investment program [sɜ:'tɪfɪkət əv pɒtɪsɪ'peɪʃən ɪn æn ɪn'vestmənt 'prəʊɡræm] *sb* Programmzertifikat *n*

certificate of pledge [sɜ:'tɪfɪkət əv pledʒ] *sb* Pfandschein *m*

certificate of warranty [sɜ:'tɪfɪkət əv 'wɒrəntɪ] *sb* Garantiekarte *f*

certificated land charge [sɜ:'tɪfɪkeɪtɪd lænd tʃɒdʒ] *sb* Briefgrundschuld *f*

certificated mortgage [sɜ:'tɪfɪkeɪtɪd 'mɔ:ɡɪdʒ] *sb* Briefhypothek *f*

certificates of deposit [sɜ:'tɪfɪkɪts əv dɪ'pɒzɪt] *sb* Einlagenzertifikat *n*

certification [sɜ:tɪfɪ'keɪʃən] *sb* Bescheinigung *f*, Beurkundung *f*, Beglaubigung *f*

certified ['sɜ:tɪfaɪd] *adj* 1. bescheinigt, bestätigt, beglaubigt; *sb* 2. *~ public accountant* amtlich zugelassener Bücherrevisor *m*

certified bonds ['sɜ:tɪfaɪd bɔ:ndz] *sb* zertifizierte Bonds *m/pl*

certified cheque ['sɜ:tɪfaɪd tʃek] *sb* als gedeckt bestätigter Scheck *m*

certified copy ['sɜ:tɪfaɪd 'kɒpɪ] *sb* beglaubigte Abschrift *f*, beglaubigte Kopie *f*

certify ['sɜ:tɪfaɪ] *v* bescheinigen, bestätigen, beglaubigen; *this is to ~* hiermit wird bescheinigt

cessation [se'seɪʃən] *sb* Einstellung *f*, Ende *n*

cessation of payments [se'seɪʃən əv 'peɪmənts] *sb* Zahlungseinstellung *f*

cession ['seʃən] *sb* Abtretung *f*, Zession *f*

chain store [tʃeɪn stɔ:] *sb* Filialbetrieb *m*, Filiale *f*

chair [tʃeə] *sb* 1. *(chairmanship)* Vorsitz *m*; *v* 2. *~ a committee* den Vorsitz über ein Komitee haben

chairman ['tʃeəmən] *sb* Vorsitzende(r) *m/f*

chairman of the board ['tʃeəmən əv ðə bɔ:d] *sb* Vorstandsvorsitzender *m*

chairman of the supervisory board ['tʃeəmən əv ðə su:pə'vaɪzəri bɔ:d] *sb* Aufsichtsratsvorsitzender *m*

chairmanship ['tʃeəmənʃɪp] *sb* Vorsitz *m*

challenge ['tʃælɪndʒ] *v* 1. anfechten; *sb* 2. Anfechtung *f*; 3. Ablehnung *f*; 4. Herausforderung *f*

chamber of commerce ['tʃeɪmbər əv 'kɒmərs] *sb* Handelskammer *f*

chamber of foreign trade ['tʃeɪmbər əv 'fɒrən treɪd] *sb* Außenhandelskammer *f*

chamber of handicrafts ['tʃeɪmbər əv 'hændɪkrɒfts] *sb* Handwerkskammer *f*

Chamber of Industry and Commerce ['tʃeɪmbər əv 'ɪndʌstrɪ ænd 'kʌmɜ:s] *sb* Industrie- und Handelskammer *f*

Chancellor of the Exchequer ['tʃɒnsələr əv ði: ɪks'tʃekə] *sb (UK)* Finanzminister(in) *m/f*

chancery ['tʃɒnsərɪ] *sb* Amtsvormundschaft *f*, Vormundschaft *f*

change [tʃeɪndʒ] *sb* 1. *(money)* Wechselgeld *n; (small ~)* Kleingeld *n;* 2. *(money: into smaller denominations)* wechseln; 3. *(money: into another currency)* umtauschen

change in plant operation [tʃeɪndʒ ɪn plænt ɔpə'reɪʃən] *sb* Betriebsänderung *f*

change of shift [tʃeɪndʒ əv ʃɪft] *sb* Schichtwechsel *m*

channel [ˈtʃænl] *sb* 1. Kanal; 2. *official ~s pl* Dienstweg *m,* amtlicher Weg *m*

channel of distribution [ˈtʃænl əv dɪstrɪ-ˈbjuːʃən] *sb* Absatzweg *m,* Absatzkanal *m*

channel of information [ˈtʃænl əv ɪnfɔː-ˈmeɪʃən] *sb* Informationsweg *m*

character [ˈkærɪktə] *sb (sign)* Zeichen *n*

character reference [ˈkærɪktə ˈrefərəns] *sb* Leumundszeugnis *n,* Referenz *f*

charge [tʃɑːdʒ] *v* 1. ~ s.o. with a task jdn mit einer Arbeit beauftragen; 2. *(ask in payment)* berechnen, anrechnen; 3. *(set as the price)* fordern; 4. ~ s.o. for sth jdn mit etw belasten, jdm etw in Rechnung stellen; 5. *(arrange to be billed for)* in Rechnung stellen lassen, anschreiben lassen; ~ sth to s.o. etw auf Rechnung eines anderen kaufen; 6. *(a battery)* laden, aufladen; *sb* 7. Belastung *f*; 8. *(official accusation)* Anklage *f, (in a civil case)* Klage *f*; press ~s against s.o. *pl* gegen jdn Anzeige erstatten; 9. *(fee)* Gebühr *f*; free of ~ kostenlos; 10. in ~ verantwortlich; put s.o. in ~ of sth jdm die Leitung übertragen; Who's in ~ here? Wer ist hier der Verantwortliche?

charge card [tʃɑːdʒ kɑːd] *sb* Kundenkreditkarte *f*

charge levied [tʃɑːdʒ ˈleviːd] *sb* Umlage *f*

charge material [tʃɑːdʒ məˈtiːriəl] *sb* Fertigungslos (manufacturing) *n*

chargeable to [ˈtʃɑːdʒəbl tu] *adv* zu Lasten von, auf Kosten von

chart [tʃɑːt] *sb* Tabelle *f; (diagram)* Schaubild *n*

chart analysis [tʃɑːt əˈnælɪsɪs] *sb* Chartanalyse *f*

chart of accounts [tʃɑːt əv əˈkaʊnts] *sb* Kontenplan *m*

charter [ˈtʃɑːtə] *sb* 1. Charter *f v* 2. *(plane, bus, ship)* chartern, mieten

charter flight [ˈtʃɑːtə flaɪt] *sb* Charterflug *m*

charter member [ˈtʃɑːtə ˈmembə] *sb* Gründungsmitglied *n*

chartered accountant [ˈtʃɑːtəd əˈkaʊntənt] *sb* Wirtschaftsprüfer(in) *m/f,* Bilanzbuchhalter(in) *m/f*

cheap [tʃiːp] *adj* billig, preiswert

cheapen [ˈtʃiːpn] *v* *(price)* herabsetzen, senken, verbilligen

cheapening [ˈtʃiːpnɪŋ] *adj* Verbilligung *f,* Herabsetzung *f*

cheat [tʃiːt] *v (s.o.)* 1. betrügen; *sb* 2. Betrüger *m,* Schwindler *m*

check [tʃek] *v* 1. *(make sure)* nachprüfen; 2. *(~ figures)* nachrechnen; 3. *(examine)* prüfen, kontrollieren, nachsehen; *sb* 4. *(examination)* Kontrolle *f,* Überprüfung *f*; 5. *(US: cheque)* Scheck *m*; 6. *(US: bill)* Rechnung *f*

checker [ˈtʃekə] *sb* Kontrolleur(in) *m/f; (cashier)* Kassierer(in) *m/f*

check in [tʃek ɪn] *v* sich anmelden; *(at an airport)* einchecken

checking account [ˈtʃekɪŋ əˈkaʊnt] *sb (US)* Girokonto *n*

check list [tʃek lɪst] *sb* Checkliste *f*

checkout scanner [ˈtʃekaʊt ˈskænə] *sb* Scannerkassen *f/pl*

check truncation procedure [tʃek trʌn-ˈkeɪʃən prəˈsiːdjʊə] *sb* beleglozer Scheckeinzug *m*

cheque [tʃek] *sb (UK)* Scheck *m*; pay by ~ mit Scheck bezahlen

cheque book [ˈtʃekbʊk] *sb* Scheckheft *n*

cheque card [ˈtʃekkɑːd] *sb* Scheckkarte *f*

cheque clause [tʃek klɔːz] *sb* Scheckklausel *f*

cheque clearance [tʃek ˈklɪərəns] *sb* Scheckabrechnung *f*

cheque collection [tʃek kəˈlekʃən] *sb* Scheckeinzug *m*

cheque department [tʃek dɪˈpaːtmənt] *sb* Scheckabteilung *f*

cheque drawn by the drawer himself [tʃek drɔːn baɪ ðə ˈdrɔːə hɪmˈself] *sb* trassiert-eigener Scheck *m*

cheque fraud [tʃek frɔːd] *sb* Scheckbetrug *m*

cheque recourse [tʃek rɪˈkɔːs] *sb* Scheckregress *m*

cheque to bearer [tʃek tu bɛərə] *sb* Inhaberscheck *m*

cheque transactions [tʃek trænsˈækʃənz] *sb* Scheckverkehr *m*

chief accountancy [tʃiːf əˈkaʊntənsɪ] *sb* Hauptbuchhaltung *f*

chief executive officer [tʃiːf ɪgˈzekjuːtɪv ˈɔfɪsə] *sb (US)* Generaldirektor(in) *m/f*

child allowance [tʃaɪld əˈlaʊəns] *sb* Kinderfreibetrag *m*

child benefit [tʃaɪld ˈbenɪfɪt] *sb* Kindergeld *n*

child-rearing period [tʃaɪld 'riːrɪŋ 'pɪə-rɪəd] sb Erziehungszeit f

chip [tʃɪp] sb Chip m

choice [tʃɔɪs] sb 1. (variety to choose from) Auswahl f; 2. (chance to choose, act of choosing) Wahl f; 3. make a ~, take one's ~ wählen, eine Wahl treffen; 4. (thing chosen) Wahl f, Option f

choice of location [tʃɔɪs əv ləʊˈkeɪʃən] sb Standortwahl f

circular ['sɜːkjʊlə] sb (letter) Rundschreiben n

circular letter from board to shareholders ['sɜːkjʊlə 'letə frɔm bɔːd tu 'ʃeəhəʊldəz] sb Aktionärsbrief m

circulate ['sɜːkjʊleɪt] v (blood, money) fließen; (news: get around) in Umlauf sein, kursieren, sich verbreiten

circulation [sɜːkjʊˈleɪʃən] sb Kreislauf m, Zirkulation f; out of ~ außer Kurs; (number of copies sold) Auflagenziffer f

circulation of money [sɜːkjʊˈleɪʃən əv 'mʌnɪ] sb Geldumlauf m

circumstance ['sɜːkəmstæns] sb ~s pl (financial state) Vermögensverhältnisse pl

citizenship ['sɪtɪzənʃɪp] sb Staatsangehörigkeit f, Staatsbürgerschaft f

civic ['sɪvɪk] adj bürgerlich, Bürger...

civil ['sɪvəl] adj zivil, bürgerlich, Zivil...

civil code ['sɪvəl kəʊd] sb bürgerliches Gesetzbuch n

civil engineer ['sɪvəl endʒɪˈnɪə] sb Bauingenieur(in) m/f

civil engineering ['sɪvəl endʒɪˈnɪərɪŋ] sb Tiefbau m

civil law ['sɪvəl lɔː] sb Zivilrecht n

civil-law association ['sɪvəl lɔː ɒsəʊsiːˈeɪʃən] sb Gesellschaft bürgerlichen Rechts (GbR) f

civil servant ['sɪvəl 'sɜːvənt] sb Beamte(r)/Beamtin m/f, Staatsbeamte(r)/Staatsbeamtin m/f

civil service ['sɪvəl 'sɜːvɪs] sb Staatsdienst m

claim [kleɪm] v 1. (demand) fordern, Anspruch erheben auf, beanspruchen; sb 2. (demand) Anspruch m, Forderung f; lay ~ to sth auf etw Anspruch erheben

claimable ['kleɪməbl] adj einforderbar, rückforderbar

claimant ['kleɪmənt] sb (by application) Antragsteller(in) m/f

claim for return [kleɪm fɔː rɪˈtɜːn] sb Herausgabeanspruch m

claim in default [kleɪm ɪn dəˈfɔːlt] sb Not leidende Forderung f

claim of damages [kleɪm əv 'dæmɪdʒɪz] sb Schadenersatzansprüche pl, Schadensforderungen pl

class of goods ['klɒsəv gʊdz] sb Warenart f, Klasse

classified advertisements ['klæsɪfaɪd ədˈvɜːtɪsmənts] sb Kleinanzeigen pl

classified directory ['klæsɪfaɪd daɪˈrektərɪ] sb Branchenverzeichnis n

classify ['klæsɪfaɪ] v klassifizieren, einteilen, einstufen

clause [klɔːz] sb Klausel f

clean bill of lading [kliːn bɪl əv 'leɪdɪŋ] sb reines Konossement n

clean factoring [kliːn 'fæktərɪŋ] sb echtes Factoring n

clear [klɪə] v (approve) abfertigen; ~ sth through customs etw zollamtlich abfertigen

clear off ['klɪər ɒf] v 1. (debt) zurückzahlen; 2. (mortgage) abzahlen

clear up ['klɪər ʌp] v (a point, a situation) klären, bereinigen, ausräumen

clearance ['klɪərəns] sb 1. (go-ahead) Freigabe f; 2. by customs) Abfertigung f; 3. of a debt) volle Bezahlung f

clearance sale ['klɪərəns seɪl] sb Ausverkauf m, Räumungsverkauf m; (end-of-season ~) Schlussverkauf m

clearing bank ['klɪərɪŋ bæŋk] sb Clearingbank f

clearing house ['klɪrɪŋ haʊs] sb Abrechnungsstelle f

clearing system ['klɪrɪŋ 'sɪstɪm] sb Abrechnungsverkehr m, Gironetz n

clearing unit ['klɪrɪŋ 'juːnɪt] sb Verrechnungseinheit f

clerical work ['klerɪkl wɜːk] sb Büroarbeit f

clerk [klɑːk] sb 1. (office ~) Büroangestellte(r) m/f, kaufmännischer Angestellter m; 2. (US: shop assistant) Verkäufer(in) m/f

client ['klaɪənt] sb Kunde/Kundin m/f, Auftraggeber(in) m/f; (of a solicitor) Klient(in) m/f; (of a barrister) Mandant(in) m/f

clientele [kliːɒ̃ˈtel] sb Kundschaft f, Kundenkreis m

climb [klaɪm] v (prices) steigen, klettern

clock off ['klɒk ɒf] v stempeln (wenn man die Arbeit verlässt)

clock on ['klɒk ɒn] v stempeln (wenn man zur Arbeit kommt)

close [kləʊz] v 1. (sth) zumachen, schließen, verschließen; 2. (a deal) abschließen; 3. (bring to an end) schließen, beendigen; sb 4. Ende n, Schluss m; bring to a ~ abschließen, beendigen

close down [kləʊz daʊn] v schließen, einstellen, beenden

closed-end real estate fund [kləʊzd end riəl ɪs'teɪt fʌnd] sb geschlossener Immobilienfonds m

close of stock exchange business [kləʊz əv stɔːk ɪks'tʃeɪndʒ 'bɪznɪs] sb Börsenschluss m

closed shop principle [kləʊzd ʃɔːp 'prɪnsɪpəl] sb Closed-Shop-Prinzip n

closing balance ['kləʊzɪŋ 'bæləns] sb Schlussbilanz f

closing date ['kləʊzɪŋ deɪt] sb letzter Termin m, letzter Tag m

closing price ['kləʊzɪŋ praɪs] sb Schlusskurs m,

closing time ['kləʊzɪŋ taɪm] sb Geschäftsschluss m, Büroschluss m, Ladenschluss m

closure ['kləʊʒə] sb Schließung f, Schließen n, Stilllegung f, Schluss m

code [kəʊd] v 1. kodieren; sb Gesetzbuch n, Kodex m; 2. (of a computer) Code m

code number [kəʊd 'nʌmbə] sb Kennzahl f

Code of Civil Procedure [kəʊd əv 'sɪvəl prə'siːdjʊə] sb Zivilprozessordnung (ZPO) f

codeword ['kəʊdwɜːd] sb Kodewort n, Kennwort n

co-entrepreneur ['kɔːntrəprənyr] sb Mitunternehmer m

coin [kɔɪn] sb Münze f, Geldstück n

cold call [kəʊld kɔːl] sb Telefonaktion zur Werbung von Neukunden f

cold storage lorry [kəʊld 'stɔːrɪdʒ 'lɔrɪ] sb Kühlwagen m

collaborate [kə'læbəreɪt] v zusammenarbeiten, mitarbeiten

collaboration [kəlæbə'reɪʃən] sb Zusammenarbeit f, Mitarbeit f

collaborator [kə'læbəreɪtə] sb (associate) Mitarbeiter(in) m/f

collapse [kə'læps] sb Deroute f

collapse of prices [kə'læps əv praɪsɪz] sb Kurszusammenbruch m

collateral credit [kə'lætərəl 'kredɪt] sb Lombardkredit m

collateral deposit [kə'lætərəl dɪ'pɔːzɪt] sb Lombarddepot n

collateral guarantee [kə'lætərəl gærən'tiː] sb Nachbürgschaft f

collateral holdings [kə'lætərəl 'həʊldɪŋz] sb Lombard m

collateral loan based on a bill of exchange [kə'lætərəl ləʊn beɪst ɔːn ə bɪl əv ɪks'tʃeɪndʒ] sb Wechsellombard m

collateral loan business [kə'lætərəl ləʊn 'bɪznɪs] sb Lombardgeschäft n

colleague ['kɒliːg] sb Kollege/Kollegin m/f, Mitarbeiter(in) m/f

collect [kə'lekt] v 1. (accumulate) sich ansammeln, sich sammeln; 2. (get payment) kassieren, einkassieren; 3. (taxes) einnehmen, einziehen; 4. (debts) einziehen

collect call [kə'lekt kɔːl] sb (US) R-Gespräch n

collection [kə'lekʃən] sb 1. (line of fashions) Kollektion f; 2. (assortment) Sortiment n, Ansammlung f; 3. (of taxes) Einziehen n; 4. (of debts) Eintreiben n, Inkasso n

collection business [kə'lekʃən 'bɪznɪs] sb Inkassogeschäft n, Einziehungsgeschäft n

collection commission [kə'lekʃən kə'mɪʃən] sb Inkassoprovision f

collection department [kə'lekʃən dɪ'paːtmənt] sb Inkasso-Abteilung f

collection fee [kə'lekʃən fiː] sb Inkassogebühr f

collection of bills of exchange [kə'lekʃən əv bɪlz əv ɪks'tʃeɪndʒ] sb Wechselinkasso n

collection on delivery (c. o. d.) [kə'lekʃən ɔːn də'lɪvərɪ] sb Zahlung gegen Nachnahme (c.o.d.)

collection procedure [kə'lekʃən prə'siːdʊə] sb Einzugsermächtigungsverfahren n

collection receipt [kə'lekʃən rɪ'siːt] sb Einzugsquittung f

collective [kə'lektɪv] adj Kollektiv..., Gemeinschafts...

collective account [kə'lektɪv ə'kaʊnt] sb Sammelkonto n

collective agreement [kə'lektɪv ə'griːmənt] sb Tarifvertrag m

collective bargaining [kə'lektɪv 'bɑːgənɪŋ] sb Tarifverhandlungen pl

collective bill [kə'lektɪv bɪl] sb Sammeltratte f

collective debt register claim [kə'lektɪv det 'redʒɪstə kleɪm] sb Sammelschuldbuchforderung f

collective deposit [kə'lektɪv dɪ'pɔːzɪt] sb Sammeldepot n

collective order [kə'lektɪv 'ɔːdə] sb Sammelauftrag m

collective property [kə'lektɪv 'prɔpətɪ] sb Gemeinschaftseigentum n

collective saving [kə'lektɪv 'seɪvɪŋ] sb Kollektivsparen n

collective transport [kə'lektɪv 'trænspɔːt] sb Sammeltransport m

combat ['kɒmbæt] v (sth) bekämpfen, kämpfen gegen

combating rising costs ['kɒmbætɪŋ 'raɪsɪŋ kɒsts] adv Kostendämpfung f

combination bank [kɒmbɪ'neɪʃən bæŋk] sb Gemeinschaftsbank f

combine ['kɒmbaɪn] sb 1. Konzern m, v 2. kombinieren, verbinden, vereinigen

combined bank transfer [kəm'baɪnd bæŋk 'trænsfə] sb Sammelüberweisung f

come down [kʌm'daʊn] v irr (prices) sinken, heruntergehen

come off [kʌm'ɒf] v irr 1. (take place) stattfinden; 2. ~ successfully erfolgreich verlaufen; 3. ~ well/badly gut/schlecht abschneiden

come out [kʌm'aʊt] v irr ~ on the market erscheinen, herauskommen

commencement of bankruptcy proceedings [kə'mensmənt əv 'bæŋkrʌpsɪ prə-'siːdɪŋz] sb Konkurseröffnung f

comment ['kɒment] sb ~ on Stellungnahme f, Kommentar

commerce ['kɒmɜːs] sb Handel m, Handelsverkehr m

commercial [kə'mɜːʃəl] adj 1. kommerziell, kaufmännisch, geschäftlich; sb 2. (advertisement) Werbespot m

commercial agency [kə'mɜːʃəl 'eɪdʒənsɪ] sb Handelsvertretung f, Auskunftei f

commercial agent [kə'mɜːʃəl 'eɪdʒənt] sb Handelsvertreter m

commercial balance sheet [kə'mɜːʃəl 'bæləns ʃiːt] sb Handelsbilanz f

commercial bank [kə'mɜːʃəl bæŋk] sb Handelsbank f, Geschäftsbank f, Kreditbank f

commercial bill [kə'mɜːʃəl bɪl] sb Warenwechsel m, Handelswechsel m

commercial book [kə'mɜːʃəl bʊk] sb Handelsbuch n

commercial broker [kə'mɜːʃəl 'brəʊkə] sb Handelsmakler m

Commercial Code [kə'mɜːʃəl kəʊd] sb Handelsgesetzbuch n

commercial credit [kə'mɜːʃəl 'kredɪt] sb Handelskredit m, Warenkredit m

commercial employee [kə'mɜːʃəl ɪm-plɔɪ'iː] sb Handlungsgehilfe m

commercial enterprise [kə'mɜːʃəl 'entəpraɪz] sb Handelsgewerbe n

commercial instruments to order [kə-'mɜːʃəl 'ɪnstrumənts tu 'ɔːdə] sb kaufmännische Orderpapiere n/pl

commercial invoice [kə'mɜːʃəl 'ɪnvɔɪs] sb Handelsfaktura f

commercial law [kə'mɜːʃəl lɔː] sb Handelsrecht n

commercial letter of credit [kə'mɜːʃəl 'letər əv 'kredɪt] sb Handelskreditbrief m, Akkreditiv (L/C) n

commercial paper [kə'mɜːʃəl 'peɪpə] sb Commercial Paper n

commercial papers [kə'mɜːʃəl 'peɪpəz] sb Geschäftspapier n, Handelspapiere n/pl

commercial policy [kə'mɜːʃəl 'pɒlɪsɪ] sb Handelspolitik f

commercial power of attorney [kə'mɜː-ʃəl 'paʊə əv ə'tɜːnɪ] sb Handlungsvollmacht f

commercial principle [kə'mɜːʃəl 'prɪnsɪpəl] sb erwerbswirtschaftliches Prinzip n

commercial register [kə'mɜːʃəl 'redʒɪstə] sb Handelsregister n

commercial sample [kə'mɜːʃəl 'sæmpəl] sb Warenmuster n

commercial transactions [kə'mɜːʃəl træns'ækʃənz] sb Handelsgeschäfte n/pl

commercialism [kə'mɜːʃəlɪzəm] sb Kommerz m, Kommerzialisierung f

commercialize [kə'mɜːʃəlaɪz] v kommerzialisieren, vermarkten

commission [kə'mɪʃən] v 1. (a person) beauftragen; (a thing) in Auftrag geben; 2. ~ s.o. to do sth jdn damit beauftragen, etw zu tun; sb 3. ~ to do sth Auftrag m; (form of pay) Provision f, Kommission f; 4. out of ~ außer Betrieb; 5. (committee) Kommission f, Ausschuss m

commission agent [kə'mɪʃən 'eɪdʒənt] sb Kommissionär m

commission business [kə'mɪʃən 'bɪznɪs] sb Kommissionsgeschäft n

commission for acceptance [kə'mɪʃən fɔː ə'kseptəns] sb Akzeptprovision f

commission guarantee [kə'mɪʃən gærən'tiː] sb Provisionsgarantie f

Commission of the European Union [kə-'mɪʃən əv ðə jʊrə'piːən 'juːnjən] sb EU-Kommission f

commission on bank guarantee [kə-'mɪʃən ɒn bæŋk gærən'tiː] sb Aval-Provision f

commission on turnover [kə'mɪʃən ɒn 'tɜːnəvə] sb Umsatzprovision f

commission payment [kə'mɪʃən 'peɪmənt] sb Provisionszahlung f

commission trade [kə'mɪʃən treɪd] sb Kommissionshandel m

commission-bearing account [kə'mɪʃən 'beərɪŋ ə'kaʊnt] sb provisionspflichtiges Konto n

commission-free account [kə'mɪʃənfriː ə'kaʊnt] *sb* provisionsfreies Konto *n*

commitment [kə'mɪtmənt] *sb* Engagement *n*

commitment fee [kə'mɪtmən 'fiː] *sb* Bereitstellungskosten *pl*

committee of inspection [kə'mɪtɪ əv ɪn'spekʃən] *sb* Gläubigerausschuss *m*

commodities [kə'mɔdɪtɪz] *pl 1. manufactured* ~ Bedarfsartikel *m; 2. (on the stock exchange)* Rohstoffe *pl*, Commodities *f/pl*

commodities cartel [kə'mɔːdɪtɪz kɑː'tel] *sb* Rohstoffkartell *n*

commodity [kə'mɔdɪtɪ] *sb* Ware *f*, Artikel *m*

commodity exchange [kə'mɔdɪtɪ ɪks-'tʃeɪndʒ] *sb* Warenbörse *f*

commodity forward trading [kə'mɔːdɪtɪ 'fɔːwəd 'treɪdɪŋ] *sb* Warenterminhandel *m*

commodity forward transaction [kə'mɔːdɪtɪ 'fɔːwəd træns'ækʃən] *sb* Rohstoffmarkt *m*

commodity future [kə'mɔːdɪtɪ 'fjuːtʃə] *sb* Commodity futures *n/pl*

commodity futures exchange [kə'mɔdɪtɪ 'fjuːtʃəz ɪks'tʃeɪndʒ] *sb* Warenterminbörse *f*

commodity futures trading [kə'mɔːdɪtɪ 'fjuːtʃəz 'treɪdɪŋ] *sb* Warentermingeschäft *n*

commodity market [kə'mɔːdɪtɪ 'mɑːkɪt] *sb* Gütermarkt *m*

commodity money [kə'mɔːdɪtɪ 'mʌnɪ] *sb* Naturalgeld *n*

commodity restriction scheme [kə'mɔːdɪtɪ rɪ'strɪkʃən skiːm] *sb* Quotenkartell *n*

commodity securities [kə'mɔːdɪtɪ sɪ'kjʊərɪtɪz] *sb* Warenwertpapiere *n/pl*

common business-oriented language ['kɔmən 'bɪznɪs-'ɔːrɪəntɪd 'læŋgwɪdʒ] *sb* Programmiersprache *f*

common debtor ['kɔːmən 'detə] *sb* Gemeinschaftsschuldner *m*

common law ['kɔmən lɔː] *sb* Gewohnheitsrecht *n*

common market ['kɔmən 'mɑːkɪt] *sb* gemeinsamer Markt *m*

communicate [kə'mjuːnɪkeɪt] *v 1. (with one another)* kommunizieren, sich verständigen; *2. (news, ideas)* vermitteln, übermitteln, mitteilen

communication facilities [kəmjuːnɪ'keɪʃən fə'sɪlɪtiːz] *sb* Kommunikationsmittel *n*

communism ['kɔmjʊnɪzm] *sb* Kommunismus *m*

community [kə'mjuːnɪtɪ] *sb* Gemeinde *f*, Gemeinschaft *f*

community of heirs [kə'mjuːnɪtɪəv ɛəz] *sb* Erbengemeinschaft *f*

community of interests [kə'mjuːnɪtɪ əv 'ɪntrɪsts] *sb* Interessengemeinschaft (IG) *f*

community of property [kə'mjuːnɪtɪ əv 'prɔpətɪ] *sb* eheliche Gütergemeinschaft *f*

commute [kə'mjuːt] *v 1. (travel back and forth)* pendeln; *2. (a right)* umwandeln

commuter [kə'mjuːtə] *sb* Pendler(in) *m/f*

compact ['kɔmpækt] *sb (agreement)* Vereinbarung *f*, Abmachung *f*

Companies Act ['kʌmpəniz ækt] *sb* Aktiengesetz *n*

company ['kʌmpənɪ] *sb (firm)* Firma *f*, Unternehmen *n*, Gesellschaft *f*

company account ['kʌmpənɪ ə'kaʊnt] *sb* Firmenkonto *n*

company address ['kʌmpənɪ ə'dres] *sb* Firmenanschrift *f*

company assets ['kʌmpənɪ 'æsets] *sb* Gesellschaftsvermögen *n*

company car ['kʌmpənɪ kɑː] *sb* Firmenwagen, Dienstwagen *m*

company exploiting third-party rights ['kʌmpənɪ ɪks'plɔɪtɪŋ θɜːd 'pɑːtɪ raɪts] *sb* Verwertungsgesellschaft *f*

company law ['kʌmpənɪ lɔː] *sb* Aktienrecht *n*, Firmenrecht *n*

company limited by shares ['kʌmpənɪ 'lɪmɪtɪd baɪ ʃeəz] *sb* Kapitalgesellschaft *f*

company name ['kʌmpənɪ neɪm] *sb* Firmenname *m*

company objective ['kʌmpənɪ əb'dʒektɪv] *sb* Unternehmensziel *n*

company pension ['kʌmpənɪ 'penʃən] *sb* Betriebsrente *f*

company philosophy ['kʌmpənɪ fɪ'lɔsəfɪ] Unternehmensphilosophie *f*

company planning ['kʌmpənɪ 'plænɪŋ] *sb* Unternehmensplanung *f*

company policy ['kʌmpənɪ 'pɔːlɪsɪ] *sb* Unternehmenspolitik *f*

company profit ['kʌmpənɪ 'prɔfɪt] *sb* Unternehmensgewinn *m*

company stability ['kʌmpənɪ stə'bɪlɪtɪ] *sb* Firmenbeständigkeit *f*

company tax ['kʌmpənɪ tæks] *sb* Gesellschaftssteuer *f*

company-owned shares ['kʌmpənɪ əʊnd ʃeəz] *sb* eigene Aktien *f/pl*

company's bank ['kʌmpənɪz bæŋk] *sb* Hausbank *f*

company's debts ['kʌmpənɪz dets] *sb* Gesellschaftsschulden *f/pl*

comparative balance sheet [kəm'pɛərɪ-tɪv 'bæləns ʃiːt] sb Vergleichsbilanz f

comparison [kəm'pærɪsən] sb Vergleich m; in ~ with im Vergleich zu; by way of ~ vergleichsweise

comparison of prices [kəm'pærɪsən əv 'praɪsɪz] sb Kursvergleich m

compatibility [kəmpætə'bɪlɪtɪ] sb Kompatibilität f, Vereinbarkeit f

compensate ['kɔmpenseɪt] v 1. (recompense) entschädigen; 2. (US: pay in wages) bezahlen; 3. ~ for (in money, in goods) ersetzen, vergüten, wettmachen; 4. ~ a loss jdm einen Verlust ersetzen

compensating item ['kɔmpenseɪtɪŋ 'eɪtəm] sb Ausgleichsposten m

compensation [kɔmpen'seɪʃən] sb 1. (damages) Entschädigung f, Ersatz m, Schadenersatz m; 2. in ~ als Entschädigung; 3. (settlement) Abfindung f, Kompensation f, Verrechnung f; 4. (US: pay) Vergütung f, Entgelt n

compensation for loss suffered [kɔmpen'seɪʃən fɔː lɔs 'sʌfəd] sb Schadensersatz m

compensation fund [kɔmpen'seɪʃən fʌnd] sb Ausgleichsfonds m

compensation offer [kɔmpen'seɪʃən ɔfə] sb Abfindungsangebot n

compensation payment [kɔmpen'seɪʃən 'peɪmənt] sb Ausgleichszahlung f

compensatory pricing [kə'mpensətərɪ 'praɪsɪŋ] sb Mischkalkulation f

compete [kəm'piːt] v konkurrieren, in Wettstreit treten

competence ['kɔmpətəns] sb Fähigkeit f; (authority, responsibility) Kompetenz f, Zuständigkeit f

competence to decide ['kɔmpətəns tu dɪ'saɪd] sb Entscheidungskompetenz f

competent ['kɔmpɪtənt] adj 1. (responsible) zuständig; 2. (witness) zulässig

competing firm [kəm'piːtɪŋ fɜːm] sb Konkurrenzfirma f, konkurrierende Firma f

competition [kɔmpə'tɪʃən] sb 1. Konkurrenz f; 2. to be in ~ with s.o. mit jdm konkurrieren, mit jdm wetteifern; 3. a ~ Wettbewerb m, Wettkampf m; 4. (write-in contest) Preisausschreiben n

competition supervisory office [kɔmpə-'tɪʃən suːpəː'vaɪzərɪ 'ɔfɪs] sb Wettbewerbaufsicht f

competitive [kəm'petɪtɪv] adj 1. (able to hold its own) konkurrenzfähig, wettbewerbsfähig; 2. (nature, person) vom Konkurrenz-

denken geprägt; 3. (industry, market) mit starker Konkurrenz

competitive advantage [kəm'petɪtɪv əd-'væntɪdʒ] sb Wettbewerbsvorteil m

competitive policy [kəm'petətɪv 'pɔlɪsɪ] sb Wettbewerbspolitik f

competitiveness [kəm'petɪtɪvnəs] sb (of a thing) Wettbewerbsfähigkeit f, Konkurrenzfähigkeit f

competitor [kəm'petɪtə] sb Konkurrent(in) m/f, Gegner(in) m/f

complain [kəm'pleɪn] v sich beklagen, sich beschweren; ~ about klagen über

complainant [kəm'pleɪnənt] sb Kläger(in) m/f

complaint [kəm'pleɪnt] sb 1. Reklamation f, Beanstandung f; 2. Strafanzeige f

complementary goods [kɔmplə'mentərɪ gʊdz] pl komplementäre Güter pl

complete [kəm'pliːt] v (finish) beenden, abschließen, absolvieren; (a form) ausfüllen; adj (finished) fertig

completion [kəm'pliːʃən] sb Fertigstellung f, Beenden n

compliance [kəm'plaɪəns] sb Einhalten n, Befolgung f

comply [kəm'plaɪ] v 1. ~ with (a rule) befolgen; 2. ~ with (a request) nachkommen, entsprechen

component [kəm'pəʊnənt] sb 1. Bestandteil m; Komponente f; 2. (technical ~) Bauelement n

composition proceedings [kɔmpə'zɪʃən prə'siːdɪŋz] sb Ausgleichsverfahren n, Vergleichsverfahren n

compound interest ['kɔmpaʊnd 'ɪntrəst] sb Zinseszins m

comprehensive insurance [kɔmprɪ'hensɪv ɪn'ʃʊərəns] sb Vollkaskoversicherung f

compromise ['kɔmprəmaɪz] sb 1. Kompromiss m; v 2. (agree on a ~) einen Kompromiss schließen; 3. (put at risk) kompromittieren, gefährden

compulsory [kəm'pʌlsərɪ] adj obligatorisch, Pflicht...

compulsory auction [kəm'pʌlsərɪ 'ɔːkʃən] sb Zwangsversteigerung f

compulsory contribution [kəm'pʌlsərɪ kɔntrɪ'bjuːʃən] sb Pflichteinlage f

compulsory disclosure [kəm'pʌlsərɪ dɪs-'kləʊʒə] sb Publikationspflicht f

compulsory health insurance funds [kəm'pʌlsərɪ helθ ɪn'ʃʊərəns fʌndz] sb Pflichtkrankenkassen f/pl

compulsory loan [kəm'pʌlsərɪ lɔːn] *sb* Zwangsanleihe *f*

compulsory saving [kəm'pʌlsərɪ 'seɪvɪŋ] *sb* Zwangssparen *n*

compulsory settlement [kəm'pʌlsərɪ 'setlmənt] *sb* Zwangsvergleich *m*

computation [kɔmpjʊ'teɪʃən] *sb* Berechnung *f*, Kalkulation *f*

compute [kəm'pjuːt] *v (make calculations)* rechnen; *(sth)* berechnen, errechnen

computer [kəm'pjuːtə] *sb* Computer *m*, Rechner *m*

computer aided engineering (CAE) [kəm'pjuːtə 'eɪdɪd endʒɪ'nɪərɪŋ] *sb* Computer Aided Engineering (CAE) *n*

computer aided manufacturing (CAM) [kəm'pjuːtə 'eɪdɪd mænjuː'fæktʃʊərɪŋ] *sb* Computer Aided Manufacturing (CAM) *n*

computer aided quality assurance (CAQ) [kəm'pjuːtə 'eɪdɪd 'kwɔːlɪtɪ ə'ʃʊərəns] *sb* Computer Aided Quality Assurance (CAQ) *f*

computer aided selling (CAS) [kəm'pjuːtə 'eɪdɪd 'selɪŋ] *sb* Computer Aided Selling (CAS) *n*

computer centre [kəm'pjuːtə 'sentə] *sb* Rechenzentrum *n*

computer graphics [kəm'pjuːtə 'græfɪks] *pl* Computergrafik *f*

computer integrated manufacturing (CIM) [kəm'pjuːtə ɪntə'greɪtɪd mænjuː'fæktʃʊərɪŋ] *sb* Computer Integrated Manufacturing (CIM) *n*

computer network [kəm'pjuːtə 'netwɜːk] *sb* Computernetzwerk *n*

computer program [kəm'pjuːtə 'prəʊgræm] *sb* Computerprogramm *n*

computer-aided design (CAD) [kəm'pjuːtə 'eɪdɪd dɪ'zaɪn] *sb* Computer Aided Design (CAD) *n*

computerise [kəm'pjuːtəraɪz] *v* computerisieren, auf Computer umstellen

concentration [kɔnsən'treɪʃən] *sb* Konzentration *f*

concentration of banks [kɔnsen'treɪʃən əv bæŋks] *sb* Bankenkonzentration *f*

concentration of capital [kɔnsen'treɪʃən əv 'kæpɪtəl] *sb* Kapitalkonzentration *f*

concept ['kɔnsept] *sb* Konzept *n*, Vorstellung *f*

conception [kən'sepʃən] *sb* Konzeption *f*, Vorstellung *f*

concern [kən'sɜːn] *v* 1. ~ *o.s. with sth* sich mit etw beschäftigen, sich für etw interessie-ren; 2. *(worry)* beunruhigen; 3. *to be ~ed about* sich kümmern um; 4. *(to be about)* sich handeln um, gehen um

concerted [kən'sɜːtɪd] *adj* konzertiert, gemeinsam

concession [kən'seʃən] *sb* Zugeständnis *n*, Konzession *f*

concessionary [kən'seʃənərɪ] *adj* in Konzession, Konzessions...

conciliation board [kɔnsɪlɪ'eɪʃən bɔːd] *sb* Einigungsstelle *f*

conclusion [kən'kluːʒən] *sb* Abschluss *m*

conclusion of a contract [kən'kluːʒən əv ə 'kɔntrækt] *sb* Vertragsabschluss *m*

conclusion of a deal [kən'kluːʒən əv ə diːl] *sb* Geschäftsabschluss *m*

concordance of maturities [kən'kɔːdəns əv mə'tʊərɪtɪz] *sb* Fristenkongruenz *f*

concretion [kən'kriːʃən] *sb* Konkretisierung *f*, Verwirklichung *f*

concurrent [kən'kʌrənt] *adj* Zug um Zug

condition [kən'dɪʃən] *sb* 1. *(stipulation)* Bedingung *f*, Voraussetzung *f*, Kondition *f*; 2. *on ~ that* ... unter der Bedingung, dass ...

condition cartel [kən'dɪʃən cɑː'tel] *sb* Konditionenkartell *n*

conditional capital increase [kən'dɪʃənəl 'kæpɪtəl 'ɪnkriːs] *sb* bedingte Kapitalerhöhung *f*

conditions [kən'dɪʃənz] *sb* Konditionen *f/pl*

conditions of a contract [kən'dɪʃənz əv ə 'kɔntrækt] *pl* Vertragsbedingungen *pl*

conditions of delivery [kən'dɪʃənz əv dɪ'lɪvərɪ] *pl* Lieferbedingungen *pl*

conduct [kən'dʌkt] *v* 1. *(direct)* führen, leiten, verwalten; *sb (management)* Führung *f*, Leitung *f*; 2. *(document)* Geleitbrief *m*

confer [kən'fə] *v* 1. *(consult together)* sich beraten, sich besprechen; 2. *(bestow)* verleihen, übertragen

conference ['kɔnfərəns] *sb* Konferenz *f*, Besprechung *f*, Sitzung *f*, Tagung *f*

conference call ['kɔnfərəns kɔːl] *sb* Konferenzgespräch *n*

conference date ['kɔnfərəns deɪt] *sb* Besprechungstermin *m*

confidence goods ['kɔnfɪdəns gʊdz] *sb* Vertrauensgüter *n/pl*

confidential [kɔnfɪ'denʃəl] *adj* vertraulich, geheim

confidential relationship [kɔnfɪ'denʃəl rɪ'leɪʃənʃɪp] *sb* Vertrauensverhältnis *n*

confidentiality [kɔnfɪdenʃɪ'ælɪtɪ] *sb* Vertraulichkeit *f*, Schweigepflicht *f*

configuration [kənfɪgjʊ'reɪʃən] sb Konfiguration f

confirmation [kɔnfə'meɪʃən] sb Bestätigung f

confirmation of cover [kɔnfə'meɪʃən əv 'kʌvə] sb Deckungszusage f

confirmation of order [kɔnfə'meɪʃən əv 'ɔːdə] sb Auftragsbestätigung f

confiscate ['kɔnfɪskeɪt] v beschlagnahmen, einziehen, sicherstellen

confiscation [kɔnfɪs'keɪʃən] sb Beschlagnahme f, Einziehung f

conglomerate [kən'glɔmərɪt] sb Konglomerat n

congress ['kɔŋgres] sb Kongress m, Tagung f

congruent ['kɔŋgrʊənt] adj 1. deckungsgleich, kongruent; 2. (in agreement, corresponding) übereinstimmend, sich deckend

connection [kə'nekʃən] sb Verbindung f, Beziehung f

consent [kən'sent] v zustimmen, einwilligen, mit einverstanden sein; sb Zustimmung f, Einwilligung f, Genehmigung f; age of ~ Mündigkeit f

consequence ['kɔnsɪkwəns] sb 1. (importance) Bedeutung f, Wichtigkeit f; 2. (effect) Konsequenz f, Folge f, Wirkung f; take the ~s die Folgen tragen

consequential [kɔnsɪ'kwenʃəl] adj sich ergebend, folgend

conservation technology [kɔnsə'veɪʃən tek'nɔlədʒɪ] sb Umwelttechnik f

consign [kən'saɪn] v versenden, verschicken, schicken

consignee [kɔnsaɪ'niː] sb Adressat m, Empfänger m, Konsignatar m

consignment [kən'saɪnmənt] sb 1. Übersendung f; 2. on ~ in Kommission; (overseas) in Konsignation

consignment note [kən'saɪnmənt nəʊt] sb Frachtbrief m

consignment of goods [kən'saɪnmənt əv gʊdz] sb Warensendung f

consignment stock [kən'saɪnmənt stɔːk] sb Konsignationslager n, Kommissionslager n

consignment with value declared [kən'saɪnmənt wɪð 'væljuː dɪ'kleəd] sb Wertsendung f

consistency [kən'sɪstənsɪ] sb (of a substance) Konsistenz f, Beschaffenheit f

consoles ['kɔnsəʊlz] sb Konsols m/pl

consolidate [kən'sɔlɪdeɪt] sb 1. Konsolidierung f, Zusammenlegung f, 2. (combine)

zusammenlegen, vereinigen, zusammenschließen

consolidated balance sheet [kən'sɔlɪdeɪtɪd 'bæləns ʃiːt] sb konsolidierte Bilanz f

consolidated financial statement [kən-'sɔlɪdeɪtɪd faɪ'nænʃəl 'steɪtmənt] sb Konzernabschluss m

consolidation [kɔnsɔlɪ'deɪʃən] sb 1. (bringing together) Zusammenlegung f, Vereinigung f, Zusammenschluss m, Unifizierung f

consolidation of shares [ən'sɔlɪdeɪʃən əv ʃeəz] sb Aktienzusammenlegung f

consortium [kən'sɔːtɪəm] sb Konsortium n, Zusammenschluss m

constant issuer ['kɔnstənt 'ɪʃjuːə] sb Dauerremittent m

Constitutional Court [kɔnstɪ'tjuːʃənəl kɔːt] sb Verfassungsgericht n

construction [kən'strʌkʃən] sb (constructing) Bau m, Konstruktion f, Errichtung f; under ~ im Bau

construction industry [kən'strʌkʃən 'ɪndəstrɪ] sb Bauindustrie f

consular invoice ['kɔnsjuːlə 'ɪnvɔɪs] sb Konsulatsfaktura f

consult [kən'sʌlt] v 1. konsultieren, befragen, um Rat fragen; 2. (files) einsehen

consultant [kən'sʌltənt] sb Berater(in) m/f

consultant on pensions [kən'sʌltənt ɔn 'penʃənz] sb Rentenberater m

consultation [kɔnsəl'teɪʃən] sb Beratung f, Rücksprache f

consulting [kən'sʌltɪŋ] adj beratend

consumable [kən'sjuːməbl] adj Konsum...

consume [kən'sjuːm] v (use up) verbrauchen, verzehren

consumer [kən'sjuːmə] sb Verbraucher(in) m/f, Konsument(in) m/f

consumer advice [kən'suːmə æd'vaɪs] sb Kundenberatung f

consumer cooperative [kən'suːmə kəʊ-'ɔpərətɪv] sb Konsumgenossenschaft f

consumer credit [kən'sjuːmə 'kredɪt] sb Konsumkredit m, Konsumentenkredit m

consumer credit act [kən'suːmə 'kredɪt ækt] sb Verbraucherkreditgesetz n

consumer goods [kən'sjuːmə gʊdz] pl Verbrauchsgüter pl, Konsumgüter pl

consumer market [kən'sjuːmə 'mɑːkɪt] sb Verbrauchermarkt m

consumer protection [kən'sjuːmə prə'tekʃən] sb Verbraucherschutz m

consumer society [kən'sjuːmə sə'saɪtɪ] sb Konsumgesellschaft f

Consumers' Central Offices [kən'suːməz 'sentrəl 'ɔfisiz] *sb* Verbraucherzentralen *f/pl*
consumption [kən'sʌmpʃən] *sb* Verbrauch *m*, Konsum *m*, Verzehr *m*
consumption financing [kən'sʌmpʃən faɪ'nænsɪŋ] *sb* Konsumfinanzierung *f*
contact ['kɔntækt] *sb* 1. *(communication)* Verbindung *f*; *to be in ~ with* s.o. mit jdm in Verbindung stehen; *lose ~ with* s.o. die Verbindung zu jdm verlieren; *(person to ~)* Kontaktperson *f*, Ansprechpartner(in) *m/f*; 2. *(useful acquaintance)* Verbindung *f*; *make ~s* Verbindungen knüpfen; *v* 3. sich in Verbindung setzen mit, Kontakt aufnehmen zu
contain [kən'teɪn] *v (have room for)* fassen, umfassen
container [kən'teɪnə] *sb* Behälter *m*, Gefäß *n*, Container *m*
container transport [kən'teɪnə 'trænspɔːt] *sb* Behälterverkehr *m*
containerize [kən'teɪnəraɪz] *v* in Container verpacken
contamination [kəntæmɪ'neɪʃən] *sb* Kontamination *f*, Verschmutzung *f*
contango [kən'tæŋɡəʊ] *sb* Report *m*
contango securities [kən'tæŋɡəʊ sɪ'kjuːrɪtiz] *sb* Reporteffekten *f/pl*
contango transaction [kən'tæŋɡəʊ træns'ækʃən] *sb* Reportgeschäft *n*
content ['kɔntent] *sb ~s pl* Inhalt *m*
content norms ['kɔntent nɔːmz] *sb* Inhaltsnormen *f/pl*
contest [kən'test] *v* anfechten; *(dispute)* angreifen, bestreiten
contingency budget [kən'tɪndʒənsɪ 'bʌdʒɪt] *sb* Eventualhaushalt *m*
contingency plan [kən'tɪndʒənsi plæn] *sb* Ausweichplan *m*
contingent [kən'tɪndʒənt] *adj ~ upon* abhängig von
contingent liability [kən'tɪndʒent laɪə'bɪlɪtɪ] *sb* Eventualverbindlichkeit *f*
continued pay [kən'tɪndjuːd peɪ] *sb* Entgeltfortzahlung *f*
continuous flow production [kən'tɪnjuːəs fləʊ prə'dʌkʃən] *sb* Fließfertigung *f*
contract [kən'trækt] *sb* 1. Vertrag *m*; *(order)* Auftrag *m*; *v* 2. *~ sth out* etw außer Haus machen lassen; *~ to do sth* sich vertraglich verpflichten, etw zu tun;
contract goods ['kɔntrækt ɡʊdz] *sb* Kontraktgüter *n/pl*
contract of assignment ['kɔntrækt əv ə'saɪnmənt] *sb* Abtretungsvertrag *m*

contract of carriage ['kɔntrækt əv 'kærɪdʒ] *sb* Frachtvertrag *m*
contract of employment ['kɔntrækt əv ɪm'plɔɪmənt] *sb* Arbeitsvertrag *m*, Dienstvereinbarung *f*
contract of pledge ['kɔntrækt əv pledʒ] *sb* Pfandvertrag *m*
contract of sale ['kɔntrækt əv seɪl] *sb* Kaufvertrag *m*
contract of service ['kɔntrækt əv 'səvɪs] *sb* Dienstvertrag *m*
contract period ['kɔntrækt 'pɪərɪəd] *sb* Vertragsdauer *f*
contraction [kən'trækʃən] *sb* Kontrahierung *f*
contractor [kən'træktə] *sb* Auftragnehmer *m*
contractor work and services [kən'træktə 'wɜːk ənd 'səvɪsɪz] *sb* Werkvertrag *m*
contracts on capital collecting ['kɔntrækts ɔn 'kæpɪtəl kə'lektɪŋ] *sb* Kapitalsammlungsverträge *m/pl*
contractual [kən'træktʃʊəl] *adj* vertraglich, Vertrags...
contractual obligation [kən'træktʃʊəl əblɪ'ɡeɪʃən] *sb* Vertragsbindung *f*
contractual penalty [kən'træktʃʊəl 'penəltɪ] *sb* Konventionalstrafe *f*, Vertrags-strafe *f*
contribute [kən'trɪbjuːt] *v* 1. beitragen; 2. *~ to charity* spenden; 3. *(food, supplies)* beisteuern
contribution [kɔntrɪ'bjuːʃən] *sb* 1. Beitrag *m*; *make a ~ to sth* einen Beitrag zu etw leisten; 2. *(donation)* Spende *f*
contribution margin [kɔntrɪ'bjuːʃən 'mɑːdʒɪn] *sb* Deckungsbeitrag *m*
contribution receipt [kɔntrɪ'bjuːʃən rɪ'siːt] *sb* Einschussquittung *f*
contribution refund [kɔntrɪ'bjuːʃən 'riːfʌnd] *sb* Beitragserstattung *f*
contributions [kɔntrɪ'bjuːʃənz] *sb* Beiträge *m/pl*
contributions paid to the building society [kɔntrɪ'bjuːʃənz peɪd tu ðə 'bɪldɪŋ sə'saɪətɪ] *sb* Bausparkassenbeiträge *m/pl*
control [kən'trəʊl] *v (sth)* Kontrolle haben über, kontrollieren; *(regulate)* kontrollieren; *(keep within limits)* in Schranken halten, in Rahmen halten, beschränken; *sb* Kontrolle *f*; *get under ~* unter Kontrolle bringen; *get out of ~* außer Kontrolle geraten; *(authority)* Gewalt *f*, Macht *f*, Herrschaft *f*; *have no ~ over sth* keinen Einfluss auf etw haben; *(check)* Kontrolle *f*

control agreement [kən'trɔl ə'griːmənt] sb Beherrschungsvertrag m

control board [kən'trɔl bɔːd] sb Aufsichtsamt n

control by foreign capital [kən'trɔl baɪ 'fɔːrən 'kæpɪtəl] sb Überfremdung f

control group [kən'trəʊl gruːp] sb Kontrollgruppe f

control key [kən'trəʊl kiː] sb INFORM Control-Taste f

controllable [kən'trəʊləbl] adj kontrollierbar

controlled company [kən'trɔld 'kʌmpəni] sb Organgesellschaft f

controlled corporate group [kən'trɔld 'kɔːpərət gruːp] sb Beteiligungskonzern m

controlled economy [kən'trəʊld ɪ'kɔnəmɪ] sb Dirigismus m

controlling [kən'trəʊlɪŋ] sb 1. Controlling; adj 2. have a ~ interest in sth eine Mehrheitsbeteiligung an etw besitzen

controlling [kən'trɔlɪŋ] sb Controlling n

control of advertising effectiveness [kən'trɔl əv 'ædvətaɪzɪŋ ə'fektɪvnɪs] sb Werbeerfolgskontrolle f

control panel [kən'trəʊl pænl] sb Schalttafel f, Bedienungsfeld n

convene [kən'viːn] v (call together) einberufen, versammeln

convenience goods [kən'viːnjəns gʊdz] sb Convenience goods pl

convenient [kən'viːnɪənt] adj 1. günstig, passend, geeignet; 2. ~ly located (shop) verkehrsgünstig; 3. (functional) brauchbar, praktisch, zweckmäßig

convention [kən'venʃən] sb 1. (conference) Fachkongress m, Tagung f; 2. (agreement) Abkommen n; 3. (social rule) Konvention f

conversion [kən'vɜʒən] sb Konvertierung f

conversion charge [kən'vɜʒən tʃʊdʒ] sb Transaktionskosten pl

conversion table [kən'vəʃən teɪbl] sb Umrechnungstabelle f

convert [kən'vət] v 1. umwandeln, verwandeln; 2. (measures) umrechnen; 3. (of currency) konvertieren, umwandeln

convertibility [kən'vətəbɪlɪtɪ] sb Konvertibilität f, Konvertierbarkeit f

convertibility for residents [kənvətɪ'bɪlɪtɪ fɔː 'rezɪdənts] sb Inländerkonvertibilität f

convertible [kən'vətɪbl] adj konvertibel, austauschbar

convertible bonds [kən'vətɪbl bɔndz] sb Wandelschuldverschreibung f

convey [kən'veɪ] v (rights, title) übertragen

conveyance [kən'veɪəns] sb Übertragung f

conveyance by agreement [kən'veɪəns baɪ ə'griːmənt] sb Übertragung f

conveyor [kən'veɪə] sb Fördergerät n

conveyor belt [kən'veɪə belt] sb Fließband n, Förderband n

cooperate [kəʊ'ɔpəreɪt] v 1. zusammenarbeiten; 2. (comply) mitmachen

cooperation [kəʊəpə'reɪʃən] sb Zusammenarbeit f, Kooperation f

cooperation loan [kəʊəpə'reɪʃən lɔːn] sb Kooperationsdarlehen n

cooperative [kəʊ'ɔpərətɪv] adj 1. (prepared to comply) kooperativ, kollegial; sb 2. Genossenschaft f

cooperative apartment [kəʊ'pərətɪv ə'pɒtmənt] sb Eigentumswohnung f

cooperative banking sector [kəʊ'pərətɪv 'bæŋkɪŋ 'sektə] sb genossenschaftlicher Bankensektor m

cooperative central banks [kəʊ'pərətɪv 'sentrəl bæŋks] sb genossenschaftliche Zentralbanken f/pl

coordination [kəʊɔːdɪ'neɪʃən] sb Koordination f

co-owner [kəʊ'əʊnə] sb Mitinhaber(in) m/f, Mitbesitzer(in) m/f

co-ownership ['kəʊəʊnəʃɪp] sb Miteigentum n

co-partner [kəʊ'pɑːtnə] sb Partner(in) m/f, Teilhaber(in) m/f, Mitunternehmer m

co-plaintiff ['kəʊpleɪntɪf] sb Nebenkläger m

copy ['kɔpɪ] v 1. (reproduce) kopieren, nachbilden; 2. (imitate) nachmachen; sb Kopie f; 3. (written out separately) Abschrift f; 4. (text of an advertisement or article) Text m

copy machine ['kɔpɪ mə'ʃiːn] sb (fam) Kopierer m

copyright ['kɔpɪraɪt] sb Copyright n, Urheberrecht n

copy test ['kɔpɪ test] sb Copy-Test m

copywriter ['kɔpɪraɪtə] sb Werbetexter(in) m/f

core time [kɔː taɪm] sb Kernarbeitszeit f

corner ['kɔːnə] v aufschwänzen

corporate ['kɔːpərɪt] adj (of a corporation) korporativ, Unternehmens...

corporate culture ['kɔːpərɪt 'kʌltʃə] sb Unternehmenskultur f

corporate design ['kɔːpərɪt dɪ'saɪn] sb Corporate Design n

corporate identity ['kɔːpərɪt aɪ'dentɪtɪ] sb Corporate Identity f

corporate management [ˈkɔːpərɪt ˈmænɪdʒmənt] *sb* Unternehmensleitung *f*

corporate profit [ˈkɔːpərɪt ˈprɔfɪt] *sb* Unternehmergewinn *m*

corporate strategy [ˈkɔːpərɪt ˈstrætədʒɪ] *sb* Unternehmensstrategie *f*

corporate value [ˈkɔːpərɪt ˈvæljuː] *sb* Unternehmungswert *m*

corporation [kɔːpəˈreɪʃən] *sb* 1. *(UK)* Handelsgesellschaft *f;* 2. *(US)* Aktiengesellschaft *f,* Unternehmen*n*

corporation tax [kɔːpəˈreɪʃən tæks] *sb* Unternehmenssteuer *f,* Körperschaftssteuer *f*

corporative [ˈkɔːpərətɪv] *adj* Unternehmens..., Firmen...

correct [kəˈrekt] *v* korrigieren, berichtigen

correction [kəˈrektʃən] *sb* Berichtigung *f,* Korrektur *f*

correction of a balance sheet [kəˈrekʃən əv ə ˈbæləns ʃiːt] *sb* Bilanzberichtigung *f*

correlation [kɔrəˈleɪʃən] *sb* Korrelation *f,* Wechselbeziehung *f*

correspond [kɔrɪsˈpɔnd] *v (exchange letters)* korrespondieren, in Briefwechsel stehen

correspondence [kɔrɪsˈpɔndəns] *sb (letter writing)* Korrespondenz *f,* Briefwechsel *m*

correspondent bank [kɔrəsˈpɔndənt bæŋk] *sb* Korrespondenzbank *f*

cost [kɔst] *v irr* 1. kosten; *sb* 2. Kosten *pl; at no ~* kostenlos; 3. *(fig)* Preis *m; at all ~s, at any ~* um jeden Preis

cost accounting centre [kɔst əˈkaʊntɪŋ ˈsentə] *sb* Kostenstelle *f*

cost advantage [kɔst ədˈvɒntɪdʒ] *sb* Kostenvorteil *m*

cost allocation [kɔst æləˈkeɪʃən] *sb* Kostenverrechnung *f*

cost and freight (c. & f.) [kɔst ænd freɪt] *sb* Kosten und Fracht (c. & f.)

cost-benefit analysis [kɔstˈbenɪfɪt əˈnælɪsɪs] *sb* Kosten-Nutzen-Analyse *f*

cost centre [kɔst ˈsentə] *sb* Kostenstelle

cost-effective [kɔstɪˈfektɪv] *adj* rentabel

cost escalation [kɔst eskəˈleɪʃən] *sb* Kostenexplosion *f*

cost estimate [kɔst ˈestɪmət] *sb* Kostenvoranschlag *m*

cost factor [kɔst ˈfæktə] *sb* Kostenfaktor *m*

costing expenditures [ˈkɔstɪŋ ɪksˈpendɪtʃʊəz] *sb* Anderskosten *pl*

costing rate [ˈkɔstɪŋ reɪt] *sb* Zuschlagssatz *m*

cost, insurance (c. & i.) [kɔst ɪnˈʃʊərəns] *sb* Kosten und Versicherung (c. & i.)

cost, insurance, freight (c. i. f.) [kɔst ɪnˈʃʊərəns freɪt] *sb* Kosten, Versicherung, Fracht eingeschlossen (c.i.f.)

cost, insurance, freight, commission (c. i. f. & c.) [kɔst ɪnˈʃuərəns freɪt kəˈmɪʃən] *sb* Kosten, Versicherung, Fracht und Kommission eingeschlossen (c.i.f.& c.)

cost, insurance, freight, commission, interest (c. i. f. c. & i.) [kɔst ɪnˈʃuərəns freɪt kəˈmɪʃən ˈɪntrɪst] *sb* Kosten, Versicherung, Fracht, Kommission und Zinsen (c.i.f.c.& i.)

costly [ˈkɔstlɪ] *adj* teuer, kostspielig

cost of acquisition [ˈkɔst əv ækwɪˈzɪʃən] *sb* Anschaffungskosten *pl*

cost of capital [kɔst əv ˈkæpɪtəl] *sb* Kapitalkosten *pl*

cost of credit [kɔst əv ˈkredɪt] *sb* Kreditkosten *pl*

cost of services [kɔst əv ˈsəvɪsɪz] *sb* Dienstleistungskosten *pl*

costs [kɔsts] *sb* Kosten *pl*

cost schedule [kɔst ˈʃedjuːl]*sb* Kostenplan *m*

cost of wages [ˈkɔst əv ˈweɪdʒɪz] *sb* Lohnkosten *pl*

cost per unit [kɔst pɜ ˈjuːnɪt] *sb* Stückkosten *pl*

cost pressure [kɔst ˈpreʃʊə] *sb* Kostendruck *m*

cost price [kɔst praɪs] *sb* Selbstkostenpreis *m,* Einstandspreis *m*

cost recovery [kɔst rɪˈkʌvərɪ] *sb* Kostendeckung *f*

cost reduction [kɔst rɪˈdʌkʃən] *sb* Kostensenkung *f*

costs per unit [kɔsts pɜ ˈjuːnɪt] *sb* Stückkosten *pl*

cost-of-service principle [kɔst əv ˈsɜvɪs ˈprɪnsɪpəl] *sb* Äquivalenzprinzip *n*

cost types [kɔst taɪps] *sb* Kostenarten *pl*

cost unit [kɔst ˈjuːnɪt] *sb* Kostenträger *m*

cost variance analysis [kɔst ˈveəriəns əˈnælɪsɪs] *sb* Abweichungsanalyse *f*

Cotton Exchange [ˈkɔtən ɪksˈtʃeɪndʒ] *sb* Baumwollbörse *f*

council tax [ˈkaʊnsl tæks] *sb (UK)* Gemeindesteuer *f*

counsel [ˈkaʊnsl] *sb* Anwalt/Anwältin *m/f*

counseling [ˈkaʊnsəlɪŋ] *sb* Beratung *f*

count [kaʊnt] *v* 1. zählen; *sb* 2. Zählung *f;*

count in [kaʊnt ɪn] *v* mitzählen, mitrechnen

counter [ˈkaʊntə] *sb* Ladentisch *m,* Tresen *m,* Theke *f*

counterclaim ['kaʊntəkleɪm] *sb* Gegenanspruch *m*, Gegenforderung *f*

countercyclical development [kaʊntə'sɪklɪkəl də'veləpmənt] *sb* antizyklisches Verhalten *n*

countercyclical fiscal policy [kaʊntə'sɪklɪkəl 'fɪskəl 'pɒlɪsɪ] *sb* antizyklische Finanzpolitik *f*

counter entry ['kaʊntə 'entrɪ] *sb* Storno *n*, Gegenbuchung *f*

counterfeit ['kaʊntəfɪt] *sb* 1. Fälschung *f*; *adj* 2. gefälscht; ~ *money* Falschgeld *n*

counterfeit money ['kaʊntəfɪt 'mʌnɪ] *sb* Falschgeld *n*

counterfeiting ['kaʊntəfɪtɪŋ] 1. Produktpiraterie *f*; 2. Falschmünzerei *f*

counteroffer ['kaʊntərɔːfə] *sb* Gegenangebot *n*, Gegengebot *n*

countersign [kaʊntə'saɪn] *v* gegenzeichnen

counter stock ['kaʊntə stɔːk] *sb* Schalterstücke *n/pl*

countertrade ['kaʊntətreɪd] *sb* Gegengeschäft *n*

countervailing duty ['kaʊntəveɪlɪŋ 'djuːtɪ] *sb* Ausgleichsabgabe *f*

counting ['kaʊntɪŋ] *sb* Auszählung *f*

countries outside the customs frontier ['kʌntriːz aʊt'saɪd ðə 'kʌstəmz 'frʌntɪə] *sb* Zollausland *n*

country of origin ['kʌntrɪ əv 'ɒrɪdʒɪn] *sb* Herkunftsland *n*

country of purchase ['kʌntrɪ əv 'pətʃɪs] *sb* Einkaufsland *n*

country risk ['kʌntrɪ rɪsk] *sb* Länderrisiko *n*

coupon ['kuːpɒn] *sb (voucher)* Gutschein *m*, Kupon *m*, Zinsschein *m*

coupon collection department ['kuːpɒn kə'lekʃən də'pɑːtmənt] *sb* Kuponkasse *f*

coupon market ['kuːpɒn 'mɑːkɪt] *sb* Kuponmarkt *m*

coupon price ['kuːpɒŋ praɪs] *sb* Kuponkurs *m*

coupon sheet ['kuːpɒn ʃiːt] *sb* Kuponbogen *m*

coupon tax ['kuːpɒn tæks] *sb* Kuponsteuer *f*

courier ['kʊrɪə] *sb* Eilbote *m*, Kurier *m*

course of business [kɔːs əv 'bɪznɪs] *sb* Geschäftsprozess *m*

court [kɔːt] *sb* 1. *(~ of law)* Gericht *n;* 2. *take s.o. to ~* jdn verklagen

courtage ['kɔːtɪdʒ] *sb* Kurtage *f*

court fees ['kɔːtfiːz] *pl* Gerichtskosten *pl*, Prozesskosten *pl*

court of arbitration [kɔːtəv ɒbɪ'treɪʃən] *sb* Schiedsgericht *n*

Court of Auditors [kɔːt əv 'ɔːdɪtəːz] *sb* Rechnungshof *m*

Court of Justice of the European Communities [kɔːt əv 'dʒʌstɪs əv ðə jʊərə'piːən kə'mjuːnɪtɪz] *sb* Europäischer Gerichtshof (EuGH) *m*

court order [kɔːt'ɔːdə] *sb* Gerichtsbeschluss *m*

court proceedings for order to pay debt [kɔːt prə'siːdɪŋz fɔː ɔːdə tu peɪ det] *sb* gerichtliches Mahnverfahren *n*

courtroom ['kɔːtruːm] *sb* Gerichtssaal *m*

cover ['kʌvə] *sb* 1. Deckung; *under separate ~* mit getrennter Post; *v* 2. *(a loan, a check)* decken; 3. *(costs)* bestreiten; 4. *(insure)* versichern; 5. *(include)* einschließen, umfassen, enthalten

cover clause ['kʌvə klɔːz] *sb* Deckungsklausel *f*

cover note ['kʌvə nəʊt] *sb (UK)* Deckungszusage *f*

cover of note circulation ['kʌvə əv nəʊt səkju'leɪʃən] *sb* Notendeckung *f*

coverage ['kʌvrɪdʒ] *sb (insurance ~)* Versicherung, Deckung *f*

coverage interest rate ['kʌvərɪdʒ 'ɪntrɪst reɪt] *sb* Deckungszinsen *m/pl*

coverage loan ['kʌvərɪdʒ lɔːn] *sb* Deckungsdarlehen *n*

covered cheque ['kʌvəd tʃek] *sb* gedeckter Scheck *m*

covered credit ['kʌvəd 'kredɪt] *sb* gedeckter Kredit *m*

covering claim ['kʌvərɪŋ kleɪm] *sb* Deckungsforderung *f*

covering letter ['kʌvərɪŋ 'letə] *sb* Begleitbrief *m*

covering operation ['kʌvərɪŋ ɔpə'reɪʃən] *sb* Deckungsgeschäft *n*

covin ['kʌvɪn] *sb* Komplott *n*

coworker ['kəʊwɜːkə] *sb* Mitarbeiter(in) *m/f*

craft [krɑːft] *sb (trade)* Handwerk *n*, Gewerbe *n*

craft trade [krɑːft treɪd] *sb* Handwerk *n*

craftsman ['krɑːftsmən] *sb* Handwerker *m*

crank [kræŋk] *v ~ up the economy* die Wirtschaft ankurbeln

crash [kræʃ] *v* 1. *(fam: computer)* abstürzen; *sb* 2. *(stock market ~)* Börsenkrach *m*

crate [kreɪt] *sb* Kiste *f*, Kasten *m*

creation of credit [kriː'eɪʃən əv 'kredɪt] *sb* Kreditschöpfung *f*

creation of deposit money [kriː'eːʃən əv dɪ'pɔːzɪt 'mʌnɪ] *sb* Giralgeldschöpfung *f*

creation of money [kriː'eːʃən əv 'mʌnɪ] *sb* Geldschöpfung *f*

credential [krɪ'denʃəl] *sb 1.* Beglaubigungsschreiben *n; pl 2.* ~s *(papers)* Ausweispapiere *pl*

credible promise ['kredɪbəl 'prɔmɪs] *sb* glaubhafte Zusicherung *f*

credit ['kredɪt] *sb 1.* Kredit *m; 2. (balance)* Guthaben *n,* Haben *n; v 3.* gutschreiben

credit account ['kredɪt ə'kaʊnt] *sb* Kreditkonto *n*

credit advice ['kredɪt əd'vaɪs] *sb* Gutschriftsanzeige *f*

credit against securities ['kredɪt ə'genst sɪ'kjʊrɪtiːz] *sb* Lombardkredit *m*

credit agreement ['kredɪt ə'griːmənt] *sb* Krediteröffnungsvertrag *m,* Kreditvertrag *m*

credit authorizing negotiation of bills ['kredɪt 'ɔːθəraɪzɪŋ nə'geɪʃən əv bɪlz] *sb* Negoziationskredit *m*

credit balance ['kredɪt 'bæləns] *sb* Guthaben *n*

credit bank ['kredɪt bæŋk] *sb* Kreditbank *f*

credit based on collateral security ['kredɪt beɪst ɔːn kə'lætərəl sɪ'kjʊrɪtɪ] *sb* Sachkredit *m*

credit business ['kredɪt 'bɪznɪs] *sb* Kreditgeschäft *n*

credit by way of bank guarantee ['kredɪt baɪ weɪ əv bæŋk gærən'tiː] *sb* Bürgschaftskredit *m,* Aval-Kredit *m*

credit by way of discount of bills ['kredɪt baɪ weɪ əv 'dɪskaʊnt əv bɪlz] *sb* Wechseldiskontkredit *m*

credit by way of overdraft ['kredɪt baɪ weɪ əv 'əʊvədrɒft] *sb* Überziehungskredit *m,* Dispositionskredit *m*

credit card ['kredɪtkɑːd] *sb* Kreditkarte *f*

credit ceiling ['kredɪt 'siːlɪŋ] *sb* Kreditplafond *m*

credit check ['kredɪt tʃek] *sb* Bonitätsprüfung *f*

credit checking sheets ['kredɪt 'tʃekɪŋ ʃiːts] *sb* Kreditprüfungsblätter *n/pl*

credit commission ['kredɪt kə'mɪʃən] *sb* Kreditprovision *f*

credit committee ['kredɪt kə'mɪtiː] *sb* Kreditausschuss *m*

credit control ['kredɪt kən'trɔl] *sb* Kreditkontrolle *f*

credit cooperative ['kredɪt kəʊ'ɒpərətɪv] *sb* Kreditgenossenschaft *f*

credit culture ['kredɪt 'kʌltʃə] *sb* Kreditkultur *f*

credit demand ['kredɪt də'mænd] *sb* Kreditbedarf *m*

credit department ['kredɪt də'pɑːtmənt] *sb* Kreditabteilung *f*

credit facilities ['kredɪt fə'sɪlɪtɪz] *sb* Kreditfazilität *f*

credit financing register ['kredɪt faɪ'nænsɪŋ 'redʒɪstə] *sb* Teilzahlungsbuch *n*

credit folder ['kredɪt fɔldə] *sb* Kreditakte *f*

credit granted in kind ['kredɪt 'grɔːntɪd ɪn kaɪnd] *sb* Naturalkredit *m*

credit granted to a local authority ['kredɪt 'grɔːntɪd tu ə 'ləʊkəl ə'θɔrɪtɪ] *sb* Kommunalkredit *m*

credit granted to the issuer by the bank ['kredɪt 'grɔːntɪd tu ðə 'ɪsjʊə baɪ ðə bæŋk] *sb* Emissionskredit *m*

credit guarantee ['kredɪt gærən'tiː] *sb* Kreditgarantie *f*

credit inflation ['kredɪt ɪn'fleɪʃən] *sb* Kreditinflation *f*

credit information ['kredɪt ɪnfɔː'meɪʃən] *sb* Kreditauskunft *f*

credit institution ['kredɪt ɪnstɪ'tjuːʃən] *sb* Kreditinstitut *n*

credit insurance ['kredɪt ɪn'ʃʊərəns] *sb* Kreditversicherung *f*

credit interest ['kredɪt 'ɪntrəst] *sb* Habenzinsen *pl*

credit item ['kredɪt 'eɪtəm] *sb* Aktivposten *m*

credit limit ['kredɪt 'lɪmɪt] *sb* Kreditlimit *n*

credit limitation ['kredɪt lɪmɪ'teɪʃən] *sb* Kreditplafondierung *f*

credit line ['kredɪt laɪn] *sb* Rahmenkredit *m,* Kreditlinie *f*

credit margin ['kredɪt 'mɑːdʒɪn] *sb* Kreditrahmen *m*

credit money ['kredɪt 'mʌnɪ] *sb* Kreditgeld *n*

credit on real estate ['kredɪt ɔn rɪəl ɪ'steɪt] *sb* Realkredit *m*

creditor ['kredɪtə] *sb* Gläubiger *m,* Kreditor *m*

creditor paper ['kredɪtə 'peɪpə] *sb* Gläubigerpapier *n*

creditors' meeting ['kredɪtəz 'miːtɪŋ] *sb* Gläubigerversammlung *f*

credit period ['kredɪt 'pɪərɪəd] *sb* Kreditfrist *f*

credit policy ['kredɪt 'pɔlɪsɪ] *sb* Kreditpolitik *f*

credit purchase ['kredɪt 'pɜːtʃəs] sb Kreditkauf m

credit rating ['kredɪt 'reɪtɪŋ] sb Kreditwürdigkeit f

credit restriction ['kredɪt rɪs'trɪkʃən] sb Kreditrestriktion f

credit risk ['kredɪt rɪsk] sb Kreditrisiko n

credit share ['kredɪt ʃɛə] sb Kreditaktie f

credit side ['kredɪt saɪd] sb Habenseite f, Haben n

credits extended to public authorities ['kredɪts ɪks'tendɪd tu 'pʌblɪk ə'θɔrɪtiːz] sb öffentliche Kredite m/pl

credit solvency risk ['kredɪt 'sɔlvənsɪ rɪsk] sb Bonitätsrisiko n

credit standing ['kredɪt 'stændɪŋ] sb Kreditwürdigkeit f, Kreditstatus m

credit status investigation ['kredɪt 'stætɪs ɪnvestɪ'geɪʃən] sb Kreditprüfung f

credit system ['kredɪt 'sɪstɪm] sb Kreditwesen n

credit tranche ['kredɪt trɑːnʃ] sb Kredittranche n

credit transaction ['kredɪt træns'ækʃən] sb Aktivgeschäft n

credit transfer ['kredɪt 'trænsfə] sb Kredittransfer m, Giro n

creditworthiness [kredɪt'wəðinəs] sb Kreditwürdigkeit f

creditworthy ['kredɪtwəðɪ] adj kreditwürdig

creeping inflation ['kriːpɪŋ ɪn'fleɪʃən] sb schleichende Inflation f

crisis ['kraɪsɪs] sb Krise f

crisis feeling ['kraɪsɪs 'fiːlɪŋ] sb Krisenstimmung f

crisis-proof ['kraɪsɪspruːf] adj krisenfest, krisensicher

criteria of decision [kraɪ'tiːrɪə əv də'sɪʒən] sb Entscheidungskriterien n/pl

critical factors of performance ['krɪtɪkəl 'fæktəz əv pə'fɔːməns] sb kritische Erfolgsfaktoren m/pl

cross [krɔs] v (a cheque: UK) zur Verrechnung ausstellen

cross rate [krɔːs reɪt] sb Kreuzparität f

crossed cheque [krɔːst tʃek] sb Verrechnungsscheck m, gekreuzter Scheck n

crowding-out competition ['kraʊdɪŋ aʊt kɔmpə'tɪʃən] (finance) Verdrängungswettbewerb m

crude oil [kruːd ɔil] sb Rohöl n

cubic measures ['kjuːbɪk 'mæʒəz] sb Raummaße n/pl

culpa in contrahendo ['kʌlpə ɪn kɔntrə'hendəʊ] sb Verschulden vor Vertragsabschluss (culpa in contrahendo) n

culpable ['kʌlpəbl] adj schuldig, schuldhaft

culprit ['kʌlprɪt] sb Täter(in) m/f, Schuldige(r) m/f

cum [kʌm] adj eingeschlossen

cumulate ['kjuːmjʊleɪt] v akkumulieren, anhäufen

cumulative dividend ['kjuːmjuːlətɪv 'dɪvɪdend] sb kumulative Dividende f

cure [kjʊə] sb Kur f

currency ['kʌrənsɪ] sb Währung f, Devisen f/pl

currency account ['kʌrənsɪ ə'kaʊnt] sb Währungskonto n

currency accounting ['kʌrənsɪ ə'kaʊntɪŋ] sb Devisenbuchhaltung f

currency agreement ['kʌrənsɪ ə'griːmənt] sb Währungsabkommen n

currency area ['kʌrənsɪ 'ɛərɪə] sb Währungsgebiet n

currency basket ['kʌrənsɪ 'bæskɪt] sb Währungskorb m

currency clause ['kʌrənsɪ klɔːz] sb Währungsklausel f, Kursklausel f

currency conversion ['kʌrənsɪ kən'vəʒən] sb Währungsumstellung f

currency conversion compensation ['kʌrənsɪ kən'vəʒən kompen'seɪʃən] sb Währungsausgleich m

currency dumping ['kʌrənsɪ 'dʌmpɪŋ] sb Währungsdumping n

currency erosion ['kʌrənsɪ ɪ'rəʊʒən] sb Geldwertschwund m

currency exchange business ['kʌrənsɪ ɪks'tʃeɪndʒ 'bɪznɪs] sb Geldwechselgeschäft n

currency future ['kʌrənsɪ 'fjuːtʃə] sb Currency future n

currency in circulation ['kʌrənsɪ ɪn səkjuː'leɪʃən] sb Bargeldumlauf m

currency of investment ['kʌrənsɪ ɔːv ɪn'vestmənt] sb Anlagewährung f

currency policy ['kʌrənsɪ 'pɔlɪsɪ] sb Valutapolitik f

currency pool ['kʌrənsɪ puːl] sb Währungspool m

currency risk ['kʌrənsɪ rɪsk] sb Währungsrisiko n

currency snake ['kʌrənsɪ sneɪk] sb Währungsschlange f

currency substitution ['kʌrənsɪ sʌbstɪ'tjuːʃən] sb Währungssubstitution f

currency swap ['kʌrənsɪ swɔːp] sb Währungsswap m

currency transactions ['kʌrənsı træns-'ækʃənz] *sb* Valutageschäft *n*

currency union ['kʌrənsı 'juːnjən] *sb* Währungsunion *f*

currency zone ['kʌrənsı zəʊn] *sb* Währungszone *f*

current ['kʌrənt] *sb* 1. *(of electricity)* Strom *m; adv* 2. gegenwärtig

current account ['kʌrənt ə'kaʊnt] *sb* Girokonto *n*, Kontokorrent *n*, laufende Rechnung *f*

current account credit ['kʌrənt ə'kaʊnt 'kredıt] *sb* Kontokorrentkredit *m*

current account with a bank ['kʌrənt ə'kaʊnt wıð ə bæŋk] *sb* Bankkontokorrent *n*

current assets ['kʌrənt 'æsets] *sb* Umlaufvermögen *n*

current market value ['kʌrənt 'mɑːkıt 'væljuː] *sb* Zeitwert *m*, gegenwärtiger Marktwert *m*

current quotation ['kʌrənt kwəʊ'teıʃən] *sb* Tageskurs *m*

current value ['kʌrənt 'væljuː] *sb* Tageswert *m*

curriculum vitae [kə'rıkjʊləm 'viːtaı] *sb (UK)* Lebenslauf *m*

cursor ['kəsə] *sb* Cursor *m*

custody ['kʌstədı] *sb* Verwahrung *f*, Gewahrsam *m*

custody fee ['kʌstədı fiː] *sb* Verwahrungskosten *pl*

custody ledger ['kʌstədı 'ledʒə] *sb* Verwahrungsbuch *n*

custom ['kʌstəm] *adj* maßgefertigt, spezial gefertigt

customary law ['kʌstəmeərı lɔː] *sb* Stammrecht *n*

custom of trade ['kʌstəm əv treıd] *sb* Handelsusancen *f/pl*

customer ['kʌstəmə] *sb* Kunde/Kundin *m/f*

customer account ['kʌstəmə ə'kaʊnt] *sb* Debitorenkonto *n*

customer costing ['kʌstəmə 'kɒstıŋ] *sb* Kundenkalkulation *f*

customer survey ['kʌstəmə 'sɜːveı] *sb* Kundenbefragung *f*, Kundenumfrage *f*

customers' credit ['kʌstəməz 'kredıt] *sb* Kundschaftskredit *m*

customer's liability on bills ['kʌstəməz laıə'bılıtı ɒn bılz] *sb* Wechselobligo *n*

customer's order ['kʌstəməz 'ɔːdə] *sb* Kundenauftrag *m*

customer's reference number ['kʌstəməz 'refərəns 'nʌmbə] *sb* Kundennummer *f*

customer's security deposit ['kʌstəməz sı'kjuːrıtı də'pɒzıt] *sb* Personendepot *n*

customize ['kʌstəmaız] *v* individuell herrichten, speziell anfertigen

customs ['kʌstəmz] *pl* Zoll *m*

customs application ['kʌstəmz æplı'keıʃən] *sb* Zollantrag *m*

customs convention ['kʌstəmz kən'venʃən] *sb* Zollabkommen *n*

customs declaration ['kʌstəmz deklə'reıʃən] *sb* Zollerklärung *f*

customs documents ['kʌstəmz 'dɒkjəmənts] *pl* Zollpapiere *pl*

customs drawback ['kʌstəmz 'drɔːbæk] *sb* Rückzoll *m*

customs duties ['kʌstəmz djuːtız] *pl* Zollgebühren *pl*

customs duty ['kʌstəmz 'djuːtı] *sb* Zoll *m*

customs frontier ['kʌstəmz frʌn'tıə] *sb* Zollgrenze *f*

customs inspection ['kʌstəmz ın'spekʃən] *sb* Zollkontrolle *f*

customs invoice ['kʌstəmz 'ınvɔıs] *sb* Zollfaktura *f*

customs official ['kʌstəmz ə'fıʃəl] *sb* Zollbeamte(r)/Zollbeamtin *m/f*

customs procedure ['kʌstəmz prə'siːdʒə] *sb* Zollverkehr *m*

customs seal ['kʌstəmz siːl] *sb* Zollverschluss *m*

customs tariff ['kʌstəmz 'tærıf] *sb* Zolltarif *m*

customs territory ['kʌstəmz 'terıtərı] *sb* Zollgebiet *n*

customs union ['kʌstəmz 'juːnjən] *sb* Zollunion *f*

customs warehouse ['kʌstəmz 'weəhaʊs] *sb* Zolllager *n*

customs warehouse procedure ['kʌstəmz 'weəhaʊs prə'siːdʒə] *sb* Zolllagerung *f*

cut back [kʌt bæk] *v irr (reduce)* kürzen, verringern

cut down [kʌt daʊn] *v irr (reduce expenditures, ~ on cigarettes)* sich einschränken

cut in working time [kʌt ın 'wəkıŋ taım] *sb* Arbeitszeitverkürzung *f*

cutback ['kʌtbæk] *sb* Verringerung *f*, Kürzung *f*

cybernetics [saıbə'netıks] *pl* Kybernetik *f*

cycle ['saıkl] *sb* Zyklus *m*, Kreislauf *m*

cycle operations ['saıkəl ɒpə'reıʃənz] *sb* Taktproduktion *f*

cyclical unemployment ['sıklıkəl ʌnım-'plɔımənt] *sb* konjunkturelle Arbeitslosigkeit *f*

D

daily statement ['deɪlɪ 'steɪtmənt] *sb* Tagesauszug *m*

daily trial balance sheet ['deɪlɪ 'traɪəl 'bæləns ʃiːt] *sb* Tagesbilanz *f*

damage ['dæmɪdʒ] *v* 1. schaden, beschädigen, schädigen; *sb* 2. Schaden *m*, Beschädigung *f;* ~s *pl* 3. *(compensation for* ~s*)* Schadenersatz *m*

damage by sea ['dæmɪdʒ baɪ siː] *sb* Havarie *f*

damage limitation ['dæmɪdʒ lɪmɪ'teɪʃən] *sb* Schadensbegrenzung *f*

damage report ['dæmɪdʒ rɪ'pɔːt] *sb* Schadensbericht *m, Havariezertifikat n*

damaged share certificates ['dæmɪdʒd ʃeə sə'tɪfɪkɪts] *sb* beschädigte Aktie *f*

danger ['deɪndʒə] *sb* Gefahr *f*

danger money ['deɪndʒə 'mʌnɪ] *sb* Gefahrenzulage *f*

data ['deɪtə] *sb* Daten *pl*, Angaben *pl*

data access security ['deɪtə 'ækses sɪ'kjuːrɪtɪ] *sb* Datensicherheit *f*

data analysis ['deɪtə ə'nælɪsɪs] *sb* Datenanalyse *f*

data bank ['deɪtəbæŋk] *sb* Datenbank *f*

database ['deɪtəbeɪs] *sb* Datenbank *f*

data base access ['deɪtə beɪs 'ækses] *sb* Datenbankabfrage *f*

data collection ['deɪtə kə'lekʃən] *sb* Datenerfassung *f*

data entry ['deɪtə 'entrɪ] *sb* Datenerfassung *f*

data integration ['deɪtə ɪntə'greɪʃən] *sb* Datenintegration *f*

data medium ['deɪtə 'miːdɪəm] *sb* Datenträger *m*

data processing ['deɪtə 'prəʊsesɪŋ] *sb* Datenverarbeitung *f*

data protection ['deɪtə prə'tekʃən] *sb* Datenschutz *m*

Data Protection Act ['deɪtə prə'tekʃən ækt] *sb* Datenschutzgesetz *n*

data security ['deɪtə sɪkjʊərɪtɪ] *sb* Datensicherung *f*

data transmission ['deɪtə trænz'mɪʃən] *sb* Datenfernübertragung *f*

date [deɪt] *v* datieren; *sb* Datum *n*, Termin *m*

date of arrival ['deɪt əv ə'raɪvl] *sb* Ankunftsdatum *n*, Ankunftstermin *m*

date of delivery ['deɪt əv dɪ'lɪvərɪ] *sb* Liefertermin *m*

date of departure ['deɪt əv dɪ'pɑːtʃə] *sb* Abreisedatum *n*, Abreisetermin *m*

date of payment ['deɪt əv 'peɪmənt] *sb* Zahlungstermin *m*

date of the balance [deɪt əv ðə 'bæləns] *sb* Bilanzstichtag *m*

date stamp ['deɪt stæmp] *sb* Datumsstempel *m*

DAX-index [dæks 'ɪndeks] *sb* DAX-Index *m*

day bill [deɪ bɪl] *sb* Tageswechsel *m*

day of expiry [deɪ əv ɪks'paɪrɪ] *sb* Verfallstag *m*

day-to-day money [deɪ tu deɪ 'mʌnɪ] *sb* Tagesgeld *n*

de facto employer/employee relationship [dɪ 'fæktəʊ ɪm'plɔɪjə/ɪm'plɔɪjiː rɪ'leɪʃənʃɪp] *sb* faktisches Arbeitsverhältnis *n*

de facto group [dɪ 'fæktəʊ gruːp] *sb* faktischer Konzern *m*

de facto standard [dɪ 'fæktəʊ 'stændəd] *sb* De-facto-Standard *m*

dead capital [ded 'kæpɪtl] *sb* totes Kapital *n*, ungenutzte Mittel *n/pl*

dead freight (d. f.) [ded freɪt] *sb* Leerfracht (d.f.) *f*

deadline ['dedlaɪn] *sb* letzter Termin *m*, Frist *f*; set a ~ eine Frist setzen; *meet the* ~ die Frist einhalten

deal [diːl] *v irr* 1. ~ in sth mit etw handeln; *sb* 2. Geschäft *n*, Handel *m*, Abkommen *n*; *make a* ~ *with s.o.* mit jdm ein Geschäft machen

dealer ['diːlə] *sb* 1. Händler(in) *m/f;* 2. *(wholesaler)* Großhändler(in) *m/f;* 3. Eigenhändler *m;* 4. Händlerfirma *f*

dealer in securities ['diːlə ɪn sɪ'kjuːrɪtɪz] *sb* Effektenhändler *m*

dealer transaction ['diːlə træns'ækʃən] *sb* Händlergeschäft *n*

dealer's brand ['diːləz brænd] *sb* Handelsmarke *f*

dealership ['diːləʃɪp] *sb* Händlerbetrieb *m*

dealing before official hours ['diːlɪŋ bɪ'fɔː ə'fɪʃəl 'aʊəz] *adv* Vorbörse *f*

dealing in foreign notes and coins ['diːlɪŋ ɪn 'fɔːrən nəʊts ænd kɔɪnz] *sb* Sortenhandel *m*

dealing in large lots ['di:lɪŋ ɪn lɑːdʒ lɔts] *sb* Pakethandel *m*

debenture [dɪ'bentʃə] *sb* Schuldschein *m*

debenture bond [dɪ'bentʃə bɔnd] *sb* Schuldverschreibung *f*

debenture loan [dɪ'bentʃə ləʊn] *sb* Obligationsanleihe *f*

debenture stock [dɪ'bentʃə stɔːk] *sb* Schuldverschreibung *f*

debit ['debɪt] *v 1.* debitieren, belasten; *sb 2.* Soll *n*, Belastung *f*, Debet *n*

debit card ['debɪt kɑːd] *sb* Kundenkreditkarte *f*, Lastschriftkarte *f*

debit entry ['debɪt 'entrɪ] *sb* Lastschrift *f*

debit note ['debɪt nəʊt] *sb* Lastschrift *f*, Debet Nota (D/N) *f*

debt [det] *sb 1.* Schuld *f; to be in ~* verschuldet sein; *repay a ~* eine Schuld begleichen

debt capital [det 'kæpɪtəl] *sb* Fremdkapital *n*, Leihkapital *n*

debt deferral [det dɪ'fərəl] *sb* (money) Moratorium *n*

debt discount [det 'dɪskaʊnt] *sb* Damnum *n*

debt financing [det faɪ'nænsɪŋ] *sb* Fremdfinanzierung *f*

debtor ['detə] *sb* Schuldner(in) *m/f*, Debitor(in) *m/f*

debtor interest rates ['detə 'ɪntrəst reɪts] *sb* Sollzinsen *m/pl*

debtor warrant ['detə 'wɔːrənt] *sb* Besserungsschein *m*

debt-register claim [det-'redʒɪstə kleɪm] *sb* Schuldbuchforderung *f*

debt rescheduling [det rɪ'skedjuːlɪŋ] *sb* Umschuldung *f*

debt service [det 'sɜːvɪs] *sb* Schuldendienst *m*

debt to be discharged at the domicile of the debtor [det tu biː dɪs'tʃɑːdʒd æt ðə 'dɔmɪsaɪl əv ðə 'detə] *sb* Holschuld *f*

debts [dets] *sb* Schulden *pl*

debts profit levy [dets 'prɔfɪt 'levɪ] *sb* Kreditgewinnabgabe *f*

debug [diː'bʌg] *v* von Fehlern befreien

decease [dɪ'ziːs] *v* sterben

deceit [dɪ'ziːt] *sb* Betrug *m*, Täuschung *f*

deceitful [dɪ'ziːtful] *adj* betrügerisch, falsch, hinterlistig

deceive [dɪ'ziːv] *v* täuschen, betrügen

decentralization [diːsentrəlaɪ'zeɪʃn] *sb* Dezentralisierung *f*

decentralize [diː'sentrəlaɪz] *v* dezentralisieren

decimetre ['desɪmiːtə] *sb* Dezimeter *m/n*

decision [dɪ'sɪʒən] *sb* Entscheidung *f*, Entschluss *m*, Beschluss *m; make a ~* eine Entscheidung treffen

decision-making [dɪ'sɪʒənmeɪkɪŋ] *sb* Entscheidungsfindung *f*

decision-making hierarchy [dɪ'sɪʒən 'meɪkɪŋ 'hɪrɑːkɪ] *sb* Entscheidungshierarchie *f*

decision of accession [dɪ'sɪʒən əv ək-'seʃən] *sb* Beitrittsbeschluss *m*

decision rule [dɪ'sɪʒən ruːl] *sb* Entscheidungsregel *f*

decision to purchase [dɪ'sɪʒən tu 'pɜːtʃɪs] *sb* Kaufentscheidung *f*

declarable [dɪ'klɛərəbl] *adj* zu verzollen

declaration of intention [deklə'reɪʃən əv ɪn'tenʃən] *sb* Willenserklärung *f*

declaration to exercise the subscription right [deklə'reɪʃən tu 'eksəsaɪz ðə sʌb'skrɪpʃən raɪt] *sb* Bezugsrechterklärung *f*

declaratory protest [dɪ'klærətərɪ 'prəʊtest] *sb* Deklarationsprotest *m*

declare [dɪ'klɛə] *v* (to customs) verzollen

decline [dɪ'klaɪn] *v 1.* (business, prices) zurückgehen; *2.* (not accept) ablehnen

declining balance depreciation [dɪ'klaɪnɪŋ 'bæləns dəprɪʃɪ'eɪʃən] *sb* Buchwertabschreibung *f*

decline in prices [dɪ'klaɪn ɪn 'praɪsɪz] *sb* Preisverfall *m*, Preisrückgang *m*

decode [diː'kəʊd] *v* dekodieren, entschlüsseln, dechiffrieren

decoration [dekə'reɪʃən] *sb* Schmuck *m*, Dekoration *f*, Verzierung *f*

decrease [diː'kriːz] *v 1.* abnehmen, sich vermindern, nachlassen; verringern, vermindern, reduzieren; *sb 2.* Abnahme *f*, Verminderung *f*, Verringerung *f*, Rückgang *m*

decrease in demand ['diːkriːs ɪn 'dɪmɑːnd] *sb* Nachfragerückgang *m*, Verringerung der Nachfrage *f*

decrease in value ['diːkriːs ɪn 'væljuː] *sb* Wertminderung *f*

decree [dɪ'kriː] *sb* Verordnung , Erlass *m/f*

deductible [dɪ'dʌktɪbl] *adj* abzugsfähig; *(tax ~)* absetzbar

deduction [dɪ'dʌkʃən] *sb 1.* (from a price) Nachlass *m*, Dekort *m*; *2.* (from one's wage) Abzug *m*

deduction of input tax [də'dʌkʃən əv 'ɪnput tæks] *sb* Vorsteuerabzug *m*

deduction of travelling expenses [dɪ-'dʌkʃən əv 'trævəlɪŋ ɪks'pensɪz] *sb* Reisekostenabrechnung *f*, Reisekostenabzug *m*

deed [diːd] *sb (document)* Urkunde *f,* Dokument *n*

deed of partnership ['diːd əv 'pɑːtnəʃip] *sb* Gesellschaftsvertrag *m*

default [dɪ'fɔːlt] *sb* 1. Versäumnis *n,* Nichterfüllung *f;* 2. *(failure to pay)* Nichtzahlung *f; v ~ on a debt* seine Schuld nicht bezahlen

default interest [dɪ'fɔːlt 'ɪntrest] *sb* Verzugszinsen *pl*

default of delivery [dɪ'fɔːlt əv dɪ'lɪvərɪ] *sb* Lieferverzug *m*

default risk [dɪ'fɔːlt rɪsk] *sb* Ausfallrisiko *n*

defaulter [dɪ'fɔːltə] *sb* säumiger Schuldner *m*

defect ['diːfekt] *sb* Fehler *m,* Defekt *m,* Mangel *m*

defective [dɪ'fektɪv] *adj* fehlerhaft, mangelhaft, schadhaft, defekt

defects rate [dɪ'fekts reɪt] *sb* Ausschussquote *f*

defence of fraud [dɪ'fens əv frɔːd] *sb* Einrede der Arglist *f*

deferment [dɪ'fɜːmənt] *sb* Verschiebung *f,* Verlegung *f*

deferrals [dɪ'fɜːrəlz] *sb* transitorische Posten *m/pl*

deferred payment [dɪ'fɜːd 'peɪmənt] *sb* Ratenzahlung *f*

deferred taxes [dɪ'fɜːd 'tæksɪz] *sb* latente Steuern *f/pl*

deficiency [dɪ'fɪʃənsɪ] *sb* 1. *(shortage)* Mangel *m,* Fehlen *n;* 2. *(defect)* Mangelhaftigkeit *f,* Schwäche *f*

deficiency guarantee [dɪ'fɪʃənsɪ gærən'tiː] *sb* Ausfallbürgschaft *f*

deficiency payment [dɪ'fɪʃənsɪ 'peɪmənt] *sb* Ausgleichszahlung *f*

deficient [dɪ'fɪʃənt] *adj* unzulänglich, mangelhaft

deficit ['defɪsɪt] *sb* Defizit *n,* Fehlbetrag *m*

deficit balance ['defɪsɪt 'bæləns] *sb* Unterbilanz *f*

deficit financing ['defɪsɪt 'faɪnænsɪŋ] *sb* Defizitfinanzierung *f*

deficit spending ['defɪsɪt 'spendɪŋ] *sb* Deficit Spending *n*

deflation [diː'fleɪʃən] *sb* Deflation *f*

defraud [dɪ'frɔːd] *v* betrügen; *~ the revenue (UK)* Steuern hinterziehen

defrauder [dɪ'frɔːdə] *sb* Steuerhinterzieher *m*

defray [dɪ'freɪ] *v (costs)* tragen, übernehmen

defrayal [dɪ'freɪəl] *sb (of costs)* Übernahme *f*

degradable [dɪ'greɪdəbl] *adj* abbaubar

degree of unionization [dɪ'griː əv juːnjənaɪ'zeɪʃən] *(employees)* Organisationsgrad *m*

degree of utilisation [dɪ'griː əv juːtɪlaɪ'zeɪʃən] *sb* Auslastungsgrad *m*

degression [dɪ'greʃən] *sb* Degression *f*

degressive costs [dɪ'gresɪv kɔsts] *sb* degressive Kosten *pl*

degressive depreciation [dɪ'gresɪv dɪ'priːʃɪ'eɪʃən] *sb* degressive Abschreibung *f*

del credere [del krə'dərə] *sb* Delkredere *n*

delay [dɪ'leɪ] *v* 1. *(sth, s.o.) (hold up)* aufhalten, hinhalten; 2. *(postpone)* verschieben, aufschieben, hinausschieben; 3. *to be ~ed* aufgehalten werden; *sb* 4. Verspätung *f,* Verzögerung *f,* Aufschub *m,* Verzug *m*

delay in delivery [dɪ'leɪ ɪn dɪ'lɪvərɪ] *sb* Lieferverzug *m,* Lieferungsverzögerung *f*

delay penalty ['dɪleɪ 'penəltɪ] *sb* Säumniszuschlag *m*

delegate ['delɪgeɪt] *v* 1. *(a task)* delegieren, übertragen; 2. *(a person)* abordnen, delegieren, bevollmächtigen; 3. *sb* Delegierte(r) *m/f,* bevollmächtigte(r) Vertreter *m*

delegated authority ['delɪgeɪtɪd ə'θɔːrɪtɪ] *sb* Untervollmacht *f*

delegation [delɪ'geɪʃən] *sb* Delegation *f,* Abordnung *f*

delete [dɪ'liːt] *v* streichen; *(data)* löschen

delete reservation [dɪ'liːt rezə'veɪʃən] *sb* Löschungsvormerkung *m*

deletion [dɪ'liːʃən] *sb* Streichung *f*

deliver [dɪ'lɪvə] *v* 1. liefern, zustellen, überbringen; 2. *(by car)* ausfahren; *(on foot)* austragen; 3. *(a message)* überbringen; *(~ the post each day)* zustellen; *(~ up: hand over)* aushändigen, übergeben, überliefern; 4. *(an ultimatum)* stellen

deliverable [dɪ'lɪvərəbl] *adj* lieferbar

deliverable security [dɪ'lɪvərəbl sɪ'kjuːrɪtɪ] *sb* lieferbares Wertpapier *n*

deliverer [dɪ'lɪvərə] *sb* Lieferant(in) *m/f*

delivery [dɪ'lɪvərɪ] *sb* Lieferung *f,* Auslieferung *f;* *(of the post)* Zustellung *f,* Erfüllungsgeschäft *n*

delivery capacity [dɪ'lɪvərɪ kə'pæsɪtɪ] *sb* Lieferkapazität *f*

delivery clause [dɪ'lɪvərɪ klɔːz] *sb* Lieferklausel *f*

delivery costs [dɪ'lɪvərɪ kɔsts] *sb* Bezugskosten *pl,* Lieferkosten *pl*

delivery note [dɪ'lɪvərɪ nəʊt] *sb* Lieferschein *m*

delivery order [dɪ'lɪvərɪ 'ɔːdə] *sb* Auslieferungsschein (D.O.) *m*

delivery van [dɪ'lɪvərɪ væn] *sb* Lieferwagen *m*

demand [dɪ'maːnd] *v* 1. verlangen, fordern; 2. *(task)* erfordern, verlangen; *sb* 3. Verlangen *n*, Forderung *f*; 4. in ~ gefragt, begehrt; 5. *(for goods)* Nachfrage *f*

demandable [dɪ'maːndəbl] *adj* einzufordernd

demand assessment [dɪ'maːnd ə'sesmənt] *sb* Bedarfsermittlung *f*

demand bill [dɪ'maːnd bɪl] *sb* Sichtwechsel *m*

demand for money [dɪ'maːnd fɔː 'mʌnɪ] *sb* Geldnachfrage *f*

demand for payment [dɪ'maːnd fɔː 'peɪmənt] *sb* Mahnung *f*

demand price [dɪ'maːnd praɪs] *sb* Geldkurs *m*

demarcation [dimaː'keɪʃən] *sb* Abgrenzung *f*, Begrenzung *f*

demurrage [dɪ'mʌrɪdʒ] *sb* Liegegeld *n*, Standgeld *n*, Lagergeld *n*

denationalization [diːnæʃənlaɪ'zeɪʃən] *sb* Privatisierung *f*

denomination [dɪnɒmɪ'neɪʃən] *sb (of money)* Nennwert *m*

density of population ['densɪtɪ əv pɒpjuː'leɪʃən] *sb* Bevölkerungsdichte *f*

department [dɪ'paːtmənt] *sb* Abteilung *f*; Ministerium *n*, Ressort *n*

department store [dɪ'paːtmənt stɔː] *sb* Kaufhaus *n*, Warenhaus *n*

departure [dɪ'paːtʃə] *sb (of a train, of a bus)* Abfahrt *f*; *(of a plane)* Abflug *m*

deposit [dɪ'pɒzɪt] *v* 1. *(money)* deponieren, einzahlen; *sb* 2. *(to a bank account)* Einzahlung, Depot *f*; 3. *(returnable security)* Kaution, Aufbewahrung *f*; 4. *(down payment)* Anzahlung *f*

depositary [dɪ'pɒzɪtərɪ] *sb* Treuhänder *m*

deposit account [dɪ'pɒzɪt əkaʊnt] *sb* Sparkonto *n*

deposit acknowledgement [dɪ'pɒzɪt ækˈnɒlɪdʒmənt] *sb* Depotanerkenntnis *f*

deposit at call [dɪ'pɒzɪt æt cɔːl] *sb* täglich fälliges Geld *n*

deposit at notice [dɪ'pɒzɪt æt 'nəʊtɪs] *sb* Kündigungsgeld *n*

deposit banking [dɪ'pɒzɪt bæŋkɪŋ] *sb* Depotgeschäft *n*, Depositengeschäft *n*

deposit book [dɪ'pɒzɪt bʊk] *sb* Depotbuch *n*

deposit business [dɪ'pɒzɪt 'bɪznɪs] *sb* Einlagengeschäft *n*

deposit clause [dɪ'pɒzɪt klɔːz] *sb* Depositenklausel *f*

deposit clearing bank [dɪ'pɒzɪt 'klɪərɪŋ bæŋk] *sb* Girobank *f*

deposited share [dɪ'pɒzɪtɪd ʃeə] *sb* Depotaktie *f*

deposit for insurance payments [dɪ'pɒzɪt fɔː ɪn'ʃʊərəns 'peɪmənts] *sb* Prämiendepot *n*

deposit guarantee fund [dɪ'pɒzɪt gærənˈtiː fʌnd] *sb* Einlagensicherungsfonds *m*

deposit money [dɪ'pɒzɪt 'mʌnɪ] *sb* Buchgeld *n*

deposit money creation multiplier [dɪ'pɒzɪt 'mʌnɪ kriː'eɪʃən 'mʌlɪplaɪə] *sb* Buchgeldschöpfungsmultiplikator *m*

deposit of securities [dɪ'pɒzɪt əv sɪ'kjuːrɪtɪz] *sb* Effektendepot *n*

depositor [dɪ'pɒzɪtə] *sb* Einzahler *m*, Deponent *m*

depository [dɪ'pɒzɪtərɪ] *sb* Verwahrungsort *m*, Aufbewahrungsort *m*

deposit policy [dɪ'pɒzɪt 'pɒlɪsɪ] *sb* Einlagenpolitik *f*

deposit receipt [dɪ'pɒzɪt rɪ'siːt] *sb* Depotschein *m*

deposit transactions passive [dɪ'pɒzɪt træn'zækʃəns 'pæsɪv] *sb* Passivgeschäft *n*

deposits [dɪ'pɒzɪts] *sb* Depositen *f/pl*

deposits on a current account [dɪ'pɒzɪts ɒn ə 'kʌrənt ə'kaʊnt] *sb* Giroeinlage *f*

depot ['depəʊ] *sb* Depot *n*

depreciate [dɪ'priːʃɪeɪt] *v* 1. *(fall in value)* an Kaufkraft verlieren; 2. *(sth)* mindern

depreciation [dɪpriːʃɪ'eɪʃən] *sb* 1. Kaufkraftverlust *m*, 2. Abschreibung; *f* 3. Entwertung *f*

depreciation fund [dɪpriːʃɪ'eɪʃən fʌnd] *sb* Abschreibungsfonds *m*

depreciation per period [dɪpriːʃɪ'eɪʃən pɜː 'pɪərɪəd] *sb* Zeitabschreibung *f*

depressed [dɪ'presd] *adj (market)* schleppend

depression [dɪ'preʃən] *sb* Wirtschaftskrise *f*, Depression *f*

depute ['depjʊt] *v* deligieren

deputy ['depjʊtɪ] *sb* Stellvertreter *m*

deregulate [diː'regjʊleɪt] *v* freigeben

deregulation [diːregjʊ'leɪʃən] *sb* Deregulierung *f*

derelict ['derɪlɪkt] *adj (in one's duties)* pflichtvergessen, nachlässig

dereliction [derɪ'lɪkʃən] *sb* Vernachlässigung *f*, Versäumen *n*

derivative financial instruments [dɪ'rɪvɪtɪv faɪ'nænʃəl 'ɪnstrəmənts] *sb* Derivate *n/pl*

design [dɪ'zaɪn] *v* 1. entwerfen, zeichnen; 2. *(machine, bridge)* konstruieren; *sb* 3. *(planning)* Entwurf *m;* 4. *(of a machine, of a bridge)* Konstruktion *f;* 5. *(as a subject)* Design *n;* 6. *(pattern)* Muster *n;* 7. *(intention)* Absicht *f*

designation [dezɪg'neɪʃən] *sb* Designation *f*

designer [dɪ'zaɪnə] *sb* Entwerfer(in) *m/f,* Designer(in) *m/f*

design patent [dɪ'zaɪn 'pætɪnt] *sb* Geschmacksmuster *n*

desk [desk] *sb* 1. Schreibtisch *m*, Pult *n;* 2. *(in a store)* Kasse *f*

desktop ['desktɔp] *sb* Arbeitsfläche *f*

desktop publishing ['desktɔp 'pʌblɪʃɪŋ] *sb* Desktop-Publishing (DTP) *n*

despatch [dɪ'spætʃ] *v* versenden, verschicken

destroyed securities [dɪs'trɔɪd sɪ'juːrɪtɪz] *sb* vernichtete Wertpapiere *n/pl*

destructive price cutting [dɪs'trʌktɪv praɪs 'kʌtɪŋ] *sb* Verdrängungswettbewerb *m*

details of order ['diːteɪlz əv 'ɔːdə] *sb* Bestelldaten *pl*, Bestellangaben *pl*

determination [dɪtɜːmɪ'neɪʃən] *sb* 1. *(specifying)* Bestimmung *f*, Festsetzung *f;* 2. *(decision)* Entschluss *m*, Beschluss *m*

determination of profits [dɪtɜːmɪ'neɪʃən əv 'prɔfɪts] *sb* Gewinnermittlung *f*

determination of the value [dɪtɜːmɪ'neɪʃən əv də 'væljuː] *sb* Wertermittlung *f*

determine [dɪ'tɜːmɪn] *v* 1. *(resolve)* sich entschließen, beschließen; 2. *(fix, set)* festsetzen, festlegen; 3. *(be a decisive factor in)* bestimmen, determinieren; 4. *(ascertain)* ermitteln

detriment ['detrɪmənt] *sb* Nachteil *m*, Schaden *m; to the ~ of sth* zum Nachteil einer Sache, zum Schaden von etw

Deutsche Bundesbank ['dɔɪtʃə 'bʌndɪsbæŋk] *sb* Deutsche Bundesbank *f*

devaluation [dɪvæljʊ'eɪʃən] *sb* Abwertung *f*

devaluation race [dɪ:væljuː'eɪʃən reɪs] *sb* Abwertungswettlauf *m*

devalue [diː'væljuː] *v* abwerten

develop [dɪ'veləp] *v* 1. *(sth)* entwickeln; 2. *(~ something already begun)* weiterentwickeln; 3. *(a plot of land)* erschließen

developer [dɪ'veləpə] *sb (property ~)* Baulandentwickler *m*

developing [dɪ'veləpɪŋ] *adj ~ country* Entwicklungsland *n*

development [dɪ'veləpmənt] *sb* 1. Entwicklung *f*, Ausführung *f*, Entfaltung *f*, Erschließung *f;* 2. *(economic)* Wachstum *n*, Aufbau *m*

development aid [dɪ'veləpmənt eɪd] *sb* Entwicklungshilfe *f*

development area [dɪ'veləpmənt 'ɛərɪə] *sb* Entwicklungsgebiet *n*

development bank [dɪ'veləpmənt bæŋk] *sb* Entwicklungsbank *f*

development costs [dɪ'veləpmənt kɔsts] *sb* Entwicklungskosten *pl*, Erschließungsbeiträge *m/pl*

development fund [dɪ'veləpmənt fʌnd] *sb* Entwicklungsfonds *m*

development phase [dɪ'veləpmənt feɪz] *sb* Aufbauphase *f*, Entwicklungsphase *f*

deviation [diːvɪ'eɪʃən] *sb* Abweichen *n*, Abweichung *f*

device [dɪ'vaɪs] *sb* 1. Gerät *n*, Vorrichtung *f*, Apparat *m;* 2. *(scheme)* List *f;* 3. *leave s.o. to his own ~s* jdn sich selbst überlassen

dexterity [deks'terɪtɪ] *sb* Geschicklichkeit *f*, Gewandtheit *f*, Fingerfertigkeit *f*

dexterous ['dekstərəs] *adj* gewandt, geschickt, behände

diagram ['daɪəgræm] *sb* Diagramm *n*, Schaubild *n*, Schema *n*

dial [daɪl] *v (telephone)* wählen

dialling code ['daɪlɪŋ kəʊd] *sb (UK)* Vorwahl *f*

diameter [daɪ'æmɪtə] *sb* Durchmesser *m*, Diameter *m*

diary ['daɪərɪ] *sb (appointment book)* Terminkalender *m*

dictaphone ['dɪktəfəʊn] *sb* Diktaphon *n*, Diktiergerät *n*

dictate [dɪk'teɪt] *v* diktieren

dictation [dɪk'teɪʃən] *sb* Diktat *n; take ~* ein Diktat aufnehmen

dictionary ['dɪkʃənrɪ] *sb* Wörterbuch *n*, Lexikon *n*

differ ['dɪfə] *v* 1. sich unterscheiden; 2. *(hold a different opinion)* anderer Meinung sein

difference between purchase and hedging price ['dɪfrəns bɪ'twiːn 'pɜːtʃəs ænd 'hedʒɪŋ praɪs] *sb* Kursspanne *f*

differential piece-rate system [dɪfə'rentʃəl piːs reɪt 'sɪstɪm] *sb* Differenziallohnsystem *n*

differentiated tariffs [dɪfəˈrentʃieɪtɪd ˈtærɪfs] sb gespaltener Tarif m

differentiation [dɪfərenʃɪˈeɪʃən] sb Unterscheidung f, Differenzierung f

diffusion barriers [dɪˈfjuːʒən ˈbeərɪəz] sb Diffusionsbarrieren f/pl

diffusion process [dɪˈfjuːʒən ˈprɒses] sb Diffusion f

diffusion strategy [dɪˈfjuːʒən ˈstrætɪdʒɪ] sb Diffusionsstrategie f

digest [ˈdaɪdʒest] sb Auslese f, Auswahl f

digit [ˈdɪdʒɪt] sb Ziffer f, Stelle f

digital [ˈdɪdʒɪtəl] adj digital, Digital

diminish [dɪˈmɪnɪʃ] v (to be ~ed) sich vermindern, abnehmen; (sth) verringern, vermindern, verkleinern

diminished [dɪˈmɪnɪʃt] adj verringert, reduziert

dip into [dɪp ˈɪntuː] v ~ funds Reserven angreifen

diploma [dɪpˈləʊmə] sb Diplom n

dipstick [ˈdɪpstɪk] sb Messtab m

direct [daɪˈrekt] v 1. (aim, address) richten; 2. ~ s.o.'s attention to sth jds Aufmerksamkeit auf etw lenken; 3. (order) anweisen, befehlen; 4. (supervise) leiten, lenken, führen

direct access [daɪˈrekt ˈækses] sb Direktzugriff m

direct advertising [daɪˈrekt ˈædvɜːtaɪzɪŋ] sb Direktwerbung f

direct and indirect material [daɪˈrekt ænd ˈɪn daɪrekt məˈtɪrɪəl] (cost accounting) Fertigungslos n

direct bank [daɪˈrekt bæŋk] sb Direktbank f

direct cost [daɪˈrekt kɒst] sb Einzelkosten pl

direct costing [daɪˈrekt kɒstɪŋ] sb Direct Costing n

direct current [daɪˈrekt ˈkʌrənt] sb Gleichstrom m

direct debit [daɪˈrekt ˈdebɪt] sb (UK) Einzugsermächtigung f

direct debit authorization [daɪˈrekt ˈdebɪt ɔːθəraɪˈzeɪʃən] sb Einziehungsermächtigung f

direct debit instruction [daɪˈrekt ˈdebɪt ɪnˈstrʌkʃən] sb Abbuchungsauftrag m, Einzugsermächtigung f

direct debit procedure [daɪˈrekt ˈdebɪt prəˈsiːdʒə] sb Abbuchungsverfahren n

direct debiting [daɪˈrekt ˈdebɪtɪŋ] sb Bankeinzugsverfahren n, Lastschrifteinzugsverfahren n

direct debiting transactions [daɪˈrekt ˈdebɪtɪŋ trænsˈækʃənz] sb Lastschriftverkehr m

direct discount [daɪˈrekt ˈdɪskaʊnt] sb Direktdiskont m

direct exchange [daɪˈrekt ɪksˈtʃeɪndʒ] sb Mengenkurs m

direct export [daɪˈrekt ɪkˈspɔːt] sb Direktausfuhr f

direct insurance [daɪˈrekt ɪnˈʃʊərəns] sb Direktversicherung f

direct investments [daɪˈrekt ɪnˈvestmənts] sb Direktinvestitionen pl

direction [dɪˈrekʃən] sb 1. (management) Leitung f, Führung f; 2. ~s pl Anweisungen pl; 3. (~s for use) Gebrauchsanweisung f

directive [dɪˈrektɪv] sb Direktive f, Vorschrift f

direct marketing [daɪˈrekt ˈmɑːkɪtɪŋ] sb Direct Marketing n

director [dɪˈrektə] sb Direktor(in) m/f, Leiter(in) m/f

direct ordering [daɪˈrekt ˈɔːdərɪŋ] sb Direktbestellung f

director general [dɪˈrektə ˈdʒenərəl] sb Generaldirektor m

directorate [dɪˈrektərɪt] sb (body of directors) Direktorium n, Vorstand m

directors' fees tax [daɪˈrektəz fiːz tæks] sb Aufsichtsratsteuer f

directory enquiries [dɪˈrektərɪ ɪnˈkwaɪəriːz] sb (UK) Telefonauskunft f

direct selling [daɪˈrekt ˈselɪŋ] sb Direktverkauf m, Direktvertrieb m, direkter Absatz m

direct taxes [daɪˈrekt ˈtæksɪz] sb direkte Steuern pl

direct telex transfer system [daɪˈrekt ˈteleks ˈtrænsfɜː ˈsɪstɪm] sb Blitzgiro m

dirigisme [dɪrɪˈʒiːzm] sb Dirigismus m

disability for work [dɪsəˈbɪlɪtɪ fɔː wɜːk] sb Erwerbsunfähigkeit f, Arbeitsunfähigkeit f

disabled [dɪsˈeɪbld] adj 1. behindert, arbeitsunfähig, erwerbsunfähig; 2. (machine) unbrauchbar

disadvantage [dɪsədˈvɑːntɪdʒ] sb Nachteil m, Schaden m

disaffirm [dɪsəˈfɜːm] v widerrufen

disagio [dɪsˈeɪdʒəʊ] sb Disagio n

disapproval [dɪsəˈpruːvl] sb (of sth) Missbilligung f

disapprove [dɪsəˈpruːf] v dagegen sein; ~ of sth etw missbilligen

disarmament [dɪsˈɑːməmənt] sb Abrüstung f

disassemble [dɪsə'sembl] v auseinander nehmen, zerlegen

disburse [dɪs'bɜːs] v auszahlen, ausbezahlen

disbursement [dɪs'bɜːsmənt] sb Auszahlung f, Ausbezahlung f

discard [dɪs'kɑːd] v ablegen, aufgeben, ausrangieren

discharge [dɪs'tʃɑːdʒ] v 1. (electricity) entladen; 2. (cargo) löschen; 3. (a debt) begleichen; sb 4. (of electricity) Entladung f; 5. (dismissal) Entlassung f; 6. (~ papers) Entlassungspapier n; 7. Freispruch m, Entlastung f

discharging expenses [dɪs'tʃɑːdʒɪŋ ɪks-'pensɪz] sb Entladungskosten pl, Löschgebühren pl

disciplinary ['dɪsɪplɪnərɪ] adj Disziplinar..., disziplinarisch

discipline ['dɪsɪplɪn] v disziplinieren; sb Disziplin f

disclaim [dɪs'kleɪm] v ausschlagen, ablehnen

disclaimer [dɪs'kleɪmə] sb Dementi n, Widerruf m

disclose [dɪs'kləʊz] v bekannt geben, bekannt machen

disconnection [dɪskə'nekʃən] sb (on the telephone) Unterbrechung f

discontinue [dɪskən'tɪnjuː] v 1. (a line of products) auslaufen lassen; (2. a subscription) abbestellen

discount ['dɪskaʊnt] sb Preisnachlass m, Rabatt m, Abschlag m, Skonto n, Diskont m

discountable [dɪs'kaʊntəbl] adj abzugsfähig

discountable paper [dɪs'kaʊntəbl 'peɪpə] sb Diskontpapier n

discount bank ['dɪskaʊnt bæŋk] sb Diskontbank f

discount business ['dɪskaʊnt 'bɪznɪs] sb Diskontgeschäft n

discount calculation ['dɪskaʊnt kælkjuː'leɪʃən] sb Diskontrechnung f

discount commission ['dɪskaʊnt kə'mɪʃən] sb Diskontprovision f

discount credit ['dɪskaʊnt 'kredɪt] sb Diskontkredit m

discount deduction ['dɪskaʊnt dɪ'dʌkʃən] sb Skontoabzug m

discount factor ['dɪskaʊnt 'fæktə] sb Diskontierungsfaktor m

discount houses ['dɪskaʊnt 'haʊzɪz] sb Diskonthäuser n/pl

discounting ['dɪskaʊntɪŋ] sb Diskontierung f, Abzinsung f

discount market ['dɪskaʊnt 'mɑːkɪt] sb Diskontmarkt m

discount of bills ['dɪskaʊnt əv bɪls] sb Wechseldiskont m

discount on advance orders ['dɪskaʊnt ɔn ə'dvɑːns ɔːdəz] sb Vorbestellrabatt m

discount on repurchase ['dɪskaʊnt ən rɪ'pɜːtʃəs] sb Rückkaufdisagio n

discount rate ['dɪskaʊnt reɪt] sb Diskontsatz m

discount store ['dɪskaʊnt stɔː] sb Discountgeschäft n, Discountladen m

discredit [dɪs'kredɪt] v in Misskredit bringen, in Verruf bringen; sb Misskredit m

discrepancy [dɪs'krepənsɪ] sb Diskrepanz f, Unstimmigkeit f

discretion [dɪs'kriːʃən] sb 1. (tact) Diskretion f; 2. (prudence) Besonnenheit f; 3. (freedom to decide) Gutdünken n, Ermessen n; use your own ~ handle nach eigenem Ermessen; at one's ~ nach Belieben

discretionary [dɪ'skriːʃənrɪ] adj Ermessens...

discriminate [dɪ'skrɪmɪneɪt] v ~ against s.o. jdn diskriminieren

discrimination [dɪskrɪmɪ'neɪʃən] sb (differential treatment) Diskriminierung f

discrimination of flags [dɪskrɪmɪ'neɪʃən əv flægz] sb Flaggendiskriminierung f

discussion [dɪs'kʌʃən] sb Diskussion f, Erörterung f; (meeting) Besprechung f

disencumberment [dɪsɪn'kʌmbəmənt] sb Entschuldung f

disinflation [dɪsɪn'fleɪʃən] sb Deflation f

disinvestment [dɪsɪn'vestmənt] sb Desinvestition f

disk [dɪsk] sb Platte f, Diskette f

disk crash [dɪsk kræʃ] sb Diskcrash m, Störung eines Laufwerkes f

disk drive [dɪskdraɪv] sb Laufwerk n

diskette [dɪs'ket] sb Diskette f

disloyalty [dɪs'lɔɪjəltɪ] sb Untreue f

dismantlement [dɪs'mæntlmənt] sb Abbruch m, Demontage f

dismiss [dɪs'mɪs] v entlassen, gehen lassen

dismissal [dɪs'mɪsəl] sb Entlassung f

disparity [dɪs'pærɪtɪ] sb Disparität f

dispatch [dɪ'spætʃ] v 1. senden, schicken, absenden; 2. (sending) Versand m, Absendung f, Abfertigung f

dispatch case [dɪ'spætʃ keɪs] sb (UK) Aktenmappe f

dispatch department [dɪ'spætʃ dɪ'pɑːtmənt] sb Versandabteilung f

display ['dɪspleɪ] v 1. (show) zeigen, beweisen; 2. (goods) ausstellen, auslegen; sb 3. Zeigen n, Zurschaustellung f, Vorführung f; to be
on ~ ausgestellt sein; 4. (of goods) Ausstellung f, Auslage f
displayer ['dɪs'pleɪə] sb Aussteller m
disposable [dɪs'pəʊzəbl] adj 1. (to be
thrown away) wegwerfbar; 2. (available) verfügbar; ~ income verfügbares Einkommen n
disposable income [dɪs'pəʊzəbl 'ɪnkʌm]
sb verfügbares Einkommen n
disposable share [dɪs'pəʊzəbl ʃɛə] sb
Vorratsaktie f
disposal [dɪs'pəʊzəl] sb 1. (throwing away)
Wegwerfen n; 2. (waste ~ unit) Müllschlucker
m; 3. (removal) Beseitigung f; 4. (control) Verfügungsrecht n; 5. place sth at s.o.'s ~ jdm
etw zur Verfügung stellen; have sth at one's ~
über etw verfügen; 6. (positioning) Aufstellung f
dispose [dɪs'pəʊz] v ~ of (have at one's
disposal) verfügen über
disposition [dɪspə'zɪʃən] sb Verfügung f
dispossess [dɪspə'zes] v enteignen
disproportionate [dɪsprə'pɔːʃənɪt] adj un-
verhältnismäßig
dispute [dɪs'pjuːt] v 1. streiten; 2. (a claim)
anfechten; sb 3. Streit m, Disput m;
dissaving [dɪs'seɪvɪŋ] sb Entsparen n
dissociate [dɪ'səʊʃɪeɪt] v ~ o.s. from sich
distanzieren von
distribute [dɪs'trɪbjuːt] v 1. (goods) vertreiben, 2. (dividends) ausschütten
distribution [dɪstrɪ'bjuːʃən] sb 1. (of dividends) Ausschüttung f; 2. (of goods) Vertrieb
m, Verteilung f
distribution centre [dɪstrɪ'bjuːʃən 'sentə]
sb Auslieferungslager n
distribution channel [dɪstrɪ'bjuːʃən
'tʃænl] sb Vertriebskanal m, Vertriebsweg m
distribution cost [dɪstrɪ'bjuːʃən kɔst] sb
Distributionskosten pl
distribution of income [dɪstrɪ'bjuːʃən əv
'ɪnkʌm] sb Einkommensverteilung f
distribution of profit [dɪstrɪ'bjuːʃən əv
'prɔfɪt] sb Gewinnausschüttung f
distribution organs [dɪstrɪ'bjuːʃən
'ɔːgənz] sb Distributionsorgane n/pl
distribution policy [dɪstrɪ'bjuːʃən 'pɔlɪsi]
sb Distributionspolitik f
distribution store [dɪstrɪ'bjuːʃən stɔː] sb
Auslieferungslager n
distributor [dɪ'strɪbjʊtə] sb (wholesaler)
Großhändler(in) m/f

diversification [daɪvɜːsɪfɪ'keɪʃən] sb Di-
versifizierung f, Streuung der Aktivitäten f
diversified holdings [daɪ'vɜːsɪfaɪd 'həʊl-
dɪŋz] sb Streubesitz m
diversify [daɪ'vɜːsɪfaɪ] v diversifizieren,
streuen
dividend ['dɪvɪdənd] sb Dividende f; pay ~s
(fig) sich bezahlt machen
dividend coupon ['dɪvɪdend 'kuːpɔn] sb
Gewinnanteilsschein m
dividend guarantee ['dɪvɪdend gærən'tiː]
sb Dividendengarantie f
dividend in bankruptcy ['dɪvɪdend ɪn
'bæŋkrʌpsɪ] sb Konkursquote f
dividend on account ['dɪvɪdend ɔn
ə'kaʊnt] sb Abschlagsdividende f
dividend tax ['dɪvɪdend tæks] sb Dividendenabgabe f
division [dɪ'vɪʒən] sb 1. Teilung f, Auftei-
lung f, Einteilung f; 2. (of a firm) Abteilung f;
3. Sparte f
divisional organization [dɪ'vɪʒənl ɔːgənaɪ'zeɪʃən] sb Geschäftsbereichsorganisation f
division of labour [dɪ'vɪʒən əv 'leɪbə] sb
Arbeitsteilung f
dock [dɔk] sb Dock n; ~s Hafen m
dockage ['dɔkɪdʒ] sb Hafengebühren pl,
Dockgebühren pl
dockyard ['dɔkjɑːd] sb Werft f
doctoring a balance sheet ['dɔktərɪŋ ə
'bæləns ʃiːt] sb Bilanzverschleierung f
document ['dɔkjʊmənt] v beurkunden, dokumentieren; sb Dokument n, Urkunde f, Unterlage f
documentary [dɔkjʊ'mentərɪ] adj ~ evidence Urkundenbeweis m
documentary acceptance credit [dɔk-
jʊ'mentərɪ ək'septəns 'kredɪt] sb Rembourskredit m
documentary letter of credit [dɔkjʊ-
'mentərɪ 'letər əv 'kredɪt] sb Dokument-
akkreditiv n
document of title ['dɔkjuːmənt əv 'taɪtəl]
sb Warenpapier n
documents against acceptance (D/A)
['dɔkjuːmənts ə'genst ək'septəns (diː/eɪ)]
sb Dokumente gegen Akzept (d/a)
documents against payment (D/P)
['dɔkjuːmənts ə'genst 'peɪmənt (diː/piː)]
Dokumente gegen Bezahlung (d/p)
dole [dəʊl] sb (fam) Stempelgeld n; to be on
the ~ stempeln gehen
dollar area ['dɔlə 'æriə] sb Dollarblock m

dollar bond ['dɔlə bɔnd] *sb* Dollaranleihe *f*

dollar clause ['dɔlə klɔːz] *sb* Dollarklausel *f*

dollar standard ['dɔlə 'stændəd] *sb* Dollar-Standard *m*

domestic [də'mestɪk] *adj* Innen..., Inland..., Binnen...

domestic capital [də'mestɪk 'kæpɪtəl] *sb* Inlandsvermögen *n*

domestic customs territory [də'mestɪk 'kʌstəmz 'terɪtərɪ] *sb* Zollinland *n*

domestic market [də'mestɪk 'mɑːkɪt] *sb* Binnenmarkt *m*

domestic trade [də'mestɪk treɪd] *sb* Binnenhandel *m*

donation [dəʊ'neɪʃən] *sb* 1. *(thing donated)* Spende *f*, Stiftung *f*, Gabe *f*, Schenkung *f*; 2. *(the act of donating)* Spenden *n*, Stiften *n*

dormant deposit ['dɔːmənt dɪ'pɔzɪt] *sb* totes Depot *n*

dormant partnership ['dɔːmənt 'pɑːtnəʃɪp] *sb* stille Gesellschaft *f*

double currency ['dʌbl 'kʌrənsɪ] *sb* Doppelwährung *f*

double currency loan ['dʌbl 'kʌrənsɪ ləʊn] *sb* Doppelwährungsanleihe *f*

double entry bookkeeping ['dʌbl 'entrɪ 'bʊkkiːpɪŋ] *sb* doppelte Buchführung *f*

double housekeeping ['dʌbl 'haʊskiːpɪŋ] *sb* doppelte Haushaltsführung *f*

double option operation ['dʌbl 'ɔpʃən ɔpə'reɪʃən] *sb* Stellagegeschäft *n*

double taxation ['dʌbl tæk'seɪʃən] *sb* Doppelbesteuerung *f*

double time ['dʌbl taɪm] *sb (payment)* hundert Prozent Überstundenzuschlag *m*

doubtful account [daʊtfəl ə'kaʊnt] *sb* zweifelhafte Forderung *f*

doubtful debts ['daʊtfəl dets] *sb* dubiose Forderung *f*

down payment [daʊn 'peɪmənt] *sb* Anzahlung *f*, Abschlagszahlung *f*

downfall ['daʊnfɔːl] *sb (fig)* Niedergang *m*, Untergang *m*

download ['daʊnləʊd] *v (a computer)* laden

down-ship [daʊn'ʃɪp] *sb* Abschwung *m*

downsizing ['daʊnsaɪzɪŋ] *sb* Abbau *m*, Verkleinerung *f*

downswing ['daʊnswɪŋ] *sb* Abwärtstrend *m*

downward trend ['daʊnwəd trend] *sb* Abwärtstrend *m*

draft [drɑːft] *v* 1. *(draw)* entwerfen, skizzieren; 2. *(write)* aufsetzen, abfassen; *sb* 3. Entwurf *m*, Tratte *f*

draw [drɔː] *v irr* 1. *(money from a bank)* abheben; 2. *(a salary)* beziehen

drawee [drɔː'iː] *sb* Bezogener *m*, Trassat *m*

drawer ['drɔːə] *sb* Trassant *m*

drawer of a bill ['drɔːə əv ə bɪl] *sb* Wechselaussteller *m*

drawing ['drɔːɪŋ] *sb* Trassierung *f*, Ziehung *f*

drawing rights [drɔːɪŋ raɪts] *sb* Ziehungsrechte *pl*

drawing up of a budget ['drɔːɪŋ ʌp əv ə 'bʌdʒɪt] *sb* Budgetierung *f*

drawn bill [drɔːn bɪl] *sb* gezogener Wechsel *m*

drive [draɪv] *sb (of a computer)* Laufwerk *n*; *(energy)* Schwung *m*

drop [drɔp] *sb (fall)* Sturz *m*, Fall *m*; *(decrease)* Rückgang *m*, Abfall *m*

drop in expenditure [drɔp ɪn ɪk'spendɪtʃə] *sb* Ausgabensenkung *f*

duality [djuː'ælɪtɪ] *sb* Dualität *f*

due [djuː] *adj* 1. *(owed)* fällig; *(expected)* fällig, erwartet; 2. *in ~ time* zur rechten Zeit

due date ['djuː 'deɪt] *sb* Fälligkeitstag *m*, Fälligkeitstermin *m*

due payment reserved [djuː 'peɪmənt rɪ'zɜːvd] *adv* Eingang vorbehalten

dues [djuːz] *pl* Gebühren *pl*

dumping ['dʌmpɪŋ] *sb* Dumping *n*

duopoly [djuː'ɔpəlɪ] *sb* Dyopol *n*

duplicate ['djuːplɪkeɪt] *v* 1. kopieren, vervielfältigen; *sb* 2. Duplikat *n*, Kopie *f*, Doppel *n*; *in ~* in zweifacher Ausfertigung

durability [djuːrə'bɪlɪtɪ] *sb (of goods)* Haltbarkeit *f*

durable ['djuərəbl] *adj (material, goods)* haltbar

durable consumer goods ['djuərəbl kən'sjuːmə gʊdz] *pl* Gebrauchsgüter *pl*

duration [djuː'reɪʃən] *sb* Länge *f*, Dauer *f*, Duration *f*

duration of capital tie-up [djuː'reɪʃən əv 'kæpɪtəl 'taɪ-ʌp] *sb* Kapitalbindungsdauer *f*

duration of credit [djuː'reɪʃən əv 'kredɪt] *sb* Kreditlaufzeit *f*

dutiable ['djuːtɪəbl] *adj* zollpflichtig

duty ['djuːtɪ] *sb* 1. *(task)* Aufgabe *f*, Pflicht *f*; 2. *(working hours)* Dienst *m*; *on ~* Dienst haben; 3. *to be off ~* dienstfrei haben; 4. *(tax)* Zoll *m*

duty based on weight ['djuːtɪ beɪst ɔn weɪt] *sb* Gewichtszoll *m*

duty unpaid ['djuːtɪ ʌn'peɪd] *adj* unverzollt

duty-free [djuːtɪ-'friː] *adj* zollfrei, unverzollt

duty-paid [djuːtɪ-'peɪd] *adj* verzollt

E

early retirement ['ɜːlɪ rɪ'taɪəmənt] *sb* Vorruhestand *m*

earn [ɜːn] *v* verdienen; *(interest)* bringen

earned income [ɜːnd 'ɪnkʌm] *sb* Arbeitseinkommen *n*

earning power ['ɜːnɪŋ 'paʊə] *sb* Verdienstchancen *pl*

earnings ['ɜːnɪŋz] *sb* 1. Verdienst *m*, Bezüge *pl*; 2. *(of a business)* Einnahmen *pl*

earnings retention ['ɜːnɪŋz rɪ'tenʃən] *sb* Gewinnthesaurierung *f*

earnings statement ['ɜːnɪŋz 'steɪtmənt] *sb* Erfolgsrechnung *f*

ecological [iːkə'lɒdʒɪkəl] *adj* ökologisch

ecological balance [ɪkə'lɒdʒɪkəl 'bæləns] *sb* Öko-Bilanz *f*

ecological tax reform [ɪkə'lɒdʒɪkəl tæks rɪ'fɔːm] *sb* ökologische Steuerreform *f*

ecologist [ɪ'kɒlədʒɪst] *sb* Ökologe/Ökologin *m/f*, Umweltschützer(in) *m/f*

economic [ɪkə'nɒmɪk] *adj* wirtschaftlich, ökonomisch, Wirtschafts...

economical [ekə'nɒmɪkəl] *adj* wirtschaftlich, sparsam

economic circulation [ɪkə'nɒmɪk sɜːkjuː'leɪʃən] *sb* Wirtschaftskreislauf *m*

economic cycle [ɪkə'nɒmɪk 'saɪkl] *sb* Konjunktur *f*

economic miracle [ɪkə'nɒmɪk 'mɪːrəkəl] *sb* Wirtschaftswunder *n*

economic order [ɪkə'nɒmɪk 'ɔːdə] *sb* Wirtschaftsordnung *f*

economic policy [ekə'nɒmɪk 'pɒlɪsɪ] *sb* Wirtschaftspolitik *f*, Konjunkturpolitik *f*

economic process [ɪkə'nɒmɪk 'prəʊses] *sb* Wirtschaftskreislauf *m*

economic purchasing quantity [ɪkə'nɒmɪk 'pɜːtʃəsɪŋ 'kwɒntɪtɪ] *sb* optimale Bestellmenge *f*

economics [ekə'nɒmɪks] *sb (subject)* Volkswirtschaft *f*, Wirtschaftswissenschaften *pl*

economic union [ekə'nɒmɪk juːnjən] *sb* Wirtschaftsunion *f*

economic upturn [ekə'nɒmɪk 'ʌptɜːn] *sb* Konjunkturbelebung *f*

economies of scale [ɪkə'nɒmiːs əv skeɪl] *sb* Größenvorteile *m/pl*

economist [e'kɒnəmɪst] *sb* Volkswirtschaftler(in) *m/f*; Betriebswirt(in) *m/f*

economize [e'kɒnəmaɪz] *v* sparen, haushalten

economy [e'kɒnəmɪ] *sb* 1. *(system)* Wirtschaft *f*, Ökonomie *f*; 2. *(thrift)* Sparsamkeit *f*; 3. *(measure to save money)* Einsparung *f*, Sparmaßnahme *f*

ECU loan [iː siː juː ləʊn] *sb* ECU-Anleihe *f*

ECU option [iː siː juː ɒptʃn] *sb* ECU-Option *f*

education [edjuː'keɪʃən] *sb* Erziehung *f*, Ausbildung *f*, Bildung *f*

educational policy [edjuː'keɪʃənəl 'pɒlɪsɪ] *sb* Bildungspolitik *f*

effective [ɪ'fektɪv] *adj* 1. *(getting results)* wirksam, erfolgreich, wirkungsvoll; 2. *(in effect)* gültig, in Kraft, rechtskräftig; 3. *(real)* effektiv, tatsächlich, wirklich

effective interest [ɪ'fektɪv 'ɪntrəst] *sb* Effektivzins *m*

effective interest yield [ɪ'fektɪv 'ɪntrəst jiːəld] *sb* Effektivverzinsung *f*

effectiveness [ɪ'fektɪvnɪs] *sb* Wirksamkeit *f*

effectivity [efek'tɪvɪtɪ] *sb* Effektivität *f*, Wirksamkeit *f*

efficiency [ɪ'fɪʃənsɪ] *sb* 1. *(of a person)* Tüchtigkeit *f*, Fähigkeit *f*; 2. *(of a method)* Effizienz *f*; 3. *(of a machine, of a firm)* Leistungsfähigkeit *f*

efficiency review [ɪ'fɪʃənsɪ rɪ'vjuː] *sb* Erfolgskontrolle *f*

efficient [ɪ'fɪʃənt] *adj (person)* tüchtig, fähig, effizient; *(method)* effizient; *(machine, firm)* leistungsfähig

elasticity of purchasing power [ɪlæs'tɪsɪtɪ əv 'pɜːtʃəsɪŋ 'paʊə] *sb* Kaufkraftelastizität *f*

electrical engineering [ɪ'lektrɪkəl endʒɪ'nɪəːɪŋ] *sb* Elektrotechnik *f*

electricity and fuels fonds [ɪlek'trɪsɪtɪ ænd 'fjuːəlz fʌndz] *sb* Energiefonds *m*

electronic [ɪlek'trɒnɪk] *adj* elektronisch

electronic commerce [ɪlek'trɒnɪk 'kɒməs] *sb* Electronic Commerce *m*

electronic fund transfer [ɪlek'trɒnɪk fʌnd 'trænsfəz] *sb* elektronischer Zahlungsverkehr *m*

electronics [ɪlek'trɒnɪks] *sb* Elektronik *f*

eligible paper ['elɪdʒɪbəl peɪpə] *sb* discontfähiges Wechselmaterial *n*

e-mail ['i:meɪl] *sb (electronic mail)* elektronische Post *f*, E-Mail *n*

embargo [ɪm'bɑːgəʊ] *sb* Embargo *n*

embark [ɪm'bɑːk] *v* einschiffen; *(goods)* verladen

embarkation [embɑː'keɪʃən] *sb (of freight)* Verschiffung *f*, Verladung *f*

embezzlement [ɪm'bezlmənt] *sb* Veruntreuung *f*, Unterschlagung *f*

emblem ['embləm] *sb* Emblem *n*, Symbol *n*, Abzeichen *n*

emergency money [ɪ'mɜːdʒənsɪ 'mʌnɪ] *sb* Notgeld *n*

empirical contents [ɪm'piːrəkəl 'kɒntents] *sb* empirischer Gehalt *m*

empirical economic research [ɪm'piːrəkəl ɪkə'nɒmɪk rɪ'sɜːtʃ] *sb* empirische Wirtschaftsforschung *f*

employ [ɪm'plɔɪ] *v* 1. beschäftigen; *(take on)* anstellen; 2. *(use)* anwenden, einsetzen, verwenden

employed [ɪm'plɔɪd] *adj* berufstätig, beschäftigt

employee [emplɔɪ'iː] *sb* Arbeitnehmer(in) *m/f*, Angestellte(r) *m/f*

employee leasing [ɪmplɔɪ'iː 'liːsɪŋ] *sb* Arbeitnehmerüberlassung *f*

employee meeting [ɪmplɔɪ'iː 'miːtɪŋ] *sb* Betriebsversammlung *f*

employee pension scheme [ɪmplɔɪ'iː 'penʃən skiːm] *sb* betriebliche Altersversorgung *f*

employee's contribution [ɪmplɔɪ'iːz kɒntrɪ'bjuːʃən] *sb* Arbeitnehmeranteil *m*

employee selection [ɪmplɔɪ'iː sɪ'lekʃən] *sb* Personalauswahl *f*

employee's allowable deduction [ɪmplɔɪ'iːz ə'laʊəbəl dɪ'dʌkʃən] *sb* Arbeitnehmer-Freibetrag *m*

employee's savings premium [ɪmplɔɪ'iːz 'seɪvɪŋz 'priːmɪəm] *sb* Arbeitnehmersparzulage *f*

employee's shares [ɪmplɔɪ'iːz ʃeəz] *sb* Arbeitnehmeraktie *f*

employee suggestion system [ɪmplɔɪ'iː sʌg'dʒestʃən 'sɪstɪm] *sb* betriebliches Vorschlagswesen *n*

employee's zero bracket amount [ɪmplɔɪ'iːz 'ziːrəʊ 'brækɪt ə'maʊnt] *sb* Arbeitnehmer-Pauschbetrag *m*

employer [ɪm'plɔɪə] *sb* Arbeitgeber(in) *m/f*

employer's contribution [ɪm'plɔɪəz kɒntrɪ'bjuːʃən] *sb* Arbeitgeberanteil *m*, Arbeitgeberzuschüsse *m/pl*

employer's duty of care [ɪm'plɔɪəz 'djuːtɪ əv keə] *sb* Fürsorgepflicht des Arbeitgebers *f*

employer's pension commitment [ɪm'plɔɪəz 'penʃən kə'mɪtmənt] *sb* Pensionszusage *f*

employment [ɪm'plɔɪmənt] *sb* 1. Arbeit *f*, Stellung *f*, Beschäftigung *f*, Dienstverhältnis *n*; 2. *(employing)* Beschäftigung *f*, 3. *(taking on)* Anstellung *f*; 4. *(use)* Anwendung *f*, Verwendung *f*, Einsatz *m*

employment agency [ɪm'plɔɪmənt 'eɪdʒənsɪ] *sb* Stellenvermittlung *f*

employment costs [ɪm'plɔɪmənt kɒsts] *sb* Personalkosten *pl*

employment exchange [ɪm'plɔɪmənt ɪks'tʃeɪndʒ] *sb (UK)* Arbeitsamt *n*

employment policy [ɪm'plɔɪmənt 'pɒlɪsɪ] *sb* Beschäftigungspolitik *f*, Arbeitspolitik *f*

employment protection [ɪm'plɔɪmənt prə'tekʃən] *sb* Arbeitsplatzschutz *m*

employment relationship [ɪm'plɔɪmənt rɪ'leɪʃənʃɪp] *sb* Arbeitsverhältnis *n*

employment structure [ɪm'plɔɪmənt 'strʌkʃə] *sb* Beschäftigtenstruktur *f*

emporium [em'pɔːrɪəm] *sb* Warenhaus *n*

empower [ɪm'paʊə] *v* ermächtigen, bevollmächtigen

enclose [ɪn'kləʊz] *v (in a package)* beilegen, beifügen

enclosure [ɪn'kləʊʒə] *sb (in a package)* Anlage *f*

encode [ɪn'kəʊd] *v* verschlüsseln, chiffrieren, kodieren

end of the month ['end əv ðə mʌnθ] *sb* Ultimo *m*, Monatsende *n*

end of the quarter ['end əv ðə 'kwɔːtə] *sb* Quartalsende *n*

end-of-period inventory [end əv 'pɪːrɪəd 'ɪnventərɪ] *sb* Stichtagsinventur *f*

endogenous variable [ɪndə'dʒiːnəs 'veərɪəbəl] *sb* endogene Variable *f*

endorsable [ɪn'dɔːsəbl] *adj* indossabel

endorsable securities [ɪn'dɔːsəbl sɪ'kjuːrɪtɪz] *sb* indossable Wertpapiere *n/pl*

endorse [ɪn'dɔːs] *v* 1. *(approve of)* billigen, gutheißen; 2. *(a cheque)* auf der Rückseite unterzeichnen, indossieren

endorsee [ɪndɔː'siː] *sb* Indossatar(in) *m/f*

endorsement [ɪn'dɔːsmənt] *sb* 1. *(approval)* Billigung *f*; 2. *(on a cheque)* Indossament *n*, Giro *n*

endorsement for collection [ɪn'dɔːsmənt fɔː kə'lekʃən] *sb* Inkasso-Indossament *n*

endorsement liabilities [ɪn'dɔːsmənt leɪə'bɪlɪtɪz] *sb* Indossamentverbindlichkeiten *f/pl*

endorsement made out to bearer [ɪn'dɔːsmənt meɪd aʊt tu 'beərə] *sb* Inhaberindossament *n*

endorsement of an overdue bill of exchange [ɪn'dɔːsmənt əv æn 'əvədjuː bɪl əv ɪks'tʃeɪndʒ] *sb* Nachindossament *n*

endorser [ɪn'dɔːsə] *sb* Girant *m*, Indossant *m*

endow [ɪn'daʊ] *v* stiften; ~ s.o. with sth jdm etw schenken

endowment [ɪn'daʊmənt] *sb* Dotierung *f*

endowment funds [ɪn'daʊmənt fʌndz] *sb* Dotationskapital *n*

energizer ['enədʒaɪzə] *sb* Energiequelle *f*

energy ['enədʒɪ] *sb* Energie *f*

energy balance statement ['enədʒɪ 'bæləns 'steɪtmənt] *sb* Energiebilanz *f*

energy policy ['enədʒɪ 'pɒlɪsɪ] *sb* Energiepolitik *f*

energy tax ['enədʒɪ tæks] *sb* Energiesteuer *f*

energy taxation ['enədʒɪ tæk'seɪʃən] *sb* Energiebesteuerung *f*

enforce [ɪn'fɔːs] *v* durchführen, Geltung verschaffen

enforcement [ɪn'fɔːsmənt] *sb* Durchführung *f*; (judicial) Vollstreckung *f*

enforcement fine [ɪn'fɔːsmənt faɪn] *sb* Zwangsgeld *n*

engage [ɪn'geɪdʒ] *v* 1. (employ) anstellen, einstellen; 2. ~ in sth sich an etw beteiligen, sich mit etw beschäftigen

engagement [ɪn'geɪdʒmənt] *sb* (job) Anstellung *f*, Stellung *f*; (appointment) Verabredung *f*

entailment [ɪn'teɪlmənt] *sb* Fideikommiss *n*, unveräußerliches Erbe *n*

enterprise ['entəpraɪz] *sb* 1. (an undertaking, a firm) Unternehmen *n*, 2. (in general) Unternehmertum *n; free ~* freies Unternehmertum *n*

enterprise commercial by its nature ['entəpraɪz kə'mɜːʃəl baɪ ɪts 'neɪtʃə] *sb* Musskaufmann *m*

entitle [ɪn'taɪtl] *v* ~ to (authorize) berechtigen zu, ein Anrecht geben auf

entitlement [ɪn'taɪtlmənt] *sb* Berechtigung *f*, Anspruch *m*

entrepôt ['ɑːtrəpəʊ] *sb* (warehouse) Lagerhalle *f*; (port) Umschlaghafen *m*

entrepreneur [ɑːntrəprə'nɜː] *sb* Unternehmer(in) *m/f*

entrepreneurial [ɑːntrəprə'nɜːrɪəl] *adj* unternehmerisch

entrepreneurship [ɑːntrəprə'nɜːʃɪp] *sb* Unternehmertum *n*

entry ['entrɪ] *sb* 1. (notation) Eintrag *m*; 2. (act of entering) Eintragung *f*, (Ver)Buchung *f*

entry form ['entrɪ fɔːm] *sb* Anmeldeformular *n*

entry formula ['entrɪ 'fɔːmjuːlə] *sb* Buchungssatz *m*

entry strategies ['entrɪ 'strætədʒiːz] *sb* Eintrittsstrategien *f/pl*

envelope ['ɑːvələʊp] *sb* Briefumschlag *m*, Kuvert *n*

environment [ɪn'vaɪrənmənt] *sb* Umwelt *f*

environmental label [ɪnvaɪrən'mentəl 'leɪbəl] *sb* Umweltzeichen *n*

environmental levy [ɪnvaɪrən'mentəl 'levɪ] *sb* Umweltabgabe *f*

environmental policy [ɪnvaɪrən'mentəl 'pɒlɪsɪ] *sb* Umweltpolitik *f*

environmental pollution [ɪnvaɪrən'mentəl pɒ'luːʃən] *sb* Umweltverschmutzung *f*

environmentalist [ɪnvaɪrə'mentəlɪst] *sb* Umweltschützer(in) *m/f*

environmentally damaging activities [ɪnvaɪrən'mentəlɪ 'dæmɪdʒɪŋ æk'tɪvɪtɪz] *sb* Umweltbelastungen *f/pl*

equalization and covering claim [ɪkwələɪ'zeɪʃən ænd 'kʌvərɪŋ kleɪm] *sb* Ausgleichs- und Deckungsforderung *f*

equalization claim [ɪkwələɪ'zeɪʃən kleɪm] *sb* Ausgleichsforderung *f*

equalization of burdens [ɪkwələɪ'zeɪʃən əv 'bɜːdənz] *sb* Lastenausgleich *m*

Equalization of Burdens Fund [ɪkwələɪ'zeɪʃən əv 'bɜːdənz fʌnd] *sb* Lastenausgleichsfonds *m*

equal opportunity ['ɪkwəl ɒpə'tjuːnɪtɪ] *sb* Chancengleichheit *f*

equalization right [ɪkwələɪ'zeɪʃən raɪt] *sb* Ausgleichsrecht *n*

equilibrium interest rate [ɪkwɪ'lɪbrɪəm 'ɪntrɪst reɪt] *sb* Gleichgewichtszins *m*

equilibrium price [ɪkwɪ'lɪbrɪəm praɪs] *sb* Gleichgewichtspreis *m*

equip [ɪ'kwɪp] *v* ausrüsten, ausstatten, einrichten; to be ~ped with verfügen über, ausgestattet sein mit

equipment [ɪ'kwɪpmənt] *sb* Ausrüstung *f*; (appliances) Geräte *pl*, Anlagen *pl*, Apparatur *f*

equity ['ekwɪtɪ] *sb* 1. Gerechtigkeit *f*; 2. Eigenkapital *n*

equity account ['ekwɪtɪ ə'kaʊnt] sb Eigenkapitalkonto n

equity capital ['ekwɪtɪ 'kæpɪtl] sb Eigenkapital n

equity financing ['ekwɪtɪ faɪ'nænsɪŋ] sb Beteiligungsfinanzierung f

equity financing transactions ['ekwɪtɪ faɪ'nænsɪŋ træns'ækʃənz] sb Beteiligungshandel m

equity participation ['ekwɪtɪ pɑːtɪsɪ'peɪʃən] sb Kapitalbeteiligung f

equity ratio ['ekwɪtɪ 'reɪʃɪəʊ] sb Eigenkapitalquote f

equity return ['ekwɪtɪ rɪ't3ːn] sb Eigenkapitalrentabilität f

equity security ['ekwɪtɪ sɪ'kjuːrɪtɪ] sb Anteilspapiere n/pl

equity yield rate ['ekwɪtɪ jiːld reɪt] sb Eigenkapitalzinsen m/pl

equivalence coefficient costing [ɪ'kwɪvələns kəʊɪ'fɪʃənt 'kɒstɪŋ] sb Äquivalenzzifferkalkulation f

error ['erə] sb 1. Irrtum m, Fehler m, Versehen n; 2. ~ of omission Unterlassungssünde f

errors and omissions excepted (E. & O.E.) adv ['erəz ænd əʊ'mɪʃənz ɪk'septɪd] sb Irrtümer und Auslassungen vorbehalten (E. & O.E.)

escalation clause [eskə'leɪʃən klɔːz] sb Gleitklausel f

escalation parity [eskə'leɪʃən 'pærɪtɪ] sb Gleitparität f

escape clause [ɪ'skeɪp klɔːz] sb Rücktrittsklausel f

establish [ɪ'stæblɪʃ] v 1. (found) gründen; 2. (relations) herstellen, aufnehmen; 3. (power, a reputation) sich verschaffen

establishment [ɪ'stæblɪʃmənt] sb (institution) Institution f, Anstalt f; (founding) Gründung f

estate [ɪ'steɪt] sb 1. (possessions) Besitz m, Eigentum n; 2. (land) Gut n; 3. (dead person's) Nachlass m, Erbmasse f; 4. (rank) Stand m; 5. the fourth ~ (fam) die Presse f

estate agent [ɪ'steɪt 'eɪdʒənt] sb (UK) Immobilienmakler(in) m/f

estimate ['estɪmeɪt] v schätzen; sb Schätzung f; rough ~ grober Überschlag m; (of cost) Kostenvoranschlag m

estimated ['estɪmeɪtɪd] adj geschätzt

estimated quotation ['estɪmeɪtɪd kwəʊ'teɪʃən] sb Taxkurs m

estimated value ['estɪmeɪtɪd 'væljuː] sb Schätzwert, Taxwert m

estimation [estɪ'meɪʃən] sb Einschätzung f; in my ~ meiner Einschätzung nach

estimation of cost [estɪ'meɪʃən əv kɒst] sb Vorkalkulation f

euro ['jʊərəʊ] sb Euro m

Eurobank ['jʊərəʊbæŋk] sb Euro-Bank f

Eurobond ['jʊərəʊbɒnd] sb Eurobond m

Eurobond market ['jʊərəʊbɒnd 'mɑːkɪt] sb Euro-Bondmarkt m

Eurocapital market ['jʊərəʊ 'kæpɪtəl 'mɒkɪt] sb Euro-Kapitalmarkt m

Eurocheque ['jʊərəʊtʃek] sb Euroscheck m

Eurocheque card ['jʊərəʊtʃek kɑːd] sb Euroscheck-Karte f

eurocurrency ['jʊərəʊkʌrənsɪ] sb Eurowährung f

Eurocurrency loan market ['jʊərəʊkʌrənsɪ ləʊn 'mɑːkɪt] sb Euro-Anleihenmarkt m

Eurocurrency loans ['jʊərəʊkʌrənsɪ ləʊnz] sb Euro-Anleihe f

Eurocurrency market ['jʊərəʊkʌrənsɪ 'mɑːkɪt] sb Euro-Geldmarkt m

Eurodollar ['jʊərəʊdɒlə] sb Euro-Dollar m

Eurodollar market ['jʊərəʊdɒlə 'mɑːkɪt] sb Euro-Dollarmarkt m

euro mark ['jʊərəʊ mɑːk] Euro-DM f

Euromarket ['jʊərəʊmɑːkɪt] sb Euromarkt m

Euronotes ['jʊərəʊ nəʊts] sb Euronotes pl

European article number (EAN) [jʊərə'piːən 'ɑːtɪkəl 'nʌmbə] sb Einheitliche Europäische Artikelnummer (EAN) f

European Central Bank [jʊərə'piːən 'sentrəl bæŋk] sb Europäische Zentralbank (EZB) f

European Commission [jʊərə'piːən kɒ'mɪʃən] sb Europäische Kommission f

European Community ['jʊərəʊpiːən kɒ'mjuːnɪtɪ] sb Europäische Gemeinschaft f

European Council [jʊərə'piːən 'kaʊnsəl] sb Europäischer Rat m

European Court of Auditors [jʊərə'piːən kɔːt əv 'ɔːdɪtəz] sb Europäischer Rechnungshof (EuRH) m

European Currency Unit (ECU) [jʊərə'piːən 'kʌrənsɪ 'juːnɪt] sb Europäische Währungseinheit (ECU) f

European Development Fund (EDF) [jʊərə'piːən dɪ'veləpmənt fʌnd] sb Europäischer Entwicklungsfonds m

European Investment Bank [jʊərə'piːən ɪn'vestmənt bæŋk] sb Europäische Investitionsbank f

European Monetary Agreement [jʊərə'piːən 'mʌnɪtərɪ ə'griːmənt] sb Europäisches Währungsabkommen n

European Monetary Cooperation Fund (EMCF) [juərə'pi:ən 'mʌnɪtərɪ kəʊpə'reɪʃən fʌnd] *sb* Europäischer Fonds für Währungspolitische Zusammenarbeit (EFWZ) *m*

European Monetary System ['juərəʊpɪən 'mʌnɪtərɪ 'sɪstəm] *sb* Europäisches Währungssystem *n*

European monetary union (EMU) [juərə'pi:ən 'mɒnɪtərɪ 'ju:njən] *sb* Europäische Währungsunion *f*

European Parliament ['juərəʊpɪən 'pɑ:ləmənt] *sb* Europäisches Parlament *n*

European patent ['juərəʊpɪən 'peɪtənt] *sb* Europapatent *n*

European Patent Office ['juərəʊpi:ən 'peɪtənt 'ɒfɪs] *sb* Europäisches Patentamt *n*

European Payments Union ['juərəʊpɪən 'peɪmənts 'ju:njən] *sb* Europäische Zahlungsunion *f*

European single market [juərə'pi:ən 'sɪŋəl 'mɑ:kɪt] *sb* EG-Binnenmarkt *m*

European standard specification [juərə'pi:ən 'stændəd spesɪfɪ'keɪʃən] *sb* europäische Norm *f*

European stock exchange guide-lines [juərə'pi:ən stɒk ɪks'tʃeɪndʒ 'gaɪdlaɪnz] *sb* europäische Börsenrichtlinien *f/pl*

European trading company [juərə'pi:ən 'treɪdɪŋ 'kʌmpənɪ] *sb* Europäische Handelsgesellschaft *f*

European Union [juərə'pi:ən 'ju:njən] *sb* Europäische Union *f*

Euro security issue ['juərəʊ sɪ'kjʊərɪtɪ 'ɪsju:] *sb* Euro-Emission *f*

Euro share market ['juərəʊ ʃeə 'mɑ:kɪt] *sb* Euro-Aktienmarkt *m*

evade [ɪ'veɪd] *v* 1. *(taxes)* hinterziehen; 2. *(an obligation)* sich entziehen

evaluation [ɪvælju'eɪʃən] *sb* Bewertung *f*, Beurteilung *f*, Einschätzung *f*, Auswertung *f*

evasion of taxes [ɪ'veɪʒənəv taksɪz] *sb* Steuerhinterziehung *f*

evening stock exchange ['i:vənɪŋ stɒk ɪks'tʃeɪndʒ] *sb* Abendbörse *f*

eviction notice [ɪ'vɪkʃən 'nəʊtɪs] *sb* Räumungsbefehl *m*

evidence ['evɪdəns] *sb* Beweis(mittel) *m*

examination [ɪgzæmɪ'neɪʃən] *sb* Prüfung *f*

examining commission [ɪk'sæmɪnɪŋ kə'mɪʃən] *sb* Prüfungskommission *f*

exceed [ɪk'si:d] *v* überschreiten, übersteigen; *(expectations)* übertreffen

excess [ɪk'ses] *sb* Übermaß *n*; *(remainder)* Überschuss *m*; *in ~ of* mehr als

excessive indebtedness [ɪk'sesɪf ɪn'detɪdnɪs] *sb* Überschuldung *f*

excessive supply of money [ɪk'sesɪf sə'plaɪ əv 'mʌnɪ] *sb* Geldüberhang *m*

exchange [ɪks'tʃeɪndʒ] *v* 1. tauschen; 2. *(letters, glances, words)* wechseln; 3. *(currency)* wechseln, umtauschen; 4. *(ideas, stories)* austauschen; *sb* 5. (Um-)Tausch *m*; 6. *(act of exchanging)* Wechseln *n*, 7. *bill of ~* Wechsel *m*; 8. *(place)* Wechselstube *f*; 9. *(Stock Exchange)* Börse *f*; 10. *(telephone ~)* Fernvermittlungsstelle *f*; *(switchboard)* Telefonzentrale *f*

exchange arbitrage [ɪks'tʃeɪndʒ 'ɑ:bɪtrɑ:ʒ] *sb* Devisenarbitrage *f*

exchange broker [ɪks'tʃeɪndʒ 'brəʊkə] *sb* Devisenkursmakler *m*

exchange department [ɪks'tʃeɪndʒ də'pɑ:tmənt] *sb* Börsenabteilung *f*

exchange for forward delivery [ɪks'tʃeɪndʒ fɔ: 'fɔ:wəd də'lɪvərɪ] *sb* Termindevisen *f*

exchange market intervention [ɪks'tʃeɪndʒ 'mɑ:kɪt ɪntə'venʃən] *sb* Devisenmarktinterventionen *f*

exchange of acceptances [ɪks'tʃeɪndʒ əv ɪk'septənsɪz] *sb* Akzeptaustausch *m*

exchange of shares [ɪks'tʃeɪndʒ əv ʃeəz] *sb* Aktienaustausch *m*

exchange office [ɪks'tʃeɪndʒ 'ɒfɪs] *sb* Wechselstube *f*

exchange option [ɪks'tʃeɪndʒ 'ɒpʃən] *sb* Devisenoption *f*

exchange price [ɪks'tʃeɪndʒ praɪs] *sb* Börsenpreis *m*

exchange rate [ɪks'tʃeɪndʒ reɪt] *sb* Umrechnungskurs *m*, (Wechsel-)Kurs *m*, Devisenkurs *m*

exchange rate formation [ɪks'tʃeɪndʒ reɪt fɔ:'meɪʃən] *sb* Devisenkursbildung *f*

exchange rate mechanism [ɪks'tʃeɪndʒ reɪt 'mekənɪzəm] *sb* Wechselkursmechanismus *m*

exchange risk [ɪks'tʃeɪndʒ rɪsk] *sb* Valutarisiko *n*

exchequer [ɪks'tʃekə] *sb (UK)* Schatzamt *n*, Fiskus *m*, Staatskasse *f*

exchequer bond [ɪks'tʃekə bɒnd] *sb (UK)* Schatzanweisung *f*

excisable [ɪk'saɪzəbl] *adj* steuerpflichtig

excise tax ['ɪksaɪz taks] *sb* Verbrauchssteuer *f*

exclusion principle [ɪks'klu:ʒən 'prɪnsɪpl] *sb* Ausschlussprinzip *n*

exclusive service clause [ɪks'klu:sɪv 'sɜːvɪs klɔːz] *sb* Wettbewerbsklausel *f*

ex coupon [eks 'ku:põ] *sb* ohne Kupon

ex dividend [eks 'dɪvɪdənd] *adj* ohne Dividende

ex drawing [eks 'drɔːɪŋ] *sb* Ex Ziehung

execute ['eksɪkju:t] *v (a task)* durchführen, ausführen, erfüllen

execution [eksɪ'kju:ʃən] *sb (of a task)* Durchführung *f*, Ausführung *f*, Erfüllung *f*

executive [ɪg'zekjʊtɪv] *adj* 1. exekutiv, geschäftsführend; *sb* 2. Exekutive *f*, Verwaltung *f*; 3. *(of a firm)* leitende(r) Angestellte(r) *m/f*

executive employee [ɪg'zekjʊtɪv ɪmplɔɪ'i:] *sb* leitende(r) Angestellte(r) *m/f*

executive level [ɪg'zekjʊtɪv 'levl] *sb* Führungsebene *f*

exercise ['eksəsaɪz] *v* 1. *(use)* ausüben, geltend machen, anwenden; *sb* 2. *(use)* Ausübung *f*, Gebrauch *m*, Anwendung *f*

exhaust [ɪg'zɔːst] *sb* Ermattung *f*

exhibit [ek'zɪbɪt] *v (merchandise)* ausstellen, auslegen; *sb*

exhibition [eksɪ'bɪʃən] *sb* 1. Ausstellung *f*, Schau *f*; 2. *(act of showing)* Vorführung *f*

exhibitor [ek'zɪbɪtə] *sb* Aussteller *m*

exodus of capital ['eksədəs əv 'kæpɪtəl] *sb* Kapitalflucht *f*

expand [ɪk'spænd] *v* 1. expandieren, sich ausweiten; 2. *(production)* zunehmen

expansion [ɪks'pænʃən] *sb* Ausdehnung *f*, Expansion *f*, Ausweitung *f*

expansion investment [ɪk'spænʃən ɪn'vestmənt] *sb* Erweiterungsinvestition *f*

expansion of credit [ɪk'spænʃən əv 'kredɪt] *sb* Kreditausweitung *f*

expectancy cover procedure [ɪk'spektənsɪ 'kʌvə prɒ'si:dʒə] *sb* Anwartsschaftsdeckungsverfahren *n*

expected inflation [ɪk'spektɪd ɪn'fleɪʃən] *sb* Inflationserwartung *f*

expend [ɪk'spend] *v* 1. *(energy, time)* aufwenden; 2. *(money)* ausgeben

expenditure [ɪks'pendɪtʃə] *sb* 1. Ausgabe *f*; *(money spent)* Ausgaben *pl*; 3. *(time, energy)* Aufwand *m*

expenditure of material [ɪks'pendɪtʃər əv mə'tɪrɪəl] *sb* Materialaufwand *m*

expenditure of time [ɪks'pendɪtʃər əv taɪm] *sb* Zeitaufwand *m*

expense [ɪk'spens] *sb* 1. Kosten *pl*; at great ~ mit großen Kosten; *pl* 2. ~s *(business ~, travel ~)* Spesen *pl*, Kosten *pl*; incur ~ Unkosten haben

expense account [ɪk'spens əkaʊnt] *sb* Spesenkonto *n*, Aufwandskonto *n*

expenses [ɪk'spensɪz] *sb* Ausgaben *pl*, Spesen *pl*

expenses incurred [ɪk'spensɪz ɪn'kɜːd] *sb* Aufwandskosten *pl*

expensive [ɪk'spensɪv] *adj* teuer, kostspielig

experience curve [ɪk'spiːrɪəns kɜːv] *sb* Erfahrungskurve *f*

expert ['ekspɜːt] *sb* Sachverständige(r) *m/f*, Experte/Expertin *m/f*, Fachmann/Fachfrau *m/f*

expert interview ['ekspɜːt 'ɪntəvju:] *sb* Expertenbefragung *f*

expert opinion ['ekspɜːt ə'pɪnjən] *sb* Gutachten *n*

expert witness ['ekspɜːt 'wɪtnɪs] *sb* Sachverständige(r) *m/f*

expiration [ekspɪ'reɪʃən] *sb* Ablauf *m*, Verfall *m*

expiration date [ekspɪ'reɪʃən deɪt] *sb (US)* Verfallsdatum *n*

expire [ɪk'spaɪə] *v* ablaufen, ungültig werden

expiry date [ɪks'paɪrɪ deɪt] *sb (UK)* Verfallsdatum *n*

explanation [eksplə'neɪʃən] *sb* Erklärung *f*

exploit [eks'plɔɪt] *v* ausbeuten, ausnutzen; *(commercially)* verwerten

exploitation [eksplɔɪ'teɪʃən] *sb* Ausbeutung *f*, Ausnutzung *f*; *(commercial)* Verwertung *f*

export ['ekspɔːt] *sb* Export *m*, Ausfuhr *f*; [ɪks'pɔːt] *v* exportieren, ausführen

export control ['ekspɔːt kɒn'trəʊl] *sb* Ausfuhrkontrolle *f*, Exportkontrolle *f*

export coverage ['ekspɔːt 'kʌvərɪdʒ] *sb* Ausfuhrdeckung *f*

Export Credit Company ['ekspɔːt 'kredɪt 'kʌmpənɪ] *sb* Ausfuhrkreditanstalt (AKA) *f*

export credit guarantee ['ekspɔːt 'kredɪt gærən'ti:] *sb* Ausfuhrbürgschaften *f/pl*, Ausfuhrgarantie *f*

export credits ['ekspɔːt 'kredɪts] *sb* AKA-Kredite *m/pl*; Exportkredit *m*

export department ['ekspɔːt də'pɑːtmənt] *sb* Außenhandelsabteilung *f*

export documents ['ekspɔːt 'dɒkjʊmənts] *pl* Ausfuhrpapiere *pl*, Exportpapiere *pl*

export duties ['ekspɔːt 'dju:ti:z] *sb* Ausfuhrabgaben *f/pl*

export duty ['ekspɔːt 'dju:tɪ] *sb* Exportzoll *m*, Ausfuhrzoll *m*

export exchange ['ekspɔːt ɪks'tʃeɪndʒ] *sb* Exportdevisen *f/pl*

export financing ['ekspɔːt 'faɪnænsɪŋ] *sb*
Ausfuhrfinanzierung *f*

export licence ['ekspɔːt 'laɪsəns] *sb* Ausfuhrgenehmigung *f*

export of capital ['ekspɔːt əv 'kæpɪtəl] *sb*
Kapitalausfuhr *f*

export premium ['ekspɔːt 'priːmjəm] *sb*
Exportprämie *f*

export promotion ['ekspɔːt prə'məʊʃən]
sb Exportförderung *f*

export regulations ['ekspɔːt regjʊ'leɪʃənz] *pl* Exportbestimmungen *pl*, Ausfuhrbestimmungen *pl*

export restriction [ek'spɔːt rɪs'trɪkʃən] *sb*
Exportbeschränkung *f*, Ausfuhrbeschränkung *f*

export subsidy ['ekspɔːt 'sʌbsɪdɪ] *sb* Exportsubvention *f*

export surplus ['ekspɔːt 'sɜːpləs] *sb* Exportüberschuss *m*, Ausfuhrüberschuss *m*

export trade ['ekspɔːt treɪd] *sb* Ausfuhrhandel *m*

express delivery [ɪk'spres dɪ'lɪvərɪ] *sb*
Eilzustellung *f*

express goods [ɪk'spres gʊdz] *sb* Expressgut *n*

express letter [ɪk'spres 'letə] *sb* Eilbrief *m*

express messenger [ɪk'spres 'mesɪndʒə]
sb Eilbote *m*

express parcel [ɪk'spres 'pɑːsl] *sb* Eilpaket *n*

express train [ɪks'pres treɪn] *sb* Schnellzug *m*

expropriate [ɪk'sprəʊprɪeɪt] *v* enteignen

expropriation [ɪksprəʊprɪ'eɪʃən] *sb* Enteignung *f*

ex-rights markdown [eks'raɪts 'mɑːkdaʊn] *sb* Bezugsrechtabschlag *m*

extension [ɪks'tenʃən] *sb* 1. Verlängerung *f*,
Prolongation *f*, 2. Nebenanschluss *m*, Apparat
m; 3. *(individual number)* Durchwahl *f*

extension of credit [ɪks'tenʃən əv 'kredɪt]
sb Zahlungsaufschub *m*

extension of time for payment [ɪks'tenʃən əv taɪm fɔː 'peɪmənt] *sb* Zahlungsaufschub *m*

extent [ɪks'tent] *sb* 1. *(degree)* Grad *m*, Maß
n; *to some ~* einigermaßen; *to a certain ~* in
gewissem Maße; *to what ~* inwieweit; 2.
(scope) Umfang *m*, Ausmaß *n*; 3. *(size)* Ausdehnung *f*

external accounting [ɪks'tɜːnəl ə'kaʊntɪŋ] *sb* externes Rechnungswesen *n*

external analysis [ɪks'tɜːnəl ə'nælɪzɪs] *sb*
Betriebsvergleich *m*

external balance [ɪks'tɜːnəl 'bæləns] *sb*
außenwirtschaftliches Gleichgewicht *n*

external bonds validation [ɪks'tɜːnəl bɔːndz vælɪ'deɪʃən] *sb* Auslandsbondsbereinigung *f*

external effects [ɪks'tɜːnəl ɪ'fekts] *sb* externe Effekte *f/pl*

external financing [ɪks'tɜːnəl faɪ'nænsɪŋ]
sb Außenfinanzierung *f*

external funds [ɪks'tɜːnəl fʌndz] *sb* Fremde Gelder *n/pl*

external income [ɪks'tɜːnəl 'ɪnkʌm] *sb* externe Erträge *m/pl*

external indebtedness [ɪks'tɜːnəl ɪn'detɪdnəs] *sb* Auslandsverschuldung *f*

external investment [ɪks'tɜːnəl ɪn'vestmənt] *sb* Fremdinvestition *f*

external market [ɪks'tɜːnəl 'mɑːkɪt] *sb*
Außenmarkt *m*

external procurement [ɪks'tɜːnəl prəʊ'kjʊəmənt] *sb* Fremdbezug *m*

external value of the currency [ɪks'tɜːnəl 'væljuː əv ðə 'kʌrənsɪ] *sb* Außenwert der
Währung *m*

extort [ɪk'stɔːt] *v* erpressen

extortion [ɪks'tɔːʃən] *sb* Erpressung *f*

extra ['ekstrə] *adv (costing ~)* gesondert berechnet, extra berechnet; *sb* Zugabe *f*

extra charge ['ekstrə tʃɑːdʒ] *sb* Zuschlag *m*

extra dividend ['ekstrə 'dɪvɪdend] *sb* Bonus *m*, Sonderausschüttung *f*

extra pay ['ekstrə peɪ] *sb* Zulage *f*

extradite ['ekstrədaɪt] *v* ausliefern

extradition [ekstrə'dɪʃən] *sb* Auslieferung *f*

extrajudicial [ekstrədʒuː'dɪʃəl] *adj* außergerichtlich

extraordinary budget [ɪk'strɔːdənərɪ 'bʌdʒɪt] *sb* außerordentlicher Haushalt *m*

extraordinary depreciation [ɪk'strɔːdənərɪ dɪpriːʃɪ'eɪʃən] *sb* außerordentliche Abschreibung *f*

extraordinary expenditures [ɪk'strɔːdənərɪ ɪk'spendɪtʃəz] *sb* außerordentliche Aufwendungen *f/pl*, außerordentliche Ausgaben *f/pl*

extraordinary expenses [ɪk'strɔːdənərɪ ɪk'spensɪz] *sb* außergewöhnliche Belastung *f*

extraordinary income [ɪk'strɔːdənərɪ 'ɪnkʌm] *sb* außerordentliche Einkünfte *pl*, außerordentliche Einnahmen *f/pl*, außerordentliche
Erträge *m/pl*

extraordinary trend [ɪk'strɔːdənərɪ trend]
sb Sonderbewegung *f*

extrapolation [ɪkstrəpə'leɪʃən] *sb* Extrapolation *f*

F

face value [feɪs 'væljuː] *sb* Nennwert *m*,
Nominalwert *m*

face-to-face communication ['feɪs tu feɪs
kəmjuːnɪ'keɪʃən] *sb* Face-to-Face-Kommunikation *f*

facility [fə'sɪlɪtɪ] *sb (building)* Anlage *f*

factor costs ['fæktə kɔsts] *sb* Faktorkosten *pl*

factoring ['fæktərɪŋ] *sb* Finanzierung von
Forderungen *f*, Factoring *n*

factory ['fæktərɪ] *sb* Fabrik *f*, Werk *n*, Betrieb *m*

factory outlet store ['fæktərɪ 'aʊtlət stɔː]
sb Fabrikverkauf *m*

factory supplies ['fæktərɪ sə'plaɪz] *(manufacturing)* Betriebsstoffe *m/pl*

facultative money [fækʊl'teɪtɪv 'mʌnɪ] *sb*
fakultatives Geld *n*

failure ['feɪljə] *sb 1. (unsuccessful thing)* Misserfolg *m*, Fehlschlag *m*, Scheitern *n*; Pleite *f*;
2. *(breakdown)* Ausfall *m*, Versagen *n*, Störung *f*; 3. *(to do sth)* Versäumnis *n*, Unterlassung *f*

failure to pay on due date ['feɪljə tu peɪ
ɔn djuː deɪt] *sb* Zahlungsverzug *m*

fair [feə] *sb (trade show)* Messe *f*, Ausstellung *f*

fair market value [feə 'mɑːkɪt 'væljuː] *sb*
Marktwert *m*

fairness in trade ['feənɪs ɪn treɪd] *sb* Kulanz *f*

fake [feɪk] *v 1.* vortäuschen, fingieren; *2.
(forge)* fälschen; *sb 3.* Fälschung *f*

fall [fɔːl] *v irr 1. (decrease)* fallen, sinken,
abnehmen; *sb 2. (decrease)* Fallen *n*, Sinken
n, Abnahme *f*

false factoring [fɑːls 'fæktərɪŋ] *sb* unechtes Factoring *n*

falsification [fɑːlsɪfɪ'keɪʃən] *sb* Falsifikat *n*

falsification of the balance sheet [fɑːlsɪfɪ'keɪʃən əv ðə 'bæləns ʃiːt] *sb* Bilanzfälschung *f*

family allowance ['fæmlɪ ə'laʊəns] *sb* Familienzulage *f*

family-owned companies ['fæmlɪ əʊnd
'kʌmpənɪz] *sb* Familiengesellschaften *f/pl*

fare [feə] *sb 1. (bus ~, train ~) (charge)* Fahrpreis *m*; *2. air ~* Flugpreis *m*; *3. (money)* Fahrgeld *n*

farm product [fɑːm 'prɒdəkt] *sb* Agrarprodukt *n*, landwirtschaftliches Produkt *n*

farming ['fɑːmɪŋ] *sb* Agrarwirtschaft *f*,
Landwirtschaft *f*

fashion ['fæʃən] *sb* Mode *f*

fashion article ['fæʃən 'ɑːtɪkl] *sb* Modeartikel *m*

fax [fæks] *sb 1. (facsimile transmission)* Fax
n, Telefax *n*; *v 2.* faxen

fax machine ['fæks məʃiːn] *sb* Telefaxgerät
n, Faxgerät *n*

fax number ['fæks 'nʌmbə] *sb* Telefaxnummer *f*, Faxnummer *f*

feasibility study [fiːzə'bɪlɪtɪ 'stʌdɪ] *sb*
Durchführbarkeits-Studie *f*

Federal Administrative Court ['fedərəl
ədmɪnɪ'steɪtɪv kɔːt] *sb* Bundesverwaltungsgericht (BverwG) *n*

Federal Audit Office ['fedərəl 'ɔːdɪt 'ɒfɪs]
sb Bundesrechnungshof *m*

Federal Bank assets ['fedərəl bæŋk
'æsets] *sb* Bundesbankguthaben *n*

Federal bonds ['fedərəl bɔːndz] *sb* Bundesobligation *f*

federal budget ['fedərəl 'bʌdʒɪt] *sb* Bundeshaushalt *m*

Federal Cartel Authority ['fedərəl kɒ'tel
ə'θɔrɪtɪ] *sb* Bundeskartellamt *n*

Federal Cartel Register ['fedərəl kɒ'tel
'redʒɪstə] *sb* Kartellregister *n*

Federal Collective Agreement for Public Employees ['fedərəl kə'lektɪv ə'griːmənt fɔː 'pʌblɪk ɪmplɔɪ'iːz] *sb* Bundes-Angestellten-Tarifvertrag (BAT) *m*

Federal Constitutional Court ['fedərəl
kɒnstɪ'tjuːʃənəl kɔːt] *sb* Bundesverfassungsgericht (BverfG) *n*

Federal Court ['fedərəl kɔːt] *sb* Bundesgericht *n*

Federal Fiscal Court ['fedərəl 'fɪskəl
kɔːt] *sb* Bundesfinanzhof (BFH) *m*

Federal guarantee ['fedərəl gærən'tiː] *sb*
Bundesbürgschaft *f*

Federal Labor Court ['fedərəl 'leɪbə kɔːt]
sb Bundesarbeitsgericht *n*

Federal Labor Office ['fedərəl 'leɪbə 'ɒfɪs]
sb Bundesanstalt für Arbeit (BA) *f*

Federal loan ['fedərəl lɔːn] *sb* Bundesanleihe *f*

Federal Official Gazette ['fedərəl ə'fɪʃəl gə'zet] sb Bundesanzeiger m

Federal revenue authorities ['fedərəl 'revɪnjuː ə'θɒrɪtiːz] sb Bundesfinanzbehörden f/pl

Federal Statistical Office ['fedərəl stə'tɪstɪkəl 'ɒfɪs] sb Statistisches Bundesamt n

Federal Supervisory Office ['fedərəl suːpə'vaɪzərɪ 'ɒfɪs] sb Bundesaufsichtsamt n

Federal Supreme Court ['fedərəl sʌ'priːm kɔːt] sb Bundesgerichtshof (BGH) m

federal tax ['fedərəl tæks] sb Bundessteuern f/pl

federal treasury bill ['fedərəl 'treʒərɪ bɪl] sb Bundesschatzbrief m

fee [fiː] sb Gebühr f, Honorar n

feedback ['fiːdbæk] sb Rückkopplung f, Feedback n

Fibor ['fɪbəː] sb Fibor m

fictitious bill [fɪk'tɪʃəs bɪl] sb Kellerwechsel m

fictitious formation [fɪk'tɪʃəs fɔː'meɪʃən] sb Scheingründung f

fictitious independence [fɪk'tɪʃəs ɪndə'pendəns] sb Scheinselbständigkeit f

fictitious invoice [fɪk'tɪʃəs 'ɪnvɔɪs] sb fingierte Rechnung f

fictitious order [fɪk'tɪʃəs 'ɔːdə] sb fingierte Order f

fictitious overheads [fɪk'tɪʃəs 'əʊvəhedz] sb unechte Gemeinkosten pl

fictitious profit [fɪk'tɪʃəs 'prɒfɪt] sb Scheingewinn m

fictitious quotation price [fɪk'tɪʃəs kwəʊ'teɪʃən praɪs] sb Scheinkurs m

fictitious security price [fɪk'tɪʃəs sɪ'kjuːrɪtɪ praɪs] sb Ausweichkurs m

fictitious transaction [fɪk'tɪʃəs trænz'ækʃən] sb Scheingeschäft n

fiduciary account [fɪ'djuːʃɪərɪ ə'kaʊnt] sb Anderkonto n

fiduciary deposit [fɪ'djuːʃɪərɪ dɪ'pɔːzɪt] sb Anderdepot n, Fremddepot n

fiduciary funds [fɪ'djuːʃɪərɪ fʌndz] sb fiduziäres Geld n

field [fiːld] sb 1. (profession, ~ of study) Gebiet n, Fach n, Bereich m; 2. the ~ (for a salesman) Außendienst m

field audit [fiːld 'ɔːdɪt] (accountancy) Außenprüfung f

field of activity [fiːld əv æk'tɪvɪtɪ] sb Tätigkeitsfeld n, Tätigkeitsbereich m

field of the economy [fiːld əv ðiː ɛ'kɔːnəmɪ] sb Wirtschaftszweig m, Wirtschaftsbereich m

field research [fiːld rɪ'sətʃ] sb Feldforschung f

field staff [fiːld stɑːf] sb Außendienstmitarbeiter m

field work ['fiːldwɜːk] sb (for a salesman) Außendienst m

figure ['fɪgə] sb 1. (number) Zahl f; (digit) Ziffer f; 2. (sum) Summe f; 3. facts and ~s klare Information f

figure out ['fɪgə aʊt] v (calculate) berechnen, ausrechnen

file [faɪl] v 1. (put in files) ablegen, abheften, einordnen; 2. (a petition, a claim) einreichen, erheben; sb 3. Akte f; on ~ bei den Akten; 4. (holder) Aktenordner m, Aktenhefter m, Sammelmappe f; 5. (computer) Datei f

file card ['faɪlkɑːd] sb Karteikarte f

filename ['faɪlneɪm] sb Dateiname m

filing ['faɪlɪŋ] sb Aktenablage f, Archivierung f

filing cabinet ['faɪlɪŋkæbɪnet] sb Aktenschrank m

fill [fɪl] v 1. (a job opening) besetzen; 2. (take a job opening) einnehmen

fill in [fɪl ɪn] v 1. ~ for s.o. für jdn einspringen; 2. (a form) ausfüllen; (information) eintragen

final control ['faɪnl kən'trəʊl] sb Endkontrolle f, Schlusskontrolle f

final cost center ['faɪnəl kɔst 'sentə] sb Endkostenstelle f

final demand ['faɪnəl dɪ'mænd] sb Endnachtrage f

final dividend ['faɪnəl 'dɪvɪdend] sb Schlussdividende f

final order ['faɪnəl 'ɔːdə] sb Abschlussauftrag m

finance ['faɪnæns] v 1. finanzieren; sb Finanz f, Finanzwesen n; 2. ~s pl Finanzen pl, Vermögenslage f, Finanzlage f

finance [faɪ'næns] sb 1. Finanzwesen n

finance bill [faɪ'næns bɪl] sb Finanzwechsel m, Leerwechsel m

finance deficit [faɪ'næns 'defɪsɪt] sb Finanzierungsdefizit n

financial [faɪ'nænʃəl] adj finanziell, pagatorisch, Finanz..., Wirtschafts...

financial acceptance [faɪ'nænʃəl ɪk'septəns] sb Kreditakzept n

financial account [faɪ'nænʃəl ə'kaʊnt] sb Finanzkonto n

financial accounting [faɪ'nænʃəl ə'kaʊntɪŋ] sb Finanzbuchhaltung f

financial aid [faɪ'nænʃəl eɪd] sb Beihilfe f

financial analysis [faɪ'nænʃəl ə'nælɪsɪs] *sb* Finanzanalyse *f*

financial arrangement [faɪ'nænʃəl ə'reɪndʒmənt] *sb* Finanzdisposition *f*

financial assets [faɪ'nænʃəl 'æsets] *sb* Geldvermögen *n*, Finanzanlagevermögen *n*, Finanzvermögen *n*

financial assistance [faɪ'nænʃəl ə'sɪstəns] *sb* finanzieller Beistand *m*

financial capital [faɪ'nænʃəl 'kæpɪtəl] *sb* Finanzkapital *n*

financial credit [faɪ'nænʃəl 'kredɪt] *sb* Finanzkredit *m*

financial difficulties [faɪ'nænʃəl dɪfɪkəl tiːz] *sb* Zahlungsschwierigkeit *f*

financial equalization [faɪ'nænʃəl iːkwəlaɪ'zeɪʃən] *sb* Finanzausgleich *m*

financial equilibrium [faɪ'nænʃəl ɪkwə'lɪbrɪəm] *sb* finanzielles Gleichgewicht *n*

financial failure [faɪ'nænʃəl 'feɪljə] *sb* finanzieller Zusammenbruch *m*

financial futures contract [faɪ'nænʃəl 'fjuːtʃəz 'kɒntrækt] *sb* Finanzterminkontrakt *n*

financial hedging [faɪ'nænʃəl 'hedʒɪŋ] *sb* Finanzhedging *n*

financial innovation [faɪ'nænʃəl ɪnəʊ'veɪʃən] *sb* Finanzinnovationen *f/pl*

financial institution [faɪ'nænʃəl ɪnstɪ'tjuːʃən] *sb* Geldinstitut *n*

financial investment [faɪ'nænʃəl ɪn'vestmənt] *sb* Finanzanlage *f*

financial market [faɪ'nænʃəl 'mɑːkɪt] *sb* Finanzmarkt *m*

financial mathematics [faɪ'nænʃəl mæθə'mætɪks] *sb* Finanzmathematik *f*

financial obligation [faɪ'nænʃəl ɒblɪ'geɪʃən] *sb* Obligo *n*

financial plan [faɪ'nænʃəl plæn] *sb* Finanzplan *m*

financial policy [faɪ'nænʃəl 'pɒlɪsɪ] *sb* Geldpolitik *f*, Finanzpolitik *f*

financial press [faɪ'nænʃəl pres] *sb* Finanzpresse *f*

financial reform [faɪ'nænʃəl rɪ'fɔːm] *sb* Finanzreform *f*

financial report [faɪ'nænʃəl rɪ'pɔːt] *sb* Finanzbericht *m*

financial requirements [faɪ'nænʃəl rɪ'kwaɪəmənts] *sb* Finanzbedarf *m*

financial reserve [faɪ'nænʃəl rɪ'zɜːv] *sb* Finanzierungsreserve *f*

financial sector [faɪ'nænʃəl 'sektə] *sb* Finanzsektor *m*

financial services [faɪ'nænʃəl 'sɜːvɪsɪz] *sb* Finanzdienstleistungen *f*

financial soundness [faɪ'nænʃəl 'saʊndnɪs] *sb* Bonität *f*

financial sovereignty [faɪ'nænʃəl 'sɒvrɪntɪ] *sb* Finanzhoheit *f*

financial standing [faɪ'nænʃəl 'stændɪŋ] *sb* Kreditfähigkeit *f*

financial statement [faɪ'nænʃəl 'steɪtmənt] *sb* Bilanz *f*

financial strength [faɪ'nænʃəl streŋθ] *sb* Finanzkraft *f*

financial system [faɪ'nænʃəl 'sɪstɪm] *sb* Finanzverfassung *f*

financial transaction [faɪ'nænʃəl træns'ækʃən] *sb* Finanztransaktion *f*

financial year [fɪ'nænʃəl jɪə] *sb (UK)* Geschäftsjahr *n*, Rechnungsjahr *n*

financier [faɪ'nænsɪə] *sb* Finanzier *m*

financing ['faɪnænsɪŋ] *sb* Finanzierung *f*

financing of building projects [faɪ'nænsɪŋ əv 'bɪldɪŋ 'prɒdʒekts] *sb* Baufinanzierung *f*

financing of exports [faɪ'nænsɪŋ əv 'ekspɔːts] *sb* Exportfinanzierung *f*

financing of investment in fixed assets [faɪ'nænsɪŋ əv ɪn'vestmənt ɪn fɪkst 'æsets] *sb* Anlagenfinanzierung *f*

financing principles [faɪ'nænsɪŋ 'prɪnsɪpəlz] *sb* Finanzierungsgrundsätze *m/pl*

financing rules [faɪ'nænsɪŋ ruːlz] *sb* Finanzierungsregeln *f/pl*

financing theory [faɪ'nænsɪŋ 'θɪərɪ] *sb* Finanzierungstheorie *f*

fine [faɪn] *v 1.* mit einer Geldstrafe belegen; *sb 2.* Geldstrafe *f*, Bußgeld *n*

fine print [faɪn'prɪnt] *sb the* ~ das Kleingedruckte *n*

finished product ['fɪnɪʃt 'prɒdʌkt] *sb* Fertigprodukt *n*, Endprodukt *n*

finishing technique ['fɪnɪʃɪŋ tek'niːk] *sb* Abschlusstechnik *f*

fire-fighting fund [faɪə 'faɪtɪŋ fʌnd] *sb* Feuerwehrfonds *m*

firm [fɜːm] *sb* Firma *f*, Unternehmen *n*

firm deal [fɜːm diːl] *sb* Festgeschäft *n*

firm name derived from the object of the enterprise [fɜːm neɪm də'raɪvd frʌm ðə 'ɒbdʒɪkt əv ðə 'entəpraɪz] *sb* Sachfirma *f*

firm's bank [fɜːmz bæŋk] *sb* Hausbank *f*

first acquisition [fɜːst ækəˈzɪʃən] *sb* Ersterwerb *m*

first class [fɜːst klɒs] *adj 1.* erstklassig; *2. (train ticket)* erster Klasse

first class quality [fɜːst klɑːs 'kwɔːlɪti] *adj* beste Qualität

first issue [fɜːst 'ɪʃuː] *sb* Erstemission *f*

first of exchange [fɜːst əv ɪks'tʃeɪndʒ] *sb* Prima Warenwechsel *m*

fiscal ['fɪskəl] *adj* fiskalisch, Finanz..., Steuer...

fiscal audit of operating results ['fɪskəl 'ɔːdɪt əv 'ɔpəreɪtɪŋ rɪ'zʌlts] *sb* Betriebsprüfung *f*

fiscal code ['fɪskəl kəʊd] *sb* Abgabenordnung *f*

fiscal fraud ['fɪskəl frɔːd] *sb* Steuerbetrug *m*

fiscal illusion ['fɪskəl ɪ'luːʒən] *sb* Fiskalillusion *f*

fiscal monopoly ['fɪskəl mə'nɔpəli] *sb* Finanzmonopol *n*

fiscal policy ['fɪskəl 'pɔlɪsi] *sb* Steuerpolitik *f*, Finanzpolitik *f*; Fiskalpolitik *f*

fitter ['fɪtə] *sb* Monteur *m*; *(for machines)* Schlosser *m*

fixed annual salary [fɪkst 'ænjʊəl 'sæləri] *sb* Jahresfixum *n*

fixed assets [fɪkst 'æsets] *pl* feste Anlagen *pl*, Anlagevermögen *n*

fixed cost degression [fɪkst kɔst də'greʃən] *sb* Fixkostendegression *f*

fixed costs [fɪkst kɔsts] *pl* Festkosten *pl*, Fixkosten *pl*

fixed-date land charge [fɪkst deɪt lænd tʃɔdʒ] *sb* Fälligkeitsgrundschuld *f*

fixed-date land mortgage [fɪkst deɪt lænd 'mɔːgɪdʒ] *sb* Fälligkeitshypothek *f*

fixed department costs [fɪkst də'pɑːtmənt kɔsts] *sb* bereichsfixe Kosten *pl*

fixed deposit [fɪkst dɪ'pɔsɪt] *sb* Festgeld *n*, befristete Einlagen *f/pl*

fixed exchange rate [fɪkst ɪks'tʃeɪndʒ reɪt] *sb* Mengennotierung *f*, starrer Wechselkurs *m*

fixed income [fɪkst 'ɪnkʌm] *sb* Festeinkommen *n*

fixed-interest bearing account [fɪkst 'ɪntrəst 'beərɪŋ ə'kaʊnt] *sb* Festzinskonto *n*

fixed interest (rate) [fɪkst 'ɪntrəst reɪt] *sb* fester Zins *m*, Festzins *m*

fixed-interest securities [fɪkst 'ɪntrəst sɪ'kjuːrɪtiːz] *sb* festverzinsliche Wertpapiere *n/pl*

fixed interest securities fund [fɪkst 'ɪntrəst sɪ'kjuːrɪtiːz fʌnd] *sb* Rentenfonds *m*

fixed issue of notes [fɪkst 'ɪʃuː əv nəʊts] *sb* Notenkontingent *n*

fixed price [fɪkst praɪs] *sb* Festpreis *m*

fixed property [fɪkst 'prɔpərtɪ] *sb* Gebäude und Grundstücke *pl*

fixed-rate mortgage [fɪkst reɪt 'mɔːgɪdʒ] *sb* Festzinshypothek *f*

fixed sum [fɪkst sʌm] *sb* Fixum *n*

fixed value [fɪkst 'væljuː] *sb* Festwert *m*

fixing ['fɪksɪŋ] *sb (fig)* Festsetzen *n*, Fixing *n*

fixing of a quota ['fɪksɪŋəvə 'kwəʊtə] *sb* Kontingentierung *f*

fixing of exchange rate ['fɪksɪŋ əv ɪks'tʃeɪndʒ reɪt] *sb* Valutierung *f*

fixing of prices ['fɪksɪŋ əv 'praɪsɪz] *sb* Kursfestsetzung *f*

flat [flæt] *adj (market)* lau, lahm, lustlos; *(rate, fee)* Pauschal...

flat fee [flæt fiː] *sb* Pauschalgebühr *f*

flat rate [flæt reɪt] *sb* Pauschalbetrag *m*

flexibility [fleksɪ'bɪlɪti] *sb (fig)* Flexibilität *f*

flexible ['fleksəbl] *adj (fig)* flexibel

flexible age limit ['fleksɪbəl eɪdʒ 'lɪmɪt] *sb* flexible Altersgrenze *f*

flexible budgeting ['fleksɪbəl 'bʌdʒɪtɪŋ] *sb* flexible Plankostenrechnung *f*

flexible currency rates ['fleksɪbəl 'kʌrənsi reɪts] *sb* flexible Wechselkurse *m/pl*

flexible discount rate ['fleksɪbəl 'dɪskaʊnt reɪt] *sb* flexibler Diskontsatz *m*

flexible exchange rate ['fleksəbl ɪks'tʃeɪndʒ reɪt] *sb* flexibler Wechselkurs *m*

flexible retirement ['fleksɪbəl rɪ'taɪəmənt] *sb* gleitender Ruhestand *m*

flexible working hours ['fleksɪbəl 'wɜːkɪŋ aʊəz] *sb* gleitende Arbeitszeit *f*

flexitime ['fleksɪtaɪm] *sb* Gleitzeit *f*

flight into real assets [flaɪt 'ɪntu riːl 'æsets] *sb* Flucht in die Sachwerte *f*

float [fləʊt] *sb* Float *m*

floater ['fləʊtə] *sb* Springer *m/f*

floating ['fləʊtɪŋ] *sb* Floating *n*

floating assets ['fləʊtɪŋ 'æsets] *sb* Umlaufvermögen *n*

floating debt [fləʊtɪŋ det] *sb* schwebende Schuld *f*

floating policy [fləʊtɪŋ 'pɔlɪsi] *sb* offene Police (O.P.) *f*

floating rate note [fləʊtɪŋ reɪt nəʊt] *sb* Floating Rate Note *f*

floor [flɔː] *sb (stock market)* Floor *m*, Parkett *n*

floor price [flɔː praɪs] *sb* Niedrigstkurs *m*

floor trader [flɔː 'treɪdə] *sb* freier Makler *m*

floppy disk ['flɔpi'dɪsk] *sb* Diskette *f*, Floppy Disk *f*

flow shop production [fləʊ ʃɒp prə'dʌk-ʃən] *sb* Reihenfertigung *f*

flow statement [fləʊ 'steɪtmənt] *sb* Bewegungsbilanz *f*

flow-of-funds analysis [fləʊ əv fʌndz ə'næləsɪs] *sb* Geldstromanalyse *f*

fluctuate ['flʌktjʊeɪt] *v* schwanken, fluktuieren

fluctuation [flʌktjʊ'eɪʃən] *sb* Schwankung *f*, Fluktuation *f*

folder ['fəʊldə] *sb 1.* Aktendeckel *m*, Mappe *f*, Schnellhefter *m*; *2. (brochure)* Faltblatt *n*, Broschüre *f*

follow-up financing ['fɒləʊʌp 'faɪnænsɪŋ] *sb* Anschlussfinanzierung *f*

follow-up order ['fɒləʊʌp 'ɔːdə] *sb* Folgeauftrag *m*, Nachorder *f*

for account only [fɔː ə'kaʊnt 'əʊnlɪ] *sb* Nur zur Verrechnung

for safekeeping [fɔː seɪf'kiːpɪŋ] *adv* zu treuen Händen

for the monthly settlement [fɔː ðə 'mʌnθlɪ 'setəlmənt] *sb* per Ultimo

force [fɔːs] *v 1.* ~ sth on s.o. jdm etw aufdrängen; *2. (conditions)* jdm etw auferlegen

force down [fɔːs daʊn] *v (prices)* drücken

force majeure [fɔːs mɒ'ʒɜː] *sb* höhere Gewalt *f*

forced sale [fɔːst seɪl] *sb* Zwangsverkauf *m*

forecast ['fɔːkɑːst] *sb* Voraussage *f*, Vorhersage *f*, Prognose *f*

foreign acceptance ['fɔːrən ək'septəns] *sb* Auslandsakzept *n*

foreign account ['fɔːrən ə'kaʊnt] *sb* Auslandskonto *n*

foreign assets ['fɔːrən 'æsets] *sb* Auslandsvermögen *n*

foreign bank ['fɔːrən bæŋk] *sb* Auslandsbank *f*

foreign bill of exchange ['fɔːrən bɪl əv ɪks'tʃeɪndʒ] *sb* Auslandswechsel *m*

foreign bond ['fɔːrən bɔːnd] *sb* Auslandsanleihe *f*

foreign business ['fɔːrən 'bɪznɪs] *sb* Auslandsgeschäft *n*

foreign capital ['fɔːrən 'kæpɪtl] *sb* Auslandskapital *n*

foreign cheque ['fɔːrən tʃek] *sb* Auslandsscheck *m*

foreign credit ['fɔːrən 'kredɪt] *sb* Auslandskredit *m*

foreign currencies eligible as cover ['fɔːrən 'kʌrənsiːz 'elɪdʒɪbəl æz 'kʌvə] *sb* deckungsfähige Devisen *f/pl*

foreign currency ['fɔːrən 'kʌrənsɪ] *sb* Devisen *pl*

foreign currency accept ['fɔːrən 'kʌrənsɪ ək'sept] *sb* Valuta-Akzept *n*

foreign currency account ['fɔːrən 'kʌrənsɪ ə'kaʊnt] *sb* Währungskonto *n*

foreign currency bill ['fɔːrən 'kʌrənsɪ bɪl] *sb* Fremdwährungswechsel *m*

foreign currency bonds ['fɔːrən 'kʌrənsɪ bɔːndz] *sb* Auslandsbonds *m/pl*

foreign currency clause ['fɔːrən 'kʌrənsɪ klɔːz] *sb* Valutaklausel *f*

foreign currency coupon ['fɔːrən 'kʌrənsɪ 'kuːpɒn] *sb* Valutakupon *m*

foreign currency debt ['fɔːrən 'kʌrənsɪ det] *sb* Währungsschuld *f*

foreign currency loan ['fɔːrən 'kʌrənsɪ lɔːn] *sb* Valutakredit *m*

foreign currency rate ['fɔːrən 'kʌrənsɪ reɪt] *sb* Sortenkurs *m*

foreign customer ['fɔːrən 'kʌstəmə] *sb* Auslandskunde *f*

foreign debts ['fɔːrən dets] *sb* Auslandsschulden *pl*

foreign demand ['fɔːrən dɪ'mɒnd] *sb* Auslandsnachfrage *f*

foreigner ['fɔːrɪnə] *sb* Ausländer(in) *m/f*

foreign exchange ['fɔːrən ɪks'tʃeɪndʒ] *sb* Devisen *pl*, Valuta *f*

foreign exchange account ['fɔːrən ɪks-'tʃeɪndʒ ə'kaʊnt] *sb* Devisenkonto *n*

foreign exchange advisor ['fɔːrən ɪks-'tʃeɪndʒ əd'vaɪzə] *sb* Devisenberater *m*

foreign exchange balance ['fɔːrən ɪks-'tʃeɪndʒ 'bæləns] *sb* Devisenbilanz *f*

foreign exchange business ['fɔːrən ɪks'tʃeɪndʒ 'bɪznɪs] *sb* Devisengeschäft *n*

foreign exchange control ['fɔːrən ɪks-'tʃeɪndʒ kən'trəʊl] *sb* Devisenbewirtschaftung *f*, Devisenkontrolle *f*

foreign exchange dealer ['fɔːrən ɪks-'tʃeɪndʒ 'diːlə] *sb* Devisenhändler *m*

foreign exchange dealings ['fɔːrən ɪks-'tʃeɪndʒ 'diːlɪŋz] *sb* Devisenhandel *m*

foreign exchange market ['fɔːrən ɪks-'tʃeɪndʒ 'mɑːkɪt] *sb* Devisenmarkt *m*, Devisenbörse *f*

foreign exchange operations ['fɔːrən ɪks'tʃeɪndʒ ɒpə'reɪʃənz] *sb* Devisenverkehr *m*

foreign exchange outflow ['fɔːrən ɪks-'tʃeɪndʒ 'aʊtfləʊ] *sb* Devisenabschluss *m*

foreign exchange quotas ['fɔːrən ɪks-'tʃeɪndʒ 'kwəʊtəz] *sb* Devisenquoten *f/pl*

foreign exchange quotations ['fɔːrən ɪks'tʃeɪndʒ kwəʊ'teɪʃənz] sb Devisennotierung f

foreign exchange rate ['fɔːrən ɪks'tʃeɪndʒ reɪt] sb Devisenkurs m

foreign exchange risk ['fɔːrən ɪks'tʃeɪndʒ rɪsk] sb Wechselkursrisiko n

foreign exchange spot dealings ['fɔːrən ɪks'tʃeɪndʒ spɒt 'diːlɪŋz] sb Devisenkassageschäft n

foreign exchange spot operations ['fɔːrən ɪks'tʃeɪndʒ spɒt ɒpə'reɪʃənz] sb Devisenkassakurs m

foreign exchange surplus ['fɔːrən ɪks'tʃeɪndʒ 'sɜːplʌs] sb Devisenüberschuss m

foreign exchange transactions for customers ['fɔːrən ɪks'tʃeɪndʒ træns'ækʃənz fɔː 'kʌstəməz] sb Devisenkommissionsgeschäft n

foreign investment ['fɔːrən ɪn'vestmənt] sb Auslandsinvestition f

foreign loan ['fɔːrən ləʊn] sb Auslandsanleihe f

foreign markets ['fɔːrən 'maːkɪts] sb Auslandsmärkte pl

foreign patents ['fɔːrən 'pætənts] sb Auslandspatente n/pl

foreign security ['fɔːrən sɪ'kjuːrɪtɪ] sb ausländisches Wertpapier n

foreign shareholder ['fɔːrən 'ʃeəhəʊldə] sb ausländischer Anteilseigner m

foreign trade ['fɔːrən treɪd] sb Außenhandel m, Außenwirtschaft f

foreign trade and payments transactions ['fɔːrən treɪd ænd 'peɪmənts træns'ækʃənz] sb Außenwirtschaftsverkehr m

foreign trade deficit ['fɔːrən treɪd 'defɪsɪt] sb Außenhandelsdefizit n

foreign trade monopoly ['fɔːrən treɪd mə'nɒpəlɪ] sb Außenhandelsmonopol n

foreign trade structure ['fɔːrən treɪd 'strʌkʃə] sb Außenhandelsrahmen m

foreign workers ['fɔːrən 'wɜːkəz] sb ausländische Arbeitnehmer pl

forfaiting ['fɔːfɪtɪŋ] sb Forfaitierung f

forfeit ['fɔːfɪt] v verwirken

forfeiture ['fɔːfɪtʃə] sb Verwirkung f, Verfall m

forfeiture of shares ['fɔːfɪtʃə əv ʃeəz] sb Kaduzierung f

forge [fɔːdʒ] v (counterfeit) fälschen

forged cheque [fɔːdʒd tʃek] sb gefälschter Scheck m

form [fɔːm] sb (document) Formular n, Vordruck m

form of address ['fɔːməv ə'dres] sb Anrede f

formal identity [fɔːməl aɪ'dentɪtɪ] sb Bilanzkontinuität f

formal requirements ['fɔːməl rɪ'kwaɪəmənts] sb Formvorschriften f/pl

formality [fɔː'mælɪtɪ] sb (a ~) Formalität f; Let's dispense with the formalities. Lassen wir die Formalitäten beiseite.

format ['fɔːmæt] (a disk) v formatieren; sb Format n

format of the balance sheet ['fɔːmæt əv ðə 'bæləns ʃiːt] sb Bilanzgliederung f

formation [fɔː'meɪʃən] sb Gründung f

formation by founders' non-cash capital contributions [fɔː'meɪʃən baɪ 'faʊndəz 'nɒnkæʃ 'kæpɪtəl kɒntrɪ'bjuːʃənz] sb Illationsgründung f

formation involving subscription in kind [fɔː'meɪʃən ɪn'vɒlvɪŋ sʌb'skrɪpʃən ɪn kaɪnd] sb qualifizierte Gründung f

formation of capital [fɔː'meɪʃən əv 'kæpɪtəl] sb Kapitalbildung f

formation report [fɔː'meɪʃən rɪ'pɔːt] sb Gründungsbericht m

forward ['fɔːwəd] v 1. (send on) nachsenden; 2. (dispatch) befördern

forward contract ['fɔːwəd 'kɒntrækt] sb Terminkontrakt m

forwarder ['fɔːwədə] sb Absender m; (freight) Spediteur m

forward exchange dealings ['fɔːwəd ɪks'tʃeɪndʒ 'diːlɪŋz] sb Devisentermingeschäft n

forward exchange market ['fɔːwəd ɪks'tʃeɪndʒ 'maːkɪt] sb Devisenterminmarkt m

forward exchange rate ['fɔːwəd ɪks'tʃeɪndʒ reɪt] sb Devisenterminkurs m

forward exchange trading ['fɔːwəd ɪks'tʃeɪndʒ 'treɪdɪŋ] sb Devisenterminhandel m

forward merchandise dealings ['fɔːwəd 'mɜːtʃəndaɪz 'diːlɪŋz] sb Warentermingeschäft n

forward price ['fɔːwəd praɪs] sb Terminkurs m

forward sale ['fɔːwəd seɪl] sb Terminverkauf m

forward securities ['fɔːwəd sɪ'kjuːrɪtiːz] sb Terminpapiere n/pl

forwarding ['fɔːwədɪŋ] sb Versand m

forwarding agent ['fɔːwədɪŋ 'eɪdʒənt] sb Spediteur m

forwarding goods ['fɔːwədɪŋ gʊdz] sb Speditionsgut n

forwarding merchandise ['fɔːwɜːdɪŋ 'mətʃəndaɪz] sb Speditionsgut n

found [faʊnd] v gründen, errichten

foundation [faʊn'deɪʃən] sb 1. (founding) Gründung f, Errichtung f; 2. (institution) Stiftung f; 3. (fig: basis) Grundlage f, Basis f

foundation in which founders take all shares [faʊn'deɪʃən ɪn wɪtʃ 'faʊndəz teɪk ɔːl ʃɛəz] sb Übernahmegründung f

founder ['faʊndə] sb Gründer(in) m/f

fraction ['frækʃən] sb Bruchteil m

fractional amount ['frækʃənəl ə'maʊnt] sb Kleinstücke n/pl

fractional order ['frækʃənəl 'ɔːdə] sb Fraktion f

fragile ['frædʒaɪl] adj zerbrechlich; „~, handle with care" „Vorsicht, zerbrechlich"

fragmentation [frægmen'teɪʃən] sb Stückelung f

franchise ['fræntʃaɪz] sb Konzession f, Franchise n

franchisee [fræntʃaɪ'ziː] sb Franchisenehmer m

franchising [fræntʃaɪzɪŋ] sb Franchising n

fraud [frɔːd] sb Betrug m

fraud foundation [frɔːd faʊn'deɪʃən] sb Schwindelgründung f

fraudulent ['frɔːdjʊlənt] adj betrügerisch

fraudulent bankruptcy ['frɔːdjʊlənt 'bæŋkrʌptsɪ] sb betrügerischer Bankrott m

free [friː] adv (~ of charge) kostenlos, frei, gratis; get sth ~ etw umsonst bekommen

free access to the market [friː 'ækses tu ðə 'mɑːkɪt] sb freier Marktzutritt m

free alongside ship (f. a. s.) [friː ə'lɒŋsaɪd ʃɪp] sb frei Längsseite Schiff (f.a.s.)

free currency area [friː 'kʌrənsɪ 'ɛərɪə] sb freier Währungsraum m

free domicile [friː 'dɒmɪsaɪl] frei Haus

freedom of contract ['friːdəm əv 'kɒntrækt] sb Vertragsfreiheit f

freedom of occupation ['friːdəm əv ɒkjuː'peɪʃən] sb Berufsfreiheit f

freedom of trade ['friːdəm əv treɪd] sb Gewerbefreiheit f

free enterprise [friː 'entəpraɪz] sb freies Unternehmertum n

free ex station ['friːeks 'steɪʃən] frei Station

free ex warehouse ['friːeks 'wɛəhaʊs] frei Lager

free export [friː 'ekspɔːt] frei Hafen

free frontier [friː 'frɒntɪə] frei Grenze

free goods [friː gʊdz] sb freie Güter n/pl

free in and out (f. i. o.) [friː ɪn ænd aʊt] sb freie Ein- und Ausladung (f.i.o.)

freelance ['friːlæns] v freiberuflich tätig sein; adv freiberuflich, freischaffend

freelancer ['friːlɒnsə] sb 1. Freiberufler(in) m/f; 2. (with a particular firm) freie(r) Mitarbeiter(in) m/f

free liquid reserves [friː 'lɪkwɪd rɪ'zɛːvz] sb freie Liquiditätsreserven f/pl

freely convertible ['friːli kən'vɛːtɪbəl] sb frei konvertierbar adj

freely convertible currency ['friːli kən'vɛːtɪbəl 'kʌrənsɪ] sb freie Währung f

freely fluctuating exchange rate ['friːli 'flʌktʃjuːeɪtɪŋ ɪks'tʃeɪndʒ reɪt] sb freier Wechselkurs m

free market economy [friː 'mɑːkɪt ɪ'kɒnəmɪ] sb freie Marktwirtschaft f

free movement of capital [friː 'muːvmənt əv 'kæpɪtl] sb freier Kapitalverkehr m

free of all average (f. a. a.) [friː əv ɔːl 'ævərɪdʒ] frei von jeder Beschädigung (f.a.a.)

free of charge (f. o. c.) [friː əv tʃɒdʒ] gratis, kostenfrei, kostenlos, unentgeltlich (f.o.c.)

free of damage (f. o. d.) [friː əv 'dæmɪdʒ] keine Beschädigung (f.o.d.)

free of defects ['friːəv 'diːfekts] mangelfrei

free on board (f. o. b.) [friː ɒn bɔːd] frei an Bord (f.o.b.)

free on board harbour (f. b. h.) [friː ɒn bɔːd 'hɒbə] frei an Bord im Hafen (f.b.h.)

free on board railroad station (f. o. r.) [friː ɒn bɔːd 'reɪlrəʊd 'steɪʃən] frei Bahnhof (f.o.r.)

free on rail [friː ɒn reɪl] ab Bahnhof

free on ship [friː ɒn ʃɪp] frei Schiff

free on steamer (f. o. s.) [friː ɒn 'stiːmə] frei Schiff (f.o.s.)

free on truck (f. o. t.) [friː ɒn trʌk] Waggon (f.o.t.)

free port [friː pɔːt] sb Freihafen m

free rider principle [friː 'raɪdə 'prɪnsɪpəl] sb Trittbrettverfahren n

free station [friː 'steɪʃən] sb frei Station

free trade [friː treɪd] sb Freihandel m

free trade area [friː treɪd 'ɛərɪə] sb Freihandelszone f

free trade zone [friː treɪd zəʊn] sb Freihandelszone f

free warehouse [friː 'wɛəhaʊs] sb frei Lager

freeze [friːz] v irr 1. (wages) stoppen, einfrieren; 2. (assets) festlegen

freight [freɪt] *sb (goods transported)* Fracht *f*, Frachtgut *n*, Ladung *f*
freight basis [freɪt 'beɪsɪs] *sb* Frachtbasis *f*
freight bill (w/b) [freɪt bɪl] *sb* Frachtbrief *m*, Frachtzettel (w/b) *m*
freight charges [freɪt 'tʃɑːdʒɪz] *sb* Frachtkosten *pl*, Frachtgebühren *pl*
freighter ['freɪtə] *sb* Frachter *m*, Frachtschiff *n*
freight forward (frt. fwd.) [freɪt 'fɔːwəd] *sb* Frachtnachnahme (frt. fwd) *f*
freight goods [freɪt gʊdz] *sb* Frachtgut *n*
freight paid [freɪt peɪd] Fracht bezahlt
freight per weight or measurement (w/m) [freɪt pə weɪt ɔː 'meʒəmənt] Fracht nach Gewicht oder Maß (w/m)
freight prepaid (frt. pp.) [freɪt priː'peɪd] Fracht vorausbezahlt (frt. pp.)
freight train ['freɪt treɪn] *sb* Güterzug *m*
frequency of contact ['friːkwɪnsɪ əv 'kɒntækt] *sb* Kontakthäufigkeit *f*
fringe benefits [frɪndʒ 'benəfɪts] *pl* zusätzliche Leistungen *f/pl*, freiwillige Sozialleistungen des Arbeitgebers *f/pl*
frozen ['frəʊzn] *adj (wages)* eingefroren
frustrate [frʌ'streɪt] *v (plans)* vereiteln, zunichte machen
frustration of contract [frʌ'steɪʃən əv 'kɒntrækt] *sb* Wegfall der Geschäftsgrundlage *m*
full cost [fʊl kɒst] *sb* Vollkosten *pl*
full employment [fʊl ɪm'plɔɪmənt] *sb* Vollbeschäftigung *f*
full power [fʊl 'paʊə] *adj* Vollmacht *f*
full power of attorney [fʊl 'paʊə əv ə'tɔːnɪ] *sb* Prokura *f*
Fullarton reflux principle ['fʊlɒtən 'riːflʌks 'prɪnsɪpəl] *sb* Fullartonsches Rückströmungsprinzip *n*
full-time ['fʊltaɪm] *adj* ganztägig, Ganztags...; *adv* ganztags
full-time job ['fʊltaɪm dʒɒb] *sb* Ganztagsstellung *f*, Full-time-Job *m*
function ['fʌŋkʃən] *v* 1. funktionieren; *sb* 2. Funktion *f*; 3. *(duties)* Aufgaben *f/pl*, Pflichten *f/pl*; 4. *(official ceremony)* Feier *f*
function key ['fʌŋkʃən kiː] *sb (of a computer)* Funktionstaste *f*
function of markets ['fʌŋkʃən əv 'mɑːkɪts] *sb* Funktionsweise von Märkten *f*
functional ['fʌŋkʃənl] *adj (in working order)* funktionsfähig
functional analysis ['fʌŋkʃənəl ə'nælɪsɪs] *sb* Aufgabenanalyse *f*

functional organization ['fʌŋkʃənəl ɔːgənaɪ'zeɪʃən] *sb* Funktionalorganisation *f*
functionary ['fʌŋkʃənərɪ] *sb* Funktionär *m*
functions of money ['fʌŋkʃənz əv 'mʌnɪ] *sb* Geldfunktionen *f/pl*
fund [fʌnd] *v* 1. *(put up money for)* das Kapital aufbringen für; *sb* 2. Fonds *m; pl* 3. ~s Mittel *n/pl*, Gelder *n/pl*
fund assets [fʌnd 'æsets] *sb* Fondsvermögen *n*
funded debts ['fʌndɪd dets] *sb* fundierte Schulden *f/pl*
funding at commencement of a business enterprise ['fʌndɪŋ æt kə'mensmənt əv ə 'bɪznɪs 'entəpraɪz] *sb* Gründungsfinanzierung *f*
funding loan ['fʌndɪŋ ləʊn] *sb* Fundierungsanleihe *f*
funding paper ['fʌndɪŋ 'peɪpə] *sb* Finanzierungspapier *n*
fund-linked life insurance ['fʌndliːŋkt laɪf ɪn'ʃʊərəns] *sb* Fondsgebundene Lebensversicherung *f*
funds statement [fʌndz 'steɪtmənt] *sb* Kapitalflussrechnung *f*
fungibility [fʌndʒɪ'bɪlɪtɪ] *sb* Fungibilität *f*
fungible securities ['fʌndʒɪbəl sɪ'kjuːrɪtiːz] *sb* vertretbare Wertpapiere *n/pl*
fungible security deposit ['fʌndʒɪbəl sɪ'kjuːrɪtɪ də'pɒzɪt] *sb* Aberdepot *n*
further processing ['fɜːðə 'prəʊsesɪŋ] *sb* Weiterverarbeitung *f*
furtherance granted to set up new business ['fɜːðərəns 'grɑːntɪd tə set ʌp njuː 'bɪznɪs] *sb* Existenzgründungsförderung *f*
fuse [fjuːz] *v (fig)* verschmelzen, vereinigen
fusion ['fjuːʒən] *sb* Fusion *f*, Verschmelzung *f*
futile ['fjuːtaɪl] *adj* nutzlos, vergeblich
future bonds ['fjuːtʃə bɔːndz] *sb* Zukunftswert *m*
future prospects ['fjuːtʃə prɒspekts] *pl* Zukunftschancen *pl*, Zukunftsaussichten *pl*
futures ['fjuːtʃəz] *pl* Termingeschäfte *pl*, Futures *pl*
futures business ['fjuːtʃəz 'bɪznɪs] *sb* Termingeschäft *n*
futures market ['fjuːtʃəz 'mɒkɪt] *sb* Terminbörse *f*, Terminkontraktmarkt *m*, Futures-Markt *m*
futures trading in stocks and bonds ['fjuːtʃəz 'treɪdɪŋ ɪn stɔːks ænd bɔːndz] *sb* Effektenterminhandel *m*
fuzzy logic ['fʌzɪ 'lɒdʒɪk] *sb* Fuzzy-Logik *f*

G

gain [geɪn] *v 1.* gewinnen, erwerben, sich verschaffen; *2. (profit)* profitieren; *sb 3. (increase)* Zunahme *f,* Zuwachs *m,* Gewinn *m,* Profit *m*

gainful ['geɪnfəl] *adj* Gewinn bringend, einträglich

gainfully ['geɪnfəlɪ] *adv ~ employed* erwerbstätig

gainfully employed person ['geɪnfəlɪ ɪm'plɔɪd 'pɜːsən] *sb* Erwerbstätige(r) *m/f*

gainings ['geɪnɪŋz] *pl* Gewinn *m,* Verdienst *m,* Einkünfte *n/pl*

gain of redemption [geɪn əv rɪ'dempʃən] *sb* Tilgungsgewinn *m*

gain on disposal [geɪn ɔn dɪs'pəʊzəl] *sb* Veräußerungsgewinn *m*

gains from trade [geɪnz frɔːm treɪd] *sb* Außenhandelsgewinn *m*

galloping inflation ['gæləpɪŋ ɪn'fleɪʃən] *sb* galoppierende Inflation *f*

gap analysis [gæp ə'nælɪsɪs] *sb* Gap-Analyse *f,* Lückenanalyse *f*

gap between interest rates [gæp bɪ'twiːn ɪntrəst reɪts] *sb* Zinsgefälle *n*

garnish ['gɑːnɪʃ] *v (impound)* pfänden

general agent ['dʒenərəl 'eɪdʒənt] *sb* Generalvertreter *m,* Handelsbevollmächtigter *m*

General Arrangements to Borrow ['dʒenərəl ə'reɪndʒmənts tu 'bɔrəʊ] *sb* Allgemeine Kreditvereinbarung *f*

general assembly ['dʒenərəl ə'semblɪ] *sb* Generalversammlung *f*

general bad-debt provision ['dʒenərəl bæd det prə'vɪʒən] *sb* Pauschalwertberichtigung *f*

general charge ['dʒenərəl tʃɒdʒ] *sb* Arbeitnehmer-Pauschbetrag *m*

general contractor ['dʒenərəl 'kɒntræktə] *sb* Generalunternehmer *m*

general credit agreements ['dʒenərəl 'kredɪt ə'griːmənts] *sb* allgemeine Kreditvereinbarungen *pl*

General Insurance Conditions ['dʒenərəl ɪn'ʃʊərəns kən'dɪʃənz] *sb* Allgemeine Versicherungsbedingungen *f/pl*

general mortgage ['dʒenərəl 'mɔːgɪdʒ] *sb* Gesamthypothek *f*

general partner ['dʒenərəl 'pɒtnə] *sb* Komplementär *m*

general partnership ['dʒenərəl 'pɑːtnəʃɪp] *sb* offene Handelsgesellschaft *f*

general power of attorney ['dʒenərəl 'paʊərəv ə'tɔːnɪ] *sb* Generalvollmacht *f*

general public ['dʒenərəl 'pʌblɪk] *sb* Öffentlichkeit *f,* Allgemeinheit *f*

general-purpose ['dʒenərəl 'pɜːpəs] *adj* Mehrzweck..., Universal...

General Standard Terms and Conditions ['dʒenərəl stændəd tɜːmz ænd kən'dɪʃənz] *sb* Allgemeine Geschäftsbedingungen (AGB) *f/pl*

general strike ['dʒenərəl straɪk] *sb* Generalstreik *m*

general tax on consumption ['dʒenərəl tæks ɔn kən'sʌmpʃən] *sb* Verbrauchsteuern *f/pl*

generic product [dʒə'nerɪk 'prɒdʌkt] *sb* No-Name-Produkt *n*

German Council of Economic Experts ['dʒɜːmən 'kaʊnsəl əv ɪkə'nɒmɪk 'ekspɔːts] *sb* Sachverständigenrat *m*

German Salaried Employee Union ['dʒɜːmən 'sæləriːd implɔɪ'iː 'juːnjən] *sb* Deutsche Angestellten-Gewerkschaft (DAG) *f*

German Trade Union Federation ['dʒɜːmən treɪd 'juːnjən fedə'reɪʃən] *sb* Deutsche Gewerkschaftsbund (DGB) *m*

gift tax [gɪft tæks] *sb* Schenkungssteuer *f*

gilt-edged [gɪlt'edʒd] *adj ~ securities* mündelsichere Wertpapiere *pl*

giro ['dʒaɪrəʊ] *sb (UK)* Giro *n*

giro account ['dʒaɪrəʊ ə'kaʊnt] *sb (UK)* Girokonto *n*

Giro inpayment form ['dʒaɪrəʊ 'ɪnpeɪmənt fɔːm] *sb* Zahlkarte *f*

giveaway ['gɪvəweɪ] *sb 1. (gift)* Geschenk *n; 2. (of prizes)* Preisraten *n*

global ['gləʊbəl] *adj* global, Welt..., Global...

global control ['gləʊbəl kən'trəʊl] *sb* Globalsteuerung *f*

global delcredere ['gləʊbəl delkre'dɜːrɪ] *sb* Pauschaldelkredere *n*

globalization [gləʊbəlaɪ'zeɪʃən] *sb* Globalisierung *f*

global share ['gləʊbəl ʃɛə] *sb* Sammelaktie *f*

global value adjustment ['gləʊbəl 'væljuː ə'dʒʌstmənt] *sb* Sammelwertberichtigung *f*

glut [glʌt] v überschwemmen; sb Schwemme f, Überangebot n

go about [gəʊ əˈbaʊt] v irr (set to work at) anpacken, in Angriff nehmen

goal [gəʊl] sb (objective) Ziel n

go down [gəʊˈdaʊn] v irr (decrease) zurückgehen, sinken, fallen

go into [gəʊˈɪntʊ] v irr (a profession) gehen in, einsteigen in

gold [gəʊld] sb Gold n

gold and foreign exchange balance [gəʊld ænd ˈfɔːrən ɪksˈtʃeɪndʒ ˈbæləns] sb Gold- und Devisenbilanz f

gold auction [gəʊld ˈɔːkʃən] sb Goldauktion f

gold bar [gəʊld ˈbɑː] sb Goldbarren m

gold card [ˈgəʊld kɑːd] sb goldene Kreditkarte f

gold certificate [gəʊld səˈtɪfɪkɪt] sb Goldzertifikat n

gold characteristics [gəʊld kærəktɜːˈrɪstɪks] sb Goldeigenschaften f/pl

gold coin [gəʊld kɔɪn] sb Goldmünze f

gold content [gəʊld ˈkɒntent] sb Goldgehalt m

gold convertibility [gəʊld kənˈvɜːtəbɪlɪtɪ] sb Goldkonvertibilität f

gold currency [gəʊld ˈkʌrənsɪ] sb Goldwährung f

golden parachute [ˈgəʊldn ˈpærəʃuːt] sb (fig) reichliche Abfindung eines leitenden Angestellten

golden rule of financing [ˈgəʊldən ruːl əv faɪˈnænsɪŋ] sb goldene Finanzierungsregel f

gold exchange standard [gəʊld ɪksˈtʃeɪndʒ ˈstændəːd] sb Gold-Devisen-Standard m

gold in bars [gəʊld ɪn bɑːz] sb Barrengold n

gold market [gəʊld ˈmɑːkɪt] sb Goldmarkt m

gold option [gəʊld ˈɒpʃən] sb Goldoption f

gold parity [gəʊld ˈpærɪtɪ] sb Goldparität f

gold point [gəʊld pɔɪnt] sb Goldpunkt m

gold pool [gəʊld puːl] sb Goldpool m

gold price [ˈgəʊldpraɪs] sb Goldpreis m

gold production [gəʊld prəˈdʌkʃən] sb Goldproduktion f

gold reserve [gəʊld rɪˈzɜːv] sb Goldreserven f/pl

gold reserves [gəʊld rəˈzɜːvz] pl Goldreserven pl

gold share [gəʊld ʃɛə] sb Goldaktie f

gold specie standard [gəʊld ˈspiːʃɪ ˈstændəd] sb Goldumlaufswährung f

gold standard [gəʊld ˈstændəd] sb Goldwährung f, Goldstandard m

gold swap [gəʊld swɔːp] sb Goldswap m

gold trade [gəʊld treɪd] sb Goldhandel m

gold transactions [gəʊld trænsˈækʃənz] sb Goldgeschäft n

good faith [gʊd feɪθ] sb guter Glauben, Treu und Glaube

goods [gʊdz] pl Güter pl, Waren pl

goods returned [gʊdz rɪˈtɜːnd] sb Rückwaren f/pl, Retouren f/pl

goods tariff [ˈgʊdztærɪf] sb Gütertarif m

goodwill [gʊdˈwɪl] sb Firmen- m, Geschäftswert m

go-slow [ˈgəʊsləʊ] sb (UK) Bummelstreik m

government [ˈgʌvəmənt] sb Regierung f

government audit [ˈgʌvənmənt ˈɔːdɪt] (taxes) Außenprüfung f

government expenditure rate [ˈgʌvəmənt ɪkˈspendɪtʃə reɪt] sb Staatsquote f

government grant [ˈgʌvəmənt grɑːnt] sb Staatszuschuss m, Regierungszuschuss m

government loan [ˈgʌvəmənt ləʊn] sb Staatsanleihen pl

government supervision of certain economic branches [ˈgʌvəmənt suːpəːˈvɪʒən əv ˈsɜːtən ɪkəˈnɒmɪk ˈbrɑːntʃɪz] sb Fachaufsicht f

government-inscribed debt [ˈgʌvəmənt ɪnˈskraɪbd det] sb Wertrechtanleihe f

governor [ˈgʌvənə] sb (UK: of a bank or prison) Direktor m

grace [greɪs] sb (until payment is due) Aufschub m, Zahlungsfrist f

grade [greɪd] sb 1. (quality) Qualität f, Handelsklasse f, Güteklasse f v 2. (classify) klassifizieren, sortieren

graduated [ˈgrædjueɪtɪd] adj gestaffelt

graduated price [ˈgrædjueɪtɪd praɪs] sb Staffelpreis m

graduated tariff [ˈgrædjueɪtɪd ˈtærɪf] sb Staffeltarif m

graduated-interest loan [ˈgrædjueɪtɪd ˈɪntrɪst lɔːn] sb Staffelanleihe f

grain exchange [greɪn ɪksˈtʃeɪndʒ] sb Getreidebörse f

gram [græm] sb (US) see „gramme"

gramme [græm] sb Gramm n

grant [grɑːnt] v 1. (permission) erteilen; 2. (a request) stattgeben; 3. (land, pension) zusprechen, bewilligen; sb 4. Subvention f

gratis [ˈgrætɪs] adj gratis, unentgeltlich, umsonst

gratuity [grəˈtjuːɪtɪ] sb Gratifikation f

green card ['gri:nkɑ:d] *sb 1. (US: for foreigners)* Arbeits- und Aufenthaltsgenehmigung *f;* 2. *(for motorists)* grüne Versicherungskarte *f*

grocery ['grəʊsərɪ] *sb 1. (~ store)* Lebensmittelgeschäft *n; pl 2. groceries* Lebensmittel *pl*

gross [grəʊs] *adj (total)* brutto, Brutto...

gross dividend [grəʊs 'dɪvɪdend] *sb* Brutto-Dividende *f*

gross domestic product [grəʊs dɔ'mestɪk 'prɒdʌkt] *sb* Bruttoinlandsprodukt *n*

gross earnings [grəʊs 'ɜ:nɪŋz] *sb* Bruttoverdienst *m*

gross income [grəʊs 'ɪnkʌm] *sb* Bruttoeinkommen *n*

gross monetary reserve [grəʊs 'mɒnətərɪ rɪ'zɜ:v] *sb* Bruttowährungsreserve *f*

gross national product [grəʊs 'næʃənl 'prɒdʌkt] *sb* Bruttosozialprodukt *n*

gross pay [grəʊs peɪ] *sb* Bruttolohn *m*

gross price [grəʊs praɪs] *sb* Bruttopreis *m*

gross proceeds [grəʊs 'prəʊsi:dz] *sb* Rohertrag *m*

gross profit [grəʊs 'prɒfɪt] *sb* Rohgewinn *m*, Bruttogewinn *m*

gross register(ed) ton [grəʊs 'redʒɪst-(əd)tʌn] *sb* Bruttoregistertonne *f*

gross return [grəʊs rɪ'tɜ:n] *sb* Bruttoertrag *m*

gross wage [grəʊs weɪdʒ] *sb* Bruttolohn *m*

gross weight [grəʊs weɪt] *sb* Bruttogewicht *n*

ground rent [graʊnd rent] *sb* Grundrente *f*

group [gru:p] *sb* Konzern *m*

group balance sheet [gru:p 'bæləns ʃi:t] *sb* Konzernbilanz *f*

group collection security [gru:p kə'lekʃən sɪ'kju:rɪtɪ] *sb* Sammelinkassoversicherung *f*

group depreciation [gru:p dəpri:si:'eɪʃən] *sb* Pauschalabschreibung *f*

group interim benefits [gru:p 'ɪntərɪm 'benɪfɪts] *sb* Konzernzwischengewinn *m*

group manufacturing [gru:p mænju:'fækʃərɪŋ] *sb* Fertigungsinsel *f*

group of Seventy-Seven [gru:p əv 'sevɪntɪ 'sevən] *sb* Gruppe der 77 *f*

group orders [gru:p 'ɔ:dəz] *sb* Konzernaufträge *m/pl*

group piecework [gru:p 'pi:swɜ:k] *sb* Gruppenakkord *m*

group relationships [gru:p rɪ'leɪʃənʃɪps] *sb* Unternehmensvernetzung *f*

group valuation [gru:p vælju:'eɪʃən] *sb* Pauschalbewertung *f*

grow [grəʊ] *v irr 1.* wachsen, größer werden; *2. (number)* zunehmen

growing ['grəʊɪŋ] *adj 1.* wachsend; 2. *(increasing)* zunehmend

growth [grəʊθ] *sb* Wachstum *n*, Zuwachs *m*

growth fund [grəʊθ fʌnd] *sb* Wachstumsfonds *m*

growth impulse [grəʊθ 'ɪmpʌls] *sb* Wachstumsimpuls *m*

growth industry [grəʊθ 'ɪndəstrɪ] *sb* Wachstumsindustrie *f*

growth policy [grəʊθ 'pɒlɪsɪ] *sb* Wachstumspolitik *f*

growth rate ['grəʊθreɪt] *sb* Wachstumsrate *f*

guarantee [gærən'ti:] *v 1.* garantieren, Gewähr leisten; 2. *(a loan, a debt)* bürgen für; *sb 3.* Garantie *f;* 4. *(pledge of obligation)* Bürgschaft *f;* 5. *(deposit, money as a ~)* Kaution *f,* Haftsumme *f*

guarantee business [gærən'ti: 'bɪznɪs] *sb* Garantiegeschäft *n*

guarantee for proper execution [gærən-'ti: fɔ: 'prɒpə eksɪ'kju:ʃən] *sb* Gewährleistungsgarantie *f*

guarantee limit [gærən'ti: 'lɪmɪt] *sb* Bürgschaftsplafond *m*

guarantee obligation [gærən'ti: ɒblɪ'geɪʃən] *sb* Garantieverpflichtung *f*

guarantee of a bill [gærən'ti: əvə bɪl] *sb* Aval *m*

guarantee of delivery [gærən'ti: əv də'lɪvərɪ] *sb* Liefergarantie *f*

guarantee of deposit [gærən'ti: əv də-'pɒzɪt] *sb* Einlagensicherung *f*

guarantee of foreign exchange transfer [gærən'ti: əv 'fɔ:rən ɪks'tʃeɪndʒ 'trænsfə] *sb* Transfergarantie *f*

guarantee securities [gærən'ti: sɪ'kju:rɪti:z] *sb* Kautionseffekten *f/pl*

guaranteed interest [gærən'ti:d 'ɪntrɪst] *sb* Zinsgarantie *f*

guarantor ['gærəntɔ:] *sb* Bürge *m*, Garant *m*, Garantiegeber *m*

guaranty ['gærəntɪ] *sb 1.* Garantie *f;* 2. *(pledge of obligation)* Bürgschaft *f*

guaranty fund ['gærəntɪ fʌnd] *sb* Garantiefonds *m/pl*

guide price [gaɪd praɪs] *sb* Orientierungspreis *m*

guideline ['gaɪdlaɪn] *sb (fig)* Richtlinie *f*

guild [gɪld] *sb* Gilde *f,* Zunft *f,* Innung *f*

guildsman ['gɪldzmən] *sb* Mitglied einer Innung *n*

H

hall [hɔːl] *sb (building)* Halle *f*

halt [hɔːlt] *v (come to a ~)* zum Stillstand kommen, anhalten, stehen bleiben

hand [hænd] *sb* 1. *cash in* ~ Kassenbestand *m;* 2. *(worker)* Arbeitskraft *f,* Arbeiter *m*

handfast ['hændfɑːst] *adj* durch Handschlag besiegeltes Geschäft *n*

handicraft ['hændɪkrɑːft] *sb* Kunsthandwerk *n,* Handwerk *n*

handle ['hændl] *v* 1. *(work with, deal with)* sich befassen mit, handhaben; 2. *(succeed in dealing with)* fertig werden mit, erledigen

handling ['hændlɪŋ] *sb* 1. Behandlung *f,* Handhabung *f,* Handling *n;* 2. Beförderung *f*

hand-made ['hænd'meɪd] *adj* handgearbeitet, von Hand gemacht

handwork ['hændwɜːk] *sb* Handarbeit *f*

handy ['hændɪ] *adj* 1. *(useful)* praktisch; 2. *come in* ~ gelegen kommen; *(skilled)* geschickt, gewandt

hang up [hæŋ'ʌp] *v irr (a telephone receiver)* auflegen, aufhängen

harbour ['hɑːbə] *sb* Hafen *m*

harbour dues ['hɑːbə djuːz] *sb* Hafengebühren *pl*

hard currency [hɑːd'kʌrənsɪ] *sb* harte Währung *f*

hard disk ['hɑːddɪsk] *sb* Festplatte *f*

hardware ['hɑːdweə] *sb* Hardware *f*

harmonization [hɑːmənaɪ'zeɪʃən] *sb* Harmonisierung *f*

haul [hɔːl] *v (transport by lorry)* befördern, transportieren

haulage ['hɔːlɪdʒ] *sb* Spedition *f,* Rollgeld *n*

have in stock [hæv ɪn stɒk] *v irr* auf Lager haben, vorrätig haben

having legal capacity [hævɪŋ 'liːgl kə'pæsɪtɪ] *adj* rechtsfähig

head [hed] *v* 1. *(lead)* anführen, führen, an der Spitze stehen von; *sb* 2. *(leader, boss)* Chef(in) *m/f,* Leiter(in) *m/f,* Führer(in) *m/f*

head of department ['hedəv de'pɑːtmənt] *sb* Abteilungsleiter(in) *m/f*

head office [hed'ɒfɪs] *sb* Zentrale *f,* Hauptbüro *n,* Hauptgeschäftsstelle *f*

headhunter ['hedhʌntə] *sb* Headhunter *m*

heading ['hedɪŋ] *sb (on a letter)* Briefkopf *m*

headquarters ['hedkwɔːtəz] *sb* Zentrale *f,* Hauptgeschäftsstelle *f*

health care ['helθkeə] *sb* Gesundheitsfürsorge *f;* ~ *reform* Gesundheitsreform *f*

health certificate ['helθsətɪfɪkət] *sb* Gesundheitszeugnis *n*

health insurance ['helθɪnʃʊərəns] *sb* Krankenversicherung *f*

health insurance society [helθ ɪn'ʃʊərəns sə'saɪətɪ] *sb* Ersatzkasse *f*

health protection [helθ prə'tekʃən] *sb* Gesundheitsschutz *m*

hearing ['hɪərɪŋ] *sb* Verhandlung *f,* Vernehmung *f,* Hearing *n*

heavy-duty [hevi'djuːtɪ] *adj* 1. Hochleistungs...; 2. strapazierfähig

heavyfreight [hevi'freɪt] *sb* Schwergut *n*

heavy-priced securities ['hevɪ praɪst sɪ'kjuːrɪtiːz] *sb* schwere Papiere *n/pl*

hectogram ['hektəgræm] *sb* Hektogramm *n*

hectolitre ['hektəliːtə] *sb* Hektoliter *m*

hedge operation [hedʒ ɒpə'reɪʃən] *sb* Hedgegeschäft *n*

height [haɪt] *sb* 1. Höhe *f;* 2. *(of a person)* Größe *f*

heir [eə] *sb* Erbe *m*

heirdom ['eədəm] *sb* Erbe *n*

heiress [eə'res] *sb* Erbin *f*

heritage ['herɪtɪdʒ] *sb* Erbe *n,* Erbschaft *f*

heterogeneous goods [hetərəʊ'dʒiːnɪəs gʊdz] *sb* heterogene Güter *n/pl*

hidden inflation ['hɪdən ɪn'fleɪʃən] *sb* versteckte Inflation *f*

hidden reserves ['hɪdn rɪ'zɜːvz] *sb* stille Reserve *f*

hidden unemployment ['hɪdən ʌnɪm'plɔɪmənt] *sb* versteckte Arbeitslosigkeit *f*

hierarchy ['haɪərɒkɪ] *sb* Hierarchie *f,* Rangordnung *f*

Hifo-procedure ['haɪfəʊ prə'siːdʒə] *sb* Hifo-Verfahren *n*

high [haɪ] *adj the* ~ *season* die Hochsaison *f; It's* ~ *time that...* Es wird höchste Zeit, dass ...; *adv aim* ~ *(fig)* sich hohe Ziele setzen

high-bay racking [haɪ beɪ 'rækɪŋ] *sb* Hochregallager *n*

Higher Administrative Court ['haɪə ædmɪnɪ'streɪtɪf kɔːt] *sb* Oberverwaltungsgericht (OVG) *n*

higher bid ['haɪə bɪd] *sb* Übergebot *n*

highest rate ['haɪɪst reɪt] *sb* Höchstkurs *m*

high interest rate policy [haɪ 'ɪntrɪst reɪt 'pɒlɪsɪ] *sb* Hochzinspolitik *f*

highly speculative securities ['haɪlɪ 'spekjʊlətɪv sɪ'kjuːrɪtiːz] *sb* Exoten *m/pl*

high point ['haɪpɔɪnt] *sb* Höhepunkt *m*

high voltage [haɪ 'vəʊltɪdʒ] *sb* Hochspannung *f*

hire [haɪə] *v 1. (give a job to)* anstellen, engagieren; 2. mieten; ~ out vermieten, verleihen

hired car ['haɪəd kɑː] *sb* Leihwagen *m*, Mietwagen *m*

hire-purchase ['haɪəpɜtʃɪs] *sb (UK)* Ratenkauf *m*, Teilzahlungskauf *m*

historical costing [hɪ'stɒrɪkəl 'kɒstɪŋ] *sb* Nachkalkulation *f*

historical securities [hɪs'tɒrɪkəl sɪ'kjuːrɪtiːz] *sb* historische Wertpapiere *n/pl*

hold [həʊld] *v irr 1. (shares)* besitzen; 2. *(contain)* fassen; 3. *(truck, plane)* Platz haben für; 4. *(a meeting)* abhalten; 5. *(an office, a post)* innehaben, bekleiden; *sb 6.* Laderaum *m*

holder ['həʊldə] *sb (person)* Besitzer(in) *m/f*, Inhaber(in) *m/f*

holding company ['həʊldɪŋ 'kʌmpənɪ] *sb* Dachgesellschaft *f*, Holdinggesellschaft *f*

holding fund ['həldɪŋ fʌnd] *sb* Dachfonds *m*

holdings ['həʊldɪŋz] *pl* Besitz *m*; *(financial)* Anteile *pl*

hold-up ['həʊldʌp] *sb (delay)* Verzögerung *f*

holiday ['hɒlɪdeɪ] *sb* Feiertag *m*; *(day off)* freier Tag *m*

holiday allowance ['hɒlɪdeɪ ə'laʊəns] *sb* Urlaubsgeld *n*

home banking [həʊm 'bæŋkɪŋ] *sb* Homebanking *n*

home demand [həʊm dɪ'mɑːnd] *sb* Inlandsnachfrage *f*

home market [həʊm 'mɑːkɪt] *sb* Binnenmarkt *m*

homepage ['həʊmpeɪdʒ] *sb* Homepage *f*

homework ['həʊmwɜːk] *sb* Heimarbeit *f*

homogeneous products [həʊməʊ'dʒiːnɪəs 'prɒdʌkts] *sb* homogene Güter *n/pl*

honorary ['ɒnərərɪ] *adj* Ehren...

honorary degree ['ɒnərərɪ dɪ'griː] *sb* ehrenhalber verliehener akademischer Grad *m*

honour ['ɒnə] *v 1. (a cheque)* annehmen, einlösen; 2. *(a credit card)* anerkennen; 3. *(a debt)* begleichen; 4. *(a commitment)* stehen zu; 5. *(a contract)* erfüllen

horizontal corporate concentration [hɒrɪ'zɒntəl 'kɔrpərɪt kɒnsen'treɪʃən] *sb* horizontale Unternehmenskonzentration *f*

horizontal diversification [hɒrɪ'zɒntəl daɪvɜːsɪfɪ'keɪʃən] *sb* horizontale Diversifikation *f*

horizontal financing rules [hɒrɪ'zɒntəl faɪ'nænsɪŋ ruːlz] *sb* horizontale Finanzierungsregeln *f*

horizontal restraints of competition [hɒrɪ'zɒntəl rɪ'streɪnts əv kɒmpɪ'tɪʃən] *sb* horizontale Wettbewerbsbeschränkung *f*

hospitality [hɒspɪ'tælɪtɪ] *sb* Gastfreundschaft *f*, Bewirtung *f*

hot money [hɒt 'mʌnɪ] *sb* heißes Geld *n*

hotline ['hɒtlaɪn] *sb* Hotline *f*

hourly wage ['aʊəlɪ weɪdʒ] *sb* Stundenlohn *m*

house bill [haʊs bɪl] *sb* Spediteur-Konnossement *n*

house cheque [haʊs tʃek] *sb* Filialscheck *m*

housebreaking insurance ['haʊsbreɪkɪŋ ɪn'ʃʊərəns] *sb* Einbruchversicherung *f*

household ['haʊshəʊld] *sb* Haushalt *m*

housekeeping account ['haʊskiːpɪŋ ə'kaʊnt] *sb* Wirtschaftsstatistik *f*

housing construction ['haʊzɪŋ kən'strʌkʃən] *sb* Wohnungsbau *m*

huckster ['hʌkstə] *sb 1. (person preparing advertising)* Werbemensch *m*; 2. *(peddler)* Straßenhändler *m*, Trödler *m*;

human assets ['hjuːmən 'æsets] *sb* Humanvermögen *n*

human capital ['hjuːmən 'kæpɪtəl] *sb* Humankapital *n*

human resources ['hjuːmən rə'sɔːsez] *sb* Humanvermögen *n*, Arbeitskraft *f*

hundredweight ['hʌndrɪdweɪt] *sb (UK: 50,8 kg) (US: 45,4 kg)* Zentner *m*

hybrid competitive strategies ['haɪbrɪd kɒm'petɪtɪv 'strætɪdʒiːz] *sb* hybride Wettbewerbsstrategien *f*

hybrid financing instruments ['haɪbrɪd faɪ'nænsɪŋ 'ɪnstrumənts] *sb* hybride Finanzierungs-instrumente *n/pl*

hybrid forms of organization ['haɪbrɪd fɔːmz əv ɔːgənaɪ'zeɪʃən] *sb* hybride Organisationsformen *f/pl*

hype [haɪp] *v 1. (promote, publicize)* aggressiv propagieren; *sb 2. (publicity)* Publizität *f*, aggressive Propaganda *f*

hyperinflation [haɪpərɪn'fleɪʃən] *sb* Hyperinflation *f*

hyperlink ['haɪpəlɪŋk] *sb* Hyperlink *n*

hypermarket ['haɪpəmɑːkɪt] *sb (UK)* Großmarkt *m*, Verbrauchermarkt *m*

I

idea [aɪ'dɪə] *sb* 1. Idee *f,* Einfall *m;* 2. *(concept)* Vorstellung *f,* Ansicht *f; give s.o. an ~ of* ... jdm eine ungefähre Vorstellung von ... geben

identification [aɪdentɪfɪ'keɪʃən] *sb (proof of identity)* Ausweis *m,* Legitimation *f*

idle ['aɪdl] *adj* 1. *(not working)* müßig, untätig; 2. *(machine)* stillstehend, außer Betrieb; 3. *(threat, words)* leer

illegal [ɪ'liːgəl] *adj* illegal, ungesetzlich, gesetzwidrig

illegible [ɪ'ledʒɪbl] *adj* unleserlich

illicit [ɪ'lɪsɪt] *adj* verboten, illegal

illicit trade [ɪ'lɪsɪt treɪd] *sb* Schwarzhandel *m*

illicit work [ɪ'lɪsɪt wɜːk] *sb* Schwarzarbeit *f*

illiquidity [ɪlɪ'kwɪdɪtɪ] *sb* Illiquidität *f*

imaginary profit [ɪ'mædʒɪnɛərɪ 'prɔfɪt] *sb* imaginärer Gewinn *m*

imitate ['ɪmɪteɪt] *v* nachahmen, imitieren, nachmachen

imitation [ɪmɪ'teɪʃən] *sb* 1. Imitation *f,* Nachahmung *f; adj* 2. unecht, künstlich

immediate delivery [ɪ'miːdɪət dɪ'lɪvərɪ] *sb* sofortige Lieferung *f*

immediately [ɪ'miːdɪətlɪ] *adv* umgehend, sofort

immediate payment [ɪ'miːdɪət 'peɪmənt] *sb* sofortige Zahlung *f*

immovable property [ɪ'muːvəbəl 'prɔpətɪ] *sb* Liegenschaft *f,* unbewegliches Vermögen *n*

immovables [ɪ'muːvəbəlz] *sb* Immobilien *f/pl*

immunity [ɪ'mjuːnɪtɪ] *sb* Immunität *f;* Straffreiheit *f*

impairment in value [ɪ'mpɛəmənt ɪn 'wæljuː] *sb* Wertminderung *f*

imperfect market [ɪm'pɜːfekt 'mɑːket] *sb* unvollkommener Markt *m*

impersonal security deposit [ɪm'pɜːsənəl sɪ'kjuːrɪtɪ də'pɔːzɪt] *sb* Sachdepot *n*

impersonal taxes [ɪm'pɜːsənəl 'taksɪz] *sb* Realsteuern *pl*

implement [ɪmplɪ'ment] *v* durchführen, ausführen

implementation [ɪmplɪmen'teɪʃən] *sb* 1. Ausführung *f,* Durchführung *f,* Handhabung *f;* 2. *(EDV)* Implementierung *f*

implicit basis of a contract [ɪm'plɪsɪt 'beɪsɪs əv ə 'kɔntrækt] *sb* Geschäftsgrundlage *f*

implicit costs [ɪm'plɪsɪt kɔsts] *sb* kalkulatorische Kosten *pl*

import [ɪm'pɔːt] *v* einführen, importieren; *sb* Einfuhr *f,* Import *m ; ~s pl (goods)* Einfuhrartikel *m,* Einfuhrwaren *pl*

import cartel ['ɪmpɔːt kɑː'tel] *sb* Importkartell *n*

import declaration ['ɪmpɔːt deklə'reɪʃən] *sb* Einfuhrerklärung *f,* Importerklärung *f*

import deposit ['ɪmpɔːt dɪ'pɔzɪt] *sb* Importdepot *n*

import documents ['ɪmpɔːt 'dɔkjʊmənts] *pl* Einfuhrpapiere *n/pl,* Importdokumente *n/pl*

import duty ['ɪmpɔːtdjuːtɪ] *sb* Einfuhrzoll *m,* Einfuhrabgabe *f*

import financing ['ɪmpɔːt faɪ'nænsɪŋ] *sb* Importfinanzierung *f*

import licence ['ɪmpɔːt 'laɪsəns] *sb* Einfuhrgenehmigung *f,* Importlizenz *f*

import of capital ['ɪmpɔːt əv 'kæpɪtəl] *sb* Kapitalimport *m*

import permit ['ɪmpɔːt 'pɜːmɪt] *sb* Einfuhrgenehmigung *f,* Importerlaubnis *f*

import quota ['ɪmpɔːt 'kwɔtə] *sb* Importquote *f,* Importkontingent *n*

import restriction ['ɪmpɔːt rɪ'strɪkʃən] *sb* Einfuhrbeschränkung *f,* Importbeschränkung *f*

import restrictions ['ɪmpɔːt rɪ'strɪkʃənz] *sb* Importrestriktionen *f/pl*

import tariff ['ɪmpɔːt 'tɛərɪf] *sb* Importzoll *m*

import trade ['ɪmpɔːt treɪd] *sb* Importhandel *m*

imported inflation ['ɪmpɔːtɪd ɪn'fleɪʃən] *sb* importierte Inflation *f*

importer [ɪm'pɔːtə] *sb* Importeur(in) *m/f*

impose [ɪm'pəʊz] *v* 1. *(a fine)* verhängen; 2. *(a tax)* erheben

imposition [ɪmpə'zɪʃən] *sb* Auferlegung *f,* Verhängung *f,* Erhebung *f*

impost ['ɪmpəʊst] *sb* 1. *(tax, duty)* Ausgleichsabgabe *f,* Steuer *f,* 2. Einfuhrzoll *m*

impound [ɪm'paʊnd] *v* beschlagnahmen, sicherstellen

imprest [ɪm'prest] *sb* Vorschuss *m,* Spesenvorschuss *m*

improper [ɪm'prɔpə] *adj* unsachgemäß, nicht sachgerecht

improve [ɪm'pruːv] *v 1. (sth)* verbessern; 2. *(refine)* verfeinern; 3. *(sth's appearance)* verschönern

improvement [ɪm'pruːvmənt] *sb* Verbesserung *f*, Besserung *f*, Verschönerung *f*

impulse purchase ['ɪmpʌls 'pɜːtʃɪs] *sb* Impulskauf *m*

in cash [ɪn'kæʃ] in bar

in duplicate [ɪn'djuːplɪkət] in zweifacher Ausfertigung

in lieu of payment [ɪn'ljuː əv 'peɪmənt] zahlungsstatt

in liquidation [ɪn lɪkwɪ'deɪʃən] in Liquidation

in prospect [ɪn 'prɔspekt] Ex-ante

in rem [ɪn'rem] dinglich

in retrospect [ɪn 'retrəuspekt] Expost

in stock [ɪn'stɔk] auf Lager, vorrätig

in total [ɪn 'təutəl] unter dem Strich

inactive security [ɪn'æktɪv sɪ'kjuːrɪti] *sb* totes Papier *n*

inaugurate [ɪ'nɔːgjureɪt] *v (an official)* ins Amt einsetzen; *(a building)* einweihen

incapacitated [ɪnkə'pæsɪteɪtɪd] *adj (unable to work)* erwerbsunfähig

incentive [ɪn'sentɪv] *sb* Ansporn *m*, Anreiz *m*

incentive system [ɪn'sentɪv 'sɪstəm] *sb* Anreizsystem *n*

inch [ɪntʃ] *sb (measurement)* Zoll *m*; ~ *by* ~ Zentimeter um Zentimeter

incidental [ɪnsɪ'dentl] *adj* ~ *expenses* Nebenkosten *pl*

incidental labour costs [ɪnsɪ'dentl 'leɪbə kɔsts] *sb* Lohnnebenkosten *pl*

include [ɪn'kluːd] *v* einschließen, enthalten, umfassen; *tax* ~*d* einschließlich Steuer, inklusive Steuer

included [ɪn'kluːdɪd] *adj* eingeschlossen, inbegriffen

included in the price [ɪn'kluːdɪd ɪn ðə praɪs] *adv* im Preis inbegriffen, im Preis enthalten

including [ɪn'kluːdɪŋ] *adv* einschließlich, inklusive

inclusion on the liabilities side [ɪn'kluːʒən ɔːn ðə laɪə'bɪlɪtiːz saɪd] *sb* Passivierung *f*

inclusive [ɪn'kluːsɪv] *adj* ~ *of* einschließlich, inklusive

income ['ɪnkʌm] *sb* Einkommen *n*, Einkünfte *pl*, Erfolgsrechnung *f*

income declaration ['ɪnkʌm deklə'reɪʃən] *sb* Einkommenserklärung *f*

income effect ['ɪnkʌm ɪ'fekt] *sb* Einkommenseffekt *m*

income from capital ['ɪnkʌm frɔm 'kæpɪtəl] *sb* Kapitalertrag *m*

income from gainful employment ['ɪnkʌm frɔm 'geɪnfəl ɪm'plɔɪmənt] *sb* Erwerbseinkommen *n*

income from interests ['ɪnkʌm frɔm 'ɪntrɪsts] *sb* Zinsertrag *m*

income fund ['ɪnkʌm fʌnd] *sb* Einkommensfond *m*

income generating effect ['ɪnkʌm 'dʒenəreɪtɪŋ ɪ'fekt] *sb* Einkommenseffekt *m*

income limit for the assessment of contributions ['ɪnkʌm 'lɪmɪt fɔː ðə ə'sesmənt əv kɔntrɪ'bjuːʃənz] *sb* Beitragsbemessungsgrenze *f*

income statement ['ɪnkʌm'steɪtmənt] *sb* Erfolgsbilanz *f*

income tax ['ɪnkʌm tæks] *sb* Einkommensteuer *f*; ~ *return* Einkommensteuererklärung *f*

income tax allowance ['ɪnkʌm tæks ə'lauənz] *sb* Einkommensteuerfreibetrag *m*

incoming ['ɪnkʌmɪŋ] *adj (post)* eingehend

incoming order ['ɪnkʌmɪŋ 'ɔːdə] *sb* Auftragseingang *m*

incompetence [ɪn'kɔmpɪtəns] *sb* Unfähigkeit *f*, Untauglichkeit *f*, Inkompetenz *f*, Unzuständigkeit *f*

incompetent [ɪn'kɔmpɪtənt] *adj* unfähig; *(for sth)* untauglich, inkompetent; *(legally)* nicht zuständig

incomplete [ɪnkəm'pliːt] *adj* unvollständig, unvollendet, unvollkommen

incorporate [ɪn'kɔːpəreɪt] *v 1.* gesellschaftlich organisieren; *2. (US)* als Aktiengesellschaft eintragen

incorporation [ɪnkɔːpə'reɪʃən] *sb* Gründung *f*, Eintragung einer Gesellschaft *f*

increase [ɪn'kriːs] *v 1.* zunehmen; *2. (amount, number)* anwachsen; *3. (sales, demand)* steigen; *4. (sth)* vergrößern; *5. (taxes, price, speed)* erhöhen; *6. (performance)* steigern; *sb 7.* Zunahme *f*, Erhöhung *f*, Steigerung *f*

increase in efficiency ['ɪnkriːs ɪn ɪf'ɪʃənsɪ] *sb* Leistungssteigerung *f*

increase in own capital ['ɪnkriːs ɪn əun 'kæpɪtəl] *sb* Eigenkapitalerhöhung *f*

increase in salary ['ɪnkriːs ɪn 'sælərɪ] *sb* Gehaltserhöhung *f*

increase in taxes ['ɪnkriːs ɪn 'taksɪz] *sb* Steuererhöhung *f*

increase in total assets and liabilities ['ɪnkriːs ɪn 'təʊtəl 'æsets ænd laɪə'bɪlɪtiːz] *sb* Bilanzverlängerung *f*

increase in wages ['ɪnkriːs ɪn 'weɪdʒɪz] *sb* Lohnerhöhung *f*

increase of capital ['ɪnkriːsəv 'kæpɪtl] *sb* Kapitalerhöhung *f*

increase of the share capital ['ɪnkriːs əv ðə ʃɛə 'kæpɪtl] *sb* Kapitalerhöhung *f*

increased valuation on previous balance-sheet figures ['ɪnkriːst 'væljuː ɔn 'priːvɪəs 'bælənsʃiːt 'fɪgəz] *(taxes)* Wertaufholung *f*

incriminate [ɪn'krɪmɪneɪt] *v* belasten

incrimination [ɪnkrɪmɪ'neɪʃən] *sb* Belastung *f*

indebtedness [ɪn'detɪdnɪs] *sb* Verschuldung *f*

indemnification [ɪndemnɪfɪ'keɪʃən] *sb* 1. Entschädigung *f;* 2. *(insurance)* Versicherung *f*

indemnify [ɪn'demnɪfaɪ] *v* 1. entschädigen; 2. *(insurance)* versichern

indemnity [ɪn'demnɪtɪ] *sb* Entschädigung *f; (insurance)* Versicherung *f*

independence [ɪndɪ'pendəns] *sb* Unabhängigkeit *f*, Selbstständigkeit *f*

independent [ɪndɪ'pendənt] *adj* unabhängig, selbstständig

index ['ɪndeks] *sb* 1. *(number showing ratio)* Index *m;* 2. *(card ~)* Kartei *f*

index card ['ɪndeks kɑːd] *sb* Karteikarte *f*

index clause ['ɪndeks klɔːz] *sb* Indexklausel *f*

index numbers ['ɪndeks 'nʌmbəz] *sb* Kennziffern *pl*

indexation [ɪndek'seɪʃən] *sb* Indexierung *f*

index-linked ['ɪndekslɪŋkd] *adj* sich nach der Inflationsrate richtend

index-linked currency ['ɪndeks liːŋkt 'kʌrənsɪ] *sb* Indexwährung *f*

index-linked loan ['ɪndeks liːŋkt lɔːn] *sb* Indexanleihe *f*

index-linked wage ['ɪndeks liːŋkt weɪdʒ] *sb* Indexlohn *m*

index-linking ['ɪndeks 'liːŋkɪŋ] *sb* Indexbindung *f*

indicator ['ɪdɪkeɪtə] *sb* Indikator *m*

indifferent goods [ɪn'dɪfərənt gʊdz] *sb* indifferente Güter *n/pl*

indirect center ['ɪndaɪrekt 'sentə] *sb* Nebenkostenstelle *f*

indirect method of depreciation ['ɪndaɪrekt 'meθəd əv dəpriːʃiː'eɪʃən] *sb* indirekte Abschreibung *f*

indirect selling ['ɪndaɪrekt 'selɪŋ] *sb* indirekter Absatz *m*

indirect taxes [ɪndɪ'rekt 'tæksɪz] *sb* indirekte Steuern *pl*

individual [ɪndɪ'vɪdjʊəl] *adj* einzeln, Einzel...

individual credit insurance [ɪndɪ'vɪdjʊəl 'kredɪt ɪn'ʃʊərəns] *sb* Einzelkreditversicherung *f*

individual deposit of securities [ɪndɪ'vɪdjʊəl də'pɔːzɪt əv sɪ'kjuːrɪtiːz] *sb* Streifbanddepot *n*

individual employment contract [ɪndɪ'vɪdjʊəl ɪm'plɔɪmənt 'kɔntrækt] *sb* Einzelarbeitsvertrag *m*

individual income [ɪndɪ'vɪdjʊəl 'ɪnkʌm] *sb* Individualeinkommen *n*

individual labor law [ɪndɪ'vɪdjʊəl 'leɪbə lɔː] *sb* Individualarbeitsrecht *n*

individually [ɪndɪ'vɪdjʊəlɪ] *adv (separately)* einzeln

individual power of procuration [ɪndɪ'vɪdjʊəl 'paʊə əv prɔkjuː'reɪʃən] *sb* Einzelprokura *f*

individual power of representation [ɪndɪ'vɪdjʊəl 'paʊə əv repriːzən'teɪʃən] *sb* Einzelvollmacht *f*

individual production *sb* [ɪndɪ'vɪdjʊəl prə'dʌkʃən] *sb* Einzelfertigung *f*

indorsement [ɪn'dɔːsmənt] *sb* Indossament *n*

induce [ɪn'djuːs] *v* 1. *(a reaction)* herbeiführen; 2. ~ s.o. to do sth *(persuade)* jdn veranlassen, etw zu tun/jdn dazu bewegen, etw zu tun/jdn dazu bringen, etw zu tun

inducement [ɪn'djuːsmənt] *sb (incentive)* Anreiz *m*, Ansporn *m*

industrial [ɪn'dʌstrɪəl] *adj* industriell, Industrie..., Betriebs..., Arbeits...

industrial accident [ɪn'dʌstrɪəl 'æksɪdənt] *sb* Arbeitsunfall *m*

industrial area [ɪn'dʌstrɪəl 'ɛərɪə] *sb* Industriegebiet *n*

industrial bank [ɪn'dʌstrɪəl bæŋk] *sb* Gewerbebank *f*

industrial bond [ɪn'dʌstrɪəl bɔnd] *sb* Industrieobligation *f*

Industrial Constitution Law [ɪn'dʌstrɪəl kɔnstɪ'tjuːʃən lɔː] *sb* Betriebsverfassungsgesetz (BetrVerfG, BetrVG) *n*

industrial credit [ɪn'dʌstrɪəl 'kredɪt] *sb* Industriekredit *m*

industrial credit bank [ɪn'dʌstrɪəl 'kredɪt bæŋk] *sb* Industriekreditbank *f*

industrial design [ɪn'dʌstrɪəl dɪ'zaɪn] *sb* Industriedesign *n*

industrial enterprise [ɪn'dʌstrɪəl 'entəpraɪz] *sb* Industriebetrieb *m*

industrial espionage [ɪn'dʌstrɪəl 'espɪənɒʒ] *sb* Industriespionage *f*

industrial estate [ɪn'dʌstrɪəl ɪ'steɪt] *sb (UK)* Industriegebiet *n*

industrial injury [ɪn'dʌstrɪəl 'ɪndʒərɪ] *sb* Arbeitsunfall *m*, Betriebsunfall *m*

industrialism [ɪn'dʌstrɪəlɪzm] *sb* Industrialismus *m*

industrialist [ɪn'dʌstrɪəlɪst] *sb* Industrielle(r) *m/f*

industrialization [ɪndʌstrɪəlaɪ'zeɪʃən] *sb* Industrialisierung *f*

industrial loan [ɪn'dʌstrɪəl ləʊn] *sb* Industrieanleihe *f*, Industriekredit *m*

industrial plant [ɪn'dʌstrɪəl plɑːnt] *sb* Industrieanlage *f*

industrial production ['ɪndʌstrɪəl prɒdʌktʃn] *sb* Industrieproduktion *f*, industrielle Herstellung *f*

industrial robot [ɪn'dʌstrɪəl 'rəʊbɒt] *sb* Industrieroboter *m*

industrial shares [ɪn'dʌstrɪəl ʃeəz] *sb* Industrieaktie *f*

industrial stock exchange [ɪn'dʌstrɪəl stɒːk ɪks'tʃeɪndʒ] *sb* Industriebörse *f*

industrial syndicate [ɪn'dʌstrɪəl 'sɪndɪkɪt] *sb* Industriekonsortium *n*

industrial undertaking [ɪn'dʌstrɪəl ʌndə'teɪkɪŋ] *sb* Industrieunternehmen *n*

industry ['ɪndəstrɪ] *sb* Industrie *f*, Branche *f*, Industriezweig *m*

industry ratio ['ɪndəstrɪ 'reɪʃɪəʊ] *sb* Branchenkennziffer *f*

industry standard ['ɪndəstrɪ 'stændəd] *sb* Industriestandard *m*

industry statistics ['ɪndəstrɪ stə'tɪstɪks] *sb* Branchenstatistik *f*

industry survey and appraisal ['ɪndəstrɪ 'səveɪ ænd ə'preɪzəl] *sb* Branchenbeobachtung *f*

industry-wide union ['ɪndəstrɪ waɪd 'juːnjən] *sb* Industriegewerkschaft (IG) *f*

inefficiency [ɪnɪ'fɪʃənsɪ] *sb* 1. *(of a method)* Unproduktivität *f*; 2. *(of a person)* Untüchtigkeit *f*; 3. *(of a machine, of a company)* Leistungsunfähigkeit *f*

inefficient [ɪnɪ'fɪʃənt] *adj (method)* unproduktiv; *(person)* untüchtig; *(machine, company)* leistungsunfähig

inexpensive [ɪnɪk'spensɪv] *adj* nicht teuer, billig

inexperienced [ɪnɪks'pɪərɪənst] *adj* unerfahren

inexpert [ɪn'ekspɜːt] *adj* unfachmännisch, laienhaft

inferior [ɪn'fɪərɪə] *adj* 1. niedriger, geringer, geringwertiger; 2. *to be ~ to s.o.* jdm unterlegen sein; *(low-quality)* minderwertig

inferior goods [ɪn'fɪərɪə gʊdz] *sb* geringwertige Güter *pl*

inflate [ɪn'fleɪt] *v (prices)* hochtreiben, in die Höhe treiben

inflation [ɪn'fleɪʃən] *sb* Inflation *f; rate of ~* Inflationsrate *f*

inflation import [ɪn'fleɪʃən 'ɪmpɔːt] *sb* Inflationsimport *m*

inflationary [ɪn'fleɪʃənərɪ] *adj* inflationär

influence ['ɪnfluəns] *sb* Einfluss *m*

influence of demand ['ɪnfluːəns əv də'mænd] *sb* Bedarfsbeeinflussung *f*

influential [ɪnflu'enʃəl] *adj* einflussreich

influx ['ɪnflʌks] *sb* Zufuhr *f*, Zufluss *m*

infomercial [ɪnfəʊ'mɜːʃəl] *sb* Werbesendung *f*

informal [ɪn'fɔːməl] *adj* zwanglos, ungezwungen, inoffiziell

informal groups [ɪn'fɔːməl gruːps] *sb* informelle Gruppen *f/pl*

informal organization [ɪn'fɔːməl ɔːganaɪ'zeɪʃən] *sb* informelle Organisation *f*

information [ɪnfə'meɪʃən] *sb* 1. Information *f*; 2. *(provided)* Auskunft *f*, Informationen *pl*

information and communications system [ɪnfɔː'meɪʃən ænd kəmjuːnɪ'keɪʃənz 'sɪstɪm] *sb* Informations- und Kommunikationssystem (IuK-System) *f*

information broker [ɪnfɔː'meɪʃən 'brəʊkə] *sb* Informationsbroker *m*

information bureau [ɪnfə'meɪʃən 'bjʊərəʊ] *sb* Auskunftei *f*, Informationsbüro *n*

information centre [ɪnfɔː'meɪʃən 'sentə] *sb* Evidenzzentrale *f*

information costs [ɪnfə'meɪʃən kɒsts] *sb* Informationskosten *pl*

information desk [ɪnfə'meɪʃən desk] *sb* Auskunft *f*, Information *f*, Informationsstand *m*

information file [ɪnfɔː'meɪʃən faɪl] *sb* Auskunftdatei *f*

information highway [ɪnfə'meɪʃən 'haɪweɪ] *sb* Datenautobahn *f*, Datenhighway *m*

information markets [ɪnfɔː'meɪʃən 'mɑːkɪts] *sb* Informationsmärkte *m/pl*

information resource management [ɪnfɔː'meɪʃən rɪ'sɜːz 'mænɪdʒmənt] *sb* Informationsmanagement *n*

information science [ɪnfə'meɪʃən 'saɪəns] *sb* Informatik *f*

information search [ɪnfɔ:'meɪʃən sɜ:tʃ] *sb* Informationsbeschaffung *f*

information services [ɪnfɔ:'meɪʃən 'sɜ:vɪsɪz] *sb* Informationsdienste *m/pl*

information technology [ɪnfə'meɪʃən tek'nɔlədʒɪ] *sb* Informationstechnologie *f*

information theory [ɪnfə'meɪʃən 'θɪərɪ] *sb* Informationstheorie *f*

information value [ɪnfɔ:'meɪʃən 'vælju:] *sb* Informationswert *m*

infrastructural credit [ɪnfrə'strʌkʃjərəl 'kredɪt] *sb* Infrastrukturkredit *m*

infrastructural measures ['ɪnfrəstrʌktʃərl 'meʒəz] *sb* Infrastrukturmaßnahmen *pl*

infrastructure ['ɪnfrəstrʌktʃə] *sb* Infrastruktur *f*

infrastructure policy [ɪnfrə'strʌkʃjərəl 'pɔlɪsɪ] *sb* Infrastrukturpolitik *f*

infringe [ɪn'frɪndʒ] *v 1.* ~ *upon* verstoßen gegen; *2. (law, copyright)* verletzen; ~ *upon s.o.'s rights* in jds Rechte eingreifen

infringement [ɪn'frɪndʒmənt] *sb* Verletzung *f*, Verstoß *m*

inherit [ɪn'herɪt] *v* erben

inheritable [ɪn'herɪtəbl] *adj* vererbbar, erblich

inheritance [ɪn'herɪtəns] *sb* Nachlass *m*, Erbschaft *f*

inheritance tax [ɪn'herɪtəns tæks] *sb* Erbschaftssteuer *f*

in-house training ['ɪnhaʊs 'treɪnɪŋ] *sb* betriebliche Ausbildung *f*

initial allowance set [ɪ'nɪʃəl ə'laʊəns] *sb* Erstausstattung *f*

initial contribution [ɪ'nɪʃəl kɔntrɪ'bju:ʃən] *sb* Stammeinlage *f*

initial period [ɪ'nɪʃəl 'pɪərɪəd] *sb* Anlaufperiode *f*, Anlaufzeit *f*

initialize [ɪ'nɪʃəlaɪz] *v (a computer)* initialisieren

initiative right [ɪ'nɪʃətɪv raɪt] *sb* Initiativrecht *n*

injection of credit [ɪn'jekʃən əv 'kredɪt] *sb* Kreditspritze *f*

injunction *f* [ɪn'dʒʌŋkʃən] *sb* gerichtliche Verfügung *f*

ink pad ['ɪŋkpæd] *sb* Stempelkissen *n*, Farbkissen *n*

inland ['ɪnlənd] *adj* Inland... *adv* landeinwärts

Inland Revenue ['ɪnlənd 'revənju:] *(UK)* Finanzamt *n*

inland revenue office ['ɪnlænd 'revənu: 'ɔfɪs] *sb* Finanzamt *n*

inner notice to terminate ['ɪnə 'nəʊtɪs tu 'tɜ:mɪneɪt] *sb* innere Kündigung *f*

innovate ['ɪnəveɪt] *v* Neuerungen vornehmen

innovation [ɪnə'veɪʃən] *sb* Neuerung *f*, Innovation *f*

innovation management [ɪnəʊ'veɪʃən 'mænɪdʒmənt] *sb* Innovationsmanagement *n*

innovative ['ɪnəvətɪv] *adj* auf Neuerungen aus, innovatorisch, innovativ

innovator ['ɪnəveɪtə] *sb* Neuerer *m*

inoperative [ɪn'ɔpərətɪv] *adj (not working)* außer Betrieb, nicht einsatzfähig

inoperative account [ɪn'ɔpərətɪv ə'kaʊnt] *sb* totes Konto *n*

input ['ɪnpʊt] *v 1.* eingeben; *sb 2.* Input *m*

input factor ['ɪnpʊt 'fæktə] *sb* Einsatzfaktor *m*

input tax ['ɪnpʊt tæks] *sb* Vorsteuer *f*

input-output analysis ['ɪnpʊt 'aʊtpʊt ə'nælɪsɪs] *sb* Input-Output-Analyse *f*

inquest ['ɪnkwest] *sb* gerichtliche Untersuchung *f*

inquiry [ɪn'kwaɪrɪ] *sb* Anfrage *f*

insert [ɪn'sɜ:t] *v 1. (an advertisement)* setzen; ['ɪnsɜ:t] *sb 2. (in a magazine or newspaper)* Beilage *f*

inserted [ɪn'sɜ:tɪd] *adj* beigefügt, beigelegt, hineingesteckt

insertion of an advertisement [ɪn'sɜ:ʃən ɔvən əd'vɜ:tɪsmənt] *sb* Anzeigenschaltung *f*

in-service training ['ɪnsɜ:vɪs 'treɪnɪŋ] *sb* innerbetriebliche Weiterbildung *f*

inside money ['ɪnsaɪd 'mʌnɪ] *sb* Innengeld *n*

insider information ['ɪnsaɪdə ɪnfɔ:'meɪʃən] *sb* Insiderinformation *f*

insider security ['ɪnsaɪdə sɪ'kju:rɪtɪ] *sb* Insiderpapier *n*

insider trading ['ɪnsaɪdə 'treɪdɪŋ] *sb* Insiderhandel *m*

insolvency [ɪn'sɔlvənsɪ] *sb* Zahlungsunfähigkeit *f*, Insolvenz *f*

insolvent [ɪn'sɔlvənt] *adj* zahlungsunfähig

insourcing ['ɪnsɔ:sɪŋ] *sb* Insourcing *n*

inspect [ɪn'spekt] *v* kontrollieren, prüfen

inspection [ɪn'spekʃən] *sb* Kontrolle *f*, Prüfung *f*, Einsichtnahme *f*

inspection of records [ɪn'spekʃən əv 'rekɔ:z] *sb* Akteneinsicht *f*

installation [ɪnstə'leɪʃən] *sb* Installation *f*, Montage *f*, Aufbau *m*, Aufstellung *f*

installment *(US see „instalment")*
instalment [ɪn'stɑːːlmənt] *sb (payment)*
Rate *f*
instalment contract [ɪn'stɑːlmənt 'kən-
trækt] *sb* Abzahlungskauf *m*
instalment credit [ɪn'stɑːlmənt 'kredɪt] *sb*
Teilzahlungskredit *m*
instalment loans [ɪn'stɑːlmənt lɔːnz] *sb*
Ratenanleihen *f/pl*
instalment mortgage [ɪn'stɑːlmənt 'mɔː-
gɪdʒ] *sb* Abzahlungshypothek *f,* Amortisationshypothek *f*
instalment plan [ɪn'stɑːːlmənt plæn] *sb
(US)* Ratenzahlung *f*
instalment sale transaction [ɪn'stɑːlmənt
seɪl træns'ækʃən] *sb* Abzahlungsgeschäft *n*
instalment sales credit [ɪn'stɑːlmənt
seɪlz 'kredɪt] *sb* Ratenkredit *m*
installment sales financing institution
[ɪn'stɑːlmənt seɪlz fɑɪ'nænsɪŋ ɪnstɪ'tjuːʃən]
sb Teilzahlungsbank *f*
instance ['ɪnstəns] *(legal system)*
Instanz *f*
institutional investor [ɪnstɪ'tjuːʃənəl ɪn-
'vestə] *sb* institutionelle Anleger *m*
institutional investors [ɪnstɪ'tjuːʃənəl ɪn-
'vestəz] *sb* Kapitalsammelstelle *f*
institutional trustee [ɪnstɪ'tjuːʃənəl trʌs-
'tiː] *sb* Treuhandanstalt *f*
instruct [ɪn'strʌkt] *v* 1. unterrichten; 2. *(tell,
direct)* anweisen; 3. *(a jury)* instruieren
instruction [ɪn'strʌkʃən] *sb* 1. *(order)* Anweisung *f,* Instruktion *f;* ~s *pl* 2. *(for use)* Gebrauchsanweisung *f*
instrument made out to order ['ɪn-
strʊmənt meɪd aʊt tu 'ɔːdə] *sb* Orderpapier *n*
instruments conferring title ['ɪnstrʊmənts kən'fɜːrɪŋ 'taɪtəl] *sb* Forderungs-
papiere *n/pl*
instruments of balance sheet policy
['ɪnstrʊmənts əv 'bæləns ʃiːt 'pɒlɪsɪ] *sb* bilanzpolitische Instrumente *n/pl*
instruments to order by law ['ɪnstrʊmənts tu 'ɔːdə baɪ lɔː] *sb* geborene Orderpapiere *n/pl*
instruments to order by option ['ɪnstrʊmənts tu 'ɔːdə baɪ 'ɒpʃən] *sb* gewillkürte Orderpapiere *n/pl*
insubordination [ɪnsʌbɔːdɪ'neɪʃən] *sb* Un-
gehorsamkeit *f,* Insubordination *f*
insurance [ɪn'ʃʊərəns] *sb* Versicherung *f*
insurance agent [ɪn'ʃʊərəns 'eɪdʒənt] *sb*
Versicherungsvertreter *m*

insurance company [ɪn'ʃʊərəns 'kʌm-
pənɪ] *sb* Versicherungsgesellschaft *f*
insurance company share [ɪn'ʃʊərəns
'kʌmpənɪ ʃeə] *sb* Versicherungsaktie *f*
insurance contract [ɪn'ʃʊərəns 'kɒntrækt]
sb Versicherungsvertrag *m*
insurance coverage [ɪn'ʃʊərəns 'kʌvə-
rɪdʒ] *sb* Versicherungsschutz *m*
insurance industry principle [ɪn'ʃʊərəns
'ɪndəstrɪ 'prɪnsɪpəl] *sb* Assekuranzprinzip *n*
insurance of persons [ɪn'ʃʊərəns əv
'pɜːsənz] *sb* Personenversicherung *f*
insurance policy [ɪn'ʃʊərəns 'pɒlɪsɪ] *sb*
Versicherungspolice *f,* Versicherungssachen *m*
insurance premium [ɪn'ʃʊərəns 'priː-
mɪəm] *sb* Versicherungsprämie *f*
insurance system [ɪn'ʃʊərəns] *sb* Assekuranz *f*
insure [ɪn'ʃʊə] *v* versichern
insured [ɪn'ʃʊəd] *adj* versichert
insured letter [ɪn'ʃʊəd 'letə] *sb* Wertbrief *m*
insured person [ɪn'ʃʊəd 'pɜːsən] *sb* Versi-
cherungsnehmer(in) *m/f,* Versicherte(r) *m/f*
insured sum [ɪn'ʃʊəd sʌm] *sb* Versicherungssumme *f*
insurer [ɪn'ʃʊərə] *sb* Versicherer *m,* Versicherungsgesellschaft *f*
intangible assets [ɪn'tændʒɪbəl 'æsets] *sb*
immaterielle Werte *m/pl*
intangible stocks and bonds [ɪn'tændʒɪbəl stɒks ænd bɔːndz] *sb* intangible Effekte *f/pl*
integral part ['ɪntɪgrəl pɑːt] *sb* wesentlicher Bestandteil *m*
integration [ɪntɪ'greɪʃən] *sb* Integration *f,*
Eingliederung *f*
interact [ɪntər'ækt] *v* aufeinander wirken,
interagieren
interaction [ɪntər'ækʃən] *sb* Wechselwir-
kung *f,* Interaktion *f*
interactive [ɪntər'æktɪv] *adj* interaktiv
interbank rate ['ɪntəbæŋk reɪt] *sb* Interbankrate *f,* Interbankensatz *m*
intercom ['ɪntəkɒm] *sb* Gegensprechanlage
f; (in a building) Lautsprecheranlage *f*
inter-company agreements [ɪntə'kʌm-
pənɪ] *sb* Unternehmensverträge *m/pl*
intercontinental [ɪntəkɒntɪ'nentl] *adj* in-
terkontinental
interdependence [ɪntədɪ'pendəns] *sb* Interdependenz *f*
interest ['ɪntrest] *sb* 1. Zinsen *pl;* 2. *(share,
stake)* Anteil *m,* Beteiligung *f;* 3. *taxation of* ~
Zinsbesteuerung *f*

interest account ['ɪntrest ə'kaʊnt] *sb* Zinsmarge *f*

interested party ['ɪntrestɪd 'pɒtɪ] *sb* Interessent *m*

interest elasticity ['ɪntrest ɪlæs'tɪsɪtɪ] *sb* Zinselastizität *f*

interest-free [ɪntrest'friː] *adj* zinslos

interest group ['ɪntrest gruːp] *sb* Interessenverband *m*

interest margin ['ɪntrest 'mɑːdʒɪn] *sb* Zinsmarge *f*, Zinsspanne *f*

interest on borrowed capital ['ɪntrest ɒn 'bɒrəʊd 'kæpɪtəl] *sb* Fremdkapitalzins *m*

interest on capital ['ɪntrest ɒn 'kæpɪtl] *sb* Kapitalzins *m*

interest on debts ['ɪntrest ɒn dets] *sb* Schuldzins *m*

interest on long-term debts ['ɪntrest ɒn lɒŋ tɜːm dets] *sb* Dauerschuldzinsen *m/pl*

interest on money ['ɪntrest ɒn 'mʌnɪ] *sb* Geldzins *m*

interest parity ['ɪntrest 'perɪtɪ] *sb* Zinsparität *f*

interest payable ['ɪntrest 'peɪjəbəl] *sb* Passivzins *m*

interest payment date ['ɪntrest 'peɪmənt deɪt] *sb* Zinstermin *m*

interest rate ['ɪntrest reɪt] *sb* Zinssatz *m*

interest rate arbitrage ['ɪntrest reɪt 'ɒbɪtrɪdʒ] *sb* Zinsarbitrage *f*

interest rate control ['ɪntrest reɪt kən'trəʊl] *sb* Zinsbindung *f*

interest rate customary in the market ['ɪntrest reɪt 'kʌstəmərɪ ɪn ðə 'mɑːket] *sb* marktüblicher Zins *m/pl*

interest rate for accounting purposes ['ɪntrest reɪt fɔː ə'kaʊntɪŋ 'pɜːrpəsɪs] *sb* Rechnungszins *m*

interest rate future ['ɪntrest reɪt 'fjuːtʃə] *sb* Interest Rate Future *n*

interest rate level ['ɪntrest reɪt 'levl] *sb* Zinsniveau *n*

interest rate on a loan ['ɪntrest reɪt ɒn ə lɔːn] *sb* Leihzins *m*

interest rate policy ['ɪntrest reɪt 'pɒlɪsɪ] *sb* Zinspolitik *f*

interest rate structure ['ɪntrest reɪt 'strʌkʃə] *sb* Zinsstruktur *f*

interest rate swap ['ɪntrest reɪt swɒp] *sb* Zinsswap *m*

interest rate table ['ɪntrest reɪt 'teɪbəl] *sb* Zinsstaffel *f*

interest receivable ['ɪntrest rɪ'siːvəbəl] *sb* Aktivzins *m*

interest service ['ɪntrest 'sɜːvɪs] *sb* Zinsendienst *m*

interest surplus ['ɪntrest 'sɜːplʌs] *sb* Zinsüberschuss *m*

interest tender ['ɪntrest 'tendə] *sb* Zinstender *m*

interface ['ɪntəfeɪs] *sb* Interface *n*, Schnittstelle *f*

inter-generation compact [ɪntɜːdʒenə'reɪʃən 'kɒmpækt] *sb* Generationenvertrag *m*

interim ['ɪntərɪm] *adj* 1. vorläufig, Übergangs..., Interims... *sb* 2. Zwischenzeit *f*

interim account ['ɪntərɪm ə'kaʊnt] *sb* Zwischenkonto *n*

interim balance sheet ['ɪntərɪm 'bæləns-'ʃiːt] *sb* Zwischenbilanz *f*

interim budget ['ɪntərəm 'bʌdʒɪt] *sb* Nachtragshaushalt *m*

interim financing ['ɪntərəm faɪ'nænsɪŋ] *sb* Zwischenfinanzierung, Überbrückungsfinanzierung *f*

interim interest ['ɪntərəm 'ɪntrest] *sb* Zwischenzinsen *m/pl*

interim loan ['ɪntərəm lɔːn] *sb* Zwischenkredit *m*

interim retirement pension ['ɪntərəm rɪ'taɪəmənt 'penʃən] *sb* Überbrückungsrente *f*

interim shareholder ['ɪntərəm 'ʃeəhəʊldə] *sb* Zwischenaktionär *m*

interim solution ['ɪntərɪm sə'luːʃən] *sb* Interimslösung *f*, Übergangslösung *f*

interior [ɪn'tɪərɪə] *adj (domestic)* Binnen..., Innen...

interlocking ['ɪntələkɪŋ] *sb* Verschachtelung *f*

interlocking directorate ['ɪntələkɪŋ daɪ'rektərɪt] *sb* Überkreuzverflechtung *f*

intermediary [ɪntə'miːdɪərɪ] *sb* 1. Vermittler *m*, Mittelsmann *m*; 2. *act as* ~ vermitteln

intermediate broker [ɪntə'miːdjət 'brəʊkə] *sb* Untermakler *m*

intermediate company [ɪntə'miːdjət 'kʌmpənɪ] *sb* Zwischengesellschaft *f*

Intermediate Court of Appeals [ɪntə'miːdjət kɔːt əv ə'piːlz] *sb* Oberlandesgericht (OLG) *n*

intermediate inventory [ɪntə'miːdjət 'ɪnventərɪ] *sb* Zwischenlager *n*

intermediate products [ɪntə'miːdjət 'prɒdʌkts] *sb* Vorprodukte *n/pl*

intermediate share certificate [ɪntə'miːdjət ʃeə sɜː'tɪfɪkɪt] *sb* Anrechtscheine *m*

intermediation [ɪntəmiːdiː'eɪʃən] *sb* Mitwirkung *f*

internal [ɪnˈtənl] *adj 1. (within an organization)* intern; *2. (within a country)* Innen..., Binnen...

internal accounting [ɪnˈtənəl əˈkaʊntɪŋ] *sb* internes Rechnungswesen *n*

internal audit [ɪnˈtənəl ˈɔːdɪt] *sb* interne Revision *f*

internal financing [ɪnˈtənəl faɪˈnænsɪŋ] *sb* Innenfinanzierung *f*

internal interest rate [ɪnˈtənəl ˈɪntrest reɪt] *sb* interner Zinsfuß *m*

internalization of external effects [ɪntənəlaɪˈzeɪʃən əv ˈekstəːnəl əˈfekts] *sb* Internalisierung externer Effekte *f*

Internal Market of the European Community [ɪnˈtənl ˈmɑːkɪt əv ðə ˈjʊərəʊpɪən kəˈmjuːnɪtɪ] *sb* Europäischer Binnenmarkt *m*

internal partnership [ɪnˈtənəl ˈpɑːtnəʃɪp] *sb* Innengesellschaft *f*

internal services [ɪnˈtənəl ˈsɜːvɪsɪz] *sb* innerbetriebliche Leistungen *f/pl*

internal supervision system [ɪnˈtənəl səʊpəˈvɪʒən ˈsɪstəm] *sb* internes Überwachungssystem *n*

internal syndicate [ɪnˈtənəl ˈsɪndɪkɪt] *sb* Innenkonsortium *n*

international [ɪntəˈnæʃənl] *adj* international

international capital transactions [ɪntəˈnæʃənəl ˈkæpɪtəl trænsˈækʃənz] *sb* internationaler Kapitalverkehr *m*

international cash position [ɪntəˈnæʃənəl kæʃ pəˈzɪʃən] *sb* internationale Liquidität *f*

International Commodity Agreements [ɪntəˈnæʃnl kəˈmɒdɪtɪ əˈgriːmənts] *sb* Rohstoffabkommen *n*

international commodity exchange [ɪntəˈnæʃənəl kəˈmɒdɪtɪ ɪksˈtʃeɪndʒ] *sb* Internationale Warenbörsen *f/pl*

international consignment note [ɪntəˈnæʃənəl kənˈsaɪnmənt nəʊt] *sb* internationaler Frachtbrief *m*

international credit markets [ɪntəˈnæʃənəl ˈkredɪt ˈmɑːkɪts] *sb* internationale Kreditmärkte *m/pl*

international economic order [ɪntəˈnæʃnl ekəˈnɒmɪk ˈɔːdə] *sb* Weltwirtschaftsordnung *f*

international economic policy [ɪntəˈnæʃənl ɪkəˈnɒmɪk ˈpɒlɪsɪ] *sb* Außenwirtschaftspolitik *f*

international economic system [ɪntəˈnæʃənl ɪkəˈnɒmɪk ˈsɪstəm] *sb* Weltwirtschaftsordnung *f*

International Federation of Stock Exchanges [ɪntəˈnæʃənl fedəˈreɪʃən əv stɒːk ɪksˈtʃeɪndʒɪz] *sb* Internationale Vereinigung der Wertpapierbörsen *f/pl*

international foreign exchange markets [ɪntəˈnæʃənəl ˈfɔːrən ɪksˈtʃeɪndʒ ˈmɑːkɪts] *sb* Internationale Devisenbörsen *f/pl*

internationalization strategy [ɪntəˈnæʃənəlaɪˈzeɪʃən ˈstrætɪdʒɪ] *sb* Internationalisierungsstrategie *f*

international law [ˈɪntənæʃnəl lɔː] *sb* Völkerrecht *n*

international monetary system [ɪntəˈnæʃnəl ˈmʌnɪtərɪ ˈsɪstəm] *sb* Weltwährungssystem *n*, internationales Währungssystem *n*

international payments [ɪntəˈnæʃənəl ˈpeɪmənts] *sb* internationaler Zahlungsverkehr *m*

international price system [ɪntəˈnæʃənəl praɪs ˈsɪstəm] *sb* internationaler Preiszusammenhang *m*

international product liability [ɪntəˈnæʃənəl ˈprɒdʌkt laɪəˈbɪlɪtɪ] *sb* internationale Produkthaftung *f*

Internet [ˈɪntənet] *sb* Internet *n*

Internet economy [ˈɪntənet ɪˈkɒnəmɪ] *sb* Internet-Ökonomie *f*

internship [ɪnˈtənʃɪp] *sb* Praktikum *n*, Volontariat *n*

interpolation [ɪntəpəˈleɪʃən] *sb* Interpolation *f*

interprete [ɪnˈtəːprɪt] *v* dolmetschen, übersetzen

interpreter [ɪnˈtəprɪtə] *sb* Dolmetscher(in) *m/f*, Übersetzer(in) *m/f*

intertemporal trade [ɪntəˈtempərəl treɪd] *sb* intertemporaler Handel *m*

intervene [ɪntəˈviːn] *v* intervenieren, eingreifen

intervention [ɪntəˈvenʃən] *sb* Intervention *f*, Eingreifen *n*

intervention buying [ɪntəˈvenʃən ˈbaɪɪŋ] *sb* Interventionskäufe *pl*

intervention point [ɪntəˈvenʃən pɔɪnt] *sb* Interventionspunkte *m/pl*

interview [ˈɪntəvjuː] *sb 1. (formal talk)* Gespräch *n; 2. (job ~)* Vorstellungsgespräch *n*

interviewer [ˈɪntəvjuːə] *sb (for a job)* Leiter eines Vorstellungsgesprächs *m*

intra-Community deliveries [ɪntrəkəˈmjuːnɪtɪ dəˈlɪvərɪːz] *sb* innergemeinschaftliche Lieferungen *f/pl*

intra-Community trade [ɪntrəkəˈmjuːnɪtɪ treɪd] *sb* innergemeinschaftlicher Verkehr *m*

Intranet ['ɪntrənet] *sb* Intranet *n*

intra-trade statistics ['ɪntrətreɪd stə'tɪstɪks] *sb* Intrahandelsstatistik *f*

intrinsic motivation [ɪn'trɪnzɪk məʊtɪ'veɪʃən] *sb* intrinsische Motivation *f*

intrinsic value [ɪn'trɪnzɪk 'væljuː] *sb* innerer Wert *m*, Substanzwert *m*

introduce [ɪntrə'djuːs] *v (s.o.)* vorstellen; *(to a subject)* einführen; ~ *o.s.* sich vorstellen; *(reforms, a method, a fashion)* einführen

introduction [ɪntrə'dʌkʃən] *sb* 1. *(to a person)* Vorstellung *f*; 2. *letter of* ~ Empfehlungsschreiben *n*, Empfehlungsbrief *m*; 3. *(of a method)* Einführung *f*

introduction stage [ɪntrə'dʌkʃən steɪdʒ] *sb* Einführungsphase *f*

introductory discount [ɪntrə'dʌktərɪ 'dɪskaʊnt] *sb* Einführungsrabatt *m*

introductory price [ɪntrə'dʌktərɪ praɪs] *sb* Einführungskurs *m*

inure [ɪn'juːə] *v* in Kraft treten

invent [ɪn'vent] *v* erfinden

invention [ɪn'venʃən] *sb* Erfindung *f*

inventor [ɪn'ventə] *sb* Erfinder(in) *m/f*

inventory [ɪn'ventərɪ] *sb* Inventar *n*, Bestandsaufnahme *f*; *take an* ~ *of sth* Inventar von etw aufnehmen

inventory accounting ['ɪnvəntərɪ ə'kaʊntɪŋ] *sb* Lagerbuchführung *f*, Materialbuchhaltung *f*

inventory balance sheet ['ɪnvəntərɪ 'bæləns ʃiːt] *sb* Inventurbilanz *f*

inventory change ['ɪnvəntərɪ tʃeɪndʒ] *sb* Bestandsveränderung *f*

inventory-sales ratio ['ɪnvəntərɪ seɪlz 'reɪʃɪəʊ] *sb* Umschlagshäufigkeit eines Lagers *f*

inventory valuation at average prices ['ɪnvəntərɪ væljuːˈeɪʃən æt 'ævərɪdʒ 'praɪsɪz] *sb* Durchschnittsbewertung *f*

inventory value ['ɪnvəntərɪ 'væljuː] *sb* Inventarwert *m*

inverse interest rate structure ['ɪnvɜːs 'ɪntrɪst reɪt 'strʌkʃə] *sb* inverse Zinsstruktur *f*

inverse method of cost estimating ['ɪnvɜːs 'meθəd əv kɒst 'estɪmeɪtɪŋ] *sb* retrograde Kalkulation *f*

inverse method of determining income ['ɪnvɜːs 'meθəd əv də'təmɪnɪŋ 'ɪnkʌm] *sb* retrograde Erfolgsrechnung *f*

invested capital [ɪn'vestɪd 'kæpɪtəl] *sb* investiertes Kapital *n*

invested wages [ɪn'vestɪd 'weɪdʒɪz] *sb* Investivlohn *m*

investigation [ɪnvestɪ'geɪʃən] *sb* Nachforschung *f*, Ermittlung

investigation by the tax authorities [ɪnvestɪ'geɪʃən baɪ ðə tæks ə'θɔːrɪtiːz] *sb* Betriebsprüfung *f*

investigation into tax evasion [ɪnvestɪ'geɪʃən 'ɪntuː 'tæksɪveɪʃən] *sb* Steuerfahndung *f*

investment [ɪn'vestmənt] *sb* Anlage *f*, Geldanlage *f*, Investition *f*, Vermögensanlage *f*

investment accounts [ɪn'vestmənt ə'kaʊnts] *sb* Anlagekonten *n/pl*

investment aid [ɪn'vestmənt æɪd] *sb* Investitionshilfe *f*

investment advisor [ɪn'vestmənt əd'vaɪzə] *sb* Vermögensberater *m*, Anlageberater *m*, Wertpapierberater *m*

investment appraisal [ɪn'vestmənt ə'preɪzəl] *sb* Investitionsrechnung *f*

investment assistance [ɪn'vestmənt ə'sɪstəns] *sb* Investitionshilfe *f*

investment bank [ɪn'vestmənt bæŋk] *sb* Investmentbank *f*, Investitionsbank *f*

investment banking [ɪn'vestmənt 'bæŋkɪŋ] *sb* Effektenbankgeschäft *n*

investment boom [ɪn'vestmənt buːm] *sb* Investmentboom *m*

investment business [ɪn'vestmənt 'bɪznɪs] *sb* Emmissionsgeschäft *n*

investment capital [ɪn'vestmənt 'kæpɪtl] *sb* Kapitalanlage *f*, Anlagekapital *n*

investment certificate [ɪn'vestmənt sə'tɪfɪkət] *sb* Investmentzertifikat *n*

investment committee [ɪn'vestmənt kə'mɪtiː] *sb* Anlageausschuss *m*

investment company [ɪn'vestmənt 'kʌmpənɪ] *sb* Investmentgesellschaft *f*

investment counseling [ɪn'vestmənt 'kaʊnsəlɪŋ] *sb* Anlageberatung *f*, Vermögensberatung *f*, Wertpapierberatung *f*

investment credit [ɪn'vestmənt 'kredɪt] *sb* Investitionskredit *m*, Anlagekredit *m*

investment credit insurance [ɪn'vestmənt 'kredɪt ɪn'ʃʊərəns] *sb* Investitionskreditversicherung *f*

investment fund [ɪn'vestmənt fʌnd] *sb* Investmentfonds *m*

investment fund certificates [ɪn'vestmənt fʌnd sɜː'tɪfɪkɪts] *sb* Investmentzertifikate *n/pl*

investment grant [ɪn'vestmənt grɒnt] *sb* Investitionszulage *f*

investment in kind [ɪn'vestmənt ɪn kaɪnd] *sb* Sacheinlage *f*

investment in securities [ɪn'vestmənt ɪn sɪ'kjuːrɪtiːz] sb Wertpapieranlage f

investment index [ɪn'vestmənt 'ɪndeks] sb Investitionskennzahl f

investment loan [ɪn'vestmənt ləʊn] sb Investitionskredit m

investment program [ɪn'vestmənt 'prəʊgræm] sb Programmgesellschaft f

investment promotion [ɪn'vestmənt prə'məʊʃən] sb Investitionsförderung f

investment risk [ɪn'vestmənt rɪsk] sb Anlagewagnis n

investment scheme [ɪn'vestmənt skiːm] sb Investitionsplan m

investment securities [ɪn'vestmənt sɪ'kjuərɪtiz] sb Anlagepapiere pl

investment securities [ɪn'vestmənt sɪ'kjuːrɪtiːz] sb Anlagepapiere n/pl

investment share [ɪn'vestmənt ʃɛə] sb Investmentanteil m

investment tax [ɪn'vestmənt tæks] sb Investitionssteuer f

investor [ɪn'vestə] sb Kapitalanleger m, Investor m

invisible hand [ɪn'vɪzɪbəl hænd] sb Ausgleichsfunktion des Preises f

invitation to tender [ɪnvɪ'teɪʃən tu 'tendə] sb Ausschreibung f, Submission f

invoice ['ɪnvɔɪs] sb Rechnung f, Faktura f

invoice amount ['ɪnvɔɪs ə'maʊnt] sb Rechnungssumme f

invoice number ['ɪnvɔɪs 'nʌmbə] sb Rechnungsnummer f

invoice total ['ɪnvɔɪs 'təʊtl] sb Rechnungsbetrag m

invoicing ['ɪnvɔɪsɪŋ] sb 1. Fakturierung f, Rechnungsstellung f; 2. Inrechnungstellung f, Berechnung f

iron and steel producing industry ['aɪən ænd stiːl prə'djuːsɪŋ 'ɪndəstrɪ] sb Eisen schaffende Industrie f

iron exchange ['aɪən ɪks'tʃeɪndʒ] sb Eisenbörse f

irredeemable [ɪrɪ'diːməbl] adj 1. (bonds) unkündbar; 2. (currency) nicht einlösbar; 3. (debt, pawned object) nicht ablösbar

irregularity [ɪregjʊ'lærɪtɪ] sb Unregelmäßigkeit f

ISO standards [aɪ es əʊ 'stændədz] sb ISO-Normen f/pl

issue ['ɪʃjuː] v 1. (a command) ausgeben, erteilen; 2. (currency) ausgeben, emittieren; 3. (documents) ausstellen; 4. (stamps, a newspaper, a book) herausgeben; sb 5. (magazine, currency, stamps) Ausgabe f; 6. (of documents) Ausstellung f; date of ~ Ausstellungsdatum n; 7. Emission f, Ausgabe f

issue ['ɪʃuː] sb 1. (Wertpapiere) Emission f, Ausgabe f; 2. (Scheck, Wechsel) Ausgabe f; 3. (Waren) Abgang m

issue at par ['ɪʃuː æt paː] sb Pariemission f

issue below par ['ɪʃuː bə'ləʊ paː] sb Unter-Pari-Emission f

issue calendar ['ɪʃuː 'kæləndə] sb Emissionskalender m

issue commission ['ɪʃuː kə'mɪʃən] sb Emissionsvergütung f

issue department ['ɪʃuː də'paːtmənt] sb Emissionsabteilung f

Issue Law ['ɪʃuː lɔː] sb Emissionsgesetz n

issue market ['ɪʃuː maːkət] sb Emissionsmarkt m, Primärmarkt m

issue of securities ['ɪʃuː əv sɪ'kjuːrɪtiːz] sb Effektenemission f, Wertpapieremission f

issue of shares [ɪsjuːəv'ʃɛəz] sb Aktienemission f, Aktienausgabe f

issue permit ['ɪʃuː 'pəmɪt] sb Emissionsgenehmigung f

issue premium ['ɪʃuː 'priːmɪəm] sb Emissionsagio n

issue price ['ɪʃuː praɪs] sb Emissionskurs m

issuer ['ɪʃuːə] sb Emittent m, emittierendes Unternehmen n

issue yield ['ɪʃuː jiːld] sb Emissionsrendite f

issuing ['ɪʃuːɪŋ] sb Emission f, Erscheinen n

issuing bank ['ɪʃuːɪŋ bæŋk] sb Effektenbank f, Emissionsbank f

issuing house ['ɪʃuːɪŋ haʊs] sb Emissionshaus n

issuing of shares ['ɪʃuːɪŋ əv 'ʃɛəz] sb Aktienausgabe f

issuing price ['ɪʃuːɪŋ praɪs] sb Ausgabepreis m, Begebungspreis m, Ausgabekurs m

issuing procedure ['ɪʃuːɪŋ prə'siːʒə] sb Emissionsverfahren n

item ['aɪtəm] sb 1. (object, thing) Stück n, Ding n, Gegenstand m; 2. (on an agenda) Punkt m; 3. (in an account book) Posten m

item free of charge ['eɪtəm friː əv tʃɒdʒ] sb Frankoposten m

itemize ['aɪtəmaɪz] v einzeln aufführen, spezifizieren

item numbering system ['eɪtəm 'nʌmbərɪŋ 'sɪstɪm] sb Artikelnummernsystem n

item of real estate ['aɪtəməv 'riːlɪsteɪt] sb Immobilie f

itinerant trade [aɪ'tɪnərənt treɪd] sb ambulantes Gewerbe n

J/K

jam [dʒæm] *sb* 1. *(blockage)* Stauung *f*; 2. traffic ~ (Verkehrs-)Stau *m*
janitor ['dʒænɪtə] *sb* Hausmeister(in) *m/f*
jargon ['dʒɑːgən] *sb* Jargon *m*, Fachsprache *f*
jet [dʒet] *sb* (~ plane) Düsenflugzeug *n*, Jet *m*
job [dʒɔb] *sb* 1. *(employment)* Stelle *f*, Job *m*, Stellung *f*; 2. *(piece of work)* Arbeit *f*; 3. to be paid by the ~ pro Auftrag bezahlt werden; *pl* 4. odd ~s Gelegenheitsarbeiten *pl*; 5. *(responsibility, duty)* Aufgabe *f*; That's not my ~. Dafür bin ich nicht zuständig.
jobbing ['dʒɔbɪŋ] *sb* Jobben *n*
job centre ['dʒɔb sentə] *sb (UK)* Arbeitsamt *n*
job demand [dʒɔb dɪ'mɑːnd] *sb* Arbeitsnachfrage *f*
job description ['dʒɔb dɪskrɪpʃən] *sb* Tätigkeitsbeschreibung *f*
job engineering [dʒɔb endʒɪn'iːrɪŋ] *sb* Arbeitsplatzgestaltung *f*
job evaluation ['dʒɔb ɪvælju'eɪʃən] *sb* Arbeitsbewertung *f*
jobless ['dʒɔbləs] *adj* arbeitslos
job lot [dʒɔb'lɔt] *sb* (of articles) Posten *m*
job order costing [dʒɔb 'ɔːrdə 'kɔstɪŋ] *sb* Zuschlagskalkulation *f*
job preparation [dʒɔb 'prepə'reɪʃən] *sb* Arbeitsvorbereitung *f*
job rotation ['dʒɔb rəuteɪʃən] *sb* Jobrotation *f*, systematischer Arbeitsplatzwechsel *m*
job satisfaction ['dʒɔb sætɪsfækʃən] *sb* Arbeitszufriedenheit *f*
job search ['dʒɔb sɜtʃ] *sb* Stellensuche *f*
job sharing ['dʒɔbʃeərɪŋ] *sb* Jobsharing *n*, Teilen einer Arbeitsstelle *n*
job shop operation ['dʒɔb 'ʃɔp ɔpə'reɪʃn] *sb* Werkstattfertigung *f*
joining ['dʒɔɪnɪŋ] *sb* Beitritt *m*
joint [dʒɔɪnt] *adj* gemeinsam, gemeinschaftlich, Gemeinschafts...; ~ and several solidarisch
joint account [dʒɔɪnt ə'kaʊnt] *sb* Gemeinschaftskonto *n*, Oder-Konto *f*
joint and several debtor ['dʒɔɪnt ænd 'sevərəl detə] *sb sb* Gesamtschuldner *m*
joint and several guaranty ['dʒɔɪnt ænd 'sevərəl gærən'tiː] *sb* gesamtschuldnerische Bürgschaft *f*

joint and several liability ['dʒɔɪnt ænd 'sevərl lalə'bɪlɪtɪ] *sb* Solidarhaftung *f*
joint debt [dʒɔɪnt 'det] *sb* Gesamthandschuld *f*
joint deposit [dʒɔɪnt dɪ'pɔsɪt] *sb* Oderdepot *n*
joint funds [dʒɔɪnt 'fʌnds] *sb* Gemeinschaftsfonds *m*
joint issue [dʒɔɪnt 'ɪʃjuː] *sb* Gemeinschaftsemission *f*
joint loan [dʒɔɪnt 'ləʊn] *sb* Gemeinschaftsanleihe *f*
joint loan issue [dʒɔɪnt 'ləʊn ɪʃjuː] *sb* Sammelanleihe *f*
joint owner [dʒɔɪnt 'əʊnə] *sb* Miteigentümer *m*, Mitbesitzer *m*
joint power of attorney [dʒɔɪnt 'paʊə ɔf ə'tɜnɪ] *sb* Gesamtvollmacht *f*
joint proxy [dʒɔɪnt 'prɔksɪ] *sb* Gesamtprokura *f*
joint property [dʒɔɪnt 'prɔpɜtɪ] *sb* gemeinschaftliches Eigentum *n*
joint publicity [dʒɔɪnt pʌ'blɪsɪtɪ] *sb* Gemeinschaftswerbung *f*
joint saving [dʒɔɪnt 'seɪvɪŋ] *sb* Gemeinschaftssparen *n*
joint security deposit [dʒɔɪnt sɪk'jʊrɪtɪ dɪ'pɔsɪt] *sb* Gemeinschaftsdepot *n*
joint stock bank [dʒɔɪnt 'stɔk bæŋk] *sb* Aktienbank *f*
joint stock company [dʒɔɪnt 'stɔk 'kʌmpənɪ] *sb* Aktiengesellschaft *f*
joint tenancy [dʒɔɪnt 'tenənsɪ] *sb* Gesamthandeigentum *n*
jointly owned claim ['dʒɔɪntlɪ əʊnd kleɪm] *sb* Gesamthandforderung *f*
joint-stock company ['dʒɔɪntstɔk 'kʌmpənɪ] *sb* Kapitalgesellschaft *f*, Aktiengesellschaft *f*
joint-venture company [dʒɔɪnt 'ventʃə 'kʌmpənɪ] *sb* Projektgesellschaft *f*
journal ['dʒɜnəl] *sb* 1. Journal *n*; 2. *(Rechnungswesen)* Primanota *f*
journeyman ['dʒɜnɪmən] *sb* Geselle *m*
judge [dʒʌdʒ] *v* 1. urteilen; 2. *(sth)* beurteilen; 3. *(consider, deem)* halten für, erachten für; 4. *(estimate)* einschätzen
judgement ['dʒʌdʒmənt] *sb* 1. Urteil *n*, Beurteilung *f*; 2. *(estimation)* Einschätzung *f*

judicial [dʒuːˈdɪʃəl] *adj* gerichtlich, Justiz...

jump in prices [dʒʌmp ɪn ˈpraɪsɪz] *sb* Kurssprung *m*

junior financing [ˈdʒuːnjə ˈfaɪnænsɪŋ] *sb* nachrangige Finanzierung *f*

junior partner [ˈdʒuːnɪə ˈpɑːtnə] *sb* jüngere(r) Teilhaber(in) *m/f*, jüngere(r) Partner(in) *m/f*

junk bond [ˈdʒʌŋk bɔnd] *sb* niedrig eingestuftes Wertpapier *n*

junk mail [ˈdʒʌŋk meɪl] *sb* Postwurfsendungen *pl*, Reklame *f*

jurisdiction [dʒʊərɪsˈdɪkʃən] *sb* Zuständigkeitsbereich *m*, Zuständigkeit *f*

jurisdiction to tax [dʒʊərɪsˈdɪkʃen tu ˈtæks] *sb* Steuerhoheit *f*

justice [ˈdʒʌstɪs] *sb (system)* Gerichtsbarkeit *f*, Justiz *f*

just-in-time [dʒʌstɪnˈtaɪm] *adv* just-intime, produziert zur sofortigen Auslieferung

keelage [ˈkiːlɪdʒ] *sb* Hafengebühr *f*

keep [kiːp] *v irr* 1. *(accounts, a diary)* führen; 2. *(an appointment)* einhalten; 3. *(a promise)* halten, einhalten, einlösen; 4. *(run a shop, a hotel)* führen

keeping of an account [ˈkiːpɪŋ əv ən əˈkaʊnt] *sb* Kontoführung *f*

kerb market [ˈkɜbmɑːkɪt] *sb* Nachbörse *f*, Freiverkehr *m*

key [kiː] *sb* 1. Schlüssel *m*; 2. *(of a typewriter, of a keyboard)* Taste *f*

key account manager [kiː əˈkaʊnt ˈmænɪdʒə] *sb* Key-account-Manager *m*

key currency [kiː ˈkʌrensɪ] *sb* Leitwährung *f*

key industry [kiː ˈɪndəstrɪ] *sb* Schlüsselindustrie *f*

key money [ˈkiːmʌnɪ] *sb (UK)* Provision *f*

key qualification [kiː kwɔːlɪfɪkeɪʃn] *sb* Schlüsselqualifikation *f*

key rate [kiː reɪt] *sb* Leitzins *m*

key word [ˈkiːwɜːd] *sb* Schlüsselwort *n*

key workers [kiː ˈwɜːkəs] *sb* Stammbelegschaft *f*

keyboard [ˈkiːbɔːd] *sb* Tastatur *f*

Keynes Theory [kiːns ˈθɪərɪ] *sb* Keynes'sche Theorie *f*

keystroke [ˈkiːstrəʊk] *sb* Anschlag *m*

kill [kɪl] *v* 1. *(fam) (a proposal)* zu Fall bringen; 2. *(an engine)* abschalten

kilobyte [ˈkɪləbaɪt] *sb* Kilobyte *n*

kilogramme [ˈkɪləgræm] *sb (UK)* Kilogramm *n*

kilohertz [ˈkɪləhɜts] *sb* Kilohertz *n*

kilometre [kɪˈlɒmɪtə] *sb* Kilometer *m; ~s per hour* Stundenkilometer *pl*

kiloton [ˈkɪlətʌn] *sb* Kilotonne *f*

kilovolt [ˈkɪləvɒlt] *sb* Kilovolt *n*

kilowatt [ˈkɪləwɔt] *sb* Kilowatt *n*

king-sized [ˈkɪŋsaɪzd] *adj* Riesen..., sehr groß

kite flying [ˈkaɪtflaɪɪŋ] *sb* Wechselreiterei *f*

knock down [ˈnɔk daʊn] *v (Auktion)* zuschlagen

knockoff [ˈnɔkɔf] *sb* Imitation *f*

knock-on [ˈnɔkɔn] *adj ~ effect* Dominoeffekt *m*

knowhow [ˈnəʊhaʊ] *sb* Sachkenntnis *f*, Know-how *n*

knowledge management [ˈnʌlɪdʒ ˈmænɪdʒmənt] *sb* Wissensmanagement *n*

L

label ['leɪbl] *v* etikettieren, *sb* Etikett *n*, Schild *n*

labeling provisions ['leɪbəlɪŋ prɒ'vɪʃns] *sb* Kennzeichnungsverordnung *f*

labor market policy ['leɪbə 'mɑːkɪt 'pɒlɪsɪ] *sb* Arbeitsmarktpolitik *f*

Labor Promotion Law ['leɪbə prɒ'məʊʃn lɔː] *sb* Arbeitsförderungsgesetz (AFG) *n*

labor/employment cost ['leɪbə/ɪm'plɔɪmənt kɒst] *sb (Personal)* Arbeitskosten *f*

laboratory [lə'bɒrətrɪ] *sb* Laboratorium *n*, Labor *n*

labour ['leɪbə] *sb* 1. Arbeit *f*, Anstrengung *f*, Mühe *f*; 2. *(workers)* Arbeiter *pl*, Arbeitskräfte *pl*

labour costs ['leɪbə kɔːsts] *sb* Lohnkosten *pl*

labour exchange ['leɪbər ɪkstʃeɪndʒ] *sb (UK)* Arbeitsamt *n*

labour law ['leɪbə lɔː] *sb* Arbeitsrecht *n*

labour market ['leɪbə mɑːkɪt] *sb* Arbeitsmarkt *m*

labour relations ['leɪbə rɪleɪʃənz] *pl* Arbeitsverhältnis, Arbeitsklima *n*

labourer ['leɪbɔːɹə] *sb* Arbeiter *m*, Arbeitskraft *f*

labour-intensive ['leɪbərɪntensɪv] *adj* arbeitsintensiv

lack [læk] *v* 1. Mangel haben an, nicht haben, nicht besitzen; *sb* 2. Mangel *m*

lack of liquidity [læk ɔf lɪ'kwɪdɪtɪ] *sb* Unterliquidität *f*

lading ['leɪdɪŋ] *sb* Ladung *f*

lagged adjustment of variable costs [lægd ə'dʒʌstmənt ɔf 'væriːəbl kɒsts] *sb* Kostenremanenz *f*

land central bank [lænd 'sentrəl bæŋk] *sb* Landeszentralbank (LZB) *f*

land charge ['lænd dʒɑːdʒ] *sb* Grundschuld *f*

land charge certificate ['lænd dʒɑːdʒ sə'tɪfɪkət] *sb* Grundschuldbrief *m*

land charge in favour of the owner ['lænd dʒɑːdʒ ɪn 'feɪvə ɔf ðiː 'əʊnə] *sb* Eigentümer-Grundschuld *f*

land charge not repayable until called ['lænd dʒɑːdʒ nɑːt rɪ'peɪəbl ʌn'tɪl kɔːld] *sb* Kündigungsgrundschuld *f*

land price [lænd praɪs] *sb* Bodenpreis *m*

land reform [lænd rɪ'fɔːm] *sb* Bodenreform *f*

landlord ['lændlɔːd] *sb* Vermieter *m*

lane [leɪn] *sb* 1. *(shipping route)* Schifffahrtsweg *m*; 2. *(of an aircraft)* Route *f*

lapse [læps] *sb* 1. *(of time)* Zeitspanne *f*, Zeitraum *m*; 2. *(expiration)* Ablauf *m*; 3. *(of a claim)* Verfall *m*; 4. *(mistake)* Fehler *m*, Versehen *n*

laptop ['læptɒp] *sb* Laptop *m*

large container [lɑdʒ kən'teɪnə] *sb* Großcontainer *m*

large-scale ['lɑːdʒskeɪl] *adj* Groß..., groß, umfangreich

large-scale chain operation ['lɑdʒ-skeɪl tʃeln ɒpə'reɪʃn] *sb* Massenfilialbetrieb *m*

large-scale lending ['lɑdʒ-skeɪl lendɪŋ] *sb* Großkredit *m*

large-scale operation ['lɑdʒskeɪl ɒpə'reɪʃən] *sb* Großbetrieb *m*, Großunternehmen *n*

large-scale order ['lɑdʒskeɪl 'ɔːdə] *sb* Großauftrag *m*

laser printer ['leɪzə 'prɪntə] *sb* Laserdrucker *m*

last will and testament ['lɑːst wɪl ænd 'testəmənt] *sb* Testament *n*

last-day business [lɑːst'deɪ 'bɪsnɪs] *sb* Ultimogeschäft *n*

last-day money [lɑːst'deɪ 'mʌnɪ] *sb* Ultimogeld *n*

lateness ['leɪtnɪs] *sb* 1. Zuspätkommen *n*; 2. *(of payments, of a train)* Verspätung *f*

latent funds ['leɪtənt fʌndz] *sb* stille Rücklage *f*

launch [lɔːntʃ] *v* 1. *(a product)* auf den Markt bringen; 2. *(with publicity)* lancieren; 3. *(a company)* gründen

launch of a product [lɔːntʃ ɔf ə 'prɒdʌkt] *sb* Produkteinführung *f*

launching costs ['lɔːntʃɪŋ kɒsts] *sb* Anlaufkosten *f*

law [lɔː] *sb* 1. *(system)* Recht *n*; *under German* ~ nach deutschem Recht

law of balancing organizational plans [lɔː ɔf 'bælænsɪŋ ɔːrgənaɪ'zelʃnl plænz] *sb* Ausgleichsgesetz der Planung *n*

law of non-proportional returns [lɔː ɔf nɒnprɔ'pɔːʃənl rɪ'tɜːns] *sb* Ertragsgesetz *n*

law of obligations [lɔː ɔf ɒblɪ'geɪʃns] *sb* Schuldrecht *n*

law of real and personal property [lɔː əf
ˈrɪəl ænd ˈpɜːsənl ˈprɒpətɪ] *sb* Sachenrecht *n*
Law of Succession [lɔː əf sʌkˈseʃn] *sb*
Erbrecht *n*
law of taxation [lɔː əv tækˈseɪʃn] *sb* Steuerrecht *n*
law on competition [lɔːw ɒn kɒmpəˈtɪ-
ʃən] *sb* Wettbewerbsrecht *n*
Law on Environmental Issues [lɔː ɒn ɪn-
vaɪrənˈmentl ˈɪʃjuːs] *sb* Umwelthaftungsgesetz (UmweltHG) *n*
**Law on food processing and distribu-
tion** [lɔː ɒn fuːd prɒˈsesɪŋ ænd dɪstrɪ-
ˈbjuːʃn] *sb* Lebensmittelgesetz *n*
Law on old-age part-time employment
[lɔː ɒn ˈəʊld-eɪdʒ ˈpɑːt-taɪm ɪmplɔɪmənt]
sb Altersteilzeitgesetz *n*
lawful [ˈlɔːfəl] *adj* rechtmäßig
lawless [ˈlɔːləs] *adj* gesetzlos
lawsuit [ˈlɔːsuːt] *sb* Prozess *m*, Klage *f*
lawyer [ˈlɔːjə] *sb* Anwalt/Anwältin *m/f*, Rechts-
anwalt/Rechtsanwältin *m/f*
lay off [leɪˈɒf] *v irr (worker)* entlassen
layoff [ˈleɪɒf] *sb* Massenentlassung *f*
lay out [ˈleɪaʊt] *v irr* 1. *(money)* ausgeben;
2. *(invest)* investieren; 3. *(design)* anlegen,
planen
layout [ˈleɪaʊt] *sb* 1. Anordnung *f*, Anlage *f*,
Planung *f*; 2. *(of a publication)* Layout *n*
lead [liːd] *v irr* führen; ~ *the way* vorangehen
leader [ˈliːdə] *sb (of a project)* Leiter(in) *m/f*
leadership [ˈliːdəʃɪp] *sb* 1. Führung *f*, Leitung *f*; 2. *(quality)* Führungsqualitäten *pl*
lead time [ˈliːdtaɪm] *sb* 1. *(production)* Pro-
duktionszeit *f*; 2. *(delivery)* Lieferzeit *f*
leaflet [ˈliːflɪt] *sb* Prospekt *m*, Flugblatt *n*
learning curve [ˈlɜːnɪŋ kɜːf] *sb* Lernkurve *f*
lease [liːs] *v* 1. *(take)* pachten, in Pacht nehmen, mieten; 2. *(give)* verpachten, in Pacht geben, vermieten; *sb* 3. Pacht *f*, Miete *f*
leasehold [ˈliːshəʊld] *sb* Pacht *f*
leaseholder [ˈliːshəʊldə] *sb* Pächter *m*
lease renewal option [liːz rɪˈnjuːəl ˈɒpʃn]
sb Mietverlängerungsoption *f*
lease with option to purchase [liːz wɪθ
ˈɒpʃn tʊ ˈpɜːtʃɪs] *sb* Mietkauf *m*
leasing [ˈliːsɪŋ] *sb* Leasing *n*
leasing company [ˈliːsɪŋ ˈkʌmpənɪ] *sb*
Leasing-Gesellschaft *f*
leasing contract [ˈliːsɪŋ ˈkɒntrækt] *sb*
Leasing-Vertrag *m*
leasing payment [ˈliːsɪŋ ˈpeɪmənt] *sb* Leasing-Rate *f*
leasing rate [ˈliːzɪŋ reɪt] *sb* Leasingrate *f*

leave [liːv] *v irr* 1. weggehen; 2. *(car, bus,
train)* abfahren; 3. *(plane)* abfliegen; ~ *for* fahren nach; 3. *(a message, a scar)* ~ *behind* hinterlassen; 4. *(entrust)* überlassen; *sb* 5. *(time
off)* Urlaub *m*
ledger [ˈledʒə] *sb* Hauptbuch *n*
legacy [ˈlegəsɪ] *sb* Vermächtnis *n*
legal [ˈliːgl] *adj (lawful)* legal; *(tender, limit)*
gesetzlich
legal action [ˈliːgl ˈækʃən] *sb* Klage *f*,
Rechtsstreit *m; take ~ against* s.o. gegen jdn
gerichtlich vorgehen
legal adviser [ˈliːgl ədˈvaɪzə] *sb* Syndikus
m, Rechtsbeistand *m*
legal aid [ˈliːgəl eɪd] *sb* Rechtsbeistand *m*,
Rechtshilfe *f*
legal capacity [ˈliːgəl kəˈpæsɪtɪ] *sb*
Rechtsfähigkeit *f*
legal competence [ˈliːgl ˈkɒmpɪtəns] *sb*
Geschäftsfähigkeit *f*
legal costs [ˈliːgl kɒsts] *sb* Gerichtskosten *pl*
legal entity [ˈliːgəl ˈentɪtɪ] *sb* juristische
Person *f*
legal fees [ˈliːgl fiːz] *pl* Gerichtskosten *pl*
legal forms of commercial entities
[ˈliːgəl fɔːms əf kɒˈmɜːʃl ˈentɪtɪs] *sb* Gesellschaftsformen *f/pl*
legalize [ˈliːgəlaɪz] *v* legalisieren
legally restricted retained earnings
[ˈliːgəlɪ rɪˈstrɪktɪd rɪˈteɪnd ˈɜːnɪŋs] *sb* gesetzliche Rücklage *f*
legal obligation to capitalize [ˈliːgəl ɒblɪ-
ˈgeɪʃn tu ˈkæpɪtəlaɪz] *sb* Aktivierungspflicht *f*
**legal obligation to disclose one's re-
sults** [ˈliːgl əblɪˈgeʃen tu dɪsˈkloz wʌns
rizˈʌlts] *sb* Anzeigepflicht *f*
legal position [ˈliːgl pəˈzɪʃən] *sb* Rechtslage *f*, rechtliche Lage *f*
legal prohibition to capitalize [ˈliːgəl prɒ-
hɪˈbɪʃn tu ˈkæpɪtəlaɪz] *sb* Aktivierungsverbot *n*
legal recourse for non-payment of a bill
[ˈliːgəl rɪˈkɔːs fɔː nɒnˈpeɪmənt əf ə bɪl] *sb*
Wechselregress *m*
legal relationship [ˈliːgl rɪˈleɪʃənʃɪp] *sb*
Rechtsverhältnis *n*
legal remedy [ˈliːgəl ˈremədɪ] *sb* Rechtsbehelf *m*
legal responsibility [ˈliːgl rɪspɒnsəˈbɪlɪtɪ]
sb Rechtshaftung *f*
legal settlement in bankruptcy [ˈliːgl
ˈsetlmənt ɪn ˈbæŋkrʌpsɪ] *sb* Zwangsvergleich *m*

legal situation ['li:gl sɪtʃu'eɪʃən] *sb* Rechtslage *f*, rechtliche Lage *f*

legal structure ['li:gəl 'strʌkʃə] *sb* Rechtsform *f*

legal succession ['li:gəl sʌk'seʃn] *sb* Rechtsnachfolge *f*

legal supervision ['li:gəl su:pə'vɪʃn] *sb* Rechtsaufsicht *f*

legal system ['li:gəl 'sɪstəm] *sb* Rechtsordnung *f*

legal tender ['li:gəl 'tendə] *sb* gesetzliches Zahlungsmittel *n*

legal transaction ['li:gl træn'zækʃən] *sb* Rechtsgeschäft *n*

legal transaction in fulfillment of an obligation ['li:gəl trænz'ækʃn ɪn fʊl'fɪlmənt ɔf ən ɒblɪ'geɪʃn] *sb* Erfüllungsgeschäft *n*

legislation [ledʒɪ'sleɪʃən] *sb* Gesetzgebung *f*; *(laws)* Gesetze *pl*

legislative sovereignty ['ledʒɪslətɪv 'sɒvərɪntɪ] *sb* Gesetzgebungshoheit *f*

lend [lend] *v irr* leihen, verleihen

lender ['lendə] *sb* Darlehensgeber *m*

lending limit ['lendɪŋ 'lɪmɪt] *sb* Beleihungssatz *m*

lending on goods ['lendɪŋ ɔn gʊds] *sb* Warenbeleihung *f*

lending on securities ['lendɪŋ ɔn sɪ'kjʊrɪti:z] *sb* Wertpapierleihe *f*

lending on securities ['lendɪŋ ɔn sɪ'kʊərɪti:z] *sb* Lombardgeschäft *n*

lending rate ['lendɪŋ reɪt] *sb* Lombardzinsfuß *m*

lend-lease ['lend'li:s] *sb ~ agreement* Leih-Pacht-Abkommen *n*

less [les] *prep* abzüglich

lessee [le'si:] *sb* 1. Pächter *m*, 2. Mieter *m*, 3. Leasing-Nehmer *m*

lessor ['lesɔ:] *sb* Verpächter(in) *m/f*, Vermieter(in) *m/f*

let [let] *v irr (UK: hire out)* vermieten

letter ['letə] *sb (written message)* Brief *m*, Schreiben *n*

letter-box ['letəbɒks] *sb* Briefkasten *m*

letterhead ['letəhed] *sb* Briefkopf *m*; *(paper with ~)* Kopfbogen *m*

letter of acceptance ['letər əv ək'septəns] *sb* Akzept *n*

letter of application ['letər əv æplɪ'keɪʃən] *sb* Bewerbungsschreiben *n*, Bewerbung *f*

letter of confirmation ['letə əv kɒnfə'meɪʃn] *sb* Bestätigungsschreiben *n*

letter of credit (L/C) ['letər əv 'kredɪt] *sb* Kreditbrief (L/C) *m*, Akkreditiv *n*

letter of recommendation ['letər əv rekəmen'deɪʃən] *sb* Empfehlungsschreiben *n*, Referenz *f*

letter of reference ['letər ɔf 'refərəns] *sb* Zeugnis *n*

letter of thanks ['letər əv θæŋks] *sb* Dankschreiben *n*

level ['levl] *sb (standard)* Niveau *n*, Ebene *f*

level of employment ['levl əv ɪm'plɔɪmənt] *sb* Beschäftigungsgrad *m*

level of internationalization ['levl əv ɪntənæʃənəlaɪ'zeɪʃn] *sb* Internationalisierungsgrad *m*

level of organization [levl əv ɔ:rgənaɪ'zeɪʃn] *sb (Betrieb)* Organisationsgrad *m*

leverage effect ['levərɪdg 'ɪfekt] *sb* Leverage-Effekt *m*

leveraged buyout ['li:vərɪdʒd 'baɪaʊt] *sb* Management-Buyout *n*

levy ['levɪ] *sb* 1. *(tax)* Steuer *f*, Abgaben *pl*; 2. *(act of ~ing)* Erhebung *f*, Umlage *f*

levy on mortgage profits ['levɪ ɔn 'mɔ:gɪdʒ 'prɒfɪts] *sb* Hypothekengewinnabgabe *f*

liabilities [laɪə'bɪlɪti:z] *sb* Passiva *pl*

liability [laɪə'bɪlɪtɪ] *sb* 1. Obligo *n*, Verbindlichkeit *f*; 2. *assets and liabilities* Aktiva und Passiva *pl*; 3. *(responsibility)* Haftung *f*

liability for breach of warranty [laɪə'bɪlɪtɪ fɔ: 'bri:tʃəv 'wɔrəntɪ] *sb* Gewährleistungshaftung *f*, Garantiehaftung *f*

liability for damages [laɪə'bɪlɪtɪ fɔ: 'dæmɪdʒɪz] *sb* Schadensersatzpflicht *f*

liability of heirs [laɪə'bɪlɪtɪ əv ɛəs] *sb* Erbenhaftung *f*

liability to insure [laɪə'bɪlɪtɪ tu ɪn'ʃʊə] *sb* Versicherungspflicht *f*

liable equity capital [laɪəbl 'ekwɪtɪ 'kæpɪtl] *sb* Haftungskapital *f*

liable funds [laɪəbl 'fʌnds] *sb* haftendes Eigenkapital *n*

liable to prosecution ['laɪəbl tu prɒsɪ'kju:ʃən] *adj* straffällig

liable to tax ['laɪəbl tu tæks] *adj* abgabenpflichtig, steuerpflichtig

liaison [li:'eɪzɒn] *sb* 1. Verbindung *f*, Zusammenarbeit *f*; 2. *(person)* Verbindungsmann *m*

liberal ['lɪbərəl] *adj (supply)* großzügig; *(politically)* liberal

liberal profession ['lɪbərl prɒ'feʃn] *sb* freier Beruf *m*

liberalism ['lɪbərəlɪsəm] *sb* Liberalismus *m*

liberalization of foreign trade [lɪbərəlaɪ'zeɪʃn ɔf fɔ:rɪŋ 'treɪd] *sb* Liberalisierung *f*

liberation of capital [lıbə'reıʃn əv
'kæpıtl] sb Kapitalfreisetzung f
Libor loan ['laıbə ləʊn] sb Liboranleihe f
licence ['laısəns] sb Genehmigung f, Erlaubnis f, Lizenz f, Konzession f
licence agreement ['laısəns ə'griːmənt]
sb Lizenzvertrag m
licence number ['laısəns nʌmbə] sb
Kraftfahrzeugnummer f, Kraftfahrzeugkenn-
zeichen n
license ['laısəns] v 1. eine Lizenz vergeben
an; 2. (a product) lizensieren, konzessionieren;
sb 3. (US: see „license")
licence fee ['laısəns fiː] sb Lizenzgebühr f
licensee [laısən'siː] sb Konzessionsinhaber
m, Lizenzinhaber m
licenser ['laısənsə] sb Lizenzgeber m
licensor ['laısənsə] sb (US: siehe „licenser")
lien ['liːn] sb Pfandrecht n
life annuity [laıf ə'njuːıtı] sb Leibrente f
life assurance [laıf ə'ʃʊərəns] sb (UK) Lebensversicherung f
life cycle of a product [laıf 'saıkl ɔf ə
'prɔdʌkt] sb Lebenszyklus eines Produkts m
life insurance ['laıf ınʃʊərəns] sb Lebensversicherung f
limit ['lımıt] v 1. begrenzen, beschränken,
einschränken; sb 2. Grenze f, Beschränkung f,
Begrenzung f; „off ~s" pl „Zutritt verboten"
limitation [lımı'teıʃən] sb Beschränkung f,
Einschränkung f; (statutory period of ~) Verjährung f, Verjährungsfrist f
limitation of actions [lımı'teıʃən əv
'ækʃənz] sb Verjährung f
limited ['lımıtıd] adj begrenzt, beschränkt
**limited capacity to enter into legal tran-
sactions** ['lımıtıd kə'pæsıtı tu 'entə 'ıntu
'liːgəl trænz'ækʃns] sb beschränkte Geschäftsfähigkeit f
limited commercial partnership ['lımıtıd
kɔ'mɜːʃl 'pɑːtnəʃıp] sb Kommanditgesellschaft (KG) f
limited company ['lımıtıd 'kʌmpənı] sb
Aktiengesellschaft f
limited dividend ['lımıtıd 'dıvıdend] sb limitierte Dividende f
limited employment contract ['lımıtıd
ım'plɔımənt 'kɔntrækt] sb befristetes Arbeitsverhältnis n
limited liability ['lımıtıd laıə'bılıtı] sb beschränkte Haftung f
limited liability company ['lımıtıd laıə'bılıtı 'kʌmpənı] sb Gesellschaft mit beschränkter Haftung (GmbH) f

limited liability shareholder ['lımıtıd laıə-
'bılıtı 'ʃeəhəʊldə] sb Kommanditaktionär m
limited partner ['lımıtıd 'pɑːtnə] sb Kommanditist m
limited partnership ['lımıtıd 'pɑːtnərʃıp]
sb Kommanditgesellschaft f
limiting value ['lımıtıŋ 'valjuː] sb Grenzwert m
line [laın] sb 1. (of products) Produktlinie f;
2. (type of business) Branche f, Fach n;
What's his ~? Was macht er beruflich? 3. (telephone ~) Leitung f, Hold the ~! Bleiben Sie
am Apparat! 4. (of products) Posten m
linear depreciation ['lınıə dıpriːʃı'eıʃən]
sb lineare Abschreibung f
linear measures ['lınıə 'meʒəs] sb Längenmaße n/pl
line of acceptance [laın əv ək'septæns]
sb Akzeptlinie f
line of business ['laın əv 'bıznıs] sb Branche f, Zweig m, Sparte f
line of resistance [laın ɔf rı'sıstəns] sb
Widerstandslinie f
line-staff organization structure ['laın-
'stɑːf ɔːrgənaı'zeıʃn 'strʌkʃə] sb Stab-
Linien-Organisation f
linked currency [lıŋkd 'kʌrənsı] sb gebundene Währung f
liquid assets ['lıkwıd 'æsıts] sb flüssige
Mittel n/pl
liquid money market ['lıkwıd 'mʌnı 'mɑː-
kıt] sb flüssiger Geldmarkt m
liquid reserves ['lıkwıd rı'sɜːfs] sb Liquiditätsreserve f
liquidate ['lıkwıdeıt] v (a company) liquidieren, auflösen; (a debt) tilgen
liquidating dividend ['lıkwıdeıtıŋ 'dıvı-
dənd] sb Liquidationsrate f
liquidation [lıkwı'deıʃən] sb Liquidation f,
Realisierung f, Tilgung f
liquidation bond [lıkwı'deıʃn bʌnd] sb Li-
quidationsschuldverschreibung f
liquidation certificate [lıkwı'deıʃn sɜː'tı-
fıkıt] sb Liquidationsanteilsschein m
liquidation fee [lıkwı'deıʃn fiː] sb Liquidationsgebühr f
liquidation outpayment rate [lıkwı'deıʃn
aʊt'peımənt reıt] sb Liquidationsauszahlungskurs m
liquidation-type composition [lıkwı'deıʃn
taıp kʌmpɔ'sıʃn] sb Liquidationsvergleich m
liquidator [lıkwı'deıtə] sb Liquidator m
liquidity [lı'kwıdıtı] sb (of assets) Liquidität f

liquidity crunch [lɪ'kwɪdɪtɪ krʌntʃ] *sb* Zahlungsstockung *f*

liquidity loan [lɪ'kwɪdɪtɪ ləʊn] *sb* Liquiditätsanleihe *f*

liquidity management [lɪ'kwɪdɪtɪ 'mænɪdʒmənt] *sb* Liquiditätsmanagement *n*, Liquiditätssteuerung *f*

liquidity of the banking system [lɪ'kwɪdɪtɪ ɔf ðə 'bæŋkɪŋ 'sɪstəm] *sb* Bankenliquidität *f*

liquidity papers [lɪ'kwɪdɪtɪ peɪpəs] *sb* Liquiditätspapier *n*

liquidity ratio [lɪ'kwɪdɪtɪ 'reɪʃə] *sb* Deckungsgrad *m*, Liquiditätsgrad *m*, Liquiditätsquote *f*

liquidity reserves [lɪ'kwɪdɪtɪ rɪ'zɜːrvz] *sb* Liquiditätsreserve *f*

liquidity risk [lɪ'kwɪdɪtɪ rɪsk] *sb* Liquiditätsrisiko *n*

liquidity squeeze [li'kwɪdɪtɪ skwiːz] *sb* Liquiditätsengpass *m*

liquidity status [lɪ'kwɪdɪtɪ 'steɪtəs] *sb* Liquiditätsstatus *m*

liquidity syndicate bank [lɪ'kwɪdɪtɪ 'sɪndɪkət bæŋk] *sb* Liquiditätskonsortialbank *f*

liquidity theory [lɪ'kwɪdɪtɪ 'θɪərɪ] *sb* Liquiditätstheorie *f*

list of balances [lɪst əv 'bælænsɪz] *sb* Saldenbilanz *f*

list of insolvent [lɪst əv ɪn'sɒlvənt] *sb* Schuldnerverzeichnis *n*

list of securities deposited [lɪst əv sɪ-'kjʊrɪtɪːz dɪ'pɒsɪtɪd] *sb* Depotaufstellung *f*

list of securities eligible as collateral [lɪst əv sɪ'kjʊrɪtɪːz 'elɪdʒɪbl æs kɒ'lætərəl] *sb* Lombardverzeichnis *n*

list of serial numbers of securities purchases [lɪst əv 'siːrɪəl 'nʌmbəs ɔf sɪ-'kjʊrɪtɪːz pɜːdʒɪsɪs] *sb* Nummernverzeichnis *n*

list price [lɪst praɪs] *sb* Listenpreis *m*

liter ['liːtə] *sb (US: siehe „litre")*

litigant ['lɪtɪgənt] *sb* Prozess führende Partei *f*

litre ['liːtə] *sb* Liter *m*

load [ləʊd] *v 1.* laden, beladen; ~ *up* aufladen; *sb 2. (cargo)* Ladung *f*, Fracht *f*

loading ['ləʊdɪŋ] *sb* Ladung *f*, Fracht *f*

loading charges ['ləʊdɪŋ 'tʃɑːdʒɪz] *sb* Verladekosten *pl*, Frachtkosten *pl*

loan [ləʊn] *v 1.* leihen; *sb 2.* Darlehen *n*, Anleihe *f*, Kredit *m*

loan at variable rates ['ləʊn æt 'værɪəbl reɪts] *sb* zinsvariable Anleihe *f*

loan business ['ləʊn 'bɪsnɪs] *sb* Anleihegeschäft *n*

loan calculation [ləʊn kælkjʊ'leɪʃn] *sb* Anleiherechnung *f*

loan ceiling ['ləʊn sɪːlɪŋ] *sb* Kreditobergrenze *f*, Kredithöchstgrenze *f*

loan custodianship [ləʊn kʌs'təʊdɪənʃɪp] *sb* Anleihetreuhänderschaft *f*

loan financing [ləʊn 'faɪnænsɪŋ] *sb* Darlehensfinanzierung *f*

loan for special purposes ['ləʊn fɔː 'speʃl 'pɜːpəsɪz] *sb* Objektkredit *m*

loan granted by way of bank guarantee [ləʊn 'grɑːntɪd baɪ 'weɪ əv bæŋk gærən'tiː] *sb* Avalkredit *m*

loan granted for building purposes ['ləʊn 'grɑːntɪd fɔː 'bɪldɪŋ 'pɜːpəsɪz] *sb* Bauspardarlehen *n*

loan granted in form of a mortgage bond ['ləʊn 'grɑːntɪd ɪn fɔːm ɔf ə 'mɔːgɪdʒ bʌnd] *sb* Naturadarlehen *n*

loan granted to a local authority ['ləʊn 'grɑːntɪd tʊ ə 'ləʊkl ɔː'θɔːrɪtɪ] *sb* Kommunaldarlehen *n*

loan in foreign currency ['ləʊn ɪn 'fɔːrɪŋ 'kʌrensɪ] *sb* Valuta-Anleihen *f/pl*

loan of credit ['ləʊn əv 'kredɪt] *sb* Kreditleihe *f*

loan on a gold basis ['ləʊn ɔn ə gəʊld beɪsɪz] *sb* Goldanleihe *f*

loan on a trust basis ['ləʊn ɔn ə trʌst 'beɪsɪz] *sb* Treuhandkredit *m*

loan on landed property ['ləʊn ɔn 'lændɪd 'prɒpərtɪ] *sb* Bodenkredit *m*

loan repayable in full at a due date ['ləʊn rɪ'peɪəbl ɪn 'fʊl æt ə dju: 'deɪt] *sb* Zinsanleihe *f*

loan with profit participation ['ləʊn wɪθ 'prɒfɪt pɑːtɪsɪ'peɪʃn] *sb* Beteiligungsdarlehen *n*

loans granted to members of a managing board ['ləʊns 'grɑːntɪd tu 'membəs ɔf ə 'mænɪdʒɪŋ bɔːd] *sb* Organkredit *m*

lobby ['lɒbɪ] *v 1.* Einfluss nehmen; *sb 2. Lobby f; 3.* Vorzimmer *n*

lobbyist ['lɒbɪɪst] *sb* Lobbyist *m*

local ['ləʊkəl] *adj* örtlich, Orts...

local authorities bank ['ləʊkl ɔː'θɔːrɪtɪs bæŋk] *sb* Kommunalbank *f*

local authorities loan ['ləʊkl ɔː'θɔːrɪtɪs ləʊn] *sb* Kommunalanleihe *f*

local authority ['ləʊkəl ɔː'θɔːrɪtɪ] *sb (UK)* örtliche Behörde *f*

local authority loan ['ləʊkəl ɔː'θɔːrɪtɪs ləʊn] *sb* Kommunalanleihen *pl*

local bank ['ləʊkl bæŋk] *sb* Lokalbank *f*

local bill [ˈləʊkl ˈbɪl] sb Platzwechsel m

local bond [ˈləʊkl ˈbʌnd] sb Kommunalobligation f

local call [ˈləʊkəl kɔːl] sb Ortsgespräch n

local expenses [ˈləʊkl ɪksˈpensɪs] sb Platzspesen pl

local stock exchange [ˈləʊkl stɒk ɪksˈtʃeɪndʒ] sb Lokalbörse f

local time [ˈləʊkəl taɪm] sb Ortszeit f

local transfer [ˈləʊkl ˈtrænsfə] sb Platzübertragung f

location [ləʊˈkeɪʃən] sb Standort m, Lage f

location factor [ləʊˈkeɪʃn ˈfæktə] sb Standortfaktor m

lock out [lɒk aʊt] v aussperren

lockage [ˈlɒkɪdʒ] sb (fees) Schleusengebühr f

locker [ˈlɒkə] sb Schließfach n

lockout [ˈlɒkaʊt] sb (of workers) Aussperrung f

log [lɒg] v ~ in einloggen

logistics [lɒˈdʒɪstɪks] pl Logistik f

logo [ˈləʊgəʊ] sb Logo n, Emblem n

long-distance call [lɒŋ ˈdɪstəns kɔːl] sb Ferngespräch n

long distance giro [lɒŋ ˈdɪstæns ˈdʒaɪrə] sb Ferngiro n

long distance traffic [lɒŋ ˈdɪstəns ˈtræfɪk] sb Fernverkehr m

long run [ˈlɒŋ rʌn] sb lange Sicht f

long-term [ˈlɒŋtɜːm] adj langfristig, Langzeit...

long-term credit [ˈlɒŋtɜːm ˈkredɪt] sb langfristiger Kredit m

long-term deposit [ˈlɒŋtɜːm dɪˈpɒsɪt] sb langfristige Einlage f

loose-leaf savings book [ˈluːzliːf ˈseɪvɪŋs bʊk] sb Loseblattsparbuch n

loro account [ˈləʊrɒ əˈkaʊnt] sb Lorokonto n

loro balance [ˈləʊrɒ ˈbæləns] sb Loroguthaben n

lorry [ˈlɒrɪ] sb (UK) Lastwagen m, Lastkraftwagen m

lorry-load [ˈlɒrɪləʊd] sb Wagenladung f, Lastwagenladung f

losing business [ˈluːzɪŋ ˈbɪznɪs] sb Verlustgeschäft n

loss [lɒs] sb Damnum n, Verlust m

loss advice [lɒs ədˈvaɪz] sb Schadensanzeige f

loss allocation [lɒs æləˈkeɪʃn] sb Verlustzuweisung f

loss-compensation [lɒs kɒmpənˈseɪʃn] sb Verlustausgleich m

loss in exchange [lɒs ɪn ɪksˈtʃeɪndʒ] sb Produktionsausfall m

loss in value [lɒs ɪn ˈvæljuː] sb Wertverfall m, Wertverlust m

lossmaker [ˈlɒsmeɪkə] sb (UK) Verlustgeschäft n

loss-making business [ˈlɒsmeɪkɪŋ ˈbɪznɪs] sb Verlustgeschäft n

loss of production [ˈlɒs əv prəˈdʌkʃən] sb Produktionsausfall m

loss on goods in transit [lɒs ɒn gʊdz ɪn ˈtrænsɪt] sb Transportschaden m

loss on stock prices [lɒs ɒn stɒk ˈpraɪsɪz] sb Kursverlust m

loss on takeover [lɒs ɒn ˈteɪkəʊvə] sb Übernahmeverlust m

lost shipment [lɒst ˈʃɪpmənt] sb verloren gegangene Sendung f

lot [lɒt] sb 1. (property, plot) Parzelle f, Gelände n; 2. (quantity) Posten m

lot size [ˈlɒt saɪz] sb (Statistik) Losgröße f

lottery bond [ˈlɒtərɪ bʌnd] sb Lotterieanleihe f, Auslosungsanleihe f

lottery loan [ˈlɒtərɪ ləʊn] sb Prämienanleihe f

lottery premium saving [ˈlɒtərɪ ˈpriːmjəm ˈseɪvɪŋ] sb Gewinnsparen n

lottery quotation [ˈlɒtərɪ kwəʊˈteɪʃn] sb Loskurs m

low-denomination share for small savers [ˈləʊdɪnɒmɪˈneɪʃn ʃeə fɔː smɔːl ˈseɪvəs] sb Volksaktie f

lowest value principle [ˈləʊɪst ˈvæljuː ˈprɪnsɪpl] sb Niederstwertprinzip n

low-loader [ˈləʊləʊdə] sb Tieflader m

low-paid employment [ˈləʊpeɪd ɪmˈplɔɪmənt] sb geringfügige Beschäftigung f

low-price store [ləʊˈpraɪs stɔː] sb Kleinpreisgeschäft n

low-priced securities [ˈləʊpraɪsd sɪˈkjʊrɪtiːz] sb leichte Papiere n/pl

low-value items [ləʊˈvæljuː ˈaɪtəms] sb geringwertige Wirtschaftsgüter n/pl

lump sum [lʌmp sʌm] sb 1. Pauschalsumme f, Pauschalbetrag m; 2. Arbeitnehmer-Pauschbetrag m

lump-sum payment [ˈlʌmpsʌm ˈpeɪmənt] sb Kapitalabfindung f

lunch break [ˈlʌntʃ breɪk] sb Mittagspause f

lunch hour [ˈlʌntʃ aʊə] sb Mittagspause f

luxury [ˈlʌkʃərɪ] sb Luxus m

luxury goods [ˈlʌkʃərɪ gʊdz] sb Luxusgüter pl, Luxusartikel pl

luxury tax [ˈlʌkʃərɪ tæks] sb Luxussteuer f

M

machine [məˈʃiːn] *sb* 1. Maschine *f*, Apparat *m*; 2. *(vending ~)* Automat *m*

machine insurance [məˈʃiːn ɪnˈʃʊərəns] *sb* Maschinenversicherung *f*

machinery [məˈʃiːnərɪ] *sb* Maschinen *pl*, Maschinenpark *m*

macroeconomics [ˈmækrəʊekəˈnɒmɪks] *sb* Makroökonomie *f*

magazine [ˈmægəziːn] *sb* Zeitschrift *f*, Magazin *n*

magnitude [ˈmægnɪtjuːd] *sb* 1. Größe *f*; 2. *(importance)* Bedeutung *f*

maiden name [ˈmeɪdn neɪm] *sb* Mädchenname *m*

mail [meɪl] *sb* 1. Post *f*; 2. *by ~* mit der Post; *v* 3. *(US)* schicken, abschicken

mailbag [ˈmeɪlbæg] *sb* Postsack *m*

mailbox [ˈmeɪlbɒks] *sb (computer ~)* Mailbox *f*; *(US)* Briefkasten *m*

mailing list [ˈmeɪlɪŋ lɪst] *sb* Adressenliste *f*, Versandliste *f*

mailman [ˈmeɪlmæn] *sb (US)* Briefträger *m*, Postbote *m*

mail-order [ˈmeɪlɔːdə] *adj* Postversand...

mail-order business [ˈmeɪlɔːdə ˈbɪznɪs] *sb* Versandhandel *m*, Versandgeschäft *n*

mailshot [ˈmeɪlʃɒt] *sb* Direktwerbung *f*

main centers [meɪn ˈsentəs] *sb* Hauptplätze *m/pl*

mainframe [ˈmeɪnfreɪm] *sb* Großrechner *m*

main line [meɪn laɪn] *sb* Hauptstrecke *f*

maintain [meɪnˈteɪn] *v* 1. *(keep in good condition)* in Stand halten; 2. *(a machine)* warten

maintainer [meɪnˈteɪnə] *sb* Wärter(in) *m/f*, für die Wartung zuständige Person *f*

maintenance [ˈmeɪntənəns] *sb* 1. Aufrechterhaltung *f*, Beibehaltung *f*; 2. *(keeping in good condition)* Instandhaltung *f*, Wartung *f*

maintenance expenditure [ˈmeɪntənəns ɪksˈpendɪdʒə] *sb* Erhaltungsaufwand *m*

maintenance of capital [ˈmenɪtənəns əv ˈkæpɪtl] *sb* Kapitalerhaltung *f*

majority [məˈdʒɒrɪtɪ] *sb* Majorität *f*, Mehrheit *f*

majority of stock [məˈdʒɒrɪtɪ əv stɒk] *sb* Aktienmehrheit *f*

majority of votes [məˈdʒɒrɪtɪ əv vəʊts] *sb* Stimmenmehrheit *f*

majority-ownership [məˈdʒɒrɪtɪˈəʊnəʃɪp] *sb* Mehrheitsbesitz *m*

majority participation [məˈdʒɒrɪtɪ pɑːtɪsɪˈpeɪʃn] *sb* Mehrheitsbeteiligung *f*

make [meɪk] *v irr* 1. *(manufacture)* herstellen; 2. *(arrangements, a choice)* treffen; 3. *(earn)* verdienen; 4. *(a profit, a fortune)* machen; *sb* 5. Marke *f*, Fabrikat *n*

make out [meɪkˈaʊt] *v irr* 1. *(write out)* ausstellen; 2. *(a bill)* zusammenstellen

maker [ˈmeɪkə] *sb* Hersteller *m*, Produzent *m*

making [ˈmeɪkɪŋ] *sb* Herstellung *f*

making out an invoice [ˈmeɪkɪŋ aʊt ənˈɪnvɔɪs] *sb* Fakturierung *f*

making-up price [meɪkɪŋˈʌp praɪs] *sb* Kompensationskurs *m*, Liquidationskurs *m*

maladminister [mælədˈmɪnɪstə] *v* schlecht verwalten, Misswirtschaft betreiben

malfunction [mælˈfʌŋkʃən] *v* 1. versagen, schlecht funktionieren; *sb* 2. Versagen *n*, schlechtes Funktionieren *n*

mall [mɔːl] *sb* 1. Promenade *f*; 2. *shopping ~* Einkaufszentrum *n*

manage [ˈmænɪdʒ] *v* 1. *(supervise)* führen, verwalten, leiten; 2. *(a team, a band)* managen

managed currency [ˈmænɪdʒd ˈkʌrənsɪ] *sb* manipulierte Währung *f*

management [ˈmænɪdʒmənt] *sb* 1. Management *n*, Führung *f*, Verwaltung *f*, Leitung *f*; 2. *(people)* Geschäftsleitung *f*, Geschäftsführung *f*; Direktion *f*, Betriebsleitung *f*

management consultant [ˈmænɪdʒmənt kənˈsʌltənt] *sb* Unternehmensberater *m*

management employee [ˈmænɪdʒmənt emplɔˈjiː] *sb* leitende(r) Angestellte(r) *m/f*

management games [ˈmænɪdʒmənt geɪmz] *sb* Planspiel *n*

management information system [ˈmænɪdʒmənt ɪnfɔːˈmeɪʃn ˈsɪstəm] *sb* Führungsinformationssystem *n*, Managementinformationssystem *n*

management techniques [ˈmænɪdʒmənt tekˈniːks] *sb* Führungstechniken *f/pl*

management unit (in organizations) [ˈmænɪdʒmənt ˈjuːnɪt] *sb* Instanz (in der Organisation) *f*

manager [ˈmænɪdʒə] *sb* Geschäftsführer *m*, Leiter *m*, Direktor *m*, Manager *m*

manageress [mænɪdʒəˈres] *sb* Managerin *f*

managerial [mænə'dʒɪərɪəl] *adj* Führungs..., leitend

managerial hierarchy [mænə'dʒɪərɪəl 'hɪrəkɪ:] *sb* Führungshierarchie *f*

managerial principles [mænə'dʒɪərɪəl 'prɪnsɪpls] *sb* Führungsgrundsätze *m/pl*

managerial staff [mænə'dʒɪərɪəl 'stɑf] *sb* Geschäftsleitung *f*

managers commission ['mænɪdʒəs kə-'mɪʃn] *sb* Führungsprovision *f*

managing ['mænɪdʒɪŋ] *adj* geschäftsführend, leitend, Betriebs...

managing director ['mænɪdʒɪŋ dɪ'rektə] *sb* Generaldirektor *m*, Hauptgeschäftsführer *m*

mandate to provide credit for a third party ['mændeɪt tu prə'vaɪd 'kredɪt fɔ: ə θɜd 'pɑːtɪ] *sb* Kreditauftrag *m*

mandatory ['mændətərɪ] *adj 1.* obligatorisch; *2. to be ~* Pflicht sein

man-hour ['mænaʊə] *sb* Arbeitsstunde *f*

manipulate [mə'nɪpjʊleɪt] *v 1.* manipulieren; *2. (handle, operate)* handhaben; *3. (a machine)* bedienen

manipulation [mənɪpjʊ'leɪʃən] *sb* Manipulation *f*

manner of delivery ['mænər əv dɪ'lɪvərɪ] *sb* Versandform *f*

manpower ['mænpaʊə] *sb* Arbeitskräfte *pl*, Arbeitspotenzial *n*

manpower policy ['mænpaʊə 'pɔlɪsɪ] *sb* Arbeitsmarktpolitik *f*

manual ['mænjʊəl] *adj 1.* mit der Hand, Hand..., manuell; *sb 2.* Handbuch *n*

manual labour ['mænjʊəl 'leɪbə] *sb* Handarbeit *f*

manual work ['mænjʊəl wɜːk] *sb* Handarbeit *f*

manufactory [mænjʊ'fæktərɪ] *sb* Manufaktur *f*

manufacture [mænjʊ'fæktʃə] *v 1.* herstellen; *sb 2.* Herstellung *f*; *3. (products)* Waren *pl*, Erzeugnisse *pl*

manufacture to customer's specifications [mænjʊ'fæktʃə tu 'kʌstəməz spesɪfɪ'keɪʃənz] *sb* Sonderanfertigung *f*

manufactured quantity [mænjʊ'fæktʃəd 'kwɒntɪtɪ] *sb* Fertigungsmenge *f*

manufactured to measure [mænjʊ-'fæktʃəd tu 'meʒə] *adj* maßgefertigt

manufacturer [mænjʊ'fæktʃərə] *sb* Hersteller *m*, Erzeuger *m*

manufacturing [mænjʊ'fæktʃərɪŋ] *sb* Erzeugung *f*, Herstellung *f*

margin ['mɑːdʒɪn] *sb* Marge *f*, Spanne *f*

marginal analysis ['mɑːdʒɪn ə'nælɪsɪz] *sb* Marginalanalyse *f*

marginal cost ['mɑːdʒɪnl 'kɔst] *sb* Grenzkosten *pl*

marginal cost accounting ['mɑːdʒɪnl 'kɔst ə'kaʊntɪŋ] *sb* Differenzkostenrechnung *f*

marginal costing ['mɑːdʒɪnəl 'kɔstɪŋ] *sb* Grenzkostenrechnung *f*, Grenzkostenkalkulation *f*

marginal earnings ['mɑːdʒɪnl 'ɜːnɪŋs] *sb* Grenzerlös *m*

marginal productivity ['mɑːdʒɪnl prɔdʌk'tɪvɪtɪ] *sb* Grenzproduktivität *f*

marginal utility ['mɑːdgɪnl juː'tɪlɪtɪ] *sb* Grenznutzen *m*

marginal value ['mɑːdʒɪnəl 'væljuː] *sb* Marginalwert *m*

margin of profit ['mɑːdʒɪn əv 'prɔfɪt] *sb* Gewinnspanne *f*

margin requirement ['mɑːdʒɪn rɪ'kwaɪəmənts] *sb* Einschuss *m*

mark [mɑːk] *v 1. (damage)* beschädigen; *2. (scratch)* zerkratzen; *sb 3.* Marke *f*

mark down [mɑːk 'daʊn] *v (prices)* herabsetzen, senken

markdown ['mɑːkdaʊn] *sb (amount lowered)* Preissenkung *f*, Preisabschlag *m*

market ['mɑːkɪt] *sb 1. (demand)* Absatzmarkt *m*, Markt *m*; *2. to be in the ~ for* Bedarf haben an; *3. (stock ~)* Börse *f*; *v 4.* vertreiben, vermarkten

marketable ['mɑːkɪtəbl] *adj* marktfähig, absatzfähig

market adjustment ['mɑːkɪt ə'dʒʌstmənt] *sb* Marktanpassung *f*

market analysis ['mɑːkɪt ə'næləsɪs] *sb* Marktanalyse *f*

market day ['mɑːkɪt deɪ] *sb* Börsentag *m*

market dominance ['mɑːkɪt dɔmɪnæns] *sb* Marktbeherrschung *f*

market economy ['mɑːkɪt ɪ'kɔnəmɪ] *sb* Marktwirtschaft *f*

market fluctuation ['mɑːkɪt flʌktjʊ'eɪʃn] *sb* Marktschwankung *f*

market forces ['mɑːkɪt 'fɔːsɪz] *sb* Marktkräfte *pl*

market form ['mɑːkɪt fɔːm] *sb* Marktform *f*

market gap ['mɑːkɪt gæp] *sb* Marktlücke *f*

marketing ['mɑːkɪtɪŋ] *sb* Marketing *n*, Vermarktung *f*, Absatzwirtschaft *f*

marketing consultant ['mɑːkɪtɪŋ kən'sʌltənt] *sb* Marketingberater *m*

marketing department ['mɑːkɪtɪŋ dɪ'pɑːtmənt] *sb* Marketingabteilung *f*

marketing logistics ['mɑːkɪtɪŋ lɔː'dʒɪstɪks] sb Distributionslogistik f

marketing mix ['mɑːkɪtɪŋ mɪks] sb Marketingmix m

marketing syndicates ['mɑːkɪtɪŋ 'sɪndɪkəts] sb Verwertungskonsortien

market matrix ['mɑːkɪt meɪtrɪks] sb Marktmatrix f

market organization ['mɑːkɪt ɔːgənaɪ'zeɪʃn] sb Marktordnung f

market penetration ['mɑːkɪt pene'treɪʃn] sb Marktdurchdringung f

market performance ['mɑːkɪt pə'fɔːməns] sb Marktergebnis n

market position ['mɑːkɪt pə'sɪʃən] sb Marktposition f

market potential ['mɑːkɪt pəʊ'tenʃəl] sb Marktpotential n, Marktvolumen n

market power ['mɑːkɪt 'paʊə] sb Marktmacht f

market price ['mɑːkɪt praɪs] sb Kurs m, Marktpreis m

market rate of interest [mɑːkɪt reɪt əf 'ɪntrest] sb Marktzins m

market research ['mɑːkɪt rɪ'sɜːtʃ] sb Marktforschung f

market research institute ['mɑːkɪt rɪ'sɜːtʃ 'ɪnstɪtjuːt] sb Marktforschungsinstitut n

market saturation ['mɑːkɪt sætʃə'reɪʃn] sb Marktsättigung f

market segmentation ['mɑːkɪt segmən'teɪʃn] sb Marktsegmentierung f

market share ['mɑːkɪt ʃeə] sb Marktanteil m

market sharing cartel ['mɑːkɪt 'ʃeərɪŋ kɑː'tel] sb Gebietskartell n

market structure ['mɑːkɪt 'strʌktʃə] sb Marktstruktur f

market value ['mɑːkɪt væljuː] sb Marktwert m, gemeiner Wert m

market volume ['mɑːkɪt 'vɔljuːm] sb Marktvolumen n

mark of quality [mɑːk əv 'kwɒlɪtɪ] sb (Patente) Gütezeichen n

mark-up ['mɑːk ʌp] sb (amount added) Preis-erhöhung f, Preisaufschlag m

mass communication ['mæs kɔmjuːnɪ'keɪʃn] sb Massenkommunikation f

mass-market ['mæsmɑːkɪt] adj Massenwaren...

mass media [mæs 'miːdɪə] pl Massenmedien pl

mass production [mæs prə'dʌkʃən] sb Massenfertigung f, Massenproduktion f

master ['mɑːstə] sb (employer of an apprentice) Meister m

master planning ['mɑːstə 'plænɪŋ] sb Gesamtplanung f

material [mə'tɪərɪəl] sb 1. Material n; pl 2. ~s (files, notes) Unterlagen pl; adj 3. wesentlich, erheblich

material asset investment fund [mə'tiːrɪəl 'æset 'ɪnvestmənt fʌnd] sb Sachwert-Investmentfonds m

material assets [mə'tɪərɪəl 'æsets] sb Sachvermögen n

material costs [mə'tɪərɪəl kɔsts] sb Materialkosten pl

materialistic [mətɪərɪə'lɪstɪk] adj materialistisch

material value loan [mə'tɪərɪəl 'væljuː ləʊn] sb Sachwertanleihe f

maternity allowance [mə'tɜːnɪtɪ ə'laʊəns] sb Mutterschaftsgeld n

matrix organization ['meɪtrɪks ɔːgənaɪ'zeɪʃn] sb Matrix-Organisation f

maturity [mə'tjʊərɪtɪ] sb 1. Fälligkeit f; 2. date of ~ Fälligkeitsdatum n

maximisation of profits [mæksɪmaɪ'zeɪʃən əv 'prɒfɪts] sb Gewinnmaximierung f

maximize ['mæksɪmaɪz] v maximieren

maximum ['mæksɪməm] sb 1. Maximum n; 2. adj Höchst..., maximal

maximum price ['mæksɪməm praɪs] sb Höchstpreis m

maximum voting right ['mæksɪməm 'vəʊtɪŋ raɪt] sb Höchststimmrecht n

mean [miːn] adj 1. mittlere(r,s); sb 2. Mittel n, Mittelwert m; pl 3. ~s Mittel n

mean due date [miːn djuː deɪt] sb mittlere Verfallszeit f

means of advertising ['miːnz əv 'ædvətaɪzɪŋ] sb Werbemittel n

means of payment ['miːnz əv 'peɪmənt] sb Zahlungsmittel n

means of transport ['miːnz əv 'trænspɔrt] sb Transportmittel n, Beförderungsmittel n

means test ['miːnz test] sb Einkommensüberprüfung f

measurability [meʒərə'bɪlɪtɪ] sb Messbarkeit f

measurable ['meʒərəbl] adj messbar

measure ['meʒə] v messen; sb 2. Maß n

measurements ['meʒəmənts] sb Messwerte pl

measures of investment assistance ['meʒəs əv ɪn'vestmənt ə'sɪstəns] sb investitionsfördernde Maßnahmen f/pl

measures to encourage exports ['meʒəz tu ɪn'kʌrɪdʒ 'ekspɔːts] sb Ausfuhrförderung f, Exportförderung f

measures to spur the economy ['meʒəs tu spɜː ðiː ɪ'kɒnəmɪ] sb Wirtschaftsförderung f

mechanic [mɪ'kænɪk] sb Mechaniker m

mechanical [mɪ'kænɪkəl] adj mechanisch

mechanical engineering [mɪ'kænɪkəl endʒɪ'nɪərɪŋ] sb Maschinenbau m

mechanics [mɪ'kænɪks] sb Mechanik f

mechanize ['mekənaɪz] v mechanisieren

media ['miːdɪə] pl Medien pl

media event ['miːdɪə ɪ'vent] sb Medienereignis n

mediate ['miːdɪeɪt] v vermitteln

mediation [miːdɪ'eɪʃən] sb Vermittlung f

mediator ['miːdɪeɪtə] sb Vermittler m, Mittelsmann m

medium ['miːdɪəm] adj 1. mittlere(r,s) sb 2. (mass ~) (TV, radio, press) Medium n

medium price ['miːdɪəm praɪs] sb Mittelkurs m

medium-sized ['miːdɪəmsaɪzd] adj mittelgroß, medium

medium-term ['miːdɪəmtɜːm] adj mittelfristig

medium-term bonds ['miːdɪəmtɜːm bɒndz] sb Kassenobligationen f/pl

meeting ['miːtɪŋ] sb 1. Begegnung f, Zusammentreffen n; 2. (arranged ~) Treffen n; 3. (business ~) Besprechung f; 4. (of a committee) Sitzung f

meeting date ['miːtɪŋ deɪt] sb Besprechungstermin m

meeting of shareholders ['miːtɪŋ əv 'ʃeəhəʊldəz] sb Gesellschafterversammlung f

megabyte ['megəbaɪt] sb Megabyte n

megahertz ['megəhɜːts] sb Megahertz n

member ['membə] sb Mitglied n

member of the board ['membər əv ðə bɔːd] sb Vorstandsmitglied n

memo ['meməʊ] sb 1. (fam) Mitteilung f; 2. (to o.s.) Notiz f

memorandum [memə'rændəm] sb 1. (to s.o.) Mitteilung f; 2. (to o.s.) Aktennotiz f

memorandum item [memə'rændəm 'aɪtəm] sb Merkposten m

memory ['meмərɪ] sb 1. Speicher m; 2. (capacity) Speicherkapazität f

mend [mend] v 1. (sth) reparieren; 2. (clothes) ausbessern; sb 3. (in fabric) ausgebesserte Stelle f; 4. (in metal) Reparatur f

mensal ['mensl] adj monatlich, Monats...

menu ['menjuː] sb (of a computer) Menü n

mercantile ['mɜːkəntaɪl] adj kaufmännisch, Handels...

mercantile system ['mɜːkəntaɪl 'sɪstəm] sb Merkantilismus m

mercantilism ['mɜːkəntɪlɪzəm] sb Merkantilismus m

merchandise ['mɜːtʃəndaɪz] sb Ware f

merchandising ['mɜːtʃəndaɪzɪŋ] sb Merchandising n, Verkaufsförderung f

merchant ['mɜːtʃənt] sb 1. Kaufmann m; 2. (dealer) Händler m

merchant bank ['mɜːtʃənt bæŋk] sb Handelsbank f

merchant by virtue of registration ['mɜːtʃənt baɪ vɜːtjʊ əv redʒɪs'treɪʃn] sb Sollkaufmann m

merchant entitled but not obliged to be entered on the Commercial Register ['mɜːtʃənt ɪn'taɪtlt bʌt nɒt 'əblaɪdʒd tu biː 'entəd ɒn ðə kɔ'mɜːʃl 'redʒɪstə] sb Kannkaufmann m

merge ['mɜːdʒ] v 1. zusammenkommen; 2. (companies) fusionieren

merger ['mɜːdʒə] sb Fusion f, Verschmelzung f

merger balance sheet ['mɜːdʒə 'bæləns ʃiːt] sb Fusionsbilanz f

merger control ['mɜːdʒə kən'trəʊl] sb Fusionskontrolle f

merit ['merɪt] sb 1. Leistung f, Verdienst n; 2. (advantage, positive aspect) Vorzug m

message ['mesɪdʒ] sb 1. Mitteilung f, Nachricht f, Botschaft f; 2. May I take a ~? Kann ich etwas ausrichten?

metal cover ['metəl kɒvə] sb Metalldeckung f

metallic currency [me'tælɪk 'kʌrənsɪ] sb Hartgeld n, Metallwährung f

meter ['miːtə] sb 1. (measuring device) Zähler m, Messgerät n; 2. (unit of measurement) (UK: see „metre")

method of cost allocation, [meθəd əv 'kɒst ælə'keɪʃn] sb 1. Kostenrechnung f; 2. (Sozialversicherung) Umlageverfahren n

metre ['miːtə] sb (UK) Meter m/n

metric ['metrɪk] adj metrisch

microbiology [maɪkrəʊbaɪ'ɒlədʒɪ] sb Mikrobiologie f

microchip ['maɪkrəʊtʃɪp] sb Mikrochip m

microcomputer [maɪkrəʊkɒm'pjuːtə] sb Mikrocomputer m

microeconomics [maɪkrəʊekə'nɒmɪks] pl Mikroökonomie f

microelectronics [maɪkrəʊelek'trɒnɪks] *pl* Mikroelektronik *f*

microfiche ['maɪkrəʊfiːʃ] *sb* Mikrofiche *m*

microfilm ['maɪkrəʊfɪlm] *sb* Mikrofilm *m*

microprocessor [maɪkrə'prəʊsesə] *sb* Mikroprozessor *m*

middleman ['mɪdlmæn] *sb* Zwischenhändler *m*

migration of buyers [maɪ'greɪʃn əv 'baɪəs] *sb* Käuferwanderung *f*

mile [maɪl] *sb* Meile *f*

mileage ['maɪlɪdʒ] *sb* Meilenzahl *f*

mileage allowance ['maɪlɪdʒ ə'laʊəns] *sb* Kilometergeld *n*

milligramme ['mɪlɪgræm] *sb (UK)* Milligramm *n*

millilitre ['mɪlɪliːtə] *sb* Milliliter *m/n*

millimetre ['mɪlɪmiːtə] *sb* Millimeter *m*

million ['mɪljən] *sb* Million *f*

millionaire ['mɪljəneə] *sb* Millionär(in) *m/f*

mine [maɪn] *v* 1. Bergbau betreiben; 2. *(sth)* fördern, abbauen; *sb* 3. Bergwerk *n*, Mine *f*, Grube *f*

miner ['maɪnə] *sb* Bergarbeiter *m*, Kumpel *m*

mineral ['mɪnərəl] *sb* Mineral *n*

mineral oil ['mɪnərəl ɔɪl] *sb* Mineralöl *n*

mineral oil tax ['mɪnərəl ɔɪl tæks] *sb* Mineralölsteuer *f*

minicomputer [mɪnɪkəm'pjuːtə] *sb* Kleincomputer *m*

minimal damage ['mɪnɪməl 'dæmɪdʒ] *sb* Bagatellschaden *m*

minimisation of costs [mɪnɪmaɪ'zeɪʃən əv kɒsts] *sb* Kostenminimierung *f*

minimize ['mɪnɪmaɪz] *v* auf ein Minimum reduzieren, möglichst gering halten

minimum ['mɪnɪməm] *sb* 1. Minimum *n*; *adj* 2. minimal, Mindest...

minimum amount ['mɪnɪməm ə'maʊnt] *sb* Mindesthöhe *f*

minimum capital ['mɪnɪməm 'kæpɪtl] *sb* Mindestkapital *n*

minimum cost ['mɪnɪməm 'kɒst] *sb* Minimalkosten *pl*

minimum import price ['mɪnɪməm 'ɪmpɔːt praɪs] *sb* Mindesteinfuhrpreise *pl*

minimum interest rate ['mɪnɪməm 'ɪntrest reɪt] *sb* Mindestzins *m*

minimum inventory level ['mɪnɪməm ɪn'ventərɪ levəl] *sb (Betriebswirtschaft)* eiserner Bestand *m*

minimum investment ['mɪnɪməm ɪn'vestmənt] *sb* Mindesteinlage *f*, Mindestbeteiligung *f*

minimum legal reserves ['mɪnjɪməm liːgəl rɪ'sɜːfs] *sb* Mindestreserve *f*

minimum lending rate ['mɪnɪməm 'lendɪŋ reɪt] *sb (UK)* Diskontsatz *m*

minimum nominal amount ['mɪnɪməm 'nɒmɪnəl ə'maʊnt] *sb* Mindestnennbetrag *m*

minimum price ['mɪnɪməm praɪs] *sb* Mindestpreis *m*

minimum purchase ['mɪnɪməm 'pɜːtʃɪs] *sb* Mindestabnahme *f*

minimum quantity order ['mɪnɪməm 'kwɒntɪtɪ 'ɔːdə] *sb* Mindestbestellmenge *f*

minimum reserve ['mɪnjɪməm rɪ'sɜːf] *sb* Mindestreserve *f*, Mindestreservesatz *m*, Pflichtreserve *f*

minimum turnover ['mɪnɪməm 'tɜːnəvə] *sb* Mindestumsatz *m*

minimum wage ['mɪnɪməm'weɪdʒ] *sb* Mindestlohn *m*

mining ['maɪnɪŋ] *sb* Bergbau *m*

mining company ['maɪnɪŋ kɒmpənɪ] *sb* bergrechtliche Gewerkschaft *f*

mining industry ['maɪnɪŋ 'ɪndʌstrɪ] *sb* Montanindustrie *f*

mining share ['maɪnɪŋ 'ʃeə] *sb* Kux *m*

minor ['maɪnə] *sb* Jugendliche(r) *m/f*

minor prevention from duty [maɪnə prɪ'venʃn frɒm 'djuːtɪ] *sb* geringfügige Dienstverhinderung *f*

minting ['mɪntɪŋ] *sb* Prägung *f*

minute ['mɪnɪt] *sb* ~s *pl (of a meeting)* Protokoll *n*

misapplication of deposit [mɪsæplɪ'keɪʃn əv dɪ'pɒsɪt] *sb* Depotunterschlagung *f*

misappropriation [mɪsəprəʊprɪ'eɪʃən] *sb* 1. Entwendung *f*; 2. *(money)* Veruntreuung *f*

miscalculate [mɪs'kælkjʊleɪt] *v* 1. sich verrechnen; 2. *(sth)* falsch berechnen, falsch einschätzen

miscalculation [mɪskælkjʊ'leɪʃən] *sb* Rechenfehler *m*, Fehlkalkulation *f*

misdirect [mɪsdɪ'rekt] *v (letter)* falsch adressieren

misfit analysis [mɪsfɪt ə'nælɪsɪz] *sb* Misfit-Analyse *f*

misguided investment ['mɪsgaɪdɪd ɪn'vestmənt] *sb* Kapitalfehlleitung *f*

mishandle [mɪs'hændl] *v* falsch behandeln, schlecht handhaben

mishandling [mɪs'hændlɪŋ] *sb* schlechte Handhabung *f*, Verpatzen *n*

misinform [mɪsɪn'fɔːm] *v* falsch informieren; *You were ~ed.* Man hat Sie falsch informiert.

misinterpretation [mɪsɪntɜːprɪ'teɪʃən] *sb* Fehldeutung *f*, Fehlinterpretation *f*

mismanage [mɪs'mænɪdʒ] *v 1.* schlecht verwalten; *2. (a deal)* unrichtig handhaben

mismanagement [mɪs'mænɪdʒmənt] *sb* schlechte Verwaltung *f*, Misswirtschaft *f*

mistake [mɪs'teɪk] *sb* Fehler *m*

mistake of law [mɪs'teɪk əv'lɔː] *sb* Rechtsirrtum *m*

misuse [mɪs'juːs] *sb* Missbrauch *m*

mixed cargo [mɪkst 'kɑːgəʊ] *sb* Stückgut *n*

mixed company [mɪkst 'kɔmpənɪ] *sb* gemischte Firma *f*

mixed economy [mɪkst ɪ'kɔnəmɪ] *sb* gemischte Wirtschaftsform *f*

mixed financing [mɪkst 'faɪnænsɪŋ] *sb* Mischfinanzierung *f*

mixed fund [mɪkst 'fʌnd] *sb* gemischter Fonds *m*

mixed manufacturing [mɪkst mænjʊ-'fæktʊərɪŋ] *sb* Gruppenfertigung *f*

mixed tariff [mɪkst 'tærɪf] *sb* Mischzoll *m*

mixed top-down [mɪkst 'tɔpdaʊn] *sb* Gegenstromverfahren *n*

mixture of marketing strategies ['mɪkstʃə əv 'mɑːkɪtɪŋ 'strætɪdʒɪz] *sb* Marketingmix *m*

mobbing ['mɔbɪŋ] *sb* Mobbing *n*

mobile ['məʊbaɪl] *adj 1.* beweglich; *2. (object)* fahrbar

mobile phone ['məʊbaɪl fəʊn] *sb* Handy *n*, Mobiltelefon *n*, Funktelefon *n*

mobilization draft [məʊbɪlaɪ'zeɪʃn drɑːft] *sb* Mobilisierungstratte *f*

mobilization mortgage bond [məʊbɪlaɪ-'zeɪʃn 'mɔːgɪdʒ bɔnd] *sb* Mobilisierungspfandbrief *m*

mobilization papers [məʊbɪlaɪ'zeɪʃn 'peɪpəs] *sb* Mobilisierungspapiere *n/pl*

modality [məʊ'dælɪtɪ] *sb* Modalität *f*

model ['mɔdl] *sb 1.* Modell *n; 2. (perfect example)* Muster *n; 3. (role ~)* Vorbild *n; adj 4.* vorbildlich, musterhaft, Muster...

modem ['məʊdem] *sb* Modem *n*

modification [mɔdɪfɪ'keɪʃn] *sb* Formwechsel *m*

monetarism ['mʌnɪtərɪzəm] *sb* Monetarismus *m*

monetary ['mʌnɪtərɪ] *adj 1.* geldlich, Geld...; *2. (politically)* Währungs..., monetär

monetary agreement ['mʌnɪtərɪ ə'griːmənt] *sb* Währungsabkommen *n*

monetary arrangement ['mʌnɪtærɪ ə'reɪnʒmənt] *sb* Gelddisposition *f*

monetary authority ['mʌnɪtərɪ ɔː'θɔrɪtɪ] *sb* Währungsbehörde *f*

monetary base ['mʌnɪtærɪ 'beɪz] *sb* Geldbasis *f*, monetäre Basis *f*

monetary base principle ['mʌnɪtærɪ 'beɪz prɪnsɪpl] *sb* Geldbasiskonzept *n*

monetary block ['mʌnɪtærɪ 'blɔk] *sb* Währungsblock *m*

monetary capital ['mʌnɪtærɪ 'kæpɪtl] *sb* Geldkapital *n*

monetary crisis ['mʌnɪtærɪ 'kraɪsɪs] *sb* Währungskrise *f*

monetary devaluation ['mʌnɪtærɪ dɪvæljʊ'eɪʃn] *sb* Geldentwertung *f*

monetary factor ['mʌnɪtærɪ 'fæktə] *sb* Geldfaktor *m*

monetary fund ['mʌnɪtærɪ fʌnd] *sb* Währungsfonds *m*

monetary parity ['mʌnɪtærɪ 'pærɪtɪ] *sb* Währungsparität *f*

monetary policy ['mʌnɪtærɪ 'pɔlɪsɪ] *sb* Geldpolitik *f*, Währungspolitik *f*

monetary reform ['mʌnɪtærɪ rɪ'fɔːm] *sb* Währungsreform *f*

monetary reserves ['mʌnɪtærɪ rɪ'sɜːfs] *sb* Währungsreserven *f/pl*

monetary restriction ['mʌnɪtərɪ rɪ'strɪkʃən] *sb* Geldverknappung *f*

monetary sovereignty ['mʌnɪtærɪ sɔvərɪntɪ] *sb* Münzhoheit *f*

monetary stability ['mʌnɪtærɪ stə'bɪlɪtɪ] *sb* Geldwertstabilität *f*

monetary structure ['mʌnɪtærɪ strʌkʃə] *sb* Geldverfassung *f*

monetary system ['mʌnɪtærɪ 'sɪstəm] *1.* Geldwesen *n; 2.* Währungssystem *n*, Währungsordnung *f*

monetary union ['mʌnɪtərɪ 'juːnjən] *sb* Währungsunion *f*

monetary unit ['mʌnɪtərɪ 'juːnɪt] *sb* Währungseinheit *f*

monetization ['mʌnɪtaɪzeɪʃn] *sb* Monetisierung *f*

money ['mʌnɪ] *sb* Geld *n*

money and capital market ['mʌnɪ ænd 'cæpɪtl 'mɑːkɪt] *sb* Kreditmarkt *m*

money broker ['mʌnɪ 'brəʊkə] *sb* Finanzmakler *m*, Kreditvermittler *m*

moneychanger ['mʌnɪtʃeɪndʒə] *sb 1.* Geldwechsler *m; 2. (machine)* Wechselautomat *m*

money counting machine ['mʌnɪ kaʊntɪŋ mə'ʃiːn] *sb* Geldzählautomat *m*

money demand ['mʌnɪ dɪ'mɑːnd] *sb* Geldnachfrage *f*

money deposited ['mʌnɪ dɪ'pɔzɪtɪd] *sb* Einlage *f*

money economy ['mʌnɪ ɪ'kɔnəmɪ] *sb* Geldwirtschaft *f*

money export ['mʌnɪ 'ɪkspɔt] *sb* Geldexport *m*

money guarantee clause ['mʌnɪ gərən-'tiː klɔz] *sb* Geldwertsicherungsklausel *f*

money illusion ['mʌnɪ ɪluːʃn] *sb* Geldillusion *f*

money import ['mʌnɪ 'ɪmpɔt] *sb* Geldimport *m*

money in account ['mʌnɪ ɪn ə'kaʊnt] *sb* Buchgeld *n*, Giralgeld *n*

money laundering ['mʌnɪ lɔndərɪŋ] *sb* Geldwäsche *f*

moneylender ['mʌnɪlendə] *sb* Geldverleiher *m*

money-maker ['mʌnɪmeɪkə] *sb (product)* Renner *m* (fam), Verkaufserfolg *m*

money management ['mʌnɪ 'mænædʒmənt] *sb* Geldhaltung *f*

money market ['mʌnɪ 'maːkɪt] *sb* Geldmarkt *m*, Geldbörse *f*

money market account ['mʌnɪ 'maːkɪt ə'kaʊnt] *sb* Geldmarktkonto *n*

money market credit ['mʌnɪ 'maːkɪt 'kredɪt] *sb* Geldmarktkredit *m*

money market funds ['mʌnɪ 'maːkɪt 'fʌnds] *sb* Geldmarktfonds *m*

money market policy ['mʌnɪ 'maːkɪt 'pɔlɪsɪ] *sb* Geldmarktpolitik *f*

money market rate ['mʌnɪ 'maːkɪt 'reɪt] *sb* Geldmarktsatz *m*

money market securities ['mʌnɪ 'maːkɪt 'sɪ'kjʊrɪtɪz] *sb* Geldmarktpapier *m*

money order ['mʌnɪɔːdə] *sb* Postanweisung *f*, Zahlungsanweisung *f*

money owed ['mʌnɪ əʊd] *sb* Guthaben *n*

money piece rate ['mʌnɪ 'piːs 'reɪt] *sb* Geldakkord *m*

money rate ['mʌnɪ 'reɪt] *sb* Geldsatz *m*

money sorting machine ['mʌnɪ 'sɔːtɪŋ mə'ʃiːn] *sb* Geldsortiermaschine *f*

money stock ['mʌnɪ 'stɔk] *sb* Geldmenge *f*

money substitute ['mʌnɪ 'sʌbstɪtjuːt] *sb* Geldsubstitut *n*

money supply ['mʌnɪ sə'plaɪ] *sb* Geldvolumen *n*

money supply target ['mʌnɪ sə'plaɪ 'taːgɪt] *sb* Geldmengenziel *n*

money transfer transactions ['mʌnɪ 'trænsfə træn'zækʃən] *sb* Überweisungsverkehr *m*

money wage ['mʌnɪ 'weɪdʒ] *sb* Geldlohn *m*

monitor ['mɔnɪtə] *v 1.* überwachen; *2. (a phone conversation)* abhören; *sb 3. (screen)* Monitor *m*

monitoring ['mɔnɪtɔːrɪŋ] *sb* Monitoring *n*

monopolies commission [mə'nɔpəliːz kə'mɪʃən] *sb* Monopolkommission *f*

monopolize [mə'nɔpəlaɪz] *v* monopolisieren

monopoly [mə'nɔpəlɪ] *sb* Monopol *n*

monopoly price [mə'nɔpəlɪ 'praɪz] *sb* Monopolpreis *m*

montage [mɔn'taːʒ] *sb* Montage *f*, Zusammenbau *m*

monthly ['mʌnθlɪ] *adj* monatlich, Monats...

monthly balance sheet ['mʌnθlɪ 'bælænts 'ʃiːt] *sb* Monatsbilanz *f*

monthly income statement ['mʌnθlɪ 'ɪnkʌm 'steɪtmənt] *sb* monatliche Erfolgsrechnung *f*, kurzfristige Erfolgsrechnung *f*

monthly instalment ['mʌnθlɪ ɪn'stɔːlmənt] *sb* monatliche Teilzahlungsrate *f*, monatliche Rate *f*

monthly report of Deutsche Bundesbank ['mʌnθlɪ rɪ'pɔːt əv ðə 'dɔytʃə 'bundəsbaŋk] *sb* Monatsbericht der Deutschen Bundesbank *m*

monthly return ['mʌnθlɪ rɪ'tɜːn] *sb* Monatsausweis *m*

mortage bank ['mɔːgɪdʒ bæŋk] *sb* Grundkreditanstalt *f*, Bodenkreditinstitut *n*, Hypothekenbank *f*, Pfandbriefanstalt *f*

mortgage ['mɔːgɪdʒ] *sb 1.* Hypothek *f*; *v 2.* hypothekarisch belasten, eine Hypothek aufnehmen auf

mortgage as security for a loan ['mɔːgɪdʒ æs ə sɪ'kjʊrɪtɪ fɔː ə 'ləʊn] *sb* Darlehenshypothek *f*

mortgage bank ['mɔːgɪdʒ bæŋk] *sb* Hypothekenbank *f*

mortgage bank law ['mɔːgɪdʒ 'bæŋk lɔː] *sb* Hypothekenbankgesetz *n*

mortgage bond ['mɔːgɪdʒ bɔnd] *sb* (Hypotheken-)Pfandbrief *m*

mortgage bond serving a social purpose ['mɔːgɪdʒ bɔnd 'sɜːvɪŋ ə 'səʊʃəl 'pɜːpɪs] *sb* Sozialpfandbrief *m*

mortgage debenture ['mɔːgɪdʒ dɪ'bentʃə] *sb* Hypothekenpfandbrief *m*

mortgage deed ['mɔːgɪdʒ 'diːd] *sb* Hypothekenbrief *m*

mortgage for the benefit of the owner [mɔːgɪdʒ fɔː ðə 'benəfɪt əv ðiː 'əʊnə] *sb* Eigentümer-Hypothek *f*

mortgage insurance ['mɔːgɪdʒ ɪn'ʃʊərənts] sb Hypothekenversicherung f

mortgage law ['mɔːgɪdʒ lɔː] sb Pfandbriefgesetz n

mortgage loan ['mɔːgɪdʒ 'ləʊn] sb Hypothekarkredit m, Pfandbriefdarlehen n

mortgage loan repayable after having been duly called ['mɔːgɪdʒ 'ləʊn rɪ'peɪəbl 'ɑːftə 'hævɪŋ biːn 'djuːlɪ 'cɔːld] sb Kündigungshypothek f

mortgage rate ['mɔːgɪdʒ reɪt] sb Hypothekenzins m

mortgage register ['mɔːgɪdʒ 'redʒɪstər] sb Hypothekenregister n

most favourable offer [məʊst 'feɪvərəbl 'ɔfə] sb günstigstes Angebot n, bestes Angebot n

most-favoured nation clause [məʊst-'feɪvəd 'neɪʃən klɔːz] sb Meistbegünstigungsklausel f

most-favoured nationtreatment [məʊst 'feɪvəd 'neɪʃəntriːtmənt] sb Meistbegünstigung f

motherboard ['mʌðəbɔːd] sb Hauptplatine f, Motherboard n

motion ['məʊʃən] sb (proposal) Antrag m; propose a ~ einen Antrag stellen

motivation [məʊtɪ'veɪʃən] sb Motivation f

motive [məʊtɪv] sb Motiv n, Beweggrund m

motor insurance ['məʊtərɪnsʊərəns] sb Kraftfahrzeugversicherung f

motor vehicle ['məʊtə 'viːhɪkl] sb Kraftfahrzeug n

motor vehicle tax ['məʊtə 'viːhɪkl tæks] sb Kraftfahrzeugsteuer f

mouse [maʊs] sb (computer) Maus f

movable goods [muːvəbl 'gʊds] sb Mobilien pl

move [muːv] v 1. (change residences) umziehen; 2. (transport) befördern; sb 3. (to a different job) Wechsel m; 4. (to a new residence) Umzug m

movement certificate ['muːvmənt sə'tɪfɪkət] sb Warenverkehrsbescheinigung f

mover ['muːvə] sb (person who moves furniture) Umzugsspediteur m, Möbelpacker m

multi [mʌltɪ] adj ~... viel..., mehr..., Multi...

multilateral [mʌltɪ'lætərəl] adj multilateral

multilateral trade ['mʌltɪlætərəl treɪd] sb multilateraler Handel m

multilingual [mʌltɪ'lɪŋgwəl] adj mehrsprachig

multimedia [mʌltɪ'miːdiə] pl Multimediatechnik f

multimillionaire [mʌltɪ'mɪljənɛə] sb Multimillionär(in) m/f

multimillion credit [mʌltɪ'mɪliən 'kredɪt] sb Millionenkredit m

multinational [mʌltɪ'næʃənl] adj multinational

multinational company [mʌltɪ'næʃənəl 'kʌmpəniː] sb multinationales Unternehmen n

multinational group [mʌltɪ'næʃənl gruːp] sb multinationaler Konzern m

multiple exchange rates ['mʌltɪbl ɪks-'tseɪŋʒ reɪts] sb gespaltener Wechselkurs m

multiple-line organization ['mʌltɪbllaɪn ɔːganaɪ'zeɪʃən] sb Mehrlinienorganisation f

multiple-process production ['mʌltɪbl-'prəʊsəs prɔ'dʌkʃən] sb Mehrfachfertigung f

multiple voting right ['mʌltɪbl 'vəʊtɪŋ raɪt] sb Mehrstimmrecht n

multiple voting share ['mʌltɪbl 'vəʊtɪŋ ʃɛə] sb Mehrstimmrechtsaktie f

multiplication [mʌltɪplɪ'keɪʃən] sb 1. Multiplikation f; 2. (fig) Vermehrung f

multiply ['mʌltɪplaɪ] v 1. multiplizieren; 2. (sth) vermehren, vervielfachen

multi-product company ['mʌltɪ'prɔdʌkt 'kʌmpəniː] sb Mehrproduktunternehmen n

multipurpose [mʌltɪ'pɜːpəs] adj Mehrzweck...

multi-stage fixed-cost accounting ['mʌltɪsteɪdʒ fɪksd 'kɔst ə'kaʊntɪŋ] sb stufenweise Fixkostendeckungsrechnung f

multitasking [mʌltɪ'tɑːskɪŋ] sb Multitasking n

municipal [mjuː'nɪsɪpəl] adj städtisch, Stadt..., kommunal

municipal bonds [mjuː'nɪsɪpəl bɔndz] pl Kommunalobligationen pl

municipal economy ['mjuːnɪsɪpl ɪ'kʌnʌmɪ] sb Kommunalwirtschaft f

municipality [mjuːnɪsɪ'pælɪtɪ] sb Kommune f, Gemeinde f

municipal measures to spur the economy ['mjuːnɪsɪpl 'meʒəs tu spɜː ðiː ɪ'kɔnəmɪ] sb kommunale Wirtschaftsförderung f

mutual ['mjuːtʃʊəl] adj 1. (shared) gemeinsam; 2. (bilateral) beiderseitig

mutual fund ['mjuːtʃʊəl fʌnd] sb (US) Investmentfonds m

mutual insurance ['mjuːtʃʊəl ɪn'ʃʊərəns] sb Versicherung auf Gegenseitigkeit f

mutual life insurance company ['mjuːtʊəl laɪf ɪn'ʃʊərənts 'kʌmpəniː] sb Versicherungsverein auf Gegenseitigkeit (VVaG) m

N

name [neɪm] v 1. (specify) nennen; 2. (appoint) ernennen; sb 3. Name m; 4. (reputation) Name m, Ruf m; 5. give s.o. a bad ~ jdn in Verruf bringen; 6. make a ~ for o.s. as sich einen Namen machen als

name-plate ['neɪmpleɪt] sb 1. Namensschild n; 2. (on a door) Türschild n

name tag ['neɪmtæg] sb Namensschild m

name transaction [neɪm træns'ækʃən] sb Aufgabegeschäft n

national ['næʃənəl] adj national, öffentlich, Landes...

national accounting ['næʃənəl ə'kaʊntɪŋ] sb volkswirtschaftliche Gesamtrechnung f

national bankruptcy ['næʃənəl 'bæŋkrʌpsɪ] sb Staatsbankrott m

national economy ['næʃənəl ɪ'kɒnəmɪ] sb Volkswirtschaft f

national income ['næʃənəl 'ɪnkʌm] sb Volkseinkommen n

national insurance ['næʃənəl ɪn'ʃʊərəns] sb (UK) Sozialversicherung f

nationality [næʃə'nælɪtɪ] sb Staatsangehörigkeit f, Nationalität f

nationalization [næʃənəlaɪ'zeɪʃən] sb Verstaatlichung f

nationalize ['næʃənəlaɪz] v (an industry) verstaatlichen

national product ['næʃənəl 'prɒdʌkt] sb Sozialprodukt n

national sovereignty rights ['næʃənəl 'sɒvərɪntɪ raɪts] sb nationale Souveränitätsrechte n/pl

national wealth ['næʃənəl 'welθ] sb Volksvermögen n

nationwide [neɪʃən'waɪd] adj landesweit

natural person ['nætʃrəl 'pɜːsən] sb natürliche Person f

naught [nɔːt] sb Null f

navigability [nævɪgə'bɪlɪtɪ] sb Schiffbarkeit f

navigable ['nævɪgəbl] adj schiffbar

near banks ['nɪə bæŋks] sb Nearbanken f/pl

necessary business property ['nesɪsərɪ 'bɪsnəs 'prɒpətɪ] sb notwendiges Betriebsvermögen n

necessary private property ['nesɪsərɪ 'praɪvət 'prɒpətɪ] sb notwendiges Privatvermögen n

necessity [nɪ'sesɪtɪ] sb 1. Notwendigkeit f; 2. of ~ notwendigerweise

need [niːd] sb 1. (necessity) Notwendigkeit f; 2. (requirement) Bedürfnis n, Bedarf m; 3. to be in ~ of sth etw dringend brauchen

negative advance interest ['negətɪf əd'væns 'ɪntrəst] sb Vorschusszinsen pl

negative clause ['negətɪf klɔːz] sb Negativklausel f

negative declaration ['negətɪf deklə'reɪʃn] sb Negativerklärung f

negative interest ['negətɪf 'ɪntrest] sb Negativzins m

negligence ['neglɪdʒəns] sb Nachlässigkeit f, Unachtsamkeit f; Fahrlässigkeit f

negligent ['neglɪdʒənt] adj fahrlässig, nachlässig, unachtsam

negotiable [nɪ'gəʊʃɪəbl] adj verkäuflich; It's ~. Darüber kann verhandelt werden.

negotiable document of title [nɪ'gəʊʃɪəbl 'dɒkjəmənt əv 'taɪtl] sb Traditionspapier n

negotiate [nɪ'gəʊʃɪeɪt] v 1. verhandeln; 2. (bring about) aushandeln; 3. (sth) handeln über

negotiation [nɪgəʊʃɪ'eɪʃən] sb 1. Verhandlung f; 2. enter into ~s in Verhandlungen eintreten

negotiation skills [nɪgəʊʃɪ'eɪʃən skɪlz] sb Verhandlungsgeschick n

negotiator [nɪ'gəʊʃɪeɪtə] sb Unterhändler(in) m/f, Verhandelnde(r) m/f

nepotism ['nepətɪzəm] sb Nepotismus m, Vetternwirtschaft f

net [net] adj 1. netto, Netto..., Rein...; v 2. netto einbringen; 3. (in wages) netto verdienen

net assets [net 'æsets] sb Reinvermögen, Nettovermögen n

net book value [net bʊk 'væljuː] sb Restwert m

net borrowing [net 'bɒrəʊɪŋ] sb Nettokreditaufnahme f

net dividend [net 'dɪvɪdənd] sb Netto-Dividende f

net earnings [net 'ɜːnɪŋz] sb Nettoertrag m

net export [net 'ɪkspɒt] sb Außenbeitrag m

net financial investment [net faɪ'nænʃl ɪn'vestmənt] sb Finanzierungssaldo n

net foreign demand [net 'fɔrɪŋ dɪ'mɑːnd] sb Außenbeitrag m

net income [net 'ɪnkʌm] *sb* Nettoeinkommen *n*

net income percentage of turnover [net 'ɪnkʌm pə'sentɪdʒəv 'tɜːnəvə] *sb* Umsatzrendite *f*

net indebtedness [net ɪn'detɪdnɪs] *sb* Nettoverschuldung *f*

net interest rate [net 'ɪntrəst reɪt] *sb* Nettozinssatz *m*

net investment [net ɪn'vestmənt] *sb* Nettoinvestition *f*

net loss [net 'lɔs] *sb* Bilanzverlust *m*

net loss for the year [net 'lɔs fɔː ðə jiə] *sb* Jahresfehlbetrag *m*

net movement of foreign exchange [net 'muːvmənt əv 'fɔrɪŋ ɪks'tʃeɪnʃ] *sb* Devisenbilanz *f*

net national product [net 'næʃənəl 'prɔdʌkt] *sb* Nettosozialprodukt *n*

net new indebtedness [net nju: ɪn'detətnəs] *sb* Nettoneuverschuldung *f*

net present value [net 'præsənt 'vælju:] *sb* Kapitalwert *m*

net price [net praɪs] *sb* Nettopreis *m*

net proceeds [net 'prəʊsiːdz] *sb* Nettoertrag *m*

net product [net 'prɔdʌkt] *sb* Wertschöpfung *f*

net profit [net 'prɔfɪt] *sb* Reingewinn *m*, Nettogewinn *m*

net profit for the year [net 'prɔfɪt fɔː θə jiə] *sb* Bilanzgewinn *m*

net profit ratio [net 'prɔfɪt reɪʃə] *sb* Umsatzrentabilität *f*

net turnover [net 'tɜːnəvə] *sb* Nettoumsatz *m*

net wages [net 'weɪdʒɪz] *sb* Nettolohn *m*

net weight [net weɪt] *sb* Nettogewicht *n*, Reingewicht *n*, Eigengewicht *n*

network ['netwɜːk] *sb* Netz *n*, Netzwerk *n*

networking ['netwɜːkɪŋ] *sb* Rechnerverbund *m*

neutral money ['njuːtrəl 'mʌnɪ] *sb* neutrales Geld *n*

new assessment [nju: ə'sesmənt] *sb* Neuveranlagung *f*

newcomer ['nju:kʌmə] *sb (beginner)* Neuling *m*

new endorsement [nju: ɪn'dɔːrzmənt] *sb* Neugiro *n*

new foundation [nju: faʊn'deɪʃən] *sb* Neugründung *f*

new indebtedness [nju: ɪn'detətnəs] *sb* Neuverschuldung *f*

new market [nju: 'mɑːkɪt] *sb* Neuer Markt *m*

news [nju:z] *pl* Nachricht *f*, Neuigkeiten *pl*

new shares [nju: ʃærs] *sb* junge Aktien *f/pl*

newsletter ['nju:zletə] *sb* Rundschreiben *n*, Rundbrief *m*

newspaper ['nju:zpeɪpə] *sb* Zeitung *f*

niche [ni:ʃ] *sb* Nische *f*

night safe ['naɪtseɪf] *sb* Nachtsafe *m*, Nachttresor *m*

night school ['naɪtskuːl] *sb* Abendschule *f*

night shift ['naɪtʃɪft] *sb* Nachtschicht *f*

night watchman [naɪt'wɔtʃmən] *sb* Nachtwächter *m*, Nachtportier *m*

nil tariff [nɪl 'tærɪf] *sb* Nulltarif *m*

nominal ['nɔmɪnəl] *adj* nominell, Nominal...

nominal amount ['nɔmɪnəl ə'maʊnt] *sb* Nominalbetrag *m*

nominal capital ['nɔmɪnəl 'kæpɪtl] *sb* Nominalkapital *n*

nominal capital borrowed ['nɔmɪnəl 'kæpɪtl 'bɔrəʊd] *sb* nominelles Eigenkapital *n*

nominal income ['nɔmɪnəl 'ɪnkʌm] *sb* Nominaleinkommen *n*

nominal rate of interest ['nɔmɪnəl reɪt əv 'ɪntrəst] *sb* Nominalzins *m*

nominal value ['nɔmɪnəl 'vælju:] *sb* Nennwert *m*, Nominalwert *m*, Ausgabewert *m*

non-assignable [nɔnə'saɪnəbl] *adj* nicht übertragbar

non-banks ['nɔnbæŋks] *sb* Nicht-Banken *f/pl*

nonbinding price recommendation ['nɔnbaɪndɪŋ praɪz rekɔmn'deɪʃn] *sb* unverbindliche Preisempfehlung *f*

non-calling period ['nɔnkɔːlɪŋ 'pɪrɪəd] *sb* Kündigungssperrfrist *f*

non cash ['nɔnkæʃ] *adj* unbar

non-compliance [nɔnkəm'plaɪəns] *sb (with rules)* Nichterfüllung *f*, Nichteinhaltung *f*

nonexistent [nɔnɪg'zɪstənt] *adj* nicht existierend, nicht vorhanden

non-forfeitability [nɔnfɔːr'fiːtəbl] *sb* Unverfallbarkeit *f*

non-liquidity [nɔnlɪ'kwɪdɪtɪ] *sb* Illiquidität *f*

non-negotiable [nɔnnɪ'gəʊʃɪəbl] *adj (ticket)* unübertragbar, nicht übertragbar

non-negotiable bill of exchange ['nɔnnɪ'gəʊʃɪəbl bɪl əv ɪks'tʃeɪnʒ] *sb* Rektawechsel *m*

nonoperating expense ['nɔnɔpəreɪtɪŋɪks'pens] *sb* betriebsfremder Aufwand *m*, neutraler Aufwand *m*

nonoperating income ['nɔnɔpəreɪtɪŋ 'ɪnkʌm] sb neutraler Ertrag m

nonoperating revenue ['nɔnɔpəreɪtɪŋ 'revənjuː] sb betriebsfremder Ertrag m

non-profit-making [nɔn'prɔfɪtmeɪkɪŋ] adj (UK) gemeinnützig

nonprofit organization ['nɔnprɔfɪt ɔːgənaɪ'zeɪʃn] sb Nonprofit-Organisation f

non-quotation ['nɔn kwəʊ'teɪʃn] sb Kursstreichung f

non-real-estate fixed assets ['nɔnriːəlɪsteɪt fɪksd 'æsəts] sb bewegliches Anlagevermögen n

non-recourse financing [nɔnrɪ'kɔːs 'faɪnænsɪŋ] sb Forfaitierung f

non-resident ['nɔnresɪdənt] sb Devisenausländer m, Gebietsfremder m

non-returnable [nɔnrɪ'tɜːnəbl] adj Einweg...

nonstop ['nɔn'stɔp] adj 1. ohne Halt, pausenlos; 2. (train) durchgehend

non-voting share ['nɔnvəʊtɪŋ ʃeər] sb stimmrechtslose Vorzugsaktie f

norm [nɔːm] sb Norm f

normal ['nɔːməl] adj normal, üblich

normal cost ['nɔːml kɔst] sb Normalkosten pl

normal level of capacity utilization ['nɔːml 'levl əv kə'pæsɪtɪ juːtɪlaɪ'zeɪʒn] sb Normalbeschäftigung f

normal transactions ['nɔːml træns'ækʃns] sb Normalverkehr m

norm price [nɔːm praɪz] sb Zielpreis (Zoll) m

nostro account ['nɔstrəʊ ə'kaʊnt] sb Nostrokonto n

North American Freetrade Area (NAFTA) ['nɔːθ ə'merɪkæn friːtreɪd æriə] sb Nordamerikanische Freihandelszone (NAFTA) f

nostro balance ['nɔstrəʊ 'bæləns] sb Nostroguthaben n

nostro liability ['nɔstrəʊ laɪə'bɪlɪtɪ] sb Nostroverbindlichkeit f

notarize ['nəʊtəraɪz] v notariell beglaubigen

notary ['nəʊtərɪ] sb Notar m

not binding [nɔt 'baɪndɪŋ] adj unverbindlich

note [nəʊt] sb Notiz f, Vermerk m, Schein m

note issue [nəʊt ɪʃjʊ] sb Notenausgabe f

notes and coins in circulation [nəʊts ænd 'kɔɪns ɪn sɜːkjʊ'leɪʃn] sb Zahlungsmittelumlauf m

notes appended to quotation [nəʊts ə'pændɪt tu kwɔ'teɪʃn] sb Kurszusätze m/pl

notes in circulation [nəʊts ɪn sɜːkjʊ'leɪʃn] sb Notenumlauf m

notes to consolidated financial statements [nəʊts tu kən'sʌlɪdeɪtɪd faɪ'nænʃl steɪtmənts] sb Konzernanhang m

notice ['nəʊtɪs] sb 1. (notification) Bescheid m, Benachrichtigung f; 2. (in writing) Mitteilung f; 3. until further ~ bis auf weiteres; 4. at short ~ kurzfristig; 5. (of quitting a job, of moving out) Kündigung f; give s.o. ~ (to an employee, to a tenant) jdm kündigen; (to an employer, to a landlord) jdm kündigen; 6. (public announcement) Bekanntmachung f

notice board ['nəʊtɪs bɔːd] sb Aushang m

notice of assessment ['nəʊtɪsəv ə'sesmənt] sb Steuerbescheid m

notice of defect ['nəʊtɪsəv 'diːfekt] sb Mängelanzeige f

notice of termination ['nəʊtɪsəv termɪ'neɪʃən] sb Kündigung f

notice to terminate for operational reasons ['nəʊtɪs tu 'tɜːmɪneɪt fɔː əpə'reɪʃənl 'riːzns] sb betriebsbedingte Kündigung f

notifiable [nəʊtɪ'faɪəbl] adj meldepflichtig

notifiable cartel [nəʊtɪ'faɪəbl 'cɑːtl] sb anmeldepflichtige Kartelle n

notification [nəʊtɪfɪ'keɪʃən] sb Benachrichtigung f, Mitteilung f, Meldung f

notification of damage [nəʊtɪfɪ'keɪʃən əv 'dæmɪdʒ] sb Schadensmeldung f

novelty ['nɔvəltɪ] sb (newness) Neuheit f

nuclear energy ['njuːkliərenədʒɪ] sb Atomenergie f, Kernenergie f

nuclear power ['njuːkliə 'pavə] sb Atomkraft f

nuclear power plant ['njuːkliə 'pavə plɑːnt] sb Atomkraftwerk n, Kernkraftwerk n

null [nʌl] adj nichtig, ungültig

nullify ['nʌlɪfaɪ] v annullieren, für null und nichtig erklären, ungültig machen

number ['nʌmbə] sb 1. Zahl f; 2. (numeral) Ziffer f; 3. (phone ~, house ~) Nummer f; 4. (quantity) Anzahl f; on a ~ of occasions des Öfteren

numbered account ['nʌmbəd ə'kaʊnt] sb Nummernkonto n

numbering ['nʌmbrɪŋ] sb Nummerierung f

nursing allowance ['nɜːsɪŋ ə'laʊəns] sb Pflegegeld n

nursing insurance fund ['nɜːsɪŋ ɪn'ʃʊərəns fʌnd] sb Pflegekrankenversicherung f

nursing pension insurance fund ['nɜːsɪŋ 'penʃn ɪn'ʃʊərənsfʌnd] sb Pflegerentenversicherung f

O

oath of disclosure [əʊθ əv dɪs'kləʊʃə] *sb* Offenbarungseid *m*

obedience [ə'biːdɪəns] *sb* Gehorsamkeit *f*

obey [ə'beɪ] *v* 1. gehorchen, folgen; 2. *(an order)* Folge leisten, befolgen

objection [əb'dʒekʃən] *sb* Beanstandung *f*, Einwand *m*

objective [əb'dʒektɪv] *sb* Ziel *n*

objectivity [ɔbdʒek'tɪvɪtɪ] *sb* Objektivität *f*

object of discernment ['ɔbdʒɪkt əv dɪ-'sɜːnmənt] *sb* Erkenntnisobjekt *n*

object principle ['ɔbdʒɪkt 'prɪnsɪpl] *sb* Objektprinzip *n*

obligation [ɔblɪ'geɪʃən] *sb* 1. Verpflichtung *f*, Pflicht *f*, Schuldverhältnis *n*; 2. *without ~* unverbindlich

obligation to contract [ɔblɪ'geɪʃn tu kɔn'trækt] *sb* Kontrahierungszwang *m*

obligation to furnish information [ɔblɪ-'geɪʃn tu 'fɜːnɪʃ ɪnfɔ:'meɪʃn] *sb* Mitteilungspflicht *f*

obligation to give information [ɔblɪ-'geɪʃn tu gɪf ɪnfɔ:'meɪʃn] *sb* Auskunftspflicht *f*

obligation to intervene [ɔblɪ'geɪʃn tu ɪntə'viːn] *sb* Interventionspflicht *f*

obligation to lodge a complaint [ɔblɪ-'geɪʃn tu 'lɔdʒ ə kɔm'pleɪnt] *sb* Rügepflicht *f*

obligation to make an additional contribution [ɔblɪ'geɪʃn tu 'meɪk ən ə'dɪʃnl kɔntrɪ'bjʊʃn] *sb* Nachschusspflicht *f*

obligation to pay subscription [ɔblɪ-'geɪʃn tu peɪ sʌb'skrɪpʃn] *sb* Einzahlungspflicht *f*

obligation to preserve records [ɔblɪ-'geɪʃn tu prɪ'zɜːv 'rekɔ:dz] *sb* Aufbewahrungspflicht *f*

obligation to redeem [ɔblɪ'geɪʃn tu rɪ-'diːm] *sb* Einlösungspflicht *f*

obligation to register [ɔblɪ'geɪʃn tu 'redʒɪstə] *sb* Meldepflicht *f*

obligation to take delivery [ɔblɪ'geɪʃən tu 'teɪk dɪ'lɪvərɪ] *sb* Abnahmepflicht *f*

obligatory [ɔ'blɪgətɔrɪ] *adj* obligatorisch; *It is ~.* Es ist Pflicht.

obligor ['ɔblɪgɔ:] *sb* Schuldner *m*

observation [ɔbzə'veɪʃən] *sb* Beobachtung *f*

observation of markets [ɔbzə'veɪʃən əv 'maːkɪts] *sb* Marktbeobachtung *f*

obsolescence [ɔbsəʊ'lesns] *sb* Obsoleszenz *f*

obtainable [əb'teɪnəbl] *adj* erhältlich

occupation [ɔkju'peɪʃən] *sb* 1. *(employment)* Beruf *m*, Tätigkeit *f*; 2. *(pastime)* Beschäftigung *f*, Betätigung *f*, Tätigkeit *f*

occupational [ɔkju'peɪʃənəl] *adj* beruflich, Berufs..., Arbeits...

occupational disability [ɔkju'peɪʃnəl dɪsə'bɪlɪtɪ] *sb* Berufsunfähigkeit *f*

occupational hazard [ɔkju'peɪʃənəl 'hæzəd] *sb* Berufsrisiko *n*

odd jobs [ɔd'dʒɔbz] *pl* Gelegenheitsarbeiten *pl*, Gelegenheitsjobs *pl*

odd lot [ɔd lɔt] *sb* 1. krummer Auftrag *m*; 2. Sondermenge *f*, Restposten *m*

oddment ['ɔdmənt] *sb* Restposten *m*

off-duty [ɔf'djuːtɪ] *adj* dienstfrei

offence [ə'fens] *sb* Straftat *f*, Delikt *n*

offer ['ɔfə] *v* 1. anbieten; 2. *~ to do sth* anbieten, etw zu tun/sich bereit erklären, etw zu tun; 3. *~ one's hand* jdm die Hand reichen; 4. *(a view, a price)* bieten; *sb* 5. Angebot *n*

offer of employment ['ɔfər əv ɪm'plɔɪmənt] *sb* Stellenangebot *n*

offical stock exchange list [ɔ'fɪʃl stɔk ɪks'dʒeɪnʃ lɪst] *sb* offizielles Kursblatt *n*

office ['ɔfɪs] *sb* 1. Büro *n*; 2. *(lawyer's)* Kanzlei *f*; 3. *(public position)* Amt *n*; 4. *take ~ sein Amt antreten*; 5. *(department)* Abteilung *f*; 6. *(department of the government)* Behörde *f*, Amt *n*; 7. *(one location of a business)* Geschäftsstelle *f*

office automation ['ɔfɪs ɔːtə'meɪʃn] *sb* Büroautomation *f*

office block ['ɔfɪs blɔk] *sb* Bürogebäude *n*

office communication ['ɔfɪs kɔm'jʊnɪkeɪʃn] *sb* Bürokommunikation *f*

officeholder ['ɔfɪshəʊldə] *sb* Amtsinhaber *m*

office hours ['ɔfɪs aʊəz] *pl* 1. Dienststunden *pl*, Geschäftszeit *f*; 2. *(time available for consultation)* Sprechstunden *pl*

office junior ['ɔfɪs 'dʒuːnjə] *sb* Bürogehilfe/Bürogehilfin *m/f*

officer ['ɔfɪsə] *sb (official)* Beamte(r)/Beamtin *m/f*, Funktionär(in) *m/f*

office supplies ['ɔfɪs sə'plaɪz] pl Bürobedarf m, Büromaterial n

official [ɔ'fɪʃəl] adj 1. offiziell, amtlich; sb 2. Beamte(r)/Beamtin m/f, Funktionär(in) m/f

official business [ɔ'fɪʃəl 'bɪznɪs] sb (on a letter) Dienstsache f

officialdom [ɔ'fɪʃəldəm] sb Bürokratie f

official fees [ɔ'fɪʃl fiːz] sb Verwaltungsgebühr f

officially quoted security [ɔ'fɪʃəlɪ 'kwəʊtɪd sɪ'kjʊrɪtɪ] sb Schrankenwert m

official market [ɔ'fɪʃl 'mɑːkɪt] sb amtlicher Markt m

official market broker [ɔ'fɪʃl 'mɑːkɪt 'brəʊkə] sb Parkettmakler m

official receiver [ɔ'fɪʃəl rɪ'siːvə] sb Konkursverwalter m

official secret [ɔ'fɪʃəl 'siːkrɪt] sb Dienstgeheimnis n, Amtsgeheimnis n

official trading [ɔ'fɪʃl 'treɪdɪŋ] sb amtlicher Handel m

official trading hours [ɔ'fɪʃl 'treɪdɪŋ 'aʊəs] sb Börsenzeit f

off-limits [ɔf 'lɪmɪts] adj mit Zugangsbeschränkung

off-peak hours ['ɔfpiːk 'aʊəz] pl verkehrsschwache Stunden pl

offset ['ɔfset] sb Ausgleich m

offset tax ['ɔfset 'tæks] sb Kompensationssteuer f

offsetting arbitrage ['ɔfsetɪŋ 'ɑːrbɪtrɑːʒ] sb Ausgleichs-Arbitrage f

offsetting costs ['ɔfsetɪŋ kɔsts] sb kompensatorische Kosten pl

offsetting of receivables and payables in the consolidated financial statements ['ɔfsetɪŋ əv rɪ'siːvəbls ænd 'peɪəbls ɪn ðə kən'sɒlɪdeɪtəd faɪ'nænʃl 'steɪtmənts] sb Schuldenkonsolidierung f

offset transaction ['ɔfset træns'ækʃn] sb Kompensationsgeschäft n

offshore centres ['ɔfʃɔː 'sentəs] sb Offshore-Zentren n/pl

offshore dealings ['ɔfʃɔː 'diːlɪŋs] sb Offshore-Geschäft n

offshore purchases ['ɔfʃɔː 'pɜːrtʃəsɪs] sb Offshore-Käufe m/pl

oil [ɔɪl] sb Öl n

oil futures dealings [ɔɪl 'fjʊtəs 'diːlɪŋs] sb Ölterminhandel m

oil futures exchange [ɔɪl 'fjʊtʃəs ɪks'dʒeɪnʃ] sb Ölterminbörse f

old-age pension ['əʊld eɪdʒ 'penʃn] sb Altersruhegeld n

old-age pensioner ['əʊld eɪdʒ 'penʃənə] sb Rentner m

old-age social security system sb ['əʊld eɪdʒ səʊʃl sɪkjʊrɪtɪ sɪstəm] sb Altersvorsorge f

old-established ['əʊldɪs'tæblɪʃd] adj alteingesessen, alt

old-fashioned ['əʊld'fæʃənd] adj altmodisch

on a commission basis ['ɔnə kə'mɪʃən 'beɪsɪs] adv auf Provisionsbasis

on approval [ɔn ə'pruːvəl] adv zur Ansicht

on call [ɔn'kɔːl] adv auf Abruf

one-item clause ['wʌnaɪtəm klɔːz] sb Einpunktklausel f

one-man corporation ['wʌnmæn kɔrpɔ'reɪʃn] sb Einpersonengesellschaft f

one month money [wʌn mʌnθ 'mʌnɪ] sb Monatsgeld n

one's own capital [wʌns 'əʊn 'kepɪtl] sb Eigenkapital n

one-stop ['wʌnstɔp] adj alles an einem Ort

one-to-one [wʌn tu wʌn] adj eins-zu-eins, sich genau entsprechend

one-way ['wʌnweɪ] adj 1. (traffic) Einbahn...; 2. (packaging, bottles) Einweg...

one-year contract of employment ['wʌnjiːə 'kɔntrekt əv ɪm'plɔɪmənt] sb Jahresarbeitsvertrag m

ongoing ['ɔngəʊɪŋ] adj 1. laufend, im Gang befindlich; 2. (long-term) andauernd

online [ɔn'laɪn] adj online, Online...

online operation ['ɔnlaɪn ɔpə'reɪʃn] sb Online-Betrieb m

on receipt of the invoice [ɔn rɪ'siːt əvðiː'ɪnvɔɪs] adv nach Erhalt der Rechnung

on schedule [ɔn'ʃedjuːl] adv termingerecht

onshore business ['ɔnʃɔː 'bɪsnɪs] sb Onshore-Geschäft n

on time [ɔn'taɪm] adv fristgerecht

on trial [ɔn'traɪl] adv auf Probe

open ['əʊpən] v 1. (shop) aufmachen, öffnen; 2. (trial, exhibition, new business) eröffnen

open account [əʊpn ə'kaʊnt] sb offenes Konto n

open cheque ['əʊpən tʃek] sb Barscheck m

open credit [əʊpn 'kredɪt] sb Blanko-Kredit m

open day ['əʊpəndeɪ] sb Tag der offenen Tür m

open-end fund [əʊpn'ænd fʌnd] sb offener Fonds m

opening balance sheet ['əʊpənɪŋ 'bæləns ʃiːt] sb Eröffnungsbilanz f

opening capital ['əʊpənɪŋ 'kæpɪtl] sb Anfangskapital n, Startkapital n

opening of a business ['əʊpənɪŋ əv ə 'bɪznɪs] sb Geschäftseröffnung f

opening of an account ['əʊpənɪŋ əv ən ə'kaʊnt] sb Kontoeröffnung f

opening of new markets ['əʊpənɪŋ əv njuː 'mɑːkɪts] sb Markterschließung f

opening price ['əʊpənɪŋ praɪs] sb Eröffnungskurs m

opening stock ['əʊpənɪŋ stɔk] sb Anfangsbestand m

opening time ['əʊpənɪŋ taɪm] sb (UK) Öffnungszeit f

open-item accounting [əʊpən'aɪtəm ə'kaʊntɪŋ] sb Offene-Posten-Buchhaltung f

open market ['əʊpən 'mɑːkɪt] sb offener Markt m

open position [əʊpən pə'sɪʃn] sb offene Position f

operate ['ɔpəreɪt] v 1. (machine) funktionieren, in Betrieb sein; 2. (system, organization) arbeiten; 3. (manage) betreiben, führen; 4. (a machine) bedienen, 5. (a brake, a lever) betätigen

operating ['ɔpəreɪtɪŋ] adj Betriebs...

operating assets ['ɔpəreɪtɪŋ 'esəts] sb Betriebsvermögen n

operating costs ['ɔpəreɪtɪŋ kɔsts] sb Betriebskosten pl

operating expenses ['ɔpəreɪtɪŋ ɪk'spensɪz] pl Betriebskosten pl, Geschäftskosten pl

operating fund ['ɔpəreɪtɪŋ fʌnd] sb Betriebsfonds m

operating instructions ['ɔpəreɪtɪŋ ɪn'strʌkʃənz] pl Betriebsanleitung f, Bedienungsvorschrift f

operating permit ['ɔpəreɪtɪŋ 'pɜːmɪt] sb Betriebserlaubnis f

operating system ['ɔpəreɪtɪŋ 'sɪstəm] sb Betriebssystem n

operation [ɔpə'reɪʃən] sb 1. (control) Bedienung f, Betätigung f; 2. (running) Betrieb m; put out of ~ außer Betrieb setzen; 3. (enterprise) Unternehmen n, 4. Unternehmung f, Operation f

operational [ɔpə'reɪʃənəl] adj 1. (in use) in Betrieb, im Gebrauch; 2. (ready for use) betriebsbereit, einsatzfähig

operational accountancy [ɔpər'eɪʃənl ə'kaʊntnsɪ] sb betriebliches Rechnungswesen n

operational analysis [ɔpər'eɪʃənl ə'nəlɪsɪs] sb Betriebsanalyse f

operational profitability [ɔpər'eɪʃənl prɔfɪtə'bɪlɪtɪ] sb Betriebsrentabilität f

operations statistics [ɔpər'eɪʃns stə'tɪstɪcs] sb Betriebsstatistik f

operator ['ɔpəreɪtə] sb 1. (telephone) Vermittlung f, Dame/Herr von der Vermittlung m/f; 2. (company) Unternehmer m; 3. (of a machine) Bedienungsperson f, Arbeiter m; 4. (of a lift, of a vehicle) Führer m

opinion [ə'pɪnjən] sb (professional advice) Gutachten n

opinion leader [ɔ'pɪnjən 'liːdə] sb Meinungsführer m

opinion poll [ə'pɪnjən pəʊl] sb Meinungsumfrage f

opportunity costs [ɔpər'tjuːnɪtɪ kɔsts] sb Opportunitätskosten pl

opportunity for advancement [ɔpə'tjuːnɪti fɔːr əd'vɑːnsmənt] sb Aufstiegsmöglichkeit f

opposition [ɔpə'sɪʃn] sb Opposition f

oppressive contract [ɔ'presɪv 'kɔntrækt] sb Knebelungsvertrag m

optimisation [ɔptɪmaɪz'eɪʃən] sb Optimierung f

optimism ['ɔptɪmɪzəm] sb Optimismus m

optimistic [ɔptɪ'mɪstɪk] adj optimistisch

optimize ['ɔptɪmaɪz] v optimieren

optimum ['ɔptɪməm] adj optimal

option ['ɔpʃən] sb Option f

optional ['ɔpʃənəl] adj 1. freiwillig; 2. (accessory) auf Wunsch erhältlich

optional loan ['ɔpʃnəl 'ləʊn] sb Optionsdarlehen n

option bond ['ɔpʃn bɔnd] sb Optionsanleihe f

option clause ['ɔpʃn klɔːz] sb Fakultativklausel f

option contract ['ɔpʃn 'kɔntrækt] sb Prämienbrief m

option dealing ['ɔpʃn 'diːlɪŋ] sb Optionsgeschäft n, Prämiengeschäft n

option price ['ɔpʃn praɪs] sb Optionspreis m

option right ['ɔpʃn raɪt] sb Optionsrecht n

option seller ['ɔpʃn selə] sb Stillhalter m

option to capitalize ['ɔpʃn tu 'cæpɪtəlaɪz] sb Aktivierungswahlrecht n

option to sell ['ɔpʃn tu sel] sb Verkaufsoption f

oral ['ɔːrəl] adj (verbal) mündlich

order ['ɔːdə] v 1. bestellen; 2. (place an ~ for) bestellen, 3. (~ to be manufactured) in Auftrag geben; 4. (command) befehlen, anordnen; ~ *in* hereinkommen lassen; 5. *(arrange)* ordnen; *sb* 6. *(sequence)* Reihenfolge *f*, Folge *f*, Ordnung *f*; *in ~ of priority* je nach Dringlichkeit; 7. *(working condition)* Zustand *m*; *to be out of ~* außer Betrieb sein; 8. *(command)* Befehl *m*, Anordnung *f*; *to be under ~s to do sth* Befehl haben, etw zu tun; *by ~ of* auf Befehl von, im Auftrag von; 9. *(for goods, in a restaurant)* Bestellung *f*; 10. *(to have sth made)* Auftrag *m*; *make to ~* auf Bestellung anfertigen

order bill of lading [ˈɔːdə bɪl əv ˈleɪdɪŋ] *sb* Orderkonnossement *n*

order cheque [ˈɔːdə tʃek] *sb* Orderscheck *m*

order clause [ˈɔːdə klɔːz] *sb* Orderklausel *f*

ordered quantity [ˈɔːdəd ˈkwɒntɪtɪ] *sb* Bestellmenge *f*

order for payment [ˈɔːdə fɔː ˈpaɪmənt] *sb* Zahlungsauftrag *m*, Zahlungsbefehl, Zahlungsanweisung *f*

order form [ˈɔːdə fɔːm] *sb* Bestellschein *m*

ordering costs [ˈɔːdəɪŋ kɔsts] *sb* Bestellkosten *pl*

order number [ˈɔːdə ˈnʌmbə] *sb* Auftragsnummer *f*

order processing [ˈɔːdə ˈprəʊsesɪŋ] *sb* Auftragsbearbeitung *f*

order scheduling [ˈɔːdə ˈʃedjuːlɪŋ] *sb* Auftragsplanung *f*

order to pay [ˈɔːdə tu ˈpeɪ] *sb* Zahlungsanweisung *f*

ordinary budget [ˈɔːdɪnærɪ ˈbʌdʒɪt] *sb* ordentlicher Haushalt *m*

ordinary expenditure [ˈɔːdɪnærɪ ɪksˈpændɪtʃʊə] *sb* ordentliche Ausgaben *f/pl*

ordinary increase in capital [ˈɔːdɪnærɪ ˈɪnkriːz ɪn kæpɪtl] *sb* ordentliche Kapitalerhöhung *f*

ordinary revenue [ˈɔːdɪnærɪ ˈrevənjuː] *sb* ordentliche Einnahmen *f/pl*

ordinary share [ˈɔːdɪnærɪ ʃeə] *sb* Stammaktie *f*

organization [ɔːgənaɪˈzeɪʃən] *sb* Organisation *f*

organizational [ɔːgənaɪˈzeɪʃənəl] *adj* organisatorisch

organizational chart [ɔːgənaɪˈzeɪʃnl tʃɑt] *sb* Organisationsdiagramm *n*, Organigramm *n*

organizational information system [ɔːgənaɪˈzeɪʃnl ɪnfəˈmeɪʃn sɪstəm] *sb* betriebliches Informationssystem *n*

organizational standards [ɔːgənaɪˈzeɪʃnl ˈstændəts] *sb* Betriebsnormen *f/pl*

organizational structure [ɔːgənaɪˈzeɪʃnl ˈstrʌkʃə] *sb* Organisationsstruktur *f*

organization and methods department [ɔːgənaɪˈzeɪʃn ænd ˈmeθəds dɪˈpɑːtmənt] *sb* Organisationsabteilung *f*

organization expense [ɔːgənaɪˈzeɪʃn ɪksˈpæns] *sb* Organisationskosten *pl*

organize [ˈɔːgənaɪz] *v* organisieren

organizer [ˈɔːgənaɪzə] *sb* 1. Organisator *m*; 2. *(of an event)* Veranstalter *m*

origin [ˈɒrɪdʒɪn] *sb* Ursprung *m*, Herkunft *f*, Provenienz *f*

original [əˈrɪdʒɪnl] *adj (version)* original, Original...

original capital contribution [ərˈɪdʒɪnl ˈkæpɪtl kɒntrɪˈbjuːʃn] *sb* Stammeinlage *f*

original investment [ərˈɪdʒɪnl ɪnˈvestmənt] *sb* Stammeinlage *f*

ostensible company [ɒsˈtensɪbl ˈkɒmpənɪ] *sb* Scheingesellschaft *f*

ostensible merchant [ɒsˈtensɪbl mɜdʒənt] *sb* Scheinkaufmann *m*

ouster [ˈaʊstə] *sb* Enteignung *f*

outbid [aʊtˈbɪd] *v irr* überbieten

outdated [aʊtˈdeɪtɪd] *adj* überholt, veraltet

outdoor advertising [ˈaʊtdɔːrˈædvətaɪzɪŋ] *sb* Außenwerbung *f*

outfit [ˈaʊtfɪt] *v* 1. ausrüsten, ausstatten; *sb* 2. *(equipment)* Ausrüstung *f*, Ausstattung *f*

outfitter [ˈaʊtfɪtə] *sb (UK)* Ausrüster *m*, Ausstatter *m*

outlaw [ˈaʊtlɔː] *v* für ungesetzlich erklären, verbieten

outlay [ˈaʊtleɪ] *sb* Geldauslage *f*

outlay tax [ˈaʊtleɪ tæks] *sb* Ausgabensteuer *f*

outlet [ˈaʊtlet] *sb* 1. *(electrical ~)* Steckdose *f*; 2. *(shop)* Verkaufsstelle *f*; 3. *(for goods)* Absatzmöglichkeit *f*

outlook [ˈaʊtlʊk] *sb (prospects)* Aussichten *pl*

outmoded [aʊtˈməʊdɪd] *adj* unzeitgemäß

out-of-court settlement [aʊt əv ˈkɔːt ˈsetlmənt] *sb* außergerichtlicher Vergleich *m*

out-of-date [aʊt əv ˈdeɪt] *adj* veraltet, altmodisch

out-of-town cheque [aʊt əv taʊn tʃek] *sb* Versandscheck *m*

output [ˈaʊtpʊt] *sb* Produktion *f*, Output *m*, Fördermenge *f*

outside financing [ˈaʊtsaɪd ˈfaɪnænsɪŋ] *sb* Fremdfinanzierung *f*

outside services [ˈaʊtsaɪd ˈsɜːvɪsɪs] *sb* Fremdleistung *f*

outsource [aʊt'sɔːs] v an Fremdfirmen vergeben

outsourcing ['aʊtsɔːsɪŋ] sb Fremdvergabe f

outstanding [aʊt'stændɪŋ] adj (not yet paid) ausstehend

outstanding account [aʊt'stændɪŋ ə'kaʊnt] sb offene Rechnung f

outstanding accounts ['aʊtstændɪŋ ə'kaʊnts] sb Außenstände m/pl

outstanding contributions ['aʊtstændɪŋ kɒntrɪ'bjuːʃns] sb ausstehende Einlagen f/pl

outstanding debts [aʊt'stændɪŋ dets] sb Außenstände pl

overachieve [əʊvərə'tʃiːv] v besser abschneiden als erwartet

overall adjustment ['əʊvɔːl ə'dʒʌstmənt] sb Globalwertberichtigung f

overall assignment ['əʊvɔːl ə'saɪnmənt] sb Globalzession f

overall costs ['əʊvɔːl 'kɒsts] sb Gesamtkosten pl

overcapitalization [əʊvəkæpɪtəlaɪ'zeɪʃn] sb Überkapitalisierung f

overcharge [əʊvə'tʃɑːdʒ] v zu viel berechnen

overdraft ['əʊvədrɑːft] sb Kontoüberziehung f

overdraft commission ['əʊvədrɑːft kə'mɪʃn] sb Überziehungsprovision f

overdraft credit ['əʊvədrɑːft 'kredɪt] sb Überziehungskredit m

overdraft of an account ['əʊvədrɑːft əvənə'kaʊnt] sb Kontoüberziehung f

overdraw [əʊvə'drɔː] v irr überziehen

overdue [əʊvə'djuː] adj überfällig

overestimate [əʊvər'estɪmeɪt] v überschätzen, überbewerten

overfinancing [əʊvə'faɪnənsɪŋ] sb Überfinanzierung f

overflow ['əʊvəfləʊ] sb Überschuss m

overhaul [əʊvə'hɔːl] v 1. (a machine) überholen; 2. (plans) gründlich überprüfen; sb 3. Überholung f, gründliche Überprüfung f

overhead allocation sheet ['əʊvəhæd ələ'keɪʃn fiːt] sb Betriebsabrechnungsbogen (BAB) m

overhead costs ['əʊvəhed kɒsts] sb Gemeinkosten pl, allgemeine Unkosten pl

overhead value analysis ['əʊvəhæd 'vælju ə'nælɪsɪs] sb Gemeinkostenwertanalyse (GWA) f

overland [əʊvə'lænd] adv auf dem Landweg, über Land

overleaf [əʊvə'liːf] adv umseitig

overload [əʊvə'ləʊd] v 1. überladen, 2. (with electricity) überlasten; sb 3. Überbelastung f; 4. (electricity) Überlastung f

overqualified [əʊvə'kwɒlɪfaɪd] adj überqualifiziert

overrate [əʊvə'reɪt] v überschätzen, überbewerten

override [əʊvə'raɪd] v irr 1. (cancel out) umstoßen, aufheben; 2. (an objection) ablehnen

overseas [əʊvə'siːz] adv nach Übersee, in Übersee

oversell [əʊvə'sel] v irr überbuchen

over-subscription [əʊvəsʌb'skrɪpʃn] sb Überzeichnung f

over-the-counter business [əʊvə ðə 'kaʊntə 'bɪznɪs] sb Tafelgeschäft n

over-the-counter trade [əʊvə ðə 'kaʊntə 'treɪd] sb Freihandel m

over-the-counter trading [əʊvə ðə 'kaʊntə 'treɪdɪŋ] sb Effektenverkauf m

overtime ['əʊvətaɪm] sb Überstunden pl

owe [əʊ] v 1. schulden, schuldig sein; 2. (have s.o. to thank for sth) jdm etw verdanken; 3. (owing to) wegen, infolge, dank

own [əʊn] v 1. besitzen, haben; sb 2. come into one's ~ sein rechtmäßiges Eigentum erlangen

own capital withdrawal [əʊn 'kæpɪtl wɪθ'drɔːl] sb Eigenkapitalentzug m

own contributions ['əʊn kɒntrɪ'bjuʃns] sb Eigenleistungen f/pl

owner ['əʊnə] sb 1. Besitzer(in) m/f; 2. (of a house, of a firm) Eigentümer(in) m/f

owner-occupied home premium ['əʊnə 'ɔkjʊpaɪd 'həʊm 'priːmjəm] sb Eigenheimzulage f

owner-operated municipal enterprise ['əʊnə'ɔpəreɪtəd 'entəpraɪs] sb Eigenbetrieb m

owner's risk ['əʊnəs rɪsk] sb Eigners Gefahr f, Unternehmerrisiko n

owner's salary ['əʊnəs sæləri] sb Unternehmerlohn m

ownership ['əʊnəfɪp] sb 1. Besitz m; 2. under new ~ unter neuer Leitung

ownership in fractional shares ['əʊnəfɪp ɪn 'frækfənl 'fæs] sb Bruchteilseigentum n

ozone-friendly [əʊzəʊn'frendlɪ] adj umweltfreundlich

own security deposit [əʊn sɪ'kjʊrɪtɪ dɪ'pɒsɪt] sb Eigendepot n

own security holdings [əʊn sɪ'kjʊrɪtɪ 'həʊldɪŋ] sb eigene Effekten pl

P

pack [pæk] *v 1. (a container)* voll packen; *2. (a case)* packen; *3. (things into a case)* einpacken; *sb 4. (packet)* Paket *n*

package ['pækɪdʒ] *sb 1.* Paket *n*, Packung *f; 2. ~s* Frachtstücke *pl*

packaging ['pækɪdʒɪŋ] *sb* Verpackung *f*

packet ['pækɪt] *sb* Paket *n*, Päckchen *n*, Schachtel *f*

packing ['pækɪŋ] *sb (material)* Verpackungsmaterial *n*, Verpackung *f*

packing instructions ['pækɪŋ ɪn'strʌkʃənz] *sb* Verpackungsvorschriften *pl*

packing unit ['pækɪŋ 'juːnɪt] *sb* Verpackungseinheit *f*

packing waste ['pækɪŋ weɪst] *sb* Verpackungsmüll *m*, Verpackungsabfall *m*

padded ['pædɪd] *adj* gepolstert

paid [peɪd] *adj* bezahlt

paid-up capital [peɪd 'ʌp 'kæpɪtl] *sb* eingezahltes Kapital *n*

paid vacation [peɪd veɪ'keɪʃən] *sb* bezahlter Urlaub *m*

pair [pɛə] *sb 1.* Paar *n; v 2.* paarweise anordnen

pallet ['pælɪt] *sb* Palette *f*

pane [peɪn] *sb 1.* Glasscheibe *f; 2. window ~* Fensterscheibe *f*

panel ['pænl] *sb 1. (of switches)* Schalttafel *f,* Kontrolltafel *f; 2. (of a car)* Armaturenbrett *n; 3. (of experts, of interviewers)* Gremium *n*

panel discussion ['pænl dɪs'kʌʃən] *sb* Podiumsdiskussion *f*

panellist ['pænəlɪst] *sb* Diskussionsteilnehmer(in) *m/f*

panel of experts ['pænl əv 'ekspəts] *sb* Sachverständigenrat *m*

panic buying ['pænɪk 'bajɪŋ] *sb* Panikkauf *m*

paper ['peɪpə] *sb 1.* Papier *n; 2. ~s pl (writings, documents)* Papiere *pl*

paper money ['peɪpə 'mʌnɪ] *sb* Papiergeld *n*

paperwork ['peɪpəwɜːk] *sb 1.* Schreibarbeit *f; 2. (in a negative sense)* Papierkram *m*

par [pɑː] *adj* pari

parallel currency ['pærələl 'kʌrənsɪ] *sb* Parallelwährung *f*

parallel loan ['pærələl 'ləʊn] *sb* Parallelanleihe *f*

parallel market ['pærələl 'mɑːkɪt] *sb* Parallelmarkt *m*

parcel ['pɑːsl] *sb 1.* Paket *n; 2. (land)* Parzelle *f*

parcenary ['pɑːsɪnərɪ] *sb* Mitbesitz *m*

par price ['pɑː praɪs] *sb* Parikurs *m*

par value share [pɑː 'vælju ʃæə] *sb* Nennwertaktie *f*

pardon ['pɑːdn] *v 1.* begnadigen; *sb 2.* Begnadigung *f*

parent company ['pɛərənt 'kʌmpənɪ] *sb* Muttergesellschaft *f,* Stammhaus *n*

paring down ['pɛərɪŋ daʊn] *sb* Gesundschrumpfung *f*

parity ['pærɪtɪ] *sb (of currency)* Parität *f*

parity codetermination ['pærɪtɪ kəʊditəmɪ'neɪʃn] *sb* paritätische Mitbestimmung *f*

parity grid ['pærɪtɪ grɪd] *sb* Paritätengitter *n*

parity of rates ['pærɪtɪ əv 'reɪts] *sb* Kursparität *f*

parol ['pærəl] *adj* mündlich

part exchange [pɑːt ɪks'tʃeɪndʒ] *sb 1. offer sth in ~* etw in Zahlung geben; *2. take sth in ~* etw in Zahlung nehmen

partial ['pɑːʃəl] *adj* Teil..., teilweise, partiell

partial acceptance ['pɑːʃl ək'sæptəns] *sb* Teilakzept *n*

partial balance sheet ['pɑːʃəl 'bæləⁿsʃlɪt] *sb* Teilbilanz *f*

partial bill of lading ['pɑːʃl bɪl əv 'leɪdɪŋ] *sb* Teilkonnossement *n*

partial claim ['pɑːʃl 'kleɪm] *sb* Teilforderung *f*

partial damage ['pɑːʃl 'dæmɪdʒ] *sb* Teilbeschädigung (P.A.) *f*

partial delivery ['pɑːʃəl dɪ'lɪvərɪ] *sb* Teillieferung *f*

partial edition ['pɑːʃəl ɪd'ɪʃən] *sb* Teilauflage *f*

partial endorsement ['pɑːʃl ɪn'dɔːsmənt] *sb* Teilindossament *n*

partial loss (p. l.) ['pɑːʃl 'lɒs] *sb* Teilverlust (P.L.) *m*

partial payment ['pɑːʃəl 'peɪmənt] *sb* Teilzahlung *f*

partial privatisation ['pɑːʃəl praɪvətaɪ'zeɪʃən] *sb* Teilprivatisierung *f*

partial rights ['pɑːʃl 'raɪts] *sb* Teilrechte *n/pl*

partial value ['pɑːʃəl 'væljuː] *sb* Teilwert *m*

partible ['pɑːtɪbl] *adj* teilbar, trennbar

participant [pɑː'tɪsɪpənt] *sb* Teilnehmer(in) *m/f*

participate [pɑː'tɪsɪpeɪt] *v* sich beteiligen, teilnehmen

participating bond [pɑː'tɪsɪpeɪtɪŋ bʌnd] *sb* Gewinnschuldverschreibung *f*

participating certificate [pɑː'tɪsɪpeɪtɪŋ sə-'tɪfɪkət] *sb* Anteilscheine *m*, Genussschein *m*

participating debenture [pɑː'tɪsɪpeɪtɪŋ dɪ'bentʃʊə] *sb* Gewinnobligation *f*

participating in yield [pɑː'tɪsɪpeɪtɪŋ ɪn 'jiːld] *sb* Ergebnisbeteiligung *f*

participating receipt [pɑː'tɪsɪpeɪtɪŋ rɪ'siːt] *sb* Partizipationsschein *m*

participation [pɑːtɪsɪ'peɪʃən] *sb* Beteiligung *f*, Teilnahme *f*

participation in profits [pɑːtɪsɪ'peɪʃn ɪn 'prɒfɪts] *sb* Gewinnbeteiligung *f*

participation rights [pɑːtɪsɪ'peɪʃn raɪts] *sb* Genussrecht *n*

particularity [pətɪkjʊ'lærɪtɪ] *sb* Besonderheit *f*, besonderer Umstand *m*, Einzelheit *f*

particularize [pə'tɪkjʊləraɪz] *v* einzeln angeben, detailliert aufführen

particulars [pə'tɪkjʊləz] *pl* Einzelheiten *pl*

parties to a collective wage agreement ['pɑːtɪz tu ə kə'lektɪv 'weɪdʒ əgriːmənt] *sb* Tarifpartner *m*

part-load traffic ['pɑːt ləʊd 'træfɪk] *sb* Stückgutverkehr *m*

partly finished product ['pɑːtlɪ 'fɪnɪʃd 'prɒdʌkts] *sb (Produktion)* unfertiges Erzeugnis *n*

partner ['pɑːtnə] *sb* 1. Partner(in) *m/f*; 2. *(in a limited company)* Gesellschafter(in) *m/f*, Teilhaber(in) *m/f*, Sozius *m*

partnership ['pɑːtnəʃɪp] *sb* Partnerschaft *f*, Personengesellschaft *f*, Sozietät *f*

partnership assets ['pɑːtnəʃɪp 'æsɪts] *sb* Gesellschaftsvermögen *n*

partnership limited by shares ['pɑːtnəʃɪp 'lɪmɪtɪd baɪ 'ʃeəz] *sb* Kommanditgesellschaft auf Aktien *f*

part payment [pɑːt 'peɪmənt] *sb* Abschlagszahlung *f*, Teilzahlung *f*

part-time [pɑːt'taɪm] *adj* 1. Teilzeit...; 2. *adv* auf Teilzeit, stundenweise

part-time employment ['pɑːttaɪm ɪm-'plɔɪmənt] *sb* geringfügige Beschäftigung *f*

part-time job [pɑːt'taɪm dʒɒb] *sb* Teilzeitstelle *f*

part-time work [pɑːt'taɪm wɜːk] *sb* Teilzeitarbeit *f*

party ['pɑːtɪ] *sb* Partei *f*

party line [pɑːtɪ'laɪn] *sb* 1. *(of a telephone line)* Gemeinschaftsanschluss *m*; 2. *(of a political party)* Parteilinie *f*

passage ['pæsɪdʒ] *sb* 1. *(voyage)* Überfahrt *f*, Reise *f*; 2. *(fare)* Überfahrt *f*

passage of risk ['pæsɪdʒ əv 'rɪsk] *sb* Gefahrübergang *m*

passbook ['pɑːsbʊk] *sb* Sparbuch *n*

passing of a resolution ['pæsɪŋ əv ə re-sɒ'luːʃn] *sb* Beschlussfassung *f*

passive deposit transactions ['pæsɪf dɪ-'pɒsɪt træns'ækʃns] *sb* Passivgeschäft *n*

passive reserves ['pæsɪf rɪ'sɜːfs] *sb* passive Rückstellungen *f*

passkey ['pɑːskiː] *sb* Hauptschlüssel *m*

passport ['pɑːspɔːt] *sb* Pass *m*, Reisepass *m*

pasteboard ['peɪstbɔːd] *sb* Karton *m*, Pappe *f*

patent ['peɪtənt] *v* 1. patentieren lassen; *sb* 2. Patent *n*

patentee [peɪtən'tiː] *sb* Patentinhaber *m*

patent licence ['peɪtənt 'laɪsəns] *sb* Patentlizenz *f*

Patent Office ['peɪtənt ɒfɪs] *sb* Patentamt *n*

patentor [peɪtən'tə:] *sb* Patentgeber *m*

patron ['peɪtrən] *sb (customer)* Kunde/Kundin *m/f*, Gast *m*

patronize ['pætrənaɪz] *v (a business)* besuchen (als Stammkunde)

pattern of organization ['pætən əv ɔːgə-naɪ'zeɪʃən] *sb* Organisationsform *f*

pause [pɔːz] *sb* 1. Pause *f*; 2. *give s.o.* ~ jdm zu denken geben

pawn [pɔːn] *v* 1. verpfänden, versetzen; *sb* 2. *(thing pawned)* Pfand *n*

pawnbroker ['pɔːnbrəʊkə] *sb* Pfandleiher *m*

pawnbroking ['pɔːnbrəʊkɪŋ] *sb* Pfandleihe *f*

pawnshop ['pɔːnʃɒp] *sb* Pfandhaus *n*

pay [peɪ] *v irr* 1. bezahlen, 2. *(a bill, interest)* zahlen; ~ *for* bezahlen für; 3. *(to be profitable)* sich lohnen, sich auszahlen; *sb* 4. Lohn *m*; 5. *(salary)* Gehalt *n*

payable ['peɪəbl] *adj* 1. zahlbar; 2. *(due)* fällig; 3. *make a cheque* ~ *to s.o.* einen Scheck auf jdn ausstellen

payable on delivery (p. o. d.) ['peɪəbl ɒn dɪ'lɪvərɪ] *adj* zahlbar bei Ablieferung (p.o.d.)

pay back ['peɪ bæk] *v irr* zurückzahlen

pay day ['peɪ deɪ] *sb account day* Zahltag *m*, Abrechnungstag *m*

payee [peɪ'iː] *sb* Zahlungsempfänger *m*, Remittent *m*

payee of a bill of exchange [peɪˈiː əv ə bɪl ɪksˈdʒeɪnʃ] sb Wechselnehmer m

payer [ˈpeɪə] sb Zahler m

pay in [peɪ ˈɪn] v irr einzahlen

pay increase [ˈpeɪ ɪnkriːs] sb Lohnerhöhung f, Gehaltserhöhung f

paying authority [ˈpeɪɪŋ ɔːˈθɔːrɪtɪ] sb Kostenträger m

paying off [ˈpeɪɪŋ ˈɔf] sb Entlohnung f

paying out [ˈpeɪɪŋ aʊt] sb Auszahlung f

pay interest on [peɪ ˈɪntrest ɔn] v verzinsen

payload [ˈpeɪləʊd] sb Nutzlast f

payment [ˈpeɪmənt] sb 1. Zahlung f, Einzahlung f; Bezahlung f; 2. Besoldung f, Auszahlung f

payment by instal(l)ments [ˈpeɪmənt baɪ ɪnˈstɔːlmənts] sb Ratenzahlung f

payment guarantee [ˈpeɪmənt gerənˈtiː] sb Anzahlungsbürgschaft f

payment habit [ˈpeɪmənt ˈhæbɪt] sb Zahlungssitte f

payment in advance [ˈpeɪmənt ɪnədˈvɑːns] sb Vorauszahlung f

payment in arrears [ˈpeɪmənt ɪn əˈrɪəs] sb Zahlungsrückstand m

payment in full [ˈpeɪmənt ɪn ˈfʊl] sb vollständige Bezahlung f

payment in kind [ˈpeɪmənt ɪn ˈkaɪnd] Zahlung in Sachwerten f

payment of interest [ˈpeɪmənt əv ˈɪntrest] sb Verzinsung f

payment of net earnings for three months prior to start of bankruptcy proceedings [ˈpeɪmənt əv net ˈɜːnɪŋs fɔːˈθriː mʌnθs ˈpraɪə tu ˈstɑːt əv ˈbæŋkrʌpsɪ prəˈziːdɪŋs] sb Konkursausfallgeld n

payment of taxes [ˈpeɪmənt əv ˈtæksɪz] sb Steuerzahlung f

payment on account [ˈpeɪmənt ɔn əˈkaʊnt] sb Akontozahlung f

payment order [ˈpeɪmənt ˈɔːdə] sb Anweisung f

payment risk [ˈpeɪmənt ˈrɪsk] sb Zahlungsrisiko n

payment slip [ˈpeɪmənt ˈslɪp] sb Zahlschein m

payment supra protest [ˈpeɪmənt ˈsuːprə ˈprəʊtest] sb Zahlung unter Protest f

payment transaction [ˈpeɪmənt trænsˈækʃən] sb Zahlungsverkehr m

payments office [ˈpeɪmənts ˈɒfɪs] sb Zahlstelle f

payoff [ˈpeɪɒf] sb (bribe) Bestechungsgeld n

pay off [peɪ ˈɔf] v irr 1. (to be profitable) (fam) sich lohnen; 2. (a debt) abbezahlen; 3. (a mortgage) ablösen; 4. (creditors) befriedigen; 5. (workmen) auszahlen

pay over duty [peɪ ˈəʊvə ˈdjʊtɪ] sb Abführungspflicht f

pay phone [ˈpeɪ fəʊn] sb Münzfernsprecher m

pay raise [ˈpeɪ reɪz] sb (US) Lohnerhöhung f, Gehaltserhöhung f

pay rise [ˈpeɪ raɪz] sb Lohnerhöhung f, Gehaltserhöhung f

payroll [ˈpeɪ rəʊl] sb 1. Lohnliste f; 2. have s.o. on one's ~ jdn beschäftigen

pay round [ˈpeɪ raʊnd] sb Lohnrunde f

paycheck [ˈpeɪtʃek] sb (US) Lohnscheck m, Gehaltsscheck m

pay the postage [ˈpeɪ ðə ˈpɒstɪdʒ] v frankieren

peacekeeping duty [ˈpiːzkiːpɪŋ ˈdjʊtɪ] sb Friedenspflicht f

peak [piːk] adj Höchst..., Spitzen...

peak hours [piːk ˈaʊəz] pl Hauptverkehrszeit f, Stoßzeit f

peak quotation [piːk kwəʊˈteɪʃn] sb Extremkurs m

pecuniary [pɪˈkjuːnɪərɪ] adj Geld..., finanziell, pekuniär

pedlar [ˈpedlə] sb Hausierer m

penalize [ˈpiːnəlaɪz] v bestrafen

penalty [ˈpænltɪ] sb 1. Strafe; 2. (punishment) Bußgeld n

penalty interest [ˈpænltɪ ˈɪntrest] sb Strafzins m

pending [ˈpendɪŋ] adj anhängig, schwebend

pending transactions [ˈpendɪŋ trænsˈækʃns] sb schwebende Geschäfte n/pl

pension [ˈpenʃən] sb 1. Rente f; 2. (from an employer) Pension f

pensionary [ˈpenʃənərɪ] adj Rentner...

pensioner [ˈpenʃənə] sb Rentner m

pension expectancy [ˈpenʃən ɪksˈpektənsɪ] sb Pensionsanwartschaft f

pension for general disability [ˈpenʃn fɔː ˈdʒenərəl dɪsˈæbɪlɪtɪ] sb Erwerbsunfähigkeitsrente f

pension fund [ˈpenʃən fʌnd] sb Rentenfonds m, Pensionsfonds m

pension reserve [ˈpenʃən rɪˈsɜːf] sb Pensionsrückstellungen f

pent-up inflation [ˈpent-ʌp ɪnˈfleɪʃn] sb zurückgestaute Inflation f

per annum [pɜː ˈænəm] adv pro Jahr

per capita [pɜː ˈkæpɪtə] adv pro Kopf

per capita income ['pɜː 'kæpɪtə 'ɪnkʌm] sb Pro-Kopf-Einkommen n

per capita tax ['pɜː 'kæpɪtə 'tæks] sb Kopfsteuer f

per cent [pɜː 'sent] sb Prozent n

percentage [pə'sentɪdʒ] sb 1. Prozentsatz m; 2. (proportion) Teil m; 3. on a ~ basis prozentual, auf Prozentbasis

percentage of profits [pɜː'sentɪdʒ əv 'prɒfɪts] sb Tantieme f

per diem [pɜː 'daɪem] sb (money) Tagegeld n

perforated ['pɜːfəreɪtɪd] adj perforiert, gelocht

perform [pə'fɔːm] v 1. leisten; ~ well eine gute Leistung bringen; 2. (a task, a duty) erfüllen

performance [pə'fɔːməns] sb 1. (carrying out) Erfüllung f, Durchführung f; 2. (effectiveness) Leistung f

performance appraisal [pɜː'fɔːməns ə'preɪzl] sb Mitarbeiterbeurteilung f

performance depth [pɜː'fɔːməns 'depθ] sb Leistungstiefe f

performance guarantee [pɜː'fɔːməns gərən'tiː] sb Leistungsgarantie f

performance-oriented [pə'fɔːməns 'ɔːriəntɪd] adj leistungsorientiert

performance principle [pɜː'fɔːməns 'prɪnsɪpl] sb Erfüllungsprinzip n

performance regulations [pɜː'fɔːməns regjʊ'leɪʃns] sb Effizienzregeln f/pl

period ['pɪːrɪəd] sb Frist f, Zeitraum m

period for application ['pɪːrɪəd fɔː æpli'keɪʃən] sb Anmeldefrist f

period for payment ['pɪːrɪəd fɔː 'peɪmənt] sb Zahlungsziel n

period of grace ['pɪːrɪəd əv greɪs] sb Nachfrist f

period of notice ['pɪːrɪəd əv 'nəʊtɪs] sb Kündigungsfrist f

period of protest ['pɪːrɪəd əv 'prəʊtest] sb Protestzeit f

period under review ['pɪːrɪəd ʌndə 'riːvjuː] sb Berichtsperiode f

peripheral [pə'rɪfərəl] sb Peripheriegerät n

peripheral units [pə'rɪfərəl 'juːnɪts] sb Peripheriegeräte n/pl

perish ['perɪʃ] v (goods) verderben, schlecht werden

perishable ['perɪʃəbl] adj (goods) verderblich

perjure ['pɜːdʒə] v ~ oneself einen Meineid leisten

perjury ['pɜːdʒərɪ] sb Meineid m

permanent debts ['pɜːmənent 'dets] sb Dauerschuld f

permanent establishment abroad ['pɜːmənent ɪs'tæblɪʃmənt ə'brɔːd] sb ausländische Betriebsstätte f

permanent holding ['pɜːmənent 'həʊldɪŋ] sb Dauerbesitz m

permanent share-holder ['pɜːmənent 'ʃæəholder] sb Daueraktionär m

permission [pɜː'mɪʃən] sb Genehmigung f, Erlaubnis f

permit [pə'mɪt] v 1. erlauben, gestatten; sb 2. Genehmigung f, Erlaubnis f

perpetrator ['pɜːpɪtreɪtə] sb Täter m

perpetual annuity [pɜː'petjʊəl ən'juːɪtɪ] sb ewige Rente f

perpetual bonds [pə'petʃʊəl bɒndz] sb Rentenanleihe f

perpetual debt [pɜː'petjʊəl det] sb ewige Schuld f

perpetual loan [pɜː'petjʊəl 'ləʊn] sb ewige Anleihe f

per procuration endorsement [pɜː prɒkjʊreɪʃn ɪn'dɔːzmənt] sb Prokuraindossament f

perquisite ['pɜːkwɪzɪt] sb Vergünstigung f

person in need of round-the-clock nursing care ['pɜːsən ɪn 'niːd əv 'raʊndðəklɒk 'nɜːsɪŋ kɜə] sb Pflegebedürftigkeit f

person opening a credit in favour of ['pɜːsn 'əʊpənɪŋ ə kredɪt ɪn 'feɪvə əv] sb Akkreditivsteller m

personal account ['pɜːsənl ə'kaʊnt] sb Privatkonto n

personal computer ['pɜːsənl kɒm'pjuːtə] sb Personalcomputer m, PC m

personal consumption ['pɜːsənl kɒn'sʌmpʃən] sb Eigenverbrauch m

personal consumption expenditure ['pɜːsənl kɒn'sʌmpʃn ɪks'pendɪtʃʊə] sb privater Verbrauch m

personal conversation ['pɜːsənl kɒnvə'seɪʃən] sb persönliches Gespräch n

personal identification number ['pɜːsnəl aɪdentɪfɪ'keɪʃn 'nʌmbə] sb persönliche Identifikationsnummer (PIN) f

personal loan ['pɜːsənl ləʊn] sb Personalkredit m

personal organizer ['pɜːsənl 'ɔːgənaɪzə] sb Terminplaner m, Zeitplaner m

personnel [pɜːsə'nel] sb Personal n, Belegschaft f

personnel department [pɜːsə'nel dɪ'paːtmənt] sb Personalabteilung f

personnel development [pɜːsə'næl dɪ'veləpmənt] *sb* Personalentwicklung *f*

personnel layoff [pɜːsə'næl 'leɪɒf] *sb* Personalfreisetzung *f*

personnel leasing [pɜːsə'nel 'liːsɪŋ] *sb* Personal-Leasing *n*

personnel management [pɜːsɔː'næl 'mænædʒmənt] *sb* Personalführung *f*, Personalmanagement *n*

personnel office [pɜːsə'nel 'ɒfɪs] *sb* Personalbüro *n*

personnel strategy [pɜːsə'nel 'strætədʒɪ] *sb* Personalstrategie *f*

pessimism ['pesɪmɪzəm] *sb* Pessimismus *m*

pessimistic [pesɪ'mɪstɪk] *adj* pessimistisch

petition [pe'tɪʃən] *sb* Gesuch *n*, Petition *f*

petitioner [pe'tɪʃənə] *sb* Antragsteller *m*

petrodollar ['petrəʊdʌlə] *sb* Petrodollar *m*

petrol ['petrəl] *sb (UK)* Benzin *n*

petrol station ['petrəl steɪʃən] *sb (UK)* Tankstelle *f*

petty cash [peti 'kæʃ] *sb* Portokasse *f*

phases of business cycles ['feɪzɪs əv 'bɪsnɪs 'saɪkls] *sb* Konjunkturphasen *f/pl*

phone [fəʊn] *sb (see „telephone")*

phonecard ['fəʊnkɑːd] *sb* Telefonkarte *f*

photo CD ['fəʊtəʊ siːdiː] *sb* Foto-CD *f*

photocopier ['fəʊtəʊkɒpɪ] *sb* Fotokopiergerät *n*, Kopierer *m*

photocopy ['fəʊtəʊkɒpɪ] *v 1.* fotokopieren, kopieren; *sb 2.* Fotokopie *f*, Kopie *f*

photograph ['fəʊtəʊɡrɑːf] *v 1.* fotografieren, aufnehmen; *sb 2.* Fotografie *f*, Aufnahme *f*, Lichtbild *n*

physical examination ['fɪzɪkəl ɪɡzæmɪ'neɪʃən] *sb* ärztliche Untersuchung *f*

physical handicap ['fɪzɪkəl 'hændɪkæp] *sb* körperliche Behinderung *f*

piece [piːs] *sb 1.* Stück *n*; *2. (article)* Artikel *m*; *3. (coin)* Münze *f*

piece rate [piːs reɪt] *sb* Leistungslohn *m*

piece time [piːs taɪm] *sb* Stückzeit *f*

piecework ['piːswɜːk] *sb* Akkordarbeit *f*

piecework wage ['piːswɜːk weɪdʒ] *sb* Akkordlohn *m*

piecework pay ['piːswɜːk peɪ] *sb* Stücklohn *m*

piggy bank ['pɪɡɪ bæŋk] *sb* Sparbüchse *f*

piggyback advertisement ['pɪɡɪbæk əd'vɜːtɪsmənt] *sb* Huckepackwerbung *f*

pile [paɪl] *v 1.* stapeln; *sb 2.* Stapel *m*, Stoß *m*

pilot study ['paɪlət stʌdɪ] *sb* Pilot-Studie *f*

piracy ['paɪrəsɪ] *sb (plagiarism)* Plagiat *n*

pirate copy ['paɪrɪt 'kɒpɪ] *sb* Raubkopie *f*

pitchman ['pɪtʃmən] *sb 1. (vendor)* Straßenverkäufer *m*; *2. (advertising ~)* Werbeträger *m*

place [pleɪs] *v 1.* ~ *an order* bestellen, einen Auftrag erteilen; *2. (an advertisement)* platzieren

place of birth ['pleɪs əv bɜːθ] *sb* Geburtsort *m*

place of business ['pleɪs əv 'bɪznɪs] *sb* Arbeitsstelle *f*, Arbeitsplatz *m*

place of destination ['pleɪs əv destɪ'neɪʃən] *sb* Bestimmungsort *m*

place of employment ['pleɪs əv ɪm'plɔɪmənt] *sb* Arbeitsplatz *m*, Arbeitsstelle *f*

place of jurisdiction ['pleɪs əv dʒʊərɪs'dɪkʃən] *sb* Gerichtsstand *m*

place of payment ['pleɪs əv 'peɪmənt] *sb* Zahlungsort *m*, Domizilstelle *f*

place of performance ['pleɪz əv pə'fɔːməns] *sb* Erfüllungsort *m*

placement of an advertisement ['pleɪsmənt əv ən əd'vɜːtɪsmənt] *ab* Anzeigenschaltung *f*

place without a Federal Bank office [pleɪz wɪθ'aʊt ə 'fedərl 'bæŋk ɒfɪs] *sb* Nebenplatz *m*

placing ['pleɪsɪŋ] *sb* Platzierung *f*

placing commission ['pleɪsɪŋ kɒ'mɪʃn] *sb* Bankierbonifikation *f*

placing of an order ['pleɪsɪŋ əv ən 'ɔːdə] *sb* Auftragserteilung *f*

plagiarism ['pleɪdʒərɪzəm] *sb* Plagiat *n*

plagiarize ['pleɪdʒəraɪz] *v* plagiieren

plaintiff ['pleɪntɪf] *sb* Kläger(in) *m/f*

plan analyse [plæn 'ənəlaɪz] *sb* Plananalyse *f*

planned economy [plænd ɪ'kɒnəmɪ] *sb* Planwirtschaft *f*

planning ['plænɪŋ] *sb* Planung *f*

planning control ['plænɪŋ kən'trəʊl] *sb* Planungskontrolle *f*

planning figures ['plænɪŋ 'fɪɡəz] *sb* Planwerte *f/pl*

planning game ['plænɪŋ ɡeɪm] *sb* Planspiel *n*

planning permission ['plænɪŋ pə'mɪʃən] *sb* Baugenehmigung *f*

plan of expenditure [plæn əv ɪks'pendɪdʒʊə] *sb* Ausgabenplan *m*

plant [plɑːnt] *sb 1. (factory)* Werk *n*; *2. (equipment)* Anlagen *f/pl*

plant agreement [plɑːnt ə'ɡriːmənt] *sb* Betriebsvereinbarung *f*

plant closing [plɑːnt 'kləʊzɪŋ] *sb* Betriebsstillegung *f*

plant engineering and construction [plɑ:nt endʒə'ni:rɪŋ ænd kɒnstrʌkʃn] *sb* Anlagenbau *m*

plastic ['plæstɪk] *sb 1.* Kunststoff *m*, Plastik *n; adj 2. (made of plastic)* Plastik...

pledge [pledʒ] *v 1. (pawn, give as collateral)* verpfänden; *sb 2. (in a pawnshop)* Pfand *n*, Verpfändung *f*

pledged securities deposit [pledʒd sɪk-'jʊrɪtɪːs dɪ'pɒsɪt] *sb* Pfanddepot *n*

pledgee [pledʒ'iː] *sb* Pfandgläubiger *m*

pledge endorsement [pledʒ ɪndɔːsmənt] *sb* Pfandindossament *n*

pledgor [pled'ʒɔː] *sb* Pfandschuldner *m*, Verpfänder *m*

plenipotentiary [plenɪpə'tenʃərɪ] *sb* Generalbevollmächtigte(r) *m/f*

plough back [plaʊ 'bæk] *v* reinvestieren, wieder anlegen

plug [plʌg] *sb 1. (electric)* Stecker *m; 2. (bit of publicity)* Schleichwerbung *f*

plus ['plʌs] *sb* Plus *n*

P.O. box [piː'əʊ bɒks] *(see „post office box")*

point of sale system POS [pɔɪnt əv seɪl 'sɪstəm] *sb* bargeldloses Kassensystem *n*

policy ['pɒlɪsɪ] *sb 1. (principles of conduct)* Verfahrensweise *f*, Politik *f*, Taktik *f; 2. (insurance ~)* Police *f*

policy holder ['pɒlɪsɪ həʊldə] *sb* Versicherungsnehmer *m*

policy of sterilization funds ['pɒlɪsɪ: əv sterɪlaɪ'zeɪʃn fʌnds] *sb* Sterilisierungspolitik *f*

policy relating to capital formation ['pɒlɪsɪ rɪ'leɪtɪŋ tu 'kæpɪtl fɔː'meɪʃn] *sb* Vermögenspolitik *f*

poll [pəʊl] *sb (opinion ~)* Umfrage *f*

pollster ['pəʊlstə] *sb (US)* Meinungsforscher *m*

pollutant [pə'luːtənt] *sb* Schadstoff *m*

pollute [pə'luːt] *v* verschmutzen, verunreinigen

polluter pays principle [pə'luːtə peɪz 'prɪnsɪpl] *sb* Verursacherprinzip *n*

pollution [pə'luːʃən] *sb 1.* Verschmutzung *f; 2. (of the environment)* Umweltverschmutzung *f*

polytechnic [pɒlɪ'teknɪk] *sb (UK)* Polytechnikum *n*, Fachhochschule *f*

pooling of interests ['puːlɪŋ əv 'ɪntrəsts] *sb* Interessengemeinschaft *f*

poor quality [pɔː 'kwɒlɪtɪ] *sb* schlechte Qualität *f*

popular ['pɒpjʊlə] *adj 1. (with the public)* populär, beliebt; *2. (prevalent)* weit verbreitet

popular share ['pɒpjʊlə ʃæə] *sb* Publikumsaktie *f*

popularity [pɒpjʊ'lærɪtɪ] *sb* Beliebtheit *f*, Popularität *f*

population [pɒpjʊ'leɪʃən] *sb* Bevölkerung *f*, Einwohnerschaft *f*

port [pɔːt] *sb* Hafen *m*

portable ['pɔːtəbl] *adj* tragbar

portage ['pɔːtɪdʒ] *sb* Transportkosten *pl*, Beförderungskosten *pl*

portfolio [pɔːt'fəʊljəʊ] *sb 1.* Portfolio *n; 2. (folder)* Mappe *f*

portfolio analysis [pɔːt'fəʊljəʊ æ'nælɪsɪs] *sb* Portfolio-Analyse *f*, Fundamentalanalyse *f*

portfolio controlling [pɔːt'fəʊljəʊ kɒ'trəʊlɪŋ] *sb* Portfeuillesteuerung *f*

portfolio investments [pɔːt'fəʊljəʊ ɪn'vestmənts] *sb* indirekte Investition *f*

portfolio selection [pɔːt'fəʊljəʊ sɪ'lækʃn] *sb* Portfolio Selection *f*

portion of overall costs ['pɔːʃn əv 'əʊvərɔːl kɒsts] *sb* Teilkosten *pl*

position [pə'zɪʃən] *v 1.* aufstellen, platzieren; *sb 2.* Position *f*, Stellung *f; 3. (job)* Stelle *f; 4. (point of view)* Standpunkt *m*, Haltung *f*, Einstellung *f*

position offered [pə'zɪʃən 'ɒfəd] *sb* Stellenanzeige *f*

possess [pə'zes] *v* besitzen, haben

possession [pə'zeʃən] *sb* Besitz *m*

possessor [pə'zesə] *sb* Besitzer *m*

post [pəʊst] *sb 1. (mail)* Post *f; by return of ~* postwendend; *2. (job)* Stelle *f*, Posten *m; v 3. put in the ~ (UK)* aufgeben, mit der Post schicken

post office ['pəʊst ɒfɪs] *sb* Post *f*, Postamt *n*

post office box ['pəʊst ɒfɪs bɒks] *sb (P. O. box)* Postfach *n*

postage ['pəʊstɪdʒ] *sb* Porto *n*, Gebühr *f*

postage deduction ['pəʊstɪdʒ dɪ'dʌkʃən] *sb* Portoabzug *m*

postage due ['pəʊstɪdʒ djuː] *sb* Strafporto *n*, Nachporto *n*

postage-free ['pəʊstɪdʒ friː] *adj* portofrei, gebührenfrei

postage stamp ['pəʊstɪdʒ stæmp] *sb* Briefmarke *f*

postal ['pəʊstl] *adj* Post...

postal cheque ['pəʊstl tʃek] *sb* Postscheck *m*

postal code ['pəʊstəl kəʊd] *sb (UK)* Postleitzahl *f*

postal giro ['pəʊstl 'dʒaɪrɒ] sb 1. Postgiro n; 2. (cheque) Postscheck m

postal giro account ['pəʊstl 'dʒaɪrɒ ə'kaʊnt] sb Postscheckkonto n

postal giro centre ['pəʊstl dʒaɪrɒ sentə] sb Postscheckamt f

postal money order ['pəʊstl 'mʌnɪ ɔːdə] sb Postanweisung f

postal order ['pəʊstl ɔːdə] sb (UK) Postanweisung f

Postal Savings Bank ['pəʊstl 'seɪvɪŋs bæŋk] sb Postbank f

postal service ['pəʊstl 'sɜːvɪs] sb Postdienst m, Post f

postal transfer ['pəʊstl 'trænsfə] sb Postüberweisung f

postal wrapper ['pəʊstl 'ræpə] sb Streifband n

postbox ['pəʊstbɒks] sb (UK) Briefkasten m

postcard ['pəʊstkɑːd] sb Postkarte f

postcode ['pəʊstkəʊd] sb (UK) Postleitzahl f

postdate [pəʊst'deɪt] v (a document) nachdatieren

post-dated [pəʊst'deɪtɪd] adj nachdatiert

poste restante [pəʊst res'tɑːt] adv postlagernd

post-formation acquisition [pəʊstfɔː-'meɪʃn əkwɪ'sɪʃn] sb Nachgründung f

postman ['pəʊstmən] sb Briefträger m, Postbote m

postmark ['pəʊstmɑːk] sb Poststempel m

post-paid [pəʊst'peɪd] adj freigemacht, frankiert

postpone [pəʊst'pəʊn] v 1. aufschieben; 2. (for a specified period) verschieben

postponement [pəʊst'pəʊnmənt] sb (act of postponing) Verschiebung f, Vertagung f, Aufschub m

postseason [pəʊst'siːzn] sb Nachsaison f

potential [pɒ'tenʃl] sb Potenzial n

potential cash [pɒ'tenʃl kæʃ] sb potentielles Bargeld n

pound [paʊnd] sb (unit of weight, money) Pfund n

poundage ['paʊndɪdʒ] sb 1. (weight) Gewicht in Pfund n; 2. (fee) auf Gewichtsbasis errechnete Gebühr f

power ['paʊə] sb 1. Macht f; I will do everything in my ~. Ich werde tun, was in meiner Macht steht. 2. (of an engine, of loudspeakers) Leistung f

power failure ['paʊə feɪljə] sb Stromausfall m, Netzausfall m

power lunch ['paʊə lʌntʃ] sb (fam) Geschäftsessen n

power of attorney ['paʊər əv ə'tɜːnɪ] sb Vollmacht f, Prokura f

power pack ['paʊə pæk] sb Netzteil n

power plant ['paʊə plɑːnt] sb Kraftwerk n

power to draw on an account ['paʊə tu drɔː ɒn ən ə'kaʊnt] sb Kontovollmacht f

PR (see „public relations")

practicable ['præktɪkəbl] adj durchführbar, machbar

practice ['præktɪs] sb (business ~) Verfahrensweise f

practice of payment ['præktɪs əv 'peɪmənt] sb Zahlungsgewohnheit f

practise ['præktɪs] v (a profession, a religion) ausüben, praktizieren

prearrange [priːə'reɪndʒ] v vorher abmachen, vorher bestimmen

precaution [prɪ'kɔːʃən] sb 1. Vorsichtsmaßnahme f; 2. take ~s Vorsichtsmaßnahmen treffen; 3. as a ~ vorsichtshalber

precautionary holding [prɪ'kɔːʃənærɪ 'həʊldɪŋ] sb Vorsichtskasse f

precision [prɪ'sɪʒən] sb Genauigkeit f, Präzision f

precondition [priːkən'dɪʃən] sb Voraussetzung f, Bedingung f

predate [priː'deɪt] v 1. (come before) vorausgehen; 2. (a document) zurückdatieren

predecessor ['priːdɪsesə] sb Vorgänger(in) m/f

preemption right [priː'emʃn raɪt] sb Vorkaufsrecht n

preemptive shares [priː'emtɪf ʃəəs] sb Bezugsaktien f/pl

pre-export financing [priː'ekspɔːt 'faɪnænsɪŋ] sb Präexport-Finanzierung f

preference ['prefərəns] sb 1. Präferenz f; 2. Vorkaufsrecht n

preference bond ['prefərens bɒnd] sb Vorzugsobligation f

preference share ['prefərens ʃəə] sb Vorzugsaktie f, Prioritätsaktie f

preferential creditor [prefə'renʃl 'kredɪtəs] sb bevorrechtigter Gläubiger m

preferential discount [prefə'renʃəl 'dɪskaʊnt] sb Vorzugsrabatt m

preferential dividend [prefə'renʃl 'dɪvɪdənd] sb Vorzugsdividende f

preferential price [prefə'renʃl 'praɪs] sb Vorzugskurs m

preferential rate [prefə'renʃl 'reɪt] sb Ausnahmetarif m

preferment [prɪ'fɜːmənt] *sb (promotion)* Beförderung *f*

prefinancing ['priːfaɪnənsɪŋ] *sb* Vorfinanzierung *f*

prejudice ['predʒʊdɪs] *sb* 1. Vorurteil *n*; 2. *(detriment)* Schaden *m*

prejudicial [predʒʊ'dɪʃəl] *adj* schädlich

preliminaries [prɪ'lɪmɪnərɪz] *pl* vorbereitende Maßnahmen *f/pl*, Vorarbeit *f*

preliminary conditions [priː'lɪmɪnæri kɒn'dɪʃns] *sb* Vorschaltkonditionen *f/pl*

preliminary injunction [priː'lɪmɪnæri ɪn'dʒʌŋkʃn] *sb* Vorausklage *f*

premises ['premɪsɪz] *sb* 1. Grundstück *n*; 2. *(of a factory)* Gelände *n*; 3. *(of a shop)* Räumlichkeiten *pl*

premium ['priːmjʊm] *sb* 1. *(bonus)* Bonus *m*, Prämie *f*; 2. *(insurance ~)* Prämie *f*; 3. *(surcharge)* Zuschlag *m*

premium for double option ['priːmjʊm fɔː 'dʌbl 'ɒpʃn] *sb* Stellgeld *n*

premium payable on redemption ['priːmjʊm 'peɪəbl ɒn riː'demʃn] *sb* Rückzahlungsagio *m*

premium-aided saving ['priːmjʊmeɪdɪd 'zeɪvɪŋ] *sb* prämienbegünstigtes Sparen *n*

prepaid [priː'peɪd] *adj* vorausbezahlt, im Voraus bezahlt

preparation [prepə'reɪʃən] *sb* Vorbereitung *f*

prepay [priː'peɪ] *v irr* vorausbezahlen, im Voraus bezahlen

prepay the postage [priː'peɪ ðə 'pəʊstɪdʒ] *v irr* frankieren

prepayable [priː'peɪəbl] *adj* im Voraus zu bezahlen

prepayment [priː'peɪmənt] *sb* Vorauszahlung *f*

preproduction cost [priːprɒ'dʌkʃn kɒst] *sb* Rüstkosten *pl*

prerequisite [priː'rekwɪzɪt] *sb* Voraussetzung *f*, Vorbedingung *f*

prerogative [prɪ'rɒɡətɪv] *sb* Vorrecht *n*

presale ['priːseɪl] *sb* Vorverkauf *m*

presentation [prezn'teɪʃən] *sb* 1. *(act of presenting)* Vorlage *f*, Präsentation *f*; 2. *(handing over)* Überreichung *f*, 3. *(of an award)* Verleihung *f*

presentation clause [presn'teɪʃn klɔːz] *sb* Präsentationsklausel *f*

presentation period [presn'teɪʃn 'piːrjəd] *sb* Präsentationsfrist *f*

present value [presnt 'væljʊ] *sb* Gegenwartswert *m*

preservation [prezə'veɪʃən] *sb* 1. Erhaltung *f*; 2. *(keeping)* Aufbewahrung *f*

preservation of real-asset values [presə'veɪʃn əv rɪəl'æsɪt 'væljʊs] *sb* Substanzerhaltung *f*

preservative [prɪ'zɜːvətɪv] *sb* Konservierungsmittel *n*

preserve [prɪ'zɜːv] *v* 1. *(maintain)* erhalten; 2. *(keep from harm)* bewahren

preside [prɪ'zaɪd] *v ~ over* den Vorsitz haben über

presidency ['prezɪdənsɪ] *sb (of a company)* Vorsitz *m*

president ['prezɪdənt] *sb (of a company)* Vorsitzende(r) *m/f*, Präsident(in) *m/f*

press [pres] *sb* Presse *f*

press conference ['pres kɒnfərəns] *sb* Pressekonferenz *f*

press release ['pres riːliːs] *sb* Presseverlautbarung *f*, Pressemitteilung *f*

press report ['pres rɪpɔːt] *sb* Pressenotiz *f*

prestige [pres'tiːʒ] *sb* Prestige *n*

presumption that securities deposited are fiduciary [prɪ'sʌmʃn ðæt sɪ'kjʊrɪtɪz dɪ'pɒzɪtɪd ɑː fɪ'duːʒərɪ] *sb* Fremdvermutung *f*

pre-tax [priː'tæks] *adj* Brutto..., vor Abzug der Steuern

preventive [prɪ'ventɪv] *sb ~ measure* Präventivmaßnahme *f*, Vorsichtsmaßnahme *f*

preview ['priːvjuː] *sb* Vorschau *f*

price [praɪs] *sb* 1. Preis *m*; *v* 2. *(fix the ~ of sth)* den Preis von etw festsetzen

price advance [praɪs əd'vɑːns] *sb* Kurssteigerung *f*

price ceiling ['praɪs siːlɪŋ] *sb* Preisobergrenze *f*

price control [praɪs kɒn'trəʊl] *sb* Preiskontrolle *f*

price deduction [praɪs dɪ'dʌkʃən] *sb* Preisabzug *m*

price-demand function [praɪs dɪ'mɑːnd 'fʌŋkʃn] *sb* Preisabsatzfunktion *f*

price differentiation [praɪs dɪfərentʃ'jeɪʃn] *sb* Preisdifferenzierung *f*

price-earnings ratio [praɪs 'ɜːnɪŋs 'reɪʃə] *sb* Kurs-Gewinn-Verhältnis *n*, Price-Earning Ratio *n*

price elasticity [praɪs eləs'tɪsɪtɪ] *sb* Preiselastizität *f*

price expressed as a percentage of the nominal value [praɪs ɪks'presd æs ə pɜː'sentɪdʒ əv ðə 'nɒmɪnl 'væljʊ] *sb* Prozentkurs *m*

price-fixing ['praɪsfɪksɪŋ] *sb* Preisfestlegung *f*

price fixing cartel [praɪs 'fɪksɪŋ kɑː'tel] *sb* Preiskartell *n*

price floor ['praɪs flɔː] *sb* Preisuntergrenze *f*

price formation [praɪs fɔː'meɪʃn] *sb* Preisbildung *f*

price gain [praɪs 'geɪn] *sb* Kursgewinn *m*

price increase [praɪs 'ɪnkriːs] *sb* Preissteigerung *f*, Preiserhöhung *f*

price index [praɪs 'ɪndeks] *sb* Preisindex *m*

price intervention [praɪs ɪntə'venʃn] *sb* Kursintervention *f*

price level [praɪs 'levl] *sb* Preisniveau *n*

price limit [praɪs 'lɪmɪt] *sb* Kurslimit *n*

price list [praɪs lɪst] *sb* Preisliste *f*

price-marking ['praɪs mɑːkɪŋ] *sb* Preisauszeichnung *f*

price marking ordinance [praɪs 'mɑːkɪŋ 'ɔːdɪnens] *sb* Preisangabeverordnung *f*

price nursing [praɪs 'nɜːsɪŋ] *sb* Kurspflege *f*

price of gold [praɪs əv 'gəʊld] *sb* Goldpreis *m*

price pegging [praɪs 'pegɪŋ] *sb* Kursstützung *f*

price per share [praɪs pɜː 'ʃɜə] *sb* Stückkurs *m*

price policy [praɪs 'pɒlɪsɪ] *sb* Preispolitik *f*

price quotation [praɪs kwəʊ'teɪʃən] *sb* Preisnotierung *f*

price recommendation [praɪs rekəmen-'deɪʃən] *sb* Preisempfehlung *f*

price reduction [praɪs rɪ'dʌkʃən] *sb* Preissenkung *f*, Preisreduzierung *f*

price regulation [praɪs regjʊ'leɪʃn] *sb* Kursregulierung *f*

price risk [praɪs rɪsk] *sb* Kursrisiko *n*

prices of farm products ['praɪsɪz əv 'fɑːm 'prɒdʌkts] *sb* Agrarpreis *m*

prices quoted [praɪsɪs 'kwəʊtɪd] *sb* Preisnotierung *f*

price-sensitive [praɪs sensɪtɪv] *adj* preissensibel

price stop ['praɪs stɒp] *sb* Preisstopp *m*

price support [praɪs sə'pɔːt] *sb* Kursstützung *f*

price tag [praɪs tæg] *sb* Preisschild *n*

price war ['praɪs wɔː] *sb* Preiskrieg *m*

price watering [praɪs 'wɔːtərɪŋ] *sb* Kursverwässerung *f*

primary demand ['praɪmərɪ dɪ'mɑːnd] *sb* Primärbedarf *m*

primary energy ['praɪmərɪ 'enədʒɪ] *sb* Primärenergie *f*

primary expenses ['paɪmərɪ ɪk'spensɪz] *sb* Primäraufwand *m*

primary market ['praɪmərɪ 'mɑːkɪt] *sb* Emissionsmarkt *m*, Primärmarkt *m*

primary power ['praɪmərɪ 'paʊə] *sb* Hauptvollmacht *f*

primary sector of the economy ['praɪmərɪ 'sektə əv ðiː ɪ'kɒnəmɪ] *sb* primärer Sektor *m*

prime [praɪm] *adj 1.* Haupt...; *2. (excellent)* erstklassig

prime acceptance ['praɪm ə'kseptæns] *sb* Privatdiskont *m*

prime cost [praɪm kɒst] *sb* Selbstkosten *pl*, Entstehungskosten *pl*

prime name ['praɪm 'neɪm] *sb* beste Adresse *f*

prime rate [praɪm reɪt] *sb* Prime Rate *f*, Kreditzinssatz der Geschäftsbanken in den USA für Großkunden *m*

principle of common burden ['prɪnsɪpl əv 'kɒmən 'bɜːdn] *sb* Gemeinlastprinzip *n*

principle of equivalence ['prɪnsɪpl əv ɪ'kwɪvələns] *sb* Äquivalenzprinzip *n*

principle of highest value ['prɪnsɪpl əv 'haɪəst 'væljʊ] *sb* Höchstwertprinzip *n*

principle of satisfaction of needs ['prɪnsɪpl əv sætɪs'fækʃn əv 'niːds] *sb* Bedarfsdeckungsprinzip *n*

principle of seniority ['prɪnsɪpl əv siːnɪ'ɒrɪtɪ] *sb* Senioritätsprinzip *n*

principle of subsidiarity ['prɪnsɪpl əv sʌbsɪdɪ'ærɪtɪ] *sb* Subsidiaritätsprinzip *n*

principles of capital resources and the banks' liquid assets ['prɪnsɪpls əv 'kæpɪtl rɪ'sɔːses ænd ðə 'bæŋks lɪkwɪd 'æsɪts] *sb* Grundsätze über das Eigenkapital und die Liquidität der Kreditinstitute *m/pl*

principles of orderly bookkeeping and balance-sheet makeup ['prɪnsɪpls əv 'ɔːdəlɪ 'bʊkiːpɪŋ ænd 'bælænsʃiːt 'meɪkʌp] *sb* Grundsätze ordnungsgemäßer Buchführung und Bilanzierung (GoB) *m/pl*

principles on own capital ['prɪnsɪpls ɒn 'əʊn 'kæpɪtl] *sb* Eigenkapitalgrundsätze *m/pl*

print [prɪnt] *v 1.* drucken; *2. (not write in cursive)* in Druckschrift schreiben

print advertising ['prɪnt 'ædvətaɪzɪŋ] *sb* Printwerbung *f*

printed matter ['prɪntɪd 'mætə] *sb* Drucksache *f*

printer ['prɪntə] *sb* Drucker *m*

printer's error ['prɪntəz 'erə] *sb* Druckfehler *m*

priority bonds ['praɪ'ɔ:rɪtɪ bʌnds] *sb* Prioritätsobligationen *f/pl*

private ['praɪvɪt] *adj* 1. privat, Privat...; 2. *(confidential)* vertraulich

private automatic branch exchanges ['praɪvət ɔ:tə'mætɪk 'brɑ:nʃ ɪks'dʒeɪnʃəs] *sb* Nebenstellenanlagen *f/pl*

private bank ['praɪvət bæŋk] *sb* Privatbank *f*

private consumption ['praɪvət kɒn'sʌmʃn] *sb* privater Verbrauch *m*, Privatkonsum *m*

private contribution ['praɪvət kɒntrɪ'bju:ʃən] *sb* Privateinlagen *f/pl*

private goods ['praɪvət 'gʊds] *sb* private Güter *n/pl*

private household ['praɪvət 'haʊshəʊld] *sb* privater Haushalt *m*

private insurance ['praɪvət ɪn'ʃʊərəns] *sb* Privatversicherung *f*

private law ['praɪvət lɔ:] *sb* Privatrecht *n*

private property ['praɪvət 'prɒpətɪ] *sb* Privateigentum *n*, Privatbesitz *m*

private purchase ['praɪvət 'pɜ:tʃəs] *sb* bürgerlicher Kauf *m*

private sector ['praɪvət 'sektə] *sb* privater Sektor *m*

private sickness and accident insurance ['praɪvət 'sɪknəs ænd 'æksɪdənt ɪn'ʃʊərəns] *sb* private Kranken- und Unfallversicherung *f*

private transaction ['praɪvət træns'ækʃn] *sb* Privatgeschäft *n*

private transportation ['praɪvət trænspə'teɪʃn] *sb* Individualverkehr *m*

privatization [praɪvətaɪ'zeɪʃən] *sb* Privatisierung *f*

privatize ['praɪvətaɪz] *v* privatisieren

privilege ['prɪvɪlɪdʒ] *sb* Vorrecht *n*, Privileg *n*

prize-winning ['praɪzwɪnɪŋ] *adj* preisgekrönt

pro [prəʊ] *sb* 1. *(fam: professional)* Profi *m*; 2. the ~s and cons *pl* das Für und Wider *n*, das Pro und Kontra *n*

probation [prə'beɪʃən] *sb* (~ *period*) Probezeit *f*

probationary employment [prə'beɪʃænærɪ ɪm'plɔɪmənt] *sb* Probearbeitsverhältnis *n*, Probezeit *f*

problem analysis ['prɒbləm ə'næləsɪs] *sb* Problemanalyse *f*

procedure [prə'si:dʒə] *sb* Verfahren *n*, Prozedur *f*

procedure to draw up a balance sheet [prə'si:dʒʊə tu 'drɔ: ʌp ə 'bæləns ʃi:t] *sb* Bilanzierung *f*

proceeding [prə'si:dɪŋ] *sb* 1. Vorgehen *n*, Verfahren *n*; 2. *(legal)* ~s *pl* (gerichtliches) Verfahren *n*

proceedings in bankruptcy [prə'si:dɪŋz ɪn 'bæŋkrʌptsɪ] *sb* Konkursverfahren *n*

proceeds ['prəʊsi:dz] *pl* Erlös *m*, Ertrag *m*

process ['prəʊses] *v* 1. *(an application)* bearbeiten; *sb* 2. Verfahren *n*, Prozess *m*; 3. due ~ of law rechtliches Gehör *n*

process of production ['prəʊses əv prə'dʌkʃən] *sb* Produktionsprozess *m*, Herstellungsprozess *m*

processing ['prəʊsesɪŋ] *sb* 1. Verarbeitung *f*, Bearbeitung *f*; 2. *(industrial)* Veredelung *f*

processing of an order ['prəʊsesɪŋ əv ən 'ɔ:də] *sb* Auftragsabwicklung *f*, Auftragsbearbeitung *f*

processing time ['prɔ:sesɪŋ 'taɪm] *sb* Durchlaufzeit *f*

process organization ['prɔ:ses ɔ:gənaɪ'zeɪʃn] *sb* Prozessorganisation *f*

process system of accounting ['prɔ:ses 'sɪstəm əv ə'kaʊntɪŋ] *sb* Divisionskalkulation *f*

processor ['prəʊsesə] *sb* Prozessor *m*

procuration [prɒkjʊ'reɪʃn] *sb* 1. *(procurement)* Beschaffung *f*; 2. *(power)* Vollmacht *f*, Prokura *f*

procurement [prɒ'kjʊəmənt] *sb* Beschaffung *f*

procurement market [prɒ'kjʊəmənt 'mɑ:kɪt] *sb* Beschaffungsmarkt *m*

procurement of capital [prɒ'kjʊəmənt əv 'kæpɪtl] *sb* Kapitalbeschaffung *f*

procurement planning [prɒ'kjʊəmənt 'plænɪŋ] *sb* Beschaffungsplanung *f*

procurement policy [prɒ'kjʊəmənt 'pɒlɪsɪ] *sb* Einkaufspolitik *f*

procuring [prɒ'kjʊərɪŋ] *sb* Kuppelei *f*

produce ['prɒdju:s] *sb* 1. *(agriculture)* Produkte *n/pl*, Erzeugnis *n*; *v* [prə'dju:s] 2. produzieren, herstellen; 3. *(energy)* erzeugen

producer [prə'dju:sə] *sb* Hersteller(in) *m/f*, Erzeuger(in) *m/f*

producer price [prə'dju:sə praɪs] *sb* Erzeugerpreis *m*, Herstellerpreis *m*

producer's surplus [prə'dju:səz 'sɜ:pləs] *sb* Produzentenrente *f*

producers' co-operative [prə'dju:səz kəʊ'ɒpərɪtɪv] *sb* Produktionsgenossenschaft *f*, Produktionsgemeinschaft *f*

produce exchange ['prɒdjuːs ɪks'dʒeɪnʃ] sb Produktenbörse f

produce trade ['prɒdjuːs 'treɪd] sb Produktenhandel m

product ['prɒdʌkt] sb Produkt n

product business ['prɒdʌkt 'bɪsnɪs] sb Produktgeschäft n

product design ['prɒdʌkt dɪ'zaɪn] sb Produktgestaltung f

product differentiation ['prɒdʌkt dɪfərentsɪ'eɪʃn] sb Produktdifferenzierung f

product diversification ['prɒdʌkt daɪvɜːsɪfɪ'keɪʃn] sb Produktdiversifikation f

product elimination ['prɒdʌkt ɪlɪmɪ'neɪʃn] sb Produktelimination f

product family ['prɒdʌkt 'fæmɪlɪ] sb Produktfamilie f

production [prə'dʌkʃən] sb Herstellung f, Produktion f

production capacity [prə'dʌkʃən kə'pæsɪtɪ] sb Produktionskapazität f

production control [prə'dʌkʃn kɒ'trɒːl] sb Fertigungssteuerung f

production cost centers [prə'dʌkʃn kɒst 'sentəs] sb Hauptkostenstellen f/pl

production costs [prə'dʌkʃən kɒsts] sb Herstellungskosten pl, Produktionskosten pl

production facilities [prə'dʌkʃən fə'sɪlɪtɪz] sb Produktionsanlagen f/pl

production factors [prə'dʌkʃən 'fæktəz] sb Produktionsfaktoren m/pl

production limit [prə'dʌkʃən 'lɪmɪt] sb Förderlimit n

production line [prə'dʌkʃən laɪn] sb Fließband n, Produktionslinie f

production planning [prə'dʌkʃn 'plænɪŋ] sb Produktionsplanung f, Fertigungsvorbereitung f

production plant [prə'dʌkʃən plɑːnt] sb Produktionsanlagen

production potential [prə'dʌkʃn pɒ'tenʃl] sb Produktionspotenzial n

production procedure [prə'dʌkʃən prə'siːdʒə] sb Fertigungsprozess m

production process [prə'dʌkʃən 'prəʊses] sb Fertigungsverfahren n

production program(me) [prə'dʌkʃn 'prɔːgræm] sb Produktionsprogramm n

production risk [prə'dʌkʃn 'rɪsk] sb Fabrikationsrisiko n, Fertigungswagnis n

production scheduling [prə'dʌkʃən 'ʃedjuːlɪŋ] sb Produktlinie f

production theory [prə'dʌkʃən 'θɪərɪ] sb Produktionstheorie f

production value [prə'dʌkʃən 'væljuː] sb Produktionswert m

productive [prə'dʌktɪv] adj 1. produktiv; 2. (mine, well) ergiebig

productive property [prə'dʌktɪv 'prɒpətɪ] sb Produktivvermögen n

productive wealth [prə'dʌktɪf 'welθ] sb Produktivvermögen n

productivity [prɒdʌk'tɪvɪtɪ] sb Produktivität f

productivity of labour [prədʌk'tɪvɪtɪ əv 'leɪbə] sb Arbeitsproduktivität f

product liability ['prɒdʌkt laɪə'bɪlɪtɪ] sb Produkthaftung f

product life cycle ['prɒdʌkt 'laɪfsaɪkl] sb Lebenszyklus eines Produktes m

product line ['prɒdʌkt laɪn] sb Produktpalette f

product matrix ['prɒdʌkt 'meɪtrɪks] sb Produktmatrix f

product placement ['prɒdʌkt 'pleɪsmənt] sb Produktplatzierung f, Productplacement n

product planning ['prɒdʌkt 'plænɪŋ] sb Produktplanung f

product standardization ['prɒdʌkt stændətaɪ'zeɪʃn] sb Produktstandardisierung f

profession [prə'feʃən] sb (occupation) Beruf m

professional [prə'feʃənl] adj 1. beruflich, Berufs...; 2. (competent, expert) fachmännisch; 3. (using good business practices) professionell; sb 4. Profi m

professional activity description [prə'feʃənl ək'tɪvɪtɪ dɪs'krɪpʃn] sb Berufsbild n

professional discretion [prə'feʃənl dɪs'kreʃən] sb Schweigepflicht f

professional knowledge [prə'feʃənl 'nɒlɪdʒ] sb Fachwissen n

professional promotion [prə'feʃənl prə'məʊʃn] sb Berufsförderung f

professional secret [prə'feʃənl 'siːkrɪt] sb Berufsgeheimnis n

professional trader [prə'feʃənl 'treɪdə] sb Berufshändler m

professional training [prə'feʃənl 'treɪnɪŋ] sb Berufsausbildung f

profit ['prɒfɪt] sb 1. Gewinn m, make a ~ on sth mit etw einen Gewinn machen; 2. (fig) Nutzen m, Vorteil m; v 3. profitieren

profitability [prɒfɪtə'bɪlɪtɪ] sb Rentabilität f

profitability rate [prɒfɪtə'bɪlɪtɪ reɪt] sb Ertragsrate f

profitable ['prɒfɪtəbl] adj 1. rentabel; 2. (advantageous) vorteilhaft

profit and loss ['prɒfɪt ænd lɒs] sb Gewinn und Verlust m

profit and loss account ['prɒfɪt ænd 'lɒs ə'kaʊnt] sb Aufwands- und Ertragsrechnung f, Gewinn- und Verlustrechnung f

profit and loss transfer agreement ['prɒfɪt ænd 'lɒs 'trænsfə ə'griːmənt] sb Ergebnisabführungsvertrag m

profit carried forward ['prɒfɪt 'kærɪd 'fɔːwəd] sb Gewinnvortrag m

profit centre ['prɒfɪt sentə] sb Profit-center n

profiteer [prɒfɪ'tiːə] v wuchern, Wucher treiben

profiteering [prɒfɪ'tiːərɪŋ] sb Wucher m, Wucherei f

profit margin ['prɒfɪt 'mɑːdʒɪn] sb Gewinnspanne f

profit mark-up ['prɒfɪt 'mɑːkʌp] sb Gewinnaufschlag m

profit of the enterprise ['prɒfɪt əv ði 'entəpraɪz] sb Unternehmensgewinn m

profit pool ['prɒfɪt puːl] sb Gewinngemeinschaft f

profit rate ['prɒfɪt reɪt] sb Profitrate f

profits ['prɒfɪts] sb Ertrag m

profit-sharing [prɒfɪt'ʃeərɪŋ] sb Gewinnbeteiligung f, Erfolgsbeteiligung f

profit squeeze ['prɒfɪt 'skwiːz] sb Gewinndruck m

profit-taking [prɒfɪt'teɪkɪŋ] sb Gewinnmitnahme f

profit tax ['prɒfɪt 'tæks] sb Erwerbsteuer f

profit-pooling ['prɒfɪt'puːlɪŋ] sb Gewinnpoolung f

pro forma invoice [prəʊ 'fɔːmə 'ɪnvɔɪs] sb Proformarechnung f

prognosis [prɒg'nəʊsɪs] sb Prognose f

prognosticate [prɒg'nɒstɪkeɪt] v (sth) prognostizieren

programmable [prəʊ'græməbl] adj programmierbar

programme ['prəʊgræm] v 1. programmieren; sb 2. Programm n

programmer ['prəʊgræmə] sb Programmierer m

programming language ['prəʊgræmɪŋ 'læŋgwɪdʒ] sb Programmiersprache f

progress ['prəʊgres] sb 1. Fortschritt m; in ~ im Gange; make ~ Fortschritte machen; 2. (movement forwards) Fortschreiten n, Vorwärtskommen n

progression [prə'greʃən] sb (taxation) Progression f, Staffelung f

progressive depreciation [prə'ʊgresɪv dɪpriː'eɪʃən] sb progressive Abschreibung f

progress report ['prəʊgres rɪ'pɔːt] sb Zwischenbericht m

prohibited [prəʊ'hɪbɪtɪd] adj verboten

prohibited share issue [prəʊ'hɪbɪtɪd 'ʃæa'ɪʃjʊ] sb verbotene Aktienausgabe f

prohibition [prəʊhɪ'bɪʃn] sb Verbot n

prohibition of assignment [prəʊhɪ'bɪʃn əv ə'saɪnmənt] sb Abtretungsverbot n

prohibition of investment [prəʊhɪ'bɪʃn əv ɪn'vestmənt] sb Investitionsverbot n

prohibition of raising of credits [prəʊhɪ'bɪʃn əv 'reɪzɪŋ əv 'kredɪts] sb Kreditaufnahmeverbot n

prohibition to advertise [prəʊhɪ'bɪʃn tu 'ædvətaɪz] sb Werbeverbot n

prohibition to compete [prəʊhɪ'bɪʃn tu kɒm'piːt] sb Wettbewerbsverbot n

prohibitive duty [prəʊ'hɪbɪtɪv 'djuːti] sb Prohibitivzoll m

prohibitive price [prəʊ'hɪbɪtɪf 'praɪs] sb Prohibitivpreis m

project ['prɒdʒekt] sb Projekt n; [prəʊ'dʒekt] v (costs) überschlagen

project financing ['prəʊdʒekt 'faɪnænsɪŋ] sb Projektfinanzierung f

projection [prəʊ'dʒekʃən] sb Projektion f

project management ['prəʊdʒekt 'mænɪdʒmənt] sb Projektmanagement n

project-type organization ['prəʊdʒekt-taɪp ɔːgənaɪ'zeɪʃn] sb Projektorganisation f

project write-off company ['prəʊdʒekt 'raɪt əv 'kɒmpəni] sb Abschreibungsgesellschaft f

prolongation [prɒlɒŋ'eɪʃn] sb Prolongation f

prolongation business [prɒlɒŋ'eɪʃn 'bɪsnɪs] sb Prolongationsgeschäft n

prolongation charge [prɒlɒŋ'eɪʃn 'dʒɑːdʒ] sb Belastungsgebühr f

promise ['prɒmɪs] sb Zusage f

promise of credit ['prɒmɪs əv 'kredɪt] sb Kreditzusage f

promise of reward ['prɒmɪs əv rɪ'wɔːd] sb Auslobung f

promise to fulfil an obligation ['prɒmɪs tu fʊl'fɪl ən ɒblɪ'geɪʃn] sb Schuldversprechen n

promissory note (p. n.) [prəʊ'mɪsəri nəʊt] sb Schuldschein m, Eigenwechsel (p.n.) m, eigener Wechsel m, Promesse f, persönliches Schuldanerkenntnis n, vertragliches Schuldversprechen n, Solawechsel m

promissory note bond [prəʊ'mɪsərɪ 'nəʊt bʌnd] *sb* Schuldscheindarlehen *f*

promote [prə'məʊt] *v* 1. *(in rank)* befördern; 2. *(advertise)* werben für

promoter [prə'məʊtə] *sb* 1. Förderer *m;* 2. *(of an event)* Veranstalter *m,* Promoter *m*

promotion [prə'məʊʃən] *sb* 1. *(to a better job)* Beförderung *f;* 2. *(advertising, marketing)* Werbung *f,* Promotion *f;* 3. *(of an event)* Veranstaltung *f*

promotional gift [prə'məʊʃənl gɪft] *sb* Werbegeschenk *n*

promotion of housing construction [prə-'məʊʃn əv 'haʊzɪŋ kɒn'strʌkʃn] *sb* Wohnungsbauförderung *f*

promotion of original innovation [prə-'məʊʃn əv ɒ'rɪdʒɪnəl ɪnɒ'veɪʃn] *sb* Innovationsförderung *f*

promotion of residential property [prə-'məʊʃn əv 'resɪdenʃl 'prɒpətɪ] *sb* Wohneigentumsförderung *f*

promotion of saving through building societies [prə'məʊʃn əv 'seɪvɪŋ θruː 'bɪldɪŋ sɒ'saɪətɪːs] *sb* Bausparförderung *f*

prompt (ppt.) ['prɒmt] *adj* sofort

prompt shipment ['prɒmt 'ʃɪpmənt] *sb* sofortiger Versand *m*

proof [pruːf] *sb* Beweis *m,* Nachweis *m*

proof of identity ['pruːf əv aɪ'dentɪtɪ] *sb* Identitätsnachweis *m,* Legitimation *f*

propaganda [prɒpə'gændə] *sb* Propaganda *n*

propensity to consume [prɒ'pensɪtɪ tu kɒn'sjuːm] *sb* Konsumquote *f*

propensity to invest [prɒ'pensɪtɪ tu ɪn'vest] *sb* Investitionsquote *f*

property ['prɒpətɪ] *sb* 1. Eigentum *n;* Gut *n,* Vermögen *n;* 2. *(house, estate)* Besitz *m;* 3. *(characteristic)* Eigenschaft *f*

property acquisition tax ['prɒpətɪ əkwɪ'sɪʃn tæks] *sb* Grunderwerbssteuer *f*

property income ['prɒpətɪ 'ɪnkɒm] *sb* Besitzeinkommen *n*

property insurance ['prɒpətɪ ɪn'ʃʊərəns] *sb* Sachversicherung *f*

property law securities ['prɒpətɪ lɔː sɪ-'kjʊərɪtɪːz] *sb* sachenrechtliche Wertpapiere *n/pl*

property rights ['prɒpətɪ raɪts] *sb* Eigentumsrechte *n/pl*

property tax ['prɒpətɪ tæks] *sb* Grundsteuer *f*

proportion [prə'pɔːʃən] *sb* Verhältnis *n,* Proportion *f*

proportional cost [prə'pɔːʃənl 'kɒst] *sb* proportionale Kosten *pl*

proposal [prə'pəʊsl] *sb* Vorschlag *m*

proprietary [prə'praɪətərɪ] *adj* besitzend, Besitz...

proprietor [prə'praɪətə] *sb* 1. Besitzer(in) *m/f,* 2. Eigentümer(in) *m/f*

proprietor's capital holding [prə'praɪətəs 'kæpɪtl 'həʊldɪŋ] *sb* Geschäftsguthaben *n*

proprietor's loan [prə'praɪətəs 'ləʊn] *sb* Gesellschafter-Darlehen *n*

pro rata [prəʊ' reɪtə] *adj* anteilmäßig

prosecute ['prɒsɪkjuːt] *v (s.o.)* strafrechtlich verfolgen, strafrechtlich belangen

prospect ['prɒspekt] *sb* Aussicht *f*

prospectus [prəʊ'spektəs] *sb* Prospekt *m*

prosperity [prɒ'sperɪtɪ] *sb* Prosperität *f,* Wohlstand *m*

prosperous ['prɒspərəs] *adj* florierend, gut gehend, blühend

protection [prə'tekʃən] *sb* Schutz *m,* Protektion *f*

protection against dismissal [prə'tekʃən ə'genst dɪs'mɪsəl] *sb* Kündigungsschutz *m*

protection for the investor [prə'tekʃn fɔː ðɪ: ɪn'vestə] *sb* Anlegerschutz *m*

protection of credit [prə'tekʃn əv 'kredɪt] *sb* Kreditschutz *m*

protection of creditors [prə'tekʃən əv 'kredɪtəz] *sb* Gläubigerschutz *m*

protection of investment [prə'tekʃn əv ɪn'vestmənt] *sb* Investitionsschutz *m*

protection of jobs [prə'tekʃn əv 'dʒɒbə] *sb* Arbeitsplatzschutz *m*

protection of mothers [prə'tekʃən əv 'mʌðəz] *sb* Mutterschutz *m*

protection of tenants [prə'tekʃən əv 'tenənts] *sb* Mieterschutz *m*

protectionism [prə'tekʃənɪzm] *sb* Protektionismus *m*

protective clothing [prəʊ'tektɪf 'kləʊθɪŋ] *sb* Schutzkleidung *f*

protective duty [prəʊ'tektɪv 'djuːtɪ] *sb* Schutzzoll *m*

protest ['prəʊtest] *sb* Protest *m*

protested bill ['prəʊtestɪd 'bɪl] *sb* Protestwechsel *m*

protest for non-delivery ['prəʊtest fɔː 'nɒndɪ'lɪvərɪ] *sb* Ausfolgungsprotest *m*

protocol ['prəʊtəkɒl] *sb* Protokoll *n*

provenance ['prɒvɪnəns] *sb* Provenienz *f*

provide [prəʊ'vaɪd] *v* 1. besorgen, beschaffen, liefern; 2. *(an opportunity)* bieten; 3. *(make available)* zur Verfügung stellen

providing of guarantee [prəʊ'vaɪdɪŋ əv gærən'tiː] *sb* Garantieleistung *f*

provision [prə'vɪʒən] *sb 1. (supplying)* Bereitstellung *f; 2. (for oneself)* Beschaffung *f; ~s pl 3. (supplies)* Vorräte *pl; 4. (of a contract)* Bestimmung *f; 5. (allowance)* Berücksichtigung *f*

provisional [prə'vɪʒənəl] *adj* provisorisch; *(measures, legislation)* vorläufig

provisional account [prə'vɪʒənəl ə'kaʊnt] *sb* vorläufiger Abschluss *m*

provisional filing of an objection [prə'vɪʃənl 'faɪlɪŋ əv ən ɒb'dʒekʃn] *sb* Widerspruchsvormerkung *f*

provisional receipt [prə'vɪʃənl rɪ'siːt] *sb* Zwischenschein *m*

provisionally inefficacy [prə'vɪʃənl ɪn'efɪkəsɪ] *sb* schwebende Unwirksamkeit *f*

proviso [prə'vaɪzəʊ] *sb 1.* Vorbehalt *m; 2. (clause)* Vorbehaltsklausel *f*

provisory [prə'vaɪzərɪ] *adj 1. (provisional)* provisorisch, vorläufig; *2. (conditional)* vorbehaltlich

proxy ['prɒksɪ] *sb 1. (power)* Vollmacht *f; 2. by ~* in Vertretung; *3. (person)* Vertreter *m*

proxy for disposal ['prɒksɪ fɔː dɪs'pəʊsəl] *sb* Ermächtigung zur Verfügung *f*

prudence of a businessman ['pruːdəns əv ə 'bɪsnɪsmæn] *sb* kaufmännische Vorsicht *f*

public ['pʌblɪk] *adj 1.* öffentlich; *in the ~ eye* im Lichte der Öffentlichkeit; *make ~* bekannt machen; *sb 2.* Öffentlichkeit *f*

public assistance ['pʌblɪk ə'sɪstəns] *sb* Spezialhilfe *f*

publication [pʌblɪ'keɪʃən] *sb 1.* Veröffentlichung *f; 2. (thing published)* Publikation *f*

public authentication [pʌblɪk ɔːθentɪ'keɪʃn] *sb* öffentliche Beurkundung *f*

public authorities ['pʌblɪk ɔː'θɒrɪtiːz] *sb* öffentliche Hand *f*

public bank [pʌblɪk 'bæŋk] *sb* öffentliche Bank *f*

public body [pʌblɪk 'bʌdɪ] *sb* öffentlich-rechtliche Körperschaft *f*

public bonds [pʌblɪk 'bɒndz] *sb* Staatsanleihen *f/pl*

public budget [pʌblɪk 'bʌdʒɪt] *sb* öffentlicher Haushalt *m*

public certification [pʌblɪk sɜːtɪfɪ'keɪʃn] *sb* öffentliche Beglaubigung *f*

public company [pʌblɪk 'kʌmpənɪ] *sb* Aktiengesellschaft *f*

public debt [pʌblɪk 'det] *sb* öffentliche Schuld *f*

public enterprise ['pʌblɪk 'entəpraɪz] *sb* öffentliches Unternehmen *n*

public finance [pʌblɪk 'faɪnæns] *sb* Finanzwissenschaft *f*

public fund [pʌblɪk 'fʌnd] *sb* Publikumsfonds *m*

public goods ['pʌblɪk ɡʊdz] *sb* öffentliche Güter *n/pl*

public health ['pʌblɪk helθ] *sb* Gesundheitswesen *n*

public holiday ['pʌblɪk 'hɒlɪdeɪ] *sb* gesetzlicher Feiertag *m*

public institution ['pʌblɪk ɪnstɪ'tjuːʃən] *sb* gemeinnütziges Unternehmen *n*, öffentliches Unternehmen *n*

publicity [pʌb'lɪsɪtɪ] *sb 1.* Publizität *f; 2.* Werbung *f*, Reklame *f*

publicity department [pʌb'lɪsɪtɪ dɪ'pɑːtmənt] *sb* Werbeabteilung *f*

publicity expenses [pʌb'lɪsɪtɪ ɪks'pensɪs] *sb* Werbungskosten *pl*

publicize ['pʌblɪsaɪz] *v (promote)* Reklame machen für

public law ['pʌblɪk lɔː] *sb* öffentliches Recht *n*

public limited company ['pʌblɪk 'lɪmɪtɪd 'kʌmpənɪ] *sb (UK)* Aktiengesellschaft *f*

publicly owned enterprise [pʌblɪklɪ 'əʊnd 'entəpraɪz] *sb* Regiebetrieb *m*

public mortgage bank [pʌblɪk 'mɔːgɪdʒ 'bæŋk] *sb* Grundkreditanstalt *f*

public opinion research [pʌblɪk ɒ'pɪnjən riː'sɜːdʒ] *sb* Meinungsforschung *f*

public ownership ['pʌblɪk 'əʊnəʃɪp] *sb* Staatseigentum *n*

public property [pʌblɪk 'prɒpətɪ] *sb* Staatseigentum *n*

public relations (PR) ['pʌblɪk rɪ'leɪʃənz] *sb* Public Relations (PR) *pl*

public relations of the company [pʌblɪk rɪ'leɪʃns əv ðə 'kɒmpənɪ] *sb* Firmenöffentlichkeit *f*

public revenue [pʌblɪk 'revənjuː] *sb* Staatseinnahmen *pl*

public sector [pʌblɪk 'sektə] *sb* öffentlicher Sektor *m*

public securities [pʌblɪk sɪ'kjʊərɪtiːz] *sb* Staatspapiere *n/pl*

public servant ['pʌblɪk 'sɜːvənt] *sb* Angestellte(r) im öffentlichen Dienst *m/f*

public spending ['pʌblɪk 'spendɪŋ] *sb* Staatsausgaben *pl*, öffentliche Ausgaben *pl*

public supervision of banking ['pʌblɪk suːpə'vɪʃn əv 'bæŋkɪŋ] *sb* Bankenaufsicht *f*

public tender [pʌblɪk 'tendə] *sb* offene Ausschreibung *f*

public transportation [pʌblɪk trænspɔː-'teɪʃn] *sb* öffentliche Verkehrsmittel *n/pl*

publisher ['pʌblɪʃə] *sb* Verleger(in) *m/f*

publisher's mark ['pʌblɪʃəs 'mɑːk] *sb* Signet *n*

publishing house ['pʌblɪʃɪŋ haʊs] *sb* Verlag *m*

pull-down menu ['pʊldaʊn 'menjuː] *sb* Pull-down-Menü *n*

pulling strategy ['pʊlɪŋ str'ætədʒiː] *sb* Pull-Strategie *f*

punctual ['pʌŋktjʊəl] *adj* pünktlich

punctuality [pʌŋktjʊ'ælɪtɪ] *sb* Pünktlichkeit *f*

punishable ['pʌnɪʃəbl] *adj* strafbar

punishment ['pʌnɪʃmənt] *sb* 1. *(penalty)* Strafe *f*; 2. *(punishing)* Bestrafung *f*

punter ['pʌntə] *sb* *(UK: average person)* Otto Normalverbraucher *m*

purchase ['pɜːtʃɪs] *v* 1. kaufen, erwerben; *sb* 2. Kauf *m*, Anschaffung *f*, Ankauf *m*

purchase against cash in advance ['pɜːdʒɪs ə'genst 'kæʃ ɪn əd'vɑːns] *sb* Kauf gegen Vorauszahlung *m*

purchase costs ['pɜːtʃɪs kɔsts] *sb* Anschaffungskosten *pl*

purchase-money loan [pɜːtʃɪs'mʌnɪɪ ləʊn] *sb* Restdarlehen *n*

purchase of accounts receivable ['pɜːdʒɪs əv ə'kaʊnts rɪ'siːvəbl] *sb* Forderungskauf *m*

purchase of foreign exchange for later sale ['pɜːdʒɪs əv 'fɔrɪn ɪk'dʒeɪnʃ fɔː 'leɪtə 'seɪl] *sb* Devisenpensionsgeschäft *n*

purchase of securities ['pɜːdʒɪs əv sɪ-'kjʊərɪtiːz] *sb* Effektenkauf *m*

purchase on credit ['pɜːtʃɪs ɔn 'kredɪt] *sb* Zielkauf *m*

purchase on the spot ['pɜːdʒɪs ɔn ðə 'spɔt] *sb* Platzkauf *m*

purchase pattern ['pɜːtʃɪs 'pætən] *sb* Kaufverhalten *n*

purchase price ['pɜːtʃɪs praɪs] *sb* Kaufpreis *m*

purchase quantity ['pɜːtʃɪs 'kwɒntɪtɪ] *sb* Abnahmemenge *f*

purchaser ['pɜːtʃɪsə] *sb* Käufer(in) *m/f*

purchase right ['pɜːdʒɪs raɪt] *sb* Ankaufsrecht *n*

purchase with delivery by instal(l)ments ['pɜːdʒɪs wɪθ dɪ'lɪvərɪ baɪ ɪn'stɔːlmənts] *sb* Teillieferungskauf *m*

purchasing association ['pɜːdʒɪsɪŋ ə'səʊ-sɪeɪʃn] *sb* Einkaufsgemeinschaft *f*

purchasing cheque ['pɜːdʒəsɪŋ 'tʃek] *sb* Kaufscheck *m*

purchasing cooperative ['pɜːdʒəsɪŋ kəʊ-'ɒprətɪf] *sb* Einkaufsgenossenschaft *f*

purchasing costs ['pɜːtʃɪsɪŋ kɔsts] *sb* Bezugskosten *pl*

purchasing credit ['pɜːdʒəsɪŋ 'kredɪt] *sb* Kaufkredit *m*

purchasing power ['pɜːtʃɪsɪŋ 'paʊə] *sb* Kaufkraft *f*

purchasing power parity ['pɜːdʒəsɪŋ paʊə 'pærɪtɪ] *sb* Kaufkraftparität *f*

purchasing terms ['pɜːtʃɪsɪŋ tɜːmz] *sb* Einkaufsbedingungen *f/pl*

pure endowment insurance ['pjuːr ɪn-'daʊmənt ɪn'sʊəræns] *sb* Erlebensfallversicherung *f*

purpose ['pɜːpəs] *adj* on ~ absichtlich, mit Absicht

purpose-built [pɜːpəs'bɪlt] *adj* spezialgefertigt, Spezial...

pursuant [pə'sjuːənt] *adj* ~ to gemäß, laut

purveyor [pə'veɪə] *sb* Lieferant(in) *m/f*

push [pʊʃ] *v* 1. *(s.o.)* *(put pressure on)* drängen, antreiben; 2. *(promote)* propagieren

pushing strategy ['pʊʃɪŋ 'strætədʒiː] *sb* Push-Strategie *f*

put and call ['pʊt ænd 'kɔːl] *sb* Stellgeschäft *n*

put and call price ['pʊt ænd 'kɔːl praɪs] *sb* Stellkurs *m*

put down ['pʊt daʊn] *v irr* 1. *(a deposit)* machen; 2. *(write down)* aufschreiben, notieren; 3. *(on a form)* angeben

put in [pʊt 'ɪn] *v irr* 1. ~ for sth sich um etw bewerben; 2. *(a claim, an application)* einreichen; 3. *(time)* zubringen; 4. ~ an hour's work eine Stunde arbeiten

put off [pʊt 'ɔf] *v irr* 1. *(postpone)* verschieben; 2. *(a decision)* aufschieben; 3. put s.o. off *(by making excuses)* jdn hinhalten

put through [pʊt 'θruː] *v irr* *(connect)* durchstellen

putting into the archives ['pʊtɪŋ ɪntu ðiː 'ɑːkaɪfs] *sb* Archivierung *f*

put together [pʊt tʊ'geθə] *v irr* 1. *(assemble)* zusammensetzen, zusammenbauen; 2. *(a brochure)* zusammenstellen

put up [pʊt 'ʌp] *v irr* put sth up for sale etw zum Verkauf anbieten

pyramid selling ['pɪrəmɪd 'selɪŋ] *sb* Schneeballsystem *n*, Lawinensystem *m*

Q/R

qualification [kwɔlɪfɪ'keɪʃən] *sb 1. (suitable skill, suitable quality)* Qualifikation *f*, Voraussetzung *f*; *2. (UK: document)* Zeugnis *n*

qualified ['kwɔlɪfaɪd] *adj 1. (person)* qualifiziert, geeignet; *2. (entitled)* berechtigt

qualifying period ['kwɔlɪfaɪɪŋ 'pɪərɪəd] *sb* Karenzzeit *f*

qualitative ['kwɔlɪtətɪv] *adj* qualitativ

qualitative growth ['kwɔːlɪtətɪf 'grəʊθ] *sb* qualitatives Wachstum *n*

quality ['kwɔlɪtɪ] *sb* Qualität *f*

quality assurance ['kwɔlɪtɪ ə'sʊərəns] *sb* Qualitätssicherung *f*

quality circle ['kwɔːlɪtɪ 'sɜːkl] *sb* Qualitätszirkel *m*

quality control ['kwɔlɪtɪ kən'trəʊl] *sb* Qualitätskontrolle *f*

quality label ['kwɔlɪtɪ 'leɪbl] *sb* Gütezeichen (Marketing) *n*

quantify ['kwɔntɪfaɪ] *v* in Zahlen ausdrücken

quantitative ['kwɔntɪtətɪv] *adj* quantitativ

quantitative tariff ['kwɔːntɪtətɪf 'tærɪf] *sb* Mengenzoll *m*

quantity ['kwɔntɪtɪ] *sb 1.* Quantität *f*; *2. (amount)* Menge *f*

quantity discount ['kwɔntɪtɪ 'dɪskaʊnt] *sb* Mengenrabatt *m*

quantity equation ['kwɔːntɪtɪ ɪ'kweɪʃn] *sb* Quantitätsgleichung *f*

quantity theory ['kwɔːntɪtɪ θɪːɔriː] *sb* Quantitätstheorie *f*

quantity unit ['kwɔntɪtɪ 'juːnɪt] *sb* Mengeneinheit *f*

quart [kwɔːt] *sb (UK: 1.14 litres; US: 0.95 litres)* Quart *n*

quarter ['kwɔːtə] *sb 1. (of a year)* Quartal *n*, Vierteljahr *n*; *2. (US: 25 cents)* 25-Centstück *n*

quarter day ['kwɔːtə deɪ] *sb* vierteljährlicher Zahltag *m*

quarter days ['kwɔːtə 'deɪz] *sb* Zinstage *m/pl*

quarterly ['kwɔːtəlɪ] *adj* Quartals...

quarterly invoice ['kwɔːtəlɪ 'ɪnvɔɪs] *sb* Quartalsrechnung *f*

quarterly report ['kwɔːtəlɪ rɪ'pɔːt] *sb* Quartalsbericht *m*

quarter wage ['kwɔːtər weɪdʒ] *sb* Quartalsgehalt *n*, Vierteljahreszahlung *f*

quasi-equity capital ['kwɔːsɪ'ekwɪtɪ 'kæpɪtl] *sb* verdecktes Stammkapital *n*

quasi money ['kwɔːsɪ 'mʌnɪ] *sb* Quasigeld *n*, Beinahegeld *n*

quasi monopoly ['kwɔːsɪ mə'nɔpəlɪ] *sb* Quasimonopol *n*

quasi rent ['kwɔːsɪ 'rent] *sb* Quasirente *f*

quay [kiː] *sb* Kai *m*

quayage ['kiːɪdʒ] *sb* Kaigebühren *f/pl*

questionnaire [kwestʃə'neə] *sb* Fragebogen *m*

queue up [kjuːˈʌp] *v* anstehen, Schlange stehen

quid [kwɪd] *sb (fam)(UK)* Pfund *n*

quit [kwɪt] *v irr (leave one's job)* kündigen

quittance ['kwɪtəns] *sb* Schuldenerlass *m*

quorum ['kwɔːrəm] *sb* Quorum *n*

quota ['kwəʊtə] *sb 1.* Quote *f*; *2. (of goods)* Kontingent *n*

quota system ['kwəʊtə 'sɪstəm] *sb* Quotensystem *n*

quotation [kwəʊ'teɪʃən] *sb 1. (price ~)* Kostenvoranschlag *m*, Preisangabe *f*; *2. (stock ~)* Börsennotierung *f*, Kursanzeige *f*, Quotation *f*

quotation ex dividend [kwɔ'teɪʃn eks 'dɪvɪdənd] *sb* Dividendenabschlag *m*

quotation of prices [kwəʊ'teɪʃənəv 'praɪsɪz] *sb* Kursnotierung *f*

quotation on the stock exchange [kwəʊ'teɪʃən ɔndə 'stɔkɪkstʃteɪndʒ] *sb* Börsenkurs *m*

quotation on the unofficial market [kwɔ'teɪʃn ɔn ðiː 'ʌnɔfɪʃl 'mʌkɪt] *sb* Kulissenwert *m*

quota transactions ['kwəʊtə træns'ækʃns] *sb* Quotenhandel *m*

quota wage ['kwəʊtə 'weɪdʒ] *sb* Pensumlohn *m*

quote [kwəʊt] *v 1. (a price)* nennen; *2. (at the stock exchange)* notieren

quoted securities ['kwəʊtɪd sɪ'kjʊərɪtiːz] *sb* börsengängige Wertpapiere *n/pl*

quotient ['kwəʊʃənt] *sb* Quotient *m*

rack jobbing ['ræk dʒɔbɪŋ] *sb* Rack Jobbing *n*

radio advertising ['reɪdɪə 'ædvətaɪzɪŋ] *sb* Rundfunkwerbung *f*

rail freight [reɪl freɪt] *sb* Bahnfracht *f*

railroad ['reɪlrəʊd] *sb (US)* Eisenbahn *f,* Bahn *f*

railway ['reɪlweɪ] *sb* Eisenbahn *f,* Bahn *f*

railway tariff ['reɪlweɪ 'tærɪf] *sb* Eisenbahntarif *m*

raise [reɪz] *v* 1. *(salary, price)* erhöhen, anheben; 2. *(gather money)* aufbringen, auftreiben; 3. *(an objection)* erheben; ~ *one's voice against sth* seine Stimme gegen etw erheben; *sb* 4. *(in salary)* Gehaltserhöhung *f; (in wages)* Lohnerhöhung *f*

raising of credits ['reɪzɪŋ əv 'kredɪts] *sb* Kreditaufnahme *f*

RAM [ræm] *sb (random access memory)* RAM *n*

ramp [ræmp] *sb* 1. Rampe *f;* 2. *(for loading)* Laderampe *f*

random test ['rændəm test] *sb* Stichprobe *f*

range [reɪndʒ] *sb* 1. *(distance)* Entfernung *f; at close* ~ auf kurze Entfernung; 2. *(selection)* Reihe *f,* Auswahl *f*

range of products ['reɪndʒ əv 'prɒdʌkts] *sb* Produktpalette *f*

rank [ræŋk] *sb (status)* Stand *m,* Rang *m*

rapid money transfer ['ræpɪd 'mʌnɪ 'trænsfə] *sb* Eilüberweisung *f*

rate [reɪt] *v* 1. *(estimate the worth of)* schätzen, einschätzen; *sb* 2. Rate *f,* Ziffer *f;* 3. *at the* ~ *of* im Verhältnis von; 4. *at any* ~ jedenfalls; 5. *(speed)* Tempo *n;* 6. *(UK: local tax)* Gemeindesteuer *f;* 7. *(stock exchange)* Satz *m;* 8. *(fixed charge)* Tarif *m*

rateable ['reɪtəbl] *adj* steuerpflichtig, zu versteuern

rate for foreign notes and coins ['reɪt fɔː 'fɒrɪn 'nəʊts ænd 'kɔɪns] *sb* Sortenkurs *m*

rate of conversion ['reɪt əv kən'vɜːʃən] *sb* Umrechnungskurs *m*

rate of exchange ['reɪt əv ɪks'tʃeɪndʒ] *sb* Umrechnungskurs *m*

rate of flow ['reɪt əv 'fləʊ] *sb* Stromgröße *f*

rate of growth ['reɪt əv grəʊθ] *sb* Wachstumsrate *f*

rate of inflation ['reɪt əv ɪn'fleɪʃən] *sb* Inflationsrate *f*

rate of inventory turnover ['reɪt əv ɪn'ventərɪ 'tɜːnəʊvə] *sb* Umschlagshäufigkeit eines Lagers *f*

rate of issue ['reɪt əv 'ɪʃuː] *sb* Emissionskurs *m*

ratification [rætɪfɪ'keɪʃən] *sb* Ratifikation *f*

rating ['reɪtɪŋ] *sb* 1. *(assessment)* Schätzung *f;* 2. *(category)* Klasse *f*

ratio ['reɪʃɪəʊ] *sb* Verhältnis *n*

rational buying ['ræʃənəl 'baɪŋ] *sb* Rationalkauf *m*

rationalisation [ræʃənəlaɪ'zeɪʃən] *sb* Rationalisierung *f*

rationalization investment [ræʃənəlaɪ'zeɪʃn ɪn'vestmənt] *sb* Rationalisierungsinvestition *f*

rationalization profit [ræʃənəlaɪ'zeɪʃən 'prɒfɪt] *sb* Rationalisierungsgewinn *m*

rationing ['ræʃənɪŋ] *sb* Rationierung *f*

raw material [rɔː mə'tɪərɪəl] *sb* Rohstoff *m*

raw material funds ['rɔː mə'tiːrɪəl fʌnds] *sb* Rohstoff-Fonds *m*

raw material shortage [rɔː mə'tɪərɪəl 'ʃɔːtɪdʒ] *sb* Rohstoffknappheit *f*

re [riː] *(on a letter)* betrifft

reach [riːtʃ] *v (a conclusion, an agreement)* kommen zu, gelangen zu

readily ['redɪlɪ] *adv* 1. bereitwillig; 2. *(easily)* leicht

readiness to operate ['redɪnəs tu 'ɒpəreɪt] *sb (Produktion)* Leistungsbereitschaft *f*

readjust [riːə'dʒʌst] *v (~ sth)* anpassen, angleichen

readjustment [riːə'dʒʌstmənt] *sb* Anpassung *f,* Angleichung *f*

ready ['redɪ] *adj* 1. bereit, fertig; 2. *(finished)* fertig

ready for collection ['redɪ fɔː kə'lekʃən] *adv* abholbereit

ready for dispatch ['redɪ fɔː 'dɪspætʃ] *adv* versandbereit

ready-made ['redɪ'meɪd] *adj* gebrauchsfertig, fertig

ready money ['redɪ 'mʌnɪ] *sb* Bargeld *n,* jederzeit verfügbares Geld *n*

ready-to-wear [redɪ tu 'weə] *adj* Konfektions...

real account [rɪəl ə'kaʊnt] *sb* Bestandskonto *n*

real balance effect [rɪəl 'bæləns ɪ'fækt] *sb* Vermögenseffekten *pl,* Vermögenseinkommen *n*

real capital [rɪəl 'kæpɪtl] *sb (Volkswirtschaft)* Realkapital *n,* Sachkapital *n*

real estate ['rɪəlɪsteɪt] *sb* Immobilien *pl,* Grundstück *n*

real estate agent ['rɪəlɪsteɪt 'eɪdʒənt] *sb* Immobilienmakler *m*

real estate credit ['rɪəl ɪ'steɪt 'kredɪt] *sb* Grundkredit *m,* Immobiliarkredit *m*

real estate credit institution ['rɪəl ɪ'steɪt 'kredɪt ɪnstɪ'tjuːʃn] *sb* Realkreditinstitut *n*

real estate fund ['rɪəlɪsteɪt fʌnd] *sb* Immobilienfonds *m*

real estate leasing ['rɪəl ɪ'steɪt liːzɪŋ] *sb* Immobilien-Leasing *n*

real estate property ['rɪəl ɪ'steɪt 'prɔ-pəti] *sb* Betongold *n*

realignment of parities [rɪ'əleɪnmənt əv 'pærɪtiːz] *sb* Realignment *n*

real income [rɪəl 'ɪnkʌm] *sb* Realeinkommen *n*

real indebtedness [rɪəl ɪn'detɪdnɪs] *sb* effektive Verschuldung *f*

real interest [rɪəl 'ɪntrəst] *sb* Realzins *m*

real investment [rɪəl ɪnvestmənt] *sb* Realinvestition *f*

realization [rɪəlaɪ'zeɪʃən] *sb* (of assets) Realisation *f*, Flüssigmachen *n*

realization of pledge [rɪəlaɪ'zeɪsn əv 'pledʒ] *sb* Pfandverwertung *f*

realization profit [rɪəlaɪ'zeɪsn 'prɔfɪt] *sb* Liquidationsüberschuss *m*

realize ['rɪəlaɪz] *v* 1. (achieve) verwirklichen; 2. (assets) realisieren, verflüssigen

real property [rɪəl 'prɔpəti] *sb* Grundvermögen *n*

real rate of interest [rɪəl 'reɪt əv 'ɪntrest] *sb* Realzins *m*

real right [rɪəl raɪt] *sb* dingliches Recht *n*

real security [rɪəl sɪ'kjʊərɪti] *sb* dingliche Sicherung *f*

realtor ['rɪəltə] *sb* Immobilienmakler *m*

realty ['rɪəltɪ] *sb* Immobilien *pl*

real value [rɪəl 'væljuː] *sb* Substanzwert, Sachwert *m*

real wages [rɪəl 'weɪdʒɪz] *sb* Reallohn *m*

real wealth [rɪəl welθ] *sb* Realvermögen *n*

reasonable ['riːznəbəl] *adj* 1. (sensible) vernünftig; 2. (price) angemessen; 3. (in price) preiswert

reasoning ['riːznɪŋ] *sb* Argumentation *f*

reassemble [rɪə'sembl] *v* (put back together) wieder zusammenbauen

reassign [rɪə'saɪn] *v* (s.o.) versetzen

rebate ['riːbeɪt] *sb* 1. (money back) Rückvergütung *f*, Rückzahlung *f*; 2. (discount) Rabatt *m*

rebuke [rɪ'bjuːk] *v* rügen; *sb* Rüge *f*

receipt [rɪ'siːt] *sb* 1. Eingang *m*, Erhalt *m*, Quittung *f*, Beleg *m*; 2. ~s *pl* Einnahmen *f/pl*

receipt of money [rɪ'siːt əv 'mʌni] *sb* Geldeingang *m*

receive [rɪ'siːv] *v* 1. bekommen, erhalten; 2. (take delivery of) empfangen; 3. (welcome) empfangen

receiver [rɪ'siːvə] *sb* 1. Empfänger *m*; 2. (of the phone) Hörer *m*; 3. (in bankruptcy) Konkursverwalter *m*

receivership [rɪ'siːvəʃɪp] *sb* go into ~ in Konkurs gehen

reception [rɪ'sepʃən] *sb* Empfang *m*

receptionist [rɪ'sepʃənɪst] *sb* Empfangssekretär(in) *m/f*

reception room [rɪ'sepʃən ruːm] *sb* Empfangsraum *m*

recession [rɪ'seʃən] *sb* Rezession *f*, Konjunkturrückgang *m*

recessionary [rɪ'seʃənəri] *adj* Rezessions...

recessive [rɪ'sesɪv] *adj* rezessiv

recipient [rɪ'sɪpɪənt] *sb* Empfänger *m*

reciprocal [rɪ'sɪprəkəl] *adj* gegenseitig, wechselseitig, reziprok

reciprocal contract [rɪ'sɪprəkəl 'kɔn-trækt] *sb* gegenseitiger Vertrag *m*

reciprocity [resɪ'prɔsɪti] *sb* Gegenseitigkeit *f*, Wechselseitigkeit*f*, Reziprozität *f*

recision [rɪ'sɪʒən] *sb* Stornierung *f*, Streichung *f*, Entwertung *f*

reckon ['rekən] *v* 1. (calculate) rechnen; 2. (calculate sth) berechnen, errechnen; 3. (estimate) schätzen

reclaim [rɪ'kleɪm] *v* zurückfordern

reclamation [reklə'meɪʃən] *sb* (demanding back) Zurückforderung *f*, Rückforderung *f*

recognizance [rɪ'kɔgnɪzəns] *sb* schriftliche Verpflichtung *f*

recommend [rekə'mend] *v* 1. empfehlen; 2. She has much to ~ her. Es spricht sehr viel für sie.

recommendable [rekə'mendəbl] *adj* empfehlenswert

recommendation [rekəmen'deɪʃən] *sb* 1. Empfehlung *f*; 2. (letter of ~) Empfehlungsschreiben *n*

recompense ['rekəmpens] *sb* 1. (repayment) Entschädigung *f*; 2. (reward) Belohnung *f*

recondition [riːkən'dɪʃən] *v* generalüberholen

reconsider [riːkən'sɪdə] *v* nochmals überlegen; He has ~ed his decision. Er hat es sich anders überlegt.

reconsideration [riːkənsɪdə'reɪʃən] *sb* erneute Betrachtung *f*, Überdenken *n*, Revision *f*

reconstruction [riːkən'strʌkʃn] *sb* Sanierung *f*

record [rɪ'kɔːd] *v* 1. (write down) aufzeichnen; (register) eintragen; 2. by ~ed delivery (UK) per Einschreiben; 3. (keep minutes of) protokollieren; ['rekɔːd] *sb* 4. (account) Aufzeichnung *f;* 5. *(of a meeting)* Protokoll *n; on the ~* offiziell; *off the ~* nicht für die Öffentlichkeit bestimmt; 6. *(official document)* Unterlage *f,* Akte *f*

recourse [rɪˈkɔːs] *sb* Regress *m,* Rückgriff *m*

recoverable [rɪˈkʌvərəbl] *adj* 1. *(damages)* ersetzbar; 2. *(deposit)* rückzahlbar

recovery [rɪˈkʌvərɪ] *sb* 1. Aufschwung *m,* Erholung *f;* 2. *economic ~* Konjunkturaufschwung *m*

recovery of damages [rɪˈkʌvərɪ əv ˈdæmɪdʒɪz] *sb* Schadensersatz *m*

recruit [rɪˈkruːt] *v (members)* werben, anwerben, gewinnen

recruitment [rɪˈkruːtmənt] *sb* Anwerbung *f,* Werbung *f*

rectification defects [rektɪfɪˈkeɪʃn dɪˈfekts] *sb* Nachbesserung *f*

rectify [ˈrektɪfaɪ] *v* berichtigen, korrigieren

recyclable [rɪˈsaɪkləbl] *adj* wieder verwertbar, recycelbar

recycle [riːˈsaɪkl] *v* wieder verwerten, recyceln

recycling [riːˈsaɪklɪŋ] *sb* Recycling *n,* Wiederverwertung *f*

recycling exchange [riːˈsaɪklɪŋ ɪksˈtʃeɪndʒ] *sb* Abfallbörse *f*

red tape [redˈteɪp] *sb* 1. *(fig)* Amtsschimmel *m;* 2. *(paperwork)* Papierkrieg *m*

redeem [rɪˈdiːm] *v* 1. *(a coupon)* einlösen; 2. *(a mortgage)* abzahlen; 3. *(a pawned object)* auslösen

redeemable [rɪˈdiːməbl] *adj* kündbar

redemption [rɪˈdempʃn] *sb* Tilgung *f,* Abzahlung *f*

redemption fund [rɪˈdempʃn ˈfʌnd] *sb* Tilgungsfonds *m*

redemption in arrears [rɪˈdempʃn ɪn əˈrɪəs] *sb* Tilgungsrückstände *m/pl*

redemption loan [rɪˈdempʃn ˈləʊn] *sb* Ablösungsanleihe *f,* Tilgungsanleihe *f*

redemption sum [rɪˈdempʃən sʌm] *sb* Ablösesumme *f*

redemption value [rɪˈdempʃn ˈvæljuː] *sb* Rückkaufswert *m*

redirect [riːdaɪˈrekt] *v (forward)* nachsenden, nachschicken

rediscount [ˈriːdɪskaʊnt] *sb* 1. Rediskont *m,* Rediskontierung *f;* 2. *v* rediskontieren

reduce [rɪˈdjuːs] *v* 1. *(a price, standards)* herabsetzen; 2. *(expenses)* kürzen

reduced tariffs [rɪˈdjuːstˈtærɪfs] *sb* ermäßigte Tarife *m/pl*

reduction [rɪˈdʌkʃən] *sb* 1. Verminderung *f,* Reduzierung *f;* 2. *(of prices)* Herabsetzung *f*

reduction of interest [rɪˈdʌkʃən əv ˈɪntrest] *sb* Zinssenkung *f*

reduction of staff [rɪˈdʌkʃən əv stɑːf] *sb* Personalabbau *m*

reduction of the interest rate [rɪˈdʌkʃn əv ðiː ˈɪntrest reɪt] *sb* Zinssenkung *f*

reduction of the share capital [rɪˈdʌkʃn əv ðə ˈʃeə ˈkæpɪtl] *sb* Herabsetzung des Grundkapitals *f*

reduction of working hours [rɪˈdʌkʃn əv ˈwɜːkɪŋ ˈaʊəs] *sb* Arbeitszeitverkürzung *f*

redundancy [rɪˈdʌndənsɪ] *sb* Redundanz *f*

redundant [rɪˈdʌndənt] *adj* 1. überflüssig; 2. *(UK: worker)* arbeitslos

re-export [riːɪkˈspɔːt] *v* reexportieren, wieder ausführen

reexportation [riːekspəˈteɪʃən] *sb* Wiederausfuhr *f*

refer [rɪˈfɜː] *v* 1. *~ s.o. to s.o.* jdn an jdn verweisen; 2. *(regard)* sich beziehen auf; 3. *(rule)* gelten für; 4. *(consult a book)* nachschauen in

referee [refəˈriː] *sb (UK: person giving a reference)* Referenzgeber *m*

reference [ˈrefrəns] *sb* 1. *(testimonial)* Referenz *f,* Zeugnis *n;* 2. *(US: person giving a ~)* Referenz *f;* 3. *with ~ to ... was ... betrifft;* 4. *(in a business letter)* bezüglich

reference book [ˈrefrəns bʊk] *sb* Nachschlagewerk *n*

referring to [rɪˈfɜːrɪŋ tuː] *adv* Bezug nehmend, mit Bezug auf

refinancing [rɪˈfaɪnænsɪŋ] *sb* Refinanzierung *f,* Umfinanzierung *f*

refinancing policy [rɪˈfaɪnænsɪŋ ˈpɒlɪsɪ] *sb* Refinanzierungspolitik *f*

refinery [rɪˈfaɪnərɪ] *sb* Raffinerie *f*

reflate [riːˈfleɪt] *v* ankurbeln

reflation [riːˈfleɪʃən] *sb* Reflation *f,* Ankurbelung der Konjunktur *f*

reflux [ˈriːflʌks] *sb* Rückfluss *m*

reform [rɪˈfɔːm] *v* 1. *(sth)* reformieren; *sb* 2. Reform *f*

refrain [rɪˈfreɪn] *v ~ from* Abstand nehmen von, absehen von, sich enthalten

refund [rɪˈfʌnd] *v* 1. zurückzahlen, zurückerstatten; 2. *(expenses)* erstatten; [ˈriːfʌnd] *sb* 3. Rückzahlung *f,* Rückerstattung *f*

refunding [riːˈfʌndɪŋ] *sb* 1. Umschuldung *f,* Refundierung *f;* 2. Rückerstattung *f*

refurbish [rɪˈfɜːbɪʃ] *v* renovieren

refusal [rɪˈfjuːzəl] *sb* Ablehnung *f; have first ~ of sth* etw als Erster angeboten bekommen

refusal of delivery [rɪ'fjuːzələv dɪ'lɪvərɪ] *sb* Annahmeverweigerung

regional authority ['riːdʒənl ɔː'θɒrɪtɪ] *sb* Gebietskörperschaft *f*

regional bank ['riːdʒənl 'bæŋk] *sb* Landesbank *f*, Regionalbank *f*

regional planning ['riːdʒənəl 'plænɪŋ] *sb* Raumplanung *f*

regional policy ['riːdʒənəl 'pɒlɪsɪ] *sb* Raumordnung *f*

regional promotion ['riːdʒənl prə'məʊʃn] *sb* Regionalförderung *f*

regional stock exchange ['riːdʒənl 'stɒk ɪks'dʒeɪnʃ] *sb* Provinzbörse *f*

register ['redʒɪstə] *v* 1. sich anmelden; 2. *(for classes)* sich einschreiben; 3. *(sth)* registrieren; 4. *(a trademark)* anmelden, eintragen lassen; 5. *(a letter)* als Einschreiben aufgeben; 6. *(in files)* eintragen; 7. *(a statistic)* erfassen, *sb* 8. Register *n*

registered ['redʒɪstəd] *adj* eingetragen

registered association ['redʒɪstəd ə'sɒsɪ'eɪʃn] *sb* eingetragener Verein (e.V.) *m*

registered letter ['redʒɪstəd 'letə] *sb* Einschreibebrief *m*

registered post ['redʒɪstəd pəʊst] *sb* 1. eingeschriebene Sendung *f*; 2. by ~ per Einschreiben

registered securities ['redʒɪstəd sɪ'kjuərɪtiːz] *sb* Namenspapier *n*

registered share ['redʒɪstəd ʃɛə] *sb* Namensaktie *f*

registered trader ['redʒɪstəd 'treɪdə] *sb* Vollkaufmann *m*

register of land titles ['redʒɪstə əv 'lænd taɪtls] *sb* Grundbuch *n*

register of ships ['redʒɪstə əv ʃɪps] *sb* Schiffsregister *n*

registration [redʒɪ'streɪʃən] *sb* 1. Anmeldung *f*; 2. *(by authorities)* Registrierung *f*; 3. *(of a trademark)* Einschreibung *f*; 4. vehicle ~ Kraftfahrzeugbrief *m*

registration document [redʒɪs'treɪʃən 'dɒkjʊmənt] *sb* Kraftfahrzeugbrief *m*

registration in the Commercial Register [redʒɪ'streɪʃn ɪn ðə kə'mɜːʃl 'redʒɪstə] *sb* Eintragung im Handelsregister *f*

registration number [redʒɪs'treɪʃən 'nʌmbə] *sb* *(of a car)* Kennzeichen *n*

regress [rɪ'gres] *v* sich rückläufig entwickeln

regression [rɪ'greʃn] *sb* Regression *f*

regressive [rɪ'gresɪv] *adj* regressiv, rückläufig

regular ['regjʊlə] *adj* ordnungsgemäß

regular customer ['regjʊlə 'kʌstəmə] *sb* Stammkunde *m*

regularity [regjʊ'lærɪtɪ] *sb* Regelmäßigkeit *f*

regular meeting ['regjʊlə 'miːtɪŋ] *sb* ordentliche Versammlung *f*

regulate ['regjʊleɪt] *v* regulieren, regeln

regulation [regjʊ'leɪʃən] *sb* 1. Regulierung *f*; 2. *(rule)* Vorschrift *f*; *adj* 3. vorschriftsmäßig, vorgeschrieben

rehabilitation [rɪhæbɪlɪ'teɪʃn] *sb* Rehabilitation *f*

reimburse [riːɪm'bɜːs] *v* 1. *(s.o.)* entschädigen; 2. *(costs)* zurückerstatten, ersetzen

reimbursement [riːɪm'bɜːsmənt] *sb* Entschädigung *f*, Erstattung *f*, Rückerstattung *f*, Ersatz *m*

reimport [riːɪm'pɔːt] *v* reimportieren, wieder einführen

reimportation [riːɪmpə'teɪʃən] *sb* Reimport *m*

reinforce [riːɪn'fɔːs] *v* 1. verstärken; 2. *(a statement, an opinion)* bestätigen

reinstatement of original values [riːɪn'steɪtmənt əv ɔː'rɪdʒɪnəl 'væljʊs] *sb* Wertaufholung *f*

reinsurance [riːɪn'ʃʊərəns] *sb* Rückversicherung *f*

reinsure [riːɪn'ʃʊə] *v* rückversichern

reinvestment [riːɪn'vestmənt] *sb* Reinvestition *f*, Wiederanlage *f*

reject [rɪ'dʒekt] *v* 1. ablehnen; 2. *(a possibility, a judgment)* verwerfen; 3. *(by a machine)* zurückweisen, nicht annehmen

rejection [rɪ'dʒekʃən] *sb* Ablehnung *f*, Verwerfung *f*, Zurückweisung *f*

release [rɪ'liːs] *v* 1. *(a new product)* herausbringen; 2. *(news, a statement)* veröffentlichen; *sb* 3. *(of a new product)* Neuerscheinung *f*; 4. *(press ~)* Verlautbarung *f*

reliability [rɪlaɪə'bɪlɪtɪ] *sb* *(of a company)* Vertrauenswürdigkeit *f*

reliable [rɪ'laɪəbl] *adj* 1. zuverlässig; 2. *(company)* vertrauenswürdig

relocate [riːləʊ'keɪt] *v* 1. umziehen; 2. *(sth)* verlegen

relocation [riːləʊ'keɪʃən] *sb* Umzug *m*

relocation costs [riːləʊ'keɪʃən kɒsts] *pl* Umzugskosten *pl*

remainder [rɪ'meɪndə] *sb* 1. Rest *m*; 2. ~s *pl* Restbestände *m/pl*

remaining life expectancy [rɪ'meɪnɪŋ laɪf 'ɪks'pektænsɪ] *sb* Restnutzungsdauer *f*

remaining stock [rɪ'meɪnɪŋ stɒk] *sb* Restposten *m*

reminder [rɪ'maɪndə] *sb (letter of ~)* Mahnung *f*, Mahnbrief *m*

remission [rɪ'mɪʃən] *sb (of a sentence)* Straferlass *m*

remittal [rɪ'mɪtl] *sb (money)* Überweisung *f*

remittance [rɪ'mɪtəns] *sb* Rimesse *f*, Überweisung *f*

remittance slip [rɪ'mɪtəns slɪp] *sb* Überweisungsträger *m*

remittent [rɪ'mɪtnt] *adj* remittierend

remote control [rɪ'məʊt kən'trəʊl] *sb* Fernsteuerung *f*

removal [rɪ'muːvəl] *sb (UK: move from a house)* Umzug *m*

remunerable [rɪ'mjuːnərəbl] *adj* zu bezahlen, zu vergüten

remunerate [rɪ'mjuːnəreɪt] *v* 1. *(pay)* bezahlen; 2. *(reward)* belohnen

remuneration [rɪ'mjʊməreɪʃn] *sb* 1. Arbeitsentgelt *n*, Entgeld *n*, Vergütung *f*; Bezahlung *f*; 2. *(reward)* Belohnung *f*

remuneration in kind [rɪmjuːnə'reɪʃən ɪn kaɪnd] *sb* Sachbezüge *m/pl*

rendering of account ['rendərɪŋ əv ə'kaʊnt] *sb* Rechenschaft *f*, Rechenschaftslegung *f*

renew [rɪ'njuː] *v* erneuern

renewal coupon [rɪ'njuːəl 'kuːpɒn] *sb* Stichkupon *m*

renewal funds [rɪ'njuːəl 'fʌnds] *sb* Erneuerungsrücklagen *f/pl*

renewal rate [rɪ'njuːəl 'reɪt] *sb* Prolongationssatz *m*

renewal reserve [rɪ'njuːəl rɪ'zɜːv] *sb* Erneuerungsfonds *m*

renovate ['renəveɪt] *v* renovieren

renovation [renə'veɪʃən] *sb* Renovierung *f*

rent [rent] *v* 1. mieten, *(a building)* pachten, *(a machine)* leihen; 2. *(~ out)* vermieten, *(a building)* verpachten, *(a machine)* verleihen; *sb* 3. Miete *f*, Pacht *f*; 4. *for ~ (US)* zu vermieten

rentability [rentə'bɪlɪti] *sb* Rentabilität *f*

rentable ['rentəbl] *adj* zu vermieten

rental ['rentəl] *sb* 1. Miete *f*; 2. *(for a machine, for a car)* Leihgebühr *f*; 3. *(for land)* Pacht *f*; 4. *(rented item)* Leihgerät *n*

rental car [rentəl'kɑː] *sb* Mietwagen *m*

rent control ['rentkəntrəʊl] *sb* Mietpreisbindung *f*

renter ['rentə] *sb* Mieter(in) *m/f*, Pächter(in) *m/f*

rent-free [rent'friː] *adj* mietfrei

reopen [riː'əʊpən] *v* 1. *(sth)* wieder eröffnen; 2. *(negotiations, a case)* wieder aufnehmen

reorganization [rɪɔːɡənaɪ'zeɪʃn] *sb* Reorganisation *f*, Umgründung *f*

reorganize [riː'ɔːɡənaɪz] *v* neu organisieren, umorganisieren

re-pack [riː'pæk] *v* umpacken

repair [rɪ'pɛə] *v* 1. reparieren; *sb* 2. Reparatur *f*, Ausbesserung *f*; 3. *damaged beyond ~* nicht mehr zu reparieren; 4. *to be in good ~* in gutem Zustand sein

repairable [rɪ'pɛərəbl] *adj* zu reparieren, reparabel

repairman [rɪ'pɛəmæn] *sb* Handwerker *m*

reparable ['repərəbl] *adj* reparabel, wieder gutzumachen

reparation [repə'reɪʃn] *sb* 1. Reparation *f*, Wiedergutmachung *f*; 2. *(for damage)* Entschädigung *f*

repay [riː'peɪ] *v irr* 1. *(a debt)* abzahlen; 2. *(expenses)* erstatten; 3. *(fig: a visit)* erwidern

repayable [rɪ'peɪəbl] *adj* rückzahlbar

repayment [riː'peɪmənt] *sb* Rückzahlung *f*, Abzahlung *f*, Rückerstattung *f*

repayment extension [rɪ'peɪmənt ɪks-'tenʃn] *sb* Tilgungsstreckung *f*

repeat order [rɪ'piːt 'ɔːdə] *sb* Nachbestellung *f*

replace [rɪ'pleɪs] *v* 1. *(substitute for)* ersetzen; 2. *(put back)* zurücksetzen, zurückstellen; 3. *~ the receiver* den Hörer auflegen; 4. *(parts)* austauschen, ersetzen

replaceable [rɪ'pleɪsəbl] *adj* 1. ersetzbar; 2. *(part)* auswechselbar

replacement [rɪ'pleɪsmənt] *sb* 1. Ersatz *m*, Wiederbeschaffung *f*; 2. *~ part* Ersatzteil *n*; 3. *(person: temporary)* Stellvertreter *m*

replacement delivery [rɪ'pleɪsmənt dɪ-'lɪvəri] *sb* Ersatzlieferung *f*

replacement funds [rɪ'pleɪsmənt fʌnds] *sb* Erneuerungsrücklagen *f/pl*

replacement investment [rɪ'pleɪsmənt ɪn'vestmənt] *sb* Erhaltungsinvestition *f*

replacement of capital assets [rɪ'pleɪsmənt əv 'kæpɪtl 'æsɪts] *sb* Ersatzinvestition *f*

replacement share certificate [rɪ-'pleɪsmənt 'ʃɛə sə'tɪfɪkət] *sb* Ersatzaktie *f*

replacement value [rɪ'pleɪsmənt 'væljuː] *sb* Erneuerungswert *m*, Wiederbeschaffungswert *m*

replica ['replɪkə] *sb* Kopie *f*

replicate ['replɪkeɪt] *v (reproduce)* nachahmen, nachbilden

replication [replɪ'keɪʃən] *sb (duplicate)* Kopie *f*, Nachbildung *f*

reply [rɪ'plaɪ] *sb* Antwort *f*

reply-paid (RP) [rɪ'plaɪpeɪd] *adj* Rückantwort bezahlt

report [rɪ'pɔːt] *v 1. (announce o.s.)* sich melden; *2. ~ for duty* sich zum Dienst melden; *3. (give a ~)* berichten; *4. (sth)* berichten über; *5. (inform authorities about)* melden; *sb 6.* Bericht *m*

reporting [rɪ'pɔːtɪŋ] *sb* Berichterstattung *f*

reporting date [rɪ'pɔːtɪŋ deɪt] *sb* Stichtag *m*

reposit [rɪ'pɔzɪt] *v (deposit)* hinterlegen

repository [rɪ'pɔzɪtərɪ] *sb (store)* Laden *m*, Magazin *n*

represent [reprɪ'zent] *v (act for, speak for)* vertreten

representation [reprɪzen'teɪʃən] *sb (representatives)* Vertretung *f*

representative [reprɪ'zentətɪv] *adj 1. (acting for)* vertretend; *2. (typical)* repräsentativ; *3. (symbolic)* symbolisch; *sb 4. sb* Repräsentant *m*, Vertreter *m*; *5. (deputy)* Stellvertreter *m*; *6. (legal)* Bevollmächtigte(r) *m/f*

reprieve [rɪ'priːv] *sb (temporary)* Aufschub *m*

reprise [rɪ'praɪz] *sb* Reprise *f*

re-privatisation [riːpraɪvɪtaɪ'zeɪʃən] *sb* Reprivatisierung *f*

reproduction [riːprə'dʌkʃən] *sb 1. (copy)* Reproduktion *f*; *2. (photo)* Kopie *f*

reproduction cost [riːprə'dʌkʃən kɔst] *sb* Reproduktionskosten *pl*

reproduction value [rɪprə'dʌkʃn 'væljuː] *sb* Reproduktionswert *m*

repurchase [rɪ'pɜːdʒəs] *sb* Rückkauf *m*

reputation [repjʊ'teɪʃən] *sb* Ruf *m*

request [rɪ'kwest] *v 1.* bitten um, ersuchen um; *2. ~ s.o. to do sth* jdn bitten, etwas zu tun; *sb 3.* Bitte *f*, Wunsch *m*; *4. (official ~)* Ersuchen *n*

require [rɪ'kwaɪə] *v 1. (need)* brauchen, benötigen; *2. I'll do whatever is ~d.* Ich werde alles Nötige tun. *3. (order)* verlangen, fordern

required [rɪ'kwaɪəd] *adj* erforderlich, notwendig

requirement [rɪ'kwaɪəmənt] *sb 1. (condition)* Erfordernis *n*, Anforderung *f*, Voraussetzung *f*; *2. (need)* Bedürfnis *n*, Bedarf *m*

resale ['riːseɪl] *sb* Wiederverkauf *m*

resale price ['riːseɪl praɪs] *sb* Wiederverkaufspreis *m*

reschedule [riː'ʃedjuːl] *v 1.* verlegen; *2. (to an earlier time)* vorverlegen

rescission [rɪ'seʃn] *sb* Rücktritt *m*

research [rɪ'sɜːtʃ] *sb* Forschung *f*

research and development (R&D) ['rɪsɜːtʃ ænd dɪ'veləpmənt] *sb* Forschung & Entwicklung (F&E) *f*

research and development risk ['rɪsɜːtʃ ænd dɪ'veləpmənt rɪsk] *sb* Entwicklungswagnis *n*

reservation [rezə'veɪʃən] *sb 1. (qualification of opinion)* Vorbehalt *m*; *2. without ~* ohne Vorbehalt; *3. (booking)* Reservierung *f*, Vorbestellung *f*

reservation of title [resə'veɪʃn əv taɪtl] *sb* Eigentumsvorbehalt *m*

reserve [rɪ'zɜːv] *v 1. (book)* reservieren lassen; *2. (keep)* aufsparen, aufheben; *3. ~ the right to do sth* sich das Recht vorbehalten, etw zu tun; *all rights ~d* alle Rechte vorbehalten; *sb 4. (store)* Reserve *f*, Vorrat *m*; *in ~* in Reserve

reserve bank [rɪ'sɜːv bæŋk] *sb* Reservebank *f*

reserve currency [rɪ'zɜːv 'kʌrənsɪ] *sb* Reservewährung *f*

reserve for bad debts [rɪ'sɜːv fɔː bæd 'dets] *sb* Delkredere *n*

reserve fund [rɪ'zɜːv fʌnd] *sb* Reservefonds *m*

reserves [rɪ'zɜːvz] *sb* Reserven *f/pl*, Rücklagen *f/pl*, Rückstellung *f*

reserve stock [rɪ'zɜːv stɔk] *sb* Reserve *f*

reset [riː'set] *v* rücksetzen, zurücksetzen

residence permit ['rezɪdəns 'pɜːmɪt] *sb* Aufenthaltsgenehmigung *f*, Aufenthaltserlaubnis *f*

resident ['rezɪdent] *sb* Deviseninländer *m*, Gebietsansässiger *m*

residual debt insurance [rɪ'sɪdjʊəl 'det ɪn'ʃʊəræns] *sb* Restschuldversicherung *f*

residual quota [rɪ'sɪdjʊəl 'kwəʊtə] *sb* Restquote *f*

residual securities of an issue [rɪ'sɪdjʊəl sɪ'kjʊrɪtiːz əv ən 'ɪsjuː] *sb* Emissionsreste *f/pl*

residual value [rɪ'zɪdʊəl 'væljuː] *sb* Restwert *m*

residues ['rezɪdjuːz] *sb* Rückstände *m/pl*

resign [rɪ'zaɪn] *v 1.* kündigen; *2. (from public office, from a committee)* zurücktreten

resignation [rezɪg'neɪʃən] *sb* Rücktritt *m*, Kündigung *f*

resistant [rɪ'zɪstənt] *adj (material)* widerstandsfähig, beständig

resources [rɪ'sɔːsɪz] *pl 1.* Ressourcen *pl*; *2.* Geldmittel *pl*

respite ['respaɪt] *sb* Stundung *f*

responsibility [rıspɒnsə'bılıtı] *sb* 1. Verantwortung *f*; 2. take ~ for die Verantwortung übernehmen für; 3. (sense of ~) Verantwortungsgefühl *n*

responsible [rıs'pɒnsəbl] *adj* 1. verantwortlich; 2. hold s.o. ~ for sth jdn für etw verantwortlich machen; 3. (job) verantwortungsvoll

restraint of competition [rı'streınt əv kɒmpə'tıʃən] *sb* Wettbewerbsbeschränkung *f*

restraint of competition clause [rı-'streınt əv kɒmpı'tıʃn klɔːz] *sb* Wettbewerbs-klausel *f*

restricted market [rı'strıktıd 'mɑːkıt] *sb* enger Markt *m*

restriction [res'trıkʃən] *sb* Restriktion *f*, Beschränkung *f*

restrictive endorsement [rı'strıktıv ın-'dɔːzmənt] *sb* Rektaindossament *n*

restructuring [riː'strʌktʃərıŋ] *sb* Umstrukturierung *f*

result [rı'zʌlt] *v* 1. sich ergeben, resultieren; ~ from sich ergeben aus; ~ in führen zu; *sb* 2. (consequence) Folge *f*; as a ~ folglich; 3. (outcome) Ergebnis *n*, Resultat *n*

results accounting [rı'sʌlts ə'kauntıŋ] *sb* Erfolgsbilanz *f*

results from operations [rı'sʌlts frɒm ɒpə'reıʃns] *sb* Betriebsergebnis *n*

résumé ['rezuːmeı] *sb* 1. (US: curriculum vitae) Lebenslauf *m*; 2. (summary) Zusammenfassung *f*

retail ['riːteıl] *v* 1. im Einzelhandel verkaufen; It ~s at $3.99. Es wird im Einzelhandel für $3.99 verkauft. *sb* 2. (~ trade) Einzelhandel *m*

retailer ['riːteılə] *sb* Einzelhändler *m*

retail price ['riːteıl praıs] *sb* Einzelhandelspreis *m*, Ladenpreis *m*

retail price margin ['riːteılpraıs 'mɑːdʒın] *sb* Einzelhandelsspanne *f*

retail trade ['riːteıl treıd] *sb* Einzelhandel *m*

retainer [rı'teınə] *sb* (fee) Honorar *n*

retaliatory duty [rı'tælıətɔrı 'djuːtı] *sb* Kampfzoll *m*

retention [rı'tenʃn] *sb* Selbstbeteiligung *f*

retention period [rı'tenʃn piːrıəd] *sb* Aufbewahrungsfrist *f*

retire [rı'taıə] *v* 1. sich zurückziehen, in Pension gehen; 2. (s.o.) pensionieren

retired [rı'taıəd] *adj* pensioniert

retirement [rı'taıəmənt] *sb* 1. (state) Ruhestand *m*; 2. (act of retiring) Zurückziehen *n*, Ausscheiden *n*, Pensionierung *f*

retirement fund [rı'taıəmənt fʌnd] *sb* Pensionsfonds *m*

retirement pension [rı'taıəmənt 'penʃən] *sb* Altersruhegeld *n*, Rente *f*

retool [riː'tuːl] *v* (a machine) umrüsten

retraining [riː'treınıŋ] *sb* Umschulung *f*

retrospective [retrə'spektıv] *adj* rückblickend, retrospektiv

return [rı'tɜːn] *v* 1. (a letter) zurücksenden, zurückschicken; 2. (profit, interest) abwerfen; *sb* 3. (giving back) Rückgabe *f*; 4. (profit) Ertrag *m*

returnable [rı'tɜːnəbl] *adj* 1. (purchased item) umtauschbar; 2. (deposit) rückzahlbar

returned cheque [rı'tɜːnd tʃek] *sb* Rückscheck *m*

returner [rı'tɜːnə] *sb* (to the work force) Wiedereinsteiger(in) (ins Berufsleben) *m/f*

return on capital [rı'tɜːn ɒn 'kæpıtl] *sb* Kapitalertrag *m*

return on investment [rı'tɜːn ɒn ın'vestmət] *sb* Kapitalrendite *f*, Kapitalrentabilität *f*, Return on Investment (ROI) *m*

returns [rı'tɜːns] *sb* Returen *f/pl*

re-use [riː'juːz] *v* wieder verwenden, wieder benutzen

revaluation [riːvæljuː'eıʃən] *sb* Aufwertung *f*

revalue [riː'væljuː] *v* neu bewerten

revenue accounting ['revenjuː ə'kauntıŋ] *sb* Erlösrechnung *f*

revenue accounts ['revenjuː ə'kaunts] *sb* Erloskonten *m/pl*

revenue correction ['revenjuː kə'rekʃn] *sb* Erlösberichtigung *f*

revenue planning ['revenjuː 'plænıŋ] *sb* Erlösplanung *f*

revenue reduction ['revenjuː rı'dʌkʃn] *sb* Erlösminderung *f*

revenue reserves ['revenjuː rı'sɜːv] *sb* Gewinnrücklagen *f/pl*

reversal [rı'vɜːsəl] *sb* Storno *n*

reversing entry [rı'vɜːzıŋ 'entrı] *sb* Stornobuchung *f*

reversion to private ownership [rı'vɜːʃn tu 'praıvət 'əunəʃıp] *sb* Reprivatisierung *f*

review [rı'vjuː] *v* 1. (a situation) überprüfen; (re-examine) erneut prüfen, nochmals prüfen; *sb* 2. (re-examination) Prüfung *f*, Nachprüfung *f*; 3. (summary) Überblick *m*

revival [rı'vaıvəl] *sb* (coming back) Wiederaufleben *n*, Wiederaufblühen *n*

revive [rı'vaıv] *v* 1. (a business) wieder aufleben; 2. (a product) wieder einführen

revocation [revə'keɪʃən] *sb* Aufhebung *f*, Widerruf *m*

revocation clause [revə'keɪʃən klɔːz] *sb* Widerrufsklausel *f*

revoke [rɪ'vəʊk] *v 1. (licence)* entziehen; *2. (a decision)* widerrufen; *3. (a law)* aufheben

revolving letter of credit [rɪ'vɒlvɪŋ 'letə əv 'kredɪt] *sb* revolvierendes Akkreditiv *n*

reward [rɪ'wɔːd] *v 1.* belohnen; *sb 2.* Belohnung *f*

rewarding [rɪ'wɔːdɪŋ] *adj 1. (financially)* lohnend; *2. (task)* dankbar

rework [riː'wɜːk] *v 1.* überarbeiten, neu fassen; *sb 2.* Nachbesserung *f*

rhetoric ['retərɪk] *sb* Rhetorik *f*

rich [rɪtʃ] *adj* reich

rider ['raɪdə] *sb* Zusatzklausel *f*

right [raɪt] *sb 1. (to sth)* Anrecht *n*, Anspruch *m*, Recht *n*; *have a ~ to sth* einen Anspruch auf etw haben; *2. equal ~s pl* Gleichberechtigung *f*

right issue ['raɪt ɪsjuː] *sb* Bezugsangebot *n*

right of disposal ['raɪt əv dɪs'pəʊsl] *sb* Verfügungsrecht *n*

right of pre-emption ['raɪt əv priː'empʃən] *sb* Vorkaufsrecht *n*

right of redemption ['raɪt əv rɪ'dempʃən] *sb* Rückgaberecht *n*

right of revocation ['raɪt əv rɪvəʊ'keɪʃən] *sb* Widerrufswert *n*

rights equivalent to real property ['raɪts ɪ'kwɪvələnt tu 'riːəl 'prɒpəti] *sb* grundstücksgleiche Rechte *n/pl*

right to a cumulative dividend ['raɪt tu ə 'kjuːmjʊlətɪf 'dɪvɪdənd] *sb* Nachbezugsrecht *n*

right to be given information ['raɪt tu biː 'gɪvən ɪnfə'meɪʃn] *sb* Informationsrecht *n*

right to cancel credit entry ['raɪt tu 'kænsl 'kredɪt 'entrɪ] *sb* Stornorecht *n*

right to claim ['raɪt tu 'kleɪm] *sb* Forderungsrecht *n*

right to rescind a contract ['raɪt tu rɪ'sɪnd ə 'kɒn'trækt] *sb* Rücktrittsrecht *n*

right to use ['raɪt tu juːz] *sb* Benutzungsrecht *n*

right to vote [raɪt tu vəʊt] *sb* Stimmrecht *n*

rise [raɪz] *sb (in prices, in pay)* Erhöhung *f*

rise in price [raɪz ɪn praɪs] *sb* Preisanstieg *m*, Preiserhöhung *f*

risk [rɪsk] *v irr 1.* riskieren; *sb 2.* Risiko *n*; *calculated ~* kalkuliertes Risiko; *put at ~* gefährden; *run a ~* ein Risiko eingehen

risk-induced costs [rɪskɪndjuːzd 'kɒsts] *sb* Risikokosten *pl*

risk of payment ['rɪsk əv 'paɪmənt] *sb* Zahlungsrisiko *n*

risk of transfer ['rɪsk əv 'trænsfɜː] *sb* Transferrisiko *n*

risk premium [rɪsk 'priːmɪəm] *sb* Risikoprämie *f*

risky ['rɪskɪ] *adj 1.* riskant; *2. (dangerous)* gefährlich

rival ['raɪvəl] *sb* Konkurrent(in) *m/f*

roll [rəʊl] *sb (list)* Liste *f*, Register *n*

roll-over credit ['rəʊləʊvə 'kredɪt] *sb* Roll-over-Kredit *m*

rotation [rəʊ'teɪʃən] *sb (taking turns)* turnusmäßiger Wechsel *m*

rough balance ['rʌf 'bæləns] *sb* Rohbilanz *f*

round table ['raʊnd 'teɪbl] *sb* runder Tisch *m*

route [ruːt] *sb* Route *f*, Strecke *f*

routine [ruː'tiːn] *adj 1. (everyday)* alltäglich, immer gleich bleibend, üblich; *2. (happening on a regular basis)* laufend, regelmäßig, routinemäßig; *sb 3.* Routine *f*

royalty ['rɔɪəltɪ] *sb* Lizenzgebühr *f*

ruinous ['ruːɪnəs] *adj (financially)* ruinös

ruinous exploitation ['ruːɪnəs eksplɔɪ'teɪʃən] *sb* Raubbau *m*

rule [ruːl] *sb (give a decision)* entscheiden

rule-bound policy ['ruːlbaʊnd 'polɪsɪ] *sb* Regelbindung *f*

rules for investment of resources ['ruːls fɔː ɪn'vestmənt əv rɪ'sɔːsɪs] *sb* Anlagevorschriften *f/pl*

rummage sale ['rʌmɪdʒ seɪl] *sb (clearance sale)* Ramschverkauf *m*, Ausverkauf *m*

run [rʌn] *v irr 1. (machine)* laufen; *2. ~ low, ~ short* knapp werden; *3. (fig: resources)* ausgehen; *4. ~ a risk* ein Risiko eingehen; *5. (US: for office)* kandidieren; *6. ~ against s.o.* jds Gegenkandidat(in) sein; *7. (manage)* führen, leiten; *8. (operate a machine)* betreiben; *9. (with a person as operator)* bedienen; *sb 10.* Run *m*

run out [rʌn'aʊt] *v irr 1. (period of time)* ablaufen; *We're running out of time.* Wir haben nicht mehr viel Zeit. *2. (supplies, money)* ausgehen; *He ran out of money.* Ihm ging das Geld aus.

rural economy ['rʊərəl ɪ'kɒnəmi] *sb* Agrarwirtschaft *f*

rush hour ['rʌʃ aʊə] *sb* Hauptverkehrszeit *f*, Stoßzeit *f*

S

sabbatical [sə'bætɪkəl] *sb* Bildungsurlaub *m*, Forschungsurlaub *m*

sabotage ['sæbətɑːʒ] *v 1.* sabotieren; *sb 2.* Sabotage *f*

sack [sæk] *sb get the ~* gefeuert werden

safe [seɪf] *v 1.* sichern; *sb 2.* Safe *m*, Tresor *m*

safe custody account [seɪf 'kʌstədɪ ə'kaʊnt] *sb* offenes Depot *n*

safe custody charges [seɪf 'kʌstədɪ 'tʃɑːdʒəs] *sb* Depotgebühren *f/pl*

safe custody department [seɪf 'kʌstədɪ dɪ'pɑːtmənt] *sb* Depotabteilung *f*

safe deposit [seɪf dɪ'pɒsɪt] *sb* verschlossenes Depot *f*

safe deposit box [seɪf dɪ'pɒzɪt bɒks] *sb* Bankschließfach *n*

safeguarding of credit ['seɪfgɑːdɪŋ əv 'kredɪt] *sb* Kreditsicherung *f*

safeguarding of the currency ['seɪfgɑːdɪŋ əv ðə 'kʌrənsɪ] *sb* Währungsabsicherung *f*

safekeeping [seɪf'kiːpɪŋ] *sb* sichere Verwahrung *f*, Gewahrsam *m*; *for ~* zur sicheren Aufbewahrung

safety ['seɪftɪ] *sb* Sicherheit *f*

safety catch ['seɪftɪ kætʃ] *sb* Sicherung *f*

salaried ['sælərɪd] *adj* angestellt

salary ['sælərɪ] *sb* Gehalt *n*

salary account ['sælərɪ ə'kaʊnt] *sb* Gehaltskonto *n*

salary bracket ['sælərɪ 'brækɪt] *sb* Gehaltsgruppe *f*

salary increase ['sælərɪ ɪn'kriːs] *sb* Gehaltserhöhung *f*

sale [seɪl] *sb 1.* Verkauf *m; for ~* zu verkaufen; *not for ~* unverkäuflich; *2. (at reduced prices)* Ausverkauf *m; on ~* reduziert; *3. (a transaction)* Geschäft *n*, Abschluss *m; ~s pl 4. (department)* Verkaufsabteilung *f; ~s pl 5. (turnover)* Absatz *m;* Verkauf *m*, Veräußerung *f; 6. I'm in ~s. (fam)* Ich bin im Verkauf.

saleable ['seɪləbl] *adj* absatzfähig; *(in ~ condition)* verkäuflich

sale for quick delivery ['seɪl fɔː kwɪk dɪ'lɪvərɪ] *sb* Promptgeschäft *n*

sale of goods [seɪl əv 'gʊdz] *sb* Warenausgang *m*

sale on approval [seɪl ɒn ə'pruːvəl] *sb* Kauf auf Probe *m*

sale proceeds [seɪl 'prəʊsiːdz] *sb* Verkaufserlös *m*

sales analysis [seɪlz ə'nælɪsɪs] *sb* Absatzanalyse *f*

sales campaign [seɪlz kæm'peɪn] *sb* Verkaufskampagne *f*

sales chain ['seɪls 'tʃeɪn] *sb* Handelskette *f*

salesclerk ['seɪlzklɑːk] *sb (US)* Verkäufer *m*

sales commission [seɪlz kə'mɪʃən] *sb* Verkäuferprovision *f*, Umsatzprovision *f*

sales contract [seɪlz 'kɒntrækt] *sb* Verkaufsabschluss *m*

sales crisis [seɪlz 'kraɪsɪs] *sb* Absatzkrise *f*

sales financing [seɪlz 'faɪnænsɪŋ] *sb* Absatzfinanzierung *f*

salesman ['seɪlzmən] *sb* Verkäufer *m*

salesmanship ['seɪlzmənʃɪp] *sb* Verkaufskunst *f*

sales manager ['seɪlz mænɪdʒə] *sb* Verkaufsleiter *m*

sales note [seɪlz nəʊt] *sb* Schlussbrief *m*

sales pitch ['seɪlz pɪtʃ] *sb* Verkaufsjargon *m*

sales planning [seɪlz 'plænɪŋ] *sb* Absatzplanung *f*

sales possibilities [seɪlz pɒsɪ'bɪlɪtiːz] *pl* Verkaufschance *f*

sales promotion [seɪlz prə'məʊʃən] *sb* Absatzförderung *f*, Verkaufsförderung *f*

sales prospects ['seɪlz prɒspekts] *pl* Absatzchance *f*

sales report ['seɪlz rɪpɔːt] *sb* Verkaufsbericht *m*

salesroom ['seɪlzruːm] *sb* Auktionsraum *m*

sales segment [seɪlz 'segmənt] *sb* Absatzsegment *n*

sales staff ['seɪlz stɑːf] *pl* Verkaufsstab *m*

sales statistics [seɪlz stə'tɪstɪks] *pl* Absatzstatistik *f*

sales strategy [seɪlz 'strætɪdʒɪ] *sb* Verkaufsmethoden *pl*

sales target [seɪlz 'tɑːgɪt] *sb* Absatzziel *n*

sales tax ['seɪlz tæks] *sb (US)* Verkaufssteuer *f*

sales technique [seɪlz tek'niːk] *sb* Verkaufstechnik *f*

sales training [seɪlz 'treɪnɪŋ] *sb* Verkäuferschulung *f*

saleswoman ['seɪlzwʊmən] *sb* Verkäuferin *f*

sample ['sɑːmpl] v 1. probieren; (food, drink) kosten; sb 2. (of blood, of a mineral) Probe f, Muster n, Warenprobe f; 3. (for tasting) Kostprobe f; 4. (statistical) Sample n, Stichprobe f

sample bag ['sɑːmpl bæg] sb Mustermappe f

sample consignment ['sɑːmpl kən'sainmənt] sb Mustersendung f

samples fair ['sɑːmplz feə] sb Mustermesse f

sample with no commercial value ['sɑːmpl wið 'nəʊ kə'mɜːʃəl 'væljuː] sb Muster ohne Wert n

sampling procedure ['sɑːmplɪŋ prə'siːdʒə] sb Stichprobenverfahren n

sanction ['sæŋkʃən] v 1. sanktionieren; sb 2. (punishment) Sanktion f; 3. (permission) Zustimmung f

satisfaction [sætɪs'fækʃən] sb 1. (of conditions) Erfüllung f; 2. (state) Zufriedenheit f

satisfactory [sætɪs'fæktərɪ] adj ausreichend, akzeptabel, zufrieden stellend

satisfy ['sætɪsfaɪ] v 1. befriedigen; 2. (customers) zufrieden stellen; 3. (conditions, a contract) erfüllen

save [seɪv] v 1. (avoid using up) sparen; 2. (keep) aufheben, aufbewahren; 3. (money) sparen; 4. (computer) speichern

saver ['seɪvə] sb Sparer m

savers' tax-free amount ['seɪvəs 'tæks friː ə'maʊnt] sb Sparerfreibetrag m

saving ['seɪvɪŋ] sb 1. Sparen n; adj 2. (economical) sparend, einsparend

savings ['seɪvɪŋz] pl Ersparnisse pl

savings account ['seɪvɪŋs ə'kaʊnt] sb Sparguthaben n, Sparkonto n

savings agreement with the building society ['seɪvɪŋs ə'griːmənt wɪθ ðə 'bɪldɪŋ sɔ'saɪətɪ] sb Bausparvertrag m

savings bank ['seɪvɪŋ bæŋk] sb Sparkasse f

savings bond ['seɪvɪŋs 'bɒnd] sb Sparobligation f

savings bonus ['seɪvɪŋs 'bəʊnəs] sb Sparzulage f

savings book ['seɪvɪŋz bʊk] sb Sparbuch n

savings certificate ['seɪvɪŋs sə'tɪfɪkət] sb Sparbrief m

savings club ['seɪvɪŋs 'klʌb] sb Sparverein m

savings department ['seɪvɪŋs dɪ'pɑːtmənt] sb Sparabteilung f

savings deposit ['seɪvɪŋz dɪ'pɒsɪt] sb Spareinlage f

savings gift credit voucher ['seɪvɪŋs 'gɪft 'kredɪt 'vaʊtʃə] sb Spargeschenkgutschein m

savings plans ['seɪvɪŋs plæns] sb Sparpläne f

savings premium ['seɪvɪŋs 'priːmjʊm] sb Sparprämie f

savings promotion ['seɪvɪŋs prɒ'məʊʃn] sb Sparförderung f

savings ratio ['seɪvɪŋs 'reɪʃə] sb Sparquote f

savings stamp ['seɪvɪŋs 'stæmp] sb Sparmarke f

savings-bank book ['seɪvɪŋsbæŋk bʊk] sb Sparbuch n

saving through building societies ['seɪvɪŋ θruː 'bɪldɪŋ sɒ'saɪətiːz] sb Bausparen n

scalage ['skeɪlɪdʒ] sb Schwundgeld n

scale [skeɪl] sb 1. (indicating a reading) Skala f; 2. (measuring instrument) Messgerät n; 3. (table, map) Tabelle f; 4. (of a map) Maßstab m; 5. (fig) Umfang m, Ausmaß n

scan [skæn] v (an image) scannen

scanner ['skænə] sb Scanner m, Abtaster m

scant [skænt] adj (supply) spärlich

scarce [skɑːs] adj 1. (not plentiful) knapp; 2. (rare) selten

schedule ['ʃedjʊl] v 1. planen; (add to a timetable) ansetzen; sb 2. (list) Verzeichnis n; 3. (timetable) Plan m; ahead of ~ vor dem planmäßigen Zeitpunkt; to be behind ~ Verspätung haben; on ~ planmäßig, pünktlich

scheduled ['ʃedjʊld] adj 1. (planned) vorgesehen, geplant; 2. (time) planmäßig

scheduling ['ʃedjʊlɪŋ] sb Terminplanung f

scheme [skiːm] sb 1. (plan) Plan m, Programm n; 2. (dishonest plan) Intrige f; 3. (system) System n

science ['saɪəns] sb Wissenschaft f

science of banking ['saɪəns əv 'bæŋkɪŋ] sb Bankbetriebslehre f

science park ['saɪəns pɑːk] sb Forschungspark m

scientific [saɪən'tɪfɪk] adj wissenschaftlich

scientist ['saɪəntɪst] sb Wissenschaftler(in) m/f

scrap [skræp] v 1. (a vehicle, a machine) verschrotten; 2. (plans) fallen lassen

screen [skriːn] v 1. (applicants) überprüfen; 2. sb Bildschirm m

screen job [skriːn dʒɒb] sb Bildschirmarbeitsplatz m

screen work [skriːn wɜːk] sb Bildschirmarbeit f

sea bill ['siː 'bɪl] *sb* Seewechsel *m*

seal [siːl] *sb* Siegel *n*

seaproof packing ['siːpruːf 'pækɪŋ] *sb* seemäßige Verpackung *f*

sea route ['siː ruːt] *sb* Seeweg *m*

season ['siːzn] *sb (of the year)* Jahreszeit *f*

seasonal ['siːzənəl] *adj* Saison...

seasonal adjustment ['siːzənəl ə'dʒʌstmənt] *sb* Saisonbereinigung *f*

seasonal fluctuations ['siːzənəl flʌktjuːˈeɪʃənz] *sb* Saisonschwankungen *pl*

seasonal loan ['siːzənəl 'ləʊn] *sb* Saisonkredit *m*

seasonally adjusted ['siːzənəlɪ æ'dʒʌstɪd] *adj* saisonbedingt, saisonbereinigt

seasonal reserves ['siːzənəl rɪ'sɜːfs] *sb* Saison-Reserven *f/pl*

seasonal sale ['siːznəl seɪl] *sb* Schlussverkauf *m*, Saisonausverkauf *m*

seasoned securities ['siːznd sɪ'kjʊrɪtiːz] *sb* Favoriten *f*

sea-tight packing ['siːtaɪt 'pækɪŋ] *sb* seemäßige Verpackung *f*

secondary benefit ['sekəndærɪ 'benefɪt] *sb* Zweitnutzen *m*

secondary energy ['sekəndærɪ 'enədʒɪ] *sb* Sekundärenergie *f*

secondary liquidity ['sekəndærɪ lɪ'kwɪdɪtɪ] *sb* Sekundär-Liquidität *f*

secondary market ['sekəndærɪ 'maːkɪt] *sb* Umlaufmarkt *m*, Sekundär-Markt *m*

secondary occupation ['sekəndærɪ ɒkjuːˈpeɪʃn] *sb* Nebentätigkeit *f*

secondary sector ['sekəndærɪ 'sektə] *sb* sekundärer Sektor *m*

second-class ['sekənd'klɑːs] *adj 1.* zweitklassig, zweitrangig; *2. (compartment, mail)* zweiter Klasse

second-hand ['sekənd'hænd] *adj 1.* gebraucht; *2. (fig: information)* aus zweiter Hand

second of exchange ['sekənd əv ɪks-'dʒeɪnʃ] *sb* Sekunda-Wechsel *m*

second-rate ['sekənd'reɪt] *adj* zweitklassig, zweitrangig

secretarial [sekrə'tærɪəl] *adj* Sekretariats...

secretariat [sekrə'tærɪət] *sb (UK)* Sekretariat *n*

secretary ['sekrɪtrɪ] *sb 1.* Sekretär(in) *m/f; 2. (US: minister)* Minister(in) *m/f*

section ['sekʃən] *sb (of a law)* Paragraf *m*

secular inflation ['sekjʊlə ɪn'fleɪʃn] *sb* säkulare Inflation *f*

securities [sɪ'kjʊərɪtiːz] *sb* Effekten *pl,* Valoren *f/pl,* Stücke *n/pl*

securities account [sɪ'kjʊərɪtiːz ə'kaʊnt] *sb* Effektenkonto *n*

securities business [sɪ'kjʊrɪtiːz 'bɪznɪs] *sb* Effektengeschäft *n; Wertpapiergeschäft *n*

securities capitalism [sɪ'kjʊərɪtiːz 'kæpɪtəlɪsm] *sb* Effektenkapitalismus *m*

securities commission agent [sɪ'kjʊərɪtiːz kɒmɪʃn 'eɪdʒənt] *sb* Effektenkommissionär *m*

securities department [sɪ'kjʊərɪtiːz dɪ-'paːtmənt] *sb* Wertpapierabteilung *f,* Effektenabteilung *f*

Securities Deposit Act [sɪ'kjʊərɪtiːz dɪ-'pɒsɪt 'ækt] *sb* Depotgesetz *n*

securities deposit audit [sɪ'kjʊərɪtiːz dɪ-'pɒsɪt 'ɔːdɪt] *sb* Depotprüfung *f*

securities deposit contract [sɪ'kjʊərɪtiːz dɪ'pɒsɪt 'kɒntrækt] *sb* Depotvertrag *m*

securities deposit reconciliation [sɪ-'kjʊərɪtiːz dɪ'pɒsɪt rɪkɒnsɪlɪ'eɪʃn] *sb* Depotabstimmung *f*

securities discount [sɪ'kjʊərɪtiːz 'dɪskaʊnt] *sb* Effektendiskont *m*

securities eligible as cover [sɪ'kjʊərɪtiːz ɪ'lɪdʒɪbl æs 'kʌvə] *sb* deckungsfähige Wertpapiere *n/pl*

securities fund [sɪ'kjʊrɪtiːz fʌnd] *sb* Wertpapierfonds *m*

securities held by a bank at another bank [sɪ'kjʊərɪtiːz 'held beɪ ə bæŋk æt ə'nʌθə bæŋk] *sb* Nostroeffekten *pl*

securities-linked savings scheme [sɪ-'kjʊərɪtiːz-lɪŋkt 'seɪvɪŋs 'skiːm] *sb* Wertpapiersparvertrag *m*

securities market [sɪ'kjʊərɪtiːz 'maːkɪt] *sb* Wertpapierbörse *f,* Wertpapiermarkt *m*

securities placing [sɪ'kjʊərɪtiːz 'pleɪsɪŋ] *sb* Effektenplatzierung *f*

securities price [sɪ'kjʊərɪtiːz praɪs] *sb* Effektenkurs *m*

securities publicly notified as lost [sɪ-'kjʊərɪtiːz 'pʌblɪklɪ 'nəʊtɪfɔɪd æs 'lɒst] *sb* aufgerufene Wertpapiere *n/pl*

securities redeemable [sɪ'kjʊərɪtiːz rɪ-'diːməbl] *sb* Agiopapiere *n/pl*

securities research [sɪ'kjʊərɪtiːz riːˈsɜːtʃ] *sb* Wertpapieranalyse *f*

securities serving as collateral [sɪ'kjʊərɪtiːz 'sɜːvɪŋ æs kɒ'lætərəl] *sb* Lombardeffekten *pl*

securities statistics [sɪ'kjʊərɪtiːz stə'tɪstɪks] *sb* Effektenstatistik *f*

securities substitution [sɪ'kjʊərɪtiːz sʌbstɪ'tjuːʃn] *sb* Effektensubstitution *f*

securities transactions on commission [sɪ'kjʊərɪtiːz træns'ækʃns ɒn kɔ'mɪʃn] sb Effektenkommissionsgeschäft n

security [sɪ'kjʊrɪtɪ] sb 1. Wertpapier n, Papier n; 2. (guarantee) Bürgschaft f; 3. (deposit) Kaution f

security department counter [sɪ'kjʊərɪtɪ dɪ'pɑːtmənt 'kaʊntə] sb Effektenkasse f

security deposit [sɪ'kjʊərɪtɪ dɪ'pɒsɪt] sb Tauschdepot n

security deposit account [sɪ'kjʊərɪtɪ dɪ'pɒsɪt ə'kaʊnt] sb Depotbuchhaltung f, Depotkonto n

security financing [sɪ'kjʊərɪtɪ 'faɪnænsɪŋ] sb Effektenfinanzierung f

security held on giro-transferable deposit [sɪ'kjʊərɪtɪ held ɒn 'dʒaɪrɒ-træns-'fɜːrəbl dɪ'pɒsɪt] sb Girosammelstück n, Girosammeldepotstück n

security issue for third account [sɪ'kjʊərɪtɪ 'ɪsjuː fɔː 'θɜːd ə'kaʊnt] sb Fremdemission f

security note [sɪ'kjʊərɪtɪ 'nəʊt] sb Sicherungsschein m

security of credit [sɪ'kjʊərɪtɪ əv 'kredɪt] sb Kreditsicherheit f

security-taking syndicate [sɪ'kjʊərɪtɪ-teɪkɪŋ 'sɪndɪkət] sb Übernahmekonsortium n

security only traded on a regional stock [sɪ'kjʊərɪtɪ 'əʊnlɪ 'treɪdɪd ɒn ə 'riːdʒənəl stɒk] sb Lokalpapier n

security trading for own account [sɪ'kjʊərɪtɪ 'treɪdɪŋ fɔː 'əʊn ə'kaʊnt] sb Effekteneigengeschäft n

security transaction [sɪ'kjʊərɪtɪ træns-'ækʃn] sb Sicherungsgeschäft n

security transactions under repurchase [sɪ'kjʊərɪtɪ træns'ækʃns ʌndə rɪ'pɜːtʃəs] sb Pensionsgeschäft n

segment ['segmənt] sb 1. Geschäftsbereich m; 2. Marktsegment n, Sparte f

seize [siːz] v 1. (an opportunity) ergreifen; 2. (power) an sich reißen; 3. (confiscate) beschlagnahmen

seizure ['siːʒə] sb (confiscation) Beschlagnahme f, Pfändung f

seizure of all the debtor's goods ['siːʃʊə əv ɔːl ðə 'detəs 'gʊds] sb Kahlpfändung f

select [sɪ'lekt] v 1. auswählen; adj 2. auserwählt, auserlesen; 3. (exclusive) exklusiv

selection [sɪ'lekʃən] sb 1. Auswahl f, Auslese f; 2. Wahl f

selection procedure [sɪ'lekʃn prɒ'siːdʒʊə] sb Auswahlverfahren n

self-addressed ['selfə'dresd] adj (envelope) an die eigene Anschrift adressiert

self-balancing item ['self'bælænsɪŋ 'aɪtəm] sb durchlaufende Posten m

self-contained market ['selfkɒn'teɪnd 'mʌkɪt] sb geschlossener Markt m

self-defence [selfdɪ'fens] sb Notwehr f

self-employed [selfɪm'plɔɪd] adj 1. selbstständig erwerbstätig, freiberuflich; sb 2. (person) Selbstständige(r) m/f

self-financing [self'faɪnænsɪŋ] sb Eigenfinanzierung, Selbstfinanzierung f

self-service [self'sɜːvɪs] sb Selbstbedienung f

self-starter [self'stɑːtə] sb (person) Mensch mit Eigeninitiative m

sell [sel] v irr 1. (have sales appeal) sich verkaufen lassen; 2. (sth) verkaufen

sell-by date ['selbaɪ deɪt] sb Haltbarkeitsdatum n; pass one's ~ (fig) seine besten Tage hinter sich haben

seller ['selə] sb Verkäufer m

sellers competition ['seləz kɒmpə'tɪʃən] sb Verkäuferwettbewerb m

seller's market ['seləz 'mɑːkɪt] sb Verkäufermarkt m

selling commission ['selɪŋ kɒ'mɪʃn] sb Schalterprovision f

selling price [selɪŋ praɪs] sb Briefkurs m

selling value ['selɪŋ 'væljuː] sb Verkaufswert m

sell off [sel 'ɒf] v irr 1. verkaufen; 2. (quickly, cheaply) abstoßen

sell out ['sel aʊt] v irr 1. alles verkaufen; (sth) ausverkaufen; 2. (one's share) verkaufen; 3. sold out ausverkauft

sell up [sel 'ʌp] v irr zu Geld machen, ausverkaufen

semi-annual [semɪ'ænjʊəl] adj (US) halbjährlich

semi-annual balance sheet ['semɪ-'ænjʊəl 'bælæns ʃiːt] sb Halbjahresbilanz f

semi-finished goods [semɪ'fɪnɪʃt gʊdz] pl Halberzeugnis n

semi-monthly [semɪ'mʌnθlɪ] adj (US) zweimal monatlich

semiskilled [semɪ'skɪld] adj angelernt

send [send] v irr schicken

send away [send ə'weɪ] v irr ~ for sth etw kommen lassen, etw anfordern

send back [send 'bæk] v irr zurückschicken; (food in a restaurant) zurückgehen lassen

sender ['sendə] sb Absender m; return to ~ zurück an Absender

send for ['send fɔː] *v irr* kommen lassen, sich bestellen

send in [send 'ɪn] *v irr* einschicken

send off [send 'ɔf] *v irr (a letter)* abschicken

senior ['siːnɪə] *adj* älter, ältere(r); *(in time of service)* dienstälter; *(in rank)* vorgesetzt

senior citizen ['siːnɪə 'sɪtɪzən] *sb* 1. Senior *m*; 2. *(pensioner)* Rentner *m*

senior position ['siːnɪə pɒ'sɪʃn] *sb* leitende Position *f*

separate account ['sepərɪt ə'kaʊnt] *sb* Sonderkonto *n*

separate deposit ['sepərɪt dɪ'pɒsɪt] *sb* Sonderdepot *n*

separate item ['sepərɪt 'aɪtəm] *sb* Sonderposten *m*

sequence ['siːkwəns] *sb* Folge *f*; *(order)* Reihenfolge *f*

serial ['sɪərɪəl] *adj* Serien...

serial number ['sɪərɪəl nʌmbə] *sb* 1. laufende Nummer *f*; 2. *(on goods)* Fabrikationsnummer *f*, Seriennummer *f*

serial port ['sɪərɪəl pɔːt] *sb* serieller Anschluss *m*

series ['sɪəriːz] *sb* Serie *f*, Reihe *f*

series production ['sɪəriːz prə'dʌkʃən] *sb* Serienfertigung *f*

seriousness ['sɪərɪəsnɪs] *sb* Seriosität *f*

serve [sɜːv] *v* 1. *(sth, s.o.)* dienen; 2. *(a summons)* zustellen; 3. *~ notice on s.o.* jmd. kündigen; 4. *It ~s no purpose.* Es hat keinen Zweck. 5. *(in a restaurant, in a shop)* bedienen; *(food, drinks)* servieren

server ['sɜːvə] *sb* Server *m*

service ['sɜːvɪs] *sb* 1. Dienst *m*, Dienstleistung *f*; *I'm at your ~.* Ich stehe Ihnen zur Verfügung. 2. *to be of ~* nützlich sein; *Can I be of ~?* Kann ich Ihnen behilflich sein? 3. *(to customers)* Service *m*; *(in a restaurant, in a shop)* Bedienung *f*; 4. *(regular transport, air ~)* Verkehr *m*; 5. *(operation)* Betrieb *m*; 6. *(upkeep of machines)* Wartung *f*

service business ['sɜːvɪs 'bɪsnɪs] *sb* Dienstleistungsunternehmen *n*

service charge ['sɜːvɪs tʃɑːdʒ] *sb* Bearbeitungsgebühr *f*

service company ['sɜːvɪs 'kɒmpəni] *sb* Dienstleistungsgesellschaft *f*

service contract ['sɜːvɪs 'kɒntrækt] *sb* Wartungsvertrag *m*, Servicevertrag *m*

service control ['sɜːvɪs kɒn'trəʊl] *sb* Dienstaufsicht *f*

service economy ['sɜːvɪs ɪ'kʌnɒmɪ] *sb* Dienstleistungsgesellschaft *f*

service industry ['sɜːvɪs 'ɪndʌstrɪ] *sb* Dienstleistungsgewerbe *n*

service life ['sɜːvɪs laɪf] *sb* Nutzungsdauer *f*

service marketing ['sɜːvɪs 'mɑːkɪtɪŋ] *sb* Dienstleistungsmarketing *n*

service obligation ['sɜːvɪs ɒblɪ'geɪʃn] *sb* Dienstverpflichtung *f*

service of capital ['sɜːvɪs əv 'kæpɪtl] *sb* Kapitaldienst *m*

service organisation ['sɜːvɪs ɔːgənaɪ'zeɪʃən] *sb* Kundendienstorganisation *f*

service sector ['sɜːvɪs 'sektə] *sb* Dienstleistungssektor *m*

setback ['setbæk] *sb* Rückschlag *m*

set up [set 'ʌp] *v irr* 1. *(arrange)* arrangieren, vereinbaren; 2. *(establish)* gründen; 3. *(fit out)* einrichten

set-off [set 'ɔf] *sb* Aufrechnung *f*

setting day ['setɪŋ deɪ] *sb* Abrechnungstag *m*

setting procedure ['setɪŋ prə'siːdʒə] *sb* Abrechnungsverfahren *n*

settle ['setl] *v (a bill)* begleichen, bezahlen

settlement ['setlmənt] *sb* Abwicklung *f*

settlement ['setlmənt] *sb* 1. *(sorting out)* Erledigung *f*, Regelung *f*; 2. *(of a debt)* Begleichung *f*; 3. *(agreement)* Übereinkommen *n*, Abmachung *f*; 4. *an out-of court ~* ein außergerichtlicher Vergleich *m*

settlement account ['setlmənt ə'kaʊnt] *sb* Abwicklungskonto *n*

settlement day ['setlmənt deɪ] *sb* Abrechnungstag *m*

settlement in cash ['setlmənt ɪn 'kæʃ] *sb* Barabfindung *f*

settlement of accounts ['setlmənt əv ə'kaʊnts] *sb* Abrechnung *f*

settlement of time bargains ['setlmənt əv 'taɪm 'bɑːgəns] *sb* Skontration *f*

settle on ['setlɒn] *v (agree on)* sich einigen auf

settle up [setl 'ʌp] *v* bezahlen

settling days ['setlɪŋ deɪz] *sb* Bankstichtage *f/pl*

shape [ʃeɪp] *sb* 1. *(figure)* Gestalt *f*; 2. *(state)* Zustand *m*; 3. *(physical condition)* Kondition *f*, Zustand *m*

share [ʃeə] *v* 1. teilen; 2. *~ in sth* an etw teilnehmen; *sb* 3. (Geschäfts-)Anteil *m*; 4. *(in a public limited company)* Aktie *f*

share at a fixed amount ['ʃeə æt ə 'fɪksd ə'maʊnt] *sb* Summenaktie *f*

share capital ['ʃeə 'kæpɪtl] *sb* Aktienkapital *n*, Stammkapital *n*

share certificate ['ʃeə sə'tɪfɪkət] sb Aktienzertifikat n, Anteilscheine m/pl, Mantel m

share deposit [ʃeə dɪ'pɒsɪt] sb Aktiendepot n

share fund ['ʃeə fʌnd] sb Aktienfonds m

shareholder ['ʃeəhəʊldə] sb Aktionär m, Anteilseigner m

shareholder value [ʃeəhəʊldə 'vælju:] sb Shareholder Value m

shareholding ['ʃeəhəʊldɪŋ] sb Aktienbestand m

share in capital [ʃeə ɪn 'kæpɪtl] sb Kapitalanteil m

share index ['ʃeə ɪndeks] sb Aktienindex m

share in the loss [ʃeə ɪn ðə 'lɒs] sb Verlustanteil m

share in the profits [ʃeə ɪn ðə 'prɒfɪts] sb Gewinnanteil m

share issue [ʃeə 'ɪʃu:] sb Aktienausgabe f

share market ['ʃeə 'mɑːkɪt] sb Aktienmarkt m

share of no par value [ʃeə əv nəʊ pɑː 'vælju:] sb Quotenaktie f

share price ['ʃeə praɪs] sb Aktienkurs m

share purchase warrant ['ʃeə 'pɜːtʃəs 'wɔːrənt] sb Optionsschein m

share quorum ['ʃeə 'kwɔːrəm] sb Aktienquorum n

share quotation [ʃeə kwəʊ'teɪʃən] sb Aktiennotierung f

share register [ʃeə 'redʒɪstə] sb Aktienbuch n, Aktienregister n

shares account ['ʃeəs ə'kaʊnt] sb Stückekonto n

share stock option [ʃeə stɒk 'ɒpʃn] sb Aktienoption f

shareware ['ʃeəweə] sb Shareware f

share with low par value [ʃeə wɪθ 'ləʊ 'pɑː 'vælju:] sb Kleinaktie f

shelf [ʃelf] sb 1. Brett n, Bord n; 2. (in a cupboard) Fach n, put sth on the ~ (fig) etw an den Nagel hängen; off the ~ von der Stange

shelf life ['ʃelf laɪf] sb Lagerfähigkeit f, Haltbarkeit f

shell company ['ʃel kʌmpəni] sb Briefkastenfirma f

shelve [ʃelv] v 1. (put on a shelf) in ein Regal stellen; 2. (fig: a plan) beiseite legen, zu den Akten legen

shelving ['ʃelvɪŋ] sb Regale pl

shift [ʃɪft] sb (work period) Schicht f

shift work ['ʃɪft wɜːk] sb Schichtarbeit f

ship [ʃɪp] v 1. (send) versenden, befördern; 2. (grain, coal) verfrachten

ship broker [ʃɪp 'brəʊkə] sb Schiffsmakler m

shipbuilding ['ʃɪpbɪldɪŋ] sb Schiffbau m

shipload ['ʃɪpləʊd] sb Schiffsladung f

shipment ['ʃɪpmənt] sb 1. Sendung f; (by sea) Verschiffung f; 2. (batch of goods) Lieferung f

ship mortgage ['ʃɪp 'mɔːgɪdʒ] sb Schiffshypothek f

shipowner ['ʃɪpəʊnə] sb Schiffseigner m, Reeder m

shipper ['ʃɪpə] sb Spediteur m

shipping ['ʃɪpɪŋ] sb 1. Schifffahrt f; 2. (transportation) Versand m; 3. (by sea) Verschiffung f

shipping company ['ʃɪpɪŋ 'kʌmpəni] sb Reederei f

shipping document ['ʃɪpɪŋ 'dɒkjʊmənt] sb Versanddokument n

shipping exchange ['ʃɪpɪŋ ɪks'dʒeɪnʃ] sb Frachtbörse f, Schifffahrtsbörse f

shipping line ['ʃɪpɪŋ laɪn] sb Reederei f

shipyard ['ʃɪpjɑːd] sb Werft f, Schiffswerft f

shockproof ['ʃɒkpruːf] adj stoßfest

shop [ʃɒp] sb 1. Laden m, Geschäft n; set up ~ einen Laden eröffnen, ein Geschäft eröffnen; 2. talk ~ fachsimpeln; 3. closed ~ Unternehmen mit Gewerkschaftszwang n; v 4. einkaufen; go ~ping einkaufen gehen

shop assistant [ʃɒp ə'sɪstənt] sb Verkäufer(in) m/f

Shop Closing Hours Law [ʃɒp 'kləʊzɪŋ 'aʊəs lɔː] sb Ladenschlussgesetz n

shop hours ['ʃɒp aʊəs] sb Ladenöffnungszeiten f/pl

shopkeeper ['ʃɒpkiːpə] sb Ladenbesitzer(in) m/f

shoplifter ['ʃɒplɪftə] sb Ladendieb(in) m/f

shoplifting ['ʃɒplɪftɪŋ] sb Ladendiebstahl m

shopper ['ʃɒpə] sb Einkäufer m

shopping ['ʃɒpɪŋ] sb Einkaufen n

shopping centre ['ʃɒpɪŋ 'sentə] sb (US: ~ center) Einkaufszentrum n, Shopping Center n

shopping list ['ʃɒpɪŋ lɪst] sb Einkaufsliste f

shopping mall ['ʃɒpɪŋ mɔːl] sb Einkaufsgalerie f

shopping passage ['ʃɒpɪŋ 'pæsədʒ] sb Einkaufspassage f

shop window [ʃɒp 'wɪndəʊ] sb Schaufenster n

short [ʃɔːt] adj 1. to be ~ (not have enough) zu wenig haben; ~ of cash knapp bei Kasse; 2. (expectations) fall ~ of nicht erreichen; nicht entsprechen

shortage ['ʃɔːtɪdʒ] *sb* 1. Knappheit *f*; 2. *(of people, of money)* Mangel *m*

shortage of goods ['ʃɔːtɪdʒ əv 'gʊdz] *sb* Warenknappheit *f*

shortage of staff ['ʃɔːtɪdʒ əv 'stɑːf] *sb* Personalmangel *m*

shortcoming ['ʃɔːtkʌmɪŋ] *sb* Unzulänglichkeit *f*, Mangel *m*

short delivery [ʃɔːt dɪ'lɪvərɪ] *sb* Minderlieferung *f*

shortfall ['ʃɔːfɔːl] *sb* Fehlbetrag *m*

shorthand ['ʃɔːthænd] *sb* Kurzschrift *f*, Stenografie *f*

short sale [ʃɔːt seɪl] *sb* Blankoverkauf *m*

short-term [ʃɔːt'tɜːm] *adj* kurzfristig

short-term credit [ʃɔːt'tɜːm 'kredɪt] *sb* kurzfristiger Kredit *m*

short-time work [ʃɔːt'taɪm wɜːk] *sb* Kurzarbeit *f*

show [ʃəʊ] *sb (display of goods)* Ausstellung *f*

showroom ['ʃəʊruːm] *sb (where goods are displayed)* Ausstellungsraum *m*

shredder ['ʃredə] *sb* 1. Zerkleinerungsmaschine *f*; 2. *(paper-~)* Reißwolf *m*

shutdown ['ʃʌtdaʊn] *sb* Stilllegung *f*

shut down [ʃʌt 'daʊn] *v irr* zumachen, schließen

shut off [ʃʌt ɒf] *v irr (sth)* abstellen, ausschalten, abschalten

shuttle ['ʃʌtl] *sb* Pendelverkehr *m*

sick-leave ['sɪkliːf] *sb* to be on ~ krankgeschrieben sein

sick note ['sɪk nəʊt] *sb* Krankmeldung *f*

sick pay ['sɪk peɪ] *sb* Krankengeld *n*

sight deposits ['saɪt dɪ'pɒsɪts] *sb* Sichteinlagen *f/pl*

sight draft ['saɪt drɑːft] *sb* Sichtwechsel *m*

sight rate ['saɪt reɪt] *sb* Sichtkurs *m*

sign [saɪn] *v* unterschreiben

signature ['sɪgnətʃə] *sb* Unterschrift *f*

sign for ['saɪn fɔː] *v* den Empfang bestätigen

sign in [saɪn 'ɪn] *v* sich eintragen

sign off [saɪn 'ɒf] *v (letter)* Schluss machen

sign on [saɪn 'ɒn] *v (for unemployment benefits)* sich arbeitslos melden

sign up [saɪn 'ʌp] *v* 1. *(by signing a contract)* sich verpflichten; 2. *(s.o.)* verpflichten, anstellen

silent partner ['saɪlənt 'pɑːtnə] *sb* stiller Teilhaber *m*

simulate ['sɪmjʊleɪt] *v* simulieren

simulation [sɪmjʊ'leɪʃən] *sb* 1. Simulation *f*; 2. *(feigning)* Vortäuschung *f*

simulator ['sɪmjʊleɪtə] *sb* Simulator *m*

single ['sɪŋgl] *adj* 1. *(only one)* einzige(r,s); not a ~ one kein Einziger/keine Einzige/kein Einziges; 2. *(not double or triple)* einzeln

single-asset depreciation [sɪŋl'æsɪt dɪprɪʃɪeɪʃn] *sb* Einzelabschreibung *f*

single-item manufacturing ['sɪŋlaɪtəm mænjʊ'fæktʃʊərɪŋ] *sb* Einzelfertigung *f*

single operation ['sɪŋl ɒpə'reɪʃn] *sb* Sologeschäft *n*

single-price market ['sɪŋlpraɪs 'mɑːkɪt] *sb* Einheitsmarkt *m*

single-product firm [sɪŋl'prɒdʌkt fɜːm] *sb* Einproduktbetrieb *m*

single sourcing ['sɪŋl 'sɔːsɪŋ] *sb* Single Sourcing *n*

situation [sɪtjʊ'eɪʃən] *sb (job)* Stelle *f*

situations wanted [sɪtjʊ'eɪʃənz 'wɒntɪd] *pl* Stellengesuche *pl*

size [saɪz] *sb* 1. Größe *f*; *v* 2. ~ up abschätzen

sizeable ['saɪzəbl] *adj (sum, difference)* beträchtlich

size of an order ['saɪz əv ən ɔːdə] *sb* Auftragsgröße *f*

skill [skɪl] *sb (acquired technique)* Fertigkeit *f*

skilled [skɪld] *adj* 1. geschickt; 2. *(trained)* ausgebildet

skim [skɪm] *v (fig: profits)* abschöpfen

slack ['slæk] *adj* geschäftslos, lustlos

slash [slæʃ] *v (fig: reduce)* stark herabsetzen

slow down [sləʊ daʊn] *v* 1. *(in an activity)* etw langsamer machen; 2. *(sth)* verlangsamen

slump-proof [slʌmp pruːf] *adj* krisenfest

small and medium-sized enterprises ['smɔːl ənd 'miːdɪəmsaɪzd 'entəpraɪzɪz] *sb* Klein- und Mittelbetrieb *m*, mittelständische Unternehmen *n/pl*

small business [smɔːl 'bɪsnɪs] *sb* Kleinbetrieb *m*

small change [smɔːl 'tʃeɪndʒ] *sb* Kleingeld *n*

small package [smɔːl 'pækɪdʒ] *sb* Päckchen *n*

small personal loan ['smɔːl pɜːsənl 'ləʊn] *sb* Kleinkredit *m*

small saver ['smɔːl 'seɪvə] *sb* Kleinsparer *m*

small shareholder [smɔːl 'ʃeəhəʊldə] *sb* Kleinaktionär *m*

small trader [smɔːl 'treɪdə] *sb* Minderkaufmann *m*

smash hit [smæʃ hɪt] *sb* Bombenerfolg *m*

smog [smɒg] *sb* Smog *m*

smuggle ['smʌgl] *v* schmuggeln

smuggler ['smʌglə] *sb* Schmuggler *m*

smuggling ['smʌglɪŋ] *sb* Schmuggel *m*

snob effect [snɒb ɪ'fekt] *sb* Snob-Effekt *m*

snowball system ['snəʊbɔːl 'sɪstəm] *sb* Schneeballsystem *n*

soar [sɔː] *v (prices)* in die Höhe schnellen

sociable ['səʊʃəbl] *adj* gesellig, umgänglich

social ['səʊʃəl] *adj* gesellschaftlich, Gesellschafts..., sozial

social compensation plan [səʊʃl kɒmpən'zeɪʃn plæn] *sb* Sozialplan *m*

social fund [səʊʃl 'fʌnd] *sb* Sozialfonds *m*

social insurance ['səʊʃəl ɪn'sʊərəns] *sb* Sozialversicherung *f*

Social Insurance Office [səʊʃl ɪn'ʃʊəræns ɒfɪs] *sb* Versicherungsanstalt *f*

socialism ['səʊʃəlɪzm] *sb* Sozialismus *m*

social market economy ['səʊʃəl 'maːkɪt ɪ'kɒnəmɪ] *sb* soziale Marktwirtschaft *f*

social policy ['səʊʃəl 'pɒlɪsɪ] *sb* Sozialpolitik *f*

social security ['səʊʃəl sɪ'kjʊərɪtɪ] *sb* Sozialversicherung *f*, Sozialhilfe *f*

social services ['səʊʃəl 'sɜːvɪsɪz] *sb* Sozialleistung *f*

societal [sə'saɪətl] *adj* gesellschaftlich

society [sə'saɪətɪ] *sb* Gesellschaft *f*

soft currency [sɒft 'kʌrənsɪ] *sb* weiche Währung *f*

software ['sɒftweə] *sb* Software *f*

solar energy ['səʊlər 'enədʒɪ] *sb* Sonnenenergie *f*

solar power ['səʊlə 'paʊə] *sb* Sonnenenergie *f*, Solarenergie *f*

sole [səʊl] *adj* 1. einzig; 2. *(exclusive)* alleinig

sole agency [səʊl 'eɪdʒənsɪ] *sb* Alleinvertretung *f*

sole heir [səʊl ɛə] *sb* Alleinerbe *m*

sole owner [səʊl 'əʊnə] *sb* Alleininhaber *m*

solicitor [sə'lɪsɪtə] *sb (UK)* Rechtsanwalt/ Rechtsanwältin *m/f*

solve [sɒlv] *v (a problem)* lösen

solvency ['sɒlvənsɪ] *sb* Zahlungsfähigkeit *f*, Solvenz *f*

solvent ['sɒlvənt] *adj* zahlungsfähig

sort [sɔːt] *v* 1. sortieren; *sb* 2. Art *f*, Sorte *f*; all ~s of things alles Mögliche; *that sort of thing* diese Sachen; *nothing of the ~* nichts dergleichen

sort out [sɔːt 'aʊt] *v (straighten out)* in Ordnung bringen, klären

sought-after ['sɔːtɑːftə] *adj* begehrt

sound [saʊnd] *adj (company, investment)* solide

source [sɔːs] *sb* 1. *(of information)* Quelle *f*; 2. *(origin)* Ursprung *m*

source of supply ['sɔːs əv sə'plaɪ] *sb* Bezugsquelle *f*

source principle [sɔːs 'prɪnsɪpl] *sb* Quellenprinzip *n*

span of control [spæn əv kɒn'trəʊl] *sb* Kontrollspanne *f*

spare [speə] *v* 1. *(do without)* entbehren, verzichten auf; 2. *(use sparingly)* sparen mit; *adj* übrig, überschüssig; *(meagre)* dürftig

spare part [speə 'pɑːt] *sb* Ersatzteil *n*

spare time [speə 'taɪm] *sb* Freizeit *f*

sparingly ['speərɪŋlɪ] *adv use sth* ~ mit etw sparsam umgehen

spatial structure ['spaɪʃəl 'strʌktʃə] *sb* Raumstruktur *f*

special ['speʃəl] *adj* 1. besondere(r,s), Sonder...; *nothing* ~ nichts Besonderes; 2. *(specific)* bestimmt; *Were you looking for anything* ~? Suchten Sie etwas Bestimmtes? *sb* 3. *(reduced price)* Sonderangebot *n*

special action ['speʃəl 'ækʃən] *sb* Sonderaktion *f*

special agreements ['speʃəl ə'griːmənts] *sb* Sondervereinbarung *f*

special allowance ['speʃəl ə'laʊəns] *sb* Sondervergütung *f*

special business property [speʃəl 'bɪsnɪs prɒpətɪ] *sb* Sonderbetriebsvermögen *n*

special delivery ['speʃəl dɪ'lɪvərɪ] *sb (US)* Eilzustellung *f*

special depreciation [speʃəl dɪprɪʒɪ'eɪʃn] *sb* Sonderabschreibung *f*

special direct cost [speʃəl 'daɪrekt kɒst] *sb* Sondereinzelkosten *pl*

special discount ['speʃəl 'dɪskaʊnt] *sb* Sonderrabatt *m*

special drawing rights ['speʃəl 'drɔːɪŋ raɪts] *sb* Sonderziehungsrechte *pl*

special expenses ['speʃəl ɪk'spensɪz] *sb* Sonderausgaben *pl*

special fund [speʃl 'fʌnd] *sb* Sondervermögen *n*

special interests [speʃl 'ɪntrest] *sb* Sonderzinsen *pl*

special lombard facility [speʃl 'lʌmbəd fə'sɪlɪtɪ] *sb* Sonderlombard *m*

special meeting ['speʃəl 'miːtɪŋ] *sb* Sondersitzung *f*

special offer [speʃəl 'ɒfə] *sb* Sonderangebot *n*

special power [ˈspeʃl ˈpauə] *sb* Spezialvollmacht *f*

special remuneration [ˈspeʃəl rɪmjuːnəˈreɪʃən] *sb* Sondervergütung *f*

specialist [ˈspeʃəlɪst] *sb* Fachmann/Fachfrau *m/f*, Spezialist(in) *m/f*

speciality goods [ˈspeʃltɪ gʊds] *sb* Speciality goods *f/pl*

specialization [speʃəlaɪˈzeɪʃən] *sb* Spezialisierung *f*

specialize [ˈspeʃəlaɪz] *v* ~ *in sth* sich auf etw spezialisieren

specialized commercial bank [speʃəlaɪzd kɒˈmɜːʃl bæŋk] *sb* Spezialbank *f*

specialized fund [speʃəlaɪzd ˈfʌnd] *sb* Spezialfonds *m*

specialized lawyer [speʃəlaɪzd ˈlɔːɪə] *sb* Fachanwalt *m*

special-purpose association [speʃəlˈpɜːpəs əsəʊsɪeɪʃn] *sb* Zweckgemeinschaft *f*

specialties [ˈspeʃltiːz] *sb* Spezialwerte *m/pl*

specialty debt [ˈspeʃəltɪ ˈdet] *sb* verbriefte Schuld *f*

specialty fund [speʃltɪ ˈfʌnd] *sb* Spezialitätenfonds *m*

specialty store [ˈspeʃltɪ stɔː] *sb* Fachgeschäft *n*

specie [ˈspiːʃiː] *sb* Hartgeld *n*, Münzgeld *n*

specific duty [speˈsɪfɪk ˈdjuːtɪ] *sb* Mengenzoll *m*

specification [spesɪfɪˈkeɪʃən] *sb* Spezifikation; *(stipulation)* Bedingung *f*

specifications [spesɪfɪˈkeɪʃənz] *pl (design)* technische Daten *pl*, technische Beschreibung *f*

specify [ˈspesɪfaɪ] *v* genau angeben

specimen [ˈspesɪmɪn] *sb (sample)* Muster *n*

speculate [ˈspekjuleɪt] *v* spekulieren

speculation [spekjʊˈleɪʃən] *sb* Spekulation *f*

speculation bank [spekjuˈleɪʃn ˈbæŋk] *sb* Spekulationsbank *f*

speculation in foreign currency [spekjuˈleɪʃn ɪn ˈfɒrɪn kʌrənsɪ] *sb* Devisenspekulation *f*

speculative [ˈspekjʊlətɪv] *adj* Spekulations...

speculative operations [ˈspekjʊlətɪv ɒpəˈreɪʃnz] *sb* Spekulationsgeschäft *n*

speculative profit [spekjuˈlætɪf ˈprɒfɪt] *sb* Spekulationsgewinn *m*

speculative security [spekjuˈlætɪf sɪˈkjʊrɪtɪ] *sb* Hoffnungswert *m*, Spekulationspapier *n*

speculative transaction [ˈspekjʊlətɪv trænzˈækʃən] *sb* Spekulationsgeschäft *n*

speculator [ˈspekjuleɪtə] *sb* Spekulant *m*

spell-checker [ˈspeltʃekə] *sb (computer programme)* Rechtschreibprüfung *f*

spell out [spel ˈaʊt] *v irr* buchstabieren

spend [spend] *v irr* 1. *(money)* ausgeben; 2. *(energy, resources)* verbrauchen; 3. *(time: pass)* verbringen, 4. *(time: use)* brauchen

spending [ˈspendɪŋ] *sb* Ausgaben *pl*

spending costs [ˈspendɪŋ kɒsts] *sb* ausgabenwirksame Kosten *pl*

spiel [spiːl] *sb (salesman's)* Verkaufsmasche *f*

spinoff [ˈspɪnɒf] *sb* Spin off *m*

splitting method [splɪtɪŋ ˈmeθəd] *sb* Splitting-Verfahren *n*

sponsor [ˈspɒnsə] *v* 1. fördern; *sb* 2. Förderer/Förderin *m/f*

sponsored [ˈspɒnsəd] *adj* gesponsert, gefördert, unterstützt

sponsorship [ˈspɒnsəʃɪp] *sb* Sponsern *n*, Unterstützung *f*, Förderung *f*

spot [spɒt] *sb (commercial)* Werbespot *m*

spot exchange [ˈspɒt ɪksˈdʒeɪnʃ] *sb* Kassadevisen *pl*

spot market [ˈspɒt ˈmɑːkɪt] *sb* Kassamarkt *m*, Spotmarkt *m*

spot price [ˈspɒt praɪs] *sb* Kassakurs *m*

spot transaction [ˈspɒt trænzˈækʃn] *sb* Lokogeschäft *n*, Spotgeschäft *n*

spreadsheet [ˈspredʃiːt] *sb* Tabellenkalkulation *f*

squander [ˈskwɔːndə] *v* 1. *(money)* vergeuden; 2. *(opportunities)* vertun

square [skweə] *adj* 1. *to be* ~ *(debts)* in Ordnung sein; 2. *to be all* ~ *(not to owe)* quitt sein; *v* 3. *(debts)* begleichen

square measurement [skweə ˈmeʃʊəmənt] *sb* Flächenmaße *n/pl*

stability [stəˈbɪlɪtɪ] *sb* Stabilität *f*

stability of prices [stəˈbɪlɪtɪ əv ˈpraɪsɪz] *sb* Preisstabilität *f*

stability of the value of money [stəˈbɪliti əvðə ˈvæljuː əvˈmʌnɪ] *sb* Geldwertstabilität *f*

stability policy [stəˈbɪlɪtɪ ˈpɒlɪsɪ] *sb* Stabilitätspolitik *f*

stabilization [stæbɪlaɪˈzeɪʃən] *sb* Stabilisierung *f*

stabilize [ˈstæbəlaɪz] *v* sich stabilisieren; *(sth)* stabilisieren

stable [ˈsteɪbl] *adj* stabil, dauerhaft

stable exchange rates [steɪbl ɪksˈdʒeɪnʃ reɪts] *sb* stabile Wechselkurse *m/pl*

staff [stɑːf] *sb (personnel)* Personal *n*, Belegschaft *f; to be on the ~ of* Mitarbeiter sein bei

staff changes [stɑːf 'tʃeɪndʒɪz] *sb* Personalwechsel *m*

staffer ['stæfə] *sb* feste(r) Mitarbeiter(in) *m/f*

staff pension fund [stɑːf 'penʃn fʌnd] *sb* Pensionskasse *f*

staff shares ['stɑːf ʃɛəs] *sb* Belegschaftsaktie *f*

stagflation [stæg'fleɪʃən] *sb* Stagflation *f*

stagnant ['stægnənt] *adj* stagnierend

stagnate ['stægneɪt] *v* stagnieren

stagnation [stæg'neɪʃən] *sb* 1. Stagnieren *n*; 2. *(of a market)* Stagnation *f*

stainless ['steɪnlɪs] *adj* rostfrei

stake [steɪk] *v* 1. *~ a claim to sth* sich ein Anrecht auf etw sichern; *sb* 2. *(financial interest)* Anteil *m*

stakeholder value [steɪkhəʊldə 'væljuː] *sb* Stakeholder Value *m*

stamp [stæmp] *v* 1. *(sth)* stempeln; 2. *(with a machine)* prägen; 3. *(put postage on)* frankieren; *sb* 4. *(postage ~)* Briefmarke *f*; 5. *(mark, instrument)* Stempel *m*

stamp duty ['stæmp djuːtɪ] *sb* Transfersteuer *f*, Stempelsteuer *f*

stamping ['stæmpɪŋ] *sb* Abstempelung *f*

stamping of bank notes [stæmpɪŋ əv 'bæŋk nəʊts] *sb* Notenabstempelung *f*

standard ['stændət] *adj* 1. handelsüblich, Standard..., Norm...; *sb* 2. *(monetary)* Standard *m*, Norm *f*; 3. Feingehalt *m*, Feingewicht *n*

standard bill ['stændət bɪl] *sb* Einheitswechsel *m*

standard cheque ['stændət tʃek] *sb* Einheitsscheck *m*

standard inventory ['stændət ɪn'ventərɪ] *sb* Durchschnittsbestand *m*

standardization ['stændətaɪzeɪʃn] *sb* Standardisierung *f*

standardize ['stændədaɪz] *v* vereinheitlichen, normen, normieren

standard price ['stændət praɪs] *sb* fester Verrechnungspreis *m*

standard value ['stændət væljuː] *sb* Einheitswert *m*

standard wages ['stændəd weɪdʒɪz] *sb* Tariflohn *m*

stand-by ['stændbaɪ] *sb on ~* in Bereitschaft *f*

standby costs ['stændbaɪ kɒsts] *sb* Bereitschaftskosten *pl*

stand-by credit [stænd-'baɪ kredɪt] *sb* Stand-by-Kredit *m*

standby man ['stændbaɪ mæn] *sb* Springer *m*

stand in ['stænd ɪn] *v irr ~ for s.o.* jdn vertreten

stand-in ['stændɪn] *sb* Ersatz *m*

standing ['stændɪŋ] *sb* 1. *(position)* Rang *m; of long ~* langjährig, alt; *sb* 2. *(repute)* Ruf *m*

standing costs [stændɪŋ 'kɒsts] *sb* fixe Kosten *pl*

standing order ['stændɪŋ 'ɔːdə] *sb* Dauerauftrag *m*

standstill agreement [stændstɪl ə'griːmənt] *sb* (Recht) Moratorium *n*

standstill credit [stændstɪl 'kredɪt] *sb* Stillhalte-Kredit *m*

staple goods ['steɪpl gʊdz] *pl* Stapelware *f*

stapler ['steɪplə] *sb* Heftmaschine *f*

start [stɑːt] *v* 1. *(engine)* anspringen; 2. *(found)* gründen; 3. *(career, argument)* anfangen, beginnen

starting salary ['stɑːtɪŋ 'sælərɪ] *sb* Anfangsgehalt *n*

start up ['stɑːt-ʌp] *sb* Start-Up *m*

startup costs [stɑːtʌp 'kɒsts] *sb* Ingangsetzungskosten *pl*

startup money [stɑːtʌp 'mʌnɪ] *sb* Startkapital *n*

state [steɪt] *sb* 1. Staat *m*; 2. *~ of affairs* Stand *m*, Lage *f*; 3. *(condition)* Zustand *m; adj* 4. staatlich

state bank [steɪt bæŋk] *sb* Staatsbank *f*

state bound by the rule of law ['steɪt baʊnd baɪ ðə ruːl əv 'lɔː] *sb* Rechtsstaat *m*

state indebtedness [steɪt ɪn'detɪdnɪs] *sb* Staatsverschuldung *f*

statement ['steɪtmənt] *sb* Ausweisung *f*, Kontoauszug *m*

statement of account ['steɪtmənt əv ə'kaʊnt] *sb* Kontoauszug *m*

statement of commission ['steɪtmənt əv kə'mɪʃən] *sb* Provisionsabrechnung *f*

statement of costs [steɪtmənt əv 'kɒsts] *sb* Kostenrechnung *f*, Erfolgskonto *n*

statement of damages [steɪtmənt əv 'dæmɪdʒɪz] *sb* Schadensrechnung *f*

statement of earnings [steɪtmənt əv 'ɜːnɪŋs] *sb* Ertragsbilanz *f*

statement of expenses [steɪtmənt əv ɪks'pensɪz] *sb* Spesenrechnung *f*

statement of operating results [steɪtmənt əv 'ɒpəreɪtɪŋ rɪ'sʌlts] *sb* Ergebnisrechnung *f*

stated ['steɪtɪd] *adj* angegeben, genannt, aufgeführt, aufgelistet

statement of overindebtedness [ˈsteɪt-mənt əv ˌəʊvəɪnˈdetɪdnəs] *sb* Überschuldungsbilanz *f*

statement of quantity [ˈsteɪtmənt əv ˈkwɒntɪtɪ] *sb* Mengenangabe *f*

statement of securities [ˈsteɪtmənt əv sɪˈkjʊərɪtiːz] *sb* Depotauszug *m*

state of the market [ˈsteɪt əv ðə ˈmɑːkɪt] *sb* Marktlage *f*

state supervision of credit institutions [ˈsteɪt sʊpəˈvɪʃn əv kredɪt ɪnstɪˈtjuːʃns] *sb* Kreditaufsicht *f*

state-of-the-art [ˈsteɪtəvðiːˈɑːt] *adj* hochmodern

station of destination [ˈsteɪʃən əv destɪˈneɪʃən] *sb* Bestimmungsbahnhof *m*

statistical [stəˈtɪstɪkəl] *adj* statistisch

statistical cost accounting [stəˈtɪstɪkl ˈkɒst əˈkaʊntɪŋ] *sb* Nachkalkulation *f*

statistics [stəˈtɪstɪks] *sb* Statistik *f*

status [ˈsteɪtəs] *sb* 1. Status *m*; 2. marital ~ Familienstand *m*

status quo [ˈsteɪtəs ˈkwəʊ] *sb* Status quo *m*

status report [ˈsteɪtəs rɪˈpɔːt] *sb* Lagebericht *m*

statute [ˈstætjuːt] *sb* (of an organization) Statut *n*

statutes [ˈstætjuːts] *pl* Satzung *f*

statutory accident insurance [ˈstetjɔːrɪ ˈæksɪdənt ɪnˈʃʊəræns] *sb* gesetzliche Unfallversicherung *f*

statutory audit [ˈstetjɔːrɪ ˈɔːdɪt] *sb* Prüfungspflicht *f*

statutory damage [ˈstætjɔːrɪ ˈdæmɪdʒ] *sb* Konventionalstrafe *f*

statutory health insurance fund [ˈstætjɔːrɪ ˈhelθ ɪnʃʊəræns fʌnd] *sb* gesetzliche Krankenversicherung *f*

statutory pension insurance fund [ˈstætjɔːrɪ ˈpenʃn ɪnʃʊəræns fʌnd] *sb* gesetzliche Rentenversicherung *f*

statutory period of notice [ˈstætjɔːrɪ piːrɪəd əv ˈnəʊtɪs] *sb* gesetzliche Kündigungsfrist *f*

steamboat [ˈstiːmbəʊt] *sb* Dampfer *m*, Dampfschiff *n*

steamship [ˈstiːmʃɪp] *sb* Dampfschiff *n*

stenographer [stəˈnɒɡrəfə] *sb* Stenograf(in) *m/f*

stenography [stəˈnɒɡrəfɪ] *sb* Kurzschrift *f*, Stenografie *f*

stenotypy [ˈstenətaɪpɪ] *sb* Kurzschrift *f*

stepped fixed cost [stepd fɪksd ˈkɒst] *sb* sprungfixe Kosten *pl*

sterilization funds [sterəlaɪˈzeɪʃn fʌnds] *sb* Sterilisierungsfonds *m*

sticker [ˈstɪkə] *sb* Aufkleber *m*

stimulus [ˈstɪmjʊləs] *sb* Stimulus *m*; (incentive) Anreiz *m*

stint [stɪnt] *sb* Schicht *f*

stipend [ˈstaɪpənd] *sb* Lohn *m*

stipulate [ˈstɪpjʊleɪt] *v* (specify) festsetzen; (make a condition) voraussetzen

stipulation [stɪpjʊˈleɪʃən] *sb* Bedingung *f*

stock [stɒk] *v* 1. (a product) führen; *sb* 2. (supply) Vorrat *m*, (Waren-) Bestand *m*; 3 .(financial) Aktien *pl; in ~* vorrätig; *take ~ of the situation* die Lage abschätzen

stock committee [stɒk kɒˈmɪtiː] *sb* Börsenausschuss *m*

stock corporation [stɒk kɔːpəˈreɪʃn] *sb* Aktiengesellschaft (AG) *f*

stock dividend [stɒk ˈdɪvɪdənd] *sb* Stockdividende *f*

stock exchange [ˈstɒk ɪksdʒeɪnʃ] *sb* Börse *f*, Börsenumsätze *m/pl*, Effektenbörse *f*, Stock Exchange *f*

Stock Exchange Act [ˈstɒk ɪksdʒeɪnʃ ækt] *sb* Börsengesetz *n*

stock exchange centre [ˈstɒk ɪksdʒeɪnʃ ˈsentə] *sb* Börsenplatz *m*

stock exchange customs [ˈstɒk ɪksdʒeɪnʃ kʌstəms] *sb* Börsenusancen *f/pl*

stock exchange dealings [ˈstɒk ɪksdʒeɪnʃ ˈdiːlɪŋz] *sb* Börsenhandel *m*

stock exchange index [ˈstɒk ɪksdʒeɪnʃ ɪndeks] *sb* Börsenindex *m*, Kursindex *m*

stock exchange list [ˈstɒk ɪksdʒeɪnʃ lɪst] *sb* Kursblatt *n*, Kurszettel *m*

stock exchange operations [ˈstɒk ɪksdʒeɪnʃ ɒpəreɪʃns] *sb* Börsengeschäfte *n/pl*

stock exchange order [ˈstɒk ɪksdʒeɪnʃ ɔːdə] *sb* Börsenauftrag *m*

stock exchange price [ˈstɒk ɪksdʒeɪnʃ praɪs] *sb* Börsenkurs *m*

stock exchange quotation [ˈstɒk ɪksdʒeɪnʃ kwɒˈteɪʃən] *sb* Börsennotierung *f*

stock exchange regulations [ˈstɒk ɪksdʒeɪnʃ reɡjʊleɪʃns] *sb* Börsenordnung *f*

stock exchange report [ˈstɒk ɪksdʒeɪnʃ rɪpɔːt] *sb* Börsenbericht *m*

stock exchange rules [ˈstɒk ɪksdʒeɪnʃ ruːlz] *sb* Börsenrecht *n*

stock exchange supervision [ˈstɒk ɪksdʒeɪnʃ sʊpəvɪʃn] *sb* Börsenaufsicht *f*

stock market [ˈstɒk mɑːkɪt] *sb* Börse *f*

stock market crash [ˈstɒk mɑːkɪt kræʃ] *sb* Börsenkrach *m*

stock market information ['stɒk mɑːkɪt ɪnfɔː'meɪʃn] sb Börsenauskunft f
stock market notice board ['stɒk mɑːkɪt nəʊtɪs bɔːd] sb Börsenaushang m
stock market transactions ['stɒk mɑːkɪt træn'zækʃənz] sb Börsengeschäfte pl
stockbook ['stɒkbʊk] sb Effektenbuch n
stockbroker ['stɒkbrəʊkə] sb Börsenmakler m, Effektenmakler m, Kursmakler m
stockholder ['stɒkhəʊldə] sb (US) Aktionär m
stockkeeping ['stɒkiːpɪŋ] sb Lagerhaltung f
stockpile ['stɒkpaɪl] sb 1. Vorrat m, Stapelbestand m; v 2. aufstapeln
stockpiling ['stɒkpaɪlɪŋ] sb Vorratshaltung f
stockroom ['stɒkruːm] sb Lager n
stocks ['stɒks] sb Bestand m
stock-taking ['stɒkteɪkɪŋ] sb Bestandsaufnahme f
stone [stəʊn] sb (UK: unit of weight) 6,35 kg
stop [stɒp] v 1. (come to a halt) anhalten; 2. Stop! Halt! 3. (cease) aufhören; ~ at nothing vor nichts zurückschrecken; (an action) aufhören mit; 4. (interrupt temporarily) unterbrechen; 5. (a machine) abstellen; 6. (payments, production) einstellen; 7. (a cheque) sperren; sb 8. Stillstand m; come to a ~ zum Stillstand kommen
stoppage ['stɒpɪdʒ] sb 1. (interruption) Unterbrechung f; 2. (strike) Streik m
stopping payment [stɒpɪŋ 'peɪmənt] sb Schecksperre f
stop price ['stɒpraɪs] sb Stoppkurs m
storage ['stɔːrɪdʒ] sb (Ein-)Lagerung f; put into ~ lagern
storage capacity ['stɔːrɪdʒ kə'pæsɪti] sb Lagerkapazität f
store [stɔː] v 1. lagern; (documents) aufbewahren; sb 2. (large shop) Geschäft n; (US: shop) Laden m; 3. (storage place) Lager n; (supply) Vorrat m; 4. (UK: computer) Speicher m
storehouse ['stɔːhaʊs] sb Lagerhaus n
storekeeper ['stɔːkiːpə] sb Ladenbesitzer(in) m/f
storeroom ['stɔːruːm] sb Lagerraum m
stores [stɔːz] pl Vorräte pl, Bestände pl
stowage ['stəʊɪdʒ] sb 1. (stowing) Beladen n, Verstauen n; 2. (charge) Staugebühr f
stow away [stəʊ ə'weɪ] v (sth) verstauen
strategic [strə'tiːdʒɪk] adj strategisch
strategic business area [strə'tiːdʒɪk 'bɪsnɪs eriːə] sb strategisches Geschäftsfeld n

strategic management [strə'tiːdʒɪk 'mænɪdʒmənt] sb strategische Führung f
strategic planning [strə'tiːdʒɪk 'plænɪŋ] sb strategische Planung f
strategy ['strætɪdʒɪ] sb Strategie f
strictly confidential ['strɪktlɪ kɒnfɪ'denʃəl] adj streng vertraulich
strike [straɪk] v irr 1. (employees) streiken; sb 2. (by workers) Streik m, Ausstand m
strikebound ['straɪkbaʊnd] adj bestreikt, von Streik betroffen
strike-breaker ['straɪkbreɪkə] sb Streikbrecher m
strike pay ['straɪk peɪ] sb Streikgelder n/pl
striker ['straɪkə] sb Streikende(r) m/f, Ausständige(r) m/f
structural ['strʌkʃərəl] adj strukturell, Struktur...
structural change [strʌktʃʊərəl 'dʒeɪnʃ] sb Strukturwandel m
structural loan [strʌktʃʊərəl 'ləʊn] sb Strukturkredit m
structural policy ['strʌktʃərəl 'pɒlɪsɪ] sb Strukturpolitik f
structural reform [strʌktʃʊərəl rɪ'fɔːm] sb Strukturreform f
structure ['strʌktʃə] v 1. strukturieren; 2. (an argument) aufbauen, gliedern; sb 3. Struktur f
structure of distribution ['strʌktʃər əv dɪstrɪ'bjuːʃən] sb Vertriebsstruktur f
structure of the balance sheet [strʌktʃə əv ðə 'bæləns ʃiːt] sb Bilanzstruktur f
structuring of operations [strʌktʃʊərɪŋ əv ɒpə'reɪʃns] sb Ablauforganisation f
suable ['sjuːəbl] adj einklagbar
subagent ['sʌbeɪdʒənt] sb Untervertreter m
subcontractor ['sʌbkɒntræktə] sb Subunternehmer m, Zulieferer m
subject to confirmation ['sʌbtʃekt tu kɒnfɜː'meɪʃn] adj freibleibend
sublease ['sʌbliːs] sb Untervermietung f, Unterverpachtung f
subordinate [sə'bɔːdnɪt] sb Untergebene(r) m/f, Mitarbeiter(in) m/f
subscribe [səb'skraɪb] v ~ to (a publication) abonnieren
subscribed capital [sʌbskraɪbd 'kæpɪtl] sb gezeichnetes Kapital n
subscriber [səb'skraɪbə] sb Abonnent m
subscription [səb'skrɪpʃən] sb Abonnement n, Subskription f
subscription blank [səb'skrɪpʃən blæŋk] sb Zeichnungsschein m

subscription conditions [sʌb'skrɪpʃn kɒn'dɪʃns] *sb* Bezugsbedingungen *f/pl*

subscription day [sʌb'skrɪpʃn deɪ] *sb* Bezugstag *m*

subscription for shares [sʌb'skrɪpʃn fɔː ʃɛəs] *sb* Aktienzeichnung *f*

subscription form [sʌb'skrɪpʃn fɔːm] *sb* Zeichnungsschein *m*

subscription period [sʌb'skrɪpʃn piːrɪəd] *sb* Bezugsfrist *f*, Zeichnungsfrist *f*

subscription price [sʌb'skrɪpʃn praɪs] *sb* Bezugskurs *m*, Bezugsrechtnotierung *f*, Bezugsrechtskurs *m*

subscription right [sʌb'skrɪpʃn raɪt] *sb* Bezugsrecht *n*

subscription rights parity [sʌb'skrɪpʃn raɪts 'pærɪtɪ] *sb* Bezugsrechtsparität *f*

subscription warrant [sʌb'skrɪpʃn wɔːrənt] *sb* Bezugsschein *m*

subsequent payment [sʌbsɪkwent 'peɪmənt] *sb* Nachschuss *m*

subsidiary [səb'sɪdɪərɪ] *adj* 1. Tochter..., Neben...; *sb* 2. Tochtergesellschaft *f*

subsidiary agreement [sʌbsɪdjərɪ ə'griːmənt] *sb* Nebenabreden *f/pl*

subsidize ['sʌbsɪdaɪz] *v* subventionieren

subsidy ['sʌbsɪdɪ] *sb* Subvention *f*, Zuschuss *m*

subsistence [sʌb'sɪstəns] *sb (means of ~)* Lebensunterhalt *m*

subsistence minimum [sʌb'sɪstəns 'mɪnɪməm] *sb* Existenzminimum *n*

substance ['sʌbstəns] *sb* Substanz *f*

substitute ['sʌbstɪtjuːt] *v* 1. ~ *for s.o.* jdn vertreten, als Ersatz für jdn dienen; *sb* Ersatz *m*; 2. *(person)* Vertretung *f*; *adj* Ersatz...

substitute cheque [sʌbstɪtjuːt 'tʃek] *sb* Ersatzscheck *m*

substitute cover [sʌbstɪtjuːt 'kʌvə] *sb* Ersatzdeckung *f*

substitute delivery ['sʌbstɪtjuːt dɪ'lɪvərɪ] *sb* Ersatzlieferung *f*

substitute goods [sʌbstɪtjuːt 'gʊds] *sb* Substitutionsgüter *n/pl*

substitute purchase ['sʌbstɪtjuːt 'pɜːtʃɪs] *sb* Ersatzkauf *m*

substitute transfer [sʌbstɪtjuːt 'trænsfə] *sb* Ersatzüberweisung *f*

substitution [sʌbstɪ'tjuːʃən] *sb* Substitution *f*, Ersetzen *n*, Einsetzen *n*

subtract [sʌb'trækt] *v* abziehen, subtrahieren

succession [sək'seʃən] *sb (to a post)* Nachfolge *f*

successor [sʌk'sesə] *sb* Nachfolger(in) *m/f*

successor company [sʌksesə 'kʌmpənɪ] *sb* Betriebsnachfolge *f*

success-oriented [sʌkses'ɔːrɪəntɪd] *adj* erfolgsorientiert

sue [suː] *v* klagen, Klage erheben; ~ *s.o.* gegen jdn gerichtlich vorgehen, jdn belangen; ~ *s.o. for damages* jdn auf Schadenersatz verklagen

sufficient [sə'fɪʃənt] *adj* genügend, genug, ausreichend

suit [suːt] *sb* Prozess *m*, Verfahren *n*

suitability [suːtə'bɪlɪtɪ] *sb (of an applicant)* Eignung *f*

suitable ['suːtəbl] *adj* geeignet, passend

sum [sʌm] *sb* 1. Summe *f*; 2. *(of money)* Betrag *m*, Summe *f*, Geldsumme *f*; *v* 3. summieren, zusammenzählen

sum total [sʌm 'təʊtəl] *sb* Gesamtbetrag *m*

summons ['sʌməns] *sb* gerichtliches Mahnverfahren *n*

sunday work ['sʌndeɪ wɜːk] *sb* Sonntagsarbeit *f*

sunk costs [sʌŋk 'kɒsts] *sb* Sunk costs *pl*

super-dividend ['sʊpədɪvɪdənd] *sb* Überdividende *f*

superficial [suːpə'fɪʃəl] *adj* oberflächlich

superfluous [sʊ'pɜːfluəs] *adj* überflüssig

superior [sʊ'pɪərɪə] *adj* 1. *(better)* besser; *(abilities)* überlegen; *(in rank)* höher; *sb* 2. *(in rank)* Vorgesetzte(r) *m/f*

superstore ['suːpəstɔː] *sb* Verbrauchermarkt *m*

supervise ['suːpəvaɪz] *v* beaufsichtigen, überwachen

supervision [suːpə'vɪʒən] *sb* Dienstaufsicht *f*, Aufsicht *f*, Beaufsichtigung *f*

supervisor ['suːpəvaɪzə] *sb* Aufseher(in) *m/f*

supervisory ['suːpəvaɪzərɪ] *adj* überwachend, Kontroll...

supervisory board ['suːpəvaɪzərɪ bɔːd] *sb* Aufsichtsrat *m*

supplement ['sʌplɪmənt] *v* 1. ergänzen; *sb* 2. Ergänzung *f*; 3. *(in a newspaper)* Beilage *f*

supplementary [sʌplɪ'mentərɪ] *adj* zusätzlich, Zusatz...

supplementary payment [sʌplɪ'mentərɪ 'peɪmənt] *sb* Nachzahlung *f*

supplementary staff costs [sʌlɪmentərɪ 'stɑːf kɒsts] *sb* Personalnebenkosten *pl*

supplier [sə'plaɪə] *sb* Lieferant *m*

supplier's credit [sə'plaɪəz 'kredɪt] *sb* Lieferantenkredit *m*

supplies [sə'plaɪz] *sb* Betriebsstoffe *m/pl,* Hilfsstoffe *m/pl*

supply [sə'plaɪ] *v* 1. sorgen für; 2. *(goods, public utilities)* liefern; *sb* 3. *(act of supplying)* Versorgung *f;* 4. ~ *and demand* Angebot und Nachfrage; 5. *(thing supplied)* Lieferung *f; (delivery)* Lieferung *f;* 6. *(stock)* Vorrat *m*

supply contract [sə'plaɪ 'kɒntrækt] *sb* Liefervertrag *m*

supply control [səplaɪ kɒn'trəʊl] *sb* Angebotssteuerung *f*

supply of capital [səplaɪ əv 'kæpɪtl] *sb* Kapitalangebot *n*

supply of money [səplaɪ əv 'mʌnɪ] *sb* Geldangebot *n*

supply-oriented economic policy [səplaɪ-ɒrɪəntɪd ɪkʌnɒmɪk 'pɒlɪsɪ] *sb* angebotsorientierte Wirtschaftspolitik *f*

supply structure [səplaɪ 'strʌkʃə] *sb* Angebotsstruktur *f*

support [sə'pɔːt] *sb* 1. Unterstützung *f;* 2. Kursunterstützung *f,* Kurspflege *f*

support buying [sə'pɔːt 'baɪŋ] *sb* Stützungskauf *m*

support level [səpɔːt 'levəl] *sb* Unterstützunglinie *f*

supreme [sʊ'priːm] *adj the Supreme Court* das oberste Gericht *n*

surcharge ['sɜːtʃɑːdʒ] *sb* Zuschlag *m*

surf [sɜːf] *v* ~ *the Internet (fam)* im Internet surfen

surplus ['sɜːplʌs] *sb* 1. Überschuss *m; adj* 2. überschüssig

surplus reserve [sɜːplʌs rɪ'sɜːf] *sb* Überschussreserve *f*

surplus saving [sɜːplʌs 'seɪvɪŋ] *sb* Plus-Sparen *n,* Überschuss-Sparen *n*

surtax ['sɜːtæks] *sb* Steuerzuschlag *m*

survey [sɜː'veɪ] *v* 1. *(fam: poll)* befragen; ['sɜːveɪ] *sb* 2. *(poll)* Umfrage *f*

survey report ['sɜːveɪ rɪ'pɔːt] *sb* Haveriezertifikat *n*

suspension [sʌs'penʃn] *sb* Aussetzung *f*

suspension of payments [sʌs'penʃən əv 'peɪmənts] *sb* Zahlungseinstellung *f*

swap [swɒp] *v* 1. tauschen; ~ *sth for sth* etw gegen etw austauschen; *sb* 2. Tausch *m*

swap agreement [swɒp ə'griːmənt] *sb* Swapabkommen *n*

swap policy [swɒp 'pɒlɪsɪ] *sb* Swappolitik *f*

swap rate ['swɒp reɪt] *sb* Swapsatz *m*

swap transaction [swɒp trænz'ækʃn] *sb* Swapgeschäft *n*

swing [swɪŋ] *sb* Swing *m,* Kreditmarge *f*

swing shift [swɪŋ ʃɪft] *sb (US)* Spätschicht *f*

switch ['swɪtʃ] *sb* Switch-Geschäft *n*

switchboard ['swɪtʃbɔːd] *sb* 1. Telefonvermittlung *f; (in an office)* Telefonzentrale *f;* 2. *(panel)* Schalttafel *f*

switch off ['swɪtʃ ɒf] *v* ausschalten, abschalten

switch on ['swɪtʃ ɒn] *v* einschalten, anschalten

switch-type financing ['swɪtʃtaɪp 'faɪnænzɪŋ] *sb* Umfinanzierung *f*

sworn statement [swɔːn 'steɪtmənt] *sb* beeidigte Erklärung *f*

synchronization [sɪŋkrənaɪ'zeɪʃən] *sb* Abstimmung *f*

synchronize ['sɪŋkrənaɪz] *v* 1. abstimmen; *(two or more things)* aufeinander abstimmen; 2. *(clocks)* gleichstellen; ~ *your watches* stimmen Sie Ihre Uhren aufeinander ab

synchronous production [sɪ'krəʊnəs prɒ-'dʌkʃn] *sb* Synchronfertigung *f*

syndic ['sɪndɪk] *sb* Syndikus *m*

syndicate ['sɪndɪkət] *sb* Konsortium *n*

syndicate account ['sɪndɪkət ə'kaʊnt] *sb* Syndikatskonto *n*

syndicated credit ['sɪndɪkeɪtɪd 'kredɪt] *sb* Konsortialkredit *m*

syndicate department ['sɪndɪkət dɪ'pɑːtmənt] *sb* Konsortialabteilung *f*

syndicate transaction ['sɪndɪkət trænz-'ækʃn] *sb* Konsortialgeschäft *n*

syndication [sɪndɪ'keɪʃən] *sb* Syndizierung *f*

synergy ['sɪnədʒɪ] *sb* Synergieeffekte *m/pl*

synodal bond [sɪ'nəʊdl 'bʌnd] *sb* Synodalobligation *f*

synthetic [sɪn'θetɪk] *adj* synthetisch

system ['sɪstəm] *sb* System *n*

systematic [sɪstə'mætɪk] *adj* systematisch

system control ['sɪstəm kɒn'trəʊl] *sb* Systemsteuerung *f*

system of exchange rates ['sɪstəm əv ɪks'dʒeɪnʃ 'reɪts] *sb* Wechselkurssystem *n*

system of internal audits ['sɪstəm əv 'ɪnternəl 'ɔːdɪts] *sb* internes Kontrollsystem (IKS) *n*

system of specialized banking ['sɪstəm əv 'speʃəlaɪzd 'bæŋkɪŋ] *sb* Trennbanksystem *n*

system of taxation ['sɪstəm əv tæk-'seɪʃən] *sb* Steuersystem *n*

systems engineering [sɪstəms endʒə-'nɪːrɪŋ] *sb* Anlagenbau *m*

T

tab [tæb] *sb (on a file card)* Reiter *m*

table [teɪbl] *sb* Tabelle *f*

tablet ['tæblɪt] *sb (US: note pad)* Notiz-block *m*

tabular ['tæbjʊlə] *adj* tabellarisch

tabulate ['tæbjʊleɪt] *v* tabellarisch darstel-len, tabellarisieren

tactics ['tæktɪks] *pl* Taktik *f*

tag [tæg] *sb (label)* Schild *n; (name ~)* Na-mensschild *n; (with manufacturer's name)* Etikett *n*

tailboard ['teɪlbɔːd] *sb* Ladeklappe *f*

tailor-made ['teɪlə'meɪd] *adj (fig)* genau zu-geschnitten

take [teɪk] *v irr* 1. *(~ over)* übernehmen; 2. *(measure)* messen; 3. *(transport)* bringen; 4. *(a poll)* durchführen; 5. *(dictation)* aufnehmen

take in [teɪk 'ɪn] *v irr (money)* einnehmen

take off [teɪk 'ɔf] *v irr* 1. *(start to have suc-cess)* ankommen; 2. *(a day from work)* frei nehmen

take on [teɪk 'ɔn] *v irr* 1. *(undertake)* über-nehmen; 2. *(an opponent)* antreten gegen; 3. *(give a job to)* einstellen, anstellen

take out [teɪk 'aʊt] *v irr (money from a bank)* abheben; ~ *an insurance policy* eine Versicherung abschließen

take over [teɪk 'əʊvə] *v irr* die Leitung übernehmen

takeover ['teɪkəʊvə] *sb* Übernahme *f,* Machtergreifung *f*

takeover of a business ['teɪkəʊvər əv ə 'bɪsnɪs] *sb* Geschäftsübernahme *f*

take-over profit [teɪk'əʊvə 'prɒfɪt] *sb* Übernahmegewinn *m*

take-over speculation [teɪk'əʊvə spek-jʊ'leɪʃn] *sb* Aufkaufspekulation *f*

taker ['teɪkə] *sb* Käufer *m*

taking of the inventory ['teɪkɪŋ əv ðiː 'ɪn-'ventərɪ] *sb* Inventur *f*

talk [tɔːk] *sb* Gespräch *n; have a ~ with s.o.* mit jdm reden

talk over [tɔːk 'əʊvə] *v* besprechen

talon for renewal of coupon sheet ['tælən fɔː rɪ'njuːəl əv 'kuːpən ʃiːt] *sb* Er-neuerungsschein *m*

tangible fixed assets ['tænʒɪbl fɪksd 'æsɪts] *sb* Sachanlagevermögen *n*

tardy ['tɑːdɪ] *adj* spät; *(person)* säumig

tare [teə] *sb* Tara *f*

target calculation ['tɑːgɪt kælkjʊ'leɪʃən] *sb* Plankalkulation *f*

target cost accounting ['tɑːgɪt 'kɒst ə'kaʊntɪŋ] *sb* Zielkostenrechnung *f*

target figures ['tɑːgɪt 'fɪgjəz] *sb* Soll-zahlen *pl*

target group ['tɑːgɪt gruːp] *sb* Zielgruppe *f*

target price ['tɑːgɪt praɪs] *sb* Zielpreis *m*

target saving [tɑːgɪt'seɪvɪŋ] *sb* Zweck-sparen *n*

target-performance comparison ['tɑːgɪt-pəfɔːməns kɒm'pærɪsn] *sb* Soll-Ist-Ver-gleich (Betriebswirtschaft) *m*

tariff ['tærɪf] *sb* 1. (Zoll-)Tarif *m,* Zollgebühr *f;* 2. *(price list)* Preisverzeichnis *n*

tariff barriers [tærɪf 'bærɪəz] *sb* tarifäre Handelshemmnisse *n/pl*

tariff value [tærɪf 'væljuː] *sb* Tarifwert *m*

task-oriented synthesis ['tɑːsk-ɒrɪentɪd 'sɪnθɪsɪs] *sb* Aufgabensynthese *f*

taskwork ['tɑːskwɜːk] *sb* Akkordarbeit *f*

tax [tæks] *sb* Steuer *f; v (s.o., sth)* besteuern

taxable ['tæksəbl] *adj* steuerpflichtig

tax adviser ['tæks 'ədvaɪzə] *sb* Steuerbera-ter(in) *m/f*

tax assessment ['tæks ə'sesmənt] *sb* Steuerveranlagung *f,* Veranlagung *f*

taxation [tækseɪʃən] *sb* Besteuerung *f*

taxation of specific property [tæks'eɪʃn əv spɪ'sɪfɪk 'prɒpətɪ] *sb* Objektbesteuerung *f*

taxation procedure [tækseɪʃn prɒ'ziːdʒə] *sb* Besteuerungsverfahren *n*

tax at source [tæks æt 'sɔːs] *sb* Quellen-steuer *f*

tax balance sheet [tæks 'bæləns ʃiːt] *sb* Steuerbilanz *f*

tax basis ['tæks beɪsɪs] *sb* Besteuerungs-grundlage *f*

tax deduction [tæks dɪ'dʌkʃn] *sb* Steuer-abzug *m*

tax deferral [tæks dɪ'fɜːrəl] *sb* Steuerstun-dung *f*

taxes deemed to be imposed on a per-son ['tæksɪs diːmd tu biː ɪm'pəʊzd ɒn ə 'pɜːsn] *sb* Personensteuern *f/pl*

taxes from income and property ['tæk-sɪs frɒm 'ɪnkʌm ænd 'prɒpətɪ] *sb* Besitz-steuern *f/pl*

taxes on transactions [tæksɪs ɒn trænz-'ækʃns] sb Verkehrsteuern f/pl

tax evasion ['tæks ɪveɪʒən] sb Steuerhinterziehung f

tax exemption [tæks ɪks'empʃn] sb Steuerbefreiung f

tax-free ['tæks'fri:] adj steuerfrei

tax-free amount ['tæksfri: ə'maʊnt] sb Freibetrag m

tax haven ['tæks heɪvn] sb Steueroase f

tax increase ['tæks ɪnkri:s] sb Steuererhöhung f

taxless ['tækslɪs] adj unbesteuert

tax loss carryback ['tæks lɒs 'kerɪbæk] sb Verlustrücktrag m

tax on earnings [tæks ɒn 'ɜ:nɪŋz] sb Ertragsteuer f

tax on income [tæks ɒn 'ɪnkʌm] sb Ertragssteuer f

tax on investment income [tæks ɒn 'ɪnvestmənt 'ɪnkʌm] sb Kapitalertragsteuer f

tax on real estate [tæks ɒn 'rɪəlɪsteɪt] sb Realsteuern pl

tax on speculative gains [tæks ɒn 'spekjʊlətɪf 'geɪnz] sb Spekulationssteuer f

taxpayer ['tækspeɪə] sb Steuerzahler(in) m/f

tax-privileged saving ['tæksprɪvɪlɪdʒd 'seɪvɪŋ] sb steuerbegünstigtes Sparen n

tax-privileged securities ['tæksprɪvɪlɪdʒd sɪ'kjʊrɪti:z] sb steuerbegünstigte Wertpapiere n/pl

tax reform ['tæks rɪ'fɔ:m] sb Steuerreform f

tax return ['tæks 'rɪtɜ:n] sb Steuererklärung f, Deklaration f

tax treatment of yield ['tæks 'tri:tmənt əv 'ji:ld] sb Ertragsbesteuerung f

team [ti:m] sb Mannschaft f, Team n

team work ['ti:m wɜ:k] sb Teamarbeit f, Gruppenarbeit

technical ['teknɪkl] adj technisch, Fach...

technical analysis [teknɪkl ə'nælɪzɪs] sb technische Aktienanalyse f

technical book ['teknɪkl bʊk] sb Fachbuch n

Technical Control Board [teknɪkl kɒn'trəʊl bɔ:d] sb Technische Überwachungsverein (TÜV) m

technical journal ['teknɪkl 'dʒɜ:nəl] sb Fachzeitschrift f

technical term ['teknɪkl tɜ:m] sb Fachausdruck m, Fachterminus m

technicality [teknɪ'kælɪtɪ] sb (petty detail) Formsache f

technician [tek'nɪʃən] sb Techniker m

technique [tek'ni:k] sb (Arbeits-)Technik f

technological [teknə'lɒdʒɪkəl] adj technologisch

technology center [tek'nʌlədʒɪ sentə] sb Technologiezentrum n

technology payment order [tek'nʌlədʒɪ 'peɪmənt 'ɔ:də] sb telegrafische Anweisung f

technology push [tek'nʌlədʒɪ pʊʃ] sb Innovationsschub m

telebanking ['telɪ-bæŋkɪŋ] sb Tele-Banking n

telecommunications [telɪkʌmjʊnɪ'keɪʃns] sb Telekommunikation f

teleconference [telɪ'kʌnfərens] sb Telekonferenz f

telegram ['telɪgræm] sb Telegramm n; send a ~ telegrafieren

telegraphic transfer ['telegræfɪk 'trænzfə] sb telegrafische Auszahlung f

telemarketing [telɪ'mɑ:kətɪŋ] sb Telefonmarketing n, Telemarketing n

telephone ['telɪfəʊn] sb 1. Telefon n, Fernsprecher m; to be on the ~ am Telefon sein; v 2. (s.o.) anrufen; telefonieren

telephone call ['telɪfəʊn kɔ:l] sb Telefonanruf m

telephone conversation ['telɪfəʊn kɒnvə'seɪʃən] sb Telefongespräch n

telephone dealings ['telefəʊn 'di:lɪŋs] sb Telefonverkehr m

telephone directory ['telɪfəʊn dɪ'rektərɪ] sb Telefonbuch n, Telefonverzeichnis n

telephone marketing ['telefəʊn 'mɑ:kɪtɪŋ] sb Telefonmarketing n

teleprinter ['telɪprɪntə] sb Fernschreiber m

teleselling ['telɪselɪŋ] sb (UK) Telefonverkauf m

teleservice ['telɪsɜ:vɪs] sb Teleservice m

teleshopping ['telɪʃɒpɪŋ] sb Teleshopping n

telework ['telɪwɜ:k] sb Telearbeit f

telex ['teleks] sb (message) Telex n; (machine) Fernschreiber m

teller ['telə] sb (in a bank) Kassierer(in) m/f

temp [temp] sb (fam) Aushilfe f, Aushilfskraft f

temporality [tempə'rælɪtɪ] sb zeitliche Befristung f

temporary ['tempərərɪ] adj 1. (provisional) vorläufig, provisorisch; sb 2. (~ employee) Aushilfe f, Aushilfskraft f

temporary assistance [tempərærɪ ə'sɪstæns] sb Überbrückungsgeld n

temporary help ['tempərərɪ help] sb Aushilfe f, Aushilfskraft f

temporary injunction ['tempərəri ı'dʒʌnk-ʃən] *sb* einstweilige Verfügung *f*

temporary joint venture [tempəræri dʒɔint 'ventʃə] *sb* Gelegenheitsgesellschaft *f*

temporary restraining order [tempəræri rı'streiniŋ ɔːdə] *sb* einstweilige Verfügung *f*

tenancy ['tenənsi] *sb* Mietverhältnis *n*, Pachtverhältnis *n*

tenant ['tenənt] *sb* Mieter(in) *m/f*

tenant's contribution to the construction costs [tenənts kɔntrı'bjuːʃn tu ðə kɔn'strʌkʃn kɔsts] *sb* Baukostenzuschuss *m*

tenant's credit [tenənts 'kredit] *sb* Pächterkredit *m*

tend [tend] *v (a machine)* bedienen

tender ['tendə] *sb 1.* Angebot *n*, Offerte *f*; Tender *m*; 2. *legal* ~ gesetzliches Zahlungsmittel *n*

tender guarantee ['tendə gærən'tiː] *sb* Bietungsgarantie *f*

tender procedure [tendə prɒ'ziːdʒə] *sb* Tenderverfahren *n*

term [tɜːm] *sb (period)* Zeit *f*, Dauer *f*, Laufzeit *f*; *(limit)* Frist *f*

term fund ['tɜːm fʌnd] *sb* Laufzeitfonds *m*

terminable ['tɜːminəbl] *adj* befristet, begrenzt

terminate ['tɜːmineit] *v 1. (contract)* ablaufen; 2. *(sth)* beenden, beschließen; 3. *(a contract)* kündigen

termination [tɜːmı'neiʃn] *sb* Kündigung *f*

termination of business [tɜːmı'neiʃn əv 'bıznıs] *sb* Betriebsaufgabe *f*

term of a contract [tɜːm əv ə 'kɒntrækt] *sb* Vertragsdauer *f*

term of delivery [tɜːm əv dı'livəri] *sb* Lieferfrist *f*

term of protection [tɜːm əv prə'tekʃən] *sb* Schutzfrist *f*

terms and conditions of business [tɜːms ænd kɒn'dıʃns əv 'bısnıs] *sb* Geschäftsbedingungen *pl*

terms and conditions of employment [tɜːms ænd kɒn'dıʃns əv ım'plɔımənt] *sb* Arbeitsbedingungen *pl*

terms and conditions of issue [tɜːms ænd kɒn'dıʃns əv 'ıʃjuː] *sb* Emissionsbedingungen *pl*

terms of delivery ['tɜːmz əv dı'livəri] *sb* Lieferbedingung *f*

terms of payment ['tɜːmz əv 'peimənt] *sb* Zahlungsbedingung *f*, Zahlungsfrist *f*

territory ['terıtəri] *sb (sales ~)* Bezirk *m*, Bereich *m*

tertiary demand [tɜːʃəri dı'maːnd] *sb* Tertiärbedarf *m*

tertiary sector [tɜːʃəri 'sektə] *sb* tertiärer Sektor *m*

test [test] *v 1.* testen, prüfen; *sb 2.* Test *m*, Prüfung *f*, Probe *f*; *put sth to the* ~ - etw auf die Probe stellen; *stand the* ~ *of time* die Zeit überdauern; *(check)* Kontrolle *f*

test case ['test keis] *sb* Musterfall *m*

test market ['test maːkit] *sb* Testmarkt *m*

testate ['testeit] *adj* ein Testament hinterlassend

testify ['testifai] *v (in a courtroom, at the police)* aussagen

testimonial [testı'məʊnjəl] *sb 1.* Zeugnis *n*; 2. *(character recommendation)* Empfehlungsschreiben *n*

testimony ['testıməni] *sb* Aussage *f*

text configuration [tekst kɒnfıgjə'reiʃən] *sb* Textgestaltung *f*

theory ['θiːəri] *sb* Theorie *f*

theory of income determination ['θiːəri əv 'ınkʌm dıtɜːmı'neiʃn] *sb* Einkommenstheorie *f*

theory of interaction ['θiːəri əv ıntə-'ækʃn] *sb* Interaktionstheorie *f*

theory of interest ['θiːəri əv 'ıntrəst] *sb* Zinstheorie *f*

think tank ['θiŋk tæŋk] *sb* Denkfabrik *f*

third countries [θɜːd 'kʌntriːz] *pl* Drittländer *pl*

third-party debtor [θɜːd'paːti 'detə] *sb* Drittschuldner *m*

third-party information [θɜːd'paːti ınfɔː-'meiʃn] *sb* Drittauskunft *f*

third party liability insurance [θɜːd'paːti laıə'bılıti ın'ʃʊərəns] *sb* Haftpflichtversicherung *f*

third-party mortgagetiers f [θɜːd-'paːti mɔːgədʒ'tıəz] *sb* Fremdhypothek *f*

third-rate ['θɜːd reit] *adj* drittklassig, drittrangig

three months' money ['θriː mʌnθs 'mʌni] *sb* Dreimonatsgeld *n*

three months' papers [θriː'mʌnθs 'peipəz] *sb* Dreimonatspapier *n*

three-mile zone [θriː'mail zəʊn] *sb (nautical)* Dreimeilenzone *f*

thriftiness ['θrıftınıs] *sb* Sparsamkeit *f*, Wirtschaftlichkeit *f*

thrifty ['θrıfti] *adj* sparsam

thrive [θraiv] *v irr (fig: do well)* blühen, Erfolg haben

throw away [θrəʊ ə'wei] *v irr* wegwerfen; *(fam: money)* verschwenden

throw in [θrəʊ 'ɪn] v irr 1. (with a purchase) mit in den Kauf geben, dazugeben, dreingeben; sb 2. (extra) Zugabe f

ticker ['tɪkə] sb Börsentelegraf m

ticker tape ['tɪkə teɪp] sb Lochstreifen m

ticket day ['tɪkɪt deɪ] sb Tag vor dem Abrechnungstag m

tied production [taɪd prə'dʌkʃən] sb Koppelproduktion f

tight [taɪt] adj 1. (fig: money) knapp; (schedule) knapp bemessen; 2. (control) streng

till [tɪl] sb Ladenkasse f

time [taɪm] sb ~ and a half fünfzig Prozent Zuschlag

time bargain ['taɪm bɑːgən] sb Termingeschäft n

timecard ['taɪmkɑːd] sb Stempelkarte f

time clock [taɪm klɒk] sb Stechuhr f

time deposit [taɪm dɪ'pɒsɪt] sb Termineinlagen f/pl, Termingeld n, Festgeld n

time for delivery [taɪm fɔː dɪ'lɪvərɪ] sb Lieferfrist f

time-lag ['taɪm-læg] sb Zeitverschiebung f

time limit ['taɪm lɪmɪt] sb Befristung f, Ablauffrist f

time loan ['taɪm ləʊn] sb Ratenkredit m

timely ['taɪmlɪ] adj fristgerecht

time of expiration [taɪm əv ekspɪ'reɪʃn] sb Verfallzeit f

time off [taɪm 'ɔf] sb Fehlzeiten f/pl

timescale ['taɪmskeɪl] sb zeitlicher Rahmen m

time-share ['taɪmʃeə] adj Timesharing...

time study [taɪm 'stʌdɪ] sb Zeitstudie f

timetable ['taɪmteɪbl] sb Zeittabelle f, Fahrplan m (fam)

time wages [taɪm 'weɪdʒɪz] sb Zeitlohn m

time wasted [taɪm 'weɪstɪd] sb Leerlauf m

time-weighted life insurance ['taɪm-weɪtɪd 'laɪf ɪn'ʃʊərəns] sb dynamische Lebensversicherung f

time work ['taɪm wɜːk] sb nach Zeit bezahlte Arbeit f, Zeitarbeit f

time zone ['taɪm zəʊn] sb Zeitzone f

tip [tɪp] sb (for rubbish) Abladeplatz m; (for coal) Halde f

tipper ['tɪpə] sb (lorry) Kipplaster m

title ['taɪtl] sb 1. Rechtsanspruch m; 2. (to property) Eigentumsrecht n; 3. (document) Eigentumsurkunde f

title-evidencing instrument ['taɪtlevɪdensɪŋ 'ɪnstrəmənt] sb Legitimationspapiere n/pl

titre [ti:trə] sb Feingehalt m

tobacco exchange [tɒ'bækə ɪksd'dʒeɪnʃ] sb Tabakbörse f

token ['təʊkən] sb (voucher) Gutschein m; (sign) Zeichen n

token payment ['təʊkən 'peɪmənt] sb symbolische Bezahlung f

toll [tɔːl] sb 1. Zoll m, Gebühr f; 2. (for a road) Straßengebühr f, Maut f

toll road ['tɔːl rəʊd] sb gebührenpflichtige Straße f, Mautstraße f

tonnage ['tʌnɪdʒ] sb Tonnage f

tonne [tʌn] sb Tonne f

tool [tuːl] sb Werkzeug n, Gerät n, Instrument n

top [tɒp] adj 1. oberste(r,s), höchste(r,s); 2. (first-rate) erstklassig, Top... (fam), Spitzen...

top-down principle [tɒp-daʊn 'prɪnsɪpl] sb Top-Down-Prinzip n

topical ['tɒpɪkəl] adj aktuell

top-level [tɒp-'levl] adj Spitzen...

top management [tɒp 'mænɪdʒmənt] sb Top-Management n

top price [tɒp 'praɪs] sb Höchstpreis m

top wage [tɒp 'weɪdʒ] sb Spitzenlohn m

total ['təʊtl] v 1. (add) zusammenzählen, zusammenrechnen; 2. (amount to) sich belaufen auf; sb 3. Gesamtsumme f, Gesamtbetrag m

total amount ['təʊtl ə'maʊnt] sb Gesamtsumme f, Gesamtbetrag m

total capital profitability [təʊtl 'kæpɪtl prɒfɪtə'bɪlɪtɪ] sb Gesamtkapitalrentabilität f

total claim [təʊtl 'kleɪm] sb Gesamtforderung f

total costs [təʊtl 'kɒsts] sb Gesamtkosten pl

total credit outstanding [təʊtl 'kredɪt 'aʊtstændɪŋ] sb Kreditvolumen n

total debt [təʊtl 'det] sb Gesamtschuld f

total delivery [təʊtl dɪ'lɪvərɪ] sb Gesamtlieferung f

total loss ['təʊtl lɒs] sb Totalschaden m

total loss only (t. l. o.) [təʊtl lɒs əʊnlɪ] adv nur gegen Totalverlust versichert (t.l.o.)

total market value ['təʊtl 'mɑːkɪt væljuː] sb Gesamtkurs m

total proceeds [təʊtl 'prɒziːds] sb Gesamt-ertrag m

total result [təʊtl rɪ'sʌlt] sb Totalerfolg m

tour schedule ['tɔː ʃedjuːl] sb Tourenplan m

toxic ['tɒksɪk] adj giftig

toxic waste [tɒksɪk 'weɪst] sb Giftmüll m

toxin ['tɒksɪn] sb Giftstoff m

tracer note ['treɪsə nəʊt] sb Kontrollmitteilung f

trade [treɪd] *v 1.* handeln, Handel treiben; ~ *in sth* mit etw handeln; ~ *sth for sth* etw gegen etw tauschen; ~ *in one's car* sein Auto in Zahlung geben; *sb 2. (commerce)* Handel *m*, Gewerbe *n; 3. (exchange)* Tausch *m; 4. (line of work)* Branche *f; know all the tricks of the ~* alle Kniffe kennen; *by ~* von Beruf

trade analysis [treɪd ə'nælɪsɪs] *sb* Branchenanalyse *f*

trade association [treɪd əsəʊsɪ'eɪʃən] *sb* Wirtschaftsverband *m*

trade balance ['treɪd bæləns] *sb* Handelsbilanz *f*

trade centre ['treɪd sentə] *sb* Handelsplatz *m*, Handelszentrum *n*

trade clause ['treɪd klɔːz] *sb* Handelsklausel *f*

trade comparison [treɪd kəm'pærɪsən] *sb* Branchenvergleich *m*

trade credit [treɪd 'kredɪt] *sb* Warenkredit *m*

trade discount ['treɪd dɪskaʊnt] *sb* Händlerrabatt *m*

trade-earnings tax [treɪd'ɜːnɪŋs tæks] *sb* Gewerbeertragssteuer *f*

trade embargo ['treɪd ɪmbɑːgəʊ] *sb* Handelsembargo *n*

trade fair ['treɪd feə] *sb* Handelsmesse *f*

trade-in ['treɪdɪn] *sb* In-Zahlung-Gegebenes *n*

trademark ['treɪdmɑːk] *v 1.* gesetzlich schützen lassen; *sb 2.* Markenzeichen *n*, Warenzeichen *n*

trade mission [treɪd 'mɪʃən] *sb* Handelsmission *f*

trade name ['treɪd neɪm] *sb* Handelsname *m*

trade practice [treɪd 'præktɪs] *sb* Handelsbrauch *m*, Handelsusancen *pl*

trader ['treɪdə] *sb 1. (person)* Händler *m; (ship)* 2. Handelsschiff *n*

trade-registered article [treɪd-'redʒɪstəd 'ɑːtɪkəl] *sb* Markenartikel *m*

Trade Regulation Act [treɪd regjʊ'leɪʃn ækt] *sb* Gewerbeordnung (GewO) *f*

trade relations [treɪd rɪ'leɪʃənz] *pl* Handelsbeziehungen *pl*

trade restrictions [treɪd rɪ'strɪkʃənz] *pl* Handelsbeschränkungen *pl*

trade school ['treɪd skuːl] *sb* Berufsschule *f*

trade secret ['treɪd'siːkrɪt] *sb* Betriebsgeheimnis *n*

tradesman ['treɪdzmən] *sb 1.* Händler *m; 2. (craftsman)* Handwerker *m*

trade structure [treɪd 'strʌktʃə] *sb* Branchenstruktur *f*

trade supervisory authority [treɪd suːpə-'vaɪsərɪ ɔː'θɒrɪtɪ] *sb* Gewerbeaufsichtsamt *n*

trade surplus [treɪd 'sɜːpləs] *sb* Handelsüberschuss *m*

trade tariff [treɪd 'tærɪf] *sb* Gütertarif *m*

trade tax ['treɪd tæks] *sb* Gewerbesteuer *f*

trade tax on capital ['treɪd tæks ɒn 'kæpɪtl] *sb* Gewerbekapitalsteuer *f*

trade union [treɪd 'juːnɪən] *sb* Gewerkschaft *f*

trade union bank ['treɪd juːnjən 'bæŋk] *sb* Gewerkschaftsbank *f*

trade war ['treɪd wɔː] *sb* Handelskrieg *m*

trading ['treɪdɪŋ] *sb* Handel *m*, Handeln *n*

trading account ['treɪdɪŋ ə'kaʊnt] *sb* Verkaufskonto *n*

trading estate ['treɪdɪŋ ɪsteɪt] *sb* Gewerbegebiet *n*

trading in foreign exchange ['treɪdɪŋ ɪn fɒrɪn ɪks'dʒeɪnʃ] *sb* Usancenhandel *m*

trading in futures on a stock exchange ['treɪdɪŋ ɪn 'fjuːtʃəs ɒn ə 'stɒk ɪks'dʒeɪnʃ] *sb* Börsentermingeschäfte *n/pl*

trading in security futures ['treɪdɪŋ ɪn sɪ'kjʊrɪtɪ 'fjuːtʃəs] *sb* Wertpapier-Terminhandel *m*

trading margin ['treɪdɪŋ 'mɑːdʒɪn] *sb* Handelsspanne *f*

trading on own account ['treɪdɪŋ ɒn 'əʊn ə'kaʊnt] *sb* Eigenhandel *m*

trading partner ['treɪdɪŋ 'pɑːtnə] *sb* Handelspartner *m*

traffic ['træfɪk] *sb 1.* Verkehr *m; 2. (trade)* Handel *m*

train [treɪn] *v (s.o.)* ausbilden

trainee [treɪ'niː] *sb* Auszubildende(r) *m/f*, Lehrling *m*, Praktikant(in) *m/f*

trainer ['treɪnə] *sb (instructor)* Ausbilder *m*

training ['treɪnɪŋ] *sb* Ausbildung *f*, Schulung *f*

training relationship [treɪnɪŋ rɪ'leɪʃnʃɪp] *sb* Ausbildungsverhältnis *n*

training staff ['treɪnɪŋ stɑːf] *sb* Schulungspersonal *n*

tranche ['trænʃ] *sb* Tranche *f*

transact [træn'zækt] *v* führen, abschließen

transaction [træn'zækʃən] *sb* Geschäft *n*, Transaktion *f*

transaction balance [trænz'ækʃn 'bælæns] *sb* Transaktionskasse *f*

transaction number [trænz'ækʃn nʌmbə] *sb* Transaktionsnummer (TAN) *f*

transactions for third account [trænz-'ækʃns fɔː 'θɜːd ə'kaʊnt] *sb* Kunden-geschäft *n*

transactions on own account [trænz-'ækʃns ɒn 'əʊn ə'kaʊnt] *sb* Eigengeschäft *n*

transcript ['trænskrɪpt] *sb* Kopie *f; (of a tape)* Niederschrift *f*

transcription error [træn'skrɪpʃən 'erə] *sb* Übertragungsfehler *m*

transfer [træns'fɜː] *v* 1. *(money between accounts)* überweisen; 2. *(an employee)* versetzen; ['trænsfə] *sb* 3. *(handing over)* Transfer *m*, Übertragung *f; (of funds)* Überweisung *f*; 4. *(of an employee)* Versetzung *f*

transferable [træns'fɜːrəbl] *adj* übertragbar

transfer agreement [trænsfə ə'griːmənt] *sb* Transferabkommen *n*

transfer cheque ['trænsfə tʃek] *sb* Überweisungsscheck *m*

transfer expenditure ['trænsfə ɪks'pendɪdʒʊə] *sb* Transferausgaben *f/pl*

transfer in blank ['trænsfə ɪn 'blæŋk] *sb* Blankozession *f*

transfer of an entry ['trænfə əv ən 'entrɪ] *sb* Umbuchung *f*

transfer of money by means of a clearing ['trænfə əv 'mʌnɪ beɪ 'miːns əv ə 'kliːrɪŋ] *sb* Giroverkehr *m*

transfer of ownership ['trænsfə əv 'əʊnəʃɪp] *sb* Eigentumsübertragung *f*

transfer of profit ['trænsfə əv 'prɒfɪt] *sb* Gewinnabführung *f*

transfer of resources ['trænsfə əv rɪ'sːɔsɪs] *sb* Ressourcentransfer *m*

transfer of technology ['trænsfə əv tek-'nɒlɒdʒɪ] *sb* Technologietransfer *m*

transfer payments ['trænsfə 'peɪmənts] *sb* Transferleistungen *f/pl*

transfer prices ['trænsfə praɪsɪz] *sb* Verrechnungspreise *m/pl*

transit ['trænzɪt] *sb* Durchreise *f*, Transit *m*

transit certificate ['trænzɪt sə'tɪfɪkət] *sb* Durchgangsschein *m*

transit duty ['trænzɪt 'djuːtɪ] *sb* Transitzoll *m*

transition [træn'zɪʃən] *sb* Übergang *m*

transitional arrangement [træn'zɪʃənəl ə'reɪndʒmənt] *sb* Übergangsregelung *f*

transitional pay [træn'sɪʃənəl peɪ] *sb* Übergangsgeld *n*

transit trade ['trænzɪt treɪd] *sb* Transithandel *m*

transmission [trænz'mɪʃən] *sb* Übertragung *f; (of news)* Übermittlung *f*

transmitted accounts [træns'mɪtɪd ə'kaʊnts] *sb* durchlaufende Gelder *n/pl*

transmitted loans [træns'mɪtɪd 'ləʊn] *sb* durchlaufende Kredite *m/pl*

transnational corporations [træns'næ-ʃənl kɔːpɒ'reɪʃnz] *sb* transnationale Unternehmung *f*

transparency [træn'spærənsɪ] *sb* Transparenz *f*

transparency of the market [træns'pærənsɪ əv ðə 'mɑːkɪt] *sb* Markttransparenz *f*

transport [træn'spɔːt] *v* 1. transportieren, befördern; ['trænspɔːt] *sb* 2. Transport *m*, Beförderung *f*

transportation [trænspɔː'teɪʃən] *sb* 1. Transport *m*, Beförderung *f*; 2. *(means of ~)* Beförderungsmittel *n*

transportation insurance against all risks (a. a. r.) [trænspɔː'teɪʃn ɪn'ʃʊəræns ə'gænst ɔːl rɪsks] *sb* Transportversicherung gegen alle Risiken (a.a.r.) *f*

transport chain ['trænspɔːt dʒeɪn] *sb* Transportkette *f*

transport documents [træn'spɔːt 'dɒkjumənts] *sb* Transportpapiere *n*

transport insurance [træn'spɔːt ɪn'sʊərəns] *sb* Transportversicherung *f*

transship [træns'ʃɪp] *v* umladen, umschlagen

transshipment [træns'ʃɪpmənt] *sb* Umschlag *m*

travel accident [trævəl 'æksɪdənt] *sb* Wegeunfall *m*

traveling salesman [trævəlɪŋ 'seɪlzmən] *sb* Handlungsreisender *m*

traveller's letter of credit ['trævələz letə əv 'kredɪt] *sb* Reisekreditbrief *m*

travelling expenses ['trævəlɪŋ ɪk'spensɪz] *sb* Reisespesen *pl*

tray [treɪ] *sb (for papers)* Ablagekorb *m*

treasury ['treʒərɪ] *sb the Treasury (UK)* Finanzministerium *n; Fiskus*

Treasury bill ['treʒərɪ bɪl] *sb* Schatzwechsel *m*, Treasury Bill *m*

treasury bond ['treʒərɪ bɒnd] *sb* Schatzanweisung *f*, Treasury Bond *m*

treasury note ['treʒərɪ nəʊt] *sb* Treasury Note *f*

treasury stock ['treʒərɪ stɒk] *sb* Verwaltungsaktien *f/pl*

trend analysis [trend ə'nælɪsɪs] *sb* Trendanalyse *f*

trend in prices [trend ɪn 'praɪsez] *sb* Preisentwicklung *f*

trespass ['trespæs] *v* unbefugt betreten; *„no ~ing"* „Betreten verboten"

trespasser ['trespæsə] *sb* Unbefugte(r) *m/f*

triable ['traɪəbl] *adj* verhandelbar, verhandlungsfähig

triad ['traɪəd] *sb* Triade *f*

trial ['traɪəl] *sb* 1. Prozess *m*, Verfahren *n*; 2. *(test)* Probe *f*; on a ~ basis probeweise

trial package ['traɪəl 'pækɪdʒ] *sb* Probepackung *f*

trial period ['traɪəl 'piːrɪəd] *sb* Probezeit *f*

trial run ['traɪəl rʌn] *sb* Versuchslauf *m*

trial shipment ['traɪəl 'ʃɪpmənt] *sb* Probelieferung *f*

triangular arbitrage [traɪ'æŋjʊlə 'ɑːbɪtrɪdʒ] *sb* Dreiecksarbitrage *f*

triangular transaction [traɪ'æŋgjʊlə trænz-'ækʃən] *sb* Dreiecksgeschäft *n*

trillion ['trɪljən] *sb (UK)* Trillion *f; (US)* Billion *f*

trim [trɪm] *v (fig: a budget)* kürzen

trivial damage ['trɪvɪəl 'dæmɪdʒ] *sb* Bagatellschaden *m*

troy ounce ['trɔɪ aʊns] *sb* Feinunze *f*

truck [trʌk] *sb (US)* Lastwagen *m*, Laster *m*

truckage ['trʌkɪdʒ] *sb* 1. *(transport)* Transport *m;* 2. *(charge)* Transportkosten *pl*, Rollgeld *n*

trucking ['trʌkɪŋ] *sb* 1. Transport *m;* 2. *(bartering)* Tauschgeschäfte *pl*

truckload ['trʌkləʊd] *sb* Lkw-Ladung *f*

trunk call [trʌŋk kɔːl] *sb (UK)* Ferngespräch *n*

trust ['trʌst] *sb* 1. Treuhand *f;* 2. Stiftung *f;* 3. Investmentfonds *m*

trust assets ['trʌst ə'sæts] *sb* Treuhandvermögen *n*

trust banks ['trʌst bæŋks] *sb* Treuhandbanken *f/pl*

trust business ['trʌst bɪsnɪs] *sb* Treuhandwesen *n*

trust company [trʌst 'kɒmpənɪ] *sb* Treuhandgesellschaft *f*, Verwaltungsgesellschaft *f*

trust deposits ['trʌst dɪpɒsɪts] *sb* Treuhanddepots *pl*

trust funds ['trʌst fʌnds] *sb* Treuhandfonds *m*

trust investment [trʌst ɪn'vestmənt] *sb* Fondsanlagen *f/pl*

trustee [trʌs'tiː] *sb* Treuhänder *m; (of an institution)* Verwalter *m*

trustee securities [trʌs'tiː sɪ'kjʊrɪtiːz] *sb* mündelsichere Papiere *pl*

trusteeship [trʌ'stiːʃɪp] *sb* Treuhandschaft *f*, Mandat *n*

try [traɪ] *v (a case)* verhandeln

turn out ['tɜːn aʊt] *v (produce)* hervorbringen

turnaround ['tɜːnəraʊnd] *sb* Turnaround *n*

turnkey projects [tɜːnkiː 'prɒdʒekts] *sb* Turnkey-Projekte *pl*

turnout ['tɜːnaʊt] *sb* Beteiligung *f*, Teilnahme *f*

turnover ['tɜːnəʊvə] *sb* Umsatz *m*

turnover balance [tɜːnəʊvə 'bælæns] *sb* Summenbilanz *f*

turnover forecast ['tɜːnəʊvə 'fɔːkɑːst] *sb* Umsatzprognose *f*

turnover increase ['tɜːnəʊvə 'ɪnkriːs] *sb* Umsatzanstieg *m*

turnover of money [tɜːnəʊvə əv 'mʌnɪ] *sb* Geldumsatz *m*

turnover plan ['tɜːnəʊvə plæn] *sb* Umsatzplan *m*

turnover tax ['tɜːnəʊvə tæks] *sb* Umsatzsteuer *f*

turnover trend ['tɜːnəʊvə trend] *sb* Umsatzentwicklung *f*

tutorial [tjuː'tɔːrɪəl] *sb* Benutzerhandbuch *n*

two-tier exchange rate [tuː'tiːər ɪks-'tʃeɪndʒreɪt] *sb* gespaltene Wechselkurse *pl*

two-tier foreign exchange market ['tuː-tɪər fɔrɪŋ ɪks'dʒeɪnʃ mɑːkɪt] *sb* gespaltener Devisenmarkt *m*

two-way package ['tuːweɪ 'pækɪdʒ] *sb* Mehrwegverpackung *f*

type [taɪp] *v (use a typewriter)* Maschine schreiben, tippen *(fam); (sth)* tippen, mit der Maschine schreiben

type purchase ['taɪp pɜːdʒɪs] *sb* Typenkauf *m*

types of deposit ['taɪps əv dɪ'pɒsɪt] *sb* Depotarten *pl*

types of issuing ['taɪps əv ɪʃjuːɪŋ] *sb* Emissionsarten *pl*

types of property ['taɪps əv 'prɒpətɪ] *sb* Vermögensarten *pl*

typification [taɪpɪfɪ'keɪʃn] *sb* Typisierung

typist ['taɪpɪst] *sb* Schreibkraft *f*

typographical error [taɪpə'græfɪkəl 'erə] *sb* Tippfehler *m; (printing error)* Druckfehler *m*

U

ultimate ['ʌltımıt] *adj 1. (last)* letzte(r,s), endgültig; *2. (greatest possible)* äußerste(r,s)
ultimate buyer ['ʌltımıt 'baıə] *sb* Endabnehmer *m*
ultimate consumer ['ʌltımıt kən'sju:mə] *sb* Endverbraucher *m*, Endkonsumer *m*
ultimatum [ʌltı'meıtəm] *sb* Ultimatum *n*
ultimo ['ʌltıməʊ] *adv* letzten Monats
umbrella effect [ʌm'brelə ı'fekt] *sb* Umbrella-Effekt *m*
unacceptability of continued employment [ʌnəkseptə'bılıtı əv kən'tınju:d ım-'plɔımənt] *sb* Unzumutbarkeit der Weiterbeschäftigung *f*
unacceptable [ʌnək'septəbl] *adj* nicht akzeptabel, unannehmbar
unaddressed printed matter posted in bulk [ʌnə'drest 'prıntıd mætə 'pəʊstıd ın 'bʌlk] *sb* Postwurfsendung *f*
unanimous [ju:'nænıməs] *adj* einstimmig
unannounced [ʌnə'naʊnst] *adj* unangemeldet
unauthorized [ʌn'ɔ:θəraızd] *adj* unbefugt
unconditional [ʌnkən'dıʃənl] *adj* bedingungslos; *(offer, agreement)* vorbehaltlos
uncovered cheque ['ʌnkʌvəd 'tʃek] *sb* ungedeckter Scheck *m*
uncovered credit ['ʌnkʌvəd 'kredıt] *sb* ungedeckter Kredit *m*
under separate cover ['ʌndə 'sepərıt 'kʌvə] *sb* mit getrennter Post
undercharge [ʌndə'tʃɑ:dʒ] *v* zu wenig berechnen
undercut [ʌndə'kʌt] *v irr (prices)* unterbieten
underemployment [ʌndəım'plɔımənt] *sb* Unterbeschäftigung *f*
underestimate [ʌndər'estımeıt] *v* unterschätzen
underpaid [ʌndə'peıd] *adj* unterbezahlt
underprice [ʌndə'praıs] *v* unter Preis anbieten
underquote [ʌndə'kwəʊt] *v* unterbieten
understaffed [ʌndə'stɑ:fd] *adj* unterbesetzt
understanding [ʌndə'stændıŋ] *sb (agreement)* Vereinbarung *f*, Abmachung *f*; *come to an ~ with s.o.* zu einer Einigung mit jdm kommen; *on the ~ that ...* unter der Voraussetzung, dass ...

understood [ʌndə'stʊd] *adj (agreed)* vereinbart, festgesetzt
undertake [ʌndə'teık] *v irr* unternehmen; *(a task)* übernehmen; *(a risk)* eingehen
undertaking ['ʌndəteıkıŋ] *sb 1.* Unternehmen *n*; *2. (task)* Aufgabe *f*; *3. (risky ~, bold ~)* Unterfangen *n*
undervaluation [ʌndəvælju:'eıʃən] *sb* Unterbewertung *f*
undervalue [ʌndə'vælju:] *v* unterschätzen, unterbewerten
underwriter ['ʌndəraıtə] *sb* Versicherer *m*
underwriting business [ʌndəraıtıŋ 'bısnıs] *sb* Versicherungsgeschäft *n*
unearned income [ʌn'ɜ:nd 'ınkʌm] *sb* Kapitaleinkommen *n*, Besitzeinkommen *n*
uneconomical [ʌnekə'nɒmıkl] *adj* unwirtschaftlich, unökonomisch
unemployed [ʌnım'plɔıd] *adj* arbeitslos
unemployed person ['ʌnımlɔıd 'pɜ:sn] *sb* Erwerbslose(r) *m/f*
unemployment [ʌnım'plɔımənt] *sb* Arbeitslosigkeit *f*
unemployment benefit ['ʌnımplɔıd 'benıfıt] *sb* Arbeitslosengeld *n*
unemployment insurance [ʌnım'plɔımənt ın'ʃʊərəns] *sb* Arbeitslosenversicherung *f*
unemployment rate [ʌnım'plɔımənt reıt] *sb* Arbeitslosenrate *f*
unfair advertising ['ʌnfeə 'ædvətaızıŋ] *sb* unlautere Werbung *f*
unfair competition ['ʌnfeə kɒmpı'tıʃn] *sb* unlauterer Wettbewerb *m*
unfitness for work ['ʌnfıtnıs fɔ: 'wɜ:k] *sb* Arbeitsunfähigkeit *f*
unified balance sheet [ju:nıfaıd 'bæləns ʃıt] *sb* Einheitsbilanz *f*
unified company [ju:nıfaıd 'kɒmpənı] *sb* Einheitsgesellschaft *f*
unified currency ['ju:nıfaıd 'kʌrənsı] *sb* Einheitswährung *f*
uniform ['ju:nıfɔ:m] *adj* einheitlich, gleich
uniform classification of accounts for industrial enterprises ['ju:nıfɔ:m klæsıfı'keıʃn əv ə'kaʊnts fɔ: ın'dʌstrıəl 'entəpraızız] *sb* Industriekontenrahmen (IKR) *m*
uniform duty ['ju:nıfɔ:m 'dju:tı] *sb* Einheitszoll *m*

uniformity [juːnɪˈfɔːmɪtɪ] *sb* Einförmigkeit *f*, Gleichförmigkeit *f*, Eintönigkeit *f*

uniform price [ˈjuːnɪfɔːm praɪs] *sb* Einheitskurs *m*

uniform system of accounts for the wholesale trade [juːnɪfɔːm ˈsɪstəm əv əˈkaʊnts fɔː ðə ˈhəʊlseɪl treɪd] *sb* Großhandelskontenrahmen *m*

unilateral transfer [juːnɪˈlætərəl trænsfə] *sb* einseitige Übertragung *f*

union [ˈjuːnjən] *sb* 1. *(group)* Vereinigung *f*, Verband *m*, Verein *m*; 2. *(labor ~, trade ~)* Gewerkschaft *f*

unionism [ˈjuːnjənɪzəm] *sb* Gewerkschaftswesen *n*

unionist [ˈjuːnjənɪst] *sb* Gewerkschaftler(in) *m/f*

unit [ˈjuːnɪt] *sb* Einheit *f*

unit certificate [juːnɪt səˈtɪfɪkət] *sb* Anteilscheine *m/pl*

unit of account [ˈjuːnɪt əv əˈkaʊnt] *sb* Rechnungseinheit *f*

unit of organization [juːnɪt əv ɔːgənaɪˈzeɪʃn] *sb* Unternehmenseinheit *f*

unit trust fund [ˈjuːnɪt trʌst fʌnd] *sb* Investmentfonds *m*

United Nations Conferences on Trade and Development [jʊnaɪtɪd ˈneɪʃns ˈkɒnfərensɪs ɒn ˈtreɪd ænd dɪˈveləpmənt] *sb* Welthandelskonferenzen *f/pl*

universal [juːnɪˈvɜːsəl] *adj* 1. universal, Universal..., Welt...; 2. *(general)* allgemein

unlawful [ʌnˈlɔːfʊl] *adj* rechtswidrig, gesetzwidrig, ungesetzlich

unlimited power [ˈʌnlɪmɪtɪd ˈpaʊə] *sb* Generalvollmacht *f*

unlimited tax liability [ˈʌnlɪmɪtɪd tæks laɪəˈbɪlɪtɪ] *sb* unbeschränkte Steuerpflicht *f*

unlisted securities [ˈʌnlɪstɪd sɪˈkjʊrɪtiːz] *sb* unnotierte Werte *m/pl*

unload [ʌnˈləʊd] *v (freight)* ausladen

unofficial [ʌnəˈfɪʃəl] *adj* inoffiziell

unofficial dealings [ʌnəfɪʃl ˈdiːlɪŋs] *sb* Freiverkehr *m*

unofficial dealings committee [ʌnəfɪʃl diːlɪŋs kɒˈmɪtɪ] *sb* Freiverkehrsausschuss *m*

unofficial market [ʌnəfɪʃl ˈmɑːkɪt] *sb* geregelter Freiverkehr *m*

unofficial stock market [ʌnəfɪʃl ˈstɒk mɑːkɪt] *sb* Kulisse *f*

unpacked [ʌnˈpækt] *adj* unverpackt

unpaid [ʌnˈpeɪd] *adj* unbezahlt

unpaid bill of exchange [ˈʌnpeɪd bɪl əv ɪksˈdʒeɪnʤ] *sb* Rückwechsel *m*

unpaid vacation [ʌnˈpeɪd veɪˈkeɪʃən] *sb* unbezahlter Urlaub *m*

unproductive [ʌnprəˈdʌktɪv] *adj* unproduktiv, unergiebig

unprofitable [ʌnˈprɒfɪtəbl] *adj* wenig einträglich, unrentabel

unqualified [ʌnˈkwɔːlɪfaɪd] *adj (applicant)* unqualifiziert, nicht qualifiziert

unquoted securities [ʌnkwəʊtɪd sɪˈkjʊrɪtiːz] *sb* amtlich nicht notierte Werte *pl*

unquoted share [ˈʌnkwəʊtɪd ʃeə] *sb* nichtnotierte Aktie *f*

unredeemable bond [ʌnrɪˈdiːməbl bɒnd] *sb* Dauerschuldverschreibung *f*

unreserved [ʌnrɪˈzɜːvd] *adj* uneingeschränkt

unrestricted retained earnings [ˈʌnrɪstrɪktɪd rɪˈteɪnd ˈɜːnɪŋs] *sb* freie Rücklage *f*

unsailable [ʌnˈseɪləbl] *adj* unverkäuflich

unsecured credit [ʌnsɪˈkjʊəd ˈkredɪt] *sb* Blankokredit *m*

unsettled account [ʌnˈsetld əˈkaʊnt] *sb* offene Rechnung *f*

unused [ʌnˈjuːzd] *adj* ungenutzt

update [ʌpˈdeɪt] *v* auf den neuesten Stand bringen

upkeep [ˈʌpkiːp] *sb* 1. Instandhaltung *f*; 2. *(costs)* Instandhaltungskosten *pl*

upward trend [ˈʌpwəd trend] *sb* Aufwärtstrend *m*

usage [ˈjuːsɪdʒ] *sb* Usancen *pl*

usance [ˈjuːsəns] *sb* Uso *m*, Usance *f*, Handelsbrauch *m*

use [juːz] *sb* Nutzung *f*

user friendliness [juːzə ˈfrendlɪnes] *sb* Benutzerfreundlichkeit *f*

user-friendly [ˈjuːzəˈfrendlɪ] *adj* benutzerfreundlich, anwenderfreundlich

usual conditions (u. c.) [juːʒəl kɒnˈdɪʃns] *sb* übliche Bedingungen (u.c., u.t.) *f/pl*

usual terms (u. t.) [juːʒəl ˈtɜːms] *sb* übliche Bedingungen (u.c., u.t.) *f/pl*

usufruct [ˈjuːsjuːfrʌkt] *sb* Nießbrauch *m*

usufructury right [juːsjuːˈfrʌktərɪ raɪt] *sb* Nutzungsrecht *n*

usury [ˈjuːʒərɪ] *sb* Wucher *m*, Zinswucher *m*

utilisation of capacity [juːtɪlaɪˈzeɪʃən əv kəˈpæsɪtɪ] *sb* Kapazitätsauslastung *f*

utility [juːˈtɪlɪtɪ] 1. Nutzen; *m* 2. *public utilities pl (services)* Leistungen der öffentlichen Versorgungsbetriebe *f/pl*

utility costs [juːˈtɪlɪtɪ kɒsts] *sb* Nutzkosten *pl*

utility-model patent [juːˈtɪlɪtɪmɒdəl ˈpeɪtənt] *sb* Gebrauchsmuster *n*

V

vacancy ['veɪkənsɪ] *sb (job)* freie Stelle *f*
vacant ['veɪkənt] *adj* 1. frei, leer, unbesetzt, vakant; 2. *(building)* unbewohnt, unvermietet
vacate [veɪ'keɪt] *v (a job)* aufgeben
vacation [veɪ'keɪʃən] *sb (US)* Ferien *pl*, Urlaub *m*
valid ['vælɪd] *adj* gültig; *(argument)* stichhaltig
valid contract ['vælɪd 'kɒntrækt] *sb* rechtsgültiger Vertrag *m*
valid today ['vælɪd tʊ'deɪ] heute gültig
validate ['vælɪdeɪt] *v* gültig machen; *(claim)* bestätigen
validity [və'lɪdɪtɪ] *sb* 1. Gültigkeit *f*; 2. *(of an argument)* Stichhaltigkeit *f*
valorization [vælərɑɪ'zeɪʃn] *sb* Valorisation *f*
valorize ['vælərɑɪz] *v* valorisieren, aufwerten
valuable ['væljʊəbl] *adj* wertvoll; *sb* Wertgegenstand *m*
valuation [væljʊ'eɪʃən] *sb (process)* Schätzung *f*, Bewertung *f*, Wertansatz *m*; *(estimated value)* Schätzwert *m*
valuation of assets based on standard values [væljʊ'eɪʃn əv 'æsɪts beɪzd ɒn 'stændət væljuːz] *sb* Festbewertung *f*
valuation of enterprises [væljʊ'eɪʃn əv 'entəprɑɪzɪz] *sb* Bewertung von Unternehmen *f*
valuation standards [væljʊ'eɪʃən 'stændards] *sb* Bewertungsmaßstäbe *m/pl*
valuator ['væljʊeɪtə] *sb* Schätzer *m*
value ['væljuː] *v* 1. *(estimate the ~ of)* schätzen, abschätzen; *sb* 2. Wert *m*, Preis *m*
value added ['væljuː 'ædɪd] *sb* Mehrwert *m*
value-added tax [væljuː'ædɪd tæks] *sb (VAT)* Mehrwertsteuer *f*
value compensated [væljuː 'kɒmpənseɪtɪd] *sb* kompensierte Valuta, Valuta kompensiert
value date ['væljuː deɪt] *sb* Wertstellung *f*
value guarantee ['væljuː gærən'tiː] *sb* Wertsicherung *f*
value in cash [væljuː ɪn 'kæʃ] *sb* Barwert *m*
value in use [væljuː ɪn 'juːz] *sb* Gebrauchswert *m*
value of collateral [væljuː əv kɒ'lætərəl] *sb* Beleihungswert *m*

value of custody [væljuː əv 'kʌstədɪ] *sb* Verwahrungsbetrag *m*
value of money [væljuː əv 'mʌnɪ] *sb* Geldwert
value of the subject matter at issue [væljuː əv ðə sʌbtʃekt 'mætə æt 'ɪʃjuː] *sb* Geschäftswert *m*
value to be attached [væljuː tu biː ə'tætʃd] *sb* beizulegender Wert *m*
valuer ['væljʊə] *sb* Schätzer *m*
van [væn] *sb* Lieferwagen *m*
variable ['væriəbl] *adj* 1. veränderlich, wechselnd; 2. *(adjustable)* regelbar, verstellbar; *sb* 3. Variable *f*, veränderliche Größe *f*
variable cost ['væriəbl 'kɒst] *sb (Kostenrechnung)* Arbeitskosten *pl*
variable costing ['væriəbl 'kɒstɪŋ] *sb* Teilkostenrechnung *f*
variable costs ['væriəbl kɒsts] *sb* variable Kosten *pl*
variable market ['væriəbl 'mɑːkɪt] *sb* variabler Markt *m*
variable price ['væriəbl 'prɑɪs] *sb* variabler Kurs *m*
variable price quoting ['væriəbl prɑɪs 'kwɜːʊtɪŋ] *sb* fortlaufende Notierung *f*
variable rate of interest ['væriəbl reɪt əv 'ɪntrest] *sb* variabler Zins *m*
variable rate of interest ['væriəbl reɪt əv 'ɪntrest] *sb* variabler Zins *m*
variable value ['væriəbl 'væljuː] *sb* variabler Wert *m*
variance ['væriæns] *sb* Varianz *f*
variant ['væriənt] *sb* Variante *f*
variety [və'rɑɪətɪ] *sb (assortment)* Vielfalt *f*; *(selection)* Auswahl *f*
vary ['væri] *v (to be different)* unterschiedlich sein; *(fluctuate)* schwanken; *(give variety to)* variieren
vault [vɔːlt] *sb (of a bank)* Tresorraum *m*
veil of money [veɪl əv 'mʌnɪ] *sb* Geldschleier *m*
velocity of circulation of money [ve'lɒsɪtɪ əv sɜːkjʊ'leɪʃn] *sb* Geldumlaufsgeschwindigkeit *f*
venal ['viːnl] *adj* käuflich, korrupt
vendible ['vendəbl] *adj* verkäuflich, gängig
vending machine ['vendɪŋ mə'ʃiːn] *sb* Verkaufsautomat *m*

vendition [ven'dɪʃən] sb Verkauf m

vendor ['vendə] sb 1. Verkäufer(in) m/f; 2. (machine) Automat m

venture ['ventʃə] sb Wagnis n

venture capital [ventʃə 'kæpɪtl] sb Venture Kapital n

verbal ['vɜːbəl] adj (oral) mündlich

verbatim [vɜː'bɑːtɪm] adv wortwörtlich

verdict ['vɜːdɪkt] sb Urteil n

verification [verɪfɪ'keɪʃən] sb 1. (check) Überprüfung f, Kontrolle f; 2. (confirmation) Bestätigung f, Nachweis m

verify ['verɪfaɪ] v (check) prüfen, nachprüfen; (confirm) bestätigen

versatile ['vɜːsətaɪl] adj vielseitig

versatility [vɜːsə'tɪlɪtɪ] sb Vielseitigkeit f

version ['vɜːʃən] sb Modell n

versus ['vɜːsəs] prep kontra

vertical integration [vɜːtɪkl ɪntɪ'greɪʃn] sb vertikale Integration f, vertikale Konzentration f

vested interest stock [vestɪd 'ɪntrest stɒk] sb Interessenwert m

veto ['viːtəʊ] sb Veto n; v ~ sth ein Veto gegen etw einlegen

viable ['vaɪəbl] adj (fig) durchführbar

video conference ['vɪdɪəʊ 'kɒnfərəns] sb Videokonferenz f

videodisc ['vɪdɪəʊdɪsk] sb Video Disc f, Bildplatte f

videophone ['vɪdɪəʊfəʊn] sb Bildschirmtelefon n

videotape ['vɪdɪəʊteɪp] sb Videoband n

videotext ['vɪdɪəʊtekst] sb Videotext m

videotext account ['vɪdɪəʊtekst ə'kaʊnt] sb Tele-Konto n

violate ['vaɪəleɪt] v 1. (a contract, a treaty, an oath) verletzen; 2. (a law) übertreten

violation [vaɪə'leɪʃən] sb (of a contract) Verletzung f; (of a law) Gesetzübertretung f

violation of competition rule [vaɪə'leɪʃən əv kɒmpə'tɪʃən ruːl] sb Wettbewerbsverstoß m

virtual companies [vɜːtjʊəl 'kɒmpəniːz] sb virtuelle Unternehmen n

virtual reality ['vɜːtʃʊəl rɪ'ælɪtɪ] sb virtuelle Realität f

virtualization [vɜːtjʊəlaɪ'zeɪʃn] sb Virtualisierung f

virus ['vaɪrəs] sb (computer) Virus n

visa ['viːzə] sb Visum n

visiting card ['vɪzɪtɪŋ kɑːd] sb (UK) Visitenkarte f

visiting hours ['vɪzɪtɪŋ 'aʊəz] pl Besuchszeiten pl

visitor ['vɪzɪtə] sb Besucher(in) m/f, Gast m

vocation [vəʊ'keɪʃən] sb (profession) Beruf m

vocational [vəʊ'keɪʃənl] adj Berufs...

vocational retraining [vəʊ'keɪʃənl 'triːnɪŋ] sb berufliche Umschulung f

voice mail ['vɔɪsmeɪl] sb Voice Mail f

void [vɔɪd] adj ungültig, nichtig

void bill [vɔɪd 'bɪl] sb präjudizierter Wechsel m

voidable ['vɔɪdəbl] adj aufhebbar, anfechtbar

volatility [vɒlə'tɪlɪtɪ] sb Volatilität n

volt [vɒlt] sb Volt n

voltage ['vɒltɪdʒ] sb Spannung f

volume ['vɒljuːm] sb (measure) Volumen n; (fig: of business, of traffic) Umfang m

volume of business ['vɒljʊm əv 'bɪsnɪs] sb Geschäftsvolumen n

volume of foreign trade ['vɒljʊm əv fɒrɪŋ 'treɪd] sb Außenhandelsvolumen n

volume of money ['vɒljuːm əv 'mʌnɪ] sb Geldvolumen n

volume variance ['vɒljʊm və'raɪəns] sb Beschäftigungsabweichungen f/pl

voluntary ['vɒləntərɪ] adj freiwillig, ehrenamtlich

voluntary contributions ['vɒləntærɪ kɒntrɪ'bjuːʃns] sb Spenden f/pl

voluntary disclosure ['vɒləntərɪ dɪs'kləʊʒə] sb Selbstauskunft f

voluntary retirement ['vɒləntærɪ rɪ'taɪəmənt] sb Austritt m

vostro account ['vɒstrəʊ ə'kaʊnt] sb Vostrokonto n

voting rights of nominee shareholders ['vəʊtɪŋ raɪts əv 'nɒminiː 'ʃɛəhəʊldəs] sb Depotstimmrecht n

voting share ['vəʊtɪŋ ʃɛə] sb Stimmrechtsaktie f

voucher ['vaʊtʃə] sb 1. (coupon) Gutschein m, Bon m; 2. (receipt) Beleg m

vouchsafe [vaʊtʃ'seɪf] v gewähren

W/X/Y/Z

wage [weɪdʒ] *sb (~s)* Lohn *m*

wage agreement ['weɪdʒ əgriːmənt] *sb* Lohnvereinbarung *f*

wage claim [weɪdʒ kleɪm] *sb* Lohnforderung *f*

wage-earner ['weɪdʒɜːnə] *sb* Lohnempfänger(in) *m/f*

wage freeze ['weɪdʒfriːz] *sb* Lohnstopp *m*

wage in cash ['weɪdʒ ɪn 'kæʃ] *sb* Barlohn *m*

wage-intensive [weɪdʒɪn'tensɪf] *sb* lohnintensiv

wage-price spiral ['weɪdʒ'praɪs 'spaɪrəl] *sb* Lohn-Preis-Spirale *f*

wage scale ['weɪdʒ skeɪl] *sb* Lohntarif *m*

wages paid in kind ['weɪdʒɪz peɪd ɪn 'kaɪnd] *sb* Naturallohn *m*

wages policy ['weɪdʒɪs 'pɒlɪsɪ] *sb* Lohnpolitik *f*

wage tax ['weɪdʒ tæks] *sb* Lohnsteuer *f*

wage tax class ['weɪdʒ tæks klæs] *sb* Lohnsteuerklasse *f*

wait-and-see attitude [weɪtænd'siː ætɪtjuːd] *sb* Attentismus *m*

waive [weɪv] *v* verzichten

waiver ['weɪvə] *sb* 1. Verzicht *m*; 2. *(form, written ~)* Verzichterklärung *f*

wallet ['wɒlɪt] *sb* Brieftasche *f*

want [wɔːnt] *sb* 1. *(need)* Bedürfnis *n*; 2. *(lack)* Mangel *m*; for ~ of mangels; 3. *(poverty)* Not *f*

wanting ['wɔːntɪŋ] *adj* fehlend, mangelnd; to be found ~ sich als mangelhaft erweisen

war loan ['wɔː ləʊn] *sb* Kriegsanleihe *f*

ware [wɛə] *sb* Ware *f*, Erzeugnis *n*

warehouse ['wɛəhaʊs] *sb* Lagerhaus *n*, (Waren-)Lager *n*

warehouse receipt ['wɛəhaʊs rɪsiːt] *sb* Lagerempfangsschein (D/W) *m*

warehouse rent ['wɛəhaʊs rent] *sb* Lagermiete *f*

warehouse warrant ['wɛəhaʊs 'wɔːrənt] *sb* Lagerschein *m*

warehousing ['wɛəhaʊzɪŋ] *sb* Lagerung *f*

warning ['wɔːnɪŋ] *sb (notice)* Ankündigung *f*, Benachrichtigung *f*

warrant ['wɔːrənt] *sb* Befehl *m*; (search ~) Durchsuchungsbefehl *m*; (for arrest) Haftbefehl *m*

warrantor ['wɔːrəntə] *sb* Garantiegeber *m*

warrants ['wɔːrənts] *sb* Warrants *pl*

warranty ['wɔːrəntɪ] *sb* Garantie *f*, Gewährleistung *f*

waste [weɪst] *v* 1. *(sth)* verschwenden, vergeuden; *(a chance)* vertun; *sb* 2. Verschwendung *f*; *(rubbish)* Abfall *m*; (~ material) Abfallstoffe *pl*

waste disposal ['weɪst dɪspəʊzəl] *sb* Abfallbeseitigung *f*

waste management ['weɪst mænɪdʒmənt] *sb* Abfallwirtschaft *f*

waterage ['wɔːtərɪdʒ] *sb* Transport auf dem Wasserweg *m*

watering of capital stock [wɔːtərɪŋ əv 'kæpɪtl stɒk] *sb* Kapitalverwässerung *f*

watt [wɔːt] *sb* Watt *n*

wattage ['wɔːtɪdʒ] *sb* Wattleistung *f*

waybill ['weɪbɪl] *sb* Frachtbrief *m*

wealth tax ['welθ tæks] *sb* Vermögenssteuer *f*

wear and tear ['wɛər ənd 'tɛə] *sb* Abnutzung und Verschleiß

wearproof ['wɛəpruːf] *adj* strapazierfähig

web [web] *sb the Web* das World Wide Web *n*, das Netz *n*

web browser ['web braʊzə] *sb* Webbrowser *m*

web page ['web peɪdʒ] *sb* Web-Seite *f*, Webpage *f*

web site ['websaɪt] *sb* Website *f*

weekday ['wiːkdeɪ] *sb* Wochentag *m*

weekend ['wiːkend] *sb* Wochenende *n*

weigh [weɪ] *v* 1. wiegen; *(sth)* wiegen; 2. *(fig: pros and cons)* abwägen; ~ one's words seine Worte abwägen

weight [weɪt] *sb* Gewicht *n*; lose ~/gain ~ *(person)* abnehmen/zunehmen

weight guaranteed (w.g.) [weɪt gærən'tiːd] garantiertes Gewicht (w.g.) *n*

weighting ['weɪtɪŋ] *sb (UK: ~ allowance)* Zulage *f*

weight loaded [weɪt 'ləʊdɪd] *sb* Abladegewicht *n*

welfare ['welfɛə] *sb* Wohlfahrt *f*, Sozialhilfe *f*

welfare state ['welfɛə steɪt] *sb* Wohlfahrtsstaat *m*

well-connected [wel kə'nektɪd] *adj* be ~ gute Beziehungen haben

well-deserved ['weldɪ'zɜːvd] *adj* wohlverdient

well-informed [welɪn'fɔːmd] *adj (person)* gut informiert

well-intentioned ['welɪn'tenʃənd] *adj* wohl gemeint; *(person)* wohlmeinend

well-known ['welnəʊn] *adj* bekannt

wharf [wɔːf] *sb* Kai *m*

wharfage ['wɔːfɪdʒ] *sb* Kaigebühren *pl*

whispering campaign ['wɪspərɪŋ kæmpeɪn] *sb* Verleumdungskampagne *f*

white collar worker ['waɪt kəʊlə 'wɜːkə] *sb* Angestellte(r) *m/f,* Büroangestellte(r) *m/f*

white goods [waɪt 'gʊds] *sb* weiße Ware *f*

white knight [waɪt naɪt] *sb* Investor, der eine Firma von einer Übernahme rettet *m,* Retter in der Not

white-collar crime [waɪt'kəʊlə kraɪm] *sb* White-Collar-Kriminalität *f,* Wirtschaftskriminalität *f*

white-collar union [waɪt'kəʊlə 'juːnjən] *sb* Angestelltengewerkschaft *f*

whiteout ['waɪtaʊt] *sb (fam)* Tipp-Ex *n*

whole-bank interest margin calculation ['wəʊl-bæŋk 'ɪntrest mɑːdʒɪn kælkjʊ'leɪʃn] *sb* Gesamtzinsspannenrechnung *f*

wholesale ['həʊlseɪl] *sb* Großhandel *m; adv* im Großhandel

wholesale banking ['həʊlzeɪl bæŋkɪŋ] *sb* Firmenkundengeschäft *n*

wholesale market ['həʊlseɪl 'mɑːkɪt] *sb* Großmarkt *m*

wholesale price ['həʊlseɪl praɪs] *sb* Großhandelspreis *m*

wholesale trade ['həʊlseɪl treɪd] *sb* Großhandel *m*

wholesaler ['həʊlseɪlə] *sb* Großhändler(in) *m/f,* Grossist(in) *m/f*

wholly-owned ['həʊlɪ'əʊnd] *adj a ~ subsidiary* eine hundertprozentige Tochtergesellschaft *f*

width [wɪdθ] *sb* Breite *f*

wield [wiːld] *v (power)* ausüben

wilful ['wɪlfʊl] *adj (deliberate)* vorsätzlich, mutwillig

willingness ['wɪlɪŋnɪs] *sb* Bereitwilligkeit *f,* Bereitschaft *f*

willingness to achieve ['wɪlɪŋnes tu ə'tʃiːf] *sb* Leistungsbereitschaft *f*

windbill ['wɪndbɪl] *sb* Reitwechsel *m*

window-dressing ['wɪndəʊdresɪŋ] *sb* Schaufenstergestaltung *f*

winter bonus ['wɪntə 'bəʊnəs] *sb* Winterausfallgeld *n*

wire [waɪə] *v (send a telegram to)* telegrafieren

with a fixed rate of interest [wɪθ ə 'fɪksd reɪt əv 'ɪntrest] *sb* festverzinslich

withdrawal [wɪθ'drɔːəl] *sb* Entnahme *f*

withdrawal of shares [wɪθ'drɔːəl əv 'ʃeəs] *sb* Aktieneinziehung *f*

without competition [wɪθ'aʊt kɒmpə'tɪʃən] *adv* konkurrenzlos

without guarantee [wɪθ'aʊt gærən'tiː] *adv* ohne Gewähr

without obligation [wɪθ'aʊt ɒblɪ'geɪʃən] *adv* ohne Obligo

without prior notice [wɪθ'aʊt 'praɪə 'nəʊtɪs] *adv* fristlos

word processing [wɜːd 'prəʊsesɪŋ] *sb* Textverarbeitung *f*

work [wɜːk] *v* 1. arbeiten; ~ *on* arbeiten an; 2. *(a machine)* bedienen; 3. *(to be successful)* klappen; 4. *(function)* funktionieren; *sb* 5. Arbeit *f; to be at* ~ on sth am etw arbeiten; *out of* ~ arbeitslos; *make short* ~ *of sth (fam)* mit etw kurzen Prozess machen; *He's at* ~. Er ist in der Arbeit. ~*s pl* 6. *(factory)* Betrieb *m,* Fabrik *f*

work ethic ['wɜːk 'iːθɪk] *sb* Arbeitsmoral *f*

workaholic [wɜːk ə'hɒlɪk] *sb* Arbeitssüchtige(r) *m/f,* Workaholic *m*

workbench ['wɜːk bentʃ] *sb* Werkbank *f*

worker ['wɜːkə] *sb* Arbeiter(in) *m/f*

worker participation ['wɜːkə pɑːtɪsɪ'peɪʃən] *sb* Arbeitnehmerbeteiligung *f*

workforce ['wɜːkfɔːs] *sb* Belegschaft *f,* Arbeiterschaft *f*

working capital ['wɜːkɪŋ 'kæpɪtl] *sb* Betriebskapital *n*

working conditions and human relations ['wɜːkɪŋ kən'dɪʃənz ənd 'hjuːmən rɪ'leɪʃənz] *sb* Betriebsklima *n*

working funds ['wɜːkɪŋ 'fʌnds] *sb* Betriebsmittel *pl*

working hours ['wɜːkɪŋ 'aʊəz] *sb* Arbeitszeit *f*

working lunch ['wɜːkɪŋ lʌntʃ] *sb* Arbeitsessen *n*

working day ['wɜːkɪŋ deɪ] *sb* Arbeitstag *m*

working expenses ['wɜːkɪŋ ɪks'pensɪs] *sb* Betriebskosten *pl*

work in process [wɜːk ɪn 'prəʊses] *sb* unfertige Erzeugnisse *n/pl*

workmanship ['wɜːkmənʃɪp] *sb* Arbeitsqualität *f*

work out [wɜːk aʊt] *v (figures)* ausrechnen

work performed [wɜːk pə'fɔːmd] *sb* Arbeitsertrag *m*

work permit ['wɜːk pɜːrmɪt] *sb* Arbeitserlaubnis *f*

work together [wɜːk tə'geθə] *v* zusammenarbeiten

workload ['wɜːkləʊd] *sb* Arbeitslast *f*

works protection force [wɜːks prə'tekʃən fɔːs] *sb* Werkschutz *m*

workshop ['wɜːkʃɒp] *sb* Werkstatt *f; (fig: seminar)* Seminar *n*

workstation ['wɜːksteɪʃn] *sb* Arbeitsplatzrechner *m*

workweek ['wɜːkwiːk] *sb* Arbeitswoche *f*

World Bank ['wɜːld 'bæŋk] *sb* Weltbank *f*

world economic summit ['wɜːld ɪkɒ'nɒmɪk 'sʌmɪt] *sb* Weltwirtschaftsgipfel *m*

world economy [wɜːld ɪk'ɒnəmɪ] *sb* Weltwirtschaft *f*

world market [wɜːld 'mɑːkɪt] *sb* Weltmarkt *m*

world market price [wɜːld 'mɑːkɪt praɪs] *sb* Weltmarktpreis *m*

world trade [wɜːld 'treɪd] *sb* Welthandel *m*

world-wide [wɜːld 'waɪd] *adj* weltweit

worldwide economic crisis ['wɜːldwaɪd ɪkɒ'nʌmɪk 'kraɪsɪz] *sb* Weltwirtschaftskrise *f*

worldwide financial statements ['wɜːldwaɪd faɪnænʃl 'steɪtmənts] *sb* Weltbilanz *f*

worst-case ['wɜːstkeɪs] *adj* ~ *scenario* Annahme des ungünstigsten Falles *f*

worth [wɜːθ] *sb* Wert *m*

wrapping ['ræpɪŋ] *sb* Verpackung *f*

wrapping paper ['ræpɪŋpeɪpə] *sb* Packpapier *n*

write out [raɪt aʊt] *v irr (cheque)* ausstellen

write off ['raɪt 'ɔf] *v irr* abschreiben

write-off ['raɪtɔf] *sb (tax ~)* Abschreibung *f*

written ['rɪtn] *adj* schriftlich

XYZ analysis [ekswaɪzet ə'nælɪsɪz] *sb* XYZ-Analyse *f*

yard [jɑːd] *sb (0.914 metres)* Yard *n*

yearly ['jɪəlɪ] *adj* jährlich, Jahres...

Yellow Pages [jeləʊ 'peɪdʒɪz] *pl the ~* die Gelben Seiten *pl*

yen [jen] *sb* Yen *m*

yield [jiːld] *v 1. (a crop, a result)* hervorbringen, ergeben; *(interest)* abwerfen; *sb 2.* Ertrag *m,* Rendite *f*

yield on bonds outstanding ['jiːld ɒn 'bʌnds aʊt'stændɪŋ] *sb* Umlaufrendite *f*

yield on shares [jiːld ɒn 'ʃeəs] *sb* Aktienrendite *f*

young businessman [jʌŋ 'bɪsnɪsmən] *sb* Jungunternehmer *m*

youth employment protection ['juːθ ɪm'plɔɪmənt prɒ'tekʃn] *sb* Jugendarbeitsschutz *m*

youth representatives [juːθ rɪprɪ'zentətɪf] *sb* Jugendvertretung *f*

zealous ['zeləs] *adj* eifrig

zero ['zɪərəʊ] *sb* Null *f; (on a scale)* Nullpunkt *m*

zero bonds ['zɪərəʊ bʌnd] *sb* Zerobonds *pl*

zero growth ['zɪərəʊ grəʊθ] *sb* Nullwachstum *n*

zero-rated ['zɪərəʊreɪtɪd] *adj* mehrwertsteuerfrei

ZIP code ['zɪp kəʊd] *sb (US)* Postleitzahl *f*

zone [zəʊn] *sb* Zone *f,* Gebiet *f;* Bereich *m*

zonetime ['zəʊntaɪm] *sb* Zeitzonensystem *n*

Deutsch – Englisch

A

ab Bahnhof [ap 'baːnhoːf] free on rail

ab Kai [ap kaɪ] ex quay

ab Werk [ap vɛrk] ex works

Abandon [abã'dõː] *m* abandonment

abarbeiten ['aparbaɪtən] *v* work off

Abbau ['apbau] *m* 1. reduction, 2. *(im Bergbau)* mining, exploitation, exhaustion

abbaubar ['apbaubaːr] *adj* degradable, decomposable

abbauen ['apbauən] *v* 1. *(verringern)* reduce; 2. *(zerlegen)* dismantle, pull down, take to pieces; 3. *(im Bergbau)* mine, work

abbestellen ['apbəʃtɛlən] *v* cancel

Abbestellung ['apbəʃtɛluŋ] *f* cancellation

abbezahlen ['apbətsaːlən] *v* pay off, repay

abbröckeln ['apbrœkəln] *v* *(Börsenkurs)* ease off, drop off

abbuchen ['apbuːxən] *v* 1. deduct, debit; 2. *(abschreiben)* write off

Abbuchung ['apbuːxuŋ] *f* debiting

Abbuchungsauftrag ['apbuːxuŋsauf-traːk] *m* direct debit instruction

Abbuchungsverfahren ['apbuːxuŋsfer-faːrən] *n* direct debit (procedure)

ABC-Analyse [abe'tseːanalyːzə] *f* ABC evaluation analysis

Abendbörse [aːbəntbœrzə] *f* evening stock exchange

Aberdepot ['aːbərdepoː] *n* fungible security deposit

aberkennen ['apɛrkɛnən] *v irr* deprive, disallow, dispossess

Aberkennung ['apɛrkɛnuŋ] *f* deprivation, abjudication, disallowance

Abfahrtszeit ['apfaːrtstsaɪt] *f* time of departure

Abfall ['apfal] *m* waste

Abfallbeseitigung ['apfalbəsaɪtiguŋ] *f* waste disposal

Abfallbörse ['apfalbœrsə] *f* recycling exchange

Abfallprodukt ['apfalpro'dukt] *n* waste product

Abfallverwertung ['apfalfɛr'veːrtuŋ] *f* recycling, waste utilization

Abfallwirtschaft ['apfalvɪrtʃaft] *f* utilization of waste products, waste management

abfeiern ['apfaɪərn] *v Überstunden* ~ take time off to make up for overtime

abfertigen ['apfertɪgən] *v* 1. *(Zoll)* clear; 2. *(Kunde)* attend to, serve

Abfertigung ['apfertɪguŋ] *f* dispatch, 1. *(Zoll)* clearance; 2. *(Kunde)* service

abfinden ['apfɪndən] *v irr* settle with, indemnify, pay off; *(jdn ~)* pay off, *(Teilhaber ~)* buy out

Abfindung ['apfɪnduŋ] *f* settlement, indemnification; compensation

Abfindungsangebot ['apfɪnduŋsangəboːt] *n* compensation offer

abflauen ['apflauən] *v* flag, slacken, slow down

Abfrage ['apfraːgə] *f* inquiry

abführen ['apfyːrən] *v* *(Gelder)* pay

Abführungspflicht ['apfyːruŋspflɪçt] *f* pay over duty

Abfülldatum ['apfylda:tum] *n* filling date, bottling date

Abgabe ['apgaːbə] *f* *(Steuer)* duty, levy, tax

Abgabemenge ['apgaːbəmɛŋə] *f* quantity sold

abgabenfrei ['apgaːbənfraɪ] *adj* duty-free, tax-free, tax-exempt

Abgabenordnung ['apgaːbənɔrdnuŋ] *f* fiscal code

abgabenpflichtig ['apgaːbənpflɪçtɪç] *adj* taxable, liable to tax

Abgabetermin ['apgaːbətɛr'miːn] *m* submission date

Abgang ['apgaŋ] *m* *(Waren)* outlet, sale, market

Abgrenzung ['apgrɛntsuŋ] *f* demarcation

abheben ['apheːbən] *v irr* *(Geld)* withdraw, take out, draw

abholbereit ['apho:lbərait] *adj* ready for collection

abkaufen ['apkaufən] *v* buy, purchase

Abkommen ['apkomən] *n* deal, agreement

Abladegewicht ['apla:dəgəvɪçt] *n* weight loaded

Ablage ['apla:gə] *f* file, filing

Ablauf ['aplauf] *m* 1. *(Frist)* expiry, expiration *(US)*; 2. procedure, process

ablaufen ['aplaufən] *v irr* *(Frist)* run out

Ablauffrist ['aplauffrɪst] *f* time limit

ablegen ['apleːgən] *v* 1. *(Akten)* file; 2. *(ein Geständnis)* confess

Ablehnung ['apleːnuŋ] *f* refusal

ablichten ['aplɪçtən] v photocopy

Ablichtung ['aplɪçtuŋ] f photocopy

abliefern ['apliːfərn] v deliver

Ablieferung ['apliːfəruŋ] f delivery, submission

Ablöse ['apløːzə] f redemption

ablösen ['apløːzən] v (tilgen) redeem, pay off

Ablösesumme ['apløːzezumə] f redemption price, redemption sum

Ablösung ['apløːzuŋ] f (Tilgung) redemption, repayment

Ablösungsanleihe ['apløːzuŋsanlaɪə] f redemption loan

abmahnen ['apmaːnən] v caution

Abmahnung ['apmaːnuŋ] f warning, reminder

ABM-Stelle [aːbeːˈʔɛmʃtɛlə] f make-work job

Abnahme ['apnaːmə] f 1. (Verminderung) decrease, decline, diminution; 2. (amtliche ~) official acceptance, inspection

Abnahmemenge ['apnaːməmɛŋə] f purchased quantity

Abnahmepflicht ['apnaːməpflɪçt] f obligation to take delivery

abnehmen ['apneːmən] v irr 1. (entgegennehmen) take; 2. (abkaufen) buy; jdm etw ~ relieve s.o. of sth; 3. inspect

Abnehmer ['apneːmər] m buyer, purchaser

Abnehmerland ['apneːmərlant] n buyer country

Abnutzung ['apnutsuŋ] f wear, wearing out

Abonnement [abɔnəˈmãː] n subscription

Abordnung ['apɔrdnuŋ] f delegation

abrechnen ['aprɛçnən] v 1. settle; 2. (etw abziehen) deduct

Abrechnung ['aprɛçnuŋ] f 1. (Abzug) deduction; 2. (Aufstellung) statement; 3. (Schlussrechnung) settlement (of accounts), bill

Abrechnungsstelle ['aprɛçnuŋsʃtɛlə] f clearing house

Abrechnungstag ['aprɛçnuŋstaːk] m settling day

Abrechnungstermin ['aprɛçnuŋstɛrmiːn] m accounting date

Abrechnungsverfahren ['aprɛçnuŋsferfaːrən] n settling procedure

Abrechnungsverkehr ['aprɛçnuŋsferkeːr] m clearing system

Abrechnungszeitraum ['aprɛçnuŋstsaɪtraum] m accounting period

Abruf ['apruːf] m retrieval

Abrufauftrag ['apruːfauftraːk] m call order

abrufbereit ['apruːfbəraɪt] adj ready on call; retrievable

abrufen ['apruːfən] v irr request delivery of; retrieve

Absage ['apzaːgə] f refusal

Absatz ['apzats] m sales

Absatzanalyse ['apzatsanalyːzə] f sales analysis

Absatzbeschränkung ['apzatsbəʃrɛŋkuŋ] f restriction on the sale of sth

Absatzchance ['apzatsʃaːsə] f sales prospects

absatzfähig ['apzatsfɛːɪç] adj marketable, saleable

Absatzfinanzierung ['apzatsfɪnantsiːruŋ] f sales financing

Absatzflaute ['apzatsflautə] f slump in sales

Absatzgebiet ['apzatsgəbiːt] n marketing area

Absatzkanal ['apzatskanaːl] m channel of distribution

Absatzkrise ['apzatskriːzə] f sales crisis

Absatzmarkt ['apzatsmarkt] m market

Absatzorganisation ['apzatsɔrganizatsjoːn] f sales organization

Absatzplanung ['apzatsplaːnuŋ] f sales planning

Absatzpolitik ['apzatspolitiːk] f sales policy, marketing policy

Absatzstatistik ['apzatsʃtatɪstɪk] f sales statistics

Absatzweg ['apzatsveːk] m channel of distribution

Absatzwirtschaft ['apzatsvɪrtʃaft] f marketing

Absatzziel ['apzatstsiːl] n sales target

Abschlag ['apʃlaːk] m 1. (Rate) part payment; 2. (Preissenkung) markdown; discount; 3. (Kursabschlag) marking down

Abschlagsdividende ['apʃlaːgsdividɛndə] f dividend on account

Abschlagssumme ['apʃlaːgszumə] f lump sum

Abschlagszahlung ['apʃlaːkstsaːluŋ] f down payment, part payment, instal(l)ment rate

abschließen ['apʃliːsən] v irr 1. (beenden: Sitzung) conclude, bring to a close, end; 2. (Geschäft) transact, conclude

Abschluss ['apʃlus] m 1. (Beendigung) end; zum ~ bringen bring to a conclusion; zum ~ kommen come to an end; 2. (Vertragsschluss) signing of an agreement, conclusion of a contract; 3. (Geschäftsabschluss) (business)

transaction, (business) deal; *zum ~ kommen* finalize; 4. *(Bilanz)* financial statement, annual accounts

Abschlussauftrag ['apʃlusauftraːk] *m* final order

Abschlussbilanz ['apʃlusbɪlants] *m* final annual balance sheet

Abschlusskurs ['apʃluskurs] *m* closing rate

Abschlussprovision ['apʃlusprovizjoːn] *f* sales commission, acquisition commission

Abschlussprüfer ['apʃluspryːfər] *m* auditor

Abschlussprüfung ['apʃluspryːfuŋ] *f* audit

Abschlussstichtag ['apʃlusʃtɪçtaːk] *m* closing date of accounts

Abschlusstechnik ['apʃlusteçnɪk] *f* finishing technique

abschöpfen ['apʃœpfən] *v* skim off

Abschöpfung ['apʃœpfuŋ] *f* skimming off (of profits), siphoning off

Abschöpfungs-Preispolitik ['apʃœpfuŋspraɪspolitiːk] *f* skimming-the-market pricing policy

Abschöpfungssystem ['apʃœpfuŋszysteːm] *n* absorption system

abschreiben ['apʃraɪbən] *v irr* write off

Abschreibung ['apʃraɪbuŋ] *f (Wertverminderung)* depreciation, writing off

Abschreibungsfonds ['apʃraɪbuŋsfɔː] *m* depriciation fund

Abschreibungsgesellschaft ['apʃraɪbuŋsgəzelʃaft] *f* project write-off company

Abschreibungsobjekt ['apʃraɪbuŋsɔpjekt] *n* object of depreciation

Abschrift ['apʃrɪft] *f* copy

Abschwung ['apʃvuŋ] *m* recession

Absendung ['apzɛnduŋ] *f* 1. *(Verschickung)* dispatch, sending, sending off; 2. *(Abordnung)* delegation

Absendungsvermerk ['apzɛnduŋsfɛrmerk] *m* note confirming dispatch

Absentismus [apzɛn'tɪsmus] *m* absenteeism

absetzbar ['apzɛtsbaːr] *adj* 1. *(verkäuflich)* marketable, saleable; 2. *(steuerlich ~)* deductible

absetzen ['apzɛtsən] *v* 1. *(verkaufen)* sell; 2. *(abschreiben)* deduct

Absetzung ['apzɛtsuŋ] *f (Abschreibung)* deduction, depreciation, allowance

Absorption [apzɔrp'tsjoːn] *f* absorption

abspeichern ['apʃpaɪçərn] *v* save, store

Abspeicherung ['apʃpaɪçəruŋ] *f* saving, storing

Absprache ['apʃpraːxə] *f* agreement, arrangement

absprachegemäß ['apʃpraːxəgəmɛːs] *adj* as agreed, as per arrangement

absprechen ['apʃprɛçən] *v irr* 1. *(vereinbaren)* agree; arrange, settle; 2. *(aberkennen)* disallow, deny

Abstand ['apʃtant] *m* 1. distance; 2. *(Zahlung)* indemnity payment

Abstandszahlung ['apʃtantstsaːluŋ] *f* indemnity

Abstempelung ['apʃtɛmpəluŋ] *f* stamping

abstoßen ['apʃtoːsən] *v irr (verkaufen)* get rid of, sell off, dispose of

Abstrich ['apʃtrɪç] *m (Abzug)* cut, curtailment

abtasten ['aptastən] *v* read, scan

Abteilung [ap'taɪluŋ] *f* department, section

Abteilungsleiter [ap'taɪluŋslaɪtər] *m* head of department, department manager

abtragen ['aptraːgən] *v irr (Schulden)* pay off

Abtragung ['aptraːguŋ] *f (von Schulden)* paying off, payment

Abtransport ['aptransprt] *m* conveyance, transport

abtransportieren ['aptransprtiːrən] *v* transport away, carry off

abtreten ['aptreːtən] *v irr (überlassen)* relinquish, transfer, cede

Abtretung ['aptreːtuŋ] *f* assignment, cession, transfer

Abtretungsverbot ['aptreːtuŋsferboːt] *n* prohibition of assignment

Abtretungsvertrag ['aptreːtuŋsfertraːk] *m* contract of assignment

Abwärtsentwicklung ['apvertsɛntvɪkluŋ] *f* downward trend, downward tendency, downward movement

Abwärtstrend ['apvertstrent] *m* downward trend

Abweichung ['apvaɪçuŋ] *f* deviation

Abweichungsanalyse ['apvaɪçuŋsanalyːzə] *f* cost variance analysis

Abweisung ['apvaɪzuŋ] *f* dismissal

abwerben ['apvɛrbən] *v irr* entice away, contract away, hiring away, bidding away

Abwerbung ['apvɛrbuŋ] *f* enticement, wooing

abwerfen ['apvɛrfən] *v irr (einbringen)* yield, return

abwerten ['apveːrtən] *v* devaluate, depreciate, devalue

Abwertung ['apveːrtuŋ] *f* devaluation

Abwertungswettlauf ['apveːrtuŋsvɛtlauf] *m* devaluation race

Abwickler ['apvɪklər] *m* liquidator

Abwicklung ['apvɪkluŋ] *f* completion, settlement, handling, liquidation

Abwicklungskonto ['apvɪkluŋskɔnto] *n* settlement account

abwirtschaften ['apvɪrtʃaftən] *v* mismanage, ruin by mismanagement

Abwurf ['apvurf] *m* yield, profit, return

abzahlen ['aptsaːlən] *v (Raten)* pay off, repay, pay by instalments

Abzahlung ['aptsaːluŋ] *f (Raten)* payment by instalments, repayment

Abzahlungsgeschäft ['aptsaːluŋsgəʃɛft] *n* instalment sale transaction

Abzahlungshypothek ['aptsaːluŋshypoteːk] *f* instalment mortgage

Abzahlungskauf ['aptsaːluŋskauf] *m* instal(l)ment contract

abzeichnen ['aptsaɪçnən] *v (unterschreiben)* initial, sign, tick off

abziehen ['aptsiːən] *v irr* subtract; take off; *(Rabatt)* deduct; *etwas vom Preis ~* take sth off the price

Abzinsung ['aptsɪnzuŋ] *f* discounting

Abzug ['aptsuːk] *m* 1. *(Kopie)* copy, duplicate, print; 2. *(Rabatt)* discount, deduction, rebate

abzüglich ['aptsyːklɪç] *prep* less, minus, deducting

abzugsfähig ['aptsuːksfɛːɪç] *adj* deductible, allowable

Achtstundentag [axt'ʃtundəntaːk] *m* eight-hour day

Achtung ['axtuŋ] *f (Recht)* observance (of laws)

Ackerbau ['akərbau] *m* agriculture

a-conto-Zahlung [a'kɔnto 'tsaːluŋ] *f* payment on account

Addition [adɪ'tsjoːn] *f* addition

Ad-hoc-Kooperation [at'hɔk koɔpəra'tsjoːn] *f* ad hoc cooperation

Ad-hoc-Publizität [at'hɔk publitsi'tɛːt] *f* ad hoc disclosure

Adjustable Peg [ə'dʒʌstəbl peg] *m* adjustable peg

Administration [atmɪnɪstra'tsjoːn] *f* administration

administrativ [atmɪnɪstra'tiːf] *adj* administrative

Adoption [adɔp'tsjoːn] *f* adoption

Adressant [adrɛ'sant] *m* sender, consignor

Adressat [adrɛ'saːt] *m* addressee, consignee

Adresse [a'drɛsə] *f* address

adressieren [adrɛ'siːrən] *v* address

Adverse Selection ['ædvrs sɪ'lekʃən] *f* adverse selection

Advokat [atvo'kaːt] *m* lawyer

Affidavit [afi'daːvɪt] *n* affidavit

Affiliation [afɪlja'tsjoːn] *f* affiliation

After-Sales-Services ['ɑftə seɪlz 'sɜːvɪsɪz] *f/pl* after-sales services

Agenda [a'gɛnda] *f* agenda

Agent [a'gɛnt] *m* agent, representative

Agentur [agɛn'tuːr] *f* agency, representation

Agglomeration [aglomera'tsjoːn] *f* agglomeration

Agio ['adʃo] *n* agio, premium

Agiopapiere ['aːdʒopapiːrə] *n/pl* securities redeemable

Agiotage [a:dʒo'taːʒə] *f* agiotage

Agrarbetrieb [a'graːrbətriːp] *m* agricultural enterprise

Agrarerzeugnis [a'graːrɛrtsɔygnɪs] *n* agricultural product, produce

Agrargüter [a'graːrgyːtər] *n/pl* agricultural goods

Agrarindustrie [a'graːrɪndustriː] *f* agricultural industry

Agrarkrise [a'graːrkriːzə] *f* agricultural crisis

Agrarmarkt [a'graːrmarkt] *m* agricultural market

Agrarpolitik [a'graːrpolitiːk] *f* agricultural policy

Agrarpreis [a'graːrpraɪs] *m* prices of farm products

Agrarreform [a'graːrəfɔːrm] *f* agricultural reform

Agrarprotektionismus [a'graːrprotɛktsjonɪsmus] *m* agricultural protectionism

Agrarstaat [a'graːrʃtaːt] *m* agricultural state

Agrarsubventionen [a'graːrzubvɛntsjoːnən] *f/pl* agricultural subsidies

Agrarüberschüsse [a'graːryːbərʃysə] *m/pl* agricultural surpluses

Agrarwirtschaft [a'graːrvɪrtʃaft] *f* rural economy

Agrarwissenschaften [a'graːrvɪsənʃaftən] *f/pl* agricultural economics

Akademiker(in) [aka'deːmɪkər(ɪn)] *m/f* university graduate

AKA-Kredite ['aˈkaˈkrediːtə] *m/pl* export credits

Akkord [a'kɔrt] *m (Stücklohn)* piece-work

Akkordarbeit [a'kɔrtarbaɪt] *f* piecework

Akkordarbeiter [a'kɔrtarbaɪtər] *m* piece worker

Akkordlohn [a'kɔrtloːn] *m* piece-rate, payment by the job, piece wages

Akkordzulage [a'kɔrttsuːlaːgə] *f* piecerate bonus

akkreditieren [akredi'tiːrən] *v* to open a credit, *jdn für etw* ~ credit sth to s.o.'s account

Akkreditierung [akredi'tiːruŋ] *f* opening a credit

Akkreditiv [akredɪ'tiːf] *n* (commercial) letter of credit

Akkreditiveröffnung [akredɪ'tiːfɛrœfnuŋ] *f* opening of a letter of credit

Akkreditivstellung [akredɪ'tiːfʃtɛluŋ] *f* opening a letter of credit

Akkumulation [akumula'tsjoːn] *f* accumulation

akkumulieren [akumu'liːrən] *v* accumulate

Akquisition [akvizi'tsjoːn] *f* acquisition

Akt [akt] *m* act, deed

Akte ['aktə] *f* file

Aktenauszug ['aktənaustsuːk] *m* excerpt from the records

Akteneinsicht ['aktənaɪnzɪçθ] *f* inspection of records

Aktenmappe ['aktənmapə] *f* portfolio, briefcase, folder

Aktennotiz ['aktənnotiːts] *f* memorandum

Aktenschrank ['aktənʃraŋk] *m* filing cabinet

Aktentasche ['aktəntaʃə] *f* briefcase, portfolio

Aktenzeichen ['aktəntsaɪçən] *n* reference number, file number, case number

Aktie ['aktsjə] *f* share, stock *(US)*

Aktienanalyse ['aktsjənanalyːzə] *f* analysis of shares

Aktienausgabe ['aktsjənausgaːbə] *f* issuing of shares

Aktienaustausch ['aktsjənaustauʃ] *m* exchange of shares

Aktienbank ['aktsjənbaŋk] *f* joint-stock bank

Aktienbestand ['aktsjənbəʃtant] *m* shareholding

Aktienbezugsrecht [aktsjənbə'tsuːksrɛçt] *n* subscription right

Aktienbörse ['aktsjənbœrzə] *f* stock exchange

Aktienbuch ['aktsjənbuːx] *n* share register, stock register

Aktiendepot ['aktsjəndepoː] *n* share deposit

Aktieneinziehung ['aktsjənaɪntsiːuŋ] *f* withdrawal of shares

Aktienemission ['aktsjənemɪsjoːn] *f* issue of shares

Aktienfonds ['aktsjənf ɔ:] *m* share fund

Aktiengesellschaft (AG) ['aktsjəngəzɛlʃaft] *f* joint stock company, stock corporation, public limited company *(PLC)*

Aktiengesetz ['aktsjəngəzɛts] *n* Companies Act, Company Law

Aktienindex ['aktsjənɪndɛks] *m* share index, stock market index

Aktienkapital ['aktsjənkapɪtaːl] *n* share capital, capital stock

Aktienkurs ['aktsjənkurs] *m* share price

Aktienmarkt ['aktsjənmarkt] *m* stock market, share market

Aktienmehrheit ['aktsjənmeːrhaɪt] *f* majority of stock

Aktiennotierung ['aktsjənnotiːruŋ] *f* share quotation, stock quotation

Aktienoption ['aktsjənɔptsjoːn] *f* share stock option

Aktienpaket ['aktsjənpakeːt] *n* block of shares

Aktienquorum ['aktsjənkvoːrum] *n* share quorum

Aktienrecht ['aktsjənrɛçt] *n* company law

Aktienregister ['aktsjənregɪstər] *n* share register

Aktienrendite ['aktsjənrendiːtə] *f* earning per share, yield on stocks, yield on shares

Aktienumtausch ['aktsjənumtauʃ] *m* exchange of share certificates for new

Aktienzeichnung ['aktsjəntsaɪçnuŋ] *f* subscription for shares

Aktienzertifikat ['aktsjəntsɛrtifikaːt] *n* share certificate, stock certificate

Aktienzusammenlegung ['aktsjəntsuzamənleːguŋ] *f* consolidation of shares

Aktionär [aktsjo'nɛːr] *m* shareholder, stockholder *(US)*

Aktionärsbrief [aktsjo'nɛːrsbriːf] *m* circular letter from board to shareholders

Aktionärsvereinigungen [aktsjo'nɛːrsfɛraɪnɪguŋən] *f/pl* associations of shareholders

Aktionärsversammlung [aktsjo'nɛːrsfɛrzamluŋ] *f* shareholders' meeting, stockholders' meeting

Aktion [ak'tsjoːn] *f* campaign, action

Aktionsparameter [ak'tsjoːnspara:meter] *m* action parameters

Aktionsplakat [ak'tsjoːnsplakaːt] *n* advertising bill

Aktionspreis [ak'tsjo:nsprais] *m* special campaign price
aktiv [ak'ti:f] *adj (Bilanz)* favourable
Aktiva [ak'ti:va] *pl* assets
Aktivbestand [ak'ti:fbəʃtant] *m* assets
aktiver Teilhaber [ak'ti:fər 'tailha:bər] *m* active partner
Aktivgeschäft [ak'ti:gəʃɛft] *n* credit transaction
aktivieren [akti'vi:rən] *f* enter on the assets side
Aktivierung [akti'vi:ruŋ] *f* entering on the assets side
Aktivierungspflicht [akti'vi:ruŋspflɪçt] *f* legal obligation to capitalize
Aktivierungsverbot [akti'vi:ruŋsfɛrbo:t] *n* legal prohibition to capitalize
Aktivierungswahlrecht [akti'vi:ruŋsva:lrɛçt] *n* option to capitalize
Aktivposten [ak'ti:fpɔstən] *m* assets, credit item
Aktivsaldo [ak'ti:fzaldo] *n* credit balance, active balance
Aktivtausch [ak'ti:ftauʃ] *m* accounting exchange on the asset side
Aktivzins [ak'ti:ftsɪns] *m* interest receivable
Akzelerationsprinzip [aktselera'tsjo:nsprɪntsi:p] *n* acceleration principle
Akzelerator [aktsele'ra:to:r] *m* accelerator
Akzept [ak'tsɛpt] *n* acceptance
akzeptabel [aktsɛp'ta:bəl] *adj* acceptable
Akzeptaustausch ['aktsɛptaustauʃ] *m* exchange of acceptances
akzeptieren [aktsɛp'ti:rən] *v (Rechnung)* honour
Akzeptkredit ['aktsɛptkredi:t] *m* acceptance credit
Akzeptlinie ['aktsɛptli:njə] *f* line of acceptance
Akzeptprovision ['aktsɛptprovizjo:n] *f* commission for acceptance
Akzeptverbindlichkeit ['aktsɛptfɛrbɪntlɪçkait] *f* acceptance liability
Akzisen [ak'tsi:zən] *f/pl* excise taxes
A-Länder ['a lɛndər] *n/pl* A countries
Alimente [ali'mɛntə] *pl* maintenance, support
Aliud ['a:liut] *n* delivery of goods other than those ordered
Alleinerbe [a'lainɛrbə] *m* sole heir
Alleininhaber [a'laininha:bər] *m* sole owner, sole holder
Alleinverkaufsrecht [a'lainfɛrkaufsrɛçt] *n* exclusive right to sell (sth)

Alleinvertreter [a'lainfɛrtre:tər] *m* sole representative, sole agent
Alleinvertretung [a'lainfɛrtre:tuŋ] *f* sole agency
Alleinvertrieb [a'lainfɛrtri:p] *m* sole distribution rights *pl,* exclusive distribution rights pl
allgemeine Geschäftsbedingungen [algə'mainə gə'ʃɛftsbədıŋuŋən] *f/pl* general terms of contract, general standard terms and conditions
allgemeine Kreditvereinbarungen [algə'mainə kre'di:tfɛrainba:ruŋən] *f/pl* general credit agreements
allgemeine Versicherungsbedingungen [algə'mainə fɛr'zɪçəruŋsbədıŋuŋən] *f/pl* general insurance conditions
Allianz [al'jants] *f* alliance
Allokation [aloka'tsjo:n] *f* allocation
Allokationspolitik [aloka'tsjo:nspoliti:k] *f* allocation policy
Allonge [a'l ɔ:ʒə] *f* allonge
Altersgrenze ['altərsgrɛntsə] *f* age limit
Altersprofil ['altərsprofi:l] *n* age profile
Altersrente ['altərsrɛntə] *f* old-age pension
Altersruhegeld ['altərsru:əgɛlt] *n* Rente
Altersteilzeitgesetz ['altərstailtsaitgəzɛts] *n* retirement pension, old-age pension
Altersversorgung ['altərsfɛrzɔrguŋ] *f* old-age pension
Altersvorsorge ['altərsfo:rzɔrgə] *f* old age social security system
Altlast ['altlast] *f* old hazardous waste
ambulantes Gewerbe [ambu'lantəs gə'vɛrbə] *n* itinerant trade
American Bankers Association (ABA) [ə'mɛrıkən 'bæŋkəz əsoʊsı'eıʃən] *f* American Bankers Association
American National Standards Institute (ANSI) [ə'mɛrıkən 'næʃənl 'stændədz 'ɪnstɪtju:t] *n* American National Standards Institute
amerikanisches Rechnungswesen [ameri'ka:nıʃəs 'rɛçnuŋsve:zən] *n* American accounting system
Amortisation [amɔrtiza'tsjo:n] *f* amortisation, amortization *(US)*
Amortisationshypothek [amɔrtiza'tsjo:nshypote:k] *f* instal(l)ment mortgage
amortisieren [amɔrti'zi:rən] *v* write off, amortise
Amt [amt] *n* office, agency
amtlich nicht notierte Werte ['amtlıç nıçt no'ti:rtə 've:rtə] *m/pl* unquoted securities

amtlicher Handel ['amtlıçər 'handəl] *m* official trading

amtlicher Markt ['amtlıçər markt] *m* official market

Amtsanmaßung ['amtsanma:suŋ] *f* usurpation of authority, assumption of authority

Amtsgericht ['amtsgərıçt] *n* local court, County Court *(UK)*, Municipal Court *(US)*

Amtsinhaber(in) ['amtsınha:bər(ın)] *m/f* officeholder

Amtsmiene ['amtsmi:nə] *f* bureaucrat's impassive look, official air

Amtsrichter(in) ['amtsrıçtər(ın)] *m/f* judge of the local court

Amtsschimmel ['amtsʃɪməl] *m (fam)* red tape, bureaucracy

an Zahlungs Statt [an 'tsa:luŋs ʃtat] in lieu of payment

analog [ana'lo:k] *adj* analog

Analogrechner [ana'lo:krɛçnər] *m* analog computer

Analogtechnik [ana'lo:ktɛçnɪk] *f* analog technology

Analyse [ana'ly:zə] *f* analysis

Analyst [ana'lyst] *m* analyst

anbieten ['anbi:tən] *v* offer

Anbieter ['anbi:tər] *m* 1. *(einer Dienstleistung)* service provider; 2. *(einer Ware)* supplier

Anderdepot ['andərdepo:] *n* fiduciary deposit

Anderkonto ['andərkɔnto] *n* fiduciary account

Anderskosten ['andərskɔstən] *pl* costing expenditures

Änderungskündigung ['ɛndəruŋskyndɪguŋ] *f* notice of dismissal with offer for re-employment at less favorable terms

Anfangsbestand ['anfaŋsbəʃtant] *m* opening stock

Anfangsgehalt ['anfaŋsgəhalt] *n* starting salary

Anfangskapital ['anfaŋskapita:l] *n* opening capital

anfechtbar ['anfɛçtba:r] *adj* contestable

anfechten ['anfɛçtən] *v irr* challenge, appeal

Anfechtung ['anfɛçtuŋ] *f* appeal, contestation, challenge

Anforderung ['anfɔrdəruŋ] *f* 1. demand; 2. *(Bestellung)* request

Anfrage ['anfra:gə] *f* inquiry

anfragen ['anfra:gən] *v* inquire, enquire, ask

Angaben ['anga:bən] *f/pl* details; statement

Angebot ['angəbo:t] *n* offer; quotation

Angebotsmenge ['angəbo:tsmɛŋə] *f* supply volume

angebotsorientierte Wirtschaftspolitik ['angəbo:tsɔrjɛnti:rtə 'vɪrtʃaftspoliti:k] *f* supply-oriented economic policy

Angebotspreis ['angəbo:tsprais] *m* asking price, price quoted in an offer

Angebotssteuerung ['angəbo:tsʃtɔyəruŋ] *f* supply control

Angebotsstruktur ['angəbo:tsʃtruktu:r] *f* supply structure

angestellt ['angəʃtɛlt] *adj* employed

Angestellte(r) ['angəʃtɛltə(r)] *m/f* employee

Angestelltengewerkschaft ['angəʃtɛltəngəverkʃaft] *f* employees' union

Angestelltenrentenversicherung ['angəʃtɛltənferzɪçəruŋ] *f* salary earners' pension insurance

Angestelltenverhältnis ['angəʃtɛltənfərhɛ:ltnis] *n* non-tenured employment

angliedern ['angli:dərn] *v (Betrieb)* affiliate

Angliederung ['angli:dəruŋ] *f* affiliation, incorporation

Anhang (einer Bilanz) ['anhaŋ] *m* notes (to the financial statement)

anhängig ['anhɛŋɪç] *adj* pending

Anhörung ['anhø:ruŋ] *f* hearing

Ankauf ['ankauf] *m* purchase

ankaufen ['ankaufən] *v* purchase, acquire

Ankaufskurs ['ankaufskurs] *m* buying price, buying rate

Ankaufspreis ['ankaufsprais] *m* purchase price, buying-in price

Ankaufsrecht ['ankaufsrɛçt] *n* purchase right, right to acquire

Anklage ['ankla:gə] *f* charge, accusation, indictment

anklicken ['anklıkən] *v etw* ~ click on sth

Ankunftsdatum ['ankunftsda:tum] *n* date of arrival

Ankunftsort ['ankunftsɔrt] *m* place of arrival, destination

Ankunftszeit ['ankunftstsait] *f* time of arrival, arrival time

Anlage ['anla:gə] *f* 1. *(Fabrik)* plant, works, factory; 2. *(Geldanlage)* investment; 3. *(Briefanlage)* enclosure

Anlageausschuss ['anla:gəausʃus] *m* investment committee

Anlageberater ['anla:gəbəra:tər] *m* investment consultant

Anlageberatung ['anla:gəbəra:tuŋ] *f* investment counseling

Anlagegüter ['anlaːɡəɡyːtər] *n/pl* capital goods, capital assets

Anlagekapital ['anlaːɡəkapitaːl] *n* investment capital

Anlagekonten ['anlaːɡəkɔntən] *n/pl* investment accounts

Anlagenbau ['anlaːɡənbau] *m* plant engineering and construction, systems engineering

Anlagendeckung ['anlaːɡəndɛkuŋ] *f* ratio of equity capital to fixed assets

Anlagenfinanzierung ['anlaːɡənfɪnantsiːruŋ] *f* financing of investment in fixed assets

Anlagepapiere ['anlaːɡəpapiːrə] *pl* investment securities

Anlagevermögen ['anlaːɡəfɛrmøːɡən] *n* fixed assets

Anlagevorschriften ['anlaːɡəfoːrʃriftən] *f/pl* rules for investment of resources

Anlagewagnis ['anlaːɡəvaːknɪs] *n* investment risk

Anlagewährung ['anlaːɡəvɛːruŋ] *f* currency of investment

Anlaufkosten ['anlaufkɔstən] *pl* launching costs

Anlaufperiode ['anlaufperjoːdə] *f* initial period

anlegen ['anleːɡən] *v 1. (Geld)* invest; *2. eine Akte ~* start a file

Anleger ['anleːɡər] *m* investor

Anlegerschutz ['anleːɡərʃuts] *m* protection for the investor

Anleihe ['anlaɪə] *f* loan, loan stock, debenture

Anleihegeschäft ['anlaɪəɡəʃɛft] *n* loan business

Anleiherechnung ['anlaɪərɛçnuŋ] *f* loan calculation

Anleiheschuld ['anlaɪəʃuld] *f* bonded debt, loan debt

Anleihetreuhänderschaft ['anlaɪətrɔyhɛndərɡəʃɛft] *f* loan custodianship

Anlernberuf ['anlɛrnbəruːf] *m* semi-skilled occupation

anlernen ['anlɛrnən] *v* train

Anlernzeit ['anlɛrntsait] *f* training period

anliefern ['anliːfərn] *v* supply, deliver

Anlieferung ['anliːfəruŋ] *f* supply, delivery

Anmeldefrist ['anmɛldəfrɪst] *f* period for application

anmeldepflichtige Kartelle ['anmɛldəpflɪçtɪçə kar'tɛlə] *n/pl* notifiable cartels

Anmeldung ['anmɛlduŋ] *f* registration

Annahme ['annaːmə] *f 1. (Lieferung)* receipt, acceptance; *2. (Zustimmung)* acceptance, approval

Annahmeverweigerung ['annaːməfɛrvaiɡəruŋ] *f* refusal of delivery

Annonce [a'nɔ̃ːsə] *f* advertisement

Annuität [anuiˈtɛːt] *f* annuity

Annuitätenanleihe [anuiˈtɛːtənanlaɪə] *f* annuity bond, perpetual bond

Annuitätendarlehen [anuiˈtɛːtəndaːrleːən] *n* annuity loan

annullieren [anuˈliːrən] *v* cancel, annul

anonyme Sparkonten [anoˈnyːmə ˈʃpaːrkɔntən] *n/pl* anonymous savings accounts

Anordnung ['anɔrdnuŋ] *f* order

Anpassungsinflation ['anpasuŋsɪnflatsjoːn] *f* adaptive inflation

Anpassungsinvestition ['anpasuŋsɪnvɛstitsjoːn] *f* adjustment project

Anpassungskosten ['anpasuŋskɔstən] *pl* adjustment costs

anrechnen ['anrɛçnən] *v 1. (berechnen)* charge for; *2. (gutschreiben)* take into account

Anrechtscheine ['anrɛçtʃainə] *m/pl* intermediate share certificate

Anrede ['anreːdə] *f* form of address, salutation

Anreiz ['anraits] *m* incentives, inducement, spur

Anreizsystem ['anraitszysteːm] *n* incentive system

Anruf ['anruːf] *m* call

Anrufbeantworter ['anruːfbəantvɔrtər] *m* answering machine, automatic answering set

anrufen ['anruːfən] *v irr (telefonieren)* telephone, call *(US)*, ring up, to give a ring *(fam)*

Anrufer ['anruːfər] *m* caller

anschaffen ['anʃafən] *v* buy, acquire, purchase

Anschaffung ['anʃafuŋ] *f* acquisition

Anschaffungsgeschäft ['anʃafuŋsɡəʃɛft] *n* buying or selling for customers

Anschaffungskosten ['anʃafuŋskɔstən] *pl* acquisition cost

Anschaffungspreis ['anʃafuŋsprais] *m* purchase price, initial cost

Anschaffungswert ['anʃafuŋsveːrt] *f* acquisition value

Anschlussfinanzierung ['anʃlusfɪnantsiːruŋ] *f* follow-up financing

Anschrift ['anʃrift] *f* address

Ansprechpartner ['anʃprɛçpartnər] *m* contact person

Anspruch ['anʃprux] *m* claim

anstellen ['anʃtɛlən] *v* employ

Anstellung ['anʃtɛluŋ] *f* 1. *(Einstellung)* employment, engagement, hiring; 2. *(Stellung)* job, position, post

Anstellungsvertrag ['anʃtɛluŋsfɛrtra:k] *m* employment contract

Anteil ['antaɪl] *m* interest, share *(US)*, unit *(UK)*

Anteilscheine ['antaɪlʃaɪnə] *m/pl* share/unit/participating certificate

Anteilseigner ['antaɪlsaɪgnər] *m* shareholder, equity holder

Anteilspapiere ['antaɪlspapi:rə] *n/pl* equity security

Antidumpingzoll [anti'dʌmpɪŋtsɔl] *m* antidumping duty

Anti-Trust... [anti'trʌst] *adj* antitrust

antizipative Posten [antitsipa'ti:fə 'pɔstən] *m/pl* accruals

antizyklische Finanzpolitik [anti'tsy:klɪʃə fɪ'nantspoliti:k] *f* countercyclical fiscal policy

antizyklisches Verhalten [anti'tsy:klɪʃəs fɛr'haltən] *n* countercyclical development

Antrag ['antra:k] *m* application ~ *stellen* make an application; ~ *ablehnen* reject a request

Antragsformular ['antra:ksfɔrmula:r] *n* application form

Antragsteller(in) ['antra:kʃtɛlər(ɪŋ)] *m/f* applicant, proposer, claimant

Antwort ['antvɔrt] *f* reply

Antwortschreiben ['antvɔrtʃraɪbən] *n* reply, answer

Anwalt ['anvalt] *m* lawyer, solicitor, attorney

Anwältin ['anvɛltɪn] *f* female lawyer

Anwärter(in) ['anvɛrtər(ɪŋ)] *m/f (Amtsanwärter)* candidate

Anwartschaft ['anvartʃaft] *f* beneficial estate, right in course of acquisition

Anwartsschaftsdeckungsverfahren ['anvartʃaftsdɛkuŋsfɛrfa:rən] *n* expectancy cover procedure

anweisen ['anvaɪzən] *v irr* remit, assign, transfer

Anweisung ['anvaɪzuŋ] *f* transfer, remittance, payment order

Anwender(in) ['anvɛndər] *m/f* user

anwenderfreundlich ['anvɛndərfrɔyntlɪç] *adj* user-friendly

Anwenderprogramm ['anvɛndərprɔgram] *n* user programme

anwerben ['anvɛrbən] *v irr* recruit

Anwerbung ['anvɛrbuŋ] *f* recruitment

Anzahlung ['antsa:luŋ] *f* down payment, deposit

Anzahlungsbürgschaft ['antsa:luŋsbyrkʃaft] *f* payment guarantee

Anzeige ['antsaɪgə] *f* 1. *(Werbung)* advertisement; 2. *(Recht)* report

Anzeigenformat ['antsaɪgənfɔrma:t] *n* size of an advertisement

Anzeigenschaltung ['antsaɪgənʃaltuŋ] *f* placement of an advertisement

Anzeigenteil ['antsaɪgəntaɪl] *m* advertising section

Anzeigepflicht ['antsaɪgəpflɪçt] *f* legal obligation to disclose one's results

Application Service Provider (ASP) [æplɪ'keɪʃən 'sɜːvɪs prə'vaɪdə] *m* application service provider

Äquivalenzprinzip [ɛkviva'lɛntsprɪntsi:p] *n* cost-of-service principle, principle of equivalence

Äquivalenzzifferkalkulation [ɛkviva'lɛntstsɪfərkalkulatsjo:n] *f* equivalence coefficient costing

Arbeit ['arbaɪt] *f* 1. labour, work; 2. *(Berufstätigkeit)* employment

arbeiten ['arbaɪtən] *v* work, labour

Arbeiter(in) ['arbaɪtər(ɪn)] *m* worker, employee, labourer

Arbeiterschaft ['arbaɪtərʃaft] *f* labour force

Arbeitgeber(in) ['arbaɪt'ge:bər(ɪn)] *m/f* employer

Arbeitgeberanteil [arbaɪt'ge:bərantaɪl] *m* employer's contribution

Arbeitgebervorband [arbaɪt'ge:bərfɛrbant] *m* employers' association

Arbeitgeberzuschüsse [arbaɪt'ge:bərtsu:ʃysə] *m/pl* employer's contributions

Arbeitnehmer(in) ['arbaɪtne:mər(ɪn)] *m* employee

Arbeitnehmeraktie [arbaɪt'ne:məraktsjə] *f* employees' shares

Arbeitnehmeranteil [arbaɪt'ne:mər'antaɪl] *m* employee's contribution

Arbeitnehmerbeteiligung [arbaɪt'ne:mərbətaɪlɪguŋ] *f* worker participation

Arbeitnehmer-Erfindungen [arbaɪt'ne:mərerfɪnduŋən] *f/pl* employee inventions

Arbeitnehmer-Freibetrag [arbaɪt'ne:mərfraɪbətra:k] *m* employee's allowable deduction

Arbeitnehmer-Pauschbetrag [arbaɪt'ne:mərpauʃbətra:k] *m* employee's zero bracket amount; general charge; lump sum

Arbeitnehmersparzulage [arbaɪt'ne:mərʃpa:rtsu:la:gə] *f* employees' savings premium

Arbeitnehmerüberlassung [arbaɪt'neːmər-y:bərlasʊŋ] f employee leasing

Arbeitsamt ['arbaɪtsamt] n employment office, labour exchange, employment exchange, local labour office

Arbeitsanfall ['arbaɪts'anfal] m volume of work

Arbeitsbedingungen ['arbaɪtsbədɪŋʊŋən] f/pl terms and conditions of employment

Arbeitsbeschaffung ['arbaɪtsbə'ʃafʊŋ] f job creation

Arbeitsbeschaffungsmaßnahme [arbaɪtsbə'ʃafʊŋsmaːsnaːmə] f job-creating measure

Arbeitsbewertung ['arbaɪtsbəvɛrtʊŋ] f job evaluation

Arbeitseinkommen ['arbaɪtsaɪnkɔmən] n earned income

Arbeitsentgelt ['arbaɪtsɛntgɛlt] n remuneration

Arbeitserlaubnis ['arbaɪtsɛrlaupnɪs] f work permit

Arbeitsertrag ['arbaɪtsɛrtraːk] m work performed

Arbeitsessen ['arbaɪtsɛsən] n working lunch

Arbeitsförderungsgesetz (AFG) ['arbaɪtsfœrdərʊŋsgəzɛts (aˈɛfˈgeː)] n Labor Promotion Law

Arbeitsgang ['arbaɪtsgaŋ] m operation, routine

Arbeitsgemeinschaft ['arbaɪtsgəmaɪnʃaft] f working group, team

Arbeitsgericht ['arbaɪtsgərɪçt] n industrial tribunal

Arbeitskosten ['arbaɪtskɔstən] pl 1. (Personal) labor/employment cost; 2. (Kostenrechnung) variable cost

Arbeitskraft ['arbaɪtskraft] f 1. (Person) worker; 2. (Fähigkeit) working capacity

Arbeitsleistung ['arbaɪtslaɪstʊŋ] f productivity

arbeitslos ['arbaɪtsloːs] adj unemployed, jobless, out of work

Arbeitslose(r) ['arbaɪtsloːzə(r)] m/f unemployed person

Arbeitslosengeld ['arbaɪtsloːzəngɛlt] n unemployment benefit

Arbeitslosenhilfe ['arbaɪtsloːzənhɪlfə] f unemployment benefit

Arbeitslosenrate ['arbaɪtsloːzənraːtə] f unemployment rate

Arbeitslosenversicherung ['arbaɪtsloːzənfɛrzɪçərʊŋ] f unemployment insurance

Arbeitslosigkeit ['arbaɪtsloːzɪçkaɪt] f unemployment

Arbeitsmarkt ['arbaɪtsmarkt] m labour market

Arbeitsmarktpolitik ['arbaɪtsmarktpolitiːk] f labor market policy, manpower policy

Arbeitsnachfrage ['arbaɪtsnaːxfraːgə] f job demand

Arbeitsplatz ['arbaɪtsplats] m place of employment

Arbeitsplatzgestaltung ['arbaɪtsplatsgəʃtaltʊŋ] f job engineering

Arbeitsplatzrechner ['arbaɪtsplatsrɛçnər] m workstation

Arbeitsplatzschutz ['arbaɪtsplatsʃuts] m protection of jobs, employment protection

Arbeitsproduktivität ['arbaɪtsproduktiviːt] f productivity of labour

Arbeitspsychologie ['arbaɪtspsyçologiː] f industrial psychology

Arbeitsrecht ['arbaɪtsrɛçt] n labour law

Arbeitsschutz ['arbaɪtsʃuts] m industrial safety

Arbeitssicherheit ['arbaɪtszɪçərhaɪt] f safety at work

Arbeitsspeicher ['arbaɪtsʃpaɪçər] m main memory

Arbeitsstelle ['arbaɪtsʃtɛlə] f 1. place of work; 2. (Stellung) job

Arbeitssuche ['arbaɪtszuːxə] f looking for work, job search

Arbeitstag ['arbaɪtstaːk] m workday, working day

Arbeitsteilung ['arbaɪtstaɪlʊŋ] f division of labour

arbeitsunfähig ['arbaɪtsunfɛːɪç] adj unable to work, disabled, unfit for work

Arbeitsunfähigkeit ['arbaɪtsunfɛːɪçkaɪt] f unfitness for work, disability

Arbeitsunfall ['arbaɪtsunfal] m industrial accident

Arbeitsverhältnis ['arbaɪtsfɛrhɛltnɪs] n employment relationship

Arbeitsvermittlung ['arbaɪtsfɛrmɪtlʊŋ] f employment agency

Arbeitsvertrag ['arbaɪtsfɛrtraːk] m contract of employment

Arbeitsvorbereitung ['arbaɪtsfoːrbəraɪtʊŋ] f job preparation

Arbeitszeit ['arbaɪtstsaɪt] f working hours

Arbeitszeitverkürzung ['arbaɪtstsaɪtferkyrtsʊŋ] f cut in working time, reduction of working hours

Arbeitszufriedenheit ['arbaɪtstsufriːdənhaɪt] f job satisfaction

Arbitrage [arbiˈtraːʒ(ə)] f arbitrage

Arbitragegeschäft [arbi'tra:ʒəgəʃɛft] *n* arbitrage dealings

Arbitrageklausel [arbi'tra:ʒəklausəl] *f* arbitrage clause

Arbitragerechnung [arbi'tra:ʒəreçnuŋ] *f* arbitrage voucher

Arbitrageur [arbi'tra:ʒø:r] *m* arbitrager

Arbitragewert [arbi'tra:ʒəve:rt] *m* arbitrage value, arbitrage stocks

Archiv [ar'çi:f] *n* archives

Archivierung [arçi'vi:rəuŋ] *f* filing, putting into the archives

Argumentation [argumɛnta'tsjo:n] *f* argumentation

arithmetisches Mittel [arɪt'me:tɪʃəs 'mɪtəl] *n* arithmetical average

arrondieren [arɔn'di:rən] *v* to round off

Artikel [ar'tɪkəl] *m* product, commodity, good

Artikelnummernsystem [ar'tɪkəlnumərzyste:m] *n* article coding system, item numbering system

Artvollmacht [a:rt'fɔlmaxt] *f* specialized power of attorney

Asiendollarmarkt ['azjəndɔlarmarkt] *m* Asian Dollar market

Assekuranz [aseku'rants] *f* assurance

Assekuranzprinzip [aseku'rantsprɪntsi:p] *n* insurance industry principle

Assessment Center [ə'sesmənt 'sentə] *n* assessment center

Asset Management ['æsət 'mɛnədʃmənt] *n* asset management

Asset Markt ['æset 'ma:kɪt] *m* asset market

Asset-Swap ['æsetswɔp] *n* asset swap

Assistent(in) [asɪs'tɛnt(ɪn)] *m/f* assistant

Assoziation [asotsja'tsjo:n] *f* association

asynchrone Datenübertragung ['azynkro:nə 'da:təny:bərtra:guŋ] *f* asynchronous data transfer/transmission

Atomwirtschaft [a'to:mvɪrtʃaft] *f* nuclear economy

Attentismus [atɛn'tɪsmus] *m* wait-and-see attitude

Audiokonferenz [audjokɔnfe'rɛnts] *f* audioconference

Auditing ['ɔ:dɪtɪŋ] *n* auditing

auf Abruf [auf 'apru:f] on call

Aufbaukonto ['aufbaukɔnto] *n* build-up account

Aufbauorganisation ['aufbauɔrganizatsjo:n] *f* company organization structure

Aufbauphase ['aufbaufa:zə] *f* development phase

aufbereiten ['aufbəraitən] *v* process, prepare, treat; *wieder* ~ reprocess

Aufbereitung ['aufbəraituŋ] *f (Vorbereitung)* processing

Aufbewahrung ['aufbəva:ruŋ] *f* deposit

Aufbewahrungsfrist ['aufbəva:ruŋsfrɪst] *f* retention period

Aufbewahrungspflicht ['aufbəva:ruŋspflɪçt] *f* obligation to preserve records

Aufenthaltserlaubnis ['aufɛnthaltsɛrlaupnɪs] *f* residence permit

Auffanggesellschaft ['auffaŋgəzɛlʃaft] *f* recipient company

Aufgabe ['aufga:bə] *f (Arbeit)* task, assignment, responsibility; *mit einer* ~ *betraut sein* to be charged with a task

Aufgabegeschäft ['aufga:bəgəʃɛft] *n* name transaction

Aufgabenanalyse ['aufga:bənanaly:zə] *f* functional analysis

Aufgabengebiet ['aufga:bəngəbi:t] *n* area of responsibility

Aufgabensynthese ['aufga:bənzynte:zə] *f* task-oriented synthesis

Aufgeld ['aufgɛlt] *n* premium, extra charge, agio

aufgenommene Gelder ['aufgənɔmənə 'gɛldər] *pl* borrowed funds, creditors' account

aufgerufene Wertpapiere ['aufgərufənə 've:rtpapi:rə] *n/pl* securities publicly notified as lost

Aufhebung ['aufhe:buŋ] *f* cancellation, elimination

Aufhebungsvertrag ['aufhe:buŋsfertra:k] *m* agreement to cancel an obligatory relation

Aufholung ['aufho:luŋ] *f* catching up, gaining ground

aufkaufen ['aufkaufən] *v* buy up, take over, acquire

Aufkaufgroßhandel ['aufkaufgro:shandəl] *m* buying-up wholesale trade

Aufkaufspekulation ['aufkaufʃpekulatsjo:n] *f* take-over speculation

Aufkleber ['aufkle:bər] *m* sticker

Aufkommen ['aufkɔmən] *n* yield, revenue

auf Kommissionsbasis [auf kɔmɪ'sjo:nsba:zɪs] on a commission basis

auf Lager [auf 'la:gər] in stock

Auflassung ['auflasuŋ] *f* conveyance by agreement

auflösen ['auflø:zən] *v* 1. *(Geschäft)* liquidate, dissolve; 2. *(Vertrag)* cancel

Auflösung ['auflø:zuŋ] *f (Geschäft)* dissolution, liquidation

Aufnahmefähigkeit (des Marktes) ['aufna:məfɛ:ɪçkaɪt (des 'marktəs)] f absorptive capacity (of the market)

Aufpreis ['aufpraɪs] m additional charge

auf Probe [auf 'pro:bə] on trial

auf Provisionsbasis [auf provi'zjo:nsba:zɪs] on a commission basis

Aufrechnung ['aufrɛçnuŋ] f set-off

aufrufen ['aufru:fən] v irr call up, retrieve

Aufschiebung ['aufʃi:buŋ] f deferment, delay, postponement

Aufschlag ['aufʃla:k] m (Preisaufschlag) surcharge, extra charge

Aufschwung ['aufʃvuŋ] m recovery, boom, upswing

auf Sicht [auf sɪçt] at sight, on demand

Aufsicht ['aufzɪçt] f supervision

Aufsichtsamt ['aufzɪçtsamt] n control board

Aufsichtsbehörde ['aufzɪçtsbəhœrdə] f supervisory authority

Aufsichtspflicht ['aufzɪçtspflɪçt] f duty of supervision

Aufsichtsrat ['aufzɪçtsra:t] m supervisory board

Aufsichtsratsvorsitzender ['aufzɪçtsra:tsfo:rzɪtsəndər] m chairman of the supervisory board

Aufstiegsmöglichkeit ['aufʃti:ksmø:klɪçkaɪt] f opportunity for advancement

Auftrag ['auftra:k] m (Aufgabe) assignment, instruction, job, contract, orders pl

Auftraggeber ['auftra:kge:bər] m client, customer

Auftragnehmer ['auftra:kne:mər] m contractor, company accepting an order

Auftragsabwicklung ['auftra:ksapvɪkluŋ] f processing of an order

Auftragsbearbeitung ['auftra:ksbəarbaɪtuŋ] f order processing

Auftragsbestätigung ['auftra:ksbəʃtɛtɪguŋ] f confirmation of an order

Auftragseingang ['auftra:ksaɪngaŋ] m incoming order

Auftragserteilung ['auftra:ksɛrtaɪluŋ] f placing of an order

Auftragsgröße ['auftra:ksgrø:sə] f lot size

Auftragsnummer ['auftra:ksnumər] f order number, trade number

Auftragsplanung ['auftra:kspla:nuŋ] f order scheduling

Aufwand ['aufvant] m 1. (Einsatz) effort; 2. (Kosten) expense(s), cost, expenditure

Aufwands- und Ertragsrechnung ['aufvants unt ɛr'tra:ksrɛçnuŋ] f profit and loss account

Aufwandsausgleichkonto ['aufvantsausglaɪçkɔnto] n account for reimbursements of expenses

Aufwandsentschädigung ['aufvantsɛntʃɛ:dɪguŋ] f expense allowance

Aufwandsfaktor ['aufvantsfaktor] m expenditure factor

Aufwandskonto ['aufvantskɔnto] n expense account

Aufwandskosten ['aufvantskɔstən] pl expenses incurred

Aufwärtskompatibilität ['aufvɛrtskɔmpatibilitɛ:t] f upward compatibility

Aufwärtstrend ['aufvɛrtstrɛnt] m upward trend, upside trend

Aufwendungen ['aufvɛnduŋ] f/pl (Kosten) expenses, charges

aufwerten ['aufvɛrtən] v upvalue, appreciate

Aufwertung ['aufve:rtuŋ] f (Währung) upvaluation, appreciation

Aufzinsung ['auftsɪnzuŋ] f accumulation addition of accrued interest

Auktion [auk'tsjo:n] f auction

Auktionator [auktsjo'na:tor] m auctioneer

ausarbeiten ['ausarbaɪtən] v work out, develop

Ausbilder ['ausbɪldər] m trainer, instructor

Ausbildung ['ausbɪlduŋ] f apprenticeship, schooling, education

Ausbildungsverhältnis ['ausbɪlduŋsfɛrheltnɪs] n

Ausbrechen des Kurses ['ausbrɛçən des 'kurzəs] n erratic price movements

Ausbringung ['ausbrɪnuŋ] f out-put

Ausfall ['ausfal] m 1. financial loss; 2. breakdown

Ausfallbürgschaft ['ausfalbyrkʃaft] f deficiency guarantee

ausfallen ['ausfalən] v irr (Maschine) fail, break down

Ausfallforderung ['ausfalfɔrdəruŋ] f bad debt loss

Ausfallrisiko ['ausfalri:ziko] f default risk

Ausfallzeit ['ausfaltzaɪt] f downtime, outage time

ausfließen ['ausfli:sən] v flow out

Ausfolgungsprotest ['ausfɔlguŋsprotɛst] m protest for non-delivery

Ausfuhr ['ausfu:r] f export, exportation

Ausfuhrabfertigung ['ausfu:rapfɛrtiguŋ] f customs clearance of exports

Ausfuhrabgaben ['ausfu:rapga:bən] *f/pl* export duties

Ausfuhrbescheinigung ['ausfu:rbəʃaını-guŋ] *f* export certificate

Ausfuhrbeschränkung ['ausfu:rbəʃrɛŋ-kuŋ] *f* export restriction

Ausfuhrbestimmungen ['ausfu:rbəʃtımuŋ-ən] *pl* export regulations

Ausfuhrbürgschaften ['ausfu:rbyrkʃaf-tən] *f/pl* export credit guarantee

Ausfuhrdeckung ['ausfu:rdɛkuŋ] *f* export coverage

ausführen ['ausfy:rən] *v* export

Ausfuhrfinanzierung ['ausfu:rfınantsi:-ruŋ] *f* export financing

Ausfuhrförderung ['ausfu:rfœrdəruŋ] *f* measures to encourage exports

Ausfuhrgarantie ['ausfu:rgaranti:] *f* export credit guarantee

Ausfuhrgenehmigung ['ausfu:rgəne:mı-guŋ] *f* export permit, export licence

Ausfuhrhandel ['ausfu:rhandəl] *m* export trade

Ausfuhrkontrolle ['ausfu:rkɔntrɔlə] *f* export control

Ausfuhrkreditanstalt (AKA) ['ausfu:rkre-di:tanʃtalt(a'ka'a)] *f* Export Credit Company

Ausfuhrpapiere ['ausfu:rpapi:rə] *n/pl* export documents

Ausfuhrüberschuss ['ausfu:ry:bərʃus] *m* export surplus

Ausfuhrverbot ['ausfu:rfɛrbo:t] *n* export ban, export prohibition

Ausfuhrzoll ['ausfu:rtsɔl] *m* export duty

Ausgaben ['ausga:bən] *f/pl* expenses

Ausgabenkontrolle ['ausga:bənkɔntrɔlə] *f* expenditure control

Ausgabenplan ['ausga:bənpla:n] *m* plan of expenditure

Ausgabensteuer ['ausga:bənʃtɔyər] *f* outlay tax

ausgabenwirksame Kosten ['ausga:bən-vırkza:mə 'kɔstən] *pl* spending costs

Ausgabepreis ['ausga:bəprais] *m* issuing price

Ausgabewert ['ausga:bəve:rt] *m* nominal value

ausgeben ['ausge:bən] *v irr (Geld)* spend; *(Aktien)* issue

ausgleichen ['ausglaıçən] *v irr* equalize, compensate, settle

Ausgleichs- und Deckungsforderung ['ausglaıçs unt 'dɛkuŋsfɔrdəruŋ] *f* equalization and covering claim

Ausgleichsabgabe ['ausglaıçsapga:bə] *f* countervailing duty

Ausgleichs-Arbitrage ['ausglaıçsarbitra:-ʒə] *f* offsetting arbitrage

Ausgleichsfonds ['ausglaıçsfɔ̃:] *m* compensation fund

Ausgleichsforderung ['ausglaıçsfɔrdəruŋ] *f* equalization claim

Ausgleichsfunktion des Preises ['aus-glaıçsfuŋktsjo:n] *f* invisible hand

Ausgleichsposten ['ausglaıçspɔstən] *m* balancing/adjustment/compensating item

Ausgleichsrecht ['ausglaıçsrɛçt] *n* equalization right

Ausgleichsverfahren ['ausglaıçsfɛrfa:rən] *n* composition proceedings

Ausgleichszahlung ['ausglaıçstsa:luŋ] *f* deficiency payment, compensation payment

aushandeln ['aushandəln] *v* negotiate

Aushängeschild ['aushɛŋəʃılt] *n (Rekla-me)* advertisement

Aushilfe ['aushılfə] *f* temporary help

Aushilfsarbeit ['aushılfsarbaıt] *f* temporary work

Aushilfskraft ['aushılfskraft] *f* temporary worker, casual worker

Auskunft ['auskunft] *f* 1. information; 2. *(in einem Büro)* information desk; 3. *(am Telefon)* Directory Enquiries *(UK)*, directory assistance *(US)*

Auskunftdatei ['auskunftdataı] *f* information file

Auskunftei [auskunf'taı] *f* commercial agency, mercantile agency, credit reporting agency *(UK)*

Auskunftspflicht ['auskunftspflıçt] *f* obligation to give information

Auslage ['ausla:gə] *f (Geld)* expenditure, disbursement, outlay

auslagern ['ausla:gərn] dislocate

Ausländer(in) ['auslɛndər(ın)] *m/f* foreigner, nonresistent

ausländische Arbeitnehmer ['auslɛndıʃə 'arbaıtne:mər] *m/pl* foreign workers

ausländische Betriebsstätte ['auslɛn-dıʃə 'bətri:psʃtɛtə] *f* permanent establishment abroad

ausländischer Anteilseigner ['auslɛndı-ʃər 'antaılsaıgnər] *m* foreign shareholder

ausländisches Wertpapier ['auslɛndıʃəs 've:rtpapi:r] *n* foreign security

Auslandsakzept ['auslantsaktsɛpt] *n* foreign acceptance

Auslandsanleihe ['auslantsanlaıə] *f* foreign loan, foreign bond, external loan

Auslandsbank ['auslantsbaŋk] *f* foreign bank

Auslandsbonds ['auslantsbɔnds] *m/pl* foreign currency bonds

Auslandsbondsbereinigung ['auslantsbɔndsbəraɪnɪguŋ] *f* external bonds validation

Auslandsgeschäft ['auslantsgəʃɛft] *n* business in foreign countries, foreign business

Auslandsinvestitionen ['auslantsɪnvestitsjo:nən] *pl* capital invested abroad, foreign investments

Auslandskapital ['auslantskapita:l] *n* foreign capital

Auslandskonto ['auslantskɔnto] *n* foreign account, rest-of-the-world account

Auslandskredit ['auslantskredi:t] *m* foreign credit, foreign lending

Auslandskunde ['auslantskundə] *m* foreign customer

Auslandsmärkte ['auslantsmɛrktə] *m/pl* foreign markets

Auslandsnachfrage ['auslantsna:xfra:gə] *f* foreign demand

Auslandsniederlassung ['auslantsni:dərlasuŋ] *f* branch abroad

Auslandspatente ['auslantspatɛntə] *n/pl* foreign patents

Auslandsscheck ['auslantsʃɛk] *m* foreign cheque

Auslandsschulden ['auslantsʃuldən] *f/pl* foreign debts

Auslandsstatus ['auslantsʃta:tus] *m* foreign assets and liabilities

Auslandsvermögen ['auslantsfɛrmø:gən] *f* foreign assets

Auslandsverschuldung ['auslantsfɛrʃulduŋ] *f* foreign debt

Auslandsvertretung ['auslantsfɛrtre:tuŋ] *f* agency abroad

Auslandswechsel ['auslantsvɛksəl] *m* foreign bill of exchange

auslasten ['auslastən] *v* 1. utilize fully, make full use of; 2. *(Maschine)* use to capacity

Auslastung ['auslastuŋ] *f* utilization to capacity

Auslastungsgrad ['auslastuŋsgra:t] *m* degree of utilisation

ausliefern ['ausli:fərn] *v* deliver, hand over

Auslieferung ['ausli:fəruŋ] *f* delivery, handing over

Auslieferungslager ['ausli:fəruŋsla:gər] *n* distribution store

Auslobung ['auslo:buŋ] *f* promise of reward, public ... offer

Auslosungsanleihe ['auslo:zuŋsanlaɪə] *f* lottery bond

ausmachender Betrag ['ausmaxəndər bə'tra:k] *m* actual amount

Ausnahmeregelung ['ausna:məre:gəluŋ] *f* provision

Ausnahmetarif ['ausna:mətari:f] *m* preferential rate

Ausnutzungsgrad ['ausnutsuŋsgra:t] *m* utilization rate

Ausprägung ['ausprɛ:guŋ] *f* coinage, minting; attribute

ausrechnen ['ausreçnən] *v* calculate, compute

Ausrüster ['ausrystər] *m* fitter

Aussage ['ausza:gə] *f* testimony, statement, evidence

aussagen ['ausza:gən] *v* testify

ausschließlich Berechtigungsaktie (exBA) [ʒausʃli:sliç bəʒrɪçtiguŋsaktsjə] ex capitalization issue

ausschließlich Bezugsrecht (exBR) ['ausʃli:sliç bɛʒtsu:ksreçt] ex cap (italization)

ausschließlich Dividende (exD) ['ausʃli:sliç dɪvɪʒdɛndə] ex d(ividend), coupon detached; dividend off

Ausschließlichkeitserklärung ['ausʃli:sliçkaɪtsɛrkle:ruŋ] *f* undertaking to deal exclusively with one bank or firm

Ausschlussprinzip ['ausʃlusprɪntsi:p] *n* exclusion principle

ausschreiben ['ausʃraɪbən] *v irr (Scheck)* issue, write out, make out

Ausschreibung ['ausʃraɪbuŋ] *f* call for tenders, invitation to tender

Ausschussquote ['ausʃuskvo:tə] *f* defects rate

ausschütten ['ausʃytən] *v (Dividenden)* distribute, pay

Ausschüttung ['ausʃytuŋ] *f* distribution, payout

Außenbeitrag ['ausənbaɪtra:k] *m* net export, net foreign demand

Außendienst ['ausəndi:nst] *m* field work

Außendienstmitarbeiter ['ausəndi:nstmɪtarbaɪtər] *m* field staff

Außenfinanzierung ['ausənfinantsi:ruŋ] *f* external financing

Außenhandel ['ausənhandəl] *m* foreign trade, external trade

Außenhandelmultiplikator ['ausənhandəlmultiplika:to:r] *m* foreign trade multiplier

Außenhandelsabteilung ['ausənhandəlsaptaɪluŋ] *f* export department

Außenhandelsbilanz ['ausənhandəlsbɪlants] f foreign trade balance

Außenhandelsdefizit ['ausənhandəlsdeːfɪtsɪt] n foreign trade deficit

Außenhandelsfinanzierung ['ausənhandəlsfɪnantsiːruŋ] f foreign trade financing

Außenhandelsfreiheit ['ausənhandəlsfraɪhaɪt] f free trade

Außenhandelsgewinn ['ausənhandəlsgəvɪn] m gains from trade

Außenhandelskammer ['ausənhandəlskamər] f chamber of foreign trade

Außenhandelsmonopol ['ausənhandəlsmonopoːl] n foreign trade monopoly

Außenhandelsquote ['ausənhandəlskvoːtə] f ratio of total trade turnover to national income

Außenhandelsrahmen ['ausənhandəlsraːmən] m foreign trade structure

Außenhandelsstatistik ['ausənhandəlsʃtatɪstɪk] f foreign trade statistics

Außenhandelsvolumen ['ausənhandəlsvoluːmən] n volume of foreign trade

Außenmarkt ['ausənmarkt] m external market

Außenprüfung ['ausənpryːfuŋ] f 1. (Rechnungswesen) field audit, 2. (Steuern) government audit

Außenstände ['ausənʃtɛndə] pl outstanding accounts, accounts receivable

Außenwerbung ['ausənvɛrbuŋ] f outdoor advertising

Außenwert der Währung ['ausənveːrt deːr 'vɛːruŋ] m external value of the currency

Außenwirtschaft ['ausənvɪrtʃaft] f external economic relations, foreign trade

außenwirtschaftliches Gleichgewicht ['ausənvɪrtʃaftlɪçəs 'glaɪçgəvɪçt] n external balance

Außenwirtschaftsgesetz ['ausənvɪrtʃaftsgəzɛts] n Act on Foreign Trade and Payments, Foreign Trade Law

Außenwirtschaftspolitik ['ausənvɪrtʃaftspolitiːk] f international economic policy

Außenwirtschaftsverkehr ['ausənvɪrtʃaftsferkeːr] m foreign trade and payments transactions

außergerichtlich ['ausərgərɪçtlɪç] adj extrajudicial, out-of-court

außergerichtlicher Vergleich ['ausərgərɪçtlɪçər fer'glaɪç] m out-of-court settlement

außergewöhnliche Belastungen ['ausərgəvøːnlɪçə bə'lastuŋən] f/pl extraordinary expenses, extraordinary financial burden

außerordentliche Abschreibung ['ausərɔrdəntlɪçə 'apʃraɪbuŋ] f extraordinary depreciation

außerordentliche Aufwendungen ['ausərɔrdəntlɪçə 'aufvɛnduŋən] f/pl extraordinary expenditures, non recurrent expenditures

außerordentliche Ausgaben ['ausərɔrdəntlɪçə 'ausgaːbən] f/pl extraordinary expenditures

außerordentliche Einkünfte ['ausərɔrdəntlɪçə 'aɪnkynftə] pl extraordinary income

außerordentliche Einnahmen ['ausərɔrdəntlɪçə 'aɪnnaːmən] f/pl extraordinary income

außerordentliche Erträge ['ausərɔrdəntlɪçə ɛr'trɛːgə] m/pl extraordinary income

außerordentliche Hauptversammlung ['ausərɔrdəntlɪçə 'hauptferzamluŋ] f special meeting of stockholders

außerordentliche Kündigung ['ausərɔrdəntlɪçə 'kyndiguŋ] f notice to quit for cause

außerordentlicher Haushalt ['ausərɔrdəntlɪçər 'haushalt] m extraordinary budget

Aussetzung ['auszɛtsuŋ] f suspension

Aussonderung ['auszɔndəruŋ] f separation of property belonging to a bankrupt's estate

aussperren ['ausʃpɛrən] v (Streik) lock out

Aussperrung ['ausʃpɛruŋ] f lock-out

Ausstand ['ausʃtant] m (Streik) strike

ausstehende Einlagen ['ausʃteːəndə 'aɪnlaːgen] f/pl outstanding contributions

ausstellen ['ausʃtɛlən] v (Waren) display, lay out, exhibit

Aussteller ['ausʃtɛlər] m exhibitor

Ausstellung ['ausʃtɛluŋ] f exhibition

Austritt ['austrɪt] m voluntary retirement (of a partner)

Ausverkauf ['ausfɛrkauf] m clearance sale

Ausverkaufspreise ['ausfɛrkaufspraɪzə] pl sale prices, clearance prices

ausverkauft ['ausfɛrkauft] adj sold out

Auswahlverfahren ['ausvaːlferfaːrən] n selection procedure

Ausweichkurs ['ausvaɪçkurs] m fictitious security price

Ausweis der Kapitalherabsetzung ['ausvaɪs deːr 'kapitaːlhɛrapzɛtsuŋ] m return of capital reduction

Ausweisung ['ausvaɪzuŋ] f statement

Auswertung ['ausveːrtuŋ] f evaluation

auszahlen ['austsaːlən] v pay; sich ~ pay off, to be worthwhile

Auszahlung ['austsaːluŋ] f payment

Auszählung ['austsɛːluŋ] f counting
auszeichnen ['austsaiçnən] v (Waren)
mark
Auszubildende(r) ['austsubildəndə(r)] m/f
trainee, apprentice
Auszug ['austsuːk] m (Kontoauszug) statement (of account)
autark [au'tark] adj self-supporting
Autarkie [autar'kiː] f autarky
Autokorrelation [autokɔrela'tsjoːn] f autocorrelation
Automatic Transfer Service (ATS) [ɔːtə-
'mætik træns'fɜː 'sɜːvis ('æi'tiː'ɛs)] m
Automatic Transfer Service
Automation [automa'tsjoːn] f automation
Automatisationsgrad [automatiza'tsjoːns-
graːt] m automation degree
automatische Kursanzeige [auto'maːti-
ʃə 'kursantsaigə] f automatic quotation
Automatisierung [automati'ziːruŋ] f automation
Automatismus [automa'tismus] m auto-
matism

Automobilindustrie [automo'biːlindus-
triː] f automobile industry
autonome Arbeitsgruppen [auto'noːmə
'arbaitsgrupən] f/pl autonomous teams
autonome Größen [auto'noːmə 'grøːsən]
f/pl autonomous variables
Autonomie [autono'miː] f autonomy
autorisiertes Kapital [autori'ziːrtəs kapi-
'taːl] n authorized capital
autoritär [autori'tɛːr] adj authoritarian
autoritärer Führungsstil [autori'tɛːrər 'fyː-
ruŋsʃtiːl] m authoritative style of leadership
Aval [a'val] m guarantee of a bill
Avalkredit [a'valkrediːt] m loan granted by
way of bank guarantee, credit by way of bank
guarantee
Aval-Provision [a'valprovizjoːn] f commission on bank guarantee
Averaging ['ævəridʒiŋ] n averaging
Avis [a'viː] m/n advice
Azubi [a'tsuːbi] m/f (Auszubildende(r))
trainee, apprentice

B

Baby-Bonds ['be:bibɔnds] *pl* baby bonds
Backwardation ['bækwədeɪʃən] *f* backwardation
Bagatellbetrag [baga'tɛlbətra:k] *m* trifle, trifling amount petty amount
Bagatellsache [baga'tɛlzaxə] *f* petty case
Bagatellschaden [baga'tɛlʃa:dən] *m* petty damage, trivial damage, minimal damage
Bahn [ba:n] *f (Eisenbahn)* railway, railroad *(US)*
bahnbrechend ['ba:nbreçənt] *adj (fam)* pioneering, trailblazing
Bahnfracht ['ba:nfraxt] *f* rail freight
Bahntransport ['ba:ntranspɔrt] *m* railway transportation
Baisse ['bɛ:sə] *f* bear market, slump
Baisseklausel ['bɛ:sklausəl] *f* bear clause
Baisser ['bɛ:se] *f* bear
Balkencode ['balkənkɔud] *m* bar code
Balkendiagramm ['balkəndiagram] *n* bar chart ; bar graph
Balkenwaage ['balkənva:gə] *f* balance, beam and scales
Ballen ['balən] *m* bale
Ballungsgebiet ['baluŋsgəbi:t] *n* agglomeration area, area of industrial concentration
Band [bant] *n 1. (EDV)* tape; *2. (Fließband)* assembly line
Bandbreite ['bantbraɪtə] *f* margin
Bandenwerbung ['bandənverbuŋ] *f* sideline advertising
Bandwaggon-Effekt ['bantwagɔ'efekt] *m* bandwaggon effect
Bank [baŋk] *f* bank
Bank für Internationalen Zahlungsausgleich (BIZ) ['baŋk fy:r 'intərnatsjona:len 'tsa:luŋsausglaɪç] *f* Bank for International Settlements (BIS)
Bankakademie ['baŋkakade'mi:] *f* banking academy
Bankakkreditiv ['baŋkakrediti:f] *n* bank letter of credit
Bankaktie ['baŋkaktsjə] *f* bank shares
Bankakzept ['baŋkak'tsept] *n* bank acceptance
Bankangestellte(r) ['baŋkaŋəʃtɛltə(r)] *m/f* bank employee, bank clerk
Bankanleihen ['baŋkanlaɪhən] *pl* bank bonds

Bankanweisung ['baŋkanvaɪzuŋ] *f* bank transfer, bank money order
Bankauftrag ['baŋkauftra:k] *m* bank order, instruction to a bank
Bankauskunft ['baŋkauskunft] *f* banker's reference
Bankausweis ['baŋkauswaɪs] *m* bank return
Bankauszug ['baŋkaustsu:k] *m* bank statement
Bankautomat ['baŋkautoma:t] *m* automatic cash dispenser
Bankautomation ['baŋkautoma'tsjo:n] *f* bank automation
Bankaval ['baŋkava:l] *n* bank guarantee
Bankavis ['baŋkavi:(s)] *m/n* bank notification (of a letter of credit)
Bankbetriebslehre ['baŋkbətri:ple:rə] *f* science of banking
Bankbeziehungen ['baŋkbətsi:uŋən] *f/pl* bank relations
Bankbilanz ['baŋkbilants] *f* bank balance sheet
Bankbuchhaltung ['baŋkbuxhaltuŋ] *f* bank's accounting department; bank accounting system
Bankdarlehen ['baŋkda:rle:ən] *n* bank loan, bank credit
Bankdeckung ['baŋkdəkuŋ] *f* banking cover
Bankdepositen ['baŋkdəpɔsitən] *pl* bank deposits
Bankdepotgesetz ['baŋkdepo:gezɛts] *n* Bank Custody Act
Bankdirektor ['baŋkdirɛktɔr] *m* bank manager, bank director
Bankeinlage ['baŋkaɪnla:gə] *f* bank deposit
Bankeinzugsverfahren ['baŋkaɪntsuksfərfa:rən] *n* direct debiting
Bankenaufsicht ['baŋkənaufsiçt] *f* public supervision of banking
Bankenerlass ['baŋkənɛrlas] *m* banking decree
Bankengesetzgebung ['baŋkəngezɛtsgebuŋ] *f* banking legislation
Bankenkonsortium ['baŋkənkɔnzɔrtsjum] *n* banking syndicate
Bankenkonzentration ['baŋkkɔntsəntra'tsjon *f* concentration of banks

Bankenkrise ['baŋkənkri:zə] *f* banking crisis

Bankennummerierung ['baŋkənnuməri:-ruŋ] *f* bank branch numbering

Bankenquete ['baŋk'ākɛt] *f* banking inquiry

Bankenstatistik ['baŋkənʃtatıstık] *f* banking statistics

Bankenstimmrecht ['baŋkənʃtımrɛxt] *n* banks' voting rights

Bankensystem ['baŋkənsyste:m] *n* banking system

Bankenverband ['baŋkənfɛrband] *m* banking association

Bankfeiertage ['baŋkfaıərta:gə] *pl* bank holidays

Bankfiliale ['baŋkfılja:lə] *f* branch bank

Bankgarantie ['baŋkgaranti:] *f* bank guarantee

Bankgeheimnis ['baŋkgəhaımnıs] *n* confidentiality in banking, banking secrecy

Bankgeschäft ['baŋkgəʃɛft] *n* banking; banking transactions

Bankgewerbe ['baŋkgəwɛrbə] *n* banking business

bankgirierter Warenwechsel ['baŋkʒıri:r-tər wa:rənwɛksəl] *m* bank endorsed bill

Bankguthaben ['baŋkgu:tha:bən] *n* bank credit balance

Bankhaus ['baŋkhaus] *n* bank, banking house

Bankier [baŋk'je:] *m* banker

Bankierbonifikation [baŋk'je:bonifika-tsjon] *f* placing commission

Bankkalkulation ['baŋkkalkulatsjon] *f* bank's cost and revenue accounting

Bankkapital ['baŋkkapita:l] *n* bank stock

Bankkauffrau ['baŋkkaufrau] *f* trained bank clerk, trained band employee

Bankkaufmann ['baŋkkaufman] *m* trained bank clerk, trained bank employee

Bankkonditionen ['baŋkkɔnditsjonən] *pl* bank conditions

Bankkonto ['baŋkkɔnto] *n* bank account

Bankkontokorrent ['baŋkkɔntokɔrɛnt] *n* current account with a bank

Bankkontrolle ['baŋkkɔntrolə] *f* bank supervision

Bankkredit ['baŋkkredi:t] *m* bank credit

Bankkunde ['baŋkkundə] *m* bank client, bank customer

Bankleitzahl ['baŋklaıttsa:l] *f* bank code number, sort code *(UK)*, bank identification number *(US)*

Bankliquidität ['baŋklikviditɛ:t] *f* bank liquidity

Banknote ['baŋkno:tə] *f* banknote, bill *(US)*

Bankobligation ['baŋkɔbli:gatsjon] *f* bank bond

Bankorganisation ['baŋkorganisatjon] *f* bank's organization system

Bankplatz ['baŋkplats] *m* bank place

Bankprovision ['baŋkprovizjon] *f* banker's commission

Bankprüfung ['baŋkpry:fuŋ] *f* audit of the bank balance sheet

Bankpublizität ['baŋkpublitsitɛ:t] *f* banks' duty to publish

Bankregel ['baŋkre:gəl] *f* Golden Bank Rule

Bankrevision ['baŋkrevizjon] *f* bank audit

bankrott [baŋk'rɔt] *adj* bankrupt

Bankrott [baŋk'rɔt] *m* bankruptcy, insolvency

Banksafe ['baŋkseıf] *m* bank safe

Bankscheck ['baŋkʃɛk] *m* cheque

Bankschließfach ['baŋkʃli:sfax] *n* safe-deposit box, safety-deposit box

Bankschulden ['baŋkʃuldən] *pl* bank debts

Bankschuldverschreibung ['baŋkʃuldfɛr-ʃraıbuŋ] *f* bank bond

Bankspesen ['baŋkʃpe:zən] *f/pl* bank charges

Bankstatistik ['baŋkʃtatistik] *f* banking statistics

Bankstatus ['baŋkʃta:tus] *m* bank status

Bankstellennetz ['baŋkʃtɛlənnɛts] *n* bank office network

Bankstichtage ['baŋkʃtiçta:gə] *pl* settling days

Banküberweisung ['baŋky:bərvaızuŋ] *f* bank transfer

Bankumsätze ['baŋkumzɛtsə] *pl* bank turnover

Bankverbindung ['baŋkfɛrbınduŋ] *f* 1. banking details *pl;* 2. *(Konto)* bank account

Bankwesen ['baŋkve:zən] *n* banking

Bankzinsen ['baŋktsinzən] *pl* banking interest

bar [ba:r] *adj* cash; ~ *bezahlen* pay cash down

Barabfindung ['ba:rapfınduŋ] *f* settlement in cash

Barakkreditiv ['ba:rakrediti:f] *n* cash in letter of credit

Barcode ['ba:rkɔud] *m* bar code

Bardeckung ['ba:rdɛkuŋ] *f* cash cover

Bardepot [ba:rde'po:] *n* cash deposit

Bardividende ['baːrdiviˈdɛndə] f cash dividend

Bareinlage ['baːraɪnlaɡə] f cash deposit

Bareinschuss ['baːraɪnʃus] m cash loss payment

Bargaining ['baːɡɪnɪŋ] n bargaining

Bargeld ['baːrɡɛlt] n cash, ready money

Bargeldbestand ['baːrɡɛltbəʃtant] m cash in hand

bargeldlos ['baːrɡɛltloːs] adj non-cash, cashless

bargeldlose Kassensysteme ['baːrɡɛltloːsə ˈkasənzystemə] pl cashless checkout systems

bargeldloser Zahlungsverkehr ['baːrɡɛltloːsər ˈtsaːluŋsferkeːr] m cashless payments; bank giro credit system

Bargeldumlauf ['baːrɡɛltumlauf] m currency in circulation

Bargeldverkehr ['baːrɡɛltferkeːr] m cash transactions pl

Bargeschäft ['baːrɡəʃɛft] n cash transactions

Bargründung ['baːrɡrynduŋ] f formation of stock corporation by cash subscriptions

Barkauf ['baːrkauf] m cash purchase

Barkredit ['baːrkrediːt] m cash credit

Barlohn ['baːrloːn] m wage in cash

Barrel ['bærəl] n barrel

Barren ['barən] m (gold)bar, bullion

Barrengold ['barənɡɔlt] n gold bullion

Barrensilber ['barənsɪlbər] n silver bullion

Barschaft ['baːrʃaft] f cash stock, ready money

Barscheck ['baːrʃɛk] m cash cheque, open cheque, uncrossed cheque

Bartergeschäft ['bartərɡəʃɛft] n analysis of requirements

Barverkauf ['baːrferkauf] cash sale

Barvermögen ['baːrfermøːɡən] n cash assets pl, liquid assets pl

Barwert ['baːrwert] value in cash

Barzahlung ['baːrtsaːluŋ] f cash payment, payment in cash

Barzahlungsrabatt ['baːrtsaːluŋsraˈbat] m cash discount

Basis ['baːzɪs] f basis, base

Basiseinkommen ['baːzɪsˈaɪnkɔmən] n basic income

Basisjahr ['baːzɪsjaːr] n base year

Basislohn ['baːzɪsloːn] m basic wage

Basispreis ['baːzɪspraɪz] basic price

Basistrend ['baːzɪstrɛnt] basic trend

Batterie [batəˈriː] f battery

Bau ['bau] m construction

Bauabschnitt ['bauapʃnɪt] m 1. (Gebiet) building section; 2. (Stand der Bauarbeiten) stage of construction

Bauantrag ['bauanˈtraːk] m application for building license

Bauarbeiter ['bauarbaɪtər] m construction worker

Bauboom ['baubuːm] m building boom

Baudarlehen ['baudarleːn] n building loan

Bauelement ['bauelemɛnt] n component part, guzzinta

Baufinanzierung ['baufinantsiːruŋ] f financing of building projects

Baufirma ['baufɪrma] f construction firm

Baugenehmigung ['bauɡəneːmɪɡuŋ] f building permission, planning permission, building permit

Baugewerbe ['bauɡəverbə] n construction industry, building trade

Bauindustrie ['bauɪndustriː] f construction industry

Baukastensystem ['baukastənsysteːm] building block concept

Baukosten ['baukɔstən] pl building costs pl, construction costs pl

Baukostenzuschuss ['baukɔstəntsuʃuz] tenant's contribution to the construction costs

Baukredit ['baukrɛdɪt] m building loan

Bauland ['baulant] n building site

Bauplan ['bauplaːn] m architect's plan

Bauspardarlehen ['bauspardaːrleːnən] loan granted for building purposes

bausparen ['bauspaːrən] v saving through building societies

Bausparfinanzierung ['bausparfinantsiːruŋ] f building society funding

Bausparförderung ['bausparførderuŋ] f promotion of saving through building societies

Bausparkasse ['bauʃparkasə] f home savings bank, building society (UK)

Bausparvertrag ['bauʃpaːrfertraːk] m building loan agreement, savings agreement with the building society

Baustelle ['bauʃtɛlə] f construction site, building site

Bauträger ['bautɛːɡər] m property developer

Bauwirtschaft ['bau] f building and contracting industry

Bauzinsen ['bau] fixed-interest coupons

Beamte(r)/Beamtin [bəˈamtə(r)/bəˈamtɪn] m/f civil servant, public servant, official

beanstanden [bəˈanʃtandən] v object, complain, challenge

Beanstandung [bə'anʃtanduŋ] f objection

beantragen [bə'antra:gən] v apply for; *(vorschlagen)* propose

bearbeiten [bə'arbaɪtən] v *(erledigen)* deal with, handle, manage; work, process

Bearbeitung [bə'arbaɪtuŋ] f treatment, processing; *in ~* in preparation

Bearbeitungsgebühr [bə'arbaɪtuŋsgəby:r] f handling fee, service charge, processing fee

beaufsichtigen [bə'aufzɪçtɪgən] v supervise, control, oversee

beauftragen [bə'auftra:gən] v charge, commission, instruct

Beauftragte(r) [bə'auftra:ktə(r)] m/f representative

Bebauungsplan [bə'bauuŋsplan] m development plan, building scheme

Bedarf [bə'darf] m demand, need, requirements

Bedarfsanalyse [bə'darfsanaly:zə] f analysis of requirements

Bedarfsartikel [bə'darfsartɪkəl] pl necessities

Bedarfsbeeinflussung ['bedarfzbeaɪnflusuŋ] f influence of demand

Bedarfsdeckungsprinzip ['bedarfzdɛkuŋsprinzi:p] n principle of satisfaction of needs

Bedarfsermittlung ['bedarfzɛrmitluŋ] f demand assessment

bedarfsformende Faktoren [bedarfsforməndə 'fakto:rən] pl demand-forming factors

Bedarfsschwankung ['bedarfsʃvaŋkuŋ] f fluctuations in requirements

bedenken [bə'dɛŋkən] v irr *(erwägen)* consider, take into consideration, think over

Bedenkzeit [bə'dɛŋktsaɪt] f time to think about sth, time to think sth over

bedienen [bə'di:nən] v 1. *(Kunde)* attend; 2. *(Gerät)* operate

Bedienung [bə'di:nuŋ] f *(Gerät)* operation, control

Bedienungsanleitung [bə'di:nuŋsanlaɪtuŋ] f operating instructions pl, working instructions pl

Bedienungsfehler [bə'di:nuŋsfe:lər] m operating error

Bedienungsgeld ['bedi:nuŋzgɛlt] n service charge

bedingt [bə'dɪŋkt] adj 1. conditional; *~ durch* contingent on; 2. *(beschränkt)* limited; *nur ~ richtig* partially right

bedingte Kapitalerhöhung ['bedɪŋtə 'kapita:lɛrhø:uŋ] f conditional capital increase

Bedingung [bə'dɪŋuŋ] f condition, provision, term; *unter der ~, dass ...* on condition that ...

Bedürfnis ['bədyrfnɪs] n need

Bedürfnisbefriedigung ['bədyrfnɪsbəfri:dɪguŋ] f satisfaction of needs

Bedürfnishierarchie ['bədyrfnɪshɪrarxi:] f hierarchy of needs

beeidigte Erklärung ['bəaɪdɪgtə 'ɛrklæruŋ] f sworn statement

Befähigung [bə'fɛ:ɪguŋ] f 1. capacity, competence, aptitude; 2. *(Voraussetzung)* qualifications pl

befolgen [bə'fɔlgən] v 1. *(Vorschriften)* observe; 2. *(Befehl)* obey

Beförderer [bə'fœrdərər] m carrier

befördern [bə'fœrdərn] v 1. *(transportieren)* transport, convey, carry; 2. *(dienstlich aufrücken lassen)* promote, advance

Beförderung [bə'fœrdəruŋ] f 1. *(Waren)* transport, conveying, shipping, 2. *(eines Angestellten, eines Offiziers)* promotion, advancement

Beförderungsgebühr [bə'fœrdəruŋsgəby:r] f 1. *(Portokosten)* postage charges pl; 2. *(Transportkosten)* transport charges pl

Beförderungsmittel [bə'fœrdəruŋsmɪtəl] n means of transport pl

Befragung [bə'fra:guŋ] f personal interview, questioning, poll

befreien [bə'fraɪən] v acquit, discharge, *(von Steuern)* exempt

Befreiung [bə'fraɪuŋ] f exemption

befristen [bə'frɪstən] v limit

befristet [bə'frɪstət] adj limited

befristete Einlagen [bə'frɪstətə 'aɪnla:gən] pl fixed deposits

befristetes Arbeitsverhältnis [bə'frɪstətəs 'arbaɪtsfɛrhæltnɪs] n limited employment contract

Befristung [be'frɪstuŋ] f time limit, setting a deadline

Befugnis [bə'fu:knɪs] f jurisdiction, autority, authorization

befugt [bə'fu:kt] adj authorized, entitled, competent

Befürworter(in) [bə'fy:rvɔrtər(ɪn)] m/f supporter, advocate

Begebung [bə'gebuŋ] f issue

beglaubigen [bə'glaubɪgən] v attest, certify, authenticate

Beglaubigung [bə'glaubɪguŋ] f authentication, certification, attestation

begleichen [bə'glaɪçən] v irr pay, settle

Begleichung [bə'glaɪçuŋ] f (von Schulden) payment, settlement

Begleitpapiere [be'glaɪtpapiːrə] pl accompanying documents

Begleitschreiben [bə'glaɪtʃraɪbən] n accompanying letter

Begründer [bə'gryndər] m founder

Begrüßung [bə'gryːsuŋ] f salutation

Begünstigter [bə'gynstɪgtər] m beneficiary

begutachten [bə'guːtaxtən] v examine, give a professional opinion on

Behälterverkehr [bə'hɛltərferkeːr] m container transport

Beherrschungsvertrag [bə'herʃuŋsfertraːg] m control agreement

behilflich [bə'hɪlflɪç] adj jdm ~ sein to be of assistance, to be helpful, to be of service; Kann ich Ihnen ~ sein? May I help you?

Behinderte(r) [bə'hɪndərtə(r)] m/f handicapped person, disabled person

Behörde [bə'høːrdə] f public authority, administrative agency

behördlich [bə'høːrtlɪç] adj official

Beihilfe [baɪhɪlfə] f financial aid

Beilage ['baɪlaːgə] f supplement

beilegen ['baɪleːgən] v 1. (hinzufügen) insert, enclose; 2. (Streit) settle

Beirat ['baɪrat] m advisory council; advisory board

Beistandskredit ['baɪʃtantskrediːt] standby credit

Beistandspakt ['baɪʃtantspakt] m mutual assistance treaty

beisteuern ['baɪʃtɔyərn] v contribute, pitch in (fam)

Beiträge ['baɪtrɛgə] m/pl contributions

Beitragsbemessungsgrenze ['baɪtraːksbəmesuŋsgrentsə] f income threshold analysis of requirements

Beitragserstattung ['baɪtraːkserʃtatuŋ] f contribution refund

Beitragssatz ['baɪtraːkszats] m rate of contribution

Beitragszahlung ['baɪtraːkstsaːluŋ] f contribution payment

Beitritt ['baɪtrit] m joining

Beitrittsbeschluss ['baɪtritsbəʃlus] f decision of accession

beizulegender Wert ['baɪtsulegəndər 'vɛrt] m value to be attached

Bekanntmachung [bə'kantmaxuŋ] f notification

Beklagte(r) [bə'klaːktə(r)] m/f defendant

Bekleidungsindustrie [bə'klaɪduŋsɪndustriː] f clothing industry

beladen [bə'laːdən] v irr load

belangen [bə'laŋən] v prosecute, take legal action

Belassungsgebühr [bə'lasuŋsgebyːr] f prolongation charge

belasten [bə'lastən] v 1. (laden) load; 2. (beanspruchen) burden, strain; 3. (Haus) mortgage, encumber; 4. (Konto) debit, charge to; charge, incriminate

Belastung [bə'lastuŋ] f 1. (Hypothek) mortgage; 2. (Steuer) burden; 3. (Konto) debit; incrimination, charge

Belastungsprobe [bə'lastuŋsproːbə] f loading test, test

belaufen [bə'laufən] v irr sich ~ auf amount to, come to, add up to; sich auf hundert Dollar ~ amount to one hundred dollars

Beleg [bə'leːk] m 1. (Beweis) proof, evidence; 2. document, slip, record, receipt, voucher

belegen [bə'leːgən] v account for; (beweisen) prove, substantiate, furnish proof of

belegloser Datenträgeraustausch (DTA) ['bele:gloːsər 'daːtəntrægəraustauʃ ('dɛ'tɛ'a)] m paperless exchange of data media

belegloser Scheckeinzug ['bele:gloːsər 'ʃekaɪntsuk] m check truncation procedure

Belegschaft [bə'leːkʃaft] f staff

Belegschaftsaktie [bə'leːkʃaftsaktsjə] f staff shares

beleihen [bə'laɪhən] v to lend money on something

Beleihungssatz [bə'laɪhuŋssats] m lending limit

Beleihungswert [bə'laɪhuŋsvert] m value of collateral

bemessen [bə'mɛsən] v irr proportion, allocate; (einteilen) calculate

Bemessungsgrundlage [bə'mesuŋsgrundlaːgə] f assessment basis

Benachrichtigung [bə'naːxrɪçtɪguŋ] f notification, notice

Benachrichtigungspflicht [bə'naxrɪçtɪguŋspflɪçt] f duty of notification

Benchmarking ['bentʃmaːkiŋ] n benchmarking

benutzen [bə'nutsən] v use, make use of

Benutzer [bə'nutsər] m user

benutzerfreundlich [bə'nutsərfrɔyntlɪç] adj user-friendly

Benutzerfreundlichkeit [bə'nutsərfrɔyndlɪçkaɪt] f user friendliness

Benutzungsgebühr [bə'nutsuŋsgəbyːr] *f* user fee

Benutzungsrecht [bə'nutsuŋsreçt] *n* right to use

Benzin ['bɛntsiːn] *n* petrol, gasoline

Benzingutscheine ['bɛntsiːngutʃaɪnə] *m/pl* petrol voucher

Benzinpreis [bɛn'tsiːnpraɪs] *m* petrol price, gasoline price *(US)*

Benzinverbrauch [bɛn'tsiːnferbraux] *m* petrol consumption, gasoline consumption *(US)*

Berater(in) [bə'raːtər(ɪn)] *m/f* adviser, consultant, counsellor

beratschlagen [bə'raːtʃlaːgən] *v irr* confer

Beratung [bə'raːtuŋ] *f* consultation, advice, counseling

Beratungsgespräch [bə'raːtuŋsgəʃpreːç] *n* consultation

berechenbar [bə'reçənbaːr] *adj (abschätzbar)* calculable, computable; calculable

berechnen [bə'reçnən] *v* calculate, work out, compute; *jdm etw ~* charge s.o. for sth

Berechnung [bə'reçnuŋ] *f* calculation, computation; *meiner ~ nach* according to my calculations

berechtigen [bə'reçtɪgən] *v* entitle to, give a right to, authorize

berechtigt [bə'reçtɪçt] *adj (befugt)* authorized, entitled; *~ zu* entitled to

Berechtigte(r) [bə'reçtɪçtə(r)] *m/f* party entitled

Berechtigung [bə'reçtɪguŋ] *f (Befugnis)* authorization, entitlement

Bereich [bə'raɪç] *m (Fachbereich)* field, sphere, area

bereichsfixe Kosten [bə'raɪçsfiksə 'kɔstən] *pl* fixed department costs

bereinigter Gewinn [bə'raɪnɪgtər 'gevɪn] *m* actual profit

bereithalten [bə'raɪthaltən] *v irr* have ready

Bereitschaftskosten ['beraɪtʃaftskɔstən] *pl* standby costs

bereitstellen [bə'raɪtʃtɛlən] *v* make available, provide

Bereitstellungskosten ['beraɪtʃtɛluŋskɔstən] *f* commitment fee

Bereitstellungsplanung ['beraɪtʃtɛluŋsplaːnuŋ] *f* procurement budgeting

Bergarbeiter ['berkarbaɪtər] *m* miner

Bergbau ['berkbau] *m* mining

Bergbaugesellschaft ['berkbaugəzɛlʃaft] *f* mining company

Bergwerk ['berkverk] *n* mine

Bericht [bə'rɪçt] *m* report, account, statement

Berichterstattung [bə'rɪçterʃtatuŋ] *f* reporting

berichtigen [bə'rɪçtɪgən] *v* correct, rectify, set right

Berichtigung [bə'rɪçtɪguŋ] *f* correction

Berichtigungsaktie [bə'rɪçtɪguŋsaktsjə] *f* bonus share

Berichtsperiode [bə'rɪçtsperiodə] *f* period under review

Berichtspflicht [bə'rɪçtspfliçt] *f* obligation to report

BERI-Index ['berɪ ɪndeks] *m* business environment risk index

berücksichtigen [bə'rykzɪçtɪgən] *v* consider, bear in mind, take into account

Berücksichtigung [bə'rykzɪçtɪguŋ] *f* consideration

Beruf [bə'ruːf] *m* profession

beruflich [bə'ruːflɪç] *adj* professional, occupational

berufliche Fortbildung [bə'ruːflɪçə 'fortbɪlduŋ] *f* advanced vocational training

berufliche Umschulung [bə'ruːflɪçə 'umʃuːluŋ] *f* vocational retraining

berufliche Weiterbildung [bə'ruːflɪçə 'vaɪtərbɪlduŋ] *f* advanced vocational training

Berufsanfänger [bə'ruːfsanfɛŋər] *m* person starting a career

Berufsausbildung [bə'ruːfsausbɪlduŋ] *f* vocational training, professional training, job training

berufsbedingt [bə'ruːfsbədɪŋkt] *adj* professional, occupational, due to one's occupation

berufsbegleitend [bə'ruːfsbəglaɪtənt] *adj* in addition to one's job

Berufsbild [bə'ruːfsbɪld] *n* professional activity description

Berufserfahrung [bə'ruːfserfaːruŋ] *f* professional experience

Berufsförderung [bə'ruːfsføːrdəruŋ] *f* professional promotion

Berufsfreiheit [bə'ruːfsfraɪhaɪt] *f* freedom of occupation

Berufsgeheimnis [bə'ruːfsgəhaɪmnɪs] *n* professional secret

Berufsgenossenschaften [bə'ruːfsgənɔsənʃaftən] *f/pl* social insurance against occupational accidents

Berufshandel [bə'ruːfshandəl] *m* professional trading, professional dealing

Berufskleidung [bə'ruːfsklaɪduŋ] *f* working clothes *pl*

Berufskrankheit [bə'ru:fskraŋkhaıt] f occupational disease

Berufsleben [bə'ru:fsle:bən] n professional life, working life

Berufsrisiko [bə'ru:fsrı:zıko] n occupational hazard

Berufsschule [bə'ru:fsʃu:lə] f vocational school

berufstätig [bə'ru:fste:tıç] adj working, (gainfully) employed

Berufstätigkeit [bə'ru:fste:tıçkaıt] f employment, work, occupation, professional activity

Berufsunfähigkeit [bə'ru:fsunfɛhıçkaıt] f occupational disability

Berufsunfall [bə'ru:fsunfal] m occupational accident

Berufsverbot [bə'ru:fsferbo:t] n jdm ~ erteilen ban s.o. from a profession

Berufsverkehr [bə'ru:fsferke:r] m rush-hour traffic, commuter traffic

Berufswechsel [bə'ru:fsvɛksəl] m career change

Berufung [bə'ru:fuŋ] f (Ernennung) nomination, appointment

Berufungsinstanz [bə'ru:fuŋsınstants] f higher court, court of appeal

Berufungsverfahren [bə'ru:fuŋsferfa:rən] n appellate procedure

beschädigen [bə'ʃɛ:dıgən] v damage, harm, injure

beschädigte Aktie [bə'ʃedıgtə 'aktsjə] f damaged share certificates

Beschädigung [bə'ʃɛ:dıguŋ] f damage, harm

beschaffen [bə'ʃafən] v procure, obtain, get

Beschaffung [bə'ʃafuŋ] f procurement

Beschaffungsmarkt [bə'ʃafuŋsmarkt] m procurement market

Beschaffungsplanung [bə'ʃafuŋsplanuŋ] f procurement planning

beschäftigen [bə'ʃɛftıgən] v 1. (jdn ~) occupy, engage, employ; 2. sich mit etw ~ concern o.s. with sth, occupy o.s. with sth, engage in sth; damit beschäftigt sein, etw zu tun to be busy doing sth

Beschäftigtenstruktur [bə'ʃɛftıgtənʃtruktu:r] f employment structure

Beschäftigung [bə'ʃɛftıguŋ] f employment

Beschäftigungsabbau [bə'ʃɛftıguŋsappbau] m reduction in employment

Beschäftigungsabweichungen [bə'ʃɛftıguŋsapvaıçuŋən] f/pl volume variance

Beschäftigungsgrad [bə'ʃɛftıguŋsgrat] m level of employment

Beschäftigungspolitik [bə'ʃɛftıguŋspoliti:k] f employment policy

Bescheid [bə'ʃaıt] m reply, notification

Bescheinigung [bə'ʃaınıguŋ] f 1. (Dokument) certificate; 2. (das Bescheinigen) certification

Beschlagnahme [bə'ʃlagna:mə] f confiscation

beschlagnahmen [bə'ʃla:kna:mən] v confiscate, seize

beschließen [bə'ʃli:sən] v irr 1. (entscheiden) decide, resolve; 2. (beenden) terminate, end, conclude

Beschluss [bə'ʃlus] m decision

beschlussfähig [bə'ʃlusfɛ:ıç] adj ~ sein to be a quorum, have a quorum

Beschlussfassung [bə'ʃlusfasuŋ] f passing of a resolution

beschränkte Geschäftsfähigkeit [bə'ʃrɛŋtə 'gəʃɛftsfɛıgkaıt] f limited capacity to enter into legal transactions

Beschuldigung [bə'ʃuldıguŋ] f accusation, charge

Beschwerde [bə'ʃve:rdə] f appeal, complaint

beschweren [bə'ʃve:rən] v sich ~ complain; sich ~ über complain about

besetzt [bə'zɛtst] adj engaged, busy (US)

Besicherungswert [bə'sıçıguŋzvert] m collateral value

Besitz [bə'zıts] m possession, (Immobilien) property, estate

Besitzanspruch [bə'zıtsanʃprux] m possessory claim

Besitzeinkommen [bə'sıtsaınkomən] n property income

besitzen [bə'zıtsən] v irr possess, own, hold

Besitzer(in) [bə'zıtsər(ın)] m/f owner

Besitznachweis [bə'zıtsna:xvaıs] m proof of ownership

Besitzsteuern [bə'sıtsʃtɔyern] f/pl taxes from income and property

Besitzwechsel [bə'sıtsvɛksəl] m bills receivable

Besoldung [bə'zolduŋ] f salary, pay

besprechen [bə'ʃprɛçən] v irr discuss, talk over

Besprechung [bə'ʃprɛçuŋ] f discussion

Besprechungsraum [bə'ʃprɛçuŋsraum] m conference room, meeting room

Besprechungstermin [bə'ʃprɛçuŋstermın] m conference date, meeting date

Besserungsschein ['besəruŋsʃaın] m debtor warrant, income adjustment bond

Besserverdienende(r) ['bɛsərfɛrdiːnən-dǝ(r)] *m/f* person in a higher income bracket

Bestand [bǝ'ʃtant] *m 1. (Kassenbestand)* cash assets *pl; 2. (Vorrat)* stock, stores *pl,* supply

Bestandsaufnahme [bǝ'ʃtantsaufnaːmǝ] *f* inventory, stock-taking

Bestandsgröße [bǝ'ʃtantsgrøːsǝ] *f* stock variable

Bestandskonto [bǝ'ʃtantskɔnto] *n* real account

Bestandsveränderung [bǝ'ʃtantsfɛrɛndǝ-ruŋ] *f* inventory change

Bestätigung [bǝ'ʃtɛːtɪɡuŋ] *f* confirmation

Bestätigungsschreiben [bǝ'ʃtɛːtɪɡuŋs-ʃraibǝn] *n* letter of confirmation

bestechen [bǝ'ʃtɛçǝn] *v irr* bribe, corrupt

bestechlich [bǝ'ʃtɛçlɪç] *adj* bribable, corruptible

Bestechlichkeit [bǝ'ʃtɛçlɪçkait] *f* corruptibility

Bestechung [bǝ'ʃtɛçuŋ] *f* bribery, corruption

Bestechungsgeld [bǝ'ʃtɛçuŋsɡelt] *n* bribe money

Bestelldaten [bǝ'ʃtɛldaːtǝn] *f* details of order

Bestelleingang [bǝ'ʃtɛlaingaŋ] *m* incoming orders, new orders, intake of new orders

bestellen [bǝ'ʃtɛlǝn] *v (in Auftrag geben)* order, place an order, commission

Besteller [bǝ'ʃtɛlǝr] *m* customer

Bestellformular [bǝ'ʃtɛlfɔrmulaːr] *n* order form

Bestellkosten [bǝ'ʃtɛlkɔstǝn] *f/pl* ordering costs

Bestellliste [bǝ'ʃtɛllɪstǝ] *f* list of orders

Bestellmenge [bǝ'ʃtɛlmɛŋǝ] *f* ordered quantity

Bestellnummer [bǝ'ʃtɛlnumǝr] *f* order number

Bestellschein [bǝ'ʃtɛlʃain] *m* order form

Bestellung [bǝ'ʃtɛluŋ] *f 1. (Waren)* order, *2. (auf einen Posten, für eine Aufgabe)* appointment (for specific tasks or posts)

bestens [bɛstǝnz] *adv* at best

besteuern [bǝ'ʃtɔyǝrn] *v* tax, impose a tax

Besteuerung [bǝ'ʃtɔyǝruŋ] *f* taxation

Besteuerungsgrundlage [bǝ'ʃtɔyǝruŋs-gruŋdlaːgǝ] *f* tax basis

Besteuerungsverfahren [bǝ'ʃtɔyǝruŋsfɛr-faːrǝn] *n* taxation procedure

bestimmen [bǝ'ʃtɪmǝn] *v 1. (festlegen)* determine, decide; *2. (zuweisen)* appoint, assign, appropriate

Bestimmtheitsmaß [bǝ'ʃtɪmthaitsmaːs] *n* determination coefficient

Bestimmung [bǝ'ʃtɪmuŋ] *f 1. (Vorschrift)* provision, decree, regulations *pl; 2. (Zweck)* purpose

Bestimmungsbahnhof [bǝ'ʃtɪmuŋsbaːn-hoːf] *m* station of destination

Bestimmungskauf [bǝ'ʃtɪmuŋskauf] *m* sale subject to buyer's specifications

Bestimmungsort [bǝ'ʃtɪmuŋsɔrt] *m* (place of) destination

Bestleistung ['bɛstlaistuŋ] *f* record

bestrafen [bǝ'ʃtraːfǝn] *v* punish, penalize

Bestrafung [bǝ'ʃtraːfuŋ] *f* punishment, penalty

bestreiken [bǝ'ʃtraikǝn] *v* strike against

Bestseller ['bɛstsɛlǝr] *m* bestseller

Besuch [bǝ'zuːx] *m* visit

besuchen [bǝ'zuːxǝn] *v (besichtigen)* visit

Besuchserlaubnis [bǝ'zuːxsɛrlaupnɪs] *f* visitor's pass

Betafaktor ['betafaktɔr] *m* beta factor

Betätigung [bǝ'tɛːtɪɡuŋ] *f 1.* operation; *2. (Tätigkeit)* activity

Betätigungsfeld [bǝ'tɛːtɪɡuŋsfɛlt] *n* range of activities, field of activity

beteiligen [bǝ'tailɪɡǝn] *v* sich ~ participate, take part, join; *jdn an etw* ~ give a person a share, make a person a partner, let s.o. take part

Beteiligte(r) [bǝ'tailɪçtǝ(r)] *m/f* participant

Beteiligung [bǝ'tailɪɡuŋ] *f* participation

Beteiligungsdarlehen [bǝ'tailɪɡuŋsdarle:-ǝn] *n* loan with profit participation

Beteiligungsfinanzierung [bǝ'tailɪɡuŋ] *f* equity financing

Beteiligungshandel [bǝ'tailɪɡuŋshandǝl] *m* equity financing transactions

Beteiligungskonzern [bǝ'tailɪɡuŋskɔn-tsɛrn] *m* controlled corporate group

Beteiligungsvermittlung [bǝ'tailɪɡuŋsfɛr-mɪtluŋ] *f* agency of equity financing transactions

Betongold [bǝ'tɔŋɡɔlt] *n* real estate property

Betrag [bǝ'trak] *m* amount

betragen [bǝ'traːɡǝn] *v irr (sich belaufen auf)* amount to, add up to, come to

Betreff [bǝ'trɛf] *m* subject, subject matter; *in ~ einer Sache* with regard to sth

betreffen [bǝ'trɛfǝn] *v irr (angehen)* affect, concern, regard

betreffend [bǝ'trɛfǝnt] *prep* regarding, concerning

betreffs [bǝ'trɛfs] *prep* regarding

betreiben [bə'traɪbən] *v irr 1. (leiten)* operate, manage, run; *2. (ausüben)* do, pursue
Betreiber [bə'traɪbər] *m* operator
betreuen [bə'trɔyən] *v 1. (Sachgebiet)* be in charge of; *2. (Kunden)* serve
Betreuung [bə'trɔyuŋ] *f (der Kunden)* service
Betrieb [bə'tri:p] *m 1. (Firma)* business, enterprise, firm, undertaking; *2. (Werk)* factory, works, plant, operation; *3. etw in ~ nehmen* start using sth, put sth into operation; *außer ~* out of order
betrieblich [bə'tri:plɪç] *adj* operational, operating, internal
betriebliche Altersversorgung [bə'tri:plɪçə 'altərsfɛrzɔrguŋ] *f* employee pension scheme
betriebliche Ausbildung [bə'tri:plɪçə 'ausbɪlduŋ] *f* in-house training
betriebliches Informationssystem [bə'tri:plɪçəs ɪnfɔrmatsjonzsyste:m] *n* organizational information system
betriebliches Rechnungswesen [bə'tri:plɪçəs 'rɛçnuŋsve:zən] *n* operational accountancy
betriebliches Vorschlagswesen [bə'tri:plɪçə 'fɔrʃlagsve:zən] *n* employee suggestion system; company suggestion system
Betriebsabrechnungsbogen (BAB) [bə'tri:psreçnuŋsbogən] *m* overhead allocation sheet
Betriebsanalyse [bə'tri:psanaly:zə] *f* operational analysis
Betriebsänderung [bə'tri:psɛndəruŋ] *f* change in plant operation
Betriebsangehörige(r) [bə'tri:psangəhø:rɪgə(r)] *m/f* employee
Betriebsanleitung [bə'tri:psanlaituŋ] *f* operating instructions *pl*
Betriebsarzt [bə'tri:psartst] *m* company doctor
Betriebsaufgabe [bə'tri:psaufga:bə] *f* termination of business
Betriebsausflug [bə'tri:psausflu:k] *m* company outing
Betriebsausgaben [bə'tri:psausga:bən] *f/pl* operating expenses
betriebsbedingte Kündigung [bə'tri:psbədɪŋtə 'kyndɪguŋ] *f* notice to terminate for operational reasons
betriebsbereit [bə'tri:psbəraɪt] *adj* operational, ready for use, operative
betriebsblind [bə'tri:psblɪnt] *adj* blind to organizational deficiencies, blunted by habit

Betriebsdauer [bə'tri:psdauər] *f* operating period, service life
Betriebsergebnis [bə'tri:psɛrgɛbnɪs] *n* results from operations
Betriebserlaubnis [bə'tri:psɛrlaubnɪs] *f* operating license
Betriebseröffnung [bə'tri:psɛrœfnuŋ] *f* opening of a business
Betriebsferien [bə'tri:psfɛ:rjən] *f* annual holiday, plant holidays
Betriebsfest [bə'tri:psfɛst] *n* staff party
Betriebsfonds [bə'tri:psfɔ̃] *m* operating fund
betriebsfremder Aufwand [bə'tri:psfrɛmdər 'aufvant] *m* non-operating expense
betriebsfremder Ertrag [bə'tri:psfrɛmdər 'ɛrtrak] *m* non-operating revenue
Betriebsführung [bə'tri:psfy:ruŋ] *f* plant management
Betriebsgeheimnis [bə'tri:psgəhaimnɪs] *n* trade secret, industrial secret
Betriebsgröße [bə'tri:psgrø:sə] *f* size of the company
betriebsintern [bə'tri:psɪntɛrn] *adj* internal; *adv* within the company
Betriebskapital [bə'tri:pskapita:l] *n* working capital
Betriebsklima [bə'tri:pskli:ma] *n* working conditions and human relations
Betriebskosten [bə'tri:pskɔstən] *pl* operating costs *pl*, working expenses *pl*
Betriebsmittel [bə'tri:psmɪtəl] *n/pl* working funds
Betriebsnachfolge [bə'tri:psnaxfɔlgə] *f* successor company; successor
Betriebsnormen [bə'tri:psnɔrmən] *f/pl* organizational standards
betriebsnotwendiges Kapital [bə'tri:psnɔtvɛndɪgəs 'kapital] *n* necessary operating capital
betriebsnotwendiges Vermögen [bə'tri:psnɔtvɛndɪgəs 'fɛrmø:gən] *n* necessary business assets
Betriebsprüfer [bə'tri:pspry:fər] *m* auditor
Betriebsprüfung [bə'tri:pspry:fuŋ] *f* fiscal audit of operating results, investigation by the tax authorities
Betriebsrat [bə'tri:psra:t] *m* works council
Betriebsrentabilität [bə'tri:psrɛntabili-tɛ:t] *f* operational profitability
Betriebsrente [bə'tri:psrɛntə] *f* company pension
Betriebsspaltung [bə'tri:psʃpaltuŋ] *f* split of a unitary enterprise

Betriebsstatistik [bə'tri:psʃtatɪstɪk] f operations statistics

Betriebsstilllegung [bə'tri:psʃtɪlle:guŋ] f plant closing

Betriebsstoffe [bə'tri:psʃtɔfə] m/pl 1. (Rechnungswesen) supplies; 2. (Fertigung) factory supplies

Betriebssystem [bə'tri:pszyste:m] n 1. (EDV) operating system; 2. production system

Betriebsunfall [bə'tri:psunfal] m industrial accident, accident at work

Betriebsunterbrechungsversicherung [bə'tri:psuntərbreçuŋsfersɪçəruŋ] f business interruption insurance

Betriebsvereinbarung [bə'tri:psferaɪnba:ruŋ] f plant agreement

Betriebsverfassungsgesetz (BetrVerfG, BetrVG) [bə'tri:psferfasuŋsgəsets] n Industrial Constitution Law

Betriebsvergleich [bə'tri:psferglaɪç] m external analysis

Betriebsvermögen [bə'tri:psvermø:gən] n operating assets

Betriebsversammlung [bə'tri:psfersamluŋ] f employee meeting

Betriebswirt(in) [bə'tri:psvɪrt(ɪn)] m/f business economist, management expert

Betriebswirtschaft [bə'tri:psvɪrtʃaft] f business economics

Betriebswirtschaftslehre (BWL) [bə'tri:psvɪrtʃaftsle:rə ('be've'el)] f business management, business administration

Betrug [bə'tru:k] m fraud

betrügerischer Bankrott [bə'try:gərɪʃər baŋk'rɔt] m fraudulent bankruptcy

beurkunden [bə'u:rkundən] v (bezeugen) prove (by documentary evidence); record (in an official document), document

Beurkundung [bə'u:rkunduŋ] f (Bezeugung) documentary evidence; recording, certification, documentation

beurlauben [bə'u:rlaubən] v 1. grant leave, give leave; 2. (suspendieren) suspend

Beurlaubung [bə'u:rlaubuŋ] f granting of leave

Beurteilung [bə'urtaɪluŋ] f assessment, judgement, judgment (US), opinion

Bevölkerung [bə'fœlkəruŋ] f population

Bevölkerungsdichte [bə'fœlkəruŋsdɪçtə] f density of population

Bevölkerungsschicht [bə'fœlkəruŋsʃɪçt] f demographic stratum

bevollmächtigen [bə'fɔlmɛçtɪgən] v authorize, empower, give power of attorney

Bevollmächtigte(r) [bə'fɔlmɛçtɪçtə(r)] m/f authorized person, person holding power of attorney, proxy (for votes), representative

Bevollmächtigung [bə'fɔlmɛçtɪguŋ] f power of attorney, authorization

bevorrechtigte Gläubiger [bə'fɔrrɛçtɪgtə 'glɔybɪgər] m/pl preferential creditors

bewegliche Güter [bə've:glɪçə 'gy:tər] n/pl movable goods

bewegliches Anlagevermögen [bə've:glɪçəs 'anla:gəfermø:gən] n non-real-estate fixed assets

Bewegungsbilanz [bə've:guŋsbɪlants] f flow statement

Bewegungsdaten [bə've:guŋsda:tən] pl transaction data

Beweis [bə'vaɪs] m proof

Beweismittel [bə'vaɪsmɪtəl] n evidence

bewerben [bə'verbən] v irr sich ~ um apply for

Bewerber(in) [bə'verbər(ɪn)] m/f applicant

Bewerbung [bə'verbuŋ] f application

Bewerbungsschreiben [bə'verbuŋsʃraɪbən] n letter of application

Bewerbungsunterlagen [bə'verbuŋsuntərla:gən] f/pl application documents

Bewertung [bə'vertuŋ] f 1. evaluation, assessment; 2. (Feststellung des Werts) valuation, appraisal

Bewertung von Unternehmen und Kapitalkosten [bə'vertuŋ fɔn 'untərne:mən unt 'kapɪta:lkɔstən] f valuation of enterprises

bewilligen [bə'vɪlɪgən] v permit, grant, agree to

Bewilligung [bə'vɪlɪguŋ] f allowance, granting, permission, grant

Bewirtung [bə'vɪrtuŋ] f hospitality

bezahlen [bə'tsa:lən] v pay, pay for

bezahlt [bə'tsa:lt] adj paid; gut ~ well-paid; schlecht ~ low-paid

bezahlt Brief (bB) [bə'tsa:lt bri:f] more sellers than buyers, sellers ahead

bezahlt Geld (bG) [bə'tsa:lt gelt] more buyers than sellers, buyers ahead

bezahlter Urlaub [bə'tsa:ltər 'urlaup] m paid vacation, paid holidays

Bezahlung [bə'tsa:luŋ] f 1. payment; 2. (Lohn) pay

bezeugen [bə'tsɔygən] v testify to, bear witness to

beziehen [bə'tsi:ən] v irr (Gehalt) receive, draw

Bezieher [bə'tsiːər] *m* subscriber, buyer

Bezogener [bə'tsɔɡənər] *m* drawee

Bezug [bə'tsuːk] *m* reference

Bezüge [bə'tsyːɡə] *f* earnings

Bezug nehmend [bə'tsuːk neːment] referring to

Bezugsaktien [bə'tsuːksaktsjən] *f/pl* preemptive shares

Bezugsangebot [bə'tsuːksanɡəboːt] *n* right issue

Bezugsbedingungen [bə'tsuːksbədɪŋuŋən] *f/pl* subscription conditions

Bezugsfrist [bə'tsuːksfrɪst] *f* subscription period

Bezugskosten [bə'tsuːkskɔstən] *pl* delivery costs, purchasing costs

Bezugskurs [bə'tsuːkskurs] *m* subscription price

Bezugsquelle [bə'tsuːkskvɛlə] *f* source of supply

Bezugsrecht [bə'tsuːksreçt] *n* subscription right, stock option, pre-emptive right

Bezugsrechtabschlag [bə'tsuːksreçtapʃlak] *m* ex-rights markdown

Bezugsrechterklärung [bə'tsuːksreçtsɛrkleːruŋ] *f* declaration to exercise the subscription right

Bezugsrechthandel [bə'tsuːksreçthandəl] *m* trading in suscription rights

Bezugsrechtnotierung [bə'tsuːksreçtnotiːruŋ] *f* subscription price

Bezugsrechtsbewertung [bə'tsuːksreçtsbəvɛrtuŋ] *f* subscription rights evaluation

Bezugsrechtsdisposition [bə'tsuːksreçtsdɪspɔsɪtsjoːn] *f* subscription rights disposition

Bezugsrechtskurs [bə'tsuːksreçtskurs] *m* subscription price

Bezugsrechtsparität [bə'tsuːksreçtsparɪtɛːt] *f* subscription rights parity

Bezugsschein [bə'tsuːksʃaɪn] *m* purchasing permit, subscription warrant

Bezugstag [bə'tsuːkstaːk] *m* subscription day

bezuschussen [bə'tsuːʃusən] *v* subsidize

Bezuschussung [bə'tsuːʃusuŋ] *f* subsidy

Bietungsgarantie ['biːtuŋsɡaranti:] *f* tender guarantee

Bilanz [bi'lants] *f* balance-sheet, financial statement, balance

Bilanzanalyse [bi'lantsanalyːzə] *f* balance analysis

Bilanzänderung [bi'lantsɛndəruŋ] *f* alteration of a balance sheet

Bilanzberichtigung [bi'lantsbərɪçtɪɡuŋ] *f* correction of a balance sheet

Bilanzbewertung [bi'lantsbəvɛrtuŋ] *f* balance sheet valuation

Bilanzfälschung [bi'lantsfɛlʃuŋ] *f* falsification of the balance sheet

Bilanzgewinn [bi'lantsɡəvɪn] *m* net profit for the year

Bilanzgleichung [bi'lantsɡlaɪçuŋ] *f* balance sheet equation

Bilanzgliederung [bi'lantsɡliːdəruŋ] *f* format of the balance sheet

Bilanzidentität [bi'lantsiːdɛntɪtɛːt] *f* balance sheet continuity

bilanzieren [bilan'tsiːrən] *v* balance (accounts)

Bilanzierung [bi'lantsiːruŋ] *f* procedure to draw up a balance sheet

Bilanzierungsgrundsätze [bi'lantsiːruŋsɡrundsɛtsə] *m/pl* accounting principles

Bilanzierungsvorschriften [bi'lantsiːruŋsfɔrʃrɪftən] *f/pl* accounting regulations

Bilanzklarheit [bi'lantsklarhaɪt] *f* balance transparency, accounting transparency

Bilanzkontinuität [bi'lantskɔntinuitɛːt] *f* balance sheet continuity

Bilanzkonto [bi'lantskɔnto] *n* balance sheet account

Bilanzkritik [bi'lantskritiːk] *f* balance sheet analysis

Bilanzkurs [bi'lantskurs] *m* book value, balance sheet rate

Bilanzpolitik [bi'lantspolitiːk] *f* accounting policy

bilanzpolitische Instrumente [bi'lantspolɪtɪʃə 'ɪnstrumentə] *n/pl* instruments of balance sheet policy

Bilanzpositionen [bi'lantspɔsɪtsjoːnən] *f/pl* balance-sheet items

Bilanzprüfung [bi'lantspryːfuŋ] *f* balance sheet audit

Bilanzrichtliniengesetz [bi'lantsrɪçtlɪnjənɡəsets] *n* Accounting and Reporting Law

Bilanzstatistik [bi'lantsʃtatɪstɪk] *f* balance sheet statistics

Bilanzstichtag [bi'lantsʃtiçtaːk] *m* date of the balance

Bilanzstruktur [bi'lantsʃtruktuːr] *f* structure of the balance sheet

Bilanzsumme [bi'lantsszumə] *f* balance sheet total

Bilanzverlängerung [bi'lantsfɛrleːŋəruŋ] *f* increase in total assets and liabilities

Bilanzverlust [bi'lantsfɛrlust] *m* net loss

Bilanzverschleierung [bi'lantsfɛrʃlaɪərʊŋ] f doctoring a balance sheet

Bilanzwert [bi'lantsvert] m balance sheet value

bilateral ['bɪlatəraːl] adj bilateral

Bildschirm ['bɪltʃɪrm] m screen

Bildschirmarbeit ['bɪltʃɪrmarbaɪt] f work at a computer terminal

Bildschirmarbeitsplatz [bɪltʃɪrmarbaɪtsplats] m job working at a computer, screen job

Bildschirmtext ['bɪltʃɪrmtɛkst] m viewdata

Bildtelefon ['bɪlttelefoːn] n videophone, picturephone

Bildungspolitik ['bɪldʊŋspolitiːk] f educational policy

Bildungsurlaub ['bɪldʊŋsuːrlaup] m sabbatical, paid educational leave

billig ['bɪlɪç] adj (preiswert) cheap, inexpensive

Billigflaggen ['bɪlɪçflagən] f/pl flags of convenience

billigst [bɪlɪçst] adv at best price, at lowest price

Billigware ['bɪlɪçvaːrə] f marked-down product

binär [bi'nɛːr] adj binary

Binärzahl [bi'nɛːrtsaːl] f binary number

Binnenhandel ['bɪnənhandəl] m domestic trade, inland trade

Binnenmarkt ['bɪnənmarkt] m common market, domestic market, home market

Binnenwirtschaft ['bɪnənvɪrtʃaft] f domestic trade and payments

Binnenzoll ['bɪnəntsɔl] m internal customs duty, internal tariff

Bit [bɪt] n bit

B-Länder ['beː lændər] n/pl B countries

Black List [blæk 'lɪst] f black list

Black-Box-Modell ['blækbɔksmɔdɛl] n black box model

Blankett ['blaŋkɛt] n blank form

blanko ['blaŋko] adj blank

Blanko-Akzept ['blaŋkoaktsɛpt] n acceptance in blank

Blankoformular ['blaŋkofɔrmulaːr] n blank form

Blanko-Indossament ['blaŋkoɪndɔsament] n blank indorsement

Blankokredit ['blaŋkokrediːt] m unsecured credit, open credit

Blankoscheck ['blaŋkoʃɛk] m blank cheque, blank check (US)

Blankounterschrift ['blaŋkountərʃrɪft] f blank signature

Blankoverkauf ['blaŋkofɛrkauf] m short sale

Blankovollmacht ['blaŋkofɔlmaxt] f carte blanche, full power (of attorney)

Blanko-Wechsel ['blaŋkoveçsəl] m blank bill

Blankozession ['blaŋkotsesjoːn] f transfer in blank

Blitzgiro ['blɪtsʒiːroː] n direct telex transfer system

Blockdiagramm ['blɔkdiagram] n bar chart

Blockfloating ['blɔkflɔʊtɪŋ] n block floating

Blockverkauf ['blɔkfɛrkauf] m block sale

Blue Chips ['bluːtʃɪp] pl blue chips

Bodenkredit ['boːdənkrediːt] m loan on landed property

Bodenkreditinstitut ['boːdənkrediːtɪnstituːt] n mortgage bank

Bodenpreis ['boːdənpraɪs] m land price

Bodenreform [boːdənrəfɔrm] f land reform

Bodensatz ['boːdənsats] m deposit base, undeclared securities

Bon [bɔŋ] m cash register slip, voucher

Bond [bɔnt] m bond

Bond-Option [bɔntɔptsjoːn] f bond option

Bonifikation ['bɔnifɪkatsjoːn] f bonus

Bonität [bo:ni'tɛːt] f solvency, credit standing, credit worthiness, financial standing

Bonitätsprüfung ['boːniːtɛːtspryːfʊŋ] f credit check

Bonitätsrisiko ['boːniːtɛːtsriːsiːko] n credit solvency risk

Bonus ['boːnus] m bonus, extra dividend

Boom [buːm] m boom

Börse ['bœrzə] f stock exchange, market

Börsenabteilung ['bœrzənaptaɪlʊŋ] f exchange department

Börsenaufsicht ['bœrzənaufsɪçt] f stock exchange supervision

Börsenauftrag ['bœrzənauftrak] m stock exchange order

Börsenaushang ['bœrzənaushaŋ] m stock market notice board

Börsenauskunft ['bœrzənauskunft] f stock market information

Börsenausschuss ['bœrzənausʃus] m stock committee

Börsenbehörde ['bœrzənbəhœːrdə] f stock exchange authority

Börsenbericht ['bœrzənbərɪçt] m stock exchange news, stock exchange report

börsengängige Wertpapiere ['bœrzəngɛŋɡɪɡə 'vertpapiːrə] n/pl quoted securities

Börsengeschäfte ['bœrzəngəʃɛftə] *n/pl* stock market transactions, stock exchange operations

Börsengesetz ['bœrzəngəsets] *n* Stock Exchange Act, German Stock Exchange Law

Börsenhandel ['bœrzənhandəl] *m* stock market trading, stock market transactions, stock market dealing

Börsenindex ['bœrzənɪndɛks] *m* stock exchange index

Börsenkrach ['bœrzənkrax] *m* stock market crash

Börsenkurs ['bœrzənkurs] *m* market price, market rate, stock exchange price, quotation on the stock exchange

Börsenkurszusätze ['bœrzənkurstsuːsɛtsə] *m/pl* stock exchange price additions

Börsenmakler ['bœrzənmaːklər] *m* stockbroker, exchange broker

Börsennotierung ['bœrzənnotiːruŋ] *f* market exchange quotation

Börsenordnung ['bœrzənɔrdnuŋ] *f* stock exchange regulations

Börsenorganisation ['bœrzənɔrganɪsatsjoːn] *f* stock exchange organization

Börsenpapier ['bœrzənpapiːr] *n* listed security, stocks and shares *pl*

Börsenplatz ['bœrzənplats] *m* stock exchange centre

Börsenpreis ['bœrzənprais] *m* exchange price

Börsenrecht ['bœrzənrɛçt] *n* stock exchange rules

Börsenreform ['bœrzənrəfɔrm] *f* reorganization of the stock exchange

Börsenschluss ['bœrzənʃlus] *m* closing of the exchange

Börsensegmente ['bœrzənsɛgmentə] *n/pl* sectors of the stock exchange

Börsenspekulant ['bœrzənʃpekulant] *m* speculator on the stock market

Börsentage ['bœrzəntaːgə] *m/f* market days, trading days

Börsentendenz ['bœrzəntendɛnts] *f* stock market trend

Börsentermingeschäfte ['bœrzəntermiːngəʃɛftə] *n/pl* trading in futures on a stock exchange, futures dealings

Börsenumsätze ['bœrzənumsetsə] *m/pl* stock exchange turnover

Börsenumsatzsteuer ['bœrzənumsatsʃtɔyər] *f* stock exchange turnover tax

Börsenusancen ['bœrzənusuãzən] *f/pl* stock exchange customs

Börsenzeit ['bœrzəntsait] *f* official trading hours

Börsenzulassung ['bœrzəntsuːlasuŋ] *f* admission to the stock exchange

Bottom-Up-Prinzip ['bɔtəmʌpprɪntsiːp] *n* bottom-up principle

Boykott ['bɔɪkɔt] *n* boycott

boykottieren [bɔykɔ'tiːrən] *v* boycott

Brainstorming ['breɪnstɔːmɪŋ] *n* brainstorming

Branche ['brãʃə] *f* branch, line of business, business, industry, industrial segment

Branchenanalyse ['brãʃənanalyːzə] *f* trade analysis

Branchenbeobachtung ['brãʃənbəoːbaxtuŋ] *f* industry survey and appraisal

Branchenerfahrung ['brãʃənerfaːruŋ] *f* experience in the field

Branchenkenntnis ['brãʃənkentnɪs] *f* knowledge of the field

Branchenkennziffer ['brãʃənkɛntsɪfər] *f* industry ratio

Branchensoftware ['brãʃənsɔftveːr] *f* industry software

Branchenstatistik ['brãʃənʃtatɪstɪk] *f* industry statistics

Branchenstruktur ['brãsənʃtruktuːr] *f* trade structure

Branchenvergleich ['brãʃənferglaiç] *m* trade comparison

Branchenverzeichnis ['brãʃənfertsaiçnɪs] *n* classified directory, yellow pages *pl*

Brand-Image [brɛndimɛdʃ] *n* brand image

Brandmarketing [brɛndmarkətiŋ] *n* brand marketing

Brandversicherung [brantfersiçəruŋ] *f* fire insurance

Brauchwasser ['brauxvasər] *n* water for industrial use, water that is not for drinking

Brauindustrie ['brauindustriː] *f* brewing industry

Break-Even-Analyse ['breɪk'iːvən analyːzə] *f* break-even analysis

Break-Even-Point ['breɪk'iːvən 'pɔɪnt] *m* break-even point

Brief ['briːf] *m* letter

Brief verlost (BV) ['briːf ferloːzt] *adj* ask drawn by lot

Briefbogen ['briːfboːgən] *m* sheet of stationery

Briefgrundschuld ['briːfgrundʃult] *f* certificated land charge

Briefhypothek ['briːfhypoteːk] *f* certificated mortgage

Briefing ['bri:fɪŋ] *n* briefing
Briefkasten ['bri:fkastən] *m* letter-box
Briefkastenfirma ['bri:fkastənfɪrma] *f* dummy corporation, bogus company
Briefkopf ['bri:fkɔpf] *m* letterhead
Briefkurs ['bri:fkurz] *m* selling price
Briefmarke ['bri:fmarkə] *f* stamp
Briefqualität ['bri:fkvalitɛ:t] *f* letter-quality print
Briefträger ['bri:ftrɛɡər] *m* postman
Briefumschlag ['bri:fumʃla:k] *m* envelope
Briefwechsel ['bri:fvɛksəl] *m* correspondence, exchange of letters
Bringschuld ['brɪnʃult] *f* debt by speciality
Broker ['bro:kər] *m* broker
Broschüre [bro'ʃyrə] *f* brochure
Broterwerb ['bro:tɛrvɛrp] *m* (earning one's) living, (earning one's) livelihood
brotlos ['bro:tlo:s] *adj (fig: nicht einträglich)* unprofitable
Bruch [brux] *m* 1. *(Vertragsbruch)* breach of contract, 2. *(Mathematik)* fraction
Bruchschaden ['bruxʃa:dən] *m* breakage
Bruchteil ['bruxtaɪl] *m* fraction
Bruchteilseigentum ['bruxtaɪlsaɪɡəntu:m] *n* ownership in fractional shares
Bruchteilseigentümer ['bruxtaɪlsaɪɡəntymər] *m* co-owner
brutto ['bruto] *adj* gross
Brutto-Dividende ['brutodividɛndə] *f* gross dividend
Bruttoeinkommen ['brutoaɪnkɔmən] *n* gross income
Bruttoeinnahme ['brutoaɪnna:mə] *f* gross earnings *pl*
Bruttoertrag ['brutoɛrtra:k] *m* gross proceeds *pl*, gross return
Bruttogewicht ['brutoɡəvɪçt] *n* gross weight
Bruttogewinn ['brutoɡəvɪn] *m* gross profit, gross profits *pl*
Bruttoinlandsprodukt [bruto'ɪnlantsprodukt] *n* gross domestic product
Bruttolohn ['brutolo:n] *m* gross salary, gross pay, gross wage
Bruttopreis ['brutopraɪs] *m* gross price
Bruttoregistertonne ['brutore'ɡɪstərtonə] *f* gross register(ed) ton
Bruttosozialprodukt ['brutozo'tsja:lprodukt] *n* gross national product
Bruttoverdienst ['brutoferdi:nst] *m* gross earnings *pl*
Bruttowährungsreserve ['bruto'vɛruŋsrəsɛrvə] *f* gross monetary reserve

Buchbestände ['bu:xbəʃtɛndə] *m/pl* book value
Bücher ['by:çər] *f/pl (in der Buchhaltung)* books and records (in accounts departments)
Buchforderung ['bu:x] *f* account receivable
buchführen ['bu:xfy:rən] *v* keep accounts
Buchführung ['bu:xfy:ruŋ] *f* bookkeeping, accounting
Buchführungspflicht ['bu:xfy:ruŋspflɪçt] *f* duty to keep books of account
Buchführungsrichtlinien ['bu:xfy:ruŋsrɪçtlinien] *f/pl* accounting rules
Buchgeld ['bu:x] *n* deposit money, money in account
Buchgeldschöpfungsmultiplikator ['bu:xɡɛltʃœpfuŋsmulti:plikator] *m* deposit money creation multiplier
Buchgewinn ['bu:xɡəvɪn] *m* book profit
Buchgrundschuld ['bu:xɡruntʃult] *f* uncertificated land charge
Buchhalter(in) ['bu:xhaltər(ɪn)] *m/f* bookkeeper
Buchhaltung ['bu:xhaltuŋ] *f* accounting
Buchhypothek ['bu:xhy:pote:k] *f* uncertificated mortgage
Buchkredit ['bu:xkredi:t] *m* book credit
Buchprüfung ['bu:xpry:fuŋ] *f* audit, auditing
Buchschuld ['bu:xʃult] *f* book debt
Buchung ['bu:xuŋ] *f* entry
Buchungsbeleg ['bu:xuŋsbəle:k] *m* accounting voucher
Buchungsfehler ['bu:xuŋsfe:lər] *m* bookkeeping error
Buchungssatz ['bu:xuŋssats] *m* entry formula
Buchwert ['bu:xvɛrt] *m* book value, accounting value
Buchwertabschreibung ['bu:xvɛrtapʃraɪbuŋ] *f* declining balance depreciation
Budget [by'dʒe:] *n* budget
Budgetausgleich [by'dʒe:ausglaɪç] *m* balancing of the budget
Budgetierung [by'dʒe:ti:ruŋ] *f* budgeting, drawing up of a budget
Budgetkontrolle [by'dʒe:kɔntrolə] *f* budget control
Buffer-Stocks ['bʌfərstɔks] *pl* buffer stock
Bullion ['buljən] *m* bullion
Bullionbroker ['buljənbrəukə] *m* bullion broker
Bundes-Angestellten-Tarifvertrag (BAT) ['bundəsangəʃtɛltəntari:ffertra:k] *m* Federal Collective Agreement for Public Employees

Bundesanleihe ['bundəsanlaıhə] *f* federal loan

Bundesanleihekonsortium ['bundəsan-laıhəkɔnsɔrtsıjum] *n* federal loan syndicate

Bundesanleihen ['bundəsanlaıhə] *f/pl* federal loan

Bundesanstalt für Arbeit (BA) ['bundəs-anʃtalt fy:r 'arbaıt] *f* Federal Labor Office

Bundesanzeiger ['bundəsantsaıgər] *m* Federal Official Gazette

Bundesarbeitsgericht ['bundəsarbaıtsgə-rıçt] *n* Federal Labor Court

Bundesaufsichtsamt ['bundəsaufsıçts-amt] *n* Federal Supervisory Office

Bundesbank ['bundəsbaŋk] *f* Bundesbank, German Federal Bank

bundesbankfähige Wertpapiere ['bun-dəsbaŋkfe:ıçə 'vertpapi:rə] *n/pl* bills redis-countable at the Federal Bank

Bundesbankgewinn ['bundəsbaŋkgəvın] *m* Bundesbank profit

Bundesbankguthaben ['bundəsbaŋkgu:t-habən] *n* Federal Bank assets

Bundesbürgschaft ['bundəsbyrgʃaft] *f* Federal guarantee

Bundesfinanzbehörden ['bundəsfinants-bəhœ:rdən] *f/pl* federal revenue authorities

Bundesfinanzhof (BFH) ['bundəsfinants-ho:f] *m* Federal Fiscal Court

Bundesgericht ['bundəsgə'rıçt] *n* Federal Court

Bundesgerichtshof (BGH) ['bundəsgə'-rıçtsho:f] *m* Federal Supreme Court

Bundesgesetzblatt (BGBl) ['bundəsgə'-zɛtsblat] *n* Official Federal Gazette

Bundeshaushalt ['bundəshaushalt] *m* federal budget

Bundeskartellamt ['bundəskartɛlamt] *n* Federal Cartel Authority

Bundesobligation ['bundəsopligatsjo:n] *f* Federal bonds

Bundesrechnungshof ['bundəsreçnuŋs-ho:f] *m* Federal Audit Office

Bundesschatzbrief ['bundəs'ʃatsbri:f] *m* federal treasury bill

Bundesschuldbuch ['bundəsʃultbux] *n* Federal Debt Register

Bundessozialgericht ['bundəssotsja:lgə-rıçt] *n* Federal Court for Social Security and Related Matters

Bundessteuer ['bundəsʃtɔyər] *f* federal tax

Bundesverfassungsgericht (BverfG) ['bun-dəsfɛrfasuŋsgə'rıçt] *n* Federal Constitutional Court

Bundesverwaltungsgericht (BverwG) ['bun-dəsfɛrvaltuŋsgərıçt] *n* Federal Administra-tive Court

Bürge [by:rgə] *m* guarantor

bürgen ['byrgən] *v* guarantee, vouch for; *jdm für etw* ~ to be answerable to s.o. for sth

bürgerlicher Kauf ['by:rgərlıçər kauf] *m* private purchase

Bürgschaft ['by:rgʃaft] *f* guarantee

Bürgschaftskredit ['by:rgʃaftskredi:t] *m* credit by way of bank guarantee

Bürgschaftsplafond ['by:rgʃaftsplafɔ̃] *f* guarantee limit

Büro [by'ro:] *n* office

Büroangestellte(r) [by'ro:angəʃtɛltə(r)] *m/f* office clerk, white collar worker *(US)*, of-fice employee

Büroarbeit [by'ro:arbaıt] *f* office work, clerical work

Büroautomation ['by:ro:automatsjo:n] *f* office automation

Bürobedarf [by'ro:bədarf] *m* office sup-plies *pl*

Büroflächen [by'ro:flæxən] *f/pl* office spaces, office premises

Bürohaus [by'ro:haus] *n* office building

Bürokaufmann/Bürokauffrau [by'ro:kauf-man/by'ro:kauffrau] *m/f* office administrator (man/woman)

Bürokommunikation ['by:ro:kɔmunika-tsjo:n] *f* office communication

Bürokrat [byro'kra:t] *m* bureaucrat

Bürokratie [byrokra'ti:] *f* bureaucracy

bürokratisch [byro'kra:tıʃ] *adj* bureau-cratic

Bürokratisierung [byrokrati'zi:ruŋ] *f* bu-reaucratization

Büromaschine [by'ro:maʃi:nə] *f* office ap-pliance, office machine

Büromaterial [by'ro:materja:l] *n* office supplies *pl*

Büromöbel [by'ro:mø:bəl] *pl* office furni-ture

Büroraum [by'ro:raum] *m* office

Büroschluss [by'ro:ʃlus] *m* closing time

Bürozeit [by'ro:tsaıt] *f* office hours

Bußgeld ['bu:zgɛlt] n *n* penalty

Bußgeldbescheid ['bu:sgɛltbəʃaıt] *m* no-tification of a fine

Busunternehmen ['busuntərne:mən] *n* bus company

Buying-Center ['baıŋsentə] *n* buying center

Byte [baıt] *n* byte

C

Call [kɔːl] *n* option to buy
Call Center ['kɔːlsentə] *n* call center
Call-Geld ['kɔːlgɛlt] *n* call money
Call-Geschäft ['kɔːlgəʃɛft] *n* call transaction
Camcorder ['kɛmkɔːdə] *m* camcorder
Cap [kæp] *n* cap
Capital flow ['kæpɪtəl fləʊ] *m* capital flow
Capped Warrants ['kæpt 'wɔrəntz] *pl* capped warrants
Cash & Carry (c & c) ['kæʃændkerɪ] cash and carry (c & c)
Cash Flow ['kæʃfləʊ] *m* cash flow
Cash-and-carry-Klausel ['kæʃændkerɪklausəl] *f* cash-and-carry clause
Cash on delivery (c. o. d.) [kæʃɒndəlɪvəriː] cash on delivery (c. o. d.)
CD-ROM [tseːdeːˈrɔm] *f* CD-ROM
Chance ['ʃɑːsə] *f* chance, opportunity
Chancengleichheit ['ʃɑːsənglaiçhait] *f* equal opportunity
Change-Agent ['tʃaɪnʃaidʒənt] *m* change agent
Chargenproduktion [ʃaːrʒənproduktsjoːn] *f* batch production
Chartanalyse ['tʃaːrtənalyːzə] *f* chart analysis
Charter [tʃaːrtər] *m* charter
Charterflug ['tʃartərfluːk] *m* charter flight
Charterflugzeug ['tʃartərfluːktsɔyk] *n* charter plane, chartered aircraft
Chartergesellschaft ['tʃartərgəzɛlʃaft] *f* charter carrier, charter airline
Chartermaschine ['tʃartərmaʃiːnə] *f* chartered aircraft
chartern ['tʃartərn] *v* charter
Chauffeur [ʃɔˈføːr] *m* chauffeur, driver
checken ['tʃɛkən] *v* test, check
Checkliste ['tʃɛklɪstə] *f* checklist
Chef(in) [ʃɛf(ɪn)] *m/f* head, boss *(fam)*
Chefetage ['ʃɛfetaːʒə] *f* executive floor
Chefingenieur ['ʃɛfɪnʒenjøːr] *m* chief engineer
Chefredakteur(in) ['ʃɛfredaktøːr(ɪn)] *m/f* editor-in-chief
Chefsekretärin ['ʃɛfzekretɛːrɪn] *f* executive secretary
Chemiearbeiter(in) [çeˈmiːarbaɪtər(ɪn)] *m/f* worker in the chemical industry

Chemiefaser [çeˈmiːfaːzər] *f* chemical fibre, man-made fibre
Chemieindustrie [çeˈmiːindustriː] *f* chemical industry
Chemikalie [çemɪˈkaːljə] *f* chemical
Chemiker(in) ['çeːmɪkər(ɪn)] *m/f* chemist
Chip [tʃɪp] *m* chip
Chipkarte ['tʃɪpkartə] *f* chip card
Cliquenwirtschaft ['klɪkənvɪrtʃaft] *f* cliquism
Closed-Shop-Prinzip ['kləʊdʃɔpprɪntsiːp] *n* closed shop principle
Cluster [klastər] *m* cluster
Code [kɔːd] *m* code
codieren ['kpdiːrən] *v* code
Commercial Paper ['kɒmərʃəl peɪpə] *n* commercial paper
Commoditites ['kɒmɒditiːz] *pl* commodities
Commodity futures ['kɒmɒdɪtɪ fjuːtʃəz] *pl* commodity futures
Computer [kɒmˈpjuːtər] *m* computer
Computer Aided Design (CAD) [kɒmˈpjuːtər eɪdəd dɪzaɪn] *n* computer-aided design *(CAD)*
Computer Aided Engineering (CAE) [kɒmˈpjuːtər eɪdəd enʒiˈniːrɪŋ] *n* computer aided engineering *(CAE)*
Computer Aided Manufacturing (CAM) [kɒmˈpjuːtər eɪdəd menjuˈfɛktʃərɪŋ] *n* computer aided manufacturing *(CAM)*
Computer Aided Quality Assurance (CAQ) [kɒmˈpjuːtər eɪdəd ˈkwɔlɪti əʃurənts] *f* computer aided quality assurance *(CAQ)*
Computer Aided Selling (CAS) [kɒmˈpjuːtər eɪdəd ˈselɪŋ] *n* computer aided selling *(CAS)*
Computer Assisted Instruction (CAI) [kɒmˈpjuːtər ɛsɪstəd instraktʃən] *f* computer assisted instruction *(CAI)*
Computer Integrated Manufacturing (CIM) [kɒmˈpjuːtər ɪntəgreitəd menjuˈfɛktʃərɪŋ] *n* computer integrated manufacturing *(CIM)*
Computereinsatz [kɒmˈpjuːtərainsats] *m* use of computers
computergesteuert [komˈpjuːtərgəʃtɔyərt] *adj* computer-controlled

computergestützt [kom'pju:tərgəʃtytst] *adj* computer-aided

computergestütztes Informationssystem (CIS) [kom'pju:tərgəʃtytstəs ınfɔrma'tsjo:nszyste:m] *n* computer-aided information system *(CIS)*

Computergrafik [kom'pju:tərgra:fık] *f* computer graphics

Computerindustrie [kom'pju:tərındustri:] *f* computer industry

Computerkriminalität [kɔm'pju:tərkrımına:lıtɛ:t] *f* computer criminality

Computerprogramm [kɔm'pju:tərprɔgram] *n* computer program

Computerverbundsystem [kɔm'pju:tərfɛrbuntzyste:m] *n* computer network

Container [kɔn'teınər] *m* container

Containernbahnhof [kɔn'teınərba:nho:f] *m* container depot

Controlling ['kɔntrəʊlıŋ] *n* controlling *(US)*, controllership

Convenience goods ['kɔnvi:nıəns gu:dz] *pl* convenience goods

Copyright ['kɔpıraıt] *n* copyright

Copy-Test ['kɔpıtest] *m* copy test

Corporate Design ['kɔ:pərıt dısaın] *n* corporate design

Corporate Identity (CI) ['kɔ:pɪrɪt aɪdentɪtɪ:] *f* corporate identity *(CI)*

Cost Center [kɔst sentə] *n* cost center

Cote [kəʊt] *m* share list

Coupon [ku'pɔ̃n] *m* coupon

Courtage [kur'ta:ʒə] *f* brokerage

Crawling peg ['krɔ:lıŋpeg] *n* crawling peg

Currency future ['kʊrənsı fju:tʃə] *f* currency future

Cursor ['kø:rsər] *m* cursor

Cyberspace ['saıbəspeıs] *m* cyberspace

D

Dachfonds ['daxfɔ̃] *m* pyramiding fund, holding fund

Dachgesellschaft ['daxgəzɛlʃaft] *f* holding company, parent company

Dachorganisation ['daxɔrganizatsjo:n] *f* roof organization

Dachverband ['daxfɛrbant] *m* umbrella organization

Damnum [damnum] *n* loss, loan discount

Dankschreiben ['daŋkʃraibən] *n* letter of thanks

Darbietung ['da:rbi:tuŋ] *f* presentation

Darlehen ['da:rle:ən] *n* loan

Darlehensfinanzierung ['da:rle:ənsfinantsi:ruŋ] *f* loan financing

Darlehenshypothek ['da:rle:ənshy:po:te:k] *f* mortgage as security for a loan

Datei [da'tai] *f* file

Dateienpflege [da'taiənpfle:gə] *f* maintenance of a database

Daten ['da:tən] *pl* data, facts and figures

Datenanalyse ['da:tənanaly:zə] *f* data analysis

Datenautobahn ['da:tənautoba:n] *f* information highway

Datenbank ['da:tənbaŋk] *f* data bank

Datenbankabfrage ['da:tənbaŋkapfra:gə] *f* data base access

Datenbanksystem ['da:tənbaŋkzystem] *n* data base system

Datenerfassung ['da:tənɛrfasuŋ] *f* data collection, data acquisition, data logging

Datenfernübertragung [da:tən'fɛrny:bərtra:guŋ] *f* data transmission

Datenintegration ['da:tənintegra:tsjo:n] *f* data integration

Datenmissbrauch ['da:tənmisbraux] *m* data abuse

Datennetz ['da:tənnɛts] *n* data network

Datenschutz ['da:tənʃuts] *m* data protection

Datenschutzgesetz ['da:tənʃutsgəsɛts] *n* Data Protection Act

Datensicherheit ['da:tənziçərhait] *f* data security; data access security

Datensicherung ['da:tənziçəruŋ] *f* data security

Datenträger ['da:təntrɛ:gər] *m* data medium, data carrier

Datentypistin ['da:tənty:pistin] *f* terminal operator

Datenübertragung ['da:təny:bərtra:guŋ] *f* data transmission

Datenverarbeitung ['da:tənfɛrarbaituŋ] *f* data processing

Datenzentrale ['da:təntsɛntra:lə] *f* data centre

datieren [da'ti:rən] *v* date

Datierung [da'ti:ruŋ] *f* dating

Datowechsel ['da:to:vɛçsəl] *m* after-date bill

Datum [da:tum] *n* date

Datumsgrenze ['da:tumsgrɛnzə] *f* international date line

Datumsstempel ['da:tumsʃtɛmpəl] *m* date stamp, dater

Daueraktionär ['dauəraktsjo:nɛ:r] *m* permanent share-holder

dauerarbeitslos ['dauərarbaitslo:s] *adj* long-term unemployed

Dauerarbeitslose(r) ['dauərarbaitslo:zə(r)] *m/f* chronically unemployed person

Dauerarbeitslosigkeit ['dauərarbaitslo:ziçkait] *f* chronic unemployment

Dauerauftrag ['dauərauftrak] *m* standing order, banker's order

Dauerbeschäftigung ['dauərbəʃɛftiguŋ] *f* constant employment

Dauerbesitz ['dauərbəsits] *m* permanent holding

Dauerremittent ['dauərrəmitənt] *m* constant issuer

Dauerschulden ['dauərʃuldən] *f/pl* permanent debts

Dauerschuldverschreibung ['dauərʃultfərʃraibuŋ] *f* unredeemable bond

Dauerschuldzinsen ['dauərʃulttsinsən] *pl* interest on long-term debts

DAX-Index ['daksindeks] *m* DAX-index

dazurechnen [da'tsu:rɛçnən] *v* add in; *(fig)* factor in

dazuverdienen [da'tsu:fɛrdi:nən] *v* earn additionally, earn on the side

Debatte [de'batə] *f* debate

debattieren [deba'ti:rən] *v* debate

Debet [de:bɛt] *n* debit

Debet nota (D/N) [de:bɛt nota] *f* debit note

Debitor ['de:bito:r] *m* debtor

Debitorenbuchhaltung ['de:bito:rənbux-haltuŋ] *f* accounts receivable department; accounts receivable accounting

Debitorenkonto ['de:bito:rənkɔnto] *n* customer account

Debitorenziehung ['de:bito:rəntsi:uŋ] *f* bills drawn on debtors

Debüt [de'by:] *n* debut

dechiffrieren [deʃɪ'fri:rən] *v* decode, decipher

Deckadresse ['dɛkadrɛsə] *f* address of convenience, cover address

Deckblatt ['dɛkblat] *n* cover

decken ['dɛkən] *v 1. (Bedarf)* meet, cover; *2. (Scheck)* cover

Deckung ['dɛkuŋ] *f* cover, coverage

Deckungsbeitrag ['dɛkuŋsbaitrak] *m* contribution margin

Deckungsbeitragsrechnung ['dɛkuŋsbaitraksrɛçnuŋ] *f* confirmation of cover

Deckungsbetrag ['dɛkuŋsbətra:k] *m* amount covered, insured sum

Deckungsdarlehen ['dɛkuŋsda:rle:ən] *n* coverage loan

deckungsfähige Devisen ['dɛkuŋsfɛ:içə 'devi:sən] *f/pl* foreign currencies eligible as cover

deckungsfähige Wertpapiere ['dɛkuŋsfɛ:içə 'vɛrtpapi:rə] *n/pl* securities eligible as cover

Deckungsforderung ['dɛkuŋsfɔrdəruŋ] *f* covering claim

Deckungsgeschäft ['dɛkuŋsgəʃɛft] *n* covering operation

deckungsgleich ['dɛkuŋsglaiç] *adj* identical

Deckungsgrad ['dɛkuŋsgrat] *m* liquidity ratio, cover ratio

Deckungskapital ['dɛkuŋskapita:l] *n* capital sum required as cover

Deckungsklausel ['dɛkuŋsklausəl] *f* cover clause

Deckungszinsen ['dɛkuŋstsɪnzən] *pl* coverage interest rate

Deckungszusage ['dɛkuŋstsu:sa:gə] *f* confirmation of cover

De-facto-Standard ['de:faktoʃtandart] *m* de facto standard

defekt [de'fɛkt] *adj* defective, faulty

Defekt [de'fɛkt] *m* defect, fault

Defensive [defɛn'zivə] *f* defensive

Deficit Spending ['defɪsɪt spendiŋ] *n* deficit spending

Defizit ['de:fɪtsɪt] *n* deficit

defizitär [de:fɪtsɪ'tɛ:r] *adj* in the deficit

Defizitfinanzierung ['de:fɪtsɪtfɪnantsi:ruŋ] *f* deficit financing

Deflation [defla'tsjo:n] *f* deflation

Degenerationsphase ['degənəratsjo:nsfa:zə] *f* degeneration phase

Degression ['degrɛsjo:n] *f* degression

degressive Abschreibung [degrɛ'si:və 'apʃraibuŋ] *f* degressive depreciation

degressive Kosten [degrɛ'si:və 'kɔstən] *pl* degressive costs

Deklaration ['deklaratsjo:n] *f* customs declaration (Zoll), tax return (Steuer)

Deklarationsprotest ['deklaratsjo:nsprotest] *m* declaratory protest

deklarieren [dekla'ri:rən] *v* declare

Dekort [de'kɔrt] *n* deduction

Dekret [de'kre:t] *n* decree

Delegation [delega'tsjo:n] *f* delegation

Delegationsleiter(in) [delega'tsjo:nslaitər(ɪn)] *m/f* head of the delegation

delegieren [dele'gi:rən] *v* delegate

Delikt [de'lɪkt] *n* offence, crime, civil wrong

Delkredere [de'kredərə] *n* del credere, reserve for bad debts

Dementi [de'mɛnti] *n* official denial

dementieren [demɛn'ti:rən] *v* deny officially

Demografie [demɔgrafi:] *f* demography

Demonetisierung [demonetisi:ruŋ] *f* demonetization

Demonstration [demɔnstra'tsjo:n] *f* demonstration

demonstrieren [demɔn'stri:rən] *v (darlegen)* demonstrate, illustrate, show

Demontage [demɔn'ta:ʒə] *f* disassembly, dismantling

demontieren [demɔn'ti:rən] *v* dismantle, disassemble

Demoskopie [demɔsko'pi:] *f* public opinion research

demoskopisch [demɔs'ko:pɪʃ] *adj* demoscopic

Denkanstoß ['dɛŋkanʃto:s] *m* food for thought

Denkart ['dɛŋka:rt] *f* mentality, way of thinking

Denkschrift ['dɛŋkʃrɪft] *f* memorandum, written statement

Deponent [depo'nənt] *m* depositor

Deponie [depo'ni:] *f* dump, disposal site

deponieren [de'po:ni:rən] *v* to deposit

Deport [de'pɔrt] *m* discount

Depositen [de'po:zi:tən] *pl* deposits

Depositenbank [de'po:zi:tənbaŋk] f bank of deposit

Depositengeschäft [de'po:zi:təngəʃɛft] n deposit banking

Depositenklausel [de'po:zi:tənklausəl] f deposit clause

Depositenversicherung [de'po:zi:tənferziçəruŋ] f bank deposit insurance

Depot [de'po:] n 1. deposit; 2. storehouse, warehouse, call station

Depotabstimmung [de'po:apʃtimuŋ] f securities deposit reconciliation

Depotabteilung [de'po:aptailuŋ] f safe custody department

Depotaktie [de'po:aktsjə] f deposited share

Depotanerkenntnis [de'po:anɛrkɛntnɪs] f deposit acknowledgement

Depotarten [de'po:artən] f/pl types of deposit

Depotaufstellung [de'po:aufʃtɛluŋ] f list of securities deposited

Depotauszug [de'po:austsu:k] m statement of securities

Depotbank [de'po:baŋ] f bank holding securities on deposit

Depotbuch [de'po:bu:x] n deposit book, deposit ledger

Depotbuchhaltung [de'po:bu:xhaltuŋ] f security deposit account

Depotgebühren [de'po:gəby:rən] f/pl safe custody charges

Depotgeschäft [de'po:gəʃɛft] n deposit banking

Depotgesetz [de'po:gəʃɛft] n Securities Deposit Act

Depotkonto [de'po:kɔnto] n security deposit account

Depotprüfung [de'po:pry:fuŋ] f securities deposit auditpositaires de titres m

Depotschein [de'po:ʃain] m deposit receipt

Depotstimmrecht [de'po:ʃtimrɛçt] n voting rights of nominee shareholders

Depotunterschlagung [de'po:untərʃlaguŋ] f misapplication of deposit

Depotvertrag [de'po:fɛrtrak] m securities deposit contract

Depotverwaltung [de'po:fɛrvaltuŋ] f portfolio management

Depotwechsel [de'po:vɛçsəl] m bill on deposit

Depotzwang [de'po:tsvaŋ] m compulsory safe custody

Depression [deprɛ'sjo:n] f depression

Deputat ['depu:ta:t] n payment in kind

Deregulierung [de:'reguli:ruŋ] f deregulation

Derivate [de:'rɪva:tə] f/pl derivative financial instruments

Deroute [de:'ru:t] f collapse

Design [di'zain] n design

Designation [de'zɪgnatsjo:n] f designation

Designer [dɪ'zainər] m designer

Desinformation [dɛsɪnfɔrma'tsjo:n] f misinformation, disinformation

Desinteresse ['dɛsɪntərɛsə] n disinterest, indifference

desinteressiert ['dɛsɪntərɛsi:rt] adj disinterested, indifferent

Desinvestition ['dezɪnvɛstɪtsjo:n] f disinvestment

desolat [deso'la:t] adj desolate

detailgetreu [de:'taigətrɔy] adj accurate

Deutsche Angestellten-Gewerkschaft (DAG) [dɔytʃə 'angəʃtɛltəngəvɛrkʃaft] f German Salaried Employee Union

Deutsche Bundesbank [dɔytʃə 'bundəsbaŋk] f Deutsche Bundesbank

Deutscher Gewerkschaftsbund (DGB) [dɔytʃər 'gəvɛrkʃaftsbund] m German Trade Union Federation

Deutscher Industrie- und Handelstag (DIHT) [dɔytʃər 'industri unt 'handelsta:k] m Association of German Chambers of Industry and Commerce

Devinkulierung [de:'vɪŋkuli:ruŋ] f unrestricted transferability

Devisen [de'vi:zən] pl foreign currency, foreign exchange

Devisenabfluss [de'vi:zənapflus] m foreign exchange outflow

Devisenabteilung [de'v i:zənaptailuŋ] f foreign exchange department

Devisenankauf [de'vi:zənankauf] m purchase of foreign currencies

Devisenarbitrage [de'v i:zənarbitra:ʒə] f exchange arbitrage, arbitration in foreign exchange

Devisenausgleichsabkommen [de'vi:zənausglaiçsapkɔmən] n foreign exchange offset agreement

Devisenausländer [de'vi:zənauslɛndər] m non-resident

Devisenberater [de'v i:zənbəra:tər] m foreign exchange advisor

Devisenbeschränkung [de'vi:zənbəʃrɛŋkuŋ] f exchange restrictions

Devisenbewirtschaftung [de'vi:zənbəvirtʃaftuŋ] f foreign exchange control

Devisenbilanz [de'viːzənbilants] *f* foreign exchange balance, foreign exchange account

Devisenbörse [de'viːzənbøːrzə] *f* foreign exchange market, currency market

Devisenbringer [de'viːzənbrɪŋər] *m* foreign-exchange earner

Devisenbuchhaltung [de'viːzənbuːxhaltuŋ] *f* currency accounting

Devisengeschäft [de'viːzəngəʃɛft] *n* foreign exchange business, foreign exchange transactions, foreign exchange trading

Devisenhandel [de'viːzənhandəl] *m* currency trading, foreign exchange dealings

Devisenhändler [de'viːzənhɛndlər] *m* foreign exchange dealer

Deviseninländer [de'viːzənɪnlɛndər] *m* resident

Devisenkassageschäft [de'viːzənkasagəʃɛft] *n* foreign exchange spot dealings

Devisenkassakurs [de'viːzənkasakurs] *m* foreign exchange spot operations

Devisenkassamarkt [de'viːzənkasamarkt] *m* foreign exchange spot market

Devisenkommissionsgeschäft [de'viːzənkɔmɪsjoːnsgəʃɛft] *n* foreign exchange transactions for customers

Devisenkonto [de'viːzənkɔnto] *n* foreign exchange account

Devisenkontrolle [de'viːzənkɔntrɔlə] *f* foreign exchange control

Devisenkredit [de'viːzənkreːdɪt] *m* foreign exchange loan

Devisenkurs [de'viːzənkurs] *m* foreign exchange rate

Devisenkursbildung [de'viːzənkursbɪlduŋ] *f* exchange rate formation

Devisenkursmakler [de'viːzənkursmaːklər] *m* exchange broker, currency broker

Devisenmarkt [de'viːzənmarkt] *m* foreign exchange market

Devisenmarktinterventionen [de'viːzənmarktɪntərventsjoːnən] *f/pl* exchange market intervention

Devisennotierung [de'viːzənnoːtiːruŋ] *f* foreign exchange quotations

Devisenoption [de'viːzənɔptsjoːn] *f* exchange option

Devisenpensionsgeschäft [de'viːzənpenzjoːnsgəʃɛft] *n* purchase of foreign exchange for later sale

Devisenportefeuille [de'viːzənpɔrtfœi] *n* foreign exchange holdings

Devisenposition [de'viːzənpozɪtsjoːn] *f* foreign exchange position

Devisenquoten [de'viːzənkvoːtən] *f/pl* foreign exchange quotas

Devisenrechnung [de'viːzənrɛçnuŋ] *f* foreign exchange calculation

Devisenreserve [de'viːzənrezervə] *f* foreign exchange reserves

Devisenspekulation [de'viːzənʃpekuːlatsjoːn] *f* speculation in foreign currency

Devisentermingeschäft [de'viːzəntermiːngəʃɛft] *n* forward exchange dealings

Devisenterminhandel [de'viːzəntermiːnhandəl] *m* forward exchange trading

Devisenterminkurs [de'viːzəntermiːnkurs] *m* forward exchange rate

Devisenterminmarkt [de'viːzəntermiːnmarkt] *m* forward exchange market

Devisenüberschuss [de'viːzənyːbərʃus] *m* foreign exchange surplus

Devisenverkehr [de'viːzənfɛrkeːr] *m* currency transactions, foreign exchange operations

Devisen-Wechsel [de'v iːzənvɛçsəl] *m* bill in foreign currency

dezentralisieren [detsentraliˈziːrən] *v* decentralize

Dezentralisierung [detsentraliˈziːruŋ] *f* decentralisation

Dia ['diːa] *n* slide

Diagramm [dia'gram] *n* diagram

Dialog [dia'loːk] *m* dialogue

Dialogbereitschaft [dia'loːkbəraɪtʃaft] *f* readiness to talk

dialogfähig [dia'loːkfɛːɪç] *adj* capable of two-way communication

Diebstahlversicherung ['diːpʃtaːlfɛrzɪçəruŋ] *f* theft insurance

Dienstaufsicht ['diːnstaufsɪçt] *f* service control; supervision

dienstfrei ['diːnstfraɪ] *adj* ~er Tag day off; ~ sein to be off duty

Dienstgeheimnis ['diːnstgəhaɪmnɪs] *n* official secret

Dienstleistung ['diːnstlaɪstuŋ] *f* service, business service

Dienstleistungsbilanz ['diːnstlaɪstuŋsbilants] *f* balance of service transactions

Dienstleistungsgesellschaft ['diːnstlaɪstuŋsgəzelʃaft] *f* 1. *(Volkswirtschaft)* service economy; 2. *(Recht)* non-trading partnership; 3. *(Betriebswirtschaft)* service company

Dienstleistungskosten ['diːnstlaɪstuŋskɔstən] *pl* cost of services

Dienstleistungsmarketing ['diːnstlaɪstuŋsmaːrkətɪŋ] *n* service marketing

Dienstleistungssektor ['diːnstlaɪstuŋszɛktor] *m* service sector

Dienstleistungsunternehmen ['diːnstlaɪstuŋsuntɐneːmən] *n* service business

dienstlich ['diːnstlɪç] *adj* official; *adv* officially, on official business, on business

Dienstreise ['diːnstraɪzə] *f* business trip, business travel

Dienstschluss ['diːnstʃlus] *m* closing time

Dienststelle ['diːnstʃtɛlə] *f* office, department, agency

Dienstunfähigkeit ['diːnstunfɛːɪçkaɪt] *f* incapacity to work

Dienstvereinbarung ['diːnstfɛraɪnbaːruŋ] *f* 1. *(Recht)* contract of service; 2. *(Personal)* contract of employment

Dienstverhältnis ['diːnstfɛrhɛltnɪs] *n* employment

Dienstverpflichtung ['diːnstfɛrpflɪçtuŋ] *f* service obligation

Dienstvertrag ['diːnstfɛrtraːk] *m* 1. *(Recht)* contract of service; 2. *(Personal)* contract of employment

Dienstwagen ['diːnstvaːgən] *m* company car

Dienstweg ['diːnstveːk] *m* official channels, authorized channels

Dienstwohnung ['diːnstvoːnuŋ] *f* official residence

Differenz [dɪfə'rɛnts] *f (Streit)* dispute, difference of opinion

Differenziallohnsystem ['dɪfərɛntsjaːloːnzysteːm] *n* differential piece-rate system

Differenzkostenrechnung ['dɪfərɛntskɔstənreçnuŋ] *f* marginal cost accounting

Diffusion ['dɪfuzjoːn] *f* diffusion process

Diffusionsbarrieren ['dɪfuzjoːnsbarɪjeːrən] *f/pl* diffusion barriers

Diffusionsphasen ['dɪfuzjoːnsfaːsən] *f/pl* diffusion phases

Diffusionsstrategie ['dɪfuzjoːnsʃtrategiː] *f* diffusion strategy

digital [dɪgɪ'taːl] *adj* digital

digitalisieren [dɪgɪtali'ziːrən] *v* digitalize

Digitalrechner [dɪgɪ'taːlreçnɐr] *m* digital computer

Diktafon [dɪkta'foːn] *n* dictaphone

Diktat [dɪk'taːt] *n* dictation

Diktatzeichen [dɪk'tattsaɪçən] *f* reference

diktieren [dɪk'tiːrən] *v* dictate

Diktiergerät [dɪk'tiːrgəreːt] *n* dictaphone

dinglich ['dɪŋlɪç] *adj* in rem

dingliche Sicherung [dɪŋlɪçə 'zɪçəruŋ] *f* real security

dingliches Recht [dɪŋlɪçəs 'rɛçt] *n* real right

Diplomarbeit [di'ploːmarbaɪt] *f* dissertation, thesis

Diplomingenieur [di'ploːmɪnʒenjøːr] *m* academically trained engineer

Diplomkauffrau [di'ploːmkauffrau] *f* Bachelor of Commerce

Diplomkaufmann [di'ploːmkaufman] *m* Bachelor of Commerce

Diplomökonom [di'ploːmøkonom] *m* master's degree in business economics

Diplomphysiker(in) [di'ploːmfyːzɪkɐr(ɪn)] *m/f* Bachelor of Science (in Physics)

Diplomvolkswirt(in) [di'ploːmfolkswɪrt(ɪn)] *m/f* master's degree in economics

Direct Costing ['daɪrɛkt çɔstɪŋ] *n* direct costing

Direct Marketing ['daɪrɛkt 'maːrkətɪŋ] *n* direct marketing

Direktausfuhr [di'rɛktausfuːr] *f* direct export

Direktbank [di'rɛktbaŋk] *f* direct bank

Direktbestellung [di'rɛktbəʃteluŋ] *f* direct ordering

Direktdiskont [di'rɛktdɪskɔnt] *m* direct discount

direkter Absatz [di'rɛktɐr 'apsats] *m* direct selling

direkter Vertrieb [di'rɛktɐr fɛr'triːp] *m* direct selling

direkte Steuer [di'rɛktə 'ʃtɔyɐr] *f* direct taxes

Direktinvestitionen [di'rɛktɪnvestitsjoːnən] *f/pl* direct investments

Direktion [dɪrɛk'tsjoːn] *f* board of directors

Direktive [dɪrɛk'tiːvə] *f* directive, general instruction

Direktor(in) [di'rɛktɐr/dɪrɛk'toːrɪn] *m/f* director

Direktorium [dɪrɛk'toːrjum] *n* directorate, board of directors

Direktübertragung [di'rɛktybɐrtraːguŋ] *f* live transmission

Direktverkauf [di'rɛktfɛrkauf] *m* direct selling

Direktversicherung [di'rɛktfɛrzɪçəruŋ] *f* direct insurance

Direktvertrieb [di'rɛktfɛrtriːp] *m* direct selling

Direktwerbung [di'rɛktvɛrbuŋ] *f* direct advertising

Dirigismus [diri'gɪsmus] *m* controlled economy

Disagio [diz'za:dʒo] *n* disagio

Discount [dɪs'kaunt] *m* discount

Discounter ['dɪskauntəər] *m* discounter

Diskette [dɪs'ketə] *f* disk

Diskettenlaufwerk [dis'ketənlaufvɛrk] *n* disk drive

Diskont [dɪs'kɔnt] *m* discount

Diskontbank [dɪs'kɔntbaŋk] *f* discount bank

Diskonten [dɪs'kɔntən] *m/pl* bills discounted

Diskontgeschäft [dɪs'kɔntgəʃɛft] *n* discount business

Diskonthäuser [dɪs'kɔnthɔysər] *n/pl* discount houses

diskontieren [dɪskɔn'ti:rən] *v* discount

Diskontierung [dɪs'kɔnti:ruŋ] *f* discounting

Diskontierungsfaktor [dɪs'kɔnti:ruŋsfaktɔr] *m* discount factor

Diskontkredit [dɪs'kɔntkre'di:t] *m* discount credit

Diskontmarkt [dɪs'kɔntmarkt] *m* discount market

Diskontpapier [dɪs'kɔntpapi:r] *n* discountable paper

Diskontpolitik [dɪs'kɔntpoli'tɪk] *f* bank rate policy, discount policy

Diskontprovision [dɪs'kɔntprovɪzjo:n] *f* discount commission

Diskontrechnung [dɪs'kɔntrɛçnuŋ] *f* discount calculation

Diskontsatz [dɪs'kɔntzats] *m* discount rate

Diskretion [dɪskre'tsjo:n] *f* discretion; *(vertrauliche Behandlung)* confidentiality

diskriminieren [dɪskrɪmɪ'ni:rən] *v* discriminate against

Diskussion [dɪskus'jo:n] *f* discussion, debate, argument

Diskussionsleiter(in) [dɪskus'jo:nslaɪtər(ɪn)] *m/f* moderator

Diskussionsrunde [dɪskus'jo:nsrundə] *f* round of discussions

Diskussionsteilnehmer(in) [dɪskus'jo:nstaɪlne:mər(ɪn)] *m/f* participant in a discussion

Diskussionsthema [dɪskus'jo:nste:ma:] *n* topic of discussion

diskutieren [dɪsku'ti:rən] *v* discuss, debate

Disparität [dɪspari:tɛt] *f* disparity

Display [dɪsple:] *n* display

disponieren [dɪspɔ'ni:rən] *v* make arrangements for; *über etw ~* have sth at one's disposal

Disposition [dɪspɔzɪ'tsjo:n] *f* 1. *(Vorbereitung)* preparations, arrangements; 2. *(Verfügung)* jdm zur ~ stehen to be at s.o.'s disposal; jdn zur ~ stellen send s.o. into temporary retirement; 3. *(Gliederung)* layout, plan

Dispositionsfonds [dɪspɔzɪ'tsjo:nsfɔ] *m* reserve funds

Dispositionskredit [dɪspɔzɪ'tsjo:nskredi:t] *m* drawing credit, overdraft facility

Dispositionsschein [dɪspɔzɪ'tsjo:nsʃaɪn] *m* banker's note

Disput [dɪs'pu:t] *m* dispute

distanzieren [dɪstan'tsi:rən] *v sich ~* distance o.s.

distinguiert [dɪstɪŋ'gi:rt] *adj* distinguished

Distribution ['dɪstrɪbutsjo:n] *f* distribution

Distributionskosten ['dɪstrɪbutsjo:nskɔstən] *f* distribution cost

Distributionslogistik ['dɪstrɪbutsjo:nlo'gistɪk] *f* marketing logistics

Distributionsorgane ['dɪstrɪbutsjo:nor'ga:nə] *n/pl* distribution organs

Distributionspolitik ['dɪstrɪbutsjo:ns'politɪk] *f* distribution policy

Disziplin [dɪstsi'pli:n] *f* discipline

disziplinarisch [dɪstsipli'na:rɪʃ] *adj* disciplinary

Disziplinarverfahren [dɪstsi'plina:rfɛrfa:rən] *n* disciplinary action

disziplinieren [dɪstsipli'ni:rən] *v* discipline

diszipliniert [dɪstsipli'ni:rt] *adj* disciplined

divergieren [diver'gi:rən] *v* diverge

Diversifikation [divɛrzifika'tsjo:n] *f* diversification

Dividende [divi'dɛndə] *f* dividend

Dividendenabgabe [divi'dɛndən'apga:bə] *m* dividend tax

Dividendenabschlag [divi'dɛndən'apʃla:g] *m* quotation ex dividend

Dividendenausschüttung [divi'dɛndənausʃy:tuŋ] *f* dividend distribution, dividend payout

Dividendengarantie [divi'dɛndəngaran'ti:] *f* dividend guarantee

dividieren [divi'di:rən] *v* divide

Divisionskalkulation [divi'zjo:nskalkula'tsjo:n] *f* process system of accounting

D-Mark ['de:mark] *f* German mark

Dock [dɔk] *n* dock

Doktorarbeit ['dɔktɔrarbaɪt] *f* doctoral thesis

Dokumenakkreditiv [doku'mɛntən'akre:diti:f] *n* documentary letter of credit

Dokument [doku'mɛnt] *n* document

Dokumentation [dokumɛnta'tsjo:n] *f* documentary report

Dokumente gegen Akzept (d/a) [doku-'mɛntə gɛgən akˈtsɛpt] *n* documents against acceptance *(D/A)*

Dokumente gegen Bezahlung (d/p) [do-kuˈmɛntə gɛgən bəˈtsaːluŋ] *n* documents against payment *(D/P)*

Dokumentenakkreditiv [dokuˈmɛntənˈakre-diːtiːf] *f* documentary credit, letter of credit

Dokumententratte [dokuˈmɛntənˈtratə] *f* acceptance bill

dokumentieren [dokumɛnˈtiːrən] *v* document; *(fig)* demonstrate, reveal, show

Dollar [ˈdɔlar] *m* dollar

Dollaranleihe [ˈdɔlarˈanlaɪə] *f* dollar bond

Dollarblock [ˈdɔlarblɔk] *m* dollar area

Dollarklausel [ˈdɔlarˈklauzəl] *f* dollar clause

Dollarkurs [ˈdɔlarkurs] *m* dollar rate

Dollar-Standard [ˈdɔlarˈʃtandart] *m* dollar standard

Dollarzeichen [ˈdɔlartsaɪçən] *n* dollar sign

dolmetschen [ˈdɔlmɛtʃən] *v* interpret

Dolmetscher(in) [ˈdɔlmɛtʃər(ɪn)] *m/f* interpreter

Dolmetscherbüro [ˈdɔlmɛtʃərbyroː] *n* translation bureau, interpreter agency

Dominanz [domiˈnants] *f* dominance

Doppelbesteuerung [ˈdɔpəlbəʃtɔɪɛruŋ] *f* double taxation of corporate profits

doppelte Buchführung [ˈdɔpəltə buːx-fyːruŋ] *f* double entry bookkeeping

doppelte Haushaltsführung [ˈdɔpəltə ˈhaus-haltsfyːruŋ] *f* double housekeeping

Doppelverdiener [ˈdɔpəlferdiːnər] *m* double wage-earner

Doppelwährung [ˈdɔpəlvɛːruŋ] *f* double currency

Doppelwährungsanleihe [ˈdɔpəlvɛːruŋs-anlaɪə] *f* double currency loan

Doppelzentner [ˈdɔpəltsɛntnər] *m* one hundred kilogrammes *pl*, quintal

Dotation [ˈdɔtaːtsjoːn] *f* endowment

Dotationskapital [ˈdɔtatsjoːnskapitaːl] *n* endowment funds

dotieren [doˈtiːrən] *v* endow, fund

Dotierung [doˈtiːruŋ] *f* 1. donation, grant, endowment; 2. *(von Posten)* remuneration

Dow Jones-Index [ˈdəudʒəunzɪndɛks] *m* Dow Jones-Index

Dozent [doˈtsɛnt] *m* lecturer, assistant professor *(US)*

dozieren [doˈtsiːrən] *v (fig: belehrend vorbringen)* hold forth; give lectures

drahtlos [ˈdraːtloːs] *adj* wireless

Drahtseilakt [ˈdraːtzaɪlakt] *m (fig)* tightrope act

drängen [ˈdrɛŋən] *v (fig)* press, urge; press, push, force

drastisch [ˈdrastɪʃ] *adj* drastic

Draufgabe [ˈdraufgaːbə] *f* bargain money, earnest money

Drehachse [ˈdreːaksə] *f* rotary axis, pivot

Drehstrom [ˈdreːʃtroːm] *m* three-phase current

Dreiecksarbitrage [ˈdraɪɛksarbɪtraːʒə] *f* triangular arbitrage, three-point arbitrage

Dreiecksgeschäft [ˈdraɪɛksgəʃɛft] *n* triangular transaction

Dreimonatsgeld [ˈdraɪmonatsgɛlt] *n* three months' money

Dreimonatspapier [ˈdraɪmonatspapiːr] *n* three months' papers

Dreiviertelmehrheit [draɪˈfɪrtəlmeːrhaɪt] *f* three-fourths majority

dringend [ˈdrɪŋənt] *adj* urgent, pressing, imperative; *(Gründe)* compelling

Dringlichkeit [ˈdrɪŋlɪçkaɪt] *f* urgency

Drittauskunft [ˈdrɪtauskunft] *f* third-party information

Drittel [ˈdrɪtəl] *n* third

Drittpfändung [ˈdrɪtpfɛnduŋ] *f* garnishee proceedings

Drittschuldner [ˈdrɪtʃuldnər] *m* third-party debtor

drohen [ˈdroːən] *v* threaten

Drohung [ˈdroːuŋ] *f* threat

Drosselung [ˈdrɔsəluŋ] *f (fig: Abschwächung)* curbing, restraint

Druck [druk] *m* pressure; *(Belastung)* burden, load; *unter ~ stehen* to be under pressure; *jdn unter ~ setzen* put pressure on s.o.

Druckbuchstabe [ˈdrukbuxʃtaːbə] *m* block letter

drucken [ˈdrukən] *v* print

drücken [ˈdrykən] *v (Preise)* force down

Drucker [ˈdrukər] *m (Gerät)* printer

Druckfehler [ˈdrukfeːlər] *m* misprint

Druckmittel [ˈdrukmɪtəl] *n* means of exercising pressure, lever

druckreif [ˈdrukraɪf] *adj* ready for printing

Drucksache [ˈdrukzaxə] *f* printed matter

Druckschrift [ˈdrukʃrɪft] *f* block letters

Dualismus [duaˈlɪsmus] *m* dualism

Dualität [duaˈlɪtɛt] *f* duality

dubiose Forderung [ˈdubioːzə ˈfɔrdəruŋ] *f* doubtful debts

dulden [ˈduldən] *v* 1. *(hinnehmen)* tolerate, put up with, permit; 2. *(ertragen)* bear, endure

Dumping ['dʊmpɪŋ] *n* dumping
Dunkelziffer ['dʊŋkəltsɪfər] *f* estimated number of unreported cases
Duplikat [dupli'ka:t] *n* duplicate
Duration ['du:ratsjo:n] *f* duration
durcharbeiten ['dʊrçarbaɪtən] *v* 1. work without stopping; 2. *etw* ~ work through sth
durchblicken ['dʊrçblɪkən] *v etw* ~ *lassen* hint at sth
Durchbruch ['dʊrçbrux] *m (fig)* breakthrough
Durchfuhr ['dʊrçfu:r] *f* transit
Durchführbarkeits-Studie ['dʊrçfy:rbarkaɪtsʃtu:djə] *f* feasibility study
durchführen ['dʊrçfy:rən] *v (ausführen)* carry out, implement, execute
Durchführung ['dʊrçfy:rʊŋ] *f* carrying out, execution, implementation
Durchgangsschein ['dʊrçgaŋsʃaɪn] *m* transit certificate
durchgreifen ['dʊrçgraɪfən] *v irr (fig)* take drastic measures
durchkreuzen [dʊrç'krɔytsən] *v (fig: Pläne)* frustrate
durchlaufende Gelder ['dʊrçlaufəndə 'gɛldər] *n/pl* transmitted accounts
durchlaufende Kredite ['dʊrçlaufəndə 'kredi:tə] *m/pl* transmitted loans
durchlaufende Posten ['dʊrçlaufəndə 'pɔstən] *m/pl* self-balancing items
Durchlaufzeit ['dʊrçlauftsaɪt] *f* processing time, throughput time
Durchsage ['dʊrçza:gə] *f* announcement
Durchschlag ['dʊrçʃla:k] *m* (carbon) copy
Durchschlagpapier ['dʊrçʃla:kpapi:r] *n* carbon paper
Durchschnitt ['dʊrçʃnɪt] *m* average
durchschnittlich ['dʊrçʃnɪtlɪç] *adj* average, ordinary; *adv* on average
Durchschnittsbestand ['dʊrçʃnɪtsbəʃtant] *m* standard inventory
Durchschnittsbewertung ['dʊrçʃnɪtsbəvertʊŋ] *f* inventory valuation at average prices

Durchschnittsbürger ['dʊrçʃnɪtsbyrgər] *m* average citizen, man in the street
Durchschnittseinkommen ['dʊrçʃnɪtsaɪnkɔmən] *n* average income
Durchschnittserlöse ['dʊrçʃnɪtserlø:zə] *m/pl* 1. *(Volkswirtschaft)* average product, 2. *(Geld)* average yield
Durchschnittsertrag ['dʊrçʃnɪtsertra:k] *m* average yield
Durchschnittskosten ['dʊrçʃnɪtskɔstən] *pl* average costs
Durchschnittspreis ['dʊrçʃnɪtspraɪs] *m* average price
Durchschnittssatz ['dʊrçʃnɪtssats] *m* average rate
Durchschnittsvaluta ['dʊrçʃnɪtsvalu:ta] *n* average value date
Durchschnittswert ['dʊrçʃnɪtsve:rt] *m* average value, mean value
Durchschrift ['dʊrçʃrɪft] *f* carbon copy
durchsetzen ['dʊrçzɛtsən] *v* 1. *sich* ~ prevail, assert o.s. 2. *sich* ~ *(Erzeugnis)* prove its worth
Durchsetzungsvermögen ['dʊrçzɛtsʊŋsfɛrmø:gən] *n* ability to get things done, drive
Durchsicht ['dʊrçzɪçt] *f* looking through, examination, inspection
durchstellen ['dʊrçʃtɛlən] *v (fig: telefonisch)* put through
durchstreichen ['dʊrçʃtraɪçən] *v irr* cross out, delete
Durchsuchungsbefehl [dʊrç'zu:xʊŋsbəfe:l] *m* search warrant
Durchwahl ['dʊrçva:l] *f* extension
Dutzend ['dutsənt] *n* dozen
dutzendweise ['dutsəntvaɪzə] *adv* by the dozen, in dozens
DVD-ROM [de: fau de: 'rɔm] *f* DVD-ROM
Dynamik [dy'na:mɪk] *f* dynamics
dynamisch [dy'na:mɪʃ] *adj* dynamic
Dynamisierung [dy'na:mɪzi:rʊŋ] *f* dynamization
Dyopol [dyo'po:l] duopoly

E

Ebenmaß ['e:bənmaːs] *n* symmetry, beautiful proportions *pl,* evenness

echt [ɛçt] *adj* real, genuine, authentic

echtes Factoring [ɛçtəs 'fæktɔrɪŋ] *n* clean factoring, old-line factoring

Echtheit ['ɛçthaɪt] *f* genuineness, authenticity

Eckdaten ['ɛkdaːtən] *pl* basic data, key data

Ecklohn [ɛkloːn] *m* benchmark rate

Eckzins [ɛktsɪns] *m* basic rate of interest

ECU (European Currency Unit) [eːkyː] *m* ECU

ECU-Anleihe [eːkyːanlaɪə] *f* ECU loan

Edelmetallgeschäft ['edəlmetalgəʃɛft] *n* precious metals business, bullion trade

Edelstahl ['eːdəlʃtaːl] *m* high-grade steel

EDV [eːdeːfau] *f (elektronische Datenverarbeitung)* electronic data processing; ~-... computer ...

EDV-Anlage [eːdeːfauanlaːgə] *f* computer equipment, electronic data processing equipment

Effekt [eˈfɛkt] *m* effect

Effekten [eˈfɛktən] *f/pl* securities *pl,* stocks and shares *pl*

Effektenabteilung [eˈfɛktənaptaɪluŋ] *f* securities department, investment department

Effektenbank [eˈfɛktənbaŋk] *f* issuing bank, investment bank

Effektenbörse [eˈfɛktənbœrzə] *f* stock exchange, stock market

Effektenbuch [eˈfɛktənbuːx] *n* stockbook

Effektendepot [eˈfɛktəndeːpoː] *n* deposit of securities

Effektendiskont [eˈfɛktəndɪskɔnt] *m* securities discount

Effekteneigengeschäft [eˈfɛktənaɪgəngəʃɛft] *n* security trading for own account

Effektenemission [eˈfɛktənemɪsjoːn] *f* issue of securities

Effektenfinanzierung [eˈfɛktənfɪnantsiːruŋ] *f* security financing

Effektengeschäft [eˈfɛktəngəʃɛft] *n* securities business

Effektenhandel [eˈfɛktənhandəl] *m* stockbroking, securities trading

Effektenhändler [eˈfɛktənhɛndlər] *m* dealer in securities, securities trader, stock dealer

Effektenkapitalismus [eˈfɛktənkapɪtaːlɪsmus] *m* securities capitalism

Effektenkasse [eˈfɛktənkasə] *f* security department counter

Effektenkauf [eˈfɛktənkauf] *m* purchase of securities

Effektenkommissionär [eˈfɛktənkomɪsjoːnɛr] *m* securities commission agent

Effektenkommissionsgeschäft [eˈfɛktənkomɪsjoːnsgəʃɛft] *n* securities transactions on commission

Effektenkonto [eˈfɛktənkonto] *n* securities account, stock account

Effektenkurs [eˈfɛktənkurs] *m* stock exchange quotation, securities price

Effektenlombard [eˈfɛktənlombaːrd] *m* advances against securities

Effektenmakler [eˈfɛktənmaːklər] *m* stock broker

Effektenpensionierung [eˈfɛktənpensjoːniːruŋ] *f* raising money on securities by cash sale coupled with sequent repurchase

Effektenpensionsgeschäft [eˈfɛktənpensjoːnsgəʃɛft] *n* security transactions under repurchase agreement

Effektenplatzierung [eˈfɛktənplatsiːruŋ] *f* securities placing

Effektenrechnung [eˈfɛktənrɛçnuŋ] *f* calculation of effective interest rate

Effektenstatistik [eˈfɛktənʃtatɪstɪk] *f* securities statistics

Effektensubstitution [eˈfɛktənsupstitutsjoːn] *f* securities substitution

Effektenterminhandel [eˈfɛktənhandəl] *m* futures trading in stocks and bonds

Effektenverkauf [eˈfɛktənferkauf] *m* sale of securities, over-the-counter trading

Effektenverwaltung [eˈfɛktənfervaltuŋ] *f* portfolio management, *(Bank)* security deposit department

effektiv [efɛkˈtiːf] *adj* effective

Effektivgeschäft [efɛkˈtiːfgəʃɛft] *n* actual transaction

Effektivität [efɛktiviˈtɛːt] *f* effectivity

Effektivlohn [efɛkˈtiːfloːn] *m* actual wage

Effektivvermerk [efɛkˈtiːffɛrmɛrk] *m* actual currency clause

Effektivverzinsung [efɛkˈtiːffɛrtsɪnzuŋ] *f* effective interest yield, true yield

Effektivzins [ɛfɛk'tiːftsɪns] *m* effective interest

effizient [ɛfi'tsjɛnt] *adj* efficient

Effizienz [ɛfi'tsjɛnts] *f* efficiency

Effizienzregeln [ɛfi'tsjɛntsreːgəln] *f/pl* performance regulations

EG (Europäische Gemeinschaft) [eːgeː] *f* European Community *(EC)*

EG-Binnenmarkt ['eːgeːbɪnənmarkt] *m* European single market

ehemalig ['eːəmaːlɪç] *adj* former, ex-...

ehrenamtlich ['eːrənamtlɪç] *adj* unpaid, honorary; *adv* without payment, in an honorary capacity

Ehrenerklärung ['eːrənɛrklɛːrʊŋ] *f* public apology

Ehrengast ['eːrəngast] *m* guest of honour

Ehrenkodex ['eːrənkoːdɛks] *m* code of honour

Ehrenmitglied ['eːrənmɪtgliːt] *n* honorary member

Ehrgeiz ['eːrgaɪts] *m* ambition

ehrgeizig ['eːrgaɪtsɪç] *adj* ambitious

Ehrung ['eːrʊŋ] *f* honour, tribute, homage

eichen ['aɪçən] *v* calibrate, gauge

Eichung ['aɪçʊŋ] *f* adjusting, calibration

eidesstattlich ['aɪdəsʃtatlɪç] *adj* in lieu of an oath

Eidesstattliche Erklärung ['aɪdəsʃtatlɪçə 'ɛrklɛːrʊŋ] *f* declaration in lieu of an oath

eifrig ['aɪfrɪç] *adj* eager, zealous, avid; *adv* eagerly, zealously, avidly

Eigenbeteiligung ['aɪgənbətaɪlgʊŋ] *f* self participation

Eigenbetrieb ['aɪgənbətriːp] *m* owner-operated municipal enterprise

Eigendepot ['aɪgəndeːpoː] *n* own security deposit

eigene Aktien ['aɪgənə 'aktsjən] *f/pl* company-owned shares

eigene Effekten ['aɪgənə e'fɛktən] *pl* own security holdings

eigener Wechsel ['aɪgənər 'vɛçsəl] *m* promissory note

Eigenfinanzierung ['aɪgəfinnantsiːrʊŋ] *f* self-financing, financing from own resources, equity financing

Eigengeschäft ['aɪgəngəʃɛft] *n* transactions on own account

Eigengewicht ['aɪgəngəvɪçt] *n* net weight

Eigenhandel ['aɪgənhandəl] *m* trading on own account

eigenhändig ['aɪgənhɛndɪç] *adj* with one's own hands, *(Brief)* "hand to addressee only"

Eigenheimzulage ['aɪgənhaɪmtsuːlaːgə] *f* owner-occupied home premium

Eigeninitiative ['aɪgəninitsjatiːvə] *f* own initiative

Eigenkapital ['aɪgənkapitaːl] *n* equity capital, one's own capital

Eigenkapitalentzug ['aɪgənkapitaːlɛntsuːk] *m* own capital withdrawal

Eigenkapitalerhöhung ['aɪgənkapitaːlerhøːʊŋ] *f* increase in own capital

Eigenkapitalgrundsätze ['aɪgənkapitaːlgruntsɛtsə] *m/pl* principles on own capital

Eigenkapitalkonto ['aɪgənkapitaːlkɔnto] *n* equity account

Eigenkapitalquote ['aɪgənkapitaːlkvoːtə] *f* equity ratio

Eigenkapitalrentabilität ['aɪgənkapitaːlrɛntabiliːt] *f* equity return, income-to-equity ratio

Eigenkapitalzinsen ['aɪgənkapitaːltsɪnsən] *pl* equity yield rate

Eigenleistungen ['aɪgənlaɪstʊŋən] *f/pl* own contributions, own funding

eigenmächtig ['aɪgənmɛçtɪç] *adj* arbitrary, high-handed, done on one's own authority

Eigenmächtigkeit ['aɪgənmɛçtɪçkaɪt] *f* arbitrary action

Eigennutzung ['aɪgənnutsʊŋ] *f* internal use, own use

eigenständig ['aɪgənʃtɛndɪç] *adj* independent

Eigenständigkeit ['aɪgənʃtɛndɪçkaɪt] *f* independence

Eigentum ['aɪgəntuːm] *n* property

Eigentümer ['aɪgəntyːmər] *m* owner, proprietor

Eigentümer-Grundschuld ['aɪgəntyːmərgruntʃult] *f* land charge in favour of the owner

Eigentümer-Hypothek ['aɪgəntyːmərhypoːteːk] *f* mortgage for the benefit of the owner, owner's mortgage

Eigentümerversammlung ['aɪgəntyːmərfersamlʊŋ] *f* general meeting of condo owners

Eigentumsrechte ['aɪgəntuːmsreçtə] *n/pl* property rights

Eigentumsübertragung ['aɪgəntuːmsyːbərtraːgʊŋ] *f* transfer of ownership, transfer of property

Eigentumsvorbehalt ['aɪgəntuːmsvɔrbəhalt] *m* reservation of title

Eigentumswohnung ['aɪgənsvoːnʊŋ] *f* condominium; cooperative apartment

eigenverantwortlich ['aɪgənferantvɔrtlɪç] *adj* responsible

Eigenverantwortung ['aɪgənferantvɔrtuŋ] *f* responsibility

Eigenverbrauch ['aɪgənferbrauç] *m* personal consumption

eigenwillig ['aɪgənvɪlɪç] *adj* with a mind of one's own, highly individual

Eigner ['aɪgnər] *m (Eigentümer)* owner, proprietor

Eigners Gefahr (o.r.) ['aɪgnərz gə'faːr] *f* owner's risk

Eignung ['aɪgnuŋ] *f* suitability; *(Befähigung)* aptitude

Eignungstest ['aɪgnuŋstest] *m* 1. *(Personal)* aptitude test 2. *(Betriebswirtschaft)* acceptance test

Eilbote ['aɪlbɔtə] *m* express messenger, courier

Eilbrief ['aɪlbriːf] *m* express letter

Eilgut ['aɪlguːt] *n* goods sent by express

eilig ['aɪlɪç] *adj* hurried, rushed, hasty; *es ~ haben* to be in a hurry

Eilpaket ['aɪlpakeːt] *n* express parcel

Eilschrift ['aɪlʃrɪft] *f* high-speed shorthand, abbreviated shorthand

Eilüberweisung ['aɪlyːbərvaɪsuŋ] *f* rapid money transfer

Eilzug ['aɪltsuːk] *m* semi-fast train

Eilzustellung ['aɪltsuːʃtɛluŋ] *f* express delivery

Einarbeitung ['aɪnarbaɪtuŋ] *f* getting used to one's work, training, vocational adjustment

einbehalten ['aɪnbəhaltən] *v irr* keep back, retain

einberechnen ['aɪnbəreçnən] *v etw mit ~* factor sth in

einberufen ['aɪnbəruːfən] *v irr (Versammlung)* convene, call, summon

Einberufung ['aɪnbəruːfuŋ] *f (einer Versammlung)* convening, calling, convocation

einbinden ['aɪnbɪndən] *v irr (fig)* include, integrate, involve

Einblick ['aɪnblɪk] *m* insight

einbringen ['aɪnbrɪŋən] *v* earn, yield, bring in; *(Verlust)* make up for

Einbruchversicherung ['aɪnbruxfɛrzɪçəruŋ] *f* housebreaking insurance

Einbuße ['aɪnbuːsə] *f* loss, damage

einbüßen ['aɪnbyːsən] *v* 1. *(Geld)* lose; 2. *(Recht)* forfeit

eindecken ['aɪndɛkən] *v sich mit etw ~* stock up on sth, lay in a supply of sth; *jdn mit etw ~* provide s.o. with sth

eindeutig ['aɪndɔytɪç] *adj* clear, unmistakable; *adv* clearly, unmistakably

eineinhalb [aɪnaɪn'halp] *num* one and a half

Einflussgrößenrechnung ['aɪnflusgrøːzənreçnuŋ] *f* factor impacting calculation

einfordern ['aɪnfɔrdərn] *v* call in, claim

Einfuhr ['aɪnfuːr] *f* import(ation)

Einfuhrbeschränkung ['aɪnfuːrbəʃrɛnkuŋ] *f* import restriction

Einfuhrerklärung ['aɪnfuːrɛrkleːruŋ] *f* import declaration

Einfuhrgenehmigung ['aɪnfuːrgəneːmiguŋ] *f* import permit, import licence

Einfuhrhandel ['aɪnfuːr'handəl] *f* import trade

Einfuhrlizenz ['aɪnfuːrliˈtsɛnts] *f* import licence

Einfuhrpapiere ['aɪnfuːrpa'piːrə] *f* import documents

Einführung ['aɪnfyːruŋ] *f* 1. *(Import)* import, importation, 2. *(von etw Neuem)* introduction, launch

Einführungsphase ['aɪnfyːruŋs'faːzə] *f* introduction stage

Einführungspreis ['aɪnfyːruŋsprais] *m* introductory offer, initial price

Einführungsrabatt ['aɪnfyːruŋsra'bat] *m* introductory discount

Einfuhrverbot ['aɪnfuːrfɛrboːt] *n* import prohibition, ban on imports

Einfuhrzoll ['aɪnfuːrtsɔl] *m* import duty, import levy

Eingabe ['aɪnga'bə] *f* 1. *(Daten)* input, entry, 2. *(Antrag)* petition, application, request

Eingang ['aɪngaŋ] *m* 1. *(Wareneingang)* arrival receipt of goods; 2. *(Geldeingang)* receipt

Eingang vorbehalten ['aɪngaŋ 'foːrbəhaltən] *v* due payment reserved

Eingangsstempel ['aɪngaŋsʃtɛmpəl] *m* receipt stamp

eingeben ['aɪngeːbən] *v irr* 1. *(Daten)* input, enter, feed; 2. *(einreichen)* submit, hand in

eingehen ['aɪngeːən] *v irr* 1. *(auf einen Vorschlag)* agree to, consent to; 2. *(Verpflichtung)* enter into, embark on

eingeschlossen [aɪngəʃlɔsən] *adj* included, cum

eingespielt ['aɪngəʃpiːlt] *adj* used to working together

Eingeständnis ['aɪngəʃtɛntnɪs] *n* admission, confession

eingestehen ['aɪngəʃteːən] *v irr* admit, confess, avow

eingetragen [ˈaɪngətraːgən] *adj* registered, entered; *nicht* ~ unregistered

eingetragener Verein (e.V.) [aɪngətraːgenər fɛraɪn] *m* registered association

eingezahltes Kapital [ˈaɪngətsaːltəs kapiˈtaːl] *n* paid-up capital

eingreifen [ˈaɪngraɪfən] *v irr (einschreiten)* intervene, step in

Eingriff [ˈaɪngrɪf] *m (Einschreiten)* intervention, interference

Einhalt [ˈaɪnhalt] *m* check; ~ *gebieten* stop, put a stop to, halt

einhalten [ˈaɪnhaltən] *v* 1. *(befolgen)* observe, stick to, adhere to; 2. *(Versprechen)* keep; 3. *(beibehalten)* follow, keep to

Einhaltung [ˈaɪnhaltʊŋ] *f* 1. *(Befolgung)* observance of, compliance to; 2. *(Beibehaltung)* holding to, adherence to

einheften [ˈaɪnhɛftən] *v (Akten)* file

Einheit [ˈaɪnhaɪt] *f* unity; *(eine ~)* unit

Einheitliche Europäische Artikelnummer (EAN) [aɪnhaɪtlɪçə ɔyroˈpɛːɪʃə arˈtɪkəlˈnuːmər] *f* European article number *(EAN)*

Einheitsbilanz [ˈaɪnhaɪtsbilants] *f* unified balance sheet

Einheitsgesellschaft [ˈaɪnhaɪtsgəˈsɛlʃaft] *f* unified company

Einheitskurs [ˈaɪnhaɪtsˈkurs] *m* uniform price, spot price

Einheitsmarkt [ˈaɪnhaɪtsˈmarkt] *m* single-price market

Einheitsscheck [ˈaɪnhaɪtsˈʃɛk] *m* standard cheque

Einheitswährung [ˈaɪnhaɪtsˈwɛruŋ] *f* unified currency

Einheitswechsel [ˈaɪnhaɪtsˈwɛkzəl] *m* standard bill

Einheitswert [ˈaɪnhaɪtsˈweːrt] *m* standard value, rateable value

Einheitszoll [ˈaɪnhaɪtsˈtsɔl] *m* uniform duty

einhellig [ˈaɪnhɛlɪç] *adj* unanimous

einig [ˈaɪnɪç] *adj* 1. *sich über etw* ~ *werden* come to an agreement on sth; *wir sind uns* ~, *dass* ... we agree that ..., we are in agreement that ...; 2. *(geeint)* united

einigen [ˈaɪnɪgən] *v* 1. *sich* ~ come to an agreement, agree, come to terms; 2. *sich* ~ *über etw* agree on

Einigkeit [ˈaɪnɪçkaɪt] *f* unity, harmony, unanimity

Einigung [ˈaɪnɪguŋ] *f* agreement, understanding, settlement

Einigungsstelle [ˈaɪnɪguŋsˈʃtɛlə] *f* conciliation board

einkalkulieren [ˈaɪnkalkuliːrən] *v* take into account

Einkauf [ˈaɪnkauf] *m* purchasing, purchase

einkaufen [ˈaɪnkaufən] *v* buy, purchase, shop (for)

Einkäufer [ˈaɪnkɔyfər] *m* buyer

Einkaufsagent [ˈaɪnkaufsagɛnt] *m* purchasing agent

Einkaufsbedingungen [ˈaɪnkaufsbəˈdɪŋuŋən] *f/pl* purchasing terms

Einkaufsgemeinschaft [ˈaɪnkaufsgəˈmaɪnʃaft] *f* purchasing association

Einkaufsgenossenschaft [ˈaɪnkaufsgəˈnɔsənʃaft] *f* purchasing cooperative

Einkaufsland [ˈaɪnkaufslant] *n* country of purchase

Einkaufspassage [ˈaɪnkaufspaˈsaːʒə] shopping mall *(US)*, shopping passage

Einkaufspolitik [ˈaɪnkaufspoliˈtɪk] *f* procurement policy

Einkaufspreis [ˈaɪnkaufspraɪs] *m* wholesale price, cost price, purchase price

Einkaufszentrum [ˈaɪnkaufsˈtsɛntrum] *n* shopping centre, shopping mall *(US)*

einklagen [ˈaɪnklaːgən] *v* sue for

Einkommen [ˈaɪnkɔmən] *n* income, earnings; revenue; *festes* ~ fixed income; regular income; *verfügbares* ~ disposable income; *Jahres~* annual income/earnings

Einkommenseffekt [ˈaɪnkɔmənsefɛkt] *m* income effect; income generating effect

Einkommenserklärung [ˈaɪnkɔmənserkleːruŋ] *f* income declaration

Einkommensfonds [ˈaɪnkɔmənsfõ] *m* income fund

einkommensschwach [ˈaɪnkɔmənsʃvax] *adj* of low wage

Einkommenssteuer [ˈaɪnkɔmənsʃtɔyər] *f* income tax

Einkommenssteuererklärung [ˈaɪnkɔmənsʃtɔyərerkleːruŋ] *f* income tax return, declaration of income tax

Einkommenstheorie [ˈaɪnkɔmənsteːoriː] *f* theory of income determination

Einkommensumverteilung [ˈaɪnkɔmənsumfertaɪluŋ] *f* redistribution of income

Einkommensverteilung [ˈaɪnkɔmənfertaɪluŋ] *f* distribution of income

Einkünfte [ˈaɪnkynftə] *pl* income, earnings *pl, (des Staates)* revenue

Einladung [ˈaɪnlaːduŋ] *f* invitation

Einlage [ˈaɪnlaːgə] *f* stake, investment, money deposited

Einlagen [ˈaɪnlaːgən] *f/pl* deposit

Einlagengeschäft [ˈaɪnlaːgəngəʃɛft] *n* deposit business

Einlagenpolitik [ˈaɪnlaːgənpolitiːk] *f* deposit policy

Einlagensicherung [ˈaɪnlaːgənziçəruŋ] *f* guarantee of deposit

Einlagensicherungsfonds [ˈaɪnlaːgənziçərunsfɔ̃] *m* deposit guarantee fund

Einlagenzertifikat [ˈaɪnlaːgəntsɛrtifikaːt] *n* certificate of deposit

einlagern [ˈaɪnlaːgərn] *v* store

Einlagerung [ˈaɪnlaːgəruŋ] *f* storage

einlegen [ˈaɪnleːgən] *v 1. (Geld)* deposit

einlesen [ˈaɪnleːzən] *v irr* read in

Einlinienorganisation [ˈaɪnliːnjənorganizatsjoːn] *f* straight-line organization

einloggen [ˈaɪnlɔgən] *v sich ~* log in, log on

einlösen [ˈaɪnløːzən] *v (Scheck)* cash

Einlösung [ˈaɪnløːzuŋ] *f* payment, encashment

Einlösungspflicht [ˈaɪnløːzuŋspflɪçt] *f* obligation to redeem

Einnahmen [ˈaɪnnaːmən] *f/pl* receipts

Einnahmen-Ausgabenrechnung [ˈaɪnnaːmənausgaːbənreçnuŋ] *f* bill of receipts and expenditures

einnehmen [ˈaɪnneːmən] *v irr (verdienen)* earn

Einpersonengesellschaft [ˈaɪnperzoːnəngəsɛlʃaft] *f* one-man corporation

einplanen [ˈaɪnplaːnən] *v* include in the plan, plan on

Einproduktbetrieb [ˈaɪnprɔduktbətriːp] *m* single-product firm

Einpunktklausel [ˈaɪnpunktklauzəl] *f* one-item clause

Einrede [ˈaɪnreːdə] *f* defence, plea

Einrede der Arglist [ˈaɪnreːdə dɛːr ˈarglist] *f* defence of fraud

Einrede der Vorausklage [ˈaɪnreːdə dɛːr fɔrausklaːgə] *f* defence of lack of prosecution

Einsatz [ˈaɪnzats] *m 1. (Kapitaleinsatz)* investment; *2. (Anwendung)* employment, use, application; *3. (Hingabe)* effort, commitment, dedication

einsatzbereit [ˈaɪnzatsbəraɪt] *adj* ready for use

Einsatzfaktor [ˈaɪnzatsfaktɔr] *m* input factor

Einschreibebrief [ˈaɪnʃraɪbəbriːf] *m* registered letter

Einschreiben [ˈaɪnʃraɪbən] *n per ~* by registered post, by registered mail *(US)*

Einschreibung [ˈaɪnʃraɪbuŋ] *f* registration

Einschuss [ˈaɪnʃus] *m* margin requirement

Einschussquittung [ˈaɪnʃuskvɪtuŋ] *f* contribution receipt

einseitige Übertragung [ˈaɪnzaɪtɪgə ˈyːbərtraːguŋ] *f* unilateral transfer

einsenden [ˈaɪnzɛndən] *v irr* send in

Einsender [ˈaɪnzɛndər] *m* sender

Einsendung [ˈaɪnzɛnduŋ] *f* letter, contribution

Einsichtnahme [ˈaɪnzɪçtnaːmə] *f* inspection

einsortieren [ˈaɪnzɔrtiːrən] *v* sort in

einsparen [ˈaɪnʃpaːrən] *v* economize, save money

Einsparung [ˈaɪnʃpaːruŋ] *f* saving, economization

Einspruch [ˈaɪnʃprux] *m* objection, protest

Einspruchsfrist [ˈaɪnʃpruxsfrɪst] *f* period for objection

einstampfen [ˈaɪnʃtampfən] *v* pulp, crush

Einstandspreis [ˈaɪnʃtantspraɪs] *m* cost price

einstellen [ˈaɪnʃtɛlən] *v 1. (Arbeitskräfte)* employ, engage; *2. (beenden)* stop, cease, leave off; *3. (regulieren)* adjust, regulate

Einstellung [ˈaɪnʃtɛluŋ] *f 1. (Arbeitskräfte)* employment; *2. (Beendigung)* cessation, suspension; *3. (Regulierung)* setting, adjustment

Einstimmigkeitsregel [ˈaɪnʃtɪmɪçkaɪtsregəl] *f* unanimity rule

einstufen [ˈaɪnʃtuːfən] *v* grade, classify, rate

Einstufung [ˈaɪnʃtuːfuŋ] *f* classification

einstweilig [ˈaɪnstvaɪlɪç] *adj* in the interim, temporary, *~e Verfügung* temporary injunction, temporary restraining order

Eintragung [ˈaɪntraːguŋ] *f* registration, entering; *amtliche ~* incorporation

Eintragung im Handelsregister [ˈaɪntraːguŋ ɪm ˈhandəlsrəgɪstər] *f* registration in the Commercial Register

Eintrittsstrategien [ˈaɪntrɪtsʃtrateɡiːən] *f/pl* entry strategies

Einvernehmen [ˈaɪnferneːmən] *n* agreement, understanding

einvernehmlich [ˈaɪnferneːmlɪç] *adj* in mutual agreement

einverstanden [ˈaɪnfɛrʃtandən] *v mit etw ~ sein* agree with sth, consent to sth, be agreeable to sth; *Einverstanden!* Agreed!

Einverständnis [ˈaɪnfɛrʃtɛntnɪs] *n* agreement, consent, approval

Einwand [ˈaɪnvant] *m* objection

einwandfrei ['aɪnvantfraɪ] *adj* faultless, impeccable, irreproachable

Einwegflasche ['aɪnveːkflaʃə] *f* non-returnable bottle

Einwegverpackung ['aɪnveːkfɛrpakuŋ] *f* non-returnable packaging

einweihen ['aɪnvaɪən] *v* inaugurate

Einweihung ['aɪnvaɪuŋ] *f* inauguration, ceremonial opening

einweisen ['aɪnvaɪzən] *v irr (anleiten)* introduce, instruct

Einweisung ['aɪnvaɪzuŋ] *f* induction; *(Instruktionen)* instructions *pl*

einwilligen ['aɪnvɪlɪgən] *v* agree, consent, approve

Einwilligung ['aɪnvɪlɪguŋ] *v* approval, consent, agreement

einzahlen ['aɪntsaːlən] *v* pay in, deposit

Einzahlung ['aɪntsaːluŋ] *f* payment, deposit

Einzahlungsbeleg ['aɪntsaːluŋsbələːk] *m* paying-in slip, deposit slip

Einzahlungspflicht ['aɪntsaːluŋspflɪçt] *f* obligation to pay subscription

Einzelabschreibung ['aɪntsəlapʃraɪbuŋ] *f* single-asset depreciation

Einzelarbeitsvertrag ['aɪntsəlarbaɪtsfɛrtraːk] *m* individual employment contract

Einzelfall ['aɪntsəlfal] *m* individual case, particular case

Einzelfertigung ['aɪntsəlfɛrtiguŋ] *f* individual production; single-item manufacturing

Einzelhandel ['aɪntsəlhandəl] *m* retail trade

Einzelhandelsspanne ['aɪntsəlhandəlsʃpanə] *f* retail price margin

Einzelhändler ['aɪntsəlhɛndlər] *m* retailer

Einzelkosten ['aɪntsəlkɔstən] *pl* direct cost

Einzelkreditversicherung ['aɪntsəlkrediːtfɛrziçəruŋ] *f* individual credit insurance

einzeln ['aɪntsəln] *adj* individual, single, particular; *im Einzelnen* in detail; *adv* individually, separately, one by one

Einzelprokura ['aɪntsəlprokuːra] *n* individual power of procuration

Einzelstück ['aɪntsəlʃtyk] *n* unique piece

Einzelvollmacht ['aɪntsəlfɔlmaxt] *f* individual power of representation

einziehen ['aɪntsiːən] *v* 1. *(beschlagnahmen)* confiscate, impound, withdraw; 2. *Auskünfte über etw ~* gather information about sth, 3. *(kassieren)* collect, call in; 4. *(aus dem Verkehr ziehen)* call in

Einziehungsauftrag ['aɪntsiːuŋsauftraːk] *m* direct debit order, collection order, direct debit instruction

Einziehungsermächtigung ['aɪntsiːuŋsɛrmɛçtɪguŋ] *f* direct debit authorization

Einziehungsgeschäft ['aɪntsiːuŋsgəʃɛft] *n* collection business

Einzug ['aɪntsuːk] *m* 1. *(Beschlagnahme)* confiscation, seizure, impounding, 2. *(von Geld, Steuern)* collection, cashing

Einzugsermächtigung ['aɪntsuːksɛrmɛçtɪguŋ] *f* direct debit instruction

Einzugsermächtigungsverfahren ['aɪntsuːksɛrmɛçtɪguŋsfɛrfaːrən] *n* collection procedure

Einzugsgebiet ['aɪntsuːksgəbiːt] *n* area of supply, catchment area, trading area

Einzugsquittung ['aɪntsuːkskvɪtuŋ] *f* collection receipt

Eisenschaffende Industrie ['aɪzənʃafəndə 'ɪndustriː] *f* iron and steel producing industry

Eisenbahn ['aɪzənbaːn] *f* railway

Eisenbahnnetz ['aɪzənbaːnnɛts] *n* railway network

Eisenbahntarif ['aɪzənbaːntariːf] *m* railway tarif

Eisenbahnwagen ['aɪzənbaːnvaːgən] *m* railway carriage, railroad car *(US)*

Eisenbörse ['aɪzənbøːrzə] *f* iron exchange

Eisenindustrie ['aɪzənɪndustriː] *f* iron industry

eisenverarbeitend ['aɪzənfɛrarbaɪtənt] *adj* iron-processing

eiserner Bestand ['aɪzərnər bə'ʃtant] *m* *(Betriebswirtschaft)* minimum inventory level, *(Geld)* reserve fund

Electronic Banking [ɪlek'trɔnɪk 'bæŋkɪŋ] *n* electronic banking

Electronic Business [ɪlek'trɔnɪk 'bɪznɪs] *n* electronic business

Electronic cash [ɪlek'trɔnɪk kæʃ] *n* electronic cash

Electronic Commerce [ɪlek'trɔnɪk 'kɔm-ɜs] *m* electronic commerce

Elefanten-Hochzeit [elɛ'fantənhoçtsaɪt] *f* *(fig)* jumbo merger, giant merger, megadollar merger *(US)*

Elektrik [e'lɛktrɪk] *f* 1. electrical equipment; 2. *(Elektrotechnik)* electrical engineering

Elektriker(in) [e'lɛktrɪkər(ɪn)] *m/f* electrician

elektrisch [e'lɛktrɪʃ] *adj* electric, electrical

Elektrizität [elɛktritsi'tɛːt] *f* electricity, electric current

Elektrizitätswerk [elɛktritsi'tɛːtsvɛrk] *n* power station, generating plant

Elektroindustrie [e'lɛktroɪndustriː] *f* electrical engineering industry

Elektronik [elɛk'troːnɪk] *f* electronics

elektronisch [elɛk'troːnɪʃ] *adj* electronic

Elektrotechnik [e'lɛktroteçnɪk] *f* electrical engineering

Elektrotechniker [e'lɛktroteçnɪkər] *m* electrician

E-Mail ['iːmeɪl] *n* e-mail

Embargo [ɛm'bargo] *n* embargo, *ein ~ aufheben* to lift an embargo

Emission [emɪs'joːn] *f* issue, issuing

Emissionsabteilung [emɪs'joːnsaptaɪluŋ] *f* issue department

Emissionsagio [emɪs'joːnsaːgjoː] *n* issue premium

Emissionsarten [emɪs'joːnsartən] *f/pl* types of issuing

Emissionsbank [emɪs'joːnsbaŋk] *f* issuing bank, issuing house

Emissionsbedingungen [emɪs'joːnsbədɪŋuŋən] *f/pl* terms and conditions of issue

Emissionsgenehmigung [emɪs'joːnsgəneːmiguŋ] *f* issue permit

Emissionsgeschäft [emɪs'joːnsgəʃɛft] *n* investment business, underwriting business

Emissionsgesetz [emɪs'joːnsgəsɛts] *n* Issue Law

Emissionshaus [emɪs'joːnshaus] *f* issuing house

Emissionskalender [emɪs'joːnskalɛndər] *m* issue calendar

Emissionskonsortium [emɪs'joːnskonsɔrtsjum] *n* underwriting syndicate

Emissionskontrolle [emɪs'joːnskɔntrɔlə] *f* security issue control

Emissionskosten [emɪs'joːnskɔstən] *pl* underwriting costs

Emissionskredit [emɪs'joːnskrediːt] *m* credit granted to the issuer by the bank

Emissionskurs [emɪs'joːnskurs] *m* rate of issue, issue price

Emissionsmarkt [emɪs'joːnsmarkt] *m* primary market

Emissionsrendite [emɪs'joːnsrɛndiːtə] *f* issue yield

Emissionsreste [emɪs'joːnsrɛstə] *m/pl* residual securities of an issue

Emissionssperre [emɪs'joːnsʃpɛrə] *f* ban on new issues

Emissionsstatistik [emɪs'joːnsʃtatɪstɪk] *f* new issue statistics

Emissionssyndikat [emɪs'joːnssyndikaːt] *n* underwriting syndicate

Emissionsverfahren [emɪs'joːnsfɛrfaːrən] *n* issuing procedure

Emissionsvergütung [emɪs'joːnsfɛrgyːtuŋ] *f* issue commission

Empfang [ɛm'pfaŋ] *m* 1. *(Erhalt)* receipt; 2. *(Begrüßung)* reception, welcome; 3. *(Veranstaltung)* reception; 4. *(Rezeption)* reception area; 5. *(TV)* reception

empfangen [ɛm'pfaŋən] *v irr* 1. receive; 2. *(begrüßen)* welcome, greet, meet

Empfänger [ɛm'pfɛŋər] *m* 1. recipient, 2. *(Gerät)* receiver

empfangsberechtigt [ɛm'pfaŋsbəreçtɪçt] *adj* authorized to receive

Empfangsbescheinigung (rect.) [ɛm'pfaŋsbəʃaɪniguŋ] *f* receipt, acknowledgment of receipt

Empfangsbestätigung [ɛm'pfaŋsbəʃteːtiguŋ] *f* receipt, acknowledgement of receipt

Empfangsdame [ɛm'pfaŋsdaːmə] *f* receptionist

empfehlen [ɛm'pfeːlən] *v irr* recommend; *es empfiehlt sich, etw zu tun* it is a good idea to do sth

empfehlenswert [ɛm'pfeːlənsveːrt] *adj* to be recommended, *(ratsam)* advisable

Empfehlung [ɛm'pfeːluŋ] *f* recommendation

Empfehlungsschreiben [ɛm'pfeːluŋsʃraɪbən] *n* letter of recommendation, reference *(UK)*, letter of introduction

empirisch [ɛm'piːrɪʃ] *adj* empirical

empirische Marktforschung [ɛm'piːrɪʃə 'marktfɔrʃuŋ] *f* empirical market research

empirische Wirtschaftsforschung [ɛm'piːrɪʃə 'vɪrtʃaftsfɔrʃuŋ] *f* empirical economic research

empirischer Gehalt [ɛm'piːrɪʃər gə'halt] *m* empirical contents

Endabnehmer ['ɛntapneːmər] *m* ultimate buyer

Endabrechnung ['ɛntapreçnuŋ] *f* final account

Endbetrag ['ɛntbətraːk] *m* final amount

Endergebnis ['ɛndergeːpnɪs] *n* final result

Endkontrolle ['ɛntkɔntrɔlə] *f* final control

Endkostenstelle ['ɛntkɔstənʃtɛlə] *f* final cost center

endlagern ['ɛntlaːgərn] *v* permanently dump, permanently dispose of

Endlagerung ['ɛntlaːgəruŋ] *f* permanent storage (of radioactive waste)

Endnachfrage ['ɛntnaːxfraːgə] *f* final demand

endogene Variable ['endɔgenə vari'aː-blə] *f* endogenous variable

Endprodukt ['ɛntprɔdukt] *n* finished product, final product

Endverbraucher ['ɛntfɛrbrauxər] *m* (ultimate) consumer, end user

Energie [enɛr'giː] *f* energy

energiearm [enɛr'giːarm] *adj* low-energy

Energiebedarf [enɛr'giːbədarf] *m* energy requirements *pl*

Energiebesteuerung [enɛr'giː] *f* energy taxation

energiebewusst [enɛr'giːbəvust] *adj* energy-conscious

Energiebilanz [enɛr'giːbilants] *f* energy balance statement

Energieersparnis [enɛr'giːɛrʃpaːrnɪs] *f* energy savings *pl*

Energiefonds [enɛr'giːfɔ̃] *m* electricity and fuels funds

Energiekrise [enɛr'giːkriːzə] *f* energy crisis

Energiepolitik [enɛr'giːpolitiːk] *f* energy policy

Energiequelle [enɛr'giːkvɛlə] *f* energy source

Energiesteuer [enɛr'giːʃtɔyər] *f* energy tax

Energieverbrauch [enɛr'giːfɛrbraux] *m* energy consumption

Energieversorgung [enɛr'giːfɛrzɔrguŋ] *f* energy supply

Energiewirtschaft [enɛr'giːvɪrtʃaft] *f* power-producing industry

Engagement [ɔ̃ngaʒ'mɑ̃] *n* 1 *(Einsatz)* commitment, involvement; 2. *(Anstellung)* engagement

enger Markt [ɛŋər markt] *m* restricted market

Engineering [endʒɪ'niərɪŋ] *n* engineering

Engpass ['ɛŋpas] *m* bottleneck, shortage

Engpassfaktor ['ɛŋpasfaktɔr] *m* bottleneck factor

Engpassplanung ['ɛŋpasplaːnuŋ] *f* overall planning with special attention to bottleneck areas

en gros [ɔ̃ groː] *adj* in bulk

Entdeckung [ɛnt'dɛkuŋ] *f* discovery, detection, finding

enteignen [ɛnt'aignən] *v* expropriate

Enteignung [ɛnt'aignuŋ] *f* expropriation, dispossession

Entgelt [ɛnt'gɛlt] *n* compensation, payment, remuneration

Entgeltfortzahlung [ɛnt'gɛltfɔrttsaːluŋ] *f* continued pay

entheben [ɛnt'heːbən] *v irr* 1. *(der Verantwortung)* dispense, exempt, release; 2. *(eines Amtes)* remove, dismiss

entladen [ɛnt'laːdən] *v irr (abladen)* unload

Entladung [ɛnt'laːduŋ] *f* 1. *(im Transportwesen)* unloading; 2. *(elektrisch)* discharge

Entladungskosten [ɛnt'laːduŋskɔstən] *f* discharging expenses

entlassen [ɛnt'lasən] *v irr* discharge; *(Arbeitskraft)* dismiss, fire *(fam)*, sack *(fam)*

Entlassung [ɛnt'lasuŋ] *f (einer Arbeitskraft)* dismissal

entlasten [ɛnt'lastən] *v* reduce the pressure on, relieve the strain on

entlastend [ɛnt'lastənt] *adj* exonerating

Entlastung [ɛnt'lastuŋ] *f* relief; *Wir schicken Ihnen Ihre Unterlagen zu unserer ~ zurück.* We are returning your documents to you for your files.

Entlastungsmaterial [ɛnt'lastuŋsmateriaːl] *n* exonerating evidence

Entlastungszeuge [ɛnt'lastuŋstsɔygə] *m* witness for the defence

entlohnen [ɛnt'loːnən] *v* pay off, remunerate

Entlohnung [ɛnt'loːnuŋ] *f* remuneration, paying, paying off

entmündigen [ɛnt'myndigən] *v* declare incapable of managing his/her own affairs

Entmündigung [ɛnt'myndiguŋ] *f* legal incapacitation

Entnahme [ɛnt'naːmə] *f* withdrawal

entrichten [ɛnt'rɪçtən] *v* pay

entschädigen [ɛnt'ʃɛːdɪgən] *v* compensate, repay, reimburse

Entschädigung [ɛnt'ʃɛːdɪguŋ] *f* compensation, indemnification, reimbursement

entscheiden [ɛnt'ʃaɪdən] *v irr* decide, determine, settle; *sich gegen etw ~* decide against sth

Entscheidung [ɛnt'ʃaɪduŋ] *f* decision; *eine ~ treffen* make a decision

Entscheidungsbefugnis [ɛnt'ʃaɪduŋsbəfuːknɪs] *f* competence, jurisdiction

Entscheidungsfindung [ɛnt'ʃaɪduŋsfɪnduŋ] *f* decision-making

Entscheidungshierarchie [ɛnt'ʃaɪduŋshiːerarçiː] *f* decision-making hierarchy

Entscheidungskompetenz [ɛnt'ʃaɪduŋskɔmpetɛnts] *f* competence to decide

Entscheidungskriterien [ɛnt'ʃaɪduŋskriːterijən] *pl* criteria of decision

Entscheidungsregel [ɛnt'ʃaɪduŋsregəl] *f* decision rule

entschieden [ɛnt'ʃiːdən] *adj* decided, definite, settled; *adv* decidedly, definitely, positively

Entschiedenheit [ɛnt'ʃiːdənhaɪt] *f* determination, resoluteness, decisiveness

entschlackte Produktion [ɛnt'ʃlaktə produk'tsjoːn] *f* lean production

entschließen [ɛnt'ʃliːsən] *v irr* sich ~ decide, make up one's mind, determine

entschlossen [ɛnt'ʃlɔsən] *adj* determined, resolved, resolute; *adv* with determination, resolutely

Entschlossenheit [ɛnt'ʃlɔsənhaɪt] *f* determination

Entschluss [ɛnt'ʃlus] *m* resolution, decision

entschuldigen [ɛnt'ʃuldɪgən] *v* sich ~ apologize; sich ~ *(sich abmelden)* excuse o.s., ask to be excused

Entschuldigung [ɛnt'ʃuldɪguŋ] *f (Abbitte)* apology; ~! Excuse me! Sorry! *(Ausrede)* excuse

Entschuldung [ɛnt'ʃulduŋ] *f* disencumberment

entsenden [ɛnt'zɛndən] *v irr* dispatch, send out

entsorgen [ɛnt'zɔrgən] *v* Abfall ~ dispose of waste

Entsorgung [ɛnt'zɔrguŋ] *f* waste management

Entsparen [ɛnt'ʃpaːrən] *n* dissaving

entwerten [ɛnt'vɛrtən] *v (Geld)* devalue; *(fig)* devalue, depreciate

Entwertung [ɛnt'vɛrtuŋ] *f* depreciation, devaluation, demonetization

entwickeln [ɛnt'vɪkəln] *v* develop, evolve

Entwicklung [ɛnt'vɪkluŋ] *f* development

Entwicklungsbank [ɛnt'vɪkluŋsbaŋk] *f* development bank

entwicklungsfähig [ɛnt'vɪkluŋsfɛːɪç] *adj* Es ist ~. It has potential.

Entwicklungsfonds [ɛnt'vɪkluŋsfɔ̃] *m* development fund

Entwicklungshilfe [ɛnt'vɪkluŋshɪlfə] *f* development aid, aid to developing countries

Entwicklungskosten [ɛnt'vɪkluŋskɔstən] *pl* development costs

Entwicklungsland [ɛnt'vɪkluŋslant] *n* developing country

Entwicklungsstufe [ɛnt'vɪkluŋsʃtuːfə] *f* developmental stage

Entwicklungswagnis [ɛnt'vɪkluŋvaːgnɪs] *n* research and development risk

Entwurf [ɛnt'vurf] *m* design, plan, draft, rough copy, outline

Equity-Methode ['ɛkvɪtiːmetoːdə] *f* equity accounting

Erachten [ɛr'axtən] *n* meines ~s in my opinion

Erbbaurecht ['ɛrbbaurɛçt] *n* hereditary building right

Erben ['ɛrbən] *m/pl* heirs

Erbenfähigkeit ['ɛrbənfɛːɪçkaɪt] *f* ability to inherit; heritability

Erbengemeinschaft ['ɛrbəngəmaɪnʃaft] *f* community of heirs

Erbenhaftung ['ɛrbənhafuŋ] *f* liability of heirs

Erbrecht ['ɛrbrɛçt] *n* Law of Succession

Erbschaft ['ɛrbʃaft] *f* inheritance

Erbschaftssteuer ['ɛrbʃaftʃtɔyər] *f* inheritance tax

Erbschein ['ɛrbʃaɪn] *m* certificate of inheritance

Erdöl ['eːrtøːl] *n* crude oil, petroleum; ~ exportierend oil exporting

Erdölförderung ['eːrtøːlfœrdəruŋ] *f* oil production

Erdölproduktion ['eːrtøːlproduktsjoːn] *f* oil production

Erdölvorkommen ['eːrtøːlfoːrkɔmən] *f* oil field, source of oil

Erdung ['eːrduŋ] *f* earthing

Erdwärme ['eːrtvɛrmə] *f* the Earth's natural heat

erfahren [ɛr'faːrən] *adj* experienced, skilled, expert

Erfahrung [ɛr'faːruŋ] *f* experience; in ~ bringen find out

Erfahrungsaustausch [ɛr'faːruŋsaustauʃ] *m* exchange of experiences, exchange of information

erfahrungsgemäß [ɛr'faːruŋsgəmɛːs] *adv* according to experience

Erfahrungskurve [ɛr'faːruŋskurfə] *f* experience curve

erfinden [ɛr'fɪndən] *v irr* invent, devise

Erfinder [ɛr'fɪndər] *m* inventor

erfinderisch [ɛr'fɪndərɪʃ] *adj* inventive, imaginative

Erfolg [ɛr'fɔlk] *m* success; ~ haben succeed, ~ versprechend promising

erfolglos [ɛr'fɔlkloːs] *adj* unsuccessful, fruitless

Erfolglosigkeit [ɛr'fɔlkloːzɪçkaɪt] *f* ineffectiveness, lack of success

erfolgreich [ɛr'fɔlkraɪç] *adj* successful

Erfolgsaussicht [ɛr'fɔlksauszɪçt] *f* chances of success

Erfolgsbeteiligung [ɛr'fɔlksbətaɪlɪɡuŋ] *f* profit-sharing

Erfolgsbilanz [ɛr'fɔlksbilants] *f* results accounting; income statement

Erfolgskonto [ɛr'fɔlkskɔnto] *n* statement of costs

Erfolgskontrolle [ɛr'fɔlkskɔntrɔlə] *f* efficiency review

erfolgsorientiert [ɛr'fɔlksori:jenti:rt] *adj* success-oriented

Erfolgsrechnung [ɛr'fɔlksreçnuŋ] *f* income; earnings statement

erforderlich [ɛr'fɔrdərlıç] *adj* necessary, required

Erfordernis [ɛr'fɔrdərnıs] *n* requirement, necessity

erforschen [ɛr'fɔrʃən] *v* 1. explore; 2. *(prüfen)* examine, investigate

erfreulich [ɛr'frɔylıç] *adj* pleasant, welcome

erfreulicherweise [ɛr'frɔylıçərvaɪzə] *adj* fortunately, happily

erfüllbar [ɛr'fylba:r] *adj* satisfiable

erfüllen [ɛr'fylən] *v* 1. *(Pflicht)* fulfil, carry out; 2. *(Wunsch)* fulfil

Erfüllung [ɛr'fyluŋ] *f* execution, compliance, performance

Erfüllungsgeschäft [ɛr'fyluŋsɡəʃɛft] *n* delivery; legal transaction in fulfillment of an obligation

Erfüllungsort [ɛr'fyluŋsɔrt] *m* 1. *(bei einem Scheck)* place of payment 2. *(bei einem Vertrag)* place where a contract is to be fulfilled, place of performance

Erfüllungsprinzip [ɛr'fyluŋsprıntsi:p] *n* performance principle

Erfüllungstag [ɛr'fyluŋsta:k] *m* duedate

Ergänzung [ɛr'ɡɛntsuŋ] *f* supplementing; *(Vervollständigung)* completion

Ergänzungsabgabe [ɛr'ɡɛntsuŋsapɡa:bə] *f* supplementary levy

Ergänzungshaushalt [ɛr'ɡɛntsuŋshaushalt] *m* supplementary budget

Ergebnis [ɛr'ɡe:pnıs] *n* 1. result, outcome; 2. *(Folgen)* consequences *pl;* 3. *(Wirkung)* effect; 4. *(einer Untersuchung)* findings *pl*

Ergebnisabführungsvertrag [ɛr'ɡe:bnısapfy:ruŋsfɛrtra:k] *m* profit and loss transfer agreement

Ergebnisbeteiligung [ɛr'ɡe:bnısbətaɪlıɡuŋ] *f* participating in yield

ergebnislos [ɛr'ɡe:pnıslo:s] *adj* fruitless, ineffective, without success

Ergebnisrechnung [ɛr'ɡe:bnısreçnuŋ] *f* statement of operating results

ergiebig [ɛr'ɡi:bıç] *adj* productive, lucrative, rich

Ergiebigkeit [ɛr'ɡi:bıçkaıt] *f* productiveness

Ergonomie [ɛrɡono'mi:] *f* ergonomics

ergreifen [ɛr'ɡraıfən] *v irr Maßnahmen ~* take measures

erhältlich [ɛr'hɛltlıç] *adj* obtainable

Erhaltungsaufwand [ɛr'haltuŋsaufvant] *m* maintenance expenditure

Erhaltungsinvestition [ɛr'haltuŋsınvestitsjo:n] *f* replacement investment

erheben [ɛr'he:bən] *v irr* 1. *(Steuern)* levy, impose; 2. *(Klage)* file (a complaint), bring an action against

Erhebung [ɛr'he:buŋ] *f* 1. *(Steuer)* imposition, levy; investigation, inquiry, 2. *(Statistik)* survey, census

Erhebungszeitraum [ɛr'he:buŋstsaıtraum] *m* period under survey

erhöhen [ɛr'hø:ən] *v* increase, raise, elevate

Erhöhung [ɛr'hø:uŋ] *f* increase, raising, heightening

Erholung [ɛr'ho:luŋ] *f* recuperation, recreation, relaxation, recovery

Erholungsurlaub [ɛr'ho:luŋsurlaup] *m* holiday, vacation *(US); (aus gesundheitlichen Gründen)* convalescent leave

erkennen [ɛr'kɛnən] *v* recognize

erkenntlich [ɛr'kɛntlıç] *adj* grateful, thankful

Erkenntnisobjekt [ɛr'kɛntnısɔbjekt] *n* object of discernment

Erklärung [ɛr'kleruŋ] *f* explanation

erkundigen [ɛr'kundıɡən] *v sich ~* inquire

Erlass [ɛr'las] *m* decree

erlassen [ɛr'lasən] *v irr* 1. *(Strafe)* remit; 2. *(Gebühren)* waive; 3. *(Verpflichtung)* exempt, release

Erlaubnis [ɛr'laupnıs] *f* permission; *(Schriftstück)* permit

erläutern [ɛr'lɔytərn] *v* explain, clarify

Erläuterung [ɛr'lɔytəruŋ] *f* explanation, clarification

Erlebensfallversicherung [ɛr'le:bənsfalferzıçəruŋ] *f* pure endowment insurance

Erlebnis-Marketing [ɛr'le:bnıs-markətıŋ] *n* adventure marketing

erledigen [ɛr'le:dıɡən] *v* handle, deal with, take care of; finish

erledigt [ɛr'le:dıçt] *adj* 1. *(abgeschlossen)* completed; 2. *(ruiniert)* finished, through with

Erledigung [ɛr'le:dıɡuŋ] *f* handling, dealing with, carrying out

Erlös [ɛr'løːs] *m* proceeds *pl,* revenue, profit
Erlösberichtigung [ɛr'løːsbərɪçtɪɡuŋ] *f* revenue correction
Erlöskonten [ɛr'løːskɔntən] *n/pl* revenue accounts
Erlösminderung [ɛr'løːsmɪndəruŋ] *f* revenue reduction
Erlösplanung [ɛr'løːsplaːnuŋ] *f* revenue planning
Erlösrechnung [ɛr'løːsreçnuŋ] *f* revenue accounting
ermächtigen [ɛr'mɛçtɪɡən] *v* authorize, empower
Ermächtigung [ɛr'mɛçtɪɡuŋ] *f* 1. authorization, power; 2. *(Urkunde)* warrant, licence
Ermächtigung zur Verfügung [ɛr'mɛçtɪɡuŋ tsuːr fɛr'fyːɡuŋ] *f* proxy for disposal
Ermächtigungsdepot [ɛr'mɛçtɪɡuŋsdeːpoː] *n* authorized deposit
Ermahnung [ɛr'maːnuŋ] *f* admonition
ermäßigte Tarife [ɛr'mɛːzɪɡtə tariːfə] *m/pl* reduced tariffs
Ermäßigung [ɛr'mɛːsɪɡuŋ] *f* reduction, discount
Ermattung [ɛr'matuŋ] *f* exhaust
Ermessen [ɛr'mɛsən] *n (Einschätzung)* estimation; *nach menschlichem ~* as far as it is possible to tell; *(Gutdünken)* discretion
ermitteln [ɛr'mɪtəln] *v* investigate, inquire into
Ermittlungsverfahren [ɛr'mɪtluŋsferfaːrən] *n* preliminary investigation
Ermüdung [ɛr'myːduŋ] *f (Material)* fatigue
ernennen [ɛr'nɛnən] *v irr* nominate, appoint, designate
Ernennung [ɛr'nɛnuŋ] *f* nomination, appointment, designation
Ernennungsurkunde [ɛr'nɛnuŋsuːrkundə] *f* letter of appointment, deed of appointment
Erneuerungsfonds [ɛr'nɔyəruŋsfõ] *m* renewal reserve
Erneuerungsrücklagen [ɛr'nɔyəruŋsryklaːɡən] *f/pl* renewal funds; replacement funds
Erneuerungsschein [ɛr'nɔyəruŋsʃaɪn] *m* talon for renewal of coupon sheet
Erneuerungswert [ɛr'nɔyəruŋsvert] *m* replacement value
Erniedrigung [ɛr'niːdrɪɡuŋ] *f* reduction
ernst [ɛrnst] *adj* 1. serious; *~ gemeint* serious, genuine; *~ zu nehmend* serious, to be taken seriously; 2. *(streng)* severe; 3. *(bedenklich)* grave; *adv* seriously
ernstzunehmend ['ɛrnsttsuneːmənt] *adj* serious, to be taken seriously

Ernte ['ɛrntə] *f* 1. *(Tätigkeit)* harvest; 2. *(Ertrag)* crop
Ernteausfälle ['ɛrntəausfɛlə] *pl* crop failures *pl*
eröffnen [ɛr'œfnən] *v* open; set up
Eröffnung [ɛr'œfnuŋ] *f* 1. opening; 2. *(Einweihung)* inauguration; 3. *(Mitteilung)* revelation, notification, disclosure
Eröffnungsbilanz [ɛr'œfnuŋsbilants] *f* opening balance sheet
Eröffnungskurs [ɛr'œfnuŋskurs] *m* opening price
Eröffnungsrede [ɛr'œfnuŋsreːdə] *f* opening address
erörtern [ɛr'œrtərn] *v* discuss, argue, debate
Erörterung [ɛr'œrtəruŋ] *f* discussion, debate
erpressen [ɛr'prɛsən] *v jdn ~* blackmail s.o.
Erpressung [ɛr'prɛsuŋ] *f* blackmail
erproben [ɛr'proːbən] *v* test, put to the test
erprobt [ɛr'proːpt] *adj* tested, reliable
Erprobung [ɛr'proːbuŋ] *f* test, testing
errechnen [ɛr'rɛçnən] *v* calculate, work out, compute
erreichbar [ɛr'raɪçbaːr] *adj* 1. achievable, reachable attainable, within reach; 2. *(verfügbar)* available
Erreichbarkeit [ɛr'raɪçbaːrkaɪt] *f* 1. attainability; 2. *(Verfügbarkeit)* availability
erreichen [ɛr'raɪçən] *v* reach; *(fig)* reach, attain, achieve; *(fig: erlangen)* obtain
errichten [ɛr'rɪçtən] *v* 1. build, construct, erect; 2. *(gründen)* open, set up, establish
errichtende Umwandlung [ɛr'rɪçtəndə 'umvandluŋ] *f* setting up conversion
Errichtung [ɛr'rɪçtuŋ] *f* 1. construction, erection, building; 2. *(Gründung)* establishment, foundation
Ersatz [ɛr'zats] *m* 1. *(Vergütung)* compensation; 2. *(Austauschstoff)* substitute, ersatz; 3. *(Ersetzendes)* replacement, alternative; 4. *(Entschädigung)* indemnification
Ersatzaktie [ɛr'zatsaktsjə] *f* replacement share certificate
Ersatzanspruch [ɛr'zatsanʃprux] *m* claim for damages
Ersatzbeschaffung [ɛr'zatsbəʃafuŋ] *f* replacement
Ersatzdeckung [ɛr'zatsdɛkuŋ] *f* substitute cover
Ersatzinvestition [ɛr'zatsɪnvestitsjoːn] *f* replacement of capital assets
Ersatzkasse [ɛr'zatskasə] *f* (private) health insurance society

Ersatzkauf [ɛr'zatskauf] *m* substitute purchase

Ersatzlieferung [ɛr'zatsli:fərʊŋ] *f* replacement delivery, substitute delivery

Ersatzscheck [ɛr'zatsʃɛk] *m* substitute cheque

Ersatzteil [ɛr'zatstail] *n* spare part, replacement part

Ersatzüberweisung [ɛr'zatsy:bərvaisuŋ] *f* substitute transfer

Erscheinen [ɛr'ʃainən] *n (einer Aktie)* issuing

erschließbar [ɛr'ʃli:sba:r] *adj (Rohstoffe)* exploitable

erschließen [ɛr'ʃli:sən] *v irr* 1. *(Märkte)* open up, 2. *(Baugelände)* develop

Erschließung [ɛr'ʃli:suŋ] *f* 1. *(Märkte)* opening up, 2. *(eines Baugeländes)* development

Erschließungsbeiträge [ɛr'ʃli:suŋsbait-rɛgə] *m/pl* development costs

erschöpfen [ɛr'ʃœpfən] *v* exhaust; *sich in etw ~* to be limited to sth

erschöpft [ɛr'ʃœpft] *adj* exhausted

erschweren [ɛr'ʃve:rən] *v* make difficult, complicate; *(hemmen)* hinder

Erschwernis [ɛr'ʃve:rnis] *f* difficulty, additional burden

Erschwerniszulage [ɛr'ʃve:rnistsu:la:gə] *f* allowance for aggravating circumstances

erschwinglich [ɛr'ʃvɪŋlɪç] *adj* attainable, affordable, within one's means

ersetzbar [ɛr'zɛtsba:r] *adj* replaceable

Ersetzbarkeit [ɛr'zɛtsba:rkait] *f* replaceability

ersetzen [ɛr'zɛtsən] *v* 1. *(austauschen)* replace; 2. *(entschädigen)* compensate for; 3. *(Unkosten)* reimburse for

ersichtlich [ɛr'zɪçtlɪç] *adj* obvious, clear, evident

Ersparnis [ɛr'ʃpa:rnɪs] *f* savings

erstatten [ɛr'ʃtatən] *v* 1. *(Kosten)* reimburse; 2. *Anzeige ~* file charges; 3. *Bericht ~* report

Erstattung [ɛr'ʃtatuŋ] *f (Kosten)* repayment, refund, reimbursement

Erstausgabe ['e:rstausga:bə] *f* first edition

Erstausstattung ['e:rstausʃtatuŋ] *f* initial allowance set

ersteigern [ɛr'ʃtaigərn] *v* buy at an auction

erstellen [ɛr'ʃtɛlən] *v (Rechnung, Übersicht)* draw up

Erstemission ['e:rstemisjo:n] *f* first issue

Ersterwerb ['e:rstɛrvɛrp] *m* first acquisition

erstklassig ['e:rstklasɪç] *adj* first-class, first-rate, prime

erstrebenswert [ɛr'ʃtre:bənsvert] *adj* desirable

Erstzulassung ['e:rsttsu:lasuŋ] *f* initial registration

Ersuchen [ɛr'zu:xən] *n* request, petition

ersuchen [ɛr'zu:xən] *v* request

Ertrag [ɛr'tra:k] *m* return, profit, income, proceeds *pl*, revenue

Ertragfähigkeit [ɛr'tra:kfe:ɪçkait] *f* productivity, earning capacity

ertragreich [ɛr'tra:kraiç] *adj* productive, profitable, lucrative

ertragsabhängig [ɛr'tra:ksaphɛŋɪç] *adj* depending on profits

Ertragsbesteuerung [ɛr'tra:ksbəʃtɔyə-ruŋ] *f* tax treatment of yield

Ertragsbeteiligung [ɛr'tra:ksbətailiguŋ] *f* profit sharing

Ertragsbilanz [ɛr'tra:ksbilants] *f* statement of earnings

Ertragseinbruch [ɛr'tra:ksainbrux] *m* profit shrinkage

Ertragsgesetz [ɛr'tra:ksgəsɛts] *n* law of non-proportional returns

Ertragslage [ɛr'tra:ksla:gə] *f* profit situation, profitability

Ertragsrate [ɛr'tra:ksra:tə] *f* profitability rate

Ertragsrechnung [ɛr'tra:ksrɛçnuŋ] *f* profit and loss account

Ertragsteuer [ɛr'tra:ksʃtɔyər] *f* tax on earnings

Ertragswert [ɛr'tra:ksvert] *m* capitalized value

erwägen [ɛr've:gən] *v irr* consider, think about, ponder

Erwägung [ɛr've:guŋ] *f* consideration; *in ~ ziehen* take into consideration

erwarten [ɛr'vartən] *v* expect, anticipate

Erwartung [ɛr'vartuŋ] *f* expectation, anticipation

Erwartungswert [ɛr'va:rtuŋsvert] *m* anticipation term

Erweiterung [ɛr'vaitəruŋ] *f* extension, expansion, distension

erweiterungsfähig [ɛr'vaitəruŋsfe:ɪç] *adj* expandable

Erweiterungsinvestition [ɛr'vaitəruŋsin-vestitsjo:n] *f* expansion investment

Erwerb [ɛr'vɛrp] *m (Kauf)* purchase, acquisition

erwerben [ɛr'vɛrbən] *v* 1. *irr* acquire, obtain; 2. *(durch Arbeit)* earn; 3. *(kaufen)* purchase, buy

Erwerbermodell [ɛr'vɛrbərmɔdel] *n* acquirer model
Erwerbsbetrieb [ɛr'vɛrbsbətri:p] *m* business enterprise
Erwerbseinkommen [ɛr'vɛrbsaɪnkɔmən]
n income from gainful employment
Erwerbseinkünfte [ɛr'vɛrbsaɪnkynftə] *f/pl*
business income
erwerbsfähig [ɛr'vɛrpsfɛ:ɪç] *adj* able to
work, capable of gainful employment, capable
of earning a living
Erwerbsfähigkeit [ɛr'vɛrpsfɛ:ɪçkaɪt] *f* earning capacity
erwerbslos [ɛr'vɛrpslo:s] *adj* unemployed
Erwerbslose(r) [ɛr'vɛrbslosə(r)] *m/f* unemployed person
Erwerbsperson [ɛr'vɛrbsperso:n] *f* gainfully employed person
Erwerbsquote [ɛr'vɛrbskvo:tə] *f* activity
rate
erwerbstätig [ɛr'vɛrpstɛ:tɪç] *adj* gainfully
employed
Erwerbstätige(r) [ɛr'vɛrpstɛ:tɪgə(r)] *m/f*
gainfully employed person
Erwerbsteuer [ɛr'vɛrbsʃtɔyər] *f* profit tax
erwerbsunfähig [ɛr'vɛrpsunfɛ:ɪç] *adj* incapable of gainful employment, incapacitated
Erwerbsunfähigkeit [ɛr'vɛrpsunfɛ:ɪçkaɪt]
f physical disability, incapacity to work, disability to earn a living
Erwerbsunfähigkeitsrente [ɛr'vɛrbsun-
fɛ:ɪçkaɪtsrɛntə] *f* pension for general disability
erwerbswirtschaftliches Prinzip [ɛr'vɛr-
bsvɪrtʃaftlɪçəs prɪn'tsi:p] *n* commercial
principle
erwirtschaften [ɛr'vɪrtʃaftən] *v* make a
profit, earn
Erwirtschaftung [ɛr'vɪrtʃaftuŋ] *f* profit
making, earning
erzeugen [ɛr'tsɔygən] *v 1. (herstellen)* produce, manufacture, make; *2. (hervorrufen)*
evoke, bring about, give rise to
Erzeuger [ɛr'tsɔygər] *m* manufacturer
Erzeugerland [ɛr'tsɔygərlant] *n* country of
origin
Erzeugerpreis [ɛr'tsɔygərpraɪs] *m* producer price
Erzeugnis [ɛr'tsɔygnɪs] *n* product
Erziehungsgeld [ɛr'tsi:uŋsgɛlt] *n* benefit
for a child-raising parent
Erziehungsurlaub [ɛr'tsi:uŋsu:rlaup] *f
(der Mutter)* maternity leave; *(des Vaters)* pa-
ternity leave

Erziehungszeiten [ɛr'tsi:uŋstsaɪtən] *f/pl*
child-rearing periods
erzielen [ɛr'tsi:lən] *v* achieve, realize, reach
eskomptieren ['ɛskɔmpti:rən] *v* discount
etablieren [eta'bli:rən] *v 1. sich ~* establish
o.s., settle down, *2. (geschäftlich)* set up
Etage [e'ta:ʒə] *f* floor, storey
Etat [e'ta:t] *m* budget
Etatkürzung [e'ta:kyrtsuŋ] *f* budget cut
etatmäßig [e'ta:mɛ:sɪç] *adj* budgeted
Ethik ['e:tɪk] *f* ethics, morality
Etikett [eti'kɛt] *n* label, tag
etikettieren [etike'ti:rən] *v* label, tag
Etikettierung [etike'ti:ruŋ] *f* labelling
etwas bezahlt und Brief (ebB) [ætwaz
bə'tsa:lt unt 'bri:f] only some limited sell orders were filled at the current published quota-
tion
etwas bezahlt und Geld (ebG) [ætwaz
bə'tsa:lt unt 'gɛlt] only some limited buy orders were filled at the current published quotation
EU-Kommission [e:u:-kɔmɪ'sjo:n] *f* Commission of the European Union
Euro ['ɔyro] *m* euro
Euro-Aktienmarkt ['ɔyroaktsjənmarkt] *m*
Euro share market
Euro-Anleihe ['ɔyroanlaɪə] *f* Eurocurrency
loans
Euro-Anleihenmarkt ['ɔyroanlaɪənmarkt]
m Eurocurrency loan market
Euro-Bank ['ɔyrobaŋk] *f* Eurobank
Eurobond ['ɔyrobɔnd] *m* Eurobond
Eurobondmarkt ['ɔyrobɔndmarkt] *m* Eu-
robond market
Eurocheque ['ɔyroʃɛk] *m* Eurocheque
Euro-Devisen ['ɔyro'dəvi:zən] *f/pl* Euro
currencies
Euro-DM-Markt ['ɔyrode:ɛmmarkt] *m* Eu-
ro mark market
Euro-Dollar ['ɔyrodɔlar] *m* Eurodollar
Euro-Dollarmarkt ['ɔyrodɔlarmarkt] *m*
Eurodollar market
Euro-Emission ['ɔyroemɪsjo:n] *f* Euro se-
curity issue
Eurogeld ['ɔyrogɛlt] *n* Eurocurrency
Euro-Geldmarkt ['ɔyrogɛltmarkt] *m* Euro-
currency market
Euro-Kapitalmarkt ['ɔyrokapita:lmarkt] *m*
Eurocapital market
Euro-Markenzeichen ['ɔyromarkəntsaɪ-
çən] *n* Eurobrand
Euromarkt ['ɔyromarkt] *m* Euromarket
Euronorm ['ɔyronɔrm] *f* Eurostandard

europäische Börsenrichtlinien [ɔyro-'pɛːɪʃə 'børzənrɪçtlinjən] *f/pl* European stock exchange guide-lines

Europäische Gemeinschaft [ɔyro'pɛːɪʃə gə'maɪnʃaft] *f* European Community

Europäische Handelsgesellschaft [ɔyro'pɛːɪʃə 'handəlsgəsɛlʃaft] *f* European trading company

Europäische Investitionsbank [ɔyro-'pɛːɪʃə 'ɪnvɛstitsjoːnsbaŋk] *f* European Investment Bank

Europäische Kommission [ɔyro'pɛːɪʃə kɔmɪ'sjoːn] *f* European Commission

europäische Norm [ɔyro'pɛːɪʃə nɔrm] *f* European standard specification

Europäische Union [ɔyro'pɛːɪʃə un'joːn] *f* European Union (EU)

Europäische Währungseinheit (ECU) [ɔyro'pɛːɪʃə 'vɛːruŋsaɪnhaɪt] *f* European Currency Unit (ECU)

Europäische Währungsunion [ɔyro'pɛːɪ-ʃə 'vɛːruŋsunjoːn] *f* European monetary union (EMU)

Europäische Zahlungsunion [ɔyro'pɛːɪʃə tsaːluŋsunjoːn] *f* European Payments Union

Europäische Zentralbank (EZB) [ɔyro-'pɛːɪʃə 'tsentraːlbaŋk] *f* European Central Bank

Europäischer Binnenmarkt [ɔyro'pɛːɪʃər 'bɪnənmarkt] *m* Internal Market of the European Community

Europäischer Entwicklungsfonds [ɔy-ro'pɛːɪʃər ɛnt'vɪkluŋsfɔ̃] *m* European Development Fund (EDF)

Europäischer Fonds für Währungspolitische Zusammenarbeit (EFWZ) [ɔyro-'pɛːɪʃər fɔ̃ fyːr 'vɛːruŋspolitɪʃə 'tsuːsamənarbaɪt] *m* European Monetary Cooperation Fund (EMCF)

Europäischer Gerichtshof (EuGH) [ɔy-ro'pɛːɪʃər gə'rɪçtshoːf] *m* Court of Justice of the European Communities

Europäischer Rat [ɔyro'pɛːɪʃər raːt] *m* European Council

Europäischer Rechnungshof (EuRH) [ɔyro'pɛːɪʃər 'reçnuŋshoːf] *m* European Court of Auditors

Europäisches Parlament [ɔyro'pɛːɪʃəs 'paːrlamɛnt] *n* European Parliament

Europäisches Patentamt [ɔyro'pɛːɪʃəs 'patɛntamt] *n* European Patent Office

Europäisches Währungsabkommen [ɔy-ro'pɛːɪʃəs 'vɛːruŋsapkɔmən] *n* European Monetary Agreement

Europäisches Währungssystem (EWS) [ɔyro'pɛːɪʃəs 'vɛːruŋszysteːm] *n* European Monetary System (EMS)

Europapatent [ɔy'roːpapatɛnt] *n* European patent

Europarat [ɔy'roːparaːt] *m* European Council

Euroscheck ['ɔyroʃɛk] *m* eurocheque

Euroscheckkarte ['ɔyroʃɛkkartə] *f* eurocheque card

Eurotunnel ['ɔyrotunəl] *m* Eurotunnel, Channel tunnel, Chunnel *(fam)*

Eventualhaushalt [e'vɛntuaːlhaushalt] *m* contingency budget

Eventualität [evɛntualiˈtɛːt] *f* eventuality

Eventualverbindlichkeit [e'vɛntuaːlfɛr-bɪndlɪçkaɪt] *f* contingent liability

Evidenzzentrale [evi'dɛntstsentraːlə] *f* information centre

ewige Anleihe ['eviçə anlaɪːə] *f* perpetual loan

ewige Rente ['eviçə rɛntə] *f* perpetual annuity

ewige Schuld ['eviçə ʃult] *f* perpetual debt

Examen [ɛ'ksaːmən] *n* examination

ex-ante [ɛksantə] *adj* in prospect

Existenzaufbaudarlehen [ɛksɪs'tɛntsaufbaudarleːən] *n* business set-up loan

Existenzgründungsförderung [ɛksɪs-'tɛntsgrynduŋsfœːrdəruŋ] *f* furtherance granted to set up new business

Existenzminimum [ɛksɪs'tɛntsmɪnimum] *n* subsistence minimum

exklusiv [ɛksklu'ziːf] *adj* exclusive; select; *adv* exclusively

Exklusivrechte [ɛksklu'ziːfreçtə] *pl* exclusive rights *pl*

Exklusivvertrag [ɛksklu'ziːffɛrtrak] *m* exclusive distribution contract, exclusive licensing agreement

exogene Variable [eksogenə 'variaːblə] *f* exogenous variable

exogenes Geld [eksogenəs gɛlt] *n* exogenous money base

Exoten [e'ksoːtən] *m/pl* highly speculative securities

Exotenfonds [e'ksoːtənfɔ̃] *m* securities offered by issuers from exotic countries

expandieren [ɛkspan'diːrən] *v* expand

Expansion [ɛkspans'joːn] *m* expansion

expansiv [ɛkspan'ziːf] *adj* expansive

Experiment [ɛkspɛrɪ'mɛnt] *n* experiment

experimentell [ɛkspɛrimɛn'tɛl] *adj* experimental

experimentieren [ɛkspɛrɪmɛn'tiːrən] v experiment; *mit etw* ~ experiment with sth; *an etw* ~ experiment on sth

Experte [ɛks'pɛrtə] m expert

Expertenbefragung [ɛks'pɛrtənbəfraːguŋ] f expert interview

Expertensystem [ɛks'pɛrtənzysteːm] n expert system

Expertise [ɛkspɛr'tiːzə] f expert assessment, survey

Exponat [ɛkspo'naːt] n exhibit

Export [ɛks'pɔrt] m export, exportation

Exportartikel [ɛks'pɔrtartɪkəl] m export article

Exportauftrag [ɛks'pɔrtauftraːk] m export order

Exportbeschränkung [ɛks'pɔrtbəʃrɛnkuŋ] f export restriction

Exportdevisen [ɛks'pɔrtdəviːsən] f/pl export exchange

Exporteur [ɛkspɔr'tøːr] m exporter

Export-Factoring [ɛks'pɔrtfæktɔrɪŋ] f export factoring

Exportfinanzierung [ɛks'pɔrtfɪnantsiːruŋ] f financing of exports

Exportförderung [ɛks'pɔrtfœːrdəruŋ] f export promotion

Exportgeschäft [ɛks'pɔrtgəʃɛft] n export business

Exporthandel [ɛks'pɔrthandəl] m export trade

Exporthilfe [ɛks'pɔrthɪlfə] f export subsidy

exportieren [ɛkspɔr'tiːrən] v export

Exportkontrolle [ɛks'pɔrtkɔntrɔlə] f export control

Exportkredit [ɛks'pɔrtkrediːt] m export credits

Exportprämie [ɛks'pɔrtprɛmjə] f export premium

Exportquote [ɛks'pɔrtkvoːtə] f export quota

Exportsubvention [ɛks'pɔrtsubvɛntsjoːn] f export subsidy

Exportüberschuss [ɛks'pɔrtyːbərʃus] m export surplus

Exportware [ɛks'pɔrtwaːrə] f exported articles

Exportwirtschaft [ɛks'pɔrtvɪrtʃaft] f export trade, export-oriented economy

Expressgut [ɛks'prɛsguːt] n express goods

extern [ɛks'tɛrn] adj external

externe Effekte [ɛks'tɛrnə e'fɛktə] m/pl external effects

externe Erträge [ɛks'tɛrnə ɛr'trɛgə] m/pl external income

externes Rechnungswesen [ɛks'tɛrnəs 'rɛçnuŋsveːzən] n external accounting

Extrapolation ['ɛkstrapola'tsjoːn] f extrapolation

Extremkurs [ɛks'treːmkurs] m peak quotation

ex Ziehung [ɛks'tsiːuŋ] f ex drawing

F

Fabrik [fa'bri:k] f factory, works, plant

Fabrikant [fabri'kant] m factory owner, manufacturer

Fabrikarbeit [fab'ri:karbaɪt] f 1. factory work; 2. (Erzeugnis) factory-made goods pl

Fabrikarbeiter(in) [fa'bri:karbaɪtər(ɪn)] m/f factory worker

Fabrikat [fabri'ka:t] n manufactured article, product, make

Fabrikation [fabrika'tsjo:n] f manufacture

Fabrikationsfehler [fabrika'tsjo:nsfe:lər] m manufacturing defect

Fabrikationsrisiko [fabrika'tsjo:nsrisiko:] n production risk

Fabrikgelände [fa'bri:kgələndə] n factory site, factory premises, plant premises

Fabrikhalle [fa'bri:khalə] f factory building

fabrikmäßig [fa'bri:kmɛ:sɪç] adj industrial

Fabrikpreis [fa'bri:kpraɪs] m factory price, manufacturer's price

Fabrikverkauf [fabrikfɛr'kauf] m factory outlet store

Fachakademie ['faxakade'mi:] f specialist college

Fach ['fax] n subject, special area

Fachanwalt ['faxanwalt] m specialized lawyer

Facharbeiter(in) ['faxarbaɪtər(ɪn)] m/f skilled worker, craftsman

Fachaufsicht ['faxaufsɪçt] f government supervision of certain economic branches

Fachausbildung ['faxausbɪlduŋ] f professional education, specialized training, technical training

Fachbereich ['faxbəraɪç] m special field, speciality

Fachbuch ['faxbu:x] n technical book

Fachgebiet ['faxgəbi:t] n special field; sein ~ his area of expertise

Fachgeschäft ['faxgə'ʃɛft] n specialty store

Fachhandel ['faxhandəl] m specialty shops pl, specialized trade

Fachhochschule (FH) ['faxho:xʃu:lə] f technical college

Fachkenntnis ['faxkɛntnɪs] f specialized knowledge

Fachliteratur ['faxlitəratu:r] f specialized literature, technical literature

Fachmann ['faxman] m expert, specialist

fachmännisch ['faxmɛnɪʃ] adj expert

Fachoberschule ['fax'obərʃu:lə] f Fachoberschule (specialized upper high school)

Fachsprache ['faxʃpra:xə] f technical language, technical terminology

Fachwirt ['fax'wɪrt] m Fachwirt (operational specialist)

Fachzeitschrift ['faxtsaɪtʃrɪft] f professional journal, technical journal

Factoring ['fɛktərɪŋ] n factoring

Fahrgelderstattung [fa:rgəltərʃtatuŋ] f reimburement of travel expenses

Fahrkarte [fa:rkartə] f ticket; einfache ~ one-way-ticket

Fahrkosten ['fa:rkɔstən] pl travelling expenses

fahrlässig ['fa:rlɛsɪç] adj negligent

Fahrlässigkeit ['fa:rlɛsɪçkaɪt] f negligence, carelessness, recklessness

Fahrplan ['fa:rpla:n] m schedule, timetable

fahrplanmäßig ['fa:rpla:nmɛ:sɪç] adj scheduled; adv on schedule, on time

Fahrstuhl ['fa:rʃtu:l] m lift, elevator (US)

Fahrt [fa:rt] f drive, ride

Fahrtenbuch ['fa:rtənbu:x] n (Auto) log book

Fahrtenschreiber ['fa:rtənʃraɪbər] m recording speedometer, tachograph

Fahrverbot ['fa:rfɛrbo:t] n (Durchfahrverbot) no thoroughfare, no entry

Fahrzeug ['fa:rtsɔyk] n vehicle

Fahrzeugbau ['fa:rtsɔykbau] m vehicle construction, vehicle production

Fahrzeugbrief ['fa:rtsɔykbri:f] m vehicle registration (document)

Fahrzeughalter ['fa:rtsɔykhaltər] m vehicle owner

Fahrzeugschein ['fa:rtsɔykʃaɪn] m motor vehicle certificate

faktischer Konzern ['faktɪʃər kon'tsɛrn] m de facto group

faktisches Arbeitsverhältnis ['faktɪʃəs 'arbaɪtsfərhɛltnɪs] n de facto employer/employee relationship

Faktor ['faktər] m factor

Faktur [fak'tu:r] f invoice

Fall [fal] m case, matter

fällen ['fɛlən] v (eine Entscheidung ~) take a decision, make a decision (US)

fällig ['fɛlɪç] *adj* due, matured, payable; ~ **werden** become due

Fälligkeit ['fɛlɪçkaɪt] *f* maturity

Fälligkeitsdatum ['fɛlɪçkaɪtsda:tum] *n* due date, maturity date

fälschen ['fɛlʃən] *v* falsify, fake, forge

Falschgeld ['falʃgɛlt] *n* counterfeit money

Falschmeldung ['falʃmɛldʊŋ] *f* false report

Fälschung ['fɛlʃʊŋ] *f* fake, falsification, forgery

fälschungssicher ['fɛlʃʊŋszɪçər] *adj* forge-proof

Faltblatt ['faltblat] *n* leaflet

Faltschachtel ['faltʃaxtəl] *f* folding carton

Falz [falts] *f* fold

falzen ['faltsən] *v* fold

Familienbetrieb [fa'mi:ljənbətri:p] *m* family-run company

Familiengesellschaft [fa'mi:ljəngəselʃaft] *f* family-owned company

Familienname [fa'mi:ljənna:mə] *m* surname, last name *(US)*

Familienpackung [fa'mi:ljənpakʊŋ] *f* family-size package

Familienstand [fa'mi:ljənʃtant] *m* marital status

Familienzulage [fa'mi:ljən'tsula:gə] *f* family allowance

Farbabstufung ['farpapʃtu:fʊŋ] *f* colour gradation, colour graduation, shade

Farbband ['farpbant] *n* ink ribbon

farbecht ['farpeçt] *adj* colourfast

Farbfoto ['farpfo:to:] *n* colour photo

farbig ['farbɪç] *adj* coloured

Farbkopierer ['farpkopi:rər] *m* colour copier

Farbstoff ['farpʃtof] *m* colouring, pigment, dye

Fass [fas] *n* barrel, cask, *(kleines)* keg

Fax [faks] *n* fax, facsimile transmission

faxen ['faksən] *v* fax

Faxgerät ['faksgəre:t] *n* fax machine

Fazilität ['fatsɪlitæt] *f* credit facility, facility

Fazit ['fa:tsɪt] *n* net result; **das ~ aus etw ziehen** sum sth up

federführend ['fe:dərfy:rənt] *adj* leading, handling a contract

Federung ['fe:dərʊŋ] *f* springs, springiness, elasticity

Fehlbetrag ['fe:lbətra:k] *m* deficit, shortfall, shortage

Fehlentscheidung ['fe:lɛntʃaɪdʊŋ] *f* wrong decision

Fehler ['fe:lər] *m* 1. mistake, error; 2. *(Defekt)* defect, fault, imperfection

fehlerhaft ['fe:lərhaft] *adj* faulty, defective, unsound

fehlerlos ['fe:lərlo:s] *adj* faultless, flawless

Fehlinvestition ['fe:lɪnvestɪtsjo:n] *f* unprofitable investment

Fehlkonstruktion ['fe:lkɔnstruktsjo:n] *f* misconstruction

Fehlschlag ['fe:lʃla:k] *m (fig: Misserfolg)* failure

fehlschlagen ['fe:lʃla:gən] *v irr (fig)* fail, go wrong

Fehlverhalten ['fe:lfɛrhaltən] *n* inappropriate behaviour, lapse

Fehlzeiten ['fe:ltsaɪtən] *f/pl* time off; absence

Fehlzeitenquote ['fe:ltsaɪtənkwo:tə] *f* absence rate

Feierabend ['faɪəra:bənt] *m* finishing time, quitting time; ~ **machen** finish work, stop working

Feiertag ['faɪərta:k] *m* holiday

feilschen ['faɪlʃən] *v* bargain, haggle, dicker *(US)*

Feinmechanik ['faɪnmeça:nɪk] *f* high-precision engineering

Feldforschung ['fɛltfɔrʃʊŋ] *f* field research

Ferien ['fe:rjən] *pl* holidays, vacation *(US)*

Ferienjob ['fe:rjəndʒɔp] *m* holiday job, vacation job*(US)*

Fernamt ['fɛrnamt] *n* telephone exchange, trunk exchange, long-distance exchange

Fernbedienung ['fɛrnbədi:nʊŋ] *f* remote control

Fernfahrer ['fɛrnfa:rər] *m* long-distance lorry driver, long-haul truck driver

Ferngespräch ['fɛrngəʃpre:ç] *n* long-distance call, trunk call

ferngesteuert ['fɛrngəʃtɔyərt] *adj* remote-controlled

Fernmeldeamt ['fɛrnmɛldəamt] *n* telephone exchange

fernmündlich ['fɛrnmyntlɪç] *adj* by telephone

Fernschreiber ['fɛrnʃraɪbər] *m* telex, teleprinter

Fernsehen ['fɛrnze:ən] *n* television

Fernsprecher ['fɛrnʃprɛçər] *m* telephone

Fernsteuerung ['fɛrnʃtɔyərʊŋ] *f* remote control

Fernverkehr ['fɛrnfɛrke:r] *m* long distance traffic

Fernwärme ['fɛrnvɛrmə] *f* district heating

Fertigerzeugnis ['fɛrtiçɛrtsɔygnɪs] *n* finished product

Fertigprodukt ['fɛrtiçprɔdukt] *n* finished product

Fertigung ['fɛrtɪguŋ] *f* manufacture, production, manufacturing

Fertigungsinsel ['fɛrtɪguŋs'ɪnsəl] *f* group manufacturing

Fertigungskosten ['fɛrtɪguŋskɔstən] *pl* production costs

Fertigungslos ['fɛrtɪguŋsloːz] *n* 1. *(Kostenrechnung)* direct and indirect material; 2. *(Fertigung)* charge material

Fertigungssteuerung ['fɛrtɪguŋs'ʃtɔyəruŋ] *f* production control

Fertigungsvorbereitung ['fɛrtɪguŋs'forbəraɪtuŋ] *f* production planning

Fertigungswagnis ['fɛrtɪguŋswaːgnɪs] *n* production risk

Fertigware ['fɛrtiçwaːrə] *f* finished product

Festakt ['fɛstakt] *m* ceremonial act

Festangestellte(r) ['fɛstangəʃtɛltə(r)] *m/f* permanent employee

Festbetrag ['fɛstbətraːk] *m* fixed amount

Festbewertung ['fɛstbəweːrtuŋ] *f* valuation of assets based on standard values

festhalten ['fɛsthaltən] *v irr* detain

festlegen ['fɛstleːgən] *v* 1. set, fix, specify; 2. *(verpflichten)* commit; *sich ~* commit o.s.

Festplatte ['fɛstplatə] *f (EDV)* hard disk

Festpreis ['fɛstpraɪs] *m* fixed price

festsetzen ['fɛstzɛtsən] *v* lay down, fix, determine

Festsetzung ['fɛstzɛtsuŋ] *f* setting, determination

feststehen ['fɛstʃteːən] *v (Termin)* to be set

festverzinslich ['fɛstfɛrtsɪnslɪç] *adj* fixed-interest bearing

festverzinsliche Wertpapiere ['fɛstfɛrtsɪnslɪçə 'wɛrtpapiːrə] *n/pl* fixed-interest securities

feuerbeständig ['fɔyərbəʃtɛndɪç] *adj* fire-resistant, fireproof

feuergefährlich ['fɔyərgəfɛːrlɪç] *adj* flammable, combustible, inflammable

Feuerwehrfonds ['fɔyərweːrfõ] *m* fire-fighting fund

Fiasko ['fjasko] *n* fiasco

Filialbetrieb [fil'jaːlbətriːp] *m* branch operation; chain store

Filiale [fil'jaːlə] *f* branch, branch office

Filialleiter(in) [fil'jaːllaɪtər(ɪn)] *m/f* branch manager

Filter ['fɪltər] *m/n* filter

Filzstift ['fɪltsʃtɪft] *m* felt-tipped pen

Finanzanlage [fɪ'nantsanlaːgə] *f* financial investment

Finanzausgleich [fɪ'nantsausglaɪç] *m* tax revenue sharing

Finanzbeamte/Finanzbeamtin [fɪ'nantsbəamtə] *m/f* revenue official

Finanzbuchhaltung [fɪ'nantsbuːxhaltuŋ] *f* financial accounting

Finanzdienstleistungen [fɪ'nantsdinstlaɪstuŋən] *f/pl* financial services

Finanzexperte [fɪ'nantsɛkspɛrtə] *m* financial expert

Finanzhoheit [fɪ'nantshoːhaɪt] *f* financial autonomy

finanziell [fɪnan'tsjɛl] *adj* financial

finanzielle Mittel [fɪnan'tsjɛlə 'mɪtəl] *pl* financial resources, funds

finanzielles Gleichgewicht [fɪnan'tsjɛləs glaɪçgəwɪçt] *n* financial equilibrium

Finanzier [fɪnan'tsjeː] *m* financier

finanzieren [fɪnan'tsiːrən] *v* finance

Finanzierungshilfe [fɪnan'tsiːruŋshɪlfə] *f* financing aid

finanzkräftig [fɪ'nantskrɛftɪç] *adj* financially strong, financially sound

Finanzkrise [fɪ'nantskriːzə] *f* financial crisis

Finanzlage [fɪ'nantslaːgə] *f* financial state, financial situation

Finanzmärkte [fɪ'nantsmɛrktə] *pl* financial markets

Finanzminister [fɪ'nantsministər] *m* Finance Minister, Chancellor of the Exchequer *(UK)*, Secretary of the Treasury *(US)*

Finanzplatz [fɪ'nantsplats] *m* financial center

finanzpolitisch [fɪ'nantspoliːtɪʃ] *adj* of fiscal policy

Finanzverwaltung [fɪ'nantsfɛrvaltuŋ] *f* finance administration

Finanzwesen [fɪ'nantsveːzən] *n* finance

Finanzzoll [fɪ'nantstsol] *m* revenue tariff

Firma ['fɪrma] *f* firm, company; *die ~ Coors* the Coors company

Firmenbeständigkeit ['fɪrmənbəʃtɛndɪçkaɪt] *f* company stability

Firmenchef(in) ['fɪrmənʃɛf(ɪn)] *m/f* head of the firm, head of the company

Firmeninhaber(in) ['fɪrmənɪnhaːbər(ɪn)] *m/f* owner of the firm, owner of the company

Firmenkundengeschäft ['fɪrmənkundəngəʃɛft] *n* wholesale banking

Firmenname ['fɪrmənnaːmə] *m* firm name, company name

Firmenöffentlichkeit ['fırmənøfəntlıç-kaıt] f public relations of the company

Firmenregister ['fırmənregıstər] n register of companies

Firmenschild ['fırmənʃılt] n company name-plate

Firmenstempel ['fırmənʃtempəl] m company stamp

Firmenwagen ['fırmənva:gən] m company car

Firmenwahrheit ['fırmənva:rhaıt] f company truth

Firmenwert ['fırmənve:rt] m goodwill

Fischerei [fıʃə'raı] f fishing

fiskalisch [fıs'ka:lıʃ] adj fiscal

Fiskus ['fıskus] m treasury, fiscal authorities, Exchequer (UK)

Fixer(in) ['fıksər(ın)] m/f bear seller

Fixkosten ['fıkskɔstən]pl fixed costs

Fixkostendeckungsrechnung ['fıkskɔstəndekuŋsreçnuŋ] pl analysis of fixed-cost allocation

Fixkostendegression ['fıkskɔstəndegrezjo:n] pl fixed cost degression

Fixpreis ['fıkspraıs] m fixed price

Flächenmaße ['fleçən'ma:sə] f square measurement

Flaggendiskriminierung ['flagəndiskrimini:ruŋ] f discrimination of flags

Flaute ['flautə] f slump, recession, slackness

Fleiß [flaıs] m diligence, industry, assiduousness

fleißig ['flaısıç] adj diligent, hard-working, industrious

flexibel [flɛk'si:bəl] adj flexible

Flexibilität [flɛksibılı'tɛ:t] f flexibility, versatility

flexible Altersgrenze [flɛk'si:blə 'altərsgrɛntsə] f flexible age limit

flexible Plankostenrechnung [flɛk'si:blə 'pla:nkɔstənreçnuŋ] f flexible budgeting

flexible Wechselkurse [flɛk'si:blə 'vɛksəlkursə] m/pl flexible currency rates

Fließband ['fli:sbant] n conveyor belt; (als Einrichtung) assembly line

Fließbandarbeiter(in) ['fli:sbantarbaıtər(ın)] m/f assembly line worker

Fließfertigung ['fli:sfertıguŋ] f continuous flow production

Floor ['flɔə] m floor

Floppy disk ['flɔpı dısk] f floppy disk

Flugblatt ['flu:kblat] n leaflet, handbill

Flugdauer ['flu:kdauər] f duration of the flight, flight duration

Fluggesellschaft ['flu:kgəzɛlʃaft] f airline

Flughafen ['flu:kha:fən] m airport

Fluglinie ['flu:kli:njə] f 1. (Strecke) air route; 2. (Fluggesellschaft) airline

Flugplan ['flu:kpla:n] m flight schedule, timetable

Flugverkehr ['flu:kverke:r] m air traffic

Flugzeug ['flu:ktsɔyk] n airplane, plane, aircraft

Flugzeugbau ['flu:ktsɔykbau] m aircraft construction

Fluktuation [fluktua'tsjo:n] f fluctuation

fluktuieren [fluktu'i:rən] v fluctuate

Flussbild ['flusbılt] n flow chart

Folgekosten ['fɔlgəkɔstən] pl consequential costs

Folie ['fo:ljə] f foil

folienverpackt ['fo:ljənferpakt] adj in foil packaging

Fonds [fõ] m fund

forcieren [fɔr'si:rən] v force

Förderanlage ['fœrdəranla:gə] f transporting plant, transporting equipment, transporter

Förderband ['fœrdərbant] n conveyor belt

Fördermenge ['fœrdərmeŋgə] f output, transporting capacity, conveying capacity, hauling capacity

Forderung ['fɔrdəruŋ] f (Geldforderung) claim, debt

Form [fɔrm] f 1. form, shape; zu großer ~ auflaufen to be in great shape;2. (Gussform) mould, casting mould, mold (US)

Formalität [fɔrmalı'tɛ:t] f formality

Format [fɔr'ma:t] n (Maß) format, shape, size

formatieren [fɔrma'ti:rən] v format

Formatierung [fɔrma'ti:ruŋ] f formatting

formbeständig ['fɔrmbəʃtendıç] adj shape-retaining

Formblatt ['fɔrmblat] n form

Formel ['fɔrməl] f formula

Formfehler ['fɔrmfe:lər] m irregularity

Formkaufmann ['fɔrm'kaufman] m association on which the law confers the attributes of a merchant, regardless of the object of its business

formlos ['fɔrmlo:s] adj (fig) informal, unconventional, unceremonious; adv (fig) informally

Formsache ['fɔrmzaxə] f mere formality

Formvorschriften ['fɔrmfɔrʃrıftən] f/pl formal requirements

Formwechsel ['fɔrm'vɛksəl] f modification

forschen ['fɔrʃən] v (wissenschaftlich) research

Forscher ['fɔrʃər] *m (wissenschaftlicher ~)* researcher, research scientist

Forschung & Entwicklung (F & E) ['fɔrʃuŋ unt ɛnt'vɪkluŋ] *f* research and development (R & D)

Forschung ['fɔrʃuŋ] *f* research, study, investigation

Forschungsauftrag ['fɔrʃuŋsauftraːk] *m* research assignment

Forschungsinstitut ['fɔrʃuŋsɪnstituːt] *n* research institute

Forschungslabor ['fɔrʃuŋslaboːr] *n* research laboratory

Forschungszentrum ['fɔrʃuŋstsɛntrum] *n* research centre

Fortbildung ['fɔrtbɪlduŋ] *f* further education, advanced training

Fortschritt ['fɔrtʃrɪt] *m* progress, advancement

fortschrittlich ['fɔrtʃrɪtlɪç] *adj* progressive

Foto ['foːto] *n* photograph, picture, photo

Foto CD ['foːtotseːdeː] *f* photo CD

Fotografie ['foːtografiː] *f* photography

fotografieren [foːtografiːrən] *v* photograph

Fotokopie [foːtokoˈpiː] *f* photocopy

fotokopieren [foːtokoˈpiːrən] *v* photocopy, make a photocopy

Fotokopierer [foːtokoˈpiːrər] *m* copier, photocopier, copying machine

Fracht [fraxt] *f* 1. *(Preis)* freight; 2. *(Ware)* cargo, freight

Fracht nach Gewicht oder Maß (w/m) ['fraxt naːç gəwɪçt oːdər maːs] freight per weight or measurement (w/m)

Fracht vorausbezahlt (frt. pp.) ['fraxt foˈrausbəzaːlt] freight prepaid (frt. pp.)

Frachtbasis ['fraxtbaːzis] *m* freight basis

Frachtbrief ['fraxtbriːf] *m* consignment note, bill of lading

Frachtbuchung ['fraxtbuːxuŋ] *f* freight booking

Frachter ['fraxtər] *m* cargo ship, freighter

frachtfrei ['fraxtfrai] *adj* freight paid, carriage paid

Frachtführer ['fraxtfyːrər] *m* carrier, bailor

Frachtgut ['fraxtguːt] *n* freight, freight goods

Frachtkosten ['fraxtkɔstən] *pl* freightage, freight charges, carrying charges

Frachtnachnahme (frt. fwd) ['fraxtnaːxnaːmə] *f* freight forward (frt. fwd.)

Frachtraum ['fraxtraum] *m* cargo compartment

Frachtschiff ['fraxtʃɪf] *n* freighter

Frachtzettel (w/b) ['fraxt'tsɛtəl] *m* freight bill (w/b)

Fragebogen ['fraːgəboːgən] *m* questionnaire

frei [frai] *adj (kostenlos)* free, complimentary

frei an Bord (f.o.b.) ['frai an bort] *adj* free on board (f. o. b.)

frei an Bord im Hafen (f.b.h.) ['frai an 'bort ɪm 'haːfən] *adj* free on board harbor (f. b. h.)

frei Bahnhof (f.o.r.) ['frai 'baːnhoːf] *adj* free on board railroad station (f. o. r.)

frei Längsseite Schiff (f.a.s.) ['frai 'lɛŋs-'zaitə 'ʃif] *adj* free alongside ship (f. a. s.)

frei Schiff (f.o.s.) ['frai 'ʃif] *adj* free on steamer (f. o. s.)

frei von jeder Beschädigung (f.a.a.) ['frai fɔn 'jeːdər bə'ʃɛdiguŋ] *adj* free of all average (f. a. a.)

frei von Teilbeschädigung (f.p.a.) ['frai fɔn tailbəʃɛdiguŋ] *adj* free of particular average (f. p. a.)

frei Waggon (f.o.t.) ['frai va'gɔŋ] *adj* free on truck (f. o. t.)

freiberuflich ['fraibəruːflɪç] *adj* self-employed, freelance; *adv* freelance

Freibetrag ['fraibətraːk] *m* tax allowance, tax-exempt amount

freibleibend ['fraiblaibənt] *adj* subject to confirmation, not binding, subject to change without notice

freie Ein- und Ausladung (f.i.o.) ['fraiə 'ain unt 'auzlaːduŋ] *f* free in and out (f. i. o.)

freie Güter ['fraiə gyːtər] *n/pl* free goods

freie Marktwirtschaft ['frai an bort] *f* free market economy

freie(r) Mitarbeiter(in) ['fraiə 'mɪtar'baitər(ɪn)] *m/f* freelance

freier Beruf ['fraiər bəruːf] *m* liberal profession

Freihandel ['fraihandəl] *m* free trade, over-the-counter trade

Freihandelszone ['fraihandəlstsoːnə] *f* free trade zone

freihändig ['fraihɛndɪg] *adv (Verkauf)* directly, in the open market, over the counter (US)

freimachen ['fraimaxən] *v (frankieren)* stamp

Freizeit ['fraitsait] *f* free time, spare time, leisure time

Freizone ['fraitsoːnə] *f* free zone

Fremdfinanzierung ['frɛmtfinantsiːruŋ] *f* outside financing, debt financing

Fremdkapital ['frɛmtkapitaːl] *n* borrowed capital, debt capital

Fremdleistung ['frɛmtlaɪstuŋ] *f* outside services

Fremdsprache ['frɛmtʃpraːxə] *f* foreign language

fremdsprachig ['frɛmtʃpraːxɪç] *adj* in a foreign language, foreign-language

Fremdverschulden ['frɛmtfɛrʃuldən] *n* third-party fault

Fremdwährungswechsel ['frɛmtvɛːruŋs-'vɛksəl] *m* foreign currency bill

Friedenspflicht ['friːdənspfɪçt] *n* peace-keeping duty

Frist [frɪst] *f* period, *(äußerste ~)* deadline, time span, time limit

Frühinvalide ['fryːɪnvaliːdə] *m* person disabled before retirement age

Frührentner ['fryːrɛntnər] *m* person taking early retirement

Frühschicht ['fryːʃɪçt] *f* early shift

Frühstückskartelle ['fryːʃtykskarˈtɛlə] *n* gentlemen's agreements

führen ['fyːrən] *v* 1. lead, direct, guide; 2. *(leiten)* manage, lead, run; 3. *(Ware)* carry; Verhandlungen ~ negotiate; eine Liste ~ keep a list

Fuhrpark ['fuːrpark] *m* fleet

Führung ['fyːruŋ] *f* 1. *(Leitung)* control, management, leadership; 2. *(Benehmen)* behaviour, conduct

Führungshierarchie ['fyːruŋshɪrarçiː] *f* managerial hierarchy

Führungsinformationssystem ['fyːruŋs-ɪnfɔrmatsjoːnssysteːm] *n* management information system

Führungskraft ['fyːruŋskraft] *f* manager, executive

Führungsposition ['fyːruŋspositsjoːn] *f* management position

Führungsstil ['fyːruŋsʃtiːl] *m* management style, leadership style

Führungstechniken ['fyːruŋs'tɛçnikən] *f/pl* management techniques

Führungswechsel ['fyːruŋsvɛksəl] *m* change in leadership

Führungszeugnis ['fyːruŋstsɔyknɪs] *n* certificate of conduct

Fuhrunternehmen ['fuːruntɐrneːmən] *n* haulage company, trucking company *(US)*

Fuhrunternehmer ['fuːruntɐrneːmər] *m* haulage contractor, carrier

Füllmaterial ['fylmaterjaːl] *n* filler

fungieren [fuŋˈgiːrən] *v ~ als* function as, act as

Funkanlage ['fuŋkanlaːgə] *f* radio equipment, radio set

Funkstörung ['fuŋkʃtøːruŋ] *f* radio interference

Funktion [fuŋkˈtsjoːn] *f* function

funktional [fuŋktsjoˈnaːl] *adj* functional

Funktionalorganisation ['fuŋktjoːnaːlɔrganisaˈtsjoːn] *n* functional organization

Funktionär [fuŋktsjoˈnɛːr] *m* functionary

funktionell [fuŋktsjoˈnɛl] *adj* functional

funktionieren [fuŋktjoˈniːrən] *v* function, work, operate; *Dieses Gerät funktioniert nicht.* This device doesn't work.

funktionstüchtig [fuŋkˈtsjoːnstyçtɪç] *adj* efficient, functional

Funktionsmanager [fuŋkˈtsjoːnsmænædʒɐr] *m* functional manager

für Konto (a/c) ['fyːr 'kɔntoː] *f* account current

Fürsorgepflicht des Arbeitgebers ['fyːrsɔrgəpflɪçt dɛs arbaɪtsgeːbɐs] *f* employer's duty of care

Fürsprache ['fyːrʃpraːxə] *f ~ für jdn einlegen* put in a good word for s.o.

Fürsprecher ['fyːrʃprɛçɐr] *m* advocate

Fusion [fuˈzjoːn] *f* merger

fusionieren [fuzjoˈniːrən] *v* merge, consolidate

Fusionsbilanz [fuzˈjoːnsbilants] *f* merger balance sheet

Fusionsvertrag [fuzˈjoːnsfertrːk] *m* merger agreement

Futures ['fjuːtʃɐrs] *pl* futures

G

Gage ['gaːʒə] *f* salary

galoppierende Inflation [galoˈpiːrendə inflaˈtsjoːn] *f* galloping inflation

Gap-Analyse ['ʒæpanalyːzə] *f* gap analysis

Garantie ['gaːrantiː] *f* 1. guaranty, guarantee; 2. warranty

Garantiefonds [ga:ran'ti:fõ] *m* guaranty fund

Garantiegeschäft [ga:aran'ti:gəʃɛft] *n* guaranty business

Garantiehaftung [ga:ran'ti:haftuŋ] *f* liability for breach of warranty

Garantiekapital [ga:ran'ti:kapita:l] *n* capital serving as a guarantee

Garantiekarte [ga:ran'ti:kartə] *f* certificate of warranty

Garantiekonsortium [ga:ran'ti:kɔnzɔrtsium] *n* underwriting syndicate

Garantieleistung [ga:ran'ti:laistuŋ] *f* providing of guarantee

Garantiertes Gewicht (w.g.) [ga:ran'tirtəs gə'vixt] *n* weight guaranteed (w.g.)

Garantieverpflichtung [ga:ran'ti:fərpflictuŋ] *f* guarantee obligation

Gattungskauf ['gatuŋskauf] *m* sale by description

Gattungsvollmacht ['gatuŋsfɔlmaxt] *f* generic power

Gebietsansässiger [gə'bi:tsa:nzɛsigər] *m* resident

Gebietsfremder [gə'bi:tsfrɛmdər] *m* non-resident

Gebietskartell [gə'bi:tskartɛl] *n* market sharing cartel

Gebietskörperschaft [gə'bi:tskørpərʃaft] *f* regional authority

Gebietsvertreter [gə'bi:tsfərtre:tər] *m* area representative

geborene Orderpapiere [gə'bo:rənə 'ordnərpa:pi:rə] *n/pl* original order papers; instruments to order by law

Gebrauchsgüter [gə'brauxsgy:tər] *n/pl* durable consumer goods

Gebrauchsmuster [gə'brauxsmustər] *n* utility-model patent

Gebrauchswert [gə'brauxsvert] *m* value in use

Gebrauchtwagen [gə'brauxtva:gən] *m* used car

gebrochene Preise [gə'brɔxənə 'praizə] *m/pl* odd prices

gebrochener Schluss [gə'brɔxənər ʃlus] *m* odd lot

Gebühr [gə'by:r] *f* fee

gebundene Währung [gə'bundənə 've:ruŋ] *f* linked currency

Geburtsdatum [gə'burtsda:tum] *n* date of birth

Geburtsort [gə'burtsɔrt] *m* place of birth

Geburtstag [gə'burtsta:g] *m* birthday

gedeckter Kredit [gə'dɛktər krə'di:t] *m* covered credit

gedeckter Scheck [gə'dɛktər ʃɛk] *m* covered cheque

Gefahr [gə'fa:r] *f* risk, peril, danger

Gefahrenzulage [gə'fa:rəntsu:la:gə] *f* danger money

Gefahrübergang [gə'fa:ry:bərgaŋ] *m* passage of risk

Gefälligkeitsakzept [gə'fɛliçkaitsaktsəpt] *n* accommodation acceptance

Gefälligkeitsgiro [gə'fɛliçkaitsʃi:ro] *n* accommodation endorsement

gefälschter Scheck [gə'fɛlʃtər ʃɛk] *m* forged cheque

gegen Akkreditiv [ge:gən akrɛdi'ti:f] *n* against letter of credit

gegen Barzahlung [ge:gən 'ba:rtsa:luŋ] *f* against cash

gegen Nachnahme [ge:gən 'na:xna:mə] *f* cash on delivery

Gegenakkreditiv ['ge:gənakredi ti:f] *n* back-to-back letter of credit

Gegenbuchung ['ge:gənbu:xuŋ] *f* counter entry

Gegenforderung ['ge:gənfɔrdəruŋ] *f* counterclaim

Gegengeschäft ['ge:gəngəʃɛft] *n* countertrade, counterdeal, back-to-back transaction

gegenseitiger Vertrag ['ge:gənsaitigər] *m* reciprocal contract

Gegenstromverfahren ['ge:gənʃtro:mfərfa:rən] *n* mixed top-down/bottom-up planning system

Gegenwartswert ['ge:gənvartsvert] *m* present value

Gehaltskonto [gə'haltskɔnto:] *n* salary account

gekreuzter Scheck [gə'krɔytstər ʃɛk] *m* crossed cheque

Geld [gɛlt] *n* money

Geldakkord ['gɛltakɔrt] *m* money piece rate

Geldangebot ['gɛltangəboːt] *n* supply of money

Geldbasis ['gɛltbaːzɪs] *f* monetary base

Geldbasiskonzept ['gɛltbaːzɪskɔntsept] *n* monetary base principle

Geldbetrag ['gɛltbətraːg] *m* amount of money

Geldbörse ['gɛltbœrzə] *f* money market

Gelddeckung ['gɛltdɛkuŋ] *f* sum total of liquid funds

Gelddisposition ['gɛltdɪspɔzɪtsjoːn] *f* money operations; cash management

Geldeingang ['gɛltaɪngaŋ] *m* receipt of money

Geldexport ['gɛltɛkspɔrt] *m* money export

Geldfaktor ['gɛltfaktɔr] *m* monetary factor

Geldfunktionen ['gɛltfunktsjoːnən] *f/pl* functions of money

Geldhaltung ['gɛlthaltuŋ] *f* money management

Geldimport ['gɛltɪmpɔrt] *m* money import

Geldkapital ['gɛltkapitaːl] *n* monetary capital

Geldkurs ['gɛltkurs] *m* buying rate, bid price, demand price, money rate

Geldlohn ['gɛltloːn] *m* money wage

Geldmarktfonds ['gɛltmarktfɔ] *m* money market funds

Geldmarktkonto ['gɛltmarktkɔnto] *n* money market account

Geldmarktkredit ['gɛltmarktkrediːt] *m* money market credit

Geldmarktpapier ['gɛltmarktpapiːr] *n* money market securities

Geldmarktpolitik ['gɛltmarktpolitik] *f* money market policy

Geldmarktsatz ['gɛltmarktzats] *m* money market rate

Geldmengenziel ['gɛltmeŋəntsiːl] *n* money supply target

Geldnachfrage ['gɛltnaːxfraːgə] *f* demand for money

Geldnutzen ['gɛltnutsən] *m* utility of funds

Geldpolitik ['gɛltpolitik] *f* monetary policy

Geldrechnung ['gɛltrɛçnuŋ] *f* cash basis of accounting

Geldsatz ['gɛltzats] *m* money rate

Geldschleier ['gɛltʃlaɪər] *m* veil of money

Geldschöpfung ['gɛltʃœpfuŋ] *f* creation of money

Geldschöpfungsmultiplikator ['gɛltʃœpfuŋsmultiplikaːtɔr] *m* money creation ratio

Geldsortiermaschine ['gɛltsɔrtiːrmaʃiːnə] *f* money sorting machine

Geldstrafe ['gɛltʃtraːfə] *f* fine

Geldstromanalyse ['gɛltʃtromanalyːzə] *f* flow-of-funds analysis

Geldsubstitut ['gɛltzubstituːt] *n* money substitute

Geldsurrogate ['gɛltzurogaːtə] *n/pl* substitute money

Geldüberhang ['gɛltyːbərhaŋ] *m* excessive supply of money

Geldumlaufsgeschwindigkeit ['gɛltumlaufsgəʃvɪndɪçkaɪt] *f* velocity of circulation of money

Geldumsatz ['gɛltumzats] *m* turnover of money

Geldverfassung ['gɛltfərfasuŋ] *f* monetary structure

Geldverknappung ['gɛltfərknapuŋ] *f* monetary restriction, contraction of money supply

Geldvermögen ['gɛltfɛrmøːgən] *n* financial assets

Geldvernichtung ['gɛltfɛrnɪçtuŋ] *f* reduction of the volume of money

Geldvolumen ['gɛltvoluːmən] *n* volume of money

Geldwäsche ['gɛltvɛʃə] *f* money laundering

Geldwechselgeschäft ['gɛltvɛksəlgəʃɛft] *n* currency exchange business

Geldwert ['gɛltveːrt] *m* value of money

geldwerter Vorteil ['gɛltveːrtər 'foːrtaɪl] *m* benefit in money's worth

Geldwertschwund ['gɛltveːrtʃvunt] *m* currency erosion

Geldwertsicherungsklausel ['gɛltveːrtzɪçəruŋsklauzəl] *f* money guarantee clause

Geldwertstabilität ['gɛltveːrtʃtabiliteːt] *f* stability of the value of money, monetary stability

Geldwesen ['gɛltveːzən] *n* monetary system

Geldwirtschaft ['gɛltvɪrtʃaft] *f* money economy

Geldzählautomat ['gɛlttseːlautomaːt] *m* money counting machine

Geldzins ['gɛlttsɪnz] *m* interest on money

Gelegenheitsgesellschaft [gə'leːgənhaɪtsgəzɛlʃaft] *f* temporary joint venture

Gemeinde [gə'maɪndə] *f* community

Gemeineigentum [gə'maɪnaɪgəntuːm] *n* public property

gemeiner Wert [gə'maɪnər veːrt] *m* market value

Gemeinkostenwertanalyse (GWA) [gə'maɪnkɔstənveːrtanalyːzə] *f* overhead value analysis

Gemeinlastprinzip [gə'maɪnlastprɪntsiːp] *n* principle of common burden

gemeinnütziges Unternehmen [gə'maɪnnytsɪgəs untər'neːmən] *n* public institution

gemeinsamer Markt [gə'maɪnsaːmər markt] *m* common market

Gemeinschaftsanleihe [gə'maɪnʃaftsanlaɪhə] *f* joint loan, community loan

Gemeinschaftsbank [gə'maɪnʃaftsbank] *f* combination bank

Gemeinschaftsdepot [gə'maɪnʃaftsdepoː] *n* joint security deposit

Gemeinschaftseigentum [gə'maɪnʃaftsaɪgəntuːm] *n* collective property

Gemeinschaftsemission [gə'maɪnʃaftsemisioːn] *f* joint issue

Gemeinschaftsfonds [gə'maɪnʃaftsfɔ̃] *m* joint funds

Gemeinschaftskonto [gə'maɪnʃaftskɔntoː] *n* joint account

Gemeinschaftsschuldner [gə'maɪnʃaftsʃuldnər] *m* common debtor

Gemeinschaftssparen [gə'maɪnʃaftsʃpaːrən] *n* joint saving

Gemeinschaftswerbung [gə'maɪnʃaftsverbuŋ] *f* joint publicity

Gemeinschuldner [gə'maɪnʃuldər] *m* adjudicated bankrupt

Gemeinwirtschaft [gə'maɪnvɪrtʃaft] *f* social economy

gemischte Firma [gə'mɪʃtə 'fɪrma] *f* mixed company

gemischter Fonds [gə'mɪʃtər fɔ̃] *m* mixed fund

genannt [gə'nant] *adj* indicated

genehmigte Bilanz [gə'neːmɪçtə 'biːlants] *f* authorized balance sheet

genehmigtes Kapital [gə'neːmɪçtəs kapi'taːl] *n* authorized capital

Genehmigungspflicht [gə'neːmɪguŋspflɪçt] *f* duty to obtain a permit

genehmigungspflichtige Kartelle [gə'neːmɪguŋspflɪçtɪgə kar'tɛlə] *n/pl* cartel to be registered

General Agreement on Tariffs and Trade (GATT) General Agreement on Tariffs and Trade

Generalausnahmeklausel [genə'raːlausnaːməklauzəl] *f* general exception clause

Generaldirektor [genə'raːldirɛktɔr] *m* director general

Generalpolice [genə'raːlpoliːsə] *f* floating policy

Generalstreik [genə'raːlʃtraɪk] *m* general strike

Generalunternehmer [genə'raːlunterneːmər] *m* general contractor

Generalvertreter [genə'raːlfɛrtreːtər] *m* general agent

Generationenvertrag [genəra'tsjoːnənfɛrtraːg] *m* inter-generation compact

genormt [gə'nɔrmt] *adj* standardized

genossenschaftliche Zentralbanken [gə'nɔsənʃaftlɪçə tsən'traːlbank] *f* cooperative central banks

genossenschaftlicher Bankensektor [gə'nɔsənʃaftlɪçər 'bankənsɛktɔr] *m* cooperative banking sector

Genussrecht [gə'nusrɛçt] *n* participation rights

Genussrechtskapital [gə'nusrɛçtskapitaːl] *n* participating rights capital

Genussschein [gə'nusʃaɪn] *m* participating certificate

gerechtfertigt [gə'rɛçtfɛrtɪçt] *adj* justified

geregelter Freiverkehr [gə'reːgelt] *adj* unofficial market

gerichtliches Mahnverfahren [gə'rɪçtlɪçəs 'maːnfɛrfaːrən] *n* court proceedings for order to pay debt, summons

Gerichtsstand [gə'rɪçtsʃtant] *m* place of jurisdiction

Gerichtsvollzieher [gə'rɪçtsfɔltsiːər] *m* bailiff

geringfügige Beschäftigung [gə'rɪŋfyːgɪçə bə'ʃɛftɪguŋ] *f* low-paid employment, part-time employment

geringfügige Dienstverhinderung [gə'rɪŋfyːgɪçə 'diːnstfɛrhɪndəruŋ] *f* minor prevention from duty

geringwertige Wirtschaftsgüter [gə'rɪŋveːrtɪçə vɪrtʃaftsgyːtər] *n/pl* depreciable movable fixed assets of low value

Gesamtbetriebsrat [gə'zamtbətriːbsraːt] *m* central works council

Gesamtertrag [gə'zamtɛrtraːk] *m* total proceeds

Gesamtforderung [gə'zamtfɔrdəruŋ] *f* total claim

Gesamthandeigentum [gə'zamthandaɪgəntuːm] *n* joint tenancy

Gesamthandforderung [gə'zamthandfɔrdəruŋ] *f* jointly owned claim

Gesamthandschuld [gə'zamthandʃuld] *f* joint debt

Gesamthypothek [gə'zamthypoteːk] *f* general mortgage

Gesamtkapitalrentabilität [gə'zamtkapitaːlrɛntabiliteːt] *f* total capital profitability

Gesamtkosten [gə'zamtkɔstən] *f* total costs, overall costs

Gesamtkurs [gə'zamtkurs] *m* total market value

Gesamtlieferung [gə'zamtliːfəruŋ] *f* total delivery

Gesamtplanung [gə'zamtplaːnuŋ] *f* master planning, general planning

Gesamtprokura [gə'zamtprokuːraː] *f* joint proxy

Gesamtschuld [gə'zamtʃuld] *f* total debt

Gesamtschuldner [gə'zamtʃuldnər] *m* joint and several debtor

gesamtschuldnerische Bürgschaft [gə'zamtʃuldnəriʃə 'byrgʃaft] *f* joint and several guaranty

Gesamtsumme [gə'zamtzumə] *f* total amount, grand total

Gesamtvermögen [gə'zamtfɛrmøːgən] *n* aggregate property; total assets

Gesamtvollmacht [gə'zamtfɔlmaçt] *f* joint power of attorney

Gesamtzinsspannenrechnung [gə'zamtsɪnsʃpanənrɛçnuŋ] *f* whole-bank interest margin calculation

Geschäftsbank [gə'ʃɛftsbank] *f* commercial bank

Geschäftsbedingungen [gə'ʃɛftsbədɪŋuŋən] *f/pl* terms and conditions of business

Geschäftsbereichsorganisation [gə'ʃɛftsbəraıcsɔrganizatsjoːn] *f* divisional organization

Geschäftsbesorgung [gə'ʃɛftsbəsɔrguŋ] *f* business errand

Geschäftsbesorgungsvertrag [gə'ʃɛftsbəsɔrguŋsfɛrtraːk] *m* agency agreement

Geschäftsbeziehung [gə'ʃɛftsbətsiːuŋ] *f* business connections

Geschäftsbücher [gə'ʃɛfts] *n/pl* account books and balance-sheets

Geschäftsfreund [gə'ʃɛftsfrɔynd] *m* business friend

Geschäftsführer(in) [gə'ʃɛftsfyːrər(ɪn)] *m/f* manager, chief executive

Geschäftsgeheimnis [gə'ʃɛftsgəhaımnıs] *n* business secret

Geschäftsgrundlage [gə'ʃɛftsgrundlaːgə] *f* implicit basis of a contract

Geschäftsguthaben [gə'ʃɛftsguːthaːbən] *n* proprietor's capital holding

Geschäftsjahr [gə'ʃɛftsjaːr] *n* financial year

Geschäftsjubiläum [gə'ʃɛftsjuːbileːum] *n* jubily

Geschäftspapier [gə'ʃɛftspapiːr] *n* commercial papers

Geschäftspapiere [gə'ʃɛftspapiːrə] *n/pl* business papers

Geschäftsprozess [gə'ʃɛftsprotsɛs] *m* course of business

Geschäftsspartenkalkulation [gə'ʃɛftspartənkalkulatsjoːn] *n* business category costing

Geschäftsübernahme [gə'ʃɛftsyːbərnaːmə] *f* takeover of a business

Geschäftsvolumen [gə'ʃɛftsvoluːmən] *n* volume of business

Geschäftswert [gə'ʃɛftsveːrt] *m* value of the subject matter at issue

Geschäftszeit [gə'ʃɛftstsaıt] *f* business hours, opening hours

Geschenksparbuch [gə'ʃɛŋkʃpaːrbuːç] *n* gift savings book

geschlossener Immobilienfonds [gə-ʃlosənər ımo'biːljənfɔ̃] *m* closed-end real estate fund

geschlossener Markt [gə'ʃlosənər markt] *m* self-contained market

Geschmacksmuster [gə'ʃmaksmustər] *n* design patent

Gesellschaft bürgerlichen Rechts (GbR) [gə'zɛlʃaft 'byrgərlıçən rɛçts] *f* civil-law association

Gesellschaft mit beschränkter Haftung [gə'zɛlʃaft mıt bə'ʃrɛŋktər 'haftuŋ] *f* limited liability company

Gesellschafter-Darlehen [gə'zɛlʃaftər'daːrleːhən] *n* proprietor's loan

Gesellschafterversammlung [gə'zɛlʃaftərfersamluŋ] *f* meeting of shareholders

Gesellschaftsformen [gə'zɛlʃaftsfɔrmən] *f/pl* legal forms of commercial entities

Gesellschaftsschulden [gə'zɛlʃaftsʃuldən] *f/pl* company's debts

Gesellschaftssteuer [gə'zɛlʃaftsʃtɔyər] *f* company tax

Gesellschaftsvermögen [gə'zɛlʃaftsfɛmøːgən] *n* company assets, partnership assets

Gesetz [gə'zɛts] *n* law

Gesetzesänderung [gə'zɛtsəsɛndəruŋ] *f* amendment of a law

Gesetzgebungshoheit [gə'zɛtsgeːbuŋshoːhaıt] *f* legislative sovereignty

gesetzliche Krankenversicherung [gə-'zɛtslıçə 'kraŋkənfɛrzıçəruŋ] f statutory health insurance fund

gesetzliche Kündigungsfrist [gə'zɛtslıçə 'kyndıguŋsfrıst] f statutory period of notice

gesetzliche Rentenversicherung [gə-'zɛtslıçə 'rɛntənfɛrzıçəruŋ] f statutory pension insurance fund

gesetzliche Rücklage [gə'zɛtslıçə 'ryk-la:gə] f legally restricted retained earnings

gesetzliche Unfallversicherung [gə'zɛtslıçə 'unfalfɛrzıçəruŋ] f statutory accident insurance

gesetzliches Zahlungsmittel [gə'zɛtslıçes 'tsa:luŋsmıtəl] n legal tender

gesetzlich geschützt [gə'zɛftslıç gə'ʃytst] adj patented; proprietary

gespaltene Wechselkurse [gə'ʃpaltənə 'vɛksəlkurzə] m/pl two-tier exchange rate

gespaltener Devisenmarkt [gə'ʃpaltənər də'vi:zənmarkt] m two-tier foreign exchange market

gespaltener Tarif [gə'ʃpaltənər ta'ri:f] m differentiated tariffs

gespaltener Wechselkurs [gə'ʃpaltənər 'vɛksəlkurs] m multiple exchange rates

gesperrtes Depot [gə'ʃpɛrtəs də'po:] n blocked deposit

gesperrtes Konto [gə'ʃpɛrtəs 'kɔnto] n blocked account

Gesprächstermin [gə'ʃprɛ:çtɛrmi:n] m appointment for a meeting

gestaffelt [gə'ʃtafəlt] adj graduated

gestrichen Geld (-G) [gə'ʃtrıçən gɛlt] n quotation cancelled-money

gestrichen Taxe (-T) [gə'ʃtrıçən 'taksə] f quotation cancelled-government-fixed price

Gesundheitsschutz [gə'zunthaıtsʃuts] m health protection

Gesundheitswesen [gə'zunthaıtsve:zən] n public health

Gesundheitszeugnis [gə'zunthaıtstsɔygnıs] n health certificate

Gesundschrumpfung [gə'zuntʃrumpfuŋ] f paring down

Getränkesteuer [gə'trɛŋkəʃtɔyer] f beverage tax

Getreidebörse [gə'traıdəbœrzə] f grain exchange

Gewährleistung [gə'vɛ:rlaıstuŋ] f warranty

Gewährleistungsgarantie [gə'vɛ:rlaıstuŋsgaranti:] f guarantee for proper execution

Gewährleistungsvermögen [gə'vɛ:rlaıstuŋsfɛrmø:gən] n capability to warrant

Gewerbeaufsichtsamt [gə'vɛrbəaufzıçtsamt] n trade supervisory authority, the factory inspectorate

Gewerbebank [gə'vɛrbəbaŋk] f industrial bank

Gewerbeertragssteuer [gə'vɛrbəɛrtraksʃtəyər] f trade earnings tax

Gewerbefreiheit [gə'vɛrbəfraıhaıt] f freedom of trade

Gewerbekapitalsteuer [gə'vɛrbəkapita:lʃtəyər] f trade tax on capital

Gewerbeordnung (GewO) [gə'vɛrbəɔrdnuŋ] f Trade Regulation Act

gewerblicher Betrieb [gə'vɛrblıçər bə'tri:b] m industrial undertaking

Gewerkschaft [gə'vɛrkʃaft] f trade union, labor union

Gewerkschaftsbank [gə'vɛrkʃaftsbaŋk] f trade union bank

Gewichtszoll [gə'vıçtstsɔl] m duty based on weight sb

gewillkürte Orderpapiere [gə'vılkyrtə 'ɔrdərpapi:rə] n/pl instruments to order by option

Gewinn [gə'vın] m profit; gain; return

Gewinn- und Verlustrechnung [ge'vın- und fɛrlustrɛçnuŋ] f profit and loss account

Gewinnabführung [gə'vınabfy:ruŋ] f transfer of profit

Gewinnanteil [gə'vınantaıl] m share in the profits

Gewinnanteilsschein [gə'vınantaılsʃaın] m dividend coupon; profit sharing certificate

Gewinnaufschlag [gə'vınaufʃla:k] m profit mark-up

Gewinndruck [gə'vındruk] m profit squeeze

Gewinnermittlung [gəvınərmıtluŋ] f determination of profits

Gewinngemeinschaft [gə'vıngəmaınʃaft] f profit pool

Gewinnmarge [gə'vınmarʒə] f profit margin

Gewinnmaximierung [gə'vınmaksimi:ruŋ] f maximisation of profits

Gewinnobligation [gə'vınɔbligatsjo:n] f participating debenture, income bond

Gewinnpoolung [gə'vınpu:luŋ] f profit-pooling

Gewinnrücklagen [gə'vınrykla:gən] f/pl revenue reserves

Gewinnschuldverschreibung [gə'vɪnʃultfərʃraɪbuŋ] f participating bond
Gewinnschwelle [gə'vɪnʃvɛlə] f breakeven point
Gewinnschwellenanalyse [gə'vɪnʃvɛlənanaly:zə] f breakeven analysis
Gewinnsparen [gə'vɪnʃpa:rən] n lottery premium saving
Gewinnthesaurierung [gə'vɪntɛ:zauri:ruŋ] f earnings retention
Gewinnvortrag [gə'vɪnfɔrtra:k] f profit carried forward
gezeichnetes Kapital [gə'tsaɪçnətəs kapi'ta:l] n subscribed capital
gezogener Wechsel [gə'tso:gənər 'vɛçzəl] m drawn bill
Giralgeld ['ʒi:ra:lgɛlt] n book money, money in account
Giralgeldschöpfung ['ʒi:ra:lgɛltʃøpfuŋ] f creation of deposit money
Girant ['ʒi:rant] m endorser
Giroabteilung ['ʒi:roaptaɪluŋ] f clearing department, giro department
Girobank ['ʒi:robaŋk] f deposit clearing bank
Giroeinlage ['ʒi:roaɪnla:gə] f deposit on a current account
Girogeschäft ['ʒi:rogəʃɛft] n bank's transaction dealing with cashless payment
Girosammeldepotstück ['ʒi:rozaməlʃtɛlə] f security held on giro-transferable deposit
Girosammelstück ['ʒi:rozaməlʃtyk] n security held on giro-transferable deposit
Girosammelverkehr ['ʒi:rozaməlferkɛ:r] m collective securities deposit operations
Giroverkehr ['ʒi:roferkɛ:r] m giro transaction, transfer of money by means of a clearing
glaubhafte Zusicherung ['glauphaftə 'tsu:zɪçəruŋ] f credible promise
Gläubigerausschuss ['glɔybɪgərausʃus] m committee of inspection
Gläubigerpapier ['glɔybɪgərpapi:r] n creditor paper
Gläubigerschutz ['glɔybɪgərʃuts] m protection of creditors
Gläubigerversammlung ['glɔybɪgərferzamluŋ] f creditors' meeting
Gleichgewicht ['glaɪçgəvɪçt] n balance
Gleichgewichtspreis ['glaɪçgəvɪçtspraɪz] m equilibrium price
gleitende Arbeitszeit ['glaɪtəndə 'arbaɪtstsaɪt] f flexible working hours, flexitime

gleitende Paritätsanpassung ['glaɪtəndə paritɛ:tsanpasuŋ] f crawling exchange rate adjustment
gleitender Ruhestand ['glaɪtəndər 'ru:həʃtant] m flexible retirement
Gleitklausel ['glaɪtklauzəl] f escalator clause
Gleitparität ['glaɪtpa:ritɛ:t] f escalator parity, crawling peg
Global-Anleihe [glo'ba:lanlaɪhə] f all-share certificate, blanket loan
Globalsteuerung [glo'ba:lʃtɔyəruŋ] f global control
Globalwertberichtigung [glo'ba:lve:rtbərɪçtiguŋ] f overall adjustment
Globalzession [glo'ba:ltsesjo:n] f overall assignment
GmbH & Co. KG ['ge:əmbe:ha: unt 'ko:ka:ge:] f limited commercial partnership with a limited liability company as general partner and members of the GmbH or others as limited partners
Gold [gɔlt] n gold
Gold- und Devisenbilanz [gɔlt unt de'vi:zənbilants] f gold and foreign exchange balance
Goldaktie ['gɔltaktsi:ə] f gold share
Goldanleihe ['gɔltanlaɪhə] f loan on a gold basis
Goldarbitrage ['gɔltarbitra:ʒ] f arbitrage in bullion
Goldauktion ['gɔltauktsjo:n] f gold auction
Goldbarren ['gɔltbarən] m gold bar
Golddeckung ['gɔltapdɛkuŋ] f gold cover
Gold-Devisen-Standard [gɔlt de'vi:zen ʃtandart] m gold exchange standard
goldene Finanzierungsregel ['gɔldənə fɪ'nantsre:gəl] f golden rule of financing
Goldfeingehalt [gɔlt'faɪngəhalt] m fine gold content
Goldgehalt ['gɔltgəhalt] m gold content
Goldgeschäft ['gɔltgəʃɛft] n gold transactions
Goldgewichte [gɔltgəvɪçtə] n/pl troy weights
Goldhandel ['gɔlthandəl] m gold trade
Goldkonvertibilität ['gɔltkɔnvertibilitɛ:t] f gold convertibility
Goldmarkt ['gɔltmarkt] m gold market
Goldmünze ['gɔltmyntsə] f gold coin
Goldoption ['gɔltɔptsjo:n] f gold option
Goldparität ['gɔltparitɛ:t] f gold parity
Goldpreis ['gɔltpraɪz] m gold price, price of gold

Goldpreisbildung ['gɔltpraizbılduŋ] f gold pricing

Goldproduktion ['gɔltprɔduktsjoːn] f gold production

Goldpunkt ['gɔltpuŋkt] m gold point

Goldreserve ['gɔltrəzɛrvə] f gold reserves

Goldstandard ['gɔltʃtandart] m gold standard

Goldswap ['gɔltsvɔp] m gold swap

Goldzertifikat ['gɔlttsɛrtıfikaːt] n gold certificate

Gratisaktie ['graːtısaktsiːə] f bonus share

Grenzerlös ['grɛntsɛrløːz] m marginal earnings, marginal revenue

Grenzkosten ['grɛntskɔstən] pl marginal cost

Grenzkostenkalkulation ['grɛntskɔstənkalkulatsjoːn] f marginal costing

Grenzkostenrechnung ['grɛntskɔstənrɛçnuŋ] f marginal costing

Grenzleistungsfähigkeit des Kapitals ['grɛntslaıztuŋsfɛːhıçkaıt dɛs kapitaːls] f marginal efficiency of capital

Grenznutzen ['grɛntsnutsən] m marginal utility

Grenzproduktivität ['grɛntsprɔroduktiviteːt] f marginal productivity

Grenzwert ['grɛntsveːrt] m limiting value

Großabnehmer ['groːzapneːmər] m bulk buyer

Großcontainer ['groːzkɔnteınər] m large container

Größenvorteile ['grøːsənvɔrtail] m economies of scale

Großhandel ['groːzhandəl] m wholesale

Großhandelskontenrahmen ['groːshandəlskɔntənraːmən] m uniform system of accounts for the wholesale trade

Großhandelspreis ['groːshandəlspraiz] m wholesale price, trade price

Grossist ['grɔsıst] m wholesaler

Großkredit ['groːskredit] m large-scale lending

Großmarkt ['groːsmarkt] m wholesale market

Grundbuch ['gruntbuːç] n register of land titles

Grunderwerbssteuer ['gruntɛrvɛrbsʃtɔyər] f property acquisition tax

Grundgehalt ['gruntgəhalt] n basic salary

Grundkapital ['gruntkapitaːl] n capital stock

Grundkenntnisse ['gruntkɛntnısə] f/pl basic knowledge

Grundkosten ['gruntkɔstən] pl organisation costs

Grundkredit ['gruntkredit] m real estate credit

Grundkreditanstalt ['gruntkreditanʃtalt] f mortage bank

Grundkreditanstalten ['gruntkreditanʃtaltən] f/pl public mortgage banks

Grundrente ['gruntrɛntə] f ground rent

Grundsätze ordnungsgemäßer Buchführung und Bilanzierung (GoB) ['gruntzɛtsə 'ɔrdnuŋsgəmɛːzər 'buçfyːruŋ unt bilan'tsiːruŋ] m/pl principles of orderly bookkeeping and balance-sheet makeup

Grundschuld ['gruntʃult] f mortgage, land charge

Grundschuldbrief ['gruntʃultbriːf] m mortgage certificate, land charge certificate

grundstücksgleiche Rechte ['gruntʃtyksglaıçə 'rɛçtə] n/pl rights equivalent to real property

Gründungsbericht ['grynduŋsbərıçt] m formation report

Gründungsbilanz ['grynduŋsbilants] f commencement balance sheet

Gründungsfinanzierung ['grynduŋsfınantsiːruʒ] f funding at commencement of a business enterprise

Grundvermögen ['gruntfɛrmøːgən] n real property

Gruppenakkord ['grupənakɔrt] m group piecework

Gruppenarbeit ['grupənarbait] f team work

Gruppenfertigung ['grupənfɛrtıguŋ] f mixed manufacturing

günstigstes Angebot ['gynztıgstəs 'angəboːt] n most favourable offer

Güteklasse ['gyːtəklasə] f grade, class

Güter ['gyːtər] n/pl goods

guter Glaube ['guːtər 'glaubə] m good faith

Güterbeförderung ['gyːtərbəfœrdəruŋ] f carriage of goods

Gütergruppe ['gyːtərupə] f category of goods

Gütermarkt ['gyːtərmarkt] m commodity market

Gütertarif ['gyːtərtariːf] m goods tariff

Gütezeichen ['gyːtətsaıçən] n *(Marketing)* quality label, *(Patente)* mark of quality

Gutschrift ['guːtʃrıft] f credit entry

Gutschriftsanzeige ['guːtʃrıftsantsaıgə] f credit advice

H

Habenzinsen ['haːbəntsɪnzən] *m/pl* credit interest

Hafen [haːfən] *m* port

Hafengebühren ['haːfəngəbyːrən] *f/pl* harbour dues

haftendes Eigenkapital ['haftəndəs eɪgənkapitaːl] *n* liable funds

Haftsumme ['haftsumə] *f* guarantee

Haftungskapital ['haftuŋskapitaːl] *n* liable equity capital

Halberzeugnis ['halpɛrtsɔyknɪs] *n* semi-finished good

Halbjahresbilanz ['halpjaːrəsbilants] *f* semi-annual balance sheet

halbjährlich ['halpjɛːrlɪç] *adj* half-yearly

Handelsbank ['handəlsbaŋk] *f* merchant bank

Handelsbeschränkungen ['handəlsbəʃrɛːŋkuŋən] *f/pl* trade restrictions

Handelsbetrieb ['handəlsbətriːp] *m* business engaged in the distributive trade

Handelsbevollmächtigter ['handəlsbəfɔlmɛːçtiçtər] *m* general agent

Handelsbeziehungen ['handəlsbətsiːuŋən] *f/pl* trade relations

Handelsbrauch ['handəlsbraux] *m* trade practice, commercial usage

Handelsbrief ['handəlsbriːf] *m* business letter, commercial letter

Handelsbuch ['handəlsbuːx] *n* commercial book of account

Handelsembargo ['handəlsɛmbargoː] *n* trade embargo

Handelsfaktura ['handəlsfaktuːra] *f* commercial invoice

Handelsgeschäfte ['handəlsgəʃɛftə] *n/pl* commercial transactions

Handelsgesetzbuch ['handəlsgəsɛtsbuːx] *n* Commercial Code

Handelsgewerbe ['handəlsgəwɛrbə] *n* commercial enterprise

Handelskette ['handəlskɛtə] *f* sales chain

Handelsklasse ['handəlskasə] *f* grade

Handelsklausel ['handəlsklausəl] *f* trade clause

Handelskreditbrief ['handəlskreditbriːf] *m* commercial letter of credit

Handelskredite ['handəlskreditə] *m/pl* commercial credits

Handelsmakler ['handəlsmaːklər] *m* commercial broker

Handelsmarke ['handəlsmarkə] *f* dealer's brand

Handelsmesse ['handəlsmɛsə] *f* trade fair

Handelsmission ['handəlsmɪsjoːn] *f* trade mission

Handelspapiere ['handəlspapiːrə] *n/pl* commercial papers

Handelspartner ['handəlspaːrtnər] *m* trading partner

Handelsrecht ['handəlsrɛçt] *n* commercial law

Handelsregister ['handəlsregɪstər] *n* commercial register

Handelsusancen ['handəlsysm̩zən] *f/pl* trade practice, custom of trade

Handelsverkehr ['handəlsfɛrkeːr] *m* commercial intercourse

Handelsvertretung ['handəlsfɛrtreːtuŋ] *f* commercial agency

Händlergeschäft ['hɛndlərgəʃɛft] *n* dealer transaction

Handlungsgehilfe ['handluŋsgəhɪlfə] *m* commercial employee, commercial clerk

Handlungsreisender ['handluŋsraɪzəndər] *m* traveling salesman

Handlungsvollmacht ['handluŋsfɔlmaxt] *f* commercial power of attorney

Harmonisierung [harmonɪˈziːruŋ] *f* harmonization

harte Währung ['hartə 'vɛːruŋ] *f* hard currency

Hartgeld ['hartgɛlt] *n* metallic currency

Hauptbuchhaltung ['hauptbuːxhaltuŋ] *f* chief accountancy

Hauptkostenstellen ['hauptkɔsənʃtɛlə] *f* production cost centers

Hauptplatz ['hauptplats] *m* main center

Hauptvollmacht ['hauptfɔlmaxt] *f* primary power

Hausbank ['hausbaŋk] *f* company's bank, firm's bank

Haushaltsdefizit ['haushaltsdeːfitsɪt] *n* budgetary deficit

Haushaltsgesetz ['haushaltsgəsɛts] *n* budget law

Haushaltskredit ['haushaltskrediːt] *f* budget credit

Haushaltsplan ['haushaltsplaːn] *m* budget

Haussier [(h)oˈsjeː] *m* bull

Havarie [havaˈriː] *f* damage by sea

Havariezertifikat [havaˈriːtsɛrtifikaːt] *n* damage report

Head-Hunter ['hɛd-'hantər] *m* head hunter

Hedgegeschäft ['hɛdʃgəʃɛft] *m* hedge operation

Hedging ['hɛdʃɪŋ] *n* hedging

heißes Geld ['haɪses 'gɛlt] *n* hot money

Herabsetzung des Grundkapitals [hɛ-'rapsetsuŋ dɛs 'gruntkapitaːls] *f* reduction of the share capital

Herausgabeanspruch [hɛˈrausgaːbəan-ʃprux] *m* claim for return

Herbstmesse ['hɛrpstmɛsə] *f* autumn fair

Herkunftsland ['heːrkunftsland] *n* country of origin

herstellen ['herstɛlən] *v* manufacture, produce, fabricate

Hersteller ['herstɛlər] *m* manufacturer

Herstellkosten ['herstɛlkɔstən] *pl* product cost, cost of production

heterogene Güter ['heterogeːnə 'gyːtər] *n/pl* heterogeneous goods

Hifo (highest in – first out) ['hiːfo] *adj* highest in – first out (hifo)

Hifo-Verfahren ['hiːfo-fɛrˈfaːrən] *n* Hifo-procedure

Hilfskostenstellen ['hɪlfskɔstənʃtelə] *f* service cost centers

Hilfsstoffe ['hɪlfsʃtɔfə] *m/pl* supplies

Hinterlegung ['hɪntərleːguŋ] *f* deposit

Hinterziehung ['hɪntərtsiːuŋ] *f* evasion of taxes

historische Wertpapiere [histoːrɪʃə 'veːrt-papiːrə] *n/pl* historical securities

Hochregallager ['hoːxregaːl] *n* high-bay racking

Höchstkurs ['høːçstkurs] *m* highest rate

Höchstpreis ['høːçstprais] *m* top price, maximum price

Höchststimmrecht ['høːçstʃtɪmrɛçt] *n* maximum voting right

Höchstwertprinzip ['høːçstweːrtprɪntsiːp] *n* principle of highest value

Hochzinspolitik ['hoːxtsɪnspolitiːk] *f* high interest rate policy

Hoffnungswert ['hɔfnuŋsweːrt] *m* speculative security

Höherversicherung ['høːərfɛrsɪxəruŋ] *f* upgraded insurance

Holding Gesellschaft ['hoːldɪŋgəsɛlʃaft] *f* holding company

Holschuld ['Hoːlʃult] *f* debt to be discharged at the domicile of the debtor

Home Banking ['hoːm 'bɛŋkɪŋ] *n* home banking

homogene Güter [hoːmoˈgeːnə 'gyːtər] *n/pl* homogeneous products

Honorar ['honoraːr] *n* fee

horizontale Diversifikation [horitsɔnˈtaː-lə 'diverzifikatsjoːn] *f* horizontal diversification

horizontale Finanzierungsregeln [horit-sɔnˈtaːlə finatsiːruŋsreːgəln] *f/pl* horizontal financing rules

horizontale Unternehmenskonzentration [horitsɔnˈtaːlə untərˈneːmənskɔntsen-tratsjoːn] *f* horizontal corporate concentration

horizontale Wettbewerbsbeschränkung [horitsɔnˈtaːlə 'vɛtbəwɛrpsbəʃrɛŋkuŋən] *f/pl* horizontal restraints of competition

Human Relations ['juːmɛn riːˈleːʃəns] *f/pl* human relations

Human Resources ['juːmɛn riːˈzɔrsəs] *f/pl* human resources

Humanvermögen [huːˈmaːnfərmøːgən] *n* human assets

hybride Finanzierungsinstrumente [hy-ˈbriːdə finanˈtsiːruŋsɪnstrumɛntə] *n/pl* hybrid financing instruments

hybride Organisationsformen [hyˈbriːdə ɔrganizatsjɔːnsfɔrmən] *f/pl* hybrid forms of organization

hybride Wettbewerbsstrategien [hy-ˈbriːdə 'vɛtbəwɛrbsʃtrategiːən] *f/pl* hybrid competitive strategies

Hyperinflation ['hyːpərɪnflatsjoːn] *f* hyperinflation

Hypothek [hypoˈteːk] *f* mortgage

Hypothekarkredit [hypoteːˈkaːrkreːdit] *m* mortgage loan

Hypothekenbank [hypoˈteːkənbaŋk] *f* mortgage bank

Hypothekenbankgesetz [hypoˈteːkən-baŋkgəsets] *n* mortgage bank law

Hypothekenbrief [hypoˈteːkənbriːf] *m* mortgage deed

Hypothekengewinnabgabe [hypoˈteːkən-gəvɪnapgaːbə] *f* levy on mortgage profits

Hypothekenpfandbrief [hypoˈteːkən-pfandbriːf] *m* mortgage debenture

Hypothekenregister [hypoˈteːkənreːgɪs-tər] *n* mortgage register

Hypothekenversicherung [hypoˈteːkən-fɛrziçəruŋ] *f* mortgage insurance

I/J

Identifikationsnummer (PIN, PIN-Code) [idɛntifikats'joːn] *f* personal identity number
Identitätsnachweis [idɛnti'tɛːtsnaxvaɪz] *m* proof of identity
Illationsgründung ['ɪlatsjoːnsgryndʊŋ] *f* formation by founders' non-cash capital contributions
Illiquidität [ɪlikvidi'tɛːt] *f* non-liquidity, liquidity
im Auftrag [ɪm 'auftraːk] *adj* by order
im Aufwind [ɪm 'aufvɪnt] *adj* under upward pressure
im Ausland [ɪm 'auslant] *adj* abroad
im Markt sein [ɪm 'markt saɪn] *v* to be in the market
im Preis inbegriffen [ɪm praɪz 'ɪnbəgrɪfən saɪn] *adj* included in the price
imaginärer Gewinn ['imaːginɛːrər gə'vin] *m* imaginary profit
immaterielle Werte ['ɪmaterjələ 'veːrtə] *m/pl* intangible assets
Immobiliarkredit [ɪmobil'jaːrkrediːt] *m* real estate credit
Immobilie [ɪmo'biːljə] *f* item of real estate
Immobilien [ɪmo'biːljən] *f/pl* immovables
Immobilienfonds [ɪmo'biːljənf ɔ] *m* real estate fund
Immobilien-Leasing [ɪmo'biːljən-'liːsɪŋ] *n* real estate leasing
Immunität [ɪmuːni'tɛːt] *f* immunity
Implementierung [ɪmpləmən'tiːrʊŋ] *f* implementation
Import [ɪm'pɔrt] *m* import
Importdepot [ɪm'pɔrtdeːpoː] *n* import deposit
Importfinanzierung [ɪm'pɔrtfinantsiːrʊŋ] *f* import financing
Importhandel [ɪm'pɔrthandəl] *m* import trade
importierte Inflation [ɪmpər'tiːrtə ɪnfla'tsjoːn] *f* imported inflation
Importkartell [ɪm'pɔrtkartɛl] *n* import cartel
Importkontingent [ɪm'pɔrtkɔntiŋɛnt] *n* import quota
Importquote [ɪm'pɔrtkvoːtə] *f* import quota, propensity of import
Importrestriktionen [ɪm'pɔrtreːstrɪktsjoːnən] *f/pl* import restrictions

Importzoll [ɪm'pɔrttsɔl] *m* import tariff
Impulskauf [ɪm'pulzkauf] *m* impulse purchase
in bar [ɪn 'baːr] *adj* in cash
in Kraft [ɪn 'kraft] *adj* effective/in force
in Liquidation [ɪn lɪkvɪdat'sjoːn] *adj* in liquidation
in zweifacher Ausfertigung [ɪn 'tsvaɪfaxər 'auzfertigʊŋ] *adj* in duplicate
Incentives [ɪn'zentɪfs] *f/pl* incentives
Incoterms (International Commercial Terms) ['ɪŋkotœrms (ɪntər'neʃɔnəl kɔ'mɔrʃəl 'tœrms)] *m/pl* Incoterms
Index ['ɪndɛks] *m* index
Indexanleihe ['ɪndɛksanlaɪjə] *f* index-linked loan
Indexbindung ['ɪndɛksbɪndʊŋ] *f* index-linking
Indexierung [ɪndɛks'iːrʊŋ] *f* indexation
Indexklausel ['ɪndɛksklauzəl] *f* index clause
Indexlohn ['ɪndɛksloːn] *n* index-linked wage
Indexwährung ['ɪndɛksvɛːrʊŋ] *f* index-linked currency
indifferente Güter ['ɪndɪfərəntə 'gyːtər] *n/pl* indifferent goods
Indikator [ɪndi'kaːtor] *m* indicator
indirekte Abschreibung ['ɪndirɛktə 'apʃraibʊŋ] *f* indirect method of depreciation
indirekte Investition ['ɪndirɛktə 'ɪnvɛstitsjoːn] *f* portfolio investments
indirekte Steuern ['ɪndirɛktə 'ʃtɔyərn] *f/pl* indirect taxes
indirekter Absatz ['ɪndirɛktər 'apzats] *m* indirect selling
Individualarbeitsrecht [ɪndividu'aːlreçt] *n* individual labor law
Individualbedürfnis [ɪndividu'aːlrbədyrfnɪs] *n* individual need
Individualeinkommen [ɪndividu'aːlaɪnkɔmən] *n* individual income
Individualverkehr [ɪndividu'aːlferkeːr] *m* private transportation
individuelles Sparen [ɪndividu'ɛləs 'ʃpaːrən] *n* saving by private households
indossable Wertpapiere [ɪndp'saːblə 'veːrtpapiːrə] *n/pl* endorsable securities
Indossament [ɪndɔsa'mɛnt] *n* endorsement

Indossamentverbindlichkeiten [ɪndɔsa-'mɛntfərbɪndlɪçkaɪtən] *f/pl* endorsement liabilities

Indossant [ɪndɔ'sant] *m* endorser

Indossatar [ɪndɔsa'taːr] *m* endorsee

Industrial Design [ɪn'dastriəl 'disaɪn] *n* industrial design

Industrieaktie [ɪndus'triːaktsjə] *f* industrial shares

Industrieanleihe [ɪndus'triːanlaɪjə] *f* industrial loan, corporate loan

Industriebetrieb [ɪndus'triːbətriːp] *m* industrial enterprise

Industriebörse [ɪndus'triːbœrzə] *f* industrial stock exchange

Industriegebiet [ɪndus'triːgəbiːt] *n* industrial area, industrial region

Industriegewerkschaft (IG) [ɪndus'triːgevərkʃaft] *f* industry-wide union

Industriekonsortium [ɪndus'triːkɔnzɔrtsjum] *n* industrial syndicate

Industriekontenrahmen (IKR) [ɪndus-'triːkɔntənraːmən] *m* uniform classification of accounts for industrial enterprises

Industriekredit [ɪndus'triːkrediːt] *m* industrial loan

Industriekreditbank [ɪndus'triːkrediːtbaŋk] *f* industrial credit bank

Industrieobligation [ɪndus'triːɔpligatsjoːn] *f* industrial bond

Industrieroboter [ɪndus'triːroːbɔtər] *m* industrial robot

Industriespionage [ɪndus'triːʃpionaːʒə] *f* industrial espionage

Industriestandard [ɪndus'triːʃtandart] *m* industry standard

inferiore Güter [ɪnfər'joːrə 'gyːtər] *n/pl* inferior goods

Inflation [ɪnflats'joːn] *f* inflation

Inflationsbekämpfung ['ɪnflats'joːnsbəkɛmpfuŋ] *f* struggle against inflation

Inflationsbeschleunigung [ɪnflats'joːnsbəʃlɔyniguŋ] *f* acceleration of inflation

Inflationserwartung [ɪnflats'joːnsɛrvartuŋ] *f* expected inflation

Inflationsimport [ɪnflats'joːnsɪmpɔrt] *m* inflation import

Inflationsrate [ɪnflats'joːnsraːtə] *f* rate of inflation

Informatik [ɪnfɔr'maːtɪk] *f* data processing

Information [ɪnfɔrma'tsjoːn] *f* information

Informations- und Kommunikationssystem (IuK-System) [ɪnfɔrma'tsjoːnsunt 'kɔmunikatsjoːnszysteːm (iːu'kaː-zy-steːm)] *n* information and communications system

Informationsbedarf [ɪnfɔrma'tsjoːnsbədarf] *m* requirement of information

Informationsbeschaffung [ɪnfɔrma'tsjoːnsbəʃafuŋ] *f* information search

Informationsbroker [ɪnfɔrma'tsjoːnsbroːkər] *m* information broker

Informationsdienste [ɪnfɔrma'tsjoːnsdiːnstə] *m/pl* information services

Informationsmanagement [ɪnfɔrma-'tsjoːnsmɛnɛtʃmɛnt] *n* information resource management

Informationsmärkte [ɪnfɔrma'tsjoːnsmɛrktə] *m/pl* information markets

Informationsrecht [ɪnfɔrma'tsjoːnsrɛçt] *n* right to be given information

Informationssystem [ɪnfɔrma'tsjoːnszysteːm] *n* information system

Informationstechnologie [ɪnfɔrma'tsjoːnstɛçnologiː] *f* information technology

Informationstheorie [ɪnfɔrma'tsjoːnsteːoriː] *f* information theory

Informationsweg [ɪnfɔrma'tsjoːnsveːk] *m* channel of information

Informationswert [ɪnfɔrma'tsjoːnsveːrt] *m* information value

informelle Gruppen ['ɪnfɔrmɛlə 'grupən] *f/pl* informal groups

informelle Organisation ['ɪnfɔrmɛlə ɔrganiːzatsjoːn] *f* informal organization

Infrastruktur ['ɪnfraʃtruktuːr] *f* infrastructure

Infrastrukturkredit ['ɪnfraʃtruktuːrkrediːt] *m* infrastructural credit

Infrastrukturmaßnahmen ['ɪnfraʃtruktuːrmaznaːmən] *f/pl* infrastructural measures

Infrastrukturpolitik ['ɪnfraʃtruktuːrpolitiːk] *f* infrastructure policy

Ingangsetzung [ɪn'gaŋsɛtsuŋ] *f* start-up

Ingangsetzungskosten [ɪn'gaŋsɛtsuŋskɔstən] *pl* startup costs

Inhaber(in) ['ɪnhaːbər(ɪn)] *m/f* proprietor, occupant, holder

Inhaberaktie ['ɪnhaːbəraktsjeː] *f* bearer share

Inhabergrundschuld ['ɪnhaːbərgruntʃult] *f* bearer land charge

Inhaberhypothek ['ɪnhaːbərhypoteːk] *f* bearer-type mortgage

Inhaberindossament ['ɪnhaːbərɪndɔsament] *n* endorsement made out to bearer

Inhaberklausel ['ɪnhaːbərklauzəl] *f* bearer clause

Inhaberpapier ['ɪnhaːbərpapiːr] *n* bearer instrument, bearer securities

Inhaberscheck ['ɪnhaːbərʃɛk] *m* bearer cheque

Inhaberschuldverschreibung ['ɪnhaːbərʃultfərʃraɪbuŋ] *f* bearer bond

Inhaltsnormen ['ɪnhaltsnɔrmən] *f/pl* content norms

Inhouse-Banking ['ɪnhauz-'bɛŋkɪŋ] *n* in-house banking

Initiativrecht [ɪnitsjaˈtiːfsrɛçt] *n* initiative right

Inkasso [ɪn'kaso] *n 1.* collection, collection procedure; *2.* cash against documents

Inkasso-Abteilung [ɪn'kaso-ap'taɪluŋ] *f* collection department

Inkassoakzept [ɪn'kasoaktsɛpt] *n* acceptance for collection

inkassoberechtigt [ɪn'kasobərɛçtɪçt] *adj* authorised to undertake collection

Inkassogebühr [ɪn'kasogəbyːr] *f* collection fee

Inkassogeschäft [ɪn'kasogəʃɛft] *n* collection business

Inkasso-Indossament [ɪn'kaso'ɪndɔsamɛnt] *n* endorsement for collection

Inkassoprovision [ɪn'kasoprovizjoːn] *f* collection commission

Inkassowechsel [ɪn'kasovɛksəl] *m* bill for collection, collection draft

inkulant ['ɪnkulant] *adv* unaccomodating, petty

Inländer ['ɪnlɛndər] *m* national resident

Inländerkonvertibilität ['ɪnlɛndərkɔnvertibiliːt] *f* convertibility for residents

Inlandsnachfrage ['ɪnlantsnaːxfraːgə] *f* home demand

Inlandsvermögen ['ɪnlantsfərmøːgən] *n* domestic capital

Innenfinanzierung ['ɪnənfinantsiːruŋ] *f* internal financing

Innenfinanzierungskennzahl ['ɪnənfinantsiːruŋskɛntsaːl] *f* self-generated financing ratio

Innengeld ['ɪnəngɛlt] *n* inside money

Innengesellschaft ['ɪnəngəsɛlʃaft] *f* internal partnership

Innenkonsortium ['ɪnənkɔnzɔrtsjum] *n* internal syndicate

innerbetriebliche Leistungen ['ɪnərbətriːpliçə 'laɪstuŋən] *f/pl* internal services

innerbetriebliche Weiterbildung ['ɪnərbətriːpliçə 'vaɪtərbɪlduŋ] *f* in-service training

innere Kündigung ['ɪnərə 'kyndiguŋ] *f* inner notice to terminate

innerer Wert ['ɪnərər 'veːrt] *m* intrinsic value

innergemeinschaftliche Lieferungen ['ɪnərgəmaɪnʃaftliçə 'liːfəruŋən] *f/pl* intra-community deliveries

innergemeinschaftlicher Verkehr ['ɪnərgəmaɪʃaftliçər fər'keːr] *m* intra-community trade

Innovation [ɪnovaˈtsjoːn] *f* innovation

Innovationsförderung [ɪnovaˈtsjoːnsfœrdəruŋ] *f* promotion of original innovation

Innovationsmanagement [ɪnovaˈtsjoːnmɛnɛtʃmɛnt] *n* innovation management

Innovationspotenzial [ɪnovaˈtsjoːnspətɛntsjaːl] *n* innovative capabilities, innovative potential

Innovationsschub [ɪnovaˈtsjoːnsʃup] *m* technology push

Input ['ɪnput] *n* input

Input-Output-Analyse ['ɪnput'autputanaˈlyːzə] *f* input-output analysis

Insichgeschäft ['ɪnsɪçgəʃɛft] *n* self-dealing, self contracting

Insiderhandel ['ɪnzaɪdərhandəl] *m* insider trading

Insiderinformation ['ɪnzaɪdərɪnfɔrmatsjoːn] *f* insider information

Insiderpapier ['ɪnzaɪdərpapiːr] *n* insider security

Insolvenz [ɪnzɔlvɛnts] *f* insolvency, inability to pay

Instanz [ɪn'stants] *f 1. (Rechtswesen)* instance, *2. (Organisation)* management unit

institutionelle Anleger [ɪnstitutsjo'nɛlə 'anleːgər] *m/pl* institutional investor

intangible Effekte [ɪntaŋ'giːblə e'fɛktə] *m/pl* intangible stocks and bonds

Interaktionstheorie [ɪntərak'tsjoːnsteːoriː] *f* theory of interaction

Interbankensätze ['ɪntərbaŋkənsɛtsə] *m/pl* interbank rates

Interbankrate ['ɪntərbaŋkraːtə] *f* interbank rate

Interdependenz [ɪntərdeːpɛn'dɛts] *f* interdependence

Interesse [ɪntə'rɛsə] *n* interest

Interessenausgleich [ɪntə'rɛsənausglaɪç] *m* accomodation of conflicting interests

Interessengemeinschaft [ɪntə'rɛsəngəmaɪnʃaft] *f* pooling of interests, community of interests

Interessent [ɪntərɛ'sɛnt] *m* interested party

Interessenverband [intə'resənferbant] *m* interest group

Interessenwert [ɪntə'resənveːrt] *m* vested interest stock

Interimslösung ['ɪntərɪmsløːzuŋ] *f* interim solution

Internalisierung externer Effekte [ɪnternali'ziːruŋ ɛks'tɛrnər e'fɛktə] *f* internalization of external effects

International Commercial Terms (Incoterms) [ɪntər'neʃənəl kɔ'mœrʃəl 'tœrms ('ɪnkɔtœrms)] *pl* International Commercial Terms (Incoterms)

Internationale Devisenbörsen ['ɪnternatsjona:lə də'viːzənbœrzən] *f/pl* international foreign exchange markets

Internationale Entwicklungsorganisation ['ɪnternatsjona:lə ɛnt'viklunsɔrgani:zatsjo:n] *f* International Development Association *(IDA)*

Internationale Finanzierungsgesellschaft ['ɪnternatsjona:lə fi'nantsi:ruŋgəselʃaft] *f* International Finance Corporation *(IFC)*

internationale Kreditmärkte ['ɪnternatsjona:lə kre'diːtmɛrktə] *m/pl* international credit markets

internationale Liquidität ['ɪnternatsjona:lə likviditɛ:t] *f* international cash position

internationale Produkthaftung ['ɪnternatsjona:lə pro'dukthaftuŋ] *f* international product liability

Internationale Vereinigung der Wertpapierbörsen ['ɪnternatsjona:lə fər'aɪnlguŋ de:r 've:rtpapi:rbœrzən] *f* International Federation of Stock Exchanges

internationale Verschuldung ['ɪnternatsjona:lə fər'ʃulduŋ] *f* international indeptedness

Internationale Warenbörsen ['ɪnternatsjona:lə 'va:rənbœrzən] *f/pl* international commodity exchange

internationaler Frachtbrief ['ɪnternatsjona:lər 'fraxtbri:f] *f* international consignment note

internationaler Kapitalverkehr ['ɪnternatsjona:lər kapi'ta:lfərke:r] *m* international capital transactions, international capital movements

internationaler Preiszusammenhang ['ɪnternatsjona:lər 'praɪtsuzamənhaŋ] *m* international price system

internationaler Zahlungsverkehr ['ɪnternatsjona:lər 'tsa:luŋsfərke:r] *m* international payments

internationales Währungssystem ['ɪnternatsjona:ləs 've:ruŋszyste:m] *n* international monetary system

Internationalisierungsgrad ['ɪnternatsjonalizi:ruŋsgra:t] *m* level of internationalization

Internationalisierungsstrategie ['ɪnternatsjonalizi:ruŋsʃtrategi:] *f* internationalization strategy

interne Revision [ɪn'tɛrnə re:vi'zjo:n] *f* internal audit

interner Zinsfuß [ɪn'tɛrnər 'tsɪnsfu:z] *m* internal interest rate

internes Kontrollsystem (IKS) [ɪn'tɛrnəs kɔntrɔlzyste:m] *n* system of internal audits

internes Rechnungswesen [ɪn'tɛrnəs 'reçnuŋsve:zən] *n* internal accounting

internes Überwachungssystem [ɪn'tɛrnəs ybər'vaxuŋszyste:m] *n* internal supervision system

Internet-Ökonomie ['ɪntərnet-œkonomi:] *f* Internet economy

Interpolation [ɪntərpolariza'tsjo:n] *f* interpolation

intertemporaler Handel [ɪntərtempo'ra:lər 'handəl] *f* intertemporal trade

intervenieren [ɪntərven'i:rən] *v* interfere

Intervention [ɪntərven'tsjo:n] *f* intervention

Interventionskäufe [ɪntərven'tsjo:nskɔyfə] *m /pl* intervention buying

Interventionspflicht [ɪntərven'tsjo:nspflɪçt] *f* obligation to intervene

Interventionspunkte [ɪntərven'tsjo:nspuŋktə] *m/pl* intervention point

Intrahandelsstatistik ['ɪntrahandəlsʃtatɪstɪk] *f* intra-trade statistics

Intranet ['ɪntranet] *n* Intranet

intrinsische Motivation [ɪn'trɪnzɪʃə motiva'tsjo:n] *f* intrinsic motivation

Inventar [ɪnven'ta:r] *n* inventory

Inventarwert [ɪnven'ta:rve:rt] *m* inventory value

Inventur [ɪnven'tu:r] *f* stocktaking, inventory

Inventurbilanz [ɪnven'tu:rbi:lants] *f* inventory balance sheet

inverse Zinsstruktur [ɪn'vɛrzə 'tsɪnsʃtruktu:r] *f* inverse interest rate structure

investiertes Kapital [ɪnvɛs'ti:rtəs kapi'ta:l] *n* invested capital

Investition [ɪnvesti'tsjo:n] *f* investment

Investitionsbank [ɪnvesti'tsjo:nsbaŋk] *f* investment bank

investitionsfördernde Maßnahmen [ɪn-vɛsti'tsjoːnsfœrdərndə 'maːznaːmən] *f/pl* measures of investment assistance

Investitionsförderung [ɪnvɛsti'tsjoːnsfœrdəruŋ] *f* investment promotion

Investitionsgüter [ɪnvɛsti'tsjoːnsgyːtər] *n /pl* capital goods

Investitionskennzahl [ɪnvɛsti'tsjoːnskɛntsaːl] *f* investment index

Investitionskredit [ɪnvɛsti'tsjoːnskrediːt] *m* investment loan

Investitionskreditversicherung [ɪnvɛsti'tsjoːskrediːtfɛrzɪçəruŋ] *f* investment credit insurance

Investitionsobjekt [ɪnvɛsti'tsjoːnsɔpjɛkt] *n* object of capital expenditure

Investitionsplan [ɪnvɛsti'tsjoːnsplaːn] *m* investment scheme

Investitionsquote [ɪnvɛsti'tsjoːnskvotə] *f* propensity to invest

Investitionsrechnung [ɪnvɛsti'tsjoːnsreçnuŋ] *f* investment appraisal

Investitionsrisiko [ɪnvɛsti'tsjoːnsrisiko] *n* business risk

Investitionsschutz [ɪnvɛsti'tsjoːnsʃuts] *m* protection of investment

Investitionssteuer [ɪnvɛsti'tsjoːnsʃtɔyər] *f* investment tax

Investitionsverbot [ɪnvɛsti'tsjoːnsfɐrboːt] *n* prohibition of investment

Investitionszulage [ɪnvɛsti'tsjoːnstsuːlaːgə] *f* investment grant

Investmentanteil [ɪn'vɛstmentantaɪl] *m* investment share

Investmentbank [ɪn'vɛstmentbaŋk] *f* investment bank

Investmentgesellschaft [ɪnvɛstmentgəzɛlʃaft] *f* investment company

Investmentzertifikat [ɪn'vɛstmenttsertifikaːt] *n* investment certificate

Irrtum vorbehalten ['ɪrtuːm fɔrbəhaltən] *adj* errors excepted

Irrtümer und Auslassungen vorbehalten (E. & O.E.) ['ɪrtyːmər unt 'auslasuŋən 'vɔrbəhaltən] *adj* errors and omissions excepted (E. & O.E.)

ISO-Normen ['iːzo-nɔrmən] *f/pl* ISO standards

Istanalyse ['ɪstanalyzə] *f* analysis of actual performance

Istkosten ['ɪstkɔstən] *pl* actual costs

Istkostenrechnung ['ɪstkɔstənreçnuŋ] *f* actual cost system

Istzahlen ['ɪsttsaːlən] *f/pl* actual figures

Jahresabschluss ['jaːrəsapʃlus] *m* annual accounts, year-end results

Jahresabschlussprüfung ['jaːrəsapʃluspryːfuŋ] *f* annual audit

Jahresarbeitsvertrag ['jaːrəsarbaɪtsvɐrtraːg] *m* one-year contract of employment

Jahresbedarf ['jaːrəsbədarf] *m* annual need

Jahresbilanz ['jaːrəsbiːlants] *f* annual balance sheet

Jahreseinkommen ['jaːrəsaɪnkɔmən] *n* annual income

Jahresfehlbetrag [jaːrəs'feːlbətraːg] *m* net loss for the year

Jahresfixum ['jaːrəsfɪksum] *n* fixed annual salary

Jahresgewinn ['jaːrəsgəvɪn] *m* annual profits

Jahresgutachten ['jaːrəsguːtaxtən] *n* annual report

Jahreshauptversammlung [jaːrəs'hauptfɐrzamluŋ] *f* annual general meeting

Jahresüberschuss ['jaːrəsyːbərʃus] *m* annual surplus

Jahreswirtschaftericht [jaːrəs'vɪrtʃaftsbərɪçt] *m* Annual Economic Report

jährlich ['jeːrlɪç] *adj* annual

Job Enlargement ['tʃɔp ɪn'lartʃment] *n* job enlargement

Job Enrichment ['tʃɔp ɪn'rɪtʃment] *n* job enrichment

Job Evaluation ['tʃɔp ivɛljueɪʃən] *f* job evaluation

Job Killer ['tʃɔp 'kɪlər] *m* job killer

Job Rotation ['tʃɔp rota'tsjoːn/ro'teɪʃən] *f* job rotation

Job Sharing ['tʃɔp 'ʃɛːrɪŋ] *n* job sharing

Jobber ['tʃɔbər] *m* jobber

Joint Venture ['tʃɔynt 'vɛntʃər] *n* joint venture

Journal [ʒurnaːl] *n* journal

Jubiläumsverkauf [juːbi'lɛːumsfɐrkauf] *m* anniversary sales

Jugendarbeitsschutz [jugənd'arbaɪtsʃuts] *m* youth employment protection

Jugendvertretung ['juːgəndfɛrtreːtuŋ] *f* youth representatives

junge Aktien [jŋgə 'aktsiːən] *f/pl* new shares

Jungscheinverkehr ['juŋʃaɪnfɐrkeːr] *m* new issue giro transfer system

juristische Person [ju'rɪstɪʃə per'soːn] *f* legal person, legal entity

Just in time [tʃast ɪn taɪm] *adj* just in time

K

Kabotage [kabɔ'taːʒ(ə)] *f* cabotage

Kaduzierung [kadu'tsiːruŋ] *f* forfeiture of shares, exclusion of defaulting shareholders

Kahlpfändung ['kaːlpfɛnduŋ] *f* seizure of all the debtor's goods

Kaizen [kaɪ'tsɛn] *n* kaizen

Kalenderjahr [ka'lɛndərjaːr] *n* calendar year

Kalkulationszinssatz [kalkula'tsjoːnstsɪnszats] *m* calculation interest rate

kalkulatorische Kosten [kalkula'toːrɪʃə 'kɔstən] *pl* implicit costs

Kammer ['kaːmər] *f 1. (Handels~)* chamber; *2. (Gericht)* court division

Kampfpreis ['kampfpraɪs] *m* cut rate price

Kanban-System [kan'baːn-zysteːm] *n* canban system

Kannkaufmann ['kankaufman] *m* merchant, undertaking entitled, but not obliged, to be entered on the Commercial Register

Kapitalabfindung [kapi'taːlapfɪnduŋ] *f* lump sum settlement

Kapitalabfluss [kapi'taːlapflus] *m* capital outflows

Kapitalakkumulation [kapi'taːlakumula'tsjoːn] *f* accumulation of capital

Kapitalallokation [kapi'taːlalokatsjoːn] *f* allocation of capital

Kapitalanalyse [kapi'taːlanalyzə] *f* capital analysis

Kapitalangebot [kapi'taːlangəboːt] *n* supply of capital

Kapitalanlagegesellschaft [kapita'lʔanleːgəgəsɛlʃaft] *f* capital investment company

Kapitalanlagegesetz [kapi'taːlanla:gəgəsɛts] *n* capital investment law

Kapitalanlegearten [kapi'taːlanleːgəartən] *f/pl* types of capital investment

Kapitalanteil [kapi'taːlantaɪl] *m* capital share

Kapitalausfuhr [kapi'taːlausfuːr] *f* export of capital

Kapitalausstattung [kapi'taːlauzstatuŋ] *f* capital resources

Kapitalbasis [kapi'taːlbaːzis] *f* capital base

Kapitalbedarf [kapi'taːlbədarf] *m* capital requirements, funding needs

Kapitalbedarfsrechnung [kapi'taːlbedarfsrɛçnuŋ] *f* capital requirement calculation

Kapitalbeschaffung [kapi'taːlbəʃafuŋ] *f* procurement of capital

Kapitalbestand [kapi'taːlbəʃtant] *m* total capital stock

Kapitalbeteiligung [kapi'taːlbətaɪliguŋ] *f* equity participation

Kapitalbewegungen [kapi'taːlbəveːguŋ] *f/pl* capital movements

Kapitalbilanz [kapi'taːlbiːlants] *f* balance of capital transactions

Kapitalbildung [kapi'taːlbɪlduŋ] *f* formation of capital

Kapitalbindung [kapi'taːlbɪnduŋ] *f* capital tie-up

Kapitalbindungsdauer [kapi'taːlbɪnduŋsdauər] *f* duration of capital tie-up

Kapitaldienst [kapi'taːldiːnst] *m* service of capital, debt service

Kapitaleinkommen [kapi'taːlaɪnkɔmən] *n* unearned income

Kapitalerhaltung [kapi'taːlɛrhaltuŋ] *f* maintenance of capital

Kapitalerhöhung [kapi'taːlɛrhøːjuŋ] *f* increase of capital

Kapitalertrag [kapi'taːlɛrtraːg] *m* return on capital, capital yield

Kapitalexport [kapi'taːlɛkspɔrt] *m* capital export, export of capital

Kapitalfehlleitung [kapi'taːlfeːlaɪtuŋ] *f* misguided investment

Kapitalfluss [kapi'taːlflus] *m* capital flow, flow of funds

Kapitalflussrechnung [kapi'taːlflusrɛçnuŋ] *f* funds statement

Kapitalfonds [kapi'taːlfɔ̃] *m* capital fund

Kapitalförderungsvertrag [kapi'taːlfœrdəruŋsvərtraːk] *m* capital encouragement treaty

Kapitalfreisetzung [kapi'taːlfraɪzɛtsuŋ] *f* liberation of capital

Kapitalherabsetzung [kapi'taːlhərapzɛtsuŋ] *f* capital reduction

Kapitalhilfe [kapi'taːlhɪlfə] *f* capital aid

Kapitalimport [kapi'taːlɪmpɔrt] *m* capital import

Kapitalisierung [kapi'taːliziːruŋ] *f* capitalization

Kapitalkonto [kapi'taːlkɔnto] *n* capital account

Kapitalkonzentration [kapi'ta:lkɔntsən-tratsjo:n] *f* concentration of capital

Kapitalkosten [kapi'ta:lkɔstən] *pl* cost of capital, cost of borrowed funds

Kapitalmarkt [kapi'ta:lmarkt] *m* capital market

Kapitalmarkteffizienz [kapi'ta:lmarktɛfi-tsjɛnts] *f* capital market efficiency

Kapitalmarktförderungsgesetz [kapi-'ta:lmarktsfœrdəruŋsɡəsɛts] *n* Capital Market Encouragement Law

Kapitalmarktforschung [kapi'ta:lmarkt-fɔrʃuŋ] *f* capital market research

Kapitalmarktkommission [kapi'ta:l-marktkɔmisjo:n] *f* capital market committee

Kapitalmarktzins [kapi'ta:lmarktsins] *m* capital market interest rate

Kapitalmehrheit [kapi'ta:lme:rhaɪt] *f* capital majority

Kapitalproduktivität [kapi'ta:lproduktivi-tɛ:t] *f* productivity of capital

Kapitalrendite [kapi'ta:lrɛndi:tə] *f* return on investment

Kapitalrentabilität [kapi'ta:lrɛntabilitɛ:t] *f* return on investment, return on capital employed, earning power of capital employed

Kapitalrücklage [kapi'ta:lrykla:ɡə] *f* capital reserves

Kapitalsammelstelle [kapi'ta:lzaməlʃtɛ-lə] *f* institutional investors

Kapitalsammlungsverträge [kapi'ta:l-zamluŋsfɛrtrɛ:ɡə] *m/pl* contracts on capital collecting

Kapitalschutz [kapi'ta:lʃuts] *m* capital protection

Kapitalschutzvertrag [kapi'ta:lʃutsfɛr-tra:ɡ] *m* capital protection agreement

Kapitalumschlag [kapi'ta:lumʃla:k] *m* capital turnover

Kapitalverkehrssteuer [kapi'ta:lfɛrhe:rs-ʃtɔyər] *f* capital transaction tax

Kapitalvermögen [kapi'ta:lfɛrmø:ɡən] *n* capital assets

Kapitalverwässerung [kapi'ta:lfɛrwɛsə-ruŋ] *f* watering of capital stock

Kapitalwert [kapi'ta:lve:rt] *m* capital value, net present value

Kapitalzins [kapi'ta:ltsins] *m* interest on capital

Karenzentschädigung [ka'rɛntsɛntʃɛ:di-ɡuŋ] *f* compensation paid for the period of prohibition of competition

Karenzzeit [ka'rɛntstsaɪt] *f* cooling period, qualifying period

Kartellgesetz [kar'tɛlɡəsɛts] *n* Cartel Act, Cartel Law

Kartellregister [kar'tɛlrəɡɪstər] *n* Federal Cartel Register

Kaskadensteuer [kas'ka:dənʃtɔyər] *f* cascade tax

Kassadevisen ['kasadevɪsən] *f/pl* spot exchange

Kassageschäft ['kasaɡəʃɛft] *n* cash transactions, cash bargain

Kassakurs ['kasakurs] *m* spot price

Kassamarkt ['kasamarkt] *m* spot market

Kassenbuch ['kasənbu:x] *n* cash book

Kassenhaltung ['kasənhaltuŋ] *f* cash accountancy

Kassenkredite ['kasənkredi:tə] *m/pl* cash credit, cash advance

Kassenkurs ['kasənkurs] *m* spot price

Kassenobligationen ['kasənɔbliɡatsjo:n] *f* medium-term bonds

Kassenverstärkungskredit [kasənfɛrʃtɛr-kuŋskredi:t] *m* cash lending

Kassenzettel ['kasəntsɛtəl] *m* receipt

Katalogkauf [kata'lo:ɡkauf] *m* catalog-based purchase

Kataster [ka'tastər] *m* cadaster

Kauf auf Probe [kauf auf 'pro:bə] *m* sale on approval

Kauf gegen Vorauszahlung [kauf ɡeɡən fɔr'austsa:luŋ] *m* purchase against cash in advance

Kaufentscheidung ['kaufɛntʃaɪduŋ] *f* decision to purchase

Käufermarkt [kɔyfərmarkt] *m* buyer's market, loose market

Käuferprovision ['kɔyfərprovisjo:n] *f* buyer's commission

Käuferwanderung ['kɔyfərvandəruŋ] *f* migration of buyers

Kaufkraftanalyse ['kaufkraftanaly:zə] *f* analysis of purchasing power

Kaufkraftelastizität ['kaufkraftelastitsi-tɛ:t] *f* elasticity of purchasing power

Kaufkraftparität ['kaufkraftpa:ritɛ:t] *f* purchasing power parity

Kaufkredit ['kaufkredi:t] *m* purchasing credit, loan to finance purchases

kaufmännische Orderpapiere ['kauf-mɛniʃə 'ɔrdərpapi:rə] *n/pl* commercial instruments to order

kaufmännische Vorsicht ['kaufmɛniʃə 'fɔrziçt] *f* prudence of a businessman

kaufmännischer Angestellter ['kauf-mɛniʃər 'angəʃtɛltər] *m* clerk

Kaufoption ['kaufɔptsjoːn] f call option

Kaufvertrag ['kaufvɛr'traːk] m sales contract, purchase contract

Kaufverhalten ['kaufførhaltən] n purchase pattern

Kautionseffekten [kau'tsjoːnsefɛktən] f/pl guarantee securities

keine Beschädigung (f.o.d.) ['kaɪnə bə-'ʃeːdiɡuŋ] adj free of damage (f. o. d.)

Kellerwechsel ['kɛlərvɛksəl] m fictitious bill, windmill

Kennzahl ['kɛntsaːl] f code number

Kennzeichnungsverordnung ['kɛntsaɪç-nuŋsførɔrdnuŋ] f labeling provisions

Kernarbeitszeit ['kɛrnarbaɪtsaɪt] f core time

Key-Account-Manager ['kiː-əkaunt-'mɛ-nɛtʃər] m key account manager

Kiste ['kɪstə] f crate

Klage ['klaːɡə] f (Recht) action, lawsuit, process in law

Klageschrift ['klaːɡəʃpɪft] f statement of claim

Kleinaktie ['klaɪnaktsjə] f share with low par value

Kleinaktionär ['klaɪnaktsjonɛːr] m small shareholder

Kleinbetrieb ['klaɪnbətriːp] m small business

Kleincontainer ['klaɪnkɔnteːnər] m small container

Kleinkredit ['klaɪnkrediːt] m small personal loan, loan for personal use

Kleinpreisgeschäft ['klaɪnpraɪzɡəʃɛft] n low-price store

Kleinsparer ['klaɪnʃpaːrər] m small saver

Kleinstücke ['klaɪnʃtykə] n/pl fractional amount

Knappschaftsversicherung ['knapʃafts-førziçəruŋ] f miners' social insurance system

Knebelungsvertrag ['kneːbəluŋsførtraːk] m oppressive contract, adhesion contract

Know-how [noː-'hau] n know-how

Kolchose [kɔl'çoːzə] f kolchose, collective farm

Kollektion [kɔlɛk'tsjon] f collection

Kollektivarbeitsrecht [kɔlɛk'tiːfaːrbaɪts-rɛçt] n collective labor law

Kollektivgüter [kɔlɛk'tiːfɡyːtər] n/pl collective goods

Kollektivsparen [kɔlɛk'tiːfʃpaːrən] n collective saving

Kommanditaktionär [kɔman'ditaktsjoː-nɛːr] m limited liability shareholder

Kommanditgesellschaft (KG) [kɔman-'ditɡəzɛlʃaft(ka'geː)] f limited commercial partnership

Kommanditgesellschaft auf Aktien (KgaA) [kɔman'ditɡəzɛlʃaft auf 'aktsjən] f partnership limited by shares

Kommanditist [kɔmandi'tɪst] m limited partner

Kommissionär [kɔmkɔmɪsjo'nɛːr] m commission agent

Kommissionsgeschäft [kpmɪs'joːnsɡə-ʃɛft] n commission business

Kommissionshandel [kɔmɪs'joːnshandəl] m commission trade

Kommissionslager [kɔmɪs'joːnslaːɡər] n consignment stock

Kommissionstratte [kɔmɪs'joːnstratə] f bill of exchange drawn for third-party account

Kommunalanleihen [kɔmu'naːlənlaɪhən] f/pl local authority loan

Kommunalbank [kɔmu'naːlbaŋk] f local authorities bank

Kommunaldarlehen [kɔmu'naːldarleːən] n loan granted to a local authority

kommunale Wirtschaftsförderung ['kɔ-munaːle 'vɪrtʃaftsfœrdəruŋ] f municipal measures to spur the economy

Kommunalkredit [kɔmu'naːlkrediːt] m credit granted to a local authority

Kommunalobligation [ɪpmu'naːlɔbligats-joːn] f local bond

Kommunalwirtschaft [kɔmu'naːlvɪrtʃaft] f municipal economy

Kommunikationsmittel [kɔmunɪka'tsjoːns-mɪtəl] n communication facilities

Kommunikationspolitik [kɔmunɪka'tsjoːns-politiːk] f communications policy

Kompensation [kɔmpɛnza'tsjoːn] f compensation

Kompensationsgeschäft [kɔmpɛnza-'tsjoːnsɡəʃɛft] n barter transaction, offset transaction

Kompensationskurs [kɔɔnza'tsjoːnskurs] m making-up price

Kompensationssteuer [kɔmpɛnza'tsjoːns-ʃtɔyər] f offset tax

kompensatorische Kosten [kɔmpɛnza-'toːrɪʃə 'kɔstən] pl offsetting costs

kompensierte Valuta [kɔmpən'ziːrtə va-'luːta] f value compensated

Komplementär [kɔmpləmɛnteːr] m general partner

komplementäre Güter [kɔmpləmɛn'tɛːrə 'ɡyːtər] n/pl complementary goods, joint goods

Konditionenkartell [kɔndi'tsjoːnskartɛl] *n* condition cartel

Konferenz [kɔnfər'ɛnts] *f* conference

Konglomerat [kɔŋgləmə'raːt] *n* conglomerate group

Konjunktur [kɔnjuŋk'tuːr] *f* economic cycle, business cycle

Konjunkturanalyse [kɔnjuŋk'tuːranalyːzə] *f* economic analysis

Konjunkturausgleichsrücklage [kɔnjuŋktuːr'ausglaiçsrykla:gə] *f* anticyclical reserve

Konjunkturbarometer [kɔnjuŋk'tuːrbarəmeːtər] *n* business barometer

Konjunkturbelebung [kɔnjuŋk'tuːrbəle:buŋ] *f* economic upturn

konjunkturelle Arbeitslosigkeit ['kɔnjuŋkturelə 'arbaitslo:ziçkait] *f* cyclical unemployment

Konjunkturentwicklung [kɔnjuŋk'tuːrentvikluŋ] *f* economic trend

Konjunkturphasen [kɔnjuŋk'tuːrfasən] *f/pl* phases of business cycles

Konjunkturpolitik [kɔnjuŋk'tuːrpoliti:k] *f* economic policy

Konjunkturzyklus [kɔnjuŋk'tuːrtsy:klus] *m* business cycle

Konkurrenz [kɔnku'rɛnts] *f* competition

Konkurrenzanalyse [kpnku'rɛntsanaly:zə] *f* analysis of competitors

Konkurrenzfirma [kɔnku'rɛntsfirma] *f* competing firm

Konkurrenzunternehmen [kɔnku'rɛntsuntɐrne:mən] *n* competitor

Konkursantrag [kɔn'kursantra:k] *m* bankruptcy petition

Konkursausfallgeld [kɔnkurs'ausfalgɛlt] *n* payment of net earnings for three months prior to start of bankruptcy proceedings

Konkurilanz [kɔn'kurilants] *f* statement of bankrupt's assets and liabilities

Konkursdelikt [kɔn'kursdelikt] *m* bankruptcy offence

Konkursgericht [kɔn'kursgəriçt] *n* bankruptcy court

Konkursgläubiger [kɔn'kursgləybigər] *m* bankrupt's creditor

Konkursordnung [ɪɔn'kursɔrdnuŋ] *f* Bankruptcy Act

Konkursquote [kɔn'kurskvo:tə] *f* dividend in bankruptcy

Konnossement (B/L) [kɔnɔsə'mɛnt] *n* bill of lading (B/L)

Konsignatar [kɔnzɪgna'taːr] *m* consignee

Konsignationslager [kɔnzɪgna'tsjoːnslaːgər] *n* consignment stock

konsolidierte Bilanz [kɔnzoli'diːrtə bi'lants] *f* consolidated balance sheet

Konsortialabteilung [kɔnzɔr'tsjaːlaptaɪluŋ] *f* syndicate department

Konsortialgeschäft [kɔnzɔr'tsjaːlgəʃɛft] *n* syndicate transaction

Konsortialkredit [kɔnsɔr'tsjaːlkrediːt] *m* syndicated credit

Konsulatsfaktura [kɔnzu'laːtsfaktuːra] *f* consular invoice

Konsumentenkredit [kɔnzu'mɛntənkrediːt] *m* consumer credit

Konsumerismus [kɔnzumə'rismus] *m* consumerism

Konsumfinanzierung [kɔn'zuːmfinantsiːruŋ] *f* consumption financing

Konsumgenossenschaft [kɔn'zuːmgənɔsənʃaft] *f* consumer cooperative

Konsumkredit [kɔn'zuːmkrediːt] *m* consumer credit

Konsumquote [kɔn'zuːmkvoːtə] *f* propensity to consume

Kontakthäufigkeit [kɔn'takthɔyfiçkait] *f* frequency of contact

Kontenkalkulation ['kɔntənkalkulatsjoːn] *f* account costing

Kontennummerierung ['kɔntənuməriːruŋ] *f* account numbering

Kontenplan ['kɔntənplaːn] *m* chart of accounts

Kontenrahmen ['kɔntənraːmən] *m* standard form of accounts

Kontingent [kɔntɪŋ'gɛnt] *n* quota

Kontingentierung [kɔntɪŋgɛn'tiːruŋ] *f* fixing of a quota

Konto ['kɔnto] *n* account

Kontoauszug ['kɔntoaustsuːk] *m* statement of account

Kontoeröffnung ['kɔntoɛrœfnuŋ] *f* opening of an account

Kontoführung ['kɔntofyːruŋ] *f* keeping of an account

Kontogebühren ['kɔntogəbyːrən] *f/pl* bank charges

Kontokorrent [kɔntokɔ'rɛnt] *n* current account

Kontokorrentkonto [kɔntokɔ'rɛntkɔnto] *n* current account

Kontokorrentkredit [kɔntokɔ'rɛntkrediːt] *m* current account credit

Kontoüberziehung ['kɔntoyːbərtsiːuŋ] *f* overdraft of an account

Kontovollmacht ['kɔntofɔlmaxt] *f* power to draw on an account

Kontrahierung [kɔntra'hiːruŋ] *f* contraction

Kontrahierungszwang [kɔntra'hiːruŋstsvaŋ] *m* obligation to contract

Kontraktgüter [kɔn'traktgyːtər] *n/pl* contract goods

Kontrollmitteilung [kɔn'trɔlmɪtaɪluŋ] *f* tracer note

Kontrollspanne [kɔn'trɔlʃpanə] *f* span of control

Konvertibilität [kɔnvɛrtibili'tɛːt] *f* convertibility

Konvertierung [kɔnvɛr'tiːruŋ] *f* conversion

Konzentration [kɔntsɛntra'tsjoːn] *f* concentration

Konzernabschluss [kɔn'tsɛrnapʃlus] *m* consolidated financial statement

Konzernanhang [kɔn'tsɛrnanhaŋ] *m* notes to consolidated financial statements

Konzernaufträge [kɔn'tsɛrnauftraːg] *m/pl* group orders

Konzernbilanz [kɔn'tsɛrnbilants] *f* group balance sheet

konzernintern [kɔn'tsɛrnintɛrn] *adj* intercompany, intragroup

Konzernzwischengewinn [kɔntsɛrn'tsviʃəngəvɪn] *m* group interim benefits

konzertierte Aktion [kɔntsɛr'tiːrtə ak'tsjoːn] *f* „concerted action"

Konzertzeichnung [kɔn'tsɛrttsaɪçnuŋ] *f* stagging

Kooperationsdarlehen [koɔpəra'tsjoːnsdaːrleːən] *n* cooperation loan

Kopfsteuer ['kɔpfʃtɔyər] *f* per capita tax

Koppelproduktion ['kɔpəlproduktsjoːn] *f* lied production

Korbwährung ['kɔrpvɛːruŋ] *f* basket currency

Körperschaftsteuer ['kœrpərʃaftsʃtɔyər] *f* corporation tax

Korrelation [korəla'tsjoːn] *f* correlation

Korrespondenzbank [korəspɔn'dɛntsbaŋk] *f* correspondent bank

korrigieren [kɔri'giːrən] *v* correct, rectify, remedy

Kosten und Fracht (c. & f.) ['kɔstən unt 'fraxt] cost and freight (c. & f.)

Kosten und Versicherung (c. & i.) ['kɔstən unt fər'zɪçəruŋ] cost, insurance (c. & i.)

Kosten, Versicherung, Fracht eingeschlossen (c.i.f.) ['kɔsən, fər'zɪçəruŋ, fraxt 'aɪngəʃlɔsən] cost, insurance, freight (c. i. f.)

Kosten, Versicherung, Fracht und Kommission eingeschlossen (c.i.f. & c.) ['kɔsən, fər'zɪçəruŋ, fraxt unt kɔmɪ'sjoːn 'aɪngəʃlɔsən] cost, insurance, freight, commission (c. i. f. & c.)

Kosten, Versicherung, Fracht, Kommission und Zinsen (c.i.f.c.& i.) ['kɔstən, fər'zɪçəruŋ, fraxt, kɔmɪ'sjoːn unt 'tsɪnzən] cost, insurance, freight, commission, interest (c. i. f. c. & i.)

Kostenart ['kɔstənaːrt] *f* cost type

Kostendämpfung ['kɔstəndɛmpfuŋ] *f* combating rising costs

Kostendeckung ['kɔstəndɛkuŋ] *f* cost recovery

Kostendruck ['kɔstəndruk] *f* cost pressure

Kostenexplosion ['kɔstəneksplozjoːn] *f* cost escalation

Kostenfaktor ['kɔstənfaktoːr] *m* cost factor

kostenfrei (f.o.c.) ['kɔstənfraɪ] *adj* free of charge (f. o. c.)

Kostenminimierung ['kɔstənmɪnimiːruŋ] *f* minimisation of costs

Kosten-Nutzen-Analyse ['kɔstən'nutsənanaly:zə] *f* cost-benefit analysis

Kostenplan ['kɔstənplaːn] *m* cost schedule

Kostenrechnung ['kɔstənrɛçnuŋ] *f* statement of costs

Kostenremanenz ['kɔstənrəmanɛnts] *f* lagged adjustment of variable costs

Kostensenkung ['kɔstənzɛŋkuŋ] *f* cost reduction

Kostenstelle ['kɔstənʃtɛlə] *f* cost (accounting) centre

Kostenträger ['kɔstəntrɛːgər] *m* paying authority, cost unit

Kostenverrechnung ['kɔstənfərɛçnuŋ] *f* cost allocation

Kotierung ['koti:ruŋ] *f* admission of shares to official quotation

Kraftfahrzeug ['kraftfaːrtsɔyk] *n* motor vehicle

Kreditabteilung [kre'diːtaptaɪluŋ] *f* credit department

Kreditaktie [kre'diːtaktsjə] *f* credit share

Kreditakzept [kre'diːtaktsɛpt] *n* financial acceptance

Kreditaufnahmeverbot [kre'diːtaufnaːməfɛrboːt] *n* prohibition of raising of credits

Kreditaufsicht [kre'diːtaufzɪçt] *f* state supervision of credit institutions

Kreditauftrag [kre'diːtauftraːk] *m* credit-extending instruction

Kreditauskunft [kreˈdiːtauskunft] f credit information, banker's reference *(UK)*

Kreditausschuss [kreˈdiːtausʃus] m credit committee

Kreditausweitung [kreˈdiːtausvaɪtuŋ] f expansion of credit

Kreditbedarf [kreˈdiːtbədarf] m credit demand

Kreditbrief (L/C) [kreˈdiːtbriːf] m letter of credit *(L/C)*

Krediteröffnungsvertrag [kreˈdiːtɛrœfnuŋsvertraːk] m credit agreement

Kreditfähigkeit [kreˈdiːtfɛːiçkaɪt] f financial standing

Kreditfazilität [kreˈdiːtfatsil.iteːt] f credit facilities

Kreditfinanzierung [kreˈdiːtfinantsiːruŋ] f financing by way of credit

Kreditfrist [kreˈdiːtfrɪst] f credit period

Kreditgarantie [kreˈdiːtgaːrantiː] f credit guarantee

Kreditgefährdung [kreˈdiːtgəfɛːrduŋ] f endangering the credit of a person or a firm

Kreditgeld [kreˈdiːtgɛlt] n credit money

Kreditgenossenschaft [kreˈdiːtgənɔsənʃaft] f credit cooperative

Kreditgeschäft [kreˈdiːtgəʃɛft] n credit business

Kreditgewinnabgabe [kreˈdiːtgəˈvɪnapgaːbə] f debts profit levy

Kreditinflation [kreˈdiːtɪnflatsjoːn] f credit inflation

Kreditkarte [kreˈdiːtkartə] f credit card

Kreditkartei [kreˈdiːtkartaɪ] f borrowing customers' card index

Kreditkauf [kreˈdiːtkauf] m credit purchase

Kreditkontrolle [kreˈdiːtkɔntrɔlə] f credit control

Kreditkosten [kreˈdiːtkɔstən] pl cost of credit

Kreditkultur [kreˈdiːtkultuːr] f credit culture

Kreditlaufzeit [kreˈdiːtlauftsaɪt] f duration of credit

Kreditleihe [kreˈdiːtlaɪə] f loan of credit

Kreditlimit [kreˈdiːtlɪmɪt] n borrowing limit, credit limit

Kreditlinie [kreˈdiːtliːnjə] f credit line

Kreditmarkt [kreˈdiːtmarkt] m money and capital market

Kreditnehmer [kreˈdiːtneːmər] m borrower

Kreditoren [krediˈtoːrən] m/pl creditors

Kreditorenbuchhaltung [krediˈtoːrənbuːxhaltuŋ] f accounts payable department

Kreditplafond [kreˈdiːtplafɔ̃] m credit ceiling

Kreditplafondierung [kreˈdiːtplafɔ̃diːruŋ] f credit limitation

Kreditpolitik [kreˈdiːtpolitiːk] f credit policy

Kreditprovision [kreˈdiːtprovizjoːn] f credit commission

Kreditprüfung [kreˈdiːtpryːfuŋ] f credit status investigation

Kreditprüfungsblätter [kreˈdiːtpryːfuŋsblɛtər] n/pl credit checking sheets

Kreditrahmen [kreˈdiːtraːmən] m credit margin, credit facilities

Kreditrestriktion [kreˈdiːtrestrɪktsjoːn] f credit restriction

Kreditrisiko [kreˈdiːtriziko.] n credit risk

Kreditschöpfung [kreˈdiːtʃœpfuŋ] f creation of credit

Kreditschutz [kreˈdiːtʃuts] m protection of credit

Kreditsicherheit [kreˈdiːtzɪçərhaɪt] f security of credit

Kreditsicherung [kreˈdiːtzɪçəruŋ] f safeguarding of credit

Kreditspritze [kreˈdiːtʃprɪtsə] f injection of credit

Kreditstatus [kreˈdiːtʃtaːtus] m credit standing

Kredittranche [kreˈdiːttrɱʃ(ə)] f credit tranche

Kreditvermittler [kreˈdiːtfərmɪtlər] m money broker

Kreditvermittlung [kreˈdiːtfərmɪtluŋ] f arranging for a credit

Kreditversicherung [kreˈdiːtfərzɪçəruŋ] f credit insurance

Kreditvertrag [kreˈdiːtfərtraːk] m credit agreement

Kreditvolumen [kreˈdiːtvoːluːmən] n total credit outstanding

Kreditwesen [kreˈdiːtveːzən] n credit system

Kreditwesengesetz [kreˈdiːtveːzəngəzɛts] n Banking Law

Kreditwürdigkeit [kreˈdiːtvyrdiçkaɪt] f creditworthiness

Kreditzinsen [kreˈdiːttsɪnsən] pl interest on borrowings, loan interest

Kreditzusage [kreˈdiːttsuzaːgə] f promise of credit

Kreuzparität [ˈkrɔytsparitɛːt] f cross rate

Kriegsanleihe [ˈkriːksanlaɪhə] f war loan

krisenfest [ˈkriːzənfɛst] adj crisis-proof

Krisenstimmung ['kriːzənʃtɪmuŋ] ƒ crisis feeling

kritische Erfolgsfaktoren ['kritɪʃə ɛr-'fɔlksfaktoːrən] *m/pl* critical factors of performance

krummer Auftrag ['krumər 'auftraːk] *m* uneven order

Kulisse [ku'lɪsə] ƒ unofficial stock market

Kulissenwert [ku'lɪsənveːrt] *m* quotation on the unofficial market

kumulative Dividende ['kumulativə divi-'dɛndə] ƒ cumulative dividend

Kumulierungsverbot [kumu'liːruŋsfərboːt] *n* rule against accumulation

kündbar ['kyntbaːr] *adj* redeemable

Kundenauftrag ['kundənauftraːk] *m* customer's order

Kundenberatung ['kundənbɛraːtuŋ] ƒ consumer advice

Kundengeschäft ['kundəngəʃɛft] *n* transactions for third account

Kundenkalkulation ['kundənkalkula-'tsjoːn] ƒ customer costing

Kundennummer ['kundənumər] ƒ customer's reference number

Kundenstamm ['kundənʃtam] *m* regular customers

Kündigungsgeld ['kyndɪguŋsgɛlt] *n* deposit at notice

Kündigungsgrundschuld ['kyndɪguŋsgruntʃult] *n* land charge not repayable until called

Kündigungshypothek ['kyndɪguŋshypɔ-teːk] ƒ mortgage loan repayable after having been duly called

Kündigungssperrfrist ['kyndɪguŋsʃpɛrfrɪst] ƒ non-calling period

Kundschaft ['kuntʃaft] ƒ clientele

Kundschaftskredit ['kuntʃaftskrediːt] *m* customers' credit

Kuponbogen [ku'pɔ̃boːgən] *m* coupon sheet

Kuponkasse [ku'pɔ̃kasə] ƒ coupon collection department

Kuponkurs [ku'pɔ̃kurs] *m* coupon price

Kuponmarkt [ku'pɔ̃markt] *m* coupon market

Kuponsteuer [ku'pɔ̃ʃtɔyər] ƒ coupon tax

Kuppelprodukte ['kupəlproduktə] *n/pl* complementary products

Kur [kuːr] ƒ cure

Kurantmünze [ku'rantmyntsə] ƒ specie

Kuratorium [kura'toːrjum] *n* board of trustees

Kursanzeige ['kursantsaɪgə] ƒ quotation

Kurlatt ['kurlat] *n* stock exchange list

Kursfestsetzung ['kursfɛstzɛtsuŋ] ƒ fixing of prices

Kursgewinn ['kursgəwɪn] *m* stock price gain, exchange profit, market profit

Kurs-Gewinn-Verhältnis [kursgə'vɪnfərhɛltnɪs] *n* price-earnings ratio

Kursindex ['kursɪndɛks] *m* stock exchange index

Kursintervention ['kursɪntərvɛntsjoːn] ƒ price intervention

Kurslimit ['kurslɪmɪt] *n* price limit

Kursmakler ['kursmaːklər] *m* stock broker

Kursnotierung ['kursnɔtiːruŋ] ƒ quotation of prices

Kursparität ['kurspariːɛːt] ƒ parity of rates

Kurspflege ['kurspfleːgə] ƒ price nursing

Kursregulierung ['kursreguliːruŋ] ƒ price regulation

Kursrisiko ['kursriːziko] *n* price risk

Kursspanne ['kursʃpanə] ƒ difference between purchase and hedging price

Kurssprung ['kursʃpruŋ] *m* jump in prices

Kurssteigerung ['kursʃtaɪgəruŋ] ƒ price advance

Kursstreichung ['kursʃtraɪçuŋ] ƒ nonquotation

Kursstützung ['kursʃtytsuŋ] ƒ price pegging

Kursvergleich ['kursfərglaɪç] *m* comparison of prices

Kursverlust ['kursfərlust] *m* loss on stock prices

Kursverwässerung ['kursfərvɛsəruŋ] ƒ price watering

Kurszettel ['kurstsɛtəl] *m* stock exchange list

Kurszusammenbruch ['kurstsuzamənbrux] *m* collapse of prices

Kurszusätze ['kurstsuːzɛtsə] *m/pl* notes appended to quotation

Kurtage [kur'taːʒ(ə)] ƒ courtage

kurzfristige Erfolgsrechnung ['kurtsfrɪstɪçə ɛr'fɔlksrɛçnuŋ] ƒ monthly income statement

kurzfristiger Kredit ['kutsfrɪstɪçər kre-'diːt] *m* short-term credit

Kurzindossament ['kurtsɪndɔsament] *n* short-form endorsement

Küstengewässer ['kystəngəvɛsər] *n/pl* coastal waters

Kux ['kuks] *m* mining share

Kybernetik [kybər'neːtɪk] ƒ cybernetics

L

Labor [laˈboːr] *n* laboratory

Lack [lak] *m* varnish, lacquer

Ladebühne [ˈlaːdəbyːnə] *f* loading platform, elevating platform

Ladefläche [ˈlaːdəflɛçə] *f* loading surface

Ladegebühren [ˈlaːdəgəbyːrən] *f/pl* loading charges

laden [ˈlaːdən] *v irr* 1. *(LKW, Schiff)* load; 2. *(Batterie)* charge; 3. *(vor Gericht)* summon, cite

Laden [ˈlaːdən] *m* shop

Ladenöffnungszeiten [ˈlaːdənœfnuŋstsaɪtən] *f/pl* shop hours

Ladenpreis [ˈlaːdənpraɪs] *m* retail price

Ladenschluss [ˈlaːdənʃlus] *m* closing time

Ladenschlussgesetz [ˈlaːdənʃlusgəzɛts] *n* Shop Closing Hours Law

Ladeplatz [ˈlaːdəplats] *m* loading area

Laderaum [ˈlaːdəraum] *m* loading space

Ladeschein [ˈlaːdəʃaɪn] *m* bill of lading

Ladung [ˈlaːduŋ] *f* 1. load, cargo, freight; 2. *(elektrische ~)* charge, amount of electricity; 3. *(am Gericht)* summons

Lagebericht [ˈlaːgəbərɪçt] *m* status report; annual report

Lager [ˈlaːgər] *n (Warenlager)* store, stock, inventory, warehouse; *auf ~ haben* have in store

Lagerbestand [ˈlaːgərbəʃtant] *m* stock, goods in stock, stock on hand

Lagerbuchführung [ˈlaːgərbuːxfyːruŋ] *f* inventory accounting

Lagerempfangsschein (D/W) [laːgərɛmˈpfaŋsʃaɪn] *m* warehouse receipt

Lagerhalle [ˈlaːgərhalə] *f* warehouse

Lagerhaltung [ˈlaːgərhaltuŋ] *f* stockkeeping, warehousing

Lagerhaus [ˈlaːgərhaus] *n* warehouse

Lagerkosten [ˈlaːgərkɔstən] *pl* storage cost

Lagerkapazität [ˈlaːgərkapatsitɛːt] *f* storage capacity

Lagerist [ˈlaːgərɪst] *m* stockkeeper, stockroom clerk, storekeeper

Lagermiete [ˈlaːgərmiːtə] *f* warehouse rent

lagern [ˈlaːgərn] *v* store, stock, put in storage

Lagerplatz [ˈlaːgərplats] *m* depot

Lagerraum [ˈlaːgəraum] *m* storage space

Lagerschein [ˈlaːgərʃaɪn] *m* warehouse warrant

Lagerung [ˈlaːgəruŋ] *f* storage, storing, warehousing

Lagerverwaltung [ˈlaːgərfɛrvaltuŋ] *f* stock kipping

lancieren [lɑ̃ˈsiːrən] *v* launch (a product)

Länderrisiko [ˈlɛndərriːziko] *n* country risk

Landesbank [ˈlanəsbaŋk] *f* regional bank

Landesgrenze [ˈlandəsgrɛntsə] *f* national border, frontier

landesüblich [ˈlandəsyːplɪç] *adj* common in the country, normal for the country

Landeswährung [ˈlandəsvɛːruŋ] *f* national currency

Landeszentralbank (LZB) [landəstsɛn-ˈtraːlbaŋk] *f* land central bank

Landweg [ˈlantveːk] *m auf dem ~* overland

Landwirtschaft [ˈlantvɪrtʃaft] *f* agriculture, farming

landwirtschaftlich [ˈlantvɪrtʃaftlɪç] *adj* agricultural, farming

Landwirtschaftsbrief [ˈlantvɪrtʃaftsbriːf] *m* agricultural mortgage bond

Landwirtschaftskredit [ˈlantvɪrtʃaftskre-diːt] *m* agricultural loan

lange Sicht [ˈlaŋə ˈzɪçt] *f* long run

Längenmaße [ˈlɛŋənmaːsə] *n/pl* linear measures

langfristig [ˈlaŋfrɪstɪç] *adj* long-term

langfristige Einlagen [ˈlaŋfrɪstɪgə ˈaɪn-laːgən] *f/pl* long-term deposits

langfristiger Kredit [ˈlaŋfrɪstɪgər kreˈdiːt] *m* long-term credit

Langzeitarbeitslose(r) [ˈlaŋtsaɪtarbaɪts-loːzə(r)] *m/f* long-term unemployed person

Laptop [ˈlæpˈtɔp] *m* laptop

Lärmbekämpfung [ˈlɛrmbəkɛmpfuŋ] *f* noise control, sound-level control

Lärmbelästigung [ˈlɛrmbəlɛstɪguŋ] *f* noise pollution

Lärmpegel [ˈlɛrmpeːgəl] *m* noise level

Lärmschutz [ˈlɛrmʃuts] *m* noise protection

Laserdrucker [ˈleɪzərdrukər] *m* laser printer

Lasertechnik [ˈleɪzərtɛçnɪk] *f* laser technology

Lasten [ˈlast] *pl (finanzielle Belastungen)* expense, costs

Lastenaufzug [ˈlastənauftsuːk] *m* goods lift, freight elevator *(US)*

Lastenausgleich ['lastənausglaɪç] *m* equalization of burdens

Lastenausgleichsbank ['lastənausglaɪçsbaŋk] *f* equalization of burdens bank

Lastenausgleichsfonds ['lastənausglaɪçsfɔ:] *m* Equalization of Burdens Fund

Lastkraftwagen ['lastkraftva:gən] *m (LKW)* lorry *(UK)*, truck *(US)*

Lastschrift ['lastʃrɪft] *f* debit entry

Lastschrifteinzugsverfahren [lastrɪft'aɪntsu:ksfɛrfa:rən] *n* direct debiting

Lastschriftkarte ['lastʃrɪftkartə] *f* debit card

Lastschriftverkehr ['lastʃrɪftfɛrke:r] *m* direct debiting transactions

Lastwagen ['lastva:gən] *m* lorry *(UK)*, truck *(US)*

Lastzug ['lasttsu:k] *m* pulley

latente Steuern [la'tɛntə 'ʃtɔyərn] *f/pl* deferred taxes

Laufbahn ['laufba:n] *f (fig)* career

laufende Rechnung ['laufəndə 'rɛçnuŋ] *f* current account

Laufkundschaft ['laufkuntʃaft] *f* walk-in business

Laufwerk ['laufvɛrk] *n* drive

Laufzeit ['lauftsaɪt] *f* term, duration, life

Laufzeitfonds ['lauftsaitfɔ:s] *m/pl* term funds

Lean Management ['li:n 'mænɪdʒmənt] *n* lean management

leasen ['li:zən] *v* lease

Leasing ['li:zɪŋ] *n* leasing

Leasing-Geber [li:zɪŋ'ge:bər] *m* lessor

Leasing-Nehmer [li:zɪŋ'ne:mər] *m* lessee

Leasing-Rate ['li:zɪŋra:tə] *f* leasing payment

Leasing-Vertrag ['li:zɪŋfɛrtra:k] *m* leasing contract

Lebensbedingungen ['le:bənsbədɪŋuŋən] *pl* living conditions, standard of living

Lebensdauer [le:bənsdauər] *f* life

Lebenshaltungskosten ['le:bənshaltuŋskɔstən] *pl* cost of living

Lebenslauf [le:bənslauf] *m* curriculum vitae

Lebensmittel ['le:bənsmɪtəl] *n (als Kaufware)* groceries

Lebensmittelgesetz ['le:bənsmɪtəlgəzɛts] *n* Law on food processing and distribution

Lebensqualität ['le:bənskvali'tɛ:t] *f* quality of life

Lebensstandard ['le:bənsʃtandart] *m* standard of living

Lebensversicherung ['le:bənsfɛrzɪçəruŋ] *f* life assurance

Lebenszyklus eines Produkts ['le:bənstsy:klus 'aɪnəs pro'dukts] *m* life cycle of a product

Leeraktie ['le:raktsjə] *f* corporate share not fully paid up

Leerfracht (d.f.) ['le:rfraxt] *f* dead freight *(d.f.)*

Leergewicht ['le:rgəvɪçt] *n* unloaded weight, tare weight

Leerlauf ['le:rlauf] *m (Motor, Maschine)* neutral, idle running

Leerpackung ['le:rpakuŋ] *f* empty package

Leerposition ['le:rpozitsjo:n] *f* bear selling position

Leerstelle ['le:rʃtelə] *f* space

Leerverkauf ['le:rfɛrkauf] *m* forward sale, bear selling

Leerwechsel ['le:rvɛksəl] *m* finance bill

legal [le'ga:l] *adj* legal, legitimate

Legat [le'ga:t] *n (Vermächtnis)* legacy

Legitimation [legitima'tsjo:n] *f* proof of identity

Legitimationspapiere [legitimatsjo:ns'papi:rə] *pl* title-evidencing instrument

Lehre ['le:rə] *f (Ausbildung)* apprenticeship

Lehrgang ['le:rgaŋ] *m* course, class, training course

Lehrling ['le:rlɪŋ] *m* apprentice

Lehrstelle ['le:rʃtelə] *f* apprenticeship place

leichte Papiere ['laɪçtə 'papi:rə] *n/pl* low-priced securities

Leichtlohngruppen ['laɪçtlo:ngrupən] *f/pl* bottom wage groups

Leihanstalt ['laɪanʃtalt] *f* pawnshop

Leiharbeit ['laɪarbaɪt] *f* casual labour

Leihkapital ['laɪkapita:l] *n* debt capital

Leihwagen ['laɪva:gən] *m* hired car

Leihzins ['laɪtsɪns] *m* interest rate on a loan

Leistung ['laɪstuŋ] *f* 1. performance, achievement; 2. *(technisch)* power, capacity, output

Leistungsbereitschaft ['laɪstuŋsbəraitʃaft] *f* 1. *(Produktion)* readiness to operate 2. *(Personal)* willingness to achieve

Leistungsbilanz ['laɪstuŋsbilants] *f* balance of goods and services

leistungsfähig ['laɪstuŋsfɛ:ɪç] *adj* efficient, capable, productive

Leistungsfähigkeit ['laɪstuŋsfɛ:ɪçkait] *f* efficiency

Leistungsgarantie ['laɪstuŋsgaranti:] *f* performance guarantee

Leistungslohn ['laɪstuŋslo:n] *m* piece rate

leistungsorientiert ['laɪstuŋsorjɛntiːrt] *adj* performance-oriented

Leistungsorientierung ['laɪstuŋsorjɛntiːruŋ] *f* performance-orientation

Leistungssteigerung increase in efficiency

Leistungssteigerung ['laɪstuŋsʃtaɪgəruŋ] *f* increase in efficiency

Leistungstiefe ['laɪstuŋstiːfə] *f* performance depth

leiten ['laɪtən] *v* 1. *(führen)* lead; 2. *(lenken)* guide, direct, conduct; 3. *(technisch)* conduct, transmit

leitend ['laɪtənt] *adj* managing; *~e Angestellte* executive

leitende(r) Angestellte(r) ['laɪtəndə(r) 'angəʃtɛltə(r)] *m/f* executive employee; management employee

Leiter(in) ['laɪtər(ɪn)] *m/f* 1. *(Vorgesetzte(r))* head, director, manager; 2. *(technisch)* conductor

Leitkurs ['laɪtkurs] *m* central rate

Leitung ['laɪtuŋ] *f* 1. *(Geschäftsleitung)* management; 2. *(Rohrleitung)* pipeline; 3. *(Kabel)* wire, line

Leitwährung ['laɪtvɛruŋ] *f* key currency

Leitzins ['laɪttsɪns] *m* base rate, key rate

Lernkurve ['lɛrnkurvə] *f* learning curve

Letter of intent ['lɛtə əv ɪn'tɛnt] *m* letter of intent

Leumund ['lɔymunt] *m* reputation

Leumundszeugnis ['lɔymuntstsɔyknɪs] *n* certificate of good character, character reference

Leveraged Buyout (LBO) ['liːvərɪdʒt 'baɪaut] *m* leveraged buyout

Leverage-Effekt ['liːvərɪdʒ 'ɛfɛkt] *m* leverage effect

liberalisieren [liberaliˈziːrən] *v* liberalize foreign trade, decontrol

Liberalisierung [liberaliˈziːruŋ] *f* liberalization of foreign trade

Libor-Anleihen ['liːbor'anlaɪən] *f/pl* Libor loans

Lieferant [lifəˈrant] *m* supplier

Lieferantenkredit [lifəˈrantənkrediːt] *m* supplier's credit

lieferbar ['liːfərbaːr] *adj* available

lieferbares Wertpapier ['liːfərbaːrəs 'veːrtpapiːr] *n* deliverable security

Lieferbarkeitsbescheinigung ['liːfərbaːrkaɪtsbəʃaɪnɪguŋ] *f* certificate of good delivery

Lieferbedingung ['liːfərbədɪŋuŋ] *f* terms of delivery, terms and conditions of sale

Lieferfirma ['liːfərfɪrma] *f* supplier

Lieferfrist ['liːfərfɪst] *f* time for delivery, deadline for delivery

Liefergarantie ['liːfərgarantiː] *f* guarantee of delivery

Lieferklausel ['liːfərklauzəl] *f* delivery clause, commercial term

Lieferkonto ['liːfərkɔnto] *n* accounts payable

liefern ['liːfərn] *v* supply, deliver, provide

Lieferschein ['liːfərʃaɪn] *m* delivery note

Liefertermin ['liːfərtɛrmiːn] *m* date of delivery

Lieferung ['liːfəruŋ] *f* delivery, supply

Lieferung gegen Nachnahme ['liːfəruŋ 'geːgən 'naːxnaːmə] *f* cash on delivery

Lieferungsverzögerung ['liːfəruŋsfɛrtsœːgəruŋ] *f* delay in delivery

Liefervertrag ['liːfərfɛrtraːk] *m* supply contract

Lieferverzug ['liːfərfɛrtsuːk] *m* default of delivery

Lieferwagen ['liːfərvaːgən] *m* van

Lieferzeit ['liːfərtsaɪt] *f* 1. *(Zeitraum)* delivery period; 2. *(Termin)* delivery deadline

Liegenschaften ['liːgənʃaftən] *pl* real estate, property

Lifo (last in – first out) ['liːfoː] last in – first out (lifo)

Limit ['lɪmɪt] *n (Beschränkung)* limit, ceiling

limitieren [lɪmɪˈtiːrən] *v (beschränken)* put a limit on

limitierte Dividende [limiˈtiːrtə diviˈdɛndə] *f* limited dividend

lineare Abschreibung [lineˈarə 'apʃraɪbuŋ] *f* linear depreciation

lineares Wachstum [lineˈarəs 'vakstuːm] *n* linear growth

Linienflug ['liːnjənfluːk] *m* scheduled flight

Linienverkehr ['liːnjənferkeːr] *m* scheduled service, regular traffic

Liquidation [lɪkvɪdaˈtsjoːn] *f* liquidation, winding-up (UK)

Liquidationsauszahlungskurs [likvidaˈtsjoːnsaustsaːluŋskurs] *m* liquidation out-payment rate

Liquidationsbilanz [likvidaˈtsjoːnsbilanz] *f* liquidation balance sheet, winding-up balance sheet

Liquidationserlös [likvidaˈtsjoːnserløːs] *m* remaining assets after liquidation

Liquidationsgebühr [likvidaˈtsjoːnsgəbyːr] *f* liquidation fee

Liquidationskurs [likvidaˈtsjoːnskurs] *m* making-up price

Liquidationsrate [likvida'tsjo:nsra:tə] *f* liquidating dividend

Liquidationstermin [likvida'tsjo:nstɛrmi:n] *m* pay day

Liquidationsüberschuss [likvida'tsjo:nsy:bərʃus] *m* realization profit

Liquidationsvergleich [likvida'tsjo:nsfɛrglaɪç] *m* liquidation-type composition

Liquidator [likvi'da:to:r] *m* liquidator

liquide [li'kvi:də] *adj* liquid, solvent, flush with cash

liquidieren [lɪkvɪ'di:rən] *v* liquidate, wind up *(UK)*

Liquidität [lɪkvɪdi'tɛ:t] *f* 1. *(Zahlungsfähigkeit)* liquidity, solvency; 2. *(Zahlungsmittel)* liquid assets

Liquiditätsanleihe [likvidi'tɛ:tsanlaɪə] *f* liquidity loan

Liquiditätsengpass [likvidi'tɛ:tsɛŋpas] *m* liquidity squeeze

Liquiditätsgrad [likvidi'tɛ:tsgra:t] *m* liquidity ratio

Liquiditätskonsortialbank [likvidi'tɛ:tskonzorts'ja:lbaŋk] *f* liquidity syndicate bank

Liquiditätspapier [likvidi'tɛ:tspapi:r] *n* liquidity papers *pl*

Liquiditätsquote [likvidi'tɛ:tskvo:tə] *f* liquidity ratio

Liquiditätsreserve [likvidi'tɛ:tsrezɛrvə] *f* liquidity reserves

Liquiditätsrisiko [likvidi'tɛ:tsri:ziko] *n* liquidity risk

Liquiditätsstatus [likvidi'tɛ:tsʃta.tus] *m* liquidity status

Liquiditätstheorie [likvidi'tɛ:tsteori:] *f* liquidity theory

Listenpreis ['lɪstənpraɪs] *m* list price

Liter ['li:tər] *m* litre *(UK)*, liter *(US)*

Lizenz [li'tsɛnts] *f* licence, license *(US)*

Lizenzgeber [li'tsɛntsge:bər] *m* licencer

Lizenzgebühr [li'tsɛntsgəby:r] *f* royalty, licence fee

Lizenznehmer [li'tsɛntsne:mər] *m* licencee

Lizenzvertrag [li'tsɛntsfɛrtra:k] *m* licence agreement

Lobby ['lɔbi] *f* lobby, pressure group

Logistik [lo'gɪstɪk] *f* logistics *pl*

logistisch [lo'gɪstɪʃ] *adj* logistic, logistical

Logo ['lo:go] *n* logo, logograph

Lohn [lo:n] *m (Bezahlung)* wage(s), pay, earnings

Lohnausgleich ['lo:nausglaɪç] *m* levelling of wages, cost of living adjustment, wage adjustment

Lohnbuchhaltung ['lo:nbu:xhaltuŋ] *f (Lohnbuchführung)* payroll accounting; *(Betriebsabteilung)* payroll department

Lohnempfänger ['lo:nɛmpfɛŋər] *m* wage earner

Lohnerhöhung ['lo:nɛrhø:uŋ] *f* pay increase, wage increase, pay raise *(US)*

Lohnforderung ['lo:nfɔrdəruŋ] *f* wage claim, pay claim

Lohnfortzahlung ['lo:nfɔrttsa:luŋ] *f (im Krankheitsfall)* sick pay, continuing payment of wages

lohnintensiv ['lo:nɪntɛnzi:f] *adj* wageintensive, main power intensive

Lohnkosten ['lo:nkɔstən] *pl* labour costs, payload, costs incurred in wages

Lohnkürzung ['lo:nkyrtsuŋ] *f* pay cut

Lohnnebenkosten ['lo:nne:bənkɔstən] *pl* incidental labour costs, nonwage labour costs

Lohnniveau ['lo:nnivo:] *n* average wage, going rate of pay

Lohnpolitik ['lo:npoliti:k] *f* wages policy

Lohn-Preis-Spirale ['lo:n'praɪsʃpira:lə] *f* wage-price spiral

Lohnrunde ['lo:nrundə] *f* pay round

Lohnsteuer ['lo:nʃtɔyər] *f* wage tax, withholding tax

Lohnsteuerkarte ['lo:nʃtɔyərkartə] *f* tax card

Lohnsteuerklasse ['lo:nʃtɔyərklasə] *f* wage tax class

Lohnstopp ['lo:nʃtɔp] *m* wage freeze

Lohnstreifen ['lo:nʃtraɪfən] *m* payroll

Lohnvereinbarung ['lo:nfɛraɪnba:ruŋ] *f* wage agreement

Lokalbörse [lo'ka:lbœrzə] *f* local stock exchange

Lokalpapier [lo'ka:lpapi:r] *n* security only traded on a regional stock

Lokalmarkt [lo'ka:lmarkt] *m (Börse)* local stocks

Lokaltermin [lo'ka:ltɛrmi:n] *m* hearing at the locus in quo, on-the-spot investigation

Lokogeschäft [lo:'kogəʃɛft] *n* spot transaction

Lombard ['lɔmbart] *m/n* collateral holdings

Lombarddepot ['lɔmbartdepo:] *n* collateral deposit

Lombardeffekten ['lɔmbartɛfɛktən] *pl* securities serving as collateral

Lombardfähigkeit ['lɔmbartfɛ:ɪçkaɪt] *f* acceptability as collateral

Lombardgeschäft ['lɔmbartgəʃɛft] *n* collateral loan business

Lombardkredit ['lɔmbartkrediːt] *m* advance against securities, collateral credit

Lombardsatz ['lɔmbartzats] *m* lombard rate, bank rate ofr loans on securities

Lombardverzeichnis ['lɔmbartfɛrtsaɪçnɪs] *n* list of securities eligible as collateral

Lombardzinsfuß ['lɔmbarttsɪnsfuːs] *m* lending rate

Loroguthaben ['loːroguːthaːbən] *n* loro balance

Lorokonto ['loːrokɔnto] *n* loro account

löschen ['lœʃən] *v 1. (Fracht)* unload; *2. (Daten)* delete, erase

Löschgebühren ['lœʃgəbyːr] *f/pl* discharging expenses

Löschtaste ['lœʃtastə] *f* delete key

Löschung ['lœʃuŋ] *f* cancellation

Löschungsvormerkung ['lœʃuŋsvoːrmerkuŋ] *f* delete reservation

Loseblattausgabe [loːzə'blat'ausgaːbə] *f* loose-leaf edition

Losgröße ['loːsgrøːsə] *f (Statistik)* lot size, *(Produktion) batch size*

Loskurs ['loːskurs] *m* lottery quotation

Losnummer ['loːsnumər] *f (Produktion)* lot number

Lotterieanleihen [lɔtə'riːanlaɪən] *f* lottery bonds

loyal [loˈjaːl] *adj* loyal, staunch

Loyalität [lojaːlɪˈtɛːt] *f* loyalty

Lückenanalyse ['lykənanalyːzə] *f* gap analysis

Luftfracht ['luftfraxt] *f* air freight

Luftfrachtbrief ['luftfraxtbriːf] *m* airwaybill

Luftpost ['luftpɔst] *f* air mail

Luftverschmutzung ['luftfɛrʃmutsuŋ] *f* air pollution

lukrativ [lukraˈtiːf] *adj* lucrative, profitable

Luxusgüter ['luksusgyːtər] *n/pl* luxury goods, luxuries

Luxussteuer ['luksusʃtɔyər] *f* luxury tax

M

Magazin [maga'tsi:n] *n (Lager)* warehouse, storehouse, stacker

magisches Vieleck ['ma:gɪʃəs 'fi:lɛk] *n* magic polygon

Mahnbescheid ['ma:nbəʃaɪt] *m* court notice to pay a debt

Mahnbrief ['ma:nbri:f] *m* reminder

mahnen ['ma:nən] *v* 1. *(warnen)* admonish, warn; 2. *(auffordern)* urge

Mahngebühr ['ma:ngəby:r] *f* dunning charge, reminder fee

Mahnschreiben ['ma:nʃraɪbən] *n* reminder, letter demanding payment

Mahnung ['ma:nuŋ] *f* demand for payment, reminder

Mahnverfahren ['ma:nfɛrfa:rən] *n* summary proceedings for debt recovery

Mailbox ['meɪlbɔks] *f* mailbox

Majorisierung [majori'zi:ruŋ] *f* holding of the majority

Majoritätskäufe [majori'tɛ:tskɔyfə] *m/pl* buying of shares to secure the controlling interest in a company

Makler ['ma:klər] *m* broker

Maklerbank ['ma:klərbaŋk] *f* brokerage bank

Maklerbuch ['ma:klərbu:x] *n* broker's journal

Maklergebühr ['ma:klərgəby:r] *f* broker's commission

Maklerordnung ['ma:klərɔrdnuŋ] *f* brokers' code of conduct

Makroökonomie ['makroøkonomi:] *f* macroeconomics

Management ['mɛnɛdʒmənt] *n* management

Managementinformationssystem ['mænɪdʒməntɪnfɔrma'tsjɔːnszyste:m] *n* management information system

Manager [mɛnɪdʒər] *m* manager

Mandant [man'dant] *m* client

Mandat [man'da:t] *n* authorization, brief, retainer

Mangel ['maŋəl] *m* 1. *(Fehlen)* lack, deficiency, want; 2. *(Fehler)* defect, shortcoming, fault

Mängelanzeige ['mɛŋlantsaɪgə] *f* notice of defect

mangelfrei ['maŋlfraɪ] *adj* free of defects

mangelhaft ['maŋəlhaft] *adj* 1. *(unvollständig)* lacking, deficient, imperfect; 2. *(fehlerhaft)* defective, faulty

Mängelrüge ['mɛŋgəlry:gə] *f* complaint letter, notification of a defective product

Mangelware ['maŋəlva:rə] *f* product in short supply

manipulierte Währung [manipu'li:rtə 'vɛːruŋ] *f* managed currency

Manko ['maŋko] *n (Fehlbetrag)* deficit

Mantel ['mantl] *m (zur einer Aktie)* share certificate

Manteltarif ['mantəltari:f] *m* industry-wide collective agreement

Manteltarifvertrag [mantlta'ri:ffɛrtra:k] *m* basic collective agreement

Manteltresor ['mantltrezo:r] *m* bond and share

manuell [manu'ɛl] *adj* manual; *adv* manually

Manufaktur [manufak'tu:r] *f* manufactory

Marge ['marʒə] *f* margin

Marginalwert [margi'na:lvɛrt] *m* marginal value

Marke ['markə] *f* brand, mark, trademark

Markenartikel ['markənartɪkəl] *m* name brand, trade-registered article

Markenfamilie ['markəntamɪːljə] *f* brand family

Markenname ['markənna:mə] *m* brand name, proprietary label

Markenschutz ['markənʃuts] *m* trademark protection, protection of proprietary rights

Markentreue ['markəntrɔyə] *f* brand name loyalty, brand insistence

Markenwechsel ['markənvɛksəl] *m* brand switching

Markenzeichen ['markəntsaɪçən] *n* trademark, brand figure

Marketing ['markətɪŋ] *n* marketing

Marketingabteilung ['markətɪŋaptaɪluŋ] *f* marketing department

Marketingberater(in) ['markətɪŋbəra:tər(ɪn)] *m/f* marketing consultant

Marketingkonzept ['markətɪŋkɔntsɛpt] *n* marketing concept

Marketing-Mix ['markətɪŋmiks] *m* mixture of marketing strategies

Markt ['markt] *m* market, marketplace

Marktanalyse ['marktanaly:zə] f market analysis

Marktanpassung ['marktanpasuŋ] f market adjustment

Marktanteil ['marktantaɪl] m share of the market, market share

Marktbeherrschung ['marktbəherʃuŋ] f market dominance

Marktbeobachtung [marktbə'o:baxtuŋ] f observation of markets

Marktdurchdringung [marktdurç'drɪŋuŋ] f market penetration

Markteintrittsbarrieren ['marktaɪntritsbarjeːrən] f/pl barriers to entry

Marktergebnis ['marktɛrgeːpnɪs] n market performance

Markterschließung ['marktɛrʃliːsuŋ] f opening of new

marktfähig ['marktfɛːiç] adj marketable

Marktform ['marktfɔrm] f market form

Marktforschung ['marktfɔrʃuŋ] f market research

Marktforschungsinstitut ['marktfɔrʃuŋsinstituːt] n market research institute

Marktführer ['marktfyːrər] m market leader

Marktlage ['marktlaːgə] f state of the market, market situation

Marktlücke ['marktlykə] f market niche, market gap

Marktmacht ['marktmaxt] f market power

Marktordnung ['marktɔrdnuŋ] f market organization

Marktposition ['marktpozitsjoːn] f market position

Marktpotenzial ['marktpotɛntsjaːl] n market potential

Marktpreis ['marktpraɪs] m market price

marktreif ['marktraɪf] adj ready for the market, fully developed, market ripe

Marktsättigung ['marktzɛtɪguŋ] f market saturation

Marktschwankung ['marktʃvaŋkuŋ] f market fluctuation

Marktsegmentierung ['marktzɛgmentiːruŋ] f market segmentation

Marktstruktur ['marktʃtruktuːr] f market structure

Markttest ['markttɛst] m acceptance test

Markttransparenz ['markttransparɛnts] f transparency of the market

marktüblicher Zins ['marktyːpliçər 'tsɪns] m interest rate customary in the market

Marktuntersuchung ['marktuntərzuːxuŋ] f market survey

Marktvolumen ['marktvoluːmən] n market volume

Marktwert ['marktveːrt] m fair market value, commercial value

Marktwirtschaft ['marktvɪrtʃaft] f free market economy, free enterprise economy

Marktzins ['markttsɪns] m market rate of interest

Maschine [ma'ʃiːnə] f machine

maschinell [maʃi'nel] adj mechanical; adv mechanically

Maschinenbau [ma'ʃiːnənbau] m mechanical engineering

maschinenlesbar [ma'ʃiːnənleːsbaːr] adj machine-readable

Maschinenschaden [ma'ʃiːnənʃaːdən] m engine trouble, engine failure

Maschinenschlosser [ma'ʃiːnənʃlɔsər] m mechanic, fitter

Maschinenversicherung [ma'ʃiːnənferziçəruŋ] f machine insurance

Maß [maːs] n measure

Maßarbeit ['maːsarbaɪt] f work made to measure

Mass-Customization ['mæs kastəmaɪ'zeɪʃən] f mass customization

Massegläubiger ['masəglɔybigər] m preferential creditor

Maßeinheit ['maːsaɪnhaɪt] f unit of measurement

Massenarbeitslosigkeit ['masənarbaɪtsloːzɪçkaɪt] f mass unemployment

Massenartikel ['masənartɪkəl] m high-volume product, mass-produced article

Massenentlassung ['masənentlasuŋ] f mass dismissal, layoff

Massenfabrikation ['masənfabrikatsjoːn] f mass production

Massenfertigung ['masnfɛrtiguŋ] f mass production

Massenfilialbetrieb [masn'filiaːlbətriːp] m large-scale chain operation

Massengüter ['masngyːtər] n/pl bulk goods, commodities

Massenkommunikation ['masnkɔmunikatsjoːn] f mass communication

maßgefertigt ['maːsgəfertɪçt] adj manufactured to measure

Maßstab ['maːsʃtaːp] m 1. criterion; 2. yardstick

Master of Business Administration (MBA) ['maːstər əv 'bɪznəs ədmɪnə'streɪʃən] m Master of Business Administration (MBA)

Material [mate'rja:l] *n* material
Materialaufwand [mate'rja:laufvant] *m* expenditure for material
Materialbuchhaltung [mate'rja:lbu:xhaltuŋ] *f* inventory accounting
Materialfehler [mate'rja:lfe:lər] *m* defect in the material
Materialkosten [mate'rja:lkɔstən] *pl* material costs
Matrix ['ma:trɪks] *f* matrix
Matrix-Organisation ['ma:tɪksɔrganizatsjo:n] *f* matrix organization
Maus ['maus] *f (EDV)* mouse
Mautgebühr ['mautgəby:r] *f* toll
Maximalgewicht [maksi'ma:lgəvɪçt] *n* maximum weight
Maximierung ['maksimi:ruŋ] *f* maximization
Maximum ['maksimum] *n* maximum
Mechaniker [me'ça:nɪkər] *m* mechanic
mechanisch [me'ça:nɪʃ] *adj* mechanical
mechanisieren [meçani'zi:rən] *v* mechanize
Mechanisierung [meçani'zi:ruŋ] *f* mechanization
Mediaplanung ['me:djapla:nuŋ] *f* media planning
Megabyte ['megabaɪt] *n* megabyte
Megatonne ['megatɔnə] *f* megaton
Mehrarbeit ['me:rarbaɪt] *f* additional work, overtime
Mehraufwand ['me:raufvant] *m* additional expenditure, additional expenses
Mehreinnahme ['me:raɪnna:mə] *f* additional receipt, additional income
Mehrfachfertigung ['me:rfaxfertɪguŋ] *f* multiple-process production
Mehrheitsbeschluss ['me:rhaɪtsbəʃlus] *m* majority decision
Mehrheitsbeteiligung ['me:rhaɪtsbətaɪlɪguŋ] *f* majority interest
Mehrkosten ['me:rkɔstən] *pl* additional costs
Mehrlieferung ['me:rli:fəruŋ] *f* additional delivery
Mehrlinienorganisation ['me:rli:njənɔrganisatjo:n] *f* multiple-line organization
Mehrproduktunternehmen ['me:rproduktuntərne:mən] *n* multi-product company
mehrstellig ['me:rʃtelɪç] *adj (Zahlen)* multi-digit
Mehrstimmrecht ['me:rʃtɪmənrext] *n* multiple voting right
Mehrstimmrechtsaktie ['me:rʃtɪmextsaktsjə] *f* multiple voting share

Mehrwegverpackung ['me:rve:kfɛrpakuŋ] *f* two-way package
Mehrwert ['me:rve:rt] *m* value added
Mehrwertsteuer ['me:rvɛrtʃtɔyər] *f* value-added tax
Meineid ['maɪnaɪt] *m* perjury
Meinung ['maɪnuŋ] *f* opinion
Meinungsforschung ['maɪnuŋsfɔrʃuŋ] *f* public opinion research
Meinungsführer ['maɪnuŋsfy:rər] *m* opinion leader
Meinungskäufe ['maɪnuŋskɔyfə] *m/pl* speculative buying
Meistbegünstigung ['maɪstbəgynstɪguŋ] *f* most-favoured nation treatment
Meistbegünstigungsklausel ['maɪstbəgynstɪguŋsklauzl] *f* most-favoured nation clause
meistbietend ['maɪstbi:tənt] *adj* highest-bidding
Meister ['maɪstər] *m (Handwerker)* master craftsman, foreman
Meisterbetrieb ['maɪstərbətri:p] *m* master craftsman's business
Meisterbrief ['maɪstərbri:f] *m* master craftsman's diploma
Meisterprüfung ['maɪstərpry:fuŋ] *f* master craftsman qualifying examination
Meldebehörde ['mɛldəbəhœrdə] *f* registration office
Meldebestand ['mɛldəbəʃtant] *m* reordering quantity, reorder point
Meldefrist ['mɛldəfrɪst] *f* registration deadline
melden ['mɛldən] *v* 1. *(mitteilen)* report; 2. *(ankündigen)* announce; 3. *(anmelden)* register; 4. *(am Telefon) sich ~* answer
Meldepflicht ['mɛldəpflɪçt] *f* obligation to register, compulsory registration, duty to report
meldepflichtig ['mɛldəpflɪçtɪç] *adj* required to register
Menge ['mɛŋə] *f (bestimmte Anzahl)* amount, quantity
Mengenabschreibung ['mɛŋənapʃraɪbuŋ] *f* production-method of depreciation
Mengenangabe ['mɛŋənanga:bə] *f* statement of quantity
Mengenkontingent ['mɛŋənkɔntɪngent] *n* quantity quota
Mengenkurs ['mɛŋənkurs] *m* direct exchange
Mengennotierung ['mɛŋənnoti:ruŋ] *f* indirect quotation, indirect method of quoting foreign exchange

Mengenrabatt ['mɛŋənrabat] *m* quantity discount, bulk discount, volume discount

Mengenzoll ['mɛŋəntsɔl] *m* quantitative tariff

Menschenführung ['mɛnʃənfy:ruŋ] *f* leadership, management

Mergers & Acquisitions (M & A) ['mɛ:dʒərs ən ækvɪ'zɪʃəns] *pl* mergers & acquisitions

Merkantilismus [mɛrkanti'lɪsmus] *m* mercantile system

Merkposten ['mɛrkpɔstn] *m* memorandum item

messbar ['mɛsba:r] *adj* measurable

Messdaten ['mɛsda:tən] *pl* measurements

Messe ['mɛsə] *f (Ausstellung)* fair, trade show

Messebesucher ['mɛsəbəzu:xər] *m* visitor to the fair, visitor to the trade show

Messegelände ['mɛsəgəlɛndə] *n* exhibition grounds

Messestand ['mɛsəʃtant] *m* booth at a trade show

Messtechnik ['mɛsteçnɪk] *f* measuring technology

Messung ['mɛsuŋ] *f* measuring

Messwert ['mɛsve:rt] *m* measured value, reading

Metallarbeiter [me'talarbaitər] *m* metalworker

Metallbörse [me'talbœrzə] *f* Metal Exchange

Metalldeckung [me'taldekuŋ] *f* metal cover

Metallgeld [me'talgɛlt] *n* metallic money

Metallindustrie [me'talɪndustri:] *f* metalworking industry

Metallwährung [me'talvɛ:ruŋ] *f* metallic currency

Meter ['me:tər] *m* metre *(UK)*, meter *(US)*

Miete ['mi:tə] *f* rent, lease, tenancy

mieten ['mi:tən] *v* rent, hire

Mieter(in) ['mi:tər(ɪn)] *m/f* tenant

Mietkauf ['mi:tkauf] *m* lease with option to purchase

Mietpreis ['mi:tprais] *m* rent

Mietpreisbindung ['mi:tpreisbɪnduŋ] *f* rent control

Mietspiegel ['mi:tʃpi:gəl] *m* representative list of rents

Mietverlängerungsoption ['mi:tfɛrlɛŋəruŋsɔptsjo:n] *f* lease renewal option

Mietvertrag ['mi:tfɛrtra:k] *m* tenancy agreement, lease

Mietwagen ['mi:tva:gən] *m* hire car, rented car

Mietwucher ['mi:tvu:xər] *m* exorbitant rent

Mietzins ['mi:ttsɪns] *m* rent

Mikrochip ['mi:krotʃɪp] *m* microchip

Mikrocomputer ['mikrokɔmpju:tər] *m* microcomputer

Mikroelektronik [mi:kroelɛk'tro:nɪk] *f* microelectronics

Mikrofiche ['mi:krofɪʃ] *m/n* microfiche

Mikrofilm ['mi:krofɪlm] *m* microfilm

Mikroökonomie ['mikroøkonomi:] *f* microeconomics

Mikroprozessor [mi:kropro'tsɛsɔr] *m* microprocessor

Milliarde [mɪl'jardə] *f* thousand millions *(UK)*, billion *(US)*

Milligramm ['mɪligram] *n* milligramme, milligram

Milliliter ['mɪlili:tər] *m* millilitre *(UK)*, milliliter *(US)*

Millimeter [mili'me:tər] *m* millimetre

Million [mɪl'jo:n] *f* million

Minderkaufmann ['mɪndərkaufman] *m* small trader

Minderlieferung ['mɪndərli:fəruŋ] *f* short delivery, short shipment

mindern ['mɪndərn] *v (verringern)* diminish, lessen, reduce

Minderung ['mɪndəruŋ] *f* reduction, diminishing

minderwertig ['mɪndərve:rtɪç] *adj* inferior, substandard

Mindestabnahme ['mɪndəstapna:mə] *f* minimum purchase quantity

Mindestbestellmenge ['mɪndəstbəʃtɛlmɛŋə] *f* minimum quantity order

Mindestbetrag ['mɪndəstbətra:k] *m* minimum amount

Mindesteinfuhrpreise ['mɪndəstainfu:rpraizə] *m/pl* minimum import price

Mindesteinlage ['mɪndəstainla:gə] *f* minimum investment

Mindestfracht ['mɪndəstfra:xt] *f* minimum freight rate

Mindestgebot ['mɪndəstgəbo:t] *n* minimum bid

Mindesthöhe ['mɪndəsthø:ə] *f* minimum amount

Mindestkapital ['mɪndəstkapita:l] *n* minimum capital

Mindestlohn ['mɪndəstlo:n] *m* minimum wage

Mindestpreis ['mɪndəstprais] *m* minimum price

Mindestreserve ['mɪndəstrezɛrvə] *m* minimum (legal) reserves

Mindestzins ['mɪndəsttsɪns] minimum interest rate

Mineralöl [mine'ra:lø:l] *n* mineral oil

Mineralölkonzern [mine'ra:lø:lkɔntsɛrn] *m* oil company

Mineralölsteuer [mine'ra:lø:lʃtɔyər] *f* mineral oil tax

Minimalkosten [mini'malkɔstən] *pl* minimum cost

Minimum ['mɪnimum] *n* minimum

Minus ['mi:nus] *n* deficit

Mischfinanzierung ['mɪʃfinantsi:ruŋ] *f* mixed financing

Mischkalkulation ['mɪʃkalkulatsjo:n] *f* compensatory pricing

Mischzoll ['mɪʃtsɔl] *m* mixed tariff

Misfit-Analyse ['mɪsfɪt ana'ly:zə] *f* misfit analysis

Missbrauch ['mɪsbraux] *m* improper use

missbrauchen [mɪs'brauxən] *v* abuse; *(falsch gebrauchen)* misuse

Misswirtschaft ['mɪsvɪrtʃaft] *f* mismanagement

mit getrennter Post [mɪt gə'trɛntər 'pɔst] under separate cover

Mitarbeit ['mɪtarbaɪt] *f* collaboration

Mitarbeiter(in) ['mɪtarbaɪtər(ɪn)] *m/f* 1. co-worker; 2. *(Angestellte(r))* employee; 3. *(an Projekt)* collaborator; 4. *freie(r) ~* freelancer

Mitarbeiterbeurteilung ['mɪtarbaɪtərbə-urtaɪluŋ] *f* performance appraisal

Mitarbeitergespräch ['mɪtarbaɪtəgəʃpre:ç] *n* employee interview

Mitbegründer ['mɪtbəgryndər] *m* co-founder

mitbestimmen ['mɪtbəʃtɪmən] *v* share in a decision

Mitbestimmung ['mɪtbəʃtɪmuŋ] *f* codetermination, workers' participation

Mitbewerber(in) ['mɪtbəverbər(ɪn)] *m/f* other applicant, competitor

Miteigentum co-ownership

Miteigentum ['mɪtaɪgəntum] *n* co-ownership

Mitglied ['mɪtgli:t] *n* member

Mitinhaber(in) ['mɪtinha:bər(ɪn)] *m/f* co-owner

Mitläufereffekt ['mɪtlɔyfərɛfɛkt] *m* bandwagon effect

Mitteilungspflicht ['mɪtaɪluŋspflɪçt] *f* obligation to furnish information

Mittel ['mɪtəl] *pl (Geld)* means, funds, money

mittelfristig ['mɪtəlfrɪstɪç] *adj* medium-term, medium-range

Mittelkurs ['mɪtəlkurs] *m* medium price

Mittelstand ['mɪtəlʃtant] *m* middle class

mittelständisch ['mɪtəlʃtɛndɪʃ] *adj* middle-class

Mittelwert ['mɪtlve:rt] *m* average value

mittlere Verfallszeit ['mɪtlərə fer'falstsaɪt] *f* mean due date

Mitunternehmer ['mɪtuntərne:mər] *m* co-partner; co-entrepreneur

Mitwirkung ['mɪtvɪrkuŋ] *f* intermediation

Mobbing ['mɔbɪŋ] *n* mobbing

mobil [mo'bi:l] *adj* movable

Mobilfunk [mo'bi:lfuŋk] *m* mobile communication, mobile telephone service

Mobilien [mo'bi:ljən] *pl* movable goods

Mobilisierungspapiere [mobili'zi:ruŋspapi:rə] *n/pl* mobilization papers

Mobilisierungspfandbriefe [mobili'zi:ruŋspfantbri:fə] *m/pl* mobilization mortgage bond

Mobilisierungstratte [mobili'zi:ruŋstratə] *f* mobilization draft

Mobilität [mobili'te:t] *f* mobility

Mobiltelefon [mo'bi:ltelefo:n] *n* mobile phone, cellular phone

Mode ['mo:də] *f* fashion

Modeartikel ['mo:dəartɪkəl] *m* fashionable article

Modell [mo'dɛl] *n* model

Modellreihe [mo'dɛlraɪə] *f* model range

Modellversuch [mo'dɛlfɛrzu:x] *m* test

Modem ['mo:dəm] *m/n* modem

modern [mo'dɛrn] *adj* modern; *(modisch)* fashionable

modifizieren [modifi'tsi:rən] *v* modify

monatlich ['mo:natlɪç] *adj* monthly

monatliche Erfolgsrechnung ['mo:natlɪçə ɛr'fɔlgsreçnuŋ] *f* monthly income statement

Monatsberichte der Deutschen Bundesbank ['mo:natsbərɪçtə de:r 'dɔytʃən 'bundəsbaŋk] *m/pl* monthly reports of the Deutsche Bundesbank

Monatsbilanz ['mo:natsbilants] *f* monthly balance sheet

Monatsgeld ['mo:natsgɛlt] *n* one month money

Mondpreis ['mo:ntpraɪs] *m* unreal (high or low) price

monetär [monete:r] *adj* monetary

Monetary Fund (IMF) ['manɪtəri 'fant] *m* Monetary Fund

Monetisierung ['moneti'zi:ruŋ] f monetization

Monitor ['mo:nito:r] m monitor

Monitoring ['monɪtoriŋ] n monitoring

Monokultur ['mo:nokultu:r] f monoculture

Monopol [mono'po:l] n monopoly

Monopolkommission [mono'po:lkɔmɪsjo:n] f monopolies commission

Monopolpreis [mono'po:lpraɪs] m monopoly price

Montage [mɔn'ta:ʒə] f (Einrichten) installation

Montagehalle [mɔn'ta:ʒəhalə] f assembly shop, assembly building

Montanindustrie [mɔn'ta:nɪndustri:] f coal and steel industry

Monteur [mɔn'tø:r] m fitter, assembler

montieren [mɔn'ti:rən] v mount, fit; (zusammenbauen) assemble

Moratorium [mora'to:rjum] n 1. (Recht) standstill agreement; 2. (Geld) debt deferral

Motor ['mo:tor] m engine, motor

Müll [myl] m waste, rubbish, refuse

Mülldeponie ['myldeponi:] f rubbish dump, waste disposal site

Müllverbrennung ['mylfɛrbrɛnuŋ] f refuse incineration

Müllvermeidung ['mylfɛrmaɪduŋ] f avoidance of excess rubbish

multifunktional [multifuŋktsjo'na:l] adj multifunctional

multilateral [multilate'ra:l] adj multilateral

multilateraler Handel ['multilatera:lər 'handəl] m multilateral trade

Multimedia [multi'me:dja] n multimedia

multimedial [multi'me:djal] adj multimedia

multinationales Unternehmen ['multinatsjona:lə untər'ne:mən] n multinational company

Multiplikation [multiplika'tsjo:n] f multiplication

multiplizieren [multipli'tsi:ərn] v multiply

Multitasking ['maltita:skɪŋ] n (Computer) multitasking

Mündelgeld ['myndəlgɛlt] n money held in trust for a ward

mündelsichere Papiere ['myndəlzɪçərə pa'pi:rə] n/pl trustee securities

Mündigkeit ['myndɪçkaɪt] f majority

mündlich ['myndlɪç] adj oral, verbal; adv orally, verbally

Münze ['myntsə] f coin

Münzfernsprecher ['myntsfɛrnʃpreçər] m call-box (UK), pay phone (US)

Münzgeld ['myntsgɛlt] n species

Münzgewinn ['myntsgəvɪn] m seignorage

Münzhandel ['myntshandəl] m dealings in gold and silver coins

Münzhoheit ['myntshohaɪt] f monetary sovereignty

Münzregal ['myntsrega:l] n exclusive right of coinage

Musskaufmann ['muskaufman] m enterprise commercial by its nature

Muster ['mustər] n 1. (Vorlage) pattern; 2. (Probe) sample, specimen; 3. (Design) pattern, design

Muster ohne Wert ['mustr 'o:nə 've:rt] n sample with no commercial value

Musterkoffer ['mustərkɔfər] m samples case

Mustermappe ['mustərmapə] f sample bag

Mustermesse ['mustərmɛsə] f samples fair

Mustersendung ['mustərzɛnduŋ] f sample consignment

Muttergesellschaft ['mutərgəzɛlʃaft] f parent company

Mutterschaftsgeld [mutərʃaftsgɛlt] n maternity allowance

Mutterschaftsurlaub ['mutərʃaftsurlaup] m maternity leave

Mutterschutz ['mutərʃuts] m protective legislation for working mothers

Muttersprache ['mutərʃpra:xə] f native language, mother tongue

N

Nachbarrecht ['naxbaːrʃaftsrɛçt] *n* adjacent right

Nachbehandlung ['naːxbəhandluŋ] *f* follow-up treatment

nachberechnen ['naːxbərɛçnən] *v* make a supplementary charge

Nachbereitung ['naːxbəraɪtuŋ] *f* after treatment

nachbessern ['naːxbɛsərn] *v* touch up, apply finishing touches to

Nachbesserung ['naːxbɛsəruŋ] *f* rectification defects; rework

nachbestellen ['naːxbəʃtɛlən] *v* reorder, repeat an order, place a repeat order

Nachbestellung ['naːxbəʃtɛluŋ] *f* repeat order, reorder, additional order

Nachbezugsrecht ['naːxbətsuːksrɛçt] *n* right to a cumulative dividend

Nachbörse ['naːxbœrzə] *f* after-hours dealing

Nachbürgschaft ['naːxbyrkʃaft] *f* collateral guarantee

nachdatiert ['naːxdatiːrt] *adj* post-dated

nach Diktat verreist ['naːx dɪktat fərraɪst] dictated by ... signed in his absence

Nachdividende ['naːxdividɛndə] *f* dividend payable for previous years

nach Erhalt der Rechnung [naːx ɛr'halt deːr 'rɛçnuŋ] on receipt of the invoice

Nachfolger(in) ['naːxfɔlgər(ɪn)] *m/f* successor

Nachfrage ['naːxfraːgə] *f (Bedarf)* demand

Nachfragerückgang ['naːxfraːgərykgaŋ] *m* decrease in demand

Nachfrist ['naːxfrɪst] *f* period of grace, extension of time

Nachgebühr ['naːxgəbyːr] *f* surcharge, additional postage

Nachgründung ['naːxgrynduŋ] *f* post-formation acquisition

Nachindossament ['naːxɪndɔsamɛnt] *n* endorsement of an overdue bill of ex-change

Nachkalkulation ['naːxkalkulatsjoːn] *f* statistical cost accounting, actual costing

Nachlass ['naːxlas] *m* inheritance

Nachlassgericht ['naːxlasgərɪçt] *n* probate court

Nachlassverwalter ['naːxlasfɛrvaltər] *m* executor (of the estate)

nachliefern ['naːxliːfərn] *v* furnish an additional supply, deliver subsequently

Nachlieferung ['naːxliːfəruŋ] *f* additional supply, subsequent delivery

Nachnahme ['naːxnaːmə] *f* cash on delivery, collect on delivery *(US)*

Nachname ['naːxnaːmə] *m* last name, surname, family name

Nachorder ['naːxɔrdər] *f* follow-up order

Nachporto ['naːxpɔrto] *n* postage due

nachprüfen ['naːxpryːfən] *v* check, make sure, verify

Nachprüfung ['naːxpryːfuŋ] *f* re-examination

nachrangige Finanzierung ['naːxraŋɪgə finan'tsiːruŋ] *f* junior financing

nachrechnen ['naːxrɛçnən] *v* recalculate check a calculation, examine

Nachricht ['naːxrɪçt] *f* news

Nachrichtentechnik ['naːxrɪçtəntɛçnɪk] *f* telecommunications

nachrüsten ['naːxrystən] *v (Gerät)* upgrade, modernize, refit

Nachsaison ['naːxzɛzɔŋ] *f* postseason

Nachschuss ['naːxʃus] *m (an der Börse)* margin

Nachschusspflicht ['naːxʃuspflɪçt] *f* obligation to make an additional contribution

Nachsendeauftrag ['naːxzɛndəauftraːk] *m* application to have mail forwarded

nachsenden ['naːxzɛndən] *v irr* forward, redirect

Nachsichtwechsel ['naːxzɪçtvɛksəl] *m* after-sight bill

Nachtarbeit ['naxtarbaɪt] *f* night work

Nachtdienst ['naxtdiːnst] *m* night duty, night service

Nachteil ['naːxtaɪl] *m* disadvantage, drawback

nachteilig ['naːxtaɪlɪç] *adj* disadvantageous, detrimental, harmful

Nachtragshaushalt ['naːxtraːkshaushalt] *m* interim budget, supplementary budget

Nachtschicht ['naxtʃɪçt] *f* night shift

Nachttarif ['naxttariːf] *m* off-peak rate, night rate

Nachttresor ['naxttrezoːr] *m* night safe

nachzahlen ['naːxtsaːlən] *v* pay afterwards, make a back payment

Nachzahlung ['naːxtsaːluŋ] f supplementary payment

Nadeldrucker ['naːdəldrukər] m matrix printer, wire printer

Nahverkehr ['naːfɛrkeːr] m local traffic

Nahverkehrszug ['naːfɛrkeːrstsuːk] m commuter train

Namensaktie ['naːmənsaktsjə] f registered share

Namenspapier ['naːmənspapiːr] n registered security

Namensschild ['naːmənsʃɪlt] n nameplate

nasse Stücke ['nasə 'ʃtykə] n/pl unissued mortgage bonds still in trustee's hands

national [natsjoˈnaːl] adj national

nationale Souveränitätsrechte [natsjoˈnaːlə zuvɛrɛniˈtɛːtsrɛçtə] n/pl national sovereignty rights

Nationalfeiertag [natsjoˈnaːlfaɪərtaːk] m national holiday

Nationalökonomie [natsjoˈnaːløkonomiː] f economics

Naturadarlehen [natuˈraːldaːrleːən] n loan granted in form of a mortgage bond

Naturalgeld [natuˈraːlgɛlt] n commodity money

Naturalkredit [natuˈraːlkrediːt] m credit granted in kind

Naturallohn [natuˈraːlloːn] m wages paid in kind

Naturaltilgung [natuˈraːltɪlguŋ] f redemption in kind

natürliche Person [naˈtyːrlɪçə ˈpɛrzoːn] f natural person

Naturwissenschaft [naˈtuːrvɪsənʃaft] f natural science

Nearbanken ['niːrbaŋkən] f/pl near banks

Nebenabreden ['neːbənapreːdən] f/pl subsidiary agreement

Nebenanschluss ['neːbənanʃlus] m extension

Nebenausgabe ['neːbənausgaːbə] f incidental expense

Nebenberuf ['neːbənbəruːf] m secondary occupation, second job, sideline

nebenberuflich ['neːbənbəruːflɪç] adj part-time

Nebenbeschäftigung ['neːbənbəʃɛftɪguŋ] f second occupation, spare time work, additional occupation

Nebeneinkünfte ['neːbənainkynftə] pl additional income, side income

Nebenklage ['neːbənklaːgə] f civil action incidental to criminal proceedings

Nebenkläger ['neːbənklɛːgər] m co-plaintiff

Nebenkosten ['neːbənkɔstən] pl incidental expenses, additional expenses, ancillary costs

Nebenkostenstelle ['neːbənkɔstənʃtɛlə] f indirect center

Nebenplatz ['neːbənplats] m place without a Federal Bank office

Nebenprodukt ['neːbənprodukt] n by-product

Nebenstellenanlagen ['neːbənʃtɛlənanlaːgən] f/pl private automatic branch exchanges

Nebentätigkeit ['neːbəntɛːtɪçkaɪt] f secondary occupation

Negativerklärung ['negatiːfɛrklɛːruŋ] f negative declaration

Negativhypothek ['negatiːfhypoteːk] f borrower's undertaking to create no new

Negativimage ['neːgatiːfɪmɪdʒ] n negative image

Negativklausel ['negatiːfklauzl] f negative clause

Negativzins ['negatiːftsɪns] m negative interest

Negotiation [negotsjaˈtsjoːn] f negotiation

Negotiationskredit [negotsjaˈtsjoːnskrediːt] m credit authorizing negotiation of bills

Nennwert ['nɛnveːrt] m nominal value, face-value

Nennwertaktie ['nɛnveːrtaktsjə] f par value share

nennwertlose Aktie ['nɛnveːrtloːzə 'aktsjə] f no par value share

netto ['netoː] adv net

Netto-Anlagevermögen ['netoːanlaːgəfɛrmøːgən] n net fixed assets

Netto-Dividende [netoːdividɛndə] f net dividend

Nettoeinkommen [netoːainkɔmən] n net income

Nettoertrag ['netoːertraːk] m net earnings pl, net proceeds pl, net return, net yield

Nettogeschäft ['netoːgəʃɛft] n net-price transaction f

Nettogewicht ['netoːgəvɪçt] n net weight

Nettogewinn ['netoːgəvɪn] m net profit, net earnings

Nettoinvestition ['netoːɪnvestitsjoːn] f net investment

Nettokreditaufnahme ['netoːkrediːtaufnaːme] f net (government) borrowing; net credit intake

Nettokurs ['netoːkurs] m net price

Nettolohn ['nɛtoloːn] *m* net wages

Nettoneuverschuldung [nɛtoˈnɔyfɛrʃuldun] *f* net new indebtedness

Nettopreis ['nɛtoprais] *m* net price

Nettosozialprodukt [nɛtosoˈtsjaːlprodukt] *n* net national product

Nettoumsatz ['nɛtoumzats] *m* net turnover

Nettoverdienst ['nɛtoferdiːnst] *m* net earnings *pl*

Nettovermögen ['nɛtofermøːgən] *n* net assets

Nettoverschuldung ['nɛtoferʃuldun] *f* net indebtedness

Nettozinssatz ['nɛtotsɪnssats] *m* net interest rate

Netzanschluss ['nɛtsanʃlus] *m (Stromnetz)* mains connection, power supply line

Netzgerät ['nɛtsgəreːt] *n* power pack

Netzplan ['nɛtsplaːn] *m* network planning

Netzplantechnik (NPT) ['nɛtsplaːntɛçnɪk] *f* network planning technique

Netzstecker ['nɛtsʃtɛkər] *m (Stromanschluss)* plug

Netzwerk ['nɛtsverk] *n* network

Neuanschaffung ['nɔyanʃafun] *f* new acquisition

neuartig ['nɔyaːrtɪç] *adj* novel, original

Neubauhypothek ['nɔybauhypoteːk] *f* mortgage loan to finance building of new dwelling-house

Neuentwicklung ['nɔyɛntvɪklun] *f* innovation, recent development, new development

Neuer Markt ['nɔyər 'markt] *m* new market

Neueröffnung ['nɔyerœfnun] *f* opening; *(Wiedereröffnung)* reopening

Neugestaltung ['nɔygəʃtaltun] *f* rearrangement, redesign

Neugiro ['nɔyʒiːro] *n* new endorsement

Neugründung ['nɔygryndun] *f* new foundation

Neuheit ['nɔyhait] *f* novelty

Neupreis ['nɔyprais] *m* new price

Neuregelung ['nɔyreːgəlun] *f* new regulations

neutraler Aufwand [nɔy'traːlər 'aufvant] *m* nonoperating expense

neutraler Ertrag [nɔy'traːlər ɛr'traːk] *m* nonoperating income

neutrales Geld [nɔy'traːləs gɛlt] *n* neutral money

Neuveranlagung ['nɔyferanlaːgun] *f* new assessment

Neuverschuldung ['nɔyferʃuldun] *f* incurring new debt

Neuwert ['nɔyveːrt] *m* value when new; *(eines versicherten Gegenstandes)* replacement value

nicht an Order [nɪçt an 'oːrdər] *f* not to order

nicht übertragbar [nɪçt yːbər'traːkbaːr] *adj* non-negotiable

Nicht-Bank ['nɪçtbank] *f* non-bank

nichtig ['nɪçtɪç] *adj* void

nichtnotierte Aktie ['nɪçtnotiːrtə 'aktsjən] *f* unquoted share

nichttarifäre Handelshemmnisse [nɪçttari'fɛːrə 'handəlshemnɪsə] *n/pl* non-tariff trade barriers

Niederlassung ['niːdərlasun] *f* site, location, place of business, branch office

Niederlegung ['niːdərleːgun] *f (der Arbeit)* stoppage

Niederstwertprinzip ['niːdərstveːrtprɪntsiːp] *n* lowest value principle

Niedrigstkurs ['niːdrɪçstkurs] *m* floor price

Nießbrauch ['niːsbraux] *m* usufruct, lifelong right of use

Nischenstrategie ['niːʃənʃtrategiː] *f* concentration strategy

Niveau [ni'voː] *n* level; ~ *haben (fig)* to be of a high standard

Nominalbetrag [nomi'naːlbətraːk] *m* nominal amount

Nominaleinkommen [nomi'naːlainkɔmən] *n* nominal income

Nominalkapital [nomi'naːlkapitaːl] *n* nominal capital

Nominallohn [nomi'naːlloːn] *m* nominal wage

Nominalwert [nomi'naːlveːrt] *m* face value

Nominalzins [nomi'naːltsɪns] *m* nominal rate of interest

nominelles Eigenkapital [nomi'nɛləs 'aigənkapitaːl] *n* nominal capital borrowed

No-Name-Produkt [noʊneɪmpro'dukt] *n* generic product

Nonprofit-Organisation [nɔnprofɪtɔrganiza'tsjoːn] *f* nonprofit organization

Nordamerikanische Freihandelszone (NAFTA) ['nortamerɪkaːnɪʃə frai'handəlstsoːnə ('nafta)] *f* North American Freetrade Area *(NAFTA)*

Norm [nɔrm] *f* norm, standard; *(Regel)* rule

normal [nɔr'maːl] *adj* normal, regular, standard

Normalbeschäftigung [nɔrma:lbəʃɛftigun] *f* normal level of capacity utilization; standard capacity

Normalgewinn [nɔr'maːlgəvɪn] *m* normal profit

Normalkosten [nɔr'maːlkɔstən] *pl* normal cost

Normalverbraucher(in) [nɔr'maːlfɛrbrauxər(ɪn)] *m/f* average consumer; *Otto ~ Joe Bloggs (UK)*, *John Doe (US)*

Normalverkehr [nɔr'maːlfɛrkeːr] *m* normal transactions

Normung ['nɔrmuŋ] *f* standardization

Nostroeffekten ['nɔstroɛfɛktən] *pl* securities held by a bank at another bank

Nostroguthaben ['nɔstroguːthaːbən] *n* nostro balance

Nostrokonto ['nɔstrokɔnto] *n* nostro account

Nostronotadresse [nɔstro'noːtadrɛsə] *f* nostro address in case of need

Nostroverbindlichkeit ['nɔstrofɛrbɪntlɪçkaɪtən] *f* nostro liability

Notanzeige ['noːtantsaɪgə] *f* notice of dishonour

Notar [no'taːr] *m* notary

notariell [notar'jɛl] *adj* notarial; *adv ~ beglaubigt* notarized

Note ['noːtə] *f (Banknote)* bank-note, bill

Notebook ['nəʊtbʊk] *n* notebook

Noten ['noːtən] *pl* bank notes

Notenabstempelung ['noːtənapʃtɛmpəluŋ] *f* stamping of bank notes

Notenausgabe ['noːtənausgaːbə] *f* note issue

Notenbank ['noːtənbaŋk] *f* central bank

Notendeckung ['noːtəndɛkuŋ] *f* cover of note circulation

Noteneinlösungspflicht ['noːtənaɪnløːzuŋspflɪçt] *f* obligation to redeem notes

Notenkontingent ['noːtənkɔntɪŋgɛnt] *n* fixed issue of notes

Notenumlauf ['noːtənumlauf] *m* notes in circulation

Notfall ['noːtfal] *m* emergency

Notgeld ['noːtgɛlt] *n* emergency money

notieren [no'tiːrən] *v* quote, list

Notierung [no'tiːruŋ] *f* quotation

Notifikation [notifika'tsjoːn] *f* notification

Notiz [no'tiːts] *f* note

Notizbuch [no'tiːtsbuːx] *n* notebook

Notleidende Forderung ['noːtlaɪdəndə 'fɔrdəruŋ] *f* claim in default

notwendiges Betriebsvermögen ['noːtvɛndɪgəs bə'triːpsfɛrmøːgn] *n* necessary business property

notwendiges Privatvermögen ['noːtvɛndɪgəs privaːtfɛrmøːgn] *n* necessary private property

Nullrunde ['nulrundə] *f* wage freeze

Nulltarif [nultari:f] *m* nil tariff

Nullwachstum ['nulvakstuːm] *n* zero growth

Nummerierung [numə'riːruŋ] *f* numbering

Nummernkonto ['numərnkɔnto] *n* number account, numbered account

Nummernverzeichnis [numərnfɛrtsaɪçnɪs] *n* list of serial numbers of securities purchased

nur gegen Totalverlust versichert (t.l.o.) [nuːr 'geːgn to'taːlfɛrlust fɛr'zɪçərt] total loss only *(t.l.o.)*

nur zur Verrechnung [nuːr tsuːr fɛrɛçnuŋ] for account only

Nutzen ['nutsən] *m* use; *von ~ sein* to be of use; *(Vorteil)* advantage, benefit

Nutzfahrzeug ['nutsfaːrtsɔyk] *n (Lastkraftwagen)* lorry *(UK)*, truck *(US)*

Nutzkosten ['nutskɔstən] *pl* utility costs

nutzlos ['nutsloːs] *adj* useless, futile, pointless

Nutznießer ['nutsniːsər] *m* beneficiary

Nutzung ['nutsuŋ] *f* use

Nutzungsdauer ['nutsuŋsdauər] *f* service life, operating life, working life

Nutzungsrecht ['nutsuŋsrɛçt] *n* usufructury right

Nutzwertanalyse ['nutsveːrtanalyːzə] *f* benefit analysis

Obergesellschaft [oːbərˈgəzelʃaft] *f* common parent company, umbrella company

Oberlandesgericht (OLG) [oːbərˈlandəsgərɪçt] *n* Intermediate Court of Appeals

Oberverwaltungsgericht (OVG) [oːbərfɛrˈvaltuŋsgərɪçt] *n* Higher Administrative Court

Objektbesteuerung [ɔpˈjɛktbəʃtɔyəruŋ] *f* taxation of specific property

Objektkredit [ɔpˈjɛktkrediːt] *m* loan for special purposes

Objektprinzip [ɔpˈjɛktprɪntsiːp] *n* object principle

Obligation [ɔbligaˈtsjoːn] *f* bond, debenture, debenture bond

Obligationär [ɔbligatsjoˈnɛːr] *m* bondholder, debenture holder

Obligationsanleihe [ɔbligaˈtsjoːnsanlaɪə] *f* debenture loan

Obligationsausgabe [ɔbligaˈtsjoːnsausgaːbə] *f* bond issue

obligatorisch [ɔbligaˈtoːrɪʃ] *adj* obligatory, compulsory, mandatory

Obligo [ˈɔbligo] *n* financial obligation, liability

Obligobuch [ˈɔbligobux] *n* bills discounted ledger

Obsoleszenz [ɔpzolesˈtsɛnts] *f* obsolescence

Oderdepot [ˈoːbərdepoː] *n* joint deposit

Oderkonten [ˈoːdərkɔntən] *n/pl* joint account

offen [ˈɔfən] *adj* 1. *(geöffnet)* open; ~ bleiben stay open; ~ halten *(geöffnet lassen)* leave open; 2. *(fig: nicht besetzt)* vacant; 3. *(Rechnung)* outstanding

Offenbarungseid [ɔfənˈbaːruŋsaɪt] *m* oath of disclosure, oath of manifestation

offene Ausschreibung [ˈɔfənə ˈausʃraɪbuŋ] *f* public tender

Offene Handelsgesellschaft (OHG) [ˈɔfənə ˈhandəlsgəzɛlʃaft (oːhaːˈgeː)] *f* general partnership

Offene Police (O.P.) [ˈɔfənə poˈliːsə] *f* floating policy

offene Position [ˈɔfənə poziˈtsjoːn] *f* open position

Offene-Posten-Buchhaltung [ˈɔfənəˈpɔstənbuxhaltuŋ] *f* open-item accounting

offene Rechnung [ˈɔfənə ˈrɛçnuŋ] *f* outstanding account, unsettled account

offener Fonds [ˈɔfənər ˈfɔːs] *m* open-end fund

offener Immobilienfonds [ˈɔfənər ɪmoˈbiːljənfɔːs] *m* open-end real estate fund

offenes Depot [ˈɔfənəs deˈpoː] *n* safe custody account

offenes Konto [ˈɔfənəs ˈkɔnto] *n* open account

Offenlegung [ˈɔfənleːguŋ] *f* disclosure

Offenlegungspflicht [ˈɔfənleːguŋspflɪçt] *f* duty to disclose one's financial conditions

Offenmarktpolitik [ˈɔfənmarktpolitiːk] *f* open market policy

öffentlich [ˈœfəntlɪç] *adj* public; *adv* publicly

öffentliche Ausgaben [ˈœfəntlɪçə ˈausgaːbən] *pl* public spending

öffentliche Bank [ˈœfəntlɪçə baŋk] *f* public bank

öffentliche Beglaubigung [ˈœfəntlɪçə bəˈglaubɪguŋ] *f* public certification

öffentliche Beurkundung [ˈœfəntlɪçə bəˈuːrkunduŋ] *f* public authentication

öffentliche Güter [ˈœfəntlɪçə ˈgyːtər] *pl* public goods

öffentliche Kredite [ˈœfəntlɪçə kreˈdiːtə] *m/pl* credits extended to public authorities

öffentliche Schuld [ˈœfəntlɪçə ʃult] *f* public debt

öffentliche Verkehrsmittel [ˈœfəntlɪçə fɛrˈkeːrsmɪtəl] *n* public transport(ation)

öffentlicher Haushalt [ˈœfəntlɪçər ˈhaushalt] *m* public budget

Öffentliches Recht [ˈœfəntlɪçəs rɛçt] *n* public law

Öffentlichkeit [ˈœfəntlɪçkaɪt] *f* public

Öffentlichkeitsarbeit [ˈœfəntlɪçkaɪtsarbaɪt] *f* public relations work, PR activities

Öffentlich-rechtliche Körperschaft [ˈœfəntlɪçrɛçtlɪçə ˈkœrpərʃaft] *f* public body

offerieren [ɔfəˈriːrən] *v* offer

Offerte [ɔˈfɛrtə] *f* offer

offiziell [ɔfiˈtsjel] *adj* official; *adv* officially

offizielles Kursblatt [ɔfiˈtsjeləs ˈkursblat] *n* offical stock exchange list

Öffnungszeiten [ˈœfnuŋstsaɪtən] *pl* opening hours, hours of business

Offshore-Auftrag ['ɔfʃoːrauftraːk] *m* offshore purchase order

Offshore-Steuergesetz ['ɔfʃoːr'ʃtɔyərgəsets] *n* Offshore Tax Agreement

Offshore-Zentrum ['ɔfʃoːr'tsɛntrum] *n* offshore centre

ohne Dividende ['oːnə dɪvɪ'dɛndə] *f* ex dividend

ohne Gewähr ['oːnə ge'vɛːr] *f* without guarantee

ohne Kupon ['oːnə ku'p oː] *m* ex coupon

ohne Obligo ['oːnə 'ɔbligo] *n* without obligation

Öko-Bilanz ['økobilants] *f* ecological balance

Ökologie [økolo'giː] *f* ecology

ökologisch [øko'loːgɪʃ] *adj* ecological

ökologische Steuerreform [øko'loːgɪʃə 'ʃtɔyərefɔrm] *f* ecological tax reform

Ökonomie [ø:kono'miː] *f* economy

ökonomisch [ø:ko'no:mɪʃ] *adj* economic

Ökosystem ['øːkozysteːm] *n* ecological system

Ölförderung ['øːlfœrdəruŋ] *f* oil extraction, oil production

Oligopol [oligo'poːl] *n* oligopoly

Ölkrise ['øːlkriːzə] *f* oil crisis

Ölpreis ['øːlprais] *m* price of oil

Ölraffinerie ['øːlrafinəriː] *f* oil refinery

Ölterminbörse ['øːltɛrmiːnbœrzə] *f* oil futures exchange

Ölterminhandel ['øːltɛrmiːnhandl] *m* oil futures dealings

One-Stop-Banking [wanstɔp'bæŋkɪŋ] *n* one-stop banking

One-Stop-Shopping [wanstɔp'ʃɔpɪŋ] *n* one-stop shopping

online ['ɔnlaɪn] *adj* online

Online-Betrieb ['ɔnlaɪnəbə'triːp] *m* online operation

Online-Dienst ['ɔnlaɪndiːnst] *m* online service

Onshore-Geschäft ['ɔnʃɔːrgə'ʃɛft] *n* onshore business

OPEC (Organisation Erdöl exportierender Länder) [opec (organiza'tsjoːn 'erdøːl ɛkspɔr'tiːrəndər 'lɛndə)] *f* OPEC (Organization of Petroleum Exporting Countries)

Operations Research (OR) [ɔpə'reɪʃəns rɪːˈsɛːtʃ] *n* operations research

operative Planung [ɔpəra'tiːvə 'plaːnuŋ] *f* operational planning

Operator [ɔpə'raːtɔr] *m* operator, computer operator

Opportunitätskosten [ɔpɔr'tuniːtstskɔstən] *pl* opportunity costs

Opposition [ɔposi'tsjoːn] *f* opposition

optimal [ɔpti'maːl] *adj* ideal, optimal; *adv* to an optimum, optimally

optimale Bestellmenge [ɔpti'maːlə bə-'ʃtɛlmeŋə] *f* economic purchasing quantity

optimieren [ɔpti'miːrən] *v* optimize, optimalize

Optimierung [ɔpti'miːruŋ] *f* optimization

optimistisch [ɔpti'mɪstɪʃ] *adj* optimistic; *adv* optimistically

Optimum ['ɔptimum] *n* optimum

Option [ɔp'tsjoːn] *f* option, choice

Optionsanleihe [ɔp'tsjoːnsanlaɪə] *f* option bond

Optionsdarlehen [ɔp'tsjoːnsdaːrleːən] *n* optional loan

Optionsgeschäft [ɔp'tsjoːnsgəʃɛft] *n* options tradings/dealings; option bargain

Optionspreis [ɔp'tsjoːnsprais] *m* option price

Optionsrecht [ɔp'tsjoːnsreçt] *n* option right

Optionsschein [ɔp'tsjoːnsʃain] *m* share purchase warrant

ordentliche Ausgaben ['ɔrdəntlɪçə 'ausgaːbən] *pl* ordinary expenditure

ordentliche Einnahmen ['ɔrdəntlɪçə 'ainaːmən] *pl* ordinary revenue

ordentliche Kapitalerhöhung ['ɔrdəntlɪçə kapi'taːlerhøːuŋ] *f* ordinary increase in capital

ordentlicher Haushalt ['ɔrdəntlɪçər 'haushalt] *m* ordinary budget

Order ['ɔrdər] *f* order

Orderklausel ['ɔrdərklauzl] *f* order clause

Orderkonnossement ['ɔrdərkɔnɔsəmɛnt] *n* order bill of lading

Orderpapier ['ɔrdərpapiːr] *n* order paper, order instrument

Orderscheck ['ɔrdərʃek] *m* order cheque

Ordner ['ɔrdnər] *m (Hefter)* folder, standing file

Ordnungsamt ['ɔrdnuŋsamt] *n* town clerk's office

ordnungsgemäß ['ɔrdnuŋsgəmeːs] *adj* correct, proper; *adv* correctly, according to the regulations, properly

ordnungsmäßige Bilanzierung ['ɔrdnuŋsmeːsigə bilan'tsiːruŋ] *f* adequate and orderly preparation of a balance sheet

Ordnungsstrafe ['ɔrdnuŋsʃtraːfə] *f* administrative fine, disciplinary penalty

ordnungswidrig ['ɔrdnuŋsviːdrɪç] *adj* irregular, illegal; *adv* contrary to regulations, illegally

Organgesellschaft [ɔr'ga:ngəzɛlʃaft] *f* controlled company

Organhaftung [ɔr'ga:nhaftuŋ] *f* liability of a legal person for its executive organs

Organigramm [ɔrga:nɪ'gram] *n* organizational chart

Organisation [ɔrganizaˈtsjo:n] *f* organization

Organisation für wirtschaftliche Zusammenarbeit und Entwicklung (OECD) [ɔrganizaˈtsjo:n fy:r 'wɪrtʃaftlɪçə tsuˈzamənarbaɪt unt ɛntˈvɪkluŋ (oetse'de:)] *f* Organization for Economic Cooperation and Development *(OECD)*

Organisationsabteilung [ɔrganizaˈtsjo:nsaptaɪluŋ] *f* organization and methods department

Organisationsdiagramm [ɔrganizaˈtjo:nsdiagram] *n* organizational chart

Organisationsgrad [ɔrganizaˈtsjo:nsgra:t] *m* 1. *(Betrieb)* level of organization; 2. *(Personal)* degree of unionization

Organisationskosten [ɔrganizaˈtsjo:nskɔstən] *pl* organization expense

Organisationsplanung [ɔrganizaˈtsjo:nspla:nuŋ] *f* organizational planning

Organisationsstruktur [ɔrganizaˈtsjo:nsʃtruktu:r] *f* organizational structure

organisatorisch [ɔrganizaˈto:rɪʃ] *adj* organizational

organisieren [ɔrganiˈzi:rən] *v* organize

Organkredit [ɔrga:nkre'di:t] *m* loans granted to members of a managing board

Organschaftsvertrag [ɔr'ga:nʃaftsfɛrtra:k] *m* agreement between interlocking companies

Orientierungspreis [orjɛnˈti:ruŋspraɪs] *m* guide price

Original [origiˈna:l] *n (Dokument, Brief etc.)* original

örtlich ['ø:rtlɪç] *adj* local; *adv* locally

ortsansässig ['ɔrtsanzɛsɪç] *adj* resident, local

Ortsgespräch ['ɔrtsgəʃprɛ:ç] *n* local call

Ortsnetz ['ɔrtsnets] *n* local telephone exchange network

Ortsverkehr ['ɔrtsfɛrke:r] *m* local calls *pl*

Ortszeit ['ɔrtstsaɪt] *f* local time

Österreichische Nationalbank ['ø:stəraɪçɪʃə natsjo'na:lbaŋk] *f* National Bank of Austria

Outplacement ['aʊtpleɪsmənt] *n* outplacement

Output ['aʊtpʊt] *m* output

Output-Analyse ['aʊtpʊtanaly:zə] *f* output analysis

Outright-Termingeschäft ['aʊtraɪttɛrmi:ngəʃɛft] *n* outright futures transactions

Outsourcing ['aʊtsɔ:sɪŋ] *n* outsourcing

Overheadprojektor ['o:vərhɛdprojɛktɔr] *m* overhead projector

Over-the-counter-Markt [əʊvərʊəˈkaʊntər markt] *m* over the counter market

P

Paar [pa:r] *n* pair

paarweise ['pa:rvaizə] *adv* in pairs, two by two

Pacht [paxt] *f* 1. *(Überlassung)* lease; 2. *(Entgelt)* rent

pachten ['paxtən] *v* lease, take on lease, rent

Pächterkredit ['pɛçtərkredi:t] *m* tenant's credit

Pachtvertrag ['paxtfɛrtra:k] *m* lease, lease agreement, concession

Pachtzins ['paxttsɪns] *m* rent

Päckchen ['pɛkçən] *n* small package, small parcel

Packpapier ['pakpapi:r] *n* wrapping paper, packing paper

Packung ['pakuŋ] *f* packet, pack

pagatorisch [paga'to:rɪʃ] *adj* cash-based; financial

Paket [pa'ke:t] *n* package, packet, parcel

Pakethandel [pa'ke:thandl] *m* dealing in large lots

Paketzustellung [pa'ke:tsu:ʃtɛluŋ] *f* parcel delivery

Palette [pa'lɛtə] *f* 1. *(Auswahl)* selection, choice, range; 2. *(Transporteinheit)* pallet

Panel ['pɛnl] *n* panel

Papier [pa'pi:r] *n* 1. *(Wertpapier)* security, share, 2. *(Dokument)* document, paper

Papiergeld [pa'pi:rgɛlt] *n* paper money

Papierindustrie [pa'pi:rɪndustri:] *f* paper industry

Pappe ['papə] *f* cardboard

Parallelanleihe [para'le:lanlaiə] *f* parallel loan

Parallelmarkt [para'le:lmarkt] *m* parallel market

Parallelwährung [para'le:lvɛːruŋ] *f* parallel currency

pari ['pa:ri] *adj* par

Pariemission ['pa:riemisjo:n] *f* issue at par

Parikurs ['pa:rikurs] *m* par price

Pariplätze ['pa:riplɛtsə] *m/pl* places where cheques are collected by banks free of charge

Parität [pari'tɛ:t] *f* parity, equality

Paritätengitter [pari'tɛ:təŋgɪtər] *n* parity grid

paritätisch [pari'tɛ:tɪʃ] *adj* on an equal footing, in equal numbers

paritätische Mitbestimmung [pari'tɛ:tɪʃə 'mɪtbəʃtɪmuŋ] *f* parity codetermination

Parkett [par'kɛt] *n (Börse)* floor

Parkettmakler [par'kɛtma:klər] *m* official market broker

Partizipationsschein [partitsipa'tsjo:nsʃain] *m* participating receipt

Partner ['partnər] *m* 1. *(Geschäftspartner)* business partner, associate; 2. *(Vertragspartner)* party (to a contract)

Partnerschaft ['partnərʃaft] *f* partnership

Parzelle [par'tsɛlə] *f* parcel (of land)

Passierschein [pa'si:rʃain] *m* pass, permit

passiv ['pasi:f] *adj* passive; *adv* passively

Passiva [pa'si:va] *pl* liabilities

passive Rechnungsabgrenzung ['pasi:və 'rɛçnuŋsapgrɛntsuŋ] *f* accrued expense

passive Rückstellungen ['pasi:və 'rykʃtɛluŋən] *f/pl* passive reserves

Passivgeschäft ['pasi:fgəʃɛft] *n* passive deposit transactions

Passivhandel ['pasi:fhandəl] *m* passive trade

Passivierung [pasi'vi:ruŋ] *f* inclusion on the liabilities side

Passivierungspflicht [pasi'vi:ruŋspflɪçt] *f* requirement to accrue in full

Passivkredit ['pasi:fkredi:t] *m* passive borrowing

Passivtausch ['pasi:ftauʃ] *m* accounting exchange on the liabilities side

Passivzins ['pasi:ftsɪns] *m* interest payable

Passkontrolle ['paskɔntrɔlə] *f* passport control, examination of passports

Passus ['pasus] *m* passage

Patent [pa'tɛnt] *n* patent

Patentamt [pa'tɛntamt] *n* Patent Office

Patentanwalt [pa'tɛntanvalt] *m* patent attorney

patentieren [patɛn'ti:rən] *v* patent

Patentlizenz [pa'tɛntlitsɛnts] *f* patent licence

Patentverschluss [pa'tɛntfɛrʃlus] *m (bei Chemikalien, Medikamenten etc.)* childproof cap

pauschal [pau'ʃa:l] *adj* lump-sum, overall; *adv* on a flat-rate basis

Pauschalabschreibung [pau'ʃa:lapʃraibuŋ] *f* group depreciation

Pauschalbetrag [pau'ʃa:bətra:k] *m* flat rate

Pauschalbewertung [pau'ʃa:lbəveːrtuŋ] *f* group valuation

Pauschaldeckung [pau'ʃaldɛkuŋ] *f* blanket coverage

Pauschaldelkredere [pau'ʃa:ldɛlkreːdərə] *n* global delcredere

Pauschale [pau'ʃa:lə] *f* lump sum payment, flat charge

Pauschalgebühr [pau'ʃa:lgəbyːr] *f* flat fee, flat charge

Pauschalpreis [pau'ʃa:lpraɪs] *m* flat rate, lump-sum price

Pauschalsumme [pau'ʃa:lzumə] *f* lump sum

Pauschalwertberichtigung [pau'ʃa:lveːrtbərɪçtɪguŋ] *f* general bad-debt provision

Pause ['pauzə] *f* break, interval, interruption

pausieren [pau'ziːrən] *v* pause, take a break

pekuniär [pɛkuˈnjeːr] *adj* pecuniary

Pendelverkehr ['pɛndəlfɛrkeːr] *m* commuter traffic, shuttle service (flights)

Pendler ['pɛndlər] *m* commuter

Pension [pɛn'zjoːn] *f* (Ruhestand) retirement; (Rente) retirement pension

pensionieren [pɛnzjoˈniːrən] *v* pension off, retire; *sich ~ lassen* retire

Pensionsalter [pɛn'zjoːnsaltər] *n* retirement age

Pensionsanwartschaft [pɛn'zjoːnsanvartʃaft] *f* pension expectancy

Pensionsfonds [pɛn'zjoːnsfɔːs] *m* (Finanzwesen) retirement fund, (Personal) pension fund

Pensionsgeschäft [pɛn'zjoːnsgəʃɛft] *m* security transactions under repurchase

Pensionskasse [pɛn'zjoːnskasə] *f* staff pension fund

Pensionsrückstellungen [pɛn'zjoːnsrykʃtɛluŋən] *f/pl* pension reserve

Pensionszusage [pɛn'zjoːnstsuːsaːgə] *f* employer's pension commitment

Pensum ['pɛnzum] *n* workload

Pensumlohn ['pɛnzumloːn] *m* quota wage

per aval [pɛr a'val] *adv* as guarantor of payment

per Einschreiben [pɛr 'aɪnʃraɪbn] *adv* by registered post

per Express [pɛr ɛkspres] by express

per Lastkraftwagen [pɛr lastkraftwaːgən] by lorry

per procura [pɛr pro'kuːra] *adv* by procuration

per Ultimo [pɛr 'ultimo] *adv* for the monthly settlement

perfekt [pɛr'fɛkt] *adj* perfect; *adv* perfectly

Perfektion [pɛrfɛk'tsjoːn] *f* perfection

Peripheriegeräte [pɛrife'riːgərɛtə] *n/pl* peripheral units

permanent [pɛrma'nɛnt] *adj* permanent; *adv* permanently

Personal [pɛrzo'na:l] *n* staff, personnel, employees

Personal Computer (PC) ['pɜːsənəl kɔm'pjuːtər (peː'tseː)] *m* personal computer

Personalabbau [pɛrzo'na:lapbau] *m* reduction of staff, reduction of personnel

Personalabteilung [pɛrzo'na:laptaɪluŋ] *f* personnel department

Personalakte [pɛrzo'na:laktə] *f* personnel file, personnel dossier

Personalauswahl [pɛrzo'na:lausva:l] *f* employee selection

Personalbüro [pɛrzo'na:lbyro:] *n* personnel office

Personalchef(in) [pɛrzo'na:lʃɛf(ɪn)] *m/f* personnel manager

Personalentwicklung [pɛrzo'na:lɛntvɪkluŋ] *f* personnel development

Personalfreisetzung [pɛrzo'na:lfraɪzɛtsuŋ] *f* personnel layoff

Personalführung [pɛrzo'na:lfyːruŋ] *f* personnel management

Personalkosten [pɛrzo'na:lkɔstən] *pl* employment costs

Personalkredit [pɛrzo'na:lkrediːt] *m* personal loan

Personal-Leasing ['peːsənəl'liːzɪŋ] *n* personnel leasing

Personalleiter(in) [pɛrzo'na:llaɪtər(ɪn)] *m/f* staff manager

Personalmanagement [peːr'zona:lmænɪdʒmənt] *n* personnel management

Personalmangel [pɛrzo'na:lmaŋl] *m* shortage of staff

Personalnebenkosten [pɛrzo'na:lneːbənkɔstən] *pl* supplementary staff costs

Personalplanung [pɛrzo'na:lpla:nuŋ] *f* personnel planning, manpower planning, human resources planning, forecasting of labour requirements

Personalrat [pɛrzo'na:lra:t] *m* personnel committee

Personalstrategie [pɛrzo'na:lʃtrategiː] *f* personnel strategy

Personalwechsel [pɛrzo'na:lvɛksl] *m* staff changes

Personalwesen [pɛrzo'naːlveːzən] *n* personnel management

Personendepot [pɛr'zonəndepoː] *n* customer's security deposit

Personengesellschaft [pɛr'zoːnəngəzɛlʃaft] *f* partnership

Personenkonten [pɛr'zonənkɔntən] *pl* personal accounts

Personenkraftwagen [pɛr'zoːnənkraftvaːgən] *m* motor car, automobile

Personensteuern [pɛr'zonənʃtɔyərn] *pl* taxes deemed to be imposed on a person

persönlich [pɛr'zøːnlıç] *adj* personal, private; *adv* personally

persönliche Identifikations-Nummer (PIN) [pɛr'zøːnlıçə idɛntifika'tsjoːnsnumr] *f* personal identification number *(PIN)*

pessimistisch [pɛsi'mıstıʃ] *adj* pessimistic

Petrochemie ['pɛtrokɛmiː] *f* petrochemistry

Petrodollar ['petrodɔlar] *m* petrodollar

Pfand [pfant] *n* pledge

Pfandbrief ['pfantbriːf] *m* mortgage bond, mortgage debenture

Pfandbriefanstalt ['pfantbriːfanʃtalt] *f* mortgage bank

Pfandbriefdarlehen ['pfantbriːfdaːrleːn] *n* mortgage loan

Pfandbriefgesetz ['pfantbriːfgəzɛts] *n* mortgage law

Pfanddepot ['pfantdepoː] *n* pledged securities deposit

pfänden ['pfɛndən] *v* impound, seize

Pfandindossament ['pfantındɔsament] *n* pledge endorsement

Pfandleihe ['pfantlaıə] *f* pawnbroking

Pfandrecht ['pfantrɛçt] *n* pledge, lien

Pfandschein ['pfantʃaın] *m* certificate of pledge

Pfändung ['pfɛnduŋ] *f* attachment of property, levy of attachment, seizure

Pfandvertrag ['pfantfɛrtraːk] *m* contract of pledge

Pfandverwertung ['pfantfɛrveːrtuŋ] *f* realization of pledge

Pflegegeld ['pfleːgəgɛlt] *n* nursing allowance

Pflegekasse ['pfleːgəkasə] *f* nursing insurance scheme

Pflegekrankenversicherung ['pfleːgəkraŋkənferzıçəruŋ] *f* nursing insurance fund

Pflegerentenversicherung ['pfleːgərɛntənferzıçəruŋ] *f* nursing pension insurance fund

Pflegeversicherung ['pfleːgəferzıçəruŋ] *f* long-term-care insurance

Pflicht [pflıçt] *f* duty, obligation

pflichtbewusst ['pflıçtbəvust] *adj* responsible, conscious of one's duties, dutiful; *adv* responsibly, dutifully, conscientiously

Pflichtbewusstsein ['pflıçtbəvustzaın] *n* sense of duty

Pflichteinlage ['pflıçtaınlaːgə] *f* compulsory contribution

Pflichtkrankenkassen ['pflıçtkraŋkənkasə] *f* compulsory health insurance funds

Pflichtreserve ['pflıçtrezɛrvə] *f* minimum reserve

Pflichtteil ['pflıçttaıl] *m* compulsory portion, obligatory share

pflichtvergessen ['pflıçtfɛrgɛsən] *adj* irresponsible, derelict in one's duty

Pflichtversicherung ['pflıçtfɛrzıçəruŋ] *f* compulsory insurance

Pfund [pfunt] *n* 1. *(Maßeinheit)* pound; 2. *(Währungseinheit)* pound sterling

Pharmaindustrie ['farmaındustriː] *f* pharmaceutical industry

pharmazeutisch [farma'tsɔytıʃ] *adj* pharmaceutical

Pilot-Studie [pi'loːtʃtuːdjə] *f* pilot study

plädieren [plɛ'diːrən] *v* plead

Plädoyer [plɛdo'jeː] *n* address to the jury, closing argument, summation *(US)*

Plafond [pla'fɔː] *m* ceiling

Plagiat [plag'jaːt] *n* plagiarism

Plakatwand [pla'kaːtvant] *f* billboard

Plakatwerbung [pla'kaːtverbuŋ] *f* poster advertising, outdoor advertising

Planbeschäftigung ['plaːnbəʃɛftıguŋ] *f* activity base

Planbilanz ['plaːnbilants] *f* budgeted balance sheet

Plankalkulation ['plaːnkalkulatsjoːn] *f* target calculation

Plankostenrechnung ['plaːnkɔstənrɛçnuŋ] *f* calculation of the budget costs

Planrevision ['plaːnrevizjoːn] *f* budget adjustment

Planspiel ['plaːnʃpiːl] *n* planning game

Planung ['plaːnuŋ] *f* planning, layout, policy-making

Planungsbüro ['plaːnuŋsbyroː] *n* planning office

Planungskontrolle ['plaːnuŋskɔntrɔlə] *f* planning control

Planungsstadium ['plaːnuŋsʃtaːdjum] *n* planning stage

Planwerte ['plaːnveːrtə] *pl* planning figures

Planwirtschaft ['plaːnvɪrtʃaft] *f* planned economy

Planziel ['plaːntsiːl] *n* planned target, operational target

Plastik ['plastɪk] *n (Kunststoff)* plastics

Platine [pla'tiːnə] *f* board

Platzanweisung ['platsanvaɪzuŋ] *f* cheques and orders payable at a certain place

Platzbedarf ['platsbədarf] *m* space requirements *pl*

platzieren [pla'tsiːrən] *v* place, locate, position

Platzierung [pla'tsiːruŋ] *f* placing

Platzkauf ['platskauf] *m* purchase on the spot

Platzspesen ['platsʃpeːzən] *pl* local expenses

Platzübertragung ['platsybərtraːguŋ] *f* local transfer

Platzwechsel ['platsvɛksəl] *m* local bill

pleite ['plaɪtə] *adj* broke, bankrupt; ~ *sein* not have a bean; ~ *gehen* go bust, go broke

Pleite ['plaɪtə] *f* bankruptcy; ~ *machen* go bankrupt

Plotter ['plɔtər] *m (EDV)* plotter

Plus [plus] *n (Überschuss)* surplus; *(fig)* advantage, asset, plus *(fam)*

Point of Information (POI) [pɔɪnt əv ɪnfɔ'meɪʃən] *m (Ort der Information)* point of information

Point of Sale (POS) [pɔɪnt əv 'seɪl] *m (Ort des Verkaufs)* point of sale

Point of Sale Banking [pɔɪnt əv 'seɪl 'bæŋkɪŋ] *n* point of sale banking

Police [po'liː(ə)] *f* policy

Polier [po'liːr] *m* site foreman

Politik [poli'tiːk] *f* politics, *pl;* policy

Polypol [poly'poːl] *n* polypoly

populär [popu'lɛːr] *adj* popular

Popularität [populari'tɛːt] *f* popularity

POP-Werbung ['pop-vɛrbuŋ] *f* point of purchase promotion

Portfeuillesteuerung [pɔrt'føːjʃtɔyəruŋ] *f* portfolio controlling

Portfolio [pɔrt'foːljo] *n* portfolio

Portfolio Selection [pɔrt'foːljosəlekʃən] *f* portfolio selection

Portfolio-Analyse [pɔrt'foːljo-analyːzə] *f* portfolio analysis

Portfolio-Management [pɔrt'foːljomænɪdʒmənt] *n* portfolio management

Porto ['pɔrto] *n* postage

Portoabzug ['pɔrto] *m* postage deduction

portofrei ['pɔrtofraɪ] *adj/adv* post-paid, pre-paid, postage-free

portopflichtig ['pɔrtopflɪçtɪç] *adj* subject to postage

Post [pɔst] *f* post, mail; *(~amt)* post office; *(~dienst)* postal service

postalisch [pɔs'taːlɪʃ] *adj* postal; *auf ~em Weg* by mail

Postamt ['pɔstamt] *n* post office

Postanweisung ['pɔstanvaɪzuŋ] *f* postal order, money order

Postbank ['pɔstbaŋk] *f* post office bank

Posten ['pɔstən] *m* 1. *(Anstellung)* position, post, job; 2. *(Warenmenge)* quantity, lot; 3. *(Einzelziffer)* item, entry

Postfach ['pɔstfax] *n* post office box, P.O. box

Postgiro ['pɔstʒiːro] *n* postal giro

Postkarte ['pɔstkartə] *f* postcard

postlagernd ['pɔstlagərnt] *adj* poste restante, left till called for

Postleitzahl ['pɔstlaɪttsaːl] *f* postal code, postcode, ZIP code *(US)*

Postscheck ['pɔstʃɛk] *m* girocheque *(UK)*, postal cheque

Postscheckamt ['pɔstʃɛkamt] *n* postal giro centre

Postscheckkonto ['pɔstʃɛkkɔnto] *n* postal giro account

Postsparbuch ['pɔstʃpaːrbux] *n* post office savings book

Poststempel ['pɔstʃtɛmpəl] *m* postmark

Postüberweisung ['pɔstybərvaɪzuŋ] *f* postal transfer

postwendend ['pɔstvɛndənt] *adv* by return of post, by return mail *(US)*

Postwurfsendung ['pɔstvurfzɛnduŋ] *f* direct mail advertising, unaddressed mailing, bulk mail

potentielles Bargeld [poten'tsjɛləs 'baːrgɛlt] *n* potential cash

Potenzial [poten'tsjaːl] *n* potential

PR-Abteilung [peː'ɛraptaɪluŋ] *f* PR department

Prädikat [prɛdi'kaːt] *n (Bewertung)* rating, grade, mark

Präexport-Finanzierung ['prɛːɛksportfinantsiːruŋ] *f* pre-export financing

Präferenz [prɛfə'rɛnts] *f* preference

Prägung ['prɛːguŋ] *f* minting

präjudizierter Wechsel ['prɛːjuditsiːrtər 'vɛksl] *m* void bill

Praktikant(in) [praktɪ'kant(ɪn)] *m/f* trainee, intern

Praktiker ['praktıkər] *m* practician
Praktikum ['praktıkum] *n* practical course, internship
praktisch ['praktıʃ] *adj 1.* practical, useful; *adv 2.* practically, to all practical purposes *(UK)*, for all practical purposes *(US)*
Prämie ['prɛːmjə] *f* premium, bonus
Prämienanleihe ['prɛːmjənanlaɪə] *f* lottery loan
prämienbegünstigtes Sparen ['prɛːmjənbəgynstɪgtəs 'ʃpaːrən] *n* premium-aided saving
Prämienbrief ['prɛːmjənbriːf] *m* option contract
Prämiendepot ['prɛːmjəndepoː] *n* deposit for insurance payments
Prämiengeschäft ['prɛːmjəngəʃeft] *n* option dealing
Prämienlohn ['prɛːmjənloːn] *m* time rate plus premium wage
Prämiensparen ['prɛːmjənʃpaːrən] *n* bonus-aided saving
Prämiensparvertrag ['prɛːmjənʃpaːrfɛrtraːk] *m* bonus savings contract
Prämisse [prɛ'mısə] *f* premise
Präsentation [prɛzənta'tsjoːn] *f* presentation
Präsentationsfrist [prɛzənta'tsjoːnsfrıst] *f* presentation period
Präsentationsklausel [prɛzənta'tsjoːnsklauzəl] *f* presentation clause
präsentieren [prɛzən'tiːrən] *v* present
Präsenzbörse [prɛ'zɛntsbœrzə] *f* attendance stock exchange
Präsident(in) [prɛzi'dɛnt(ın)] *m/f* president
präsidieren [prɛzi'diːrən] *v* preside; *etw* ~ preside over sth
Präsidium [prɛ'ziːdjum] *n (Vorsitz)* presidency, chairmanship
Präzisionsarbeit [prɛtsi'zjoːnsarbaıt] *f* precision work
Preis [praıs] *m* price
Preis frei bleibend [praıs 'fraı blaıbənt] *adv* open price, price subject to change
Preisabsatzfunktion [praısap'zatsfunktsjoːn] *f* price-demand function
Preisabsprache ['praısapʃpraːxə] *f* price fixing, price rigging, price cartel
Preisabweichung ['praısapvaıçuŋ] *f* price variance
Preisabzug ['praısaptsuːk] *m* price deduction
Preisangabeverordnung ['praısangaːbəfɛrɔrdnuŋ] *f* price marking ordinance

Preisanstieg ['praısanʃtiːk] *m* price increase, rise in prices
Preisausschreiben ['praısausʃraıbən] *n* competition
Preisauszeichnung ['praısaustsaıçnuŋ] *f* price-marking
Preisbildung ['praısbılduŋ] *f* price formation
Preisbindung ['praısbınduŋ] *f* price fixing
Preisdifferenzierung ['praısdıfərɛntsiːruŋ] *f* price differentiation
Preiselastizität ['praıselastitsitɛːt] *f* price elasticity
Preisempfehlung ['praısɛmpfeːluŋ] *f* price recommendation; *unverbindliche* ~ suggested retail price
Preisentwicklung ['praısɛntvıkluŋ] *f* price trend
Preiserhöhung ['praısɛrhøːuŋ] *f* price increase
preisgünstig ['praısgynstıç] *adj* reasonably priced, worth the money, favourably priced
Preisindex ['praısındɛks] *m* price index
Preiskartell ['praıskartɛl] *n* price fixing cartel
Preiskontrolle ['praıskɔntrɔlə] *f* price control
Preislage ['praıslaːgə] *f* price, price range
Preisliste ['praıslıstə] *f* price list, list of prices
Preis-Lohn-Spirale [praısloːnʃpiˈraːlə] *f* wage-price spiral
Preisnachlass ['praısnaːxlas] *m* price reduction
Preisniveau ['praısnivoː] *n* price level
Preisnotierung ['praısnotiːruŋ] *f* price quotation
Preisobergrenze [praıs'oːbərgrɛntsə] *f* price ceiling
Preispolitik ['praıspolitiːk] *f* price policy
Preisrückgang ['praısrykgaŋ] *m* drop in prices, fall in prices, price recession
Preisschere ['praısʃeːrə] *f* price gap
Preisschild ['praısʃılt] *n* price tag, price label
Preisschwankung ['praısʃvaŋkuŋ] *f* price fluctuation
Preissenkung ['praıszɛnkuŋ] *f* price reduction
Preisstabilität ['praısʃtabilitɛːt] *f* stability of prices
Preissteigerung ['praısʃtaıgəruŋ] *f* price increase
Preisstopp ['praısʃtɔp] *m* price stop

Preisuntergrenze [praɪs'untərgrɛntsə] *f* price floor

Preisverfall ['praɪsfɛrfal] *m* decline in prices, collapse of prices, large-scale slide of prices, crumbling of prices

preiswert ['praɪsveːrt] *adj* reasonably priced, worth the money

Premium ['preːmjum] *n* premium

Pre-Sales-Services ['priː'seɪlz'sɛrvɪsəs] *pl* pre-sales services

Presse ['prɛsə] *f* press

Presseaktion ['prɛsəaktsjoːn] *f* press campaign

Presseerklärung ['prɛsəɛrkleːruŋ] *f* 1. *(mündlich)* statement to the press; 2. *(schriftlich)* press release

Pressekonferenz ['prɛsəkɔnfərɛnts] *f* press conference

Pressemitteilung ['prɛsəmɪtailuŋ] *f* press release

Pressesprecher ['prɛsəʃprɛçər] *m* spokesman

Pressezentrum ['prɛsətsɛntrum] *n* press office, press centre

Prestige [prɛs'tiːʒ] *n* prestige

Prestigeverlust [prɛs'tiːʒfɛrlust] *m* loss of prestige

Pretest ['priːtɛst] *m* pretest

Price Earnings Ratio [praɪz ɜːnɪŋs reɪʃo] *f (Kurs-Gewinn-Verhältnis)* price earnings ratio

Primawechsel ['priːmavɛksəl] *m* first of exchange

Primanota [prima'noːta] *n* journal

Primapapiere ['primapapiːrə] *pl* prime papers

Primäraufwand [pri'mɛːraufvant] *m* primary expenses

Primärbedarf [pri'mɛːrbədarf] *m* primary demand

Primärenergie [pri'mɛːrenɛrgiː] *f* primary energy

primärer Sektor [pri'mɛːrər 'zɛktor] *m* primary sector of the economy

Primärmarkt [pri'mɛːrmarkt] *m* primary market

Prime Rate ['praɪm 'reɪt] *f* prime rate

Printmedien ['prɪntmeːdjən] *pl* print media

Printwerbung ['prɪntvɛrbuŋ] *f* print advertising

Prioritätsaktien [priori'tɛːtsaktsjən] *f/pl* preference shares

Prioritätsobligationen [priori'tɛːtsobligatsjoːnən] *pl* priority bonds

privat [pri'vaːt] *adj* private; *adv* privately; ~ *versichert* privately insured

Privatadresse [pri'vaːtadrɛsə] *f* home address, private adress

Privatbank [pri'vaːtbaŋk] *f* private bank

Privatdiskont [pri'vaːtdɪskɔnt] *m* prime acceptance

Private Banking ['praɪvət 'bæŋkɪŋ] *n* private banking

private Güter [pri'vaːtə 'gyːtər] *pl* private goods

private Kranken- und Unfallversicherung [pri'vaːtə 'kraŋkən unt 'unfalfɛrzɪçəruŋ] *f* private medical/health and accident insurance

Privateigentum [pri'vaːtaɪgəntum] *n* private property

Privateinlagen [pri'vaːtaɪnlaːgən] *f/pl* private contribution

Privatentnahme [pri'vaːtɛntnaːmə] *f* personal travings

privater Verbrauch [pri'vaːtər fɛr'braux] *m* private consumption; personal consumption expenditure

Privatgeschäft [pri'vaːtgəʃɛft] *n* private transaction

Privathaushalt [pri'vaːthaushalt] *m* private household

Privatinitiative [pri'vaːtɪnɪtsjatiːvə] *f* one's own initiative, personal initiative

privatisieren [privati'ziːrən] *v* privatize, transfer to private ownership, denationalize *(UK)*

Privatisierung [privati'ziːruŋ] *f* privatization

Privatkonto [pri'vaːtkɔnto] *n* private account, personal account

Privatmittel [pri'vaːtmɪtəl] *n* private means *pl*

Privatrecht [pri'vaːtrɛçt] *n* private law

Privatversicherung [pri'vaːtfɛrzɪçəruŋ] *f* private insurance

Privatwirtschaft [pri'vaːtvɪrtʃaft] *f* private industry, private enterprise *(US)*

privatwirtschaftlich [pri'vaːtvɪrtʃaftlıç] *adj* private-enterprise

pro Kopf [proː kɔpf] *adv* per capita

Probe ['proːbə] *f* 1. *(Versuch)* experiment, test, trial; 2. *(Muster)* sample, specimen, pattern

Probearbeitsverhältnis ['proːbəarbaitsfɛrhɛltnɪs] *n* probationary employment

Probeauftrag ['proːbəauftraːk] *m* trial order

Probeexemplar ['proːbɛksəmplaːr] *n* sample copy

Probefahrt ['proːbəfaːrt] *f* trial run

Probelieferung ['proːbəliːfəruŋ] *f* trial shipment

Probepackung ['proːbəpakuŋ] *f* trial package

probeweise ['proːbəvaɪzə] *adv* on a trial basis, as a test

Probezeit ['proːbətsaɪt] *f* probationary period, trial period

Problemanalyse [proˈbleːmanalyːzə] *f* problem analysis

Product-Management ['prɔdakt 'mænɪdʒmənt] *n* product management

Product-Placement ['prɔdakt 'pleɪsmənt] *n* product placement

Produkt [proˈdukt] *n* product

Produkt/Markt-Matrix [proˈdukt'markt-'maːtrɪks] *f* product/market matrix

Produktdifferenzierung [proˈduktdɪfərɛntsiːruŋ] *f* product differentiation

Produktdiversifikation [proˈduktdiverzifikatsjoːn] *f* product diversification

Produkteinführung [proˈduktaɪnfyːruŋ] *f* launch of a product, product launch

Produktelimination [proˈdukteliminatsjoːn] *f* product elimination

Produktenbörse [proˈduktənbœrzə] *f* merchantile exchange, produce exchange

Produktenhandel [proˈduktənhandl] *m* produce trade

Produktfamilie [proˈduktfamiːljə] *f* product family

Produktgeschäft [proˈduktgəʃɛft] *n* product business

Produktgestaltung [proˈduktgəʃtaltuŋ] *f* product design

Produkthaftung [proˈdukthaftuŋ] *f* product liability

Produktion [produkˈtsjoːn] *f* production, output

Produktionsanlagen [produkˈtsjoːnsanlaːgən] *f/pl* production plant

Produktionsausfall [produkˈtsjoːnsausfal] *m* loss of production

Produktionsfaktoren [produkˈtsjoːnsfaktoːrən] *m/pl* production factors

Produktionsgenossenschaft [produkˈtsjoːnsgənɔsənʃaft] *f* producers' co-operative

Produktionsgüter [produkˈtsjoːnsgyːtər] *pl* producer goods, producers' capital goods

Produktionskapazität [produkˈtsjoːnskapatsiteːt] *f* production capacity

Produktionskosten [produkˈtsjoːnskɔstən] *pl* production costs

Produktionsplanung [produkˈtsjoːnsplaːnuŋ] *f* production planning

Produktionspotenzial [produkˈtsjoːnspotɛntsjaːl] *n* production potential

Produktionsprogramm [produkˈtsjoːnsprogram] *n* production programme

Produktionsschwankung [produkˈtsjoːnsʃvaŋkuŋ] *f* fluctuations in production

Produktionstheorie [produkˈtsjoːnsteoriː] *f* production theory

Produktionswert [produkˈtsjoːnsveːrt] *m* production value

produktiv [produkˈtiːf] *adj* productive; *adv* productively

Produktivität [produktiviˈtɛːt] *f* productivity, productiveness, productive efficiency

Produktivvermögen [produkˈtiːffɛrmøːgən] *n* productive wealth

Produktlinie [proˈduktliːnjə] *f* production scheduling

Produktpalette [proˈduktpalɛtə] *f* range of products

Produktpiraterie [proˈduktpiratəriː] *f* counterfeiting

Produktplanung [proˈduktplaːnuŋ] *f* product planning

Produktplatzierung [proˈduktplatsiːruŋ] *f* product placement

Produktstandardisierung [proˈduktʃtandardiziːruŋ] *f* product standardization

Produzent [produˈtsɛnt] *m* (Hersteller) producer

Produzentenhaftung [produˈtsɛntənhaftuŋ] *f* product liability

Produzentenrente [produˈtsɛntənrɛntə] *f* producer's surplus

produzieren [produˈtsiːrən] *v* produce, manufacture

professionell [profɛsjoˈnɛːl] *adj* professional; *adv* professionally

profilieren [profiˈliːrən] *v* sich ~ distinguish oneself

Profit [proˈfiːt] *m* profit

profitabel [profiˈtaːbəl] *adj* profitable lucrative

Profit-Center [proˈfiːtsɛntər] *n* profit center

profitieren [profiˈtiːrən] *v* profit, benefit, take advantage of

Profitrate [proˈfiːtraːtə] *f* profit rate

Profitstreben [proˈfiːtʃtreːbən] *n* profit-seeking

Proformarechnung [proˈfɔrmareçnuŋ] *f* pro forma invoice

Prognose [progˈnoːzə] *f* prognosis, prediction, forecast

Programm [proˈgram] *n* programme

Programmgesellschaft [proˈgramgəzɛlʃaft] *f* investment program(me)

programmgesteuert [proˈgramgəʃtɔyərt] *adj* programme-controlled

programmieren [programˈmiːrən] *v* programme, program

Programmierer [programˈmiːrər] *m* programmer

Programmiersprache [programˈmiːrʃpraːxə] *f* programming language

Programmierung [programˈmiːruŋ] *f* programming

Programmzertifikat [proˈgramtsɛrtifikaːt] *n* certificate of participation (in an investment program)

Progression [progrɛˈsjoːn] *f* progression

progressiv [progrɛˈsiːf] *adj* progressive

progressive Abschreibung [progrɛˈsiːvə ˈapʃraibuŋ] *f* progressive depreciation

Prohibitivpreis [prohibiˈtiːfprais] *m* prohibitive price

Prohibitivzoll [prohibiˈtiːftsɔl] *m* prohibitive duty

Projekt [proˈjɛkt] *n* project, plan, scheme

Projektfinanzierung [proˈjɛktfinantsiːruŋ] *f* project financing

Projektgesellschaft [proˈjɛktgəzɛlʃaft] *f* joint-venture company

Projektleiter(in) [proˈjɛktlaitər(in)] *m/f* project manager

Projektmanagement [proˈjɛktmænidʒmənt] *n* project management

Projektorganisation [proˈjɛktɔrganizatsjoːn] *f* project-type organization

Pro-Kopf-Einkommen [proːˈkopfainkɔmən] *n* per capita income

Prokura [proˈkuːra] *f* full power of attorney

Prokuraindossament [proˈkuːraindɔsament] *n* per procuration endorsement

Prokurist [prokuˈrist] *m* holder of special statutory, company secretary, authorised representative

Prolongation [prolɔŋaˈtsjoːn] *f* extension, prolongation

Prolongationsgeschäft [prolɔŋaˈtsjoːnsgəʃɛft] *n* prolongation business

Prolongationssatz [prolɔŋaˈtsjoːnssats] *m* renewal rate

Promesse [proˈmɛsə] *f* promissory note

Promotion [promoˈtsjoːn] *f (Verkaufsförderung)* (sales) promotion

Promptgeschäft [ˈprɔmptgəʃɛft] *n* sale for quick delivery

Promptklausel [ˈprɔmptklauzəl] *f* prompt clause

Propaganda [propaˈganda] *f* propaganda

proportionale Kosten [proˈpɔrtsjoˈnaːlə ˈkɔstən] *pl* proportional cost

Prospekt [proˈspɛkt] *m* prospectus, brochure, catalogue, catalog *(US)*; broadside *(US)*

Prospekt bei Emissionen [proˈspɛkt bai emiˈsjoːnən] *m* underwriting prospectus

Prospektprüfung [proˈspɛktpryːfuŋ] *f* audit of prospectus

Prosperität [prosperiˈtɛːt] *f* prosperity

Protektion [protɛkˈtsjoːn] *f (Begünstigung)* patronage, protection

Protektionismus [protɛktsjoˈnismus] *m* protectionism

Protest [proˈtɛst] *m* protest

Protestliste [proˈtɛstlistə] *f* list of firms whose bills and notes have been protested

Protestverzicht [proˈtɛstfɛrtsiçt] *m* waiver of protest

Protestwechsel [proˈtɛstvɛksəl] *m* protested bill

Protokoll [protoˈkɔl] *n* record, minutes *pl*

Protokollführer [protoˈkɔlfyːrər] *m* clerk of the court, secretary

protokollieren [protokoˈliːrən] *v* 1. record, keep a record of; 2. *(bei einer Sitzung)* take the minutes

Prototyp [protoˈtyːp] *m* prototype

Provenienz [proveˈnjɛnts] *f* provenance; origin

Provinzbank [proˈvintsbaŋk] *f* country bank

Provinzbörse [proˈvintsbœrzə] *f* regional stock exchange

Provision [proviˈzjoːn] *f* commission

Provisionsabrechnung [proviˈzjoːnsaprɛçnuŋ] *f* statement of commission

Provisionsbasis [proviˈzjoːnsbaːzis] *f auf ~ on commission*

provisionsfrei [proviˈzjoːnsfrai] *adj* free of commission

provisionsfreies Konto [proviˈzjoːnsfraiəs ˈkɔnto] *n* commission-free account

Provisionsgarantie [proviˈzjoːnsgarantiː] *f* commission guarantee

provisionspflichtiges Konto [proviˈzjoːnspfliçtigəs ˈkɔnto] *n* commission-bearing account

Provisionszahlung [provi'zjo:nstsa:luŋ] *f* commission payment

Prozent [pro'tsɛnt] *n* per cent, percentage

Prozentkurs [pro'tsɛntkurs] *m* percentage quotation

Prozentrechnung [pro'tsɛntrɛçnuŋ] *f* percentage arithmetic

Prozentsatz [pro'tsɛntzats] *m* percentage

Prozess [pro'tsɛs] *m* 1. *(Entwicklung)* action, proceedings; 2. *(Strafverfahren)* trial, lawsuit

Prozessakte [pro'tsɛsaktə] *f* case file, court record

Prozessbevollmächtigte(r) [pro'tsɛsbəfɔlmɛçtɪçtə(r)] *m/f* counsel, attorney of record

Prozessgegner [pro'tsɛsge:gnər] *m* opposing party

prozessieren [protsɛ'si:rən] *v* go to court, carry on a lawsuit, litigate

Prozesskosten [pro'tsɛskɔstən] *pl* legal costs, costs of the proceedings, costs of litigation

Prozessor [pro'tsɛsor] *m (EDV)* processor

Prozessorganisation [pro'tsɛsɔrganiza-tsjo:n] *f* process organization

Prüfer ['pry:fər] *m* inspector; *(Rechnungsprüfer)* auditor

Prüfung ['pry:fuŋ] *f* inspection, examination

Prüfungsbericht ['pry:fuŋsbərıçt] *m* audit report

Prüfungskommission ['pry:fuŋskɔmıs-jo:n] *f* examining commission

Prüfungspflicht ['pry:fuŋspflıçt] *f* statutory audit

Prüfungsverband ['pry:fuŋsfɛrbant] *m* auditing association

Prüfungsvermerk ['pry:fuŋsfɛrmɛrk] *m* certificate of audit

Public Management ['pablık 'mænɪdʒmənt] *n* public management

Public Relations (PR) ['pablık rı'leıʃənz] *pl* public relations *(PR)*

Publikationspflicht [publika'tsjo:nspflıçt] *f* compulsory disclosure

Publikumsaktie ['pu:blikumsaktsjə] *f* popular share

Publikumsfonds ['pu:bikumsfɔ:s] *m* public fund

Publizität [publitsi'tɛ:t] *f* publicity

Pull-Strategie ['pulʃtrategi:] *f* pulling strategy

pünktlich ['pyŋktlıç] *adv* punctually, on time

Pünktlichkeit ['pyŋktlıçkaıt] *f* punctuality

Push-Strategie ['puʃʃtrategi:] *f* pushing strategy

Q/R

Quadratkilometer [kva'dra:tki:lome:tər] *m* square kilometre

Quadratmeter [kva'dra:tme:tər] *m* square metre

Quadratzentimeter [kva'dra:ttsɛntime:tər] *m* square centimetre

Qualifikation [kvalifika'tsjo:n] *f* qualification, capacity, ability

qualifiziert [kvalifi'tsi:rt] *adj* qualified

qualifizierte Gründung [kvalifi'tsi:rtə 'gryndʊŋ] *f* formation involving subscription in kind

qualifizierte Legitimationspapiere [kvalifi'tsi:rtə 'legitimatsjo:nspapi:rə] *n/pl* eligible title-conferring instrument

qualifizierte Mehrheit [kvalifi'tsi:rtə 'me:rhaɪt] *f* qualified majority

qualifizierte Minderheit [kvalifi'tsi:rtə 'mɪndərhaɪt] *f* right-conferring minority

Qualität [kvali'tɛ:t] *f* quality; *erstklassige ~* high quality, top quality

qualitativ [kvalita'ti:f] *adj* qualitative

qualitatives Wachstum [kvalita'ti:vəs 'vakstum] *n* qualitative growth

Qualitätsabweichung [kvali'tɛ:tsapvaɪçuŋ] *f* deviation from quality

Qualitätsarbeit [kvali'tɛ:tsarbaɪt] *f* quality work

Qualitätsbezeichnung [kvali'tɛ:tsbətsaɪçnuŋ] *f* designation of quality, grade

Qualitätskontrolle [kvali'tɛ:tskɔntrɔlə] *f* quality control

Qualitätssicherung [kvali'tɛ:tsziçəruŋ] *f* quality assurance

Qualitätszirkel [kvali'tɛ:tstsɪrkl] *m* quality circle

Quantität [kvanti'tɛ:t] *f* quantity, amount

quantitativ [kvantita'ti:f] *adj* quantitative

Quantitätsgleichung [kvanti'tɛ:tsglaɪçuŋ] *f* quantity equation

Quantitätsnotierung [kvanti'tɛ:tsnoti:ruŋ] *f* fixed exchange

Quantitätstheorie [kvanti'tɛ:tsteori:] *f* quantity theory

Quantum ['kvantum] *n* quantum, quantity, ration

Quartal [kvar'ta:l] *n* quarter

Quartalsbericht [kvar'ta:lsbərɪçt] *m* quarterly report

Quartalsende [kvar'ta:lsɛndə] *n* end of the quarter

Quartalsrechnung [kvarta:lsrɛçnuŋ] *f* quarterly invoice

Quasigeld ['kva:zigɛlt] *n* quasi money

Quasimonopol ['kva:zimonopo:l] *n* quasi monopoly

Quasirente ['kva:zirɛntə] *f* quasi rent

Quasipapiere ['kva:zipapı:rə] *n/pl* quasi-paper

Quellenprinzip ['kvɛlənprɪntsi:p] *n* source principle

Quellensteuer ['kvɛlənʃtɔyər] *f* tax collected at the source, withholding tax

Quick Ratio ['kvɪk 'reɪʃiəʊ] *f (Liquidität ersten Grades)* quick ratio

quitt [kvɪt] *adj* quits *(UK)*, square, even

quittieren [kvɪ'ti:rən] *v (bestätigen)* receipt, give a receipt, acknowledge receipt

Quittung ['kvɪtuŋ] *f* receipt, voucher

Quittungsblock ['kvɪtuŋsblɔk] *m* receipt pad

Quittungseinzugsverfahren ['kvɪtuŋsaɪntsu:ksfɛrfa:rən] *n* receipt collection procedure

Quorum ['kvo:rum] *n* quorum

Quotation [kvota'tsjo:n] *f* quotation

Quote ['kvo:tə] *f* quota; *(Verhältnisziffer)* rate; *(Anteil)* proportional share

Quotenaktie ['kvo:tənaktsjə] *f* share of no par value

Quotenhandel ['kvo:tənhandl] *m* quota transactions

Quotenkartell ['kvo:tənkartɛl] *n* commodity restriction scheme

Quotensystem ['kvo:tənzyste:m] *n* quota system

Rabatt [ra'bat] *m* discount, rebate, allowance

Rabattvereinbarung [ra'batfɛraɪnba:ruŋ] *f* rebate agreement

Rack Jobbing ['ræk 'dʒɔbɪŋ] *n* rack jobbing

Rahmenbedingungen ['ra:mənbədɪŋuŋən] *pl* general conditions

Rahmenkredit ['ra:mənkredi:t] *m* credit line, loan facility

Rahmentarif ['ra:məntari:f] *m* collective agreement

Rahmenvereinbarung ['ra:mənfɛraɪnba:ruŋ] *f* blanket agreement

Rahmenvertrag ['ra:mənfɛrtra:k] *m* basic agreement, skeleton agreement, framework contract

Ramschkauf ['ramʃkauf] *m* rummage sale, jumble sale

Random-Walk-Theorie [rændəm'wɔ:k 'teori:] *f* random-walk theory

Rang [raŋ] *m* 1. rank; 2. *(Qualität)* quality, grade, rate

Rangfolge ['raŋfɔlgə] *f* order of rank

Rangierbahnhof [raŋ'ʒi:rba:nho:f] *m* shunting yard *(UK)*, switchyard *(US)*

rangieren [raŋ'ʒi:rən] *v* 1. *(Eisenbahn)* shunt, switch *(US)*; 2. *(Rang einnehmen)* rank; *an erster Stelle* ~ rank first, to be in first place

Ranking ['ræŋkıŋ] *n* ranking

Rat [ra:t] *m* advice

Rat für gegenseitige Wirtschaftshilfe (RGW) [ra:t fy:r 'ge:gənzaıtıgə 'vırtʃaftshılfə] *m* Council for Mutual Economic Aid (COMECON)

Rate ['ra:tə] *f* instalment *(UK)*; installment *(US)*

Ratenanleihen ['ra:tənanlaıən] *f* instal(l)ment loans

Ratenkauf ['ra:tənkauf] *m* instal(l)ment purchase, hire purchase

Ratenkredit ['ra:tənkredi:t] *m* instal(l)ment sales credit

Ratensparvertrag ['ra:tənʃpa:rfɛrtra:k] *m* saving-by-instal(l)ments contract

Ratenwechsel ['ra:tənvɛksəl] *m* bill payable in instal(l)ments

ratenweise ['ra:tənvaızə] *adj* in instal(l)ments

Ratenzahlung ['ra:təntsa:luŋ] *f* payment by instal(l)ments, deferred payment

Ratifikation [ratifika'tsjo:n] *f* ratification

rationalisieren [ratsjonali'zi:rən] *v* rationalize

Rationalisierung [ratsjonali'zi:ruŋ] *f* rationalisation

Rationalisierungsgewinn [ratsjonali'zi:ruŋsgəvın] *m* rationalization profit

Rationalisierungsinvestition [ratsjonali'zi:ruŋsınvɛstitsjo:n] *f* rationalization investment

Rationalisierungsmaßnahme [ratsjonali'zi:ruŋsmasna:mə] *f* efficiency measure

Rationalität [ratsjonali'tɛ:t] *f* efficiency

Rationalkauf [ratsjo'na:lfɛrkauf] *m* rational buying

Rationalverhalten [ratsjo'na:lfɛrhaltən] *n* rational behaviour

rationell [ratsjo'nɛl] *adj* efficient; *(wirtschaftlich)* economical

Rationierung [ratsjo'ni:ruŋ] *f* rationing

Raubbau ['raupbau] *m* ruinous exploitation

Raubkopie ['raupkopi:] *f* pirate copy

Raummaße ['rauma:sə] *n/pl* cubic measures

Räumungsklage ['rɔymuŋskla:gə] *f* action for eviction

Räumungsverkauf ['rɔymuŋsfɛrkauf] *m* clearance sale, closing-down sale, liquidation sale

Rausschmiss ['rausʃmıs] *m (fam: Entlassung)* ouster

Reaktor [re'aktɔr] *m* reactor

real [re'al] *adj* real, in real terms, in terms of real value

Realeinkommen [re'a:laınkɔmən] *n* real income

Realignment [ri:ə'laınmənt] *n* realignment of parities

Realinvestition [re'a:lınvɛstitsjo:n] *f* real investment

Realisation [realiza'tsjo:n] *f* realization

realisierbar [reali'zi:rba:r] *adj* practicable, feasible, achievable

Realisierbarkeit [reali'zi:rba:rkaıt] *f* feasibility, viability

realisieren [reali'zi:rən] *v* realize, convert into money, *(Pläne)* carry out

Realisierung [reali'zi:ruŋ] *f* 1. realization, liquidation, conversion into money; 2. carrying out, implementation

realistisch [rea'lıstıʃ] *adj* realistic; *adv* realistically

Realkapital [re'a:lkapita:l] *n* 1. *(Volkswirtschaft)* real capital; 2. *(Betriebswirtschaft)* tangible fixed assets

Realkauf [re'a:lkauf] *m* cash sale

Realkredit [re'a:lkredi:t] *m* credit on real estate

Realkreditinstitut [re'a:lkredi:tinstitu:t] *n* real-estate credit institution

Reallohn [re'a:llo:n] *m* real wages

Realsteuern [re'a:lʃtɔyərn] *f/pl* tax on real estate

Realvermögen [re'a:lfɛrmø:gən] *n* real wealth

Realzins [re'a:ltsıns] *m* real rate of interest, interest rate in real terms

Recheneinheit ['reçənaınhaıt] *f* calculation unit

Rechenkapazität ['reçənkapatsıtɛt] *f* computing capacity

Rechenprüfung ['rɛçənpry:fuŋ] f arithmetic check

Rechenschaft ['rɛçənʃaft] f account; jdn zur ~ ziehen hold s.o. responsible; über etw ~ ablegen account for sth

Rechenschaftsbericht ['rɛçənʃaftsbərɪçt] m report, status report, accounting

Rechenschaftslegung ['rɛçənʃaftsle:guŋ] f rendering of account

Rechenzentrum ['rɛçəntsɛntrum] n computer centre

Recherche [re'ʃɛrʃə] f investigation, enquiry

recherchieren [reʃɛr'ʃi:rən] v investigate

rechnen ['rɛçnən] v calculate, compute; auf etw ~ count on sth; mit etw ~ expect sth; (zählen) count

Rechner ['rɛçnər] m (Elektronenrechner) computer; (Taschenrechner) calculator

rechnergesteuert ['rɛçnərgəʃtɔyərt] adj computer controlled

Rechnung ['rɛçnuŋ] f 1. invoice, bill; 2. auf eigene ~ on one's own account; jdm etw in ~ stellen bill s.o. for sth; 3. calculation, arithmetic

Rechnungsabgrenzung ['rɛçnuŋsapgrɛntsuŋ] f apportionment between accounting periods

Rechnungsabgrenzungsposten ['rɛçnuŋsapgrɛntsuŋspɔstən] m/pl accruals and deferrals

Rechnungsbetrag ['rɛçnuŋsbətra:k] m invoice total

Rechnungseinheit ['rɛçnuŋsaɪnhaɪt] f unit of account

Rechnungseinzugsverfahren ['rɛçnuŋsaɪntsu:ksfɛrfa:rən] n accounts collection method, direct debit

Rechnungshof ['rɛçnuŋsho:f] m Court of Auditors

Rechnungsjahr ['rɛçnuŋsja:r] n financial year, fiscal year

Rechnungslegung ['rɛçnuŋsle:guŋ] f accounting

Rechnungsnummer ['rɛçnuŋsnumər] f invoice number

Rechnungsprüfer ['rɛçnuŋspry:fər] m auditor

Rechnungsstellung ['rɛçnuŋsʃtɛluŋ] f invoicing, rendering in account

Rechnungssumme ['rɛçnuŋszumə] f invoice amount

Rechnungswesen ['rɛçnuŋsve:zən] n accountancy, accounting, bookkeeping

Rechnungszins ['rɛçnuŋstsɪns] m interest rate for accounting purposes

Recht [rɛçt] n 1. law; ~ sprechen administer justice; 2. (Anspruch) right; sein ~ fordern demand sth as a right; zu ~ rightly; ~ haben be right; ~ bekommen have been right; ~ behalten turn out to be right

rechtlich ['rɛçtlɪç] adj legal, lawful; adv legally, lawfully

rechtmäßig ['rɛçtmɛ:sɪç] adj lawful; adv in a lawful manner

rechts ['rɛçts] adv on the right

Rechtsanspruch ['rɛçtsanʃprux] m legal claim

Rechtsanwalt ['rɛçtsanvalt] m lawyer, solicitor (UK), attorney (US)

Rechtsanwaltsbüro ['rɛçtsanvaltsbyro:] n law office

Rechtsaufsicht ['rɛçtsaufzɪçt] f legal supervision

Rechtsbehelf ['rɛçtsbəhɛlf] m legal remedy

Rechtsbeistand ['rɛçtsbaɪʃtant] m legal aid

Rechtsberater ['rɛçtsbəra:tər] m legal counsel

rechtsfähig ['rɛçtsfɛ:ɪç] adj having legal capacity

Rechtsfähigkeit ['rɛçtsfɛ:ɪçkaɪt] f legal capacity

Rechtsfall ['rɛçtsfal] m case

Rechtsform ['rɛçtsfɔrm] f legal structure

Rechtsgeschäft ['rɛçtsgəʃɛft] n legal transaction

rechtsgültig ['rɛçtsgyltɪç] adj legally valid, legal

Rechtshaftung ['rɛçtshaftuŋ] f legal responsibility

rechtskräftig ['rɛçtskrɛ:ftɪç] adj legally binding; (Urteil) final

Rechtslage ['rɛçtsla:gə] f legal situation, legal position

Rechtsmittel ['rɛçtsmɪtəl] n legal remedy, appeal

Rechtsnachfolge ['rɛçtsna:çfɔlgə] f legal succession

Rechtsnorm ['rɛçtsnɔrm] f legal norm

Rechtsordnung ['rɛçtsɔrdnuŋ] f legal system

Rechtsprechung ['rɛçtʃprɛçuŋ] f administration of justice, judicial decision, court rulings

Rechtsschutz ['rɛçtʃuts] m legal protection

Rechtsstaat ['rɛçtsʃtaːt] *m* state bound by the rule of law

Rechtsstreit ['rɛçtsʃtraɪt] *m* legal action, lawsuit, litigation

Rechtsverhältnis ['rɛçtsfɛrhɛltnɪs] *n* legal relationship

Rechtsweg ['rɛçtsveːk] *m* legal recourse; *der ~ ist ausgeschlossen* the judges' decision is final

Rechtswesen ['rɛçtsveːzən] *n* legal system

rechtswidrig ['rɛçtsviːdrɪç] *adj* unlawful, illegal; *adv* unlawfully, illegally

recyceln [ri'saɪkəln] *v* recycle

Recycling [ri'saɪklɪŋ] *n* recycling

Recyclingverfahren [ri'zaɪklɪŋfɛrfaːrən] *n* recycling process

Redegewandtheit ['reːdəgəvanthaɪt] *f* eloquence

Rediskont [redɪs'kɔnt] *m* rediscount

rediskontieren [redɪskɔn'tiːrən] *v* rediscount

Rediskontierung [redɪskɔn'tiːruŋ] *f* rediscount

Rediskontkontingent [redɪs'kɔntkɔntɪŋgɛnt] *n* rediscount quota

Reduktion [reduk'tsjoːn] *f* reduction

Redundanz [redun'dants] *f* redundancy

reduzieren [redu'tsiːrən] *v* reduce, cut

Reeder ['reːdər] *m* shipowner

Reederei [reːdə'raɪ] *f* shipping company, shipping line

Referent [refe'rɛnt] *m* 1. *(Redner)* speaker, orator, reader of a paper; 2. *(Sachbearbeiter)* consultant, expert

Referenz [refe'rɛnts] *f* reference

referieren [refe'riːrən] *v* report

Refinanzierung [refinan'tsiːruŋ] *f* refinancing, refunding

Refinanzierungspolitik [refinan'tsiːruŋspoliːtiːk] *f* refinancing policy

Reform [re'fɔrm] *f* reform

reformbedürftig [re'fɔrmbədyrftɪç] *adj* in need of reform

reformieren [refɔr'miːrən] *v* reform

Regelbindung ['reːgəlbɪnduŋ] *f* rule-bound policy

Regelmäßigkeit ['reːəlmɛːsɪçkaɪt] *f* regularity

Regelung ['reːgəluŋ] *f* regulation, settlement

Regiebetrieb [re'ʒiːbətriːp] *m* publicly owned enterprise, municipal enterprise operated by an administrative agency

Regierung [re'giːruŋ] *f* government

Regionalbank [regjo'naːlbaŋk] *f* regional bank

Regionalförderung [regjo'naːlfœrdəruŋ] *f* regional promotion

Register [re'gɪstər] *n* register, index

Registratur [regɪstra'tuːr] *f* *(Abteilung)* records office; *(Aktenschrank)* filing cabinet

registrieren [regɪs'triːrən] *v* register, record

reglementieren [reglemɛn'tiːrən] *v* regulate

Regress [re'grɛs] *m* recourse

Regression [regre'sjoːn] *f* regression

regresspflichtig [re'grɛspflɪçtɪç] *adj* liable to recourse

Regulierung [regu'liːruŋ] *f* regulation

Rehabilitation [rehabilita'tsjoːn] *f* rehabilitation

reich [raɪç] *adj* rich

Reifezeugnis ['raɪfətsɔyknɪs] *n* *(Abitur)* school-leaving certificate, certificate of maturity

Reihenfertigung ['raɪənfɛrtiguŋ] *f* flow shop production

Reihenuntersuchung ['raɪənuntərzuːxuŋ] *f* mass screening

Re-Import ['reɪmpɔrt] *m* reimportation

Reinerlös ['raɪnɛrløːs] *m* net proceeds

Reinertrag ['raɪnɛrtraːk] *m* net proceeds *pl,* net profit

reines Konossement ['raɪnəs kɔnɔsə'mɛnt] *n* clean bill of lading

Reingewicht ['raɪngəvɪçt] *n* net weight

Reingewinn ['raɪngəvɪn] *m* net profit, net earnings

Reinvermögen ['raɪnfɛrmøːgən] *n* net assets

Reinvestition ['reɪnvɛstitsjoːn] *f* reinvestment

Reisekosten ['raɪzəkɔstən] *pl* travel expenses *pl*

Reisekostenabrechnung ['raɪzəkɔstənaprɛçnuŋ] *f* deduction of travelling expenses

Reisekreditbrief ['raɪzəkrediːtbriːf] *m* traveller's letter of credit

Reisescheck ['raɪzəʃɛk] *m* traveller's cheque

Reisespesen ['raɪzəʃpeːsən] *pl* travelling expenses

Reiseversicherung ['raɪzəfɛrzɪçəruŋ] *f* travel insurance, tourist policy

Reitwechsel ['raɪtvɛksl] *m* windmill, kite

Reklamation [reklama'tsjoːn] *f* complaint

Reklame [re'klaːmə] *f* advertising, publicity; *(Einzelwerbung)* advertisement

reklamieren [rekla'mi:rən] v *(beanstanden)* complain about, object to

Rektaindossament ['rɛktaindɔsamɛnt] n restrictive endorsement

Rektapapiere ['rɛktapapi:rə] pl non-negotiable instruments

Rektawechsel ['rɛktavɛksl] m non-negotiable bill of exchange

Relaunch ['rɪlɔ:ntʃ] m relaunch

Rembourskredit ['rãbu:rskredi:t] m documentary acceptance credit

Remittent [rɛmɪ'tɛnt] m payee

Rendite [rɛn'di:tə] f yield, return

Renommee [renɔ'me:] n reputation

renommiert [renɔ'mi:rt] adj renowned, famous

rentabel [rɛn'ta:bəl] adj profitable, lucrative, profit-earning

Rentabilität [rɛntabili'tɛ:t] f profitability, earning power

Rentabilitätsschwelle [rɛntabili'tɛ:tsʃvelə] f break-even point

Rente ['rɛntə] f 1. *(Altersrente)* pension; 2. *(aus einer Versicherung)* annuity

Rentenabteilung ['rɛntənaptailuŋ] f annuity department

Rentenalter ['rɛntənaltər] n retirement age

Rentenanleihe ['rɛntənanlaiə] f perpetual bonds, annuity bond

Rentenberater ['rɛntənbəra:tər] m consultant on pensions, pension consultant

Rentenbrief ['rɛntənbri:f] m annuity certificate

Rentenfonds ['rɛntənfõ:s] m pension fund, fixed interest securities fund

Rentenhandel ['rɛntənhandl] m bond trading

Rentenmarkt ['rɛntənmarkt] m bond market, fixed interest market

Rentenpapiere ['rɛntənpapi:rə] n/pl bonds

Rentenreform ['rɛntənrefɔrm] f reform of the national pension system, social security reform *(US)*

Rentenversicherung ['rɛntənfɛrzɪçəruŋ] f annuity insurance, social security pension insurance

Rentenwert ['rɛntənve:rt] m fixed-interest security

rentieren [rɛn'ti:rən] v sich ~ to be worthwhile, to be profitable, yield a profit

Rentner(in) ['rɛntnər(ɪn)] m/f pensioner, recipient of a pension

Reorganisation ['reɔrganizatsjo:n] f reorganization

reorganisieren ['reɔrganizi:rən] v reorganize, reconstruct, regroup, revamp

Reparatur [repara'tu:r] f repair

reparaturanfällig [repara'tu:ranfɛlɪç] adj breakdown-prone

reparieren [repa'ri:rən] v repair, mend, fix

Repartierung [reparti:'ruŋ] f apportionment

Report [re'pɔrt] m contango

Reporteffekten [re'pɔrtɛfɛktə] pl contango securities

Reportgeschäft [re'pɔrtgəʃɛft] n contango transaction

Repräsentant(in) [reprezɛn'tant(ɪn)] m/f representative

repräsentieren [reprezɛn'ti:rən] v represent, act as representative for

Repressalie [repre'sa:ljə] f reprisals

Reprise [re'pri:zə] f reprise

Reprivatisierung [reprivati'si:ruŋ] f reprivatisation, reversion to private ownership

Reproduktion [reproduk'tsjo:n] f reproduction, copy

Reproduktionskosten [reproduk'tsjo:nskɔstən] pl reproduction cost

Reproduktionswert [reproduk'tsjo:nsve:rt] m reproduction value

Reserve [re'zɛrvə] f reserve; stille ~n secret reserves

Reservebank [re'zɛrvəbaŋk] f reserve bank

Reservefonds [re'zɛrvəfõ:s] m reserve fund

Reservehaltung [re'zɛrvəhaltuŋ] f reserve management

Reserven [re'zɛrvən] f/pl reserves

Reservewährung [re'zɛrvəvɛ:ruŋ] f reserve currency

reservieren [re'zɛrvi:rən] v reserve

Reservierung [rezɛr'vi:ruŋ] f reservation

Ressort [rɛ'sɔ:r] n department; decision unit, organizational unit

Ressource [rɛ'sursə] f resources

Ressourcenknappung [rɛ'sursəknapuŋ] f scarcity of resources

Ressourcennutzung [rɛ'sursənnutsuŋ] f use of resources

Ressourcentransfer [rɛ'sursəntransfe:r] m transfer of resources

Restbestand ['rɛstbəʃtant] m remaining stock

Restbetrag ['rɛstbətra:k] m remainder, balance, residual amount

Restdarlehen ['rɛstda:rle:ən] n purchase-money loan

Restlaufzeit ['rɛstlauftsaɪt] ƒ remaining time to maturity

Restnutzungsdauer ['rɛstnutsuŋsdauər] ƒ remaining life expectancy

Restposten ['rɛstpɔstən] m remaining stock, remnant

Restquote ['rɛstkvoːtə] ƒ residual quota

Restriktion [rɛstrɪk'tsjoːn] ƒ restriction

restriktiv [rɛstrɪk'tiːf] adj restrictive

Restrisiko ['rɛstriːziko] n remaining risk, acceptable risk

Restschuld ['rɛstʃult] ƒ residual debt, unpaid balance in account, remaining debt

Restschuldversicherung ['rɛstʃultfɛrzɪçəruŋ] ƒ residual debt insurance

Resturlaub ['rɛstuːrlaup] m paid holidays not yet taken (UK), paid vacation days not yet taken (US)

Restwert ['rɛstveːrt] m net book value

Retention Marketing [rɪ'tenʃən 'markətɪŋ] n retention marketing

Retouren [re'tuːrən] pl goods returned (allg.); bills and checks returned unpaid (Finanzwesen)

retrograde Erfolgsrechnung [retro'graːdə ɛr'fɔlgsreçnuŋ] ƒ inverse method of determining income

retrograde Kalkulation [retro'graːdə kalkula'tsjoːn] ƒ inverse method of cost estimating

Return on Investment (ROI) [rɪ'tɛːn ɔn ɪn'vɛstmənt] m return on investment

revidieren [revi'diːrən] v (prüfen) examine, check; (ändern) revise

Revision [revi'zjoːn] ƒ audit

Revisionsabteilung [revi'zjoːnsaptaɪluŋ] ƒ audit department

Revisionspflicht [revi'zjoːnspflɪçt] ƒ auditing requirements

revolvierendes Akkreditiv [revɔl'viːrəndəs akredi'tiːf] n revolving letter of credit

Revolving-Kredit [rɪ'vɔlvɪŋ kre'diːt] m revolving credit

Rezession [retsɛ'sjoːn] ƒ recession

Reziprozität [retsiprotsi'tɛːt] ƒ reciprocity

R-Gespräch ['ɛrgəʃprɛːç] n reversed-charge call, collect call (US)

Rhetorik rhetoric

Richter ['rɪçtər] m judge

Richtlinie ['rɪçtliːnjə] ƒ guideline, standard directive

Richtpreis ['rɪçtpraɪs] m standard price, suggested price, recommended (retail) price

Richtwert ['rɪçtveːrt] m approximate value

Rimesse [ri'mɛsə] ƒ remittance

Risiko ['riːziko] n risk; Risiken abwägen weigh the risks

Risikobereitschaft ['riːzikobəraɪtʃaft] ƒ willingness to take risks

Risikodeckung ['riːzikodɛkuŋ] ƒ risk cover

Risikokosten ['riːzikokɔstən] pl risk-induced costs

Risiko-Lebensversicherung ['riːzikoleːbənsfɛrzɪçəruŋ] ƒ term life insurance

Risikoprämie ['riːzikopreːmjə] ƒ risk premium

Risikozuschlag ['riːzikotsuːʃlaːk] m additional risk premium

Risk Management ['rɪskmænɪdʒmənt] n risk management

riskant [rɪs'kant] adj risky

riskieren [rɪs'kiːrən] v risk

Roboter ['rɔbɔtər] m robot

Rohbilanz ['roːbilants] ƒ rough balance

Rohgewinn ['roːgəvɪn] m gross profit on sales

Rohmaterial ['roːmaterjaːl] n raw material

Rohöl ['roːøːl] n crude oil

Rohstoff ['roːʃtɔf] m raw material

Rohstoff-Fonds ['roːʃtɔffɔːs] m raw material funds

Rohstoffkartell ['roːʃtɔfkartɛl] n commodities cartel

Rohstoffknappheit ƒ raw material shortage

Rohstoffmangel ['roːʃtɔfmaŋəl] m shortage of raw materials

Rohstoffmarkt ['roːʃtɔfmarkt] m commodity forward transaction

Rohstoffvermarktung ['roːʃtɔffɛrmarktuŋ] ƒ raw materials

Rohzustand ['roːtsuːʃtant] m natural condition, unprocessed condition, unfinished condition

Roll on/Roll off-Verkehr (RoRo) [rəʊl 'ɔn rəʊl' ɔf fɛr'keːr] m roll on/roll off transportation (roro)

Rollgeld ['rɔlgɛlt] n haulage

Roll-over-Kredit [rəʊl 'əʊvər kre'diːt] m roll-over credit

rote Zahlen ['roːtə 'tsaːlən] pl (fig) red figures, „the red"

Route ['ruːtə] ƒ route

Routine [ru'tiːnə] ƒ routine, experience, daily practice

Rubel ['ruːbəl] m rouble, rubel (US)

Rückantwort ['rykantvɔrt] ƒ reply; (frankierte Postkarte) postage-paid reply card

Rückantwort bezahlt (RP) ['rykant vɔrt bəˈtsaːlt] reply-paid *(RP)*

rückdatieren ['rykdatiːrən] *v* backdate, antedate

Rückdelegation ['rykdelegatsjoːn] *f* back delegation

rückerstatten ['rykɛrʃtatən] *v* refund, reimburse

Rückerstattung ['rykɛrʃtatuŋ] *f* reimbursement, repayment

Rückfahrkarte ['rykfaːrkartə] *f* return ticket

Rückfahrt ['rykfaːrt] *f* return journey

Rückfluss ['rykflus] *m* reflux

Rückflussstücke ['rykflusʃtykə] *n/pl* securities repurchased

Rückfrage ['rykfraːgə] *f* question, further inquiry

Rückgabe ['rykgaːbə] *f* return, restitution, restoration

Rückgaberecht ['rykgabəreçt] *n* right of redemption, return privilege

Rückgang ['rykgaŋ] *m* decline, drop, decrease

rückgängig ['rykgɛŋɪç] *adj ~ machen* cancel, undo

Rückgarantie ['rykgarantiː] *f* counter guarantee

Rückgriff ['rykgrɪf] *m* recourse

Rückkauf ['rykkauf] *m* repurchase, buying back

Rückkaufdisagio ['rykkaufdɪzaːdʒo] *n* discount on repurchase

Rückkaufgeschäfte ['rykkaufgəʃɛftə] *n/pl* buy-back arrangements

Rückkaufswert ['rykkaufsveːrt] *m* redemption value

Rückkoppelung ['rykkɔpəluŋ] *f* feedback

Rücklage ['ryklaːgə] *f 1.* reserve; *2. (Ersparnisse)* savings *pl*

rückläufig ['ryklɔyfɪç] *adj* declining

Rücknahme ['ryknaːmə] *f* taking back

Rückporto ['rykpɔrto] *n* return postage

Rückscheck ['rykʃɛk] *m* returned cheque

Rückscheckprovision ['rykʃɛkprovɪzjoːn] *f* commission on returned cheque

Rückschein ['rykʃain] *m* advice of delivery

Rückschlag ['rykʃlaːk] *m (fig)* setback

Rückseite ['rykzaɪtə] *f* reverse, back

Rücksendung ['rykzɛnduŋ] *f* return

Rücksprache ['rykʃpraːxə] *f* consultation; *mit jdm ~ halten* consult with s.o.

Rückstand ['rykʃtant] *m 1. (Außenstände)* arrears *pl; 2. (Lieferrückstand, Arbeitsrück-*

stand) backlog; *3. (Abfallprodukt)* residue; *4. (Rest)* remains *pl*

rückständig ['rykʃtɛndɪç] *adj 1. (Zahlung)* overdue, outstanding; *2. (fig: überholt)* outdated

Rückstellung ['rykʃtɛluŋ] *f* reserves

Rücktransport ['ryktranspɔrt] *m* return transport

Rücktritt ['ryktrɪt] *m (Amtsniederlegung)* resignation, retirement, rescission

Rücktrittsklausel ['ryktrɪtsklauzl] *f* escape clause

Rücktrittsrecht ['ryktrɪtsreçt] *n* right to rescind a contract

Rückvergütung ['rykfɛrgytuŋ] *f* refund

Rückversicherung ['rykfɛrzɪçəruŋ] *f* reinsurance

Rückwaren ['rykvaːrən] *pl* goods returned

Rückwechsel ['rykvɛksəl] *m* unpaid bill of exchange

rückwirkend ['rykvɪrkənt] *adj* retroactive, retrospective

rückzahlbar ['ryktsaːlbaːr] *adj* repayable

Rückzahlung ['ryktsaːluŋ] *f* repayment, refund, reimbursement

Rückzahlungsagio ['ryltsaːluŋsaːdʒo] *n* premium payable on redemption

Rückzoll ['ryktsɔl] *m* customs drawback

Rufnummer ['ruːfnumər] *f* telephone number, dial sequence

rufschädigend ['ruːfʃɛːdɪgənt] *adj* defamatory

Rüge ['ryːgə] *f* reprimand, reproof, rebuke

Rügepflicht ['ryːgəpflɪçt] *f* obligation to lodge a complaint

Ruhestand ['ruːəʃtant] *m* retirement

Ruhestörung ['ruːəʃtøːruŋ] *f* disturbance of the peace

Ruhetag ['ruːətaːk] *m* day of rest; „*Montags ~"* closed Mondays

Rumpfwirtschaftsjahr ['rumpfvɪrtʃaftsjaːr] *n* short fiscal year

Run [ran] *m* run

runder Tisch ['rundər tɪʃ] *m (fig)* round table

Rundfunkwerbung ['rundfunkvɛrbuŋ] *f* radio advertising

Rundschreiben ['runtʃraɪbən] *n* circular

Rüstkosten ['rystkɔstən] *pl* preproduction cost

Rüstungsauftrag ['rystuŋsauftraːk] *m* defence contract, arms contract

Rüstungsunternehmen ['rystuŋsuntər-neːmən] *n* armaments manufacturer

S

Sabbatical [sə'bætɪkəl] *n* Sabbatical

Sabotage [zabo'ta:ʒə] *f* sabotage

sabotieren [zabo'ti:rən] *v* sabotage

Sachanlagen ['zaxanla:gən] *f/pl* fixed assets, tangible assets, physical assets

Sachanlagevermögen ['zaxanla:gəfermø:gən] *n* tangible fixed assets

Sachbearbeiter(in) ['zaxbəarbaɪtər(ɪn)] *m/f* official in charge, clerk in charge

Sachbeschädigung ['zaxbəʃɛ:dɪguŋ] *f* damage to property

Sachbezüge ['zaxbətsy:gə] *f/pl* remuneration in kind

Sachdepot ['zaxdepo:] *n* impersonal security deposit

Sache ['zaxə] *f* case, lawsuit, action

Sacheinlage ['zaxaɪnla:gə] *f* investment in kind, contribution in kind

Sachenrecht ['zaxənrɛçt] *n* law of real and personal property

Sachenrechtliche Wertpapiere ['zaxənrɛçtlıçə 've:rtpapi:rə] *n/pl* property law securities

Sachfirma ['zaxfɪrma] *f* firm name derived from the object of the enterprise

Sachkapital ['zaxkapita:l] *n* real capital

Sachkapitalerhöhung ['zaxkapita:lerhø:uŋ] *f* capital increase through contribution in kind, increase in noncash capital

Sachkenntnis ['zaxkɛntnɪs] *f* expertise

Sachkredit ['zaxkredi:t] *m* credit based on collateral security

Sachleistung ['zaxlaɪstuŋ] *f* payment in kind, allowance

Sachschaden ['zaxʃa:dən] *m* damage to property, physical damage

Sachvermögen ['zaxfɛrmø:gən] *n* material assets, fixed capital

Sachverständige(r) ['zaxfɛrʃtɛndɪgə(r)] *m/f* expert (witness), authority, specialist

Sachverständigenrat ['zaxfɛrʃtɛndɪgənra:t] *m* panel of experts, German Council of Economic Experts

Sachwert ['zaxve:rt] *m* real value

Sachwertanleihen ['zaxve:rtanlaɪən] *f/pl* material value loans

Sachwert-Investmentfonds ['zaxve:rtɪnvɛstmɛntfõs] *m* material asset investment funds

Safe [seɪf] *m* safe

Saison [zɛ'zõ] *f* season

saisonabhängig [zɛ'zõaphɛŋɪç] *adj* seasonal

Saisonarbeit [zɛ'zõarbaɪt] *f* seasonal work

Saisonarbeiter(in) [zɛ'zõarbaɪtər(ɪn)] *m/f* seasonal worker

saisonbedingt [zɛ'zõbədɪŋkt] *adj* seasonal

saisonbereinigt [zɛ'zõbəraɪnɪçt] *adj* seasonally adjusted

Saisonbereinigung [zɛ'zõbəraɪnɪguŋ] *f* seasonal adjustment

Saisongeschäft [zɛ'zõgəʃɛft] *n* seasonal business

Saisonkredit [zɛ'zõkredi:t] *m* seasonal loan

Saison-Reserven [zɛ'zõrezɛrvən] *f/pl* seasonal reserves

Saisonschwankungen [zɛ'zõʃvaŋkuŋən] *f/pl* seasonal fluctuations

säkulare Inflation [zɛku'la:rə ɪnfla'tsjo:n] *f* secular inflation

Saldenbilanz ['zaldənbilants] *f* list of balances

saldieren [zal'di:rən] *v* balance

Saldo ['zaldo] *m* balance

Sales Promotion ['seɪlz prə'mo:ʃən] *f (Verkaufsförderung)* sales promotion

Sammelaktie ['zaməlaktsjə] *f* multiple share certificate, global share

Sammelanleihe ['zaməlanlaɪə] *f* joint loan issue

Sammelauftrag ['zaməlauftra:k] *m* collective (giro) order

Sammelbestellung ['zaməlbəʃtɛluŋ] *f* consolidated order, joint order

Sammeldepot ['zaməldepo:] *n* collective deposit

Sammelinkassoversicherung ['zaməlɪnkasoferzɪçəruŋ] *f* group collection security

Sammelkonto ['zaməlkɔnto] *n* collective account

Sammelschuldbuchforderung ['zaməlʃultbuxfɔrdəruŋ] *f* collective debt register claim

Sammeltransport ['zaməltranspɔrt] *m* collective transport

Sammeltratte ['zaməltratə] *f* collective bill

Sammelüberweisung ['zaməly:bərvaɪzuŋ] *f* combined bank transfer

Sammelwertberichtigung ['zaməlve:rt-bərıçtıguŋ] f global value adjustment

Sanierung [sa'ni:ruŋ] f reconstruction, urban renewal

Sanktion [zaŋk'tsjo:n] f sanction, penalty

sanktionieren [zaŋktsjo'ni:rən] v sanction, put scanctions on

Sättigung ['zetıguŋ] f saturation

Satz [zats] m 1. (Menge) set, batch; 2. (fester Betrag) rate

Satzung ['zatsuŋ] f statutes

satzungsgemäß ['zatsuŋsgəmɛːs] adv according to the rules/statutes/bylaws

säumig ['zɔymıç] adj (Schuldner) defaulting, dilatory

Säumniszuschlag ['zɔymnıstsu:ʃla:k] m delay penalty

Scanner ['skænər] m scanner

Scannerkasse ['skænərkasən] f checkout scanner

Schaden ['ʃa:dən] m 1. damage, loss, harm; 2. (Personenschaden) injury

Schadenersatz ['ʃa:dənɛrzats] m 1. compensation, indemnity, indemnification; 2. (festgesetzte Geldsumme) damages pl

Schadenersatzansprüche ['ʃa:dənɛrzatsanʃpryçə] m/pl claim for damages

Schadenhöhe ['ʃa:dənhœɛ] f amount of loss

Schadensbegrenzung ['ʃa:dənsbəgrentsuŋ] f damage control, damage limitation

Schadensersatz ['ʃa:dənsɛrzats] m compensation for loss suffered, recovery of damages

Schadensersatzklage ['ʃa:dənsɛrzatskla:gə] f action for damages

Schadensersatzpflicht ['ʃa:dənsɛrzatspflıçt] f liability for damages

Schadensfall ['ʃa:dənsfal] m case of damage

Schadensforderung ['ʃa:dənsfordəruŋ] f claim for damages

Schadensmeldung ['ʃa:dənsmɛlduŋ] f notification of damage

Schadensversicherung ['ʃa:dənsfɛrzıçəruŋ] f casualty insurance

schadhaft ['ʃa:thaft] adj damaged; (mangelhaft) defective, faulty

schädigen ['ʃɛːdıgən] v damage; (jdn ~) harm

schädlich ['ʃɛːtlıç] adj harmful, damaging, detrimental

Schädlichkeit ['ʃɛːtlıçkaıt] f harmfulness, noxiousness, injuriousness

Schadstoff ['ʃa:tʃtɔf] m harmful substance, harmful chemical

schadstoffarm ['ʃa:tʃtɔfarm] adj low in harmful chemicals

Schalldämmung ['ʃaldɛmuŋ] f soundproofing

Schaltbild ['ʃaltbılt] n connection diagram, wiring diagram

Schalter ['ʃaltər] m counter

Schaltergeschäft ['ʃaltərgəʃɛft] n business over the counter

Schalterprovision ['ʃaltərprovizjo:n] f selling commission

Schaltkreis ['ʃaltkraıs] m circuit

Schaltzentrale ['ʃalttsɛntra:lə] f central control station; (fig) central control, systems control, control centre

Schattenwirtschaft ['ʃatənvırtʃaft] f underground economy

Schatzanweisung ['ʃatsanvaızuŋ] f treasury bond

Schatzbrief ['ʃatsbri:f] m Treasury bond, Exchequer bond (UK)

Schätze ['ʃɛtsə] pl treasury bonds

schätzen ['ʃɛtsən] v (ungefähr berechnen) estimate; (annehmen) suppose, reckon

Schätzer ['ʃɛtsər] m appraiser, valuer, evaluator, assessor

Schätzung ['ʃɛtsuŋ] f (ungefähre Berechnung) estimate, valuation; (Annahme) estimation

Schatzwechsel ['ʃatsvɛksəl] m Treasury bill

Schätzwert ['ʃɛtsve:rt] m estimated value, appraised value

Schaufenster ['ʃaufɛnstər] n shop window, store window (US)

Scheck [ʃɛk] m cheque, check (US); einen ~ einlösen cash a cheque

Scheckabrechnung ['ʃɛkapreçnuŋ] f cheque clearance

Scheckabteilung ['ʃɛkaptaıluŋ] f cheque department

Scheckbetrug ['ʃɛkbətru:k] m cheque fraud

Scheckeinzug ['ʃɛkaıntsu:k] m cheque collection

Scheckfähigkeit ['ʃɛkfɛːıçkaıt] f capacity to draw cheques

Scheckheft ['ʃɛkhɛft] n cheque book (UK), checkbook (US)

Scheckkarte ['ʃɛkkartə] f cheque card

Scheckklausel ['ʃɛkklauzəl] f cheque clause

Scheckrecht [ˈʃɛkrɛçt] *n* negotiable instruments law concerning cheques

Scheckregress [ˈʃɛkregrɛs] *m* cheque recourse

Schecksperre [ˈʃɛkʃpɛrə] *f* stopping payment order, cancellation of a check

Scheckverkehr [ˈʃɛkfɛrkeːr] *m* cheque transactions

Scheckwiderruf [ˈʃɛkviːdərruːf] *m* cheque stopping

Scheckzahlung [ˈʃɛktsaːluŋ] *f* payment by check

Scheinfirma [ˈʃaɪnfɪrma] *f* shell company, bogus firm

Scheingeschäft [ˈʃaɪngəʃɛft] *n* fictitious transaction

Scheingesellschaft [ˈʃaɪngəzɛlʃaft] *f* ostensible company

Scheingewinn [ˈʃaɪngəvɪn] *m* fictitious profit

Scheingründung [ˈʃaɪngrynduŋ] *f* fictitious formation

Scheinkaufmann [ˈʃaɪnkaufman] *m* ostensible merchant

Scheinkurs [ˈʃaɪnkurs] *m* fictitious quotation price

Scheinselbstständigkeit [ˈʃaɪnzɛlpʃtɛndɪçkaɪt] *f* fictitious independence

scheitern [ˈʃaɪtərn] *v (fig)* fail

Schenkung [ˈʃɛŋkuŋ] *f* gift, donation

Schenkungssteuer [ˈʃɛŋkuŋsʃtɔyər] *f* gift tax

Schenkungsurkunde [ˈʃɛŋkuŋsuːrkundə] *f* deed of donation

Schicht [ʃɪçt] *f 1.* layer; *2. (Arbeitsschicht)* shift

Schichtarbeit [ˈʃɪçtarbaɪt] *f* shift work

Schichtwechsel [ˈʃɪçtvɛksəl] *m* change of shift

Schieber [ˈʃiːbər] *m (Betrüger)* profiteer, racketeer

Schiedsgericht [ˈʃiːtsgərɪçt] *n* court of arbitration, arbitral court

Schiff [ʃɪf] *n* ship, vessel

schiffbar [ˈʃɪfbaːr] *adj* navigable

Schiffbau [ˈʃɪfbau] *m* shipbuilding

Schifffahrt [ˈʃɪffaːrt] *f* navigation, shipping

Schiffsregister [ˈʃɪfsregɪstər] *n* register of ships

Schiffswerft [ˈʃɪfsvɛrft] *f* shipyard

schlechte Qualität [ˈʃlɛçtə kvaliˈtɛːt] *f* poor quality

Schlechtwettergeld [ˈʃlɛçtˈvɛtərgɛlt] *n* bad-weather compensation

schleichende Inflation [ˈʃlaɪçəndə ɪnflaˈtsjoːn] *f* creeping inflation

Schleichwerbung [ˈʃlaɪçvɛrbuŋ] *f* camouflaged advertising

Schleuderpreis [ˈʃlɔydərpraɪs] *m* giveaway price, rock-bottom price

Schlichtung [ˈʃlɪçtuŋ] *f* arbitration

Schließfach [ˈʃliːsfax] *n 1. (Bankschließfach)* safe deposit box; *2. (Postschließfach)* post-office box

Schluss [ʃlus] *m* closure

Schlussbilanz [ˈʃlusbilants] *f* closing balance

Schlussbrief [ˈʃlusbriːf] *m* sales note

Schlussdividende [ˈʃlusdividəndə] *f* final dividend

Schlüsselindustrien [ˈʃlysəlɪndustriːn] *f/pl* key industries

Schlüsselqualifikation [ˈʃlysəlkvalifikaˈtsjoːn] *f/pl* key qualification

Schlüsseltechnologie [ˈʃlysəltɛçnologiː] *f* key technology

Schlusskurs [ˈʃluskurs] *m* closing price

Schlussnote [ˈʃlusnoːtə] *f* broker's note

Schlussverkauf [ˈʃlusferkauf] *m* seasonal clearance sale, end-of-season clearance sale

Schmiergeld [ˈʃmiːrgɛlt] *n* bribe money

Schmuggel [ˈʃmugəl] *m* smuggling

schmuggeln [ˈʃmugəln] *v* smuggle, bootleg

Schmuggelware [ˈʃmugəlwaːrə] *pl* smuggled goods, contraband

Schmutzzulage [ˈʃmutstsuːlaːgə] *f* dirty work bonus, dirty work pay

Schnellhefter [ˈʃnɛlhɛftər] *m* binder

Schnellverfahren [ˈʃnɛlfɛrfaːrən] *n (fig: rasche Abwicklung)* expeditious handling, rapid processing

Schnitt [ʃnɪt] *m (Muster)* pattern

Schnittstelle [ˈʃnɪtʃtɛlə] *f* interface

Schrankenwert [ˈʃraŋkənveːrt] *m* officially quoted security

Schreibkraft [ˈʃraɪpkraft] *f* clerical staff; *(Stenotypist/Stenotypistin)* typist

Schreibmaschine [ˈʃraɪpmaʃiːnə] *f* typewriter

Schreibtisch [ˈʃraɪptɪʃ] *m* desk

schriftlich [ˈʃrɪftlɪç] *adj* written; *adv* in writing

Schriftstück [ˈʃrɪftʃtyk] *n* document, record, deed

Schriftverkehr [ˈʃrɪftfɛrkeːr] *m* correspondence

Schriftwechsel [ˈʃrɪftvɛksəl] *m* correspondence

Schulabschluss [ˈʃuːlapʃlus] *m* school qualification *(UK)*, diploma *(US)*

Schuld [ʃult] *f (Geldschuld)* debt

Schuldanerkenntnis [ˈʃultanɛrkɛntnɪs] *f* acknowledgement of a debt

Schuldbrief [ˈʃultbriːf] *m* certificate of indebtedness

Schulden [ˈʃuldən] *f/pl* debts, liabilities; *sich etw zu ~ kommen lassen* do sth wrong

schulden [ˈʃuldən] *v* owe

Schuldendienst [ˈʃuldəndiːst] *m* debt service

schuldenfrei [ˈʃuldənfraɪ] *adj* free from debt

Schuldenkonsolidierung [ˈʃuldənkɔnzolidiːruŋ] *f 1. (Recht)* offsetting of receivables and payables in the consolidated financial statements; *2. (Finanzen)* consolidation of debt

Schuldenmasse [ˈʃuldənmasə] *f* liabilities

schuldhaft [ˈʃulthaft] *adj* culpable

schuldig [ˈʃuldɪç] *adj (Geld)* due, owing; guilty

Schuldner [ˈʃultnər] *m* debtor, party liable

Schuldrecht [ˈʃultrɛçt] *n* law of obligations

Schuldschein (p.n.) [ˈʃultʃaɪn] *m* promissory note (p. n.)

Schuldscheindarlehen [ˈʃultʃaɪndaːrleːn] *n* promissory note bond

Schuldspruch [ˈʃultʃprux] *m* conviction

Schuldübernahme [ˈʃultyːbərnaːmə] *f* assumption of an obligation

Schuldverhältnis [ˈʃultfɛrhɛltnɪs] *n* obligation

Schuldverschreibung [ˈʃultfɛrʃraɪbuŋ] *f* debenture bond

Schuldversprechen [ˈʃultfɛrʃprɛçən] *n* promise to fulfil an obligation

Schuldwechsel [ˈʃultvɛksəl] *m* bill payable

Schuldzins [ˈʃulttsɪns] *m* interest on debts, interest on borrowing

Schulung [ˈʃuːluŋ] *f* schooling, training

Schulungspersonal [ˈʃuːluŋsperzonaːl] *n* training staff

Schutzbrille [ˈʃutsbrɪlə] *f* protective goggles

Schutzfrist [ˈʃutsfrɪst] *f* term of protection

Schutzgemeinschaft für allgemeine Kreditsicherung (Schufa) [ˈʃutsgəmaɪnʃaft fyːr algəmaɪnə kreˈdiːtsɪçəruŋ (ʃuːfa)] *f* Schufa (group for general credit protection)

Schutzhelm [ˈʃutshɛlm] *m* safety helmet, hard hat

Schutzkleidung [ˈʃutsklaɪduŋ] *f* protective clothing

Schutzmarke [ˈʃutsmarkə] *f* trademark

Schutzzoll [ˈʃutstsɔl] *m* protective duty

schwach [ʃvax] *adj* slack

Schwangerschaftsurlaub [ˈʃvaŋərʃaftsuːrlaup] *m* maternity leave

Schwankung [ˈʃvaŋkuŋ] *f (Abweichung)* fluctuation, variation

Schwänze [ˈʃvɛntsə] *pl* corners

Schwarzarbeit [ˈʃvartsarbaɪt] *f* illicit work

schwarze Börse [ˈʃvartsə ˈbœrzə] *f* black stock exchange

schwarze Liste [ˈʃvartsə ˈlɪstə] *f* black bourse

schwarze Zahlen [ˈʃvartsə ˈtsaːlən] *f/pl (fig)* black figures, „the black"

Schwarzhandel [ˈʃvartshandəl] *m* black market operations, black marketeering

schwebende Geschäfte [ˈʃveːbəndə gəˈʃɛftə] *n/pl* pending transactions

schwebende Schuld [ˈʃveːbəndə ˈʃult] *f* floating debt

schwebende Unwirksamkeit [ˈʃveːbəndə ˈunvɪrkzaːmkaɪt] *f* provisionally inefficacy

Schweigepflicht [ˈʃvaɪgəpflɪçt] *f* confidentiality

Schweizerische Nationalbank [ˈʃvaɪtsərɪʃə natsjoˈnaːlbaŋk] *f* National Bank of Switzerland

Schwellenland [ˈʃvɛlənlant] *n* country undergoing industrialization

Schwemme [ˈʃvɛmə] *f (Überangebot)* glut

schwere Papiere [ˈʃveːrə paˈpiːrə] *n/pl* heavy-priced securities

Schwergut [ˈʃveːrguːt] *n* heavy freight

Schwestergesellschaft [ˈʃvɛstərgəzɛlʃaft] *f* affiliated company

schwimmend [ˈʃvɪmənd] *adj* floating

Schwindel [ˈʃvɪndəl] *m (Betrug)* swindle, fraud, cheat

Schwindelgründung [ˈʃvɪndəlgrynduŋ] *f* fraud foundation

Schwund [ʃvunt] *m* dwindling, fading, decrease; *(Schrumpfen)* shrinkage

Schwundgeld [ˈʃvuntgɛlt] *n* scalage

Seefracht [ˈzeːfraçt] *f* sea freight, maritime freight

Seefrachtbrief [ˈzeːfraxtbriːf] *m* bill of lading

seemäßige Verpackung [ˈzeːmɛːsɪgə fɛˈpakuŋ] *f* sea-tight packing

Seewechsel [ˈzeːvɛksəl] *m* sea bill

Seeweg [ˈzeːveːk] *m* sea route

Sekretariat [zekretaˈrjaːt] *n* secretary's office, secretariat *(UK)*

Sekretärin [zekre'tɛːrɪn] *f* secretary
Sektor ['zɛktɔr] *m* sector, branch
Sektoren der Volkswirtschaft [zɛk'toːr dɛːr 'fɔlksvɪrtʃaft] *m/pl* sectors of the economy
sekundärer Sektor [zekun'dɛːrər 'zɛktoːr] *m* secondary sector
Sekundär-Liquidität [zekun'dɛːrlikvidiːtɛːt] *f* secondary liquidity
Sekundär-Markt [zekun'dɛːrmarkt] *m* secondary market
Sekunda-Wechsel [ze'kundavɛksəl] *m* second of exchange
Sekurization [zekuriza'tsjoːn] *f* securization
Selbstauskunft ['zɛlpstauskunft] *f* voluntary disclosure
Selbstbeteiligung ['zɛlpstbətailiɡuŋ] *f* retention
Selbstfinanzierung ['zɛlpstfinantsiːruŋ] *f* self-financing
Selbstkostenpreis ['zɛlpstkɔstənprais] *m* cost price
selbstständig ['zɛlpʃtɛndɪç] *adj* independent, *sich ~ machen* go into business for o.s.
Selbstständige(r) ['zɛlpʃtɛndɪɡə(r)] *m/f* self-employed (person); independent (person)
Selbstständigkeit ['zɛlpʃtɛndɪçkait] *f* independence
Sendung ['zɛnduŋ] *f (Versand)* shipment, consignment
Senioritätsprinzip [zeːnjori'tɛːtsprɪntsiːp] *n* principle of seniority
Serie ['zeːrjə] *f* series
seriell [ze:'rjɛl] *adj* serial
Serienanfertigung ['zeːrjənanfɛrtɪɡuŋ] *f* serial production
Serienfertigung ['zeːrjənfɛrtɪɡuŋ] *f* series production
Seriengröße ['zeːrjənɡrøːsə] *f* batch size
serienmäßig ['zeːrjənmɛːsɪç] *adj* serial; *adv* in series
Serienproduktion ['zeːrjənprɔduktsjoːn] *f* mass production
serienreif ['zeːrjənraif] *adj* ready for series production, ready for multiple production
Seriosität [zerjozi'tɛːt] *f* seriousness
Server ['sɜːvə] *m (EDV)* server
Service ['sœrvɪs] *m (Kundendienst)* service
Servicenetz ['sœrvɪsnɛts] *n* service network
Shareholder Value ['ʃeəhəʊldər 'væljuː] *m* shareholder value
Shelf-Space-Competition ['ʃelfspeɪskɔmpə'tɪʃən] *f* shelf space competition

Shop-in-the-Shop-Konzept ['ʃɔp ɪn ðə ʃɔp kɔn'tsɛpt] *n* shop-in-the-shop conception
Shopping Center ['ʃɔpɪŋsentər] *n* shopping center
Sicherheit ['zɪçərhait] *f (Gewähr)* collateral, security
Sicherheitskopie ['zɪçərhaitskopiː] *f* back-up copy
Sicherheitsmaßnahmen ['zɪçərhaitsmaːsnaːmən] *pl* safety measures, security measures
Sicherungsabtretung ['zɪçəruŋsaptreːtuŋ] *f* assignment by way of security
Sicherungsgeschäft ['zɪçəruŋsɡəʃɛft] *n* security transaction
Sicherungsgrundschuld ['zɪçəruŋsɡruntʃult] *f* cautionary land charge
Sicherungshypothek ['zɪçəruŋshypoteːk] *f* cautionary mortgage
Sicherungsschein ['zɪçəruŋsʃain] *m* security note
Sicherungsübereignung ['zɪçəruŋsyːbəraiɡnuŋ] *f* transfer of ownership by way of security
Sichteinlagen ['zɪçtainlaːɡən] *f/pl* sight deposits
Sichtkurs ['zɪçtkurs] *m* sight rate
Sichtvermerk ['zɪçtfɛrmɛrk] *m* indication that one has looked over a document
Sichtwechsel ['zɪçtvɛksəl] *m* demand bill
Signet [zi'ɡneːt] *n* publisher's mark
Silbermünze ['zɪlbərmyntsə] *f* silver coin
Silberwährung ['zɪlbərvɛːruŋ] *f* silver standard
Simulation [zimula'tsjoːn] *f* simulation
Simulator [zimu'laːtɔr] *m* simulator
Single Sourcing ['sɪŋəl 'sɔːsɪŋ] *n* single sourcing
Sitz [zɪts] *m (Firmensitz)* headquarters
Sitzung ['zɪtsuŋ] *f* session, meeting
Skonto ['skɔnto] *n/m* discount
Skontoabzug ['skɔntoaptsuːk] *m* discount deduction
Skontration ['skɔntratsjoːn] *f* settlement of time bargains
sofort (ppt.) [zo'fɔrt] *adv* prompt (ppt.)
sofortige Lieferung [zo'fɔrtɪɡə 'liːfəruŋ] *f* immediate delivery
sofortige Regulierung [zo'fɔrtɪɡə reɡu'liːruŋ] *f* settlement with immediate effect
Sofortiger Versand (i.t.) [zo'fɔrtɪɡər fɛr'zant] *m* prompt shipment
sofortige Zahlung [zo'fɔrtɪɡə 'tsaːlun] *f* immediate payment
Software ['sɔftveːr] *f* software

Solawechsel ['zoːlavɛksəl] *m* promissory note

Solidarhaftung [zoli'daːrhaftuŋ] *f* joint and several liability

Solidaritätszuschlag [zolidariˈtɛːtstsuːʃlaːk] *m* tax benefitting economic recovery of the former East Germany

Soll [zɔl] *n* debit

Soll-Ist-Vergleich [zɔlˈɪstfɛrglaɪç] *m* 1. *(Betriebswirtschaft)* target-performance comparison actual; 2. *(Produktion)* value comparison

Sollkaufmann ['zɔlkaufman] *m* merchant by virtue of registration

Sollkosten ['zɔlkɔstən] *pl* budgeted costs

Sollzahlen ['zɔltsaːlən] *f/pl* target figures

Sollzinsen ['zɔltsɪnsən] *m/pl* debtor interest rates

Sologeschäft ['zoːlogəʃɛft] *n* single operation

Solvenz [zɔlˈvɛnts] *f* solvency

Sonderabgabe ['zɔndərapgaːbə] *f* special tax, special levy

Sonderabschreibungen ['zɔndərapʃraɪbuŋ] *f/pl* special depreciation

Sonderaktion ['zɔndəraktsjoːn] *f* special action

Sonderanfertigung ['zɔndəranfɛrtɪguŋ] *f* manufacture to customer's specifications

Sonderangebot ['zɔndərangəboːt] *n* special offer, special bargain

Sonderauftrag ['zɔndərauftraːk] *m* special order

Sonderausgaben ['zɔndərausgaːbən] *f/pl* special expenses

Sonderausgaben-Pauschbetrag ['zɔndərausgaːbən 'pauʃbətraːk] *m* blanket allowance for special expenses

Sonderausschüttung ['zɔndərausʃytuŋ] *f* extra dividend

Sonderbetriebsvermögen ['zɔndərbətriːpsfɛrmøːgən] *n* special business property

Sonderbewegung ['zɔndərbəveːguŋ] *f* extraordinary trend

Sonderdepot ['zɔndərdepoː] *n* separate deposit

Sonderfall ['zɔndərfal] *m* special case

Sonderfazilitäten ['zɔndərfatsilitɛːtən] *f/pl* special credit facilities

Sondergenehmigung ['zɔndərgəneːmɪguŋ] *f* special permission, special permit, waiver

Sonderkonto ['zɔndərkɔnto] *n* separate account

Sonderlombard ['zɔndərlɔmbart] *m* special lombard facility

Sondermüll ['zɔndərmyl] *m* special (toxic) waste

Sonderposten ['zɔndərpɔstən] *m* separate item

Sonderpreis ['zɔndərpraɪs] *m* special price, exceptional price

Sonderrabatt ['zɔndərrabat] *m* special discount

Sondervergütung ['zɔndərfɛrgyːtuŋ] *f* special allowance

Sondervermögen ['zɔndərfɛrmøːgən] *n* special fund

Sonderziehungsabteilung ['zɔndərtsiːuŋsaptailuŋ] *f* Special Drawing Rights Department

Sonderziehungsrechte ['zɔndərtsiːuŋsrɛçtə] *n/pl* special drawing rights

Sonderzinsen ['zɔndərtsɪnsən] *m/pl* special interests

sondieren [zɔnˈdiːrən] *v* study, probe

Sonntagsarbeit ['zɔntaːksarbaɪt] *f* sunday work

sonstige Verbindlichkeiten ['zɔnstɪgə fɛrˈbɪndlɪçkaɪtən] *f/pl* other liabilities

Sorte ['zɔrtə] *f (Marke)* brand, *(Sorte)* sort

Sorten ['zɔrtən] *pl* foreign notes and coins

Sortengeschäft ['zɔrtəngəʃɛft] *n* dealings in foreign notes and coins

Sortenhandel ['zɔrtənhandəl] *m* dealing in foreign notes and coins

Sortenkurs ['zɔrtənkurs] *m* rate for foreign notes and coins, foreign currency rate

sortieren [zɔrˈtiːrən] *v (nach Qualität)* grade

Sortiment [zɔrtiˈmɛnt] *n* assortment, range, variety

Sozialabgaben [zoˈtsjaːlapgaːbən] *pl* social welfare contributions

soziale Marktwirtschaft [zoˈtsiaːlə 'marktvɪrtʃaft] *f* social market economy

Sozialfonds [zoˈtsiaːlf ɔːs] *m* social fund

Sozialhilfe [zoˈtsiaːlhɪlfə] *f* social welfare assistance

Sozialisierung [zotsiaːliˈziːruŋ] *f* socialization

Sozialismus [zoˈtsialɪsmus] *m* socialism

Sozialist [zoˈtsialɪst] *m* socialist

Sozialkosten [zoˈtsiaːlkɔstən] *pl* social incurrance costs

Sozialleistungen [zoˈtsjaːllaɪstuŋən] *pl* employers' social security contributions, social security benefits, social services

Sozialpfandbrief [zo'tsia:lpfantbri:f] *m* mortgage bond serving a social purpose

Sozialplan [zo'tsia:lpla:n] *m* social compensation plan

Sozialpolitik [zo'tsia:lpoliti:k] *f* social policy

Sozialprodukt [zo'tsja:lprɔdukt] *n* national product

Sozialstaat [zo'tsja:lʃta:t] *m* welfare state

Sozialversicherung [zo'tsja:lferzıçərʊŋ] *f* social insurance, Social Security *(US)*

Sozietät [zotsje'tɛ:t] *f* partnership

Sozius ['zotsjus] *m* partner

Spanne ['ʃpanə] *f (Preisspanne)* range, margin

Sparbrief ['ʃpa:rbri:f] *m* savings certificate

Sparbuch ['ʃpa:rbu:x] *n* savings book

Spareinlage ['ʃpa:raınla:gə] *f* savings deposit

sparen ['ʃpa:rən] *v* save, economize

Sparer ['ʃpa:rər] *m* saver

Sparerfreibetrag ['ʃpa:rərfraıbətra:k] *m* savers' tax-free amount

Sparguthaben ['ʃpa:rgu:tha:bən] *n* savings account

Sparkasse ['ʃpa:rkasə] *f* savings bank

Sparkonto ['ʃpa:rkɔnto] *n* savings account

Sparmaßnahme ['ʃpa:rma:sna:mə] *f* economy measure

Sparobligation ['ʃpa:robligatsjo:n] *f* savings bond

Sparpläne ['ʃpa:rplɛ:nə] *m/pl* savings plans

Sparpolitik ['ʃpa:rpoliti:k] *f* austerity policy, budgetary restraint

Sparprämie ['ʃpa:rprɛ:mjə] *f* savings premium

Sparte ['ʃpartə] *f* line of business, division

Sparzulage ['ʃpa:rtsu:lagə] *f* savings bonus

Spätschalter ['ʃpɛ:tʃaltər] *m* night safe deposit

Spätschicht ['ʃpɛ:tʃıçt] *f* late shift

Speciality Goods ['speʃəlti gʊdz] *pl* speciality goods

Spediteur [ʃpedi'tø:r] *m* forwarding agent, shipper

Spediteur-Konnossement [ʃpedi'tø:rkɔnɔsəmənt] *n* house bill

Spediteurübernahmebescheinigung [ʃpedi'tø:ryːbərna:məbəʃaɪnıgʊŋ] *f* forwarder's receipt

Spedition [ʃpedi:tsjo:n] *f (Firma)* forwarding agency, shipping agency

Speditionsgut [ʃpedi'tsjo:nsgu:t] *n* forwarding goods

Speditionsunternehmen [ʃpedi'tsjo:nsuntərne:mən] *n* shipping company

Speicher ['ʃpaıçər] *m* memory

Speicherkapazität ['ʃpaıçərkapatsitɛ:t] *f* memory, storage capacity

speichern ['ʃpaıçərn] *v* save, store

Speicherplatz ['ʃpaıçərplats] *m* memory location

Speicherung ['ʃpaıçərʊŋ] *f* storage, saving

Spekulant [ʃpɛku'lant] *m* speculator, speculative dealer

Spekulation [ʃpɛkula'tsjo:n] *f* speculation

Spekulationsgeschäft [ʃpɛkula'tsjo:nsgəʃɛːft] *n* speculative transaction, speculative operation

Spekulationsgewinn [ʃpekulatsjo:nsgəvın] *m* speculative profit

Spekulationssteuer ['ʃpekulatsjo:nsʃtɔyər] *f* tax on speculative gains

spekulieren [ʃpɛku'li:rən] *v* speculate

Spenden ['ʃpɛndən] *f/pl* donations; voluntary contributions

Sperrdepot ['ʃpɛrdepo:] *n* blocked safe-deposit

sperren ['ʃpɛrən] *v (Konto)* block

Sperrgut ['ʃpɛrgu:t] *n* bulky goods *pl*

Sperrguthaben ['ʃpɛrgu:tha:bən] *n* blocked balance

Sperrkonto ['ʃpɛrkɔnto] *n* blocked account, frozen account

Spesen ['ʃpe:zən] *pl* expenses

Spesenabrechung ['ʃpe:zənapreçnʊŋ] *f* statement of expenses

Spesenpauschale ['ʃpe:zənpauʃa:lə] *f* allowance for expenses

Spesenrechnung ['ʃpe:zənreçnʊŋ] *f* expense report

Spezialbank [ʃpe'tsja:lbaŋk] *n* specialized commercial bank

Spezialfonds [ʃpe'tsja:lf ɔ:s] *m* specialized fund

Spezialgeschäft [ʃpe'tsja:lgəʃɛft] *n* specialty shop

spezialisieren [ʃpetsjali'zi:rən] *v sich auf etw ~* specialize in sth

Spezialisierung [ʃpetsjali'zi:rʊŋ] *f* specialization

Spezialist [ʃpetsja'lıst] *m* specialist

Spezialitätenfonds [ʃpetsjali'tɛ:tənfɔ̃:] *m* speciality fund

Spezialvollmacht [ʃpe'tsja:lfɔlmaxt] *f* special power

Spezialwerte [ʃpe'tsja:lve:rtə] *m/pl* specialties

Spezifikation [ʃpetsifika'tsjoːn] f specification

Spielraum ['ʃpiːlraum] m margen

Spin-off ['spɪnɔf] n *(Ausgliederung einer Tochtergesellschaft)* spin off (a subsidiary company)

Spitzenleistung ['ʃpɪtsənlaɪstuŋ] f top performance, best achievement; peak output

Spitzenlohn ['ʃpɪtsənloːn] m maximum pay, top wage

Splitting-Verfahren ['splɪtɪŋ fɛr'faːrən] n splitting method

sponsern ['ʃpɔnzərn] v sponsor

Sponsor ['ʃpɔnzoːr] m sponsor

Spotgeschäft ['spɔtgəʃɛft] n spot transactions

Spotmarkt ['spɔtmarkt] m spot market

Staat [ʃtaːt] m state

staatlich ['ʃtaːtlɪç] adj state, public, governmental; adv by the state

Staatsangehörigkeit ['ʃtaːtsangəhøːrɪçkaɪt] f nationality, citizenship, national status

Staatsanleihen ['ʃtaːtsanlaɪən] f/pl government loan, public bonds

Staatsanwalt ['ʃtaːtsanvalt] m public prosecutor, Crown Prosecutor *(UK)*, district attorney *(US)*

Staatsausgaben ['ʃtaːtsausgaːbən] f/pl public spending

Staatsbank ['ʃtaːtsbaŋk] f state bank

Staatsbankrott ['ʃtaːtsbaŋkrɔt] m national bankruptcy

Staatsbetrieb ['ʃtaːtsbətriːp] m nationalized enterprise

Staatseigentum ['ʃtaːtsaɪgəntum] n state property, public property

Staatseinnahmen ['ʃtaːtsaɪnaːmən] f/pl public revenue

Staatshaushalt ['ʃtaːtshaushalt] m state budget

Staatskasse ['ʃtaːtskasə] f treasury

Staatspapiere ['ʃtaːtspapiːrə] n/pl public securities

Staatsschulden ['ʃtaːtsʃuldən] pl national debt

Staatsverschuldung ['ʃtaːtsfɛrʃulduŋ] f state indebtedness

Staatszuschuss ['ʃtaːtstsuːʃus] m government grant

stabil [ʃta'biːl] adj 1. *(robust)* stable; 2. *(konstant)* steady

stabile Wechselkurse ['ʃtabiːlə 'vɛksəlkurzə] m/pl stable exchange rates

Stabilisierung [ʃtabili'ziːruŋ] f stabilization

Stabilität [ʃtabili'tɛːt] f stability

Stabilitätspolitik [ʃtabili'tɛːtspolitiːk] f stability policy

Stab-Linien-Organisation ['ʃtaːpliːnjənɔrganizatsjoːn] f line-staff organization structure

Städtebauförderung ['ʃtɛtəbaufœrdəruŋ] f city planning development

städtisch ['ʃtɛtɪʃ] adj municipal

Stadtwerke ['ʃtatvɛrkə] pl municipal utilities

Staffelanleihe ['ʃtafəlanlaɪə] f graduated-interest loan

Staffelpreis ['ʃtafəlpraɪs] m graduated price

Staffelung ['ʃtafəluŋ] f graduation, gradation, grading

Stagflation [ʃtakfla'tsjoːn] f stagflation

Stagnation [ʃtagna'tsjoːn] f stagnation

stagnieren [ʃtag'niːrən] v stagnate

Stahl [ʃtaːl] m steel

Stahlindustrie ['ʃtaːlɪndustriː] f steel industry

Stakeholder Value ['steɪkhəʊldər 'væljuː] m stakeholder value

Stammaktie ['ʃtamaktsjə] f ordinary share

Stammbelegschaft ['ʃtambəleːkʃaft] f key workers

Stammeinlage ['ʃtamaɪnlaːgə] f original capital contribution, original investment

Stammhaus ['ʃtamhaus] n parent company

Stammkapital ['ʃtamkapitaːl] n original stock, original capital, share capital

Stammkunde ['ʃtamkundə] m regular (customer), patron

Stammrecht ['ʃtamrɛçt] n customary law

Stand [ʃtant] m 1. *(Messestand)* booth, stand; 2. *(Situation)* position, situation; *auf dem neuesten ~ sein* to be up to date; *der ~ der Dinge* the situation; *im ~e sein, etw zu tun* to be capable of doing sth, to be able to do sth; *zu ~e kommen* come about, come off; 3. *(Rang)* rank, class, status

Standard ['ʃtandart] m standard

Standardabweichung ['ʃtandartapvaɪçuŋ] f standard deviation

Standardausrüstung ['ʃtandartausrystuŋ] f standard equipment

Standardbrief ['ʃtandartbriːf] m standard-size letter, standard letter

Standardformat ['ʃtandartfɔrmaːt] n standard size

Standardisierung [ʃtandardi'ziːruŋ] f standardization

Standardmodell ['ʃtandartmɔdɛl] n standard model

Standardwerte ['ʃtandartveːrtə] *m/pl* standard values

Stand-by-Kredit [stændbaɪkre'diːt] *m* stand-by credit

Standing ['stændɪŋ] *n* standing

Standort ['ʃtantɔrt] *m* location, station, stand

Standortfaktoren ['ʃtantɔrtfaktoːrən] *m/pl* location factors

Standortwahl ['ʃtantɔrtvaːl] *f* choice of location

stanzen ['ʃtantsən] *v* stamp, punch

Stapel ['ʃtaːpəl] *m* pile, heap, stack; *vom ~ laufen* to be launched

Stapelbestand ['ʃtaːpəlbəʃtant] *m* stockpile

Stapelplatz ['ʃtaːpəlplats] *m* store, depot

Stapelware ['ʃtaːpəlvaːrə] *f* staple goods

Starkstrom ['ʃtarkʃtroːm] *m* high voltage

starrer Wechselkurs ['ʃtarər 'vɛksəlkurs] *m* fixed exchange rate

Starthilfe ['ʃtarthɪlfə] *f* (*für ein Unternehmen*) launching aid, starting-up aid

Startkapital ['ʃtartkapitaːl] *n* startup money

Start-Up ['startap] *m* start up

Statistik [ʃta'tɪstɪk] *f* statistics

statistisch [ʃta'tɪstɪʃ] *adj* statistical; *adv* statistically

Statistisches Bundesamt [ʃta'tɪstɪʃəs 'bundəsamt] *n* Federal Statistical Office

Status ['ʃtaːtus] *m* status, state

Statussymbol ['ʃtaːtuszymboːl] *n* status symbol

Statut [ʃta'tuːt] *n* statute, regulation

Stecker ['ʃtekər] *m* plug, connector

steigend ['ʃtaɪgənt] *adj* rising, ascending, mounting

steigern ['ʃtaɪgərn] *v* (*erhöhen*) increase, raise, advance

Steigerung ['ʃtaɪgəruŋ] *f* (*Erhöhung*) increase, raising

Steigerungsrate ['ʃtaɪgəruŋsraːtə] *f* rate of escalation

Stellageschäft [ʃtɛ'laːʒəgəʃɛft] *n* double option operation

Stelle ['ʃtɛlə] *f* (*Anstellung*) position, job; (*Dienststelle*) authority, office, agency

Stellenangebot ['ʃtɛlənangəboːt] *n* position offered, vacancy, offer of employment

Stellenanzeige ['ʃtɛlənantsaɪgə] *f* position offered, employment ad

Stellenausschreibung ['ʃtɛlənausʃraɪbuŋ] *f* advertisement of a vacancy

Stellengesuch ['ʃtɛləngəzuːx] *n* situation wanted

Stellenmarkt ['ʃtɛlənmarkt] *m* job market

Stellensuche ['ʃtɛlənzuːxə] *f* job search

Stellenvermittlung ['ʃtɛlənfɛrmɪtluŋ] *f* job placement

Stellgeld ['ʃtɛlgɛlt] *n* premium for double option

Stellgeschäft ['ʃtɛlgəʃɛft] *n* put and call

Stellkurs ['ʃtɛlkurs] *m* put and call price

Stellung ['ʃtɛluŋ] *f* (*Anstellung*) position, post, job

Stellungnahme ['ʃtɛluŋnaːmə] *f* comment

stellvertretend ['ʃtɛlfɛrtreːtənt] *adj* representative, deputy, acting

Stellvertreter(in) ['ʃtɛlfɛrtreːtər(ɪn)] *m/f* representative, agent, deputy

Stellvertretung ['ʃtɛlfɛrtreːtuŋ] *f* representation, proxy

Stempel ['ʃtɛmpəl] *m* stamp, postmark; *jdm seinen ~ aufdrücken* leave one's mark on s.o. *den ~ von jdm tragen* bear the stamp of s.o.

Stempelgebühr ['ʃtɛmpəlgəbyːr] *f* stamp duty

stempeln ['ʃtɛmpəln] *v* stamp, mark; *~ gehen* to be on the dole

Stempelsteuer ['ʃtɛmpəlʃtɔyər] *f* stamp duty

Stenografie [ʃtenogra'fiː] *f* shorthand, stenography

stenografieren [ʃtenogra'fiːrən] *v* stenograph, write shorthand, write in shorthand

Stenotypistin [ʃtenotyˈpɪstɪn] *f* shorthand typist

Sterilisierungsfonds [ʃterili'ziːruŋsfõːs] *m* sterilization funds

Sterilisierungspolitik [ʃterili'ziːrunspolitiːk] *f* policy of sterilization funds

Steuer ['ʃtɔyər] *f* tax

Steuerabzug ['ʃtɔyəraptsuːk] *m* tax deduction

Steueraufkommen ['ʃtɔyəraufkɔmən] *n* tax yield, tax revenue, receipts from taxes

Steuerbefreiung ['ʃtɔyərbəfraıuŋ] *f* tax exemption

steuerbegünstigt ['ʃtɔyərbəgynstıçt] *adj* tax sheltered, eligible for tax relief

steuerbegünstigte Wertpapiere ['ʃtɔyərbəgynstıgtə 'veːrtpapiːrə] *n/pl* tax-privileged securities

steuerbegünstigtes Sparen ['ʃtɔyərbəgynstıgtəs 'ʃpaːrən] *f* tax-privileged saving

Steuerbehörde ['ʃtɔyərbəhøːrdə] *f* tax authority

Steuerberater(in) [ˈʃtɔyərbərɑːtər(ɪn)] *m/f* tax advisor, tax consultant

Steuerbescheid [ʃtɔyərbəʃaɪt] *m* notice of tax assessment

Steuerbetrug [ˈʃtɔyərbetruːk] *m* fiscal fraud, tax fraud

Steuerbilanz [ˈʃtɔyərbilants] *f* tax balance sheet

Steuererhöhung [ˈʃtɔyərerhøːuŋ] *f* tax increase

Steuererklärung [ˈʃtɔyərerklɛːruŋ] *f* tax return, tax declaration

Steuerermäßigung [ˈʃtɔyərermɛːsiguŋ] *f* tax relief

Steuerfahndung [ˈʃtɔyərfaːnduŋ] *f* investigation into tax evasion

Steuerflucht [ˈʃtɔyərfluxt] *f* tax evasion by leaving the country, becoming a tax exile

steuerfrei [ˈʃtɔyərfraɪ] *adj* tax-free, exempt from taxation

Steuerfreibetrag [ˈʃtɔyərfraɪbətraːk] *m* statutory tax exemption

Steuerhinterziehung [ˈʃtɔyərhɪntərtsiːuŋ] *f* tax evasion

Steuerhoheit [ˈʃtɔyərhoːhaɪt] *f* jurisdiction to tax

Steuerklasse [ˈʃtɔyərklasə] *f* tax bracket

steuerlich [ˈʃtɔyərliç] *adj* for tax purposes

steuern [ˈʃtɔyərn] *v* control

Steuernachzahlung [ˈʃtɔyərnaːxtsaːluŋ] *f* additional payment of taxes

Steuernummer [ˈʃtɔyərnumər] *f* taxpayer's reference number

Steueroase [ˈʃtɔyəroaːzə] *f* tax haven

Steuerparadies [ˈʃtɔyərparadiːs] *n* tax haven

steuerpflichtig [ˈʃtɔyərpfliçtiç] *adj* taxable, subject to tax

Steuerpolitik [ˈʃtɔyərpolitiːk] *f* fiscal policy

Steuerrecht [ˈʃtɔyərreçt] *n* law of taxation; fiscal law

Steuerreform [ˈʃtɔyərrefɔrm] *f* tax reform

Steuerstundung [ˈʃtɔyərʃtunduŋ] *f* tax deferral

Steuerung [ˈʃtɔyəruŋ] *f* control

Steuerveranlagung [ˈʃtɔyərferanlaːguŋ] *f* tax assessment

Steuerzahler [ˈʃtɔyərtsaːlər] *m* taxpayer

Steuerzahlung [ˈʃtɔyərtsaːluŋ] *f* payment of taxes

Steuerzeichen [ˈʃtɔyərtsaɪçən] *n* control character

Stichkupon [ˈʃtɪçkupɔː] *m* renewal coupon

Stichprobe [ˈʃtɪçproːbə] *f* spot check, random test

stichprobenartig [ˈʃtɪçproːbənartɪç] *adj* random; *adv* on a random basis

Stichtag [ˈʃtɪçtaːk] *m* effective date, key date

Stichtagsinventur [ˈʃtɪçtaːksɪnventuːr] *f* end-of-period inventory

Stichtagskurs [ˈʃtɪçtaːkskurs] *m* market price on reporting date

Stift [ʃtɪft] *m (Bleistift)* pencil; *(Filzstift)* pen, felt-tipped pen

Stiftung [ˈʃtɪftuŋ] *f* 1. *(Schenkung)* donation, bequest; 2. *(Gründung)* establishment, foundation

stille Gesellschaft [ˈʃtɪlə geˈzɛlʃaft] *f* dormant partnership

stille Reserve [ˈʃtɪlə reˈzɛrvə] *f* hidden reserves

stille Rücklage [ˈʃtɪlə ˈryklaːgə] *f* latent funds

stille Zession [ˈʃtɪlə tsɛˈsjoːn] *f* undisclosed assignment

stiller Teilhaber [ʃtɪlər taɪlhaːbər] *m* silent partner, sleeping partner

Stillhalte-Kredit [ˈʃtɪlhaltəkrediːt] *m* standstill credit

stillhalten [ˈʃtɪlhaltən] *v* to sell an option

Stillhalter [ˈʃtɪlhaltər] *m* option seller

Stilllegung [ˈʃtɪlleːguŋ] *f* shutdown, closure

Stillstand [ˈʃtɪlʃtant] *m* standstill, stop, stagnation

stillstehen [ˈʃtɪlʃteːən] *v (Maschine)* to be idle

Stimmabgabe [ˈʃtɪmapgaːbə] *f* vote

stimmberechtigt [ˈʃtɪmbəreçtɪçt] *adj* entitled to vote

Stimme [ˈʃtɪmə] *f (Wahlstimme)* vote

Stimmenmehrheit [ˈʃtɪmənmeːrhaɪt] *f* majority of votes

Stimmenthaltung [ˈʃtɪmenthaltuŋ] *f* abstention

Stimmrecht [ˈʃtɪmreçt] *n* right to vote, suffrage

Stimmrechtsaktie [ˈʃtɪmreçtsaktsjə] *f* voting share

stimmrechtslose Vorzugsaktie [ˈʃtɪmreçtsloːzə ˈfoːrtsuːksaktsjə] *f* non-voting share

Stimmzettel [ˈʃtɪmtsetəl] *m* ballot, voting paper

Stipendium [ʃtɪˈpɛndjum] *n* scholarship

Stock Exchange [ˈstɔk ɪksˈtʃeɪndʒ] *m* stock exchange

Stockdividende ['stɔkdivi'dɛndə] *f* stock dividend

stocken ['ʃtɔkən] *v* 1. *(zum Stillstand kommen)* come to a standstill, stop; 2. *(Geschäfte)* drop off

Stoppkurs ['ʃtɔpkurs] *m* stop price

störanfällig ['ʃtøːranfɛlɪç] *adj* breakdown-prone

Störanfälligkeit ['ʃtøːranfɛlɪçkaɪt] *f* breakdown proneness

stören ['ʃtøːrən] *v* disturb, trouble, bother

Störfall ['ʃtøːrfal] *m* breakdown, accident, malfunction

stornieren [ʃtɔr'niːrən] *v* cancel

Stornierung [ʃtɔr'niːruŋ] *f* cancellation

Storno ['ʃtɔrno] *m* contra entry, reversal; *(Auftragsstorno)* cancellation

Stornobuchung ['ʃtɔrnobuxuŋ] *f* reversing entry

Stornorecht ['ʃtɔrnorɛçt] *n* right to cancel credit entry

Störung ['ʃtøːruŋ] *f* disturbance, inconvenience, annoyance

Straddle ['strædl] *n* straddle

Strafanstalt ['ʃtraːfanʃtalt] *f* penal institution

Strafanzeige ['ʃtraːfantsaɪgə] *f* criminal charge; ~ *erstatten gegen* bring a criminal charge against

strafbar ['ʃtraːfbaːr] *adj* punishable, subject to prosecution

Strafe ['ʃtraːfə] *f* sentence, penalty

strafen ['ʃtraːfən] *v* punish

Strafzins ['straːftsɪns] *m* penalty interest

strapazierfähig [ʃtrapa'tsiːrfɛːɪç] *adj* sturdy, resilient, heavy-duty

Straßengebühr ['ʃtraːsəngəbyːr] *f* toll

Straßennetz ['ʃtraːsənnɛts] *n* road network, road system

Strategie [ʃtrateˈgiː] *f* strategy

strategisch [ʃtraˈteːgɪʃ] *adj* strategic

strategische Allianz [ʃtraˈteːgiʃə alˈjants] *f* strategic alliance

strategische Führung [ʃtraˈteːgiʃə ˈfyːruŋ] *f* strategic management

strategische Planung [ʃtraˈteːgiʃə ˈplaːnuŋ] *f* strategic planning

strategisches Geschäftsfeld [ʃtraˈteːgiʃəs ge'ʃɛftsfɛlt] *n* strategic business area

streichen ['ʃtraɪçən] *v irr* 1. *(durch~)* cross out, delete, strike out; 2. *(Plan)* cancel; *(annullieren)* cancel

Streichung ['ʃtraɪçuŋ] *f* deletion

Streifband ['ʃtraɪfbant] *n* postal wrapper

Streifbanddepot ['ʃtraɪfbantdepoː] *n* individual deposit of securities

Streik [ʃtraɪk] *m* strike

Streikaufruf [ʃtraɪkaufruːf] *m* union strike call

Streikbrecher [ʃtraɪkbrɛçər] *m* strike-breaker

streiken ['ʃtraɪkən] *v* strike

Streikgelder ['ʃtraɪkgɛldər] *n/pl* strike pay

Streikposten ['ʃtraɪkpɔstən] *m* picketer

Streit [ʃtraɪt] *m (Unstimmigkeit)* disagreement, difference; *(Wortgefecht)* argument, dispute, quarrel, debate, discussion

Streitwert ['ʃtraɪtvɛrt] *m* amount in dispute

streng [ʃtrɛŋ] *adj* strict, severe, exacting; *adv* strictly, severely; ~ *genommen* strictly speaking

streng vertraulich [ʃtrɛŋ fɛr'traulɪç] *adj* strictly confidential

Stress [ʃtrɛs] *m* stress

Stresssituation ['ʃtrɛszɪtuatsjoːn] *f* stressful situation

Streubesitz ['ʃtrɔybəzɪts] *m* diversified holdings

Strichkode ['ʃtrɪçkoːd] *m* bar code, UPC code *(US)*

strittig ['ʃtrɪtɪç] *adj* controversial, debatable

Strom [ʃtroːm] *m (elektrischer ~)* current

Stromabnehmer ['ʃtroːmapneːmər] *m* consumer of electricity, power user

Stromausfall ['ʃtroːmausfal] *m* power failure, power outage

Stromgröße ['ʃtroːmgrøːse] *f* rate of flow

Stromkabel ['ʃtroːmkaːbəl] *n* electrical cable, power cable

Stromkreis ['ʃtroːmkraɪs] *m* circuit

Stromrechnung ['ʃtroːmrɛçnuŋ] *f* electricity bill

Stromverbrauch ['ʃtroːmfɛrbraux] *m* power consumption, electricity consumption

Stromzähler ['stroːmtsɛːlər] *m* current meter

Struktur [ʃtrukˈtuːr] *f* structure

strukturell [ʃtruktuˈrel] *adj* structural; *adv* structurally

strukturieren [ʃtruktuˈriːrən] *v* structure

Strukturkredit ['ʃtrukturˈkreditː] *m* structural loan

Strukturkrise [ʃtrukˈtuːrkriːzə] *f* structural crisis

Strukturpolitik ['ʃtrukturˈpolitiːk] *f* structural policy

Strukturreform ['ʃtrukturˈreformː] *f* structural reform

strukturschwach [ʃtrukˈtuːrʃvax] *adj* lacking in infrastructure, underdeveloped, structurally imbalanced

Strukturwandel [ˈʃtruktuːrvandəl] *m* structural change

Stück [ʃtyk] *n* 1. piece, bit; 2. *(Abschnitt)* part, portion, fragment; 3. am ~ at a time

Stückdeckungsbeitrag [ˈʃtykdɛkuŋsbaɪtraːk] *m* unit contribution margin

Stücke [ˈʃtykə] *pl* securities

Stückekonto [ˈʃtykəkɔnto] *n* shares account

Stückelung [ˈʃtykəluŋ] *f* fragmentation

Stückgut [ˈʃtykguːt] *n* mixed cargo

Stückgutverkehr [ˈʃtykguːtfɛrkeːr] *m* part-load traffic

Stückkosten [ˈʃtykkɔstən] *pl* unit cost, cost per unit

Stückkurs [ˈʃtykkurs] *m* price per share

Stücklohn [ˈʃtykloːn] *m* piece-work wage, piece-work pay

stückweise [ˈʃtykvaɪzə] *adv* ~ verkauf en sell individually

Stückzahl [ˈʃtyktsaːl] *f* number of pieces, quantity

Stückzinsen [ˈʃtyktsɪnzən] *m/pl* broken-period interest

Student(in) [ʃtuˈdɛnt(ɪn)] *m/f* student

Studie [ˈʃtuːdjə] *f* study

Stufentarif [ˈʃtuːfəntariːf] *m* graduated scale of taxes

stufenweise [ˈʃtuːfənvaɪzə] *adv* by steps, gradually, progressively

stufenweise Fixkostendeckungsrechnung [ˈʃtuːfənvaɪzə ˈfɪkskɔstəndɛkuŋsrɛçnuŋ] *f* multi-stage fixed-cost accounting

stunden [ˈʃtundən] *v jdm etw* ~ give s.o. time to pay sth

Stundenlohn [ˈʃtundənloːn] *m* hourly wage

Stundung [ˈʃtunduŋ] *f* extension, respite

Stützungskauf [ˈʃtytsuŋskauf] *m* support buying

subjektiv [zupjɛkˈtiːf] *adj* subjective; *adv* subjectively

Subsidiaritätsprinzip [zupzidjariˈtɛːtsprɪntsiːp] *n* principle of subsidiarity

Subskription [zupskrɪpˈtsjoːn] *f* subscription

Substanzerhaltung [zupˈstantsɛrhaltuŋ] *f* preservation of real-asset values

substanzielle Abnutzung [zupstanˈtsjɛlə ˈapnutsuŋ] *f* asset erosion

Substanzwert [zupˈstantsveːrt] *m* real value

substituierbar [zupstituˈiːrbaːr] *adj* replaceable

Substitution [zupstituˈtsjoːn] *f* substitution

Substitutionsgüter [zupstituˈtsjoːnsgyːtər] *n/pl* substitute goods

Subunternehmer [ˈzupuntɛrneːmər] *m* subcontractor

Subvention [zupvɛnˈtsjoːn] *f* subsidy

subventionieren [zupvɛntsjoˈniːrən] *v* subsidize

Summe [ˈzumə] *f* sum, amount

Summenaktie [ˈzumənaktsjə] *f* share at a fixed amount

Summenbilanz [ˈzumənbilants] *f* turnover balance

summieren [zuˈmiːrən] *v* sum up, add up

Sunk Costs [ˈsaŋk ˈkɔsts] *pl* sunk costs

superiore Güter [zuperˈjoːrə gyːtər] *n/pl* superior goods

Supermarkt [ˈzuːpɛrmarkt] *m* supermarket

surfen [ˈzøːrfən] *v (im Internet)* surf the Internet

suspendieren [zuspɛnˈdiːrən] *v* suspend

Swap [swɔp] *m* swap

Swapabkommen [ˈswɔpapkɔmən] *n* swap agreement

Swapgeschäft [ˈswɔpgəʃɛft] *n* swap transaction

Swaplinie [ˈswɔpliːnjə] *f* swap line

Swappolitik [ˈswɔppolitiːk] *f* swap policy

Swapsatz [ˈswɔpzats] *m* swap rate

Swing [swɪŋ] *m (Kreditlinie)* swing

Switch-Geschäft [ˈswɪtʃ gəˈʃɛft] *n* switch

Symbol [zymˈboːl] *n* symbol

Synchronfertigung [zynˈkroːnfɛrtiguŋ] *f* synchronous production

Syndikat [zyndiˈkaːt] *n* syndicate

Syndikatskonto [zyndiˈkaːtskɔnto] *n* syndicate account

Syndikus [ˈzyndikus] *m* syndic

Syndizierung [zyndiˈtsiːruŋ] *f* syndication

Synergie [zynɛrˈgiː] *f* synergy

Synodalanleihe [zynoˈdaːlanlaɪə] *f* synodal loan

Synodalobligation [zynoˈdaːlobligatsjoːn] *f* synodal bond

System [zysˈteːm] *n* system

Systemanalyse [zysˈteːmanalyːzə] *f* system analysis

systematisch [zysteˈmaːtɪʃ] *adj* systematic

Systemberater [zysteˈmbəratər] *m* system engineer

Systemsteuerung [zysˈteːmʃtɔyəruŋ] *f* system control

T

tabellarisch [tabɛˈlaːrɪʃ] *adj* tabular, arranged in tables

Tabelle [taˈbɛlə] *f* table, chart

Tagegeld [ˈtaːɡəɡɛlt] *n 1. (Reisekosten)* daily allowance, per diem allowance; *2. (Krankenversicherung)* daily benefit

Tagelöhner [ˈtaːɡəløːnər] *m* day labourer

Tagesablauf [ˈtaːɡəsaplauf] *m* daily routine

Tagesauszug [ˈtaːɡəsaustsuːk] *m* daily statement

Tagesbilanz [ˈtaːɡəsbilants] *f* daily trial balance sheet

Tageseinnahme [ˈtaːɡəsaɪnnaːmə] *f* day's receipts *pl*

Tageskurs [ˈtaːɡəskurs] *m (von Devisen)* current rate; *(von Effekten)* current price

Tagesordnung [ˈtaːɡəsɔrdnuŋ] *f* agenda; *an der ~ sein (fig)* to be the order of the day; *zur ~ übergehen* carry on as usual

Tageswechsel [ˈtaːɡəsvɛksəl] *m* day bill

Tageswert [ˈtaːɡəsveːrt] *m* current value

täglich [ˈtɛːɡlɪç] *adj* daily, every day

täglich fälliges Geld [ˈtɛːɡlɪç ˈfɛlɪɡəs ɡɛlt] *n* deposit at call

Tagung [ˈtaːɡuŋ] *f* meeting, conference, session

Tagungsort [ˈtaːɡuŋsɔrt] *m* meeting place, conference site, venue

Take Over [ˈteɪk ɔʊvər] *m* take over

Taktik [ˈtaktɪk] *f* tactics

Taktproduktion [ˈtaktproduktsjoːn] *f* cycle operations

Tantieme [tanˈtjeːmə] *f* percentage, share in profits *(Aufsichtsratstantieme)* directors' fee, percentage of profits

Tara [ˈtara] *f* tare

Tarif [taˈriːf] *m* tariff, rate, scale of charges

tarifäre Handelshemmnisse [tariˈfɛːrə ˈhandəlshɛmnɪsə] *n/pl* tariff barriers

Tarifautonomie [taˈriːfautonomiː] *f* autonomous wage bargaining

tarifbesteuerte Wertpapiere [taˈriːfbəʃtɔyərtə ˈveːrtpapiːrə] *n/pl* fully-taxed securities

Tarifgruppe [taˈriːfɡrupə] *f* pay grade

Tarifkonflikt [taˈriːfkɔnflɪkt] *m* conflict over wages

Tariflohn [taˈriːfloːn] *m* standard wage, collectively negotiated wage

Tarifpartner [taˈriːfpartnər] *m/pl* both sides of industry, unions and management, parties to a collective pay deal/agreement, labour and management

Tarifrunde [taˈriːfrundə] *f* bargaining round, contract renegotiation round

Tarifverhandlung [taˈriːffɛrhandluŋ] *f* collective bargaining, collective negotiations

Tarifvertrag [taˈriːfɛrtraːk] *m* collective bargaining agreement

Tarifwert [taˈriːfveːrt] *m* tariff value

Taschenrechner [ˈtaʃənrɛçnər] *m* pocket calculator

Tastatur [tastaˈtuːr] *f* keyboard

tätigen [ˈtɛːtɪɡən] *v* transact

Tätigkeit [ˈtɛːtɪçkaɪt] *f (Beruf)* occupation, job

Tätigkeitsbereich [ˈtɛːtɪçkaɪtsbəraɪç] *m* range of activities, sphere of action, field of action

Tätigkeitsfeld [ˈtɛːtɪçkaɪtsfɛlt] *n* field of activity

Tausch [tauʃ] *m* trade, exchange, swap

Tauschdepot [ˈtauʃdepoː] *n* security deposit

tauschen [ˈtauʃən] *v* trade, exchange, swap

Tauschhandel [ˈtauʃhandəl] *m* barter (trade)

Täuschung [ˈtɔyʃuŋ] *f* deceit

taxieren [taˈksiːrən] *v* appraise, value; *(Wert)* estimate

Taxierung [taˈksiːruŋ] *f* appraisal

Taxwert [ˈtaksveːrt] *m* estimated value

Team [tiːm] *n* team

Teamarbeit [ˈtiːmarbaɪt] *f* teamwork

Teamfähigkeit [ˈtiːmfɛːɪçkaɪt] *f* ability to be part of a team

Teamgeist [ˈtiːmɡaɪst] *m* team spirit

Technik [ˈtɛçnɪk] *f* technology; *(Aufbau)* mechanics *pl; (Verfahren)* technique

Techniker(in) [ˈtɛçnɪkər(ɪn)] *m/f* technician

technisch [ˈtɛçnɪʃ] *adj* technical; *adv* technically

technische Aktienanalyse [ˈtɛçnɪʃə ˈaktsjənanalyːzə] *f* technical analysis

technische Normen [ˈtɛçnɪʃə ˈnɔrmən] *f/pl* technical standards

Technischer Überwachungsverein (TÜV) [ˈtɛçnɪʃər yːbərˈvaxuŋsfɛraɪn (ˈtyf)] *m* Technical Control Board

Technisierung [tɛçni'ziːruŋ] f mechanization

Technologie [tɛçnolo'giː] f technology

Technologietransfer [tɛçnolo'giːtransfɛːr] m transfer of technology

Technologiezentren [tɛçnolo'giːtsɛntrən] n/pl technology centers

technologisch [tɛçno'loːgɪʃ] adj technological

Teilakzept ['taɪlaktsɛpt] n partial acceptance

Teilauszahlung ['taɪlaustsaːluŋ] f partial payment

Teilbeschädigung (P.A.) ['taɪlbəʃɛːdɪguŋ] f partial average (p. a.); partial damage

Teilbetrag ['taɪlbətraːk] m partial amount, instalment, fraction

Teilefertigung ['taɪləfɛrtɪguŋ] f production of parts and subassemblies

Teilerfolg ['taɪlɛrfɔlk] m partial success

Teilforderung ['taɪlfɔrdəruŋ] f partial claim

Teilhaber(in) ['taɪlhaːbər(ɪn)] m/f partner, associate

Teilindossament ['taɪlɪndɔsamɛnt] n partial endorsement

Teilkonnossement ['taɪlkɔnɔsəmɛnt] n partial bill of lading

Teilkosten ['taɪlkɔstən] pl portion of overall costs

Teillieferung ['taɪlliːfəruŋ] f partial delivery

Teilnehmer(in) ['taɪlneːmər(ɪn)] m/f subscriber, party

Teilprivatisierung ['taɪlprivatiziːruŋ] f partial privatisation

Teilrechte ['taɪlrɛçtə] pl partial rights

Teilverlust (P.L.) ['taɪlfɛrlust] m partial loss (p. l.)

Teilwert ['taɪlveːrt] m partial value

Teilzahlung ['taɪltsaːluŋ] f instalment payment, partial payment

Teilzahlungsbank ['taɪltsaːluŋsbaŋk] f installment sales financing institution

Teilzahlungskredit ['taɪltsaːluŋskrediːt] m instal(l)ment credit

Teilzahlungsrate ['taɪltsaːluŋsraːtə] f monthly instal(l)ment

Teilzeitarbeit ['taɪltsaɪtarbaɪt] f part-time work

Teilzeitbeschäftigung ['taɪltsaɪtbəʃɛftɪguŋ] f part-time employment

Telearbeit ['teːləarbaɪt] f telework

Tele-Banking ['teːləbæŋkɪŋ] n telebanking

Telefax ['teːlefaks] n fax, facsimile transmission

Telefaxgerät ['teːlefaksgərɛːt] n fax machine, facsimile machine

Telefaxnummer ['teːləfaksnumər] f fax number

Telefon [teːle'foːn] n telephone, phone

Telefonat [telefo'naːt] n telephone call

telefonieren [telefo'niːrən] v phone, make a telephone call

Telefonkarte [tele'foːnkartə] f phonecard

Telefonmarketing [tele'foːnmarkətɪŋ] n telephone marketing

Telefonnummer [tele'foːnnumər] f telephone number

Telefonverkauf [tele'foːnfɛrkauf] m telephone selling

Telefonzelle [tele'foːntsɛlə] f call-box (UK), pay phone, phone booth (US)

Telefonzentrale [tele'foːntsɛntraːlə] f exchange, switchboard

Telegraf telegraph

telegrafieren [telegra'fiːrən] v telegraph, wire, send a telegram

telegrafische Anweisung [tele'graːfɪʃə 'anvaɪzuŋ] f technology payment order

Telegramm [tele'gram] n telegram

Telekommunikation ['telekɔmunikatsjoːn] f telecommunications pl

Telekonferenz ['telekɔnfɛrɛnts] f teleconference

Tele-Konto ['teːləkɔnto] n videotext account

Teleservice ['telezɜrvɪs] m teleservice

Teleshopping ['teleʃɔpɪŋ] n teleshopping

Tendenz [tɛn'dɛnts] f tendency

Tender ['tɛndər] m tender

Tenderverfahren ['tɛndərfɛrfaːrən] n tender procedure

Termin [tɛr'miːn] m 1. (Datum) date; 2. (Frist) term, deadline; 3. (Verabredung) appointment; 4. (Verhandlung) hearing

Terminal ['tɜːrminəl] m terminal

Terminbörse [tɛr'miːnbœrzə] f futures market

Termindevisen [tɛr'miːndeviːzən] pl exchange for forward delivery

Termindruck [tɛr'miːndruk] m deadline pressure

Termineinlagen [tɛr'miːnaɪnlaːgən] f/pl time deposit

Termingeld [tɛr'miːngɛlt] n time deposit

termingerecht [tɛr'miːngərɛçt] adj on schedule, punctual; adv on schedule, at the right time, punctually

Termingeschäft [tɛr'miːngəʃɛft] n futures business

Terminkalender [tɛr'miːnkalɛndər] *m* appointment book, appointment calendar, docket

Terminkontrakt [tɛr'miːnkɔntrakt] *m* forward contract, futures contract

Terminkurs [tɛr'miːnkurs] *m* forward price

Terminpapiere [tɛr'miːnpapiːrə] *n/pl* forward securities

Terminplanung [tɛr'miːnplaːnuŋ] *f* scheduling

Terms of Payment [tɛːmz əv 'peɪmənt] *pl (Zahlungsbedingungen)* terms of payment

Terms of Trade [tɛːmz əv 'treɪd] *pl (Austauschverhältnis zwischen importierten und exportierten Gütern)* terms of trade

Tertiärbedarf [tɛr'tsjeːrbədarf] *m* tertiary demand

tertiärer Sektor [tɛr'tsjeːrər 'zɛktoːr] *m* tertiary sector

Testat [tɛs'taːt] *n* audit opinion

Testmarkt ['tɛstmarkt] *m* test market

Testreihe ['tɛstraɪə] *f* battery of tests

Teuerung ['tɔyəruŋ] *f* inflation

Teuerungsrate ['tɔyəruŋsraːtə] *f* rate of price increase

texten ['tɛkstən] *v (Werbetext)* write copy

Texter ['tɛkstər] *m (Werbetexter)* copywriter

Textgestaltung ['tɛkstɡəʃtaltuŋ] *f* text configuration

Textilindustrie [tɛks'tiːlɪndustriː] *f* textile industry

Textverarbeitung ['tɛkstfɛrarbaɪtuŋ] *f* word processing

Thesaurierung [tezau'riːruŋ] *f* accumulation of capital

Thesaurierungsfonds [tezau'riːruŋsfɔ̃ː] *m* accumulative investment fund

Tiefpunkt ['tiːfpuŋkt] *m* low

tilgen ['tɪlɡən] *v* redeem, repay, pay off

Tilgung ['tɪlɡuŋ] *f* repayment, redemption, amortization

Tilgungsanleihe ['tɪlɡuŋsanlaɪə] *f* redemption loan

Tilgungsaussetzung ['tɪlɡuŋsauszɛtsuŋ] *f* subspension of redemption payments

Tilgungsfonds ['tɪlɡuŋsfɔ̃ː] *m* redemption fund

Tilgungsgewinn ['tɪlɡuŋsɡəvɪn] *m* gain of redemption

Tilgungshypothek ['tɪlɡuŋshypoteːk] *f* amortizable mortgage loan

Tilgungsrate ['tɪlɡuŋsraːtə] *f* amortization instalment

Tilgungsrückstände ['tɪlɡuŋsrykʃtɛndə] *m/pl* redemption in arrears

Tilgungsstreckung ['tɪlɡuŋsʃtrɛkuŋ] *f* repayment extension

Time Sharing ['taɪmʃəriŋ] *n* time sharing

tippen ['tɪpən] *v (Maschine schreiben)* type

Tippfehler ['tɪpfeːlər] *m* typing error, typographical error

Tochtergesellschaft ['tɔxtərɡəzɛlʃaft] *f* subsidiary, affiliate

Top-Down-Prinzip [tɔp'daunprɪntsiːp] *n* top-down principle

Top-Management [tɔp'mænɪdʒmənt] *n* top management

Total Quality Management (TQM) [təutl 'kvɔlɪti mænɪdʒmənt] *n* total quality management (TQM)

Totalanalyse [to'taːlanalyːzə] *f* total analysis

Totalschaden *m* total loss

Totalschaden [to'taːlʃaːdən] *m* total loss

totes Depot ['toːtəs de'poː] *n* dormant deposit

totes Kapital ['toːtəs kapi'taːl] *n* dead capital

totes Konto ['toːtəs 'kɔnto] *n* inoperative account

totes Papier ['toːtəs pa'piːr] *n* inactive security

Trade Marts ['treɪd maːrts] *pl* trade marts

Trade Terms ['treɪd tɛːmz] *pl* trade terms

Trading-Down ['treɪdɪŋdaun] *n* trading down

Trading-Up ['treɪdɪŋap] *n* trading up

traditionell [traditsjoːˈnɛl] *adj* traditional; *adv* traditionally

Traditionspapier [tradi'tsjoːnspapiːr] *n* negotiable document of title

Trainee [trɛːˈniː] *m/f* trainee

Training on the Job [treɪnɪŋ ɔn uə 'dʒɔb] *n* training on the job

Tranche ['trɑ̃ʃ] *f* tranche

Transaktion [transak'tsjoːn] *f* transaction

Transaktionsanalyse [transak'tsjoːnsanalyːzə] *f* transactional analysis

Transaktionskasse [transak'tsjoːnskasə] *f* transaction balance

Transaktionskosten [transak'tsjoːnskɔstən] *pl* conversion charge

Transaktionsnummer (TAN) [transak'tsjoːnsnumər] *f* transaction number

Transfer [trans'feːr] *m* transfer

Transferabkommen [trans'feːrapkɔmən] *n* transfer agreement

Transferausgaben [trans'feːrausɡaːbən] *f/pl* transfer expenditure

Transfergarantie [trans'fe:rgaranti:] ƒ guarantee of foreign exchange transfer
Transferleistungen [trans'fe:rlaɪstuŋən] ƒ/pl transfer payments
Transferrisiko [trans'fe:rri:ziko] n risk of transfer
Transit ['tranzɪt] m transit
Transithandel [tran'zɪthandəl] m transit trade
Transitklausel [tran'zɪtklauzəl] ƒ transit clause
Transitzoll [tran'zɪttsɔl] m transit duty
transnationale Unternehmung ['trans-natsjona:lə untər'ne:muŋ] ƒ transnational corporations
Transparenz [transpa'rɛnts] ƒ transparency
Transport [trans'pɔrt] m transport(ation) (US)
transportabel [transpɔr'ta:bəl] adj transportable
Transportbehälter [trans'pɔrtbəhɛltər] m container
Transporter [trans'pɔrtər] m 1. (Lastwagen) van; 2. (Flugzeug) cargo plane
transportieren [transpɔr'ti:rən] v transport
Transportkette [trans'pɔrtkɛtə] ƒ transport chain
Transportkosten [trans'pɔrtkɔstən] pl transport costs, forwarding charges, shipping charges
Transportmittel [trans'pɔrtmɪtəl] n means of transport, means of conveyance
Transportpapiere [trans'pɔrtpapi:rə] n/pl transport documents
Transportschaden [trans'pɔrtʃa:dən] m loss on goods in transit
Transportunternehmen [trans'pɔrtuntərne:mən] n haulage company
Transportversicherung [trans'pɔrtfɛr-ziçəruŋ] ƒ transport insurance
Transportversicherung gegen alle Risiken (a.a.r.) [trans'pɔrtfɛrzɪçəruŋ 'ge:gən alə 'ri:zikən] ƒ transportation insurance against all risks (a. a. r.)
Transportweg [trans'pɔrtve:k] m route of transportation
Trassant [tra'sant] m drawer
Trassat [tra'sa:t] m drawee
trassiert-eigener Scheck [tra'si:rt-aɪɡənər ʃɛk] m cheque drawn by the drawer himself
trassiert-eigener Wechsel [tra'si:rt-aɪɡənər 'vɛksəl] m bill drawn by the drawer himself
Trassierung [tra'si:ruŋ] ƒ drawing

Trassierungskredit ['trasi:ruŋskredi:t] m acceptance credit
Tratte ['tratə] ƒ draft
Treasury Bill ['trɛʒəri bɪl] ƒ treasury bill
Treasury Bond ['trɛʒəri bɔnd] m treasury bond
Treasury Note ['trɛʒəri nəʊtə] ƒ treasury note
Trend [trɛnt] m trend
Trendanalyse ['trɛntanaly:zə] ƒ trend analysis
Trendwende ['trɛntvɛndə] ƒ reversal of a trend
Trennbanksystem ['trɛnbaŋkzyste:m] n system of specialized banking
Trennungsentschädigung ['trɛnuŋsɛnt-ʃɛ:dɪɡuŋ] ƒ severance pay
Tresor [tre'zo:r] m safe
Treu und Glaube ['trɔy unt glaubə] good faith
Treuepflicht ['trɔyəpflɪçt] ƒ allegiance
Treuerabatt ['trɔyərabat] m fidelity rebate, patronage discount
Treuhand ['trɔyhant] ƒ trust
Treuhandanstalt ['trɔyhantanʃtalt] ƒ institutional trustee
Treuhandbank ['trɔyhantbaŋk] ƒ trust bank
Treuhanddepots ['trɔyhantdepo:s] n/pl trust deposits
Treuhänder ['trɔyhɛndər] m fiduciary, trustee
Treuhandfonds ['trɔyhantfɔ̃:s] m trust funds
Treuhandgesellschaft ['trɔyhantɡəzɛl-ʃaft] ƒ trust company
Treuhandkredit ['trɔyhantkredi:t] m loan on a trust basis
Triade [tri'a:də] ƒ company operating in Japan, USA and Europe; triad
Trittbrettverfahren ['trɪtbrɛtfɛrfa:rən] n free rider principle
trockener Wechsel ['trɔkənər 'vɛksəl] m negotiable promissory note
Trust [trast] m trust
Trust Center ['trast sɛntər] n trust centre
Trust Fonds ['trast fɔ̃:] m Trust Fund
Turnaround [tɜ:nəraʊnd] m (Trendwende) turnaround
Turn-Key-Projekte ['tɜ:n-ki:pro'jɛktə] n/pl turnkey projects
TÜV [tyf] m (technische Überprüfung von Fahrzeugen) motor vehicle inspection
Typenkauf ['ty:pənkauf] m type purchase
Typisierung [typi'zi:ruŋ] ƒ typification

U

überarbeiten [y:bər'arbaɪtən] *v 1. (etw ~)* revise; *2.* sich ~ overwork o.s.

Überarbeitung [y:bər'arbaɪtuŋ] *f 1.* revision; *2. (Überanstrengung)* overwork

Überbelastung ['y:bərbəlastuŋ] *f* overloading, overtaxing, overworking, strain

Überbeschäftigung ['y:bərbəʃɛftɪguŋ] *f* over-employment

Überbewertung ['y:bərbəve:rtuŋ] *f* overvaluation

überbezahlt ['y:bərbətsa:lt] *adj* overpaid

überbieten [y:bər'bi:tən] *v irr 1. (Preis)* overbid, outbid; *2. (Leistung)* outdo, beat, surpass

Überbringer [y:bər'brɪŋər] *m* earer

Überbringerscheck [y:bər'brɪŋərʃɛk] *m* bearer-cheque

Überbrückungsfinanzierung [y:ber'brykuŋsfinantsi:ruŋ] *f* interim financing

Überbrückungsgeld [y:bər'brykuŋsgelt] *n* temporary assistance

Überbrückungskredit [y:bər'brykuŋskredi:t] *m* bridging loan, tide-over credit

Überbrückungsrente [y:bər'brykuŋsrɛntə] *f* interim retirement pension

Überdividende ['y:bərdividɛndə] *f* superdividend

übereignen [y:bər'aɪknən] *v jdm etw ~* make sth over to s.o., transfer sth to s.o.

Übereignung [y:bər'aɪknuŋ] *f* transfer of ownership, transfer of title

Übereinkommen [y:bər'aɪnkəmən] *n* agreement, understanding

übereinkommen [y:bər'aɪnkəmən] *v irr* agree, come to an agreement, come to an understanding

Übereinkunft [y:bər'aɪnkunft] *f* agreement

überfällig ['y:bərfɛlɪç] *adj (zu spät)* overdue; *(abgelaufen)* expired, overdue

Überfinanzierung ['y:bərfinantsi:ruŋ] *f* overfinancing

überfordern [y:bər'fɔrdərn] *v* overtax, demand too much of

überfordert [y:bər'fɔrdərt] *adj* overtaxed, overstrained

überführen [y:bər'fy:rən] *v (transportieren)* transport, transfer

Überführung [y:bər'fy:ruŋ] *f (Transport)* transport, transportation

Übergabe ['y:bərga:bə] *f* handing over, delivery

Übergangserscheinung ['y:bərgaŋserʃaɪnuŋ] *f* phenomenon of transition

Übergangsgeld ['y:bərgaŋsgelt] *n* transitional pay

Übergangskonten ['y:bərgaŋskɔntən] *n/pl* suspense accounts

Übergangslösung ['y:bərgaŋslø:zuŋ] *f* temporary solution

Übergangsregelung ['y:bərgaŋsre:gəluŋ] *f* interim arrangement, transitional arrangement

Übergangszeit ['y:bərgaŋstsaɪt] *f* period of transition

übergeben [y:bər'ge:bən] *v irr (etw ~)* deliver, hand over; *jdm etw ~* deliver sth over to s.o.

Übergebot ['y:bərgəbo:t] *n* higher bid

Übergewicht ['y:bərgəvɪçt] *n* overweight

überhöht [y:bər'hø:t] *adj* excessive

Überkapazität ['y:bərkapasite:t] *f* overcapacity

Überkapitalisierung ['y:berkapitalizi:ruŋ] *f* overcapitalization

Überkreuzverflechtung [y:bər'krɔytsfərfleçtuŋ] *f* interlocking directorate

Überliquidität ['y:bərlikvidite:t] *f* excess liquidity

übermitteln [y:bər'mɪtəln] *v* transmit, convey, deliver

Übermittlung [y:bər'mɪtluŋ] *f* conveyance, transmission

Übernahme ['y:bərna:mə] *f* takeover, taking-over, taking possession; *(Amtsübernahme)* entering

Übernahmegewinn ['y:bərna:məgəvɪn] *m* take-over profit

Übernahmegründung ['y:bərna:mə] *f* foundation in which founders take all shares

Übernahmekonsortium ['y:bərna:məkənzɔrtsjum] *n* security-taking syndicate

Übernahmekurs ['y:bərna:məkurs] *m* underwriting price

Übernahmeverlust ['y:bərna:məfɛrlust] *m* loss on takeover

übernehmen [y:bər'ne:mən] *v irr 1. (entgegennehmen)* accept; *2. (Amt)* take over; sich ~ overstrain, overextend, undertake too much

überordnen ['y:bərɔrdnən] v give priority to; jmd ist jdm übergeordnet s.o. ranks above s.o.

Überproduktion ['y:bərprɔduktsjo:n] f overproduction, excess production

überprüfen [y:bər'pry:fən] v check, examine, inspect

Überprüfung [y:bər'pry:fuŋ] f inspection, overhaul, examination

übersättigt [y:bər'zɛtɪçt] adj (Markt) glutted

Übersättigung [y:bər'zɛtɪguŋ] f repletion, glutting

Überschlag ['y:bərʃla:k] m rough calculation, rough estimate

überschlagen [y:bər'ʃla:gən] v (ausrechnen) estimate, approximate; (Kosten) make a rough estimate of

überschreiben [y:bər'ʃraɪbən] v irr 1. transfer by deed, convey; 2. write over

Überschreibung [y:bər'ʃraɪbuŋ] f conveyance, transfer by deed, transfer in a register

Überschuldung [y:bər'ʃulduŋ] f overindebtedness, excessive indebtedness

Überschuldungsbilanz [y:bər'ʃulduŋs-bilants] f statement of overindebtedness

Überschuss ['y:bərʃus] m surplus, excess

überschüssig ['y:bərʃysɪç] adj surplus, excess, left over

Überschussproduktion ['y:bərʃusprɔduk-tsjo:n] f surplus production

Überschussrechnung ['y:bərʃusreçnuŋ] f cash receipts and disbursement method

Überschussreserve ['y:bərʃusrezervə] f surplus reserve

Überschuss-Sparen ['y:bərʃusʃpa:rən] n surplus saving

Übersee ['y:bərze:] f in ~ overseas; von ~ from overseas

Überseehandel ['y:bərze:handəl] m oversea(s) trade

übersenden [y:bər'zɛndən] v irr send, forward, transmit

Übersendung [y:bər'zɛnduŋ] f sending, conveyance, consignment

Übersicht ['y:bərzɪçt] f 1. (Überblick) general picture, overall view; 2. (Zusammenfassung) outline, summary, review

Überstunde ['y:bərʃtundə] f overtime; ~n machen work overtime, put in overtime

übertariflich ['y:bərtari:flɪç] adj merit

übertarifliche Bezahlung ['y:bərtari:flɪçə bə'tsa:luŋ] f payment in excess of collectively agreed scale

Überteuerung [y:bər'tɔyəruŋ] f overcharge, excessive prices pl

Übertrag ['y:bərtra:k] m sum carried over

übertragbar [y:bər'tra:kba:r] adj (Papiere) assignable, transferable, conveyable

übertragen [y:bər'tra:gən] v (Auftrag) transfer, transmit; (Papiere) assign, transfer

Übertragung [y:bər'tra:guŋ] f transfer, assignment

Übertragungsfehler [y:bər'tra:guŋsfe:-lər] m transcription error

Überversicherung ['y:bərfɛrzɪçəruŋ] f overinsurance

überwachen [y:bər'vaxən] v supervise, monitor

Überwachung [y:bər'vaxuŋ] f supervision, surveillance, observation

überweisen [y:bər'vaɪzən] v irr transfer

Überweisung [y:bər'vaɪzuŋ] f (von Geld) transfer, remittance

Überweisungsauftrag [y:bər'vaɪzuŋsauf-tra:k] m transfer instruction

Überweisungsformular [y:bər'vaɪzuŋs-formula:r] n credit transfer form

Überweisungsscheck [y:bər'vaɪzuŋsʃɛk] m transfer cheque

Überweisungsträger [y:bər'vaɪzuŋstre:-gər] m remittance slip

Überweisungsverkehr [y:bər'vaɪzuŋsfɛr-ke:r] m money transfer transactions

überzeichnen [y:bər'tsaɪçnən] v oversubscribe

Überzeichnung [y:bər'tsaɪçnuŋ] f oversubscription

überzeugen [y:bər'tsɔygən] v convince; (überreden) persuade; (juristisch) satisfy

Überzeugungskraft [y:bər'tsɔyguŋskraft] f powers of persuasion pl

überziehen [y:bər'tsi:ən] v irr (Konto) overdraw an account

Überziehen eines Kontos [y:bər'tsi:n 'aɪnəs 'kɔntos] n overdraft

Überziehungskredit [y:bər'tsi:uŋskre-di:t] m overdraft provision, overdraft credit

Überziehungsprovision [y:bər'tsi:uŋspro-vizjo:n] f overdraft commission

Überzug ['y:bərtsu:k] m (Beschichtung) coating

übliche Bedingungen (u.c., u.t.) ['y:blɪçə bə'dɪŋuŋən] pl usual conditions (u. c.); usual terms (u. t.)

Uhrzeit ['u:rtsaɪt] f time (of day)

Ultimatum [ulti'ma:tum] n ultimatum

ultimo ['ultimo] adv end of the month

Ultimogeld ['ultimogɛlt] *n* last-day money
Ultimogeschäft ['ultimogəʃɛft] *n* last-day business
Umbrella-Effekt [am'brelə ɛ'fɛkt] *m* umbrella effect
umbuchen ['umbuːxən] *v (Konto)* transfer to another account
Umbuchung ['umbuːxuŋ] *f (Kontoumbuchung)* transfer (of an entry)
umdisponieren ['umdɪsponiːrən] *v* make new arrangements
Umfang ['umfaŋ] *m (fig: Ausmaß)* scope, scale
Umfinanzierung ['umfinantsiːruŋ] *f* switch-type financing; refinancing
Umfrage ['umfraːgə] *f* public opinion poll, opinion survey
umgehend ['umgeːənt] *adj/adv* immediate/immediately
umgestalten ['umgəʃtaltən] *v* reshape, reformat, redesign
Umgestaltung ['umgəʃtaltuŋ] *f* reshaping, reorganization, reformatting, reconfiguration
Umgründung ['umgrynduŋ] *f* reorganization
umladen ['umlaːdən] *v irr* reload; *(einer Schiffsladung)* transship
Umlage ['umlaːgə] *f* levy contribution, allocation, charge, *eine ~ machen* split the costs
Umlageverfahren ['umlaːgəferfaːrən] *n* method of cost allocation (Kostenrechnung); social insurance on a pay-as-you-go basis (Sozialversicherung)
Umlaufmarkt ['umlaufmarkt] *m* secondary market
Umlaufrendite ['umlaufrɛndiːtə] *f* yield on bonds outstanding
Umlaufgeschwindigkeit ['umlaufgəʃwɪndigkait] *f (des Geldes)* velocity of circulation
Umlaufvermögen ['umlauffɛrmøːgən] *n* floating assets, current assets
umlegen ['umleːgən] *v* allocate, distribute, apportion
umpacken ['umpakən] *v* repack
umprogrammieren ['umprogramiːrən] *v* reprogram
umrechnen ['umrɛçnən] *v* convert
Umrechnung ['umrɛçnuŋ] *f* conversion
Umrechnungskurs ['umrɛçnuŋskurs] *m* exchange rate, rate of conversion
Umrechnungstabelle ['umrɛçnuŋstabɛlə] *f* conversion table
umrüsten ['umrystən] *v (technisch)* retool, adapt, convert

umsatteln ['umzatəln] *v (fig: Beruf)* change one's profession
Umsatz ['umzats] *m* turnover, sales volume
Umsatzbeteiligung ['umzatsbətailiguŋ] *f (Provision)* commission
Umsatzentwicklung ['umzatsɛntvɪkluŋ] *f* turnover trend
Umsatzplan ['umzatsplaːn] *m* turnover plan
Umsatzprognose ['umzatsprognoːzə] *f* turnover forecast
Umsatzprovision ['umzatsprovizjoːn] *f* sales commission, commission on turnover
Umsatzrendite ['umzatsrɛndiːtə] *f* net income percentage of turnover
Umsatzrentabilität ['umzatsrɛntabilitɛt] *f* net profit ratio
Umsatzsteuer ['umzatsʃtɔyər] *f* turnover tax
Umschlag ['umʃlaːk] *m* 1. *(Kuvert)* envelope; 2. *(Umladung)* transshipment, reloading; 3. *(Schutzhülle)* cover, wrapping
umschlagen ['umʃlaːgən] *v irr (umladen)* transfer, transship
Umschlagplatz ['umʃlaːkplats] *m* reloading point; *(Handelsplatz)* trade centre
Umschlagshäufigkeit eines Lagers ['umʃlaːkshɔyfɪçkait 'aɪnəs 'laːgərs] *f* inventory-sales ratio; rate of inventory turnover
umschreiben ['umʃraibən] *v irr* transfer
Umschuldung ['umʃulduŋ] *f* debt restructuring
umschulen ['umʃuːlən] *v* retrain
Umschulung ['umʃuːluŋ] *f (für einen anderen Beruf)* retraining
umsetzbar ['umzɛtsbaːr] *adj* marketable, salable, sellable
Umsetzbarkeit ['umzɛtsbaːrkait] *f* marketability, salability, sellability
umsetzen ['umzɛtsən] *v (verkaufen)* turn over, sell
umsonst [um'zɔnst] *adv* 1. *(vergeblich)* in vain, to no avail, uselessly; 2. *(unentgeltlich)* free, for nothing, gratis; 3. *(erfolglos)* without success
umstellen ['umʃtɛlən] *v (umorganisieren)* reorganize; *sich ~ (anpassen)* accommodate o.s., adapt, adjust
Umstellung ['umʃtɛluŋ] *f* 1. *(Umorganisierung)* reorganization; 2. *(Anpassung)* adaptation
Umstrukturierung ['umʃtrukturiːruŋ] *f* restructuring, reorganization
Umtausch ['umtauʃ] *m* exchange; *(in eine andere Währung)* conversion

umtauschen ['umtauʃən] v exchange, convert

umverteilen ['umfɛrtaɪlən] v redistribute

umwechseln ['umvɛksəln] v change, exchange

Umwelt ['umvɛlt] f environment

Umweltabgabe ['umvɛltapga:bə] f environmental levy

Umweltbelastungen ['umvɛltbəlastuŋən] f/pl environmentally damaging activities

umweltfreundlich ['umvɛltfrɔyndlıç] adj non-polluting, environment-friendly

Umwelthaftungsgesetz (UmweltHG) ['umvɛlthaftuŋsgəzɛts] n Law on Environmental Issues

Umweltpolitik ['umvɛltpoliti:k] f environmental policy

Umweltschutz ['umvɛltʃuts] m protection of the environment, pollution control, conservation

Umweltverschmutzung ['umvɛltfɛrʃmutsuŋ] f environmental pollution

Umweltverträglichkeit ['umvɛltfɛrtrɛ:klıçkaıt] f environmental impact, effect on the environment

Umweltzeichen ['umvɛlttsaıçən] n environmental label

Unabhängigkeit ['unaphɛŋigkaıt] f independence

unabkömmlich ['unapkœmlıç] adj indispensable

Unabkömmlichkeit ['unapkœmlıçkaıt] f indispensability

unaufgefordert ['unaufgəfɔrdərt] adj unasked, unsolicited; adv without being asked

unausgebildet ['unausgəbıldət] adj untrained, unskilled

unbar ['unba:r] adj/adv non cash

unbeantwortet ['unbəantvɔrtət] adj unanswered

unbefristet ['unbəfrıstət] adj for an indefinite period, permanent

unbefugt ['unbəfu:kt] adj unauthorized

Unbefugte(r) ['unbəfu:ktə(r)] m/f unauthorized person, trespasser

unberechenbar ['unbəreçənba:r] adj incalculable, unpredictable

unbeschränkte Steuerpflicht ['unbəʃrɛŋktə 'ʃtɔyərpflıçt] f unlimited tax liability

unbewegliche Vermögen ['unbəve:klıçə fɛr'mø:gən] n immovable property

unbezahlbar [unbə'tsa:lba:r] adj unaffordable, prohibitively expensive

unbezahlter Urlaub ['unbətsa:ltər 'urlaup] m unpaid vacation

unbrauchbar ['unbrauxba:r] adj useless, of no use

unbürokratisch ['unbyrɔkratıʃ] adj unbureaucratic

undurchführbar ['undurçfy:rba:r] adj impracticable, infeasible

unechte Gemeinkosten ['unɛçtə gə'maınkɔstən] pl fictitious overheads

unechtes Factoring ['unɛçtəs 'fæktərıŋ] n false factoring

uneinbringliche Forderung ['unaınbrıŋlıçə 'fɔrdəruŋ] f uncollectible

uneingeschränkt ['unaıngəʃrɛŋkt] adj unrestricted, unlimited

unentgeltlich ['unɛntgɛltlıç] adj free of charge; adv free of charge, gratis

unerfahren ['unɛrfa:rən] adj inexperienced

unfähig ['unfɛ:ıç] adj incapable, unable

Unfähigkeit ['unfɛ:ıçkaıt] f incompetence, inability

Unfallverhütungsvorschriften ['unfalfɛrhy:tuŋsfo:rʃrıftən] f/pl accident-prevention rules

Unfallversicherung ['unfalfɛrzıçəruŋ] f accident insurance

unfertige Erzeugnisse ['unfɛrtıgə ɛr-'tsɔyknısə] n/pl 1. (Recht) work in process; 2. (Produktion) partly finished products

unfrankiert ['unfraŋki:rt] adj unpaid, not prepaid

Unfriendly Takeover ['anfrendli 'teıkəʊvər] n (feindliche Übernahme) unfriendly take over

ungedeckter Kredit ['ungədɛktər kre'di:t] m uncovered credit

ungedeckter Scheck ['ungədɛktər ʃɛk] m uncovered cheque

ungenutzt ['ungənutst] adj/adv unused, unutilized

ungesetzlich ['ungəzɛtslıç] adj illegal, illicit, unlawful

ungültig ['ungyltıç] adj invalid, void

Ungültigkeit ['ungyltıçkaıt] f invalidity, nullity

ungünstig ['ungynstıç] adj unfavourable, inopportune; adv unfavourably

Unifizierung [unifi'tsi:ruŋ] f consolidation

Union [un'jo:n] f union

Universalbank [univɛr'za:lbaŋk] f all-round bank

unkompensierte Bilanz ['unkɔmpɛnzi:rtə bi'lants] f unoffset balance sheet

Unkosten ['unkɔstən] *pl* expenses, costs; *sich in ~ stürzen* go to a great deal of expense

Unkostenbeitrag ['unkɔstənbaitraːk] *m* contribution towards expenses

unkündbar [un'kyntbaːr] *adj* permanent, binding, not terminable

unlautere Werbung ['unlautərə 'vɛrbuŋ] *f* unfair advertising

unlauterer Wettbewerb ['unlautərər 'vɛtbəvɛrp] *m* unfair competition

Unmündigkeit ['unmyndɪçkait] *f* minority

unnotierte Werte ['unnotiːrtə 'veːrtə] *m/pl* unlisted securities

unnötig ['unnøːtɪç] *adj* unnecessary, needless

unpraktisch ['unpraktɪʃ] *adj* unpractical *(UK)*, impractical *(US)*

unrealistisch ['unrealɪstɪʃ] *adj* unrealistic

unrechtmäßig ['unrɛçtmɛːsɪç] *adj* illegal, unlawful

unregelmäßig ['unreːgəlmɛːsɪç] *adj* irregular; *adv* irregularly

Unregelmäßigkeit ['unreːgəlmɛːsɪçkait] *f* irregularity

unrentabel ['unrɛntaːbəl] *adj* unprofitable

unsachgemäß ['unzaxgəmɛːs] *adj* improper, inexpert

unschlüssig ['unʃlysɪç] *adj* uncertain, undetermined, irresolute

Unsicherheit ['unzɪçərhait] *f* uncertainty

unter dem Strich [untərdeːm'ʃtrɪç] *adv* in total

Unterbeschäftigung ['untərbəʃɛftɪguŋ] *f* underemployment

unterbesetzt ['untərbəzɛtst] *adj* understaffed

unterbewerten ['untərbəvɛrtən] *v* undervalue

Unterbewertung ['untərbəveːrtuŋ] *f* undervaluation

Unterbilanz ['untərbilants] *f* deficit balance

unterbreiten [untər'braitən] *v* submit

Unterfinanzierung ['untərfinantsiːruŋ] *f* underfinancing

unterfordern [untər'fɔrdərn] *v* demand too little of, ask too little of, expect too little of

Untergebener [untər'geːbənər] *m (Mitarbeiter)* subordinate

untergeordnet ['untərgəɔrdnət] *adj* subordinate, secondary

Unterhalt ['untərhalt] *m* support, maintenance

Unterhändler ['untərhɛndlər] *m* negotiator, mediator

Unterkapitalisierung ['untərkapitaliziːruŋ] *f* undercapitalization

Unterkonto ['untərkɔnto] *n* subsidiary account, adjunct account, subaccount, auxiliary account

Unterlagen ['untərlaːgən] *f/pl (Dokumente)* documents *pl*, materials *pl*, papers *pl*

unterlassen ['untərlasən] *v irr* fail todo, refrain from doing

Unterliquidität ['unterlikvidideːt] *f* lack of liquidity

Untermakler ['untərmaːklər] *m* intermediate broker

Unternehmen [untər'neːmən] *n (Firma)* business, enterprise, business firm, business undertaking, firm, concern

Unternehmensberater [untər'neːmənsbəratuŋ] *m* business consultant, management consultant

Unternehmensbesteuerung [untər'neːmənbəʃtɔyəruŋ] *f* business taxation

Unternehmenseinheit [untər'neːmənsainhait] *f* unit company; unit of organization

Unternehmensführung [untər'neːmənsfyːruŋ] *f* business management, company management, corporation management; *(leitende Personen)* top management

Unternehmensfusion [untər'neːmənfuzjoːn] *f* merger of companies

Unternehmensgewinn [untər'neːmənsgəvɪn] *m* company profit, profit of the enterprise, business profit

Unternehmenskonzentration [untər'neːmənskɔntsɛntratsjoːn] *f* business concentration

Unternehmenskultur [untər'neːmənskultuːr] *f* corporate culture

Unternehmensleitung [untər'neːmənslaituŋ] *f* corporate management, business management, company management

Unternehmensphilosophie [untər'neːmənsfilozofiː] *f* company philosophy

Unternehmensplanung [untər'neːmənsplaːnuŋ] *f* company planning

Unternehmenspolitik [untər'neːmənspolitiːk] *f* company policy

Unternehmensstrategie [untər'neːmənsʃtrategiː] *f* corporate strategy

Unternehmensvernetzung [untər'neːmənsfɛrnɛtsuŋ] *f* group relationships

Unternehmensverträge [untər'neːmənsfɛrtrɛːgə] *f* inter-company agreements

Unternehmensziel [untər'neːmənstsiːl] *n* company objective

Unternehmenszusammenschluss [untər'ne:mənstsuzamənʃlus] *m* business combination

Unternehmer [untər'ne:mər] *m* entrepreneur, industrialist, contractor

Unternehmergewinn [untər'ne:mərgəvɪn] *m* corporate profit

unternehmerisch [untər'ne:mərɪʃ] *adj* entrepreneurial

Unternehmerlohn [untər'ne:mərlo:n] *m* owner's salary

Unternehmung [untər'ne:muŋ] *f* business enterprise

Unternehmungswert [untər'ne:muŋsve:rt] *m* corporate value

Unter-Pari-Emission [untər'pa:riemɪsjo:n] *f* issue below par

Unterredung [untər're:duŋ] *f* conference, interview, business talk

unterschlagen [untər'ʃla:gən] *v irr (Geld)* embezzle

Unterschlagung [untər'ʃla:guŋ] *f* embezzlement

unterschreiben [untər'ʃraɪbən] *v irr* sign

Unterschrift ['untərʃrɪft] *f* signature

unterschriftsberechtigt ['untərʃrɪftsbəreçtɪçt] *adj* authorized to sign

unterschriftsreif ['untərʃrɪftsraɪf] *adj* ready for signing, ready to be signed, final

unterschwellige Werbung ['untərʃvelɪgə 'verbuŋ] *f* subliminal advertising

Unterstützungslinie [untər'ʃtytsuŋsli:njə] *f* support level

Untersuchung [untər'zu:xuŋ] *f* examination

unterversichert ['untərferzɪçərt] *adj* underinsured

unterversorgt ['untərferzɔrgt] *adj* undersupplied

Unterversorgung ['untərferzɔrguŋ] *f* undersupply

Untervertreter ['untərfertre:tər] *m* subagent

Untervollmacht ['untərfɔlmaxt] *f* delegated authority

unterweisen [untər'vaɪzən] *v irr* instruct

unterzeichnen [untər'tsaɪçnən] *v* sign, subscribe, affix one's signature

Unterzeichnete(r) [untər'tsaɪçnətə(r)] *m/f* undersigned

untilgbar [un'tɪlkba:r] *adj* irredeemable

untragbar ['untra:kba:r] *adj* intolerable, unbearable, *(Preise)* prohibitive

Untreue ['untrɔyə] *f* disloyalty

unverbindlich ['unferbɪndlɪç] *adj/adv* not binding

unverbindliche Preisempfehlung ['unferbɪndlɪçə 'praɪsempfe:luŋ] *f* non-binding price recommendation

Unverfallbarkeit ['unferfalba:rkaɪt] *f* non-forfeitability

unverkäuflich ['unferkɔyflɪç] *adj* unsaleable; *(nicht feil)* not for sale

unverpackt ['unferpakt] *adj/adv* unpacked

unverzollt ['unfertsɔlt] *adj/adv* duty-free

unvollkommener Markt ['unfɔlkɔmənər markt] *m* imperfect market

unvollständig ['unfɔlʃtendɪç] *adj* incomplete

Unvollständigkeit ['unfɔlʃtendɪçkaɪt] *f* incompleteness

unvorhergesehen ['unfo:rhe:rgəzə:ən] *adj* unforeseen, unanticipated

unwirksam ['unvɪrkza:m] *adj* null and void

unwirtschaftlich ['unvɪrtʃaftlɪç] *adj* uneconomical, inefficient

Unwirtschaftlichkeit ['unvɪrtʃaftlɪçkaɪt] *f* inefficiency, wastefulness

Unzumutbarkeit der Weiterbeschäftigung ['untsu:mu:tba:rkaɪt de:r 'vaɪtərbəʃeftiguŋ] *f* unacceptability of continued employment

Urabstimmung ['u:rapʃtɪmuŋ] *f* strike vote

Urheber(in) ['u:rhe:bər(in)] *m/f* author, originator

Urheberrecht ['u:rhe:bərɛçt] *n* copyright

urheberrechtlich ['u:rhe:bərɛçtlɪç] *adj* copyright

Urkunde ['u:rkundə] *f* certificate, document, deed

urkundlich ['u:rkuntlɪç] *adj* documentary; *adv* authentically; ~ **belegt** documented

Urlaub ['u:rlaup] *m* holidays *pl*, vacation *(US); im ~* on holiday, on vacation *(US)*

Urlaubsgeld ['u:rlaupsgelt] *n* holiday allowance

Urlaubsvertretung ['u:rlaupsfertre:tuŋ] *f* replacement (for s.o. who is on holiday/on vacation)

Ursprungsland ['u:rʃpruŋslant] *n* country of origin

Ursprungszeugnis ['u:rʃpruŋstsɔyknɪs] *n* certificate of origin

Usancen [y'z ɑ:sən] *pl* usage

Usancenhandel [y'z ɑ:sənhandəl] *m* trading in foreign exchange

U-Schätze ['uʃetsə] *pl* non-interest bearing Treasury bond

V

vakant [va'kant] *adj* vacant

Vakanz [va'kants] *f* vacancy

vakuumverpackt ['va:kuumfɛrpakt] *adj* vacuum-packed

Vakuumverpackung ['va:kuumfɛrpakuŋ] *f* vacuum packaging

Valoren [va'lo:rən] *pl* securities

Valorisation [valoriza'tsjo:n] *f* valorization

Valuta [va'lu:ta] *f* currency

Valuta-Akzept [va'luta-aktsɛpt] *n* foreign currency acceptance

Valuta-Anleihen [va'luta-anlaıən] *f/pl* foreign currency loan

Valutageschäft [va'lutagəʃɛft] *n* currency transactions

Valutaklausel [va'lutaklauzəl] *f* foreign currency clause

Valutakonto [va'lutakɔnto] *n* foreign currency account

Valutakredit [va'lutakredi:t] *m* foreign currency loan

Valutapolitik [va'lutapoliti:k] *f* currency policy

Valutarisiko [va'lutari:ziko] *n* exchange risk

Valutaschuldschein [va'lutaʃultʃaın] *m* foreign currency certificate of indebtedness

Valutierung [valu'ti:ruŋ] *f* fixing of exchange rate

variabel [vari'a:bəl] *adj* variable

variable Kosten [va'rja:blə 'kɔstən] *pl* variable costs

variabler Kurs [va'rja:blər kurs] *m* variable price

variabler Markt [va'rja:blər markt] *m* variable market

variabler Wert [va'rja:blər ve:rt] *m* variable value

variabler Zins [va'rja:blər tsıns] *m* variable rate of interest

Varianz [va'rjants] *f* variance

verabschieden [fɛr'apʃi:dən] *v* dismiss, discharge, discard

Verabschiedung [fɛr'apʃi:duŋ] *f* dismissal, discharge

veraltet [fɛr'altət] *adj* obsolete, antiquated, out of date

veranlagt [fɛr'anla:kt] *adj (steuerlich ~)* assessed, rated

Veranlagung [fɛr'anla:guŋ] *f* tax assessment

veranlassen [fɛr'anlasən] *v* cause, bring about, arrange for

Veranlassung [fɛr'anlasuŋ] *f* cause, occasion, initiative

veranschlagen [fɛr'anʃla:gən] *v irr* estimate

verantworten [fɛr'antvɔrtən] *v* answer for, take responsibility for, to be accountable for; *sich für etw ~* answer for sth

verantwortlich [fɛr'antvɔrtlıç] *adj* responsible, answerable; *(juristisch)* liable

Verantwortlichkeit [fɛr'antvɔrtlıçkaıt] *f* responsibility, liability, accountability

Verantwortung [fɛr'antvɔrtuŋ] *f* responsibility; *jdn für etw zur ~ ziehen* call s.o. to account for sth

verarbeiten [fɛr'arbaıtən] *v (bearbeiten)* manufacture, process

Verarbeitung [fɛr'arbaıtuŋ] *f (Bearbeitung)* manufacturing, processing, working

veräußern [fɛr'ɔysərn] *v (verkaufen)* sell, dispose of; *(übereignen)* transfer

Veräußerung [fɛr'ɔysəruŋ] *f (von Rechten)* alienation; *v (Verkauf)* sale

Veräußerungsgewinn [fɛr'ɔysəruŋsgəvin] *m* gain on disposal

Verband [fɛr'bant] *m* association

verbessern [fɛr'bɛsərn] *v* improve, change for the better; *(korrigieren)* correct, revise

Verbesserung [fɛr'bɛsəruŋ] *f* improvement; *(Korrektur)* correction, amendment

verbesserungsbedürftig [fɛr'bɛsəruŋsbədyrftıç] *adj* in need of improvement, requiring improvement

Verbesserungsvorschlag [fɛr'bɛsəruŋsfo:rʃla:k] *m* suggested improvement, proposed improvement

verbilligen [fɛr'bılıgən] *v* lower the price of, *(Preis)* reduce

verbinden [fɛr'bındən] *v irr* connect

Verbindlichkeiten [fɛr'bıntlıçkaıtən] *f/pl* liabilities

Verbindung [fɛr'bınduŋ] *f* connection, line, combination

Verbot [fɛr'bo:t] *n* prohibition

verbotene Aktienausgabe [fɛr'bo:tənə 'aktsjənausga:bə] *f* prohibited share issue

Verbrauch [fɛr'braux] *m* consumption

verbrauchen [fɛr'brauxən] *v* consume, use up; *(ausgeben)* spend

Verbraucher [fɛr'brauxər] *m* consumer

Verbraucherkreditgesetz [fɛr'brauxərkredi:tɡəzɛts] *n* consumer credit act

Verbrauchermarkt [fɛr'brauxərmarkt] *m* consumer market

Verbraucherschutz [fɛr'brauxərʃuts] *m* consumer protection

Verbraucherzentrale [fɛr'brauxərtsɛntra:lən] *f* Consumers' Central Office

Verbrauchsgüter [fɛr'brauxsɡy:tər] *pl* consumer goods

Verbrauchsteuern [fɛr'brauxərʃtɔyərn] *f/pl* general tax on consumption

Verbuchung [fɛr'bu:xuŋ] *f* entry

Verbund [fɛr'bunt] *m* union

verbundene Unternehmen [fɛr'bundənə untər'ne:mən] *n/pl* associated companies

verderblich [fɛr'dɛrblıç] *adj* perishable

verdienen [fɛr'di:nən] *v (Geld)* earn

Verdienst [fɛr'di:nst] *m* 1. earnings, income; 2. *(Gehalt)* salary; *n* 3. *(Anspruch auf Anerkennung)* merit

Verdienstausfall [fɛr'di:nstausfal] *m* loss of earnings, loss of salary

Verdienstmöglichkeit [fɛr'di:nstmø:klıçkait] *f* income opportunity

Verdienstspanne [fɛr'di:nstʃpanə] *f* profit margin

Verdrängungswettbewerb [fɛr'drɛnuŋsvɛtbəvɛrp] *m (Kartell)* destructive price cutting; *(Finanzwesen)* crowding-out competition

Veredelung [fɛr'e:dəluŋ] *f* processing

Verein [fɛr'ain] *m* association

vereinbarungsgemäß [fɛr'ainba:ruŋsɡəmɛːs] *adj/adv* as agreed

Verfahren [fɛr'fa:rən] *n* 1. *(Vorgehen)* procedure, process; 2. *(Methode)* method, practice; 3. *(juristisch)* proceedings, procedure, suit

Verfahrensfehler [fɛr'fa:rənsfe:lər] *m* procedural error

Verfahrenstechnik [fɛr'fa:rənsteçnɪk] *f* process engineering; *chemische* ~ chemical engineering

Verfall [fɛr'fal] *m (Fristablauf)* maturity, expiry, expiration

verfallen [fɛr'falən] *v irr (ungültig werden)* expire, lapse

Verfallsdatum [fɛr'falsda:tum] *n* expiry date, expiration date *(US)*

Verfallstag [fɛr'falsta:k] *m* expiration date, due date, day of expiry

Verfallzeit [fɛr'faltsait] *f* time of expiration

verfrachten [fɛr'fraxtən] *v* ship

verfügbar [fɛr'fy:kbaːr] *adj* available; ~ *haben* have at one's disposal

verfügbares Einkommen [fɛr'fy:kbaːrəs 'ainkəmən] *n* disposable income

Verfügbarkeit [fɛr'fy:kbaːrkait] *f* availability

verfügen [fɛr'fy:ɡən] *v* ~ *über* have at one's disposal, have use of

Verfügung [fɛr'fy:ɡuŋ] *f* disposal, order disposition

Verfügungsrecht [fɛr'fy:ɡuŋsreçt] *n* right of disposal

Verfügungsrechte [fɛrfy:ɡuŋsreçtə] *n/pl* property rights

Vergleich [fɛr'ɡlaiç] *m* comparison, settlement

vergleichen [fɛr'ɡlaiçən] *v irr* compare, *(sich ~)* settle

Vergleichsbilanz [fɛr'ɡlaiçsbilants] *f* comparative balance sheet

Vergleichsjahr [fɛr'ɡlaiçsja:r] *n* base year

Vergleichsverfahren [fɛr'ɡlaiçsferfa:rən] *n* composition proceedings

vergriffen [fɛr'ɡrıfən] *adj (nicht verfügbar)* unavailable

vergüten [fɛr'ɡy:tən] *v* reimburse, compensate

Vergütung [fɛr'ɡy:tuŋ] *f* reimbursement, compensation

Verhältnis [fɛr'hɛltnıs] *n* proportion

verhandeln [fɛr'handəln] *v* negotiate

Verhandlung [fɛr'handluŋ] *f* negotiation

verhandlungsfähig [fɛr'handluŋsfɛ:ıç] *adj* able to stand trial

Verhandlungsgeschick [fɛr'handluŋsɡəʃık] *n* negotiation skills

Verhandlungspartner [fɛr'handluŋspartnər] *m* negotiating partner

verjähren [fɛr'jɛ:rən] *v* come under the statute of limitations, become barred by the statute of limitations

Verjährung [fɛr'jɛ:ruŋ] *f* statutory limitation, prescription

Verjährungsfrist [fɛr'jɛ:ruŋsfrıst] *f* statutory period of limitation

verkalkulieren [fɛrkalku'li:rən] *v sich* ~ miscalculate

Verkauf [fɛr'kauf] *m* sale, selling

verkaufen [fɛr'kaufən] *v* sell

Verkäufer(in) [fɛr'kɔyfər(ın)] *m/f* 1. seller, vendor; 2. *(in einem Geschäft)* salesman/saleswoman

Verkäufermarkt [fɛr'kɔyfərmarkt] *m* seller's market

Verkäuferprovision [fɛr'kɔyfərprovizjoːn] *f* sales commission

verkäuflich [fɛr'kɔyflɪç] *adj* saleable

Verkaufsabschluss [fɛr'kaufsapʃlus] *m* sales contract

Verkaufsbericht [fɛr'kaufsbərɪçt] *m* sales report

Verkaufschance [fɛr'kaufsʃɑ̃ːsə] *f* sales possibilities

Verkaufserlös [fɛr'kaufsɛrløːs] *m* sale proceeds

Verkaufsfläche [fɛr'kaufsflɛçə] *f* sales space, selling space

Verkaufsförderung [fɛr'kaufsfœrdəruŋ] *f* sales promotion

Verkaufsgespräch [fɛr'kaufsgəʃprɛːç] *n* sales talk

Verkaufsleiter(in) [fɛr'kaufslaɪtər(ɪn)] *m/f* sales manager

Verkaufsmethoden [fɛr'kaufsmetoːdən] *f/pl* sales strategy

Verkaufsniederlassung [fɛr'kaufsniːdərlasuŋ] *f* sales office

Verkaufsoption [fɛr'kaufsɔptsjoːn] *f* option to sell

Verkaufspreis [fɛr'kaufspraɪs] *m* selling price

Verkaufsstab [fɛr'kaufsʃtaːp] *m* sales staff

Verkaufstechnik [fɛr'kaufstɛçnɪk] *f* sales technique

Verkaufswert [fɛr'kaufsveːrt] *m* selling value

verkehrsgünstig [fɛr'keːrsgynstɪç] *adj* conveniently located

Verkehrshypothek [fɛr'keːrshypoteːk] *f* ordinary mortgage

Verkehrsteuern [fɛr'keːrsʃtɔyərn] *f/pl* taxes on transactions

verklagen [fɛr'klaːgən] *v* sue, bring action against, take to court

Verladekosten [fɛr'laːdəkɔstən] *pl* loading charges

verladen [fɛr'laːdən] *v irr* load, ship, freight

Verladeplatz [fɛr'laːdəplats] *m* loading point, entraining point

Verladerampe [fɛr'laːdərampə] *f* loading platform

Verladung [fɛr'laːduŋ] *f* loading, shipment, shipping

Verlag [fɛr'laːk] *m* publishing house, publishers *pl*, publishing firm

Verlängerung [fɛr'lɛŋəruŋ] *f* extension

Verleger [fɛr'leːgər] *m* publisher

verloren gegangene Sendung [fɛr'loː-rəngəgaŋənə 'zɛnduŋ] *f* lost shipment

Verlust [fɛr'lust] *m* loss, damage

Verlustausgleich [fɛr'lustausglaɪç] *m* loss-compensation

Verlustgeschäft [fɛr'lustgəʃɛft] *n* money-losing deal, loss maker, loss-making business

Verlustrücktrag [fɛr'lustryktraːk] *m* tax loss carryback

Verlustvortrag [fɛr'lustfoːrtraːk] *m* carryforward of the losses

Verlustzuweisung [fɛr'lusttsuːvaɪzuŋ] *f* loss allocation

Vermächtnis [fɛr'mɛçtnɪs] *n* legacy

vermarkten [fɛr'marktən] *v* market, place on the market; *(fig)* commercialize

Vermarktung [fɛr'marktuŋ] *f* marketing

Vermerk [fɛr'mɛrk] *m* note, entry, remark

Verminderung [fɛr'mɪndəruŋ] *f* reduction, decrease

vermitteln [fɛr'mɪtəln] *v* mediate, act as intermediary, negotiate; *(beschaffen)* obtain

Vermittler(in) [fɛr'mɪtlər(ɪn)] *m/f* mediator, intermediary, agent

Vermittlung [fɛr'mɪtluŋ] *f* 1. mediation; 2. *(Vermitteln)* arrangement, negotiation; 3. *(Telefonvermittlung)* operator; 4. *(Telefonvermittlung in einer Firma)* switchboard; 5. *(Stellenvermittlung)* agency

Vermittlungsgebühr [fɛr'mɪtluŋsgəbyːr] *f* commission

Vermittlungsgeschäft [fɛr'mɪtluŋsgəʃɛft] *n* brokerage business

Vermittlungsstelle [fɛr'mɪtluŋsʃtɛlə] *f* agency

Vermögen [fɛr'møːgən] *n (Besitz)* assets, wealth, fortune

Vermögensabgabe [fɛr'møːgənsapgaːbə] *f* capital levy

Vermögensanlage [fɛr'møːgənsanlaːgə] *f* investment

Vermögensarten [fɛr'møːgənsaːrtən] *f/pl* types of property

Vermögensberater(in) [fɛr'møːgənsbəraː-tər(ɪn)] *m/f* investment consultant

Vermögensbilanz [fɛr'møːgənsbilants] *f* assets and liability statement

Vermögensbildung [fɛr'møːgənsbɪlduŋ] *f* wealth creation

Vermögenseffekten [fɛr'møːgənsɛfɛktən] *pl* real balance effect

Vermögenseinkommen [fɛr'møːgənsaɪn-kɔmən] *n* real balance effect

Vermögenspolitik [fɛr'møːgənspoliti:k] *f* policy relating to capital formation

Vermögenssteuer [fɛr'møːgənsʃtɔyər] *f* wealth tax

vermögenswirksame Leistungen [fɛr'møːgənsvɪrkza:mə 'laɪstuŋən] *f/pl* capital forming payment

vernetzen [fɛr'nɛtsən] *v* network

Vernetzung [fɛr'nɛtsuŋ] *f* networking

Veröffentlichung [fɛr'œfəntlɪçuŋ] *f* publication

Veröffentlichungspflicht [fɛr'œfəntlɪçuŋspflɪçt] *f* statutory public disclosure

Verordnung [fɛr'ɔrdnuŋ] *f* decree

verpacken [fɛr'pakən] *v* package, pack

Verpackung [fɛr'pakuŋ] *f* packaging, packing, wrapping

Verpackungsmaterial [fɛr'pakuŋsmatər-ja:l] *n* packing material

Verpackungsmüll [fɛr'pakuŋsmyl] *m* packing waste

Verpackungstechnik [fɛr'pakuŋsteçnɪk] *f* packaging technology

Verpackungsvorschriften [fɛr'pakuŋsfo:rʃrɪftən] *f/pl* packing instructions

verpfänden [fɛr'pfɛndən] *v* (hypotheka-risch) mortgage

Verpfändung [fɛr'pfɛnduŋ] *f* pawning, hocking, pledge

verpflichten [fɛr'pflɪçtən] *v* oblige, engage; (unterschriftlich) sign on

verpflichtend [fɛr'pflɪçtənt] *adj* binding

Verpflichtung [fɛr'pflɪçtuŋ] *f* commitment, obligation, undertaking; (finanziell) liabilty

verrechnen [fɛr'rɛçnən] *v* 1. etw ~ set off against, charge against, settle up; 2. sich ~ miscalculate

Verrechnung [fɛr'rɛçnuŋ] *f* settlement, compensation; nur zur ~ not negotiable

Verrechnungseinheit [fɛr'rɛçnuŋsaɪnhaɪt] *f* clearing unit

Verrechnungspreise [fɛr'rɛçnuŋspraɪzə] *m/pl* transfer prices

Verrechnungsscheck [fɛr'rɛçnuŋsʃɛk] *m* crossed cheque (UK), voucher check (US)

Verruf [fɛr'ru:f] *m* discredit; in ~ kommen fall into disrepute; jdn in ~ bringen ruin s.o.'s reputation

Versammlung [fɛr'zamluŋ] *f* meeting, gathering, assembly

Versand [fɛr'zant] *m* shipment, delivery, dispatch

Versandabteilung [fɛr'zantaptaɪluŋ] *f* dispatch department

versandbereit [fɛr'zantbəraɪt] *adj/adv* ready for dispatch

Versandform [fɛr'zantfɔrm] *f* manner of delivery

Versandhandel [fɛr'zanthandəl] *m* mail order business/firm

Versandhaus [fɛr'zanthaus] *n* mail-order house

Versandscheck [fɛr'zantʃɛk] *m* out-of-town cheque

verschieben [fɛr'ʃi:bən] *v irr* (aufschieben) postpone

Verschiebung [fɛr'ʃi:buŋ] *f* (eines Termins) postponement

verschiffen [fɛr'ʃɪfən] *v* ship, transport

Verschiffung [fɛr'ʃɪfuŋ] *f* shipment

Verschleierung der Bilanz [fɛr'ʃlaɪəruŋ de:r bi'lants] *f* doctoring a balance sheet

verschlossenes Depot [fɛr'ʃlɔsənəs de-'po:] *n* safe deposit

Verschmelzung [fɛr'ʃmɛltsuŋ] *f* merger

verschrotten [fɛr'ʃrɔtən] *v* scrap

Verschrottung [fɛr'ʃrɔtuŋ] *f* scrapping, junking

verschulden [fɛr'ʃuldən] *v* get into debt

Verschulden vor Vertragsabschluss (culpa in contrahendo) [fɛr'ʃuldən fo:r fɛr-'tra:ksapʃlus (kulpa in kɔntrahɛndo)] *n* culpa in contrahendo

Verschuldung [fɛr'ʃulduŋ] *f* indebtedness

Versehen [fɛr'ze:ən] *n* (Irrtum) mistake, error; aus ~ inadvertently, by mistake

versehentlich [fɛr'ze:əntlɪç] *adv* inadvertently, by mistake

versenden [fɛr'zɛndən] *v irr* dispatch, send, forward

Versendung [fɛr'zɛnduŋ] *f* shipment, sending

versichern [fɛr'zɪçərn] *v* (Versicherung abschließen) assure (UK), insure

Versicherung [fɛr'zɪçəruŋ] *f* 1. (Eigentumsversicherung) insurance; 2. (Lebensversicherung) assurance, life insurance (US)

Versicherung auf Gegenseitigkeit [fɛr-'zɪçəruŋ auf 'ge:gənzaɪtɪçkaɪt] *f* mutual insurance

Versicherungsagent [fɛr'zɪçəruŋsagɛnt] *m* insurance agent

Versicherungsaktie [fɛr'zɪçəruŋsaktsjə] *f* insurance company share

Versicherungsanstalt [fɛr'zɪçəruŋsanʃtalt] *f* Social Insurance Office

Versicherungsbetrug [fɛr'zɪçəruŋsbətru:k] *m* insurance fraud

Versicherungsfall [fɛr'zɪçərʊŋsfal] *m* occurrence of the event insured against

Versicherungskaufmann [fɛr'zɪçərʊŋskaufman] *m* insurance broker

Versicherungsmakler [fɛr'zɪçərʊŋsmaːklər] *m* insurance agent

Versicherungsnehmer [fɛr'zɪçərʊŋsneːmər] *m* insured person, policy holder

Versicherungspflicht [fɛr'zɪçərʊŋspflɪçt] *f* liability to insure

Versicherungspolice [fɛr'zɪçərʊŋspɔliːs(ə)] *f* insurance policy

Versicherungsprämie [fɛr'zɪçərʊŋspreːmjə] *f* insurance premium

Versicherungsschutz [fɛr'zɪçərʊŋsʃuts] *m* insurance coverage

Versicherungssumme [fɛr'zɪçərʊŋszumə] *f* insured sum

Versicherungsverein auf Gegenseitigkeit (VVaG) [fɛr'zɪçərʊŋsfɛraɪn auf 'geːɡənzaɪtɪçkaɪt (faufaʊaːgeː)] *m* mutual life insurance company

Versicherungsvertrag [fɛr'zɪçərʊŋsfɛrtraːk] *m* insurance contract

Versicherungszertifikat (C/I) [fɛr'zɪçərʊŋstsertifikaːt] *n* certificate of insurance *(C/I)*

Versorgung [fɛr'zɔrgʊŋ] *f (Beschaffung)* provision, supply

verspäten [fɛr'ʃpɛːtən] *v* sich ~ to be late; sich ~ *(aufgehalten werden)* to be delayed

Verspätung [fɛr'ʃpɛːtʊŋ] *f (Verzögerung)* delay

Verstaatlichung [fɛr'ʃtaːtlɪçʊŋ] *f* nationalization, transfer to state ownership

Verständigung [fɛr'ʃtɛndɪgʊŋ] *f* notification; *(Einigung)* agreement

Verständigungsbereitschaft [fɛr'ʃtɛndɪgʊŋsbəraɪtʃaft] *f* willingness to negotiate, eagerness to reach an agreement, communicativeness

versteckte Arbeitslosigkeit [fɛr'ʃtɛktə 'arbaɪtsloːzɪçkaɪt] *f* hidden unemployment

versteckte Inflation [fɛr'ʃtɛktə ɪnflaːtsjoːn] *f* hidden inflation

Versteigerung [fɛr'ʃtaɪgərʊŋ] *f* auction, public sale

Verstoß [fɛr'ʃtoːs] *m* offence, breach, infringement

verstoßen [fɛr'ʃtoːsən] *v irr gegen etw* ~ infringe upon sth, violate sth

Vertagung [fɛr'taːgʊŋ] *f* postponement

Verteilung [fɛr'taɪlʊŋ] *f* distribution

Verteuerung [fɛr'tɔyərʊŋ] *f* rise in price, price increase

vertikale Integration ['vɛrtikaːlə ɪntegra'tsjoːn] *f* vertical integration

vertikale Konzentration ['vɛrtikaːlə kɔntsɛntra'tsjoːn] *f* vertical concentration

Vertrag [fɛr'traːk] *m* contract

vertraglich [fɛr'traːklɪç] *adj* contractual; *adv* according to contract

Vertragsabschluss [fɛr'traːksapʃlus] *m* conclusion of a contract

Vertragsänderung [fɛr'traːksɛndərʊŋ] *f* amendment of a contract

Vertragsbedingungen [fɛr'traːksbədɪŋʊŋən] *f/pl* conditions of a contract *pl,* terms of a contract *pl,* provisions of a contract *pl*

Vertragsbestimmung [fɛr'traːksbəʃtɪmʊŋ] *f* provisions of a contract *pl,* stipulations of a contract *pl,* terms of a contract *pl*

Vertragsbindung [fɛr'traːksbɪndʊŋ] *f* contractual obligation

Vertragsbruch [fɛr'traːksbrux] *m* breach of contract, violation of a treaty

Vertragsdauer [fɛr'traːksdauər] *f* term of a contract

Vertragsfreiheit [fɛr'traːksfraɪhaɪt] *f* freedom of contract

Vertragsgegenstand [fɛr'traːksgeːgənʃtant] *m* subject matter of a contract, object of agreement

Vertragspartner [fɛr'traːkspartnər] *m* party to the contract, party to a contract

Vertragsstrafe [fɛr'traːksʃtraːfə] *f* penalty for breach of contract, contractual penalty

vertragswidrig [fɛr'traːksviːdrɪç] *adj* contrary to the contract

vertrauensbildend [fɛr'trauənsbɪldənt] *adj* trust-building, confidence-building

Vertrauensbruch [fɛr'trauənsbrux] *m* breach of s.o.'s trust

Vertrauensgüter [fɛr'trauənsgyːtər] *n/pl* confidence goods

Vertrauensverhältnis [fɛr'trauənsfɛrhɛltnɪs] *n* confidential relationship

vertraulich [fɛr'traulɪç] *adj* confidential; *adv* in confidence, confidentially

vertreiben [fɛr'traɪbən] *v irr (verkaufen)* sell, market

Vertreter(in) [fɛr'treːtər(ɪn)] *m/f (Repräsentant(in))* representative, delegate; *(Stellvertreter(in))* deputy, proxy

Vertretung [fɛr'treːtʊŋ] *f (Repräsentanz)* agency, representation; *(Stellvertretung)* replacement; *(Vertreten)* representation

Vertrieb [fɛr'triːp] *m* marketing, sale, distribution

Vertriebsabteilung [fɛr'triːpsaptaɪluŋ] *f* sales department

Vertriebsfirma [fɛr'triːpsfɪrma] *f* distributor, marketing company

Vertriebsgesellschaft [fɛr'triːpsgəzɛlʃaft] *f* distribution company

Vertriebswagnis [fɛr'triːbsvaːgnɪs] *n* accounts receivable risk

Vertriebsweg [fɛr'triːpsveːk] *m* distribution channel

veruntreuen [fɛr'untrɔyən] *v* embezzle, misappropriate

Veruntreuung [fɛr'untrɔyuŋ] *f* embezzlement, misappropriation

Verursacherprinzip [fɛr'urzaxərprɪntsiːp] *n* polluter pays principle

Vervielfältigung [fɛr'fiːlfɛltɪguŋ] *f* reproduction

Verwahrung [fɛr'vaːruŋ] *f* custody

Verwahrungsbetrag [fɛr'vaːruŋbetraːk] *m* value of custody

Verwahrungsbuch [fɛr'vaːruŋbuːx] *n* custody ledger

Verwahrungskosten [fɛr'vaːruŋskɔstən] *pl* custody fee

verwalten [fɛr'valtən] *v* administer, manage, supervise

Verwalter(in) [fɛr'valtər(ɪn)] *m/f* administrator, manager

Verwaltung [fɛr'valtuŋ] *f* administration, management

Verwaltungsaktien [fɛr'valtuŋsaktsjən] *f/pl* treasury stock

Verwaltungsgebühr [fɛr'valtuŋsgəbyːr] *f* official fees

verwendbar [fɛr'vɛntbaːr] *adj* usable, serviceable

verwenden [fɛr'vɛndən] *v irr* use, utilize, employ; *wieder ~* reuse

Verwendung [fɛr'vɛnduŋ] *f* use, application, utilization; *für etw ~ finden* find a purpose for sth

Verwertungsgesellschaft [fɛr'veːrtuŋsgəzɛlʃaft] *f* company or partnership exploiting third-party rights

verzinsen [fɛr'tsɪnzən] *v* pay interest on

Verzinsung [fɛr'tsɪnzuŋ] *f* payment of interest, interest yield

verzollen [fɛr'tsɔlən] *v* pay duty on, declare

verzollt [fɛr'tsɔlt] *adj/adv* duty-paid

Verzollung [fɛr'tsɔluŋ] *f* payment of duty

Verzug [fɛr'tsuːk] *m* delay, default; *mit etw in ~ geraten* fall behind with sth; *mit etw in ~ sein* to be behind in sth, to be in arrears with sth

Verzugszinsen [fɛr'tsuːkstsɪnzən] *m/pl* default interest

Videokonferenz ['videokɔnfərɛnts] *f* video conference

Videotext ['viːdeotɛkst] *m* videotex

vierteljährlich ['fɪrtəljeːrlɪç] *adj/adv* quarterly

Vinkulieren [vɪŋku'liːrən] *n* restriction of transferability

vinkulierte Aktie [vɪŋku'liːrtə 'aktsjə] *f* restricted share

Virtualisierung [vɪrtuali'ziːruŋ] *f* virtualization

virtuelle Realität [vɪrtu'ɛlə reali'tɛːt] *f* virtual reality

virtuelles Unternehmen [vɪr'tuɛləs untər'neːmən] *n* virtual company

Virus ['viːrus] *m (EDV)* virus

Visitenkarte [vi'ziːtənkartə] *f* visiting card *(UK)*, business card

Visum ['viːzum] *n* visa

Voice Mail ['vɔɪsmeɪl] *f* voice mail

Volatilität [volatili'tɛːt] *f* volatility

Volkseinkommen ['fɔlksaɪnkɔmən] *n* national income

Volksvermögen ['fɔlksfɛrmøːgən] *n* national wealth

Volkswirt ['fɔlksvɪrt] *m* economist

Volkswirtschaft ['fɔlksvɪrtʃaft] *f* national economy, political economy

volkswirtschaftlich ['fɔlksvɪrtʃaftlɪç] *adj* national economic, national economy, economic

Volkswirtschaftliche Gesamtrechnung ['fɔlksvɪrtʃaftlɪçə gə'zamtrɛçnuŋ] *f* national accounting

Volkswirtschaftslehre ['fɔlksvɪrtʃaftsleːrə] *f* economics

Volkszählung ['fɔlkstsɛːluŋ] *f* census

Vollbeschäftigung ['fɔlbəʃɛftiguŋ] *f* full employment

Vollkaskoversicherung ['fɔlkaskɔferzɪçəruŋ] *f* fully comprehensive insurance

Vollkaufmann ['fɔlkaufman] *m* registered trader

Vollkosten ['fɔlkɔstən] *pl* full cost

Vollmacht ['fɔlmaxt] *f* authority; *(juristisch)* power of attorney

vollstrecken [fɔl'ʃtrɛkən] *v* execute, enforce

Volumen [vo'luːmən] *n* volume

Vorankündigung ['foːrankyndiguŋ] *f* initial announcement, preliminary announcement

Voranschlag ['foːranʃlaːk] *m* estimate

Vorarbeiter ['foːrarbaɪtər] *m* foreman, subforeman

vorausbezahlt (ppd.) [fo'rausbətsaːlt] *adj/adv* prepaid (ppd.) adj

Vorausklage [fo'rausklaːgə] *f* preliminary injunction

Vorauszahlung [for'austsaːluŋ] *f* prepayment, payment in advance, advance payment, cash in advance (c. i. a.)

Vorbehalt ['foːrbəhalt] *m* reservation; *unter dem ~, dass* provided that

vorbehalten ['foːrbəhaltən] *v irr* reserve; *alle Rechte ~* all rights reserved; *jdm ~ bleiben* to be reserved for

Vorbesprechung ['foːrbəʃpreçuŋ] *f* briefing

vorbestellen ['foːrbəʃtɛlən] *v* order in advance, reserve, make a reservation

Vorbestellrabatt ['foːrbəʃtɛlrabat] *m* discount on advance orders

Vorbestellung ['foːrbəʃtɛluŋ] *f* advance order, advance booking, reservation

Vorbörse ['foːrbœrzə] *f* dealing before official hours

vordatierter Scheck ['foːrdatiːrtər ʃɛk] *m* antedated cheque

Vordruck ['foːrdruk] *m* printed form

Vorentscheidung ['foːrɛntʃaɪduŋ] *f* precedent

vorfinanzieren ['foːrfɪnantsiːrən] *v* provide advance financing

Vorfinanzierung ['foːrfɪnantsiːruŋ] *f* advance financing

Vorführung ['foːrfyːruŋ] *f* (*Präsentation*) display, demonstration, presentation

Vorgang ['foːrgaŋ] *m* (*Akte*) file, record

Vorjahr ['foːrjaːr] *n das ~* the previous year, last year, the preceding year

Vorkalkulation ['foːrkalkulatsjoːn] *f* estimation of cost

Vorkaufsrecht ['foːrkaufsreçt] *n* right of first refusal, right of pre-emption

Vorleistung ['foːrlaɪstuŋ] *f* advance performance

Vormerkung ['foːrmerkuŋ] *f* order, advance order

Vormonat ['foːrmoːnat] *m* preceding month

Vorprodukte ['foːrproduktə] *n/pl* intermediate products

Vorrat ['foːrraːt] *m* store, stock, supply

vorrätig ['foːrrɛːtɪç] *adj* in stock, on hand, available

Vorratsaktie ['foːraːtsaktsjə] *f* disposable share

Vorrecht ['foːrreçt] *n* privilege, preferential right, prerogative

Vorruhestand ['foːruːəʃtant] *m* early retirement

vorsätzlich ['foːrzɛtslɪç] *adj* deliberate, intentional; *adv* deliberately, intentionally

Vorschaltkonditionen ['foːrʃaltkɔnditsjoːnən] *f/pl* preliminary conditions

Vorschlag ['foːrʃlaːk] *m* suggestion, proposal

vorschlagen ['foːrʃlaːgən] *v irr* propose, suggest

Vorschrift ['foːrʃrɪft] *f* regulation, rule; (*Anweisung*) instruction

vorschriftsmäßig ['foːrʃrɪftsmɛːsɪç] *adj* correct, proper; *adv* in due form, according to regulations, as prescribed

Vorschuss ['foːrʃus] *m* advance

Vorschusszinsen ['foːrʃustsɪnzən] *m/pl* negative advance interest

Vorsichtskasse ['foːrzɪçtskasə] *f* precautionary holding

Vorsitz ['foːrzɪts] *m* chairmanshi

Vorstand ['foːrʃtant] *m* 1. board, board of directors, management board; 2. (*~smitglied*) member of the board, director; (*erster ~*) managing director

Vorstandsvorsitzende(r) ['foːrʃtantsfoːrzɪtsəndə(r)] *m/f* chairman of the board

Vorstellungstermin ['foːrʃtɛluŋstermiːn] *m* interview

Vorsteuer ['foːrʃtɔyər] *f* input tax

Vorsteuerabzug ['foːrʃtɔyəraptsuːk] *m* deduction of input tax

Vorteil ['foːrtaɪl] *m* advantage

Vorverkauf ['foːrferkauf] *m* advance sale

Vorvertrag ['foːrfertraːk] *m* preliminary contract, provisional contract

Vorwahl ['foːrvaːl] *f* dialling code, area code

Vorwoche ['foːrvɔxə] *f* preceding week

Vorzimmer ['foːrtsɪmər] *n* (*eines Büros*) outer office

Vorzugsaktie ['foːrtsuːksaktsjə] *f* preference share, preference stock

Vorzugsdividende ['foːrtsuːksdividɛndə] *f* preferential dividend

Vorzugskurs ['foːrtsuːkskurs] *m* preferential price

Vorzugsobligation ['foːrtsuːksobligatsjoːn] *f* preference bond

Vorzugsrabatt ['foːrtsuːksrabat] *m* preferential discount

Vostrokonto ['vɔstrokɔnto] *n* vostro account

W

Waage ['vaːgə] f scales pl, balance

wachsen ['vaksən] v irr (zunehmen) increase, mount; grow

Wachstum ['vakstuːm] n growth; m (Zunahme) increase

Wachstumsfonds ['vakstuːmsfɔ̃ːs] m growth fund

Wachstumsrate ['vakstuːmsraːtə] f growth rate

Wachstumsziel ['vakstuːmstsiːl] n growth target

Wagenladung ['vaːgənlaːduŋ] f lorry-load

Waggon [va'gɔ̃ː] m goods wagon, freight car (US), carriage

Wagnis ['vaːgnɪs] n venture

Wahl [vaːl] f 1. (Auswahl) choice; erste ~ top quality; 2. (Abstimmung) election

wählen ['vɛːlən] v 1. (auswählen) choose, select; 2. (eine Telefonnummer) dial; 3. (stimmen für) vote for; 4. (durch Wahl ermitteln) elect

Wahlgeheimnis ['vaːlgəhaɪmnɪs] n secrecy of the ballot

Wahrheitsfindung ['vaːrhaɪtsfɪnduŋ] f ascertaining the truth

Wahrscheinlichkeitsrechnung [var'ʃaɪnlɪçkaɪtsrɛçnuŋ] f calculation of probabilities

Währung ['vɛːruŋ] f currency

Währungsabkommen ['vɛːruŋsapkɔmən] n currency agreement, monetary agreement

Währungsabsicherung ['vɛːruŋsapzɪçəruŋ] f safeguarding of the currency

Währungsausgleich ['vɛːruŋsauglaɪç] m currency conversion compensation

Währungseinheit ['vɛːruŋsaɪnhaɪt] f currency unit, monetary unit

Währungsfonds ['vɛːruŋsfɔ̃ː] m monetary fund

Währungsgebiet ['vɛːruŋsgəbiːt] n currency area

Währungsklausel ['vɛːruŋsklauzəl] f currency clause

Währungskonto ['vɛːruŋskɔnto] n currency account

Währungskorb ['vɛːruŋskɔrp] m currency basket

Währungskrise ['vɛːruŋskriːzə] f monetary crisis

Währungsordnung ['vɛːruŋsɔrdnuŋ] f monetary system

Währungsparität ['vɛːruŋspariteːt] f monetary parity

Währungspolitik ['vɛːruŋspolitiːk] f currency policy, monetary policy

Währungspool ['vɛːruŋspuːl] m currency pool

Währungsreform ['vɛːruŋsrefɔrm] f currency reform, monetary reform

Währungsreserven ['vɛːruŋsrezɛrvən] pl monetary reserves

Währungsrisiko ['vɛːruŋsriːziko] n currency risk, monetary risk

Währungsschlange ['vɛːruŋsʃlaŋə] f currency snake

Währungsswap ['vɛːruŋsswɔp] m currency swap

Währungssystem ['vɛːruŋszysteːm] n monetary system, currency system

Währungsumstellung ['vɛːruŋsumʃtɛluŋ] f currency conversion

Währungsunion ['vɛːruŋsunjoːn] f monetary union

Währungszone ['vɛːruŋstsoːnə] f currency zone, currency area

Wahrzeichen ['vaːrtsaɪçən] n symbol, emblem

Wandelanleihen ['vandəlanlaɪən] f/pl convertible bonds

Wandelgeschäft ['vandəlgəʃɛft] n callable forward transaction

Wandelschuldverschreibung ['vandəlʃultfɛrʃraɪbuŋ] f convertible bonds, convertibles, convertible loan stock (GB)

Wandlung ['vandluŋ] f cancellation (of a sale)

Ware ['vaːrə] f merchandise, product, goods pl

Warenangebot ['vaːrənangəboːt] n range of merchandise

Warenannahme ['vaːrənanaːmə] f 1. (Empfang) receiving merchandise, receiving deliveries, 2. (Betriebsabteilung) receiving department

Warenausgang ['vaːrənausgaŋ] m sale of goods

Warenaustausch ['vaːrənaustauʃ] m exchange of goods

Warenbeleihung ['vaːrənbəlaɪuŋ] f lending on goods

Warenbestand ['va:rənbəʃtant] *m* stock in hand, stock on hand, inventory

Warenbörse ['va:rənbœrzə] *f* commodity exchange

Wareneingang ['va:rənaɪngaŋ] *m* arrival of goods

Warenhaus ['va:rənhaus] *n* department store, departmental store

Warenknappheit ['va:rənknaphaɪt] *f* shortage of goods

Warenkorb ['va:rənkɔrp] *m* batch of commodities

Warenkredit ['va:rənkredi:t] *m* trade credit

Warenlager ['va:rənla:gər] *n* warehouse, stockroom, storeroom

Warenmuster ['va:rənmustər] *n* commercial sample

Warenpapier ['va:rənpapi:r] *n* document of title

Warenprobe ['va:rənpro:bə] *f* sample

Warensendung ['va:rənzɛnduŋ] *f* shipment of merchandise, consignment of goods

Warenterminbörse ['va:rəntɛrmi:nbœrzə] *f* commodity futures exchange

Warentermingeschäft ['va:rəntɛrmi:ngəʃɛft] *n* commodity futures trading, forward merchandise dealings

Warenterminhandel ['va:rəntɛrmi:nhandəl] *m* commodity forward trading

Warenverkehr ['va:rənferke:r] *m* goods traffic

Warenverkehrsbescheinigung ['va:rənferke:rsbəʃaɪnɪguŋ] *f* movement certificate

Warenwechsel ['va:rənvɛksəl] *m* commercial bill

Warenwertpapiere ['va:rənve:rtpapi:rə] *n/pl* commodity securities

Warenzeichen ['va:rəntsaɪçən] *n* trademark

Wärmetechnik ['vɛrmətɛçnɪk] *f* heat technology, thermal engineering, thermodynamics

Warnstreik ['varnʃtraɪk] *m* token strike, warning strike

warten ['vartən] *v (instandhalten)* maintain, service

Wartung ['vartuŋ] *f* service, maintenance, servicing

Wasserkraft ['vasərkraft] *f* hydraulic power

Wasserwerk ['vasərvɛrk] *n* waterworks *pl*

Watt [vat] *n (Maßeinheit)* watt

Web-Seite ['webzaɪtə] *f* web page

Wechsel ['vɛksəl] *m (Geldwechsel)* exchange; *(Zahlungsmittel)* promissory note, bill of exchange, bill

Wechselakzept ['vɛksəlaktsɛpt] *n* acceptance of a bill

Wechselaussteller ['vɛksəlausʃtɛlər] *m* drawer of a bill

Wechseldiskont ['vɛksəldɪskɔnt] *m* discount of bills

Wechseldiskontkredit [vɛksəldɪs'kɔntkredi:t] *m* credit by way of discount of bills

Wechselgeschäft ['vɛksəlgəʃɛft] *n* bill business

Wechselinkasso ['vɛksəlɪnkaso] *n* collection of bills of exchange

Wechselkredit ['vɛksəlkredi:t] *m* acceptance credit

Wechselkurs ['vɛksəlkurs] *m* exchange rate

Wechselkursmechanismus ['vɛksəlkursmeçanɪsmus] *m* exchange rate mechanism

Wechselkursrisiko ['vɛksəlkursri:ziko] *n* foreign exchange risk

Wechselkurssystem ['vɛksəlkurszyste:m] *n* system of exchange rates

Wechsellombard ['vɛksəlɔmbart] *m* collateral loan based on a bill of exchange, lending on bills

Wechselnehmer ['vɛksəlne:mər] *m* payee of a bill of exchange

Wechselobligo ['vɛksəlɔbligo] *n* customer's liability on bills

Wechselprolongation ['vɛksəlprolɔŋgatsjo:n] *f* renewal of a bill of exchange

Wechselprotest ['vɛksəlprotɛst] *m* protest

Wechselregress ['vɛksəlregrɛs] *m* legal recourse for non-payment of a bill

Wechselreiterei ['vɛksəlraɪtəraɪ] *f* bill jobbing

Wechselsteuer ['vɛksəlʃtɔyər] *f* tax on drafts and bills of exchange

Wechselstrom ['vɛksəlʃtro:m] *m* alternating current (A.C.)

Wechselstube ['vɛksəlʃtu:bə] *f* exchange bureau

Wegeunfall ['ve:gəunfal] *m* travel accident

Wegfall der Geschäftsgrundlage ['vɛgfal de:r gə'ʃɛftsgrundla:gə] *m* frustration of contract

wegwerfen ['vɛkvɛrfən] *v irr* throw away

Wegwerfgesellschaft ['vɛkvɛrfgəzɛlʃaft] *f* throw-away society

weiche Währung ['vaɪçə 've:ruŋ] *f* soft currency

weiße Ware ['vaɪsə 'va:rə] *f* white goods

Weisungsbefugnis ['vaɪzuŋsbəfu:knɪs] *f* right to issue instructions to employees

weiterentwickeln ['vaɪtərɛntvɪkəln] *v* continue to develop

Weiterentwicklung ['vaɪtərɛntvɪkluŋ] *f* further development

Weltbank ['vɛltbaŋk] *f* World Bank

Welthandel ['vɛlthandəl] *m* world trade, international trade

Welthandelskonferenzen [vɛlt'handəlskɔnfɛrɛntsən] *f/pl* United Nations Conferences on Trade and Development

Welthandelsorganisation ['vɛlthandəlsɔrganizatsjoːn] *f* World Trade Organization (WTO)

Weltmarkt ['vɛltmarkt] *m* international market, world market

Weltmarktpreis ['vɛltmarktpraɪs] *m* world market price

Weltwährungssystem [vɛlt'vɛːruŋszysteːm] *n* international monetary system

Weltwirtschaft ['vɛltvɪrtʃaft] *f* world economy

Weltwirtschaftsgipfel [vɛlt'vɪrtʃaftsgɪpfəl] *m* world economic summit

Weltwirtschaftskrise [vɛlt'vɪrtʃaftskriːzə] *f* worldwide economic crisis

Weltwirtschaftsordnung [vɛlt'vɪrtʃaftsɔrdnuŋ] *f* international economic system

Werbeabteilung ['vɛrbəaptaɪluŋ] *f* publicity department

Werbeagentur ['vɛrbəagəntuːr] *f* advertising agency

Werbeaktion ['vɛrbəaktsjoːn] *f* advertising activity

Werbebudget ['vɛrbəbydʒeː] *n* advertising budget

Werbeerfolgskontrolle [vɛrbɛɐ'fɔlkskontrɔlə] *f* control of advertising effectiveness

Werbefachmann ['vɛrbəfaxman] *m* advertising expert

Werbegeschenk ['vɛrbəgəʃɛŋk] *n* promotional gift

Werbekampagne ['vɛrbəkampanjə] *f* advertising campaign, promotion campaign

Werbemittel ['vɛrbəmɪtəl] *pl* means of advertising

werben ['vɛrbən] *v irr* advertise, promote

Werbeprospekt ['vɛrbəprospɛkt] *m* advertising prospectus

Werbespot ['vɛrbəspɔt] *m* commercial

Werbetext ['vɛrbətɛkst] *m* advertising copy

Werbeverbot ['vɛrbəfɛrboːt] *n* prohibition to advertise

werbewirksam ['vɛrbəvɪrkzaːm] *adj* effective; *ein ~er Auftritt* good advertising

Werbung ['vɛrbuŋ] *f* advertising, publicity, promotion; *(Fernsehwerbung)* commercial

Werbungskosten ['vɛrbuŋskɔstən] *pl* publicity expenses

Werk [vɛrk] *n (Fabrik)* plant, works, factory

Werksangehörige(r) ['vɛrksaŋəhøːrɪgə(r)] *m/f* employee, plant employee

Werkschutz ['vɛrkʃuts] *m* works protection force

Werkstatt ['vɛrkʃtat] *f* workshop

Werkstattfertigung ['vɛrkʃtatfɛrtɪguŋ] *f* job shop operation

Werkstoff ['vɛrkʃtɔf] *m* material

Werkvertrag ['vɛrkfɛrtraːk] *m* contract for work and services

Werkzeug ['vɛrktsɔyk] *n* tool

Wert [veːrt] *m* value, worth

Wertarbeit ['veːrtarbaɪt] *f* quality work, high-class workmanship

Wertaufholung ['veːrtaufhoːluŋ] *f* 1. *(Recht)* reinstatement of original values; 2. *(Steuer)* increased valuation on previous balance-sheet figures

Wertberichtigung ['veːrtbərɪçtɪguŋ] *f* adjustment of value

wertbeständig ['veːrtbəʃtɛndɪç] *adj* of stable value

Wertbrief ['veːrtbriːf] *m* insured letter

Wertermittlung ['veːrtɛrmɪtluŋ] *f* determination of the value

Wertgegenstand ['veːrtgeːgənʃtant] *m* article of value, valuable

Wertminderung ['veːrtmɪndəruŋ] *f* depreciation, decrease in value

Wertpapier ['veːrtpapiːr] *n* security

Wertpapieranalyse ['veːrtpapiːranalyːzə] *f* securities research

Wertpapieranlage ['veːrtpapiːranlaːgə] *f* investment in securities

Wertpapierarbitrage ['veːrtpapiːrarbitraːʒə] *f* arbitrage in securities

Wertpapierbörse ['veːrtpapiːrbørzə] *f* stock exchange

Wertpapiere ['veːrtpapiːrə] *pl* securities

Wertpapieremission ['veːrtpapiːremɪsjoːn] *f* issue of securities

Wertpapierfonds ['veːrtpapiːrfɔ̃ː] *m* securities fund

Wertpapiergeschäft ['veːrtpapiːrgəʃɛft] *n* securities business

Wertpapierleihe ['veːrtpapiːrlaɪə] *f* lending on securities

Wertpapiermarkt ['veːrtpapiːrmarkt] *m* securities market

Wertpapierpensionsgeschäft [veːrtpaːpiːrpɛnˈzjoːnsgəʃɛft] n repurchase agreement, repo

Wertpapiersammelbank [veːrtpapiːrˈzaməlbaŋk] f central depository for securities

Wertpapiersparvertrag [ˈveːrtpapiːrfɛrtraːk] m securities-linked savings scheme

Wertpapier-Terminhandel [veːrtpapiːrˈtɛrmiːnhandəl] m trading in security futures

Wertrechtanleihe [ˈveːrtrɛçtanlaɪə] f government-inscribed debt

Wertschöpfung [ˈveːrtʃœpfuŋ] f net product

Wertsendung [ˈveːrtzɛnduŋ] f consignment with value declared

Wertsicherung [ˈveːrtzɪçəruŋ] f value guarantee

Wertsteigerung [ˈveːrtʃtaɪgəruŋ] f increase in value

Wertstellung [ˈveːrtʃtɛluŋ] f availability date

Wertstoff [ˈveːrtʃtɔf] m material worth recycling, recyclable material

Wertstoffsammlung [ˈveːrtʃtɔfzamluŋ] f collection of recyclables

Wertverfall [ˈveːrtfɛrfal] m loss of value

Wertzuwachs [ˈveːrtsuːvaks] m appreciation

Wettbewerb [ˈvɛtbəvɛrp] m competition; *unlauterer* ~ unfair competition

Wettbewerbaufsicht [ˈvɛtbəvɛrpaufzɪçt] f competition supervisory office

Wettbewerbsbeschränkung [ˈvɛtbəvɛrpsbəʃrɛŋkuŋ] f restraint of competition

wettbewerbsfähig [ˈvɛtbəvɛrpsfɛːɪç] adj competitive

Wettbewerbsfähigkeit [ˈvɛtbəvɛrpsfɛːɪçkaɪt] f competitiveness

Wettbewerbsklausel [ˈvɛtbəvɛrpsklauzəl] f restraint of competition clause; exclusive service clause

Wettbewerbspolitik [ˈvɛtbəvɛrpspolitiːk] f competitive policy

Wettbewerbsrecht [ˈvɛtbəvɛrpsrɛçt] n law on competition

Wettbewerbsverbot [ˈvɛtbəvɛrpsfɛrboːt] n prohibition to compete

Wettbewerbsverzerrung [ˈvɛtbəvɛrpsfɛrtsɛruŋ] f distortion of competition

Wettbewerbsvorteil [ˈvɛtbəvɛrpsfoːrtaɪl] m competitive advantage

White-Collar-Criminality [waɪtkɔlərkrɪmɪˈnɛlɪtɪ] f (*Wirtschaftskriminalität*) white-collar crime

Widerruf [ˈviːdərruːf] m revocation, cancellation

widerrufen [viːdərˈruːfən] v revoke

Widerrufsklausel [ˈviːdərruːfsklauzəl] f revocation clause

Widerrufsrecht [ˈviːdərruːfsrɛçt] n right of revocation

widersprechen [viːdərˈʃpreçən] v irr contradict, oppose

Widerspruch [ˈviːdərʃprux] m contradiction, discrepancy

Widerspruchsvormerkung [ˈviːdərʃpruxsˈfoːrmɛrkuŋ] f provisional filing of an objection

Widerstandslinie [ˈviːdərʃtantsliːnjə] f line of resistance

wieder verwerten [ˈviːdər fɛrveːrtən] v recycle

Wiederanlage [ˈviːdəranlaːgə] f reinvestment

Wiederaufbau [ˈviːdəraufbau] m reconstruction

Wiederaufbereitung [viːdərˈaufbəraɪtuŋ] f reprocessing

Wiederaufbereitungsanlage [viːdərˈaufbəraɪtuŋsanlaːgə] f reprocessing plant

Wiederausfuhr [ˈviːdərausfuːr] f reexportation

Wiederbeschaffung [ˈviːdərbəʃafuŋ] f replacement

Wiederbeschaffungswert [ˈviːdərbəʃafuŋsveːrt] m replacement value

Wiedereröffnung [ˈviːdərerœfnuŋ] f reopening

Wiedererstattung [ˈviːdərɛrʃtatuŋ] f reimbursement, refunding

Wiedergutmachung [viːdərˈguːtmaxuŋ] f reparation

Wiederinstandsetzung [viːdərɪnˈʃtantzɛtsuŋ] f repair

Wiederverkaufspreis [ˈviːdərfɛrkaufspraɪs] m resale price

Wiederverwendung [ˈviːdərfɛrvɛnduŋ] f reuse

Wiederverwertung [ˈviːdərfɛrvɛrtuŋ] f reuse, recycling

wilder Streik [ˈvɪldər ʃtraɪk] m unauthorized strike

Willenserklärung [ˈvɪlənsɛrklɛːruŋ] f declaration of intention

Windenergie [ˈvɪntenɛrgiː] f wind energy, wind power

Windhundverfahren [ˈvɪnthuntfɛrfaːrən] n first come-first served principle

Winterausfallgeld ['vɪntərausfalgɛlt] *n* winter bonus

Wirtschaft ['vɪrtʃaft] *f 1. (Volkswirtschaft)* economy; *2. (Handel)* industry, business

wirtschaftlich ['vɪrtʃaftlɪç] *adj* economic; *(sparsam)* economical

wirtschaftliche Nutzung ['vɪrtʃaftlɪçə 'nutsuŋ] *f* economic use

Wirtschaftlichkeit ['vɪrtʃaftlɪçkaɪt] *f* economic efficiency, profitability

Wirtschaftsanalyse ['vɪrtʃaftsanaly:zə] *f* economic analysis

Wirtschaftsaufschwung ['vɪrtʃaftsaufʃvuŋ] *m* economic recovery

Wirtschaftsembargo ['vɪrtʃaftsɛmbargo] *n* economic embargo

Wirtschaftsexperte ['vɪrtʃaftsɛkspɛrtə] *m* economic expert

Wirtschaftsförderung ['vɪrtʃaftsfœrdəruŋ] *f* measures to spur the economy

Wirtschaftsgemeinschaft ['vɪrtʃaftsgəmaɪnʃaft] *f* economic community

Wirtschaftsgut ['vɪrtʃaftsgu:t] *n* economic goods

Wirtschaftshilfe ['vɪrtʃaftshɪlfə] *f* economic aid, economic assistance

Wirtschaftsinformatik ['vɪrtʃaftsɪnfɔrma:tɪk] *f* business data processing

Wirtschaftsjahr ['vɪrtʃaftsja:r] *n* business year

Wirtschaftskreislauf ['vɪrtʃaftskraɪslauf] *m* economic process

Wirtschaftskriminalität ['vɪrtʃaftskriminalitɛ:t] *f* white-collar crime

Wirtschaftskrise ['vɪrtʃaftskri:zə] *f* economic crisis

Wirtschaftsministerium ['vɪrtʃaftsministe:rjum] *n* Ministry of Economics

Wirtschaftsordnung ['vɪrtʃaftsɔrdnuŋ] *f* economic order

Wirtschaftsplan ['vɪrtʃaftspla:n] *m* economic plan

Wirtschaftspolitik ['vɪrtʃaftspoliti:k] *f* economic policy

Wirtschaftsprüfer ['vɪrtʃaftspry:fər] *m* auditor, chartered accountant

Wirtschaftsprüfung ['vɪrtʃaftspry:fuŋ] *f* auditing

Wirtschaftsrechnung ['vɪrtʃaftsreçnuŋ] *f* economic account

Wirtschaftsrecht ['vɪrtʃaftsreçt] *n* economic law

Wirtschaftssanktionen ['vɪrtʃaftszaŋktsjo:nən] *pl* economic sanctions

Wirtschaftsunion ['vɪrtʃaftsunjo:n] *f* economic union

Wirtschaftswachstum ['vɪrtʃaftsvakstu:m] *n* growth of the economy, economic growth, expansion of business activity

Wirtschaftswissenschaften ['vɪrtʃaftsvɪsənʃaftən] *f/pl* economics

Wirtschaftswunder ['vɪrtʃaftsvundər] *n* German economic miracle

Wirtschaftszweig ['vɪrtʃaftstsvaɪk] *m* field of the economy

wissenschaftlich ['vɪsənʃaftlɪç] *adj* scientific; *adv* scientifically

Wissensmanagement ['vɪsənsmænɪdʒmənt] *n* knowledge management

Wochenarbeitszeit ['vɔxənarbaɪtstsaɪt] *f* workweek

Wochenausweis ['vɔxənausvaɪs] *m* weekly return

Wochenlohn ['vɔxənlo:n] *m* weekly wage, weekly pay

wöchentlich ['vœçəntlɪç] *adj* weekly; *adv* weekly, every week

Wohlfahrt ['vo:lfa:rt] *f* welfare

Wohlfahrtsökonomie ['vo:lfa:rtøkonomi:] *f* welfare economics

Wohlfahrtsstaat ['vo:lfa:rtʃta:t] *m* welfare state

Wohlstand ['vo:lʃtant] *m* prosperity, wealth, affluence

Wohlstandsgesellschaft ['vo:lʃtantsgəzɛlʃaft] *f* affluent society

Wohneigentumsförderung ['vo:naɪgəntumsfœrdəruŋ] *f* promotion of residential property

Wohngeld ['vo:ngɛlt] *n* accommodation allowance

Wohnungsbau ['vo:nuŋsbau] *m* housing construction

Wohnungsbauförderung ['vo:nuŋsbaufœrdəruŋ] *f* promotion of housing construction

Wohnungsbau-Prämiengesetz ['vo:nuŋsbau'prɛ:mjəngəzɛts] *n* Law on the Payment of Premiums for Financing the Construction of Residential Properties

Workstation ['wɜ:rkʃtatsjo:n] *f* work station

World Wide Web (WWW) [wɜ:ld waɪd-'web] *n* world wide web (WWW)

Wucherpreis ['vu:xərpraɪs] *m* exorbitant price

Wucherverbot ['vu:xərfɛrbo:t] *n* prohibition of usurious money-lending

Wuchsaktie ['vuksaktsjə] *f* growth share

X/Y/Z

XYZ-Analyse [ɪksypsilɔnˈtsɛt anaˈlyːzə] f XYZ analysis

Zahl [tsaːl] f 1. number; *rote ~en schreiben* to be in the red; *schwarze ~en schreiben* to be in the black; 2. *(Ziffer)* figure

zahlbar [ˈtsaːlbaːr] adj payable

zahlbar bei Ablieferung (p.o.d.) [ˈtsaːlbaːr baɪ ˈapliːfərʊŋ] adv payable on delivery (p. o. d.)

zahlbar bei Verschiffung (c.o.s.) [ˈtsaːlbaːr baɪ fɛrˈʃɪfʊŋ] adv cash on shipment (c. o. s.)

zahlen [ˈtsaːlən] v 1. pay; *Zahlen!* The bill, please! The check, please! *(US)* 2. effect, make payment

zählen [ˈtsɛːlən] v count

Zähler [ˈtsɛːlər] m *(Messgerät)* meter, counter

Zahlkarte [ˈtsaːlkartə] f Giro inpayment form

Zahlschein [ˈtsaːlʃaɪn] m payment slip

Zahlstelle [ˈtsaːlʃtɛlə] f payments office

Zahltag [ˈtsaːltaːk] m payday

Zahlung [ˈtsaːlʊŋ] f payment

Zahlung bei Auftragserteilung (c.w.o.) [ˈtsaːlʊŋ baɪ ˈauftraːksɛrtaɪlʊŋ] f cash with order (c. w. o.)

Zahlung gegen Dokumente (c.a.d.) [ˈtsaːlʊŋ ˈgeːgən dokuˈmɛntə] f cash against documents (c. a. d.)

Zahlung gegen Nachnahme (c.o.d.) [ˈtsaːlʊŋ ˈgeːgən ˈnaːxnaːmə] f collection on delivery (c. o. d.)

Zahlung per Nachnahme [ˈtsaːlʊŋ pɛr ˈnaːxnaːmə] f cash on delivery

Zahlungsanweisung [ˈtsaːlʊŋsanvaɪzʊŋ] f order for payment

Zahlungsaufforderung [ˈtsaːlʊŋsauffɔrdərʊŋ] f request for payment

Zahlungsaufschub [ˈtsaːlʊŋauffʃuːp] m extension of credit

Zahlungsauftrag [ˈtsaːlʊŋsauftraːk] m order for payment

Zahlungsbedingungen [ˈtsaːlʊŋsbədɪŋʊŋən] pl terms of payment

Zahlungsbefehl [ˈtsaːlʊŋsbəfeːl] m order for payment

Zahlungsbilanz [ˈtsaːlʊŋsbilants] f balance of payments

Zahlungsbilanzdefizit [tsaːlʊŋsbilantsˈdefitsɪt] n balance of payments deficit

Zahlungsbilanzgleichgewicht [tsaːlʊŋsbilantsˈglaɪçgəvɪçt] n balance of payments equilibrium

Zahlungsbilanzstatistik [tsaːlʊŋsbilantsˈʃtatɪstɪk] f statistic on the balance of payments

Zahlungsbilanzüberschuss [tsaːlʊŋsbilantsˈyːbərʃus] m balance of payments surplus

Zahlungseinstellung [ˈtsaːlʊŋsainʃtɛlʊŋ] f suspension of payments

Zahlungserinnerung [ˈtsaːlʊŋsɛrinərʊŋ] f prompt note

zahlungsfähig [ˈtsaːlʊŋsfɛːɪç] adj solvent, able to pay

Zahlungsfähigkeit [ˈtsaːlʊŋsfɛːɪçkaɪt] f solvency

Zahlungsform [ˈtsaːlʊŋsfɔrm] f payment system

Zahlungsfrist [ˈtsaːlʊŋsfrɪst] f time allowed for payment, term of payment

Zahlungsmittel [ˈtsaːlʊŋsmɪtəl] n means of payment

Zahlungsmittelumlauf [ˈtsaːlʊŋsmɪtlumlauf] m notes and coins in circulation

Zahlungsrisiko [ˈtsaːlʊŋsriːziko] n payment risk

Zahlungsrückstand [ˈtsaːlʊŋsrykʃtant] m payment in arrears

Zahlungsschwierigkeit [ˈtsaːlʊŋsʃviːrɪçkaɪt] f financial difficulties

Zahlungssitte [ˈtsaːlʊŋszɪtə] f payment habit

zahlungsstatt [ˈtsaːlʊŋsʃtat] prep in lieu of payment

Zahlungsstockung [ˈtsaːlʊŋsʃtɔkʊŋ] f liquidity crunch

Zahlungstermin [ˈtsaːlʊŋstermiːn] m date of payment

zahlungsunfähig [ˈtsaːlʊŋsunfɛːɪç] adj insolvent, unable to pay

Zahlungsunfähigkeit [ˈtsaːlʊŋsunfɛːɪçkaɪt] f insolvency, inability to pay

Zahlungsverkehr [ˈtsaːlʊŋsfɛrkeːr] m payment transaction

Zahlungsverzug [ˈtsaːlʊŋsfɛrtsuːk] m failure to pay on due date

Zahlungsziel ['tsa:luŋstsi:l] *n* period for payment

Zahlung unter Protest ['tsa:luŋ 'untər pro'tɛst] *f* payment supra protest

Zedent [tse'dɛnt] *m* assignor

Zeichen ['tsaiçən] *n* character, symbol

zeichnen ['tsaiçnən] *v (unterschreiben)* sign; *(entwerfen)* design, *(fig)* subscribe

Zeichnung ['tsaiçnuŋ] *f* subscription

Zeichnungsberechtigung ['tsaiçnuŋsbəreçtiguŋ] *f* authorisation to sign

Zeichnungsfrist ['tsaiçnuŋsfrist] *f* subscription period

Zeichnungsschein ['tsaiçnuŋsʃain] *m* subscription form

Zeitabschreibung ['tsaitapʃraibuŋ] *f* depreciation per period

Zeitarbeit ['tsaitarbait] *f* temporary work

Zeitaufwand ['tsaitaufvant] *m* expenditure of time

Zeitdruck ['tsaitdruk] *m* deadline pressure, time pressure

Zeitersparnis ['tsaiterʃpa:rnis] *f* time saved

zeitgemäß ['tsaitgəme:s] *adj* timely, up to date, modern

Zeitkauf ['tsaitkauf] *m* sale on credit terms

Zeitlohn ['tsaitlo:n] *m* time wages

Zeitraum ['tsaitraum] *m* space of time, period

Zeitstudie ['tsaitʃtu:djə] *f* time study

Zeitungsinserat ['tsaituŋsinzəra:t] *n* newspaper advertisement

Zeitverschwendung ['tsaitferʃvenduŋ] *f* waste of time

Zeitvertrag ['tsaitfertra:k] *m* fixed-term contract, fixed-duration contract, short-term contract

Zeitwert ['tsaitve:rt] *m* current market value

Zentiliter ['tsentili:tər] *m* centilitre

Zentimeter ['tsentime:tər] *m* centimetre, centimeter *(US)*

Zentner ['tsentnər] *m* hundredweight

Zentnergewicht ['tsentnərgəviçt] *n* metric hundredweight

zentral [tsen'tra:l] *adj* central; *adv* centrally

Zentralbank [tsen'tra:lbaŋk] *f* central bank

Zentralbankgeld ['tsentra:lbaŋkgelt] *n* central bank money

Zentralbankrat ['tsentra:lbaŋkra:t] *m* Central Bank Council

Zentrale [tsen'tra:lə] *f* central office, head office, headquarters

Zentraleinkauf ['tsentra:lainkauf] *m* centralized purchasing

Zentralisation [tsentralisa'tsjo:n] *f* centralization

Zentralisierung [tsentrali'si:ruŋ] *f* centralization

Zentralkasse ['tsentra:lkasə] *f* central credit institution

Zentralverband [tsen'tra:lferbant] *m* central federation, national federation, national association

Zerobond ['ze:robɔnt] *m* zero bond

Zertifikat [tsertifi'ka:t] *n* certificate

zertifizierte Bonds [tsertifi'tsi:rtə bɔnts] *m/pl* certified bonds

Zession [tsɛ'sjo:n] *f* assignment

Zessionar [tsɛsjo'na:r] *m* assignee

Zessionskredit [tsɛ'sjo:nskredi:t] *m* advance on receivables

Zeugenaussage ['tsɔygənausa:gə] *f* evidence, testimony

Zeugnis ['tsɔyknis] *n* testimonial; letter of reference

Ziehung ['tsi:uŋ] *f* drawing

Ziehungsrechte ['tsi:uŋsreçtə] *n/pl* drawing rights

Ziel [tsi:l] *n (fig: Absicht)* aim, purpose, objective

Zielgruppe ['tsi:lgrupə] *f* target group

Zielhierarchie ['tsi:lhjerarçi:] *f* hierarchy of goals

Zielkauf ['tsi:lkauf] *m* purchase on credit

Zielkosten ['tsi:lkɔstən] *pl* target costs

Zielkostenrechnung ['tsi:lkɔstənreçnuŋ] *f* target cost accounting

Zielpreis ['tsi:lprais] *m* target price; norm price

Zinsänderungsrisiko ['tsinsendəruŋsri:ziko] *n* risk of change in interest rates

Zinsanleihe ['tsinsanlaiə] *f* loan repayable in full at a due date

Zinsarbitrage ['tsinsarbitra:ʒə] *f* interest rate arbitrage

Zinsbesteuerung ['tsinsbəʃtɔyəruŋ] *f* taxation of interest

Zinsbindung ['tsinsbinduŋ] *f* interest rate control

Zinselastizität ['tsinselastisite:t] *f* interest elasticity

Zinsen ['tsinzən] *pl* interest

Zinsendienst ['tsinzəndi:nst] *m* interest service

Zinserhöhung ['tsinserhø:uŋ] *f* interest rate increase

Zinserleichterung ['tsɪnsɛrlaɪçtəruŋ] f reduction of interest

Zinsertrag ['tsɪnsɛrtra:k] m income from interests

Zinseszins ['tsɪnzəstsɪns] m compound interest

Zinseszinsrechnung ['tsɪnzəstsɪnsrɛçnuŋ] f calculation of compound interest

Zinsfuß ['tsɪnsfu:s] m interest rate

Zinsgarantie ['tsɪnsgaranti:] f guaranteed interest

Zinsgefälle ['tsɪnsgəfɛlə] n gap between interest rates, margin between interest rates

Zinskappe ['tsɪnskapə] f cap rate of interest

Zinskappenvereinbarung ['tsɪnskapənfɛraɪnba:ruŋ] f cap rate of interest agreement

zinslos ['tsɪnslo:s] adj interest-free, non-interest-bearing

Zinsmarge ['tsɪnsmarʒə] m interest margin

Zinsniveau ['tsɪnsnivo:] n interest rate level

Zinsparität ['tsɪnsparitɛ:t] f interest parity

Zinspolitik ['tsɪnspolitik] f interest rate policy

Zinsrückstand ['tsɪnsrykʃtant] m arrear on interests

Zinssatz ['tsɪnszats] m interest rate, rate of interest

Zinsschein ['tsɪnsʃaɪn] m coupon

Zinssenkung ['tsɪnszeŋkuŋ] f interest rate decrease, reduction of interest

Zinsspanne ['tsɪnsʃpanə] f interest margin

Zinsstaffel ['tsɪnsʃtafəl] f interest rate table

Zinsstruktur ['tsɪnsʃtruktu:r] f interest rate structure

Zinsswap ['tsɪnsswɔp] m interest rate swap

Zinstage ['tsɪnsta:gə] pl quarter days

Zinstender ['tsɪnstɛndər] m interest tender

Zinstermin ['tsɪnstɛrmi:n] m interest payment date

Zinstheorie ['tsɪnsteori:] f theory of interest

Zinsüberschuss ['tsɪnsy:bərʃus] m interest surplus

zinsvariable Anleihe ['tsɪnsvarjablə 'anlaɪə] f loan at variable rates

Zinswucher ['tsɪnsvu:xər] m usury

Zirkulation [tsɪrkula'tsjo:n] f circulation

zitieren [tsi'ti:rən] v summon

Zivilprozessordnung (ZPO) [tsivi:lpro-'tsɛsɔrdnuŋ] f Code of Civil Procedure

Zivilrecht [tsi'vi:lrɛçt] n civil law

Zoll [tsɔl] m 1. (Behörde) customs; 2. (Maßeinheit) inch; 3. (Gebühr) customs duty, duty

Zollabfertigung ['tsɔlapfɛrtiguŋ] f customs clearance

Zollabkommen ['tsɔlapkɔmən] n customs convention

Zollagerung ['tsɔlla:gəruŋ] f customs warehouse procedure

Zollamt ['tsɔlamt] n customs office

Zollausland ['tsɔlauslant] n countries outside the customs frontier

Zollbeamte(r) ['tsɔlbəamtə(r)] m/f customs official, customs officer

Zolleinfuhrschein [tsɔl'aɪnfu:rʃaɪn] m bill of entry

Zollerklärung ['tsɔlɛrklɛ:ruŋ] f customs declaration

Zollfaktura ['tsɔlfaktu:ra] f customs invoice

zollfrei ['tsɔlfraɪ] adj duty-free

Zollgebiet ['tsɔlgəbi:t] n customs territory

Zollgebühren ['tsɔlgəby:rən] f/pl customs duties

Zollgrenze ['tsɔlgrɛntsə] f customs frontier

Zollinland [tsɔl'ɪnlant] n domestic customs territory

Zollkontrolle ['tsɔlkontrɔlə] f customs control, customs inspection

Zolllager ['tsɔlla:gər] n customs warehouse

Zollpapiere ['tsɔlpapi:rə] pl customs documents

zollpflichtig ['tsɔlpflɪçtɪç] adj dutiable, subject to customs

Zollstation ['tsɔlʃtatsjo:n] f customs post, customs office

Zolltarif ['tsɔltari:f] m customs tariff

Zollunion ['tsɔlunjo:n] f customs union

Zollverkehr ['tsɔlfɛrke:r] m customs procedure

Zollverschluss ['tsɔlfɛrʃlus] m customs seal

Zone ['tso:nə] f zone

Zug um [tsu:k um] adv concurrent

Zugabe ['tsu:ga:bə] f extra, bonus

Zugang ['tsu:gaŋ] m (Warenzugang) supply, receipt

Zukunftswert ['tsu:kunftsve:rt] m future bonds

Zulage ['tsu:la:gə] f additional pay, bonus; (Gehaltserhöhung) rise (UK), raise (US)

zulässig ['tsu:lɛsɪç] adj permissible, allowed, admissible

Zulassung ['tsu:lasuŋ] f admission, (eines Autos) registration

Zulassungsstelle ['tsu:lasuŋsʃtɛlə] f registration office

zu Lasten [tsu 'lastən] adv chargeable to

Zulauf ['tsu:lauf] *m* popularity; *großen ~ haben* to be very popular, to be in great demand

Zulieferbetrieb ['tsu:li:fərbətri:p] *m* component producer

Zulieferer ['tsu:li:fərər] *m* supplier, component supplier, subcontractor

Zulieferung ['tsu:li:fəruŋ] *f* supply

Zunahme ['tsu:na:mə] *f* increase, growth, rise

Zuname ['tsu:na:mə] *m* family name, surname

zunehmen ['tsu:ne:mən] *v irr* increase, grow, rise

zur Ansicht [tsu:r 'anzıçt] *adv* on approval

zurückerstatten [tsu'rykɛrʃtatən] *v* refund, pay back, reimburse

zurückfordern [tsu'rykfɔrdərn] *v etw ~* ask for sth back, demand sth back

zurückgestaute Inflation ['tsurykɡəʃtautə ınfla'tsjo:n] *f* pent-up inflation

zurückgewinnen [tsu'rykɡəvınən] *v irr* win back, regain, recoup

zurückrufen [tsu'rykru:fən] *v irr (eine bereits ausgelieferte Ware)* call back

zurücktreten [tsu'ryktre:tən] *v irr (Rücktritt erklären)* resign, retire

zurückweisen [tsu'rykvaızən] *v irr* reject, refuse

zurückzahlen [tsu'ryktsa:lən] *v* pay back, repay

Zurückzahlung [tsu'ryktsa:luŋ] *f* repayment

Zusage ['tsu:za:gə] *f* 1. *(Verpflichtung)* commitment; 2. *(Versprechen)* promise

zusagen ['tsu:za:gən] *v* confirm, *(versprechen)* promise

Zusammenarbeit [tsu'zamənarbaıt] *f* cooperation, collaboration

zusammenarbeiten [tsu'zamənarbaıtən] *v* work together, cooperate, collaborate, act in concert, team up

Zusammenbau [tsu'zamənbau] *m* assembly

zusammenbauen [tsu'zamənbauən] *v* assemble

zusammenfassen [tsu'zamənfasən] *v* sum up, summarize

zusammenschließen [tsu'zamənʃli:sən] *v irr sich ~* get together, team up

Zusammenschluss [tsu'zamənʃlus] *m* union, alliance, merger

Zusammensetzung [tsu'zamənzɛtsuŋ] *f* composition, make-up, construction

zusammenstellen [tsu'zamənʃtɛlən] *v (fig)* make up, put together, combine; *(Daten)* compile

Zusatzaktie ['tsu:zatsaktsjə] *f* bonus share

Zusatzkapital ['tsu:zatskapita:l] *n* additional capital

Zusatzkosten ['tsu:zatskɔstən] *pl* additional cost

Zusatzverkauf ['tsu:zatsfɛrkauf] *m* additional sale

Zusatzversicherung ['tsu:zatsfɛrzıçəruŋ] *f* additional insurance

Zuschlag ['tsu:ʃla:k] *m* extra charge, surcharge; addition

Zuschlagskalkulation ['tsu:ʃla:kskalkulatsjo:n] *f* job order costing

zuschlagspflichtig ['tsu:ʃla:kspflıçtıç] *adj* subject to a supplementary charge

Zuschlagssatz ['tsu:ʃla:kszats] *m* costing rate

Zuschrift ['tsu:ʃrıft] *f* letter

Zuschuss ['tsu:ʃus] *m* allowance, contribution, subsidy

zusetzen ['tsu:zɛtsən] *v Geld ~* lose money

Zusicherung ['tsu:zıçəruŋ] *f* assurance, guarantee

zustellen ['tsu:ʃtɛlən] *v (liefern)* deliver, hand over

Zusteller ['tsu:ʃtɛlər] *m* deliverer; *(Postbote)* letter carrier, postman, mailman

Zustellgebühr ['tsu:ʃtɛlɡəby:r] *f* delivery fee, delivery charge

Zustellung ['tsu:ʃtɛluŋ] *f* delivery

Zustimmung ['tsu:ʃtımuŋ] *f* consent

Zuteilung ['tsu:taıluŋ] *f* allocation

Zuteilungsrechte ['tsu:taıluŋsrɛçtə] *n/pl* allotment right

zu treuen Händen [tsu 'trɔyən 'hɛndən] *adv* for safekeeping

zuverlässig ['tsu:fɛrlɛsıç] *adj/adv* reliable

Zuwachs ['tsu:vaks] *m* growth

Zuwachsrate ['tsu:vaksra:tə] *f* growth rate

zuweisen ['tsu:vaızən] *v irr* assign, allocate, allot

Zuweisung ['tsu:vaızuŋ] *f* assignment, transfer from profits

Zuwendung ['tsu:vɛnduŋ] *f (Geldbeitrag)* grant, contribution, donation

zuwiderhandeln [tsu'vi:dərhandəln] *v einer Sache ~* act contrary to sth, go against sth; *(einer Vorschift)* violate

Zuzahlung ['tsu:tsa:luŋ] *f* additional contribution

zuzüglich ['tsutsy:klıç] *prep* plus

Zwangsabgabe ['tsvaŋsapgaːbə] *f* compulsory charge

Zwangsanleihe ['tsvaŋsanlaɪə] *f* compulsory loan

Zwangsgeld ['tsvaŋsgɛlt] *n* enforcement fine

Zwangsmittel ['tsvaŋsmɪtəl] *n/pl* enforcement measures

Zwangssparen ['tsvaŋsʃpaːrən] *n* compulsory saving

Zwangsvergleich ['tsvaŋsfɛrglaɪç] *m* legal settlement in bankruptcy

Zwangsverkauf ['tsvaŋsfɛrkauf] *m* forced sale

Zwangsversteigerung ['tsvaŋsfɛrʃtaɪgəruŋ] *f* compulsory auction

Zwangsvollstreckung ['tsvaŋsfɔlʃtrɛkuŋ] *f* enforcement, compulsory execution, levy upon property

zweckentfremden ['tsvɛkɛntfrɛmdən] *v* misappropriate, redesignate, misure

Zweckentfremdung ['tsvɛkɛntfrɛmduŋ] *f* use for a purpose other than the original designation

zweckgebunden ['tsvɛkgəbundən] *adj* earmarked, appropriated, bound to a specific purpose

Zweckgemeinschaft ['tsvɛkgemaɪnʃaft] *f* special-purpose association

zweckmäßig ['tsvɛkmɛːsɪç] *adj* expedient, practical, proper

Zwecksparen ['tsvɛkʃpaːrən] *n* target saving

Zweigniederlassung ['tsvaɪkniːdərlasuŋ] *f* branch

Zweigstelle ['tsvaɪkʃtɛlə] *f* branch office

Zweitnutzen ['tsvaɪtnutsən] *m* secondary benefit

Zwischenaktionär ['tsvɪʃənaktsjoneːr] *m* interim shareholder

Zwischenbericht ['tsvɪʃənbərɪçt] *m* interim report

Zwischenbilanz ['tsvɪʃənbɪlants] *f* interim results, interim balance sheet

Zwischenfinanzierung ['tsvɪʃənfinantsiːruŋ] *f* interim financing

Zwischengesellschaft ['tsvɪʃəngəzɛlʃaft] *f* intermediate company

Zwischenhändler ['tsvɪʃənhɛndlər] *m* middleman, intermediate dealer

Zwischenkonto ['tsvɪʃənkɔnto] *n* interim account

Zwischenkredit ['tsvɪʃənkrediːt] *m* interim loan, intermediate loan

Zwischenlager ['tsvɪʃənlaːgər] *n* intermediate inventory

Zwischenschein ['tsvɪʃənʃaɪn] *m* provisional receipt

Zwischensumme ['tsvɪʃənzymə] *f* subtotal

Zwischenzinsen ['tsvɪʃəntsɪnzən] *m/pl* interim interest

Zyklus ['tsyːklus] *m* cycle

Begriffe und Wendungen

Concept (idea, Verm)

Change (turn)

Umfang = size

Hersteller = manufacturer

zufriede = satisfactory

stellende -

stellen = to put

1. Unternehmen und Management

Lines and Forms of Business

Branchen und Unternehmens-formen

We have invested heavily in the *mining industry* in South Africa.

Wir haben in großem Umfang in die *Montanindustrie* Südafrikas investiert.

Coal mines in Yorkshire provide much of Britain's coal.
The *north sea oil industry* has raised oil prices.
The majority of our electricity comes from the *coal-fired power station* you drove past on your way here.
We are trying to close a deal for cheap electricity from the *nuclear power station* nearby.

Kohlenbergwerke in Yorkshire liefern einen großen Teil der britischen Kohle.
Die *Nordseeölindustrie* hat die Ölpreise erhöht.
Der Großteil unserer Elektrizität kommt von dem *Kohlekraftwerk,* an dem Sie auf Ihrem Weg hierher vorbeigefahren sind.
Wir versuchen einen Handel mit dem nahegelegenen *Atomkraftwerk* abzuschließen, um billige Elektrizität zu bekommen.

We buy our barley direct from several different farmers in the area.
The agricultural crisis is effecting the *brewing industry.*
Our *paper processing business* is dependent upon the *forestry industry.*

Wir kaufen unsere Gerste direkt bei einigen Bauern aus der Gegend.
Die Agrarkrise wirkt sich in der *Brauereiindustrie* aus.
Unsere *Papier verarbeitende Industrie* hängt von der *Holzindustrie* ab.

Our factory *reprocesses* fish by-products to produce fertilizer.
In the seventies, Maurice Motors was one of the most notable *car manufacturers* in Europe.
We have good business relations with the manufacturer of our *components.*
Many of our *manufactured articles* are exported to other EU nations.

Unsere Fabrik *verarbeitet* Fischabfälle zur Produktion von Düngemitteln.
In den siebziger Jahren war Maurice Motors einer der namhaftesten *Autohersteller* in Europa.
Wir haben gute Geschäftsbeziehungen mit dem Hersteller unserer *Einzelteile.*

Viele unserer *Fabrikate* werden in andere EU- Staaten exportiert.

A: We have recently renewed the machinery of our *assembly line.*

A: Wir haben erst neulich die Maschinenausstattung unseres *Fließbandes* erneuert.

B: Do you think it will pay off
in the long run?
A: Definitely. Control has already
recorded a drop in *manufacturing
defects.*

We are a long-established
insurance company with many
years experience behind us.
I think that the JA Bank can
offer us the best deal for our
company account.

B: Glauben Sie, dass sich das auf
lange Sicht auszahlen wird?
A: Auf jeden Fall. Die Aufsicht hat
jetzt schon ein Abnehmen der
Fabrikationsfehler gemeldet.

Wir sind eine alteingesessene
Versicherung mit langjähriger
Erfahrung.
Ich glaube, dass die JA Bank uns
das beste Angebot für unser
Firmenkonto machen kann.

Der Begriff „Unternehmer" ist ein typischer false friend. Das englische
Wort "undertaker" bezeichnet im Deutschen den „Leichenbestatter". „Unternehmer" ist mit "employer" oder "businessman" zu übersetzen. "Entrepreneur" bezeichnet einen sehr erfolgreichen Unternehmer mit ausge-
zeichnetem Geschäftssinn. Die geläufigsten Übersetzungen für das „Unternehmen" sind "company", "business" oder "enterprise".

The most successful *mail order
business* in Britain for 1998
was Warmers Catalogues.
We have got in touch with the
publishers regarding our
"Millennium Catalogue".

Das erfolgreichste *Versandhandels-
unternehmen* in Großbritannien war
1998 Warmers Catalogues.
Wir haben mit dem *Verlag* wegen
unseres „Millennium Katalogs"
Kontakt aufgenommen.

In our *line of business,* one must
be prepared to move with the
times.
I need to get in contact with
an *accounting firm.*
The *advertising company* that
we use has always produced
satisfactory results in the past.

In unserer *Branche* muss man
darauf vorbereitet sein mit der
Zeit zu gehen.
Ich muss mit einer *Buchhaltungs-
firma* Kontakt aufnehmen.
Die *Werbefirma,* mit der wir arbeiten, hat in der Vergangenheit immer
zufrieden stellende Ergebnisse
geliefert.

My *firm of solicitors* was
founded in 1987.
I will have to consult my
solicitor.

Meine *Anwaltskanzlei* wurde
1987 gegründet.
Ich werde meinen *Anwalt*
konsultieren müssen.

In den 80er und 90er Jahren ist die Wertschätzung von Dienstleistungen enorm gestiegen. Diese Entwicklung hat eine moderne Terminologie hervorgebracht, die deutsche Begriffe verdrängt hat.

As a *marketing company,* we feel that relations with our customers are important.

Wir glauben, dass für uns als *Marketingunternehmen* das Verhältnis zu unseren Kunden entscheidend ist.

Our firm of *management consultants* advises companies of ways to increase production through improved *management.* Part of our *service* as a *computer consultancy* is free follow-up advice to customers, via e-mail.

Unsere *Unternehmensberatungsfirma* berät Unternehmen, wie sie ihre Produktion durch verbessertes *Management* steigern können. Ein Teil unseres *Services* als *EDV-Berater* ist es, unseren Kunden anschließend umsonst per E-mail Ratschläge zu geben.

We are considering referring the problem to an I.T. *(Information Technology) consultancy firm.*

Wir erwägen hinsichtlich dieses Problems eine *EDV-Beratungsfirma* hinzuzuziehen.

A: We distribute *hand-made* jewellery made by trained gold- and silversmiths.

A: Wir vertreiben *handgearbeiteten* Schmuck, der von ausgebildeten Gold- und Silberschmieden gefertigt wird.

B: Are they all original designs?
A: Yes. We also produce designs to order from our customers.

B. Sind das alles Originalentwürfe?
A: Ja. Wir entwerfen auch nach den speziellen Wünschen unserer Kunden.

B: I think we could certainly be of assistance for your business. Marketing of genuine *handicrafts* is our speciality.

B: Ich glaube, dass wir sehr nützlich für ihr Unternehmen sein könnten. Das Marketing von echtem *Kunsthandwerk* ist unsere Spezialität.

Our *head office* is in Liverpool. Our *headquarters* are located in Camberwell, London.

Unser *Hauptbüro* ist in Liverpool. Unsere *Zentrale* ist in Camberwell in London.

"Headquarters" ist das englische Wort für Zentrale. Man findet es oftmals abgekürzt als "H.Q."

Our business began in the eighteenth century as a small group of *craft traders*.

Our family has been involved in this business for centuries. Our ancestors were *guildsmen* in the middle ages.

We are only a *small enterprise*.

Our *company name plate* until recently contained the family coat of arms.

As a *medium size enterprise*, we are proud of our friendly working atmosphere.

My father used to be the *sole owner* of our company.

Our *company name* is a combination of the names of our *co-founders*.

Could I please speak to the *proprietor*?

The *factory owner* is away on business.

The *parent company* of the TEHV group is today an extremely profitable enterprise.

Our *holding company* was founded in 1967.

Our company is *based* in Britain, but we have factories and outlets all over the world.

We have *branches* all over the world. Our most important *branches abroad* are in Brazil and Mexico.

They are one of the largest *multinationals* in the world.

Unser Unternehmen entstand im achtzehnten Jahrhundert aus einer kleinen Gruppe von *Handwerkern*.

Unsere Familie ist seit Jahrhunderten an diesem Unternehmen beteiligt. Unsere Vorfahren waren im Mittelalter *Mitglieder einer Zunft*.

Wir sind nur ein *Kleinbetrieb*.

Unser *Firmenschild* enthielt bis vor kurzem noch unser Familienwappen.

Als *mittelständischer Betrieb* sind wir stolz auf unsere freundliche Arbeitsatmosphäre.

Früher war mein Vater der *Alleineigentümer* unseres Unternehmens.

Unser *Firmenname* ist eine Kombination der Namen der *Mitbegründer*.

Könnte ich bitte den *Besitzer* sprechen?

Der *Fabrikeigentümer* ist geschäftlich unterwegs.

Die *Muttergesellschaft* der TEHV Gruppe ist heute ein enorm profitables Unternehmen.

Unsere *Dachgesellschaft* wurde 1967 gegründet.

Unser Unternehmen hat seinen *Unternehmenssitz* in Großbritannien, aber wir haben Fabriken und Absatzgebiete auf der ganzen Welt.

Wir haben *Filialen* auf der ganzen Welt. Unsere wichtigsten *Auslandsniederlassungen* sind in Brasilien und Mexiko.

Sie sind eines der größten *multinationalen Unternehmen* auf der ganzen Welt.

Our most notable *agency abroad*
is based in Canada.
TEHV is a *multinational group.*

Unsere namhafteste *Auslandsvertretung* hat ihren Geschäftssitz in Kanada.
TEHV ist ein *multinationaler Konzern.*

A: We were considering sending
you to our *branch office* in Chile
for six months, Mrs. Richards.
B: That sounds very challenging.

A: Wir überlegen uns, Sie für sechs
Monate in unsere *Geschäftsstelle* in
Chile zu schicken, Frau Richards.
B: Das klingt nach einer interessanten
Herausforderung.

A: Are you aware of *business
protocol* in South America?

A: Sind Sie sich über das
südamerikanische *Geschäftsprotokoll*
im Klaren?

B: I have some basic knowledge.

B: Ich besitze ein paar grundlegende
Kenntnisse.

The *private sector* in the USA
is much stronger than the
public sector.

Der *private Sektor* ist in den USA
sehr viel stärker als der
öffentliche Sektor.

We have only *limited liability*
in the event of bankruptcy.
SIDA is a *private limited
liability company.*
We became a *limited company*
in 1973 (US: *incorporated
company*).
I have sent our *major shareholders* our *sales figures*
for 1998.
The *shareholders meeting* is due
to take place next week.
How many will attend the *annual
general meeting (AGM)*
Our company is a *limited
partnership.*
He is a *limited partner* in AHB.
May I introduce my *general
partner,* Frank.
She is the youngest person ever to
be made *junior partner* in the firm.

Im Falle eines Bankrotts übernehmen
wir nur *beschränkte Haftung.*
SIDA ist eine *Gesellschaft
mit beschränkter Haftung.*
Wir wurden 1973 zu einer
Aktiengesellschaft umgewandelt.

Ich habe unseren *Großaktionären*
die *Verkaufszahlen* für 1998
geschickt.
Die *Aktionärsversammlung* ist
für nächste Woche geplant.
Wie viele Teilnehmer wird die
Jahreshauptversammlung haben?
Unser Unternehmen ist eine
Kommanditgesellschaft.
Er ist ein *Kommanditist* bei AHB.
Darf ich Ihnen meinen *Komplementär*
Frank vorstellen.
Sie ist die jüngste Person, die jemals
Juniorteilhaber in unserem Unternehmen geworden ist.

Mr. Taylor is a *silent partner* in our business.

Mr. Taylor ist *stiller Teilhaber* an unserem Unternehmen.

We are considering going into *partnership* with ABC.

Wir überlegen uns, eine *Partnerschaft* mit ABC einzugehen.

Our *trading partner* has not been in contact regarding our factories in Africa.

Unser *Handelspartner* hat uns bisher nicht wegen unserer Fabriken in Afrika kontaktiert.

In den USA nennt man eine Tochtergesellschaft "affiliate", in Großbritannien verwendet man dagegen das Wort "subsidiary". Das Wort "affiliate" bezeichnet im britischen Englisch keine Beziehung zwischen zwei Firmen, die rechtliche Gültigkeit hat, sondern nur eine etwas engere Zusammenarbeit.

One of our *subsidiaries* (US: affiliates) is based almost wholly in the Far East.

Eine unserer *Tochtergesellschaften* ist fast ausschließlich im Nahen Osten ansässig.

AMV is a subsidiary (US: affiliate) of the TEHV Group.

AMV ist eine Tochtergesellschaft der TEHV Gruppe.

A: One of our *affiliates* distributes and markets our products in Thailand. They receive our goods at a discounted price and can make a greater profit for themselves.

A: Ein mit uns *befreundetes Unternehmen* vertreibt und verkauft unsere Produkte in Thailand. Sie bekommen unsere Produkte zu einem ermäßigten Preis und können daher einen größeren Profit machen.

B: That's an ideal arrangement for you both – you must make large savings in distribution costs.

B: Das ist eine ideale Vereinbarung für Sie beide – Sie müssen große Einsparungen bei den Vertriebskosten haben.

A: Yes. It undoubtedly pays off for both our companies.

A: In der Tat. Es zahlt sich zweifellos für beide Unternehmen aus.

We are hoping to arrange a *video conference* in July with the managers of all our *subsidiaries.*

Wir hoffen, im Juli eine *Videokonferenz* mit den Leitern aller unserer *Tochtergesellschaften* abhalten zu können.

Business Organisation

Unternehmensorganisation

The ***board of directors*** meets in the ***boardroom*** to discuss future strategies.
I will have to bring the matter up in front of the ***supervisory board.***
Our ***production department*** employs thirty percent less people than in 1986.
Quality control is not satisfied with the standard of goods produced on the factory floor.

Administration has been ploughing through ***red tape*** all week.

Our ***administration department*** has arranged an interview for you on Friday 22nd January.
The ***administration*** of our company has been improved considerably over the last few years.
Our ***administration department*** is having some difficulty coping with new European ***bureaucracy.***

A: Where's Francis?
B: She's in ***admin (fam).***

Planning control is based at our headquarters in London. They have produced these ***planning figures*** regarding possible developments in East Asia.

A: What do you think of our ***planning department's proposal*** for possible future expansion?

Die ***Direktion*** trifft sich im ***Sitzungssaal,*** um zukünftige Strategien zu besprechen.
Ich werde das Thema vor dem ***Aufsichtsrat*** ansprechen.

Unsere ***Produktionsabteilung*** beschäftigt dreißig Prozent weniger Leute als 1986.
Die ***Qualitätskontrolle*** ist mit dem Standard der Güter, die in der Fabrikhalle produziert werden, nicht zufrieden.
Die ***Verwaltung*** hat sich die ganze Woche lang durch den ***Amtsschimmel*** gegraben.
Die ***Verwaltungsabteilung*** hat ein Bewerbungsgespräch für Sie am Freitag, den 22. Januar arrangiert.
Die ***Verwaltung*** unseres Unternehmens hat sich in den letzten Jahren erheblich verbessert.
Unsere ***Verwaltungsabteilung*** hat einige Schwierigkeiten, mit der neuen europäischen ***Bürokratie*** zurechtzukommen.

A: Wo ist Francis?
B: Sie ist in der ***Verwaltung.***

Die ***Planungskontrolle*** ist in unserer Zentrale in London stationiert. Sie haben diese ***Planwerte*** für mögliche Entwicklungen in Ostasien erstellt.

A: Was denken Sie über den ***Vorschlag der Planungsabteilung*** über eine mögliche zukünftige Expansion?

B: Well, I think we need to bring it before the **board.**

B: Ich denke, wir müssen ihn der **Direktion** vorlegen.

The **accounts department** will deal with your query – I'll fax your details to them now.

Die **Rechnungsabteilung** wird sich um Ihre Anfrage kümmern - ich werde ihnen sofort die Einzelheiten Ihres Falles faxen.

Could you please take these calculations to **accounts.**

Könnten Sie bitte diese Berechnungen in die **Rechnungsabteilung** bringen.

Our **cost accounting centre** is on the second floor.

Unsere **Kostenstelle** ist im zweiten Stock.

Most of our **budgetary planning** is developed in our **finance department.**

Der Großteil unserer **Budgetplanung** wird in der **Finanzabteilung** entwickelt.

Only very large companies require a **law department.**

Nur sehr große Unternehmen benötigen eine **Rechtsabteilung.**

Staff of the **data processing division** are taking part in a training course this morning.

Das Personal der **EDV-Abteilung** nimmt an dem Trainingskurs heute Morgen teil.

Most of our **data processing** takes place in our other building.

Ein Großteil der **Datenverarbeitung** findet in unserem anderen Gebäude statt.

Marketing is more important than ever in the highly competitive world of multinational business.

Marketing ist in der enorm wettbewerbsorientierten Welt des multinationalen Geschäfts wichtiger denn je zuvor.

The **marketing department** wishes to employ more staff to cope with their increasing workload.

Die **Marketingabteilung** möchte gerne mehr Personal einstellen, um mit der wachsenden Arbeitslast fertig zu werden.

Our **marketing division** is on the fifth floor of our main office building.

Unsere **Marketingabteilung** ist im fünften Stock in unserem Hauptgebäude.

Our **advertising department** has just completed our coming **informercial;** it will be screened on September the fifth.

Unsere **Werbeabteilung** hat gerade unsere neue **Werbesendung** fertig gestellt. Sie wird am fünften September ausgestrahlt.

Our **publicity department** is working on our new series of billboard advertisements.

Unsere **Werbeabteilung** arbeitet gerade an einer neuen Serie von Plakatwerbungen.

Our *public relations department* has suggested holding an *open day* to combat environmental objections from the public to our proposed expansion.

Unsere *Public-Relations-Abteilung* hat vorgeschlagen einen *Tag der offenen Tür* abzuhalten, um Befürchtungen der Öffentlichkeit hinsichtlich der Umwelt aufgrund unserer vorgeschlagenen Expansion entgegenzuwirken.

The *sales department* is on the second floor.
Our *salesroom* was understaffed due to illness in January.

Die *Vertriebsabteilung* ist im zweiten Stock.
Unser *Verkaufslokal* war im Januar wegen Krankheit unterbesetzt.

A: Would you like a tour of our *premises,* Mr. Davies?
B: I think that would be very informative. As a *management consultant* I always try to investigate companies in depth.
A: Here is our *reception area,* where we have two *receptionists* on duty during busy periods.
B: And is the *switchboard* here?

A: Möchten Sie unser *Gelände* besichtigen, Mr. Davies?
B: Ich denke, das wäre sehr informativ. Als *Unternehmensberater* versuche ich immer die Unternehmen genau zu untersuchen.
A: Hier ist unser *Empfang,* an dem während betriebsamen Zeiten zwei *Empfangsdamen* arbeiten.
B: Ist die *Telefonvermittlung* auch hier?

A: Yes, it is. In the office over there. We have a multi-lingual *telefonist* working in the company.
B: Which languages does she speak?
A: English, of course, and French, Spanish and German.
B: Where are your *clerical staff* based?
A: The majority are on the ground floor of our main building. Shall we go to our *accounting and finance department*? Our business requires precise *budgeting* – that's why this division is so large.
B: Very interesting. Where is your *marketing department*?
A: On the third floor.

A: Ja. In dem Büro dort drüben. Wir haben eine mehrsprachige *Telefonistin,* die für unsere Firma arbeitet.
B: Welche Sprachen spricht sie?
A: Natürlich Englisch, außerdem Französisch, Spanisch und Deutsch.
B: Wo haben Sie Ihre *Bürokräfte*?
A: Die Meisten sind im Erdgeschoss des Hauptgebäudes. Sollen wir zu unserer *Buchhaltungs- und Finanzabteilung* gehen? Unsere Geschäfte verlangen eine präzise *Budgetierung* – das ist der Grund, warum diese Abteilung so groß ist.
B: Sehr interessant. Wo ist Ihre *Marketingabteilung*?
A: Im dritten Stock.

B: Your departments seem very self-contained. Perhaps you could consider changing your *management strategies.* The *spatial structure* of your main premises could be improved. I hope you would like to engage my services. I will leave you my *business card* (US: *calling card*) and you can contact me regarding our next steps.

A: Great. I will have to discuss the matter with the *board of directors.*

B: Ihre Abteilungen scheinen mir sehr abgeschottet. Vielleicht sollten Sie sich überlegen, Ihre *Leitungsstrategien* zu ändern. Die *Raumstruktur* Ihres Hauptgebäudes könnte verbessert werden. Ich hoffe, Sie wollen meine Dienste in Anspruch nehmen. Ich werde Ihnen meine *Geschäftskarte* dalassen und Sie können dann mit mir wegen unserer nächsten Schritte Kontakt aufnehmen.

A: Ausgezeichnet. Ich muss die Angelegenheit auch noch mit der *Direktion* besprechen.

Marketing ist heute schon in Hinblick auf den globalen Wettbewerb der 90er Jahre einer der wichtigsten Bereiche der großen Unternehmen geworden. Viele der Begriffe aus diesem Bereich sind im Deutschen einfach aus dem Englischen übernommen worden.

A: We are planning to design *joint publicity* with our business partners, Smith and Jones Ltd.
B: What *means of advertising* had you considered using?
A: We were considering sending out *mailshots* describing our new range of products.
B: Have you carried out any *market research*?
A: We have consulted a *market research institute* in Birmingham.
B: I don't know what they concluded, but I would suggest that you need a broader *marketing mix* to increase sales and reach a wider audience.

A: We were also hoping to make

A: Wir planen eine *Gemeinschaftswerbung* mit unseren Geschäftspartnern von Smith and Jones Ltd. zu entwerfen.
B: An welche *Werbemittel* hatten Sie gedacht?
A: Wir haben uns überlegt, *Direktwerbung* zu verschicken, die unser neues Sortiment beschreibt.
B: Haben Sie *Marktforschung* betrieben?
A: Wir haben ein *Marktforschungsinstitut* in Birmingham konsultiert.
B: Ich weiß nicht, was die herausgefunden haben, aber ich würde behaupten, dass Sie ein breiteres *Marketing Mix* brauchen, um die Verkäufe zu erhöhen und ein breiteres Publikum zu erreichen.

A: Außerdem hoffen wir, den Start

the launch of the range a *media event.*

B: Offering *discounts* to your loyal *patrons* could be another possible strategy of promoting initial sales of your new products.

A: Our *marketing team* has produced a detailed survey based on *observation of markets.*
B: What did they conclude?

A: We should *schedule* our advertisements to coincide with seasonal increases in demand.

des Sortiments zu einem *Medienereignis* zu machen.

B: Wenn Sie Ihren *Stammkunden* einen *Preisnachlass* anbieten, könnte das eine weitere mögliche Strategie sein, um den Anfangsverkauf Ihrer neuen Produkte zu fördern.

A: Unser *Marketingteam* hat eine detaillierte Studie ausgearbeitet, die auf *Marktbeobachtung* beruht.
B: Zu welchem Schluss sind sie gekommen?

A: Wir sollten unsere Anzeigen so *planen,* dass sie mit der saisonbedingten Steigerung der Nachfrage zusammenfallen.

The *Board of Directors* has been considering possibilities for expansion of our business into new areas.
Our *chairman* has had connections to our company for many years.
The *chairman of the board* has called a *meeting* for next week.
The *chairman of the supervisory board* is on holiday (US: vacation) at present.
I believe she was delighted to receive the *chairmanship.*
Our *managing director* (US: *chief executive officer)* originally comes from Japan.
Our *executives* are currently in a meeting.
We need to make an *executive* decision as soon as possible.

The *branch manager* is currently away on business. Her *deputy* can

Die *Direktion* hat die Möglichkeiten einer Expansion unseres Unternehmens in neue Bereiche abgewägt.

Unser *Vorsitzender* hatte seit vielen Jahren Beziehungen zu unserer Firma.
Der *Vorstandsvorsitzende* hat ein *Meeting* für nächste Woche anberaumt.
Der *Aufsichtsratsvorsitzende* ist im Moment auf Urlaub.

Ich glaube, sie war sehr erfreut den *Vorsitz* zu erhalten.
Unser *Generaldirektor* kommt ursprünglich aus Japan.

Unsere *Verwaltung* ist im Moment bei einem Meeting.
Wir müssen so bald wie möglich eine *geschäftsführende* Entscheidung treffen.

Die *Filialleiterin* ist im Moment geschäftlich unterwegs.

help you with any further
enquiries.

Ihr *Stellvertreter* kann Ihnen bei weiteren Fragen helfen.

I think it would be more fitting
if you spoke to the *manageress*
regarding this matter.

Ich denke, es wäre angebrachter,
wenn Sie diese Angelegenheit
mit der *Managerin* besprechen würden.

The *manager* is in a meeting at
present. The scheduling of his
appointments is organised by
his *secretary* (US: *minister*).

Der *Geschäftsführer* ist im Moment in
einem Meeting. Die Terminplanung
organisiert sein *Sekretär.*

A: I demand to speak to the
manager!
B: I'm afraid he's in a meeting
at the moment, sir. Could his
deputy be of assistance?

A: Ich verlange den *Geschäftsführer*
zu sprechen!
B: Es tut mir Leid, aber er ist gerade
in einem Meeting. Würde Ihnen sein
Stellvertreter weiterhelfen?

Our *production manager* has been
criticised for the inefficiency of
production on the factory floor.

Unser *Produktionsleiter* ist für die
Ineffizienz in der Fabrikhalle
kritisiert worden.

Our *purchasing manager* is
abroad visiting one of our
component manufacturers.

Unser *Einkaufsleiter* ist im
Ausland, um einen unserer
Zulieferer zu besuchen.

Good morning, my name is Allen,
John Allen – I'm the *financial
manager* of JMC.

Guten Tag, mein Name ist Allen,
John Allen – Ich bin der
Finanzdirektor von JMC.

The *accounts manager* is out of
the office this afternoon.

Der *Leiter des Rechnungswesens* ist
heute Nachmittag nicht in seinem
Büro.

Mrs. Adam is our *accounting
division manager.*

Frau Adam ist die *Leiterin unserer
Buchhaltung.*

Our *public relations department*
has made several valid suggestions
for the improvement of our *firm's
image.*

Unsere *Öffentlichkeitsabteilung*
hat einige sinnvolle Vorschläge
zur Verbesserung unseres
Firmenimages gemacht.

I would like to introduce the
*manager of our data processing
division,* Ms. Meyer.

Ich würde Ihnen gerne die
Leiterin der EDV-Abteilung
vorstellen, Ms. Meyer.

A: Would you like to discuss your
marketing suggestions with our *sales
manager*?

A: Möchten Sie die Marketing-
Vorschläge gerne mit unserem
Verkaufsleiter besprechen?

B: I think that would be the best option open to us.

B: Ich denke, dass wäre die beste Option für uns.

Our *advertising manager* is not available at present.
Mr. Mann has been *marketing manager* of the company since 1979 and will retire next year.

Unser *Werbeleiter* ist momentan nicht erreichbar.
Mr. Mann ist seit 1979 unser *Marketingleiter* und wird nächstes Jahr in Rente gehen.

A: I am telephoning to request a meeting with your *production manager.*
B: I'm afraid he's not available at the moment. Would it be possible for a *representative* from the department to help you?
A: I don't know. It was regarding methods of reducing production costs.
B: He's very busy at the moment. Perhaps you could discuss the matter with one of his *subordinates?*
A: I think for a preliminary meeting that would be fine.

A: Ich rufe an mit der Bitte um ein Treffen mit dem *Leiter der Produktion.*
B: Es tut mir Leid, aber er ist im Moment nicht verfügbar. Wäre es möglich, dass Ihnen ein *Vertreter* der Abteilung helfen könnte?
A: Ich weiß es nicht. Es handelt sich um Methoden zur Produktionskostenreduzierung.
B: Er ist im Moment sehr beschäftigt. Vielleicht könnten Sie die Angelegenheit mit einem seiner *Mitarbeiter* besprechen?
A: Ich denke für ein Vorgespräch wäre das in Ordnung.

The *human resources manager* has arranged a staff meeting for Friday.
The *personnel manager* will take six months *maternity leave* in summer.

Der *Personalleiter* hat für Freitag ein Personalmeeting arrangiert.
Die *Personalmanagerin* wird im Sommer für sechs Monate in den *Mutterschaftsurlaub* gehen.

A: We have agreed to promote you to *distributions manager,* Miss Green.
B: Thank you. I'm delighted.
A: Well, as you're already familiar with our *structure of distribution,* I'm sure you'll prove to be a worthy *successor* to Mr. Dobson.

A: Wir haben uns darauf geeinigt, Sie zur *Vertriebsleiterin* zu befördern, Miss Green.
B: Danke. Ich bin sehr erfreut.
A: Nun, da Sie schon mit unserer *Vertriebsstruktur* vertraut sind, bin ich sicher, dass Sie sich als würdige *Nachfolgerin* von Mr. Dobson herausstellen werden.

Our *research director* is in charge of all aspects of scientific research within our company.

Unser *Forschungsdirektor* ist für alle Bereiche der wissenschaftlichen Forschung in unserem Unternehmen verantwortlich.

We employ several *scientists* to research and develop new products for our firm.

Wir beschäftigen einige *Wissenschaftler* um neue Produkte für unsere Firma zu erforschen und zu entwickeln.

Our *research laboratory* is not situated on our main site.

Unser *Forschungslabor* ist nicht auf unserem Hauptgelände.

A: Our *project leader* has suggested several changes to previous plans.

A: Unsere *Projektleiterin* hat einige Änderungen an unseren bisherigen Plänen vorgeschlagen.

B: On what reasons?

B: Aus welchen Gründen?

A: I think she just disagrees with our overall *project management* strategy.

A: Ich denke, sie stimmt unserer gesamten *Projektmanagement-*Strategie nicht zu.

My *personal assistant* can answer any further questions you might have.

Falls Sie noch Fragen haben sollten, steht Ihnen mein *persönlicher Assistent* zur Verfügung.

I will have my *P.A.* prepare the necessary documentation.

Ich werde meine *P.A.* (persönliche Assistentin) die notwendigen Dokumente vorbereiten lassen.

A: Has your company been achieving its *sales targets* this year?

A: Hat Ihr Unternehmen das *Absatzziel* für dieses Jahr erreicht?

B: Not as yet. We were considering introducing *payment on a commission basis* for all our *sales staff.*

B: Noch nicht. Wir erwägen *Bezahlung auf Provisionsbasis* für unseren gesamten *Verkaufsstab* einzuführen.

A: That might provide them with the necessary *incentive.*

A: Das könnte ihnen den notwendigen *Anreiz* geben.

Our *skilled* seamstresses prefer *shift work.*

Unsere *ausgebildeten* Näherinnen bevorzugen *Schichtarbeit.*

Our firm employs over a hundred *semi-skilled workers* in our *production team.*

Unsere Firma beschäftigt über einhundert *angelernte Arbeiter* in unserem *Produktionsteam.*

Our *foreign workers* are mainly from Southern Europe.

Unsere *ausländischen Arbeitnehmer* kommen vor allem aus Südeuropa.

Our *factory workers* have been complaining regarding the lighting in the *factory building.*

Unsere *Fabrikarbeiter* haben sich über die Beleuchtung in unserer *Fabrikhalle* beschwert.

Many of our *apprentices* are based here in our main factory.

Viele unserer *Lehrlinge* arbeiten hier in unserer Hauptfabrik.

An *apprenticeship* takes at least three years to complete within our firm.

Eine *Lehre* dauert in unserem Unternehmen mindestens drei Jahre.

Our *blue-collar workers* earn less than our *white-collar workers.*

Unsere *Arbeiter* verdienen weniger als unsere *Büroangestellten.*

A: Do you have many *unskilled workers* here in your factory?
B: Yes, although most of our workers undergo at least some training during their employ.

A: Haben Sie viele *ungelernte Arbeiter* in Ihrer Fabrik?
B: Ja, obwohl die meisten unserer Arbeiter während ihrer Beschäftigungszeit zumindest irgendeine Ausbildung bekommen.

Our *office staff* are based in the *office block* on our other site.

Unsere *Bürokräfte* sind in dem *Bürogebäude* auf unserem anderen Gelände.

We have two *office juniors* under our employ at present.

Wir haben im Moment zwei *Bürogehilfen* beschäftigt.

My *secretary* (US: *minister*) can deal with any further queries you might have.

Bei weiteren Fragen wird Ihnen mein *Sekretär* zur Verfügung stehen.

Clerical work is vital to the smooth running of our firm.

Büroarbeit ist entscheidend für das gute Funktionieren einer Firma.

At the moment, we have a *temp* secretary covering for Josephine's maternity leave.

Im Moment haben wir eine *Aushilfe,* die während Josephines Mutterschaftsurlaub arbeitet.

Our *receptionist* will direct you to our conference room.

Unsere *Empfangsdame* wird sie in den Konferenzraum bringen.

We have two *stenographers* working for us at the firm.

Wir haben zwei *Stenografen* in unserem Unternehmen beschäftigt.

I think we are slightly *understaffed* in respect of *typists.*

Ich denke, wir sind leicht *unterbesetzt* mit *Schreibkräften.*

We have called in a *marketing consultant* to help us in our decision making within the department.

Wir haben einen *Marketingberater* eingeschaltet, um uns bei der Entscheidungsfindung in der Abteilung zu unterstützen.

A: I was disappointed by the public response to our last *advertising campaign.* I feel our market share increased little as a result.

B: Why don't we try using a new *advertising agency.*

A: That would certainly be a possibility – we need *advertisers* who *canvass* the public more thoroughly.

A: Ich war enttäuscht von der öffentlichen Reaktion auf unsere *Werbekampagne.* Ich glaube, unser Marktanteil ist infolgedessen kaum gestiegen.

B: Warum versuchen wir es nicht mit einer neuen *Werbeagentur.*

A: Das wäre sicherlich eine Möglichkeit – wir brauchen ein *Werbeunternehmen,* das die Öffentlichkeit gründlicher *befragt.*

We do not have an accounts department – we have our own *accountant* with an *accounting firm* based in London.

The firm has its own personal *banker,* whom we can contact if we have any problems.

I would propose that we call in a *management consultant.*

I have had my secretary contact the *company solicitor* (US: *lawyer).*

Have you met our *middleman* in South America, Mr. Tetley?

One of our *main distributors* is due to meet the manager this afternoon.

Wir haben keine Buchhaltungsabteilung, wir haben unseren eigenen Buchhalter bei einer *Buchhaltungsagentur* in London.

Die Firma hat einen persönlichen *Bankier,* den wir kontaktieren, wenn wir irgendwelche Probleme haben.

Ich würde vorschlagen, dass wir einen *Unternehmensberater* hinzuziehen.

Ich hatte meinem Sekretär aufgetragen, den *Firmenanwalt* zu kontaktieren.

Kennen Sie unseren *Zwischenhändler* in Südamerika, Mr. Tetley?

Einer unserer *Großhändler* soll heute Nachmittag unseren Geschäftsführer treffen.

I have contacted a *subcontractor* for our latest building project.

We need to contact a *transatlantic shipping company* to firm-up our transport costs.

Our *sales team* is trying to find suitable *suppliers* for the new components in the USA.

Our *business structure* has hardly changed at all over the past forty years.

Ich habe den *Subunternehmer* für unser neuestes Bauprojekt kontaktiert.

Wir müssen eine *Übersee-Reederei* kontaktieren, um unsere Transportkosten abzustützen.

Unser *Vertriebsteam* versucht, passende *Lieferanten* für die neuen Teile in den USA zu finden.

Unsere *Betriebsstruktur* hat sich in den letzten vierzig Jahren kaum verändert.

Many companies have been changing their *pattern of organisation* (US: *organization)* to move with the times.
Old-fashioned strictly *hierarchical* business structures are often replaced by *centre organisation* (US: *center organization*) *structures.*
We have taken expert advice and decided against *restructuring.*

A: Along what lines have you *restructured* your firm?
B: Our workers are now organised into *production-oriented teams* instead of divided into different departments.
A: What effect does that have upon the *production process?*
B: Well, our workers are more *motivated* because they are able to follow the production process from beginning to end. It is far less monotonous as the permanent work on the *production line.*

Management consultancy firms are booming due to widespread *industrial reorganisation.*
A: We have allotted our *teams* different *target groups* within the population. For example, we have a very young, *dynamic* team to target *teens and twens.*

B: Do you think this method has increased your appeal within this age group?

Viele Unternehmen haben ihre *Organisationsform* gewechselt, um mit der Zeit zu gehen.

Altmodische *hierarchische* Geschäftsstrukturen werden oftmals durch die *Center-Organisationsform* ersetzt.

Wir haben Expertenrat eingeholt und uns gegen die *Umstrukturierung* entschieden.

A: Nach welchen Richtlinien haben Sie Ihre Firma *umstrukturiert*?
B: Unsere Arbeiter sind jetzt in *produktionsorientierten Teams* organisiert anstatt in verschiedenen Abteilungen.
A: Was für einen Effekt hat das auf das *Fertigungsverfahren*?
B: Unsere Arbeiter sind höher *motiviert,* weil sie in der Lage sind, den Herstellungsprozess von Anfang bis Ende zu verfolgen. Es ist sehr viel weniger monoton als die dauernde Arbeit am *Fließband.*

Betriebsberatungsfirmen boomen wegen der weit verbreiteten *Umorganisationen der Betriebe.*
A: Wir haben unseren *Teams* verschiedene *Zielgruppen* in der Bevölkerung zugewiesen. Beispielsweise haben wir ein sehr junges, *dynamisches* Team für den Zielbereich der *Teenager und Twens.*
B: Glauben Sie, dass sich diese Altersgruppe durch diese Methode stärker angesprochen fühlt?

A: Yes. The method allows us to maximise the potential of our employees and to target precisely *potential customers.*

A: Ja. Die Methode erlaubt es uns, das Potenzial unserer Mitarbeiter optimal auszuschöpfen und unsere *potenziellen Kunden* präzise anzusprechen.

The board has decided in favour of centre organisation (US: center organization) for our firm. Our *reorganisation* will divide the company into divisions, each targeting a particular geographical area.
My colleagues are very interested in introducing *matrix organisation* (US: *organization*) to our firm.

Die Direktion hat sich für die Centerorganisationsform in unserer Firma entschieden. Unsere *Neu-organisierung* wird das Unternehmen in Abteilungen gliedern, von denen jede für eine bestimmte geografische Gegend zuständig ist.
Meine Kollegen sind sehr interessiert daran, die *Matrixorganisation* in unserem Unternehmen einzuführen.

A: We experimented with *matrix organisation* in one of our subsidiaries last year.
B: Did you draw any conclusions?

Wir haben letztes Jahr in einer unse-rer Tochtergesellschaften mit der *Matrixorganisation* experimentiert.
B: Sind Sie zu irgendwelchen Schlüssen gekommen?

A: It failed to live up to our expectations. The staff never knew which manager to contact, when they had a problem.

A: Es hat nicht unsere Erwartungen erfüllt. Das Personal wusste nie, welchen Abteilungsleiter es kontak-tieren sollte, wenn es ein Problem hatte.

B: What do you mean?
A: Well, for example, if they had a problem regarding a faulty component, they could go to their *team leader* or to the *chief buyer.*

B: Was meinen Sie?
A: Wenn sie, zum Beispiel, ein Problem mit einem fehlerhaften Teil hatten, konnten sie entweder zum *Teamleiter* oder zum *Beschaffungs-leiter* gehen.

B: That does sound too confusing.

B: Das klingt sehr verwirrend.

2. Personal und Verwaltung

Staff retraining is necessary
following modernisation of
production methods.

Eine *Personalumschulung*
ist seit der Modernisierung unserer
Herstellungsmethoden notwendig
geworden.

We have informed all *members
of staff* that a meeting will take
place in the conference room.
Can we have a copy of the
minutes of the meeting posted
in all departments, please?
I have sent an e-mail to all our
office staff informing them of
the *power cut* on Tuesday.

Wir haben alle *Mitglieder des
Personals* informiert, dass ein Meeting
im Konferenzraum stattfinden wird.
Können wir eine Kopie des *Protokolls*
des Meetings an alle Abteilungen
verschickt bekommen, bitte?
Ich habe unserem gesamten *Büro-
personal* ein E-Mail geschickt, das sie
über den *Stromausfall* am Dienstag
informiert.

A: I was not informed that the
meeting was *scheduled* for Friday.
B: It was clearly an *administrative
error.* We have *postponed* it until
further notice.

A: Ich war nicht informiert, dass das
Meeting für Freitag *vorgesehen* war.
B: Das war ganz klar ein
Verwaltungsfehler. Wir haben es bis
auf weiteres *verschoben.*

Job Applications

Bewerbungen

During April, it became apparent
that we had severe *staff shortages.*

Im April wurde es klar, dass wir
einen ernsthaften *Personalmangel* hatten.

We are hoping to *take on* two new
members of staff with degrees
in business administration.
We *advertised* our *vacancy* for
deputy manager in the Herald.

Wir hoffen, zwei neue Mitarbeiter mit Abschlüssen in
Betriebswirtschaftlehre *einzustellen.*
Wir haben unsere *freie Stelle* für
einen stellvertretenden Geschäftsführer
im Herald *inseriert.*

I have informed the *job centre*
(UK) of our vacancies.
We have designed our *advert*
for the Financial Times.
The *personnel manager* has
instructed his secretary to publish

Ich habe das *Arbeitsamt* über unsere
offenen Stellen informiert.
Wir haben ein *Inserat* für die Financial
Times entworfen.
Der *Personalleiter* hat seinen Sekretär
angewiesen, die *Stelle* in einer

the *position* in the national
newspapers.

A: We have advertised our
graduate training scheme in
university magazines and national
newspapers.

B: Are you anticipating a large
response?
A: Last year, we had over four
hundred *applicants.*

We have received hundreds of
applications for the *post.*

A: Good morning. I wanted to ask
a few questions regarding your
advertisement for the position
in your *computing department.*
B: The position would involve
almost exclusively *work at a
computer terminal.*
A: I have ten years experience
as a *computer programmer.*
B: Then I would certainly
recommend that you apply for the
position. I will have my secretary
send you the *application forms.*

I would like to *apply for the
position of ...*
I think we should *interview* this
candidate – her C.V. (*curriculum
vitae*) looks very promising.

This applicant, if his résumé
is anything to go by, has all the
qualities we are looking for.

überregionalen Tageszeitung
auszuschreiben.

A: Wir haben unser
Graduierten-Trainingsprogramm
in den Universitätszeitschriften
und den überregionalen Zeitungen
inseriert.
B: Erwarten Sie eine große *Reaktion*?

A: Letztes Jahr hatten wir über
vierhundert *Bewerber.*

Wir haben hunderte *Bewerbungen*
für die *Stelle* erhalten.

A: Guten Morgen. Ich habe nur ein
paar Fragen bezüglich Ihres Inserates
für die Stelle in Ihrer *EDV-Abteilung.*

B: Die Stelle ist fast ausschließlich
Bildschirmarbeit.

A: Ich habe zehn Jahre Erfahrung
als *Programmierer.*
B: Dann würde ich auf jeden Fall
empfehlen, dass Sie sich auf die
Stelle bewerben. Ich werde meine
Sekretärin anweisen, Ihnen die
Antragsformulare zuzuschicken.

Ich möchte mich *um die Stelle als ...
bewerben.*
Ich denke, wir sollten mit dieser
Bewerberin ein Gespräch führen – ihr
Lebenslauf sieht sehr viel versprechend
aus.
Dieser Bewerber hat alle Eigenschaf-
ten, nach denen wir gesucht haben,
wenn man auf den Lebenslauf etwas
geben kann.

During the first stage of our *recruitment procedure*, reading application documents, we reject over fifty percent of applicants.

Während der ersten Phase des *Einstellungsverfahrens*, nach dem Lesen der Bewerbungsunterlagen, lehnen wir über fünfzig Prozent der Bewerber ab.

A: We expect the initial interviews to take place over two days.

A: Wir erwarten, dass die Vorbewerbungsgespräche zwei Tage dauern werden.

B: What is the next stage in your *selection process*?

B: Was ist der nächste Schritt in Ihrem *Auswahlverfahren*?

A: From all those interviewed we select the ten we feel could be most suitable for the position. Then we send them to an *assessment centre* (US: *center*) for a weekend.

A: Von all denen, mit denen wir gesprochen haben, wählen wir zehn, von denen wir glauben, dass sie für die Position geeignet sind, aus. Dann schicken wir sie für ein Wochenende in ein *Assessment Center*.

During the weekend at the *assessment centre*, you will participate in a *planning game*.

Während des Wochenendes im *Assessment Center* werden Sie an *Planspielen* teilnehmen.

We would like to offer you the position of *chief secretary* here at JMC.

Wir möchten Ihnen gerne die Stelle als *Chefsekretärin* bei JMC anbieten.

We feel that you will make a valuable contribution to our finance division.

Wir glauben, dass sie einen wertvollen Beitrag zu unserer Finanzabteilung leisten werden.

We will prepare a *contract of employment* for signing by the end of the week.

Wir werden einen *Arbeitsvertrag* unterschriftsreif für das Ende der Woche vorbereiten.

That is a definite *offer of employment.*

Dies ist ein verbindliches *Stellenangebot.*

We offer a comprehensive package for our sales employees – a *company pension, company car* and an *expense account.*

Wir bieten ein umfassendes Paket für all unsere Verkaufsangestellten – *Pension, Firmenwagen* und *Spesenkonto.*

The *recruitment* of new staff is particularly difficult this year.

Die *Anwerbung* neuen Personals ist dieses Jahr besonders schwierig.

Staff changes are necessary.

Ein *Personalwechsel* ist notwendig.

Working Hours **Arbeitszeiten**

Arbeitszeiten sind im englischsprachigen Raum anders geregelt als in Deutschland. Der Tag fängt normalerweise um neun an und hört um halb sechs auf, mit einer halben Stunde Pause zum Mittagessen, normalerweise zwischen eins und zwei. Die Arbeitszeiten werden im Allgemeinen nicht ganz so flexibel gehandhabt wie in Deutschland.

What kind of *working hours* would the job entail?

Was für *Arbeitszeiten* würde der Job beinhalten?

As a *secretary,* we would employ you to work Monday to Friday, *office hours.*

Als Sekretär würden wir Sie von Montag bis Freitag zu den normalen *Dienststunden* beschäftigen.

We cannot offer this position as anything other than a *full-time job.*

Wir können Ihnen diese Stelle nur als *Ganztagsstellung* anbieten.

We have introduced a degree of *flexitime* in our office, but the majority nevertheless work *nine to five.*

Wir haben ein gewisses Maß an *Gleitzeit* eingeführt, aber die meisten arbeiten trotzdem *von neun bis fünf.*

Our employees have different *working schedules* according to their personal preferences and the nature of their work.

Unsere Angestellten haben verschiedene *Arbeitszeitpläne*, die von ihren persönlichen Vorlieben und der Art ihrer Arbeit abhängen.

We could offer you a *part-time position.*

Wir können Ihnen eine *Teilzeitstelle* anbieten.

A: I don't know if I would be interested in a full-time job.
B: We also have flexitime positions available.
A: That would be of interest to me in particular. My wife works part-time as a nurse, so we need to juggle our working hours to pick up our children from school.

A: Ich weiß nicht, ob ich an einer Ganztagsstellung interessiert wäre.
B: Wir können Ihnen auch Gleitzeit anbieten.
A: Das wäre für mich besonders interessant. Meine Frau arbeitet Teilzeit als Krankenschwester, sodass wir unsere Arbeitszeiten so koordinieren müssen, dass wir die Kinder von der Schule abholen können.

A: Would you be interested in job sharing? We could take that into

A: Wären Sie daran interessiert eine Arbeitsstelle zu teilen? Das könnten

account as another alternative.
B: Definitely.

wir als Alternative in Betracht ziehen.
B: Auf jeden Fall.

All our factories base their
production on *shift work.*
The afternoon shift has been
producing consistently less than
the *morning shift* this week.
We are finding it difficult to find
enough people to work the *night
shift.*
When you arrive in the morning,
you must *clock on.*
Don't forget to *clock off* for
lunch and on your way out in the
evening.

Alle unsere Fabriken verlassen sich
bei der Produktion auf *Schichtarbeit.*
Die Nachmittagsschicht hat diese Wo-
che durchgehend weniger produziert
als die *Frühschicht.*
Es ist schwierig für uns, genügend
Leute zu finden, die während der
Nachtschicht arbeiten.
Wenn Sie morgens ankommen, müssen
Sie *einstempeln (an der Stechuhr).*
Vergessen Sie nicht *auszustempeln,*
wenn Sie zum Mittagessen oder nach
Hause gehen.

Pay

Lohn und Gehalt

Your *salary* will be paid on the
fifteenth of each month.
If your promotion is agreed
within the department, you
will receive a *salary increase.*

Ihr *Gehalt* wird zum Fünfzehnten
jeden Monats bezahlt.
Wenn Ihrer Beförderung in der
Abteilung zugestimmt wird, dann
werden Sie eine *Gehaltserhöhung*
bekommen.

Our managerial team are all in
the same *salary bracket.*
Staff in our distribution
department are not all *salaried.*
If you do go on the business trip
with Mr. Allen, we will pay all
your *expenses.*
Have you received your *travelling
expenses* for the trip to Britain?

In unserem Direktionsteam sind alle
in einer *Gehaltsgruppe.*
Nicht das ganze Personal in unserer
Vertriebsabteilung ist *angestellt.*
Wenn Sie mit Mr. Allen auf
Geschäftsreise gehen, werden wir
die *Spesen* übernehmen.
Haben Sie Ihre *Reisespesen* für
die Reise nach Großbritannien
bekommen?

A: I didn't pay for my hotel last
week from the *expenses account.*
B: Have you still got the *receipt?*
A: Yes – I have it here.

A: Ich habe das Hotel letzte Woche
nicht vom *Spesenkonto* bezahlt.
B: Haben Sie die *Quittung* noch?
A: Ja – ich habe sie hier.

B: Then we can *reimburse* you with your salary for this month.

B: Dann werden wir Ihnen das zusammen mit Ihrem Monatsgehalt *erstatten.*

A: This receipt here details the *special expenses* I incurred on the trip.
B: We can credit those to your account with your salary.

A: Diese Quittung hier führt detailliert die *Sonderausgaben* auf, die ich während der Reise hatte.
B: Wir werden sie mit Ihrem Gehalt auf Ihr Konto überweisen.

Does your secretary receive a *wage* or a *salary?*
Our workers can collect their *wages* on Friday afternoons.
Your wages will be paid *every second week.*

Bekommt Ihre Sekretärin einen *Lohn* oder ein *Gehalt?*
Unsere Arbeiter können ihren *Lohn* freitags abholen.
Ihr Lohn wird *vierzehntägig* bezahlt.

A: I don't seem to have received my *earnings* for last week.
B: Just a moment.....I can't find your name on the *payroll.*

A: Ich habe meinen *Verdienst* von letzter Woche noch nicht bekommen.
B: Einen Moment bitte.... Ich kann Ihren Namen nicht auf der *Lohnliste* finden.

We have awarded all our office staff a *pay rise* (US: *pay raise*) as from this week.
We have reached a *wage agreement* with our unskilled *labour force.*

Wir haben unserem gesamten Büro-personal von dieser Woche an den *Lohn erhöht.*
Wir haben eine *Lohnvereinbarung* mit unseren ungelernten *Arbeitskräften* getroffen.

A: The *wage-price spiral* is out of control in Britain at the moment.
A: Yes. The government is considering introducing a *wage freeze* to combat the problem.

A: Momentan ist die *Lohn-Preis-Spirale* in Großbritannien außer Kontrolle geraten.
A: Ja. Die Regierung erwägt einen *Lohnstopp* einzuführen, um das Problem zu bekämpfen.

Is Friday *pay-day*?
What is the *wage scale* within your company?
The *tax on earnings* for Miss Walker has been miscalculated.

Ist am Freitag *Zahltag*?
Welchen *Lohntarif* haben Sie in Ihrem Unternehmen?
Die *Ertragssteuer* von Frau Walker ist falsch berechnet worden.

A: I think I paid too much *wage tax* last week – here is my *pay cheque* (US: *paycheck*) .
B: Yes – you paid for the wrong *tax bracket* – we will reimburse you with next week's wages.

A: Ich glaube ich habe letzte Woche zu viel *Lohnsteuer* bezahlt. Hier ist mein *Lohnscheck.*
B: Ja – Sie haben für die falsche *Steuergruppe* bezahlt – wir werden Ihnen das zusammen mit Ihrem Lohn für nächste Woche zurückerstatten.

All our factory employees work *two weeks in hand.*

All unsere Fabrikarbeiter arbeiten *zwei Wochen im Voraus.*

A: When will I receive my first *pay-cheque* (US: *check*)?
B: We require all our employees to *work a week in hand.* That means that you will have to wait until the Friday of your second week with us before you receive your first week's pay.

A: Wann werde ich meinen ersten *Lohnscheck* bekommen?
B: Wir erwarten von all unseren Arbeitnehmern, dass sie *eine Woche im Voraus* arbeiten. Das bedeutet, dass Sie bis zum Freitag der zweiten Woche warten müssen, bevor Sie den Lohn für die erste Woche ausgezahlt bekommen.

Did you work any *overtime* last week?
Overtime for your shift is paid *time and a half* before midnight. If you do want to work the night shift, you'll receive *double time* after midnight.

Haben Sie letzte Woche *Überstunden* gemacht?
Überstunden werden bei Ihrer Schicht vor Mitternacht *mit 150 %* bezahlt. Wenn Sie die Nachtschicht arbeiten wollen, bekommen Sie *doppelten Lohn* nach Mitternacht.

We pay our workers an *hourly wage.*
Although we obviously don't pay *wages in kind* our workers often take surplus produce home with them.

Wir bezahlen unsere Arbeiter *nach Stunden.*
Obwohl wir natürlich keinen *Naturallohn* bezahlen, nehmen unsere Arbeiter doch oftmals überschüssige Produkte mit nach Hause.

Das dreizehnte Monatsgehalt/Weihnachtsgeld kommt im englischsprachigen Raum viel seltener vor als in Deutschland.

A: We were considering introducing a **bonus** for factory workers with a higher than average output.

A: Wir überlegen uns, eine **Sondervergütung** für Fabrikarbeiter, die ein überdurchschnittliches Ergebnis haben, einzuführen.

B: It might provide an effective **incentive** to increase production.

B: Das könnte ein effektiver **Anreiz** sein, um die Produktivität zu erhöhen.

Have you received your **bonus?**

Haben Sie Ihre **Sondervergütung** erhalten?

Many of our sales staff earn **on commission basis** only.
We pay our sales staff a **commission bonus** for every sale they make, but we also pay them a basic salary.

Ein Großteil unseres Personals verdient nur **auf Provisionsbasis.**
Wir bezahlen unserem Verkaufspersonal eine **Provision** für jeden Verkauf, aber wir zahlen ihnen auch ein Grundgehalt.

A: We are considering introducing a **piece work wage** for our **production team,** to make sure the order is completed on time.
B: Will they also retain their basic wage?
A: Yes – we anticipate it being a short-term measure only.

A: Wir erwägen es, **Akkordlohn** für unser **Produktionsteam** einzuführen, um sicherzustellen, dass der Auftrag rechtzeitig fertig wird.
B: Werden Sie außerdem Ihren Grundlohn behalten?
A: Ja – wir gehen davon aus, dass es nur eine kurzfristige Maßnahme sein wird.

Although **piece work** is becoming out-dated in Europe, our factory workers in India are paid a **piece-work wage.**

Obwohl **Akkordarbeit** in Europa aus der Mode kommt, bekommen unsere Arbeiter in Indien einen **Akkordlohn.**

Working Relations

Betriebsklima

Ein höflicher Umgang ist essenziell für ein gutes Betriebsklima. Im Englischen wird noch sehr viel häufiger als im Deutschen aus Höflichkeit ein Befehl mit einer Frage umschrieben.

A: The new *trainees* are in the waiting room. Can you contact the *training staff* for me to let them know?
B: Certainly. I'll call them right away.

A: Die neuen *Auszubildenden* sind im Wartezimmer. Können Sie das *Schulungspersonal* für mich benachrichtigen?
B: Natürlich. Ich werde sie sofort anrufen.

Do you think we *could try* to work in the office with a little less noise?
Would it be possible to complete the project by Wednesday?
Could you *kindly refrain* from making such comments during working hours?
Would it be possible for us *to discuss this in my office?*

Könnten wir nicht *versuchen*, die Arbeit im Büro etwas leiser zu gestalten?
Wäre es möglich, das Projekt bis Mittwoch fertig zu machen?
Könnten Sie es *bitte unterlassen* solche Kommentare während der Arbeitszeit zu machen?
Wäre es möglich, dass wir *das in meinem Büro besprechen?*

Im englischsprachigen Raum ist der Umgangston zwischen den Mitarbeitern oftmals weniger formal als in Deutschland. Es ist normal, dass man sich innerhalb einer Firma mit dem Vornamen anspricht.

Anthony, *could you make sure* that my correspondence is posted this afternoon?
I don't want to ask you again, Alan, to remain at your post at all times during the shift.

Anthony, *könntest* du bitte *sicherstellen,* dass meine Korrespondenz heute Nachmittag rausgeht.
Alan, *ich möchte dich nicht nochmal darum bitten müssen,* während der Schicht immer auf deinem Posten zu bleiben.

Might I have a word with you regarding this matter, John?
How are you enjoying your *internship* with us, Rachel?
We hope you'll find our company a suitable *place of employment*.

John, *könnte* ich dich mal kurz in dieser Angelegenheit sprechen?
Wie gefällt dir dein *Praktikum* bei uns, Rachel?
Wir hoffen in unserer Firma einen geeigneten *Arbeitsplatz* für Sie zu finden.

It is important to us that all members of staff obtain *job satisfaction* from their work.

Es ist sehr wichtig für uns, dass all unsere Angestellten mit ihrer *Arbeit zufrieden sind.*

As *employers,* it is important for us that our workers develop a *team spirit*.

Als *Arbeitgeber* ist es sehr wichtig für uns, dass unsere Arbeiter *Teamgeist* entwickeln.

Personell have been doing all they can to encourage greater *worker participation.*
Many of our *employees* have been working with us for many years.
We must ensure that we maintain standards of *working conditions and human relations.*

Die *Personalabteilung* hat alles getan, um eine stärkere *Arbeitnehmerbeteiligung* zu fördern. Viele unserer *Arbeitnehmer* sind schon seit vielen Jahren bei uns beschäftigt.
Wir müssen sicherstellen, dass der Standard unseres *Betriebsklimas* erhalten bleibt.

A: We have considered introducing a *job rotation scheme* to encourage *teamwork*.

A: Wir haben uns überlegt, einen *systematischen Arbeitsplatzwechsel* einzuführen, um *Teamarbeit* zu fördern.

B: That's certainly one method of improving *working relationships.*
A: Another strategy we have seen implemented in other companies is *team oriented production.*
B: I think that can help increase worker *motivation,* particularly on the *production line.*
A: It's definitely a sound method of optimising *production potential.*

B: Das ist sicherlich einen Möglichkeit um das *Betriebsklima* zu verbessern.
A: Eine andere Strategie, die wir bei anderen Unternehmen angewendet gesehen haben, ist *teamorientierte Produktion.*
B: Ich denke, dass das die *Motivation* bei den Arbeitern erhöhen kann, besonders am *Fließband.*
A: Es ist sicherlich eine vernünftige Methode, um das *Produktionspotenzial* zu optimieren.

We have to consider managing our *manpower* in greater depth than previously.
JMC has always been a *performance-oriented company.*

Wir müssen erwägen, unser Potenzial an *Arbeitskraft* intensiver als bisher zu verwalten.
JMC waren schon immer ein *leistungsorientiertes Unternehmen.*

A: I would like to discuss possible personell management strategies within the firm.

A: Ich würde gerne die möglichen Personalmanagement-Strategien innerhalb des Unternehmens besprechen.

B: I will call a meeting of all department managers for this afternoon.

A: Thank you. Once we have clearly defined our objectives, we should have fewer problems with our labour force (US: labor force).

B: Ich werde ein Meeting aller Abteilungsleiter für heute Nachmittag einberufen.

A: Danke. Sobald wir klar definierte Ziele haben, sollten wir weniger Probleme mit unserer Arbeiterschaft haben.

We like to be considered fair *employers.*
Labour relations (US: *labor)* are the worst they've been for several years.

Wir möchten als faire *Arbeitgeber* eingeschätzt werden.
Die *Beziehungen zwischen Arbeitgeber und Arbeitnehmer in den Firmen* sind die schlechtesten seit einigen Jahren.

I think that *mismanagement* has resulted in our present problems.
We are struggling to settle the present *trade dispute* in Asia; the workers are demanding that we introduce a higher *piece rate.*
The *reduction of staff* in October was unavoidable in the face of falling turnover.
Our workers have voiced strong objections to *piece work pay.*

Ich denke, dass *Missmanagement* unsere jetzigen Probleme verursacht hat.
Wir tun uns schwer, den momentanen *Arbeitskampf* in Asien zu beenden.
Die Arbeiter verlangen, dass wir einen höheren *Leistungslohn* einführen.
Der *Personalabbau* im Oktober war angesichts des fallenden Umsatzes unvermeidbar.
Unsere Arbeiter haben großen Widerstand gegen den *Stücklohn* zum Ausdruck gebracht.

He has threatened to *give his notice.*
There has not been a *general strike* for many years in the UK.
The workers of Maurice Motors have begun a *go-slow* to protest against *lay offs.*

Er hat gedroht zu *kündigen.*
In Großbritannien gab es seit vielen Jahren keinen *Generalstreik* mehr.
Die Arbeiter von Maurice Motors haben einen *Bummelstreik* begonnen, um gegen die *Entlassungen* zu protestieren.

There have been increasing demands for a fair *minimum wage* in the UK.
We have agreed to the demands of the *trade union* (US: *labor union)* with one *proviso* – that they return to work immediately.

In Großbritannien hat es immer lautere Forderungen nach einem fairen *Mindestlohn* gegeben.
Wir sind übereingekommen, die Forderungen der *Gewerkschaft* zu erfüllen, unter dem *Vorbehalt,* dass sie sofort wieder zu arbeiten beginnen.

Genauso wie im Deutschen versucht man auch im Englischen, sensible Themen zu umschreiben. Muss man beispielsweise Leute entlassen, so versucht man, das zumindest mit Feingefühl zu tun.

I'm afraid that we're going to have to *let you go,* George.
Your work has simply not been *up to scratch* over the past months.

I'm afraid we find your consistent lateness and *absenteeism* to be *something of a problem.*

Your *absence rate* is consistently the highest in the department.
We have to consider *laying off* some staff.
I have given him his notice.
We have given your case deep consideration and we have no alternative than to *ask you to leave.*
Your reputation seems to indicate that you are something of a *floater.*
We have made fifty workers *redundant.*
We have recently *dismissed* our chief accountant, for fraudulent activities.

Es tut mir Leid, George, aber wir werden *Sie gehen lassen* müssen.
Ihre Arbeit hat in den letzten Monaten einfach nicht *unseren Erwartungen entsprochen.*

Ich bedauere, aber Ihr ständiges Zuspätkommen und Ihr *unentschuldigtes Fernbleiben* finden wir *etwas problematisch.*

Ihre *Fehlzeitenquote* ist dauernd die höchste der ganzen Abteilung.
Wir müssen erwägen, etwas Personal *zu entlassen.*
Ich habe ihm gekündigt.
Wir haben lange über Ihren Fall nachgedacht und es bleibt uns keine andere Wahl, als Sie zu *bitten uns zu verlassen.*
Ihr Ruf scheint anzudeuten, dass Sie etwas von einem *Springer* haben.
Wir haben fünfzig Arbeitsplätze abgebaut.
Wir haben neulich unseren Chefbuchhalter wegen betrügerischer Aktivitäten *entlassen.*

Natürlich gibt es aber auch im Englischen deutlichere Ausdrücke!

That's it – you're *fired*!
We have *given her the sack.*
This time you've gone too far – *you're sacked*!

Sie sind *gefeuert*!
Wir haben sie *rausgeworfen.*
Dieses Mal sind Sie zu weit gegangen - *Sie sind raus*!

We should have *given him the boot* years ago.
Wir hätten ihn schon vor Jahren *vor die Tür setzen* sollen.

She has been *given her cards.*
Sie hat ihre *Entlassungspapiere bekommen.*

Außerdem ist da auch noch der Fall, dass man von sich aus seinen Arbeitsplatz verlassen möchte.

I *quit* my job because I didn't enjoy working in that kind of atmosphere.
Ich *kündigte* meinen Job, weil es mir keinen Spaß machte, in dieser Atmosphäre zu arbeiten.

I've given them *six weeks notice.*
Ich habe ihnen eine *sechswöchige Frist* gegeben.

I *resign* – I cannot work under such conditions.
Ich *höre auf.* Unter diesen Umständen kann ich nicht arbeiten.

I *tendered my resignation* this Monday.
Ich habe diesen Montag *meine Kündigung eingereicht.*

3. Einkauf und Verkauf

Enquiries

Anfragen

We visited your stand at the Frankfurt *fair* last week.

Wir haben letzte Woche Ihren Stand auf der Frankfurter *Messe* besucht.

We saw your *advertisement* in the latest edition of ...

Wir haben Ihre *Anzeige* in der aktuellen Ausgabe von ... gesehen.

The British Chamber of Commerce was kind enough to *pass on the name and address* of your company.

Die britische Handelskammer hat uns freundlicherweise *den Namen und die Adresse* Ihrer Firma *gegeben.*

We have previously bought material from your competitors, but they are presently having difficulties with their production.

Wir haben früher Material von Ihren Konkurrenten gekauft, aber sie haben zurzeit Produktionsschwierigkeiten.

We see a good opportunity to sell your products here in the German market.

Wir sehen gute Chancen, Ihre Produkte hier auf dem deutschen Markt zu vertreiben.

We would be *interested* in pocket notebooks, do you stock such items?

Wir sind an Taschennotizbüchern *interessiert*, führen Sie solche Artikel?

At the show in New York you let us have some *samples;* we would now like to receive your *offer* for... Please send us a detailed offer based on ...

Auf der Messe in New York haben Sie uns einige *Muster* mitgegeben; wir würden jetzt gerne Ihr *Angebot* über ... erhalten. Bitte schicken Sie Ihr detailliertes Angebot auf der Basis von ...

We would need an offer for shipments ex works including price and present lead time.

Wir benötigen ein Angebot für Lieferungen ab Werk einschließlich Preisen und aktueller Lieferzeit.

Please *quote* on basis of a regular monthly quantity of 500 kg.

Bitte *machen Sie Ihr Angebot* auf der Basis einer regelmäßigen monatlichen Menge von 500 kg.

Do you offer a *discount for large quantities?*

Gewähren Sie *Mengenrabatte?*

We would appreciate you letting us have a company brochure and some samples showing your *product range.*

Wir wären Ihnen sehr dankbar, wenn Sie uns eine Firmenbroschüre und einige Muster Ihrer *Produktpalette* zukommen lassen würden.

Are you presently *represented* in the Japanese market?

Werden Sie zurzeit im japanischen Markt *vertreten?*

Looking forward to receiving your offer.

In Erwartung Ihres Angebotes.

Do you have the following material in stock: ... ?

Haben Sie folgendes Material auf Lager: ... ?

We have received an *enquiry* for two bottles of item 4379, is this presently *available?*

Wir haben eine *Anfrage* für zwei Flaschen vom Artikel 4379 erhalten, ist er zurzeit *vorrätig?*

Yes, this could be dispatched immediately.

Ja, wir könnten ihn sofort verschicken.

No, I'm sorry, *we're completely out of this item* at the moment.

Nein, tut mir Leid, *wir haben diesen Artikel* im Moment *nicht mehr auf Lager.*

We will have this item ready for dispatch by the beginning of next week.

Dieser Artikel wird bis Anfang nächster Woche wieder lieferbar sein.

Do you supply item 776 in 50-kg packets?

Liefern Sie Artikel 776 in 50-kg-Packungen?

A: Would you be able to dispatch three *units* at the end of this week?

A: Könnten Sie Ende dieser Woche drei *Einheiten* zum Versand bringen?

B: Yes, of course, should I enter this for shipment?

B: Ja, natürlich, soll ich das jetzt zur Lieferung eintragen?

A: We would need three boxes this week and two more boxes at the end of next week. Is this possible?

A: Wir bräuchten diese Woche drei Kartons und Ende nächster Woche weitere zwei Kartons. Wäre das möglich?

B: The three boxes will be OK, but the two additional boxes won't be here until the week after next.

B: Die drei Kartons gehen in Ordnung, aber die zwei weiteren Kartons sind vor übernächster Woche nicht hier.

In Großbritannien und in den USA wird noch in englischen Maßen gerechnet, obwohl sich das metrische System mehr und mehr durchsetzt. Siehe auch die Umrechnungstabellen für Maße in Kapitel 10.

Could you let us have the following *samples?*

Könnten Sie uns bitte die folgenden *Muster* zukommen lassen?

Yes, I'll make sure they are put in the post this afternoon.

Ja, ich werde dafür sorgen, dass sie heute Nachmittag mit der Post weggeschickt werden.

I only have the samples in brown, would this be *acceptable?*

Ich habe die Muster nur in Braun, wäre das *akzeptabel?*

I'll have to check first whether we can accept this.

Do you have any *special items* that you would like to *clear*?

We would be very *interested* in *regularly receiving advertisements concerning special offers.*

Please leave your e-mail address and I will put you on our mailing list.

A: We received the name of your company from mutual business associates in the USA. We are wholesalers of chemical products and would be interested in selling your products in the Far East.

B: I'm sorry, but at the moment we are represented in this area by a company in Tokyo. They have *exclusive rights* for the whole area.

A: We saw your *advertisement* in the last issue of "Business Week". We have previously bought material from your competitors, but they are having difficulties with their production. Are you in a position to *deliver at short notice?*

B: Yes, which products are you interested in?

A: We would need twelve silver frames 36'x 24' by the end of next week.

B: We would have these ready by the middle of next week.

A: Could you fax me your detailed offer based on ex works prices? Please also quote on the basis of a regular monthly quantity of 12 units.

Ich muss zuerst überprüfen, ob wir das annehmen können.

Haben Sie irgendwelche *Sonderartikel*, die Sie *räumen* möchten?

Wir wären sehr daran *interessiert*, *regelmäßig Anzeigen über Sonderangebote zu erhalten.*

Bitte hinterlassen Sie Ihre E-Mail-Adresse und ich werde Sie auf unsere Mailingliste setzen.

A: Wir haben den Namen Ihrer Firma von gemeinsamen Geschäftspartnern in den USA erhalten. Wir sind Großhändler von chemischen Produkten und wären daran interessiert, Ihre Produkte im Fernen Osten zu vertreiben.

B: Es tut mir Leid, aber wir sind zurzeit in dieser Gegend von einer Firma in Tokio vertreten. Sie haben die *Alleinvertriebsrechte* für das ganze Gebiet.

A: Wir haben Ihre *Anzeige* in der letzten Ausgabe von „Business Week" gesehen. Wir haben früher Material von Ihren Konkurrenten gekauft, aber sie haben zurzeit Produktionsschwierigkeiten. Sind Sie in der Lage, *kurzfristig zu liefern?*

B: Ja, für welche Produkte interessieren Sie sich?

A: Wir bräuchten zwölf Silberrahmen im Format 36'x 24' bis Ende nächster Woche.

B: Wir würden sie bis Mitte nächster Woche fertig stellen.

A: Könnten Sie mir bitte Ihr detailliertes Angebot per Fax schicken, basierend auf Preisen ab Werk? Bitte offerieren Sie auch auf der Basis einer regelmäßigen monatlichen Menge von 12 Einheiten.

B: Certainly, we'll send it this afternoon. I am sure that we can make you a *favourable offer.*

B: Natürlich, wir schicken es heute Nachmittag ab. Ich bin sicher, dass wir Ihnen ein *günstiges Angebot* machen können.

A: I saw on your homepage yesterday that you have article no. 669 also in colour green, now. We would be very interested. When would it be available?
B: According to the latest print-out, we could dispatch by next Tuesday. Would that be acceptable?
A: I will ring (US: call) my customer and get back to you this afternoon.

A: Ich habe gestern auf Ihrer Home-page gesehen, dass es jetzt Artikel Nr. 669 auch in Grün gibt. Wir wären sehr interessiert. Wann wäre er lieferbar?
B: Nach dem aktuellsten Ausdruck könnten wir bis nächsten Dienstag liefern. Würde das gehen ?
A: Ich werde meinen Kunden anrufen und mich heute Nachmittag wieder melden.

A: What is the present lead time for item 557 in green?
B: At the moment we have five in stock and four in preparation.
A: Would you be able to dispatch three units at the end of this week?
B: Yes, of course, should I enter this as a *firm order*?
A: Yes, and please reserve two of the other four for dispatch at the end of the month.

A: Wie ist die aktuelle Lieferzeit für Artikel 557 in Grün?
B: Zurzeit haben wir fünf Stück auf Lager und vier in Vorbereitung.
A: Könnten Sie Ende dieser Woche drei Einheiten zum Versand bringen?
B: Ja, natürlich, soll ich das als *verbindlichen Auftrag* buchen?
A: Ja, und bitte reservieren Sie zwei von den anderen vier für Versand Ende des Monats.

A: Do you supply item 778 in 50-kg packets?
B: No, I'm sorry, the largest packet we supply is 30 kg.
A: OK, we'll have to order two 30-kg packets then.
B: Yes, that would be most helpful.
A: Do you have any samples of this item that you could send me?

A: Liefern Sie Artikel 778 in 50-kg-Packungen?
B: Nein, es tut mir Leid, die größte lieferbare Packung hat 30 kg.
A: Gut, dann müssen wir zwei 30-kg-Packungen bestellen.
B: Ja, das wäre sehr hilfreich.
A: Hätten Sie irgendwelche Muster von diesem Artikel, die Sie mir zu schicken könnten?

B: Yes, certainly, but I only have them in brown. Would this be all right?

B: Ja, selbstverständlich, aber ich habe sie nur in Braun. Wäre das in Ordnung?

A: That will be OK for now, we would just like to see how the product looks.

A: Im Moment reicht es, wir wollen nur sehen, wie das Produkt aussieht.

B: I could also send you our catalogue, so that you can see our other materials.

B: Ich könnte Ihnen auch unseren Katalog schicken, damit Sie unsere anderen Materialien sehen können.

A: We would be very interested in regularly receiving advertisements concerning *special offers.*
B: Of course, we can arrange this. Please leave your e-mail address with me and I will put you on our *mailing list.* Our offers are updated weekly.
A: Here's my address: tmistry@talcumind.de.
B: Thank you. You'll receive our advertisement regularly starting next week.
A: That would be wonderful. Thank you.

A: Wir wären sehr daran interessiert, regelmäßig Ankündigungen von *Sonderangeboten* zu erhalten.
B: Sicher, das können wir einrichten. Bitte geben Sie mir Ihre E-Mail-Adresse und ich setze Sie auf unsere *Mailingliste.* Die Angebote werden wöchentlich aktualisiert.
A: Hier ist meine Adresse: tmistry@talcumind.de.
B: Danke. Sie werden ab nächster Woche unsere Angebote regelmäßig erhalten.
A: Das wäre wunderbar. Danke.

Offers

Angebote

Last week you visited our stand at the Cologne fair and *expressed interest* in our products.

Letzte Woche haben Sie unseren Stand auf der Kölner Messe besucht und *Interesse* an unseren Produkten *bekundet.*

We noticed your advert (US: ad) in the latest edition of ...
Mr. Davis from Sundale mentioned that you had shown interest in our products.

Wir haben Ihre Anzeige in der letzten Ausgabe von ... gesehen.
Herr Davis von der Firma Sundale hat erwähnt, dass Sie sich für unsere Produkte interessieren.

You were advertising for partners in the European market.

Sie haben für Partner im europäischen Markt inseriert.

Thank you for your interest.
We would first of all like to tell you something about our company.
We were pleased to hear of your interest in our products, but would like more information as to your *specific needs.*

Vielen Dank für Ihr Interesse.
Wir würden Ihnen zuerst gerne ein bisschen über unsere Firma erzählen.
Wir haben uns über Ihr Interesse an unseren Produkten gefreut, möchten aber genauere Informationen über Ihre *speziellen Anforderungen.*

We will then be in a position to make an offer *based on* the required application.

Wir werden dann in der Lage sein, Ihnen ein Angebot *basierend auf* der gewünschten Anwendung zu machen.

On what *terms* should we quote?

Zu welchen *Bedingungen* sollen wir anbieten?

Should we base our offer on *full shipments* or on *smaller quantities?*

Sollen wir auf der Basis von *vollen Sendungen* oder *kleineren Mengen* anbieten?

The present *lead time* is ex works three weeks after receipt of firm order.

Die aktuelle *Lieferzeit* ab Werk beträgt drei Wochen nach Erhalt des festen Auftrages.

At the moment there is a tremendous increase in raw material prices, but I'm sure that we can *agree on a price.*

Zurzeit steigen die Rohstoffpreise erheblich an, aber ich bin sicher, dass wir uns *preislich einigen* können.

We offer a quantity discount if the annual quantity exceeds 50 units.

Wir bieten einen Mengenrabatt an, falls mehr als 50 Einheiten pro Jahr gekauft werden.

All our prices are quoted in German marks.

Alle Preise sind in DM-Währung errechnet.

Our general payment term for overseas business is *Letter of Credit,* less 3% *discount,* or *cash in advance.*

Unsere allgemeinen Zahlungsbedingungen für Auslandsgeschäfte lauten gegen *Akkreditiv,* abzüglich 3% *Skonto,* oder *Vorauskasse.*

We would of course be delighted to send you our company brochure and some samples.

Wir würden Ihnen natürlich gerne eine Firmenbroschüre sowie einige Muster zusenden.

We will confirm this by fax.

Wir werden dies per Fax bestätigen.

We are pleased to offer as follows: All our prices are to be understood **FOB** German port including packing.

Wir bieten Ihnen frei bleibend an: Unsere Preise verstehen sich **FOB** deutscher Hafen einschließlich Verpackung.

FOB steht für „Free on Board". Transportkosten werden vom Auftraggeber übernommen bis die Ware an Bord des Schiffes ist. Die restlichen Frachtkosten werden vom Auftragnehmer übernommen.

These prices are based on a minimum quantity of 50 units per order.

Diese Preise basieren auf einer Mindestabnahmemenge von 50 Stück pro Auftrag.

For *CIF (cost, insurance, freight) deliveries* we would have to charge an extra 10% on list price.

Für *CIF (Kosten, Versicherung, Fracht) Lieferungen* müssen wir einen Aufschlag von 10% auf den Listenpreis berechnen.

We hope that we have made you a favourable offer and look forward to hearing from you.

Wir hoffen, Ihnen ein günstiges Angebot gemacht zu haben, und würden uns freuen, von Ihnen zu hören.

Please visit our homepage. You can find our latest price lists there.

Bitte besuchen Sie auch unsere Homepage. Hier finden Sie unsere aktuellsten Preislisten.

This offer is *subject to availability.*

Dieses Angebot gilt, *solange der Vorrat reicht.*

Please advise whether this offer is of interest to you.

Würden Sie uns bitte mitteilen, ob dieses Angebot für Sie von Interesse ist.

A: Mr. Davis from Sundale mentioned that you had shown interest in our products.

A: Herr Davis von der Firma Sundale hat erwähnt, dass Sie Interesse an unseren Produkten geäußert haben.

B: Yes, I saw some of your locks when I visited his premises last week.

B: Ja, ich habe einige Ihrer Schlösser gesehen, als ich letzte Woche sein Werk besucht habe.

A: For what sort of application do you need the locks?

A: Für welche Art von Anwendung brauchen Sie die Schlösser?

B: For attaché cases.

B: Für Aktenkoffer.

A: Then I will send you an offer. On what terms should we quote?

A: Dann schicke ich Ihnen ein Angebot zu. Zu welchen Bedingungen sollen wir anbieten?

B: Please quote based on *full lorry (US: truck) loads free German border.*

B: Bitte bieten Sie auf der Basis von *vollen LKW-Ladungen frei deutsche Grenze an.*

A: For a first order, we could only offer a payment term of Cash against Documents, less 2% discount. For further deliveries we could consider an *open payment term.*

A: Für einen ersten Auftrag können wir nur eine Zahlungskondition Kasse gegen Dokumente, abzüglich 2% Skonto anbieten. Für weitere Lieferungen können wir ein *offenes Zahlungsziel* berücksichtigen.

B: All right, I agree. Could you also let me have some catalogues and a few sample locks?

B: Einverstanden. Könnten Sie mir auch ein paar Kataloge und einige Musterschlösser zuschicken?

A: Of course. We will dispatch them today together with our offer.

A: Natürlich. Wir schicken sie heute zusammen mit unserem Angebot los.

A: Thank you for your interest in our products. We would be pleased to send you an offer. Should we base this on full shipments or on smaller quantities?

B: Could you send us both?
A: Of course. We do offer a *quantity discount* if the annual quantity exceeds 50 units.
B: What is the present lead time?
A: Ex works three weeks *after receipt* of order. We will submit our offer in writing.
A: At the moment we have some items in stock which we would like to clear. We could offer these items at a discount of 15 – 20% depending on quality. Would this be of interest?

B: What kind of items are they?
A: This material is stock remaining from *discontinued lines.* Should we send you some samples?
B: Yes, that would be helpful.
A: The material has of course been offered to other customers and is subject to being unsold. Please advise whether this offer is of interest to you.

A: Vielen Dank für Ihr Interesse an unseren Produkten. Wir schicken Ihnen gerne ein Angebot zu. Sollen wir auf der Basis von vollen Sendungen oder kleineren Mengen anbieten?
B: Könnten Sie uns beides schicken?
A: Natürlich. Wir bieten einen *Mengenrabatt* an, falls mehr als 50 Einheiten pro Jahr gekauft werden.
B: Wie ist die aktuelle Lieferzeit?
A: Ab Werk drei Wochen *nach Auftragserhalt.* Wir werden unser Angebot schriftlich vorlegen.
A: Zurzeit haben wir einige Posten auf Lager, die wir gerne räumen möchten. Wir können diese Posten abhängig von der Qualität zu einem Rabatt von 15 – 20% anbieten. Wäre das interessant für Sie?
B: Was für Posten sind das?
A: Dieses Material ist ein Restvorrat an *Auslaufmodellen.* Sollen wir Ihnen einige Muster zuschicken?
B: Ja, das wäre sehr hilfreich.
A: Das Material ist natürlich auch anderen Kunden angeboten worden und Zwischenverkauf ist vorbehalten. Bitte sagen Sie mir Bescheid, ob dieses Angebot für Sie interessant wäre.

New developments

We are pleased to announce that this item is now available in three different *new versions.*
We have developed a new series of machines for the cleaning industry.

We have *updated* our existing technology.

Neuheiten

Wir freuen uns, Ihnen mitteilen zu können, dass dieser Artikel jetzt in drei *neuen Ausführungen* lieferbar ist.
Wir haben eine neue Reihe von Maschinen für die Reinigungsindustrie entwickelt.

Wir haben unsere jetzige Technologie *auf den neuesten Stand* gebracht.

We are in the process of developing
a new cleaning system.
We have *adjusted* our machines to
better suit the present market
requirements.
Would you be interested in seeing some
brochures about this material?

Should we send some with your next
order?
We have now appointed a salesman to
concentrate on your part of the country.
Could you send us some information
on your new product, please?

Wir sind gerade dabei, ein neues
Reinigungssystem zu entwickeln.
Wir haben unsere Maschinen *geändert*,
um den aktuellen Anforderungen am
Markt besser zu entsprechen.
Wären Sie daran interessiert, einige
Broschüren über dieses Material zu
sehen?
Sollen wir Ihnen einige mit Ihrem
nächsten Auftrag schicken?
Wir haben jetzt einen Verkäufer für
Ihre Region eingestellt.
Könnten Sie uns bitte Informationen zu
Ihrem neuen Produkt zusenden?

Das englische Wort "information" wird nicht im Plural verwendet, z.B.
"could you give me some information about ...".

This will enable you to benefit from
on-the-spot service.
He can be contacted at the following
telephone number: ...
We have just had our catalogues
translated into English, we will let
you have some with your next order.

We are pleased to inform you that
Mr. H. Müller is now responsible for
all *dealings* with your company.
We are pleased to announce that you
can now place your orders directly
per Internet. Just go to our homepage
and click on "Orders".

A: We are pleased to announce that
we have updated our technology
and developed a new series of

Sie werden jetzt die Vorteile des *"Vor-
Ort-Services"* genießen können.
Sie können ihn unter nachfolgender
Telefonnummer erreichen: ...
Wir haben unsere Kataloge gerade ins
Englische übersetzen lassen, wir
schicken Ihnen einige mit Ihrem
nächsten Auftrag zu.

Wir freuen uns, Ihnen mitteilen zu
können, dass Herr H. Müller jetzt für
Geschäfte mit Ihnen zuständig ist.
Wir freuen uns, Ihnen mitteilen zu
können, dass Sie nun Ihre Bestellungen
direkt über das Internet durchführen
können. Gehen Sie einfach auf unsere
Homepage und klicken Sie das Feld
"Bestellungen" an.

A: Wir freuen uns, Ihnen mitteilen zu
können, dass wir unsere Technologie
auf den neuesten Stand gebracht

machines for the cleaning industry.

B: How do these differ from the previous ones?

A: They clean more thoroughly and are *more economical.* This is something that we have been working on for the last 12 months.

B: Do you know how much they will cost?

A: We will send you more information as soon as we have completed our testing.

A: We are proud to tell you that we have added five new colours (US: colors) to our *range.*

B: What kind of colours?

A: Five new pastel colours. These were actually developed for the American market, but they were so successful that we have decided to extend them to other markets.

B: Please send me more details.

A: You can also go to our homepage. There we even have samples of all our colours.

A: *We have extended* our *range* to include accessories and belts.

B: That sounds interesting.

A: We have catalogues showing this new range and would be more than happy to send you one.

B: Yes, that would be great.

A: Samples of these new items will be available in a few days. Have a look

und eine neue Reihe von Maschinen für die Reinigungsindustrie entwickelt haben.

B: Wie unterscheiden sie sich von den vorherigen?

A: Sie reinigen gründlicher und sind *wirtschaftlicher.* Daran haben wir seit zwölf Monaten gearbeitet.

B: Wissen Sie, wie viel sie kosten werden?

A: Wir schicken Ihnen mehr Informationen zu, sobald wir unsere Tests beendet haben.

A: Wir sind stolz, Ihnen mitteilen zu können, dass wir fünf neue Farben in unsere *Produktpalette* aufgenommen haben.

B: Was für Farben?

A: Fünf neue Pastelltöne. Diese wurden eigentlich für den amerikanischen Markt entwickelt, aber sie waren so erfolgreich, dass wir uns entschieden haben, sie auch auf anderen Märkten zu vertreiben.

B: Bitte schicken Sie mir nähere Informationen zu.

A: Sie können auch unsere Homepage besuchen. Wir haben dort sogar Muster aller unserer Farben.

A: *Wir haben unsere Palette* jetzt um Accessoires und Gürtel *erweitert.*

B: Das klingt interessant.

A: Wir haben Kataloge, die unsere neue Reihe zeigen und würden Ihnen sehr gerne einen zuschicken.

B: Ja, das wäre gut.

A: Muster dieser neuen Artikel werden in ein paar Tagen verfügbar sein.

through the catalogue and then we can forward some.

Sehen Sie sich den Katalog an, und dann können wir Ihnen welche zusenden.

A: We are now in a position to offer a more comprehensive service, as we have just opened a second office in Cologne.
B: Where is this office situated?
A: In the city centre (US: center), not far from the main post office.

A: Wir sind jetzt in der Lage, Ihnen einen umfassenderen Service anzubieten, da wir jetzt ein zweites Büro in Köln eröffnet haben.
B: Wo befindet sich dieses Büro?
A: In der Stadtmitte nicht weit vom Hauptpostamt.

A: We are pleased to inform you that we now have a representative in the United States.
B: In which part of the country?
A: On the East Coast, not far from Boston.
B: How will this affect the present situation?
A: You will order as you always do, but they will arrange for *customs clearance and domestic transport* from within the USA.
B: This will be a great help for us, can you let us have their name and address?

A: Wir freuen uns, Ihnen mitteilen zu können, dass wir jetzt eine Vertretung in den Vereinigten Staaten haben.
B: In welchem Teil des Landes?
A: An der Ostküste, nicht weit von Boston.
B: Wie wird sich das auf die aktuelle Situation auswirken?
A: Sie bestellen wie üblich, aber *die Verzollung und der Inlandstransport* werden in den USA arrangiert.

B: Das wird uns sehr helfen, können Sie uns bitte den Namen und die Adresse dieser Firma geben?

Prices

Preise

What is your *current list price* for item 472?

Wie ist der *aktuelle Listenpreis* für Artikel 472?

Besonders zu beachten sind die "false friends" (falsche Freunde) der englischen Sprache. „Aktuell" wird nicht mit "actual" übersetzt, sondern mit "current/present/latest" (actual = eigentlich/tatsächlich). Die aktuelle Preisliste heißt demnach the "latest price list", die aktuelle Marktsituation – "the present market situation". Die richtige Übersetzung für das Wort „eventuell" ist "possible" und nicht "eventually" (= schließlich). Eine eventuelle Preiserhöhung ist "a possible price increase".

Our *latest* price list is from January of last year.

Unsere *aktuelle* Preisliste ist vom Januar letzten Jahres.

Could you *guarantee* that you will take this quantity?

Können Sie *garantieren,* dass Sie diese Menge abnehmen?

We would then have to *reduce the commission* from 5% to 4%.

Wir müssten die *Provision* dann von 5% auf 4 % *reduzieren.*

Our prices include 5% *commission* which will be paid monthly as agreed.

Unsere Preise verstehen sich einschließlich 5% *Provision,* die, wie vereinbart, monatlich bezahlt wird.

Commission will be paid on all orders.

Eine Provision wird auf alle Aufträge bezahlt.

The prices are *subject* to change.

Die Preise sind *unverbindlich.*

At the moment the *exchange rate* is very weak, could you grant a *currency rebate?*

Zurzeit ist der *Währungskurs* sehr schlecht, können Sie uns einen *Währungsrabatt* gewähren?

Unfortunately we have no other choice than to *increase* our prices.

Leider bleibt uns nichts anderes übrig, als unsere Preise zu *erhöhen.*

The increasing costs of raw materials make it impossible for us to hold our prices any longer.

Die zunehmenden Kosten für Rohstoffe lassen nicht zu, dass wir unsere Preise weiter halten können.

The costs of the required environmental measures force us to *adjust our prices accordingly.*

Die Kosten der erforderlichen Umweltmaßnahmen zwingen uns dazu, unsere *Preise entsprechend zu korrigieren.*

We are, however, prepared to *guarantee* these prices until the end of this year.

Wir sind jedoch in der Lage, diese Preise bis Jahresende zu *garantieren.*

After that time we would have to *reconsider the cost situation.*

Nach dieser Zeit müssen wir die *Kostensituation neu überdenken.*

Considering the near date of the European Currency Union in 1999 we also accept *payment* in euro.

In Anbetracht des nahen Datums der Europäischen Währungsunion im Jahr 1999 akzeptieren wir auch *Zahlungen* in Euro.

Please keep exchange rates in mind when paying in euro.

Bitte bedenken Sie die Wechselkurse, wenn Sie in Euro bezahlen.

A: Would you be able to accept an order for 400 at the 500-kg price?

A: Können Sie einen Auftrag über 400 kg zum 500-kg-Preis annehmen?

B: Only if really necessary, we like to keep to the price list.

B: Nur wenn zwingend notwendig, wir halten uns lieber an die Preisliste.

A: Could we then place a *larger order*

A: Können wir dann einen *größeren*

with call off to achieve a cheaper price?	*Auftrag auf Abruf* erteilen, um einen billigeren Preis zu bekommen?
B: How big would the order be?	B: Wie groß wäre der Auftrag?
A: About 2,500 kg.	A: Ungefähr 2.500 kg.

Bei Zahlen werden im Englischen Komma und Punkt genau umgekehrt wie im Deutschen verwendet: so wird eintausendfünfhundertfünfzig Pfund und zwanzig Pence 1,550.20 geschrieben – wo im Deutschen ein Komma steht, steht hier ein Punkt und umgekehrt.

B: Could you *guarantee* that you will really take this quantity?

A: Yes, this is a large project.

B: OK, but we would have to draw up an agreement that the quantity will be *called off* within 9 months.

A: At the moment the *exchange rate* is very weak, could you grant us a *currency rebate?*

B: How much would you need?

A: We would need at least 5%. The peseta has lost 10% against the German mark. This means for us an *indirect price increase* of 10%.

B: Let me talk it over with my boss and get back to you.

A: Our price list has now been in effect for three years. It is time to bring our prices *up to date.*

B: This will *weaken our market position* considerably.

A: Unfortunately we have no other choice. The costs of the required environmental measures force us to *adjust* our *prices accordingly.*

B: Können Sie *garantieren,* dass Sie diese Menge wirklich abnehmen?

A: Ja, es ist ein großes Projekt.

B: OK, aber wir müssten eine Vereinbarung aufsetzen, dass die Menge innerhalb von 9 Monaten *abgerufen* wird.

A: Zurzeit ist der *Währungskurs* sehr schlecht, können Sie uns einen *Währungsrabatt* gewähren?

B: Wie viel würden Sie brauchen?

A: Wir würden mindestens 5% brauchen. Die Peseta hat gegenüber der Deutschen Mark 10% verloren. Das bedeutet für uns eine *indirekte Preiserhöhung* von 10%.

B: Lassen Sie mich mit meinem Chef reden, dann melde ich mich wieder.

A: Unsere Preisliste ist jetzt schon seit drei Jahren gültig. Es ist an der Zeit, unsere Preise wieder zu *aktualisieren.*

B: Dies wird unsere *Marktposition* erheblich *schwächen.*

A: Leider bleibt uns nichts anderes übrig. Die Kosten der erforderlichen Umweltmaßnahmen zwingen uns dazu, unsere *Preise entsprechend zu korrigieren.*

B: Will this be the only increase this year?

A: Yes, we are prepared to guarantee our prices until the end of March next year.

B: Would you also be willing to accept payments in euro?

A: Yes, considering the near date of the European Currency Union, we would. But please keep the exchange rates in mind when placing your order.

B: Wird es die einzige Erhöhung in diesem Jahr sein?

A: Ja, wir sind bereit, unsere Preise bis Ende März nächsten Jahres zu garantieren.

B: Wären Sie auch bereit, Zahlungen in Euro zu akzeptieren?

A: Ja, in Anbetracht dessen, dass die Europäische Währungsunion kurz bevorsteht, wären wir dazu bereit. Aber bitte bedenken Sie bei Ihrer Bestellung die Wechselkurse.

Orders

Bestellungen

We would like to *place an order.* Enclosed our *firm order* for ...

Wir möchten *einen Auftrag erteilen.* Anbei unser *verbindlicher Auftrag* über ...

May we *confirm* the following order:

Hiermit *bestätigen* wir den folgenden Auftrag:

We are pleased to *order* as follows: Please accept the following order: 5 cartons of item 4567 in colour navy blue. Price as per our current price list dated November 15th, 1998. Including 5% *discount* as usual.

Wir freuen uns, wie folgt zu *bestellen:* Bitte nehmen Sie folgenden Auftrag an: 5 Kartons von Artikel 4567 in Farbe Marineblau. Preis gemäß unserer aktuellen Preisliste vom 15. November 1998. Einschließlich 5% *Rabatt* wie üblich.

Our *commission* for this order would be 4%.

Unsere *Provision* für diesen Auftrag wäre 4%.

Price *as per your offer* dated September 5th, 1999.

Preis *gemäß Ihrem Angebot* vom 5. September 1999.

Delivery, as agreed on the telephone, on December 7th ex works.

Lieferung, wie telefonisch besprochen, am 7. Dezember ab Werk.

Bei Ordnungszahlen ist zu beachten, dass die ersten drei Nummern ihre eigene Form haben, z.B. Erste "first" oder "1st", Zweite "second" oder "2nd", Dritte "third" oder "3rd", ab vier wird die Zählform mit "th" geschrieben, "4th, 5th" etc. Bei höheren Nummern gilt die gleiche Regel: "21st, 22nd, 23rd" etc.

Please fly this order to New York and *bill us for the freight.*

Bitte schicken Sie den Auftrag nach New York und *stellen Sie uns die Fracht in Rechnung.*

Please *confirm in writing.*

Bitte *bestätigen Sie dies schriftlich.*

Please confirm *dispatch date* by return fax immediately.

Bitte bestätigen Sie den *Versandtermin* sofort per Fax.

Bestellungen und Anfragen per E-Mail funktionieren im Prinzip genauso wie andere schriftliche Bestellungen. Der Vorteil ist, dass der Informationsfluss erheblich schneller ist als bei der normalen Post, die deshalb im Englischen auch "snail mail" (snail = Schnecke) genannt wird. Direkte, kurze Anfragen bzw. Rückfragen sind ebenso möglich wie prompte Antworten. Auch hier müssen jedoch, wie beim normalen Briefwechsel, die Umgangsformen beachtet werden. Bei einer ersten Kontaktaufnahme sollten Sie deshalb immer erwähnen, woher Sie die E-Mail-Adresse des Empfängers haben.

Please be sure to supply this item as *per our previous order.*

Bitte achten Sie darauf, dass dieser Artikel *gemäß vorherigem Auftrag* geliefert wird.

We have an order from a new *customer.*

Wir haben einen Auftrag von einem neuen *Kunden.*

This is a *new account.*

Es handelt sich dabei um einen *Neukunden.*

Gibt man einer amerikanischen Firma beispielsweise den 4.2. als Liefertermin an, kann es passieren, dass man am 4. Februar vergebens auf die Ware wartet, weil die amerikanische Firma erst am 2. April liefert. Bei Angabe eines Datums in Kurzform ist zu beachten, dass in den USA das Kurzdatum „Monat/Tag/Jahr" geschrieben wird (durch Schrägstriche getrennt), in Großbritannien schreibt man wie im Deutschen Tag.Monat.Jahr, durch Punkte getrennt. Um Verwechslungen zu vermeiden, sind deshalb viele Firmen im internationalen Schriftverkehr dazu übergegangen, den Monatsnamen auszuschreiben, wie beispielsweise September 7th 1999 oder 7 September 1999.

A: We would like to *place an order.*
B: Yes, for which *item*?
A: For five cartons of item 4567.
B: In which colour?
A: Navy blue.
B: Price would be as *per our current price list* dated November 15th.
A: No, I spoke to Mr. Jones yesterday and we agreed on a price of DM 5.20 less the usual 5% *discount.*

B: I'll have to check with him.
A: Please fly this order to New York and *bill us for the freight.*

B: OK, fine.
A: Could you please *confirm dispatch date and price* by return fax?

B: Of course, after I have spoken to Mr. Jones.

A: Please note the following order for 300 yards of material with the pattern name "Jasmine". *Price as per your offer* dated September 5th, including *commission* of 4%.
B: Thank you, yes, I'll make a note of it. The usual *delivery term*?
A: Yes, FOB German port.
B: OK, I'll *confirm in writing*.
A: This is an important *new customer,* please send your best quality material.

B: I'll make a note on the order.
A: Could you please also add to this order a sample book and some samples of your material "Primrose"?
B: Of course.
A: Please mark the samples *F.A.O.* (*US: Attn.*) Mr. Matthews.

A: Wir möchten einen *Auftrag erteilen.*
B: Ja, für welchen *Artikel*?
A: Für fünf Kartons von Artikel 4567.
B: In welcher Farbe?
A: Marineblau.
B: Der Preis entspricht unserer *aktuellen Preisliste* vom 15. November.
A: Nein, ich habe gestern mit Herrn Jones gesprochen, und wir haben uns auf einen Preis von DM 5,20 geeinigt, abzüglich der üblichen 5% *Rabatt.*

B: Ich muss es mit ihm abklären.
A: Bitte fliegen Sie diesen Auftrag nach New York und *stellen Sie uns die Fracht in Rechnung.*

B: Gut, alles klar.
A: Bitte *bestätigen Sie uns den Versandtermin und den Preis* sofort per Fax.

B: Natürlich, sobald ich mit Herrn Jones gesprochen habe.

A: Bitte notieren Sie folgenden Auftrag über 300 Yards vom Stoff mit dem Musternamen „Jasmine". *Preis gemäß Ihrem Angebot* vom 5. September, einschließlich *Provision* von 4%.
B: Danke, ich werde es notieren. Die übliche *Lieferbedingung*?
A: Ja, FOB deutscher Hafen.
B: Gut, ich *bestätige schriftlich.*
A: Es handelt sich um einen wichtigen *Neukunden,* bitte schicken Sie Stoff von bester Qualität.

B: Ich notiere es auf dem Auftrag.
A: Können Sie bitte diesem Auftrag ein Musterbuch und einige Muster Ihres Stoffes „Primrose" beifügen?
B: Selbstverständlich.
A: Bitte senden Sie die Muster *zu Händen von* Herrn Matthews.

F.A.O. ist die Abkürzung für "For attention of " und heißt „zu Händen von".

Order confirmation	**Auftragsbestätigung**

We have just received your fax and can *confirm the order as stated.* Confirm *price as per our offer* dated November 15th.
We received your e-mail concerning the order of article 289 in colour yellow this morning and would like to *confirm this order as stated.*
We confirm your e-mail order dated June 2nd.
We have attached our current price list.
A: We are pleased to *confirm the order as per your fax* dated May 15th.
B: How many chairs will the container hold?
A: The maximum load is 100 chairs.

B: What is your *present price*?
A: Confirm 100 chairs at a price of DM 30 each. The container will be loaded on June 1st for *shipment ex German port* on June 4th, *ETA* Washington on June 18th.

B: Thank you. Could you put this in writing for me?
A: Of course, could you also confirm the *forwarding agents* for us?
B: I'll fax this through.

Wir haben gerade Ihr Fax erhalten und *können den Auftrag so bestätigen.* Wir bestätigen den *Preis gemäß unserem Angebot* vom 15. November.
Wir haben Ihre E-Mail, die Bestellung über Artikel 289 in Gelb, heute Morgen erhalten und möchten *sie hiermit so bestätigen.*
Wir bestätigen Ihre Bestellung per E-Mail vom 2. Juni.
Unsere aktuelle Preisliste haben wir angehängt.
A: Wir freuen uns, den *Auftrag gemäß Ihrem Fax* vom 15. Mai zu bestätigen.
B: Wie viele Stühle passen in den Container?
A: Die maximale Auslastung ist 100 Stühle.

B: Wie sind Ihre *aktuellen Preise*?
A: Wir bestätigen 100 Stühle zu einem Preis von DM 30, – pro Stück. Der Container wird am 1. Juni für *Verschiffung ab deutschem Hafen* am 4. Juni geladen, *voraussichtliche Ankunft* Washington am 18. Juni.
B: Danke. Können Sie mir dies schriftlich geben?
A: Natürlich, können Sie uns bitte auch die *Spediteure* bestätigen?
B: Ich faxe es durch.

ETA ist die Abkürzung für "Estimated Time of Arrival" = voraussichtlicher Ankunftstermin. ETD steht für "Estimated Time of Departure" = voraussichtlicher Auslieferungstermin.

Fairs and exhibitions	**Messen und Ausstellungen**
Next month there is an *exhibition* in Munich.	Nächsten Monat ist eine *Ausstellung* in München.
We would like to be presented at the "CEBIT Home" next year.	Wir wären gerne nächstes Jahr auf der „CEBIT Home" vertreten.
Last year our company had a *stand* on the first floor.	Letztes Jahr hatte unsere Firma einen *Stand* im Erdgeschoss.
The main attractions of the fair will be found in hall no. 7.	Die Hauptattraktionen der Messe werden in Halle Nr. 7 zu finden sein.
We had to rent a *booth* at the "New York Spring Fair".	Wir mussten auf der „New Yorker Frühlingsmesse" einen *Stand* mieten.
It would be good for our company if we could *exhibit* in hall 1.	Es wäre gut für unsere Firma, wenn wir in Halle 1 *ausstellen* könnten.

Stockwerke werden in Europa und Amerika anders gezählt: das amerikanische Erdgeschoss, "ground floor", ist gleichzeitig auch "first floor". Die Nummerierung beginnt mit dem Erdgeschoss. In Europa dagegen entspricht das Erdgeschoss dem „0." Stockwerk, die Zählung fängt erst mit dem darüber liegenden ersten Stock an, welcher bei den Amerikanern schon der "second floor", der zweite Stock ist.

A: We would like to *exhibit* at the "CEBIT Home" fair in April 2000.	A: Wir möchten gerne auf der „CEBIT Home" im April 2000 *ausstellen.*
Could you please send us an *application form*?	Könnten Sie uns bitte ein *Anmeldeformular* zusenden?
B: Of course, in which *hall* were you thinking of exhibiting?	B: Natürlich, in welcher *Halle* möchten Sie ausstellen?
A: Would it be possible to exhibit in hall 4?	A: Wäre es möglich, in Halle 4 auszustellen?
B: That hall is very popular, make a note on the form and I will see what I can do.	B: Diese Halle ist sehr beliebt, notieren Sie es auf dem Formular und ich werde sehen, was sich machen lässt.
A: Thank you.	A: Vielen Dank.
B: How large should the *stand* be?	B: Wie groß soll der *Stand* sein?
A: Large enough to fit three coffee tables and twelve chairs.	A: Groß genug, dass drei Bistrotische und zwölf Stühle Platz haben.
B: Then tick (US: check) the box for size B.	B: Dann kreuzen Sie das Kästchen für Größe B an.

A: Could you provide us with refreshments?

B: We will send all the details with the form.

A: Fine. And how about *accommodation*?

B: We have three hotels on site, I will send the brochures as well. But be sure to book early!

A: We will be at the "Ideal Home Exhibition" next month. We are exhibiting there for the first time.

B: Where will you be?

A: We have a stand in hall 6 on the second floor (US: third floor). Will you be there, too?

B: Yes, but I'm not sure exactly when.

A: Come along and *visit* us. I will be at the stand on Wednesday and Thursday and my colleague Frank Marshall will be there on Friday and Saturday.

B: OK, I'll try and *stop by* on Wednesday or Thursday. I don't really know Frank very well.

A: Können Sie Erfrischungen für uns organisieren?

B: Wir werden alle Details mit dem Formular schicken.

A: In Ordnung. Und wie ist es mit der *Unterkunft*?

B: Wir haben drei Hotels auf dem Gelände, ich schicke Ihnen dann auch die Broschüren mit. Aber reservieren Sie rechtzeitig!

A: Wir werden nächsten Monat auf der „Ideal Home Exhibition" sein. Wir stellen dort zum ersten Mal aus.

B: Wo werden Sie sein?

A: Wir haben einen Stand in Halle 6 im zweiten Stock. Werden Sie auch dort sein?

B: Ja, aber ich weiß nicht genau wann.

A: Kommen Sie uns einfach *besuchen.* Ich werde am Mittwoch und Donnerstag am Stand sein und mein Kollege Frank Marshall am Freitag und Samstag.

B: Gut, ich werde versuchen, am Mittwoch oder Donnerstag *vorbeizuschauen.* Ich kenne Frank nicht so gut.

4. Auftragsabwicklung

Transport and Forwarding

Transport- und Versandwesen

How should we *forward* this order?

Wie sollen wir diesen Auftrag *verschicken*?

Should we *ship* to Singapore as usual?

Sollen wir wie üblich nach Singapur *verschiffen*?

It is possible for us to *load* this order tomorrow, otherwise it will be next week.

Wir haben eine Möglichkeit, diesen Auftrag morgen zu *verladen*, ansonsten in der nächsten Woche.

We could *dispatch* this on Thursday for *shipment* in a 20' container. ETA Busan Port on May 15th.

Wir könnten es am Donnerstag *wegschicken,* für die *Verschiffung* in einem 20' Container. Voraussichtliche Ankunft Busan Hafen am 15. Mai.

The *lorry* (US: *truck*) arrived in London yesterday at 4 p.m., but there was no one there to accept the goods. We will be charged for the second *delivery.*
Is a specific *forwarding agent* named?

Der *LKW* kam gestern um 16 Uhr in London an, aber es war niemand da, um die Ware entgegenzunehmen. Man wird uns die zweite *Zustellung* berechnen.
Wird ein bestimmter *Spediteur* genannt?

As we are delivering CIF (cost insurance, freight) Dublin, we reserve the right to choose the forwarder.

Da wir CIF (Verladekosten, Versicherung, Fracht inbegriffen) Dublin liefern, behalten wir uns das Recht vor, den Spediteur auszusuchen.

This forwarding agent has increased his rates, we are looking for another partner.
We will send a *trial shipment* with this forwarder next week, please keep us informed about the service.

Dieser Spediteur hat die Raten erhöht, wir suchen nach einem anderen Partner.
Wir werden nächste Woche eine *Probelieferung* mit diesem Spediteur schicken, bitte halten Sie uns auf dem Laufenden über den Service.

The order was due to leave tomorrow, but the forwarders haven't got any lorries available.
The lorry has been held up at the border, as the *customs officers* are on strike.

Der Auftrag sollte morgen weggehen, aber die Spediteure haben keine LKWs verfügbar.
Der LKW ist an der Grenze aufgehalten worden, da die *Zollbeamten* zurzeit streiken.

On Sundays and public holidays
HGVs are banned from the motorways
(US: highways), and so this will hold
things up even longer.
All HGVs have to pay *motorway* (US:
highway) *tolls.*

An Sonn- und Feiertagen haben
LKWs auf Autobahnen Fahrverbot,
was alles noch weiter verzögern wird.

Alle LKWs müssen *Autobahngebühren* bezahlen.

"HGV" ist die britische Abkürzung für "Heavy Goods Vehicle" (Lastkraftwagen). Der britische "lorry" entspricht dem amerikanischen "truck".

The necessary repair work was not
finished *on time.*
We will now have to send this material
on the ship next week.

This ship will only take nine days.

Is there really no quicker alternative?

We will forward the *bill of lading* as
soon as possible to speed up the
customs clearance at your end.

Die notwendigen Reparaturarbeiten
wurden nicht *rechtzeitig* beendet.
Wir werden das Material jetzt mit dem
Schiff nächste Woche schicken
müssen.
Dieses Schiff hat eine Laufzeit von nur
neun Tagen.
Gibt es wirklich keine schnellere
Alternative?
Wir werden das *Konnossement* (Seefrachtbrief) sofort weiterleiten, um
bei Ihnen die *Verzollung* zu beschleunigen.

Die Mehrzahl von "bill of lading" ist "bills of lading", obwohl es als
"B/Ls" abgekürzt wird.

Could you send us a box by *air freight*?

They have quoted us DM 3.20 per kg.
This *airline* has increased its prices,
should we try another?
We are still awaiting the *airway bill.*

As this is an *inner-community*
purchase we would need your *VAT
(value added tax) registration number.*

Könnten Sie uns eventuell einen
Karton per *Luftfracht* schicken?
Sie haben uns DM 3,20 pro kg angebo-
ten. Diese *Fluglinie* hat die Preise er-
höht, sollen wir eine andere probieren?
Wir erwarten immer noch den
Luftfrachtbrief.
Da es sich um einen Kauf *innerhalb
der EU* handelt, brauchen wir Ihre
Umsatzsteuernummer.

We have checked with the *Federal Finance Office* in Saarlouis, but they have no record of your company under this name and address.

Wir haben beim *Bundesamt für Finanzen* in Saarlouis nachgefragt, aber Sie werden nicht unter diesem Namen und dieser Adresse geführt.

The *pallets* were broken and the goods were *damaged* on arrival.

Die *Paletten* waren kaputt, und die Ware war bei der Ankunft bereits *beschädigt.*

The *boxes* were not properly sealed. The material was wet on opening.

Die *Kartons* waren nicht richtig verschlossen. Das Material war beim Öffnen nass.

The *consignment* was not *insured* at our end.

Die *Sendung* war bei uns nicht *versichert.*

Please get in touch with *this insurance broker.*

Bitte setzen Sie sich mit diesem *Versicherungsmakler* in Verbindung.

Please have the damage *assessed.*

Bitte lassen Sie den Schaden *schätzen.*

Then we can hand in the *claim.*

Dann können wir den *Schadensanspruch* einreichen.

A: It is possible for us to *load* this order tomorrow, otherwise it will be next week.
B: No, I can't wait that long, please go ahead with dispatch tomorrow.

A: Wir haben die Möglichkeit, diesen Auftrag morgen zu *verladen,* ansonsten erst in der nächsten Woche.
B: Nein, so lange kann ich nicht warten, bitte schicken Sie den Auftrag morgen weg.

A: This *consignment* was due to leave tomorrow, but the *forwarders* haven't got any lorries available.
B: When is the next possibility?
A: On Monday morning, this will cause a *delay* of three days.

A: Diese *Sendung* sollte morgen abgehen, aber die *Spediteure* haben keine LKWs verfügbar.
B: Wann ist die nächste Möglichkeit?
A: Am Montagmorgen, dies wird eine *Verzögerung* von drei Tagen verursachen.

B: That will be all right, I will inform my *customer* straight away.

B: Das wird in Ordnung sein, ich werde meinen *Kunden* sofort informieren.

A: This order has arrived in Hamburg, but we cannot *clear it through customs,* as we are missing the *commercial invoice.*
B: We sent it threefold with the shipment, it must have got lost.

A: Dieser Auftrag ist in Hamburg angekommen, aber wir können die Ware nicht *verzollen,* da die *Handelsrechnung* fehlt.
B: Wir haben sie der Sendung in dreifacher Ausführung beigelegt, sie muss verloren gegangen sein.

A: Could you fax one through directly to our *customs broker*?

A: Please put this and the other two orders in a 20' Container.

B: This really isn't quite enough for a container.

A: We would be prepared to pay the difference between *consolidated and full shipment,* as this speeds up the customs clearance.

B: Fine. Could you give me the name and address of your forwarding agent?

A: We are sorry to inform you that the order was not loaded on the MS "Marie" as planned.

B: What happened?

A: The necessary repair work was not finished on time. We will now have to send this material on the ship next week, but this will only take nine days.

B: Is there really no quicker alternative?

A: No, I'm sorry. We will forward the *bill of lading* as soon as possible to speed up the *customs clearance* at your end.

A: Unfortunately the *goods* are still at Frankfurt airport. The *freight space* was double-booked.

B: When can they be flown now?

A: On Saturday, we can get a better rate for a weekend flight.

A: Können Sie bitte eine direkt an unseren *Zollagenten* durchfaxen?

A: Können Sie bitte diesen und die anderen zwei Aufträge in einen 20'-Container laden?

B: Es ist eigentlich nicht genug für einen Container.

A: Wir wären bereit, den Unterschied zwischen *Stückgut und Vollcontainer* zu bezahlen, da die Zollabwicklung damit beschleunigt wird.

B: In Ordnung. Könnten Sie mir bitte den Namen und die Adresse Ihres Spediteurs mitteilen?

A: Wir müssen Ihnen leider mitteilen, dass der Auftrag nicht wie geplant auf die MS „Marie" geladen wurde.

B: Was ist passiert?

A: Die notwendigen Reparaturarbeiten wurden nicht rechtzeitig fertig. Wir werden das Material jetzt mit dem Schiff nächste Woche schicken müssen, aber dieses hat eine Laufzeit von nur neun Tagen.

B: Gibt es wirklich keine schnellere Alternative?

A: Nein, es tut mir Leid. Wir werden das *Konnossement* (Seefrachtbrief) sofort weiterleiten, um bei Ihnen die *Verzollung* zu beschleunigen.

A: Die *Ware* ist leider noch am Frankfurter Flughafen. Der *Frachtraum* war doppelt gebucht.

B: Wann kann sie jetzt transportiert werden?

A: Am Samstag, wir bekommen bessere Preise für einen Wochenendflug.

B: What would this cost?
A: They have quoted us DM 3.20
per kg.

B: Was würde es kosten?
A: Sie haben uns DM 3,20 pro kg
angeboten.

Terms of Payment

Zahlungsbedingungen

cash in advance
cash on delivery (COD)
cash against documents (CAD)
Sixty days after date of invoice, net.

Vorauskasse
per Nachnahme
Kasse gegen Dokumente
Sechzig Tage nach Rechnungsdatum,
netto.

The order will be shipped with
payment term 30 days after date of
invoice, net.
We need a *bank guarantee.*
The *pro forma invoice* will be faxed.
When the invoice is paid, we will
arrange for the goods to be sent.
Payable immediately after *receipt* of
the goods.
Please open the L/C as follows: Part
shipments allowed. Tolerance of 5%
for quantity and amount. Latest date of
shipment: 31/07/1999.

Der Versand des Auftrages erfolgt
unter der *Zahlungsbedingung* 30 Tage
nach Rechnungsdatum, netto.
Wir benötigen eine *Bankgarantie.*
Die *Proformarechnung* wird gefaxt.
Nachdem die Rechnung bezahlt ist,
werden wir den Versand vornehmen.
Zahlbar sofort nach *Erhalt* der Ware.
Bitte eröffnen Sie den Akkreditiv wie
folgt: Teillieferungen erlaubt, Toleranz-
bereich von 5% für Menge und Betrag.
Verschiffung spätestens am: 31.07.1999.

Would it be possible to *issue* the
invoice in US dollars?
It is our company policy only to
invoice in German marks.
What is your *usual payment term*?

Wäre es möglich, die *Rechnung* in US-
Dollar *auszustellen*?
Es entspricht unserer Firmenpolitik, nur
in D-Mark zu *fakturieren.*
Wie ist Ihre *übliche Zahlungsbedin-
gung*?

We could offer you *cash in advance*
less 3% *discount.*

Wir könnten Ihnen *Vorauskasse* abzüglich 3% *Skonto* anbieten.

A: Would it be possible to *amend* the
term of payment to 60 days after date
of invoice, net?
B: In this case, we would have to
apply for *credit insurance* and a *credit
limit.*

A: Wäre es möglich, die
Zahlungskondition auf 60 Tage nach
Rechnungsdatum netto *abzuändern*?
B: In diesem Fall müssten wir eine
Kreditversicherung und ein *Limit*
anfordern.

A: Could you apply and let me know what happens?

A: Könnten Sie ein Limit beantragen und mir Bescheid sagen, was passiert?

Reminders

Mahnungen

I'm ringing to enquire about .../I'm calling regarding ...

Ich rufe an wegen ...

We are *still waiting* for ...

Wir *warten immer noch auf* ...

We have *not yet received* ...

Wir haben ... *immer noch nicht bekommen.*

This order was due to dispatch on ...

Dieser Auftrag sollte am ... zum Versand kommen.

When placing the order we were assured that it would be *ready on time.*

Als wir den Auftrag erteilt haben, hat man uns versichert, dass er *rechtzeitig fertig* werden würde.

Can you tell me/give me any idea when ...?

Können Sie mir sagen, wann ...?

I have this order entered in my *schedule* for dispatch on ...

Ich habe diesen Auftrag in meiner *Terminliste* für den Versand am ... eingetragen.

We are now planning to dispatch this material on ...

Wir haben den Versand dieses Materials jetzt für den ... eingeplant.

At the moment we are experiencing production difficulties because of ...

Zur Zeit haben wir Produktionsprobleme wegen ...

We were not able to complete the order any earlier due to a *lack* of parts/raw materials/manpower.

Wir konnten diesen Auftrag wegen eines *Mangels* an Teilen/Rohstoffen/Arbeitskräften leider nicht früher fertig stellen.

We're in *urgent need* of the goods.

Wir *brauchen* die Ware *ganz dringend.*

This will cause us problems.

Das wird bei uns Probleme verursachen.

Is there any chance of ...?

Gibt es irgendeine Möglichkeit ...?

Could you maybe dispatch part of the order?

Könnten Sie eventuell eine Teillieferung vornehmen?

This order is to be shipped to our customer in France next week.

Dieser Auftrag soll nächste Woche an unseren Kunden in Frankreich geschickt werden.

Our schedules are very *tight.*

Unser Terminplan ist sehr eng.

Let me check again with ...

Lassen Sie mich noch einmal mit ... reden.

I'll get back to you.
Ich melde mich wieder bei Ihnen.

If we don't receive the material on time this will cause us *contractual problems.*
Wenn wir das Material nicht pünktlich erhalten, wird dies zu *vertragsrechtlichen Problemen* führen.

We really must *insist* that the goods be dispatched tomorrow.
Wir müssen wirklich darauf *bestehen,* dass die Ware morgen zum Versand kommt.

This order has *top priority* now.
Dieser Auftrag hat jetzt *erste Priorität.*

This invoice has actually been *overdue* for payment for ... days.
Diese Rechnung ist eigentlich seit ... Tagen *überfällig.*

We seem to have *overlooked* this invoice.
Wir haben diese Rechnung anscheinend *übersehen.*

We'll send you a cheque (US: check) this afternoon.
Wir schicken Ihnen heute Nachmittag einen Scheck.

The cheque must have *got lost* in the post (US: mail).
Der Scheck muss in der Post *verloren gegangen* sein.

Our records show that the *invoice still has not been paid.*
Laut unseren Unterlagen *ist die Rechnung noch offen.*

We actually paid the invoice last week, I will contact our bank and see why the payment has been delayed.
Wir haben die Rechnung eigentlich schon letzte Woche bezahlt. Ich werde mich mit unserer Bank in Verbindung setzen, um festzustellen, warum sich die Zahlung verzögert.

Bei Mahnungen drückt man sich im Englischen sehr viel verhaltener aus als im Deutschen, zum Beispiel "you seem to have overlooked it", und nicht nur "you have overlooked it", oder "it has actually been overdue" und nicht "it has been overdue". Die Benutzung von solchen Wörtern wie "actually", "really", "seem to be", "appear to be" ist bei einer ersten Mahnung üblich. Nur bei wiederholten Mahnungen verschärft sich der Ton. Eine telefonische Mahnung ist weniger streng, bei ernsteren Verzögerungen ist ein Brief/Fax üblich.

When we spoke last week, you *assured* me that the invoice would be paid.
Als wir letzte Woche miteinander gesprochen haben, haben Sie mir *versichert,* dass die Rechnung bezahlt wird.

We must receive *at least* a part payment.
Wir brauchen *zumindest* eine Teilzahlung.

We have many *outstanding obligations.*
Wir haben viele *Verpflichtungen* zu begleichen.

The *book-keeping department* will only release this order for shipment if we receive a copy of your cheque/transfer.

Die *Buchhaltungsabteilung* gibt diesen Auftrag nur zur Lieferung frei, wenn wir von Ihnen eine Kopie des Schecks/der Überweisung erhalten.

Auch wenn man eine Lieferung bzw. eine Zahlung anmahnt, bleibt man im Englischen höflich. Die üblichen Floskeln wie, "hello, how are you?" oder "hello, how are things?" gehören trotzdem zu einem solchen Gespräch. Auch die Formen, "I look forward to hearing from you" oder "thanks for your help" sind ebenfalls Bestandteil einer solchen Unterhaltung. Es ist durchaus üblich, sich zu entschuldigen, "sorry to bother you, but ..." bevor man sich über eine verspätete Lieferung beschwert.

A: I'm ringing (US: calling) to enquire about the status of our order no. 452 dated June 5th. On the order confirmation it states delivery ex works on September 5th. When placing the order, we were assured that it would be ready on time. However, today is September 7th and we *still have not received any advice of dispatch.* Do you know, by any chance, when the order will be dispatched?

B: I have this order entered in my schedule for dispatch on September 12th. Unfortunately we any earlier due to production *delays* caused by the late *delivery* of certain parts.

A: September 12th is rather late, this would cause us considerable problems, as the order is to be sent on to our depot in Manchester. Is there any chance of sending it a bit earlier than that?

A: Ich rufe wegen unseres Auftrages Nr. 452 vom 5. Juni an. In der Auftragsbestätigung steht als Liefertermin ab Werk der 5. September. Als wir den Auftrag erteilt haben, hat man uns versichert, dass der Auftrag rechtzeitig fertig werden würde. Heute ist aber bereits der 7. September, und wir haben *immer noch keine Versandanzeige* von Ihnen erhalten. Wissen Sie zufällig, wann wir mit der Lieferung dieses Auftrages rechnen können?

B: Dieser Auftrag ist jetzt in meinem Terminplan für den Versand am 12. September eingetragen. Wir konnten diesen Auftrag leider nicht früher fertig stellen, da die *verspätete Lieferung* von einigen Teilen zu *Verzögerungen* in der Produktion geführt hat.

A: Der 12. September ist ein bisschen spät, das würde uns beträchtliche Probleme bereiten, da der Auftrag an unser Lagerhaus in Manchester weiter verschickt wird. Gibt es irgendeine Möglichkeit, den Auftrag früher zu schicken?

B: Let me check again with our production department and get back to you.

A: Could you get back to me this morning? My customer is waiting for an answer.

B: Of course, and I'm sorry for any *inconvenience* that this delay will cause.

A: I'm calling once again regarding our order no. 452. Last week you *promised* us delivery by Friday at the latest. This order has now been delayed by two weeks. If we don't receive the goods by the day after tomorrow, we'll have no other choice but to *cancel* the order and look for another *supplier.*

B: *I'm really sorry* about that, but the delay is due to *circumstances beyond our control.* At the moment there is a strike at the docks and our deliveries are all still waiting to be unloaded.

A: Please check if there is anything you can do, as this order is now *top priority.*

A: I'm calling regarding our invoice no. 5562 dated June 5th. It has actually now been *overdue* for payment for seven days.

B: Invoice no. 5562, let me see. Oh yes, it seems to have been *overlooked,* I'm sorry about that. We'll get a cheque in the post to you this afternoon, you should have it tomorrow morning.

B: Lassen Sie mich noch einmal mit der Produktionsabteilung reden, dann melde ich mich wieder bei Ihnen.

A: Könnten Sie mich heute Vormittag zurückrufen? Mein Kunde wartet nämlich auf eine Antwort.

B: Selbstverständlich und entschuldigen Sie bitte die *Unannehmlichkeiten,* die Ihnen diese Verzögerung bereitet.

A: Ich rufe jetzt noch einmal an bezüglich unseres Auftrags Nr. 452. Letzte Woche haben Sie uns die Lieferung bis spätestens Freitag *versprochen.* Dieser Auftrag ist nun seit zwei Wochen überfällig. Wenn wir die Ware nicht bis übermorgen bekommen haben, sehen wir uns gezwungen, den Auftrag zu *stornieren* und einen anderen *Lieferanten* zu suchen.

B: *Es tut mir wirklich Leid,* aber die Verzögerung beruht auf *höherer Gewalt.* Zurzeit streiken die Hafenarbeiter und unsere Lieferungen sind immer noch nicht entladen worden.

A: Bitte überprüfen Sie noch einmal, ob Sie irgendetwas erreichen können, da dieser Auftrag mittlerweile *erste Priorität* hat.

A: Ich rufe wegen unserer Rechnung Nr. 5562 vom 5. Juni an. Diese Rechnung ist nun seit sieben Tagen *überfällig.*

B: Rechnung Nr. 5562, lassen Sie mich nachsehen. O ja, wir haben sie anscheinend *übersehen,* es tut mir Leid. Wir schicken Ihnen bereits heute Nachmittag einen Scheck per Post, er sollte morgen früh bei Ihnen sein.

A: May I *remind* you that our invoice dated April 4th is still overdue?

B: We actually paid the invoice last week, I will contact our bank and see why the payment has been delayed.

A: I'm sorry, but I must ask *once again* for payment of our *outstanding* invoices. We have four orders for dispatch next week and I cannot let them be shipped unless we receive at least a part payment of your outstanding balance.

B: Unfortunately, at the moment we have many *outstanding obligations*, could we agree on the *part payment* for the moment?

A: Darf ich Sie daran *erinnern,* dass unsere Rechnung vom 4. April immer noch überfällig ist?

B: Wir haben die Rechnung eigentlich schon letzte Woche bezahlt, ich werde unsere Bank kontaktieren, um festzustellen, warum sich die Zahlung verzögert.

A: Entschuldigen Sie, aber ich muss *noch einmal* um die Bezahlung Ihrer *fälligen* Rechnungen bitten. Wir haben vier Aufträge zur Lieferung nächste Woche, und ich kann sie nicht verschicken, ohne zumindest eine Teilzahlung Ihrer Außenstände zu erhalten.

B: Zurzeit haben wir leider ausstehende *Verbindlichkeiten*, könnten wir uns für den Augenblick auf eine *Teilzahlung* einigen?

Delays and problems

We regret to have to inform you that this order will not be ready for dispatch tomorrow.
We are sorry to have to tell you that the material cannot be completed *on time.* At the moment we are having problems with the acquisition of materials.
Our production schedule is *very tight.*
One of our machines has to be repaired.

Unfortunately one of our suppliers has *let us down.*
We are *still waiting* for these parts to complete your order.

Verzögerungen und Probleme

Wir bedauern, Ihnen mitteilen zu müssen, dass dieser Auftrag morgen nicht zum Versand fertig sein wird.
Leider müssen wir Ihnen mitteilen, dass das Material nicht *rechtzeitig* fertig sein wird. Zurzeit haben wir Probleme mit der Beschaffung von Materialien.
Unser Produktionszeitplan ist *sehr eng.*
Eine unserer Maschinen muss repariert werden.
Leider hat uns einer unserer Lieferanten *im Stich gelassen.*
Wir *warten immer noch* auf diese Teile, um Ihren Auftrag fertig zu stellen.

This material did not meet the high standards set by our *quality control department.*	Dieses Material hat die hohen Standards, die unsere *Qualitätskontrolle* festlegt, nicht erfüllt.
The colour does not correspond to the previous deliveries.	Die Farbe entspricht nicht den früheren Lieferungen.
We are therefore not *prepared to release* this *for dispatch.*	Wir sind daher *nicht bereit,* die Ware *zum Versand freizugeben.*
We could accept this if you were prepared to grant us a discount.	Wir könnten es akzeptieren, wenn Sie bereit wären, uns einen Rabatt zu gewähren.
We *miscalculated* the amount required and did not acquire sufficient supplies.	Wir haben die Menge *falsch kalkuliert* und nicht genügend Vorräte besorgt.
We will do our best to dispatch earlier.	Wir werden unser Bestes tun, um früher zu liefern.
We have only received three of the four boxes ordered.	Wir haben nur drei der vier bestellten Kartons erhalten.
Should we go ahead with shipment?	Sollen wir die Ware verschicken?
Should we send the three boxes or wait and send all four together?	Sollen wir die drei Kartons schicken oder warten und alle vier zusammen schicken?
We would of course pay the freight for the *extra shipment.*	Wir würden natürlich die Frachtkosten für die *zusätzliche Lieferung* übernehmen.
Unfortunately our computer system was not working properly and the material confirmed for dispatch is actually *not in stock.*	Leider funktionierte unser Computersystem nicht, und das Material, das wir zum Versand bestätigt haben, ist gar *nicht auf Lager.*
The next possible dispatch would be in about two weeks.	Der nächstmögliche Versand wäre in ungefähr zwei Wochen.
We could offer you two 25-kg bags as an alternative.	Als Alternative könnten wir Ihnen zwei 25-kg-Beutel anbieten.
We could send the delivery by express.	Wir könnten die Lieferung per Express schicken.
Unfortunately we quoted the wrong price.	Leider haben wir den falschen Preis angegeben.
We *mixed up* the lists for ex works and FOB.	Wir haben die Listen für die Preise ab Werk und FOB *vertauscht.*
We entered your order for the wrong item.	Wir haben Ihren Auftrag für den falschen Artikel eingetragen.
We will send you the order	Wir schicken Ihnen die Auftrags-

confirmation with the correct price. The product you ordered is *no longer in our range.*

May we offer you product 437 as an alternative?

We sincerely *apologise* (US: *apologize*) for this *mistake.*

We are truly *sorry about* this delay.

Please accept our *apologies.*

We will make sure that this does not happen again.

Thank you for your *understanding.*

Thank you for your *cooperation.*

bestätigung mit dem korrekten Preis. Das von Ihnen bestellte Produkt ist *nicht mehr in unserer Produktpalette.*

Dürfen wir Ihnen Produkt 437 als Alternative anbieten?

Wir *entschuldigen* uns für diesen *Fehler.*

Wir *bedauern* diese Verzögerung sehr.

Wir bitten Sie um *Entschuldigung.*

Wir werden darauf achten, dass dies nie wieder passiert.

Vielen Dank für Ihr *Verständnis.*

Vielen Dank für Ihre *Hilfe*.

A: We are sorry to have to tell you that the material cannot be completed on time.

B: What exactly is the problem?

A: Unfortunately one of our suppliers has *let us down.* A delivery has been *delayed.* We need these parts to complete your order.

B: How long a delay will this be?

A: About four days.

B: OK, but please dispatch on Friday, and thank you for letting me know.

A: Leider müssen wir Ihnen mitteilen, dass das Material nicht rechtzeitig fertig sein wird.

B: Was genau ist das Problem?

A: Leider hat uns einer unserer Lieferanten *im Stich gelassen.* Eine Lieferung ist *verzögert* worden. Wir brauchen diese Teile, um Ihren Auftrag fertig zu stellen.

B: Wie lange wird die Verzögerung dauern?

A: Ungefähr vier Tage.

B: In Ordnung, aber bitte verschicken Sie es am Freitag, und vielen Dank für die Information.

A: Unfortunately the material for your order did not meet the high standards set by our *quality control department.*

B: What is wrong with the material?

A: The colour does not correspond to the previous deliveries, therefore we cannot dispatch this order without your consent.

B: How long will I have to wait for a new production?

A: Leider hat das Material für Ihren Auftrag die hohen Standards, die von unserer *Qualitätskontrolle* festgelegt werden, nicht erfüllt.

B: Was stimmt nicht mit dem Material?

A: Die Farbe entspricht nicht den früheren Lieferungen, wir können diesen Auftrag daher nicht ohne Ihre Zustimmung verschicken.

B: Wie lange muss ich dann auf eine neue Produktion warten?

A: About four weeks.
B: No, that's too long. The colour is not that important, it isn't a series.
A: We could send you a sample today by *courier service.* If the colour is acceptable, we will send the whole order on Thursday.

A: We *regret* to have to inform you that this order will not be ready for dispatch tomorrow. We only have three of the four boxes ordered.

B: When will the order be complete?

A: The remaining box would be ready by next Wednesday. Should we send the three boxes or wait and send all four together?

B: That would mean *additional transport* costs for us.
A: We would of course be prepared to pay the freight for the *extra shipment.*

B: OK. Please ship the three boxes, we'll expect the fourth box by the end of next week.
A: Thank you, and *please accept our apologies* for this delay.

A: We are sorry to have to tell you that our computer system was not working properly and the material confirmed for dispatch is actually *not in stock.*

B: When could we have it then?
A: The *next possible* dispatch would be in two weeks' time.
B: That will be difficult.

A: Ungefähr vier Wochen.
B: Nein, das ist zu lang. Die Farbe ist nicht so wichtig, es ist keine Serie.
A: Wir könnten Ihnen heute per *Kurierdienst* ein Muster zuschicken. Wenn die Farbe akzeptabel wäre, würden wir den ganzen Auftrag am Donnerstag versenden.

A: Wir *bedauern,* Ihnen mitteilen zu müssen, dass dieser Auftrag morgen nicht zum Versand fertig sein wird. Wir haben nur drei der vier bestellten Kartons.

B: Wann wird der Auftrag komplett sein?

A: Der noch ausstehende Karton wäre bis nächsten Mittwoch fertig. Sollen wir die drei Kartons schicken oder warten und alle vier zusammen schikken?

B: Dies würde für uns *zusätzliche Transportkosten* bedeuten.
A: Wir würden natürlich die Frachtkosten für die *zusätzliche Lieferung* übernehmen.

B: Gut. Bitte schicken Sie die drei Kartons, wir erwarten dann den vierten Karton bis Ende nächster Woche.
A: Danke, und bitte *entschuldigen* Sie die Verzögerung.

A: Wir müssen Ihnen leider mitteilen, dass unser Computersystem nicht richtig funktioniert hat, und dass das zum Versand bestätigte Material gar *nicht auf Lager* ist.

B: Wann können wir es dann haben?
A: Der *nächstmögliche* Versandtermin wäre in ungefähr zwei Wochen.
B: Das wird schwierig.

A: We could offer you two 25-kg bags as an alternative.

B: OK, we need the material *urgently,* so we'll have to take them.

A: Thank you for your help. We are really sorry about this *mistake.*

A: Unfortunately we quoted the wrong price for this item. We *mixed up* the lists for ex works and FOB.

B: How could that happen? I *specifically said* that I needed the FOB price.

A: The person usually in charge of your orders was on holiday (US: on vacation) at that time. We will send you the *order confirmation* with the correct price.

B: OK, but please *make sure it doesn't happen again*. This makes things quite difficult.

A: Of course. Thank you for your understanding and please accept our apologies.

A: Als Alternative könnten wir Ihnen zwei 25-kg-Beutel anbieten.

B: In Ordnung, wir brauchen das Material *sehr dringend.* Dann müssen wir also die Beutel nehmen.

A: Vielen Dank für Ihre Hilfe. Wir bedauern diesen *Fehler* sehr.

A: Leider haben wir den falschen Preis für diesen Artikel angegeben. Wir haben die Listen für die Preise ab Werk und FOB *vertauscht.*

B: Wie konnte das passieren? Ich habe *ausdrücklich gesagt*, dass ich den FOB-Preis brauche.

A: Der Mitarbeiter, der normalerweise für Ihre Aufträge zuständig ist, war zu der Zeit im Urlaub. Wir schicken Ihnen die *Auftragsbestätigung* mit dem korrekten Preis.

B: Gut, aber bitte *achten Sie darauf, dass es nicht wieder passiert.* Es macht alles ziemlich schwierig.

A: Selbstverständlich. Danke für Ihr Verständnis und entschuldigen Sie nochmals.

Complaints

Beschwerden

The material ordered was green and the material we have just received is brown.
Please check what has happened.
Both the *order confirmation* and the *delivery note* show three boxes, but we have only received two, what has happened?
We ordered 5mm screws and you have sent us 6mm. We are prepared to keep

Wir haben grünes Material bestellt und das Material, das wir bekommen haben, ist braun.
Bitte überprüfen Sie, was passiert ist.
Die *Auftragsbestätigung* und der *Lieferschein* zeigen beide drei Kartons, aber wir haben nur zwei bekommen, was ist passiert?
Wir haben 5-mm-Schrauben bestellt, und Sie haben uns 6-mm-Schrauben

these, but would need a delivery of 5mm screws by the end of this week.

geschickt. Wir wären bereit, diese zu behalten, bräuchten aber bis Ende dieser Woche eine Lieferung von 5-mm-Schrauben.

Two of the chairs are badly damaged, the cushion material is ripped.

Zwei der Stühle sind schwer beschädigt, das Kissenmaterial ist aufgerissen.

Could you give them back to our driver when he comes on Friday? We will arrange for two replacement chairs to be dispatched tomorrow.

Könnten Sie sie am Freitag dem Fahrer wieder mitgeben? Wir werden dann morgen zwei Ersatzstühle wegschicken.

The quality of this material is *not up to your usual standard.*

Die Qualität dieses Materials *entspricht nicht Ihrem üblichen Standard.*

The paper we received is too thin. Could you send us a few leaves so that we can have our quality control people check this?

Das Papier, das wir bekommen haben, ist zu dünn. Könnten Sie uns ein paar Blätter zuschicken, damit unsere Leute in der Qualitätskontrolle diese überprüfen können?

The material is *within our standard tolerance level.*
I cannot accept your *claim.*

Das Material liegt *innerhalb unserer Standardtoleranzgrenze.*
Ich kann Ihre *Reklamation* nicht annehmen.

I will *let you know.*

Ich werde mich *wieder melden.*/Ich werde Ihnen *Bescheid geben.*

I have passed this on to the person in charge and will get back to you when we have the results.

Ich habe es an die zuständige Person weitergeleitet und werde mich melden, wenn die Ergebnisse vorliegen.

You *promised* to get back to me. When will I hear from you?

Sie haben *versprochen,* sich noch einmal bei mir zu melden. Wann höre ich von Ihnen?

I have sent you an e-mail placing an order last week and I still haven't received any confirmation.

Ich habe Ihnen letzte Woche eine E-Mail über eine Bestellung geschickt und habe immer noch keine Bestätigung erhalten.

We had computer problems.

Wir hatten Probleme mit dem Computer.

We didn't get your e-mail.

Wir haben Ihre E-Mail nicht bekommen.

> Im Englischen werden wesentlich häufiger als im Deutschen Entschuldigungs-Formeln verwendet, selbst wenn man eigentlich eine Beschwerde vorbringt ("I'm very sorry, but ..." "I am really sorry about that" oder "Please excuse this once again").

A: We have just received our order no. 156. Upon opening the box, we found that only eleven bottles were sent. We actually ordered twelve.

A: Wir haben soeben unseren Auftrag Nr. 156 erhalten. Als wir den Karton geöffnet haben, fanden wir nur elf Flaschen vor. Wir haben eigentlich zwölf bestellt.

B: I'm sorry about that, there seems to have been a *mistake* in the packing department on that day.

B: Das tut mir Leid, aber es scheint an dem Tag einen *Fehler* in der Verpackungsabteilung gegeben zu haben.

A: Could you *make sure* that the invoice is *altered*?

A: Könnten Sie *dafür sorgen,* dass die Rechnung *abgeändert* wird?

A: We ordered 5mm screws and you have sent us 6mm.

A: Wir haben 5-mm-Schrauben bestellt, und sie haben uns 6-mm-Schrauben geschickt.

B: Oh yes, the delivery note was *incorrectly typed.*

B: Oh ja, der Lieferschein wurde *falsch getippt.*

A: We are prepared to keep this delivery, but would need one of 5mm screws by the end of this week.

A: Wir wären bereit, diese Lieferung zu behalten, bräuchten aber bis Ende dieser Woche eine von 5-mm-Schrauben.

B: Yes, we'll dispatch them tomorrow.

B: Ja, wir werden sie morgen verschicken.

A: As we do not need the 6mm screws until the beginning of next month, could you *extend* the due date of the invoice by two weeks?

A: Da wir die 6-mm-Schrauben erst Anfang nächsten Monats brauchen, könnten Sie das Fälligkeitsdatum der Rechnung um zwei Wochen *verlängern*?

B: Of course, no problem.

B: Natürlich, kein Problem.

A: After unpacking and examining the material, we noticed that two of the items are damaged.

A: Nachdem wir das Material ausgepackt und überprüft hatten, stellten wir fest, dass zwei Artikel beschädigt sind.

B: Are they *badly damaged*?

B: Sind sie *schwer beschädigt*?

A: They have slight **scratch marks** on the case.
B: Would you be able to keep them if we granted you a discount?
A: Yes, we should be able to sell them.

B: OK, we'll **credit** 20% of the invoice.

A: The quality is not up to your usual standard, the paper we received is too thin.
B: Our samples show that the material is **within our tolerance level.**
I am sorry, but I **cannot accept your claim.**

A: When we ordered, we **specifically stated** that the colour was to be the same as previously supplied.

B: I'm very sorry about that.
A: This material is for a special series and must be the same colour.

B: Could you let us have a sample, we will have this checked and get back to you.
A: We sent you a sample last week.

B: Yes, we have had it examined and must agree that this material is not acceptable. How can we solve this problem, would you be able to sell this as a **closeout item** at 20% discount?

A: No, I don't think so. I will have to **return** this material.

A: Sie haben leichte **Kratzer** am Gehäuse.
B: Könnten Sie sie behalten, wenn wir Ihnen einen Rabatt gewährten?
A: Ja, wir müssten sie eigentlich verkaufen können.

B: In Ordnung, dann **schreiben** wir 20% des Rechnungsbetrages **gut.**

A: Die Qualität entspricht nicht Ihrem üblichen Standard, das Papier, das wir bekommen haben, ist zu dünn.
B: Unsere Muster zeigen, dass das Material **innerhalb unserer Toleranzgrenze** liegt. Es tut mir Leid, aber ich **kann Ihre Reklamation nicht annehmen.**

A: Als wir bestellten, haben wir **ausdrücklich darauf hingewiesen,** dass die Farbe genauso wie bei früheren Lieferungen sein muss.
B: Das tut mir sehr Leid.
A: Dieses Material ist für eine Sonderreihe und muss die gleiche Farbe haben.

B: Könnten Sie uns ein Muster zuschicken, wir werden es überprüfen und uns wieder melden.
A: Wir haben Ihnen bereits letzte Woche ein Muster zugesandt.

B: Ja, wir haben es überprüfen lassen und müssen zugeben, dass dieses Material nicht akzeptabel ist. Wie können wir dieses Problem lösen?
Würden Sie die Ware als **Sonderposten** zu einem Rabatt von 20% verkaufen können?

A: Nein, ich glaube nicht. Ich werde dieses Material **zurückschicken** müssen.

5. Rechnungswesen und Finanzen

Accounting

Rechnungswesen

He is our *chief accountant.*
Er ist unser *Buchhalter.*

Book-keeping plays a vital role
in every business.
Buchhaltung spielt in jedem
Unternehmen eine zentrale Rolle.

Accounting methods vary from
business to business.
Die *Buchführungsmethoden* sind
von Unternehmen zu Unternehmen
verschieden.

Our *balance sheets* of the past ten
years show a steady rate of growth.
Unsere *Handelsbilanz* der letzten
zehn Jahre zeigt ein stetiges
Wachstum.

Our *budget* for 1999 is complete.
Unser *Haushalt* für 1999 ist
vollständig.

John, could you fetch our
account books and balance sheets?
John, könnten Sie bitte unsere
Geschäftsbücher holen?

Ms. Clarke is in charge of our
financial accounting.
Frau Clarke ist für unsere
Finanzbuchhaltung verantwortlich.

According to our *calculations,* the
profits for this year are less than
those for 1997.
Nach unseren *Berechnungen*
sind die diesjährigen Gewinne
geringer ausgefallen als die
von 1997.

Our *sales analysis* for 1998
showed a 10% increase in sales
within the EU.
Unsere *Absatzanalyse* für 1998
zeigte einen Zuwachs von 10% bei
den Verkäufen innerhalb der EU.

We insist that members of staff
provide a *receipt* for purchases
from the *petty cash.*
Wir bestehen darauf, dass unsere
Mitarbeiter eine *Quittung* für
Einkäufe aus der *Portokasse*
abliefern.

Our *gross profits* are up on this
time last year.
Unsere *Bruttogewinne* sind höher
als zum selben Zeitpunkt des letzten
Jahres.

Neil's work is a fine example of
adequate and orderly accounting.
Neils Arbeit ist ein ausgezeichnetes
Beispiel *ordnungsgemäßer*
Buchführung.

The *end of our first quarter* is
in July.
Unser *erstes Quartalsende* ist
im Juli.

When does your *accounting*
reference day fall?
Wann ist Ihr *Bilanzstichtag*?

Our *accounting year* will end
in May 1999.

Unser *Buchführungsjahr* endet im
Mai 1999.

Größere Unternehmen müssen in Großbritannien ihren Jahresabschluss
veröffentlichen und im "Companies House" archivieren. Nicht zur Veröffentlichung verpflichtet sind Unternehmen, die unter die juristisch definierte Kategorie Klein- und Mittelbetriebe fallen.

We have published and filed our
annual accounts in Companies
House.

Wir haben unseren *Jahresabschluss*
veröffentlicht und im Companies
House archiviert.

Our *internal accounting period*
is three months long.

Unser *Abrechnungszeitraum* beträgt
drei Monate.

Our accounting manager will
present the *annual economic report.*

Der Leiter der Buchhaltung wird den
Jahreswirtschaftsbericht vorlegen.

In Großbritannien sind Unternehmen, die unter die Kategorie "Listed
Companies" fallen, verpflichtet, ein sechsmonatiges Zwischenkonto zu
veröffentlichen oder an die Aktienbesitzer zu schicken.

Our *interim accounts* were
published in the Financial
Times in September.

Unsere *Zwischenkonten* wurden
im September in der Financial
Times veröffentlicht.

The TEHV group have also
released *interim balance sheets.*

Die TEHV Gruppe hat auch
ihre *Zwischenbilanz* veröffentlicht.

We have completed our *profit and
loss accounts.*

Wir haben unsere *Ertragsrechnung*
fertig gestellt.

Our *opening balance sheets* for
this month are being prepared.

Unsere *Eröffnungsbilanz* für
diesen Monat wird vorbereitet.

Our annual *audit* will take
place in April.

Unsere jährliche *Buchprüfung*
findet im April statt.

Auditing will be carried out
later this month.

Die *Wirtschaftsprüfung* wird gegen
Ende dieses Monats stattfinden.

The *audit fees* have been paid
for 1997.

Die *Kosten der Abschlussprüfung*
für 1997 sind bezahlt worden.

The *fiscal audit of operating
results* for 1997 is complete.

Die *Betriebsprüfung* für 1997 ist
abgeschlossen.

Can you get in touch with our *auditor* regarding the matter?

Könnten Sie wegen dieses Problems mit unserem *Betriebsprüfer* Kontakt aufnehmen?

The *fiscal audit of operating results* was completed in May.

Die *Betriebsprüfung* wurde im Mai abgeschlossen.

We predict, applying *discounting,* that our cash flow will remain consistent.

Nach durchgeführter *Abzinsung* nehmen wir an, dass der Geldfluss konstant bleiben wird.

Our *accounting profit* shows a marked improvement in comparison to 1998.

Unser *Buchgewinn* zeigt einen deutlichen Zuwachs gegenüber 1998.

The *closing balance* of our June accounts has already been carried forward to July.

Die *Schlussbilanz* unserer Bücher vom Juni ist schon auf den Juli übertragen worden.

Our *actual outlay* decreased considerably following *restructuring* in 1995.

Unsere *Istausgaben* haben seit der 1995 durchgeführten *Umstrukturierung* erheblich abgenommen.

The *total costs* of our recent reorganisation were minimal.

Die *Gesamtkosten* unserer unlängst durchgeführten Reorganisation waren minimal.

The *variable costs* of commission to be paid to our sales staff cannot be approximated in view of the current unstable economic situation.

Die *variablen Kosten,* die durch unserem Verkaufspersonal gezahlte Kommissionen entstehen, können in Anbetracht der instabilen wirtschaftlichen Situation nicht abgeschätzt werden.

Our *turnover forecasts* for the 1990s proved to be incorrect.

Die *Umsatzprognose* für die Neunziger Jahre hat sich als falsch herausgestellt.

Our company's *turnover* increased tenfold in comparison to the previous decade.

Der *Umsatz* unseres Unternehmens hat sich, im Vergleich zu vor zehn Jahren, verzehnfacht.

The *turnover increase* for 1998 fulfilled our expectations.

Der *Umsatzanstieg* 1998 hat unsere Erwartungen erfüllt.

The *appreciation* of our assets is mainly due to the current *rate of inflation.*

Der *Wertzuwachs* unserer Aktiva liegt hauptsächlich an der momentanen *Inflationsrate.*

Accounts payable and *accruals* are to be entered as current liabilities on the balance sheet.

Verbindlichkeiten und *Rückstellungen* müssen als laufende Passiva in die Bilanz eingetragen werden.

I instructed her to fax details of our *accounts receivable.*

Ich habe sie angewiesen, mir Details über die *Außenstände* zu faxen.

You should enter that under *special expenses.*

Sie sollten das unter *Sonderausgaben* eintragen.

Deterioration of our premises has been taken into account as *amortization.*

Die Wertminderung unserer Gebäude wurde als *Amortisation* in die Bücher aufgenommen.

The purchase of our new factory will be entered in the books as a *capital transaction.*

Der Kauf unserer neuen Fabrik wird als *Kapitalverkehr* in die Bücher eingetragen.

The costs incurred during the *renovation* of our office buildings will be treated as *capital investment.*

Die Kosten, die uns durch die *Renovierung* unserer Geschäftsgebäude entstanden sind, werden als *Kapitaleinlage* behandelt.

Our *calculation of the budget costs* for 1999 has changed little from that of 1998.

Unsere *Plankostenrechnung* für 1999 hat sich gegenüber 1998 kaum verändert.

Our *prime costs* are low in relation to our profits.

Unsere *Selbstkosten* sind im Vergleich zum Gewinn gering.

We need to look at ways of lessening our *indirect labour costs* (US: *labor).*

Wir müssen Wege finden, die *Lohnnebenkosten* zu senken.

The *rationalisation profits* following the modernisation of our factory last year were considerable.

Der *Rationalisierungsgewinn* nach der Modernisierung unserer Fabrik letztes Jahr war beachtlich.

Our *return on capital* was higher in 1991 than in the following years.

Unser *Kapitalertrag* war 1991 höher als in den darauf folgenden Jahren.

A: Good morning, Ms. Parkin.

A: Guten Morgen, Frau Parkin.

B: Good morning. Would you like to see our *ledger?*

B: Guten Morgen. Möchten Sie das *Hauptbuch* sehen?

A: Yes, please. I think that will be very informative. What *accounting system* do you use here?

A: Ja bitte. Ich denke, das wäre sehr aufschlussreich. Was für ein *Buchführungssystem* benutzen Sie hier?

B: We use *double entry bookkeeping* for our accounts.

B: Wir benutzen *doppelte Buchführung* für unsere Bücher.

A: And what does this column on the left show?

A: Und was bedeutet diese linke Spalte?

B: They are the *debits.*

B: Das sind unsere *Belastungen.*

A: And on this page – this figure – what does that represent?

A: Und auf dieser Seite – diese Zahl – was bedeutet die?

B: They're the *development costs* we needed for the refurbishing of our old premises.

A: Do you keep your *real accounts* in a separate *ledger*?

B: No, we don't. It is all in this ledger here.

A: Have you valued your assets using *historical costing*?

B: Yes, we have.

A: And here are details of all *assets and liabilities*?

B: Yes. You can see the *net book value* of our assets here.

A: Thank you. Do you have details of *net profits* made in the previous ten years?

B: Certainly. Will that be all?

A: For the moment, thank you.

I think this *entry* is incorrect.

Our accounts don't *balance.* It must be due to a *book-keeping error.*

A: Our *debtors* have been slow settling their accounts this month.

B: *Settlement day* should have been this Tuesday for the Berry consignment.

Our *overhead costs* don't seem to be entered in the books.

The *tax assessment* we received for 1997 appears to be incorrect.

Someone has completed our *tax return* incorrectly.

B: Das sind die *Entwicklungskosten,* die bei der Renovierung unserer alten Gebäude anfallen.

A: Führen Sie Ihre *Bestandskonten* in einem separaten *Hauptbuch*?

B: Nein, es ist alles in diesem Hauptbuch.

A: Haben Sie Ihre Aktiva mit einer *Nachkalkulation* bewertet?

B: Ja, haben wir.

A: Und hier sind die Details über *Aktiva und Passiva*?

B: Ja. Hier können Sie den *Nettobuchwert* unseres Vermögens sehen.

A: Danke schön. Haben Sie Details über die *Nettogewinne,* die Sie in den letzten zehn Jahren gemacht haben?

B: Sicherlich. War das dann alles?

A: Im Moment ja, danke.

Ich glaube, diese *Buchung* ist nicht korrekt.

Unsere Bücher *saldieren* nicht. Es muss an einem *Buchungsfehler* liegen.

A: Unsere *Schuldner* haben diesen Monat Ihre Rechnungen spät bezahlt.

B: *Abrechnungstag* für die Berry Sendung hätte dieser Dienstag sein sollen.

Unsere *Gemeinkosten* sind scheinbar nicht in die Bücher eingetragen worden.

Die *Steuerveranlagung,* die wir für 1997 bekommen haben, scheint nicht korrekt zu sein.

Jemand hat unsere *Steuererklärung* falsch ausgefüllt.

Mehrwertsteuer heißt in Großbritannien "value added tax". Meistens wird dafür aber die Abkürzung VAT verwendet. Im formelleren Englisch werden die Buchstaben dabei getrennt ausgesprochen, während sie in der Umgangssprache zu einem Wort verbunden werden.

We can reclaim *value added tax* at the end of the year.

Wir können die *Mehrwertsteuer* am Ende des Jahres zurückfordern.

Unfortunately, it seems we are liable for an *additional payment of taxes.*

Leider scheint es so, als ob wir zu einer *Steuernachzahlung* verpflichtet wären.

Taking into account the *linear depreciation* of the value of our assets, there seems to be no alternative than to *declare ourselves bankrupt.*

Unter Berücksichtigung der *linearen Abschreibung* des Wertes unserer Aktiva scheint es keine Alternative zu einer *Bankrotterklärung* zu geben.

The *annual profits* are fifteen percent down on last year's figures.

Der *Jahresgewinn* liegt fünfzehn Prozent unter dem des Vorjahres.

Despite stringent measures to bring our *budget* under *control,* we seem to be unable to reach *break-even point* this summer.

Trotz drastischer Maßnahmen um unseren *Haushalt* unter *Kontrolle* zu bringen, werden wir in diesem Sommer wohl nicht in der Lage sein, die *Gewinnschwelle* zu erreichen.

We will have to introduce *budget cuts* in all departments.

Wir werden *Etatkürzungen* in allen Abteilungen durchführen müssen.

Their *budgetary deficit* is huge.

Ihr *Haushaltsdefizit* ist riesig.

Although we may have saved money in respect of the initial *outlay* required, the *operating expenses* of our factory in Nigeria have exceeded all expectations.

Obwohl wir vielleicht Geld bei der anfänglichen *Auslage* gespart haben, haben die *Betriebskosten* unserer Fabrik in Nigeria unsere Befürchtungen übertroffen.

Our *basic income* has proved to be less than consistent.

Es hat sich gezeigt, dass unsere *Basiseinkünfte* nicht konstant genug sind.

We will have to *plough-back* the majority of our 1997 profits.

Wir werden den Großteil unserer Gewinne von 1997 *reinvestieren* müssen.

We have no alternative than to *write off* our obsolete machinery in our overseas factories.

Wir haben keine andere Wahl als die veraltete Maschinenanlage unserer Fabriken in Übersee *abzuschreiben.*

Financial Policy

Our *financial standing* has
improved considerably.
Sales financing in 1999 will
take up a considerable percentage
of our budget.
If our *financial status* does not
improve, we will have to go into
liquidation.
Maurice Motors have sold some
of their *assets* to pay off
their debts.
They have only their *fixed
assets* remaining.
We will have to sell some of
our *non-core assets* to resist
takeover.

Finanzpolitik

Unsere *Kreditfähigkeit* hat
erheblich zugenommen.
Die *Absatzfinanzierung* wird 1999
einen beträchtlichen Teil unseres
Budgets ausmachen.
Wenn unsere *Vermögenslage*
sich nicht verbessert, werden wir
in die *Liquidation* gehen müssen.
Maurice Motors haben einige ihrer
Vermögenswerte verkauft, um ihre
Schulden zu bezahlen.
Sie haben nur noch ihr *Vermögen*
übrig.
Wir werden alles außer dem
Kernvermögen verkaufen müssen,
um eine Übernahme zu vermeiden.

Anders als in Deutschland fängt in Großbritannien das Geschäftsjahr im
April an.

The *fiscal year* begins in April
in the UK.
Our *finances* are in dire straits.

WSC went into *receivership.*
Fiona will present our
financial report for 1999.
Since 1995 we have faced
increasing *financial difficulties.*

Our *financial assets* are steadily
increasing.
I think we should consider
taking the advice of a *financier.*
Our *fiscal policy* in Indonesia
must adapt with the change of
government.

Das *Geschäftsjahr* beginnt in
Großbritannien im April.
Unsere *Finanzen* befinden sich
in einer Notlage.
WSC ist in *Konkurs gegangen.*
Fiona wird uns den *Finanzbericht*
für 1999 vorstellen.
Seit 1995 stehen wir wachsenden
finanziellen Schwierigkeiten
gegenüber.
Unser *Geldvermögen* wächst
stetig.
Ich denke, wir sollten uns überlegen
einen *Finanzier* hinzuzuziehen.
Unsere *Steuerpolitik* in Indonesien
muss nach dem Regierungswechsel
angepasst werden.

Did you hear about the *fiscal fraud* of AW Enterprises?	Haben Sie von dem *Steuerbetrug* von AW Enterprises gehört?

Banks and activities

Banken und Bankgeschäfte

Many *building societies* in
Britain converted to banks in
the 1990s.

Viele *Bausparkassen* in
Großbritannien wurden in den
90ern zu Banken umgewandelt.

I would like to invest in the
ANA *mortgage bank.*

Ich würde gerne in die ANA
Hypothekenbank investieren.

The MSG bank is one of the
best-known *investment banks*
in Asia.

Die MSG Bank ist eine der
bekanntesten *Investmentbanken*
Asiens.

We use the NRR *merchant bank*
for our main company accounts.

Wir haben unsere Hauptgeschäfts-
konten bei der NRR *Handelsbank.*

The *regional banks* of this area
are not to be recommended.

Die *Regionalbanken* dieser Gegend
kann man nicht empfehlen.

Our *savings bank* in Switzerland
has neglected to send us our
account balance.

Unsere *Sparkasse* in der Schweiz
hat vergessen, uns unseren
Kontoauszug zu senden.

We have our *business account*
with TNT bank.

Wir haben unser *Geschäftskonto*
bei der TNT Bank.

We have arranged *acceptance
credit* with the MK bank in Japan.

Wir haben einen *Akzeptkredit*
mit der MK Bank in Japan
ausgehandelt

Our *account balance* looks very
positive at the present time.

Unser *Kontostand* sieht im
Moment sehr gut aus.

Are you an *account holder* within
this branch?

Sind Sie *Kontoinhaber* bei
dieser Filiale?

I would like to open an *interest
account,* please.

Ich würde gerne ein *Zinskonto*
eröffnen, bitte.

May I speak to someone
from your *loan department,*
please?

Könnte ich mit jemanden aus
Ihrer *Kreditabteilung* sprechen,
bitte?

Can you tell me your *account
number,* please?

Können Sie mir bitte Ihre
Kontonummer geben?

I have *special drawing rights* on
that account.

Ich habe *Sonderziehungsrechte*
von diesem Konto.

There seems to be some mistake
in our company's *bank statement.*

Der *Kontoauszug* unseres Unternehmens ist scheinbar fehlerhaft.

Your **bank charges** are too high.
I demand to see the **manager**!

We will repay the **bank loan**
over a period of five years.

We could apply for a **bridging
loan** to tide us over the first
six months.
Overdrafts will be subject to
interest six percent above our
base rate.
We will pay for the goods, upon
delivery, by **bank transfer.**
OL Incorporated have set up a
banker's order to pay for their
regular shipments of goods.

A **banking consortium** has
loaned ten billion dollars to
Mozambique.
I have brought a **bank letter of credit**
with me from the SK bank, Germany.

Ihre **Bankgebühren** sind zu hoch.
Ich verlange den **Filialleiter** zu
sprechen!
Wir werden das **Bankdarlehen** über
einen Zeitraum von fünf Jahren
zurückzahlen.
Wir könnten versuchen, einen
Überbrückungskredit für die ersten
sechs Monate zu bekommen.
Kontoüberziehungen werden mit
sechs Prozent über dem **Leitzins**
verzinst.
Bei Lieferung werden wir für die Wa-
ren per **Banküberweisung** bezahlen.
OL Incorporated haben einen
Dauerauftrag erteilt, um für die
regelmäßige Verschiffung ihrer
Waren zu bezahlen.
Ein **Bankenkonsortium** hat Mosambik
einen Kredit in Höhe von 10 Milliarden
Dollar gewährt.
Ich habe ein **Bankakkreditiv** der
SK Bank aus Deutschland dabei.

International Financial Markets

Internationale Finanzmärkte

Die Sprache der großen Börsen ist seit langem Englisch. Der wichtigste
Handelsplatz für Aktien in der Welt ist die Wall Street in New York, und in
Europa war lange der International Stock Exchange in London führend.

Shares (US: **stocks**) are **at a
premium** at the moment.
Our **shares** fell 2.9% yesterday.

I would like to check out
share prices on the **stock
exchange** this afternoon.
I would like a **quotation** of

Die **Aktien** sind im Moment **über
dem Nennwert.**
Unser **Aktienkurs** fiel gestern
um 2,9%.
Ich würde mich heute Nachmittag
gerne über die Aktienpreise an der
Börse erkundigen.
Ich hätte gerne die **Notierung** des

share (US: *stock*) *prices* for Megamarkets P.L.C.	*Aktienkurses* von Megamarkets P.L.C.
Could I have a *quotation* for the *market price* for shares in MK Enterprises?	Könnte ich die *Notierung* des *Börsenkurses* der Aktien von MK Enterprises haben?
The *bottom price* for shares in our company has dropped to a new low.	Der *Niedrigstkurs* der Aktien unseres Unternehmens ist auf einen neuen Tiefststand gefallen.
We are planning to launch a euro-dominated *bond.*	Wir überlegen uns, Euro-dominierte *Rentenpapiere* einzuführen.
If we reinvest the money we made from selling our assets under the enterprise investment scheme, we can avoid paying *capital gains tax.*	Wenn wir das Geld, das wir durch den Verkauf unserer Aktiva nach dem Investitionsentwurf verdient haben, reinvestieren, können wir die *Kapitalertragssteuer* vermeiden.
JMC Limited have recently made a loss on their *foreign bonds* in Switzerland.	JMC Limited haben in der letzten Zeit mit ihren *Auslandsanleihen* in der Schweiz Verluste gemacht.
The *stock exchange index* is showing signs of improvement.	Der *Börsenindex* zeigt Indizien einer Verbesserung.
Did you take note of the Dow Jones *share index*?	Haben Sie den Dow-Jones-*Aktienindex* zur Kenntnis genommen?

Der berühmteste Aktienindex der Welt ist der Dow-Jones in New York. In London ist der sogenannte "Footsie" FT-SE-100-Index bis heute mit Abstand zum meistbenutzten Index am Londoner Markt geworden. Der neuere FTSE Eurotop 300 Index basiert auf dreihundert führenden europäischen Aktien und spielt eine weitere wichtige Rolle. Nicht zu vergessen ist natürlich auch der aufstrebende Finanzplatz Frankfurt und damit Xetra Dax und AMEX (American Stock Exchange). Diese Situation könnte sich ändern, wenn in Kooperation der Deutschen Börse AG, der Pariser und Schweizer Börsen und des amerikanischen Dow-Jones-Unternehmen ein neuer Index erscheint. Diesbezüglich werden seit längerer Zeit Gespräche geführt.

Stock Markets

Stock markets all over the
world were particularly
unstable in September.
Dealing before official hours
is taking place in Tokyo.
Stock market trading will begin
at eight a.m.
Closing of the exchange is due
to take place at seventeen
hundred hours in London.
Allen and Walsh are a firm of
stockbrokers.
Global markets are currently
experiencing a **boom.**
The **stock market crash** of
1929 was the worst this
century.
Taking the strong global **bull
market** into account, I think
we can view the situation
positively.
He's a **bull.**
The stock market this year has
been a **buyers market.**
The market's reaction was
not too **bearish.**
That stockbroker is participating
in **bear sales.**
At the moment, I fear we're
looking at a **bear market**

He's a **bear.**
It's a **seller's market** at the
moment.
The bottom has fallen out of
the market.

Aktienmärkte

Die **Aktienmärkte** auf der ganzen
Welt waren im September
besonders instabil.
Die **Vorbörse** findet in Tokio statt.

Der **Börsenhandel** wird um acht
Uhr morgens beginnen.
Der **Börsenschluss** wird um siebzehn
Uhr in London stattfinden.

Allen und Walsh haben eine
Börsenmakler-Firma.
Die globalen Märkte erleben im
Moment einen **Boom.**
Der **Börsenkrach** von 1929 war der
Schlimmste in diesem Jahrhundert.

Wenn man den globalen **Hausse-
markt** miteinbezieht, dann denke ich,
dass wir die Situation positiv
beurteilen können.
Er ist ein **Haussier.**
Der Aktienmarkt war dieses Jahr
ein **Käufermarkt.**
Die Reaktion des Marktes war nicht
übermäßig **pessimistisch.**
Dieser Börsenmakler beteiligt sich an
Leerverkäufen.
Ich befürchte, dass es zu einem **ständi-
gen Fallen der Kurse am Markt
(Baissemarkt)** kommen wird.
Er ist ein **Baissier.**
Im Moment gibt es einen **Verkäufer-
markt.**
Die Nachfrage und die Preise
sind auf einem Tiefstand.

Die zwei wichtigsten Wirtschaftszeitungen im englischsprachigen Raum sind die "Financial Times", deren erster Buchstabe dem "Footsie" seinen Anfangsbuchstaben beschert hat und das "Wall Street Journal", das der Dow Jones Company gehört (Begründer des Hauptindex des New York Stock Exchange).

A good place to find *stock exchange news* throughout Europe is the "Financial Times".

Börsenberichte aus ganz Europa findet man vor allem in der „Financial Times".

Our *share capital* played a part in our survival during the recession.

Unser *Aktienkapital* hat einen Teil zu unserem Überleben während der Rezession beigetragen.

They have invested heavily in *securities.*

Sie haben in großem Umfang in *Wertpapiere* investiert.

The Bank of Taiwan announced that it is trying to strengthen *securities business.*

Die Bank von Taiwan hat angekündigt, dass sie versuchen wird, ihre *Effektengeschäfte* zu verstärken.

Futures markets reached an all-time low in May.

Die *Terminbörse* hat im Mai einen Rekordtiefstand erreicht.

A round of buying boosted Healthman Tea *futures* on the London International Financial Futures and Options Exchange.

Eine Phase hoher Kaufbereitschaft hat *Termingeschäfte* der Healthman Tea auf der Londoner Börse für Finanz- und Terminkontrakte in die Höhe getrieben.

JMC have been conducting *futures business* on the MATIF (Marché à Terme des Instruments Financiers).

JMC haben *Termingeschäfte* an der MATIF abgewickelt.

Sugar has been selling extremely well on the *commodity futures exchange* last month.

Zucker hat sich an der *Warenterminbörse* im letzten Monat ausgezeichnet verkauft.

Die Online-Revolution der 90er Jahre hat viele Änderungen, nicht nur im Banking und der Kommunikation, sondern auch im Börsengeschäft mit sich gebracht. In den USA findet heute ein Viertel des "retail share trading" über das Internet statt.

We have recently purchased shares in your company via *internet.*	Wir haben neulich Aktien Ihres Unternehmens über das *Internet* gekauft.
Internet share trading is on the up and up.	*Aktienhandel über das Internet* nimmt immer weiter zu.
The internet provides *potential investors* with an easy method of buying shares.	Das Internet gibt *potenziellen Investoren* die Möglichkeit, auf einem einfachen Weg Aktien zu kaufen.
Firms trading in stocks on the ter-internet have gained a huge *competitive advantage.*	Unternehmen, die Aktien über das Internet verkaufen, haben dadurch einen riesigen *Wettbewerbsvorteil* erlangt.
We offer on-line trading as part of a *package.*	Wir bieten Online-Handel als Teil eines *Pakets* an.

Unternehmen in den angelsächsischen Volkswirtschaften haben keine ähnlich enge Bindung an die Banken, wie das in Deutschland oftmals der Fall ist. Anstatt Kapitalbeschaffung über Kreditinstitute zu ermöglichen, gehen Unternehmen in Großbritannien und den USA auf die Finanzmärkte.

The *flotation* of our company raised 120 million euro.	Die *Emission von Aktien* brachte unserem Unternehmen 120 Millionen Euro ein.
They are *shareholders* in our business.	Sie sind *Aktionäre* unseres Unternehmens.
We are interested in buying *a parcel of shares* (US: *stocks*) in your business.	Wir sind daran interessiert, ein *Aktienpaket* Ihres Unternehmens zu kaufen.
We are planning to invest more heavily in *blue chip* companies.	Wir planen, mehr in Unternehmen mit *erstklassigen Aktien* zu investieren.
Geiger's PLC holds the *controlling interest* in our company.	Geigers PLC hält in unserem Unternehmen die *Aktienmehrheit.*
JMC is a *public limited company* (US: *joint stock company*).	JMC ist eine *Aktiengesellschaft.*
The *issuing of shares* (US: *stock*) took place yesterday.	Die *Aktienausgabe* fand gestern statt.

The *face value* of our shares is lower than their market value.
Did you make a satisfactory *earning per share* (US: *yield on stocks*)?
The *risk premium* for shares in the TEHV group was greater than expected last year.
The *price-earnings ratio* for shares in JMC reflects the fast growth rate of the company.
In 1998, our shareholders received a *dividend* of ninety pence per share.
The TEHV group have paid out a *distribution* from their profits. Their shares have become *ex-dividend.*
The executive has decided to make a *one-off pay-out* of sixty pence per share to all our shareholders.

We will pay a *percentage of profits* to all our investors.
We are planning to issue bonus shares with our profits from *share premiums* (*or agio*).
The next *shareholders' meeting* will take place on the 25th of January.
The *annual general meeting* (*AGM*) is scheduled to take place in March.
The company hopes that the introduction of a *profit sharing scheme* will inspire greater loyalty from our workers.
He has a *subscription right* (or *share option*) to shares (US: stocks) in Wharmby Foods.

Der *Nennwert* unserer Aktien ist niedriger als ihr Marktwert.
Haben Sie eine zufrieden stellende *Aktienrendite* erreicht?

Die *Risikoprämie* für Aktien der TEHV Gruppe war letztes Jahr größer als erwartet.
Das *Kurs-Gewinn-Verhältnis* für JMC-Aktien spiegelt das schnelle Wachstum des Unternehmens wider.
1998 erhielten unsere Aktionäre eine *Dividende* von neunzig Pence pro Aktie.
Die TEHV Gruppe hat eine *Gewinnausschüttung* durchgeführt.
Ihre Aktien sind jetzt *ohne Dividende.*

Der leitende Angestellte hat entschieden, eine *einmalige Ausschüttung* von sechzig Pence pro Aktie an alle Aktionäre durchzuführen.

Wir werden all unseren Investoren *Tantiemen* zahlen.
Wir planen mit unseren Gewinnen aus dem *Agio* Bonusaktien auszugeben.
Die nächste *Hauptversammlung* findet am 25. Januar statt.
Die *Jahreshauptversammlung* ist für März angesetzt.
Das Unternehmen hofft, dass die Einführung einer *Gewinnbeteiligung* die Arbeiter zu größerer Loyalität bewegen wird.
Er hat ein *Aktienbezugsrecht* für Aktien von Wharmby Foods.

Feindliche Übernahmen sind im englischsprachigen Raum nicht ungewöhnlich. Kenntnisse in diesem Bereich sind daher für ein Verständnis der Unternehmenskultur in diesen Ländern unerlässlich. Angelsächsische Unternehmen haben keinen starken Kern von Aktienbesitzern, wie man ihn gewöhnlich in Frankreich und Spanien vorfindet.

Mergers and *acquisitions* are the favoured means of growth and expansion for many companies.

Fusionen und *Akquisitionen* sind für viele Unternehmen die bevorzugten Instrumente für Wachstum und Expansion.

The *hostile takeover* of Runge Ltd. by the TEHV group was the largest this year in the manufacturing sector.

Die *feindliche Übernahme* von Runge Ltd. durch die TEHV Gruppe war im herstellenden Bereich die größte in diesem Jahr.

The *hostile bid* to take over JLC failed last week.

Das *feindliche Übernahmeangebot* für JLC scheiterte letzte Woche.

Walker Developments took advantage of recent economic crises to take over STV of Italy.

Walker Developments nutzte die vor kurzem aufgetretenen wirtschaftlichen Krisen aus, um die italienische STV zu übernehmen.

Maurice Motors have sold some of their *assets* to pay off their debts. It seems that they have only their *fixed assets* and some securities remaining.

Maurice Motors haben einige ihrer *Vermögenswerte* verkauft, um ihre Schulden zu bezahlen. Es scheint so, als ob sie nur noch ihre *festen Anlagen* und einige Sicherheiten übrig hätten.

A black knight company has made a bid for JMC.

Ein *„schwarzer Ritter"* (Investor, der eine Firma mit einer Übernahme bedroht) hat ein Übernahmeangebot für JMC gemacht.

A *white knight* rescued Maurice Motors from a hostile takeover last week.

Ein *„weißer Ritter"* (Investor, der eine Firma vor einer Übernahme rettet) hat Maurice Motors vor einer feindlichen Übernahme bewahrt.

A: It seems that wrangles over the eventual fate of JLC'are becoming more complicated.
B: I know that two firms have already expressed their interest.

A: Es scheint, als ob der Streit über das endgültige Schicksal von JLC immer komplizierter werden würde.
B: Ich weiß, dass schon zwei Firmen ihr Interesse angemeldet haben.

A: But now there is a third on the scene − a *grey knight.*
B: What are his intentions?
A: Well, that's the problem, nobody knows what his plans are.

A: Aber es gibt noch einen dritten - einen *„grauen Ritter" (Investor mit unklaren Absichten).*
B: Was sind seine Absichten?
A: Das ist das Problem. Niemand weiß, was er will.

OL Incorporated and TRIX Products have *amalgamated.*
One of our more recent *business acquisitions* was ABC Limited.

OL Incorporated und TRIX Products haben *fusioniert.*
Eines unserer neueren Geschäfte war die *Geschäftsübernahme* von ABC Limited.

We will have to sell some of our *non-core assets* to resist takeover.
TRIX Products also have debts in the form of *debenture loans.*
CDSA have *gone into liquidation.*
Holders of *preference shares* will receive some of their share capital, others may not be so lucky.

Wir werden einige unserer *Aktiva* verkaufen müssen, um die Übernahme zu vermeiden.
TRIX Products haben zudem Schulden in Form von *Obligationsanleihen.*
CDSA sind *in Liquidation getreten.*
Die Besitzer von *Vorzugsaktien* werden einen Teil Ihres Aktienkapitals wiederbekommen. Andere werden vielleicht nicht so viel Glück haben.

Our *floating assets* have remained stable.
The figures suggest that we will be able to retain *financial sovereignty.*

Unser *Umlaufvermögen* ist stabil geblieben.
Die Zahlen sprechen dafür, dass wir in der Lage sein sollten, unsere *Finanzhoheit* zu behaupten.

Currencies and Foreign Exchange

Währungen und Devisen

The *monetary zone* covered by the euro will expand in the future.

Die *Währungszone,* die vom Euro abgedeckt wird, wird in der Zukunft expandieren.

Currency risk should be lessened by the introduction of the euro.
The value of the US dollar is subject to the fluctuations of the *international monetary system.*
We would like the *currency unit of payment* to be the yen.

Das *Währungsrisiko* sollte sich durch die Einführung des Euro vermindern.
Der Wert des US-Dollars ist den Schwankungen der *internationalen Währungsordnung* unterworfen.
Als *Zahlungsmittel* hätten wir gerne den Yen.

Although Scotland have its own parliament, the British Isles will still have a *unified currency.*	Obwohl Schottland ein eigenes Parlament hat, werden die Britischen Inseln auch weiterhin eine *Einheitswährung* haben.
We will accept payment only in *hard currency.*	Wir werden die Bezahlung ausschließlich in *harter Währung* akzeptieren.

Bei Geschäftsbeziehungen mit englischsprachigen Partnern wird man früher oder später wahrscheinlich auch mit den umgangsprachlichen Ausdrücken für die Währung konfrontiert, die Briten und Amerikaner wesentlich häufiger zu benutzen scheinen als die Ausdrücke der Hochsprache. Briten nennen ein Pfund Sterling 'a quid' wobei die Singularform auch im Plural erhalten bleibt – zum Beispiel 'ten quid' (nicht 'ten quids'). Die Amerikaner, Kanadier und Australier nennen ihre unterschiedlichen Arten des Dollar 'a buck', und in der Mehrzahl 'bucks'.

The Malawian Kwacha is a *soft currency.*	Der Kwacha Malavis ist eine *weiche Währung.*
It is predicted that *devaluation* of the Indian rupee will take place in the near future.	Es wird davon ausgegangen, dass es in der nahen Zukunft eine *Abwertung* der indischen Rupie geben wird.
We need to invest in a country with prospects of long-term *monetary stability.*	Wir müssen in einem Land mit Aussicht auf dauerhafte *Währungsstabilität* investieren.
Has the *monetary policy* of New Zealand changed since the elections?	Hat sich die *Währungspolitik* Neuseelands seit den Wahlen verändert?
The rate of inflation in Brazil is problematic for our investments.	Die *Inflationsrate* in Brasilien ist für unsere Investitionen problematisch.
There have been considerable *currency reforms* in the area.	In der Region gab es beachtliche *Währungsreformen.*
The *monetary agreement* between Canada and the USA has collapsed.	Das *Währungsabkommen* zwischen den USA und Kanada ist zusammengebrochen.
Does your company have sufficient *foreign exchange* to pay immediately?	Hat ihr Unternehmen genügend *Devisen* um sofort zu bezahlen?
Where is the nearest *exchange bureau?*	Wo ist die nächste *Wechselstube?*

What is the *foreign currency rate* for yen in the USA at present?
We have participated in *foreign exchange dealings* in the past.

Wie ist der momentane *Sortenkurs* für Yen in den USA?
In der Vergangenheit haben wir uns am *Devisenhandel* beteiligt.

Our *foreign exchange operations* play an important role in our overseas business ventures.
I think we failed to take the *two-tier exchange rate* into consideration.
One way to minimize risk of loss when dealing in foreign currency are *forward exchange dealings*.
Foreign exchange markets show that the dollar is weakening in relation to the euro.
What is the current *exchange rate* of sterling against the dollar?
The euro fell to a new low against the dollar yesterday.
The *fluctuation margins* of the South African Rand have been extreme in the last few months.
Fixed exchange rates may help the Brazilian economy.
Sterling has a *flexible exchange rate*.

Unsere *Devisenverkehrabkommen* spielen eine wichtige Rolle bei unseren Geschäftsvorhaben in Übersee.
Ich glaube, dass wir den *gespaltenen Wechselkurs* nicht in unsere Überlegungen einbezogen haben.
Ein Weg das Verlustrisiko bei Geschäften mit fremden Währungen zu minimieren, sind *Devisentermingeschäfte*.
Die *Devisenmärkte* zeigen, dass der Dollar im Vergleich zum Euro schwächer wird.
Wie ist der *Devisenkurs* des Pfund Sterling gegenüber dem Dollar?
Der Euro fiel gestern auf ein neues Tief gegenüber dem Dollar.
Die *Schwankungsbandbreite* des südafrikanischen Rand war in den letzten paar Monaten enorm hoch.
Feste Wechselkurse könnten der brasilianischen Wirtschaft helfen.
Das Pfund Sterling hat einen *flexiblen Wechselkurs*.

Europe

Europa

Die Europäische Währungsunion brachte entscheidende Veränderungen für den gesamten europäischen Wirtschafts- und Finanzsektor mit sich. Deswegen sind gerade Vokabeln aus diesem Bereich von besonderem Interesse.

The *European Community* has brought with it many benefits for our company.

Die *Europäische Gemeinschaft* hat unserem Unternehmen viele Vorteile gebracht.

The *European Monetary System* (EMS) controlled the exchange rates of European currencies in relation to each other.

Das *Europäische Währungssystem* (EWS) kontrollierte die Wechselkurse der europäischen Währungen untereinander.

The European *Exchange Rate Mechanism* (ERM) was designed to keep currencies within laid down fluctuation margins.

Der *Europäische Wechselkursmechanismus* wurde entwickelt, um die Währungen nur innerhalb einer festgelegten Bandbreite fluktuieren zu lassen.

The *European Monetary Union* has improved our profit margins on exported goods.

Die *Europäische Währungsunion* hat die Gewinnspanne unserer Exporte verbessert.

We will pay for the goods by bank transfer in *euro* when we receive them.

Wir werden für die Waren per Überweisung in *Euro* zahlen, sobald wir sie erhalten haben.

The *European Currency Unit* (ECU) will be gradually phased out once the euro is introduced.

Die *Europäische Währungseinheit* (ECU) wird, sobald der Euro eingeführt ist, langsam auslaufen.

The *European Annuities Market* will become the second largest in the world after the USA following *monetary union.*

Der *Europäische Rentenmarkt* wird nach der *Währungsunion* zum zweit größten der Welt hinter den USA.

Our company's *Eurobonds* are selling well, particularly in Japan.

Die *Eurobonds* unseres Unternehmens verkaufen sich sehr gut, vor allem in Japan.

The *Euromarket* is worth billions of dollars.

Der *Euromarkt* ist Milliarden von Dollar wert.

Their Polish company received a loan from the *European Bank for Reconstruction and Development.*

Ihr polnisches Unternehmen erhielt einen Kredit von der *Europäischen Bank für Wiederaufbau und Entwicklung.*

The *European Investment Bank* loaned us the necessary capital to upgrade our plant in Cork.

Die *Europäische Investitionsbank* hat uns das notwendige Kapital zum Ausbau unserer Fabrik in Cork geliehen.

If we do not win in the British courts, we will take our case to the *European Parliament.*

Sollten wir unseren Fall nicht vor britischen Gerichten gewinnen können, dann wenden wir uns an das *Europäische Parlament.*

The *European Central Bank* is based in Frankfurt.

Die *Europäische Zentralbank* hat ihren Sitz in Frankfurt.

A: Good morning. How may I help you?

B: I wanted some information regarding the impending *European Monetary Union.*

A: Certainly.

B: Will it effect the value of my company's *investments* in European companies?

A: Hopefully not, sir. Shares and bonds currently *valued* in *deutschmarks* will be valued in euro from January 1999.

B: What about any *bonds currently in ECU*?

A: Well from the beginning of the *currency union,* the value of your ECU-bonds will be exchanged for euro on a one to one basis. The interest and repayments will then be paid in euro.

B: And how will the introduction of a *single currency* effect *European financial markets*?

A: Well, the *risks* generally associated with *currency exchange* will be lessened and the new *European share market* which will be created will ter den USA be the third largest in the world after the USA and Japan.

B: Thank you for all your help.

A: Guten Morgen. Kann ich Ihnen helfen?

B: Ich hätte gerne Informationen zur Einführung der *Europäischen Währungsunion.*

A: Gerne.

B: Wird sie den Wert der *Einlagen* meines Unternehmens in europäische Firmen berühren?

A: Hoffentlich nicht! Aktien und Anleihen mit einem *DM-Nennwert* werden ab Januar 1999 einen Euro-Nennwert haben.

B: Was ist mit meinen *ECU-Anleihen*?

A: Nun, vom Beginn der *Währungsunion* an wird der Wert von ECU-Anleihen eins zu eins in Euro umgetauscht. Zinsen und Rückzahlungen werden dann in Euro abgewickelt.

B: Und was wird die Einführung einer *gemeinsamen Währung* auf den *europäischen Finanzmärkten* bewirken?

A: Nun, die *Wechselkursrisiken,* die man meistens mit dem *Austausch von Zahlungsmitteln* verbindet, werden durch den neuen *Europäischen Aktienmarkt,* der der drittgrößte der Welt hin- und Japan sein wird, vermindert.

B: Danke sehr für Ihre Hilfe.

6. Telefonieren

Calling and Answering Calls	Anrufen und Anrufe entgegen-nehmen
Is that Smith & Co.? (US: Is this ...)	Bin ich richtig bei Smith & Co.?
David Jones here from Smith & Co., may I *speak to* .... please?	Hier David Jones von Smith & Co., kann ich bitte *mit ... sprechen*?
Could you *put me through to* ... please?	Könnten Sie mich bitte *mit ... ver-binden*?
Is ... *available*?	Ist ... *zu sprechen*?

Engländer und Amerikaner melden sich nicht immer mit ihrem Namen am Telefon, sondern fragen oft nur nach der Person, mit der sie sprechen wollen: "Hello, can I speak to ...?". Man muss deshalb zurückfragen "Who's calling?". Wenn man die Leute privat anruft, meldet man sich meistens nur mit "hello" oder, besonders in England, nur mit der Telefonnummer.

I'm sorry, I've *dialled* (US: dialed) *the wrong number.*	Es tut mir Leid, ich habe *mich verwählt.*
I can't hear you very clearly, *it's a bad line.*	Ich kann Sie nur undeutlich verstehen, *die Verbindung ist sehr schlecht.*
Who's speaking please?/May I ask who's calling?	Mit wem spreche ich bitte?
I'm sorry, he's *on the other line* at the moment.	Es tut mir Leid, er spricht gerade auf *der anderen Leitung.*
Sorry, he's *not in* right now.	Tut mir Leid, er ist im Augenblick *nicht im Büro.*
Please *hold the line.*	*Bleiben* Sie *am Apparat.*
Would you like to hold, or should he *call* you *back*?	Möchten Sie warten oder soll er Sie *zurückrufen*?
I'm sorry, but he has recently left the company, Mr. Jones is now in charge of that department.	Es tut mir Leid, aber er hat vor kurzem die Firma verlassen, Herr Jones ist jetzt Leiter dieser Abteilung.
May I *give him a message*?	Kann ich *ihm etwas ausrichten*?
Can he *call* you *back*?	Kann er Sie *zurückrufen*?
Would you hold the line for a moment, I'll just *put you through*.	Warten Sie einen Moment, ich *verbinde* Sie.
Speaking./This is he./This is she.	Am Apparat.

How can I help you?	Wie kann ich Ihnen behilflich sein?
I'm afraid she's away on business this week.	Leider ist sie diese Woche geschäftlich unterwegs.
I'm sorry, but he's at the Munich fair all week.	Es tut mir Leid, aber er ist die ganze Woche auf der Münchener Messe.
He's on holiday (US: on vacation) until the end of next week.	Er befindet sich bis Ende nächster Woche in Urlaub.
May I *put* you *through* to her assistant/her secretary?	Kann ich Sie mit ihrer Assistentin/ihrer Sekretärin *verbinden*?
I have already called twice today.	Ich habe heute schon zweimal angerufen.

„Einmal" wird nicht mit "one time" übersetzt, sondern "once", „zweimal" mit "twice". Erst ab „dreimal" heißt es "three times, four times, ...". "One time" bedeutet „ehemalig" oder „einmalig", "two-time" „betrügen"!

May I *take your name and number* and get someone to call you back?	Kann ich *Ihren Namen und Ihre Telefonnummer notieren*? Es wird Sie dann jemand zurückrufen.
All of our sales team are presently *unavailable.*	Alle unsere Verkäufer sind zurzeit *nicht zu erreichen.*
He's just taking his lunch break.	Er hat gerade Mittagspause.
He's in a meeting this morning, could you *call back* again this afternoon?	Heute Vormittag hat er eine Besprechung, könnten Sie heute Nachmittag *wieder anrufen*?
She has asked for *no calls to be put through.*	Sie hat mich gebeten, *keine Anrufe durchzustellen.*
OK, I'll *call back* later.	Gut, ich *rufe später zurück.*
All right, I'll *try again* this afternoon.	In Ordnung, ich *probiere es noch einmal* heute Nachmittag.
Could he give me a call back?	Könnte er mich zurückrufen?
I would just like to *reconfirm* our meeting tomorrow at 11 a.m.	Ich möchte nur unsere Besprechung morgen um 11.00 Uhr *bestätigen.*

Vorsicht bei Präpositionen der Zeit: "Can we meet at 10 a.m. on Tuesday?". "At" verwendet man in Zusammenhang mit einer bestimmten Uhrzeit, "on" mit einem bestimmten Tag.

When would be the best time to *reach* you?

Wann wäre die beste Zeit, Sie zu *erreichen*?

I'll be out of the office for the rest of the day.

Ich bin den Rest des Tages nicht mehr im Büro.

Talking

Gespräche führen

A: David Jones here from Smith & Co., may I speak to Mr. Müller please?

A: Hier David Jones von Smith & Co., kann ich bitte mit Herrn Müller sprechen?

B: I'm sorry, *he's on the other line at the moment. May I take a message*?

B: Es tut mir Leid, aber *er spricht gerade auf der anderen Leitung. Kann ich ihm etwas ausrichten?*

A: Yes. Could you please tell him to *call me back* this afternoon?

A: Ja. Könnten Sie ihm bitte sagen, dass er mich heute Nachmittag *zurückrufen soll*?

B: Yes, of course.

B: Ja, natürlich.

A: Could you *put* me *through* to John Smith please?

A: Könnten Sie mich bitte mit John Smith *verbinden*?

B: May I ask who's calling?

B: Mit wem spreche ich bitte?

A: Jane Dawson, Reeve Electronics.

A: Jane Dawson, Reeve Electronics.

B: *Please hold the line for a moment*, I'll just put you through.

B: *Einen Moment bitte*, ich verbinde.

A: May I speak to someone in the sales department?

A: Könnten Sie mich bitte mit der Verkaufsabteilung verbinden?

B: I'm sorry, they are all at lunch until 1.30 p.m. *May I take your name and number* and get someone to *call you back*?

B: Es tut mir Leid, dort sind alle bis 13.30 Uhr in der Mittagspause. *Kann ich Ihren Namen und Ihre Telefonnummer notieren*? Es wird Sie dann jemand *zurückrufen*.

A: All right, I'll *try again* this afternoon.

A: In Ordnung, ich *probiere es noch einmal* heute Nachmittag.

A: Harald Wagner, please.

A: Ich hätte gerne Harald Wagner gesprochen.

B: He's just taking his lunch break. May I help you at all?

B: Er hat gerade Mittagspause. Kann ich Ihnen vielleicht behilflich sein?

A: Yes, you could *give him a message*.

A: Ja, Sie könnten *ihm etwas ausrichten*.

I would just like to *reconfirm* our meeting tomorrow at 11.30 a.m. If there is a problem maybe he can call me back.

Ich möchte nur unsere Besprechung morgen um 11.30 Uhr *bestätigen*. Vielleicht kann er mich zurückrufen, wenn es Probleme gibt.

B: When would be the *best time to reach you?*

B: Wann wäre *die beste Zeit, Sie zu erreichen*?

A: I'm also just going to lunch, but will be back in the office after 2 p.m.

A: Ich gehe jetzt auch gerade zum Mittagessen, werde aber nach 14 Uhr wieder im Büro sein.

Ein Telefongespräch unter Geschäftspartnern, die sich kennen, fängt oft mit der üblichen Frage "Hello, how are you?" an. Die übliche Antwort lautet "Fine, thanks, and you?". Erst nachdem man ein paar solcher Höflichkeiten ausgetauscht hat, geht man zum Geschäftlichen über. Engländer reden auch ganz gerne über das Wetter und könnten durchaus fragen, wie das Wetter zurzeit in Deutschland ist.

A: Hello, Peter. How are you?
B: I'm fine, thank you. How are you?
A: I'm having a really busy day. And with this wonderful weather outside ... I wish I could go home early.

A: Hallo Peter, wie geht's Ihnen?
B: Gut, danke. Und Ihnen?
A: Ich bin furchtbar beschäftigt heute. Und das bei diesem wunderbaren Wetter draußen ... Ich wünschte, ich könnte heute früher nach Hause.

B. Then why don't you?
A: Because we're having troubles with one of our machines. This is actually the reason for my call. I need to see you and talk over our production schedules as soon as possible. Do you have time for a short meeting tomorrow morning at 10?

B. Warum tun Sie es nicht?
A: Weil wir Schwierigkeiten mit einer unserer Maschinen haben. Übrigens ist das der Grund, weshalb ich anrufe. Wir müssen uns so bald wie möglich treffen und den Produktionszeitplan besprechen. Haben Sie morgen Vormittagum 10 Uhr Zeit für ein kurzes Meeting?

B: Yes, I think I'll be able to make it.
A: Wonderful. See you tomorrow, then.

B: Ja, ich denke ich kann es einrichten.
A: Wunderbar. Dann also bis morgen.

"As soon as possible" wird als ASAP abgekürzt und wird auch im gesprochenen Englisch verwendet; "I'll send it A-S-A-P".

7. Geschäftskorrespondenz

Proper Letters and Fax Messages	**Korrekte Briefe und Faxe**
Dear Sir,	Sehr geehrter Herr ...,
Dear Madam,	Sehr geehrte Frau ...,
Dear Sirs,	Sehr geehrte Damen und Herren,
Dear Mr. Walsh,	Sehr geehrter Herr Walsh,
Dear Mrs. Walsh,	Sehr geehrte Frau Walsh, (verheiratete Frau)
Dear Miss Walsh,	Sehr geehrte Frau Walsh, (ledige Frau)
Dear Ms. Walsh,	Sehr geehrte Frau Walsh,
Dear Andrew,	Lieber Andrew,
Gentlemen,	Meine Herren,

Die Anrede "Mrs". wird ausschließlich für verheiratete Frauen benutzt, die Anrede "Miss" für Frauen, die ledig sind. "Ms." ist eine neutrale Form, die sowohl verheiratete als auch ledige Frauen benutzen können (es wird der Frau überlassen, wie sie sich nennt). "Miss" hat nicht die gleichen Assoziation wie in Deutschland „Fräulein". Wenn man in England ein Formular ausfüllt, hat man die Möglichkeit, die Anrede Mrs./Miss/Ms. anzukreuzen. Ein Geschäftsbrief beginnt mit "Dear Mr. ...". Briefe an Frauen, die man nicht kennt, fängt man vorsichtshalber mit der neutralen Form "Dear Ms. ..." an. Briefe an Firmen ohne Ansprechpartner, beginnen mit "Dear Sir ..." oder "Dear Sirs ...", auch die Formen "Dear Madam ..." oder "Dear Madam/Sir ..." sind geläufig. Briefe an Geschäftspartner, die man gut kennt, fängt man mit dem Vornamen an, "Dear David .../Dear Karen ...".

Enc./Encl.	Anlage
cc.	Verteiler
Att:/Attn:	zu Händen von
F.A.O. (For attention of)	zu Händen von
Your ref.	Ihr Betreff
Our ref.	Unser Betreff
dd. (dated)	datiert

Nach der Anrede folgt ein Komma und das erste Wort danach wird immer groß geschrieben.

Yours sincerely,/ Sincerely yours,	Mit freundlichen Grüßen
Yours truly,	Mit freundlichen Grüßen
Yours faithfully,	Mit freundlichen Grüßen
Best regards,	Mit freundlichen Grüßen
Kind regards,	Mit herzlichem Gruß
With kindest regards,	Herzliche Grüße
	Mit herzlichen Grüßen

"Yours sincerely" oder "Sincerely" sind die üblichen Grußwendungen für Geschäftspartner, die man gar nicht oder nicht sehr gut kennt. "Kind regards", "Best regards" oder nur "Regards" sind die üblichen Grußwendungen bei Geschäftspartnern, die man besser kennt. "Regards" ist nicht so persönlich wie "Kind regards" oder "Best regards". Man passt sich aber meistens an. Es wäre ungewöhnlich, einen Brief unterschrieben mit "Kind regards" mit "Yours sincerely" zu beantworten. Im britischen Englisch gibt es zudem noch eine sehr formale Grußwendung, die man üblicherweise verwendet, wenn man sein Gegenüber noch gar nicht kennt – "Yours faithfully".

P.P.	i.A, i.V. oder ppa.
Dictated by/signed in absence.	nach Diktat verreist

In England/den USA gibt es keine bestimmten Unterschriftsregeln wie in Deutschland. Alle dürfen unterschreiben, ohne bestimmte Bezeichnungen vor dem Namen anzugeben. Es wirkt deswegen für Ausländer verwirrend, wenn Deutsche z.B. mit „i.A. Müller" unterschreiben. Es passiert des Öfteren, dass die Antworten dann an "Mr. i.A. Müller" adressiert werden.
Anders als in Deutschland ist es im englischsprachigen Raum nicht üblich, Briefe zweifach zu unterschreiben.

---

memo	Hausmitteilung/interne Mitteilung
registered letter	Einschreiben
by registered letter	per Einschreiben
recorded delivery (UK)	per Einschreiben
certificate of posting	Einlieferungsschein
express	Eilzustellung
air mail	Luftpost
parcel	Paket

small packet	Päckchen
courier service	per Eilbote
overnight service	per Eilbote
desk	Schreibtisch
typewriter	Schreibmaschine
photocopier/xerox copier/	Fotokopierer
copy machine	
printer	Drucker
word processing	Textverarbeitung
to dictate	diktieren
shorthand	Kurzschrift/Stenografie
envelope	Umschlag/Kuvert
label	Etikett
letterhead	Briefkopf
business card	Visitenkarte
index card/filing card	Karteikarte
to file	ablegen, ordnen

Bei der englischen Adresse wird die Hausnummer vor dem Straßennamen geschrieben: "7 High Street". Es kommt auch häufiger vor, dass englische Häuser individuelle Namen haben und keine Nummer, also diese Namen immer mit angeben! Eine Familie könnte z.B. ihr Haus "Ocean View" nennen, und ihre Adresse könnte lauten "Ocean View, Main Street, Banbury".

Obwohl die Engländer sehr viel Wert auf Höflichkeitsfloskeln legen, wird ein Fax als sehr informell gesehen. Solche knappen Texte sind auch im Englischen mittlerweile weit verbreitet und akzeptiert.

Dennoch kann ein Fax, besonders wenn es sich um einen hochoffiziellen Anlass handelt, alle Formalia, die auch bei einem Brief gelten, beinhalten.

Please refax.	Bitte noch einmal faxen.
Please repeat *transmission.* The first transmission was difficult to read.	Bitte *Übertragung* wiederholen. Die erste Übertragung war schwer leserlich.
Someone using this *fax number* tried to fax us this morning.	Jemand mit dieser *Faxnummer* hat heute Morgen versucht uns zu zu faxen.
Our *fax machine* ran out of paper. Please resend.	Unser *Faxgerät* hatte kein Papier mehr. Bitte schicken Sie es noch einmal.

Immer mehr Schriftverkehr wird per Fax erledigt. Die Schriftstücke sind meistens informeller und viel kürzer. Viele Sätze und Wörter werden abgekürzt. In Großbritannien und den USA ist es durchaus üblich, ein Fax mit einem handgeschriebenen "OK" zu versehen oder einen Satz dazu zu schreiben und es dann einfach zurückzuschicken.

Dear Bill,
Please advise best delivery for two
boxes of item 467.
Thanks and regards,

Lieber Bill,
bitte geben Sie mir den besten
Liefertermin für Artikel 467.
Danke. Mit freundlichen Grüßen

Dear Mike,
Please enter new order for 400 kg
cement. Please fax OK by return.

Thank you.

Lieber Mike,
bitte merken Sie folgenden Neuauftrag
über 400 kg Zement vor. Bitte bestätigen Sie per Fax.
Vielen Dank.

We can attend the conference
between the above dates. Please
send details of accomodation
and itinerary.
Thanks.

Wir können an der Konferenz zu den
angegebenen Terminen teilnehmen.
Bitte schicken Sie uns Angaben zu
Unterbringung und Zeitplan der
Konferenz. Danke.

Sample Letters   **Musterbriefe**

368 East 13th Avenue
Chicago Heights
Illinois 36597
U.S.A

5th May 1999

Dear Sir/Madam,

I am writing to apply for the position of public relations
manager, which I saw advertised in the Chicago Herald on 2nd
May of this year. I have had several years of experience in the
field of public relations and feel that I am fully capable of
fulfilling your requirements.

I completed my first class business degree at the University
of Chicago in 1992 and was subsequently selected for the
graduate training programme with LVL, an affiliate of the
TEHV Group. Following my year's training with LVL, I
worked for four years in various subsidiaries of the TEHV
Group, including six months in Brazil and two years in Europe.
Thus I am fully aware of the business culture in South
America and in the European Union. My time overseas has
taught me to be versatile and flexible in my approach to public
relations and to adjust my strategies in accordance with the
expectations of very different cultures.

I am multilingual and can speak and write Spanish, French and
Portuguese to the high standard necessitated by your company.

I have enclosed my current résumé as requested, including details
of two referees and hope to be able to discuss the position with
you in more depth at interview.

Yours sincerely,

Mary Hughes (Ms.)

368 East 13th Avenue
Chicago Heights
Illinois 36597
U.S.A

5. Mai 1999

Sehr geehrte Damen und Herren,

ich schreibe, um mich für die Stelle eines Public Relations Managers zu bewerben, die ich im Chicago Herald vom 2. Mai diesen Jahres inseriert gesehen habe. Ich habe einige Jahre Erfahrung auf dem Public Relations Sektor und glaube, dass ich absolut in der Lage sein werde, Ihre Anforderungen zu erfüllen.

Ich habe mein Studium der Betriebswirtschaftslehre an der Universität von Chicago 1992 mit „Eins" abgeschlossen. Danach wurde ich für das Graduierten-Trainings-Programm der LVL, einer Tochtergesellschaft der TEHV Gruppe, ausgewählt. Nach meinem Trainingsjahr bei LVL arbeitete ich vier Jahre lang bei verschiedenen Tochtergesellschaften der TEHV Gruppe, unter anderem sechs Monate lang in Brasilien und zwei Jahre in Europa. Daher bin ich sowohl mit der südamerikanischen wie auch mit der europäischen Geschäftskultur gut vertraut. Die Zeit in Übersee hat mich gelehrt, vielseitig und flexibel in meinen Methoden in der Öffentlichkeitsarbeit zu sein, und meine Strategien den Erwartungen von verschiedenen Kulturen anzupassen.

Ich bin mehrsprachig und beherrsche Spanisch, Französisch und Portugiesisch in Wort und Schrift auf dem hohen Standard, der von Ihrem Unternehmen benötigt wird.

Wie gewünscht habe ich meinen aktuellen Lebenslauf inklusive zweier Referenzen beigefügt und hoffe, die Stelle mit Ihnen in größerer Ausführlichkeit beim Bewerbungsgespräch besprechen zu können.

Mit freundlichen Grüßen

            Mary Hughes (Ms.)

Highland Hideouts
Aviemore
Inverness-shire
PH21 7AW
Scotland

Kincardine Cottage
Pityoulish
Aviemore
Inverness-shire
PH22 6JL

7th February 1999

Dear Mrs. Norman,

We are delighted to offer you the position of accountant
within our firm. We feel that you are fully capable of becoming
a valuable and efficient member of our team. We hope that you
will accept the position and would be extremely grateful if you
could contact us as soon as possible to inform us of your decision.

If at all possible, we would like you to start work with us
on Monday 13th February, although we realise that you may
have to work a month's notice with your present company and
will because of this perhaps not be available for work on
this date.

I look forward to hearing from you.

Kind regards,

Geraldine Craig

Highland Hideouts
Aviemore
Inverness-shire
PH21 7AW
Scotland

Kincardine Cottage
Pityoulish
Aviemore
Inverness-shire
PH22 6JL

7. Februar 1999

Sehr geehrte Frau Norman,

wir schätzen uns glücklich, Ihnen die Stelle als Buchhalterin in
unserer Firma anbieten zu können. Wir glauben, dass Sie dazu
in der Lage sind, ein wertvolles und effizientes Mitglied unseres
Teams zu werden. Wir hoffen, dass Sie unser Angebot wahrnehmen
und wären Ihnen sehr dankbar, wenn Sie uns so früh wie möglich
über Ihre Entscheidung informieren würden.

Wenn irgend möglich, würden wir unsere Zusammenarbeit gerne
am Montag dem 13. Februar beginnen, obwohl uns klar ist, dass Sie
wahrscheinlich bei Ihrem jetzigen Unternehmen eine einmonatige
Kündigungsfrist einhalten müssen und uns deshalb zu diesem
Zeitpunkt vielleicht noch nicht zur Verfügung stehen werden.

Ich freue mich darauf von Ihnen zu hören.

Mit freundlichen Grüßen

Geraldine Craig

Stanley Products Limited
Endon
Staffordshire
ST17 6TG
England

Oak Cottage
Bagnall Lane
Endon
ST16 8UG

5th September 1998

Dear Miss Mills,

We are sorry to inform you that despite your extremely convincing interview on August 23rd and your subsequent good performance during our assessment weekend in the Lake District, we cannot offer you the position of trainee marketing manager within our company. We were astonished by the unusually high standard of applicants and our decision was an extremely difficult one.

Your C.V. and application forms are enclosed.

We wish you all the best in your future career.

Yours sincerely,

Sue Hancock, *Personnel Manager*

Stanley Products Limited
Endon
Staffordshire
ST17 6TG
England

Oak Cottage
Bagnall Lane
Endon
ST16 8UG

5. September 1998

Liebe Frau Mills,

es tut uns sehr Leid Ihnen mitteilen zu müssen, dass wir Ihnen
trotz Ihres sehr überzeugenden Bewerbungsgesprächs vom
23. August und Ihrer nachfolgenden guten Leistung während
unseres Assessment-Wochenendes im Lake District, die Stelle
als Marketingmanagertrainee in unserem Unternehmen nicht
anbieten können. Wir waren selber von dem ungewöhnlich hohen
Standard der Bewerber überrascht und die Entscheidung ist uns
sehr schwer gefallen.

Ihren Lebenslauf und die Bewerbungsunterlagen haben wir
beigefügt.

Für Ihre berufliche Zukunft wünschen wir Ihnen alles Gute.

Mit freundlichen Grüßen,

Sue Hancock, *Leiterin der Personalabteilung*

Maurice Motors, Pentonville Industrial Estate, Newcastle-upon-Tyne.

MEMO 07/99

TO: All members of staff

FROM: The Board of Directors

SUBJECT: Planned flotation of Maurice Motors

All our staff are already aware of our future plans to float
Maurice Motors on the stock market. The Board has now fixed
a definite date; sales of our shares are as from today scheduled
to begin on 1st September of this year.

As loyal members of staff within our company, we consider you
deserving of receiving a share option to shares in our company.
This means that you will be able to buy shares in Maurice
Motors, at the reduced price of ninety percent per share. We have
agreed, after much discussion, to offer one hundred shares per
employee at this special price.

We realise that many of our staff may never have purchased
shares before and therefore are unaware of the advantages of
doing so. We have decided therefore to give a presentation on
shareholding and what you can expect to gain from being a
shareholder. This is scheduled to take place on August 3rd.

If employees have any questions before this date or cannot attend
the presentation, our financial manager Miss Joyce is
prepared to give advice on the matter. Please contact her either
via e-mail, address SJB.fin@mm.newc.uk, or by telephone on
extension 257. Please do not visit her in her office without
prior appointment.

Please note that employees wishing to buy shares must notify
us of their interest on or before 14th August, in order to allow
enough time for their issue before flotation on 1st September.

Maurice Motors, Pentonville Industrial Estate, Newcastle-upon-Tyne.

MEMO 07/99

An: Alle Mitarbeiter

Von: Direktion

Betreff: Geplanter Börsengang von Maurice Motors

Allen unseren Mitarbeitern ist bekannt, dass wir planen, mit Maurice Motors an die Börse zu gehen. Die Direktion hat jetzt einen endgültigen Termin festgelegt. Der Verkauf unserer Aktien beginnt nach dem heute fixierten Zeitplan am 1. September diesen Jahres.

Wir sind der Meinung, dass Sie als loyale Mitarbeiter unserer Firma ein Aktienbezugsrecht für Aktien unseres Unternehmens verdienen. Das bedeutet, dass Sie die Gelegenheit haben werden, Aktien von Maurice Motors mit einem Preisnachlass von neunzig Prozent pro Aktie zu erwerben. Wir sind nach langer Diskussion übereingekommen, jedem Mitarbeiter 100 Aktien zu diesem Vorzugspreis anzubieten.

Es ist uns klar, dass viele unserer Mitarbeiter niemals zuvor Aktien erworben haben und daher die Vorteile eines solchen Kaufes nicht kennen. Wir haben uns daher entschieden eine Informationsveranstaltung zum Aktienbesitz und den damit verbundenen Vorteilen abzuhalten. Diese Veranstaltung wird am 3. August stattfinden.

Wenn Mitarbeiter vor diesem Zeitpunkt irgendwelche Fragen haben sollten oder der Veranstaltung nicht beiwohnen können, so ist unsere Finanzleiterin Frau Joyce bereit, in dieser Sache zu beraten. Bitte kontaktieren Sie sie entweder über E-Mail unter SJB.fin@mm.newc.uk oder telephonisch unter der Durchwahl 257. Bitte besuchen Sie sie nicht in ihrem Büro ohne vorherige Anmeldung.

Bitte berücksichtigen Sie, dass Mitarbeiter, die Aktien zu kaufen wünschen, uns dies bis zum 14. August mitteilen müssen, sodass genügend Zeit für ihre Anfrage vor dem Börsengang am 1. September verbleibt.

Smith & Co., 19 Station Road, Liverpool

Jones Bros. Ltd.
5 Newton Street
Newport, Gwent

7th September 1999
Ref.: Our order no. 452 dated June 5th

Dear Mr. Jones,

We refer to our order no. 452 dated June 5th for five boxes of article 372 in green and your order confirmation no. 1357 dated June 11th.

This order, which is the third part of our annual order, was due to leave your factory on September 5th to arrive in Liverpool by today, the 7th of September. Up to now, we have received neither your advice of dispatch, nor information as to the status of this order.
This material is now required by our depot in Manchester, as it is needed to make up a large order which we need to ship by the end of next week. If we delay our shipment, there is a danger of us losing the order altogether. Therefore we really must insist that the goods are dispatched tomorrow, otherwise this will cause us contractual difficulties.

Please let us know by return fax when we can expect delivery of these goods.
Looking forward to your positive reply, we remain

yours sincerely,

D. Smith (Mrs.)

Smith & Co., 19 Station Road, Liverpool

Jones Bros. Ltd.
5 Newton Street
Newport, Gwent

07. 09. 1999
Unser Auftrag Nr. 452 vom 5. Juni

Sehr geehrter Herr Jones,

wir beziehen uns auf unseren Auftrag Nr. 452 vom 5. Juni über fünf Kisten des Artikels 372 in Grün und Ihre Auftragsbestätigung Nr. 1357 vom 11. Juni.

Dieser Auftrag, der dritte Teil unserer jährlichen Bestellung, sollte am 5. September Ihr Werk verlassen, um spätestens heute, am 7. September, in Liverpool anzukommen. Bis jetzt haben wir weder eine Versandanzeige noch Informationen über den Stand dieses Auftrags erhalten.
Das Material wird nun in unserem Lager in Manchester dringend benötigt, um unsererseits einen Auftrag fertigzustellen, den wir bis Ende nächster Woche verschiffen müssen. Wenn wir unsere Lieferung verzögern, besteht die Gefahr, dass wir den Auftrag ganz verlieren. Wir müssen daher darauf bestehen, dass die Ware morgen zum Versand kommt, ansonsten könnte es für uns zu vertragsrechtlichen Problemen kommen.

Bitte lassen Sie uns unverzüglich per Telefax wissen, wann wir mit der Lieferung der Ware rechnen können.
In Erwartung Ihrer positiven Antwort verbleiben wir

mit freundlichen Grüßen

D. Smith

Miller Machines Inc.
1552 South Cherry Avenue
Chicago, IL 60607

Fa. Georg Schmid GmbH
Neckarstraße 15
70469 Stuttgart
Germany

04/31/1999 ff/gn

Ref.: Enquiry

Dear Sirs,

The German Chamber of Commerce was kind enough to pass on the name
and address of your company as a manufacturer of small motors for industrial uses. We would like to import your products to the American market
and would also be interested to learn whether you are represented in this
part of America. We are a medium-sized company with thirty employees.
We have seven salesmen in the Chicago area and twelve more across the
states of Illinois, Ohio and Indiana.
Please let us have your detailed offer as follows: For full 20' containers CIF
port of Chicago via Montreal Gateway, including price per unit and present
lead time.
As payment we would suggest 60 days after date of invoice, net.
Would you offer a discount for large quantities or for regular orders?
Please send us a company brochure and some catalogues showing the diffe-
rent kinds of motors and the different applications that you can offer.

We look forward to hearing from you.

Sincerely,

Frank Fitzpatrick
Purchasing Manager

Miller Machines Inc.
1552 South Cherry Avenue
Chicago, IL 60607

Fa. Georg Schmid GmbH
Neckarstraße 15
D-70469 Stuttgart

Angebotsanfrage   31. 4.1999

Sehr geehrte Damen und Herren,

die Deutsche Handelskammer hat uns freundlicherweise den Namen und
die Adresse Ihrer Firma als Hersteller von Kleinmotoren für industrielle
Zwecke gegeben. Wir würden gerne Ihre Produkte in den amerikanischen
Markt importieren und wären auch interessiert zu erfahren, ob Sie in die-
sem Teil der Vereinigten Staaten vertreten sind.
Wir sind ein mittelständisches Unternehmen mit 30 Angestellten. Im Raum
Chicago beschäftigen wir sieben Verkäufer sowie zwölf weitere in den
Staaten Illinois, Ohio und Indiana.
Bitte schicken Sie uns Ihr detailliertes Angebot wie folgt:
Auf Basis von vollen 20' Containern CIF Chicago über Montreal Gateway,
einschließlich Preis pro Einheit und aktueller Lieferzeit.
Als Zahlungsbedingung würden wir 60 Tage nach Rechnungsdatum, netto
vorschlagen.
Gewähren Sie Mengenrabatte oder Rabatte für regelmäßige Bestellungen?
Könnten Sie uns bitte auch eine Firmenbroschüre sowie Kataloge über die
verschiedenen Motoren und deren Verwendungsmöglichkeiten zukommen
lassen?

In Erwartung Ihrer baldigen Antwort verbleiben wir
mit freundlichen Grüßen

Frank Fitzpatrick
Einkaufsleiter

Georg Schmid GmbH, Neckarstraße 15, D-70469 Stuttgart

Miller Machines Inc.
Attn: Mr. Fitzpatrick
Purchasing Manager
1552 South Cherry Avenue
Chicago, IL 60607
USA

June 6, 1999 gs/st

Ref.: Your enquiry dated April 4, 1999

Dear Mr. Fitzpatrick,

Thank you for your letter of April 4, 1999 and the interest you showed in our products. We would first of all like to tell you something about our company: Our company was founded in 1935, has at present 120 employees and we are hoping to expand next year to a further unit in the Stuttgart area. We mainly sell our products here in Germany but are hoping to expand our export activities.

At the moment we are not represented in the eastern United States, and we would be very interested in arranging a meeting to discuss your proposal. We have enclosed our current price list. Please note the following:

All our prices are to be understood FOB German port including packing. For CIF deliveries we would have to charge an extra 10% on list price. These prices are based on a minimum quantity of 50 units per order in 20' containers. For regular orders we would offer a discount of 5%. Present lead time is ex works four weeks after receipt of order.

For the first order we would prefer payment "Cash against Documents", for which we would offer a discount of 3%. For further orders we would consider an open payment term.

We have enclosed the requested company brochure and various catalogues. We hope that we have made you a favorable offer and look forward to hearing from you soon.

With best regards,

G. Schmid

Georg Schmid GmbH, Neckarstraße 15, D-70469 Stuttgart

Miller Machines Inc.
z. Hd. Herrn Fitzpatrick
Einkaufsleiter
1552 South Cherry Avenue
Chicago, IL 60607
USA

05.06.1999 gs/st

Ihre Anfrage vom 31.04.1999

Sehr geehrter Herr Fitzpatrick,

vielen Dank für Ihren Brief vom 31.04.99 und Ihr Interesse an unseren Produkten. Wir möchten Ihnen zunächst etwas über unsere Firma erzählen: Unsere Firma wurde 1935 gegründet und hat zurzeit 120 Mitarbeiter und wir hoffen, nächstes Jahr eine weitere Fabrik in der Stuttgarter Gegend zu erwerben. Wir verkaufen unsere Produkte hauptsächlich in Deutschland, hoffen aber, dass wir unsere Exportaktivitäten weiter ausbauen können.
Zurzeit sind wir nicht im Osten der USA vertreten und wir wären sehr daran interessiert, ein Treffen zu vereinbaren, um Ihren Vorschlag zu diskutieren.
Anbei unsere aktuelle Preisliste, bitte beachten Sie Folgendes:
Unsere Preise verstehen sich FOB deutscher Hafen einschließlich Verpackung. Für CIF Lieferungen müssen wir einen Aufschlag von 10% auf den Listenpreis berechnen. Diese Preise basieren auf einer Mindestabnahmemenge von 50 Stück pro Auftrag in 20' Containern. Für regelmäßige Bestellungen können wir einen Rabatt von 5% anbieten. Aktuelle Lieferzeit ab Werk ist vier Wochen nach Auftragserhalt. Für den ersten Auftrag würden wir eine Zahlungskondition „Kasse gegen Dokumente" vorziehen, wofür wir aber einen Rabatt von 3% anbieten würden. Für weitere Aufträge könnten wir ein offenes Zahlungsziel berücksichtigen. Wir haben die gewünschte Firmenbroschüre und verschiedene Kataloge beigelegt.
Wir hoffen, Ihnen ein günstiges Angebot gemacht zu haben und würden uns freuen, bald von Ihnen zu hören.

Mit freundlichen Grüßen
G. Schmid

Candy Computer Components
Wall Grange Industrial Estate
Buxton
Derbyshire
DB26 8TG
Great Britain

Dandy Distributions Poland
21 Zapikamke Street
Gdansk
Poland

16th October 1999

Re: Agency Agreement

Dear Mr. George,

Following our meeting last week and in reply to yesterday's fax message,
I would like to suggest terms, as enclosed, for our proposed agency
agreement. This will, as agreed, award you sole agency for the distribution
and sale of our products in Poland.

I have enclosed two copies of our proposed contract. I hope you find
the terms acceptable for your company. If you would like to make any
amendments or have any questions regarding the terms of contract,
please do not hesitate to contact me and we can discuss the
matter further.

Please read the provisions in the agreement carefully. If you find them
to be acceptable to you, please sign both copies and return them
to me as soon as possible.

I look forward to our doing business together and hope that this marks the
beginning of a mutually profitable business relationship.

Best regards,

Andy Bartler

Candy Computer Components
Wall Grange Industrial Estate
Buxton
Derbyshire
DB26 8TG
Great Britain

Dandy Distributions Poland
21 Zapikamke Street
Gdansk
Poland

16. Oktober 1999

<u>Vertretungsvertrag</u>

Sehr geehrter Herr George,

nach unserem Treffen letzte Woche und als Antwort auf Ihr gestriges Fax möchte ich Ihnen hiermit die Bedingungen für unseren vorgeschlagenen Vertretungsvertrag übersenden. Diese geben Ihnen wie vereinbart das alleinige Vertretungsrecht für Vertrieb und Verkauf unserer Produkte in Polen.

Ich habe zwei Kopien des vorgeschlagenen Vertrages beigefügt. Ich hoffe, dass die Konditionen für Ihr Unternehmen annehmbar sind. Sollten Sie irgendwelche Nachbesserungen vornehmen wollen oder irgendwelche Fragen hinsichtlich der Vertragsbedingungen haben, so zögern Sie bitte nicht, mich zu kontaktieren, sodass wir die Angelegenheit weiter besprechen können.

Bitte lesen Sie die Bestimmungen des Vertrages sorgfältig. Sollten Sie sie annehmbar finden, so unterzeichnen Sie bitte beide Kopien und schicken Sie sie sobald als möglich an mich zurück.

Ich freue mich darauf, mit Ihnen Geschäfte zu machen und hoffe, dass dies den Beginn einer für beide Seiten profitablen Geschäftsbeziehung darstellt.

Mit freundlichen Grüßen
        Andy Bartler

Hans Müller GmbH & Co., Rosenstraße 76, D-60313 Frankfurt

Lloyd Automation Ltd.
Attn: Mr. Patrick Hughes
15 River Bank Industrial Estate
Birmingham B4
Great Britain

27 May 1999 hm/fe

Ref.: Addition to our product range

Dear Mr. Hughes,

We are pleased to announce that item no. 12967 is now available in three
different versions: the existing two products and now a third alternative in
black leather. This is something we have been working on for almost six
months and after extensive tests the new version has been released for sale.
This is an important addition to our product range and we are sure that this
will serve to complement the present products. We now have the unique opportunity to cover three different sectors of the market at once and to update our present technology.
We have enclosed a brochure and a revised price list which now includes
this item. For initial orders we would be prepared to offer an introductory
discount of 5%.
We hope that this new addition to our product range will enable you to consolidate and even to increase your sales, and we look forward to receiving
your trial orders.

With best regards,

H. Müller

Encl.:   Brochure
         Revised price list

Hans Müller GmbH & Co., Rosenstraße 76, D-60313 Frankfurt

Lloyd Automation Ltd.
z. Hd. Herrn Patrick Hughes
15 River Bank Industrial Estate
Birmingham B4
Großbritannien

27. Mai 1999 hm/fe

Ergänzung unserer Produktpalette

Sehr geehrter Herr Hughes,

wir freuen uns, Ihnen mitteilen zu können, dass unser Artikel Nr. 12967 jetzt in drei verschiedenen Ausführungen lieferbar ist: die zwei bereits existierenden Versionen und nun eine dritte Alternative in schwarzem Leder. Wir habe fast sechs Monate daran gearbeitet, und nach ausführlichen Tests ist die neue Version nun für den Verkauf freigegeben worden.
Es handelt sich um eine wichtige Erweiterung unserer Produktpalette und wir sind sicher, dass dies unsere bestehenden Produkte ergänzen wird. Wir haben jetzt die einmalige Möglichkeit, drei verschiedene Marktsektoren gleichzeitig abzudecken und unsere jetzige Technologie auf den neuesten Stand zu bringen.
Anbei eine Broschüre und eine revidierte Preisliste, die jetzt diesen Artikel enthält. Für Erstaufträge wären wir bereit, einen Sondereinführungsrabatt von 5% zu gewähren.
Wir hoffen, dass diese neue Ergänzung unserer Produktpalette es Ihnen ermöglichen wird, Ihre Umsätze zu konsolidieren oder sogar zu steigern. Wir freuen uns auf den Erhalt Ihrer Musterbestellungen.

Mit freundlichen Grüßen

H. Müller

Anlage: Broschüre
         Revidierte Preisliste

F. Huber Chemie GmbH, Isarstraße 102, D-80469 München

C. Bryan Chemicals Ltd.
Attn: Mr. John Perkins
5 Green Lane
Brighton, East Sussex
Great Britain

10 December 1998 fh/me

Ref.: Price increase as from January 1st, 1999

Dear Mr. Perkins,

Unfortunately we have to inform you that as of January 1st we will be increasing our prices by 5%. This is the first adjustment in two years and has been made necessary by several factors.

The price of raw materials has increased by up to 20% within a matter of months; the prices for natural rubber in particular have been affected.

The introduction of motorway tolls for lorries at the beginning of this year has lead to a 5-10% increase in freight costs, which, as our orders are delivered CIP Brighton, has also to be covered by us.

The increasingly stringent environmental legislation in Great Britain makes it more and more difficult for us to ensure cost-effective production. Also the new laws make it more expensive for us to dispose of our waste and packing materials.

All of these factors leave us no other choice than to adjust our prices accordingly. We are, however, prepared to guarantee these new prices until the end of April 2000. The new price list will be forwarded in the near future.

We sincerely regret having to take this step, but hope that we can nevertheless maintain our position in the European market.

With kindest regards,

F. Huber

F. Huber Chemie GmbH, Isarstraße 102, D-80469 München

C. Bryan Chemicals Ltd.
z. Hd. Herrn John Perkins
5 Green Lane
Brighton, East Sussex
Großbritannien

10. Dezember 1998 fh/me

Preiserhöhung ab 1. Januar 1999

Sehr geehrter Herr Perkins,

leider müssen wir Ihnen mitteilen, dass wir ab 1. Januar 1999 eine Preiser-
höhung von 5% vornehmen werden. Es ist die erste Angleichung seit zwei
Jahren und sie ist wegen verschiedener Faktoren notwendig geworden.
Die Preise für Rohstoffe sind innerhalb der letzten Monate um bis zu 20%
gestiegen; besonders die Preise für Naturkautschuk sind davon betroffen.
Die Einführung von Autobahngebühren für LKWs Anfang dieses Jahres haben zu einer Anhebung der Frachtkosten um 5-10% geführt, die, da unsere
Aufträge CIP Brighton geliefert werden, auch von uns gedeckt werden müs-
sen.
Die zunehmend strengen Umweltgesetze Großbritanniens erschweren es
uns, eine kosteneffektive Produktion zu sichern. Zudem machen die neuen
Verordnungen es für uns immer teurer, unseren Abfall und unser Verpackungsmaterial zu entsorgen.
All diese Faktoren lassen uns keine andere Wahl als unsere Preise entsprechend anzupassen. Wir sind jedoch bereit, diese neuen Preise bis Ende
April 2000 zu garantieren. Die neue Preisliste erhalten Sie in Kürze.
Wir bedauern sehr, diesen Schritt unternehmen zu müssen, hoffen aber,
dass wir dennoch unsere Position auf dem europäischen Markt beibehalten
können.

Mit freundlichen Grüßen

F. Huber

Accounting Services, 159 Gastown Street, Vancouver, V1 7KH, British Columbia.

Marie Bardel
Software Showmen
145 Tenth Avenue West
Vancouver
V23 9HG

5th June 1998

Dear Marie,

I am sorry to persist in contacting you regarding this matter, but I remain doubtful of the quality of the service you have provided regarding the training of our staff in the new, "user-friendly" software packages you installed in our offices.

I realise that my employees may share the blame for this problem, but I must admit that it seems to me that they have quite simply been misinformed regarding some aspects of the potential uses of the software you provided. I wonder if it would perhaps be possible for us to arrange a second training day, perhaps at a reduced price with a more senior member of your team, in order to ensure that we can use the new computerised accounting systems to our full advantage.

I do realise that you made a considerable effort to help us in every way possible thus far and would be most grateful if you would assist us further in this matter.

I look forward to hearing from you.

Best Regards,

Paul Bernard.

Accounting Services, 159 Gastown Street, Vancouver, V1 7KH, British Columbia.

Marie Bardel
Software Showmen
145 Tenth Avenue West
Vancouver
V23 9HG

5. Juni 1998

Liebe Marie,

es tut mir Leid, dich ein weiteres Mal in dieser Angelegenheit
zu kontaktieren, aber ich habe immer noch Zweifel an der
Qualität des von euch zur Verfügung gestellten Services. Dabei beziehe ich
mich auf das Training unserer Mitarbeiter an dem von euch in unseren
Büros installierten „benutzerfreundlichen" Softwarepaket.

Es ist mir klar, dass ein Teil des Problems bei unseren Mitarbeitern
liegt, aber ich muss zugeben, dass es mir so scheint, als ob sie einfach
falsch über einige Aspekte des von euch gelieferten Softwarepakets
informiert worden sind. Ich frage mich, ob es nicht möglich wäre,
einen zweiten Trainingstag für uns zu arrangieren, und zwar
möglicherweise zu einem reduzierten Preis und mit einem erfahreneren
Mitglied eures Teams, so dass sichergestellt ist, dass wir das neue
computerisierte Buchhaltungsprogramm zu unserem größtmöglichen
Vorteil ausnützen können.

Es ist mir klar, dass ihr euch bisher große Mühe gegeben habt,
uns soweit wie möglich zu unterstützen und ich wäre sehr dankbar,
wenn ihr uns auch weiterhin in dieser Angelegenheit helfen würdet.

Ich freue mich darauf, von dir zu hören.

Mit freundlichen Grüßen

Paul Bernard

Taylor and Ball Constructions, 189 Paisley Road, Hamilton, Scotland.

Gulliver's Distributions
23 Lilliput Lane
Stoke-on-Trent
England

5th October 1999

Ref: Delivery of copper piping

Dear Mr. Swift,

Following several telephone conversations with both your
secretary and yourself, I feel I have no choice but to inform
you that if we do not receive our delivery of copper piping
by 10th October 1999 at the very latest, we will be forced to
take legal action and sue for damages. I realise that problems
can and do occur and I am always reasonable in respect of
short delays. As yet, however, your firm has failed to provide
a valid reason for the inexcusable delay and we have waited
for more than two weeks for our consignment.

Obviously, I would like to avoid the time and trouble involved
in a legal case, but feel that there is scarcely another option
remaining open to me. We enjoy an extremely good reputation
in the Hamilton area and have many loyal customers throughout
Scotland who rely on our prompt service. The absence of the
copper piping has brought our construction project in the Tomintoul
Estate for our loyal customer, Lord Yahoo, to a standstill,
as our engineers cannot work without their raw materials.

I expect a response from you or a member of your staff by
return post or alternatively, by fax or e-mail.

Yours sincerely,

Christine Peters

Taylor and Ball Constructions, 189 Paisley Road, Hamilton, Scotland.

Gulliver's Distributions
23 Lilliput Lane
Stoke-on-Trent
England

5. Oktober 1999

Lieferung von Kupferrohren

Sehr geehrter Herr Swift,

nach mehreren Telefongesprächen, die ich sowohl mit Ihrem Sekretär als auch mit Ihnen geführt habe, sehe ich keine andere Möglichkeit als Sie darauf aufmerksam zu machen, dass wir uns gezwungen sehen, rechtliche Schritte einzuleiten und auf unseren Schaden zu klagen, wenn wir unsere Lieferung Kupferrohre nicht bis spätestens zum 10. Oktober 1999 erhalten haben. Es ist mir bewusst, dass Probleme auftreten können und ich bin sehr verständnisvoll bei kurzen Verzögerungen. Doch Ihre Firma hat bis heute keinen vernünftigen Grund für die unentschuldbare Verzögerung angegeben und wir haben bereits mehr als zwei Wochen auf Ihre Lieferung gewartet.

Natürlich möchte ich gerne die Zeit und den Ärger, die ein Gerichtsverfahren mit sich bringt, vermeiden, aber ich habe kaum noch eine andere Möglichkeit. Wir haben einen sehr guten Ruf in der Region um Hamilton und viele loyale Kunden in ganz Schottland, die sich auf unseren prompten Service verlassen. Das Fehlen der Kupferrohre hat unser Bauprojekt auf dem Tomitoul Besitz für unseren treuen Kunden, Lord Yahoo, zum Stillstand gebracht, und unsere Ingenieure können nicht ohne ihre Rohmaterialien arbeiten.

Ich erwarte eine Antwort von Ihnen oder einem Ihrer Mitarbeiter entweder auf dem Postweg oder alternativ via Fax oder E-Mail.

Hochachtungsvoll,

Christine Peters

Gulliver's Distributions, 23 Lilliput Lane, Stoke-on-Trent, England.

Taylor and Ball Constructions
189 Paisley Road
Hamilton
Scotland

7th October 1999

Ref: Delivery of copper piping

Dear Miss Peters,

I cannot apologise enough for the inconvenience caused by the
delay in delivering the copper piping and am pleased to
inform you that the piping left the yard this morning and
should be with you by the time you receive this letter.

As I explained in our telephone conversation yesterday, our
driver was injured during the loading of the piping and as a result,
we have been very short-staffed over the past two weeks.
I'm afraid to say that in the aftermath of the accident, my
secretary failed to realise that the consignment had not been
delivered. He also failed to pass on your telephone messages
and thus I heard of the problem only when the consignment was
already one week overdue. I have since taken appropriate
action and given my secretary a written caution.

In view of the unfortunate situation which has arisen, I would
like to offer you a discount of fifty percent on the normal
delivery charge. I hope this settles the matter to your
satisfaction and I hope that we can continue to do business
together in the future.

Once again, please accept my sincere apologies.

Yours sincerely,

Jon Swift

Gulliver's Distributions, 23 Lilliput Lane, Stoke-on-Trent, England.

Taylor and Ball Constructions
189 Paisley Road
Hamilton
Scotland

7. Oktober 1999

Lieferung von Kupferrohren

Sehr geehrte Frau Peters,

ich kann mich nicht genug für die Unannehmlichkeiten entschuldigen, die Ihnen durch die Verzögerung bei der Lieferung der Kupferrohre entstanden sind und bin glücklich, Ihnen mitteilen zu können, dass die Rohre heute Morgen unseren Hof verlassen haben und zu dem Zeitpunkt, zu dem Sie diesen Brief erhalten, bei Ihnen eingetroffen sein sollten.

Wie ich Ihnen in unserem gestrigen Telefonat erklärt hatte, hat sich unser Fahrer beim Verladen der Rohre verletzt und infolgedessen waren wir während der letzten zwei Wochen ziemlich unterbesetzt. Ich befürchte, dass mein Sekretär auf Grund der Nachwirkungen des Unfalls übersehen hatte, dass die Lieferung noch nicht überbracht war. Er versäumte es außerdem, Ihre telefonischen Nachrichten an mich weiterzuleiten, sodass ich erst von dem Problem zu hören bekam, als die Lieferung bereits eine Woche überfällig war. Ich habe seither die angemessenen Schritte eingeleitet und meinen Sekretär schriftlich verwarnt.

Angesichts der unglücklichen Situation, die entstanden ist, möchte ich Ihnen einen fünfzigprozentigen Nachlass unseres üblichen Lieferpreises anbieten. Ich hoffe, dass die Angelegenheit auf diese Weise für Sie zufrieden stellend geklärt ist und ich hoffe, dass wir auch in Zukunft noch miteinander Geschäfte machen werden.

Ich möchte noch einmal mein tiefes Bedauern ausdrücken.

Mit freundlichen Grüßen

    Jon Swift

TRIX Products
78 South Richmond Avenue
Palm Springs
50227
California

The Nicey Bank
67 Generous Avenue
Palm Springs
50702
California

April 1st 1999

Re: Credit Application

Dear Sirs/Madams,

Having obtained credit from your bank at a competitive rate
of interest in the past, we would like to ask whether you
would consider offering our company a loan for $100,000.

As you are aware, we have always been very reliable patrons
of your bank and can provide good credit references if
necessary. We are a large firm with considerable assets, which
we could offer as ample security for a loan of this size. If
you were nevertheless to require additional securities, these
could also be obtained.

We have enclosed details of our accounts and our balance sheets
for the past five years. If you require any further information
please do not hesitate either to contact myself or a member of
our book-keeping division.

I look forward to receiving your reply.

Yours faithfully,

Alan Zimmerman, General Director, TRIX Products.

TRIX Products
78 South Richmond Avenue
Palm Spring
50227
California

The Nicey Bank
67 Generous Avenue
Palm Springs
50702
California

1. April 1999

Kreditantrag

Sehr geehrte Damen und Herren,

da wir bereits in der Vergangenheit von Ihrer Bank einen Kredit
zu einem günstigen Zinssatz erhalten haben, wollten wir Sie darum
bitten, es in Erwägung zu ziehen, uns einen weiteren Kredit über
$100.000 einzuräumen.

Wie Ihnen bekannt ist, waren wir immer äußerst zuverlässige Kunden
Ihrer Bank und sind in der Lage, gute Kreditreferenzen beizubringen,
wenn es nötig sein sollte. Wir sind ein großes Unternehmen mit einem
beträchtlichem Vermögen, das wir als ausreichende Sicherheit für einen
Kredit dieser Größenordnung anbieten können. Sollten Sie trotzdem
zusätzliche Sicherheiten benötigen, so können diese beigebracht werden.

Wir haben eine detaillierte Aufstellung unserer Konten und Bilanzen
der letzten fünf Jahre beigefügt. Sollten Sie noch zusätzliche
Informationen benötigen, so zögern Sie nicht, mich oder einen
Mitarbeiter unserer Buchhaltung zu kontaktieren.

Ich freue mich auf Ihre Antwort.

Hochachtungsvoll

Alan Zimmerman, Generaldirekor TRIX Products

Barmy Books
139 West Richmond Street
San Fransisco
58739
USA

Tardy Tattlers
35 Late Lane
San Fransisco
12345
USA

22nd July 1999

Ref: SH 371772/hb

First Reminder

Dear Mr. Tardy,

When balancing our accounts for this month, it came to my
attention that there appears to be a payment for $599
outstanding, for a consignment of goods delivered on 10th
July, invoice number SH 371772/hb.

As you have always settled your accounts with us punctually
in the past, I assume that this was an oversight in your
accounts department.

I would be extremely grateful if you could send the outstanding
amount to us within the next few days or contact us if you
have any queries regarding the payment.

If you have already settled the account, please disregard this
notice and accept our thanks for your payment.

Yours sincerely,

Ian Mickleson

Barmy Books
139 West Richmond Street
San Fransisco
58739
USA

Tardy Tattlers
35 Late Lane
San Fransisco
12345
USA

22. Juli 1999

SH 371772/hb

<u>Erste Erinnerung</u>

Sehr geehrter Herr Tardy,

beim diesmonatigen Abschluss unserer Konten ist mir aufgefallen,
dass noch eine Zahlung über $599 für eine Lieferung von Gütern
mit der Rechnungsnummer SH 371772/hb vom 10. Juli aussteht.

Da Sie Ihre Rechnungen in der Vergangenheit stets pünktlich
beglichen haben, nehme ich an, dass es diesmal nur der
Aufmerksamkeit Ihrer Buchhaltung entgangen ist.

Ich wäre Ihnen äußerst dankbar, wenn Sie uns den ausstehenden
Betrag innerhalb der nächsten Tage zukommen lassen würden
oder uns kontaktieren, falls Sie irgendwelche Fragen hinsichtlich
der Bezahlung haben sollten.

Sollten Sie die Rechnung bereits beglichen haben, so betrachten
Sie dieses Schreiben als hinfällig und wir bedanken uns für
Ihre Bezahlung.

Mit freundlichen Grüßen

Ian Mickleson

Brite-on Chemicals Limited
Smithfield Industrial Estate
Brighton
England

February 16th 1999 ed/sh

Dear shareholder,

We would like to thank you for your support during the past
years and to invite you to our annual general meeting, which has
been scheduled for March 27th 1999. We hope you will be
able to attend.

This has perhaps been the most successful year for Brite-on
since our inauguration in 1963. Our researchers have successfully
developed several exciting new products and despite increasingly
intense competition we have succeeded in keeping our position
at the forefront of chemical dye production. Two of these new
products have already been launched and are on the market, one
is to be introduced in 1999.

We are pleased to inform you that over the past economic year
our net profits have increased by over ten percent. Consequently,
we are hoping to expand into eastern European markets in the
coming year and have signed a contract with a well-known
distribution company to maximize the possibilities for sales
in the region. If all goes according to plan, we hope to open a regional
office there in the year 2002.

Consequently, we anticipate that our dividend payments for 1998
will be higher than those paid in 1997. We will have precise
figures available at the AGM next month.

We hope to enjoy your company on March 27th and would like to
thank you once again for your support.

Yours faithfully,

Ewan Davidson, Managing Director

Brite-on Chemicals Limited
Smithfield Industrial Estate
Brighton
England

16. Februar 1999 ed/sh

Sehr geehrter Aktionär,

wir möchten Ihnen für Ihre Unterstützung während der letzten
Jahre unseren Dank aussprechen und Sie zu unserer jährlichen Hauptversammlung am 27. März 1999 einladen. Wir hoffen, dass Sie
in der Lage sein werden teilzunehmen.

Dieses Jahr war vielleicht das erfolgreichste seit unserer
Gründung im Jahr 1963. Unsere Forscher haben einige neue
aufregende Produkte erfolgreich entwickelt und trotz des zunehmenden Wettbewerbs ist es uns gelungen, unsere Position an
der Spitze der chemischen Farbstoffproduktion zu behaupten.
Zwei unserer neuen Produkte sind bereits lanciert und auf dem
Markt, ein weiteres wird 1999 eingeführt.

Wir freuen uns, Ihnen mitteilen zu können, dass unsere Nettogewinne im Laufe des letzten Wirtschaftsjahres um zehn Prozent
zugenommen haben. Folglich hoffen wir, im nächsten Jahr in die
osteuropäischen Märkte zu expandieren und haben mit einer bekann-
ten Vertriebsgesellschaft einen Vertrag geschlossen, um Verkaufs-
möglichkeiten in der Region zu maximieren. Wenn alles gut geht,
hoffen wir, im Jahr 2002 dort ein Regionalbüro einzurichten.

Deshalb gehen wir davon aus, dass unsere Dividende für 1998 höher
sein wird als die von 1997. Wir werden die exakten Zahlen bei der
Hauptversammlung nächsten Monat zur Verfügung haben.

Wir hoffen, am 27. März das Vergnügen Ihrer Anwesenheit zu haben
und möchten uns nochmals für Ihre Unterstützung bedanken.

Mit freundlichen Grüßen

Ewan Davidson, Generaldirektor

Sample Faxes   **Musterfaxe**

FAX MESSAGE

Hans Müller GmbH
Seestraße 7
D-28717 Bremen

TO: Mr. B. Williams
Clark Industries

FROM: Mr. R. Wagner

Date: 15 January 1999

Ref.: My visit next week

Dear Mr. Williams,

As discussed, here my itinerary for next week's visit to England:
January 20th

9.30 a.m.	Arrival London Heathrow on flight BA 723.
2.00 p.m.	Meeting at Clark Industries with Messrs. Smith, Jones and Williams. Subject: Market Strategy in Great Britain.
7.00 p.m.	Dinner with Mr. West from Smith & Partners.

January 21st

10.00 a.m.	Visit to Brighton Seals & Coatings in Maidenhead.

January 22nd

9.00 a.m.	Visit to Smiths Coatings. Subject: Market development.
3.00 p.m.	Depart London Heathrow on flight BA 724.

Could you please arrange for me to be picked up from the airport and book me a room for two nights in a hotel near you?

Looking forward to seeing you again next week.
Best regards,
R. Wagner

FAXMITTEILUNG

Hans Müller GmbH
Seestraße 7
D-28717 Bremen

AN: Herrn B. Williams
Clark Industries

VON: Herrn R. Wagner
Datum: 15. Januar 1999

Mein Besuch in der nächsten Woche

Sehr geehrter Herr Williams,

wie besprochen mein Programm für den Besuch nächste Woche in England:

20. Januar
9.30 Uhr   Ankunft London Heathrow mit Flug BA 723
14.00 Uhr   Besprechung bei Clark Industries mit den Herren Smith,
                  und Williams. Thema: Marktstrategie in Großbritannien
19.00 Uhr   Abendessen mit Herrn West von Smith & Partners

21. Januar
10.00 Uhr   Besuch bei Brighton Seals & Coatings in Maidenhead

22. Januar
9.00 Uhr   Besuch bei Smiths Coatings. Thema: Marktentwicklung
15.00 Uhr   Abflug London Heathrow mit Flug BA 724

Könnten Sie bitte meine Abholung vom Flughafen arrangieren und ein
Zimmer für zwei Nächte in einem Hotel in Ihrer Nähe buchen?

Ich freue mich, Sie nächste Woche wieder zu sehen.
Mit freundlichen Grüßen

R. Wagner

FAX MESSAGE

W. Phillips & Co.
17 New Street
Liverpool.

TO: Mr. B. Clarke
Wayview Ltd.

FROM: Mr. M. Taylor

Date: 7 June 1998
Ref.: Our order no. 159/98, your invoice no. 3479 dated May 21st, 1998

Dear Mr. Clarke,

We refer to our order no. 159/98 and your invoice no. 3479 dated May 21st, 1998. The material which was delivered the week before last is not acceptable. The cloth is torn in the middle and the edges are not neatly sewn. We have examined all the material and unfortunately must confirm that the contents of all boxes are faulty.

We have contacted our customer, who is also of our opinion. We must therefore ask you to cancel the invoice no. 3479 and to deliver replacement material without delay.

When could we expect this replacement delivery? The material is needed for some important samples that we need to dispatch to our customer by the end of next week.

Awaiting your comments.

Best regards,

Mr. Taylor

cc. Mr. Phillips
   Mrs. Green

FAXMITTEILUNG

W. Phillips & Co.
17 New Street
Liverpool

AN: Herrn B. Clarke
Wayview

ABSENDER: Herr M. Taylor

Datum: 7. Juni 1998
Unser Auftrag Nr. 159/98, Ihre Rechnung Nr. 3479 vom 21. Mai 1998

Sehr geehrter Herr Clarke,

wir beziehen uns auf unseren Auftrag Nr. 159/98 und Ihre Rechnung Nr.
3479 vom 21. Mai 1998. Das Material, das Sie vorletzte Woche geliefert
haben, ist nicht akzeptabel. Der Stoff ist in der Mitte zerrissen und die Ränder
sind nicht sauber genäht. Wir haben das ganze Material überprüft und
müssen leider feststellen, dass der Inhalt aller Kartons fehlerhaft ist.

Wir haben mit unserem Kunden Kontakt aufgenommen und er ist völlig
unserer Meinung. Wir müssen Sie daher bitten, die Rechnung Nr. 3479 zu
stornieren und sofort eine Ersatzlieferung vorzunehmen.

Wann können wir diese Ersatzlieferung erwarten? Wir brauchen das Material
für einige wichtige Muster, die wir bis Ende nächster Woche an unseren
Kunden abschicken müssen.

In Erwartung Ihrer Rückantwort verbleibe ich
mit freundlichen Grüßen

M. Taylor

Verteiler: Herr W. Phillips
            Frau C. Green

FAX MESSAGE

Walsh Electronics Co.
5 New Lane
Edinburgh

TO: Ms. C. Schmidt
Wagner Maschinenbau GmbH

FROM: Robert Jeffries

Date: 21 September 1998
Ref.: Your order 729/98 dd. September 2nd

Dear Claudia,

We regret to have to inform you that order 729/98 dd. September 2nd will not be ready for dispatch on this coming Friday as originally confirmed. One of our machines has broken down, which in turn affects the whole production line, and until this can be mended our production is at a complete standstill. As a result all our orders are affected, not just yours for this particular item. We are hoping that the maintenance people will be able to start work this morning, and all being well our machines will be running again by tomorrow afternoon.

Unfortunately, I cannot let you have a more concrete answer as concerns dispatch until we know how long the repair work will take. I will, of course, let you know as soon as we have some firm answers. Half of the order is already complete and so we could at least send a part of the order if necessary. Please advise how we should proceed.

We apologize again for this delay and for any inconvenience that this may cause, but hope that we can settle this matter promptly.

Thank you and kind regards,

Robert Jeffries

FAXMITTEILUNG

Walsh Electronics Co.
5 New Lane
Edinburgh

AN: Fr. C. Schmidt
Wagner Maschinenbau GmbH

VON: Robert Jeffries

Datum: 21. September 1998
Ihre Bestellung 729/98 vom 2. September

Liebe Claudia,

wir bedauern, Ihnen mitteilen zu müssen, dass der Auftrag 729/98 vom 2. September nicht wie ursprünglich bestätigt am kommenden Freitag zum Versand kommen kann. Eine unserer Maschinen ist defekt, wovon wiederum die ganze Fertigungsstraße betroffen ist, und bis diese repariert ist, steht unsere gesamte Produktion still. Dies hat Auswirkungen auf alle unsere Aufträge, nicht nur Ihren, die diesen bestimmten Artikel betreffen. Wir hoffen, dass unser Wartungspersonal noch heute Vormittag mit der Reparatur anfangen kann, und wenn alles gut geht, können die Maschinen schon morgen Nachmittag wieder anlaufen.

Ich kann Ihnen leider, was den Versand betrifft, keine konkretere Antwort geben, bis wir wissen, wie lange die Reparaturarbeiten dauern werden. Ich werde Sie selbstverständlich informieren, sobald wir genauere Antworten haben. Die Hälfte des Auftrags ist bereits fertig, und wir könnten – wenn notwendig – zumindest einen Teil des Auftrags verschicken. Bitte geben Sie mir Bescheid.

Wir bitten nochmals um Entschuldigung für diese Verzögerung und für eventuelle Unannehmlichkeiten. Wir hoffen aber, dass wir diese Angelegenheit schnellstens abschließen können.

Mit freundlichen Grüßen
Robert Jeffries

FAX MESSAGE **PAGES: 2**

TO: Katherine **FROM: Colin**
  ADEN Products Limited Taff Management Consultancy
  Porthcawl, PC13 2EJ Swansea, SW6 7JS
  Phone/Fax: **01298 863 963** Phone/Fax: **0121 631 2776**

Ref: Results!

27th September 1999.

Dear Katherine,

I am pleased to inform you that following your initial consultation
with us on 13th August, our team of management consultants
have now completed their plans for what we consider to be the
most appropriate restructuring programme for ADEN Products Limited.

The next step forward in our advisory process usually takes the
form of a meeting with your executive, to present our recommen-
dations and answer any queries they might have regarding
implementation of our strategies. This is subsequently followed
by a meeting with all company staff, where we explain the
actual effect our measures will have upon the workers themselves.
Only after both management and all other members of staff are
fully informed of the changes our programme will introduce,
do we advise implementing reforms of the company's structure.

Because we suggest that our clients should begin reorganisation
as soon as possible to gain maximum benefit from our advice,
I have included a copy of our up-to-date appointments calendar
(see fax p.2). I have clearly marked when I am personally available.
Please reply promptly to ensure that your preferred date remains
available, or to make alternative arrangements.

I look forward to hearing from you in the near future,

Colin

FAXMITTEILUNG   **SEITEN: 2**

AN: Katherine   **VON: Colin**
    ADEN Products Limited   Taff Management Consultancy
    Porthcawl, PC13 2EJ   Swansea, SW6 7JS
    Phone/Fax: **01298 863 963**   Phone/Fax: **0121 631 2776**

Ergebnisse!

27. September 1999

Liebe Katherine,

ich freue mich, dir mitteilen zu können, dass auf der Grundlage unserer
ersten Beratung vom 13. August unser Unternehmensberatungsteam jetzt
unsere Pläne für eine nach unseren Vorstellungen angemessene Umstrukturierung von Aden Products Limited fertiggestellt haben.

Der nächste Schritt in unserem üblichen Beratungsprozess ist jetzt ein
Meeting mit Eurer Verwaltung, um unsere Empfehlungen vorzustellen und
um mögliche Fragen zur Anwendung unserer Strategien zu beantworten.
Danach folgt ein Meeting mit dem gesamten Personal, bei dem wir die
tatsächlichen Konsequenzen unserer Maßnahmen für die Arbeiter selbst
erklären. Erst nachdem sowohl die Geschäftsleitung als auch alle anderen
Mitarbeiter voll über die Änderungen, die unser Programm mit sich bringen wird, informiert worden sind, empfehlen wir die Anwendung der
Reformen der Unternehmensstruktur.

Da wir glauben, dass unsere Kunden so früh wie möglich mit der Reorganisation beginnen sollten, um maximalen Vorteil durch unseren
Rat zu erlangen, habe ich eine Kopie unseres aktuellen Terminkalenders
beigefügt (siehe Fax S.2). Ich habe deutlich markiert, wann ich persönlich
zur Verfügung stehe. Bitte antworte unverzüglich, um sicherzustellen, dass
dein bevorzugter Termin noch zur Verfügung steht, oder um alternative
Vereinbarungen zu treffen.

Ich freue mich auf deine baldige Antwort.

Colin

FAX MESSAGE

OL Incorporated
Los Angeles
59037
USA
Tel/Fax (001 54) 475869

TO: Linda Lombada
Toronto Trinx
Tel/Fax: (098) 1234567

FROM: Oliver Pebble
Fax: (001 54) 475869

Date: 31 April 1999

Dear Linda,

Here are the details you requested regarding our delegation for
the forthcoming conference in Toronto.

We will be a party of six, requiring four single rooms and one
double room with cot for a child, and we expect to arrive in
Toronto on 06.03.99. Our flight is scheduled to arrive at
6 p.m., flight number TWA 9874 and we would be grateful if
you could send your driver to collect us from the airport.

Our return flight is provisionally booked for 06.10.99, leaving
at 9 p.m. in the evening, flight number TWA 9875. Can I ask you
to confirm that these dates are suitable by fax?

If you require any further information please do not hesitate to
contact me. I am planning to be in the office all day today, so I should
be comparitively easy to get hold of.

I'm looking forward to seeing you on 3rd June.

Kind regards,

Oliver Pebble

FAXMITTEILUNG

OL Incorporated
Los Angeles
59037
USA
Tel/Fax (001 54) 475869

AN: Linda Lombada
Toronto Trinx
Tel/Fax: (098) 1234567

VON: Oliver Pebble
Fax: (001 54) 475869

Datum: 31. April 1999

Liebe Linda,

hier sind die von dir gewünschten Einzelheiten über unsere
Delegation für die bevorstehende Konferenz in Toronto.

Wir werden eine Gruppe von sechs Personen sein und benötigen vier
Einzelzimmer und ein Doppelzimmer mit einer Wiege für ein Kind.
Wir werden voraussichtlich am 3.6.99 um 18.00 Uhr in Toronto landen.
Die Flugnummer ist TWA 98749. Wir wären dankbar, wenn
du uns einen Fahrer schicken könntest, der uns vom Flughafen abholt.

Unser Rückflug ist vorläufig für den 10.6.99 gebucht und startet um
21.00 Uhr. Die Flugnummer ist TWA 9875. Ich bitte dich, mir
per Fax zu bestätigen, dass diese Daten in Ordnung gehen.

Solltest du noch zusätzliche Informationen benötigen, zögere bitte
nicht mich zu kontaktieren. Ich bin heute wahrscheinlich den ganzen
Tag im Büro, sodass es relativ einfach sein sollte, mich zu erreichen.

Ich freue mich darauf, dich am 3. Juni zu treffen.

Mit freundlichen Grüßen

Oliver Pebble

Possum Products, The Gap, Brisbane, QL 986, Australia.

From: Michael Weber, Pommie Products
Tel/Fax: 475 6689

To: The Wallaby Walk-In Hotel
Fax: 908 9988

10.13.99

Dear Sir/Madam,

Our company is planning to organise a conference in Brisbane this May and business associates of ours recommended your hotel facilities to us. We would like information regarding your facilities and your availability between the 12th and the 14th of December.

We require fifteen en-suite single rooms for all three nights, a large conference room with overhead projector, a flip chart, suitable seating facilities for at least forty people (preferably in a circular formation) and both lunch and dinner on all three days. If possible, we would like to keep numbers approximate at this stage and confirm them nearer the time.

We were also interested in other facilities available at your hotel: do you have a swimming pool or squash courts? Are you centrally located in the city of Brisbane? How many bars are there within the hotel itself?

I would be grateful if you could reply to my fax as soon as possible, including a detailed description of your hotel's facilities and a quotation of your best price for the conference.

Best regards,

Michael Weber

Possum Products, The Gap, Brisbane, QL 986, Australia.

Von: Michael Weber, Pommie Products
Tel/Fax: 475 6689

An: The Wallaby Walk-In Hotel
Fax: 908 9988

13.10.99

Sehr geehrte Damen und Herren,

unser Unternehmen plant, diesen Mai eine Konferenz in Brisbane zu
organisieren. Geschäftsfreunde von uns haben uns Ihr Hotel
empfohlen. Wir hätten daher gerne Informationen über Ihre Ausstattung
und über Ihre Raumauslastung für den Zeitraum vom 12. bis zum
14. Dezember.

Wir benötigen fünfzehn Einzelzimmer mit Bad für alle drei Nächte,
einen großen Konferenzraum mit Overhead Projektor, Flipchart,
geeignete Sitzgelegenheiten (vorzugsweise kreisförmig angeordnet)
und sowohl Mittag- als auch Abendessen für alle drei Tage. Wenn
möglich, würden wir die Zahlen im Moment gerne offen lassen und
sie zu einem späteren Zeitpunkt bestätigen.

Wir sind zudem auch an den anderen Einrichtungen in Ihrem Hotel
interessiert: Haben Sie ein Schwimmbad oder Squash-Courts? Liegen
Sie im Zentrum von Brisbane? Wie viele Bars gibt es innerhalb
des Hotels?

Ich wäre Ihnen dankbar, wenn Sie mir auf mein Fax sobald als
möglich antworten und mir eine detaillierte Aufstellung der
Ausstattung Ihres Hotels und ein Angebot über den günstigsten
Preis für die Konferenz beifügen könnten.

Mit freundlichen Grüßen

    Michael Weber

Minutes **Protokolle**

Minutes of the meeting held on July 15th 1999 at Walter Hughes Ltd.

Participants:
Mr. W. Hughes
Mr. S. Davies
Mr. R. Humphries
Mr. L. Collins

1. <u>Annual sales to date.</u>

Mr. S. Davis of the sales department reported that the sales as per 30 June 1999 showed an increase of 12% compared to the previous year. This was seen as a positive development and could partly be attributed to the generally positive market trends in all lines of business.

2. <u>Sales strategy.</u>

It was agreed that the present sales strategies are successful and should be continued. New sales should be sought in the Far East, particularly in China. Mr. S. Davies will report on the development at our next quarterly meeting in October.

3. <u>Production.</u>

Mr. R. Humphries of the production department presented the figures for the half year to June 30th. These showed a trend to more cost-effective production which should be continued. There are still too many stoppages for repair and maintenance work. It was agreed to further analyse this area and present more detailed results in October.

4. <u>Miscellaneous.</u>

Several complaints from the staff regarding the new computer system. Mr. W. Hughes will discuss this personally with Mr. Matthews from the EDP department. Christmas shutdown agreed from December 23rd to January 3rd.
Customers to be informed by the sales department.

The date for the next meeting was set for October 20th.

Protokoll der Besprechung vom 15. Juli 1999 bei Walter Hughes Ltd.

Teilnehmer:
Herr W. Hughes
Herr S. Davies
Herr R. Humphries
Herr L. Collins

1. Jahresumsatz bis dato

Herr S. Davies, Vertrieb, berichtete, dass die Umsätze bis 30. Juni 1999 einen Zuwachs von 12% gegenüber dem Vorjahr aufwiesen. Dies wurde als eine positive Entwicklung bewertet und könnte teilweise auf die allgemein positiven Markttrends in allen Branchen zurückzuführen sein.

2. Verkaufsstrategie

Man war sich einig, dass die gegenwärtigen Verkaufsstrategien erfolgreich sind und daher weitergeführt werden sollen. Neue Märkte sollen im Fernen Osten, vor allem in China, gesucht werden. Herr S. Davies wird bei der nächsten Quartalsbesprechung im Oktober über die Entwicklung berichten.

3. Produktion

Herr R. Humphries, Produktion, präsentierte die Zahlen für das Halbjahr bis zum 30. Juni. Es zeigte sich ein Trend zu einer kosteneffektiveren Produktion, die fortgeführt werden sollte. Immer noch gibt es zu viele Unterbrechungen für Reparatur- und Wartungsarbeiten. Es wurde vereinbart, diesen Bereich weiter zu analysieren und detailliertere Ergebnisse im Oktober vorzustellen.

4. Sonstiges

Mehrere Beschwerden vom Personal wegen des neuen Computersystems. Herr W. Hughes wird dies mit Herrn Matthews von der EDV-Abteilung persönlich besprechen. Weihnachtsferien wurden festgelegt vom 23. Dezember bis zum 3. Januar. Die Kunden werden von der Verkaufsabteilung informiert.

Der Termin für die nächste Besprechung wurde für den 20. Oktober vorgemerkt.
18.07.99 wh/fl

E-mails and the Internet

Due to a *malfunction* our entire
computer network has *crashed*
and we are unable to see your
homepage at the present time.

We have finally *debugged* the
disc you sent us last week.

We have sent you a *double density
disc* containing the information you
requested under the *filename* 'Bod'.

If you need to use my PC, to *log
in* type FOG.

So many people are trying to
access the *Internet* this afternoon
– I'm stuck in a *jam*.
I have downloaded the *data* onto
a *hard disk*.
Please don't forget to *save* your
work on disk.
If you require photos on your web site,
we have a *scanner* here in the office.
I will send my P.A. over to you
this afternoon with a *diskette* –
our *printhead* is not working.

I think the new *terminal operator*
has *overloaded* our system.
Our *programmer* lost the *best part*
of a day's work yesterday because
of a *disk crash*.

Have you tried out the new
s*oftware*?
There seems to be a problem with
the *disk drive*.
Are you *online*?

E-Mails und das Internet

Wegen einer *Fehlfunktion* ist unser
gesamtes Computer-Netzwerk
abgestürzt und wir sind daher
nicht in der Lage, Ihre *Homepage*
zum jetzigen Zeitpunkt anzuschauen.

Wir haben es endlich geschafft, die *Dis-
kette,* die Sie uns letzte Woche geschickt
haben, von *Fehlern zu befreien.*
Wir haben Ihnen eine *Double-Density-
Diskette* geschickt, die die Information,
die Sie gewünscht hatten, unter dem
Dateinamen 'Bod' enthält.
Wenn Sie meinen PC (Personal Com-
puter) benützen müssen, geben Sie
FOG ein, um *einzuloggen.*
Heute Nachmittag versuchen so viele
Leute Zugang zum *Internet* zu bekom-
men, dass ich in einem *Stau* stecke.
Ich habe die *Daten* auf die *Festplatte*
heruntergeladen.
Bitte vergessen Sie nicht, Ihre Arbeit auf
Diskette zu *speichern.*
Wenn Sie Fotos auf Ihrer Webseite be-
nötigen, wir haben einen *Scanner* hier
im Büro. Ich werde Ihnen meinen per-
sönlichen Assistenten heute Nachmit-
tag mit einer *Diskette* vorbeischicken.
Unser *Druckkopf* funktioniert nicht.
Ich glaube, dass die neue *Datentypistin*
unser System *überbeansprucht* hat.
Unser *Programmierer* hat gestern ei-
nen großen Teil seiner Tagesarbeit wegen der *Störung eines Laufwerkes*
verloren.
Haben Sie die neue *Software* schon
ausprobiert?
Es scheint ein Problem mit dem
Diskettenlaufwerk zu geben.
Sind Sie *online*?

In Großbritannien und in den USA werden E-Mails in einem sehr viel informelleren Stil geschrieben als in Deutschland üblich. Beispielsweise ist es üblich, den Adressaten mit Vornamen anzusprechen und sich informell zu verabschieden.

The address of our *web-page* is as follows ...

Die Adresse unserer *Webseite* ist folgende ...

I was very interested in the *web site design concepts* described in your *e-mail* yesterday.

Ich war sehr an den *Entwurfskonzepten der Webseite* in Ihrer *E-Mail* von gestern interessiert.

The *attachment* is in Word 3.1 format.

Das *Attachment* ist im Word 3.1 Format.

I had problems reading your message sent 12.12.99.

Ich hatte Schwierigkeiten, Ihre Mail vom 12.12.99 zu lesen.

I had problems *converting* your attachment, sent yesterday. Could you *re-send* it in simple text format?

Ich hatte Schwierigkeiten, Ihr gestriges Attachment zu *konvertieren.* Könnten Sie es *noch einmal* im Simple Text Format *schicken*?

I could not open your attachment this morning; my *virus check program* detected a virus.

Ich konnte heute Morgen Ihr Attachment nicht öffnen; mein *Anti-Virus-Programm* hat einen Virus entdeckt.

I apologise for not *forwarding* this message sooner, but due to a typing error your mail was returned marked "user unknown" on several occasions.

Ich bedauere, Ihre Nachricht nicht früher *weitergeleitet* zu haben, aber wegen eines Tippfehlers bekam ich Ihre Mail mehrere Male zurück mit dem Vermerk "user unknown".

For further information please consult our web site at www.ert.blag.

Für weitere Informationen besuchen Sie bitte unsere Webseite unter www.ert.blag.

Our *modem* does not have the capacity needed to *download* the information.

Unser *Modem* hat nicht die erforderliche Kapazität, um die Information *herunterzuladen.*

To access our site, please use the Java *web browser.*

Zugang zu unserer Webseite ist nur mit einem Java *Webbrowser* möglich.

Sample E-mails   **Muster E-Mails**

Date: 14 February 1999
From: viertill@gfd.bav.de
To: wyattjl@dds.bham.uk
CC:

Hi Jeremy,
Many thanks for your mail which I received yesterday.

I have taken into account the changes you suggested and have attached, in simple text format, what I would suggest should be the final draft of the marketing concept for your new range of products.

If you have any problems reading the attachment, please let us know and we can fax the relevant documents to you.

I look forward to hearing from you soon,

Till

Datum: 14. Februar 1999
Von: viertill@gfd.bav.de
An: wyattjl@dds.bham.uk
Verteiler:

Hallo Jeremy,

vielen Dank für deine Mail, die ich gestern bekommen habe.

Ich habe deine Änderungen berücksichtigt und übersende dir jetzt ein Attachment im Simple Text Format, in welchem mein endgültiger Vorschlag für das Marketingkonzept für eure neue Produktpalette enthalten ist.

Solltest du irgendwelche Probleme haben, das Attachment zu lesen, bitte sage uns Bescheid, dann faxen wir dir die relevanten Dokumente.

Ich hoffe bald von dir zu hören.

Till

Date: 10 December 1999
From: phildaniel@erba.arl
To: ugreen@xxtu.cam
CC:

Subject: Your order no. 123 of 12 units of article 2 in colour grey

Dear Ms. Green,
I would like to confirm your order dated December 4th 1999. Since we have this article in stock, we will be able to dispatch it this week. The invoice will be enclosed as usual.
Please note that we will shut down our plant for Christmas from December 22nd 1999 to January 7th 2000.

With best regards,
      P. Daniel

Datum: 10. Dezember 1999
Von: phildaniel@erba.arl
An: ugreen@xxtu.cam
Verteiler:

Thema: Ihr Auftrag Nr. 123 über 12 Einheiten des Artikels 2 in Grau

Sehr geehrte Frau Green,

hiermit möchte ich Ihren Auftrag vom 4.12.1999 bestätigen. Da wir diesen Artikel auf Lager haben, können wir ihn noch diese Woche verschicken. Die Rechnung wird, wie immer, beigelegt.
Bitte beachten Sie, dass unser Werk über Weihnachten vom 22.12.99 bis zum 7.1.2000 geschlossen bleibt.

Mit freundlichen Grüßen
      P. Daniel

Date: 05/06/99
From: spugw@kin.inv.sc
To: götz@int-ad.buck.com
CC:

Hello Götz!
Thanks very much for all your hard work formulating our
advertising space on your site. However, I must admit to having
one query – despite using several different search engines, I was
unable to find our entry. I fear that if I fail to find our page when
deliberately looking for it, any potential customer will be hard
pushed to come across our advertisement accidentally!

I would be grateful if you could explain why this was the case,
as I was under the impression that several links to our site
would be set up, in order to maximize our potential customer base.
Kind regards,
Vanessa

Datum: 05.06.99
Von: spugw@kin.inv.sc
An: götz@int-ad.buck.com
Verteiler:

Hallo Götz!
Vielen Dank für die ganze Mühe, die du dir mit unserer Werbefläche auf deiner
Webseite gemacht hast. Trotzdem habe ich eine Frage – obwohl ich einige verschiedene Suchmaschinen ausprobiert habe, ist es mir nicht gelungen, unsere
Seite zu finden. Ich befürchte, dass, wenn ich es nicht schaffe die Seite zu finden, wenn ich bewusst danach suche, es ziemlich unwahrscheinlich ist, dass
ein potenzieller Kunde rein zufällig auf unsere Anzeige stößt.

Ich wäre dir dankbar, wenn du mir erklären könntest, warum das der Fall ist.
Ich hatte gedacht, dass einige Links zu unserer Seite eingerichtet würden,
um unseren potenziellen Kundenstamm zu maximieren.
Mit herzlichen Grüßen
Vanessa

Date: 12 July 1999
From: auction@data.can
To: CJK.mark@lds.usa
CC:

Dear all,
In response to your enquiry regarding our online auction site,
we would like to propose a visit to your company, where we could
explain the different packages we provide, and assess which would
be most appropriate for your company's requirements.

We are in no doubt that, in today's marketing climate, the way
forward for companies requiring new outlets for their products is
the Internet. Our attachment describes how the online auction
system works and details various options available to your firm.

We look forward to meeting you,
F. Watkins (Miss) – marketing manager

Datum: 12. Juli 1999
Von: auction@data.can
An: CJK.mark.lds.usa
Verleiter:

An Alle,
als Antwort auf eure Frage nach unserer Online-Auktionsseite möchten wir
euch einen Besuch in unserem Unternehmen vorschlagen, bei dem wir euch
die verschiedenen Pakete, die wir anbieten, erklären können, um dann abzu-
schätzen, welches für die Bedürfnisse eures Unternehmens am besten geeignet
ist.

Wir haben keine Zweifel, dass es unter den heutigen Marketingbedingungen
für Unternehmen, die neue Absatzmöglichkeiten benötigen, keinen besseren
Weg gibt als das Internet. Unser Attachment beschreibt wie ein Online-Auk-
tions-System funktioniert und stellt genau die verschiedenen Optionen, die
für eure Firma verfügbar sind, dar.

Wir freuen uns, euch bald begrüßen zu dürfen.
F. Watkins – Marketingmanager

Date: 11 January 1999
From: CJK.mark@lds.usa
To: auction@data.can
CC:

Dear Miss Watkins,
We have a couple of questions before we set a date for you to
visit our company and make your presentation. Firstly, are your
packages user-friendly? We are not a large firm and are concerned
that we will have difficulties designing our entries for the
online auction site – or would you do that for us in any event?
Secondly, we would like to see some figures regarding
the performance of your service. Have you any
statistics from other companies already using your site? If so,
please forward them ASAP.
Pending receipt of your info, I would like to suggest a visit to
us next week – how about Tuesday 19th January?
Best regards,
The team at CJK

Datum: 11. Januar 1999
From: CJK.mark@lds.usa
To: auction@data.can
CC:

Sehr geehrte Frau Watkins,

wir haben ein paar Fragen, bevor wir einen Termin für Ihren Besuch in unserem Unternehmen und Ihre Präsentation vereinbaren. Erstens, sind Ihre Pakete benutzerfreundlich? Wir sind keine besonders große Firma und befürchten, dass wir Schwierigkeiten haben könnten, unsere Einträge für die Online-Seite zu entwerfen – oder würden Sie das sowieso für uns erledigen? Zweitens würde ich gerne einige Zahlen über die Leistungsfähigkeit Ihrer Dienstleistung haben. Haben Sie Statistiken von anderen Unternehmen, die Ihre Seite schon benutzen? Wenn ja, senden Sie sie bitte so schnell wie möglich an uns weiter.
Nach Erhalt dieser Informationen würde ich einen Besuch bei uns für nächste Woche vorschlagen – wie wäre es mit Dienstag, den 19. Januar?
Herzliche Grüße,
Ihr CJK Team

8. Geschäftsreisen

Making Appointments   **Terminvereinbarungen**

May I come and *visit* you?   Kann ich Sie *besuchen* kommen?
Can we arrange a *meeting*?   Können wir ein *Treffen* vereinbaren?
I think we should meet.   Ich glaube, wir sollten uns treffen.
I would like an *appointment* to see Mr.   Ich möchte bitte einen *Termin* bei
Green, please.   Herrn Green.
This is best discussed *face to face*.   Wir sollten es besser *persönlich*
                                 besprechen.

When could we meet?   Wann könnten wir uns treffen?
When would it *suit* you?   Wann würde es Ihnen *passen*?
Is next Tuesday OK with you?   Passt Ihnen nächsten Dienstag?
Let me check my *appointment book*.   Lassen Sie mich in meinem
                                 Terminkalender nachsehen.

I'll *check with* my secretary. Ich *frage* bei meiner Sekretärin nach.
I'll just see if I have any appointments   Ich sehe nur nach, ob ich an dem Tag
on that day.   irgendwelche Termine habe.
Four o'clock next Thursday?   16 Uhr nächsten Donnerstag?
I'll see *if he's free*.   Ich sehe nach, *ob er frei ist.*
He won't be in until about 10 a.m.   Er wird nicht vor 10 Uhr hier sein.
He has a meeting in the city in the   Er hat vormittags eine Verabredung in
morning.   der Stadt.
Could we make it *a bit earlier/later*?   Ginge es *ein bisschen früher/später*?
He has a meeting all day, how about   Er hat den ganzen Tag eine Bespre-
Tuesday morning?   chung, wie wäre es mit Dienstagvor-
                                 mittag?
He won't be back off holiday (US: Er ist bis nächsten Donnerstag
back from vacation) until next Thurs-   im Urlaub.
day.

Im Englischen wird die 24-Stunden-Zeitskala kaum benutzt, sondern die
12-Stunden-Skala in Verbindung mit a.m. oder p.m. 5.30 Uhr heißt also
"5.30 a.m." und 17.30 Uhr ist "5.30 p.m." Statt dessen kann man auch
"five thirty in the morning" oder "five thirty in the afternoon" sagen.
Besonders zu beachten ist die Zeitangabe "half ...". Sollte ein Engländer
z.B. "half five" sagen, meint er damit "half past five", also halb sechs! Um
Missverständnisse zu vermeiden, sagt man zu „halb sechs" am besten einfach "five thirty".

Should we say Monday at 10 a.m.?
Let me check with John whether he can make it as well.
Can you **join** us next Monday at 4 p.m.?

Sollen wir Montag um 10 Uhr **sagen**?
Lassen Sie mich bei John nachfragen, ob er auch kommen kann.
Können Sie am nächsten Montag um 16 Uhr **teilnehmen**?

Where should we meet, in your office?

Wo sollen wir uns treffen, in Ihrem Büro?

In the **reception hall** (US: **lobby**).
Thursday is **a holiday**.

In der **Eingangshalle**.
Donnerstag ist **ein Feiertag.**

A: We have a problem with the new system.
B: I think this is best discussed **face to face.** Can we arrange a **meeting**?

A: Wir haben ein Problem mit dem neuen System.
B: Ich glaube, dass wir es besser **persönlich** besprechen sollten. Können wir ein **Treffen** vereinbaren?

A: Yes, fine. How would next Tuesday at 11 o'clock **suit** you?
B: Let me check my **appointment book.** No, that's no good. How about Monday, would 10.30 a.m. suit you?

A: Ja, in Ordnung. Würde Ihnen nächsten Dienstag um 11 Uhr **passen**?
B: Lassen Sie mich in meinem **Terminkalender** nachsehen. Nein, das geht nicht. Wie wäre es mit Montag, passt es Ihnen gegen 10.30 Uhr?

A: Yes, that'll be fine.
B: OK, see you next Monday then.

A: Ja, das passt mir gut.
B: Gut, dann bis nächsten Montag.

A: May I come and **visit** you?
B: Yes, **is** next Wednesday **OK with you**?

A: Kann ich Sie **besuchen**?
B: Ja, **passt es Ihnen** nächsten Mittwoch?

A: Yes, fine, I'll **make a note** in my appointment book.

A: Ja, in Ordnung, ich werde es in meinem Terminkalender **notieren**.

A: I would like an **appointment** to see Mr. Green, please.
B: Yes, when would you like to come?
A: Friday the 20th would suit me best.

A: Ich möchte bitte einen **Termin** bei Herrn Green.
B: Ja, wann möchten Sie kommen?
A: Am Freitag, den 20., würde es mir am besten passen.

B: I'm sorry, but he has a meeting in the city on that day. How about Monday the 23rd?
A: No, that's a holiday.
B: Oh yes, I overlooked that. On Tuesday the 24th then?

B: Es tut mir Leid, aber er hat an diesem Tag eine Besprechung in der Stadt. Wie wäre es am Montag, den 23.?
A: Nein, da ist ein Feiertag.
B: Ach ja, das habe ich übersehen. Dann am Dienstag, den 24.?

A: That's OK. At what time?
B: *About* 3 o'clock?
A: Fine. Thank you. See you then.

A: Ja, in Ordnung. Um wie viel Uhr?
B: *Gegen* 15 Uhr?
A: Gut. Danke. Bis dann.

A: Could we meet for breakfast tomorrow?
B: Let me check with my secretary if I've any appointments.

A: Können wir uns morgen zum Frühstück treffen?
B: Lassen Sie mich bei meiner Sekretärin nachfragen, ob ich schon Termine habe.

A: OK, I'll wait.
B: Yes, seems to be OK.
A: Should we say 8.30?
B: Fine, see you tomorrow.

A: Gut, dann warte ich solange.
B: Ja, scheint in Ordnung zu sein.
A: Sagen wir 8.30 Uhr?
B: In Ordnung, bis morgen.

A: When is the meeting due *to take place*?
B: On Wednesday afternoon at 2 p.m.

A: Wann soll die Besprechung *stattfinden*?
B: Am Mittwochnachmittag um 14 Uhr.

A: Do you have the *agenda*?
B: Yes, we are supposed to make a presentation of the sales figures.
A: Maybe we should meet for lunch to discuss this.

A: Haben Sie die *Tagesordnung*?
B: Ja, wir sollen die Verkaufszahlen präsentieren.
A: Vielleicht sollten wir uns zum Mittagessen treffen, um dies zu besprechen.

B: OK, tomorrow at 1 p.m. at "Dusty's"?

B: OK, morgen um 13 Uhr bei „Dusty"?

A: Fine. Who else will be at the meeting?
B: Stephen and John.
A: OK. I'll tell them to be there at 1.

A: In Ordnung. Wer nimmt sonst noch an der Besprechung teil?
B: Stephen und John.
A: In Ordnung. Ich sage ihnen, dass sie um 13 Uhr da sein sollen.

A: Sorry to trouble you again, but *I can't make it* tomorrow at 4. Can we make it a bit earlier, say 2.30?

A: Es tut mir Leid, dass ich noch mal störe, aber morgen um 16 Uhr *passt mir nicht*. Geht es ein bisschen früher, sagen wir um 14.30 Uhr?

B: Fine, I'll change it.
A: Thank you. See you then.

B: In Ordnung, ich ändere es.
A: Danke. Bis dann.

Reservations/Hotel

Do you have *vacancies*?

I would like to *book a room.*

We have *singles and doubles.*

I would need the room for two nights.

Will there be a restaurant and a bar?

How will I get there from the *bus station*?

We would like to *place a reservation for a conference room.*

Could you *fax* this for me?

Please *charge everything to my account.*

Please *charge this to my credit card.*

I would need an overhead projector.

I'm sorry, we're *fully booked* due to the exhibition starting next week.

Maybe you could *try* the Regency.

Do you have *special rates for business travellers*?

Could you *confirm* the reservation by fax?

Could you let me have the full address and telephone and fax numbers, please?

Is it possible to get more information through the Internet?

There's a photo of our hotel on our Internet homepage.

Thank you for your *assistance.*

What is the best way to get to the hotel from the airport?

There is a *shuttle bus* to the main station every twenty minutes, the hotel is just around the corner.

Reservierungen/Hotel

Haben Sie *freie Zimmer*?

Ich würde gerne *ein Zimmer buchen.*

Wir haben *Einzel- und Doppelzimmer.*

Ich bräuchte das Zimmer für zwei Nächte.

Gibt es dort ein Restaurant und eine Bar?

Wie werde ich von der *Bushaltestelle* dorthin kommen?

Wir würden gerne *einen Konferenzraum reservieren.*

Können Sie mir das *durchfaxen*?

Bitte schreiben Sie *alles auf meine Rechnung.*

Bitte *buchen Sie das von meiner Kreditkarte ab*.

Ich bräuchte einen Overheadprojektor.

Es tut mir Leid, wir sind *völlig ausgebucht* wegen der Messe nächste Woche.

Vielleicht *versuchen* Sie es beim Hotel Regency.

Haben Sie *Sondertarife für Geschäftsreisende*?

Können Sie die Reservierung bitte per Fax *bestätigen*?

Können Sie mir bitte die vollständige Adresse sowie Telefon- und Faxnummer geben?

Ist es möglich, über das Internet mehr Informationen zu bekommen?

Es gibt ein Foto unseres Hotels auf unserer Internet-Homepage.

Vielen Dank für Ihre *Hilfe.*

Wie kommt man am besten vom Flughafen zum Hotel?

Ein *Pendelbus* fährt alle zwanzig Minuten zum Hauptbahnhof, das Hotel ist gleich um die Ecke.

There is a *map* on our homepage where you can see how to get to us.

Auf unserer Homepage ist eine *Karte,* der Sie entnehmen können, wie Sie zu uns finden.

A: I would like to *book a single room* for two nights from the 21st to 23rd April in the name of Jones. The company is Jones & Son, London.
B: Yes, we have *rooms left.*
A: Do you have small *conference rooms* available? We would need a room for eight people, *refreshments and lunch included.*
B: That would be no problem.
A: Could you send us a *brochure* and a price list?
B: We'll send it off today.
A: Is it possible to *rent a car* there?

B: I would recommend renting a car at the airport. We have sufficient parking here.
A: Is it also possible to place a reservation by e-mail?
B: Yes, you can do that.
A: Fine, thank you for your help.

B: You are welcome.

A: Ich möchte vom 21. bis zum 23. April ein *Einzelzimmer* auf den Namen Jones *reservieren.* Die Firma ist Jones & Son, London.
B: Ja, wir haben noch *Zimmer frei.*
A: Stehen kleine *Konferenzzimmer* zur Verfügung? Wir bräuchten einen Raum für acht Personen, *inklusive Erfrischungen und Mittagessen.*
B: Das wäre kein Problem.
A: Können Sie uns eine *Broschüre* und eine Preisliste zuschicken?
B: Schicken wir heute weg.
A: Ist es möglich, dort ein *Auto zu mieten*?
B: Ich würde empfehlen, ein Auto am Flughafen zu mieten. Wir haben hier genügend Parkplätze.
A: Ist es auch möglich, per E-Mail zu reservieren?
B: Ja, das können Sie tun.
A: In Ordnung, vielen Dank für Ihre Hilfe.
B: Gern geschehen.

Wenn sich jemand auf Englisch bedankt, antwortet man für „Bitte" mit "You're welcome", "Not at all", "Don't mention it", usw. und nicht mit "Please" (dieses wird nur in Fragen oder Bitten verwendet).

A: Are there any *messages* for me?

B: Yes, here, a fax.
A: Is *everything prepared* for our meeting tomorrow?
B: Yes, in the Berkeley room.

A: Gibt es irgendwelche *Nachrichten* für mich?
B: Ja, hier, ein Fax.
A: Ist *alles* für unsere morgige Besprechung *vorbereitet*?
B: Ja, im Berkeley Zimmer.

A: Do you have a television and video recorder (VCR) available?
B: Yes, I'll have them brought over.

A: We would like to have a coffee break at 10 a.m.
B: No problem.
A: When Mr. Smith arrives, can you please tell him that I am waiting in the bar?

A: Stehen ein Fernseher und ein Videorekorder zur Verfügung?
B: Ja, ich sorge dafür, dass sie herübergebracht werden.
A: Wir möchten um 10 Uhr eine Kaffeepause machen.
B: Kein Problem.
A: Wenn Herr Smith ankommt, könnten Sie ihm bitte sagen, dass ich in der Bar auf ihn warte?

Transportation

Verkehrsmittel

When does the next *flight* to London leave?
Is it possible to *change my ticket* to stop over in Chicago for two days?

Is there somewhere here where I can *rent a car*?
Could you please tell me where I can find the closest *car rental*?

How much are the costs for a *rental car*?
Does the price include tax, insurance and free mileage?
What about *oneway* rentals?
Where is the nearest *taxi stand*?

Wann geht der nächste *Flug* nach London?
Kann ich eventuell *mein Ticket umtauschen,* damit ich zwei Tage in Chicago bleiben kann?

Kann ich hier irgendwo *ein Auto mieten*?
Könnten Sie mir bitte sagen, wo ich die nächste *Autovermietung* finden kann?

Was kostet ein *Mietwagen*?
Beinhaltet der Preis Steuer, Versicherung und unbeschränkte Meilen?
Wie ist es mit *„Oneway"*-Mieten?
Wo ist der nächste *Taxistand*?

A: When does the next *flight* to London leave?
B: 7.30 p.m. *via* New York.
A: Is it possible to *change my ticket* to stop over in New York for two days?

B: Of course, no problem, but we would have to *charge* you $50.

A: Wann geht der nächste *Flug* nach London?
B: 19.30 Uhr *über* New York.
A: Kann ich eventuell *mein Ticket umtauschen,* damit ich zwei Tage in New York bleiben kann?
B: Natürlich, kein Problem, aber wir müssen eine *Gebühr* von $50 *berechnen.*

A: My name is Smith, you have a car reserved for me.

A: Mein Name ist Smith, für mich ist ein Auto reserviert.

B: Yes, the white car over there.

B: Ja, das weiße Auto da drüben.

A: There has been a change of plan, can I **hand it back** in Boston?

A: Meine Pläne haben sich geändert, kann ich das Auto in Boston **wieder abgeben**?

B: No problem, but that would cost a little more.

B: Kein Problem, aber das kostet ein bisschen mehr.

A: Please **charge it to my credit card.**

A: Bitte **buchen Sie es von meiner Kreditkarte ab.**

A: From which **platform** is the train to London leaving?

A: Von welchem **Gleis** fährt der Zug nach London ab?

B: From platform 5. It **is delayed by** 15 minutes.

B: Von Gleis 5. Der Zug **hat** 15 Minuten **Verspätung.**

Arrival and Reception

Ankunft und Empfang

Die englischen Grußformen "Nice to meet you" oder seltener "How do you do?", benutzt man, wenn einem jemand vorgestellt wird. Sie heißt in diesem Fall „Guten Tag/Angenehm!". „Wie geht's?" wird mit "How are you?" ausgedrückt. Diese Wendung hört man vor allem in den USA. Die Antwort auf eine solche Frage lautet meist "Fine, thank you", und ihr folgt die Gegenfrage "(And) how are you?".

Good morning, how are you?	Guten Morgen, wie geht es Ihnen?
I am fine, thank you.	Mir geht es gut, danke.
Nice to meet you.	Schön, Sie kennen zu lernen.
How do you do?	Wie geht es Ihnen?
Hello, it's nice to see you again.	Guten Tag, schön, Sie wieder zu sehen.
I'm here to see Mr. Lewis.	Ich bin mit Herrn Lewis verabredet.
I have an **appointment** with Mr. Green.	Ich habe eine **Verabredung** mit Herrn Green.
Is he **expecting** you?	**Erwartet er Sie?**
Would you like to **wait** for him in this room?	Möchten Sie hier in diesem Zimmer auf ihn **warten**?
Please **take a seat.**	Bitte **nehmen Sie Platz.**
Please make **yourself comfortable.**	Bitte **machen Sie es sich bequem.**

He'll be along shortly.	*Er kommt sofort.*
May I *offer* you a cup of coffee?	Darf ich Ihnen eine Tasse Kaffee *anbieten*?
With milk and sugar?	Mit Milch und Zucker?
Would you like some tea?	Möchten Sie eine Tasse Tee?
Would you like something to drink?	Möchten Sie etwas trinken?
Can I get you some more tea?	Kann ich Ihnen noch etwas Tee anbieten?
I'm afraid we have run out of biscuits (US: cookies).	Es tut mir Leid, aber wir haben keine Kekse mehr.
Is there somewhere I can hang my coat?	Kann ich irgendwo meinen Mantel aufhängen?
May I *use the phone*?	Darf ich *telefonieren*?
Is there a phone here I can use?	Kann ich hier irgendwo telefonieren?
Could you *dial this number* for me?	Könnten Sie für mich *diese Nummer anwählen*?
Could you fax this through to my company in London?	Könnten Sie dies bitte an meine Firma in London faxen?

Einem Geschäftspartner bei der Begrüßung die Hand zu geben, ist im englischsprachigen Raum genauso üblich wie in Deutschland. Man sollte sich allerdings merken, dass dies dort im Privatleben sehr ungewöhnlich ist und eine gewisse Distanz zur Person zeigt. Bei geschäftlichen Treffen in den USA ist nach der Begrüßung eine entspannte Haltung, bei der auch mal die Hände in den Hosentaschen verschwinden können, durchaus nichts Anstößiges.

Did you have a good flight?	Hatten Sie einen guten Flug?
How was your *trip*?	Wie war die *Reise*?/Wie war Ihr *Flug*?
I'll have our driver *pick you up* at about 1.30 p.m.	Ich werde unserem Fahrer sagen, dass er *Sie* gegen 13.30 *abholen* soll.
When are you *leaving* Germany?	Wann *verlassen* Sie Deutschland?
When are you going back to the States?	Wann fliegen Sie zurück in die Vereinigten Staaten?
What time are you leaving?	Um wie viel Uhr fliegen/fahren Sie ab?

In der englischsprachigen Welt werden Geschäfte auf einer persönlicheren Basis getätigt, d.h. wenn man das erste Mal mit einer Firma/einer Person Kontakt aufnimmt, benutzt man die formelle Form Mr. für Männer oder Mrs./Miss/Ms. für Frauen als Anrede. Dabei bezeichnet Mrs. eine verheiratete Frau, Miss eine ledige Frau, während Ms. im modernen geschriebenen Englisch bei Unsicherheit eingesetzt wird oder um das altmodische Miss zu vermeiden. Nach dem ersten oder zweiten Kontakt benutzt man des Öfteren einfach den Vornamen bzw. es wird einem angeboten: "Please call me David." Die Form Mr./Mrs. ist normalerweise höher rangigen Personen vorbehalten, z.B. Geschäftsführern oder älteren Personen. Auch wenn man telefoniert, stellt man sich mit Vor- und Nachnamen vor: "My name is David Smith from Smith & Co." und nicht wie im Deutschen üblich nur mit Nachnamen. In England/USA werden sogar in den meisten Firmen die direkten Vorgesetzten mit Vornamen angesprochen.

A: Hello, it's nice to see you again.

B: Yes, it's been a long time. I'm here to see Mr. Williams.
A: I'll just call him. Would you like *to take a seat*?

A: *He'll be along shortly*, may I *offer* you a cup of coffee?
D: Yes, please.
A: If you would like to wait in here, I'll bring the coffee.

A: Mr. Gregory, how nice to see you. Mr. Frank has been called away, but should be back in ten minutes. Would you like some coffee while you're waiting?
B: I would prefer tea. Is there a phone here I can use?
A: Yes, please *follow me*.

A: Can I get you some tea?
B: No, thank you. Do you have any cold drinks?

A: Guten Tag, schön, Sie wieder zu sehen.

B: Ja, ist schon lange her. Ich bin mit Herrn Williams verabredet.
A: Ich rufe ihn schnell an. Möchten Sie *Platz nehmen*?

A: *Er kommt sofort,* kann ich Ihnen eine Tasse Kaffee anbieten?
B: Ja, bitte.
A: Wenn Sie hier warten möchten, dann bringe ich den Kaffee.

A: Mr. Gregory, schön Sie wieder zu sehen. Mr. Frank musste kurz weg, aber er sollte in zehn Minuten wieder hier sein. Möchten Sie eine Tasse Kaffee, während Sie warten?
B: Ich trinke lieber Tee. Kann ich hier irgendwo telefonieren?
A: Ja, bitte *folgen Sie mir.*

A: Kann ich Ihnen etwas Tee anbieten?
B: Nein, danke. Haben Sie auch kalte Getränke?

A: Yes, we also have orange juice, cola (US: coke) or mineral water.
B: I'll have some orange juice, then.
A: Here you are.
B: Thank you.
A: Not at all.

A: Ja, wir haben auch Orangensaft, Cola oder Mineralwasser.
B: Dann nehme ich einen Orangensaft.
A: Bitte sehr.
B: Danke.
A: Bitte schön.

Small Talk

Smalltalk

Smalltalk ist bei Geschäftstreffen jeder Art von großer Bedeutung. Sowohl für Besucher als auch für Gastgeber ist es wichtig, dass eine ungezwungene Atmosphäre geschaffen wird. Schon die Nachfrage nach dem Wohlergehen der Familie, oder die Frage, ob im Hotel alles zufrieden stellend war, kann das Klima erheblich verbessern. Gelegenheiten dafür gibt es viele: bei Kaffeepausen, Geschäftsessen oder abends an der Bar. Es ist tatsächlich wahr, dass Engländer z.B. gerne und viel über das Wetter reden, aber natürlich gibt es auch noch andere Themen.

Is it much colder in Germany than here in winter?
I hope that the weather was better in Hannover than it is here this morning.
Isn't it an awful day today?

The sun shone every day last week but that's very unusual for this time of year.
This rain is terrible, it's a shame that you can't see Liverpool on a sunny day.

Ist es in Deutschland viel kälter im Winter als hier?
Ich hoffe, dass das Wetter in Hannover heute Morgen besser war als hier.
Ist es nicht ein scheußlicher Tag heute?

Letzte Woche schien die Sonne jeden Tag, aber das ist sehr ungewöhnlich zu dieser Jahreszeit.
Dieser Regen ist schrecklich, es ist schade, dass Sie Liverpool nicht an einem sonnigen Tag sehen können.

Ein nahe liegendes Thema beim Smalltalk zwischen Geschäftsleuten sind allgemeinere Themen aus der Wirtschaft und die unterschiedlichen Geschäftsformen und Kulturen in den jeweiligen Ländern.

Is *doing business* here very
different from doing business
in Britain?

Unterscheidet sich das *Geschäftsleben*
hier sehr stark von dem in Großbritannien?

How long have you been
working for H.G.C. Limited?

Wie lange sind Sie schon
bei H.G.C. Limited?

Are you a member of an
employer's association?

Sind Sie ein Mitglied des
Arbeitgeberverbandes?

His latest business venture is
proving to be a *cash cow*.

Sein letztes Geschäft hat sich
als wahrer *Goldesel* herausgestellt.

Do you travel abroad much
on business?

Machen Sie viele Geschäftsreisen
ins Ausland?

Is there a strong *work ethic* in
the US?

Gibt es eine starke *Arbeitsmoral*
in den USA?

A: How was your *business year*
in comparison to last year?

A: Wie war Ihr *Wirtschaftsjahr*
im Vergleich zum letzten Jahr?

B: Our *business report* shows
a considerable improvement.

B: Unser *Geschäftsbericht*
zeigt eine beachtliche Verbesserung.

A: What is the *unemployment
rate* in Switzerland?

A: Gibt es eine hohe *Arbeitslosen-
quote* in der Schweiz?

B: Nowhere in Europe has *full
employment.*

B: In Europa gibt es nirgendwo
Vollbeschäftigung.

A: We have introduced many
job creation schemes in Capetown
to combat the problem.

A: In Kapstadt haben wir viele *Arbeit-
beschaffungsmaßnahmen* eingeführt, um das Problem zu bekämpfen.

The *Chancellor of the Exchequer*
(US: *Finance Minister*) resigned
at the weekend.

Der *Finanzminister* ist am
Wochenende zurückgetreten.

The *balance of payments deficit*
in the UK contrasts starkly with
the *balance of payments surplus*
in Germany.

Das *Zahlungsbilanzdefizit*
in Großbritannien steht in
völligem Gegensatz zum
Zahlungsbilanzüberschuss
in Deutschland.

The *economic recovery* in New
Zealand won't last.

Der *Konjunkturaufschwung* in
Neuseeland wird nicht von Dauer sein.

A: Do you think the US economy
is *on the upturn* at the moment?

A: Glauben Sie, dass sich die
US-Wirtschaft im Moment *im
Aufschwung* befindet?

B: The *balance of trade* does seem to indicate that it is improving.

B: Die *Handelsbilanz* scheint anzuzeigen, dass sie stärker wird.

Das Besuchen von Sehenswürdigkeiten ist fester Bestandteil von vielen Geschäftsreisen. Besonders im britischen Englisch ist es dabei höflich, Empfehlungen von Attraktionen, Geschäften oder Restaurants in der Frageform auszusprechen.

I don't know if you enjoy the theatre...?

Mögen Sie Theater?

I don't know whether this exhibition would interest you....

Würde Sie diese Ausstellung interessieren?

If you are interested in art, one possibility for this afternoon would be visiting the Alte Pinakothek here in Munich.

Wenn Sie an Kunst interessiert sind, gäbe es hier in München die Alte Pinakothek, die wir besuchen könnten.

Would an evening in the opera be of interest to you?

Wären Sie an einem Abend in der Oper interessiert?

I don't know whether you were considering any sight-seeing...?

Hatten Sie geplant, einige Sehenswürdigkeiten zu besuchen?

Are you interested in history?

Sind Sie an Geschichte interessiert?

Do you like classical music?

Mögen Sie klassische Musik?

Do you enjoy shopping?

Gehen Sie gerne einkaufen?

A: Have you visited Berlin before?
B: Only briefly, in 1993.
A: Were you hoping to do some sightseeing?
B: Certainly. What can you recommend?
A: Perhaps a walking tour of the city centre – to take advantage of the good weather. Afterwards, I can heartily recommend the Shiva restaurant for lunch.

A: Waren Sie schon mal in Berlin?
B: Nur kurz, 1993.
A: Hatten Sie eine Sightseeingtour geplant?
B: Natürlich. Was würden Sie empfehlen?
A: Vielleicht einen Spaziergang durch das Stadtzentrum – bei diesem schönen Wetter. Danach empfehle ich dringend das Restaurant Shiva zum Mittagessen.

Wenn man auf Geschäftsreise in Großbritannien ist, dann ist es gut möglich, dass einem das "half-day closing" begegnet. Dies ist ein Tag unter der Woche, an dem die Geschäfte, insbesondere in kleineren Städten, um 12 Uhr schließen oder gar nicht öffnen.

It's *half-day closing* today – if you need anything from the shops you should go this morning.

Die Geschäfte *schließen* heute schon *mittags*. Wenn Sie noch etwas einkaufen wollen, sollten Sie das heute Morgen erledigen.

There are some very good shops in the town centre.

Es gibt einige sehr gute Geschäfte in der Stadtmitte.

Market day is Wednesday in Leek.

In Leek ist am Mittwoch *Markttag*.

In London, one of the most famous *shopping streets* is Oxford Street.

Eine der bekanntesten *Einkaufsstraßen* in London ist die Oxford Street.

Das Englische Wort "like" hat zwei sehr verschiedene Bedeutungen. Zum einen übersetzt man damit das deutsche Verb „mögen", zum Beispiel bedeutet "I like tea" „Ich mag Tee". Doch in einem anderen Sinn übersetzt man die englische Präposition "like" mit „wie" als qualitative Bestimmung. Zum Beispiel bedeutet die Frage "What's it like?" „Wie ist es?".

What is it like in Frankfurt?

Wie ist es in Frankfurt?

Where do you live in Germany?

Wo leben Sie in Deutschland?

Do you like living in London?

Leben Sie gerne in London?

Do you prefer living in Leipzig or in Berlin?

Leben Sie lieber in Leipzig oder in Berlin?

Der wichtigste Unterschied zwischen amerikanischem und britischem Englisch ist die Aussprache des Buchstaben 'r'. In den USA spricht man ihn immer deutlich aus, in Großbritannien hört man ihn dagegen nur, wenn danach ein Vokal steht.

Are you married?	Sind Sie verheiratet?
No, I'm divorced/separated/single.	Nein, ich bin geschieden/lebe getrennt/bin ledig.
Do you have a family?	Haben Sie Familie?
Does your husband work?	Arbeitet Ihr Mann?
What does he do?	Was macht er?
A: Does your wife work?	A: Arbeitet Ihre Frau?
B: Yes, she works part-time as a midwife. After we had the children she gave up full time work.	B: Ja, sie arbeitet Teilzeit als Hebamme. Seit wir die Kinder haben, hat sie aufgehört, Vollzeit zu arbeiten.

In Amerika bedeutet "graduate", dass ein Kind die Schule abgeschlossen hat, was üblicherweise mit neunzehn der Fall ist, in Großbritannien dagegen ist man erst ein "graduate", wenn man sein Studium an einer Universität oder etwas gleichwertigem abgeschlossen hat.

How old are your children?	Wie alt sind Ihre Kinder?
Do you have a large family?	Haben Sie eine große Familie?
A: Is your *daughter* in school?	A: Ist Ihre *Tochter* in der Schule?
B: No, she has already *graduated* (UK: *finished school*).	B: Nein. Sie ist bereits *fertig*.
A: What subject is your daughter reading at university?	A: Was studiert Ihre Tochter?
B: She is *reading* law at the University of Queensland.	B: Sie *studiert* Jura an der Universität von Queensland.
A: My son graduated from Oxford last year.	A: Mein Sohn hat letztes Jahr seinen Abschluss in Oxford gemacht.
B: Where does your *son* work?	B: Wo arbeitet Ihr *Sohn*?
Do you ski?	Fahren Sie Ski?
Have you ever been horse-riding?	Sind Sie schon mal geritten?
Do you like playing squash?	Spielen Sie gerne Squash?
Have you ever tried sailing?	Haben Sie schon mal Segeln versucht?
Do you enjoy jogging?	Mögen Sie Jogging?
Do you play tennis?	Spielen Sie Tennis?

Do you like doing
crosswords?
Do you play chess?

Lösen Sie gerne Kreuzwort-
rätsel?
Spielen Sie Schach?

A: What sports do you enjoy?
B: I like golf and enjoy
fishing in summer, if I
have the time.
A: You should go to
Scotland – there are a lot
of golf courses and good
fishing rivers there.
B: I'd like to visit Scotland
some day, especially the
highlands.
A: Edinburgh is well worth
a visit, too.
B: Perhaps next year, I should
visit Scotland.

A: Welche Sportarten mögen Sie?
B: Ich spiele gerne Golf und
im Sommer gehe ich Fischen,
wenn ich Zeit habe.
A: Sie sollten Schottland
besuchen – es gibt dort viele
Golfplätze und gute fischreiche
Flüsse.
B: Ich würde gerne mal nach
Schottland fahren, besonders
in die Highlands.
A: Auch Edinburgh ist eine
Reise wert.
B: Vielleicht sollte ich nächstes
Jahr in Schottland Urlaub machen.

Have you ever been to Italy?
Can you *speak* French?
Where did you go on
holiday (US: *vacation*) last summer?
Was the weather nice?
What did you do?
Did you *have a nice time*?
What was it like there?
Was it very different to the US?

Waren Sie schon mal in Italien?
Sprechen Sie Französisch?
Wo haben Sie letzten
Sommer Ihren *Urlaub* verbracht?
Hatten Sie gutes Wetter?
Was haben Sie gemacht?
Hat es Ihnen *gefallen*?
Wie war es da?
War es sehr anders als in den USA?

Die klassische Situation für Smalltalk ist das Geschäftsessen. Deutlich wird das an der großen Variation an Begriffen, die Briten und Amerikaner für diese Gelegenheit entwickelt haben. Ausdrücke wie "power lunch", "working lunch" und "business lunch" zeigen die Bedeutung dieser Treffen. Nach einer anstrengenden Sitzung ist die entspannende Atmosphäre eines solchen Essens optimal geeignet, um verfahrene Situationen bei einem netten Plausch zu lösen. Ähnliches kann natürlich auch beim Kaffee oder abends an der Bar geschehen.

Where would you like *to go for lunch*?	Wo möchten Sie *zu Mittag essen*?
Do you like Japanese food?	Mögen Sie japanisches Essen?
Would you like to try traditional *German food*?	Mögen Sie die traditionelle *deutsche Küche*?
Are you *vegetarian*?	Sind Sie *Vegetarier*?
I am *allergic* to nuts.	Ich bin gegen Nüsse *allergisch.*
I don't like spicy food.	Ich esse nicht gerne scharf.
Are you ready *to order*?	Möchten Sie jetzt *bestellen*?
I think I need a few more minutes to read the menu.	Ich denke ich brauche noch ein paar Minuten, um die Speisekarte zu lesen.
I would like the *dish of the day* with a side salad, please.	Ich hätte gerne das *Tagesgericht* und als Beilage einen Salat, bitte.
Would you like a *starter*?	Möchten Sie eine *Vorspeise*?
Yes, please. I would like the smoked salmon paté.	Gerne. Ich möchte die Pastete vom geräucherten Lachs.
What would you like to drink?	Was möchten Sie trinken?
I would like a glass of mineral water, please.	Ich hätte gerne ein Glas Mineralwasser, bitte.

Im englischsprachigen Raum ist es normal, dass man in Restaurants kostenlos Leitungswasser bekommt. Daher mag es Gäste aus Großbritannien/USA überraschen, wenn sie in Deutschland für ihr Wasser bezahlen müssen.

Could I have a glass of water, please ?	Kann ich ein Glas Leitungswasser haben, bitte?
Would you prefer red or white wine?	*Möchten Sie lieber* Rotwein oder Weißwein?
Would you like some coffee?	Möchten Sie einen Kaffee?
Yes please, *white,* no sugar.	Ja, bitte, *mit Milch* und ohne Zucker.
Can I get you anything else?	Möchten Sie etwas anderes?
No, I'm fine, thank you.	Nein danke.
Could we have the bill, please?	Können wir zahlen, bitte?

In Restaurants wird im englischsprachigen Raum Trinkgeld genauso wie in Deutschland gegeben, wobei in den USA die Untergrenze bei 10% liegt, weil das Personal hauptsächlich von den Trinkgeldern lebt. Anders als in Deutschland und Großbritannien ist in den USA in vielen Restaurants und Bars das Rauchen nicht gestattet.

A: Nicola, I'd like to introduce you to one of our overseas partners, Mr. Franz Deffner. Mr. Deffner, Mrs. Adam, our chief accountant.
B: Pleased to meet you, Mrs. Adam.
C: Please, *call me* Nicola.
A: Have a seat, Mr. Deffner.
B: Thank you. Please *call me* Franz.

A: Nicola, ich würde dich gerne einem unserer ausländischen Partner vorstellen, Herrn Franz Deffner. Herr Deffner, Frau Adam, unsere Chefbuchhalterin.
B: Es freut mich Sie kennen zu lernen, Frau Adam.
C: Bitte, *nennen Sie mich* Nicola.
A: Setzen Sie sich, Herr Deffner.
B: Danke, *nennen Sie mich* Franz.

Obwohl es im Englischen von wesentlicher Bedeutung ist, höflich zu sein und sich das meist mit einer indirekten grammatikalischen Form ausdrücken lässt, darf man nicht in jeder Situation indirekt sein. Wenn man zum Beispiel sagen will, dass man zahlen möchte, muss man darauf achten, nicht zu unsicher zu klingen. Angemessen wäre hier beispielsweise: "Let me pay for this" (als Vorschlag), unangemessen dagegen wäre "Would you like me to pay for this?" (als Frage). Denn die indirekte Form bedeutet in diesem Kontext in etwa „Ich zahle ungern, aber wenn es sein muss...".

A: *Did* you *enjoy your meal*?
B: It was *delicious*, thank you.

A: Can I get you anything else?
B: I would like a cup of coffee, please. Black, no sugar.
A: Can we have the bill, please?
B: *Let me get this.*
A: No, please, allow me.
B: Thank you.
A: You're welcome.

A: *Hat es* Ihnen *geschmeckt*?
B: Es war *hervorragend*, danke der Nachfrage.

A: Möchten Sie noch etwas Anderes?
B: Ich hätte gerne eine Tasse Kaffee, bitte. Schwarz, ohne Zucker.
A: Können wir zahlen, bitte?
B: *Darf ich das übernehmen*?
A: Bitte überlassen Sie es mir.
B: Danke schön.
A: Keine Ursache.

Der Pub ist ein zentrales Element des britischen Lebensstiles. Aber auch in den USA ist das Gespräch an der Bar nicht ungewöhnlich. Allerdings bestehen zwischen den beiden Ländern untereinander und im Vergleich zu Deutschland erhebliche Unterschiede sowohl beim Bestellen als auch beim Bezahlen und beim Trinkgeld. In beiden Ländern werden Getränke direkt an der Bar bestellt und auch jedesmal sofort bezahlt. Meistens tut man dies in Runden. Allerdings gibt man in Großbritannien dabei normalerweise kein Trinkgeld und wenn man es bei sehr gutem Service doch tun will, so offeriert man es, indem man dem Barmann das Geld für ein Getränk für sich selbst gibt. In den USA dagegen gilt auch hier wie im Restaurant die Untergrenze von 10%.

What would you like to drink?	Was möchten Sie trinken?
I would like a pint of lager and half of bitter, please.	Ich hätte gern ein großes Bier und ein kleines Bitter (britisches Bier).
I'll get these.	*Ich werde diese Runde zahlen.*
Is it my round?	Ist es meine Runde?
I'd like two brandys, please – and have one yourself.	Ich hätte gerne zwei Weinbrand, bitte – und nehmen Sie auch einen (als Trinkgeld in Großbritannien).
Same again, please.	*Dasselbe nochmal,* bitte.
Are we allowed to smoke here?	Darf man hier rauchen?
Could we have an ashtray, please?	Können wir einen Aschenbecher haben, bitte.
Last orders at the bar, please!	Letzte Bestellungen vor der Sperrstunde, bitte!

Sowohl in den englischsprachigen Ländern als auch in Deutschland ist ein höfliches Abschiedsgespräch von großer Bedeutung. Ein freundliches Kompliment, eine interessierte Nachfrage zum Aufenthalt untermauert und festigt die Geschäftsbeziehung und erlaubt es, sich gegenseitig der Absicht zu weiteren Treffen zu versichern.

What time does your train leave?	Um wie viel Uhr geht Ihr Zug?
I hope you *enjoyed your stay* in Germany.	Ich hoffe, Sie *hatten einen angenehmen Aufenthalt* in Deutschland.

If you have any *queries,* please do not hesitate to contact us.

Sollten Sie noch *irgendwelche* Fragen haben, zögern Sie bitte nicht, mit uns in Kontakt zu treten.

It was *a pleasure* doing business with you.
Likewise.
I hope that we can continue to work together in the future.

Es war *ein Vergnügen* mit Ihnen Geschäfte zu machen.
Danke, gleichfalls.
Ich hoffe, dass wir auch in Zukunft zusammenarbeiten werden.

I'll e-mail you to *keep you posted* of new developments.

Ich werde Ihnen mailen, um Sie über neue Entwicklungen *auf dem Laufenden zu halten.*

We'll see each other at the conference next month.
I hope we have the opportunity to discuss these developments *face to face* in the near future.
Goodbye. It was a pleasure to meet you.

Wir sehen uns nächsten Monat auf der Tagung.
Ich hoffe, wir werden in naher Zukunft die Gelegenheit haben diese Entwicklungen *persönlich* zu besprechen.
Auf Wiedersehen. Es war ein Vergnügen, Sie kennen gelernt zu haben.

I'm glad to have made your *acquaintance.*

Ich bin sehr erfreut, Ihre *Bekanntschaft* gemacht zu haben.

A: Was the hotel *to your satisfaction*?
B: Yes, everything was just fine, thank you.
A: When are you flying back to the States?
B: This evening (US: tonight) at 6.30 p.m.
A: I'll have our driver pick you up at 4.30 p.m.

A: War das Hotel *zufrieden stellend*?
B: Ja, es war alles völlig in Ordnung, danke.
A: Wann fliegen Sie in die USA zurück?
B: Heute Abend um 18.30 Uhr.
A: Ich werde unserem Fahrer sagen, dass er Sie so gegen 16.30 Uhr abholen soll.

B: That's great, thanks for all your help.
A: Not at all. Have a good trip back. I hope to see you again soon. *Please give my regards to* Jane.

B: Prima, und danke für Ihre Hilfe.
A: Bitte schön. Eine gute Heimreise, und ich hoffe, Sie bald wieder zu sehen. *Bitte bestellen Sie Grüße an* Jane.

Wenn man jemandem einen Gruß ausrichtet, sagt man "please give my re-gards to ...", oder wenn man jemanden besser kennt, "say hello to ... for me". Niemals das Wort "Greetings" benutzen, denn dieses findet man vor allem auf Weihnachts- und sonstigen Karten ("Season's Greetings", "Gree-tings from London" etc.)!

Idioms   **Typische Redewendungen**

Für ein gutes Verständnis der englischen Sprache ist es unbedingt notwen-dig, Redewendungen zu erkennen und zu verstehen. Leider sind die in Deutschland bekanntesten englischen Redewendungen in England selbst schon längst aus der Mode und klingen daher für den Muttersprachler un-gewohnt. Ein sehr gutes Beispiel dafür ist das in Deutschland sehr bekann-te "It's raining cats and dogs".

I have heard that their finances are in a *sorry state of affairs.*

Ich habe gehört, dass Ihre Finanzen in *einem traurigen Zustand sind.*

I think the dispute was definitely a case of *six of one and half a dozen of the other.*

Ich glaube, der Streit war sicherlich *von beiden Seiten gleichermaßen verursacht.*

I am determined to *get to the bottom* of this issue.

Ich bin gewillt, dieser Sache auf den Grund zu gehen.

Our new products will be launched and *on the market* next week.

Unser neues Produkt wird nächste Woche *auf dem Markt* lanciert.

I must say, we don't seem to have much *room for manoeuvre.*

Ich muss sagen, wir haben *nur begrenzten Handlungsspielraum.*

At least we had the *last word.*

Zumindest hatten wir *das letzte Wort.*

There is undoubtedly *room for improvement* in your management strategies.

Es gibt zweifellos *noch Raum für Verbesserungen* in Ihren Managementstrategien.

He knows *all the tricks of the trade.*

Er kennt *alle Tricks in seinen Geschäft*.

His arguments *cut no ice* with me.

Seine Argumente machen *keinen Eindruck* auf mich.

Our latest series of advertisements are designed *with the man in the street in mind.*

Unsere letzte Anzeigenserie wurde *für den Mann auf der Straße* entworfen.

A: I was quite annoyed by his behaviour on Wednesday.
B: You have to *take him with a pinch of salt.*
A: Yes – but I don't *suffer fools gladly.*

A: This delay is extremely annoying – I wish they'd come to a decision.
B: I fear they might *chicken out* eventually.

A: I think you've *hit the nail on the head.* Perhaps we should go ahead without them.

A: I would be grateful if you could inform me promptly of any further developments.
B: We'll keep our *ears to the ground.*

A: Would you be interested in participating in a joint marketing scheme?
B: I could certainly *bear it in mind* at the next board meeting.

A: Ich war ziemlich verärgert über sein Verhalten am Mittwoch.
B: Du darfst ihn *nicht zu ernst nehmen.*
A: Ja – aber ich *toleriere Ignoranten ungern.*

A: Diese Verzögerung ist sehr ärgerlich – ich wünschte, sie würden zu einer Entscheidung kommen.
B: Ich fürchte, dass sie im letzten Moment *kalte Füsse bekommen* werden.

A: Ich glaube, Sie haben den *Nagel auf den Kopf getroffen.* Vielleicht sollten wir ohne sie weitermachen.

A: Ich wäre dankbar, wenn Sie mich über weitere Entwicklungen auf dem Laufenden halten könnten.
B: Wir werden *unsere Augen offen halten.*

A: Wären Sie daran interessiert, an einem gemeinsamen Marketing-Projekt teilzunehmen?
B: Ich werde sicherlich bei der nächsten Direktionssitzung *daran denken.*

Die bisher aufgeführten Redewendungen können nicht verändert werden. Im Gegensatz dazu lassen sich die folgenden Redewendungen je nach Situation oder Person verändern.

I would be grateful if you could *show Clare the ropes.*
She doesn't seem able to *make up her mind.*

Ich wäre sehr dankbar, wenn Sie *Clare herumführen könnten.*
Sie scheint nicht zu *wissen, was sie will.*

I had the feeling they were *looking down their noses* at me.

Ich hatte das Gefühl, dass sie äußerst *hochnäsig mir gegenüber waren.*

When I *caught her secretary's eye* I had the feeling that she knew something.

Als ich ihrer *Sekretärin einen Blick zuwarf,* hatte ich das Gefühl, dass sie etwas wusste.

My suggestion was met with a general *raising of eyebrows.*

Mein Vorschlag rief ein allgemeines *Stirnrunzeln* hervor.

Your experience here with us will *stand you in good stead* when furthering your career.

Ihre Erfahrung hier bei uns wird sehr *nützlich* für Ihre spätere Karriere sein.

A: Our sales have declined by ten percent since we stopped doing business with JMC.

A: Unsere Verkäufe sind um zehn Prozent zurückgegangen seit wir aufgehört haben, mit JMC Geschäfte zu machen.

B: Perhaps we will have to *swallow our pride* and *settle our differences* with them.

B: Vielleicht sollten wir unseren *Stolz herunterschlucken* und unsere *Streitigkeiten* mit ihnen *beilegen.*

A: Do you anticipate any problems updating our database?

A: Erwarten Sie irgendwelche Probleme mit dem Update unserer Datenbank?

B: To be honest, I could do it *standing on my head.*

B: Um ehrlich zu sein, das könnte ich *im Schlaf erledigen.*

Manche Redewendungen werden heute nicht mehr vollständig eingesetzt, sondern nur noch Bruchstücke davon verwendet. Im Folgenden werden zum besseren Verständnis zunächst die vollständigen Redewendungen mit einer wörtlichen Übersetzung angegeben, danach ein Anwendungsbeispiel.

A stitch in time saves nine.

Ein rechtzeitiger (Näh-)Stich spart neun.

It would have been better to have fully repaired our machinery in 1993 – as they say, *a stitch in time...*

Es wäre besser gewesen, wenn wir unsere Maschinenanlage 1993 vollständig repariert hätten – *das hätte uns viel Ärger erspart.*

When the cat's away, the mice will play.
I'm not at all surprised that deadlines were not met in your absence – *when the cat's away...*

Wenn die Katze aus dem Haus ist, tanzen die Mäuse.
Ich bin überhaupt nicht überrascht, dass die Deadlines in deiner Abwesenheit nicht eingehalten wurden – *wenn die Katze aus dem Haus ist...*

Birds of a feather flock together.

A: I find them difficult to deal with when they're together in the office.
B: Well, *birds of a feather...*

Vögel mit eine Feder gruppieren sich zusammen.

A: Ich finde es schwierig mit ihnen auszukommen, wenn sie zusammen im Büro sind.
B: Na ja, *sie sind sehr ähnlich.*

In for a penny, in for a pound.

A: I was considering pulling out if I still could.

B: I honestly don't think that's possible. You might as well carry on now you've got this far – *in for a penny,* you know?

Dabei für einen Penny, dabei für ein Pfund.

A: Ich habe mir überlegt, mich zurückzuziehen, wenn ich es noch könnte.

B: Ich glaube wirklich nicht das das noch möglich ist. Du kannst jetzt auch weiter machen, nachdem du so weit gegangen bist – *wer A sagt muss auch B sagen.*

Two's company, three's a crowd.

A: How have you found working with our new deputy manager?

B: Well, I preferred working just with Sarah – *two's company,* after all.

Zwei sind eine Gesellschaft, drei sind ein Gedränge.

A: Wie hast du es gefunden, mit unserem neuen stellvertretenden Leiter zusammenzuarbeiten?

B: Ich habe es bevorzugt, nur mit Sarah zu arbeiten – *die Arbeit zu zweit ist schöner.*

What you make on the swings you lose on the roundabouts.
A: Has your expansion in the USA paid off?
B: Well, at the moment it's all *swings and roundabouts.*

Was man auf der Schaukel verdient verliert man auf dem Karussell.
A: Hat sich die Expansion in die USA rentiert?
B: Im Moment *gleicht sich das alles aus.*

> Die oben genannten Redewendungen kann man zu jeder Gelegenheit ver-
> wenden. Folgende Idiome sind eher umgangssprachlich.

He has really *put his foot in it.*

Da ist er wirklich *ins Fettnäpfchen getreten.*

I think she is quite *down in the dumps* about the whole thing.

Ich glaube, sie ist ziemlich *am Boden zerstört* wegen dieser Geschichte.

She can't *stand the sight* of him.

Sie kann ihn *nicht ausstehen.*

The Clodock Herald has *dragged our name through the mud.*

Der Clodock Herald hat *unseren Namen durch den Schmutz gezogen.*

He seems to have *taken quite a shine to her.*

Ich glaube, *er ist sehr von ihr eingenommen.*

A: Are you sure you want me to take over this project?
B: Definitely – Alan *has had a fair crack of the whip.*

A: Sind Sie sicher, Sie wollen, dass ich das Projekt übernehme?
B: Auf jeden Fall. Alan *hat seine Chance gehabt.*

A: May I explain my plans to you in more depth?
B: I'm *all ears.*

A: Kann ich Ihnen meine Pläne etwas ausführlicher erklären?
B: Ich bin *ganz Ohr.*

9. Besprechungen

Für die Engländer sind Geschäftsbesprechungen ausgesprochen wichtig und ein fester Bestandteil im Arbeitsablauf. Sogar relativ unwichtige Entscheidungen werden diskutiert und abgestimmt. Wichtige Besprechungen werden weit im Voraus geplant, und man lässt den Teilnehmern vorab eine detaillierte Tagesordnung zukommen, damit sie sich vorbereiten können. Die meisten Sitzungen sind eher informell und beginnen und enden mit Smalltalk. Allerdings herrscht trotzdem eine gewisse Disziplin: vorzeitiges Verlassen oder Telefonate während der Präsentation oder der Diskussion sind ausgesprochen unangemessen. Obwohl es bei Diskussionen sehr lebhaft zugehen kann, ist die Loyalität gegenüber dem Vorgesetzten und der Firma größer als tiefgehende Meinungsverschiedenheiten. Eine Besprechung ohne greifbare Ergebnisse wird zwar als Misserfolg gesehen, trotzdem gehört es nicht zum guten Ton, die anderen Teilnehmer vorab mit Hilfe einer Lobby zu beeinflussen.

Anders dagegen in den USA. Hier sind Geschäftsbesprechungen in erster Linie Kommunikationsmittel, um Informationen auszutauschen und zu sammeln. Der Referent hat die Möglichkeit, seine Vorschläge zu präsentieren, die Anregungen seiner Kollegen zu hören und diese anzunehmen oder zu verwerfen. Ziel ist nicht die Entscheidungsfindung oder Problemlösung an sich, sondern zu prüfen, wie kompetent der Referent und wie groß sein Wissen ist. Auf allen Ebenen der Kommunikation ist es ausgesprochen wichtig, Kompetenz und Professionalität zu zeigen. Ein Problem ohne Lösungsvorschlag oder die notwendigen Fakten anzubringen, in der Erwartung, dass während der Sitzung gemeinsam mit den anderen Teilnehmern eine Lösung erarbeitet werden kann, gilt als Zeichen der Schwäche und Inkompetenz. Da die Amerikaner im Lobbying nichts Verwerfliches sehen und dieses als willkommenes Mittel der Entscheidungsforcierung unterstützen, stehen die Ergebnisse der Abstimmung oft schon von vornherein fest. Läuft dennoch etwas falsch, dann sind nicht alle Teilnehmer gleichermaßen verantwortlich. Es ist allein der Vorgesetzte, der die Verantwortung für das Scheitern zu tragen hat. Amerikaner verfolgen ihr persönliches Ziel und das der Firma mit großer Direktheit und erscheinen Europäern in Diskussionen deshalb manchmal aggressiv.

Presentations

Präsentationen

We will schedule our next *quarterly meeting* for ...

Wir werden unsere nächste *Quartals besprechung* für ... ansetzen.

We should *notify the participants* of the next annual production meeting as soon as possible.

Wir sollten die *Teilnehmer* der nächsten Jahresproduktionsbesprechung so schnell wie möglich *benachrichtigen.*

Handouts containing the *agenda* should be sent out beforehand to den.
everybody.

Handouts mit der *Tagesordnung* sollten vorab an alle verschickt wer-

Will all the *staff* be able to come?

Wird die gesamte *Belegschaft* kommen können?

Shall we *postpone* the meeting?

Sollen wir die Besprechung *auf später verschieben*?

Should we settle on a *later date*?

Sollten wir uns auf einen *späteren Termin* einigen?

Would it be better to *cancel* the meeting altogether?

Wäre es besser, die Besprechung ganz *abzusagen*?

Ladies and gentlemen, *welcome* to today's meeting.

Meine Damen und Herren, *ich begrüße Sie* zu der heutigen Sitzung.

Ladies and gentlemen, I am happy to welcome you to our annual *business meeting.*

Meine Damen und Herren, ich freue mich, Sie zu unserer jährlichen *Geschäftsbesprechung* willkommen zu heißen.

Welcome and thank you for coming today.

Herzlich willkommen und vielen Dank, dass Sie heute erschienen sind.

Ladies and gentlemen, we are gathered here today to listen to Mrs. Smith's *presentation* on ...

Meine Damen und Herren, wir haben uns heute hier versammelt, um Frau Smiths *Präsentation* über ... zu hören.

We have an extremely important session today.

Wir haben heute eine ausgesprochen wichtige Sitzung.

This month's meeting will have the following subject: ...

Die Besprechung dieses Monats hat folgendes Thema: ...

The *subject* of tomorrow's session has been decided on by Mr. ...

Das *Thema* der morgigen Sitzung hat Herr ... bestimmt.

Mr. Daniel's talk on ... will introduce us to today's *topic.*

Herrn Daniels Vortrag ... wird uns in das heutige *Thema* einführen.

It is my pleasure to introduce our *guest*, Mrs. Green, to you.

Es ist mir eine Freude, Ihnen unseren *Gast,* Frau Green, vorzustellen.

We are pleased to have Mr. Alfons as our guest.

Wir freuen uns, Herrn Alfons als unseren Gast zu haben.

I am sorry to announce that Mr. Wilbert will be late.

Es tut mir Leid, Ihnen mitteilen zu müssen, dass Herr Wilbert sich verspäten wird.

We will begin the meeting in five minutes.

Wir werden in fünf Minuten mit der Besprechung beginnen.

I hope that we will have an interesting discussion.

Ich hoffe, dass wir eine interessante Diskussion haben werden.

We will start even if not everybody has arrived.

Wir werden beginnen, auch wenn noch nicht alle da sind.

Handouts are provided for every member.

Jedes Mitglied bekommt ein *Handout* (Informationsblatt).

The *agenda* has been handed out *in advance.*

Die *Tagesordnung* ist schon *vorab* ausgeteilt worden.

Everybody should be in possession of a detailed description of today's topic.

Jeder sollte im Besitz einer detaillierten Beschreibung des heutigen Themas sein.

On the handout you can see this meeting's agenda.

Der Tischvorlage können Sie die Tagesordnung dieser Besprechung entnehmen.

The meeting will follow the *items* on the agenda.

Die Sitzung wird den *Punkten* der Tagesordnung folgen.

Items can be *added* to today's agenda.

Der Tagesordnung können Punkte *hinzugefügt* werden.

Items can be *deleted* from the agenda.

Es können Punkte von der Tagesordnung *gestrichen* werden.

We need somebody to *keep the minutes.*

Wir brauchen jemanden, der *Protokoll führt.*

Somebody has to be appointed to keep the *minutes.*

Irgendjemand muss dazu ernannt werden, *Protokoll* zu führen.

Mr. Wilson, would you be so kind to keep the minutes today?

Herr Wilson, wären Sie so freundlich, heute Protokoll zu führen?

If nobody *volunteers* I will have to appoint someone.

Falls *sich* niemand *freiwillig meldet,* muss ich jemanden bestimmen.

Before going into detail I will give you the necessary *background information.*

Bevor ich ins Detail gehe, werde ich Ihnen die notwendigen *Hintergrundinformationen* geben.

I am going to confront you with some *controversial issues.*

Ich werde Sie mit einigen *sehr umstrittenen Punkten* konfrontieren.

Some *problematic aspects* will be *raised* during Mr. Daniel's talk.

Während Herrn Daniels Vortrag werden einige *problematische Aspekte aufgeworfen* werden.

Due to the controversial topic of the presentation we will probably have a very *lively* discussion.

Aufgrund des umstrittenen Themas der Präsentation werden wir wahrscheinlich eine sehr *lebhafte* Diskussion haben.

Could you please *hold back* all questions and comments until after I am done?

Könnten Sie bitte alle Fragen und Anmerkungen *zurückhalten* bis ich fertig bin?

I would prefer answering any questions after having finished my talk.

Ich würde es vorziehen, Fragen erst zu beantworten, nachdem ich meinen Vortrag beendet habe.

If any questions arise please do not hesitate to *interrupt* me.

Falls irgendwelche Fragen aufkommen, scheuen Sie sich bitte nicht, mich zu *unterbrechen.*

Ms. Maier will be happy to react to your comments *any time*.

Frau Maier wird gerne *jederzeit* auf Ihre Kommentare eingehen.

Please feel free to interrupt me any time.

Bitte zögern Sie nicht, mich jederzeit zu unterbrechen.

There will be enough time for questions and comments after the presentation.

Im Anschluss an die Präsentation wird genug Zeit für Fragen sein.

After the first half of the presentation there will be a *break* of ten minutes.

Nach der ersten Hälfte der Präsentation wird es eine *Pause* von zehn Minuten geben.

I will begin my presentation with giving you an *overview* of ...

Ich werden meine Präsentation damit beginnen, Ihnen einen *Überblick* über ... zu geben.

We will use *foils* to present the facts.

Wir werden *Folien* verwenden, um die Sachverhalte darzustellen.

Pie charts are best suited for the presentation of percentages.

Kreisdiagramme sind am geeignetsten für prozentuale Darstellungen.

He will be using *flip charts* to illustrate ...

Er wird *Flipcharts* zur Verdeutlichungen von ... benutzen.

To show you ... I have brought some *slides.*

Um Ihnen ... zu zeigen, habe ich einige *Dias* mitgebracht.

This short film will introduce you to ...

Dieser kurze Film wird Sie mit ... vertraut machen.

I have brought a video to demonstrate ...

Ich habe ein Video mitgebracht, um zu zeigen, ...

From this *table* you can see ...

Aus dieser *Tabelle* können Sie ... entnehmen.

For this, two factors are *responsible.*

Hierfür sind zwei Faktoren *verantwortlich.*

First, ... Second, ...

Erstens, ... Zweitens, ...

I believe that there are several reasons. Firstly, ... Secondly, ...

Ich glaube, dass es verschiedene Gründe gibt. Erstens, ... Zweitens, ...

The *main reason* for this is, ...

Der *Hauptgrund* hierfür ist, ...

Furthermore, ...

Darüber hinaus/des Weiteren ...

Consequently, ...

Folglich ...

Therefore/because of this ...

Deshalb/deswegen ...

In addition, ...

Zusätzlich, ...

There are still the following aspects of the problem to talk about ...

Über folgende Aspekte des Problems müssen wir noch sprechen ...

I almost forgot to tell you ...

Beinahe vergaß ich, Ihnen zu sagen, dass...

I think that we have finally found a *compromise.*

Ich glaube, dass wir endlich einen *Kompromiss* gefunden haben.

The following *suggestions* have been made.

Folgende *Vorschläge* sind gemacht worden.

To present a possible way out of this conflict was the *intention* of my presentation.

Ziel meiner Präsentation war, einen möglichen Weg aus diesem Konflikt aufzuzeigen.

I hope that no *misunderstandings* will result from this paper, which I have presented here.

Ich hoffe, dass aus dem Aufsatz, den ich hier vorgestellt habe, keine *Missverständnisse* erwachsen.

To *sum up* ...

Um es *zusammenzufassen* ...

Finally I should say that ...

Abschließend sollte ich sagen, dass ...

With the following quotation I will bring my presentation to an end.

Mit dem folgenden Zitat möchte ich meine Präsentation beenden.

With this last *statement* we should open the discussion.

Mit dieser letzten *Feststellung* sollten wir die Diskussion eröffnen.

You may now ask all questions that arose during my presentation.

Sie dürfen jetzt sämtliche Fragen stellen, die während meiner Präsentation aufgekommen sind.

I am now willing to answer any questions.

Ich bin jetzt bereit, Fragen zu beantworten.

We can now discuss whatever you would like to be discussed.

Wir können jetzt alles diskutieren, was Sie zur Diskussion stellen möchten.

Now is the time to comment on Mr. Wilbur's *point of view,* which he has elaborated on this past hour.

Jetzt ist der Zeitpunkt gekommen, Herrn Wilburs *Ansicht* zu kommen tieren, die er in der letzten Stunde ausführlich dargelegt hat.

Thank you, ladies and gentlemen, for being here today.

Thats's all for now, thank you for listening.

I think we should *call it a day* and leave this problem for the time being.

Meine Damen und Herren, vielen Dank, dass Sie heute gekommen sind.

Das ist fürs Erste alles; danke, dass Sie zugehört haben.

Ich denke, wir sollten *Feierabend machen* und dieses Problem vorläufig beiseite lassen.

A: I think we should *schedule* our next quarterly meeting for Monday next week.

B: That's a good idea, but then we should *notify* everybody as soon as possible. We should also send out *handouts containing the agenda.*

A: Ich denke, wir sollten unsere nächste Quartalsbesprechung für Montag kommender Woche *ansetzen.*

B: Das ist eine gute Idee, aber wir sollten dann jeden so schnell wie möglich *benachrichtigen.* Außerdem sollten wir *Handzettel mit der Tagesordnung* verschicken.

A: O.K., I will do this tomorrow. Do you think that all the *staff* will be able to come?

B: I don't know. If not, we can always *postpone* the meeting to a later date.

A: In Ordnung. Das werde ich morgen machen. Glauben Sie, dass die gesamte *Belegschaft* kommen kann?

B: Ich weiß nicht. Falls nicht, können wir die Besprechung immer noch auf einen späteren Termin *verschieben.*

A: I hope that we will not have to *cancel* the meeting altogether.

A: Ich hoffe, dass wir die Besprechung nicht ganz *absagen* müssen.

A: Ladies and gentlemen, welcome to today's meeting. We are here to listen to Mrs. Smith's presentation on the recent marketing strategies of our European branches. Mrs. Smith, thank you for being here. Will you be so kind and tell us how you will proceed?

A: Meine Damen und Herren, herzlich willkommen zur heutigen Besprechung. Wir sind hier, um Frau Smiths Präsentation der aktuellen Marketingstrategien unserer europäischen Filialen zu hören. Frau Smith, vielen Dank, dass Sie heute hier sind. Würden Sie uns bitte sagen, wie Sie verfahren werden?

B: Thank you. I am pleased to be here today. Before I begin, I will show you a short film about the changes in the European market situation over the last years. My presentation will then cover several very *controversial aspects* and I hope that we will have a very lively

B: Danke. Ich freue mich, heute hier zu sein. Bevor ich anfange, werde ich Ihnen einen kurzen Film über die Veränderungen der europäischen Marktsituation in den letzten Jahren zeigen. Meine Präsentation wird dann einige sehr *umstrittene Aspekte* abhandeln

discussion afterwards. If you have any questions, feel free to interrupt me any time.

A: We are pleased to have Mr. Alfons, sales coordinator of our Russian branch, as our guest today. His presentation is not on the agenda but will nevertheless be an important *addition* to our topic.

A: Good morning, ladies and gentlemen. I am pleased to welcome Mr. Daniel of Talcum Industries as our guest. Mr. Daniel's talk on the possibilities of entry into the Chinese market will *introduce us to today's topic.* Mr. Daniel will you please begin?

B: Thank you. I am glad to be here. I will begin my presentation with giving you an overview of last year's development of the sales figures of different European companies. In order to present the facts, I will use *overhead foils.* To illustrate the percentage of European companies in the Chinese market, I have decided that *pie charts are most convenient.*

A: Mr. Daniel, sorry to interrupt you, but before you go into detail could you please give us the necessary *background information*?

B: Of course. That is what I had in mind. But could you then please *hold*

und ich hoffe, dass wir danach eine sehr lebhafte Diskussion haben werden. Sollten Sie irgendwelche Fragen haben, können Sie mich jederzeit gerne unterbrechen.

A: Wir freuen uns, Herrn Alfons, den haben. Verkaufskoordinator unserer russischen Filiale, heute als unseren Gast zu Seine Präsentation steht zwar nicht auf der Tagesordnung, aber sie wird dennoch eine wichtige *Ergänzung* unseres Themas sein.

A: Guten Morgen, meine Damen und Herren. Ich freue mich, Herrn Daniel von Talcum Industries als unseren Gast willkommen zu heißen. Herrn Daniels Vortrag über die Möglichkeiten des Markteinstiegs in China wird uns *in das heutige Thema einführen.* Herr Daniel, würden Sie bitte beginnen?

B: Danke. Ich freue mich, hier zu sein. Ich werde meine Präsentation damit beginnen, Ihnen einen Überblick über die Entwicklung der Verkaufszahlen des letzten Jahres verschiedener europäischer Firmen zu geben. Um die Fakten darzustellen, werde ich *Overhead-Folien* verwenden. Ich habe beschlossen, dass für die Darstellung der Prozentanteile europäischer Firmen auf dem chinesischen Markt *Kreisdiagramme am geeignetsten sind.*

A: Herr Daniel, entschuldigen Sie, dass ich Sie unterbreche, aber könnten Sie uns bitte die nötigen *Hintergrundinformationen* geben, bevor Sie ins Detail gehen?

B: Sicher. Das hatte ich vor. Aber könnten Sie dann bitte alle Fragen

back any questions and comments until after the first part of my presentation?

und Anmerkungen bis nach dem ersten Teil meiner Präsentation *zurückhalten*?

A: To show you the present situation, I have brought some *slides.*

A: Um Ihnen die aktuelle Situation zu zeigen, habe ich einige *Dias* mitgebracht.

Later on we can watch a video which shows how our Brazilian partners have set up the production.

Später können wir uns ein Video anschauen, das zeigt, wie unsere brasilianischen Partner die Produktion eingerichtet haben.

From this table you can see how much the foundation of the NAFTA has affected import rates from Mexico.

Aus dieser Tabelle können Sie entnehmen, wie stark sich die Gründung der NAFTA auf die Importraten aus Mexiko ausgewirkt hat.

The following *suggestions* have been made to end this intolerable situation.

Folgende *Vorschläge* sind zur Beendigung dieser unerträglichen Situation gemacht worden.

A: I come now to the last point of my presentation. ... *To sum up*, we can say that there seem to be several ways to solve this problem.
The *intention* of my talk was to confront you with different alternative solutions.
Thank you for your attention.

A: Ich komme nun zum letzten Punkt meiner Darstellung. ... *Zusammenfassend* können wir sagen, dass es mehrere Wege zu geben scheint, dieses Problem zu lösen.
Ziel meines Vortrags war es, Sie mit verschiedenen alternativen Lösungen zu konfrontieren. Vielen Dank für Ihre Aufmerksamkeit.

A: Finally, all I have to say is that I think we should *leave this aspect of the problem for the time being* and call it a day. Good bye, ladies and gentlemen, and thank you for being here. We will meet here again next week.

A: Abschließend bleibt mir nur zu sagen, dass ich denke, wir sollten *diesen Aspekt des Problems für heute beiseite lassen* und Feierabend machen. Auf Wiedersehen, meine Damen und Herren, vielen Dank, dass Sie hier waren. Nächste Woche treffen wir uns wieder hier.

Argumentation

Argumentation	Argumentation
I think that ...	Ich denke, dass ...
I believe that ...	Ich glaube, dass ...
I am *sure/certain* that ...	Ich bin *sicher,* dass ...
I am absolutely sure that ...	Ich bin absolut sicher, dass ...
In my opinion ...	*Meiner Ansicht nach ...*
From my point of view ...	Nach meiner Auffassung ...
In my eyes ...	In meinen Augen ....
I presume/assume that ...	Ich nehme an/vermute, dass ...
As I see it ...	So wie ich das sehe ...
I am persuaded that ...	Ich bin überzeugt, dass ...
I am *positive* that ...	Ich bin (mir) *ganz sicher,* dass ...
The first *reason* for this I would like to mention is ...	Der erste *Grund* hierfür, den ich erwähnen möchte ist ...
Second/secondly there is ... to talk about.	Zweitens sollten wir über ... sprechen.
In addition, we shouldn't forget that ...	*Zusätzlich* sollten wir nicht vergessen, dass ...
Furthermore ...	*Ferner/des Weiteren ...*
Moreover ...	*Darüber hinaus ...*
I would like to add ...	*Ich würde gerne ... hinzufügen.*
Not only ... but also ...	*Nicht nur ... sondern auch.*
On the one hand ... on the other hand ...	*Einerseits ... andererseits ...*
In general ...	*Im Allgemeinen ...*
Generally speaking ...	*Allgemein gesprochen ...*
On the whole ...	*Im Großen und Ganzen ...*
All in all ...	*Alles in allem ...*
Nevertheless I should not forget to mention ...	*Nichtsdestotrotz* sollte ich nicht vergessen zu erwähnen ...
In spite of ...	*Trotz ...*
Despite the fact that ...	*Trotz der Tatsache, dass ...*
However ...	*Aber/trotzdem/jedoch ...*
Although ...	*Obwohl ...*
Instead of ...	*Statt/anstatt ...*
Instead, ...	*Stattdessen ...*
Therefore ...	*Deshalb/deswegen ...*
For that reason ...	*Darum/aus diesem Grund ...*
I am not at all *convinced.*	Ich bin überhaupt nicht davon *überzeugt.*

I am not quite sure if I can agree.	Ich bin nicht ganz sicher, ob ich dem zustimmen kann.
What if you are wrong?	Was ist, wenn Sie sich irren?
Could it be that you got something wrong here?	Könnte es sein, dass Sie hier etwas falsch verstanden haben?
I am afraid I cannot follow your argument.	Ich fürchte, ich kann Ihrem Argument nicht folgen.
Could you please go more into detail?	Könnten Sie bitte mehr ins Detail gehen?
Wouldn't it be better if we sticked to the subject?	Wäre es nicht besser, wenn wir beim Thema blieben?
It might be better if ...	Es wäre vielleicht besser, wenn ...
What about Mr. Fielding's *proposal*?	Was ist mit Herrn Fieldings *Vorschlag*?
Shouldn't we *take into account* other opinions on this subject?	Sollten wir nicht andere Meinungen zu diesem Thema *berücksichtigen*?
Maybe you should consider what Ms. Green said earlier.	Vielleicht sollten Sie bedenken, was Frau Green vorhin gesagt hat.
Why don't you tell us more about ...?	Warum erzählen Sie uns nicht mehr zu ... ?
I agree with most of what you presented here, yet don't you think that ...	Dem meisten von dem, was Sie hier vorgestellt haben, stimme ich zu, aber denken Sie nicht, dass ...
Have you thought about looking at this problem *from a different angle*?	Haben Sie daran gedacht, dieses Problem *aus einem anderen Blickwinkel* zu betrachten?
Everything you said is fine, but one could also *take other aspects into account.*	Was Sie gesagt haben ist schön und gut, aber man könnte auch *andere Aspekte in Betracht ziehen.*
I *wonder* if you have taken into account that ...	Ich *frage mich,* ob Sie berücksichtigt haben, dass ...
Aren't there more sides to this *issue*?	Hat diese *Angelegenheit* nicht mehrere Seiten?
You are right with what you are saying.	Sie haben Recht, mit dem was Sie sagen.
Yes, you could also look at it from this point of view.	Ja, Sie könnten es auch aus dieser Sicht sehen.
Let me see!	Lassen Sie mich überlegen!
Yes, you could actually be right.	Ja, Sie könnten tatsächlich Recht haben.
No, I think you are *mistaken*.	Nein, ich denke, dass Sie hier *falsch liegen*.

Really, I am convinced that one couldn't say it this way at all.

Wirklich, ich bin davon überzeugt, dass man das so überhaupt nicht sagen kann.

Are you really convinced that this is a realistic project?

Sind Sie wirklich überzeugt davon, dass es sich um ein realistisches Projekt handelt?

Excuse me, Madam/Sir, may I interrupt you?
Sorry to *break in,* but ...

Entschuldigen Sie, meine Dame/mein Herr, darf ich Sie unterbrechen?
Tut mir Leid, dass ich Sie *unterbreche,* aber ...

Excuse me, may I ask you a question?

Entschuldigen Sie, darf ich Ihnen eine Frage stellen?

I would like to say a few words.
There is something I would like to say.
It would be good if we could have other opinions on that.
If I might just add something?

Ich würde gerne einige Worte sagen.
Ich würde gerne etwas sagen.
Es wäre gut, wenn wir auch andere Meinungen dazu hören könnten.
Wenn ich dazu etwas hinzufügen dürfte?

Let me *conclude* with the following statement: ...
To *wrap up* this discussion, ...

Lassen Sie mich mit der folgenden Feststellung *abschließen*: ...
Um diese Diskussion *zusammenzufassen* ...

Before coming to a *hasty decision* we should leave it here.

Bevor wir zu einer *übereilten Entscheidung* kommen, sollten wir es hierbei belassen.

I believe that most of us are *opposed* to this suggestion.
I am afraid we cannot *back up* your proposal.
I am sorry, but we cannot *support* your idea.
It is impossible to *accept* this offer.

Ich glaube, dass die meisten von uns diesen Vorschlag *ablehnen.*
Ich befürchte, dass wir diesen Vorschlag nicht *unterstützen* können.
Es tut mir Leid, aber wir können Ihre Idee nicht *unterstützen.*
Es ist (uns) unmöglich, dieses Angebot *anzunehmen.*

I am absolutely sure that this point will not be accepted.
We will *definitely not* pursue this option.

Ich bin absolut sicher, dass dieser Punkt nicht akzeptiert werden wird.
Wir werden diese Option *auf keinen Fall* weiterverfolgen.

A: Mr. Daniel, I am sure that most of us *agree* with you when you are saying that we should change our marketing

A: Herr Daniel, ich bin sicher, dass die meisten von uns *zustimmen*, wenn Sie sagen, dass wir unsere Marketing-

strategies. *However,* I am not at all convinced that the suggestions you made are feasible.

B: Despite the fact that you seem to *disagree,* I believe that those strategies are realistic. Not only do we have to look at the future of our company in Germany, but we also have to take into account developments in other European countries. Therefore, in my eyes, new ideas are absolutely necessary.

A: What you are saying is fine, yet don't you think that we have to keep in mind our budget as well?

C: Sorry for interrupting. May I just ask a question? I am afraid I cannot follow your arguments. Could you go more into detail, please?

A: The *main reason* for this decline in sales figures is that we have lost one of our best clients. *Secondly,* the increase in prices that we introduced last year has also affected the sales of this product.

B: Excuse me, Sir, may I interrupt you? I would like to add something.

A: Go ahead, please.
B: Thank you. I *assume* that you are working with the sales figures from last month. In addition, we should not forget that our company is also *affected* by the closing of one of our American subsidiaries.

strategienändern sollten. *Trotzdem* bin ich überhaupt nicht davon überzeugt, dass die Vorschläge, die Sie gemacht haben, umsetzbar sind.

B: Trotz der Tatsache, dass Sie mir *nicht zuzustimmen* scheinen, glaube ich, dass diese Strategien realistisch sind. Wir müssen nicht nur die Zukunft unserer Firma in Deutschland sehen, sondern auch Entwicklungen in anderen europäischen Ländern in Betracht ziehen. Deshalb sind in meinen Augen neue Ideen absolut notwendig.

A: Was Sie sagen ist schön und gut, aber denken Sie nicht, dass wir auch unser Budget im Auge behalten müssen?

C: Tut mir Leid, wenn ich Sie unterbreche. Darf ich Sie etwas fragen? Ich fürchte, ich kann Ihren Argumenten nicht folgen. Könnten Sie bitte etwas mehr ins Detail gehen?

A: Der *Hauptgrund* für den Rückgang der Verkaufszahlen ist der, dass wir einen unserer besten Kunden verloren haben. *Zweitens* hat sich auch die Preiserhöhung, die wir letztes Jahr eingeführt haben, auf den Absatz ausgewirkt.

B: Entschuldigen Sie, darf ich Sie unterbrechen? Ich würde gerne etwas hinzufügen.

A: Bitte sehr, fahren Sie fort/Nur zu!
B: Danke. Ich *vermute,* dass Sie mit den Verkaufszahlen des letzten Monats arbeiten. Zusätzlich sollten wir nicht vergessen, dass unsere Firma auch von der Schließung einer unserer amerikanischen Tochterfirmen *betroffen* ist.

A: Agreeing with all that you talked about I still think that we should go more into detail in certain points. First, in my opinion, there is more than one solution to the problem. *Moreover,* I am sure that we will find a much cheaper alternative if we tried to adapt our production lines to the new technology. Finally, there is the question of timing that we should talk about. I am absolutely positive that we can save a lot more time than you have *estimated.*

B: *I wonder* if you realize that we are talking about different things here. I was not trying to point out just one solution. Instead, I intended to *set off* a discussion that would help to find the best of several options.

A: There seems to have been some slight *misunderstanding.* Could you please go back to your first point and *clarify* it?
B: Certainly. Let me put this *foil* on the overhead projector again to illustrate what I had in mind.

A: Ladies and gentlemen, thank you again for coming to this important meeting today. To wrap up our session, the only thing there to say for me is that I think that we have had a very *fruitful discussion. On the one hand* it is true that we have not come to an agreement concerning the marketing strategies of our different

A: Obwohl ich allem zustimme, worüber Sie gesprochen haben, denke ich trotzdem, dass wir in gewissen Punkten mehr ins Detail gehen sollten. Erstens gibt es meiner Ansicht nach mehr als eine Lösung für das Problem. *Darüber hinaus* bin ich sicher, dass wir eine viel billigere Alternative finden können, wenn wir versuchen, die Produktion an die neue Technologie anzupassen. Schließlich ist da noch die Frage des Timings, über die wir reden sollten. Ich bin ganz sicher, dass wir viel mehr Zeit einsparen können, als Sie *veranschlagt* haben.

B: *Ich frage mich,* ob Sie sich bewusst sind, dass wir über verschiedene Dinge sprechen. Ich habe nicht versucht, nur eine Lösung *aufzuzeigen.* Stattdessen war mein Ziel, eine Diskussion *in Gang zu bringen,* die uns helfen würde, die beste von mehreren Optionen herauszufinden.

A: Hier scheint ein kleines *Missverständnis* vorzuliegen. Könnten Sie bitte Ihren ersten Punkt noch einmal aufgreifen und *klären*?
B: Sicherlich. Lassen Sie mich diese *Folie* noch einmal auf den Overheadprojektor legen, um zu veranschaulichen, was ich im Sinn hatte.

A: Meine Damen und Herren, nochmals vielen Dank, dass Sie zu dieser wichtigen Besprechung heute gekommen sind. Um unsere Sitzung zusammenfassend abzuschließen, bleibt mir nur zu sagen, dass ich denke, dass wir eine sehr *ergiebige Diskussion* hatten. *Einerseits* konnten wir uns zwar nicht über die Marketingstrategi-

foreign branches in the future. *On the other hand* we have decided on many other points that are equally important. *All in all*, I am very *satisfied* with the result of this meeting. For this reason let me thank you for your *participation.* I am positive that everybody has learned very much today.

en unserer Auslandsfilialen einigen. *Andererseits* haben wir über viele andere wichtige Punkte entschieden. *Im Großen und Ganzen* bin ich mit dem Ergebnis dieser Sitzung sehr *zufrieden.* Lassen Siemich Ihnen aus diesem Grund für ihre *Teilnahme* danken. Ich bin ganz sicher, dass jeder heute sehr viel gelernt hat.

Agreement/Disagreement

Zustimmung/Ablehnung

I *agree.*
I agree with you.
I can agree with what you said.

I can see his point.
I *absolutely/completely* agree with you.
We have come to an agreement.

Yes, you are right.
Maybe you are right.
This is a very good concept.
This is a great idea.
I hope that we can continue on such good terms.
I am definitely positive that this is correct.
I *sympathize* with your ideas very much.
I can *support* your concept.
This is exactly how I see it.
This is exactly my *opinion.*
Me too, I think that this is the only *feasible* way.
In my opinion this is the best solution.

We couldn't have found a better solution.
That's what I think.
These are exactly my words.

Ich *stimme zu/bin einverstanden.*
Ich bin Ihrer Meinung.
Ich kann dem, was Sie sagen, zustimmen.
Ich verstehe, was er meint.
Ich bin *absolut/völlig* Ihrer Meinung.
Wir sind zu einer Übereinstimmung gelangt./Wir sind uns einig.
Ja, Sie haben Recht.
Vielleicht haben Sie Recht.
Dies ist ein sehr gutes Konzept.
Das ist eine großartige Idee.
Ich hoffe, dass wir unser gutes Verhältnis weiterhin aufrechterhalten können.
Ich bin absolut sicher, dass das richtig ist.
Ich bin von Ihren Ideen *sehr angetan.*
Ich kann Ihr Konzept *unterstützen*.
Genauso sehe ich es.
Das ist genau meine *Meinung.*
Auch ich denke, dass das der einzig *gangbare* Weg ist.
Meiner Meinung nach ist dies die beste Lösung.
Wir hätten keine bessere Lösung finden können.
Das ist genau, was ich denke.
Das sind genau meine Worte.

There is *no need to worry.*	Es gibt *keinen Grund zur Sorge.*
I disagree.	*Ich stimme nicht zu./Ich bin anderer Meinung.*

I disagree with you.	Ich bin anderer Meinung als Sie.
We do not agree.	Wir stimmen nicht zu.
I cannot *share* your point of view.	Ich kann Ihre Ansicht nicht *teilen.*
I don't think I can agree with your idea.	Ich denke nicht, dass ich Ihrer Idee zustimmen kann.
I am absolutely *opposed* to his point of view.	Ich bin absolut *gegen* seine Ansicht.
In my opinion, his figures are wrong.	Meiner Meinung nach sind seine Zahlen falsch.
As a matter of fact, I am convinced that you are *on the wrong track.*	*Ehrlich gesagt* bin ich davon überzeugt, dass Sie *auf dem falschen Weg* sind.
Actually, I do think that you are mistaken.	Eigentlich denke ich wirklich, dass Sie sich irren.

Im Englischen kann das Hilfsverb "do" vor das eigentliche Verb gesetzt werden, um es stärker zu betonen. So heißt "I do think", „ich denke wirklich". "I do feel bad about this" drückt also nicht nur eine Entschuldigung aus, sondern beinhaltet auch die Beteuerung „es tut mir wirklich Leid".

No, I believe that you are wrong.	Nein, ich glaube, dass Sie falsch liegen.
I absolutely/completely disagree with you.	Ich kann Ihnen absolut/überhaupt nicht zustimmen.
To be honest, don't you think that his suggestion is more realistic?	*Um ehrlich zu sein,* denken Sie nicht, dass sein Vorschlag realistischer ist?
I'm afraid that we cannot come to an agreement.	*Ich fürchte,* wir können zu keiner Übereinstimmung kommen.
We still have our *doubts* about the increase in sales.	Wir haben immer noch *Zweifel* an einer Verkaufssteigerung.
I doubt that you have considered everything.	Ich bezweifle, dass Sie alles in Betracht gezogen haben.
I can't quite agree with your statement.	Ich kann Ihrer Feststellung nicht ganz zustimmen.
I am afraid that I cannot share your point of view.	Ich fürchte, dass ich Ihre Ansicht nicht teilen kann.

I am sorry to say that you are gravely *mistaken.*

Leider muß ich Ihnen sagen, dass Sie sich sehr *irren.*

I am sorry, but I disagree entirely.

Es tut mir Leid, aber ich bin ganz anderer Meinung.

We can not agree at all.

Wir können überhaupt nicht zustimmen.

I would like to *contradict* you in this point.

In diesem Punkt würde ich Ihnen gerne *widersprechen.*

I really have to contradict you here.

Hier muss ich Ihnen wirklich widersprechen.

I am afraid we cannot support your proposal.

Ich fürchte, wir können Ihren Vorschlag nicht unterstützen.

Unfortunately we have to *reject* your offer.

Leider müssen wir Ihr Angebot *ablehnen.*

We cannot *back up* your suggestion.

Wir können Ihren Vorschlag nicht *unterstützen.*

In principle, I disagree with your concept, but there are certain points with which I can agree.

Im Prinzip stimme ich mit Ihrem Konzept nicht überein, aber einigen Punkten kann ich zustimmen.

I can see what you mean, *yet* I still think ...

Ich verstehe, was Sie meinen, *aber* trotzdem denke ich ...

I think that your *proposition* is very good, however, ...

Ich denke, dass Ihr *Antrag* sehr gut ist, dennoch ...

I can agree with you on this point, but ...

Ich stimme Ihnen in diesem Punkt zu, aber ...

Although I respect your *attitude* towards this development, I still think ...

Obwohl ich Ihre *Einstellung* gegenüber dieser Entwicklung respektiere, denke ich ...

Even though I can understand what you mean, I am *opposed* to your strategy.

Obwohl ich verstehe, was Sie meinen, *lehne* ich Ihre Strategie *ab.*

Although I am not convinced that this is feasible, I believe that we should *give it a try.*

Obwohl ich nicht überzeugt bin, dass das machbar ist, glaube ich, dass wir *einen Versuch wagen sollten.*

Wouldn't it be better if we tried to *settle on a compromise*?

Wäre es nicht besser, wenn wir versuchten, uns *auf einen Kompromiss zu einigen*?

What about *leaving the differences aside* and finding a solution?

Wie wäre es, wenn wir die *Meinungsverschiedenheiten beiseite ließen* und eine Lösung fänden?

Why can't we decide on the most important issues today and *postpone* everything else to the next meeting?

Warum können wir nicht über die wichtigsten Punkte heute entscheiden und alles andere auf die nächste Besprechung *verschieben*?

Would you be willing to support such a proposition?

Würden Sie einen solchen Antrag unterstützen?

Do you think that this would be satisfactory?

Denken Sie, dass dies zufrieden stellend wäre?

Would you have any *objections* to this idea?

Hätten Sie *Einwände* gegen diese Idee?

This should be negotiable, don't you think?

Darüber sollten wir verhandeln können, denken Sie nicht?

Would you be prepared to accept this offer?

Wären Sie bereit, dieses Angebot anzunehmen?

If you don't try to understand our point of view, we will not be willing to *strike a compromise.*

Wenn Sie nicht versuchen, unseren Standpunkt zu verstehen, werden wir nicht bereit sein, *einen Kompromiss zu finden.*

Provided that ..., I will accept your *conditions.*

Vorausgesetzt, dass ..., werde ich Ihre *Bedingungen* akzeptieren.

His solution is as good as mine.

Seine Lösung ist so gut wie meine.

I assume that, *in fact,* my example is less realistic than yours.

Ich nehme an, dass mein Beispiel *in der Tat* weniger realistisch ist als Ihres.

This sounds good to me and I think I can accept it.

Das klingt gut und ich denke, ich kann es akzeptieren.

Good then, I will accept your suggestion.

Also gut, ich werde Ihren Vorschlag annehmen.

I am glad that we found a common solution.

Ich bin froh, dass wir eine gemeinsame Lösung gefunden haben.

No, we will not support this compromise.

Nein, wir werden diesen Kompromiss nicht unterstützen.

I still have to *reject* your offer.

Ich muss Ihr Angebot immer noch *zurückweisen.*

That's all I have to say.

Das ist alles, was ich zu sagen habe.

This is my last offer.

Das ist mein letztes Angebot.

There is no way that you can convince me.

Sie werden es nie schaffen, mich zu überzeugen.

There is no chance that we will give in.

Wir werden nie nachgeben.

He won't ever agree.

Er wird niemals zustimmen.

We will *never* say yes.

Wir werden *niemals* ja sagen.

A: Mr. Wilson, I'm afraid I cannot *agree* with you on the concept of new marketing strategies. Even though I can accept certain points, I still have my *doubts* about the realisation of your idea.

B: *I cannot see your point* here and I am absolutely convinced that I am right.

A: I am sorry, but in my opinion the figures that you presented in your table are wrong.

A: I hope that we *can settle on a compromise* between our two companies. We have heard Ms. Green's presentation on the new prototype. Mr. Daniel, would you be willing to support such a *proposition* and start with the production?

B: I am not sure if I can agree with everything Ms. Green said. Although I am not convinced that this plan is feasible, I believe that we should *give it a try.* Yet, I doubt that you have considered the problem of our tight schedule for the next year.

A: I can see your point, but I think that there is *no need to worry.* In my opinion this plan is very good. Of course we could change the timing a little bit. Would this be *satisfactory* for you?

B: Yes, I think that this is the only feasible way. This *sounds good* to me and I think we can accept it.

A: I see that *we have come to an agreement.*

A: Mr. Wilson, ich fürchte, ich kann Ihnen bei Ihrem Konzept neuer Marketingstrategien nicht *zustimmen.* Obwohl ich einige Punkte akzeptieren kann, habe ich *Zweifel* an der Realisierung Ihrer Idee.

B: *Ich verstehe nicht, was Sie meinen,* und ich bin absolut überzeugt davon, dass ich Recht habe.

A: Es tut mir Leid, aber meiner Meinung nach sind die Zahlen, die Sie in Ihrer Tabelle gezeigt haben, falsch.

A: Ich hoffe, dass wir uns *auf einen Kompromiss* zwischen unseren beiden Firmen *einigen können.* Wir haben Frau Greens Präsentation über den neuen Prototyp gehört. Herr Daniel, würden Sie einen solchen *Antrag* unterstützen und mit der Produktion beginnen?

B: Ich bin nicht sicher, ob ich allem, was Frau Green gesagt hat, zustimmen kann. Obwohl ich nicht davon überzeugt bin, dass der Plan machbar ist, glaube ich, dass wir *einen Versuch wagen* sollten. Trotzdem bezweifle ich, dass Sie das Problem unseres engen Zeitplans für das kommende Jahr in Betracht gezogen haben.

A: Ich verstehe, was Sie meinen, aber ich denke, dass es *keinen Grund zur Sorge* gibt. Meiner Meinung nach ist der Plan sehr gut. Natürlich könnten wir das Timing ein wenig ändern. Wäre das für Sie *zufrieden stellend*?

B: Ja, ich denke, dass das der einzig machbare Weg ist. Das *klingt gut* und ich denke, wir können es akzeptieren.

A: Ich sehe, *wir sind uns einig.*

A: I can support your concept, Mr. Alfons. Would you be willing to support Mr. Black's proposition?

B: No, I'm afraid *I cannot share your point of view.* I am sorry, but I think that you are *gravely mistaken* concerning the future market developments in Europe. You are wrong when you are saying that imports will become easier in the future. To be honest, don't you think that Mr. Miller's suggestion is more realistic?

A: I assume that, in fact, my example is less realistic than his. Even though I can understand what you mean, I am opposed to Mr. Miller's strategy. That's all I have to say.

B: Well then, if you don't try to understand our point of view, we will not be willing to *strike a compromise.*

A: I am sorry, but I have to contradict you. We have to find a solution. *Provided that* Mr Miller and I can *work out* a new strategy together, I will accept your conditions. Would you be prepared to accept this offer?

B: *There's no need trying to convince us* how good your ideas are. As a matter of fact, I am convinced that you are on the wrong track. I'm afraid that we cannot come to an agreement. There's no chance that we will *give in*.

A: This was a very fruitful discussion. I hope that we can *continue on such*

A: Ich kann Ihr Konzept unterstützen, Herr Alfons. Wären Sie bereit, Herrn Blacks Antrag zu unterstützen?

B: Nein, ich fürchte, *ich kann Ihre Ansicht nicht teilen.* Es tut mir Leid, aber ich denke, dass Sie sich in Bezug auf die zukünftigen Marktentwicklungen in Europa *sehr irren.* Sie liegen falsch, wenn Sie sagen, dass Importgeschäfte in Zukunft einfacher sein werden. Um ehrlich zu sein, denken Sie nicht, dass Herrn Millers Vorschlag realistischer ist?

A: Ich nehme an, dass mein Beispiel tatsächlich weniger realistisch ist. Obwohl ich verstehe, was Sie meinen, bin ich gegen Herrn Millers Strategie. Das ist alles, was ich dazu zu sagen habe.

B: Gut, wenn Sie nicht versuchen, unseren Standpunkt zu verstehen, werden wir nicht bereit sein, *einen Kompromiss einzugehen.*

A: Es tut mir Leid, aber ich muss Ihnen widersprechen. Wir müssen eine Lösung finden. *Vorausgesetzt, dass* Herr Miller und ich gemeinsam eine neue Strategie *erarbeiten* können, werde ich Ihre Bedingungen akzeptieren. Wären Sie bereit, dieses Angebot anzunehmen?

B: *Sie brauchen gar nicht versuchen, uns davon zu überzeugen,* wie gut Ihre Ideen sind. Ehrlich gesagt, bin ich überzeugt, dass Sie auf dem falschen Weg sind. Ich fürchte, wir werden uns nicht einigen können. Wir werden auf keinen Fall *nachgeben*.

A: Das war eine sehr ergiebige Diskussion. Ich hoffe, dass wir *weiterhin ein*

good terms. Therefore I think that we should leave the differences aside and try to find a solution together.

B: This is exactly how I see it. *I sympathize* with your ideas very much and I can support your concept. If Talcum Industries agrees it should be negotiable, don't you think?

C: I disagree with you. I doubt that you have considered everything.

B: I really have to contradict you here. We have taken every aspect related to the problem into account.

C: Not only do I have my doubts about the figures you presented, but I also believe that your *estimation* of future sales is wrong.

B: Excuse me, Sir, you are the one who is wrong: the charts and diagrams showed exactly the percentages of different goods sold on the American market.
A: Sirs, I think we should end the discussion. I *propose* that we decide on the most important issues today and *postpone* everything else to the next meeting.

so gutes Verhältnis aufrechterhalten können. Deshalb denke ich, dass wir die Meinungsverschiedenheiten beiseite lassen und versuchen sollten, gemeinsam eine Lösung zu finden.
B: Genauso sehe ich es auch. *Ich bin* von Ihren Ideen sehr *angetan* und kann Ihr Konzept unterstützen. Wenn Talcum Industries zustimmt, sollten wir darüber verhandeln können, meinen Sie nicht auch?

C: Ich bin nicht Ihrer Meinung. Ich bezweifle, dass Sie alles bedacht haben.

B: Hier muss ich Ihnen wirklich widersprechen. Wir haben jeden Aspekt, der mit dem Problem in Verbindung steht, in Betracht gezogen.

C: Ich habe nicht nur meine Zweifel was die Zahlen angeht, die Sie vorgestellt haben, sondern ich glaube auch, dass Ihre *Schätzung* zukünftiger Verkäufe falsch ist.

B: Entschuldigen Sie, Sie liegen falsch: die Schaubilder und Diagramme zeigten genau die Prozentanteile verschiedener Güter, die auf dem amerikanischen Markt verkauft werden.
A: Meine Herren, ich denke, dass wir die Diskussion beenden sollten.
Ich *schlage vor,* dass wir über die wichtigsten Punkte heute entscheiden und alles andere auf die nächste Besprechung *verschieben.*

Im Umgang mit Engländern und Amerikanern muss man Sinn für Humor beweisen. Besonders während sehr langwieriger Verhandlungen oder bei Schwierigkeiten wird die Situation mit Humor und Witzen aufgelockert. Besonders die Engländer haben einen sehr starken Sinn für Humor, sogar in den schlimmsten Situationen. Sie beherrschen auch die Kunst, am meisten über sich selbst zu lachen.